# Die Entwicklung jugendlicher Straftäter

von

Dr. iur. ANNE-EVA BRAUNECK

Privatdozentin
an der Universität Hamburg

Hamburg
Cram, de Gruyter & Co.
1961

Als Habilitationsschrift auf Empfehlung der Rechtswissenschaftlichen Fakultät der Universität Hamburg
gedruckt mit Unterstützung der Deutschen Forschungsgemeinschaft


Gesamtherstellung: Kölle-Druck, Preußisch Oldendorf / Westf.
Printed in Germany

# *Inhaltsverzeichnis*

## Kapitel 3

*Persönliche Vorgeschichte der Probanden*



## Kapitel 4

*Das sonstige spätere Leben der Probanden*



## Kapitel 5

*Einfluß verschiedener sozialer Faktoren auf die Lage der Probanden*



## Kapitel 6

*Die Taten der Probanden*

Kapitel 7

*Die Maßnahmen*



Zweiter Teil

*Falldarstellungen und Gesamt-Zusammenfassung*

## *Vorwort*

Diese Schrift ist im Sommer 1958 geschrieben und im Sommer 1960 gekürzt und mit Anmerkungen über die inzwischen erschienene Literatur versehen worden. Sie im übrigen zu verbessern, hat es mir an Zeit gefehlt. Den größten Anstoß müssen die denkbar simplen statistischen Methoden erwecken, die ich angewandt habe, und das Fehlen von Signifikanzberechnungen, vor denen ich mich übrigens wohl auch darum gescheut habe, weil die meisten Differenzen, die ich sachlich einigermaßen ernst genommen habe, garnicht signifikant sein werden. Ich persönlich glaube aber doch bei der längeren Beschäftigung mit dem so komplizierten Stoff allerlei gelernt zu haben, und so läßt sich vielleicht doch der Versuch rechtfertigen, auch anderen etwas davon zu übermitteln.

Hier habe ich nun auch endlich Gelegenheit, mich für die viele Hilfe zu bedanken, die ich bekommen habe. Viele Hamburger Dienststellen, d. h. sehr viele einzelne Beamte, vor allem der Strafjustiz, der Jugendämter, der Kriminalpolizei, der Gefängnisbehörde, der Arbeitsämter, des Einwohnermeldeamts, haben sich besondere Mühe gemacht, um mir Vorgänge herauszusuchen und mich für die Auswertung zu beraten. Die Hamburger Finanzbehörde hat die Hollerithkarten gezählt. Die weiteren Rechenarbeiten wurden durch eine größere Spende der Deutschen Shell Aktiengesellschaft an die Hamburger Universitätsgesellschaft ermöglicht. Die Druckkosten endlich trägt die Deutsche Forschungsgemeinschaft. So habe ich also vielen zu danken. Dazu kommen noch Frau Carla Johannsen, die mir bei der technischen Auswertung und oft auch mit Ideen half, und Herr Professor Dr. Rudolf Sieverts, der mich anregte und beriet und mir weit über das übliche Maß hinaus meine Dienststunden für diese Arbeit überließ. Hoffentlich war doch dieser viele Aufwand nicht ganz umsonst.

*Anne-Eva Brauneck*

Hamburg, November 1961

# ERSTER TEIL

# *Einführung und statistischer Teil*

## Kapitel 1

## *Einleitung*

### *I. Gegenstand und Methode der Untersuchung*

#### 1. Auswahl der Probanden

1949 wurden vom Jugendgericht Hamburg insgesamt 1 355 Jugendliche abgeurteilt, 1 201 Jungen und 154 Mädchen. 1 202 davon hatten Vermögensdelikte begangen, d. h. Diebstahl, Unterschlagung, Raub, Erpressung, Begünstigung, Hehlerei, Betrug oder Untreue[1]. Was bis Ende März 1955, also in den folgenden 5—6 Jahren, aus *300* von diesen Vermögenstätern geworden ist, wurde untersucht und soll hier dargestellt werden.

Nur eine Tätergruppe — die Vermögenstäter — wurde gewählt, weil die Täter verschiedener Deliktsarten sich vermutlich in mancher Hinsicht unterscheiden und ihre gemeinsame Betrachtung das Ergebnis verfälschen könnte, bei getrennter Betrachtung die Gruppen aber zu klein würden. Unter den jugendlichen Delinquenten und auch den späteren Gewohnheitsverbrechern spielen aber die Vermögenstäter durchaus die größere Rolle.

Die Zahl 300 ist ein Kompromiß. 300 Fälle lassen sich von einem Einzelnen gerade noch persönlich überblicken, gestatten andererseits aber schon eine gewisse statistische Auswertung. Leider läßt sich auch umgekehrt sagen, daß die Zahl zu groß ist für eine wirklich gründliche Untersuchung des Einzelfalls und zu klein für eine stichhaltige statistische Beweisführung. Es wurde versucht, diese Mängel etwas gegeneinander auszugleichen, aber natürlich nur mit beschränktem Erfolg.

Auch die Wahl des Jahres 1949 ist ein Kompromiß. Damit die bis zum Stichtag der Nachprüfung — dem 31. III. 55 — verstrichene Zeit nicht zu kurz war, wurde das erste einigermaßen normale Nachkriegsjahr gewählt, das aber doch den abnormen Zuständen vor der Währungsreform noch etwas zu nahe benachbart ist. Frühere Jahre schieden sowieso aus, erstens weil die Kriegszerstörungen — Aktenverluste, Wohnungsänderungen — die Materialfindung zu sehr erschwert hätten, und zweitens weil die Befunde aus der Kriegs- oder ersten Nachkriegszeit sich zu wenig verallgemeinern lassen.

---

[1] Nach einer unveröff. Statistik des statistischen Landesamtes in Hamburg.

Die 300 Probanden wurden — mit einer Zufallszahl beginnend und in gleichmäßigen Abständen fortschreitend — unter den Vermögenstätern ausgewählt, die im Hauptverhandlungsregister des Hamburger Jugendgerichts verzeichnet sind und deren Schuld das Gericht für erwiesen hielt. Dadurch sind die schon von der Staatsanwaltschaft eingestellten Fälle ausgeschaltet, deren Einbeziehung die Untersuchung mit Bagatellsachen überschwemmt hätte. Die in der Hauptverhandlung — nach Ermahnung, Arbeitsauflage o. ä. — eingestellten, also nicht durch Urteil erledigten Fälle sind aber einbezogen, weil dieser Unterschied oft nur technische Gründe hat.

Ausgeschieden wurden von vornherein die nicht in der Bundesrepublik Geborenen. Denn mindestens über einen Teil von ihnen, und zwar gerade über die besonders gefährdeten Zonenwanderer, hätte sich nichts Sicheres ermitteln lassen, und so wurden lieber alle ausgeschieden, um den Verlust dieser ungünstigen Gruppe etwas auszugleichen. Ein Proband wurde nach Durchsicht der Jugendgerichtsakte ausgeschieden, weil er seine Straftat schon 1947 begangen hatte und dadurch und auch altersmäßig aus dem Rahmen der übrigen fiel, und ein weiterer, weil seine Jugendgerichtsakte unauffindbar war. Für einen ausgeschiedenen Probanden wurde jeweils der im Hauptverhandlungsregister auf ihn folgende gewählt, und das geschah auch, wenn ein schon Gewählter noch einmal erschien.

2. An Unterlagen wurden benutzt:

a) Akten

aa) Gerichtsakten, nämlich die Jugendgerichtsakten von 1949, und dazu spätere Hamburger oder auswärtige Strafakten — ermittelt aus dem Strafregister und der Zentralkartei der Staatsanwaltschaft beim LG Hamburg — soweit nicht in Bagatellsachen Sachverhalt und Maßnahme hinreichend aus den kriminalpolizeilichen Personenakten ersichtlich waren. Das Strafregister wurde für die in Hamburg Geborenen direkt eingesehen, für die auswärts Geborenen angefordert.

bb) Polizeiakten, nämlich die kriminalpolizeilichen Personenakten beim Landeskriminalpolizeiamt Hamburg mit den in Hamburg, z. T. auch auswärts, gegen die Probanden erstatteten Anzeigen, mit Vernehmungsprotokollen, Lichtbildern, Einlieferungs- und Haftentlassungsanzeigen, Mitteilungen der StA über den Ausgang des Verfahrens und die Strafverbüßung u. ä.

cc) Akten der Jugend- und Sozialbehörden, nämlich die Hamburger und bei längerer auswärtiger Betreuung auch die auswärtigen Jugendamtsakten — der Familien- und Gefährdetenfürsorge sowie der Fürsorgeerziehungsbehörde — mit den Daten über das frühere Leben des Probanden und der Familie, mit Heimberichten und Berichten über die — kürzere oder längere — Betreuung nach 1949; entsprechend Vorgänge der Sozialverwaltung Hamburg, die später die Betreuung eines kleinen Teils der Probanden vom Jugendamt übernommen hatte.

dd) Arbeitsamts-Vorgänge, nämlich die Arbeitskarten der Hamburger Arbeitsämter und — soweit dort auswärtige Arbeitsstellen nicht mit eingetragen waren — auch einiger auswärtiger Arbeitsämter. Auf ihnen sind die einzelnen Arbeitsstellen nach Art, Dauer, Name des Arbeitgebers und z. T. Entlassungsgrund vermerkt. Die Eintragungen waren nicht immer vollständig und ein größerer Teil der Karten war nicht auffindbar, und zwar, wie es hieß, wegen des ständigen Hin- und Herwanderns der Karten zwischen den verschiedenen Arbeitsämtern Hamburgs. — Die Auszüge aus den Karten besorgte eine Studentin.

ee) Berufsschul-Zeugnisse der Hamburger Berufsschulen mit Leistungs- und Führungsnoten für die einzelnen Jahre des Schulbesuchs und Vermerke über die Regelmäßigkeit des Erscheinens. Ein Teil der Probanden — insbesondere die ständig in Anstalten Befindlichen, die nach auswärts Verzogenen und die Seeleute — war gar nicht von den Berufsschulen erfaßt, ein anderer Teil hatte für alle oder einzelne Jahre der Berufsschulpflicht nur den Vermerk bekommen: kein Zeugnis, da nie da (oder: da fast nie da). — Die Auszüge besorgte ein technischer Mitarbeiter der FE-Untersuchung der Hamburger Jugendbehörde, als er dafür die Unterlagen der Berufsschulen einsah.

ff) Vorgänge der Kriminalpsychologischen Abteilung der Hamburgischen Gefängnisbehörde, insbesondere die darin enthaltenen psychologischen und psychiatrischen Gutachten, die über 54 der Probanden abgegeben worden waren. Sie wurden erst nach der Kodifizierung alles übrigen Materials eingesehen, um die eigene Betrachtungsweise von den Urteilen der Gutachter möglichst lange unabhängig zu halten (umso wertvoller erscheint der hohe Grad von Übereinstimmung).

b) Persönliche Ermittlungen

Zur Ergänzung der schriftlichen Unterlagen, die gerade über die günstig entwickelten Probanden nur wenig aussagten, wurden Angehörige der Probanden aufgesucht. Und zwar grundsätzlich die Mutter; falls sie verstorben, abwesend oder sehr schwer erreichbar war, der Vater — der auch manchmal mit der M. zusammen angetroffen wurde — oder die Pflegemutter, Großmutter, Stiefmutter usw., die den Probanden überwiegend aufgezogen hatte. In einigen Fällen mußten mehrere dieser Personen befragt werden. Die Probanden wurden bei den Hausbesuchen gelegentlich mitangetroffen und evt. kurz gesprochen, die eigentlichen Auskünfte aber auch dann von den Müttern eingeholt, damit die Befunde vergleichbar blieben.

Eine Befragung aller Probanden — statt der Mütter oder neben ihnen — wäre der Verfasserin technisch nicht möglich gewesen, weil die jungen Leute nur abends zu sprechen gewesen wären, die Befragung also mit allen Fehlgängen fast ein Jahr in Anspruch genommen hätte, während die Mütter vielfach tagsüber im Hause getroffen wurden. Die Befragung der Mütter — obwohl kein Ersatz für die der Probanden — hatte wenigstens den Vorteil, daß die Betrachtung des Probanden *von außen* gewahrt blieb, und daß die Mütter Angaben über die Kindheit der Probanden machen konnten, die von ihnen selbst nicht zu bekommen gewesen wären. Außerdem ist die Mutter selbst ja ein besonders wichtiges Stück der Umwelt eines Kindes.

Die Angehörigen wurden ohne vorherige Anmeldung in der Wohnung aufgesucht. Ein etwas allgemeingehaltener Ausweis der Universität, der nur von einer Jugenduntersuchung sprach, führte mich ein, aber in der Wohnung, vor Beginn des eigentlichen Gesprächs, erklärte ich, daß der Ausgangspunkt der Untersuchung die 1949 abgeurteilte Straftat des Probanden sei, und daß er einer von 300 der insgesamt über 1 000 sei, von denen man gern einmal sehen möchte, was aus ihnen geworden sei, um evt. auch für andere Fälle etwas daraus zu lernen.

Der Gang des Gesprächs wurde weitgehend den Angehörigen selbst überlassen; die Punkte, auf die es ankommen sollte, wurden ihnen möglichst unmerklich irgendwann im Verlauf des Gesprächs in Form irgendwelcher Anregungen, nicht bestimmter Fragen, zugeschoben. Die Dauer des Gesprächs war sehr verschieden, je nach der Bereitschaft und der Fähigkeit der Befragten, sich auszusprechen. Sie reichte von wenigen Unterredungen von nur etwa einer Viertelstunde — dies waren verkappte Weigerungen, die in der Auseinandersetzung darüber doch zu Auskünften benutzt wurden — bis zu 3 oder mehr Stunden. Im Durchschnitt waren es etwa 1—1 ½ Stunden. Aufzeichnungen über das Gesagte wurden niemals in Anwesenheit der Befragten gemacht, sondern *sofort* hinterher, auf einer Bank, in einem benachbarten Treppenhaus, in einem Behördengebäude, in einem Verkehrsmittel o. ä. Und zwar schrieb ich die Angaben der Befragten möglichst rasch und ohne Nachdenken so nieder, wie sie mir nacheinander wieder einfielen, d. h. möglichst mechanisch so wie ich sie noch im Ohr hatte, soweit wie möglich wörtlich wie sie gesagt worden waren. Auf diese Weise kann man nach meinen Erfahrungen und denen anderer[2] zwar nicht etwa alle ganzen Sätze, wohl aber die wesentlichen Wendungen noch ziemlich getreu wiedergeben. Diese lockere Art der Gesprächsführung und Protokollierung hat den Nachteil, daß man bei beidem einzelne Punkte zu erwähnen vergessen kann; der sachliche Wahrheitsgehalt ist aber vermutlich höher als bei einem formal gebundenen Vorgehen.

Nur zwei Mütter — deren Befragung auch nicht durch die des Vaters ersetzt werden konnte — weigerten sich endgültig; dazu kommen die Eltern eines erst kurz vorher verstorbenen Probanden. Nur auf die Jugendamtsakten angewiesen war ich ferner noch im Fall von zwei Probanden, die 1949 nur auf der Wanderschaft durch Hamburg gekommen waren und deren Angehörige — wie auch sie selbst — in Süddeutschland wohnen. Die anfänglichen Weigerungen habe ich im übrigen bei einem zweiten oder dritten Hausbesuch, den ich nach einigen Monaten machte, doch überwinden können. Nicht unwesentlich war dabei wohl, daß ich einem Teil der Befragten für die „Mitarbeit an einer wissenschaftlichen Untersuchung" ein Honorar von DM 3,— gezahlt habe.

c) Mängel des Materials

Das verwertete Material ist in mehrfacher Hinsicht unvollständig: Es konnten damit nicht alle späteren Straftaten aller Probanden erfaßt

---

[2] s. Pipping u. a. (1954), 40 f.

werden (von den nicht aufgedeckten ganz abgesehen). So fehlen außerhamburgische Strafanzeigen gegen sie, sofern sie nicht zu einer Verurteilung in der Bundesrepublik geführt haben, und sofern sich nicht etwa in einer anderen Akte ein Hinweis auf sie fand. Darunter fallen also Vorgänge in Bagatellsachen, die anderswo in der Bundesrepublik erwuchsen und eingestellt wurden. Sie würden das Bild wohl nur unerheblich verändern, zumal da nicht viele Probanden überhaupt auswärts von Hamburg gelebt haben und auch diese überwiegend nur kurz (vgl. Tab. 6 u. 7 S. 21, 22). Allerdings gehören auch die Seeleute dazu.

Wichtiger ist, daß über das Verhalten der Probanden im Ausland überhaupt keine amtlichen Belege vorliegen. Die Möglichkeit, etwa über einen deutschen Konsul im Ausland Erkundigungen einzuziehen, ist mir erst zu spät aufgegangen, und gern hätte ich diesen Weg wohl auch nicht beschritten. Ein paar Probanden waren nur ganz vorübergehend im Ausland; über diese Aufenthalte ist genügend bekannt. 24, nämlich 20 Jungen und 4 Mädchen, waren am 31. III. 55 im Ausland oder unbekannten Aufenthalts, davon aber insgesamt 8 erst seit weniger als einem halben Jahr, weitere 4 seit weniger als einem Jahr, weitere 8 seit weniger als 3 Jahren (s. Tab. 161). Zahl und Art ihrer späteren Straftaten sind bei diesen Jugendlichen daher nicht genau zu bestimmen. Ihre Eingliederung in eine bestimmte Rückfallsgruppe schien aber in allen Fällen bis auf einen möglich, weil sich das Ausmaß ihrer Rückfälligkeit schon vorher entschieden hatte — soweit man so etwas überhaupt sagen kann. Es lagen auch über die meisten von ihnen private Unterlagen (Erzählungen der Eltern, Briefe, Bilder usw.) vor, die einigermaßen zuverlässige Hinweise über ihr allgemeines soziales Gedeihen gaben.

Es braucht wohl nicht näher darauf eingegangen zu werden, daß ein großer Teil der „Fakten", die aus dem Material gewonnen und in der Untersuchung verwertet wurden, keineswegs „objektive" Daten, vielmehr aus den verschiedensten Perspektiven, der Lehrer, Eltern, Nachbarn, Fürsorger usw., gesehen und dadurch auch geprägt sind, und daß sie außerdem in den verschiedenen Fällen und Punkten eine sehr verschiedene Vollständigkeit haben. Diese Mängel sind in solchen Untersuchungen allgemein und lassen sich auch durch vorsichtige Behandlung des Materials nicht beheben. Aber die vorliegende Untersuchung hat noch den besonderen Mangel, daß die Umwelt der Probanden und ihr äußerer Lebensgang genauer ins Auge gefaßt worden sind als sie selbst. Nicht nur wurden anstelle der Probanden die Mütter befragt, in den weitaus meisten Fällen fehlen auch zuverlässige Daten über ihre intellektuelle und sonstige Begabung, über ihre körperliche Ausstattung, über den Grad ihrer Vitalität, ihrer Differenziertheit usw. Angaben der Lehrer und Erzieher über diese Punkte sind zwar ziemlich reichlich vorhanden, aber doch oft widersprüchlich und ungenau und von der zufälligen Beobachtungssituation geprägt. Diese Lücke hätten nur psychologische und ärztliche Tests und Untersuchungen füllen können, und das hätte diese als „Ein-Mann-Untersuchung" aufgezogene Studie über Gebühr belastet. Man kann natürlich sagen, es sei einer unter möglichen anderen heuristischen Ansätzen, zu sehen, wieweit sich das Verhalten eines Täters und seine sonstigen „Eigenschaften" als Antwort auf die Konstellationen seines Lebens verstehen lassen. Aber weil ja vermutlich gewisse Grundtatsachen der psychologischen Ausstattung jeweils mit zu diesen Konstellationen gehören, ist das keine ganz durchgreifende Verteidigung.

3. Auswertung

Das Material wurde für die Zählung zunächst für zwei Hollerithkarten verschlüsselt, nach den ersten Zahlenauswertungen dann noch für eine weitere, da sich die Kodifikation der Straftaten als unbefriedigend erwiesen hatte. Damit sich etwaige Verschiebungen meines Maßstabs bei den Kategorien, die eine gewisse „Bewertung" verlangten, auf die Fälle verschiedener Art möglichst gleichmäßig auswirkten, habe ich sie nach der Reihenfolge ihrer Eintragung ins Hauptverhandlungsregister (d. h. meiner Nummern-Reihenfolge) kodifiziert, wo sie ja in bunter Reihe aufeinanderfolgen. Nach Abschluß der Kodifizierung bin ich aber alle Fälle noch einmal durchgegangen, um die gleichmäßige Anwendung einiger besonders schwer abstufbarer Kategorien nachzuprüfen. Damit ist natürlich nicht ausgeschlossen, daß die ganze Kodifizierung — gleichmäßig — einen gewissen Trend durch theoretische Vorurteile bekam, die ich in die Arbeit mitbrachte. Der beste Schutz dagegen war wohl die große Fülle und Kompliziertheit des Materials, die es nicht gestattete, jeweils mehr als einen kleinen Ausschnitt zu überblicken. Kodifizierung eines solchen Materials heißt, 300 Teppiche nach Feldern in 150—200 einzelne Stückchen zu zerzupfen, um daraus später einen neuen großen „feld"gerechten Teppich zusammenzusetzen, eine Arbeit, bei der das Gehirn zu weitergehenden theoretischen Urteilen und damit auch zu Vorurteilen gar nicht mehr fähig ist und bei der auch das emotionale Interesse daran erlischt.

Die Karten wurden von der Hollerithabteilung der Hamburgischen Finanzbehörde numerisch ausgezählt. Bei der weiteren Bearbeitung der Zahlen half eine „Büroangestellte", der eine besonders gute Allgemeinbildung zur Verfügung stand. Weitere Zählungen, die sich während der Auswertung als wünschenswert herausstellten, machten wir selbst an Hand der Entwürfe zu den Hollerithkarten, die Verfasserin auch noch einige nach den Materialauszügen.

Auf statistische Signifikanzberechnungen habe ich — auch nach Beratungen mit Statistikern — verzichtet, weil sie außerordentlich viel Zeit in Anspruch genommen haben würden und für die Sache von ihnen nicht zuviel zu erwarten war. Als einzelne gesehen liegen die meisten Beziehungen vermutlich unterhalb der Signifikanzgrenze, d. h. die vorgefundene Verteilung läßt sich nicht einmal mit hoher Wahrscheinlichkeit auf den gerade untersuchten Faktor zurückführen, Zufälle werden sie mitbestimmt haben. Aber wenn man viele Faktoren untersucht, kann man anscheinend doch etwas hinter diese „Zufälle" kommen, die ja zufällig nur sind, insofern man sie aus der Fragestellung ausklammert; an sich ist in den Verteilungen ja alles determiniert. So habe ich mich darauf beschränkt, die Beschaffenheit meines Materials möglichst offen darzulegen und in den sachlichen Argumentationen vorsichtig zu sein. Wenn manche Schlüsse doch als vorschnell erscheinen und besonders in den Zusammenfassungen sich manches sicherer darstellt als es ist, so doch nur auf der Grundlage des allgemein hypothetischen Charakters, den eine solche Arbeit hat. Sie ist ja auch nur Bestandteil einer größeren Reihe solcher Untersuchungen, auf ihr allein soll kein reales Handeln aufgebaut werden.

Eine „Prognoseuntersuchung" im engeren Sinne ist diese Arbeit nicht, d. h. es wurde nicht versucht, aus den Punkten, in denen sich die Rückfallsgruppen unterschieden, eine Prognosetafel zusammenzustellen. Die untersuchte Gruppe erschien dazu zu klein und zu wenig homogen. Auch zu einer Erprobung der bereits vorhandenen Prognosetafeln an meinem Material hat jedenfalls bisher die Zeit nicht gereicht. Daß der Verf. die Faktoren, die die Gluecks in ihrer sozialen Prognosetafel verwenden[3], sehr bedeutsam erscheinen, ergibt sich aus Falldarstellungen; sie treten auch in den Tabellen deutlich hervor. Die psychologischen Tafeln der Gluecks[4] werden an dem hier vorliegenden Material nicht kontrolliert werden können, weil ja über die innere Verfassung der Probanden selbst zu wenig bekannt ist.

### 4. Art und Gliederung der Darstellung

Die Darstellung gliedert sich in zwei Teile. Im ersten Teil werden die statistischen Ergebnisse in Tabellen dargeboten, mit einem verbindenden Text, der im wesentlichen nur ihren unmittelbaren Inhalt erörtert und sich dabei höchstens auf andere Tabellen, auf statistische Implikationen, aber relativ wenig auf umfassendere theoretische Voraussetzungen bezieht. Um die Lektüre zu erleichtern, ist jeweils an den Kapitelschluß eine rein textliche Zusammenfassung der Ergebnisse gesetzt, die aber notwendig etwas übertreibt, schon weil die Kleinheit der absoluten Zahlen dort nicht sichtbar wird. Ein Tabellenverzeichnis befindet sich am Schluß des ersten, eine Gesamtzusammenfassung am Schluß des zweiten Teils.

In den ersten Kapiteln ist manches besonders ausführlich dargestellt — so vor allem in Kap. 3 aus der persönlichen Vorgeschichte der Probanden —, was vom Ergebnis her solche Ausführlichkeit gar nicht zu rechtfertigen scheint. Es sollte aber die Beschaffenheit und Lückenhaftigkeit des Materials möglichst deutlich dargelegt werden, und zwar auch als notwendige Grundlage für die z. T. zusammenfassenden, abgekürzten Tabellen der späteren Kapitel.

Im zweiten Teil sind Einzelfälle dargestellt, davon die meisten inhaltlich so vollständig — wenn auch natürlich zusammengefaßt — wie sie mir selbst bekannt waren, von anderen nur Ausschnitte. Im Zwischentext sind bei den Fallerörterungen über diesen oder jenen Punkt Hypothesen verschiedener Tragweite erwogen, aber in unsystematischer Anordnung und ohne Streben nach Vollständigkeit. Bei dem gegenwärtigen Stand des Wissens schien es mir richtiger, den fragmentarischen Charakter der Einzelerkenntnisse und -vermutungen nicht durch zu viel Systematik zu überdecken. Inofern sind aber diese Falldarstellungen auch mehr oder we-

[3] Unraveling, S. 261

[4] a. a. O., S. 263, 264

niger ein zusammenhängendes Ganzes. Sie sind gedacht, so gelesen zu werden, wie sie geschrieben wurden, d. h. in der gleichen Reihenfolge — wenn auch nicht in einem Zuge —, und möglichst mit einer ähnlichen Bereitschaft, zu meditieren, ohne sich des Ergebnisses sicher sein zu können.

Eine besondere Schwierigkeit bietet bei eigenen Tatsachenuntersuchungen die Verarbeitung der Literatur. Man muß zwar Literaturkenntnisse haben, ehe man sich trauen kann, mit einer solchen Untersuchung zu beginnen. Ist man aber einmal dabei, so würde sich der eigene Stoff mit seinen internen Verwicklungen und seinem ganzen Wenn und Aber nicht bewältigen lassen, wollte man sich auf all das beziehen, was andere in allen diesen Punkten gefunden oder nicht gefunden und was andere gedacht haben. So ist es im allgemeinen bei Darstellungen dieser Art auch nicht üblich, sich in vollem Umfang mit den Befunden und Gedanken anderer auseinanderzusetzen. Ich habe mich darum auf relativ wenige einzelne Hinweise beschränkt, die mir für die Sache ganz besonders dienlich erschienen.

## *II. Kurze Übersicht über bisherige Untersuchungen*

1. Nachuntersuchungen — follow-up studies — sind in den USA in großem Stil von dem Ehepaar Sheldon und Eleanor Glueck gemacht worden. Für mich kam davon besonders die Nachuntersuchung von 1 000 Kindern und Jugendlichen in Betracht, die 1917/22 vom Juvenile Court in Boston abgeurteilt worden waren[5], ferner die von 500 jungen Männern, die 1921/22 aus dem Reformatory in Massachusetts entlassen wurden[6]. Beide Gruppen sind in mehreren Etappen weiterverfolgt worden. Zahlenmäßige Vergleiche der Einzelbefunde waren im ganzen nur wenig zu machen, und zwar wegen der Unterschiede des Ortes und der Zeit und auch der verschiedenen altersmäßigen Zusammensetzung der Gruppen.

Silbereisen hat 1940 im Rahmen einer Dissertation[7] 525 Jugendliche nachverfolgt, die 1928 vom Jugendgericht in München abgeurteilt worden waren. Obwohl er sich auf die Einholung von Strafregisterauszügen beschränkte und seine Probanden teilweise wegen eines Nichtvermögensdelikts verurteilt worden waren, ergaben sich Parallelen, auf die ich an den einzelnen Punkten verwiesen habe. Im ganzen waren bis 1939 49,3 % seiner Probanden wieder bestraft worden.

Frey[8] hat in seinen Untersuchungen über den „frühkriminellen Rückfallsverbrecher" ein umfangreiches Material verarbeitet. Er untersuchte zunächst die späteren Bestrafungen von 335 männlichen Kindern und Jugendlichen, die von 1931—1939 in Basel-Stadt jugendgerichtlich verurteilt und

---

[5] Juvenile Delinquents Grown up, New York 1940.

[6] 500 Criminal Careers, New York 1930, und Later Criminal Careers, New York 1937. Vgl. auch die zusammenfassende Darstellung dieser und anderer Untersuchungen in: After Conduct of Discharged Offenders, London 1946.

[7] Die spätere Straffälligkeit jugendlicher Rechtsbrecher. Exners kriminal. Abh., H. 45, Lpz. 1940.

[8] Der frühkriminelle Rückfallsverbrecher, Basel 1951.

1949 schon volljährig waren. Dabei fand er einen sehr viel größeren Rückfälligenanteil unter den Probanden, bei denen Anstaltsunterbringung angeordnet worden war. Im ganzen waren 74 % nicht über das Jugendalter hinaus straffällig geworden, weitere 6 % auch noch von 18—20 und weitere 20 % auch noch mit 21 Jahren oder später. Ferner verglich er 303 männliche Kinder und Jugendliche, die von 1912—1938 wegen ihrer Straftaten in öffentlichen Erziehungsanstalten waren, mit 164 aus anderen Gründen dort Untergebrachten. Daraus, daß von den strafrechtlich Untergebrachten auch später beträchtlich mehr straffällig wurden, obwohl alle Probanden der Kontrollgruppe aus „schlechten sozialen und erzieherischen Verhältnissen" kamen, schloß er, daß „offenbar Milieufaktoren keine entscheidende Rolle in der Verursachung des Rückfallverbrechertums" spielen[9]. — Ferner verfolgte er 160 junge Leute, die 1939/48 — als Jugendliche — in Anstalten gewesen und seit mindestens 4 Jahren aus der Anstalt entlassen worden waren. Besonders die Lebensläufe von 75 dieser Probanden, die inzwischen schon mindestens 23 Jahre alt waren und von denen 44 % nicht rückfällig, 20 % „Gelegenheitsverbrecher" und 36 % „Rückfallsverbrecher" geworden waren, benutzte er zu eingehender Betrachtung der verschiedenen Faktoren, die sich mit günstiger oder ungünstiger Entwicklung koppelten. Dabei verwertete er insbesondere die psychiatrischen Gutachten und die in ihnen enthaltenen Psychopathiediagnosen (nach den Typen Schneiders), und zwar in dem Sinne, daß diese — angeborene — Charakteranomalie sowohl für die Rückfallskriminalität wie auch im einzelnen für den gewählten Deliktstyp verantwortlich sei. — Bei vielen Übereinstimmungen in Einzelbefunden, auf die ich mich auch bezogen habe, scheinen mir die Herleitungen Freys über das Gewicht der „Anlage" nicht schlüssig.

Rose[10] hat 1950 nach Strafregistern die Rückfälligkeit von 472 Borstal-Zöglingen ermittelt, die von 1941—44 aus englischen Borstal-Anstalten entlassen worden waren. Nach Art und Ausmaß ihrer späteren Verurteilungen trennte er sie in Nichtrückfällige (46,8 %), Gelegenheitstäter (17,2 %) und Gewohnheitstäter (36 %). In sorgfältigen statistischen Berechnungen hat er besonders die Beziehungen zwischen Anstaltsverhalten und späterem und früherem Verhalten in der Freiheit verarbeitet, auch unterschieden nach einzelnen Bereichen des Verhaltens. Auf diesem so wichtigen Gebiet konnte ich fast nichts ermitteln, weil meine Probanden — anders als die Roses — nur zu einem Teil in Anstalten gewesen waren, andererseits aber auch in sehr verschiedenen, und zu verschiedenen Lebenszeiten.

Mannheim und Wilkins[11] haben 1951 die Rückfälligkeit von 720 Borstal-Jungen untersucht, die 1946/47 in englische Borstal-Anstalten aufgenommen worden waren. Mit dem ausgesprochenen Zweck, eine Prognosetafel aufzustellen, und nicht: Ursachen nachzugehen, teilten sie die Probanden in Erfolgsfälle (= nicht oder nur mit Geldstrafe Verurteilte, 45 %) und Versager (Verurteilte, 55 %) und ermittelten, welche Faktoren sich in

---

[9] a. a. O., S. 73.

[10] Five Hundred Borstal Boys, Oxford 1954.

[11] Prediction Methods in Relation to Borstal Training, London 1955.

den beiden Gruppen in statistisch signifikanter Weise unterschieden. Da sie auf das vorhandene Aktenmaterial angewiesen waren, schieden Einzelheiten aus der persönlichen Entwicklungsgeschichte der Probanden dafür z. T. von vornherein aus, z. T. erwiesen sie sich auch als nicht signifikant unterschieden. Als am besten prognostizierende Faktoren erwiesen sich die Zahl der Vorverurteilungen, frühere Fürsorgeerziehung, die Dauer der früheren Beschäftigungen, das Vorkommen von Trunkenheit und ob der Proband überhaupt noch ein Zuhause hatte oder nicht. Die Untersuchung ist mit außerordentlicher Exaktheit ausgeführt, besonders auch in der statistischen Technik.

Relativ viele Vergleichspunkte ergaben sich mit der Untersuchung von F. Meyer[12] über das Verhalten von 172 zu Jugendgefängnis von unbestimmter Dauer verurteilten (und 1945/51 entlassenen) Jugendlichen während der anschließenden Probezeit von 2—3 Jahren. 50 % wurden in dieser Zeit rückfällig. Obwohl Meyer nur Aktenmaterial benutzte, war ihm doch — anders als einem Teil der übrigen Nachuntersucher — auch etwas über das spätere persönliche Leben der Probanden bekannt, weil sie unter Bewährungsaufsicht standen.

Als eine „Nachuntersuchung" ist auch noch zu nennen die Cambridge—Somerville-Youth Study[13], in der die Entwicklung von 650 — anfänglich 6—12 Jahre alten und z. T. als gefährdet angesehenen — Kindern über 10 Jahre hinweg verfolgt wurde, und zwar unter experimentellen Bedingungen, indem nämlich die Hälfte von speziell für sie bereitgestellten Ratgebern individuell betreut wurde, die andere nur in der üblichen Weise von den örtlichen Behörden. Obwohl wegen der so anders zusammengesetzten Gruppe und der großen methodischen Unterschiede direkte Vergleiche mit meiner Untersuchung kaum zu machen waren, scheint mir doch die Übereinstimmung in dem Befund bedeutungsvoll, daß für die soziale Einordnung am Beginn des Erwachsenenalters — nicht unbedingt vorher — die persönlichen Beziehungen innerhalb der Familie entscheidender waren als die äußere soziale Einordnung der Familie.

Ebenso war Mieskes[14] Untersuchung von 60 Insassen eines mitteldeutschen Jugendgefängnisses, die auch einen kleinen katamnestischen Teil hat, nur wenig zu direkten Vergleichen zu benutzen, weil er kaum statistische Methoden angewandt hat; er stützt sich in erster Linie auf sehr eingehende psychologische Explorationen und Untersuchungen der Probanden, die bei mir gerade fehlen. Inhaltlich ergänzen sich die Befunde aber in gewisser Hinsicht. Insbesondere seine Ausführungen darüber, wie die jungen Leute die Strafe erlebten und wie sie zu ihrer Straffälligkeit und der Frage ihrer Schuld standen — überwiegend ohne Besinnung, nur mit Ressentiment[15] — scheinen meine Falldarstellungen in manchen Punkten

---

[12] Rückfallprognose bei unbestimmt verurteilten Jugendlichen. Bonn 1956.

[13] Powers, E. and Witmer, H.: An Experiment in the Prevention of Delinquency. New York 1951.

[14] Mieskes, Der Jugendliche in der Situation der Straffälligkeit. Jena 1956.

[15] a. a. O., S. 290 ff 15 a (1958).

fortzuführen. — Auch seine Ergebnisse über die Phasen der kriminellen Entwicklung scheinen mir sehr wichtig. Ebenso eignet sich die katamnestische Untersuchung von K. Mende[15a] an 300 minderjährigen Berliner Straffälligen bei manchen Übereinstimmungen nicht zu unmittelbaren Zahlenvergleichen, weil sie die Heranwachsenden einbezogen hat und ihr Ausgangsjahr der so außerordentlich schwierige Winter 1946/47 war.

2. Außer auf diese Nachuntersuchungen muß ich mich noch auf einige andere Hauptwerke über Jugendkriminalität beziehen. Zunächst auf die letzte große Untersuchung der Eheleute Glueck über 500 delinquente Kinder und Jugendliche im Vergleich zu 500 nichtdelinquenten Altersgefährten aus den gleichen Wohngegenden[16]. Die Vergleiche der Gluecks beziehen sich auf eine sehr große Zahl von Umweltfaktoren und auf die Befunde körperlicher, psychologischer und psychiatrischer Untersuchungen und sind dabei von großer methodischer Exaktheit. Trotz des Niveauunterschiedes, der zwischen dieser und meiner Untersuchung besteht, habe ich zuweilen Befunde verglichen. In der Relevanz der persönlichen Beziehungen zwischen Eltern und Kind und der Festigkeit der Eltern in der Erziehung zeigte sich Übereinstimmung. Die soziologischen Einzelbefunde waren z. T. verschieden, sei es, weil die amerikanischen Verhältnisse doch zu anders sind, sei es, weil die Gluecks durch die Anlage ihrer Untersuchung das soziale Gefälle, das bei mir eine ziemliche Rolle spielt, von vornherein weitgehend ausgeschaltet hatten.

Unter den für diese Untersuchung besonders wichtigen Autoren sind ferner zu nennen Aichhorn[17], ferner Bowlby mit seinen im einzelnen umstrittenen Befunden bei jugendlichen Dieben[18] und seinem späteren zusammenfassenden Bericht für die World Federation for Mental Health über die Wirkungen der Trennung des Kindes von den Eltern[19] (dazu D. Burlingham und A. Freud über Kriegs- und Anstaltskinder[20]), K. Friedlander mit ihrer Darstellung von der Bildung der „asocial character formation" in der Kindheit[21], Stott mit seiner Schilderung von 102 Fürsorgezöglingen[22] und A. Fuchs-Kamp mit ihrer Analyse von drei „jugendlichen Fortläufern und Dieben", in der sie der Genese der speziellen Verwahrlosungssymptome aus den Konstellationen der Lebensgeschichte im einzelnen nachgegangen ist[23].

---

[15a] (1958)

[16] Unraveling Juvenile Delinquency, New York und London 1950.

[17] Verwahrloste Jugend. 3. Aufl. Bern 1951.

[18] Forty-four Juvenile Thieves. London 1946.

[19] Maternal Care and Mental Health, Genf 1951. Dazu nun auch Brit. J. of Medical Psychol., XXIX, 233.

[20] Kriegskinder, London 1949. Anstaltskinder, London 1950.

[21] The Psycho-Analytical Approach to Juvenile Delinquency. London 1951.

[22] Delinquency and Human Nature, Dumfermline 1950.

[23] „Jugendliche Fortläufer und Diebe." Prax. d. Kinderpsychol. 1 (1952), 109—114, 133—137, 177—180.

# Kapitel 2

## *Die Probanden nach ihrer Zusammensetzung und ihrer späteren Straffälligkeit (Die Rückfallsgruppen)*

### *I. Einführung der Probanden*

#### 1. Ihre Zusammensetzung 1949

Die Zufallsauswahl ergab unter den 300 jugendlichen Abgeurteilten 44 Mädchen. Das sind 14,7 % und entspricht gut dem allgemeinen Durchschnitt bei jugendlichen Vermögenstätern[1].

Tab. 1: Probanden (m und w) nach Alter bei 1949 abgeurteilter Tat

| Alter in | m | | w | | m + w | |
|---|---|---|---|---|---|---|
| Jahren | n | % | n | % | n | % |
| 14 | 56 | 21,9 | 9 | 20,4 | 65 | 21,7 |
| 15 | 67 | 26,2 | 11 | 25,0 | 78 | 26,0 |
| 16 | 59 | 23,0 | 11 | 25,0 | 70 | 23,3 |
| 17 | 74 | 28,9 | 13 | 29,6 | 87 | 29,0 |
| insg. | 256 | 100,0 | 44 | 100,0 | 300 | 100,0 |
| Durchschnitt | 16,1 J. | | 16,1 J. | | 16,1 J. | |

Die Probanden, und zwar sowohl Jungen wie Mädchen, waren bei der 1949 abgeurteilten Tat durchschnittlich 16,1 Jahre alt. Die Vierzehnjährigen waren am wenigsten, die Siebzehnjährigen am meisten vertreten (Tab. 1). — Am Stichtag der Nachprüfung, am 31. III. 55, waren sie also durchschittlich etwas über 22 J. alt, alle aber jedenfalls über 20.

[1] Unter den 14 559 Jugendlichen, die 1950 in der Bundesrepublik wegen eines Vermögensdeliktes verurteilt worden sind, waren nach der Statistik des Statistischen Bundesamtes (1955) 2 161 = 14.85 Mädchen. Vgl. im ganzen dazu Exner (1949, 149). Ebenso fand Frey (1951, 18) 14,4 % als weiblichen Durchschnittsanteil an der Schweizer Jugendkriminalität der Jahre 1942—49. Eine ähnliche Geschlechterverteilung hat sich auch bei Schulerhebungen von A. Häberlin (1955, 14) unter den Kindern ergeben, die von den Lehrern als „extrem ungehorsam" bezeichnet wurden, nämlich nur 16 % Mädchen gegenüber 84 % Jungen.

Tab. 2 zeigt, nach welchen Straftatbeständen die einzelnen Probanden 1949 abgeurteilt wurden.

Tab. 2: Probanden nach Straftatbeständen ihrer 1949 abgeurteilten Taten

| Es wurden abgeurteilt wegen: | m n | m % | w n | w % | m + w n | m + w % |
|---|---|---|---|---|---|---|
| schw.Diebst | 59 | 23,0 | 1 | 2,3 | 60 | 20,0 |
| schw + einfD. | 17 | 6,0 | 1 | 2,3 | 18 | 6,0 |
| schwD + Unterschl | 1 | 0,4 | — | — | 1 | 0,3 |
| schwD + Hehlerei | 1 | 0,4 | — | — | 1 | 0,3 |
| einfDiebst | 146 | 57,0 | 35 | 79,6 | 181 | 60,3 |
| einfD + Unterschl | 3 | 1,2 | 2 | 4,6 | 5 | 1,7 |
| einfD + Hehlerei | 1 | 0,4 | — | — | 1 | 0,3 |
| einfD + Betrug | 4 | 1,6 | 2 | 4,6 | 6 | 2,0 |
| einfD + Unt. + Betrug | 1 | 0,4 | 1 | 2,3 | 2 | 0,7 |
| Unterschl. | 10 | 3,9 | — | — | 10 | 3,3 |
| Unterschl + Betrug | 4 | 1,6 | — | — | 4 | 1,3 |
| Hehlerei | 5 | 2,0 | 1 | 2,3 | 6 | 2,0 |
| Hehlerei + Betrug | 1 | 0,4 | — | — | 1 | 0,3 |
| Betrug | 3 | 1,2 | 1 | 2,3 | 4 | 1,3 |
| insg. | 256 | 100,0 | 44 | 100,0 | 300 | 100,0 |

Stellt man daraus zusammen, wieviele der Probanden überhaupt damals wegen einfachen Diebstahls oder schweren Diebstahls usw. abgeurteilt wurden, so ergibt sich die übersichtlichere Tab. 2 a.

Tab. 2 a: Probanden nach Straftatbeständen ihrer 1949 abgeurteilten Taten[1]

| Es wurden abgeurt. (u. a.) wegen | m n | m % | w n | w % | m + w n | m + w % |
|---|---|---|---|---|---|---|
| einfDiebst | 172 | 67,2 | 41 | 93,1 | 213 | 71,0 |
| schwDiebst | 78 | 30,5 | 2 | 4,6 | 80 | 26,7 |
| Diebst. | 233 | 91,0 | 42 | 95,4 | 275 | 91,7 |
| Unterschl | 19 | 7,4 | 3 | 6,8 | 22 | 7,3 |
| Betrug | 13 | 5,1 | 4 | 9,1 | 17 | 5,7 |
| Hehl., Begünst | 8 | 3,1 | 1 | 2,3 | 9 | 3,0 |
| P insg. | 256 | 100,0 | 44 | 100,0 | 300 | 100,0 |

[1] Wegen Überschneidung der Faktoren sind die Summen nicht = 100 %.

In ihr zeigt sich deutlich das wohlbekannte Überwiegen des Diebstahls unter den Vermögensdelikten und der ebenso bekannte Vorrang der Jungen mit dem schweren Diebstahl, während mit einfachem Diebstahl und auch mit dem Betrug die Mädchen überwiegen[2].

[2] In der Verurteiltenstatistik der Bundesrepublik (Statistisches Bundesamt 1955) wurde jeweils nur ein Straftatbestand gezählt, nämlich der die

Rund ein Drittel der Probanden kam damals ganz ohne Freiheitsentzug, d. h. mit nur einer Ermahnung, einer Arbeitsauflage oder einer schwereren, aber zur Bewährung ausgesetzten Maßnahme davon. Ein weiteres Drittel bekam Dauerarrest[3], und das letzte Drittel mußte für länger fort, sei es ins Jugendgefängnis, sei es in Fürsorgeerziehung (FE).

Tab. 3: Probanden nach Maßnahmen, auf die 1949 erkannt wurde

| Es erhielten 1949: | m n | m % | w n | w % | m + w n | m + w % |
|---|---|---|---|---|---|---|
| 1 Ermahn., ArbAufl. | 80 | 31,2 | 7 | 15,9 | 87 | 29,0 |
| 2 Aussetz. z. Bewähr. | 17 | 6,7 | 1 | 2,3 | 18 | 6,0 |
| 3 JArr | 76 | 29,7 | 22 | 50,0 | 98 | 32,7 |
| 4 JArr + FE | 18 | 7,0 | 7 | 15,9 | 25 | 8,3 |
| 5 FE | 27[1] | 10,5 | 6[1] | 13,6 | 33 | 11,0 |
| 6 JGefängnis | 36 | 14,1 | 1 | 2,3 | 37 | 12,3 |
| 7 JGef. + Auss. z. Bew. | 2 | 0,8 | — | — | 2 | 0,7 |
| insg. | 256 | 100,0 | 44 | 100,0 | 300 | 100,0 |

[1] darunter 1 Prob. mit der „Weisung, sich der Arbeitsfürsorge zwecks Arbeitserziehung zu unterstellen"; der P. kam in eine geschlossene Arbeitsgruppe.

Der Unterschied zwischen Jungen und Mädchen — Tab. 3 und 3 a — liegt darin, daß, wie es der allgemeinen Praxis entspricht, die Mädchen häufiger in FE, die Jungen häufiger ins Jugendgefängnis kamen; die Summe beider Maßnahmen ist bei beiden aber etwa gleich. Ferner wurden die Mädchen öfter zu Jugendarrest, die Jungen dafür mehr zu ambulanten Maßnahmen verurteilt, vermutlich weil die Richter die bevorzugt von den Mädchen begangenen Taten wie Diebstähle auf der Arbeitsstelle oder Warenhausdiebstähle als schwerer bewerteten als die vielen kleinen Metalldiebstähle, die die Jungen begingen.

---

schwerste Strafe androhende, sodaß die Verteilung im ganzen nicht vergleichbar ist, wenn sich auch Ähnlichkeiten zeigen:

Verurteilte Jugendliche 1950 Bundesrep.

| wegen | m | w |
|---|---|---|
| einf. Diebst. | 67,0 | 82,3 |
| schw. Diebst. | 22,4 | 4,1 |
| Diebst. insg. | 89,4 | 86,4 |
| Unterschlagung | 3,4 | 4,3 |
| Raub | 0,7 | — |
| Hehlerei | 3,1 | 3,1 |
| Betrug | 3,6 | 6,0 |

Ähnlicher wie hier Flemming (1942, 7), der unter den Vermögenstaten von männlichen jugendlichen Verurteilten 6 % Unterschlagungen, 5,2 % Betrug und 2,9 % Hehlerei fand. Vgl. auch Mehl (1954, 47 ff).

[3] "Jugendarrest" ist hier immer Dauerarrest. Freizeit- oder Kurzarrest werden in Hamburg durch „Arbeitsauflagen" für die Sonntage ersetzt.

Tab. 3 a: Probanden nach Maßnahmen, auf die 1949 erkannt wurde

| Es erhielten 1949: | m n | m % | w n | w % | m + w n | m + w % |
|---|---|---|---|---|---|---|
| 2,7 Aussetz. z. Bewähr. insg. | 19 | 7,4 | 1 | 2,3 | 20 | 6,7 |
| 3,4 JArr. insg. | 94 | 36,8 | 29 | 66,0 | 123 | 41,0 |
| 4,5 FE insg. | 45 | 17,6 | 13 | 29,6 | 58 | 19,2 |
| 6,7 JGef. insg. | 38 | 14,8 | 1 | 2,3 | 39 | 13,0 |

Nur noch rund 30 % der Probanden gingen bei der 1949 abgeurteilten Straftat in die Schule (Tab. 4). Von den Schulentlassenen war der größte Teil — und ein *sehr* großer bei den Mädchen — ungelernt tätig.

Tab. 4: Probanden nach Beruf bei der Straftat (1949)

| Es waren: | m n | m % | w n | w % | m + w n | m + w % |
|---|---|---|---|---|---|---|
| 1 Schüler | 77 | 30,1 | 7 | 15,9 | 84 | 28.0 |
| 2 Lehrlinge | 78 | 30,5 | 4 | 9,1 | 82 | 27,3 |
| 3 ungel. Arbeiter | 90 | 35,2 | 27 | 61,4 | 117 | 39,0 |
| 4 ohne Beruf | 10 | 3,9 | 6 | 13,6 | 16 | 5,3 |
| 5 unbek. | 1 | 0,4 | — | — | 1 | 0,3 |
| insg. | 256 | 100,0 | 44 | 100,0 | 300 | 100,0 |

Von diesen hatte allerdings bei den Jungen ein Drittel einmal eine Lehre begonen, sie aber wieder aufgegeben. Beendet hatte 1949 seine Ausbildung noch keiner der Probanden (Tab. 5).

Tab. 5: Probanden nach Beruf bei der Straftat (1949), nur Lehrlinge und Arbeiter

| Es waren: | m n | m % | w n | w % | m + w n | m + w % |
|---|---|---|---|---|---|---|
| Lehrlinge | 78 | 46,4 | 4 | 12,9 | 82 | 41,2 |
| Arb. nach abgebroch. Lehre | 32 | 19,1 | 4 | 12,9 | 36 | 18,1 |
| immer ungelernt | 58 | 34,5 | 23 | 74,2 | 81 | 40,7 |
| insg | 168 | 100,0 | 31 | 100,0 | 199 | 100,0 |

## 2. Aufenthalt der Probanden 1955

Am 31. III. 1955 lebten noch 298 der Probanden. Einer der jungen Männer war Anfang 1955 in Südamerika, wo er bei einer Hamburger Firma als kaufm. Gehilfe arbeitete, beim Segeln ertrunken. Ein anderer war schon 1950 in Hamburg in einem Wassergraben ermordet aufgefunden worden, kurz nach Verbüßung einer JGefängnisstrafe. Er war als Strichjunge tätig. Der Mörder, vermutlich ein Freier, wurde niemals ermittelt.

Während 1949 außer zwei Jungen, die sich nur zufällig in Hamburg herumtrieben, alle Probanden ihren Wohnsitz in Hamburg hatten, wohnten

1955 noch rund 87 % hier, immerhin ein recht hoher Anteil. Unbekannten Aufenthalts waren nur 5 = 1,7 %, im Ausland oder der Ostzone im ganzen 17 = 5,7 %. In Haft waren 28 = 9,3 % (Tab. 6).

Tab. 6: Aufenthalt der Probanden (m und w) am 31. III. 1955

| | m | | w | | m + w | |
|---|---|---|---|---|---|---|
| Es waren (in) | n | % | n | % | n | % |
| verstorben | 2 | 0,8 | — | — | 2 | 0,7 |
| unbek. Auf. | 3 | 1,2 | 2 | 4,6 | 5 | 1,7 |
| Fremdenlegion | 2 | 0,8 | — | — | 2 | 0,7 |
| ausgew. Übersee | 5 | 2,0 | — | — | 5 | 1,7 |
| ausgew. Europa | 2 | 0,8 | 1 | 2,3 | 3 | 1,0 |
| Seef. f. Ausl. | 3 | 1,2 | — | — | 3 | 1,0 |
| Ostzone | 3 | 1,2 | 1 | 2,3 | 4 | 1,3 |
| Bundesrepubl. anderswo | 10 | 3,9 | 6 | 13,6 | 16 | 5,3 |
| Hamburg | 226 | 88,3 | 34 | 77,3 | 260 | 86,7 |
| insg. | 256 | 100,0 | 44 | 100,0 | 300 | 100,0 |

Daß die auswärtigen Aufenthalte kaum ins Gewicht fallen, wird noch deutlicher, wenn man betrachtet, seit wann die Probanden im Ausland oder unbekannten Aufenthalts sind (Tab. 7). 12 waren am Stichtag erst bis zu einem Jahr fort, weitere 8 bis zu 3 Jahren. Abgesehen davon, daß in den meisten Fällen bis zuletzt Nachrichten von den Abwesenden vorlagen, aus denen man sich ein gewisses Bild von ihrer Lebensführung machen konnte, hatte sich ihr kriminelles Schicksal bis zu ihrem Weggang insoweit entschieden, daß sie fast alle mit in die verschiedenen Rückfallsgruppen eingeordnet werden konnten.

Tab. 7: Dauer des unbek. Aufenthalts, des Aufenthalts außerhalb der Bundesrepublik oder des Todes vor dem 1. IV. 1955 (m und w)

| | m | | w | | m + w | |
|---|---|---|---|---|---|---|
| Aufenth. (bzw. Tod) | n | % | n | % | n | % |
| bis zu 1/2 J. | 5 | 2,0 | 3 | 6,8 | 8 | 2,7 |
| 1/2 + — 1 J. | 4 | 1,6 | — | — | 4 | 1,3 |
| 1 + — 3 J. | 7 | 2,7 | 1 | 2,3 | 8 | 2,7 |
| 3 + — 4 J. | 2 | 0,8 | — | — | 2 | 0,7 |
| über 4 J. | 2 | 0,8 | — | — | 2 | 0,7 |
| keiner | 236 | 90,2 | 40 | 90,9 | 276 | 92,0 |
| insg. | 256 | 100,0 | 44 | 100,0 | 300 | 100,0 |

## *II. Die spätere Straffälligkeit der Probanden (m und w)*

### 1. Jungen und Mädchen

Von 56 % der Probanden — und zwar 58 % der Jungen und 45 % der Mädchen — ist bekannt, daß sie nach der Verurteilung 1949 weitere

Vermögensdelikte begangen haben, eingerechnet nichtangezeigte Taten, die bei den Jungen zwischen 1/7 und 1/8, bei den Mädchen 1/6 aller späteren Taten ausmachten (Tab. 8, 9).

Tab. 8: Probanden (m und w) nach Zahl der späteren Vermögensdelikte[1]

| | m | | w | | m + w | |
|---|---|---|---|---|---|---|
| Verm. Delikte | n | % | n | % | n | % |
| keine | 107 | 41,8 | 24 | 54,6 | 131 | 43,7 |
| eines | 40 | 15,6 | 7 | 15,9 | 47 | 15,7 |
| 2 od. 3 | 37 | 14,4 | 3 | 6,8 | 40 | 13,3 |
| 4—6 | 28 | 10,9 | 7 | 15,9 | 35 | 11,7 |
| 7—10 | 18 | 7,0 | 1 | 2,3 | 19 | 6,3 |
| 11—20 | 15 | 5,9 | 2 | 4,6 | 17 | 5,7 |
| über 20 | 11 | 4,3 | — | — | 11 | 3,7 |
| insg. | 256 | 100,0 | 44 | 100,0 | 300 | 100,0 |

[1] einschl. der in Tab. 9 aufgeführten nichtangezeigten Verm. Del. — In Fortsetzungszuh. begangene Delikte als einzelne gezählt.

Tab. 9: Zahl der späteren nichtangezeigten Vermögensdelikte[1] und der ungeklärten Verdächtigungen[2] (m + w)

| | m | | | w | | | m + w | | |
|---|---|---|---|---|---|---|---|---|---|
| VermögDel | n | proP | betrP | n | proP | betrP | n | proP | betrP |
| nichtangez. | 114 | 0,4 | 2,9 | 13 | 0,3 | 2,6 | 127 | 0,4 | 2,8 |
| verdächtig | 124 | 0,5 | 1,7 | 26 | 0,6 | 2,0 | 150 | 0,5 | 1,8 |

[1] mitenthalten in Tab. 8 u. 18.
[2] nicht mitenthalten in Tab. 8 u. 10.

Von den Rückfälligen sind jeweils die Hälfte nicht über 3 weitere Taten hinausgekommen. Als Anteil der 1949 verurteilten Jungen ausgedrückt: 30 % von ihnen haben später nicht mehr als 3 Taten begangen, 28 % mehr als 3, 17 % mehr als 6, und 10 % mehr als 10. Von den Mädchen sind dagegen nur noch 7 % auf mehr als 6 Taten gekommen, und entsprechend ist, wie Tab. 10 zeigt, auch die Gesamtzahl ihrer späteren Vermögensdelikte um etwa die Hälfte geringer als die der Jungen[4]. An späteren Nicht-Vermögensdelikten waren die Mädchen — entsprechend ihrem allgemein geringeren Anteil an diesen Delikten[5] — verhältnismäßig noch weniger beteiligt, nämlich nur mit 14 % der 1949 Verurteilten, gegenüber etwa 30 % der Jungen (wovon rund ein Fünftel mit Vermögensdelikten nicht mehr rückfällig geworden war).

[4] Daß auf das rückfällige Mädchen im Durchschnitt nicht so sehr viel weniger Taten kommen als bei den Jungen (VermDel. pro betr. P in Tab. 10), ihre Delikte seltener angezeigt wurden und sie auch häufiger in — ungeklärt gebliebenen — Verdacht weiterer Taten kamen, hängt vermutlich mit der besonderen Art der von den Mädchen begangenen Taten zusammen. Darüber Näheres u. Kap. 6.

[5] S. 7, Tab. 123, 124.

Tab. 10: Zahl der späteren Straftaten (m + w)

| Straftaten | m n | m proP | m betrP | w n | w proP | w betrP | m + w n | m + w proP | m + w betrP |
|---|---|---|---|---|---|---|---|---|---|
| Vermög. Delikte | 846 | 3,30 | 5,81 | 78 | 1,77 | 4,40 | 924 | 3,08 | 5,54 |
| andere Delikte | 159 | 0,62 | 2,01 | 9 | 0,20 | 1,50 | 168 | 0,56 | 1,98 |
| insg. | 1005 | 3,92 | | 87 | 1,98 | | 1092 | 3,64 | |

Die Mädchen waren also weniger rückfällig, aber nicht in solchem Ausmaß weniger, wie es nach ihrem Anteil an der Kriminalität hätte erwartet werden können. Um es in den Zahlen dieser Untersuchung auszudrücken: bei gleicher Kriminalität der Jungen und Mädchen hätten unter den 300 nach Zufall ausgewählten Probanden je 150 Jungen und Mädchen sein müssen. Tatsächlich waren es 256 Jungen = 171 % von 150, und 44 Mädchen = 29 % von 150. Verglichen damit ist der Unterschied ihrer Rückfälligkeitsquoten — 58 % und 45 % — zu gering. Das heißt also, daß straffällig gewordene Mädchen eine gegenüber den übrigen Mädchen besonders verschlechterte Chance für die Zukunft haben, wenn sie auch immer noch etwas besser ist als die straffällig gewordener Jungen. Gerade weil Mädchen an sich seltener kriminell werden als Jungen, stellen die, die es werden, eine besonders ungünstige Auslese dar.

Tab. 11: Probanden nach Alter bei letztem Vermögensdelikt

| Alter in Jahren | m n | m % | w n | w % | m + w n | m + w % |
|---|---|---|---|---|---|---|
| 14 od. 15 | 52 | 20,3 | 14 | 31,8 | 66 | 22,0 |
| 16 od. 17 | 96 | 37,5 | 16 | 36,4 | 112 | 37,4 |
| 18 | 27 | 10,5 | 1 | 2,3 | 28 | 9,3 |
| 19 | 26 | 10,2 | 2 | 4,6 | 28 | 9,3 |
| 20 | 14 | 5,5 | 1 | 2,3 | 15 | 5,0 |
| 21 | 18 | 7,0 | 5 | 11,4 | 23 | 7,7 |
| 22 | 9 | 3,5 | 2 | 4,6 | 11 | 3,7 |
| 23 | 7 | 2,7 | 1 | 2,3 | 8 | 2,7 |
| 24 od. mehr | 7 | 2,7 | 2 | 4,6 | 9 | 3,0 |
| | 256 | 100,0 | 44 | 100,0 | 300 | 100,0 |
| unter 18 | 148 | 57,8 | 30 | 68,2 | 178 | 59,3 |
| 18—20 | 67 | 26,2 | 4 | 9,1 | 71 | 23,7 |
| 21 und darüber | 41 | 16,0 | 10 | 22,7 | 51 | 17,0 |
| Durchschn. i. Jahr. | 18;1 | | 17;11 | | 18;1 | |

Wie Tab. 11 zeigt, sind rund 60 % der Probanden nicht mehr über das eigentliche „Jugendlichen"-Alter hinaus straffällig geworden, und nur noch 17 % noch als Erwachsene. Beim Abfall der Kriminalität in den späteren Jahren muß beachtet werden, daß ein Teil der Probanden beim Abschluß der Untersuchung ja noch nicht über 21 J. alt war, es sich also z. T. um ein künstliches Phänomen handelt. Näheres über die Altersverteilung in Kap. 6.

Tab. 12: Probanden (m und w) nach Zeitspanne zwischen letztem Vermögensdelikt vor Verurt. 1949 und letztem Vermögensdelikt vor 1. IV. 1955

| | m | | w | | m + w | |
|---|---|---|---|---|---|---|
| Zeit | n | % | n | % | n | % |
| keine | 107 | 41,8 | 24 | 54,6 | 131 | 43,7 |
| bis 2 Jahre | 49 | 19,1 | 9 | 20,4 | 58 | 19,3 |
| 2—4 Jahre | 50 | 19,5 | 4 | 9,1 | 54 | 18,0 |
| über 4 Jahre | 50 | 19,5 | 7 | 15,9 | 57 | 19,0 |
| Durchschnitt in Jahren | | | | | | |
| pro P | 1;7 | | 1;1 | | 1;6 | |
| pro betr. P | 2;9 | | 2;5 | | 2;8 | |

Tab. 13: Zeitspanne zw. letztem Verm. Del. vor Verurt. 1949 und letztem Nichtverm. Del. vor 1. IV. 1955

| | m | | w | | m + w | |
|---|---|---|---|---|---|---|
| Zeit | n | % | n | % | n | % |
| keine | 184 | 71,9 | 39 | 88,6 | 223 | 74,3 |
| bis 2 Jahre | 6 | 2,3 | 2 | 4,6 | 8 | 2,7 |
| 2—4 Jahre | 33 | 12,9 | 3 | 6,8 | 36 | 12,0 |
| über 4 Jahre | 33 | 12,9 | — | — | 33 | 11,0 |

Jugendrechtliche Maßnahmen sind später noch gegen 28 % der Jungen und 14 % der Mädchen verhängt worden, Tab. 14. Insbesondere bei den Jungen zeigt sich in der inneren Verteilung dieser Maßnahmen eine Verschiebung gegenüber 1949: JArr, FE, und auch kleine ambulante Maßnahmen sind seltener geworden, JGef und Aussetzung zur Bewährung häufiger (JGef doppelt so häufig).

Tab. 14: Probanden (m und w) nach später gegen sie verhängten jugendrechtlichen Maßnahmen

| | m | | w | | m + w | |
|---|---|---|---|---|---|---|
| Es wurde verhängt | n | % | n | % | n | % |
| nur Erm, ArbAufl | 21 | 8,2 | — | — | 21 | 7,0 |
| JArr | 12 | 4,7 | — | — | 12 | 4,0 |
| JArr und FE | 2 | 0,8 | — | — | 2 | 0,7 |
| FE | 7 | 6,7 | 4 | 9,1 | 11 | 3,7 |
| JArr u. JGef. | 1 | 0,4 | — | — | 1 | 0,3 |
| JGef. | 19 | 7,4 | — | — | 19 | 6,3 |
| Auss. z. Bew. | 9 | 3,5 | 2 | 4,6 | 11 | 3,7 |
| keine jug. Maßn. | 185 | 72,2 | 38 | 86,4 | 223 | 74,3 |
| insg. | 256 | 100,0 | 44 | 100,0 | 300 | 100,0 |

Strafen des Erwachsenenrechts haben nach Tab. 15 41 % der Jungen bekommen (darunter Gefängnis 31 %) und 20 % der Mädchen (Gefängnis 14 %).

Tab. 15: Probanden (m und w) nach späteren Maßnahmen des allgemeinen Strafrechts

| Maßnahmen | m n | m % | w n | w % | m + w n | m + w % |
|---|---|---|---|---|---|---|
| keine | 151 | 59,0 | 35 | 79,6 | 186 | 62,0 |
| nur Geldstr. | 25 | 9,8 | 3 | 6,8 | 28 | 9,3 |
| einmal Gef. | 35 | 13,7 | 4 | 9,1 | 39 | 13,0 |
| mehrf. Gef.[1] | 45 | 17,6 | 2 | 4,6 | 47 | 15,7 |

[1] darunter (aus technischen Gründen) alle Fälle, wo mind. einmal Gef. über 2 J. verhängt wurde

Tab. 16: Probanden (m und w) nach Gesamtdauer der später gegen sie verhängten Freiheitsstrafen

| verhängte Freih.Str. | m n | m % | w n | w % | m + w n | m + w % |
|---|---|---|---|---|---|---|
| keine | 162 | 63,3 | 37 | 84,1 | 199 | 66,3 |
| bis 3 Monate | 25 | 9,8 | 2 | 4,6 | 27 | 9,0 |
| über 3—12 Mon. | 28 | 10,9 | 4 | 9,1 | 32 | 10,7 |
| über 1—2 J. | 12 | 4,7 | — | — | 12 | 4,0 |
| über 2—3 J. | 10 | 3,9 | 1 | 2,3 | 11 | 3,7 |
| über 3—4 J. | 5 | 2,0 | — | — | 5 | 1,7 |
| über 4 J. | 14 | 5,5 | — | — | 14 | 4,7 |
| insg. | 256 | 100,0 | 44 | 100,0 | 300 | 100,0 |

Die Gesamtlänge der verhängten Freiheitsstrafen — JGef, Gef, Zuchthaus — zeigt bei den Jungen eine ziemlich breite Verteilung. 16 % von ihnen haben Freiheitsstrafen von insgesamt über einem Jahr gehabt, aber noch 5,5 % solche von über 4 J., während nur ein Mädchen zu mehr als insg. 1 J. Gef. verurteilt wurde (Tab. 16). Dafür waren die Mädchen nach 1949 noch häufiger und länger in Heimen als die Jungen, z. T. allerdings noch auf Grund der damaligen Verurteilung oder wegen einer mehr allgemeinen Gefährdung, die nicht mit Straftaten einherging (Tab. 17).

Tab. 17: Probanden (m und w) nach Gesamtdauer des späteren Heimaufenthaltes

| Heimaufenthalt | m n | m % | w n | w % | m + w n | m + w % |
|---|---|---|---|---|---|---|
| keiner | 181 | 70,7 | 21 | 47,7 | 202 | 67,3 |
| bis 3 Mon. | 11 | 4,3 | 1 | 2,3 | 12 | 4,0 |
| über 3—12 Mon. | 36 | 14,1 | 7 | 15,9 | 43 | 14,3 |
| über 1—2 J. | 21 | 8,2 | 9 | 20,4 | 30 | 10,0 |
| über 2—3 J. | 2 | 0,8 | 4 | 9,1 | 6 | 2,0 |
| über 3 J. | 5 | 2,0 | 2 | 4,6 | 7 | 2,3 |
| insg. | 256 | 100,0 | 44 | 100,0 | 300 | 100,0 |

## 2. Die Rückfallsgruppen der Jungen

Zur näheren Untersuchung des Zusammenhangs zwischen Rückfälligkeit und anderen Faktoren schien es geboten, nicht nur zwischen Rückfälligen und Nichtrückfälligen zu unterscheiden, sondern die Rückfälligen weiter aufzugliedern, weil der Verlauf bei ihnen im einzelnen doch recht verschieden war.

Es wurden vier Rückfälligkeitsgruppen gebildet, deren Verteilung in Tab. 18 dargestellt ist, hier auch noch für die Mädchen mit, bei denen sich aber so kleine Untergruppen ergaben, daß sie dann aus den weiteren Betrachtungen ganz ausgeschlossen wurden. Maßgeblich für die Zuteilung der Probanden zu den einzelnen Gruppen war einerseits die Schwere, andererseits der zeitliche Verlauf ihrer späteren Straffälligkeit.

Tab. 18: Probanden (m + w) nach Schwere der Rückfälligkeit (Vermögensdelikte), Gesamtbewertung

| | m | | w | | m + w | |
|---|---|---|---|---|---|---|
| Rückfälligkeit | n | % | n | % | n | % |
| gar keine = Gr. I | 107 | 41,8 | 24 | 54,6 | 131 | 43,7 |
| leicht = Gr. II | 56 | 21,9 | 8 | 18,2 | 64 | 21,3 |
| zeitweise bedenklich = Gr. III | 46 | 18,0 | 6 | 13,6 | 52 | 17,3 |
| bis zuletzt schwer = Gr. IV | 41 | 16,0 | 2 | 4,6 | 43 | 14,3 |
| leicht, aber asoz. Lebensf. | 5 | 2,0 | 3 | 6,8 | 8 | 2,7 |
| unsicher | 1 | 0,4 | 1 | 2,3 | 2 | 0,7 |
| insg. | 256 | 100,0 | 44 | 100,0 | 300 | 100,0 |

Gruppe I enthält die Probanden, von denen nach der Verurteilung 1949 kein — auch kein unangezeigtes — Vermögensdelikt mehr bekannt geworden ist. Innerhalb dieser Gruppe wurde noch unterschieden zwischen

I a den Nichtrückfälligen ohne Vortaten (vor der 1949 abgeurteilten Tat) und

I b den Nichtrückfälligen mit Vortaten (vor der 1949 abgeurteilten Tat).

Gruppe II enthält die Probanden, die nach der Verurteilung 1949 noch ein oder mehrere Vermögensdelikte begangen haben, aber nur leichter Art und auch dem Umfang nach niemals so, daß die Befürchtung auftauchen konnte, sie würden möglicherweise „Gewohnheitsverbrecher“ werden.

Gruppe III enthält die Probanden, die nach der Verurteilung 1949 noch so schwere und (oder) so viele Vermögensdelikte begingen, daß zeitweise die Befürchtung auftauchen mußte, sie würden möglicherweise „Gewohnheitsverbrecher“ werden, die aber seit einiger Zeit — im Durchschnitt 2 J.

hindurch — keine Vermögensdelikte begangen haben, oder nur solche, die im Vergleich zu den früheren geringfügig waren.

Gruppe IV enthält die Probanden, die nach 1949 wiederholt und schwer mit Vermögensdelikten rückfällig geworden sind und entweder bis zum Stichtag in Haft waren — so zweidrittel der Jungen — oder doch erst so kurze Zeit ohne Rückfall in Freiheit waren — keiner länger als ein Jahr —, daß immer noch ernstlich mit ihrer weiteren Entwicklung zu Gewohnheitsverbrechern zu rechnen war.

Eindeutig, nach einem einzigen und eindeutigen Merkmal, ist also nur die Gruppe I von den übrigen Gruppen unterschieden. Im übrigen mußte jeweils eine Gesamtbewertung des Falles den Ausschlag geben, weil nämlich die rechnerischen Merkmale, allein oder auch zu zweien oder zu dreien kombiniert, nicht genügend zu differenzieren schienen. Für die Schwere der späteren Kriminalität war ja nicht nur die Zahl, sondern auch die Schwere der Taten zu betrachten. Dafür gab die Dauer der später verhängten Freiheitsstrafen an sich ein ganz gutes rechnerisches Kriterium, das aber bei nichtangezeigten Taten versagte. Für den zeitlichen Verlauf war neben der Zeitspanne, in der die Probanden noch rückfällig geworden waren, auch zu berücksichtigen, ob in den Jahren seit 1949 sich das Tempo ihrer Rückfälligkeit und (oder) die Schwere ihrer Delikte — zum Besseren oder zum Schlechteren — geändert hatten. Ferner waren dann ja noch zeitlicher Verlauf und Schwere auf einen Generalnenner zu bringen.

Die Gr. II—IV unterscheiden sich daher in den Durchschnittswerten und der Schwerpunktverteilung der einzelnen Merkmale ziemlich deutlich, überschneiden sich aber mit ihren Werten doch zum Teil. Da es so an einem festen rechnerischen Maßstab fehlt, könnte wohl ein anderer Bearbeiter einzelne hier der Gr. II oder der Gr. IV Zugeteilte in Gr. III getan haben, und umgekehrt einzelne hier der Gr. III Zugeteilte in II oder IV, während aber wohl eine Wahl zwischen den Gr. II und IV niemals hätte zweifelhaft sein können. Diese weitere Aufteilung der Rückfälligen hat ja aber auch nur den praktischen Zweck, ihre Rückfälligkeit gradmäßig in etwa abzuschattieren, damit sich in groben Zügen — statistisch — sagen läßt, welche Faktoren mit Dauer und Schwere der weiteren Straffälligkeit vielleicht etwas zu tun haben können und welche wohl etwa eher nicht. Etwas Genaueres ist auf diese Weise ohnehin nicht zu ermitteln. Daher dürfte sich aus der Unschärfe im Grenzbereich der benachbarten Gruppen kein prinzipieller Einwand gegen ihre Verwendung ergeben.

Daneben ist zu bedenken, daß ja sowieso nicht alle Taten bekannt werden — was insbesondere für die Abgrenzung zwischen I und II von Bedeutung sein mag —, und daß auch die Abhängigkeit vom Stichtag der Untersuchung eine gewisse Willkür mit sich bringt. Hätte der Stichtag ein halbes oder ganzes Jahr später gelegen, so wäre vielleicht ein Teil der nun in Gr. IV Aufgenommenen der Gr. III zugeteilt worden; Zufälle des Alters oder auch einer langen Strafverbüßung konnten sich hier auswirken. Andererseits ist nach dem Vorleben der bedenklich Rückfälligen (Gr. III) wohl nicht nur damit zu rechnen, daß die meisten von ihnen immer einmal wieder leichtere oder auch gelegentlich eine schwerere Straftat begehen werden, sondern daß auch der eine oder andere von ihnen noch erheblich unter die Räder kommt.

Im Folgenden werden nun die einzelnen formalen Merkmale der späteren Straffälligkeit der Probanden der Rückfallsgruppen tabellenmäßig dargestellt; dabei ist in den ersten drei Tabellen an Punkten, wo die Gruppen sich überschneiden, z. T. in Anmerkungen angegeben, wie diese Probanden sich in anderen Merkmalen unterschieden. Diese Präsentation der Rückfallsgruppen ist als solche ohne Erkenntniswert, da die Gruppen ja künstlich gebildet wurden. Sie erscheint aber notwendig, nicht nur um die Einteilung zu rechtfertigen, sondern damit man bei der späteren Verwendung der Rückfallsgruppen — ihrem Vergleich nach verschiedenen sozialen und sonstigen Faktoren — ein ungefähres Bild hat, wie sich die Kriminalität in ihnen verteilt.

Die Zuteilung zu den Rückfallsgruppen wurde ausschließlich nach dem Maße der späteren Straffälligkeit vorgenommen, ohne Berücksichtigung der sonstigen sozialen Einordnung der Probanden. Gegenstand dieser Untersuchung soll eben primär die Kriminalität und nicht die allgemeine soziale Einordnung sein. Vielleicht ist es nicht korrekt, daß trotzdem neben einem ganz undurchsichtigen Fall weitere 5 Jungen ausgeschieden wurden (Tab. 18), die ihrer Rückfälligkeit nach in die günstige Gruppe II gehört hätten, aber im übrigen völlige soziale Versager waren, nicht arbeiteten, sich ohne feste Wohnung umhertrieben, z. T. zuletzt unbekannten Aufenthalts oder in der Fremdenlegion waren. Eine Rechtfertigung dafür kann sein, daß man von ihnen natürlich besonders befürchten muß, daß sie doch weitere, unbekannt gebliebene Taten begangen haben und wenigstens in Gr. III gehört hätten, wo es weitere solche Versager gibt (s. u. Tab. 30). Aber sowieso schien es bei den kleinen Zahlen dieser Untersuchung nicht erwünscht, ihre Ergebnisse dadurch zu trüben, daß solche Fälle als gute Entwicklung gezählt worden wären. Gewiß wird es wohl Faktoren geben, die Jungen gerade nur im Hinblick auf Asozialität, und nicht auf Kriminalität, gefährden, aber um sie herauszufinden, würde man mehr Fälle solcher ausgesprochen divergenter Entwicklung auf diesen beiden Gebieten brauchen. Tab. 30 zeigt, daß im übrigen in den günstigen Gruppen I und II kein Proband ein ausgesprochen asoziales Leben führte, aber auch keiner der Schwerrückfälligen (Gr. IV) ein ausgesprochen ordentliches, während in Gr. III Zweitdrittel etwas leichtfertig und je ein Sechstel gut eingeordnet bzw. asozial lebten, wie es bei der Mittelstellung dieser Gruppe zu erwarten war. So wurden diese wenigen Sonderfälle lieber ganz aus dem Spiele gelassen.

Tab. 19 zeigt, daß alle Probanden der Gr. II sich am Stichtag länger als ein Jahr straffrei gehalten hatten (und 60 % von ihnen über 4 J. lang), was sie eindeutig von Gr. IV unterscheidet, nicht aber von Gr. III. Die 8 Probanden der Gr. III, die noch im letzten Jahr vor dem Stichtag Straftaten begangen hatten, waren ihrerseits im Gegensatz zu den Schwerrückfälligen (IV) im ganzen nur geringfügig bestraft worden.

Tab. 19: Zeit, in der die Probanden (Rückfallsgruppen, m) vor dem 1 IV. 1955 in Freiheit waren, ohne ein Vermögensdelikt zu begehen

| Zeit | I n | I % | II n | II % | III n | III % | IV n | IV % |
|---|---|---|---|---|---|---|---|---|
| Keine (in Haft oder flüchtig nach Straftat) | — | — | — | — | — | — | 31 | 75,6 |
| 0—6 Mon. | — | — | — | — | 5[1] | 10,9 | 7[3] | 17,1 |
| 6 + — 12 Mon. | — | — | — | — | 3[2] | 6,5 | 3[4] | 7,3 |
| 1 + — 2 J. | — | — | 4 | 7,2 | 14 | 30,4 | — | — |
| 2 + — 3 J. | — | — | 8 | 14,3 | 14 | 30,4 | — | — |
| 3 + — 4 J. | — | — | 10 | 17,9 | 7 | 15,2 | — | — |
| über 4 J. | 107 | 100,0 | 34 | 60,7 | 3 | 6,5 | — | — |
| insg. | 107 | 100,0 | 56 | 100,0 | 46 | 100,0 | 41 | 100,0 |

[1] Keiner dieser 5 hatte jemals eine Freiheitsstrafe erhalten.
[2] Einer dieser 3 hatte noch nie eine Freiheitsstrafe erhalten, die anderen beiden je nur einmal eine bis zu 6 Mon.
[3] Von diesen 7 hatten in der Rückfallsperiode 4 jeder mehr als 4 J. Freiheitsstrafe insg. erhalten, einer 3—4 J., die restlichen beiden 2—3 J.
[4] Von diesen 3 hatten in der Rückfallsperiode einer Freiheitsstrafen von insg. 3—4 J. Dauer gehabt, die beiden anderen solche von insg. 2—3 J. Dauer.

Dreiviertel der Schwerrückfälligen waren am Stichtag entweder in Haft oder nach einer Straftat flüchtig.

Von den Leichtrückfälligen (II) hat keiner später eine Freiheitsstrafe von mehr als 3 Monaten erhalten und keiner eine — auch geringere — Freiheitsstrafe *verbüßt.* Die nicht wenigen Jungen der Gr. III, von denen das auch gilt, waren statt dessen auf Grund späterer Straftaten länger in Fürsorgeerziehung, oder sie konnten für erhebliche Taten nicht bestraft werden, weil keine Strafanzeige erfolgte. Auch die Gr. III und IV überschneiden sich etwas, aber Freiheitsstrafen von mehr als einem Jahr hatten doch nur 13 % der Gr. III gegenüber 90,3 % der Gr. IV (Tab. 20).

Tab. 20: Rückfallsgruppen (m) nach Gesamtdauer der später verhängten Freiheitsstrafen (Vermögensdelikte)

| Freih. Strafen | I n | I % | II n | II % | III n | III % | IV n | IV % |
|---|---|---|---|---|---|---|---|---|
| keine | 107 | 100,0 | 50 | 89,3 | 11[2] | 23,9 | — | — |
| bis 3 Mon. | — | — | 6[1] | 10,7 | 8[3] | 17,4 | 1[5] | 2,4 |
| 3+ — 12 Mon. | — | — | — | — | 21 | 45,7 | 3[6] | 7,3 |
| 1+ — 2 J. | — | — | — | — | 4 | 8,7 | 11 | 26,8 |
| 2+ — 3 J. | — | — | — | — | 1 | 2,2 | 8 | 19,5 |
| 3+ — 4 J. | — | — | — | — | — | — | 5 | 12,2 |
| über 4 J. | — | — | — | — | 1[4] | 2,2 | 13 | 31,7 |
| insg. | 107 | 100,0 | 56 | 100,0 | 46 | 100,0 | 41 | 100,0 |

[1] wegen kleiner Delikte, länger zurückliegend, ausnahmslos ausgesetzt, auch keine FE.

[2] statt dessen 6 mal längere FE als Reaktion auf spätere Straftaten, in 4 dieser FE-Fälle und drei weiteren später noch erheblichere nicht angezeigte Taten, bei den zwei restlichen Fällen Zunahme oder Neubeginn der Straftaten in den letzten Jahren.

[3] Dazu viermal längere FE als Reaktion auf spätere Straftaten, in zwei dieser Fälle und drei weiteren letzte Tat vor weniger als 6 Monaten vor Stichtag, im verbleibenden Fall 6 spätere Straftaten.

[4] Zuletzt mit 19 J. 3 J. Gef. wegen Einbruchserie, nach Verbüßung seit über einem Jahr ständig in gleicher Arbeitsstelle, hat Frau und Kind, geordnete Verhältnisse.

[5] Zuletzt flüchtig nach neuer Unterschlagung.

[6] Zwei Jungen nach längerer FE am Stichtag in Strafhaft, einer 18 j. ermordet nach zwei Strafanstaltsaufenthalten im Anschluß an längere FE.

Verschiedene Überschneidungen zwischen den Gruppen, sogar zwischen II und IV, gibt es bei der Zahl der späteren Vermögenstaten (Tab. 21), die eben nur bei Berücksichtigung von Tatenschwere und Begehungszeit zuverlässiges Kriterium ist. Es hatten aber 82 % der Gr. II nur eine oder zwei weitere Taten begangen gegenüber 19,6 % in III und keinem einzigen schwerrückfälligen Probanden. 54,3 % der Gr. III hatten wenigstens nicht mehr als 4 Taten begangen gegenüber nur 14,7 % der Schwerrückfälligen. Unter den nicht wenigen III-Probanden mit hohen Tatenzahlen hatten die meisten Tatenreihen in Fortsetzungszusammenhang begangen, wie etwa Serien von Unterschlagungen auf der Arbeitsstelle, die hier als einzelne gezählt wurden, weil das ihrem kriminologischen Charakter immerhin besser gerecht zu werden scheint als ihre Zählung als einzige Tat.

Tab. 21: Rückfallsgruppen (m) nach Zahl der späteren Vermögensdelikte

| | I | | II | | III | | IV | |
|---|---|---|---|---|---|---|---|---|
| Vermög. Del. | n | % | n | % | n | % | n | % |
| keine | 107 | 100,0 | — | — | — | — | — | — |
| eines | — | — | 35[1] | 62,5 | 4[5] | 8,7 | — | — |
| 2 | — | — | 11[2] | 19,6 | 5[6] | 10,9 | — | — |
| 3 | — | — | 6[3] | 10,7 | 10[7] | 21,7 | 2[9] | 4,9 |
| 4 | — | — | 3[4] | 5,4 | 6[8] | 13,0 | 4[10] | 9,8 |
| 5 | — | — | 1[4] | 1,8 | 3 | 6,5 | 3 | 7,3 |
| 6 | — | — | — | — | 4 | 8,7 | 3 | 7,3 |
| 7—10 | — | — | — | — | 7 | 15,2 | 10 | 24,4 |
| 11—20 | — | — | — | — | 4 | 8,7 | 11 | 26,8 |
| über 20 | — | — | — | — | 3 | 6,5 | 8 | 10,5 |
| insg. | 107 | 100,0 | 56 | 100,0 | 46 | 100,0 | 41 | 100,0 |

[1] sämtlich geringfügig ohne Freiheitsstrafen.

[2] sämtliche ohne Freiheitsstrafen; nur einer mit 16 J. 8 Mon. Jug. Gef., am Stichtag 22 J.

[3] drei mit erlassenen kl. Gef.Strafen w. Metalldiebstahls.

[4] geringfügige jahrelang zurückliegende Taten; keine Freiheitsstrafen.

[5] einmal Einbruch (+ Fremdenlegion und zurück), einmal Einbruch + Gefängnis, zweimal nach früherer Strafentlassung sofort erneut Diebstahl + Gefängnis.

[6] alle mit Gefängnisstrafen.

[7] 6 mit Gefängnisstrafen; im übrigen schwere nichtangezeigte Taten.

[8] 4 mit längeren Freiheitsstrafen; 2 ohne Freiheitsstrafen, aber einer noch kein Jahr straffrei; der andere noch vor einem Jahr mehrfach straffällig.

[9] einer 18jährig ermordet nach Verbüßung der zweiten der späteren Freiheitsstrafen, die er kurz nach Entlassung aus längerer FE begonnen hatte; der andere 6 Mon. nach Entlassung aus unbestimmter Jugendstrafe (2;7 J. verbüßt) erneut 10 Mon. Gef.; seit Entlassung 7 Mon. vor Stichtag unbekannten Aufenthalts.

[10] alle mit längeren Freiheitsstrafen.

Tab. 22 zeigt zur besseren Übersicht die Zahlen der Tab. 21 zusammengefaßt, und in Tab. 23 sind sie in anderer Berechnungsart — als Taten pro Kopf der Probanden — dargestellt. Auch die Nichtvermögensdelikte, die an sich bei der Bildung der Rückfallsgruppen nicht berücksichtigt wurden, nehmen von Gr. I—IV zu, zwischen III und IV auch mit ähnlich großer Differenz wie die Vermögensdelikte, zwischen II und III aber mit geringerer.

Tab. 22: Rückfallsgruppen (m) nach Zahl der späteren Vermögendelikte

| | I | | II | | III | | IV | |
|---|---|---|---|---|---|---|---|---|
| Verm.Delikte | n | % | n | % | n | % | n | % |
| keine | 107 | 100,0 | — | — | — | — | — | — |
| 1—2 | — | — | 46 | 82,1 | 9 | 19,6 | — | — |
| 3—6 | — | — | 10 | 17,9 | 23 | 50,0 | 12 | 29,3 |
| 7 u. mehr | — | — | — | — | 14 | 30,4 | 29 | 70,7 |
| insg. | 107 | 100,0 | 56 | 100,0 | 46 | 100,0 | 41 | 100,0 |

Tab. 23: Zahl der späteren Straftaten (Rückfallsgruppen, m)

| | I a | | I b | | I | | II | | III | | IV | |
|---|---|---|---|---|---|---|---|---|---|---|---|---|
| Straftaten | pr. P | betr. P. | pr. P | betr. P | pr. P | betr. P | pr. P | betr. P | pr. P | betr. P | pr. P | betr. P |
| Verm.Del. | — | — | — | — | — | — | 1,32 | 1,32 | 5,20 | 5,20 | 12,70 | 12,70 |
| and.Del. | 0,14 | 1,00 | 0,15 | 1,00 | 0,14 | 1,00 | 0,61 | 1,79 | 0,70 | 1,68 | 1,68 | 3,14 |
| insg. | 0,14 | | 0,15 | | 0,14 | | 1,93 | | 5,90 | | 14,38 | |
| | | n = 9 | | n = 6 | | n = 15 | | n = 108 | | n = 271 | | n = 589 |

Überhaupt beteiligt an Nichtvermögensdelikten waren später 14 % der Nichtrückfälligen, 34 % der Gr. II, 41,3 % der Gr. III und 53,6 % der Gr. IV.

Tab. 24: Rückfallsgruppen (m) nach Alter bei letztem Vermögensdelikt

| Alter | I a | | I b | | I | | II | | III | | IV | |
|---|---|---|---|---|---|---|---|---|---|---|---|---|
| in Jahren | n | % | n | % | n | % | n | % | n | % | n | % |
| unter 18 | 66 | 100,0 | 41 | 100,0 | 107 | 100,0 | 34 | 60,7 | 9 | 19,6 | — | — |
| 18—20 | — | — | — | — | — | — | 19 | 34,0 | 28 | 60,9 | 17 | 41,5 |
| 21 o. mehr | — | — | — | — | — | — | 3 | 5,4 | 9 | 19,6 | 24 | 58,6 |
| insg. | 66 | 100,0 | 41 | 100,0 | 107 | 100,0 | 56 | 100,0 | 46 | 100,0 | 41 | 100,0 |
| Durchschn. in Jahren | 16;1 | | 16;4 | | 16;2 | | 17;7 | | 19;4 | | 21;3 | |

Tab. 24 über das Alter der Probanden bei letztem Vermögensdelikt zeigt neben deutlichen Differenzen des Durchschnittsalters in den Gruppen erhebliche Überschneidungen der Einzelwerte. Ferner ist ersichtlich, daß 41,5 % der schwerrückfälligen Probanden noch unter 21 J. alt waren, sie also trotz ihres einstweilen ungünstigen Aspektes nicht einfach erwachsenen Gewohnheitsverbrechern gleichgesetzt werden dürfen.

In Tab. 25 ist die Zeitspanne ersichtlich, innerhalb derer die Probanden nach dem 1949 abgeurteilten Delikt noch weitere Vermögensdelikte begingen. — Für die Nichtvermögensdelikte findet sich keine entsprechende Differenz in den Gruppen. Der Durchschnitt liegt hier in allen Gruppen zwischen 3 und 4 Jahren, und er ist sogar in Gr. II am größten.

Tab. 25: Rückfallsgruppen (m) nach Zeitspanne zwischen letztem Vermögensdelikt vor Verurteilung 1949 und letztem Vermögensdelikt vor 1. IV. 1955

| | I | | II | | III | | IV | |
|---|---|---|---|---|---|---|---|---|
| Zeit | n | % | n | % | n | % | n | % |
| keine | 107 | 100,0 | — | — | — | — | — | — |
| bis 2 Jahre | — | — | 33 | 59,0 | 13 | 28,3 | 3 | 7,3 |
| 2—4 Jahre | — | — | 19 | 34,0 | 18 | 39,2 | 8 | 19,5 |
| über 4 Jahre | — | — | 4 | 7,2 | 15 | 32,6 | 30 | 73,2 |
| insg. | 107 | 100,0 | 56 | 100,0 | 46 | 100,0 | 41 | 100,0 |
| Jahre pro P | — | | 2;4 | | 3;4 | | 4;4 | |

Der Kürze des Rückfallintervalls wird in Prognosestudien meistens besondere Bedeutung beigemessen. Darum mag es interessieren, daß nach Tab. 26 die Hälfte der Schwerrückfälligen mindestens einmal schon nach weniger als einem Monat nach Verbüßung — oder, falls kein Freiheits-

Tab. 26: Rückfallsgruppen (m) nach späterem kürzesten Rückfallsintervall[1] (Vermögendelikte)

| | I | | II | | III | | IV | |
|---|---|---|---|---|---|---|---|---|
| Intervall | n | % | n | % | n | % | n | % |
| bis 1 Monat | — | — | 4 | 7,2 | 7 | 15,2 | 20 | 48,8 |
| 1+ — 3 Mon. | — | — | 3 | 5,4 | 8 | 17,4 | 10 | 24,4 |
| 3+ — 6 Mon. | — | — | 11 | 19,7 | 13 | 28,3 | 4 | 9,8 |
| 6+ — 12 Mon. | — | — | 11 | 19,7 | 7 | 15,2 | 3 | 7,3 |
| 1+ — 2 J. | — | — | 15 | 26,7 | 8 | 17,4 | 3 | 7,3 |
| 2+ — 3 J. | — | — | 9 | 16,1 | 3 | 6,5 | — | — |
| 3+ — 4 J. | — | — | 3 | 5,4 | — | — | — | — |
| mehr als 4 J. | — | — | — | — | — | — | 1[1] | 2,4 |
| Rückfällige insg. | — | — | 56 | 100,0 | 46 | 100,0 | 41 | 100,0 |
| Durchschn. pro P i. J. | — | | 1;3 | | 0;8 | | 0;4 | |

[1] Nach diesem langen Intervall am Stichtag wegen Einbruchserie in Haft; inzwischen (nach Stichtag) nach Strafverbüßung erneut Einbrüche.

entzug folgte, nach Verurteilung — rückfällig geworden sind, und fast dreiviertel von ihnen wenigstens innerhalb der ersten drei Monate. Diesen Dreiviertel stehen in der Gr. II nur 12,6 % gegenüber, und 32,6 % der Gr. III, deren Verteilung hier im ganzen mehr der der Leicht- als der Schwerrückfälligen ähnelt.

Jugendrechtliche Maßnahmen sind später noch gegen 44 % der Gr. IV verhängt worden, darunter aber gegen 32 % Jugendgefängnis, das nur einer der II-Probanden bekam; Jugendarrest und kleine ambulante Maßnahmen waren dagegen in Gr. II noch häufiger angewandt worden als in den übrigen Gruppen (Tab. 27). Ausgesprochener sind aber, da jugendrechtliche Maßnahmen ja schon aus Altersgründen nur noch für einen Teil der Probanden in Betracht kamen, die Differenzen bei den späteren Maßnahmen des allgemeinen Strafrechts (Tab. 28), die gegen 90 % der Schwerrückfälligen ver-

Tab. 27: Rückfallsgruppen (m) nach später verhängten jugendrechtlichen Maßnahmen

| Es wurde verhängt | I a | | I b | | I | | II | | III | | IV | |
|---|---|---|---|---|---|---|---|---|---|---|---|---|
| | n | % | n | % | n | % | n | % | n | % | n | % |
| Erm., Arbaufl.[1] | 1 | 1,5 | — | — | 1 | 0,9 | 14 | 25,0 | 5 | 10,9 | 1 | 2,4 |
| JArr. | 1 | 1,5 | — | — | 1 | 0,9 | 7 | 12,5 | 3 | 6,5 | 1 | 2,4 |
| JArr. u. FE | — | — | — | — | — | — | 1 | 1,8 | — | — | — | — |
| FE | — | — | — | — | — | — | 1 | 1,8 | 3 | 6,5 | 2 | 4,9 |
| JArr. u. JGef. | — | — | — | — | — | — | — | — | 1 | 2,2 | — | — |
| JGef. | — | — | — | — | — | — | 1 | 1,8 | 4 | 8,7 | 13 | 31,7 |
| Auss. z. Bew. | — | — | — | — | — | — | 5 | 8,9 | 3 | 6,5 | 1 | 2,4 |
| keine jugendr. Maßn. | 64 | 97,0 | 41 | 100,0 | 105 | 98,1 | 27 | 48,2 | 27 | 58,7 | 23 | 56,2 |
| insg. | 66 | 100,0 | 41 | 100,0 | 107 | 100,0 | 56 | 100,0 | 46 | 100,0 | 41 | 100,0 |

[1] d. h. nur Erm. oder Arb. Aufl.; wo diese Maßn. nur unter anderen verhängt wurden, sind sie nicht aufgeführt.

Tab. 28: Rückfallsgruppen (m) nach späteren Maßnahmen des allgemeinen Strafrechts (auch wegen Nichtvermögensdelikten)

| | I a | | I b | | I | | II | | III | | IV | |
|---|---|---|---|---|---|---|---|---|---|---|---|---|
| | n | % | n | % | n | % | n | % | n | % | n | % |
| keine | 60 | 90,9 | 39 | 95,2 | 99 | 92,5 | 35 | 62,5 | 9 | 19,6 | 4 | 9,8 |
| nur Geldstr. | 6 | 9,1 | 2 | 4,9 | 8 | 7,5 | 11 | 19,7 | 5 | 10,9 | — | — |
| einm. Gefängn. | — | — | — | — | — | — | 9 | 16,1 | 17 | 37,0 | 8 | 19,5 |
| mehrf. Gef.[1] | — | — | — | — | — | — | 1 | 1,8 | 15 | 32,6 | 29 | 70,7 |
| nie Gefängnis | 66 | 100,0 | 41 | 100,0 | 107 | 100,0 | 46 | 82,2 | 14 | 30,4 | 4 | 9,8 |
| Gef. nie üb. 3 Mon. | — | — | — | — | — | — | 8 | 14,3 | 12 | 26,1 | 3 | 7,3 |
| Gef. dar. 3—12 Mon. | — | — | — | — | — | — | 2 | 3,6 | 17 | 37,0 | 11 | 26,8 |
| Gef. dar. üb. 1 J. | — | — | — | — | — | — | — | — | 3 | 6,5 | 23 | 56,2 |

[1] darunter aus technischen Gründen alle Fälle, wo mindestens einmal Gefängnis von über 2 Jahren verhängt wurde.

hängt worden sind — ausnahmslos in Form von Freiheitsstrafen —, aber nur gegen 38 % der Gr. II, unter denen allein 20 % mit nur Geldstrafen waren, abgesehen davon, daß sich auch Zahl und Maß der Gefängnisstrafen noch von II—IV zunehmend ungünstiger verteilen. — In Heimen waren dagegen nach 1941 am meisten Probanden der Gr. III, während der von Gr. I zu ihnen ansteigende Anteil bei den Schwerrückfälligen wieder sinkt, wohl weil bei ihnen die Heimerziehung keinen besonderen Erfolg mehr versprach. Auch die Schwerrückfälligen, die noch in Heimen waren, waren es im ganzen nicht länger als die übrigen, Tab. 29.

Tab. 29: Rückfallsgruppen (m) nach Gesamtdauer des späteren Heimaufenthaltes

| | I a | | I b | | I | | II | | III | | IV | |
|---|---|---|---|---|---|---|---|---|---|---|---|---|
| Heimaufenthalt | n | % | n | % | n | % | n | % | n | % | n | % |
| keiner | 60 | 90,9 | 27 | 65,9 | 87 | 81,3 | 40 | 71,5 | 26 | 56,5 | 26 | 63,4 |
| bis 3 Mon. | — | — | 1 | 2,4 | 1 | 0,9 | 5 | 8,9 | 2 | 4,4 | 3 | 7,3 |
| über 3—12 Mon. | 4 | 6,1 | 7 | 17,1 | 11 | 10,3 | 8 | 14,3 | 10 | 21,8 | 6 | 14,6 |
| über 1—2 J. | 1 | 1,5 | 5 | 12,2 | 6 | 5,6 | 2 | 3,6 | 7 | 15,2 | 5 | 12,2 |
| über 2—3 J. | — | — | — | — | — | — | — | — | — | — | — | — |
| über 3 Jahre | 1 | 1,5 | 1 | 2,4 | 2 | 1,9 | 1 | 1,8 | 1 | 2,2 | 1 | 2,4 |
| insg. | 66 | 100,0 | 41 | 100,0 | 107 | 100,0 | 56 | 100,0 | 46 | 100,0 | 41 | 100,0 |
| Jahre pro P | 0;1 | | 0;4 | | 0;3 | | 0;3 | | 0;6 | | 0;4 | |
| Jahre pro betr. P | 1;4 | | 1;1 | | 1;2 | | 0;9 | | 1;1 | | 1;0 | |

Aus Tab. 30 endlich ist ersichtlich, daß auch die spätere allgemeine Lebensführung der Probanden, die ja an sich bei ihrer Zuteilung zu den einzelnen Rückfallsgruppen gar nicht berücksichtigt wurde, in ihrer Verteilung deutlich mit der Schwere der Rückfälligkeit variiert. Während dreiviertel der Schwerrückfälligen eine ausgesprochen asoziale Lebensführung zeigten, und keiner von ihnen nicht wenigstens „etwas leichtfertig" war, gab es unter den Nicht- und Leichtrückfälligen überhaupt keine Asozialen, wobei allerdings zu beachten ist, daß 5 leichtrückfällige Asoziale von vornherein ausgeschieden worden waren (o. Tab. 18; sie hätten 8,2 % der dann 61 Leichtrückfälligen ausgemacht, die Verteilung in ihrer Symmetrie also nicht gestört). Zu bemerken ist der Unterschied der Probanden der Gr. I a von denen der Gr. I b, die doch auch alle nicht mehr rückfällig wurden, trotzdem aber häufiger eine gewisse Leichtfertigkeit der allgemeinen Lebensführung zeigten, wenn auch immerhin seltener als die Leichtrückfälligen.

Tab. 30: Rückfallsgruppen (m) nach späterer allgemeiner Lebensführung des P

| | I a | | I b | | I | | II | | III | | IV | |
|---|---|---|---|---|---|---|---|---|---|---|---|---|
| Lebensführung | n | % | n | % | n | % | n | % | n | % | n | % |
| ordentlich | 59 | 89,4 | 28 | 68,3 | 87 | 81,3 | 32 | 57,2 | 6 | 13,0 | — | — |
| etwas leichtf. | 7 | 10,6 | 13 | 31,7 | 20 | 18,7 | 24 | 42,9 | 31 | 67,4 | 10 | 24,4 |
| asozial | — | — | — | — | — | — | — | — | 9 | 19,6 | 31 | 75,6 |
| insg. | 66 | 100,0 | 41 | 100,0 | 107 | 100,0 | 56 | 100,0 | 46 | 100,0 | 41 | 100,0 |

Exkurs: Rückfallszahlen anderer Untersuchungen

Der Vergleich mit von anderen gewonnenen Rückfallsziffern leidet darunter, daß ihre Gruppen z. T. altersmäßig, z. T. nach der Schwere der Kriminalität von meinen Probanden und auch untereinander abweichen; auch die Untersuchungsmethoden sind verschieden. Trotzdem seien einige Ergebnisse aufgeführt.

Nach den Untersuchungen der Eheleute Glueck[6] waren von 905 Kindern und Jugendlichen, die 1917—22 mit einem Durchschnittsalter von 13,6 wegen Delinquency (Kriminalität oder Verwahrlosung) vor dem Juvenile Court in Boston gestanden hatten, 88 % 5 J. später noch weiterhin delinquent. Was die spätere Begehung von Vermögensdelikten angeht, so habe ich mir aus Tabellen in „Juvenile Delinquents Grown Up"[7] unter Ausschaltung aller Unbekannt-Fälle errechnet, daß von diesen Jugendlichen 43,4 % nach der Aburteilung kein Vermögensdelikt mehr begingen, weitere 34,6 % nur noch innerhalb von 5 Jahren, weitere 21,9 % aber noch zwischen 5 und 10 Jahren nach der Aburteilung.

A. Fuchs-Kamp[8] untersuchte 1926/27 die spätere Entwicklung von 65 männlichen FE-Zöglingen, die 1910 in die badische Anstalt Flehingen aufgenommen worden waren. Wie die Gluecks beschränkte sie sich nicht auf die Strafregisterauszüge, sondern machte eingehende Akten- und Behördenermittlungen und suchte 38 der Probanden selbst auf. Sie fand, daß 16 = 24,6 % nach der Heimentlassung gar nicht straffällig geworden waren, 27 = 41,6 % nur leicht (d. h. höchstens mit gelegentlichen kürzeren Freiheitsstrafen belegt) und 22 = 33,8 % schwer (d. h. zu Freiheitsstrafen verurteilt, die einen erheblichen Teil ihres Erwachsenenlebens ausfüllten).

Nach Ermittlungen von New Scotland Yard[9] wurden von den männlichen unter-21-Jährigen, die 1927 eines Verbrechens oder Vergehens für schuldig befunden wurden, bis zum Jahre 1932 30,3 % erneut eines solchen für schuldig befunden.

Nach den Daten der englischen Prison Commission[10] waren von den 16—17 Jährigen, die 1930—32 eine Gefängnisstrafe (for fingerprintable offence) verbüßen mußten, 55,6 % bis Ende 1936 erneut ins Gefängnis gekommen. Von den 17—21 Jährigen waren es 37,7 %.

Nach Schiedt[11] waren von 500 bayerischen Strafgefangenen, die 1931 nach mindestens dreimonatiger Verbüßung entlassen worden waren, bis 1935 245 = 49 % wieder bestraft worden.

Nach Meywerk[12] waren von sämtlichen 200 Gefangenen, die 1929—33 in der krim. biolog. Abteilung der Hamburger Justizvollzugs-

---

[6] s. After-Conduct 1946, 20.

[7] 1940, 302.

[8] 1929, 142 ff.

[9] nach Radzinowicz 1948, 153. Mit „Verbrechen oder Vergehen" habe ich den Ausdruck „substantial offence" übersetzt, für den auch einmal „serious crime" steht

[10] nach Radzinowicz a. a. O.

[11] 1936.

[12] 1938, 429.

anstalten untersucht worden waren, nach 4—5 Jahren laut Strafregisterauszug 60,5 % erneut bestraft worden.

Schwaab[13] ermittelte, ebenfalls durch Strafregisteranfragen, daß von 400 Vermögensverbrechern, die nach mindestens 3 Strafen — die den formellen Vorausestzungen für die Sicherungsverwahrung entsprachen — 1932—33 aus bayerischen Strafanstalten entlassen worden waren, 69 % bis zum Frühjahr 1938 erneut bestraft wurden. Das Ausgangsmaterial war der kriminalbiologischen Sammelstelle in München entnommen worden.

Silbereisen[14] ermittelte nach Strafregisterauszügen, daß von 311 im Jahre 1928 in München verurteilten Jugendlichen, deren erste Straftat ein Vermögensdelikt gewesen war, bis 1940 47,9 % gar nicht mehr bestraft wurden (Jungen: 45,3 %, Mädchen: 77,3 %), 31,5 % (m: 32,3, w: 20,4) einmal bis viermal und 20,6 % (m: 22,4, w: 2,3) mehr als viermal. Dabei ist zu bedenken, daß Jugendliche und Heranwachsende damals weit eher als heute zu einer registerpflichtigen Bestrafung kamen.

Köck[15] fand bis 1941 von 48 Jugendlichen, die von 1928—34 in München wegen eines oder mehrerer Vermögensdelikte zu mindestens 9 Monaten Gefängnis verurteilt worden waren und mindestens 3 Monate davon auch hatten verbüßen müssen, 50 % erneut registerpflichtig bestraft, davon aber etwas mehr als die Hälfte nur wegen „einfacher" Delikte.

Nach Frey[16] wurden von den 335 Jugendlichen, die 1939—43 vom Jugendgericht Basel verurteilt wurden, 50,8 % überhaupt nicht rückfällig, 23,2 % nur bis zum Alter von 17 Jahren incl., und die restlichen 26 % noch darüber hinaus (20 % noch mit über 21 Jahren).

Rose[17], der 1950 die späteren Verurteilungen der 1941—44 aus englischen Borstalanstalten entlassenen 472 Jungen zählte, fand 46,8 % straffrei, 17,2 % „occasional offenders" und 36 % „habitual offenders", d. h. wegen schwerer Delikte oder auch nur eines schweren Delikts oder immer wieder wegen geringfügigerer Delikte bestraft.

Mannheim-Wilkins[18] ermittelten für 720 Jungen, die vom 1. 8. 46—31. 7. 47 in Borstalanstalten aufgenommen worden waren, bis zum September 1951 eine Rate von 45 % nicht — oder nur mit Geldstrafe — wieder Bestraften.

Meyer[19] stellte fest, daß von 172 Jugendlichen, die nach Verbüßung einer Jugendgefängnisstrafe von unbestimmter Dauer von Dezember 1945 bis Ende 1951 aus der Jugendstrafanstalt Siegburg auf Probe entlassen worden waren, 48,3 % die 2—3 jährige Probezeit erfolgreich bestanden hatten. Zählt man einen weiteren Probanden dazu, der nicht rückfällig wurde, aber wegen anderweitiger schlechter Führung in die Anstalt zurückmußte, so sind es 48,9 %.

---

[13] 1939, 23.
[14] 1940, 18.
[15] nach Exner (1949), 157.
[16] 1951, 61 f.
[17] 1954, 20 f.
[18] 1955, 65.
[19] 1956, 71.

Grassberger[20] fand bei Untersuchung einer großen Anzahl von Straflisten des österreichischen Zentralstrafregisters, daß von den 1919—23 erstmals, und zwar wegen Diebstahls, Bestraften innerhalb weiterer 14 Jahre 44,2 % überhaupt nicht wieder bestraft worden waren, 19,8 % nur noch einmal, 20,9 % 2—4 mal und 15,1 % mehr als viermal. Die Aufarbeitung des Lochkartenmaterials zeigte ferner, daß von allen Bestraften 50,3 % nur eine Strafe hatten, 19,7 % zwei, 19,8 % drei bis fünf und 13,2 % mehr als fünf.

Nach E. Saari[21] sind von 465 Jungen, die 1921—1927 in einem finnischen Reformatory eingeliefert und bei Entlassung im Durchschnitt 16,10 J. alt waren, innerhalb von 15,5 Jahren nicht bestraft worden 51,3 %, einmal 31,1 % und mehrfach 17,6 %.

Christie[22] berichtet, daß nach amtlichen norwegischen Statistiken von den 1933—36 aus norwegischen Gefängnissen entlassenen unter-21-jährigen Jungen innerhalb von 3 Jahren 48,7 % erneut mit Gefängnis bestraft worden sind.

K. Mende[23] hat von 274 im Winter 1947/48 in Berlin-Neukölln straffällig gewordenen Jugendlichen und Heranwachsenden bis Sommer 1953 47 % nicht rückfällig gefunden, 17,2 % ganz leicht, 11,3 % mäßig („3 oder mehr Bagatellen oder 1 schwerer Diebstahl") und 24,5 % schwer.

Pongratz-Hübner[24] haben von 297 Jungen, die 1950/51 aus der Hamburger Fürsorgeerziehung entlassen worden waren, bis 1. 1. 1957 49,5 % straffrei, 29,6 % mäßig straffällig und 20,9 % schwerer straffällig gefunden. Bei den 194 Mädchen waren die entsprechenden Zahlen 79,4 %, 18,0 % und 2,5 %.

Piecha[25] fand von 66 männlichen Göttinger FE-Zöglingen, deren Fürsorgeerziehung in den Jahren 1945—50 als keinen (weiteren) Erfolg versprechend abgebrochen worden war, bis 1. 9. 1955 40,9 % nicht bestraft, mäßig 24,3 %, schwerer 34,8 %; von den 25 Mädchen entsprechend: 52,0 %, 44,0 % und 4,0 %.

Das Gleiche in Übersicht:

| | | Es wurden rückfällig: | | |
|---|---|---|---|---|
| | | gar nicht | leicht od. kürz. Zeit | schw. od. läng. Zeit |
| | | % | % | % |
| Glueck: 905 Juv. Del. Boston 1917/22 | | 43,4 | | |
| — 1927/32 | — 1927 | | 34,6 | |
| | — 1932 | | | 21,9 |
| Glueck: 422 aus Massachusetts Reformatory 1921/22, | | | | |
| 5 J. nach Parole-Entl. | | 65,8 | | |

20 1946, 79.

21 Saari (1951), English Summary S. 152. Vgl. auch Mannheim Brit. J. Delinq. III (1952—53), 219—20.

22 1956.

23 1958.

24 1959

25 1959.

Das Gleiche in Übersicht:

| | Es wurden rückfällig: gar nicht % | leicht od. kürz. Zeit % | schw. od. läng. Zeit % |
|---|---|---|---|
| Fuchs-Kamp: 65 FE-Zöglinge (m) aus Flehingen, 1910—1927 | 24,6 | 41,6 | 33,8 |
| Scotland-Yard: m unter 21 Jahren, die 1927 für schuldig befunden waren. —· 1932 | 69,7 | | |
| English Prison Commission: | | | |
| a) 16- bis 17jährige Gefangene 1930/32 — 1936 | 44,4 | | |
| b) 17- bis 21jährige Gefangene 1930/32 — 1936 | 62,3 | | |
| Schiedt: 500 Gefangene nach mind. 3 mon. Verbüßung 1931—1935 | 51,0 | | |
| Meywerk: 200 kriminalbiologisch untersuchte Gefangene 1929/33—1937 | 39,5 | | |
| Schwaab: 40C gefangene Gewohnheits-Vermögensverbrecher 1932/33—1938 | 31,0 | | |
| Silbereisen: 311 (m) Jugendliche, 1928 in München verurteilt, 1. Delikt: Vermögensdelikt — 1940 | 45,3 | | |
| 1—4 Strafen | | 32,3 | |
| mehr als 4 Strafen | | | 22,4 |
| Köck: 48 Jugendliche (m), 1928—1934 in München wegen Verm. Del. zu mindestens 9 Mon. Gef. verurteilt, mind. 3 davon verbüßt — 1941 | 50,0 | (26,0) | 24,C |
| Frey: 335 Jugendliche, 1939/1943 in Basel verurteilt | 49,2 | | |
| — bis 17 J. incl. | | 23,2 | |
| — darüber hinaus | | | 26,0 |
| — noch mit über 21 J. | | | 20,0 |
| Rose: 472 Borstaljungen 1941/44—1950 | 46,8 | | |
| occasional | | 17,2 | |
| habitual | | | 36,0 |
| Mannheim-Wilkins: 72C Borstaljungen 1946/47—1951 | 45,0 | | |
| Meyer: 172 unbest. verurteilte Jungen 1945/51 nach 2—3 Jahren | 48,3 | | |
| Grassberger: nach Strafregistern 1919/23 erstm. Betrafte (w. Diebst.) n. 14 J. | 44,2 | | |
| Saari: 465 Reformatory-Jungen, 1921-27 eingeliefert, im Durchschn. mit 16;10 J. entlassen | | | |
| — ca. 15 J. später | 51,3 | | |
| einmal | | 31,1 | |
| mehrfach | | | 17,6 |
| Norweg. Statistik (nach Christie): 1933—36 aus norweg. Gefängnissen entlassene Jungen unter 21 J. | | | |
| — 3 J. später, nicht erneut mit Gef. | 48,7 | | |
| K. Mende: 274 14-21 Jähr., 1. X. 1947-31. III. 1948 in Bln-Neukölln straffällig geworden — Sommer 1953 | 47,0 | 28,5 | 24,5 |
| Pongratz-Hübner: 297 FE-Zögl. (m) 1950/51 entlassen — 1. 1. 1957 | 49,5 | | |
| mäßig | | 29,6 | |
| schwerer | | | 20,9 |

Das Gleiche in Übersicht:

| | Es wurden rückfällig: gar nicht % | leicht od. kürz. Zeit % | schw. od. läng. Zeit % |
|---|---|---|---|
| Piecha: 66 m. FE-Zögl., 1945—50 als unerziehbar entlassen — 1. 9, 1955 | 40,9 | | |
| mäßig | | 24,3 | |
| schwerer | | | 34,8 |

## III. *Die frühere Straffälligkeit der Probanden*

### 1. Jungen und Mädchen

a) Taten

Von den Probanden hatten 56,3 % schon vor dem 1949 abgeurteilten Tatkomplex strafbare Handlungen begangen, z. T. allerdings noch als Strafunmündige (Tab. 31,32). Der Prozentsatz ist der gleiche wie der der später rückfälligen Probanden — o. Tab. 8 — und auch den 58,6 % Jungen mit Vortaten entsprechen 58,2 % Jungen mit Nachtaten, den 43,2 % Mädchen mit Vortaten 45,4 % Mädchen mit Nachtaten. Diese numerischen Übereinstimungen müssen aber Zufall sein, denn die beteiligten Individuen waren nur zu einem Teil identisch[28].

Tab. 31: Probanden nach Zahl der Vortaten[1]

| Vortaten | m n | m % | w n | w % | m + w n | m + w % |
|---|---|---|---|---|---|---|
| 1 | 43 | 16,8 | 7 | 15,9 | 50 | 16,7 |
| 2—3 | 50 | 19,5 | 7 | 15,9 | 57 | 19,0 |
| 4—10 | 43 | 16,8 | 4 | 9,1 | 47 | 15,7 |
| mehr als 10 | 14 | 5,5 | 1 | 2,3 | 15 | 5,0 |
| keine | 106 | 41,4 | 25 | 56,8 | 131 | 43,7 |
| P insg. | 256 | 100,0 | 44 | 100,0 | 300 | 100,0 |
| Vortat. insg. | 654 | | 83 | | 737 | |
| pro P | | 2,6 | | 1,9 | | 2,5 |
| pro betr. P[2] | | 4,4 | | 4,4 | | 4,4 |

[1] ohne Kohlendiebstähle vor Währungsreform.
[2] = pro Probanden mit Vortaten.

Tab. 32 zeigt (im oberen Teil), daß nicht viel weniger von den Mädchen als von den Jungen schon als Straf*un*mündige Delikte begangen hatten, dagegen ein beträchtlicher Überschuß der Jungen— diese dann also strafmündig — in der Zeit vor der Währungsreform. Die entsprechenden Unterschiede zeigen sich bei den Tatenzahlen im unteren Tabellenteil, und auch die Verteilung des Alters bei der ersten Straftat — hier eingerechnet die

[28] Von 143 Jungen mit Vortaten sind 71,3 % rückfällig geworden, von 107 Jungen ohne Vortaten 38,3 %. S. unten Tab. 35, sowie Tab. 18, in der 6 Jungen von der Einteilung in Rückfallsgruppen ausgeschlossen wurden.

Tab. 32: Straftaten vor Strafmündigkeit, vor Währungsreform, Kohlendiebstähle vor Währungsreform[1]

| Es begingen | m n = 256 | % | w n = 44 | % | m + w n = 300 | % |
|---|---|---|---|---|---|---|
| Tat. als Strafunm. | 63 | 24,6 | 9 | 20,4 | 72 | 24,0 |
| vor Währ.Ref. | 109 | 42,6 | 10 | 22,7 | 119 | 39,7 |
| Kohlend. v. Währ.Ref. | 46 | 18,0 | 5 | 11,4 | 51 | 17,0 |

| Taten | m n | m proP | m betr.P | w n | w proP | w betr.P | m + w n | m + w proP | m + w betr.P |
|---|---|---|---|---|---|---|---|---|---|
| vor Strafm. | 204 | 0,8 | 3,2 | 29 | 0,7 | 3,2 | 233 | 0,8 | 3,2 |
| v. WährRef. | 410 | 1,6 | 3,8 | 29 | 0,7 | 2,9 | 439 | 1,5 | 3,7 |
| Kohlend. | 162 | 0,6 | 3,5 | 17 | 0,4 | 3,4 | 179 | 0,6 | 3,5 |

[1] Kohlendiebstähle vor der Währungsreform sind bei den übrigen Straftaten nicht mitgezählt.

1949 abgeurteilte — weist in die gleiche Richtung. Es waren danach (Tab. 33) mit weniger als 12 Jahren schon 11,4 % der Mädchen gegenüber nur 9,4 % der Jungen straffällig geworden. Mit 12, 13 und 14 Jahren begannen dagegen von den Jungen weitere 41,8 %, von den Mädchen nur weitere 22,7 %, bis dann, nach einem Gleichstand bei den 15jährigen, mit 16 und 17 J. mehr Mädchen als Jungen anfingen[27].

Tab. 33: Probanden nach Alter bei der ersten Straftat

| Alter in Jahren | m n | m % | w n | w % | m + w n | m + w % |
|---|---|---|---|---|---|---|
| 1) unter 8 | 5 | 2,0 | 1 | 2,3 | 6 | 2,0 |
| 2) 8 oder 9 | 7 | 2,7 | — | — | 7 | 2,3 |
| 3) 10 oder 11 | 12 | 4,7 | 4 | 9,1 | 16 | 5,3 |
| 4) 12 oder 13 | 39 | 15,2 | 4 | 9,1 | 43 | 14,3 |
| 5) 14 | 68 | 26,6 | 6 | 13,6 | 74 | 24,7 |
| 6) 15 | 53 | 20,7 | 9 | 20,4 | 62 | 20,7 |
| 7) 16 | 51 | 19,9 | 14 | 31,8 | 65 | 21,7 |
| 8) 17 | 21 | 8,2 | 6 | 13,6 | 27 | 9,0 |
| insg. | 256 | 100,0 | 44 | 100,0 | 300 | 100,0 |

[27] Die Altersverteilung der Jungen bei der ersten Straftat entspricht recht gut der von Meyers unbestimmt verurteilten Jungen (1956, 41), von denen bei der ersten Straftat unter 10 J. 4,1 % waren (hier 4,7), 10—13 J. 19,8 % (hier 19,9), 14 od. 15 42,4 % (hier 47,4) und 16 od. 17 33,7 % ((hier 28,1). Auch diese Ähnlichkeit ist aber nur dadurch zustandegekommen, daß meine Kenntnis der Kinderjahre der Probanden durch die Befragung der Angehörigen in mancher Hinsicht wohl genauer war, andererseits meine Probanden im ganzen ja aber eine weit günstigere Gruppe waren als die ausnahmslos unbestimmt Verurteilten. — Daß sich sowohl bei Frey wie bei Mannheim-Wilkins erheblich höhere Straffälligkeitszahlen für die bei uns noch nicht strafmündigen Jahrgänge finden, muß wohl eben damit zusammenhängen, daß diese Jahrgänge in der Schweiz und in England schon bedingt strafmündig sind.

Der Grund für diese Verteilungen ist in der Verschiedenartigkeit der Taten zu suchen, die von Jungen und Mädchen begangen zu werden pflegen. Aus der eigentlichen Kindheit der Probanden waren in erster Linie Diebereien gegen Angehörige oder auch Kameraden usw. bekannt, die gewöhnlich auf persönlichen Konflikten und Erziehungsschwierigkeiten beruhen; diese Delikte sind eine besondere Domäne der Mädchen. Mit 12 Jahren — also dem beginnenden Flegelalter — zeigt sich aber ein starker Anstieg der gemeinsamen Beutezüge außerhalb des Hauses, wie sie von den Mädchen dieser Untersuchung überhaupt nicht begangen wurden, von einigen wenigen gemeinsamen Warenhausdiebstahlen abgesehen. Die Mädchen treten erst wieder mehr in dem Alter auf, wo die Diebstähle und Unterschlagungen auf den Arbeitsstellen ihren Höhepunkt haben, also mit 16 und 17 Jahren[28].

Es kam dazu, daß das Flegelalter der hier untersuchten Jungen, also die Zeit, in der sie sowieso zu Beutezügen neigten, zusammentraf mit den besonderen Zeitumständen vor der Währungsreform, die ja auch gut eingeordnete Erwachsene in primitive Sammler und Jäger zurückverwandelten. Die Jungen übten sich in dieser Zeit in Güterdiebstählen verschiedener Art, in erster Linie auf dem Eisenbahngelände. Nur bei Kohlendiebstählen wurden auch Mädchen betroffen, im übrigen waren aber nach dem hier vorliegenden Material diese Beutezüge ausschließlich Sache der Jungen, wobei aber natürlich davon auszugehen ist, daß auch bei ihnen viele derartige Taten unverfolgt geblieben sind[29].

Von den bis 1949 begangenen Taten, einschließlich der 1949 abgeurteilten, waren 3 % — bei den Mädchen 4 % — Nichtvermögensdelikte, und auch der Kreis der an Nichtvermögensdelikten beteiligten Probanden war mit 13,6 % bei den Mädchen etwas größer als bei den Jungen mit 10,9 %. In Einzelnen wird die Verteilung der Straftatbestände der früheren Taten erst unter Kap. 6 erörtert werden.

b) Die früheren Maßnahmen

Vor den Maßnahmen, auf die 1949 erkannt wurde (oben Tab. 3, 3 a), war schon gegen ein Drittel der Probanden mindestens *eine* Maßnahme verhängt worden. Daran sind aber nur 18 % der Mädchen und doppelt so viele Jungen (36 %) beteiligt, Tab. 34.

Die Verteilung dieser Maßnahmen auf die überhaupt davon betroffenen Jungen entspricht etwa der der 1949 verhängten Maßnahmen. Nur nahm die FE früher einen relativ größeren Raum ein, da sie ja schon bei Strafunmüdigen angeordnet werden konnte. — Bei den (8) Mädchen war bisher nur Jugendarrest und (oder) FE angeordnet worden.

---

[28] Näheres zu dieser Frage der Tatunterschiede wie auch zur Altersverteilung s. u. Kap. 6.

[29] Über die Beschaffungsdiebstähle vor der Währungsreform vgl. Bader, K., Soziologie der deutschen Nachkriegskriminalität, Tübingen 1949, inbes. 76 ff, und Jacobs, die Kriminalität der Nachkriegszeit, Diss. Bonn 1952, insbes. S. 101 ff.

Tab. 34: Probanden nach jugendgerichtl. Maßnahmen vor der Aburteilung 1949

| Es hatten gehabt | m n | m % | w n | w % | m + w n | m + w % |
|---|---|---|---|---|---|---|
| nur Erm., ArbAufl.[1] | 31 | 12,1 | — | — | 31 | 10,3 |
| nur JArr.[2] | 20 | 7,8 | 3 | 6,8 | 23 | 7,7 |
| JArr und FE[2] | 2 | 0,8 | 1 | 2,3 | 3 | 1,0 |
| nur FE[2] | 24 | 9,4 | 4 | 9,1 | 28 | 9,3 |
| JArr u. JGef.[2] | 5 | 2,0 | — | — | 5 | 1,7 |
| JArr, FE u. JGef.[2] | 7 | 2,7 | — | — | 7 | 2,3 |
| nur JGef.[2] | 3 | 1,2 | — | — | 3 | 1,0 |
| keine Maßn. | 164 | 64,1 | 36 | 81,9 | 200 | 66,7 |
| insg. | 256 | 100,0 | 44 | 100,0 | 300 | 100,0 |
| **Es hatten überh. gehabt** | **m n** | **m %** | **w n** | **w %** | **m + w n** | **m + w %** |
| JArr (= Dauerarr.) | 34 | 13,3 | 4 | 9,1 | 38 | 12,7 |
| FE | 33 | 12,9 | 5 | 11,4 | 38 | 12,7 |
| Jugendgefängn. | 15 | 5,9 | — | — | 15 | 5,0 |

[1] darunter 1 Prob. mit Freizeitarrest. — Ermahnungen, Arbeitsauflagen und Freizeitarrest sind der Übersichtlichkeit halber in dieser Tabelle nur aufgeführt, wo sie die einzigen Maßnahmen waren.

[2] oder dazu Ermahnung oder Arbeitsauflage. — Unter „JArr" wird hier immer Dauerarrest verstanden.

## 2. Rückfallsgruppen

### a) Taten

Von den 250 in Rückfallsgruppen aufgeteilten Jungen hatten die Nichtrückfälligen nur zu 38,4 %, die Rückfälligen dagegen zu 71,3 % schon vor dem 1949 abgeurteilten Tatkomplex mindestens eine strafbare Handlung begangen. Unterscheidet man zwischen den einzelnen Gruppen der Rückfälligen, so sieht man — Tab. 35 — daß von Gr. II sogar etwas mehr

Tab. 35: Rückfälligkeitsgruppen (m) nach Zahl der Vermögensvortaten vor 1949 abgeurteilter Tat

| Vortaten | I n | I % | II n | II % | III n | III % | IV n | IV % |
|---|---|---|---|---|---|---|---|---|
| keine | 66 | 61,6 | 17 | 30,4 | 17 | 37,0 | 7 | 17,1 |
| eine | 13 | 12,1 | 17 | 30,4 | 6 | 13,0 | 4 | 9,8 |
| 2—3 | 17 | 15,9 | 12 | 21,4 | 10 | 21,8 | 9 | 22,0 |
| 4—10 | 8 | 7,5 | 9 | 16,1 | 11 | 23,9 | 13 | 31,7 |
| mehr als 10 | 3 | 2,8 | 1 | 1,8 | 2 | 4,4 | 8 | 19,5 |
| insg. | 107 | 100,0 | 56 | 100,0 | 46 | 100,0 | 41 | 100,0 |
| pro P | 0,8 | | 1,8 | | 2,7 | | 5,7 | |
| pro betr. P | 3,4 | | 2,6 | | 4,3 | | 7,9 | |

Jungen vorbelastet waren als von Gr. III, was sie aber dadurch wettmachen, daß sie besonders oft nur eine Vortat begangen hatten. Gr. IV fällt auf nicht nur durch einen großen Anteil von Vorbelasteten — 82,9 % —, sondern auch durch die hohe Tatenzahl, die auf den Kopf dieser Vortäter kommt (= Taten pro betroffenen P). Aber auch die 41 Nichtrückfälligen, die vor 1949 schon straffällig geworden waren, hatten pro Kopf eine etwas höhere Vortatenzahl als die Leichtrückfälligen (Gr. II); sie wären hiernach nicht zwischen den unvorbelasteten Nichtrückfälligen und Gr. II, sondern zwischen den Gr. II und III einzuordnen.

Wenn im Folgenden in den Tabellen neben den Zahlen, die sich für die Nichtrückfälligen insgesamt ergeben, auch immer die der unvorbelasteten (I a) und der vorbelasteten (I b) gesondert mitgeteilt werden, so nicht, weil diese Untergruppen im eigentlichen Sinne Prognosegruppen wären. Echte Prognosegruppe in der Reihe der anderen ist nur Gr. I als Ganzes, die eben wie die anderen Gruppen einen Anteil schon vorbelasteter Jungen hat, auf dessen zahlenmäßige Bestimmung und Mitverwertung es für die Gruppenprognose gerade ankommt.

Andererseits bringt die Wahl eines festen Ausgangsjahres (1949) es aber auch mit sich, daß Zufälle des Alters der Probanden bei dem Verlauf ihrer Kriminalität eine Rolle spielen können. So zeigt auch Tab. 36, daß die vorbelasteten Nichtrückfälligen 1949 im Durchschnitt ein halbes Jahr älter waren als die nichtvorbelasteten, und sogar 8 Mon. älter als die Leichtrückfälligen. Fast die Hälfte von ihnen war bei der 1949 abgeurteilten Tat schon 17 Jahre alt gegenüber je noch nicht ganz 20 % der Gr. I a und II. Löst man sich also von dem Ausgangsjahr 1949, und faßt man „Rückfälligkeit“ schlechthin als „wiederholte Straffälligkeit“, so hat man in den I b-Probanden eine Gruppe von Jungen vor sich, die alle einmal rückfällig geworden sind, z. T. wiederholt und schwer, und von denen die Hälfte noch mit 17 Jahren, keiner aber später straffällig geworden ist. In diesem Sinne kann ihre Rückfälligkeit u. U. sogar schwerer zu bewerten sein als die der Leichtrückfälligen, die 1949 z. T. eben in einer früheren Phase ihrer Kriminalität betroffen wurden und darum noch leicht — aber jedenfalls nur leicht — rückfällig wurden. Losgelöst vom Ausgangsjahr 1949, kann die Gr. I b also doch mit den übrigen Gruppen verglichen werden, und daß ihr Platz dabei — wie hier vorweggenommen sei — sowohl nach den Merk-

Tab. 36: Rückfälligkeitsgruppen (m) nach Alter bei 1949 abgeurteilter Tat

| Alter in Jahren | I a n | I a % | I b n | I b % | I n | I % | II n | II % | III n | III % | IV n | IV % |
|---|---|---|---|---|---|---|---|---|---|---|---|---|
| 14 | 15 | 22,7 | 6 | 14,6 | 21 | 19,6 | 18 | 32,7 | 9 | 19,6 | 7 | 17,1 |
| 15 | 15 | 22,7 | 8 | 19,5 | 23 | 21,5 | 15 | 26,8 | 17 | 37,0 | 9 | 22,0 |
| 16 | 23 | 34,8 | 7 | 17,1 | 30 | 28,0 | 13 | 23,2 | 7 | 15,2 | 8 | 19,0 |
| 17 | 13 | 19,7 | 20 | 48,9 | 33 | 30,8 | 10 | 17,9 | 13 | 28,3 | 17 | 41,5 |
| insg. | 66 | 100,0 | 41 | 100,0 | 107 | 100,0 | 56 | 100,0 | 46 | 100,0 | 41 | 100,0 |
| Durchschnitt | 16;0 | | 16;6 | | 16;2 | | 15;10 | | 16;0 | | 16;6 | |

malen der Kriminalitätsschwere wie auch nach der Mehrzahl der Umwelts- und Persönlichkeitsfaktoren zwischen den Gr. II und III ist, dient zur Bestätigung der Zusammenhänge im übrigen. — Mit den „Nichtrückfälligen ohne Vortaten" (I a) ist andererseits eine — künstliche Gruppe von nur einmal, wenn auch evtl. mit mehreren Straftaten, auffällig gewordenen Probanden gewonnen, also eine ganz besonders wenig kriminelle Gruppe, die sich besonders gut als Kontrollgruppe für die ungünstigeren Probanden eignet.

Tab. 37: Rückfälligkeitsgruppen (m) nach Straftaten vor Strafmündigkeit, vor Währungsreform, Kohlend. v. Währungsref.

| Es hatten | I a | | I b | | I | | II | | III | | IV | |
|---|---|---|---|---|---|---|---|---|---|---|---|---|
| Taten | n | % | n | % | n | % | n | % | n | % | n | % |
| Probanden: | | | | | | | | | | | | |
| vor Strafm. | — | — | 13 | 31,7 | 13 | 12,1 | 19 | 34,0 | 11 | 23,9 | 13 | 31,7 |
| v. WährRef. | — | — | 29 | 70,7 | 29 | 27,1 | 28 | 50,0 | 21 | 45,7 | 28 | 68,3 |
| „Kohlend." | 7 | 10,6 | 7 | 17,1 | 14 | 13,1 | 15 | 26,8 | 9 | 19,6 | 8 | 19,5 |
| Taten proP: | | | | | | | | | | | | |
| vor Strafm. | | — | | 1,0 | | 0,4 | | 0,8 | | 1,1 | | 1,5 |
| vor WährRef. | | — | | 1,9 | | 0,7 | | 1,0 | | 2,0 | | 4,0 |
| „Kohlend." | | 0,2 | | 0,5 | | 0,4 | | 0,8 | | 0,8 | | 1,0 |
| Taten pro betr. P | | | | | | | | | | | | |
| vor Strafm. | | — | | 3,2 | | 3,2 | | 2,2 | | 4,6 | | 4,7 |
| vor WährRef. | | — | | 2,7 | | 2,7 | | 2,0 | | 4,3 | | 5,9 |
| „Kohlend." | | 1,7 | | 3,0 | | 2,9 | | 2,9 | | 4,2 | | 5,1 |

In Tab. 37 zeigt der Anteil der Probanden, die schon als Strafunmündige, oder vor der Währungsrefom, Straftaten begangen hatten, oder an Kohlendiebstählen beteiligt waren, keine eindeutige Beziehung zur Rückfälligkeit, und zwar weil wie in Tab. 35 Gr. II einen höheren Anteil hat als Gr. III und z. T. sogar als Gr. IV. Wohl aber zeigt sich eine solche Beziehung wieder bei der Zahl der Taten, bei der dann auch die Gr. I b ihren Platz zwischen II und III hat. Bemerkenswert erscheint, daß auch die Kohlendiebstähle sich so verteilen, obwohl sie ja nicht als „Straftaten" gezählt wurden, deren Verteilung also nicht mitbeeinflußten[30].

Tab. 38 bringt die weitere Einsicht, daß Gr. IV den größten Anteil der schon früh, mit unter 10 J., Straffälligen hat, daß aber von den Leichtrückfälligen besonders viele mit 12 und 13 J., also im Flegelalter, begannen, wodurch auch ihr durchschnittlicher Kriminalitätsbeginn früher lag als der

---

[30] Fälle von Kohlendiebstählen: *171, 39, 149, 201, 164*
Fälle von Güterdiebstählen: *250, 03, 229, 201, 164*
Fälle von Metalldiebstählen: *53, 171, 73, 187, 286, 268, 201, 199*

Tab. 38. Rückfälligkeitsgruppen (m) nach Alter bei der ersten Straftat

| Alter in Jahren | Ia n | Ia % | Ib n | Ib % | I n | I % | II n | II % | III n | III % | IV n | IV % |
|---|---|---|---|---|---|---|---|---|---|---|---|---|
| unter 8 | — | — | — | — | — | — | 2 | 3,6 | 1 | 2,2 | 2 | 4,9 |
| 8 od. 9 | — | — | 2 | 4,9 | 2 | 1,9 | 1 | 1,8 | 1 | 2,2 | 3 | 7,3 |
| 10 od. 11 | — | — | 5 | 12,2 | 5 | 4,7 | 2 | 3,6 | 3 | 6,5 | 1 | 2,4 |
| 12 od. 13 | — | — | 7 | 17,1 | 7 | 6,5 | 17 | 30,4 | 7 | 15,2 | 6 | 14,6 |
| 14 | 15 | 22,7 | 13 | 31,7 | 28 | 26,2 | 14 | 25,0 | 13 | 28,3 | 10 | 24,4 |
| 15 | 15 | 22,7 | 5 | 12,2 | 20 | 18,7 | 9 | 16,1 | 11 | 23,9 | 13 | 31,7 |
| 16 | 23 | 34,8 | 8 | 19,5 | 31 | 29,0 | 9 | 16,1 | 6 | 13,0 | 5 | 12,7 |
| 17 | 13 | 19,7 | 1 | 2,4 | 14 | 13,1 | 2 | 3,6 | 4 | 8,7 | 1 | 2,4 |
| insg. | 66 | 100,0 | 41 | 100,0 | 107 | 100,0 | 56 | 100,0 | 46 | 100,0 | 41 | 100,0 |
| unter 10 | — | — | 2 | 4,9 | 2 | 1,9 | 3 | 5,4 | 2 | 4,4 | 5 | 12,8 |
| unter 12 | — | — | 7 | 17,1 | 7 | 6,5 | 5 | 8,9 | 5 | 10,9 | 6 | 14,6 |
| 12 od. 13 | — | — | 7 | 17,1 | 7 | 6,5 | 17 | 30,4 | 7 | 15,2 | 6 | 14,6 |
| 14 od. 15 | 30 | 45,5 | 18 | 44,0 | 48 | 44,9 | 23 | 41,1 | 24 | 52,2 | 23 | 56,2 |
| 16 od. 17 | 36 | 54,5 | 9 | 22,0 | 45 | 42,1 | 11 | 19,7 | 10 | 21,8 | 6 | 14,6 |
| Durchschn. | 16;0 | | 14;1 | | 15;5 | | 14;2 | | 14;6 | | 14;0 | |

der Gr. III. Dies hängt wieder zusammen mit der Art ihrer Taten, entsprechend wie bei der Verteilung der ersten Straffälligkeit von Jungen und Mädchen (o. S. 38). Die später Leichtrückfälligen verübten nämlich besonders viele gemeinsame einfache Diebstähle gegen fremde Personen, wie Metalldiebstähle und ähnliche Beschaffungen, die einerseits besonders typisch für das Flegelalter sind, andererseits kriminologisch nicht besonders schwer wiegen, während die Probanden der Gr. III relativ mehr Diebstähle und Unterschlagungen auf der Arbeitsstelle begingen, die ihren zeitlichen Höhepunkt erst etwas später haben, kriminologisch aber bedenklicher sind. Da also der Beginn im Flegelalter als relativ harmloser zwischen zwei psychologisch andersartige, untereinander vielleicht eher verwandte Phasen geschaltet ist, besagt der Alters durchschnitt hier nicht sehr viel. Näheres über diese Beziehungen wird in Kap. 6 ausgeführt werden[31].

Wie bei den späteren Taten (oben Tab. 26) waren auch bei den vor der Verurteilung 1949 begangenen die Rückfallsintervalle der schwerer rückfälligen Gruppen kürzer, Tab 39. Die Probanden der Gr. I b — die hier ja von den Nichtrückfälligen allein in Betracht kamen und dadurch auch den Durchschnitt der ganzen Gr. I erhöhen[32] — finden sich hier wieder zwischen den Gr. II und III. Der Abfall von Gr. II zu Gr. IV ist beträchtlich,

[32] In allen Gruppen bezieht sich der Durchschnitt nur auf die Probanden mit Vortaten

[31] Meyer (1956, 101): erste Straftat vor 10 J.: unbestimmt Verurteilte insg. 4,1 %, Rückfällige 6,8 %; 11—13 J.: insg. 11,1 %, Rückfällige 15,9 %; 14 oder 15 J.: insg. 27,6 %, Rückfällige 33 %; 16 oder 17 J.: insg. 57,6 %, Rückfällige 45,5 %.

besonders bei dem durchschnittlichen Rückfallsintervall, während für die spätere Periode besser das kürzeste Rückfallsintervall zwischen den Gruppen zu differenzieren schien.

Tab. 39: Rückfallsintervalle vor Verurteilung 1949 in Monaten (Durchschnitt pro betroffene P der Rückfallsgruppen)

| Intervall | I a Mon. | I b Mon. | I Mon. | II Mon. | III Mon. | IV Mon |
|---|---|---|---|---|---|---|
| kürzestes | — | 8,9 | 8,9 | 10,2 | 4,1 | 4,1 |
| durchschnittl. | — | 11,0 | 11,0 | 15,4 | 7,1 | 4,0 |

## b) Die früheren Maßnahmen

Nur 20 % der später Nichtrückfälligen, aber 58 % der später Schwerrückfälligen hatten vor der Aburteilung 1949 schon eine jugendrechtliche Maßnahme erlitten. Gr. I b steht in dieser Hinsicht der Gr. III recht nahe und ähnelt ihr auch in der Verteilung der Maßnahmen, Tab. 40.

Tab. 40: Rückfallsgruppen (m) nach jugendgerichtl. Maßnahmen vor der Verurteilung 1949

| Es hatten gehabt | I a n | I a % | I b n | I b % | I n | I % | II n | II % | III n | III % | IV n | IV % |
|---|---|---|---|---|---|---|---|---|---|---|---|---|
| nur Erm. ArbAufl.[1] | — | — | 8 | 19,5 | 8 | 7,5 | 8 | 14,3 | 11 | 23,9 | 3 | 7,3 |
| nur JArr[2] | — | — | 7 | 17,1 | 7 | 6,5 | 4 | 7,2 | 4 | 8,7 | 5 | 12,2 |
| JArr u. FE[2] | — | — | 1 | 2,4 | 1 | 0,9 | 5 | 8,9 | 1 | 2,2 | — | — |
| nur FE[2] | — | — | 4 | 9,8 | 4 | 3,7 | — | — | 5 | 10,9 | 8 | 19,5 |
| JArr u. JGef.[2] | — | — | 1 | 2,4 | 1 | 0,9 | — | — | 2 | 4,4 | 2 | 4,9 |
| JArr, FE u. JGef.[2] | — | — | 1 | 2,4 | 1 | 0,9 | — | — | 2 | 4,4 | 4 | 9,8 |
| nur JGef.[2] | — | — | — | — | — | — | 1 | 1,8 | — | — | 2 | 4,9 |
| keine Maßn. | 66 | 100,0 | 19 | 46,4 | 85 | 79,5 | 38 | 67,9 | 21 | 45,7 | 17 | 41,5 |
| insg. | 66 | 100,0 | 41 | 100,0 | 107 | 100,0 | 56 | 100,0 | 46 | 100,0 | 41 | 100,0 |

| Es hatten überh. geh. | I a n | I a % | I b n | I b % | I n | I % | II n | II % | III n | III % | IV n | IV % |
|---|---|---|---|---|---|---|---|---|---|---|---|---|
| JArr[3] | — | — | 10 | 24,4 | 10 | 9,3 | 9 | 16,1 | 9 | 19,6 | 11 | 26,8 |
| FE | — | — | 6 | 14,6 | 6 | 5,6 | 5 | 8,9 | 8 | 17,4 | 12 | 29,3 |
| JGef | — | — | 2 | 4,9 | 2 | 1,9 | 1 | 1,8 | 4 | 8,7 | 8 | 19,5 |

[1] Darunter 1 Prob. mit Freizeitarrest. — Ermahnungen, Arbeitsauflagen und Freizeitarrest sind der Übersichtlichkeit halber in dieser Tabelle nur aufgeführt, wo sie die einzigen Maßnahmen waren.

[2] oder dazu Ermahnung oder Arbeitsauflage. — Unter „JArr" wird hier immer Dauerarrest verstanden.

[3] = Dauerarrest

Nur Arbeitsauflagen oder Ermahnungen hatten bisher am meisten Probanden der Gr. III erhalten. Der Anteil des im ganzen verhängten Jugendarrestes — unterer Teil der Tabelle — steigt von Gruppe zu Gruppe an; ähnlich der von FE und JGef., die aber in I und II, bei geringer oder fehlender Differenz, noch niedrig liegen und dann erst zur Gr. III hin und danach aber noch einmal zu IV hin deutlicher ansteigen. Auch nur bei FE und JGef. hat die Gr. I b ihren gewohnten Platz zwischen II und III, d. h. diese Maßnahmen, die Verwahrlosung oder besondere Tatschwere zur Voraussetzung haben, differenzieren, wie zu erwarten, besser für die zukünftige Gefährdung als der Jugendarrest.

In den Gr. I b, II, III hatten je zwei Jungen schon vor der Verurteilung 1949 eine Jugendgefängnisstrafe verbüßt, in Gr. IV 8 Jungen, und diese mit einem Durchschnitt von 8 Monaten gegenüber 6 Mon. (I b, II) und 5,5 (III) der übrigen.

Tab. 41: Rückfallsgruppen nach Dauer des Heimaufenthaltes[1] vor Verurteilung 1949

| Dauer | I a | | I b | | I | | II | | III | | IV | |
|---|---|---|---|---|---|---|---|---|---|---|---|---|
| | n | % | n | % | n | % | n | % | n | % | n | % |
| bis 3 Mon. | 1 | 1,5 | 1 | 2,4 | 2 | 1,9 | 2 | 3,6 | 4 | 8,7 | 6 | 14,6 |
| 3+ — 6 M. | — | — | 1 | 2,4 | 1 | 0,9 | 3 | 5,4 | 3 | 6,5 | 2 | 4,9 |
| 6+ — 12 M. | — | — | 3 | 7,3 | 3 | 2,8 | 3 | 5,4 | 3 | 6,5 | 3 | 7,3 |
| 1+ — 2 J. | — | — | 5 | 12,2 | 5 | 4,7 | 1 | 1,8 | 3 | 6,5 | 3 | 7,3 |
| 2+ — 3 J. | — | — | 2 | 4,9 | 2 | 1,9 | 2 | 3,6 | — | — | 1 | 2,4 |
| 3+ — 6 J. | 1 | 1,5 | — | — | 1 | 0,9 | 1 | 1,8 | 2 | 4,4 | 3 | 7,3 |
| über 6 J. | — | — | — | — | — | — | 1 | 1,8 | — | — | 1 | 2,4 |
| kein Heim | 64 | 97,0 | 29 | 70,7 | 93 | 86,9 | 43 | 76,8 | 31 | 67,4 | 22 | 53,7 |
| insg. | 66 | 100,0 | 41 | 100,0 | 107 | 100,0 | 56 | 100,0 | 46 | 100,0 | 41 | 100,0 |
| Jahre pro P[2] | (0;1) | | 0;6 | | 0;3 | | 0;6 | | 0;6 | | 1;0 | |
| pro betr. P[3] | (3;2) | | 1;8 | | 1;10 | | 2;2 | | 1;7 | | 2;1 | |

[1] in geschlossenem Heim.
[2] Durchschnitt der ganzen Gruppe.
[3] Durchschnitt der P, die im Heim waren.

Tab. 41 zeigt, wieviele Probanden vor der Verurteilung 1949 schon zum Zwecke der öffentlichen Erziehung in einem Heim gewesen waren, sei es auf Grund von Straftaten, sei es — was ja auch in Gr. I a möglich war — wegen ihrer sonstigen Gefährdung. Der Anteil dieser Jungen steigt von Gruppe zu Gruppe, mit Gr. I b zwischen II und III. Von den Schwerrückfälligen waren damals schon 46,3 % im Heim gewesen, allerdings 14,6 % nur bis höchstens 3 Monate. Der Prozentsatz dieser Jungen mit nur ganz kurzem Heimaufenthalt steigt — ebenso wie der der langjährigen Heimzöglinge — mit Schwere der Rückfälligkeit, vermutlich weil sich die Heimerziehung gerade bei den schwerer Gefährdeten sehr bald als undurchführbar erwies, besonders wegen ihres häufigen Entweichens (darüber unten Tab. 89).

Die durchschnittliche Länge des Heimaufenthaltes pro Heimzögling (pro betr. P) variiert dadurch nicht mit der Rückfälligkeit, vgl. dazu auch Stutte 1958, 44.

Die Maßnahmen, auf die 1949 erkannt wurde — Tab. 42 — stehen natürlich in starker Abhängigkeit von der kriminellen Vorgeschichte der Probanden. Außerdem spielte der Grad der persönlichen Verwahrlosung eine Rolle, der aber ja oft gerade aus der kriminellen Vorgeschichte abgelesen wurde.

Tab. 42: Rückfallsgruppen (m) nach Maßnahmen, auf die 1949 erkannt wurde

| Es erhielten | I a | | I b | | I | | II | | III | | IV | |
|---|---|---|---|---|---|---|---|---|---|---|---|---|
| 1949 | n | % | n | % | n | % | n | % | n | % | n | % |
| Erm, | | | | | | | | | | | | |
| ArbAufl | 33 | 50,0 | 5 | 12,2 | 38 | 35,5 | 23 | 41,1 | 10 | 21,8 | 7 | 17,1 |
| Auss z. Bew | 1 | 1,5 | 5 | 12,2 | 6 | 5,6 | 5 | 8,9 | 4 | 8,7 | 1 | 2,4 |
| JArr | 27 | 40,9 | 12 | 29,3 | 39 | 36,4 | 17 | 30,4 | 13 | 28,3 | 7 | 17,1 |
| JArr + FE | 1 | 1,5 | 6 | 14,6 | 7 | 6,5 | 2 | 3,6 | 3 | 6,5 | 3 | 7,3 |
| FE | 1 | 1,5 | 7 | 17,1 | 8 | 7,5 | 6 | 10,7 | 10 | 21,8 | 3 | 7,3 |
| JGef | 3 | 4,5 | 5 | 12,2 | 8 | 7,5 | 2 | 3,6 | 6 | 13,0 | 20 | 48,9 |
| JGef+Auss | — | — | 1 | 2,4 | 1 | 0,9 | 1 | 1,8 | — | — | — | — |
| insg. | 66 | 100,0 | 41 | 100,0 | 107 | 100,0 | 56 | 100,0 | 46 | 100,0 | 41 | 100,0 |
| Erm, ArbAufl. | | | | | | | | | | | | |
| Auss. z. Bew | 34 | 51,5 | 11 | 26,8 | 45 | 42,1 | 29 | 51,8 | 14 | 30,4 | 8 | 19,5 |
| JArr. | 28 | 42,4 | 18 | 44,0 | 46 | 43,0 | 19 | 34,0 | 16 | 34,8 | 10 | 24,4 |
| FE | 2 | 3,0 | 13 | 31,7 | 15 | 14,0 | 8 | 14,3 | 13 | 28,3 | 6 | 14,6 |
| JGef. | 3 | 4,5 | 6 | 14,6 | 9 | 8,4 | 3 | 5,4 | 6 | 13,0 | 20 | 48,9 |

Da die Probanden der Gr. I b alle vorbelastet waren — und z. T. auch schwer —, wurden nur bei rund 27 % von ihnen ambulante Maßnahmen — Ermahnungen, Arbeitsauflagen, Aussetzung des Verfahrens zur Bewährung — für ausreichend befunden. Nur bei der Gr. IV waren es, mit rund 20 %, noch weniger, dagegen bei der Gr. I a und bei den Leichtrückfälligen fast doppelt so viel (rund 52 %).

Jugendarrest ist umso weniger verhängt worden, je schwerer rückfällig die Probanden später wurden, insbesondere der ohne gleichzeitige FE[33]. FE wurde am häufigsten gegen die Jungen der Gr. III angeordnet, wohl weil sie bei denen der Gr. II nicht für nötig, bei den später Schwerrückfälligen nicht mehr für erfolgversprechend gehalten wurde. Von den Schwerrückfälligen wurden fast 50 % zu Jugendgefängnis verurteilt, schon in Gr. III auffällig weniger, nur 13 %, in I und II noch weniger.

[33] Nach dem RJGG von 1943 war noch gleichzeitige Verhängung von JArr u. FE möglich.

## Zusammenfassung

Die bisherige Darstellung galt erstens der Einführung der Probanden — Jungen und Mädchen — nach einigen wenigen Rahmenmerkmalen. Zweitens wurden die vier Rückfälligkeitsgruppen eingeführt, und zwar wurde beschrieben, wie sich auf sie — und auf Jungen und Mädchen insgesamt — eine Reihe von Merkmalen verteilen, die für die Bestimmung des Grades der Rückfälligkeit eine Rolle spielen.

Die Zufallsauswahl ergab unter den 300 jugendlichen Vermögensdelinquenten 14,7 % Mädchen.

Bei der 1949 abgeurteilten Tat waren Jungen und Mädchen etwa gleichalt (Durchschnitt 16;1 J.). Trotzdem gingen weniger Mädchen noch zur Schule. Unter den berufstätigen Jungen gab es viel mehr Lehrlinge als bei den Mädchen; die Mädchen waren größtenteils ungelernte Arbeiterinnen, hatten auch seltener eine begonnene Lehre abgebrochen (weil seltener eine Lehre begonnen). Auch berufslos waren die Mädchen öfter.

Unter den 1949 abgeurteilten Straftaten war bei den Jungen der Anteil des schweren Diebstahls erheblich größer als bei den Mädchen; bei den Mädchen spielte der einfache Diebstahl eine größere Rolle, und ein wenig überwog bei ihnen auch der Betrug.

Maßnahmen gegen die Jungen waren 1949 relativ mehr Ermahnung oder Arbeitsauflagen, Jugendgefängnis und Aussetzung zur Bewährung, bei den Mädchen relativ mehr FE und insbesondere Jugendarrest.

1955 wohnten noch 87 % der Probanden in Hamburg. Etwas mehr Mädchen als Jungen hatten ihren Wohnsitz anderswo in der Bundesrepublik (durch Heirat). Zwei Jungen waren verstorben. 22 Probanden waren im Ausland, in der sowjetischen Besatzungszone oder unbekannten Aufenthalts, aber die meisten von ihnen erst seit relativ kurzer Zeit.

Es wurden 4 Rückfälligkeitsgruppen gebildet: Die Nichtrückfälligen (Gr. I; davon I a die ohne Vortaten vor damaliger Verurteilung, I b mit Vortaten); die Leichtrückfälligen (II); die bedenklich oder mittelschwer Rückfälligen, die zeitweise in Gefahr schienen, Gewohnheitsverbrecher zu werden (Gr. III); und die bis zuletzt schwer Rückfälligen (IV). 42 % der Jungen, 55 % der Mädchen begingen nach 1949 kein Vermögensdelikt mehr (Gr. I), 22 % der Jungen und 18 % der Mädchen nur wenige und geringfügige (II), 18 % der Jungen und 14 % der Mädchen waren zeitweise bedenklich rückfällig (III), und 16 % der Jungen, 5 % der Mädchen bis zuletzt schwer (IV).

In ihrer allgemeinen Lebensführung waren nach 1949 etwa ebensoviele Mädchen wie Jungen durchweg einwandfrei (rund 50 %). Bei den übrigen Mädchen kam etwas öfter ausgesprochen asoziale Lebensführung vor, bei den Jungen mäßige Leichtfertigkeit.

Die allgemein geringere Rückfälligkeit der Mädchen drückt sich auch in der geringeren Durchschnittszahl ihrer späteren Vermögens- (und Nichtvermögens-)delikte, der durchschnittlich kürzeren Erstreckung ihrer späteren

Kriminalität, ihrem geringeren Durchschnittsalter beim letzten Vermögensdelikt und der durchschnittlichen längeren Periode aus, in der sie zuletzt in Freiheit waren, ohne ein Vermögensdelikt zu begehen. Ihr „kürzestes Rückfallsintervall“ war im Durchschnitt auch länger als das der Jungen. Weniger Mädchen als Jungen sind später noch jugendstrafrechtlich oder nach allgemeinem Strafrecht belangt worden. Insbesondere wurden auch weniger von ihnen zu Gefängnis verurteilt, und eine verhängte Gefängnisstrafe brauchten sie seltener zu verbüßen. — In Heimen waren später mehr Mädchen als Jungen — und auch mit durchschnittlich längerer Aufenthaltszeit —, aber mehr wegen ihrer allgemeinen Gefährdung und asozialen Lebensführung als wegen ihrer Kriminalität.

Über der geringeren Rückfälligkeitsquote bei den Mädchen darf man aber nicht übersehen, daß sie größer ist als nach der Beteiligung der Mädchen an den Vermögensdelikten überhaupt zu erwarten wäre. Straffällige Mädchen scheinen danach eine ungünstigere Auslese darzustellen als straffällige Jungen.

Ferner gibt es Anzeichen dafür, daß auch die rückfälligen Mädchen eine ungünstigere Auslese sind als die rückfälligen Jungen. Schaltet man die Nichtrückfälligen aus, so sind zwar die Durchschnittszahlen der Mädchen für das Alter bei letztem Vermögensdelikt, Dauer der späteren kriminellen Periode usw. immer noch deutlich günstiger als die der Jungen, die Differenzen aber geringer.

Nichtangezeigte Vermögensdelikte haben die Mädchen später fast ebensoviele begangen wie die Jungen; und sie haben sogar öfter als die Jungen im — ungeklärten — Verdacht eines Vermögensdeliktes gestanden. Das hängt beides vermutlich damit zusammen, daß die Mädchen besonders häufig ihnen bekannte Personen (insbesondere Arbeitgeber, Kameraden) bestehlen. Dadurch sind auch oft die Tatenserien der Mädchen größer als die der Jungen, und vielleicht hängt auch die im Vergleich zu ihrer allgemeinen Straffälligkeit zu große Rückfälligkeitsquote der Mädchen damit zusammen, denn bei dieser Art von Taten kommen Wiederholungen besonders häufig vor.

Die Einordnung der Probanden in die Rückfallsgruppen beruht auf einer Gesamtbewertung ihrer späteren Straffälligkeit. Dabei wurden insbesondere deren zeitliche Erstreckung, die Zahl und Schwere der Straftaten, die Kürze des Rückfallsintervalls, das Alter bei der letzten Begehung und die Dauer der letzten Bewährung in der Freiheit berücksichtigt. Einzeln, oder auch in Kombination von zwei oder drei würden diese Merkmale die Schwere der Rückfälligkeit nicht genügend gekennzeichnet haben, so daß die — mehr subjektive — Gesamtbewertung notwendig erschien. Die Gruppen sollten aber auch nur in etwa die Schwere der Rückfälligkeit abschattieren, keine streng getrennten natürlichen Einheiten bezeichnen.

Es wurde in Tabellen dargestellt, wie sich die einzelnen bei der Einordnung berücksichtigten Merkmale auf die Rückfälligkeitsgruppen der Jungen verteilen (die der insgesamt nur 19 rückfälligen Mädchen lohnten wegen ihrer Kleinheit keine nähere Betrachtung). Zusammenfassend folgen hier die Merkmale, die zwischen den Leicht- und den Schwerrückfälligen (II und IV) besonders stark differenzieren, unter Angabe der jeweiligen Prozentsätze auch der Gr. III, die zwischen denen der Gr. II und IV liegen, mit verschieden großer Nähe zu einer der beiden anderen.

| | Rückfälligkeitsgruppen (m) | | |
|---|---|---|---|
| | II | III | IV |
| | n = 56 | n = 46 | n = 41 |
| spät. allg. Lebensführung[34] | | | |
| ordentl. od. etwas leichtfertig | 100,0 | 80,4 | |
| asozial | | 19,6 | 75,6 |
| zuletzt straffrei in Freiheit | | | |
| ein Jahr und länger | 100,0 | 82,6 | — |
| weniger als ein Jahr | — | 17,4 | 24,4 |
| gar nicht | — | — | 75,6 |
| Dauer d. Vermög. Krimin. nach 1949 | | | |
| bis zu 4 Jahren | 92,8 | 67,4 | |
| über 4 Jahre | | 32,6 | 73,2 |
| Alter bei letztem Vermög. Del. | | | |
| unter 20 J | 93,0 | 65,3 | |
| 20 oder mehr J. | | 34,7 | 73,1 |
| spät. kürzest. Rückfallsinterv. | | | |
| länger als 3 Monate | 87,4 | 67,4 | |
| bis zu 3 Monaten | | 32,6 | 73,2 |
| später begangen | | | |
| keinen schweren Diebstahl | 94,6 | 52,2 | |
| schweren Diebstahl | | 47,8 | 80,5 |
| Zahl der späteren Verm. Del. | | | |
| 1—3 | 92,9 | 41,3 | |
| 4 oder mehr | | 58,7 | 95,1 |
| später eine Freih. Str. verbüßt | | | |
| niemals | 100,0 | 37,0 | — |
| mindestens einmal | | 63,0 | 100,0 |
| später zu Gefängnis verurteilt | | | |
| niemals | 89,3 | 30,4 | |
| mindestens einmal | | 69,6 | 90,2 |

Gruppe III liegt danach insbesondere mit d e n Merkmalen näher bei den Leichtkriminellen, die etwas mit der zeitlichen Erstreckung der späteren Kriminalität zu tun haben. Die Gruppe III ist ja im wesentlichen durch das

[34] an sich n i c h t für die Zuordnung zu den Gruppen maßgebend. Es wurden nur die ganz wenigen asozialen Leichtrückfälligen nachträglich ganz ausgeschieden.

schließliche Aufhören oder doch erhebliche Nachlassen einer zeitweise bedenklichen Rückfälligkeit definiert. Nach der Schwere der späteren Kriminalität (Anteil des schweren Diebstahls) steht die Gruppe dagegen ziemlich genau in der Mitte zwischen II und IV.

Von den Jungen hatten 58,6 %, von den Mädchen nur 43,2 % schon vor der 1949 abgeurteilten Tat eine oder mehrere Straftaten begangen (das sind bei den Jungen genau ebensoviel wie später überhaupt rückfällig wurden, obwohl es sich nur z. T. um die gleichen Individuen handelt).

Bei ihrer ersten Straftat waren die Jungen im Durchschnitt 14;8, die Mädchen 15;1 Jahre alt. Mit weniger als 12 Jahren hatten aber schon 11,4 % der Mädchen und 9,4 % der Jungen Straftaten begangen. Im Alter von 12, 13 und 14 Jahren begannen dann erheblich mehr Jungen als Mädchen mit der Straffälligkeit, ab 16 Jahren überwogen wieder die Mädchen. Diese Verteilung hängt damit zusammen, daß anteilsmäßig ebensoviele Mädchen wie Jungen häusliche Diebstähle begangen haben, und Kameradendiebstähle und solche gegen den Arbeitgeber bei ihnen sogar häufiger vorkamen. Delikte gegen Erzieher und gegen Schulkameraden bilden aber den größten Anteil der kindlichen Straftaten, und an Delikten auf der Arbeitsstelle sind 16- und 17-Jährige am meisten beteiligt. Als Strafunmündige hatten 24,6 % der Jungen und 20,4 % der Mädchen schon Straftaten begangen.

Die erste kriminelle Periode — d. h. die Zeitspanne von der ersten Straftat bis zur letzten 1949 abgeurteilten Einzeltat — war wegen der schon ab 12 Jahren stark ansteigenden Kriminalität der Jungen bei ihnen im Durchschnitt länger als bei den Mädchen (1;10 J. gegenüber 1;4 J.). Rund 40 % der Jungen, aber nur rund 20 % der Mädchen waren schon länger als ein Jahr straffällig gewesen.

Auf die Mädchen, die überhaupt Vortaten hatten, kamen aber pro Kopf ebensoviele dieser Taten wie auf die entsprechenden Jungen (nämlich 4,4 pro P), und die Zahl der 1949 abgeurteilten Taten war mit 3,0 bei den Mädchen sogar etwas größer als bei den Jungen mit 2,7 pro P, weil die Delikte auf der Arbeitsstelle relativ oft in Serien begangen wurden.

Die vor der Währungsreform begangenen Kohlendiebstähle — von den Jungen etwas öfter begangen als von den Mädchen — wurden nicht unter den „Straftaten“ gezählt. Aber auch mit sonstigen Straftaten wurden vor der Währungsreform fast doppelt so viele von den Jungen wie von den Mädchen bekannt. Die Beutezüge zum Beschaffen von Lebensmitteln und sonstigen Waren kamen eben bei den Mädchen so gut wie gar nicht vor, häufig aber bei den Jungen, deren Flegelalter gerade in die Zeit fiel, wo diese Unternehmungen in weiteren Kreisen üblich waren. Unter den vor der Verurteilung 1949 begangenen Taten spielen aber bei den Mädchen wie bei den Jungen die Vermögensdelikte — mit 96 bis 97 % — weitaus die Hauptrolle. Andere Delikte hatten nur rund 11 % der Jungen und der Mädchen begangen, aber das war bei den Mädchen fast nur Betteln (vor englischen Kantinen u. ä.), das sich ja im weiteren Sinne zu den Vermögensdelikten rechnen läßt (darüber noch näheres in Kap. 7).

Unter den früheren Vermögensdelikten — Vortaten und 1949 abgeurteilter Taten — nehmen die Diebstähle bei Jungen und Mädchen den gleichen großen Raum ein (85,5 % m, 83 % w), aber die schweren kamen nennenswert fast nur bei den Jungen vor (bei 41,4 % mit 22 % der Taten, gegenüber 11,4 % und 2,5 % bei den Mädchen). Der Betrug spielte bei den Mädchen mit etwa 14 % von Probanden und Taten eine größere Rolle als bei den Jungen, wo er von beiden etwa 5 % ausmachte. Unterschlagung hatten 11 % der Jungen und 9 % der Mädchen begangen, aber die Jungen relativ mehr Taten pro Kopf.

Gegen mehr als ein Drittel der Jungen — 36 % —, aber nur halb so viele Mädchen waren schon vor der Aburteilung 1949 jugendgerichtliche Maßnahmen verhängt worden. Alle daran beteiligten Mädchen, und ebensoviele Jungen, hatten entweder Jugendarrest oder FE oder beides gehabt. Das Mehr an Maßnahmen gegen die Jungen ergab sich zum größten Teil aus „ambulanten" Maßnahmen — Ermahnungen, Arbeitsauflagen —, aber rund 6 % der Jungen waren auch schon zu Jugendgefängnis verurteilt gewesen.

Von den Probanden, die nach der Aburteilung 1949 keine Vermögensdelikte mehr begingen (Gr. I), hatten immerhin 38 % „Vortaten" begangen, von den später Schwerrückfälligen (Gr. IV) aber 83 %. In Gr. II waren es mit 70 % mehr als in Gr. III mit 63 %, aber die Zahl der begangenen Vortaten steigt von den Nichtrückfälligen (0,8 pro P) bis zu den Schwerrückfälligen (5,7 % pro P) gerade an.

Die Nichtrückfälligen mit Vortaten waren bei der Aburteilung 1949 im Durchschnitt 16;5 J. alt, d. i. etwa ebenso alt wie die Schwerrückfälligen (16;4), aber älter als die übrigen und besonders als die Leichtrückfälligen, die damals durchschnittlich erst 15;8 J. alt waren. Das Ausgangsjahr 1949 traf die Nichtrückfälligen mit Vortaten also in einem etwas späteren Stadium ihrer Kriminalität als die Leicht- und mittelschwer Rückfälligen, aber alle drei Gruppen waren sich gleich in 1. der wiederholten Straffälligkeit und 2. einer schließlich günstigen Entwicklung. Außer der Gesamtgruppe der Nichtrückfälligen — der eigentlichen prognostischen Gruppe, von 1949 aus gesehen — wurden daher auch immer ihre Untergruppen: die ohne Vortaten und die mit Vortaten untersucht, wobei die eine als am wenigsten überhaupt kriminell eine besonders gute Kontrolle der ungünstigeren Gruppen bildet, die andere sich etwa zwischen den leicht und den mittelschwer Rückfälligen einordnet.

Die Schwerrückfälligen hatten im Durchschnitt mit 14;0 Jahren mit ihren Straftaten begonnen, die Nichtrückfälligen mit 15;5 J., die übrigen Gruppen liegen dazwischen. Die Distanz war am größten in der eigentlichen Kindheit, d. h. mit unter 10 J., wo nur 2 % der Nichtrückfälligen, aber schon 13 % der Schwerrückfälligen Straftaten begangen hatten. Sie verringerte sich dann, bis mit dem Beginn bei 16 oder 17 J. die Nichtrückfälligen überwogen.

Als Strafunmündige waren im ganzen die Leichtrückfälligen schon am meisten aufgetreten, weil besonders viele von ihnen im Flegelalter von 12, 13 J. mit Straftaten begannen; vor der Währungsreform aber doch schon mehr aus den älteren Gruppen der Nichtrückfälligen ohne Vortaten und der Schwerrückfälligen (von beiden etwa 70 %).

Trotzdem steigt bemerkenswerterweise die Zahl der vor der Strafmündigkeit und vor der Währungsreform begangenen Straf taten von den Nichtrückfälligen zu den Schwerrückfälligen hin in gerader Linie an — ebenso, wenn auch mit schwachen Differenzen, die der Kohlendiebstähle vor der Währungsreform —, wobei die Nichtrückfälligen mit Vortaten ihren Platz zwischen leicht- und mittelschwer Rückfälligen haben. Das Gleiche gilt von der Dauer der ersten kriminellen Periode, die bei den Schwerrückfälligen im Durchschnitt 3;1 J. betrug, bei den Nichtrückfälligen 1;3 J., und von den Rückfallsintervallen der Probanden in dieser ersten Periode (Schwerrückfällige durchschnittlich 4 Monate, Leichtrückfällige 1;3 J.).

Bedenklich für die spätere Entwicklung erscheint also insbesondere der Beginn der Straftaten in der eigentlichen Kindheit, d. h. im Alter von unter 10 J., wo sie auch meistens in häuslichen oder Kameradendiebstählen bestehen. Straftaten im Flegelalter, d. h. ab etwa 12, 13 J., hatten dagegen hier eine ungünstige Vorbedeutung im wesentlichen nur dann, wenn der Einzelne besonders viele davon beging und in besonders kurzer Aufeinanderfolge.

Gegen nur 20 % der Nichtrückfälligen, aber 58 % der später Schwerrückfälligen waren vor der Aburteilung 1949 schon jugendrechtliche Maßnahmen verhängt worden. Die mittelschwer Rückfälligen stehen dabei den Schwerrückfälligen ziemlich nahe, aber unter ihnen hatten mehr, und überhaupt besonders viele, bisher nur ambulante Maßnahmen — Ermahnung, Arbeitsauflage — gehabt. Jugendarrest, FE und Jugendgefängnis hatten jeweils in den mehr rückfälligen Gruppen schon mehr Probanden bekommen, wobei aber die Leicht- den gar nicht Rückfälligen besonders nahestehen und die Schwerrückfälligen mit ihren 20 % früherer Strafhäftlinge besonders herausragen.

Die Dauer des früheren Anstaltsaufenthaltes geht aber nicht der späteren Rückfälligkeit konform. So waren die leichtrückfälligen FE-Zöglinge durchschnittlich nicht kürzer im Heim gewesen als die schwerrückfälligen (2;2 und 2;1 J.), die Nichtrückfälligen mit 1;10 J. etwas länger als die Mittelschwerrückfälligen mit 1;7 J., und von den Schwerrückfälligen war der einzelne jugendliche Gefangene kaum länger in Haft (8,5 Monate) als von den übrigen Gruppen (5,5 und 6 Monate). Bei den Schwerrückfälligen war insbesondere die ganz kurze Heimdauer (Entweichungen) wie die von über 3 J. häufiger als bei den übrigen. Bei den Nichtrückfälligen ohne Vortaten tritt eine frühere Heimdauer von 1—2 Jahren besonders hervor. Die geringe Zahl der Fälle verbietet aber eindeutige Aussagen.

Die Maßnahmen, auf die 1949 erkannt wurde, entsprechen der Vorbelastung der Probanden in den Rückfallsgruppen: ambulante Maßnahmen etwa doppelt so oft (42 %) für die Nichtrückfälligen wie für die Schwerrückfälligen (19,5 %), ebenso Jugendarrest (43 % gegenüber 24 %). FE gleich oft für die Schwer- wie für die Nicht- und Leicht-Rückfälligen (etwa 14 %), weil sie bei ihnen oft nicht mehr für ausreichend gehalten wurde — etwa 40 % der Schwerrückfälligen waren ja schon in FE oder im Jugendgefängnis oder in beiden gewesen —, dafür aber für fast die Hälfte (48,9 %) der Schwerrückfälligen Jugendgefängnis.

Die Nichtrückfälligen mit Vortaten — die also alle vorbelastet waren, aber niemals wieder auffällig wurden — bekamen 1949 fast so wenige ambulante Maßnahmen wie die später Schwerrückfälligen, dafür aber mehr Jugendarrest — besonders in Verbindung mit FE — und mehr FE als alle übrigen Gruppen. Zu Jugendgefängnis wurden sie etwa so oft verurteilt wie die mittelschwer Rückfälligen (14,6 %) und damit doch erheblich weniger als die Schwerrückfälligen. Im ganzen verteilen sich die Maßnahmen auf sie etwa so wie auf die später mittelschwer Rückfälligen, nur sind doch mehr von ihnen — durch Jugendarrest und FE — intensiver angefaßt worden. Sie waren auch im Durchschnitt älter (16;6 gegenüber 16;0), ihre Straffälligkeit dauerte schon länger (2;5 gegenüber 1;7), aber ihre Taten waren weniger dicht aufeinander gefolgt, ihre Rückfallsintervalle länger ( 11 gegenüber 7 Mon.), so daß sie insgesamt doch nicht mehr Taten begangen, nicht zu einem größeren Anteil schon jugendgerichtlich verurteilt, nicht länger in Heimen und seltener im Jugendgefängnis gewesen waren. Mehr von ihnen hatten schweren Diebstahl oder Unterschlagung begangen, aber weniger Betrug. Offenbar ist damals bei einem Teil der später mittelschwer Rückfälligen die kriminelle Gefährdung unterschätzt worden, insbesondere auch im Vergleich zu den Nichtrückfälligen mit Vortaten, obwohl ihre Rückfälle schon damals (im Durchschnitt) schneller aufeinanderfolgten, und obwohl ihre persönliche Situation — wie sich im Folgenden zeigen wird — im ganzen ungünstiger war.

# Kapitel 3

## *Persönliche Vorgeschichte der Probanden*

### *I. Die Elternfamilie*

#### 1. Soziale Stellung der Elternfamilie

Es ist sehr schwierig, einen Maßstab für die Einteilung einer Bevölkerung nach sozialen Schichten zu finden, besonders nach einer Umschichtung, wie sie bei uns nach dem Kriege stattgefunden hat. Einzelmerkmale, wie sie noch am ehesten zu objektivieren wären, Beruf oder Einkommen des Vaters, Größe der Wohnung u. ä., haben ihre Bedeutung als ein solcher Maßstab weitgehend verloren, sind auch z. T. selbst recht schwankend. Darum wurde hier ein Gesamturteil gefällt auf Grund des Zuschnitts von Häuslichkeit und Lebensführung der Familie, wie sie sich bei den persönlichen Hausbesuchen und nach den Jugendamtsberichten darstellten, und die Einteilung wurde relativ grob in drei Schichten vorgenommen: „bürgerlich", „kleinbürgerlich" und „proletarisch".

Als bürgerlich wurde dabei nur die kleine Gruppe von Akademikern, leitenden Angestellten und Großkaufleuten bezeichnet, die sich als solche deutlich heraushob; Berufe der Väter und Lebenszuschnitt entsprachen hier einander. Zwischen kleinbürgerlich und proletarisch wurde die Grenze danach gezogen, ob die Eltern in ihrer Art, sich zu geben, in Sprache, Kleidung, Wohnungseinrichtung und Sitten eine Tendenz zum bürgerlichen Lebensstil bekundeten oder nicht. Obwohl sich zur Zeit der Hausbesuche, 1955, in fast allen Wohnungen einzelne Möbelprunkstücke fanden, scheint es jedenfalls für diese Elterngeneration noch nicht zu stimmen, daß alle Arbeiter sich schon als Bürger geben oder geben möchten. Viele Probandeneltern — nach Tab. 43 fast die Hälfte — gaben sich in jeder Hinsicht als ganz einfach

Tab. 43: Probanden nach soz. Schicht des Elternhauses

| | m | | w | | m + w | |
|---|---|---|---|---|---|---|
| Soz. Schicht | n | % | n | % | n | % |
| bürgerlich | 23 | 9,0 | 1 | 2,3 | 24 | 8,0 |
| kleinbürgerlich | 110 | 42,9 | 17 | 38,6 | 127 | 42,3 |
| proletarisch | 120 | 46,8 | 26 | 59,1 | 146 | 48,7 |
| unbekannt | 3 | 1,2 | — | — | 3 | 1,0 |
| insg. | 256 | 100,0 | 44 | 100,0 | 300 | 100,0 |

und anspruchslos, eben als „einfache Arbeiter", unbemüht, fein zu sein, und zwar waren darunter ebenso gelernte Arbeiter und Handwerker wie unter den „kleinbürgerlich" Lebenden Ungelernte. Daß Übergänge vorkamen, deren Einordnung auch anders hätte erfolgen können, ist wohl unvermeidlich.

Auch die wirtschaftliche Lage der Familien war nur grob zu bestimmen. Ihre drei Stufen „besonders gut", „mittel", „wirtschaftliche Not" wurden nach dem für Familien dieses Standes z. Z. etwa üblichen Maß festzulegen gesucht. Wenn dann doch 50 % der Familien als in wirtschaftlicher Not befindlich gezählt wurden — Tab. 44 — so sind das sehr viel, vielleicht mehr als nach diesem relativen Maßstab gerechtfertigt wären, und doch würde wohl kaum ein Beobachter eine andere Bezeichnung für ihre Lage haben finden können[1].

Tab. 44: Probanden nach wirtsch. Lage des Elternhauses, 1949

| wirtsch. Lage | m n | m % | w n | w % | m + w n | m + w % |
|---|---|---|---|---|---|---|
| bes. gut | 12 | 4,7 | — | — | 12 | 4,0 |
| mittel | 114 | 44,6 | 22 | 50,0 | 136 | 45,3 |
| Not | 127 | 49,6 | 22 | 50,0 | 149 | 49,7 |
| unbek. | 3 | 1,2 | — | — | 3 | 1,0 |
| insg. | 256 | 100,0 | 44 | 100,0 | 300 | 100,0 |

Die Armut hatte verschiedene Gründe wie etwa: Vaterlosigkeit der Familie durch Tod oder Scheidung; große Kinderzahl, für die der Lohn des Vaters nicht ausreichte, die aber auch die berufliche Mitarbeit der Mutter verhinderte; körperliche oder geistige Mängel der Eltern, die ihren Verdienst und evtl. auch ihre Wirtschaftlichkeit beeinträchtigten; ferner Mängel ihrer Lebensführung wie Trunksucht, Arbeitsscheu, Gefängnisaufenthalt u. ä. Da alle diese Faktoren sich in den proletarischen Familien gehäuft finden, ist es

Tab. 45: Probanden nach soz. und wirtschl. Lage des Elternh., 1949

| soz. u. wirtsch. Lage | m n | m % | w n | w % | m + w n | m + w % |
|---|---|---|---|---|---|---|
| kleinb., wirtsch. mitt. | 61 | 23,8 | 10 | 22,7 | 71 | 23,7 |
| kleinb., wirtsch. Not | 40 | 15,6 | 7 | 15,9 | 47 | 15,7 |
| prol., wirtsch. mitt. | 40 | 15,6 | 12 | 27,3 | 52 | 17,3 |
| prol., wirtsch. Not | 79 | 30,8 | 14 | 31,8 | 93 | 31,0 |
| Sonstiges | 36 | 14,1 | 1 | 2,3 | 37 | 12,3 |
| insg. | 256 | 100,0 | 44 | 100,0 | 300 | 100,0 |

[1] Buttkus (1944) rechnete bei 357 unbestimmt Verurteilten, die er 1943 untersuchte, immerhin auch in 43,4 % der Fälle die wirtschaftliche Lage des Elternhauses als schlecht und in nur 6,5 % der Fälle als gut.

nicht erstaunlich, daß doppelt so viele proletarische als kleinbürgerliche Familien als arm gezählt wurden. Tab. 45 zeigt ferner, daß sich die Familien zum größten Teil auf die Kleinbürger und Proletarier in mittlerer oder besonders ungünstiger Wirtschaftslage konzentrieren. Die Verteilung der Familien der Jungen und der Mädchen ist sich dabei ähnlich, die der Mädchen vielleicht etwas ungünstiger.

Betrachtet man nun die Rückfälligkeitsgruppen, so sind — Tab. 46 — Probanden aus proletarischem Elternhaus nicht etwa bei den Schwerrückfälligen am häufigsten, sondern bei den mittleren Gruppen, insbesondere

Tab. 46: Rückfälligkeitsgruppen (m) nach sozialer Schicht des Elternhauses

| | I a | | I b | | I | | II | | III | | IV | |
|---|---|---|---|---|---|---|---|---|---|---|---|---|
| Schicht | n | % | n | % | n | % | n | % | n | % | n | % |
| bürgerlich | 6 | 9,1 | 6 | 14,6 | 12 | 11,2 | 7 | 12,5 | 1 | 2,2 | 3 | 7,3 |
| kleinb. | 39 | 59,1 | 14 | 34,1 | 53 | 49,5 | 17 | 30,4 | 17 | 37,0 | 20 | 48,9 |
| proletarisch | 21 | 31,8 | 21 | 51,2 | 42 | 39,2 | 30 | 53,6 | 28 | 60,9 | 17 | 41,5 |
| unbekannt | — | — | — | — | — | — | 2 | 3,6 | — | — | 1 | 2,4 |
| insg. | 66 | 100,0 | 41 | 100,0 | 107 | 100,0 | 56 | 100,0 | 46 | 100,0 | 41 | 100,0 |
| Durchschnittl. Index[1] | 2,23 | | 2,37 | | 2,28 | | 2,34 | | 2,59 | | 2,35 | |

bei III. Um die Verteilung auf einen einzigen Ausdruck zu bringen, wurden den Bürgerlichen ein Punkt, den Kleinbürgerlichen 2 Punkte, den Proletarischen 3 Punkte gegeben und so der Durchschnitt pro Gruppe berechnet, der sich bei der geringen Zahl der bürgerlichen Elternhäuser zwischen Zwei und Drei bewegen muß. Danach liegt, im ganzen gesehen, Gr. I a — und I — in der sozialen Schichtung am höchsten, Gr. III am niedrigsten, und dazwischen halten sich I b, II und IV auf etwa der gleichen Höhe.

Anders, wenn man die gleiche Berechnung für die wirtschaftlichen Verhältnisse anstellt, Tab. 47. Zwar ergibt sich auch hier für die Gr. I a ein

Tab. 47: Rückfälligkeitsgruppen (m) nach wirtschaftlicher Lage des Elternhauses, 1949

| | I a | | I b | | I | | II | | III | | IV | |
|---|---|---|---|---|---|---|---|---|---|---|---|---|
| wirtsch. Lage | n | % | n | % | n | % | n | % | n | % | n | % |
| bes. gut | 7 | 10,6 | — | — | 7 | 6,5 | 2 | 3,6 | — | — | 3 | 7,3 |
| mittel | 28 | 42,4 | 18 | 43,9 | 46 | 43,0 | 20 | 35,8 | 22 | 47,8 | 23 | 56,2 |
| Not | 31 | 47,0 | 23 | 56,1 | 54 | 50,5 | 32 | 57,2 | 24 | 52,2 | 14 | 34,2 |
| unbekannt | — | — | — | — | — | — | 2 | 3,6 | — | — | 1 | 2,4 |
| insg. | 66 | 100,0 | 41 | 100,0 | 107 | 100,0 | 56 | 100,0 | 46 | 100,0 | 41 | 100,0 |
| Durchschnittl. Index[1] | 2,36 | | 2,56 | | 2,44 | | 2,56 | | 2,52 | | 2,28 | |

[1] Bürgerlich = 1, kleinbürgerlich = 2, proletarisch = 3. Entsprechend wirtschaftlich gut bis wirtsch. Not = 1 bis 3.

günstiges Ergebnis, aber ein sogar noch günstigeres für die Schwerrückfälligen, und am meisten benachteiligt erscheinen die mittleren Gruppen III, I b und II.

Weder soziale Schicht noch wirtschaftliche Lage der Elternhäuser variieren also in gerader Linie mit dem Grad der Rückfälligkeit. Und doch scheinen gewisse Beziehungen zu bestehen, besonders mit der sozialen Schichtung, deren Index von I a bis III ansteigt, wenn man I b den gewohnten Platz zwischen II und III anweist (I a: 2,23, I: 2,28, II: 2,34, I b: 2,37, III: 2,59), wobei dann allerdings Gr. IV ausschert. Bildet man eine entsprechende Reihe für den wirtschaftlichen Druck — I a: 2,36, I: 2,44, II: 2,56, I b: 2,56, III: 2,52, IV: 2,28 — so ist der Höchststand schon bei II und I b erreicht.

So wird man — vorläufig — grob sagen können, daß niedriger sozialer Stand wohl etwas mit wiederholten Straftaten im Jugendalter zu tun haben mag, weniger aber mit hartnäckiger Rückfälligkeit noch nach Beendigung des Jugendalters. Und ferner: daß schlechte wirtschaftliche Lage der Eltern wohl etwas mit wiederholter Straffälligkeit im Jugendalter zu tun haben mag, aber eher vielleicht sogar mit besonders harmloser und früh endigender, und vielleicht gar nicht besonders etwas mit hartnäckiger späterer Rückfälligkeit. Zu bedenken ist dabei ja allerdings, daß die für 1949 ermittelte Wirtschaftslage der Familien sich in den darauffolgenden Jahren ändern konnte und zweifellos oft — meistens zum Besseren — geändert hat, während ja die soziale Schichtung sich so schnell nicht wandeln kann. Aber sowieso ist es ja keine Frage, daß ein heranwachsender, nun selbst arbeitender und verdienender junger Mann sich eher aus der wirtschaftlichen Not des Elternhauses herausarbeiten kann als aus dem Erbe niedrigen sozialen Standes, mit allem was an körperlichen und geistigen und Erziehungsmängeln so oft dazugehört. Und andererseits erscheint es als sehr wichtig, daß auch dieses ungünstige soziale Erbe einen jungen Mann an der endlichen sozialen Einordnung doch nicht zu hindern braucht, daß offenbar für die

Tab. 48: Rückfallsgruppen (m) nach sozialer und wirtschaftlicher Lage des Elternhauses, 1949

| | I a | | I b | | I | | II | | III | | IV | |
|---|---|---|---|---|---|---|---|---|---|---|---|---|
| | n | % | n | % | n | % | n | % | n | % | n | % |
| kleinbürgerlich | | | | | | | | | | | | |
| wi. mittel | 19 | 28,8 | 8 | 19,5 | 27 | 25,2 | 9 | 16,1 | 10 | 21,8 | 14 | 34,2 |
| wi. Not | 15 | 22,7 | 6 | 14,6 | 21 | 19,6 | 6 | 10,7 | 7 | 15,2 | 4 | 9,8 |
| proletarisch | | | | | | | | | | | | |
| wi. mittel | 7 | 10,6 | 6 | 14,6 | 13 | 12,1 | 6 | 10,7 | 11 | 23,9 | 8 | 19,5 |
| wi. Not | 14 | 21,2 | 15 | 36,6 | 29 | 27,1 | 24 | 42,9 | 17 | 37,0 | 8 | 19,5 |
| Sonstige | 11 | 16,7 | 6 | 14,6 | 17 | 15,9 | 11 | 19,7 | 1 | 2,2 | 7 | 17,1 |
| insg. | 66 | 100,0 | 41 | 100,0 | 107 | 100,0 | 56 | 100,0 | 46 | 100,0 | 41 | 100,0 |

ungehemmte Fortsetzung der Kriminalität andere Faktoren noch entscheidender sind[2].

Betrachtet man noch einmal, in Tab. 48, die Kombination von sozialer Schichtung und wirtschaftlicher Lage in den Rückfallsgruppen, so zeigt sich, daß keine andere Gruppe so viele Kleinbürgerfamilien in mittlerer Wirtschaftslage hat wie die Schwerrückfälligen, und keine so wenige Kleinbürger in wirtschaftlicher Not; von diesen haben aber gerade die Nichtrückfälligen ohne Vortaten besonders viele. Proletariertum und Not zusammen finden sich am meisten in den mittleren Gruppen II und III (und I b)[3].

## 2. Zusammensetzung der Elternfamilie

Nur bei 43 % der Probanden bestand 1949 die Elternfamile aus Vater und Mutter — Tab. 49 —, obwohl die Jugendlichen ja damals im Durchschnitt erst 16;1 Jahre alt waren. Von den übrigen waren die meisten — im ganzen 38 % — bei der Mutter, die aber in der Hälfte dieser Fälle nicht allein lebte, sondern mit einem zweiten Mann zusammen, sei es verheiratet oder auch nicht („verlobt"). Beim Vater waren nur 10 %, und dort war fast immer eine Stiefmutter vorhanden. Gesondert gezählt wurden die Probanden, die zwischen den geschiedenen, meistens wiederverheirateten, Eltern

Tab. 49: Probanden (m und w) nach Zusammensetzung der Elternfamilie, 1949

| | m | | w | | m + w | |
|---|---|---|---|---|---|---|
| Familie bestand aus | n | % | n | % | n | % |
| V+M | 113 | 44,2 | 16 | 36,4 | 129 | 43,0 |
| M allein | 43 | 16,8 | 12 | 27,3 | 55 | 18,3 |
| M+Stiefv.[1] | 50 | 19,5 | 9 | 20,4 | 59 | 19,7 |
| V allein | 2 | 0,8 | 2 | 4,6 | 4 | 1,3 |
| V+Stiefm. | 24 | 9,4 | 2 | 4,6 | 26 | 8,7 |
| mehr. Stieffam.[2] | 12 | 4,7 | 1 | 2,3 | 13 | 4,3 |
| nur PflegeElt.[3] | 11 | 4,3 | 2 | 4,6 | 13 | 4,3 |
| niemandem | 1 | 0,4 | — | — | 1 | 0,3 |
| insg. | 256 | 100,0 | 44 | 100,0 | 300 | 100,0 |

[1] einschl. „Verlobten" der M, wenn sie dauernd mit ihm zusammenlebte.
[2] nur solche, zwischen denen P um 1949 kurzfristig wechselte.
[3] incl. nahe Verwandte, bei denen der P sein einziges Zuhause hatte.

[2] Vgl. Meyer 1956, 93, der die wirtschaftliche Lage seiner Probanden zu 5 % als gut, zu 33 % als mittel und zu 62 % als schlecht bezeichnete. Für die Rückfälligen waren die Zahlen 5,7, 31 und 65 %, also kaum schlechter. Auch *Frey* 184 f ist der Ansicht, daß die ökonomische Lage der Familie schon für die Verursachung der Frühkriminalität nur von untergeordneter Bedeutung sei, aber von noch geringerer für die Verursachung der Rückfallskriminalität.

[3] *Fälle* aus kleinbürgerlichen Familien: Nr. *210, 10, 18, 278, 12, 251;* aus proletarischen Familien *187, 39, 250, 149, 04, 201, 57, 164, 299* (allg. Ausführungen Teil II S 166). Fälle aus wirtschaftlich armen Familien: Nr. *7, 293, 53, 187, 110, 148, 149, 04, 18, 201, 164, 299.*

kurzfristig hin- und herpendelten. Dies waren 1949 noch 4,3 %, und ebensoviele lebten dauernd bei Pflegeeltern, wenn man die mitrechnete, die bei etwas entfernteren Verwandten — Großeltern, Tanten usw. — ihr eigentliches Zuhause gefunden hatten[4].

Die Mädchen hatten nur zu 36 % noch eine aus Vater und Mutter bestehende Elternfamilie, also ganz besonders selten. Das entspricht früheren Erfahrungen, nach denen straffällige Mädchen besonders oft aus unvollständigen Familien kamen[5]. Es fällt auf, daß sie dafür umso häufiger bei der alleinstehenden Mutter lebten. Dies ist wohl eine Situation, die für Mädchen im Entwicklungsalter mehr Konflikte mit sich bringen kann als für Jungen[6].

Untersucht man die Gründe für die besonderen Formen der Elternfamilien — Tab. 50 für die Jungen und 51 für die Mädchen — so werden die Zahlen so klein, daß sich im einzelnen Prozentberechnungen nicht mehr lohnen. Im ganzen ist aber aus den Tabellen ersichtlich, daß die Scheidung der Eltern mit 21,5 % bei den Jungen und 18,2 % bei den Mädchen eine besondere Rolle spielt, und ebenso der Tod des Vaters, der mit 22,7% bei

---

[4] Die *Gluecks* (Unraveling 1950, 122) fanden bei ihren delinquenten Kindern und Jugendlichen eine ausgesprochene Erhöhung der broken homes gegenüber ihrer Kontrollgruppe (60,4 % zu 34,2 %); allerdings waren ihre Delinquenten Heimzöglinge. Vgl. aber auch Merrill (1947, 66), die bei 300 juvenile court-Fällen 50,7 % aus unvollständigen Familien fand gegenüber nur 26,7 % von Kontrollkindern aus gleichem Milieu. Im Ganzen spielt das soziale Milieu sicher eine Rolle, vgl. *Sutherland* (1955, 175 f), und das mag auch dafür verantwortlich sein, daß *Ferguson* (1952, 22) unter jugendlichen Arbeitern Glasgows, die schon mit 14 J. von der Schule abgegangen waren, die Straffälligenrate nicht erhöht fand, wenn die Familie durch Tod eines Elternteiles unvollständig geworden war, und nur ziemlich unbedeutend erhöht bei Unvollständigkeit aus anderen Gründen. An der Bedeutung des Faktors für die Straffälligkeit der Kinder und Jugendlichen besteht aber sonst kein Zweifel, vgl. die Zusammenstellungen bei *Exner* (1949, 225 ff) und *Middendorff* (1956, 107 ff). Auch sonstige Verhaltensstörungen finden sich bei Kindern aus unvollständigen Familien erhöht, vgl. *Speck* (1956, 115) und insbesondere die Untersuchungen von *v. Harnack* (1955) an rund 2 400 Hamburger Schulanfängern; *Thomae* (in Hagen-Thomae 1958, 159) fand ferner die Berufsbewährung der Jugendlichen von der Vollständigkeit der Familie abhängig (von 107 eindeutig positiv Bewährten lebten 61,7 % in vollständiger Familie, von 36 eindeutig negativ Bewährten nur 44 %). Zu erwähnen ist hier ferner die erhöhte Suizidgefahr der aus unvollständigen Familien Stammenden. *Batchelor* und *Napier* (1953/54) fanden, daß von 200 in den Jahren 1950—52 in ein Edinburgher Krankenhaus wegen versuchten Selbstmords Eingelieferten 46 % der Männer und 54 % der Frauen schon vor Vollendung des 17. Lj. kein vollständiges Elternhaus gehabt hatten; bei den 40—49 Jährigen betrug diese Rate sogar 64 %. Zu denken ist ferner an *Dührssens* Feststellungen über die gestörte Kindheit der Mütter ihrer Pflege- und Heimkinder, ferner an *E. Winters* (1958/59) Befunde über die Verteilung neurotischer Störungen bei Angehörigen eines Großbetriebs.

[5] *Sutherland* (1955, 114, 176), *Burt* (1925, 95), *Kerscher* (1937, 21) und viele andere.

[6] *Haffter* (1948, 155) meint nach seinen Erfahrungen mit Scheidungskindern, daß das Zusammenleben mit der alleinstehenden Mutter bei den Töchtern die Entwicklung von Neurosen begünstige. Für Mädchen — nicht für Jungen — scheint ihm diese Situation ähnlich gefährlich wie die Stiefkindsituation.

Tab. 50: Probanden (m) nach Zusammensetzung der Elternfamilie, 1949, und Gründen für deren Besonderheiten

| nach bzw. wegen: | | Uneh. des P[1] | Scheid. d. Elt. | V tot | M tot | V+M tot | keine Besond. | insg. n | % |
|---|---|---|---|---|---|---|---|---|---|
| Familie bestand aus: | | | | | | | | | |
| V+M | | — | 2 | — | — | — | 111 | 113 | 44,2 |
| M | | 5 | 18 | 20 | — | — | — | 43 | 16,8 |
| M+StV | | 12 | 16 | 22 | — | — | — | 50 | 19,5 |
| V | | — | — | — | 2 | — | — | 2 | 0,8 |
| V+StM | | 3 | 6 | — | 15[2] | — | — | 24 | 9,4 |
| mehrStFam. | | — | 12 | — | — | — | — | 12 | 4,7 |
| nur Pfl.Elt. | | 5 | 1 | — | 1[3] | 4 | — | 11 | 4,3 |
| niemandem | | — | — | — | — | 1 | — | 1 | 0,4 |
| insg.: | n | 25 | 55 | 42 | 18 | 5 | 111 | 256 | 100,0 |
| | % | 9,8 | 21,5 | 16,4 | 7,0 | 2,0 | 43,4 | 100,0 | |

[1] die durch Ehe von V und M legitimierten wurden hier als ehelich gezählt.

[2] darunter ein nur hier gezählter P, der nach Scheidung der Eltern bis zum Tod der M bei ihr gelebt hatte (P 278).

[3] darunter ein nur hier gezählter unehelicher P, der bis zum Tod der M bei ihr gelebt hatte (P 110).

den Mädchen — gegenüber 16,4 % bei den Jungen — sogar besonders häufig war. Die Mutter war tot von 7 % der Jungen und 9 % Mädchen, beide Eltern tot von jeweils rund 2 %, und unehelich geboren und geblieben waren 9,8 und 9,1 %.

Nach dem Tode des Vaters waren alle Probanden bei der Mutter geblieben, die sich bei den Jungen in etwas mehr als der Hälfte dieser Fälle wiederverheiratet oder wieder„verlobt“ hatte, bei den Mädchen aber öfter alleingeblieben war.

Tab. 51: Probanden (w) nach Zusammensetzung der Elternfamilie, 1949, und Gründen für deren Besonderheiten

| nach bzw. wegen: Familie bestand aus: | | Uneh. des P[1] | Scheid. d. Elt. | V tot | M tot | V+M tot | keine Besond. | insg. n | % |
|---|---|---|---|---|---|---|---|---|---|
| V+M | | — | — | — | — | — | 16 | 16 | 36,4 |
| M | | 1 | 4 | 7 | — | — | — | 12 | 27,3 |
| M+StV | | 3 | 3 | 3 | — | — | — | 9 | 20,4 |
| V | | — | — | — | 2 | — | — | 2 | 4,6 |
| V+StM | | — | — | — | 2 | — | — | 2 | 4,6 |
| mehrStFam. | | — | 1 | — | — | — | — | 1 | 2,3 |
| nur PflElt. | | — | — | — | — | 1 | 1 | 2 | 4,6 |
| niemandem | | — | — | — | — | — | — | — | — |
| insg. | n | 4 | 8 | 10 | 4 | 1 | 17 | 44 | 100,0 |
| | % | 9,1 | 18,2 | 22,7 | 9,1 | 2,3 | 38,6 | 100,0 | |

[1] die durch Ehe von V und M legitimierten wurden als ehelich gezählt.

Nach Scheidung der Eltern kamen zu dieser Möglichkeit die weiteren eines Pendelns zwischen den Eltern, wie 12 der 55 Jungen aus geschiedener Ehe es übten, und des Verbleibens bei Vater und Stiefmutter (6 Jungen).

Nach dem Tode der Mutter hatte der Vater sich in fast allen Fällen — jedenfalls der Jungen — wiederverheiratet, und die Probanden lebten bei ihm und der Stiefmutter, sonst bei ihm allein. Der uneheliche Junge, dessen Mutter gestorben war, lebte bei Pflegeeltern. Ebenso lebten die Vollwaisen bei Pflegeeltern, außer einem Jungen, der gar keine Familie mehr hatte, zu der er gehörte, sondern immer in Heimen lebte[7] [8].

Besonders wichtig ist der Verbleib der unehelichen Kinder. Von den 25 unehelichen Jungen waren je ein Fünftel bei der Mutter allein oder bei Pflegeeltern, etwa die Hälfte bei Mutter und Stiefvater — so auch 3 von den 4 unehelichen Mädchen — und 3 waren bei Vater und Stiefmutter. Vierfünftel der Unehelichen hatten also Stief- oder Pflegeeltern, eine Tatsache, die für sie vielleicht wichtiger war als die Unehelichkeit selbst[9].

---

[7] Fall Nr. 22 Karl Watermann

[8] Vergleichszahlen aus anderen Untersuchungen zu bringen, hat nicht viel Sinn, weil ihre Größe im Einzelnen mit dem Lebensalter der Probanden und ihren sonstigen Umweltdaten — insbesondere Zeit und Ort ihres Aufwachsens — schwankt. So waren z. B. von 754 jugendlichen Hamburger Straffälligen, die *Fleming* 1941 untersucht hat, nur 6,1 % der Jungen und 7,2 % der Mädchen Vaterwaisen, und auch die Scheidungsrate der Eltern war geringer (13,2 % m und 9,9 % w), während *Mehl* bei 761 jugendlichen Verurteilten im Freiburger Landgerichtsbezirk (1946—1949) zwar 18,5 % Vaterwaisen, aber nur 6,7 % Probanden mit geschiedenen Eltern hatte. Was hier interessiert, ist die Frage der Häufung der unvollständigen Familien im Vergleich zur Normalbevölkerung. Darüber ist aber kaum Einwandfreies zu ermitteln. Wenn z. B. 1950 von den überhaupt einmal verheirateten Hamburger Frauen der Geburtsjahrgänge 1900—1912 (die etwa denen der Probandenmütter entsprechen) etwa 82 % „verheiratet", 11 % „verwitwet" und 6—7 % „geschieden" waren, so bezeichnet das nur ihren Status 1950, besagt aber nichts darüber, wieviele von ihnen überhaupt einmal geschieden oder verwitwet waren. Man könnte vielleicht den Anteil der als Geschiedene oder Verwitwete lebenden Frauen mit dem der alleinstehenden Mütter vergleichen, die 1949 die Familie meiner Probanden bildeten; aber da die Mütter der Probanden, die beim V (+StM) oder bei Pflegeeltern lebten, nicht einbezogen wären, käme man auch damit nur zu ganz ungenauen Vergleichen. Ebenso wäre ein Vergleich der Scheidungsrate unter den Probandeneltern mit dem — von Jahr zu Jahr wechselnden — Anteil der nach einer bestimmten Anzahl von Ehejahren geschiedenen Ehen mit zu vielen Fehlern behaftet.

[9] Unehelich geboren wurden in Haumburg 1931 13 % der Kinder, 1932 12 %, 1933 10 %, 1934 8 %; im Durchschnitt der Jahre 1931—1935 waren es 10 %. Amtliche Zahlen über die später durch Ehe legitimierten Kinder gibt es nicht. Auch *von Harnack* ermittelte (1953, 12) unter seinen 2 400 Hamburger Schulanfängern 10 % unehelich geborene Kinder, von denen 61 % bei der alleinstehenden Mutter, 33 % bei Mutter und Stiefvater und 6 % als Legitimierte bei den Eltern lebten. Der Prozentsatz differierte sehr stark nach der sozialen Schicht; in der untersten waren 25,5 % aller Kinder unehelich geboren. Wenn wirklich nur 6 % aller Unehelichen legitimiert würden — diese Zahl erscheint mir aber unglaubwürdig klein — so würde meine Unehelichenzahl von 9,8 % der Jungen und 9,1 % der Mädchen etwa dem Durchschnitt entsprechen. Vgl. aber *Nährich* (1951, 17) der feststellte, daß von den im Landgerichtsbezirk Bonn unehelich geborenen Kindern ganz verschiedener Jahrgänge (1910, 1925, 1930) mindestens ein Viertel

Die Elternfamilien der Rückfälligkeitsgruppen sind in Tab. 52 zusammengestellt. Der Anteil der vollständigen Elternfamilien nimmt danach von Gr. I—III deutlich ab, ist aber bei IV wieder etwas größer. „Vater und Stiefmutter" nehmen von Gr. I bis IV stetig zu, und ähnliches gilt für das Hin- und Herpendeln zwischen den geschiedenen Eltern. „Mutter und Stiefvater" gab es am häufigsten in den mittleren Gruppen II und III (und

Tab. 52: Rückallsgruppen (m) nach Zusammensetzung der Elternfamlie, 1949

| Fam. | I a | | I b | | I | | II | | III | | IV | |
|---|---|---|---|---|---|---|---|---|---|---|---|---|
| bestand aus | n | % | n | % | n | % | n | % | n | % | n | % |
| V+M | 33 | 50,0 | 22 | 53,7 | 55 | 51,4 | 25 | 44,7 | 15 | 32,6 | 16 | 39,0 |
| M allein | 13 | 19,7 | 7 | 17,1 | 20 | 18,7 | 9 | 16,1 | 9 | 19,6 | 5 | 12,2 |
| M+StV | 8 | 12,1 | 9 | 22,0 | 17 | 15,9 | 11 | 19,7 | 13 | 28,3 | 7 | 17,1 |
| V all. | 1 | 1,5 | — | — | 1 | 0,9 | 1 | 1,8 | — | — | — | — |
| V+StM | 5 | 7,6 | 1 | 2,4 | 6 | 5,6 | 5 | 8,9 | 5 | 10,9 | 6 | 14,6 |
| mehr StFam.[1] | 1 | 1,5 | 1 | 2,4 | 2 | 1,9 | 4 | 7,2 | 2 | 4,4 | 4 | 9,8 |
| nur PflElt.[2] | 5 | 7,6 | 1 | 2,4 | 6 | 5,6 | — | — | 2 | 4,4 | 3 | 7,3 |
| niemandem | — | — | — | — | — | — | 1 | 1,8 | — | — | — | — |
| insg. | 66 | 100,0 | 41 | 100,0 | 107 | 100,0 | 56 | 100,0 | 46 | 100,0 | 41 | 100,0 |

[1] nur solche, zwischen denen P um 1949 kurzfristig wechselte.
[2] incl. nahe Verwandte, bei denen P sein einziges Zuhause hatte.

I b). „Nur Pflegeeltern" gab es innerhalb der Gr. I bis IV in Gr. IV am häufigsten, aber die I a-Probanden hatten den gleichen Anteil, und es fällt auch auf, daß sie relativ oft bei V+StM lebten. Wenn man diese Zahlen überhaupt so genau nehmen darf — sie sind zu klein, als daß nicht Zufälle eine große Rolle spielen könnten —, so scheinen ihre Zusammenhänge weiterer Erklärungen zu bedürfen.

Von den Gründen für die Unvollständigkeit der Familien war nach Tab. 53 Unehelichkeit am häufigsten bei den beiden ungünstigsten Gruppen, aber bei III doch noch doppelt so oft als bei IV. Danach finden sich Tod des Vaters und Tod der Mutter in Gr. IV besonders oft, Scheidung der Eltern dagegen besonders selten[10].

(1930: 30,9 %) legitimiert wurden; er verweist auch auf Berechnungen von *Wulff* für Berlin mit ähnlichem Ergebnis. — Daß nur 10 meiner 25 unehelich geborenen und nicht legitimierten Jungen im Sinne von Nährich „unehelich geblieben", nämlich nicht adoptiert oder „angeheiratet" sind, würde sich aber nicht mit Nährichs Verteilung decken, bei dem es, wenn man die Legitimierten streicht, mehr als die Hälfte wären. Für exakte Vergleiche dieser Art sind meine Zahlen aber zu klein, und die Hamburger Verhältnisse können sich von denen im Stadt- und Landkreis Bonn durchaus unterscheiden. — Auch von *Mieskes* 5 Unehelichen wuchs nur einer bei der M allein auf (1956, 233).

[10] Z. T. vielleicht im Zusammenhang mit dem etwas höheren sozialen Niveau dieser Familien, s. u. Kap. 5, Tab. 158. Auch bei *Harnack* (1953, 10 f) war die Scheidungsrate in den unteren sozialen Schichten größer. — Wichtiger ist vielleicht, daß die Aufrechterhaltung einer schlechten Ehe für die Kinder verderblicher sein kann als rechtzeitige Scheidung; dafür ausführliche Belege bei *Haffter* (1948). Ebenso *Pongratz-Hübner* (1959, 109). Vgl. auch *Fall* Nr. *73*.

Zählt man die Fälle zusammen, in denen der Vater durch Tod oder durch Unehelichkeit fehlte, so ergibt sich folgende Reihe:

| I a | I b | I | II | III | IV |
|---|---|---|---|---|---|
| 19,7 | 26,9 | 22,4 | 21,5 | 32,6 | 34,2 |

wonach man vermuten könnte, daß diese Gründe sich gegenseitig ergänzen[11].

Zählt man andererseits zu den geschiedenen Ehen die sehr schlechten hinzu, so ergeben sich davon für alle Gruppen rund 31—34 %, nur für Gr. III, mit 41 %, mehr. Werden dazu nun aber noch die Waisen und die Unehelichen gezählt, so bleiben als Rest die Probanden, deren Eltern beide noch lebten, noch — und überhaupt — verheiratet waren und auch zusammenlebten, und zwar nicht zugestandenermaßen als erbitterte Feinde. Dies ist die letzte Kategorie der Tab. 91, „Ehe gut oder unbekannt", in der sich allerdings noch uneingestandene schlechte Ehen verstecken mögen. Jedenfalls zeigt diese Reihe einen gleichmäßigen Abfall von Gr. I bis IV, im ganzen um die Hälfte.

Tab. 53: Rückfallsgruppen (m) nach Bestand oder Auflösung der Ehe der Eltern

| | I a | | I b | | I | | II | | III | | IV | |
|---|---|---|---|---|---|---|---|---|---|---|---|---|
| | n | % | n | % | n | % | n | % | n | % | n | % |
| P unehel. | 3 | 4,5 | 4 | 9,8 | 7 | 6,5 | 3 | 5,4 | 9 | 19,6 | 4 | 9,8 |
| V tot | 10 | 15,2 | 7 | 17,1 | 17 | 15,9 | 9 | 16,1 | 6 | 13,0 | 10 | 24,4 |
| M tot | 5[1] | 7,6 | — | — | 5 | 4,7 | 3[3] | 5,4 | 4 | 8,7 | 5[3] | 12,2 |
| V+M tot | 1 | 1,5 | — | — | 1 | 0,9 | 1 | 1,8 | 2 | 4,4 | 1 | 2,4 |
| Elt. gesch. | 14[2] | 21,2 | 10 | 24,4 | 24 | 22,4 | 15 | 26,8 | 10 | 21,8 | 5 | 12,2 |
| Ehe sehr schlecht | 7 | 10,6 | 4 | 9,8 | 11 | 10,3 | 8 | 14,3 | 4 | 8,7 | 8 | 19,5 |
| Ehe gut o. unbek. | 26 | 39,4 | 16 | 39,0 | 42 | 39,2 | 17 | 30,4 | 11 | 23,9 | 8 | 19,5 |
| insg. | 66 | 100,0 | 41 | 100,0 | 107 | 100,0 | 56 | 100,0 | 46 | 100,0 | 41 | 100,0 |

[1] darunter ein unehelicher P, der bei M lebte bis zu deren Tod.
[2] darunter ein P, dessen Vater nach Scheidung starb.
[3] darunter ein Fall vorheriger Scheidung, nach der P bei M blieb.

Die in der Literatur mitgeteilten Ergebnisse vergleichbarer Untersuchungen[12] sind etwas widersprüchlich, und zwar noch mehr hinsichtlich der Bedeutung dieser Faktoren für die R ü c k fälligkeit als für das Straffälligwerden überhaupt. Auch hier fällt ja auf, daß Tod der Mutter und Vorhandensein einer Stiefmutter nach ihrem Anstieg von Gr. I—IV als „rückfallsbegünstigende" Faktoren erscheinen, bei den nur einmal auffällig Gewordenen aber erhöht sind, und daß dort auch relativ viele Probanden

---

[11] Es wurde auch nur der Tod der ehelichen Väter gezählt, da von den unehelichen fast in keinem Fall sicher bekannt war, ob sie noch lebten. So waren in Gr. III, die — entsprechend ihrem relativ niedrigen sozialen Niveau — einen hohen Anteil unehelich Geborener hatte, vermutlich mehr als sechs der Väter tot.

[12] Die *Gluecks* z. B. fanden bei den juvenile delinquents grown up (1940, 128) nur bei den später mit schwereren Delikten Rückfälligen die Rate der aus unvollständigen Familien Kommenden etwas erhöht. Bei *Silbereisen* (1940, 59 f) gab es

nur eine Pflegefamilie als Hintergrund hatten. Die Erklärung liegt vielleicht darin, daß durch den „Tod der Mutter", das Vorhandensein einer Stiefmutter oder von Pflegeeltern Jugendliche von so günstigem sozialen Status und auch aus menschlich im übrigen so guten Verhältnissen vor das Jugendgericht gekommen sind, wie sie sich sonst dort kaum einfinden; daß aber eben diese günstigen Verhältnisse und die vernünftige Reaktion der Angehörigen ihnen dann auch halfen, nicht weiter kriminell zu werden. Die Einzelfälle geben Hinweise darauf[13].

Nachuntersuchungen von Fürsorgezöglingen eignen sich zum Vergleich nicht ohne weiteres, da davon auszugehen ist, daß Kinder aus unvollständigen Familien bei vergleichbaren Erziehungsschwierigkeiten eher in Heimerziehung kommen werden als solche aus vollständigen Familien. Das ist besonders für die Unehelichen anzunehmen, deren Entwicklung ja in der

---

unter den 99 vielfach Rückfälligen seiner jugendlichen Straffälligen mehr Uneheliche, mehr Scheidungskinder und mehr Doppelwaisen als unter den 266 Nichtrückfälligen, aber nur ebensoviel (15 %) Vaterwaisen und sogar weniger Mutterwaisen (4 % gegenüber 8,9 %). Von *Freys* 160 „Frühkriminellen" (1951, 166 ff) kamen rund 40 % aus unvollständigen Familien (darunter 6,9 % Mutter- und nur 5,6 % Vaterwaisen), von denen später 4 % mehr zu Rückfallsverbrechern wurden als von den übrigen, wofür aber nur die Unehelichen und die Scheidungskinder verantwortlich waren. *Rose* (1954, 55), von dessen 471 Borstal-Jungen rund die Hälfte aus unvollständigen Familien kam, fand keine signifikanten Unterschiede zwischen ihrem späteren Verhalten und dem der übrigen. Auch er vermerkte aber, daß unter den Mutterwaisen ein wenig mehr Erfolgsfälle waren als unter den Vaterwaisen. Das Vorhandensein von Stiefeltern machte, wie er — ohne Zahlenangaben — sagt, bei ihm keinen Unterschied. *Mannheim-Wilkins* (1955, 87) fanden unter den Rückfälligen nicht mehr aus unvollständigen Familien als von den übrigen, wohl aber beträchtlich mehr Jungen ohne irgendwelches Zuhause („no home"); und da von ihren insgesamt 720 Probanden 210 = 29 % kein Zuhause hatten, sind darin offenbar Jungen eingerechnet, die mit dem an sich vorhandenen Elternhaus gebrochen hatten, sodaß ein Vergleich nicht möglich ist.

Unter *Meyers* Rückfälligen endlich (1956, 23 ff, 89 ff) gab es etwas mehr Scheidungskinder (26,1 gegenüber 18,6 %) und Mutterwaisen (11,4 % gegenüber 8,7 %) als bei seinen unbestimmt Verurteilten, im ganzen aber etwas weniger Uneheliche (4,5 gegenüber 6,4 %, worin allerdings, anders als bei mir, die mit einem Stiefvater nicht eingerechnet sind) und Vaterwaisen (13,6 gegenüber 17,4 %). Auch bei ihm haben die Stiefmutterfälle einen häufig ungünstigen Ausgang — die Zahlen sind allerdings sehr klein —, während er die Anwesenheit eines Stiefvaters günstig findet, im Vergleich zu den Fällen, in denen die Mutter nach Tod des Vaters oder Scheidung mit den Kindern alleingeblieben war. Er hat dabei aber „Verlobte" der Mutter nicht eingerechnet, aber andererseits nur ganz kurze zweite Ehen der Mutter mitgezählt, sodaß — besonders bei der Kleinheit seiner Zahlen — seine Prozentsätze vielleicht nicht so viel bedeuten dürften, wie er meint.

[13] *Fälle* von Vaterwaisen: *7, 148, 39, 49, 04, 268, 128, 299*
*Fälle* von Mutterwaisen: *278, 286, 176, 119, 138*
*Fälle* von Doppelwaisen: *22*
*Fälle* von Unehelichen: *110, 53, 171, 179, 227, 61, 27, 240, 229, 201, 164, 200, 248*
*Fälle* von Scheid. Kind.: *293, 187, 278, 213, 147, 12, 198, 152, 251, 123*
*Fälle* von bei V+M: *210, 10, 73, 190, 250, 03, 149, 18, 167, 57, 218*
*Fälle* von M: *7, 293, 148, 187, 49, 61, 27, 229*
*Fälle von M+StV: 93, 39, 04, 147, 198, 268, 201, 164, 200, 251, 128, 299*
*Fälle* von V+StM: *179, 278, 286, 176, 213, 12, 240, 198, 152, 123, 138*

Regel von den Behörden genauer verfolgt wird als die der Ehelichen. Darum sind Befunde wie die von Stutte (1958, 32), Piecha (1959, 128 f) und Pongratz-Hübner (1959, 55) über die bessere oder wenigstens nicht schlechte spätere Bewährung der Unehelichen doch wohl nicht dahin auszulegen, die uneheliche Geburt sei heutzutage für die soziale Einordnung des Einzelnen ohne Bedeutung. Stutte berichtet auch (s. a. a. O. 31) von früherer, also vielleicht eben früher bemerkter, Verwahrlosung der Unehelichen.

Dazu kommt ein weiterer Faktor: das Vorhandensein oder Nichtvorhandensein von — jüngeren — Stiefgeschwistern in den Stieffamilien. Betrachtet man Tab. 54, so sieht man, daß die I a-Probanden mit Stiefeltern überwiegend — 10:3 — keine Stiefgeschwister hatten, die Schwerrückfälligen dagegen überwiegend — 8:5 — Stiefgeschwister, und die Gr. II und III liegen dazwischen. Bei Gr. Ib gibt es relativ viel Stiefgeschwister, aber dabei ist zu bedenken, daß dies die Gruppe mit den wenigsten Stieffamilien überhaupt ist; besonders gibt es dort wenig Stiefmütter.

Tab. 54: Rückfallsgruppen (m) nach den Stieffamilien der P, 1949

| Fam. bestand aus | I a<br>n = 66 | I b<br>n = 41 | I<br>n = 107 | II<br>n = 56 | III<br>n = 46 | IV<br>n = 41 |
|---|---|---|---|---|---|---|
| M+StV | 6 | 4 | 10 | 9 | 8 | 3 |
| M+StV+StG | 2 | 5 | 7 | 2 | 5 | 4 |
| V+StM | 4 | — | 4 | 3 | 3 | 2 |
| V+StM+StG | 1 | 1 | 2 | 2 | 2 | 4 |
| StE o. StG | 10 | 4 | 14 | 12 | 11 | 5 |
| StE m. StG | 3 | 6 | 9 | 4 | 7 | 8 |
| mehr. StEFam | 1 | 1 | 2 | 4 | 2 | 4 |

Dazu kommen die Stieffamilien, zwischen denen der Proband hin- und herpendelte; in ihnen waren fast immer, mindestens bei einem Elter, kleine Stiefgeschwister vorhanden. In Prozentzahlen der Gesamtgruppen sieht das Verhältnis so aus:

| in den Gruppen | I a | I b | I | II | III | IV |
|---|---|---|---|---|---|---|
| hatten in ihrer einzig. Stieffamilie | | | | | | |
| keine Stiefgeschwister | 15,2 | 9,8 | 13,1 | 21,4 | 23,9 | 12,2 |
| Stiefgeschwister | 4,6 | 14,6 | 8,4 | 7,2 | 15,2 | 19,5 |
| pendelten zw. StV und StM, | | | | | | |
| wo fast immer StGeschw waren | 1,5 | 2,4 | 1,9 | 7,2 | 4,4 | 9,8 |

Es kann vermutet werden, und bestätigt sich bei der Betrachtung der Einzelfälle, daß das Gedeihen der Kinder in der Stieffamilie mit davon abhing, ob sie dort mit — jüngeren — eigenen Kindern des Stiefvaters oder der Stiefmutter (und ihres eigenen Elter) zu teilen hatten. Das würde die Verteilung in den Rückfallsgruppen erklären und die relative Häufigkeit von Stiefeltern in Gr. I a besser verständlich machen[14].

### 3. Erziehungsstellen während der Kindheit

Eine verwandte, aber doch etwas andere Fragestellung ist die nach den Erziehungsstellen der Probanden im Laufe ihrer ganzen Kindheit, bis 1949. Die vielen verschiedenen Varianten mußten zu einigen wenigen Kategorien zusammengefaßt werden, die aus Tab. 55 ersichtlich sind.

Tab. 55: Rückfallsgruppen (m) nach Art der Erziehungsstellen des P bis zur Verurteilung, 1949

| | I a | | I b | | I | | II | | III | | IV | |
|---|---|---|---|---|---|---|---|---|---|---|---|---|
| P wuchs auf bei | n | % | n | % | n | % | n | % | n | % | n | % |
| nur eign. Elt. | 17 | 25,8 | 6 | 14,6 | 23 | 21,5 | 8 | 14,3 | 3 | 6,5 | 3 | 7,3 |
| eign. Elt+KLV | 30 | 45,5 | 13 | 31,7 | 43 | 40,2 | 21 | 37,6 | 13 | 28,3 | 11 | 26,8 |
| eign. Elt+Heim[1] | 2 | 3,0 | 6 | 14,6 | 8 | 7,5 | 3 | 5,4 | 5 | 10,9 | 7 | 17,1 |
| Elt+StElt. | 3 | 4,5 | 10 | 24,4 | 13 | 12,1 | 8 | 14,3 | 10 | 21,8 | 8 | 19,5 |
| einm. FamWechsel | 7 | 10,6 | 2 | 4,9 | 9 | 8,4 | 5 | 8,9 | 6 | 13,0 | 4 | 9,8 |
| wdh. FamWechsel | 7 | 10,6 | 4 | 9,8 | 11 | 10,3 | 9 | 16,1 | 7 | 15,2 | 7 | 17,1 |
| unbekannt | — | — | — | — | — | — | 2 | 3,6 | 2 | 4,4 | 1 | 2,4 |
| insg. | 66 | 100,0 | 41 | 100,0 | 107 | 100,0 | 56 | 100,0 | 46 | 100,0 | 41 | 100,0 |

[1] und evtl. KLV = Kinderlandverschickung

Nur recht wenige Probanden waren danach außer zu kurzen Ferienaufenthalten niemals von zu Hause fort gewesen. Das liegt an den vielen „Kinderlandverschickungen" (KLV) während des Krieges. Der Anteil derer, die nie fort waren, nimmt von Gr. I a bis Gr. III/IV ab, ebenso aber der Anteil der Kinder, die nur bei den eigenen Eltern und in KLV waren, obwohl mit geringeren Differenzen[1]. Umgekehrt verläuft die Reihe derer, die nur bei den eigenen Eltern, mit oder ohne KLV, dazu aber auch in einem Heim waren. Da diese Heimaufenthalte wenigstens zum Teil mit Erziehungsschwierigkeiten der Probanden zusammenhingen, fallen sie hier als Umgebungsfaktor etwas aus dem Rahmen, bestimmten aber durch ihren Anteil ja doch auch den Verlauf der anderen Reihen mit.

---

[14] *Fälle* mit Stiefgeschw.: *04, 179, 286, 176, 147, 240, 152, 268, 201, 251, 218, 123.*

Vergleichszahlen finden sich kaum. *Merrill* (1947, 75) nennt 9 delinquente Kinder mit Stiefgeschwistern gegenüber nur 2 ihrer Kontrollfälle, die aber auch wohl weniger Stiefeltern hatten. — *Haffler* (1948, 110) meint auf Grund seines Materials, daß Stiefmütter mit eigenen Kindern die Stiefkinder eher benachteiligen, die ohne eigene Kinder aber in Gefahr sind, überhaupt unmütterlich zu sein und sich auf die Rolle der kalten Erzieherin zu beschränken. *Hoenig* (1929, 322) erwähnt nur das geringere Interesse der StM für die StKinder, wenn sie mit dem V eigene Kinder hat.

Tab. 55 a: Rückfallsgruppen (m) nach Art der Erziehungsstellen des P vor Verurteilung, 1949

| | I a | | I b | | I | | II | | III | | IV | |
|---|---|---|---|---|---|---|---|---|---|---|---|---|
| P wuchs auf bei | n | % | n | % | n | % | n | % | n | % | n | % |
| eign. Elt (+ KLV oder Heim) | 49 | 74,2 | 25 | 61,0 | 74 | 69,1 | 32 | 57,2 | 21 | 45,7 | 21 | 51,3 |
| eign. Elt (+KLV) | 47 | 71,2 | 19 | 46,4 | 66 | 61,6 | 29 | 51,8 | 16 | 34,8 | 14 | 34,2 |
| Elt+StElt | 3 | 4,5 | 10 | 24,4 | 13 | 12,1 | 8 | 14,3 | 10 | 21,8 | 8 | 19,5 |
| FamWechsel | 14 | 21,2 | 6 | 14,6 | 20 | 18,7 | 14 | 25,0 | 13 | 28,3 | 11 | 26,8 |

Tab. 55 a, in der die Reihen addiert sind, zeigt indes, daß auch die Einbeziehung des Heimaufenthalts den Verlauf im ganzen nicht ändert, wenn auch die Differenzen vermindert sind und die Gr. III und IV ihren Platz getauscht haben. — Als „Familienwechsel" wurden die Fälle gezählt, in denen der Proband nicht nur einen Stiefelter bekam, sondern in eine andere Familie verpflanzt wurde, allerdings ohne Rücksicht darauf, ob er dort einen Elter wiederfand, von dem er früher einmal getrennt worden war, wie etwa den wiederverheirateten geschiedenen Vater. Beziehungen dieses Faktors zur Rückfälligkeit scheinen vorhanden[15].

Die größere Unstetigkeit in der Erziehung der schwerer rückfälligen Probanden zeigt sich auch bei der rein numerischen Zählung ihrer Erziehungsstellen, Tab. 56. Daß sie erst mit mehr als 3 Erziehungsstellen überwiegen und so viele Probanden der günstigen Gruppen in zwei oder drei

---

[15] Sehr große Differenzen in dieser Hinsicht fanden die *Gluecks* (Unraveling 1950, 121), von deren 500 jungen Delinquenten 50 % und von deren Kontrollprobanden nur 10 % einen „household change" erlebt hatten. Sie haben darin zwar nicht — wie *Buttkus* (1945, 146 ff), der von zweidrittel seiner jugendl. Strafgefangenen einen Familienwechsel berichtet — das Hinzukommen eines Stiefelters eingerechnet, wohl aber vorübergehende Aufenthalte in Pflegestellen wie bei unserer Kinderlandverschickung. Obwohl die Kinderlandverschickung wegen der Luftangriffe organisiert wurde, sind durch sie wohl auch viele Kinder verschickt worden, die auch ohne Luftangriffe vorübergehend in Pflege gekommen wären.

*Westling* (1960) hat in Finnland unter den 1 182 Jungen, die von 1953—1958 als Minderjährige zu einer mehr als 6monatigen Freiheitsstrafe verurteilt wurden, einen erhöhten Anteil der im Krieg nach Schweden oder Dänemark Kinderlandverschickten gefunden, und zwar von in der Stadt Geborenen 27,3 % statt 20,4 %, von auf dem Lande Geborenen 11,8 % statt 4,3 %, und unter den noch vor 21 J. erneut Straffälligen sogar 40,5 % bei den Stadt- und 22,6 % bei den Landjungen. Er vermutete, den Kindern sei die Wiedereingliederung zu Hause nicht gut gelungen, da ja die Verhältnisse in Finnland nach dem Krieg auch besonders schwierig gewesen seien. Daß es sich bei den verschickten Kindern von vornherein um eine besonders ungünstige Auslese gehandelt, nahm er nach Prüfung verschiedener Faktoren nicht an, wohl aber daß Familienstörungen, wo sie vorlagen, an den Wiedereingliederungsschwierigkeiten mitgewirkt hatten.

*Fälle* von Familienwechsel: *110, 53, 171, 179, 278, 286, 213, 119, 147, 61, 12, 22, 240, 198, 152, 268, 200, 248, 123.*

*Fälle* von Probanden, die niemals von den Eltern fort waren: *210, 10, 03, 27, 229, 57, 299.*

Erziehungsstellen waren, liegt an der Zählweise, bei der schon einmalige Kl.V und Rückkehr davon 3 Stellen ergaben.

Tab. 56: Rückfallsgruppen (m) nach Zahl der Erziehungsstellen[1] der Probanden vor Verurteilung, 1949

| | I a | | I b | | I | | II | | III | | IV | |
|---|---|---|---|---|---|---|---|---|---|---|---|---|
| ErzSt. | n | % | n | % | n | % | n | % | n | % | n | % |
| eine | 15 | 22,7 | 7 | 17,1 | 22 | 20,6 | 10 | 17,9 | 3 | 6,5 | 4 | 9,8 |
| 2—3 | 31 | 47,0 | 12 | 29,3 | 43 | 40,2 | 17 | 30,4 | 15 | 32,6 | 10 | 24,4 |
| 4—6 | 14 | 21,2 | 15 | 36,6 | 29 | 27,1 | 17 | 30,4 | 18 | 39,2 | 15 | 36,6 |
| 7—10 | 6 | 9,1 | 7 | 17,1 | 13 | 12,1 | 5 | 8,9 | 7 | 15,2 | 8 | 19,5 |
| mehr | — | — | — | — | — | — | 4 | 7,2 | 2 | 4,4 | 3 | 7,3 |
| unbek. | — | — | — | — | — | — | 3 | 5,4 | 1 | 2,2 | 1 | 2,4 |
| insg. | 66 | 100,0 | 41 | 100,0 | 107 | 100,0 | 56 | 100,0 | 46 | 100,0 | 41 | 100,0 |
| über 3 | 20 | 30,3 | 22 | 53,7 | 42 | 39,2 | 26 | 46,5 | 27 | 58,5 | 26 | 63,4 |
| Erz. St. pro P | 3,2 | | 4,2 | | 3,6 | | 4,3 | | 4,7 | | 5,2 | |

[1] Einschließlich Krankenhausaufenthalte von mehr als einem Vierteljahr, ausschließlich kürzerer Besuche bei Verwandten. Wenn sich die gleichen Stellen wiederholten, wurden sie jeweils neu gezählt.

Tab. 57: Rückfallsgruppen (m) nach Trennung von den Eltern

| | I a | | I b | | I | | II | | III | | IV | |
|---|---|---|---|---|---|---|---|---|---|---|---|---|
| | n | % | n | % | n | % | n | % | n | % | n | % |
| Trennung v. Elternhaus | | | | | | | | | | | | |
| überhaupt | 54 | 81,8 | 36 | 87,8 | 90 | 84,1 | 49 | 87,5 | 42 | 91,3 | 39 | 95,1 |
| J pro betr. P | 2;10 | | 2;7 | | 2;8 | | 2;0 | | 3;5 | | 3;11 | |
| Endgültige Trennung v. M | | | | | | | | | | | | |
| überhaupt | 8 | 12,1 | 2 | 4,9 | 10 | 9,4 | 6 | 10,7 | 6 | 13,0 | 10 | 24,4 |
| P alt unter 3 | 6 | 9,1 | 2 | 4,9 | 8 | 7,5 | 3 | 5,4 | 2 | 4,4 | 2 | 4,9 |
| 3—5 | 1 | 1,5 | — | — | 1 | 0,9 | — | — | — | — | 1 | 2,4 |
| 6—9 | 1 | 1,5 | — | — | 1 | 0,9 | 3 | 5,4 | 2 | 4,4 | 4 | 9,8 |
| 10—14 | — | — | — | — | — | — | — | — | 1 | 2,2 | 2 | 4,9 |
| über 14 | — | — | — | — | — | — | — | — | 1 | 2,2 | 1 | 2,4 |
| Alter pro betr. P | 2;8 | | 1;6 | | 2;6 | | 4;9 | | 7;7 | | 7;9 | |
| überhaupt + zeitweise Trennung | | | | | | | | | | | | |
| v. M. (incl. endg.) | 53 | 80,3 | 36 | 87,8 | 89 | 83,2 | 49 | 87,5 | 44 | 95,7 | 39 | 95,1 |
| Alter des P bei erster Trennung | | | | | | | | | | | | |
| unter 3 | 13 | 19,7 | 4 | 9,8 | 17 | 15,9 | 15 | 26,8 | 10 | 21,8 | 9 | 22,0 |
| 3—5 | 6 | 9,1 | 6 | 14,6 | 12 | 11,2 | 6 | 10,7 | 10 | 21,8 | 6 | 14,6 |
| pro betr. P | 6;8 | | 7;2 | | 6;10 | | 6;1 | | 6;6 | | 6;8 | |
| Jahre der Trennung v. M | | | | | | | | | | | | |
| pro betr. P | 3;7 | | 3;0 | | 3;5 | | 3;3 | | 3;11 | | 4;10 | |

Tab. 57 stellt in etwas summarischem Verfahren weitere Zahlen über den Erziehungsaufenthalt der Probanden zusammen, diesmal unter dem Gesichtspunkt der Trennung vom Elternhaus und der endgültigen oder zeitweisen Trennung von der Mutter, worin sich natürlich die vorher besprochenen Verteilungen z. T. wiederholen. Vorkommen überhaupt und Dauer der Trennungen variieren im ganzen mit der Schwere der Rückfälligkeit. Das Alter der Probanden bei der ersten Trennung von der Mutter — das bei den Unterredungen mit den Müttern möglichst genau zu ermitteln gesucht wurde — zeigt keine solche Beziehung. Und was das Alter bei der endgültigen Trennung von der Mutter anlangt, so erweckt die Verteilung den Eindruck, als sei gerade die besonders frühe Verpflanzung zu einer Stief- oder Pflegemutter den I a-Probanden besser bekommen als denen der anderen Gruppen die Verpflanzung zu einem späteren Zeitpunkt. Dabei darf allerdings nicht vergessen werden, daß diese frühe Verpflanzung bei ihnen auch meistens die einzige blieb — wenn auch vielleicht u. a. gerade darum, weil sie so früh stattfand —, und daß sie in ihren neuen Familien seltener jüngere Stiefgeschwister hatten, d. h. fast immer das einzige Kind der Frau blieben, die sie schon als Kleinkind übernommen hatte[18].

### 4. Persönlichkeit der Eltern

Waren die bisher mitgeteilten Daten über das Elternhaus noch mit einiger Sicherheit zu ermitteln und zu quantifizieren, so sind die über die Persönlichkeit der Eltern, die Kindheitspersönlichkeit der Probanden und die Beziehungen der Kinder zu den Eltern in beiden Hinsichten sehr ungewiß. Sie werden mitgeteilt, weil sich aus Akten und Unterredungen nun einmal doch ein recht umfangreiches Material darüber ergab, das man nicht unverwertet lassen möchte. Sie sind auch quantifiziert und in Tabellen gebracht worden, weil das immer noch die genaueste und übersichtlichste Darstellung von Dingen ist, die auch sprachlich nur mit Hilfe von „mehr", „weniger", „zum großen Teil" usw. auszudrücken wären. Aber die Daten sind als solche natürlich bei weitem nicht so exakt, wie ihre Übersetzung in die scharf abgegrenzten Zahlen zu behaupten scheint. Tatsächlich sind sie sehr unexakt, und zwar erstens wegen der Unvollständigkeit und Unzuverlässigkeit der Quellen, und zweitens wegen der Schwierigkeit ihrer Auswertung und ihrer Zuteilung zu den Kategorien. Wenn auch die Angaben ausgeschieden wurden, die von vornherein als besonders unzuverlässig erschienen, so sind doch die grundsätzlichen Fehlerquellen geblieben und im Folgenden immer im Auge zu behalten.

Bei der Kodifizierung wurden die Angaben, die über eine Persönlichkeit vorlagen, jeweils fünf großen Eigenschaftsgebieten zugeordnet: dem Gebiet der Rechtsschaffenheit, der allgemeinen Lebenstüchtigkeit, der Durch-

---

[18] Über dieses ganze Problem der Trennung von der Mutter, dessen Wichtigkeit zunehmend betont wird, vgl. vor allem *Bowlby,* Maternal Care and Mental Health, 1951. Über die besonderen Gefährdungszeitpunkte und die Reparabilität der Folgen differieren die Meinungen noch. So meint auch *Haffter* (1948, 168), die — endgültige — Trennung von der Mutter bleibe fast nur in den ersten Lebensjahren oder jenseits der Pubertät ohne schwere Nachwirkungen.

*Fälle* endgültiger Trennung von der M in den ersten Jahren: *110, 53, 171, 179, 213, 119, 227, 12, 240, 248.*

setzung des eigenen Willens, des temperamentsmäßigen Gleichmaßes, und der Gefühlswärme; jeweils positive und negative Möglichkeiten umfassend. Dies ist im ganzen etwa der Raum, innerhalb dessen sich alle Angaben der Angehörigen, der Fürsorger usw. bewegten, und das sind im einzelnen etwa die Gebiete, die sie bei ihren Angaben wirklich unterschieden haben wollten[17].

Innerhalb dieser Gebiete wurden dann im wesentlichen quantitative Unterscheidungen gemacht, d. h. dem Einzelnen jeweils ein G r a d der Rechtschaffenheit, der Gefühlswärme usw. auf einer 4- oder 5stufigen Skala zugemessen, daneben aber noch diese oder jene qualitative Besonderheit herausdifferenziert; so etwa auf dem Gebiet der Gefühlswärme die Ambivalenz, d. h. gleichzeitiges Vorhandensein von Liebe und Abneigung oder doch rasches Schwanken zwischen ihnen, oder auf dem Gebiet der Lebenstüchtigkeit die Beeinträchtigung speziell durch Krankheit, auf dem der Rechtsschaffenheit Kriminalität, bei der Erregbarkeit die mehr ängstliche und die mehr jähzornige Form usw. In den Tabellen sind die feineren quantitativen Abstufungen gewöhnlich wieder zu zwei Alternativen zusammengefaßt — lebenstüchtig und lebens u n tüchtig usw. —, und von diesen Alternativen wurde dann für die Gruppen ein Quotient errechnet, nicht um einen rechnerisch vollkommenen Ausdruck für den Grad der Lebenstüchtigkeit usw. in dieser Gruppe zu finden, sondern weil die Prozentzahlen oft ein zu wenig deutliches Bild geben. Die Unbekannt-Fälle sind nämlich zahlreich, aber in ihrer Häufigkeit doch auch wieder verschieden. Diese Quotienten sind also weiter nichts als ein Hilfsmittel fürs Auge, und das gleiche gilt ja auch für die Prozentzahlen selbst, wo die absoluten Zahlen klein sind.

Das Bild der Väter ist besonders ungewiß, weil viele von ihnen relativ früh aus der Familie ausgeschieden waren — soweit sie jemals dazugehörten und nicht sogar ganz unbekannt blieben —, und weil die Perspektive, aus der die Mütter sie schilderten, oft sicher sehr einseitig war. Es wurden auch keine zusätzlichen Ermittlungen über sie angestellt, etwa durch Einholen von Strafregisterauszügen, weil zu viele von ihnen aus der DDR oder den russisch oder polnisch besetzten Gebieten stammten.

Versucht man, sich aus den Zusammenstellungen der Tab. 58 ein Bild zu machen, so läßt sich etwa sagen, daß jedenfalls die Väter der I a-Probanden sich deutlich herausheben; von ihnen wurde auf allen Gebieten relativ am meisten Positives berichtet.

Umgekehrt treten aber die Väter der Gr. IV nicht so deutlich ungünstig hervor. Bei den allgemeineren Einteilungen stehen sie nur mit der persönlichen Kühle am Ende der Skala, und auch das nicht sehr ausgeprägt; bei den Unterkategorien dazu mit jähzornigem und tyrannischem Verhalten

---

[17] Über die Schwierigkeit, durch Befragung von Angehörigen etwas Objektives zu erfahren, sehr instruktiv *Grygier* (1954/55).

Die Verf. hat diese Einteilung schon benutzt in *Pipping-Abshagen-Brauneck* (1954).

Tab. 58: Rückfallsgruppen (m) nach Eigenschaften des Vaters[1]

| | I a | | I b | | I | | II | | III | | IV | |
|---|---|---|---|---|---|---|---|---|---|---|---|---|
| | n = 66 | | n = 41 | | n = 107 | | n = 56 | | n = 46 | | n = 41 | |
| Vater war (ist) | n | % | n | % | n | % | n | % | n | % | n | % |
| a) rechtschaffen | 46 | 69,7 | 24 | 58,6 | 70 | 65,4 | 28 | 50,0 | 21 | 37,6 | 25 | 61,0 |
| nicht rechtsch. | 14 | 21,2 | 11 | 26,8 | 25 | 23,4 | 23 | 41,1 | 12 | 21,4 | 11 | 26,8 |
| Quot. R/n.r. | 3,3 | | 2,2 | | 2,8 | | 1,2 | | 1,8 | | 2,3 | |
| b) lebenstüchtig | 38 | 57,6 | 21 | 51,2 | 59 | 55,1 | 15 | 26,8 | 13 | 28,3 | 21 | 51,3 |
| lebensunt. | 11 | 16,7 | 10 | 24,4 | 21 | 19,6 | 19 | 34,0 | 8 | 17,4 | 14 | 34,2 |
| Quot.t/unt. | 3,5 | | 2,1 | | 2,8 | | 0,8 | | 1,6 | | 1,5 | |
| c) bestimmt | 24 | 36,4 | 16 | 39,0 | 40 | 37,4 | 20 | 35,8 | 13 | 23,2 | 14 | 34,2 |
| wechselnd | 3 | 4,5 | 4 | 9,8 | 7 | 6,5 | 10 | 17,9 | 4 | 7,2 | 7 | 17,1 |
| nachgiebig | 22 | 33,3 | 14 | 34,2 | 36 | 33,6 | 14 | 25,0 | 9 | 16,1 | 14 | 34,2 |
| Quot. best./nachg. | 1,1 | | 1,1 | | 1,1 | | 1,4 | | 1,4 | | 1,0 | |
| d) gleichmäßig | 12 | 18,2 | 9 | 22,0 | 21 | 19,6 | 7 | 12,5 | 6 | 10,7 | 7 | 17,1 |
| erregbar | 8 | 12,1 | 8 | 19,5 | 16 | 14,9 | 16 | 28,6 | 12 | 21,4 | 13 | 31,7 |
| Quot. gl./erregb. | 1,5 | | 1,1 | | 1,3 | | 0,4 | | 0,5 | | 0,5 | |
| e) warm | 44 | 66,7 | 15 | 36,6 | 59 | 55,1 | 17 | 30,4 | 10 | 21,8 | 10 | 24,4 |
| ambivalent | 10 | 15,2 | 16 | 39,0 | 26 | 24,3 | 21 | 37,6 | 17 | 37,0 | 15 | 36,6 |
| kühl, kalt | 7 | 10,6 | 7 | 17,1 | 14 | 13,1 | 13 | 23,2 | 10 | 21,8 | 15 | 36,6 |
| Quot. w/k | 6,3 | | 0,9 | | 4,2 | | 1,3 | | 1,0 | | 0,7 | |
| Quot. w/a+k | 2,6 | | 0,7 | | 1,5 | | 0,5 | | 0,4 | | 0,3 | |
| dazu einzelne Unterkategorien aus den Gegensatzpaaren mit entsprechender Buchstaben-Bezeichnung | | | | | | | | | | | | |
| a) kriminell | 4 | 6,1 | 5 | 12,2 | 9 | 8,4 | 12 | 21,4 | 8 | 17,4 | 4 | 9,8 |
| asoz., n. krim. | 6 | 9,1 | 3 | 7,3 | 9 | 8,4 | 6 | 10,7 | 3 | 6,5 | 5 | 12,2 |
| Trinker | 4 | 6,1 | 3 | 7,3 | 7 | 6,5 | 5 | 8,9 | 1 | 2,2 | 2 | 4,9 |
| b) körperl. beeintr. | 8 | 12,1 | 6 | 14,6 | 14 | 13,1 | 12 | 21,4 | 7 | 15,2 | 10 | 24,4 |
| c) tyrannisch | 8 | 12,1 | 7 | 17,1 | 15 | 14,0 | 11 | 19,7 | 7 | 15,2 | 11 | 26,8 |
| bes. bestimmb. | 3 | 4,5 | 6 | 14,6 | 9 | 8,4 | 3 | 5,4 | 3 | 6,5 | 4 | 9,8 |
| d) ängstlich | 2 | 3,0 | — | — | 2 | 1,9 | — | — | 1 | 2,2 | 1 | 2,4 |
| jähzornig | 4 | 6,1 | 8 | 19,5 | 12 | 11,2 | 16 | 28,6 | 11 | 23,9 | 12 | 29,3 |
| e) bes. warmherz. | 10 | 15,2 | 3 | 7,3 | 13 | 12,1 | 7 | 12,5 | 2 | 4,4 | 3 | 7,3 |

[1] in einzelnen Gegensatzpaaren — z. T. mit Mittelgruppe —, die durch Buchstaben bezeichnet sind. Prozentsätze errechnet von *allen* Probanden der Rückfallsgruppe; bei den an 100 % (n = ...) fehlenden P Vater unbekannt oder Eigenschaft unbekannt.

und körperlicher Beeinträchtigung. Vielleicht wäre aus diesen Eigenheiten eine mit der Schwere der Rückfälligkeit ansteigende Reihe zu bilden, wenn nicht die Gr. III mit ihren vielen Unbekannt-Fällen eine Lücke bildete (Gr. III hat die meisten unehelichen Väter). Auf dem Gebiet der Rechtschaffenheit sind aber die Väter der Gr. IV weniger belastet als die der mittleren Gruppen, besonders als die der Gr. II, die auch in Bezug auf Lebenstüchtigkeit und Erregbarkeit wenig günstig abschneiden, vielleicht weil Gr. II so wenige kleinbürgerliche Familien hat (oben Tab. 46). Will man sich aus diesen Zahlen überhaupt unmittelbar etwas entnehmen, so würden danach immerhin eher Eigenschaften des persönlichen Umgangs — wie Wärme, Erregbarkeit, Herrschsucht — etwas mit andauernder oder nichtandauernder Rückfälligkeit zu tun haben als die mehr nach außen gerichteten sozialen Eigenschaften wie sie in Rechtschaffenheit oder Asozialität, Kriminalität usw. zum Ausdruck kommen[18].

Manche der hier nur vage angedeuteten Beziehungen werden in anderen Zusammenhängen deutlicher hervortreten. Sie sind auch z. B. schon etwas deutlicher bei den Müttern der Probanden, sei es, weil über sie mehr bekannt war, sei es, weil das Familienleben in manchen Punkten eben doch mehr durch die Persönlichkeit der Mutter als die des Vaters bestimmt wird. Mehr Väter als Mütter waren ja auch schon — z. T. früh — aus dem Familienverband ausgeschieden, und viele waren lange Jahre in Krieg und Gefangenschaft.

Tab. 59 über das Alter der Mütter bei Geburt der Probanden — mit einer Zusammenfassung im unteren Teil der Tabelle — zeigt zunächst, daß es sehr junge Mütter — 18jährig und jünger — am meisten in den Gruppen

---

[18] *Meyer* (1956, 18 f) hat, obwohl auch er auf die Einholung von Strafregisterauszügen verzichtete, unter seinen unbestimmt Verurteilten 26 % mit kriminellen Vätern, 13 % mit kriminellen Müttern, und die später Rückfälligen hatten sogar zu 42 % mindestens einen bestraften Elter Diesen hohen Anteil — der auch höher ist als der 1944 von *Buttkus* bei unbestimmt Verurteilten gefundene — erklärt er damit, daß viele seiner Probandenväter in der Nachkriegszeit gestrauchelt wären. Das müßte aber für meine Väter ebenso gelten. *Frey* (1951, 138) hat bei seinen Frühkriminellen eine sehr hohe kriminelle Belastung gefunden, aber die Geschwister und, soweit etwas von ihnen bekannt war, auch sonstige Verwandte einbezogen. Ebenso *Mannheim-Wilkins* (1955, 91), bei allerdings relativ vielen Unbekannt-Fällen; sie fanden keine Beziehung zwischen sonstiger Kriminalität in der Familie und Rückfälligkeit ihrer Probanden, wohl aber Hinweise dafür, daß die Probanden aus kriminell belasteten Familien in jüngerem Alter mit der Straffälligkeit begonnen hatten als die übrigen. Ebenso *Ferguson* (1952, 61) bei seinen jugendlichen Arbeitern in Glasgow, jedenfalls hinsichtlich des früheren Beginns der Kriminalität; er zeigt aber weiterhin, wie eng einerseits der Faktor „other member of family convicted" mit anderen ungünstigen Faktoren verknüpft ist, wie er aber auch zwischen straffälligen und nichtstraffälligen Jungen unterscheidet, wenn man bei der Berechnung die anderen Faktoren konstant hält (a. a. O. 66).

Vgl. ferner die *Gluecks* (Unraveling 1950, 125), deren Kontrollprobanden zu 80 % einen liebevollen Vater hatten gegenüber nur 40 % der Delinquenten.

*Fälle* mit straffälligen Vätern: *293, 93, 110, 119, 57, 200*
*Fälle* mit trunksüchtigen Vätern: *293, 187, 39, 250*
*Fälle* mit jähzornigen Vätern: *73, 187, 39, 149*
*Fälle* mit körperl. beeinträcht. Vätern: *149, 278*

Tab. 59: Rückfallsgruppen (m) nach Alter der M bei der Geburt des P

| Alter in Jahren | I a n | I a % | I b n | I b % | I n | I % | II n | II % | III n | III % | IV n | IV % |
|---|---|---|---|---|---|---|---|---|---|---|---|---|
| unter 18 | 2 | 3,0 | — | — | 2 | 1,9 | 1 | 1,8 | 1 | 2,2 | — | — |
| 18 | 1 | 1,5 | 2 | 4,9 | 3 | 2,8 | 4 | 7,2 | 2 | 4,4 | 1 | 2,4 |
| 19 o. 20 | 4 | 6,1 | 3 | 7,3 | 7 | 6,5 | 4 | 7,2 | 6 | 13,0 | 6 | 14,6 |
| 21 o. 22 | 4 | 6,1 | 6 | 14,6 | 10 | 9,3 | 11 | 19,7 | 4 | 8,7 | 9 | 22,0 |
| 23—25 | 9 | 13,6 | 13 | 31,7 | 22 | 20,6 | 8 | 14,3 | 14 | 30,4 | 8 | 19,5 |
| 26—30 | 24 | 36,4 | 13 | 31,7 | 37 | 34,6 | 14 | 25,0 | 11 | 23,9 | 8 | 19,5 |
| 31—35 | 14 | 21,2 | 2 | 4,9 | 16 | 14,9 | 7 | 12,5 | 6 | 13,0 | 5 | 12,2 |
| 36—40 | 4 | 6,1 | 2 | 4,9 | 6 | 5,6 | 3 | 5,4 | 1 | 2,2 | 1 | 2,4 |
| über 40 | — | — | — | — | — | — | 1 | 1,8 | 1 | 2,2 | — | — |
| unbek. | 4 | 6,1 | — | — | 4 | 3,7 | 3 | 5,4 | — | — | 3 | 7,3 |
| insg. | 66 | 100,0 | 41 | 100,0 | 107 | 100,0 | 56 | 100,0 | 46 | 100,0 | 41 | 100,0 |
| bis 25 | 20 | 30,3 | 24 | 58,6 | 44 | 41,1 | 28 | 50,0 | 27 | 58,7 | 24 | 58,6 |
| über 25 | 42 | 63,6 | 17 | 41,5 | 59 | 55,1 | 25 | 44,7 | 19 | 41,3 | 14 | 34,2 |
| über 30 | 18 | 27,3 | 4 | 9,8 | 22 | 20,6 | 11 | 19,7 | 8 | 17,4 | 6 | 14,6 |
| Durchschnitt | 27;8 | | 25;5 | | 26;10 | | 25;11 | | 25;7 | | 24;11 | |

II und III gab[19]. Im ganzen aber — nämlich nach dem Altersdurchschnitt und der Verteilung größerer Altersabschnitte — waren die Mütter umso jünger, je schwerer die Probanden rückfällig wurden. Es ist schwer zu sagen, wie weit diese Tatsache selbständige Bedeutung hat neben der damit zusammenhängenden, daß der Anteil der ältesten Kinder von Gr. I bis IV zunimmt (s. u. Tab. 73). Bei Betrachtung der Einzelfälle konnte man wohl öfter denken, daß sie eine solche Bedeutung habe, weil nämlich nach den Schilderungen der Mütter ihr Gefühlsleben und ihre Mütterlichkeit in ihren jungen Jahren besonders gering gewesen war, oder jedenfalls ihr Bedürfnis, sich „auszutoben", allmählich durch eine größere Bequemlichkeit gedämpft wurde. Bei Verlust des Mannes — durch Tod oder Scheidung — waren jüngere Mütter auch eher geneigt und in der Lage, sich wieder zu verheiraten oder zu „verloben", und in einer solchen neuen Verbindung bekamen sie eher als die älteren Mütter noch weitere Kinder, die dann die Stellung des Probanden in der Familie prekär machten.

Nach Tab. 60 lassen, im ganzen gesehen, Rechtschaffenheit und Lebenstüchtigkeit der Mutter wieder am meisten in den mittleren Gruppen, II und III, zu wünschen übrig, aber auf dem Gebiet der Gefühlswärme zeigt sich eine zu ihnen hin absteigende Reihe, auch wenn man die „Ambivalenz" einbezieht, und entsprechend, aber mit kleineren Differenzen, auf dem Gebiet der Willensdurchsetzung. „Bestimmte" Mütter — aber nicht „tyrannische", Tab. 61 — gibt es bei den Nicht- und Leichtrückfälligen am

[19] Ebenso bei den Vätern; die Erscheinung mag mit der Häufigkeit proletarischer Familien in diesen Gruppen zusammenhängen. Im übrigen zeigte die Verteilung des Alters der Väter — wie bei den *Gluecks* (Unraveling 1950, 117) keine Besonderheiten, sodaß die Tabelle nicht mitgeteilt wurde.

Tab. 60: Rückfallsgruppen nach Eigenschaften der Mutter[1]

| | I a | | I b | | I | | II | | III | | IV | |
|---|---|---|---|---|---|---|---|---|---|---|---|---|
| | n = 66 | | n = 41 | | n = 107 | | n = 56 | | n  =  46 | | n = 41 | |
| Mutter war (ist) | n | % | n | % | n | % | n | % | n | % | n | % |
| a) rechtschaffen | 51 | 77,3 | 26 | 63,4 | 77 | 71,9 | 26 | 46,5 | 23 | 50,0 | 23 | 56,2 |
| nicht rechtsch. | 9 | 13,6 | 11 | 26,8 | 20 | 18,7 | 18 | 32,2 | 14 | 30,4 | 9 | 22,0 |
| Quot. r/n.r. | 5,7 | | 2,4 | | 3,9 | | 1,4 | | 1,6 | | 2,6 | |
| b) lebenstüchtig | 29 | 43,9 | 15 | 36,6 | 44 | 41,1 | 12 | 21,4 | 10 | 21,8 | 16 | 39,0 |
| lebensunt. | 14 | 21,2 | 16 | 39,0 | 30 | 28,0 | 25 | 44,7 | 20 | 43,5 | 15 | 36,6 |
| Quot. t/unt. | 2,1 | | 0,9 | | 1,5 | | 0,5 | | 0,5 | | 1,1 | |
| c) bestimmt | 34 | 51,5 | 17 | 41,5 | 51 | 47,7 | 25 | 44,7 | 17 | 37,0 | 15 | 36,6 |
| wechselnd | 9 | 13,6 | 6 | 14,6 | 15 | 14,0 | 10 | 17,9 | 7 | 15,2 | 9 | 22,0 |
| nachgiebig | 14 | 21,2 | 11 | 26,8 | 25 | 23,4 | 18 | 32,2 | 14 | 30,4 | 13 | 31,7 |
| Quot. best/nachg | 2,4 | | 1,55 | | 2,0 | | 1,4 | | 1,2 | | 1,15 | |
| d) gleichmäßig | 8 | 12,1 | 1 | 2,4 | 9 | 8,4 | 6 | 10,7 | 2 | 4,4 | 4 | 9,8 |
| erregbar | 17 | 25,8 | 23 | 56,2 | 40 | 37,4 | 26 | 46,5 | 24 | 52,2 | 18 | 44,0 |
| Quot. gl/err. | 0,5 | | 0,04 | | 0,2 | | 0,2 | | 0,08 | | 0,2 | |
| e) warm | 44 | 66,7 | 15 | 36,6 | 59 | 55,1 | 17 | 30,4 | 10 | 21,8 | 10 | 24,4 |
| ambivalent | 10 | 15,2 | 16 | 39,0 | 26 | 24,3 | 21 | 37,6 | 17 | 37,0 | 15 | 36,6 |
| kühl, kalt | 7 | 10,6 | 7 | 17,1 | 14 | 13,1 | 13 | 23,2 | 10 | 21,8 | 15 | 36,6 |
| Quot. w/k. | 6,3 | | 2,1 | | 4,2 | | 1,3 | | 1,0 | | 0,7 | |
| Quot. w/a+k. | 2,7 | | 0,7 | | 1,5 | | 0,5 | | 0,4 | | 0,3 | |

[1] in einzelnen Gegensatzpaaren — z. T. mit Mittelgruppe —, die durch Buchstaben bezeichnet sind. Prozentsätze errechnet von *allen* Probanden der Rückfallsgruppe; bei den an 100 % (n = ...) fehlenden P, ist die betreffende Eigenschaft der Mutter unbekannt.

meisten, solche die zwischen Durchsetzung (Härte) und Nachgiebigkeit schwanken, und (Tab. 61) auch die besonders Bestimmbaren mehr bei den Schwerrückfälligen. Bei den Unterkategorien liegen dann die rückfälligen Gruppen mit Kriminalität, Asozialität, körperlicher Beeinträchtigung und jähzorniger Erregbarkeit der Mütter alle etwa auf der gleichen Ebene. Bei den Müttern der Gr. IV sind aber etwas öfter „Nervenzusammenbrüche" vorgekommen, jedoch, wie Tab. 61 im unteren Teil sehen läßt, nicht auf der Grundlage von Psychosen und nicht zu geglücktem Suizid führend wie z. T. in den übrigen Gruppen, sondern höchstens mit Suizidversuchen verbunden. Offenbar handelte es sich mehr um ein allgemeineres Versagen, bei dem charakterlich negative Momente wie Egoismus und Geltungsbedürfnis weniger auszuschließen sind als in den anderen Fällen.

Bei den Müttern mit „schwerer Jugend", die ja unter den schwerer Rückfälligen besonders häufig waren, handelt es sich um solche, die nach den Jugendamtsakten oder nach ihren eigenen Erzählungen eine durch besondere Familienverhältnisse unglückliche Kindheit gehabt haben. Nun sind ja absonderliche und unglückliche Familienverhältnisse häufiger in Familien, in denen auch sonst etwas nicht in Ordnung ist, und wenn eine

Tab. 61: Rückfallsgruppen (m) nach einzelnen Besonderheiten der Mutter[1]

| | I a | | I b | | I | | II | | III | | IV | |
|---|---|---|---|---|---|---|---|---|---|---|---|---|
| | n = 66 | | n = 41 | | n = 107 | | n = 56 | | n = 46 | | n = 41 | |
| Mutter war (ist) | n | % | n | % | n | % | n | % | n | % | n | % |
| a) kriminell | 1 | 1,5 | 4 | 9,8 | 5 | 4,7 | 5 | 8,9 | 4 | 8,7 | 3 | 7,3 |
| asoz., n. krim. | 7 | 10,6 | 4 | 9,8 | 11 | 10,3 | 9 | 16,1 | 7 | 15,2 | 6 | 14,6 |
| b) körp. beeintr. | 11 | 16,7 | 5 | 12,2 | 16 | 14,9 | 14 | 25,0 | 9 | 19,6 | 9 | 22,0 |
| c) tyrannisch | 5 | 7,6 | 4 | 9,8 | 9 | 8,4 | 9 | 16,1 | 6 | 13,0 | 5 | 12,2 |
| bes. bestimmb. | — | — | 2 | 4,9 | 2 | 1,9 | 5 | 8,9 | 5 | 10,9 | 5 | 12,2 |
| d) ängstl. erregb. | 6 | 9,1 | 11 | 26,8 | 17 | 15,9 | 7 | 12,5 | 10 | 21,8 | 3 | 7,3 |
| jähzornig | 8 | 12,1 | 11 | 26,8 | 19 | 17,7 | 14 | 25,0 | 9 | 19,6 | 9 | 22,0 |
| „Nerv.zus.br.“[2] | 3 | 4,5 | 1 | 2,4 | 4 | 3,7 | 5 | 8,9 | 5 | 10,9 | 6 | 14,6 |
| e) bes. warmherz. | 12 | 18,2 | 4 | 9,8 | 16 | 14,9 | 5 | 8,9 | 1 | 2,2 | 2 | 4,9 |
| depressiv | 3 | 4,5 | 4 | 9,8 | 7 | 6,5 | 3 | 5,4 | 3 | 6,5 | 2 | 4,9 |
| „schwere Jugd.“ | 3 | 4,5 | 7 | 17,1 | 10 | 9,3 | 3 | 5,4 | 7 | 15,2 | 9 | 22,0 |
| Suicid | 1 | 1,5 | — | — | 1 | 0,9 | 2 | 3,6 | 1 | 2,2 | — | — |
| Suicid-Vers. | — | — | — | — | — | — | — | — | 1 | 2,2 | 2 | 4,9 |
| Psychose | 1 | 1,5 | — | — | 1 | 0,9 | 4 | 7,2 | 2 | 4,4 | — | — |

[1] d. h. nach einzelnen Unterkategorien aus den Gegensatzpaaren von Tab. 60 mit entsprechender Buchstabenbezeichnung.

[2] darunter gezählt: Psychosen, Suizide und ungeklärte „Nervenzusammenbrüche“ mit mindestens wochenlangem Krankenlager.

Mutter z. B. von Pflegestelle zu Pflegestelle gewechselt hatte, so war vielleicht schon ihre eigene Unstetheit oder Verwahrlosung mit schuld daran. Aber es waren doch auch Fälle dabei, wo die soziale Einordnung der Mutter an sich gut war, sie aber offenbar durch eine unglückliche Kindheit, etwa den frühen Tod der eigenen Mutter, eine gewisse Kühle und Verschlossenheit, einen mangelnden Sinn für Zärtlichkeit oder unzufriedenes und unharmonisches Wesen davongetragen hatte[20].

Das Resultat wäre jedenfalls, mit allen Vorbehalten, daß Wärme und Bestimmtheit — aber nicht Herrschsucht — der Mutter für die spätere günstige Entwicklung der Kinder als besonders wichtig erscheinen. Kühle oder Kälte der Mutter, ihre besonders geringe Durchsetzungsfähigkeit und ihr Schwanken zwischen Härte und Nachgiebigkeit, ihre — nicht krankhaft bedingten — sog. Nervenzusammenbrüche und ihre eigene unglückliche Kindheit sind dagegen für die Kinder offenbar ungünstig[21].

[20] S. dazu *Dührssen* (1958, 19 ff), die feststellte, daß die Mütter der von ihr untersuchten 100 Heim- und Pflegekinder weit häufiger in einer unvollständigen Familie aufgewachsen waren als die Mütter ihrer Kontrollgruppe von Familienkindern; nicht nur Uneheliche und Scheidungswaisen, sondern auch durch Tod der Eltern Verwaiste waren unter ihnen doppelt so viele.

[21] *Fälle* mit warmherzigen und bestimmten Müttern z. B. *210, 293, 110* und *53* (die beiden letzten Pflegemütter). Als Beispiel einer warmherzigen, aber durchaus nicht bestimmten Mutter *299*. Egozentrische Mütter: *73, 39, 250, 18, 149, 227,*

Tab. 62: Rückfallsgruppen (m) nach Berufstätigkeit der Mutter[1]

| M berufstätig | I a n = 66 n | I a % | I b n = 41 n | I b % | I n = 107 n | I % | II n = 56 n | II % | III n = 46 n | III % | IV n = 41 n | IV % |
|---|---|---|---|---|---|---|---|---|---|---|---|---|
| fr. Kindh. insg.[2] | 7 | 10,6 | 6 | 14,6 | 13 | 12,1 | 8 | 14,3 | 10 | 21,8 | 13 | 31,7 |
| Kindh. insg.[3] | 18 | 27,3 | 9 | 22,0 | 27 | 25,2 | 13 | 23,2 | 14 | 30,4 | 14 | 34,2 |
| Tatzeit insg.[4] | 23 | 34,8 | 13 | 31,7 | 36 | 33,6 | 14 | 25,0 | 11 | 23,9 | 12 | 29,3 |
| nie | 31 | 47,0 | 12 | 29,3 | 43 | 40,2 | 27 | 48,2 | 18 | 39,2 | 15 | 36,6 |
| unbek. | 5 | 7,6 | 6 | 14,6 | 11 | 10,3 | 6 | 10,7 | 7 | 15,2 | 7 | 17,1 |

[1] Vereinfachende Zusammenfassung einer größeren Zahl von Kombinationen; jede Reihe muß für sich gelesen werden, die Prozente ergeben nicht hundert;
[2] bis zum voll. 4. Lebensj. des Probanden, und zwar mindestens 1/2 Jahr;
[3] ab Beginn des 5. Lebensj des P, und zwar mindestens 1 J.
[4] z. Z. der 1949 abgeurt. Tat;
[5] betr. hauptsächlich die mittlere Kindheit.

In Tab. 62 sind die Zählungen der berufstätigen Mütter, die sehr verschiedene Kombinationen je nach den Lebenszeiten der Probanden ergeben hatten, vereinfachend zusammengefaßt. Insgesamt waren danach weniger Mütter der Gr. I a und II überhaupt jemals berufstätig gewesen als der übrigen Gruppen. Mit der Schwere der Rückfälligkeit zu nimmt der Anteil der schon in den ersten 4 Lebensjahren der Probanden berufstätigen Mütter. Zur Zeit der 1949 abgeurteilten Tat arbeiteten aber gerade die Mütter der I a-Probanden am häufigsten und die der mittleren Gruppen am seltensten. Auch die Reihe für die etwas spätere Kindheit der Probanden

---

*251, 128.* Leichtfertige Mütter: *110, 171, 04, 12, 229, 57, 248.* Körperlich beeinträchtigte: *18, 164, 128,* depressive: *93, 18, 03.* Mütter mit „schwerer Jugend“: *250, 18, 167, 198.*

Daß Warmherzigkeit und Festigkeit zusammen die beste Erziehungsgrundlage sind — jedenfalls für die Verhinderung von Kriminalität —, stimmt voll überein mit den Befunden der *Gluecks* in ihren Nachuntersuchungen und auch in Unraveling 1950, nach denen eine ihrer Prognosetafeln (für das Delinquentwerden von Kindern) außer dem Faktor: Grad des Zusammenhalts der Familie nur noch den Grad der Wärme der Eltern gegenüber dem Kind enthält und die Art der Disziplinierung des Kindes durch den Vater: überstreng — das ist das Ungünstigste —, lax oder — das ist das Günstigste — „firm, but kindly“ sowie die Art der Beaufsichtigung des Kindes durch die Mutter, nämlich danach ob sie angemessen ist oder nicht (a. a. O. 261).

Über die bessere Bewährung der von konsequenten Müttern Erzogenen s. ferner *Pongratz-Hübner* (1959, 11), die im übrigen aber auch fanden, daß liebevolle Verwöhnung durch die Mutter ihren Probanden durchaus nicht geschadet hatte (a. a. O. 111 f). Über die Häufung von Befindens- und Verhaltensstörungen bei Kindern ausgesprochen nervöser Mütter unterrichtet sehr gut *von Harnack* (1953, insbes. 21).

Über „Kinder erwerbstätiger Mütter“ vgl. das Buch von O. *Speck* (1956), das neben ausführlichem Literaturüberblick auch über die Ergebnisse eigener Untersuchungen berichtet. Hier interessiert besonders sein Befund (a. a. O. 112), daß die Kinder mit arbeitenden Müttern mehr allgemeine charakterliche Auffälligkeiten zeigten als die übrigen und auch mehr Kontaktschwierigkeiten.

*Fälle* mit berufstätigen Müttern: *7, 148, 93, 73, 39, 250, 149, 167, 227, 147, 200.*

verläuft nicht eindeutig, wenn dabei auch die Schwerrückfälligen wieder das Maximum haben, deren Mütter übrigens auch am häufigsten in jeder der drei Perioden berufstätig waren.

Man ist geneigt, nach dieser Verteilung anzunehmen, daß Berufstätigkeit der Mutter in der frühen Kindheit sich eher auf die Gesamtentwicklung schädlich auswirkt, während vielleicht gerade in der eigentlichen Jugendzeit (14—18) auch sonst gut geratene Jugendliche einmal dadurch entgleisen können, daß die Mutter zu viel von zu Hause fort ist. Dabei darf man aber nicht übersehen, daß die häufigere Berufstätigkeit der Mütter in der frühen Kindheit der Probanden sich in den Gruppen findet, in denen die Probanden auch häufiger das älteste Kind waren (unter Tab. 122), und relativ viele jungverheiratete Frauen arbeiten ja zunächst noch mit und hören damit erst auf, wenn mehrere Kinder da sind. So muß hier ein unmittelbarer Zusammenhang mit der sozialen Entwicklung der Kinder nicht gegeben sein, obwohl man ja andererseits nicht ausschließen kann, daß u. a. gerade wegen dieser Konstellation — der häufigen Abwesenheit der Mutter, der Pflege durch andere Personen, der Unterbringung in einer Krippe usw. — relativ so viele älteste Kinder sich ungünstig entwickelt haben. Übrigens war die Berufstätigkeit der Mutter in den ersten Jahren des Probanden manchmal auch ein Anzeichen dafür, daß die Familie und die Ehe sich von vornherein nicht richtig konstituierte, daß die Ehe schon damals zerrüttet oder auch geschieden war.

### 5. Allgemeiner Charakter des Elternhauses

Nach dieser Erörterung einer ganzen Reihe von einzelnen, äußerlichen und persönlichen, Merkmalen der Elternhäuser der Probanden sollen sie nun noch einmal zusammenfassend ganz grob eingeteilt werden, und zwar in: a) sozial eingeordnete, b) asoziale Familien; und in a) menschlich harmonische, b) unharmonische Familien. Bei dem ersten Gegensatzpaar handelt es sich also um das Verhältnis der Familie insgesamt zur allgemeinen Rechts- und Sozialordnung, bei dem zweiten um das Verhältnis der Familienmitglieder — insbesondere der Eltern — zueinander.

Alles, was bei Einführung der Rückfallsgruppen über die Fragwürdigkeiten solcher Generalurteile gesagt wurde — s. o. S. 24 f. — gilt natürlich auch hier, und das glatte Durchschneiden in je nur zwei Gruppen — nur wenige Fälle wurden als „unbekannt" zurückgelassen — ist gewiß besonders gewaltsam. Sie gewährt aber am ehesten einen Überblick.

Insgesamt wurden 70 % der Elternhäuser als „sozial eingeordnet", 25 % als „asozial" rubriziert, und die restlichen 5 % als „unbekannt". „Asozial" wurde die Familie genannt, wenn sie das nicht leistete, was bei uns allgemein in der Lebensführung gefordert wird — Beachtung der Gesetze, Erhaltung durch eigene Arbeit, soweit man dazu imstande ist, „sittlicher" Lebenswandel, eine gewisse minimale Sorgfalt in der Kinderpflege und -erziehung usw. —, und zwar wenigstens u. a. darum nicht leistete, weil ihr die entsprechenden Wertvorstellungen fehlten. Allerdings ist bei solchem Versagen fast immer auch ein Unvermögen im Spiele, aber Unvermögen allein — Schwachsinn etwa und darauf beruhende Unfähigkeit der Hausfrau — gestattet noch nicht, von „Asozialität" zu sprechen. Das darf nur bei Familien geschehen, die sich, wenn auch zu ihrer Verteidigung, eine gewisse Gesamtstimmung angeeignet haben, nach der alle diese Dinge nur aus Schikane von ihnen gefordert werden und sie im Grunde recht haben, so zu sein wie sie sind.

Die Berichte der Fürsorgerinnen und Fürsorger, und auch der eigene Augenschein beim Gespräch mit den Eltern, ließen das Vorhandensein oder Nichtvorhandensein dieser Gesamteinstellung im ganzen ziemlich deutlich erkennen. Auf Einzelverstöße der Eltern, etwa auch erheblichere Straftaten, kam es dabei als solche nicht an. Häufig erwies sich die Person der Mutter als wichtiger für die soziale Einordnung der Familie als die des Vaters, denn es gab gar nicht wenige Mütter, die die Verfehlungen des Vaters — Trunksucht, Arbeitsscheu, Straftaten usw. — auffingen und die Kinder in einer anderen Einstellung erzogen. Entweder kam es in diesen Fällen zur Scheidung, oder der Vater hing mehr wie ein Fremdkörper an der Familie, brachte Unglück und Unfrieden über sie, bestimmte aber nicht die sozialen Wertvorstellungen von Frau und Kindern. — Wenn aber die Familienmutter versagte, so konnte der Vater das sittliche Niveau der Familie gewöhnlich nicht retten, es sei denn, er gründete eine neue Familie und nahm die Kinder mit.

Als „harmonisch" wurden nur 37 % aller Familien, als „unharmonisch" 57 % eingeordnet, der Rest von 6 % als „unbekannt". Hier war, wenn ein solcher Vergleich überhaupt Sinn hat, der Maßstab also strenger. Die Grenze war womöglich noch schwerer zu ziehen. Denn es gibt zwar eine ganze Menge Familien, deren Gesamteinstellung durchaus rechtschaffen ist, sodaß kein Gedanke auftauchen kann, sie etwa „asozial" zu nennen; Unfrieden kommt aber überall vor. Wenn immerhin fast 40 % der Familien „harmonisch" genannt wurden, so zeigt das, daß leichtere Streitigkeiten nicht beachtet wurden. Nicht mitverwertet wurde das Verhältnis zwischen dem Probanden selbst und der Familie, weil es ja oft durch sein eigenes Verhalten gefärbt war.

Die Verteilung dieser Familienarten auf Jungen und Mädchen ist ziemlich ausgewogen. Etwas öfter — 27 % gegen 24 % — kommen die Mädchen aus „asozialen" Familien, etwas öfter aber auch — 40,9 % gegen 36,4 % — aus einem „harmonischen" Zuhause. Aus Familien, die zwar sozial eingeordnet, aber innerlich unharmonisch waren, kommen im ganzen 37,5 % der Jungen und 31,8 % der Mädchen. Asozial, aber harmonisch, waren 3,9 % Elternhäuser der Jungen und 4,5 % Elternhäuser der Mädchen. Da es im ganzen ja immerhin 25 % asoziale Elternhäuser gab, zeigt sich, daß davon die meisten — vier Fünftel — zugleich auch unharmonisch waren, von den rund 70 % sozial eingeordneten dagegen nur etwas über die Hälfte.

Tab. 63 zeigt die Verteilung der Familienarten auf die Rückfallsgruppen, wobei auch noch jeweils unterschieden ist, ob „äußere Störungen" erheblicherer Art vorhanden waren, wie: Tod der Eltern, Scheidung, ungewöhnlich lange Kriegsgefangenschaft des Vaters, langdauernde schwere Krankheiten oder sonstige schwere körperliche Beeinträchtigungen der Eltern.

Tab. 63: Rückfallsgruppen (m) nach sozialer Einordnung, menschlicher Harmonie und äußerer Gestörtheit des Elternhauses

| | I a | | I b | | I | | II | | III | | IV | |
|---|---|---|---|---|---|---|---|---|---|---|---|---|
| Elternhaus | n | % | n | % | n | % | n | % | n | % | n | % |
| soz., harm. | 23 | 34,8 | 8 | 19,5 | 31 | 29,0 | 3 | 5,4 | 1 | 2,2 | 1 | 2,4 |
| soz., harm., äussSt. | 17 | 25,8 | 7 | 17,1 | 24 | 22,4 | 12 | 21,4 | 7 | 15,5 | 2 | 4,9 |
| soz., unharm. | 13 | 19,7 | 6 | 14,6 | 19 | 17,7 | 8 | 14,3 | 9 | 19,6 | 7 | 17,1 |
| soz., unh., äussSt. | 6 | 9,1 | 6 | 14,6 | 12 | 11,2 | 14 | 25,0 | 8 | 17,4 | 17 | 41,5 |
| asoz., harm. | — | — | 2 | 4,9 | 2 | 1,9 | 2 | 3,6 | 1 | 2,2 | 1 | 2,4 |
| asoz., h., äussSt. | 1 | 1,5 | 1 | 2,4 | 2 | 1,9 | — | — | 2 | 4,4 | — | — |
| asoz., unharm. | 2 | 3,0 | 8 | 19,5 | 10 | 9,3 | 7 | 12,5 | 5 | 10,9 | 3 | 7,3 |
| asoz., unh., äussSt. | 1 | 1,5 | 2 | 4,9 | 3 | 2,8 | 8 | 14,3 | 8 | 17,4 | 7 | 17,1 |
| unbekannt | 3 | 4,5 | 1 | 2,4 | 4 | 3,7 | 2 | 3,6 | 5 | 10,9 | 3 | 7,3 |
| insg. | 66 | 100,0 | 41 | 100,0 | 107 | 100,0 | 56 | 100,0 | 46 | 100,0 | 41 | 100,0 |

Zur besseren Übersicht sind in Tab. 63 a die einzelnen Merkmale noch einmal für sich oder in Kombination von höchstens zweien gezählt.

Aus Tab. 63 a ergibt sich, daß Gr. I die meisten sozial eingeordneten, die wenigsten asozialen Familien hat. An zweiter Stelle folgt, wenn auch mit Abstand, die Gruppe der Schwerrückfälligen, kurz vor Gr. II (und I b), und zuletzt Gr. III.

Tab. 63 a: Rückfallsgruppen (m) nach soz. Einordnung, menschlicher Harmonie und äußerer Gestörtheit des Elternhauses

| | I a | | I b | | I | | II | | III | | IV | |
|---|---|---|---|---|---|---|---|---|---|---|---|---|
| Elternhaus | n | % | n | % | n | % | n | % | n | % | n | % |
| sozial | 59 | 89,4 | 27 | 65,9 | 86 | 80,3 | 37 | 66,1 | 25 | 54,4 | 27 | 65,9 |
| asozial | 4 | 6,1 | 13 | 31,7 | 17 | 15,7 | 17 | 30,4 | 16 | 34,8 | 11 | 26,8 |
| Quot. soz./asoz. | 14,8 | | 2,1 | | 5,1 | | 2,2 | | 1,6 | | 2,5 | |
| harmonisch | 41 | 62,1 | 18 | 43,9 | 59 | 55,1 | 17 | 30,4 | 11 | 23,9 | 4 | 9,8 |
| unharmonisch | 22 | 33,3 | 22 | 53,7 | 44 | 41,1 | 37 | 66,1 | 30 | 65,2 | 34 | 82,9 |
| Quot. h./unh. | 1,9 | | 0,8 | | 1,3 | | 0,5 | | 0,4 | | 0,1 | |
| äuß. Störg. | 25 | 37,9 | 16 | 39,0 | 41 | 38,3 | 34 | 60,7 | 25 | 54,4 | 26 | 63,3 |
| soz., harm. | 40 | 60,6 | 15 | 36,6 | 55 | 51,5 | 15 | 26,8 | 8 | 17,4 | 3 | 7,3 |
| soz., unharm. | 19 | 28,2 | 12 | 29,3 | 31 | 29,0 | 22 | 39,3 | 17 | 37,0 | 24 | 58,6 |
| asoz., harm. | 1 | 1,5 | 3 | 7,3 | 4 | 3,7 | 2 | 3,6 | 3 | 6,5 | 1 | 2,4 |
| asoz., unharm. | 3 | 4,5 | 10 | 24,4 | 13 | 12,1 | 15 | 26,8 | 13 | 28,3 | 10 | 24,4 |
| soz., äuß.St. | 23 | 34,8 | 13 | 31,7 | 36 | 33,6 | 26 | 46,5 | 15 | 32,6 | 19 | 46,4 |
| asoz., äuß. St. | 2 | 3,0 | 3 | 7,3 | 5 | 4,7 | 8 | 14,3 | 10 | 21,8 | 7 | 17,1 |
| harm. äuß. St. | 18 | 27,3 | 8 | 19,5 | 26 | 24,3 | 12 | 21,4 | 9 | 19,6 | 2 | 4,9 |
| unh., äuß. St. | 7 | 10,6 | 8 | 19,5 | 15 | 14,0 | 22 | 39,3 | 16 | 34,8 | 24 | 58,6 |

Das heißt also, daß nicht die Schwerrückfälligen, sondern die Mittelgruppen — II, I b und insbesondere III — am häufigsten aus asozialen Familien stammen. Wenn ihr Übergewicht darin auch nur gering ist, so ist es doch schon von Bedeutung, daß der Anteil der asozialen Familien nicht noch zu den Schwerrückfälligen hin ansteigt. Die Verteilung hängt offenbar mit dem Überwiegen der proletarischen und der armen Familien in den Mittelgruppen zusammen (Tab. 46, 47). Es waren ja auch die Väter dieser Probanden öfter als andere nicht rechtschaffen, relativ häufig kriminell, und ebenso die Mütter und, wie sich zeigen wird, die Geschwister (Tab. 58, 60, 61, 76).

Anders verteilen sich aber die harmonischen und unharmonischen Familien. Bis zu den Schwerrückfälligen hin sinkt der Anteil der harmonischen Familien, und zwar gerade zuletzt — zwischen Gr. III und IV — noch einmal mit einer erheblichen Differenz, die etwa der zwischen Gr. I und II entspricht, während die Gr. II und III mehr auf einer Ebene liegen.

Die Nichtrückfälligen ohne Vortaten (I a) stehen auch hier ganz besonders günstig da. Sie haben nur ein Drittel unharmonische Familien gegenüber dem allgemeinen Durchschnitt von 57 %. Auffälligerweise nehmen hier die Nichtrückfälligen m i t Vortaten (I b) eine Zwischenstellung zwischen I a und den Mittelgruppen ein, obwohl sie sich in der sozialen Einordnung ihrer Familien — und ja auch sonst mit vielen Merkmalen — auf deren Niveau, meistens ja sogar zwischen den Gr. II und III bewegen.

Rund 60 % der Nichtrückfälligen ohne Vortaten stammen aus sozial gut eingeordneten und zugleich harmonischen Familien. Das tun nur 7 % der Schwerrückfälligen. Sie kommen dafür zu rund 60 % aus zwar sozial gut eingeordneten, aber unharmonischen Familien. — Und nur rund 5 % der Nichtrückfälligen ohne Vortaten kommen aus sowohl asozialen wie unharmonischen Familien, aber immerhin rund 25 % der Schwerrückfälligen tun das — allerdings nicht mehr als von den Nichtrückfälligen mit Vortaten, und etwas weniger als von den leicht- und mittelschwer Rückfälligen. — Asoziale, aber harmonische Familien sind überhaupt sehr selten, aber am seltensten bei den Nichtrückfälligen ohne Vortaten u n d den Schwerrückfälligen.

Ganz grob — wie ja diese Einteilung überhaupt grob ist — könnte man also sagen, daß sowohl die schlechte soziale Einordnung der Familie als ganzes — Asozialität — wie ihre innere Disharmonie etwas mit der wiederholten Straffälligkeit im Jugendalter und ihrer eventuellen Fortsetzung im Heranwachsendenalter zu tun hat. Für die Frage aber, ob sie dann aufgegeben wird und der junge Mann Fuß im Leben faßt, scheint die soziale Einordnung der Eltern keine besondere Rolle mehr zu spielen, wohl aber, und zwar noch recht erheblich, der Grad der Harmonie des Elternhauses. Vielleicht gilt das allerdings nur in einer Zeit witschaftlichen Aufstiegs wie der unsrigen, wo die jungen Leute aus sozial nicht besonders gut eingeordneten Familien ihren Vorteil darin finden, auf Arbeit zu gehen, wo sie gut verdienen und eine Familie gründen und ernähren können, ohne in besondere Not und damit besondere Versuchungen zu geraten.

Ins Psychologische übersetzt könnte das heißen: wenn die jungen Leute aus sozial schlecht eingeordneten Familien in einer menschlich genügend harmonischen Atmosphäre aufgewachsen und darum trotz manchen sonstigen Mängeln seelisch genügend gesund geblieben sind, so klingen Verwahrlosung und Straftaten mit der persönlichen und sozialen Reifung ab. Andererseits hilft einem Mann die Rechtschaffenheit seiner Eltern nicht, wenn das Elternhaus so unharmonisch war, daß sein Charakter schwere Schäden davongetragen hat[22].

## 6. Beziehungen zwischen Proband und Eltern

In der Regel gibt es in einer Familie Unterschiede in der Rolle, die die einzelnen Kinder bei den Eltern haben, wobei dann häufig — aber nicht immer — das Kind, das beim einen Elter die bessere Rolle hat, dafür beim anderen die schlechtere hat. Z. T. herrscht ein ausgesprochenes Lieblingswesen, manchmal von allen Beteiligten ganz offen bekannt und bewußt gepflegt, manchmal energisch bestritten und doch aus Anzeichen deutlich erkennbar. Anderswo gibt es feinere Unterschiede, die sich schwerer erkennen lassen. Die Rollen wechseln auch, oft durch das Hinzukommen eines weiteren Kindes, aber z. T. auch einfach dadurch, daß das Kind in eine andere Phase seiner Entwicklung tritt, andere Eigenschaften entfaltet, andere Interessen bekommt; und ebenso können natürlich irgendwelche Änderungen auf Seiten der Eltern selbst mitwirken. Besonders wichtig ist, wie man weiß, das Geschlecht des Kindes.

Dieser Punkt — über den sich aus den Akten nur selten etwas ergab — wurde bei den Unterredungen mit den Eltern zu klären versucht, teils durch

---

[22] In ähnlicher Weise und mit ähnlichem Ergebnis hat Helen *Witmer* in ihrer Auswertung der „Cambridge-Somerville Youth Study“ *(Powers* und *Witmer,* 1951) zwischen „social“ und „emotional“ home conditions unterschieden, wobei sie das Maß der rein äußeren Pflege der Kinder unter die social conditions rechnete. Ihre ausführlichen Berechnungen, 370 ff, 400, lassen für das dauernde Abgleiten der Kinder in Kriminalität und Verwahrlosung die „sozialen“ Aspekte der Häuslichkeit als „much less important“ erscheinen, wie sie sagt, als die emotionalen.

In gleicher Weise äußert sich auch *Grünhut* (1952, 298) in seinem Bericht über den Verlauf von ihm untersuchter Probation-Fälle: „The bright prospect of children from harmonious homes seems not impeded by the presence of delinquents in such homes. All 15 minors with no fault in their family relationships, but with delinquency in the family, succeeded.“

Hinzuweisen ist in diesem Zusammenhang wohl auch auf Hilda *Lewis* (1954, S. 53, 55, 77 ff, 120), unter deren Heimkindern die äußerlich erheblich Vernachlässigten und Schmutzigen die geringsten seelischen Störungen zeigten, und die bei Kindern aus sog. „problem families“ mit einer Häufung sozialer Störungen — Armut, Trunksucht, Leichtfertigkeit und Streit der Eltern — die Kinder relativ oft gefühlsmäßig ausgeglichen und stabil fand, weil nämlich, wie sie sagt, in diesen Familien die Mütter nicht selten trotz allem warmherzig sind.

Bei *Powers-Witmer* (1951, 255 f) finden sich auch Ausführungen über Jungen, die im Flegelalter vorübergehend zum Zeitvertreib und weil man das eben in diesen ärmeren Kreisen so tut — als „social habit“ — Straftaten begehen, menschlich aber sonst gut angepaßt sind und ohne weitere Schwierigkeit aus diesem Stadium herauswachsen; sie betrachten diese Beschäftigungen später als „kid-stuff“.

ausdrückliche — vorsichtige — Fragen, teils durch Schlüsse aus der Art, wie sie über den Probanden und seine Geschwister sprachen. In einem großen Teil der Fälle ist das nicht soweit gelungen, daß die Vermutungen sicher zu verwerten wären. Unklar bleibt der Punkt besonders oft bei den günstigeren Fällen und zwar wohl aus zweierlei Gründen: Erstens weil es hier mehr Eltern gibt, die sich ehrlich bemühen, die Kinder „gleich zu behandeln“, sodaß evt. doch bestehende feine Unterschiede ihnen selbst und dem Außenstehenden schwerer wahrnehmbar sind. Zweitens weil die Eltern der schwerer rückfälligen Probanden in mancher Hinsicht offener sprachen, sich vielleicht auch weniger scheuten, eine Abneigung gegen den Probanden offen zu zeigen. Im ganzen haben aber viele Eltern Angst, man könnte meinen, sie hätten ein Kind „vorgezogen“, und lehnen sofort jeden Gedanken nicht nur daran, sondern an alle feineren Unterschiede in der Einstellung zu den einzelnen Kindern ab. Ein kurzes Gespräch reicht zum Abbau dieser an sich verständlichen Einstellung nicht aus.

Tab. 64: Rolle der Probanden (m und w) beim V im Vergleich zu den Geschwistern

| | m | | w | | m + w | |
|---|---|---|---|---|---|---|
| Rolle | n | % | n | % | n | % |
| immer 1. Rolle | 57 | 22,2 | 8 | 18,2 | 65 | 21,7 |
| nur zuerst 1. Rolle | 29 | 11,3 | 4 | 9,1 | 33 | 11,0 |
| immer 2. Rolle | 26 | 10,2 | 8 | 18,2 | 34 | 11,3 |
| kein Vater | 17 | 6,7 | 4 | 9,1 | 21 | 7,0 |
| unbekannt | 127 | 49,6 | 20 | 45,5 | 147 | 49,0 |
| insg. | 256 | 100,0 | 44 | 100,0 | 300 | 100,0 |
| Quot. $\frac{\text{immer 1.}}{\text{immer 2.}}$ | 2,2 | | 1,0 | | 1,9 | |

Zunächst die Verteilung bei Jungen und Mädchen insgesamt, Tab. 64.

Man würde vielleicht erwartet haben, daß die Mädchen öfter als die Jungen bei ihrem Vater Hauptperson gewesen wären, aber jedenfalls bei

Tab. 65: Rolle der Probanden (m und w), im Vergleich zu den Geschwistern, bei der Mutter

| | m | | w | | m + w | |
|---|---|---|---|---|---|---|
| Rolle | n | % | n | % | n | % |
| immer 1. Rolle | 55 | 21,5 | 5 | 11,4 | 60 | 20,0 |
| nur zuerst 1. Rolle | 34 | 13,3 | 3 | 6,8 | 37 | 12,3 |
| immer 2. Rolle | 32 | 12,5 | 12 | 27,3 | 44 | 14,7 |
| unbekannt | 135 | 52,8 | 24 | 54,6 | 159 | 53,0 |
| insg. | 256 | 100,0 | 44 | 100,0 | 300 | 100,0 |
| Quot. $\frac{\text{immer 1.}}{\text{immer 2.}}$ | 1,7 | | 0,4 | | 1,4 | |

diesen straffälligen Mädchen war das nicht so. Die absoluten Zahlen sind aber klein, und es kommt dazu, daß die Mädchen im Durchschnitt eine höhere Geschwisterzahl hatten.

Ein Blick auf Tab. 65 mit der Rolle der Probanden bei der Mutter zeigt aber, daß die Mädchen beim Vater doch noch einen vergleichsweise günstigen Platz hatten. Ihre Rolle bei der Mutter ist ungünstiger als die beim Vater und erheblich ungünstiger als die der Jungen.

Betrachtet man nun die Rückfallsgruppen, so war die Rolle beim Vater — Tab. 66 — im ganzen am günstigsten für die Probanden der Gr. I a, aber ihnen folgen gleich die der Gr. IV. Der Anteil der Probanden, die nur anfänglich beim Vater die Hauptperson waren, dann aber durch ein anderes Kind verdrängt wurden, nimmt aber von Gr. I (I a) zu Gr. IV hin zu. Das konnte erwartet werden, da auch der Anteil der ältesten Kinder in den mehr rückfälligen Gruppen stärker ist (Tab. 73). Wenn die Differenzen hier noch etwas größer sind, so vielleicht weil die Gr. I und II besonders viele Unbekannt-Fälle haben, in denen sich noch Probanden mit wechselnder Rolle verstecken mögen; aber es wäre ja auch möglich, daß

Tab. 66: Rückfallsgruppen (m) in Rolle des P beim Vater, im Vergleich zu den Geschwistern

| Rolle | I a n | I a % | I b n | I b % | I n | I % | II n | II % | III n | III % | IV n | IV % |
|---|---|---|---|---|---|---|---|---|---|---|---|---|
| immer 1. Rolle | 20 | 30,3 | 7 | 17,1 | 27 | 25,2 | 11 | 19,7 | 8 | 17,4 | 11 | 26,8 |
| nur zuerst 1. Rolle | 1 | 1,5 | 4 | 9,8 | 5 | 4,7 | 5 | 8,9 | 9 | 19,6 | 10 | 24,4 |
| immer 2. Rolle | 5 | 7,6 | 4 | 9,8 | 9 | 8,4 | 7 | 12,5 | 5 | 10,9 | 4 | 9,8 |
| kein Vater | 3 | 4,5 | 3 | 7,3 | 6 | 5,6 | 1 | 1,8 | 7 | 15,2 | 2 | 4,9 |
| unbekannt | 37 | 56,1 | 23 | 56,2 | 60 | 56,1 | 32 | 57,2 | 17 | 37,0 | 14 | 34,2 |
| insg. | 66 | 100,0 | 41 | 100,0 | 107 | 100,0 | 56 | 100,0 | 46 | 100,0 | 41 | 100,0 |
| Quot. $\frac{\text{immer 1.}}{\text{immer 2.}}$ | 4,0 | | 1,8 | | 3,0 | | 1,6 | | 1,6 | | 2,8 | |

sich die schwierigeren Probanden ihre Stellung beim Vater durch ihr eigenes Verhalten verscherzt hätten. — Im übrigen ist zu bedenken, daß die Väter, bei denen die schwerrückfälligen Probanden „immer" die erste Rolle gespielt haben, ja keineswegs selbst „immer" da waren.

Anders verteilt sich in den Rückfallsgruppen die Rolle der Probanden bei der Mutter, Tab. 67. Sie war deutlich ungünstiger bei den III- und IV-Probanden als bei den übrigen, besonders den nichtrückfälligen; sie haben weit öfter immer die zweite und seltener immer die erste Rolle gespielt, im übrigen aber auch hier nicht selten eine anfänglich gute Rolle später verscherzt. Wieweit die Mütter über der späteren ungünstigen Entwicklung des Probanden vergessen haben mögen, daß er ihnen einmal besonders nahestand, ist schwer zu sagen. Ganz ausgesprochene Vorlieben werden im allgemeinen doch wohl nicht durch eine ungünstige Entwicklung des Kindes verändert.

Tab. 67: Rückfallsgruppen (m) nach Rolle des P bei der Mutter im Vergleich zu den Geschwistern

| | I a | | I b | | I | | II | | III | | IV | |
|---|---|---|---|---|---|---|---|---|---|---|---|---|
| Rolle | n | % | n | % | n | % | n | % | n | % | n | % |
| immer 1. Rolle | 15 | 22,7 | 13 | 31,7 | 28 | 26,2 | 13 | 23,2 | 7 | 15,2 | 7 | 17,1 |
| nur zuerst 1. Rolle | 7 | 10,6 | 5 | 12,2 | 12 | 11,2 | 3 | 5,4 | 9 | 19,6 | 9 | 22,0 |
| immer 2. Rolle | 4 | 6,1 | 4 | 9,8 | 8 | 7,5 | 6 | 10,7 | 9 | 19,6 | 9 | 22,0 |
| unbekannt | 40 | 60,6 | 19 | 46,3 | 59 | 55,1 | 34 | 60,7 | 21 | 45,7 | 16 | 39,0 |
| insg. | 66 | 100,0 | 41 | 100,0 | 107 | 100,0 | 56 | 100,0 | 46 | 100,0 | 41 | 100,0 |
| Quot. $\frac{\text{immer 1.}}{\text{immer 2.}}$ | 3,9 | | 3,3 | | 3,5 | | 2,2 | | 0,8 | | 0,8 | |

Verwandt ist die Frage danach, welchen Elter der Proband von sich aus bevorzugte. Darüber ist etwas öfter wenigstens eine Vermutung auszusprechen, vgl. Tab. 68, die zunächst die Verteilung bei Jungen und Mädchen darstellt. Sie zeigt eine deutlich größere Hinneigung der Jungen zur Mutter und der Mädchen zum Vater (der ja aber die Vorliebe offenbar nicht immer erwiderte).

Tab. 68: Vorliebe der Probanden (m und w) für Vater oder Mutter (Vater- oder Mutterkind)

| | m | | w | | m + w | |
|---|---|---|---|---|---|---|
| P war | n | % | n | % | n | % |
| größtes V-K. | 33 | 12,9 | 12 | 27,3 | 45 | 15,0 |
| eher V-K. | 27 | 10,5 | 7 | 15,9 | 34 | 11,3 |
| größtes M-K. | 41 | 16,0 | 4 | 9,1 | 45 | 15,0 |
| M-K. wie andres | 35 | 13,7 | 3 | 6,8 | 38 | 12,7 |
| eher M-K. | 19 | 7,4 | 2 | 4,6 | 21 | 7,0 |
| früh Omakind o. ä. | 40 | 15,6 | 8 | 18,2 | 48 | 16,0 |
| unbekannt | 61 | 23,8 | 8 | 18,2 | 69 | 23,0 |
| insg. | 256 | 100,0 | 44 | 100,0 | 300 | 100,0 |
| Quot. $\frac{\text{gr. VK}}{\text{gr. MK}}$ | 0,8 | | 3,0 | | 1,0 | |
| Quot. $\frac{\text{VK insg.}}{\text{MK insg.}}$ | 0,64 | | 2,1 | | 0,77 | |

So groß sind die Differenzen zwischen den Rückfallsgruppen der Jungen nicht, Tab. 69.

Aber es fällt doch auf, daß sowohl die ausgesprochene wie die auf Grund bestimmter Anzeichen vermutete Vorliebe für den Vater, verglichen mit der für die Mutter, bei der Gr. I a am seltensten, bei Gr. IV am häufigsten war. Hält man sich nur an die ausgesprochenen und größten „Vater"- und „Mutter"kinder in der Familie, so gibt es in Gr. III und besonders in

Tab. 69: Rückfallsgruppen (m) nach Vorliebe des P für Vater oder Mutter (Vater oder Mutterkind)

| P war | I a n | I a % | I b n | I b % | I n | I % | II n | II % | III n | III % | IV n | IV % |
|---|---|---|---|---|---|---|---|---|---|---|---|---|
| größtes V-K | 8 | 12,1 | 5 | 12,2 | 13 | 12,1 | 5 | 8,9 | 6 | 13,0 | 9 | 22,0 |
| eher V-K | 7 | 10,6 | 5 | 12,2 | 12 | 11,2 | 9 | 16,1 | 2 | 4,4 | 4 | 9,8 |
| größtes M-K | 14 | 21,2 | 7 | 17,1 | 21 | 19,6 | 9 | 16,1 | 5 | 10,9 | 6 | 14,6 |
| M-K wie andres | 10 | 15,2 | 4 | 9,8 | 14 | 13,1 | 11 | 19,7 | 7 | 15,2 | 2 | 4,9 |
| eher M-K | 5 | 7,6 | 4 | 9,8 | 9 | 8,4 | 3 | 5,4 | 2 | 4,4 | 5 | 12,2 |
| früh Omakind o. ä. | 9 | 13,6 | 3 | 7,3 | 12 | 11,2 | 8 | 14,3 | 11 | 23,9 | 6 | 14,6 |
| unbekannt | 13 | 19,7 | 13 | 31,7 | 26 | 24,3 | 11 | 19,7 | 13 | 28,3 | 9 | 22,0 |
| insg. | 66 | 100,0 | 41 | 100,0 | 107 | 100,0 | 56 | 100,0 | 46 | 100,0 | 41 | 100,0 |
| Quot. $\frac{\text{Gr. V-K}}{\text{Gr. M-K}}$ | 0,6 | | 0,7 | | 0,6 | | 0,6 | | 1,2 | | 1,5 | |
| Quot. $\frac{\text{V-K insg.}}{\text{M-K insg.}}$ | 0,5 | | 0,67 | | 0,6 | | 0,7 | | 0,6 | | 1,0 | |

Gr. IV mehr Vater- als Mutterkinder, was ja beim Durchschnitt der Jungen nicht so ist. Den 8 größten Vaterkindern stehen bei den Nichtrückfälligen ohne Vortaten 14 „größte Mutterkinder der Familie" gegenüber, den 9 größten Vaterkindern der Gr. IV (die ja im ganzen weniger Probanden hat) nur 6. — In Gr. III mit ihren vielen Unehelichen gibt es den größten Anteil von Probanden, die von vornherein ihre besondere Vorliebe nicht an Vater oder Mutter, sondern an einen anderen Menschen hängten, oft an die Großmutter, die sie anstelle der Mutter versorgte.

Der wichtigste Ersatzelter — der Stiefvater, die Stiefmutter, Großmütter, Pflegemütter u. ä., die wenigstens zeitweise an die Stelle der Eltern traten — hatte nach Tab. 70 in Gr. I a ganz überwiegend eine positive Einstellung zum Probanden. Bei den Schwerrückfälligen überwiegen dagegen — nach Übergängen in den Mittelgruppen — ambivalente und negative Einstellungen. Daran mag wenigstens z. T. das eigene Verhalten der Probanden mitbeteiligt gewesen sein, die entweder ihrerseits den Ersatzelter ablehnten — s. Tab. 71 — oder sich sonst schwierig zeigten. In diesem Punkt einwandfrei Prioritäten herauszufinden ist oft nicht möglich.

Tab. 70: Rückfallsgruppen (m) nach Einstellung des wichtigsten Ersatzelters[1] zu P als Kind

| Einstellung | I a n | I b n | I n | II n | III n | IV n |
|---|---|---|---|---|---|---|
| positiv | 17 | 6 | 23 | 10 | 12 | 4 |
| ambivalent | 2 | 4 | 6 | 8 | 3 | 9 |
| negativ | — | — | — | — | 4 | 5 |
| unbekannt | 1 | 3 | 4 | 4 | 3 | 2 |
| insgesamt | 20 | 13 | 33 | 22 | 22 | 22 |

[1] StV, StM, PflegeM, Großmutter, die P aufzog u. ä.

Häufig spielte aber doch die Existenz von Stiefgeschwistern eine Rolle, also ein Faktum, das jedenfalls nicht primär in der Person des Probanden lag, wenn auch, natürlich, verschiedene Probanden verschieden darauf reagierten.

Tab. 71: Rückfallsgruppen (m) nach Einstellung des P als Kind zum wichtigsten Ersatz-Elter

| Einstellung | I a<br>n | I b<br>n | I<br>n | II<br>n | III<br>n | IV<br>n |
|---|---|---|---|---|---|---|
| betont anhänglich | 9 | 1 | 10 | 4 | 5 | 1 |
| positiv | 6 | 3 | 9 | 5 | 2 | — |
| ambivalent | 3 | 3 | 6 | 2 | 2 | 8 |
| kühl | — | 2 | 2 | 2 | 2 | — |
| direkte Ablehnung | 2 | 1 | 3 | 2 | 2 | 6 |
| unbekannt | — | 3 | 3 | 7 | 9 | 7 |
| insgesamt | 20 | 13 | 33 | 22 | 22 | 22 |
| Quot. $\frac{\text{positiv}}{\text{negativ}}$ | 7,5 | 1,3 | 3,8 | 2,3 | 1,8 | 0,2 |
| Quot. $\frac{\text{positiv}}{\text{amb.+neg.}}$ | 3,0 | 0,67 | 1,7 | 1,5 | 1,2 | 0,1 |

*Fälle* von Ablehnung durch den StV: *93, 187, 268, 251, 128.*

---

*Fälle* von Vaterkindern: *39, 167, 147, 251, 128*
*Fälle* von Mutterkindern: *10, 187, 198, 201, 229, 199*
*Fälle* von Proband als „Ritter“ der M: *187, 149, 04, 201, 251* u. S. ?? ff.

*Andry* (1957) berichtet über eine Befragung, die er bei 80 jugendlichen Delinquenten und 80 Nichtdelinquenten sowie bei einem Teil der Mütter durchgeführt hat, und bei der sich — im Widerspruch zu anderen Untersuchungen (s. dort) ergab, daß die Delinquenten sich eher von den Vätern als von den Müttern nicht genug geliebt fühlten. — Die Delinquenten erklärten aber besonders oft, daß auch ihre Mütter — und sie selbst — Zuneigung nicht ausdrückten, unzärtlich seien. Bemerkenswert war die hohe Zahl der Kontrollprobanden, die ihre Eltern als Einheit empfanden. — Da Andry seinen Probanden die Fragen in einer bestimmten Reihenfolge von einem Fragebogen vorlas — mit also offenbar feststehendem Wortlaut — und die Antwort dann gleich in der dafür bestimmten Spalte niederschrieb, kann man sich fragen, wieweit er erwarten konnte, bis zu Ängsten der Jungen um die Liebe ihrer Mutter vorzudringen, die für sie ja doch ein empfindlicherer Punkt ist als die Liebe des Vaters.

*Schottländer* (1947) meint, wofür auch Erfahrungen meiner Fälle sprechen, daß sich die heftigen und oft so verhängnisvollen Vaterbindungen fast immer nur da entwickeln, wo die Mutter als Liebesquelle zuvor versagt hat. — Wenn *Gillin* (The Wisconsin Prisoner, 1946, 21—25, zit. nach Elliott 1952, 106) fand, daß 44 % der Gefangenen, aber nur 9,9 % ihrer Brüder sich für den Liebling der Mutter hielten — mit Ausnahme der Sexualtäter —, so könnten auch dabei Wunschtäuschungen im Spiele gewesen sein, abgesehen davon, daß man auch wissen müßte, wann und wodurch sie von der Mutter getrennt worden waren.

## 7. Die Geschwister

Die Probanden hatten durchschnittlich 2,4 Geschwister, und zwar die Mädchen etwas mehr (2,8) als die Jungen (2,4). Von den Jungen waren 16,0 % Einzelkinder, von den Mädchen 9,1 %, und außerdem finden sich bei den Mädchen auch öfter die höheren Geschwisterzahlen. Es haben nämlich rund 55 % von ihnen drei und mehr Geschwister, von den Jungen nur 39 %. Das kann damit zusammenhängen, daß die Mädchen öfter aus proletarischen Familien kamen. Für Mädchen sind aber große Geschwisterschaften auch eher belastend als für Jungen, weil sie in diesen Fällen meistens besonders viel im Haushalt helfen müssen.

Tab. 72: Rückfallsgruppen (m) nach Zahl der Geschwister

| | I a | | I b | | I | | II | | III | | IV | |
|---|---|---|---|---|---|---|---|---|---|---|---|---|
| Geschwister | n | % | n | % | n | % | n | % | n | % | n | % |
| keines | 14 | 21,2 | 5 | 12,2 | 19 | 17,7 | 8 | 14,3 | 7 | 15,2 | 6 | 14,6 |
| eines | 19 | 28,8 | 13 | 31,7 | 32 | 29,9 | 12 | 21,4 | 11 | 23,9 | 14 | 34,2 |
| 2 | 10 | 15,2 | 6 | 14,6 | 16 | 14,9 | 10 | 17,9 | 9 | 19,6 | 9 | 22,0 |
| 3 | 4 | 6,1 | 6 | 14,6 | 10 | 9,3 | 11 | 19,7 | 11 | 23,9 | 5 | 12,2 |
| 4—6 | 15 | 22,7 | 10 | 24,4 | 25 | 23,4 | 10 | 17,9 | 7 | 15,2 | 6 | 14,6 |
| 7 und mehr | 4 | 6,1 | 1 | 2,4 | 5 | 4,7 | 5 | 8,9 | 1 | 2,2 | 1 | 2,4 |
| insg. | 66 | 100,0 | 41 | 100,0 | 107 | 100,0 | 56 | 100,0 | 46 | 100,0 | 41 | 100,0 |
| 1—2 | 29 | 43,9 | 19 | 46,4 | 48 | 44,9 | 22 | 39,3 | 20 | 43,5 | 23 | 56,2 |
| 4 u. mehr | 19 | 28,8 | 11 | 26,8 | 30 | 28,0 | 15 | 26,8 | 8 | 17,4 | 7 | 17,1 |
| Pro P | 2,3 | | 2,5 | | 2,3 | | 2,7 | | 2,3 | | 2,0 | |
| pro betr. P | 2,9 | | 2,8 | | 2,8 | | 3,1 | | 2,7 | | 2,4 | |

Auch in den Rückfallsgruppen schwanken die Geschwisterzahlen, allerdings nicht sehr, Tab. 72. Am wenigsten Geschwister haben, im Durchschnitt, die Schwerrückfälligen, und zwar nicht, weil so viele Einzelkinder unter ihnen wären — Gr. I a hat mehr Einzelkinder —, sondern weil sie relativ oft nur ein oder zwei Geschwister haben und relativ selten aus Familien mit drei, vier oder mehr Kindern kommen[23]. Auch in Gr. III sind die kinderreichen Familien selten, aber es finden sich dort doch häufig immerhin drei Geschwister. — Übrigens sind die Stiefgeschwister hier mitgezählt, die es ja bei den Schwerrückfälligen häufiger gibt als z. B. in Gr. I a (Tab. 54), sodaß also der Anteil der Stiefgeschwister an den Geschwistern überhaupt in den relativ geschwisterarmen Familien der Schwerrückfälligen besonders groß ist. — Am meisten Kinder gibt es in den Familien der Leichtrückfälligen (II). Diese Gruppe liegt nach der sozialen Schicht eher in der Mitte (Tab. 46), nach der wirtschaftlichen Lage — vielleicht gerade wegen der hohen Kinderzahl — recht ungünstig (Tab. 47). Daß Gr. III

[23] Dasselbe Phänomen fand *Frey* 1950, S. 165.

mit ihren vielen proletarischen Familien nicht die größten Kinderzahlen hat, liegt wohl an den vielen unehelichen Probanden in dieser Gruppe[24].

Besonders wichtig und interessant ist die Stellung der Probanden in der Geschwisterreihe. Sie zeigt nämlich in den Rückfälligkeitsgruppen nicht unerhebliche und, wie es scheint, gesetzmäßige Differenzen, Tab. 73. Daß die I a-Probanden am häufigsten Einzelkinder waren, wurde schon erörtert.

Tab. 73: Rückfallsgruppen (m) nach Stellung in der Geschwisterreihe

| | I a | | I b | | I | | II | | III | | IV | |
|---|---|---|---|---|---|---|---|---|---|---|---|---|
| | n | % | n | % | n | % | n | % | n | % | n | % |
| ältestes Kind | 17 | 25,8 | 16 | 39,0 | 33 | 30,8 | 21 | 37,6 | 21 | 45,7 | 19 | 46,4 |
| mittleres Kind | 18 | 27,3 | 12 | 29,3 | 30 | 28,0 | 19 | 33,9 | 11 | 23,9 | 11 | 26,3 |
| jüngstes Kind | 17 | 25,8 | 6 | 14,6 | 23 | 21,5 | 8 | 14,3 | 7 | 15,2 | 5 | 12,2 |
| einziges Kind | 14 | 21,2 | 7 | 17,1 | 21 | 19,6 | 8 | 14,3 | 7 | 15,2 | 6 | 14,6 |
| insg. | 66 | 100,0 | 41 | 100,0 | 107 | 100,0 | 56 | 100,0 | 46 | 100,0 | 41 | 100,0 |
| Ält. o. Unehel. | 14 | 21,2 | 12 | 29,3 | 26 | 24,3 | 18 | 32,1 | 12 | 26,1 | 15 | 61,0 |
| Quot. ältestes K. / jüngstes K. | 1,0 | | 2,67 | | 1,43 | | 2,62 | | 3,0 | | 3,8 | |

Ferner hängt die Zahl der „mittleren“ Kinder von der Geschwisterzahl ab, sodaß die Gr. II am meisten davon hat. Von besonderer Bedeutung scheint aber die Zunahme der ältesten Kinder von Gr. I (I a) zur Gr. IV — I a hat nur 26 %, IV 46 % —und umgekehrt die Abnahme der jüngsten Kinder von 26 % in Gr. I a auf nur 12 % bei den Schwerrückfälligen.

Es gibt unter den Probanden insgesamt 111 älteste Kinder, das sind 37 %, und 52 jüngste, das sind 17,3 %. Es gibt also 2,1 mal, das ist mehr als doppelt so viele, älteste wie jüngste Kinder. Bei den Jungen ist das Verhältnis 2,2:1, bei den Mädchen 1,9:1, also etwas geringer, aber doch im Grunde kaum weniger auffällig.

---

[24] Nach der Hamburger Volkszählung von 1950 hatten von den verheirateten Frauen, die überhaupt aus dieser bestehenden Ehe Kinder hatten, 42,1 % nur ein Kind und 4,9 % mehr als 4 Kinder (noch lebend oder schon verstorben). Da darin die jungen Ehen enthalten sind, ist ein Vergleich mit den Geschwisterzahlen meiner Probanden kaum möglich, abgesehen von den Komplikationen durch Unehelichkeit, Wiederheirat der Mutter usw. — Besser ist vielleicht der Vergleich mit den Kinderzahlen, die *von Harnack* (1953, 13) in den Familien seiner 2 400 Hamburger Schulanfänger ermittelte: Bei einer Einteilung nach 5 sozialen Schichten war die durchschnittliche Kinderzahl in den drei oberen 2,2 und 2,1, in der zweituntersten 2,4, in der untersten — in der er die Familien der unqualifizierten Arbeiter zählte — 3,0. Er weist darauf hin, daß ein Teil der Familien vermutlich noch mehr Kinder bekommen würde. Der Anteil der Einzelkindfamilien war im Mittelstand — der mittleren der fünf Schichten — mit 34 % am größten, in der untersten Schicht, mit 23 %, am geringsten. Danach würden die Kinderzahlen in der Familie meiner Probanden über dem Bevölkerungsdurchschnitt liegen. Ob von Harnack Stiefgeschwister mitgerechnet hat, ist nicht zu ersehen.

Da ja die durchschnittliche Kinderzahl in einer Bevölkerung nach sozialen Schichten verschieden ist und auch sonst schwankt, kann man keinen zahlenmäßig bestimmten Anteil der ältesten, mittleren, jüngsten und einzigen Kinder erwarten. Aber es müßte ja eigentlich, so sagt man sich, immer etwa gleichviel älteste wie jüngste Kinder geben.

Mit einer Ausnahme allerdings: wenn eine Bevölkerung gerade sehr stark zunimmt, so werden die kurz oder innerhalb gewisser Jahre vor dieser Wende Geborenen eher die Ältesten sein.

Dieser Faktor könnte wohl bei meinen Probanden eine gewisse Rolle spielen, weil ihre Geburtsjahre sich auf 1931—1935 verteilen und ab 1934/35 die Geburten in der Bevölkerung zunahmen. Aber erstens reicht diese Bevölkerungszunahme nicht aus, das Verhältnis 2:1 zwischen meinen „ältesten" und „jüngsten" Kindern zu erklären, zweitens findet sich ein Überwiegen der ältesten Kinder in Gruppen schwieriger Jugendlicher auch in anderen Ländern, in denen die Bevölkerung nicht wuchs; und drittens weist die unterschiedliche Verteilung in meinen Rückfallsgruppen darauf hin, daß es sich eben nicht um ein allgemeines Bevölkerungsphänomen handelt, sondern um etwas, was mit der Kriminalität selbst zusammenhängt. In der Gr. I a, deren Probanden überhaupt nur einmal mit Straftaten auffällig geworden sind, gibt es — wie es in einer Normalbevölkerung zu erwarten ist — ebensoviele älteste wie jüngste Kinder, bei den Schwerrückfälligen dagegen fast viermal so viel. Dazwischen steigt ihr Anteil mit ziemlich regelmäßigen Schritten, und zwar liegt die Gr. I b wie mit ihrer allgemeinen Kriminalität zwischen den Gr. II und III. — Man könnte noch denken, daß dabei vielleicht doch die Altersunterschiede in den Gruppen eine Rolle spielten, aber eine Sonderrechnung hat ergeben, daß unter den älteren Probanden sogar mehr „jüngste Kinder" waren als unter den jüngeren.

Die näheren Zusammenhänge dieser Verteilung werden in Kap. 5 untersucht werden.

Tab. 74: Rückfallsgruppen (m) nach Besonderheiten der Stellung des P in der Geschwisterreihe

| | I a n = 52[3] | | I b n = 36 | | I n = 88 | | II n = 48 | | III n = 39 | | IV n = 35 | |
|---|---|---|---|---|---|---|---|---|---|---|---|---|
| | n | % | n | % | n | % | n | % | n | % | n | % |
| einz. Junge | 20 | 38,5 | 10 | 27,8 | 30 | 34,1 | 12 | 25,0 | 4 | 10,3 | 10 | 28,6 |
| nachgeboren[1] | 7 | 13,5 | 3 | 8,3 | 10 | 11,4 | 4 | 8,3 | 2 | 5,1 | 2[4] | 5,7 |
| 4 u. mehr J älter[2] | 13 | 25,0 | 11 | 30,6 | 24 | 27,3 | 9 | 18,8 | 17 | 43,6 | 14 | 40,0 |
| 6 u. mehr J älter[2] | 6 | 11,5 | 4 | 11,1 | 10 | 11,4 | 4 | 8,3 | 7 | 17,9 | 8 | 22,9 |
| 8 u. mehr J älter[2] | 2 | 3,8 | 1 | 2,8 | 3 | 3,4 | 2 | 4,2 | 4 | 10,3 | 3 | 8,6 |

[1] 5 oder mehr J jünger als nächstält. Geschwister
[2] als nächstjüngeres Geschwister
[3] d. h. Pn mit Geschwistern
[4] davon der eine mit 6 J. bei Scheidung, der andere mit 11 J. durch Tod der M von M getrennt.

In Tab. 74 wurden noch einige Besonderheiten der Stellung in der Geschwisterreihe gezählt. So die sog. Nachgeborenen, das sind jüngste Kinder, die erst längere Zeit — hier: mindestens 5 Jahre — nach dem nächstälteren Kind geboren wurden (und von denen man oft sagt, sie würden „verwöhnt"). Von ihnen gibt es mehr in den günstigeren Gruppen; die beiden einzigen Nachgeborenen der Gr. IV wurden besonders früh von ihrer Mutter getrennt. — Ferner die Probanden — älteste oder mittlere Kinder — die noch nach einem mehr oder weniger langen Zeitraum mindestens ein jüngeres Geschwister bekamen, also relativ spät aus ihrer Jüngsten-Stellung verdrängt wurden. Sie sind in den Gr. III und IV besonders häufig. — Einziger Junge war der Proband besonders oft in Gr. I a, aber sonst zeigt sich keine besondere Abstufung nach den Gruppen.

Nach Tab. 75 waren erhebliche Konflikte des Probanden mit den Geschwistern in Gr. III und IV am häufigsten, und offenbare Eifersucht nahm darunter bei den Probanden der Gr. IV einen besonders hohen Teil ein. Eine solche Tabelle hat allerdings keinen besonders großen Wert, denn sie sagt nur, in welchen Fällen von solchen erheblicheren Konflikten berichtet wurde. Wenn aber etwa eine Mutter die Konflikte unter ihren Kindern bagatellisieren oder umgekehrt dramatisieren wollte, so war für einen Außenstehenden ihr wirkliches Gewicht kaum abzuschätzen, und objektives Material lag darüber weniger vor als über das Verhältnis der Ehegatten untereinander. Da nun in den schwerer rückfälligen Gruppen das Schicksal des Probanden sich dramatischer entwickelt hatte, so waren die Angehörigen auch wohl eher geneigt, Konflikte zu erinnern, zu berichten, in starken Farben zu malen — immer abgesehen davon, daß die Kriminalität des Probanden als solche ihn in Konflikte mit den Geschwistern verwickeln konnte. Andererseits darf man aber auch nicht vergessen, daß die Probanden der Gruppen III und IV besonders oft älteste Kinder waren und besonders oft Stiefgeschwister hatten, und das sind Situationen, in denen Eifersuchtsreaktionen auch sonst häufiger auftreten. — Auch das Vorhandensein eines einzigen Geschwisters, nicht selten eines rivalisierenden Bruders, scheint bei den Schwerrückfälligen z. T. die Konflikte verschärft zu haben, während aus der Gr. II mit den meisten kinderreichen Familien die wenigsten Geschwisterkonflikte bekannt sind.

Tab. 75: Rückfallsgruppen (m) nach erheblicheren Konflikten des P mit Geschwistern oder Stiefgeschwistern

| | I a | | I b | | I | | II | | III | | IV | |
|---|---|---|---|---|---|---|---|---|---|---|---|---|
| Konflikte | n | % | n | % | n | % | n | % | n | % | n | % |
| aus Eifersucht | 4 | 7,7 | 2 | 5,6 | 6 | 6,8 | 2 | 4,2 | 5 | 12,8 | 12 | 34,3 |
| unbek. ob Eif. | 11 | 21,2 | 9 | 25,0 | 20 | 22,7 | 9 | 18,8 | 12 | 30,8 | 7 | 20,0 |
| Konfl. insg. | 15 | 28,8 | 11 | 30,6 | 26 | 29,5 | 11 | 22,9 | 17 | 43,6 | 19 | 54,3 |
| angbl. keine | 22 | 42,3 | 13 | 36,1 | 35 | 39,8 | 21 | 43,8 | 8 | 20,5 | 6 | 17,1 |
| unbekannt | 15 | 28,8 | 12 | 33,3 | 27 | 30,7 | 16 | 33,3 | 14 | 35,9 | 10 | 28,6 |
| insg.[1] | 52 | 100,0 | 36 | 100,0 | 88 | 100,0 | 48 | 100,0 | 39 | 100,0 | 35 | 100,0 |

[1] = P mit Geschwistern oder Stiefgeschwistern.

Tab. 76: Rückfallsgruppen (m) nach Auffälligkeiten der Geschwister

| | I a | | I b | | I | | II | | III | | IV | |
|---|---|---|---|---|---|---|---|---|---|---|---|---|
| Auffälligkeiten | n | % | n | % | n | % | n | % | n | % | n | % |
| 1. Straftaten | 7 | 13,5 | 13 | 36,1 | 20 | 22,7 | 14 | 29,2 | 14 | 35,9 | 10 | 28,6 |
| 2. sonst. Gefährd. | 5 | 9,6 | 5 | 13,9 | 10 | 11,4 | 6 | 12,5 | 2 | 5,1 | 4 | 11,4 |
| 3. nur char. schwier.[1] | 2 | 3,8 | — | — | 2 | 2,3 | — | — | — | — | 1 | 2,9 |
| 4. Schwachsinn[1] | 5 | 9,6 | 3 | 8,3 | 8 | 9,1 | 5 | 10,4 | — | — | 1 | 2,9 |
| 5. kränklich[1] | — | — | 2 | 5,6 | 2 | 2,3 | 3 | 6,2 | 1 | 2,6 | — | — |
| 6. gehemmt[1] | 6 | 11,5 | 4 | 11,1 | 10 | 11,4 | 6 | 12,5 | 5 | 12,8 | 3 | 8,5 |
| keine Auff. bek. | 30 | 57,7 | 11 | 30,6 | 41 | 46,6 | 15 | 31,2 | 17 | 43,6 | 18 | 51,4 |
| insg.[1] | 52 | 100,0 | 36 | 100,0 | 88 | 100,0 | 48 | 100,0 | 39 | 100,0 | 35 | 100,0 |
| 1—3 Straft., Gef., charakt. | 11 | 21,2 | 16 | 44,4 | 27 | 30,7 | 19 | 39,6 | 16 | 41,0 | 13 | 34,1 |
| 4—6 krankh., schwachs., Hemm.[1] | 11 | 21,2 | 9 | 25,0 | 20 | 22,7 | 14 | 29,2 | 6 | 15,4 | 4 | 11,4 |

[1] aus technischen Gründen nur subsidiär gezählt, wenn Straftaten oder sonstige Gefährdung nicht bekannt waren; kann also zusätzlich auch in den anderen Fällen vorgelegen haben.

Auffälligkeiten dagegen waren von den Geschwistern der I a-Probanden am wenigsten bekannt, aber am meisten nicht von denen der Gr. IV, sondern der mittleren Gruppen, Tab. 76. Auch wenn man dissoziales Verhalten der Geschwister — Straftaten und allgemeine Gefährdung — gesondert zählt, treten damit die Geschwister der Schwerrückfälligen etwas weniger hervor als die der mittleren Gruppen, wie ja auch ihre Eltern seltener kriminell und ihre Familien seltener asozial (und „proletarisch") waren (Tab. 58, 61, 63 a). Da Schwachsinn, Kränklichkeit und Gehemmtheit aus technischen Gründen nur gezählt wurden, wenn kein dissoziales Verhalten der Geschwister bekannt war, ist verständlich, daß sie in den günstigen Gruppen relativ häufig vorkamen. Trotzdem waren sie ja in den Gr. I b und II mit ihren deutlich mehr dissozialen Geschwistern doch auch sogar noch etwas häufiger als in Gr. I a, und das scheint darauf hinzuweisen, daß die Kinder dieser Gruppen durch allerlei allgemeine Schwierigkeiten behindert waren, die wohl auch ihre Straffälligkeit fördern mochten, sie aber nicht an der späteren sozialen Einordnung hinderten[25].

## *II. Der Proband als Kind*

Die Schilderungen der Probanden als Kinder — in Akten und Unterredungen — werden noch detaillierter mitgeteilt als was über die Eltern selbst erfahren wurde. Wenn die Unzuverlässigkeit der Unterlagen dem zu widerraten scheint, so legt ja andererseits gerade die detaillierte Mitteilung am besten offen, wie die Resultate gewonnen wurden.

---

[25] Ähnliche Zählungen der Belastungen der Geschwister seiner unerziehbaren FE-Zöglinge bei Stutte (1958, 38) sind wegen der etwas anderen Zählmethode nicht unmittelbar vergleichbar.

In Tab. 77 wurden Angaben über das Temperament der Probanden mit solchen über ihre „Geselligkeit" oder ihr „Einzelgängertum" gekoppelt wiedergegeben, dann aber auch die beiden Gegensatzpaare jeweils für sich.

Tab. 77: Rückfallsgruppen (m) nach Temperament des P als Kind

| | I a | | I b | | I | | II | | III | | IV | |
|---|---|---|---|---|---|---|---|---|---|---|---|---|
| P war | n | % | n | % | n | % | n | % | n | % | n | % |
| 1. sehr ruhig, Einzelgänger | 11 | 16,7 | 12 | 29,3 | 23 | 21,5 | 8 | 14,3 | 6 | 13,0 | 11 | 26,8 |
| 2. ruhig, gesellig | 20 | 30,3 | 8 | 19,5 | 28 | 26,2 | 10 | 17,9 | 3 | 6,5 | 7 | 17,1 |
| 3. ruhig | 3 | 4,5 | 5 | 12,2 | 8 | 7,5 | 4 | 7,2 | 3 | 6,5 | 4 | 9,8 |
| 4. lebh., Einzelg. | 1 | 1,5 | 1 | 2,4 | 2 | 1,9 | 1 | 1,8 | 2 | 4,4 | — | — |
| 5 lebh., gesellig | 22 | 33,3 | 7 | 17,1 | 29 | 27,1 | 21 | 37,6 | 16 | 34,8 | 7 | 17,1 |
| 6. überlebhaft | 5 | 7,6 | 4 | 9,8 | 9 | 8,4 | 5 | 8,9 | 5 | 10,9 | 7 | 17,1 |
| 7 unbekannt | 4 | 6,1 | 4 | 9,8 | 8 | 7,5 | 7 | 12,5 | 11 | 23,9 | 5 | 12,2 |
| insg. | 66 | 100,0 | 41 | 100,0 | 107 | 100,0 | 56 | 100,0 | 46 | 100,0 | 41 | 100,0 |
| 1—3 ruhig insg. | 34 | 51,5 | 25 | 61,0 | 59 | 55,1 | 22 | 39,3 | 12 | 26,1 | 22 | 53,7 |
| 4—6 lebh. insg. | 28 | 42,4 | 12 | 29,3 | 40 | 37,4 | 27 | 48,2 | 23 | 50,0 | 14 | 34,2 |
| Quot. r/l | 1,2 | | 2,1 | | 1,5 | | 0,8 | | 0,5 | | 1,6 | |
| Einzelg. | 12 | 18,2 | 13 | 31,7 | 25 | 23,4 | 9 | 16,1 | 8 | 17,4 | 11 | 26,8 |
| gesellig | 42 | 63,6 | 15 | 36,6 | 57 | 53,3 | 31 | 55,4 | 19 | 41,3 | 14 | 34,2 |
| Quot. E/g | 0,3 | | 0,9 | | 0,4 | | 0,3 | | 0,4 | | 0,8 | |

„Lebhaftigkeit" ist im ganzen, für sich genommen und auch im Vergleich zum ruhigen Temperament, am meisten von den Probanden der Gr. II und III berichtet worden, weniger von den Außengruppen I a und IV. Sie ist hier vielleicht gerade Merkmal einer gewissen sozialen Auflockerung — des Lebensstils proletarischer, evt. kinderreicher Familien, der mangelnden Beaufsichtigung der Kinder u. ä. — im übrigen aber neutral. „Überlebhaftigkeit" dagegen, die zu den Schwerrückfälligen hin in gerader Linie zunimmt und bei ihnen auffällig häufig ist, hat dagegen offenbar negative Bedeutung, sei es nun, daß sie Ausdruck innerer Unruhe und Ruhelosigkeit dieser Kinder war, sei es daß im Einzelfall auch etwa eine primär vorhandene besondere Lebhaftigkeit von den Erziehern übel vermerkt wurde und dann sekundär zu Erziehungsschwierigkeiten führte[28].

---

[28] Über diese Frage ausführlicher bei den Fallerörterungen, insbesondere S. 167. Das Problem ist unter dem Gesichtspunkt der kriminogenen „hyperthymen Psychopathie" besonders von *Stumpfl* (1935, 1936) erörtert worden, später von *Frey* (1951). Daneben gibt es eine andere Richtung, wohl ausgehend von Healy und Bronner, die die häufig beobachtete Unruhe von Kriminellen mehr mit ihren emotionalen Schwierigkeiten in Verbindung bringt. *Healy* und *Bronner* fanden (1936) bei ihrem Vergleich von 105 delinquenten Kindern und Jugendlichen mit nichtdelinquenten Geschwistern 46 der Probanden „hyperactive, overrestless", dagegen keinen der Kontrollprobanden. Sie ließen die Frage etwas offen, wieweit die gehäuften emotionalen Schwierigkeiten der Probanden dazu beigetragen hatten,

Das Gegensatzpaar „Einzelgänger" — „gesellig" verteilt sich etwas anders, jedenfalls insofern, als es in Gr. I a relativ am meisten gesellige Probanden gab, obwohl Lebhaftigkeit dort nicht so besonders häufig war. Gr. I a hat viele „ruhige, aber gesellige" Probanden, von denen die Mütter berichteten, daß sie von stillem und zurückhaltendem, aber doch freundlichem Wesen waren, stillvergnügt mit anderen Kindern spielten und durchaus ihre persönlichen Freunde hatten. — Mehr als allgemein ruhiges Temperament hat — wie auch zu erwarten — Einzelgängertum etwas mit den übrigen Schwierigkeiten zu tun, aber die Rechnung ist nicht ganz einfach, da die Nichtrückfälligen mit Vortaten (I b) sowohl besonders häufig „ruhig" wie besonders häufig „Einzelgänger" waren. — Übrigens muß noch gesagt werden, daß manche Eltern nicht imstande waren, zwischen diesen Aspekten zu unterscheiden, und daß oft schwer zu deuten war, was sie unter „ruhig" verstanden.

Über die Erregbarkeit der Probanden war relativ selten etwas einigermaßen Zuverlässiges zu erfahren, und die Ergebnisse werden auch noch besonders durch die verschiedene Häufigkeit der Unbekannt-Fälle beeinträchtigt, Tab. 78. Die Berichte über Ausgeglichenheit, Gleichmäßigkeit der Probanden, werden von Gr. I (insbes. I a) zu Gr. IV hin seltener, und dadurch nimmt auch das Verhältnis gleichmäßig: erregbar von I—IV ab. In „erregbar" sind aber so verschiedene Dinge wie „ängstliche" und „jähzornige" Erregbarkeit zusammengefaßt, und deren Verteilung ist recht verschieden und verläuft nicht geradlinig. Immerhin hat Gr. I a acht mal so viele Ängstliche wie Jähzornige, Gr. IV aber gleichviel von beiden. Offene Aggressionsausbrüche haben als Kinder nach den Berichten die später Schwerrückfälligen v e r g l e i c h s w e i s e oft gezeigt, aber immerhin

---

wieweit umgekehrt im Einzelfall die Probanden gerade durch ihr aktiveres Temperament in Schwierigkeiten kamen. *Stott* (1950) hat das Phänomen unter dem Gesichtspunkt des „avoidance-excitement", d. h. der Übertönung innerer Schwierigkeiten durch äußere Unruhe, sehr ausführlich behandelt; für ihn ist es wohl ganz eine erworbene Verhaltensweise. Vgl. ferner *Dührssen* (Psychogene Erkrankungen 1954, 279 f) über die motorische Unruhe von Kindern, für die z. T. vielleicht ein angeborener Antriebsüberschuß verantwortlich sei — man beobachte sie ja z. B. auch öfter bei Jungen — häufig aber auch Mangel an zärtlicher Zuwendung und Unruhe von Seiten der Mutter. Ferner hat *Fuchs-Kamp* (1952) in ihrer Darstellung von Fällen jugendlicher Fortläufer und Diebe u. a. die komplizierten Verhältnisse von Hemmungen und Enthemmungen auch im motorischen Bereich erörtert.

Von *Harnack* (1953) stellte „Hypermotorik" bei 11,8 % der von ihm untersuchten 2 400 Hamburger Schulanfänger fest, vermehrt bei zu kleinen und zu leichten Kindern, aber nicht an einen bestimmten konstitutionellen Typ gebunden. Häufiger als die übrigen fand er die Kinder nervöser Mütter hypermotorisch, was aber nicht unbedingt für eine ererbte Anlage spreche, da bei Kindern nervöser Mütter *alle* Störungen häufiger aufträten. Er fand unter den hypermotorischen Kindern mehr „Anführer" als unter den übrigen (22), aber auch mehr sehr ängstliche Kinder (63). Von den Kindern ohne nachweisbare Milieustörung waren 13,6 % hypermotorisch, von denen mit Milieustörungen 25,2 %; einen so deutlichen Unterschied hatte er sonst nur noch bei der Enuresis und bei Sprachfehlern gefunden (76).

*Fälle* überlebhafter Kinder z. B.: *73, 268.* Für „Hyperthymie" ferner *03, 167, 278, 147, 12, 248.*

wurden sie auch nur von rund einem Fünftel dieser Kinder berichtet, und es gibt über 50 % Unbekannt-Fälle[27].

Tab. 78: Rückfallsgruppen (m) nach Erregbarkeit des P als Kind

| | I a | | I b | | I | | II | | III | | IV | |
|---|---|---|---|---|---|---|---|---|---|---|---|---|
| P war | n | % | n | % | n | % | n | % | n | % | n | % |
| dickfellig | — | — | 1 | 2,4 | 1 | 0,9 | 2 | 3,6 | — | — | 1 | 2,4 |
| ausgeglichen | 18 | 27,3 | 3 | 7,3 | 21 | 19,6 | 10 | 17,9 | 3 | 6,5 | 2 | 4,9 |
| ängstl. erregb. | 16 | 24,2 | 12 | 29,3 | 28 | 26,2 | 14 | 25,0 | 12 | 26,1 | 8 | 19,5 |
| jähzornig | 2 | 3,0 | 9 | 22,0 | 11 | 10,3 | 8 | 14,3 | 3 | 6,5 | 8 | 19,5 |
| unbekannt | 30 | 45,5 | 16 | 39,0 | 46 | 43,0 | 22 | 39,3 | 28 | 60,9 | 22 | 53,7 |
| insg. | 66 | 100,0 | 41 | 100,0 | 107 | 100,0 | 56 | 100,0 | 46 | 100,0 | 41 | 100,0 |
| gleichm. insg. | 18 | 27,3 | 4 | 9,8 | 22 | 20,6 | 12 | 21,4 | 3 | 6,5 | 3 | 7,3 |
| erregb. insg. | 18 | 27,3 | 21 | 51,3 | 39 | 36,4 | 22 | 39,3 | 15 | 32,6 | 16 | 39,0 |
| Quot. gl./err. | 1,0 | | 0,2 | | 0,6 | | 0,5 | | 0,2 | | 0,19 | |
| Quot. ängstl./jähz. | 8,0 | | 1,3 | | 2,5 | | 1,8 | | 4,0 | | 1,0 | |

Nun Grad und Art der eigenen Willensdurchsetzung der Probanden als Kind, Tab. 79, über die in verhältnismäßig vielen Fällen etwas bekannt ist.

Tab. 79: Rückfallsgruppen (m) nach Durchsetzungsfähigkeit des P als Kind

| | I a | | I b | | I | | II | | III | | IV | |
|---|---|---|---|---|---|---|---|---|---|---|---|---|
| P war | n | % | n | % | n | % | n | % | n | % | n | % |
| dominierend | 3 | 4,5 | 1 | 2,4 | 4 | 3,7 | 1 | 1,8 | 1 | 2,2 | — | — |
| selbständig | 17 | 25,8 | 6 | 14,6 | 23 | 21,5 | 11 | 19,7 | 10 | 21,8 | 3 | 7,3 |
| zw. Trotz u. Nachgiebigkeit | 5 | 7,6 | 10 | 24,4 | 15 | 14,0 | 11 | 19,7 | 7 | 15,2 | 11 | 26,8 |
| eher nachgiebig | 30 | 45,5 | 14 | 34,2 | 44 | 41,1 | 20 | 35,8 | 11 | 23,9 | 10 | 24,4 |
| sehr nachgiebig | 8 | 12,1 | 7 | 17,1 | 15 | 14,0 | 8 | 14,3 | 10 | 21,8 | 8 | 19,5 |
| unterwürfig | — | — | 1 | 2,4 | 1 | 0,9 | — | — | 2 | 4,4 | 8 | 19,5 |
| unbekannt | 3 | 4,5 | 2 | 4,9 | 5 | 4,7 | 5 | 8,9 | 5 | 10,9 | 1 | 2,4 |
| insg. | 66 | 100,0 | 41 | 100,0 | 107 | 100,0 | 56 | 100,0 | 46 | 100,0 | 41 | 100,0 |
| sich durchs. insg. | 20 | 30,3 | 7 | 17,1 | 27 | 25,2 | 12 | 21,4 | 11 | 23,9 | 3 | 7,3 |
| nachg. insg. | 38 | 57,6 | 21 | 51,3 | 59 | 55,1 | 28 | 50,0 | 21 | 45,7 | 18 | 44,0 |
| Quot. s. d./nachg. | 0,5 | | 0,3 | | 0,5 | | 0,4 | | 0,5 | | 0,2 | |

Echte Durchsetzungsfähigkeit, in der Form von „Dominanz" oder von „Selbständigkeit" findet sich am häufigsten in der Gr. I a, seltener in den Mittelgruppen, und besonders selten bei den Schwerrückfälligen. Ausgesprochene Unfähigkeit, sich durchzusetzen, in der Form von „großer Nach-

[27] *Fälle* sehr ängstlicher Kinder z. B. *240, 12*
Sehr jähzorniges Kind: *73*

giebigkeit“ oder sogar „Unterwürfigkeit“, nimmt zu den schwerer Rückfälligen hin zu. Besonders gilt das für die Unterwürfigkeit; sie wurde von keinem der Probanden aus Gr. I a und II berichtet, aber von rund einem Fünftel der Schwerrückfälligen[28].

Das Schwanken zwischen Nachgiebigkeit und Trotz — hilflosem blinden Trotz, dem bloß negativen Aspekt der eigenen Durchsetzung, — nimmt ebenfalls im ganzen von Gr. I (I a) bis IV zu. Umgekehrt verteilt sich aber wieder das „eher nachgiebig“, das — im Gegensatz zum leblosen Sichfügen und blinden Sichauflehnen — in den Schilderungen oft den Beiklang von Gutmütigkeit, Anhänglichkeit, freundlicher Angepaßtheit hatte.

Es kommt also bei der Durchsetzung des eigenen Willens sehr auf die Nuancen an: ruhige, sinnvolle Durchsetzung (Selbständigkeit) schon als Kind, und eine nicht übertriebene — weil mehr gemütsmäßig bestimmte — Nachgiebigkeit sind günstige Vorzeichen. Vorherrschen von blindem, hilflosen Trotz oder von übertriebener — durch Unfähigkeit, Angst, und evt. auch Berechnung bestimmter — Nachgiebigkeit sind ungünstige Vorzeichen.

Über die Gewissenhaftigkeit der Probanden als Kind waren die Berichte relativ spärlich, besonders in den schwerer rückfälligen Gruppen, Tab. 80, wo sie allerdings wegen der besonderen Gefahr der Verzerrung auch nur sehr zurückhaltend verwertet wurden. Denn gerade dieser Faktor kann ja in der Erinnerung durch die Kenntnis der späteren Entwicklung des Probanden leicht gefärbt werden. So wird man von den relativ ausgeprägten Differenzen etwas abziehen müssen.

Tab. 80: Rückfallsgruppen (m) nach Gewissenhaftigkeit des P als Kind

| | I a | | I b | | I | | II | | III | | IV | |
|---|---|---|---|---|---|---|---|---|---|---|---|---|
| P war | n | % | n | % | n | % | n | % | n | % | n | % |
| übergewissenhaft | 4 | 6,1 | 1 | 2,4 | 5 | 4,7 | — | — | — | — | — | — |
| gewissenhaft | 20 | 30,3 | 12 | 29,3 | 32 | 29,9 | 9 | 16,1 | 5 | 10,9 | 3 | 7,3 |
| teils-teils | 1 | 1,5 | — | — | 1 | 0,9 | 2 | 3,6 | — | — | — | — |
| leichtherzig | 8 | 12,1 | 5 | 12,2 | 13 | 12,1 | 10 | 17,9 | 9 | 19,6 | 10 | 24,4 |
| unbekannt | 33 | 50,0 | 23 | 56,2 | 56 | 52,3 | 35 | 62,5 | 32 | 69,5 | 28 | 68,3 |
| insg. | 66 | 100,0 | 41 | 100,0 | 107 | 100,0 | 56 | 100,0 | 46 | 100,0 | 41 | 100,0 |
| gew.haft insg. | 24 | 36,4 | 13 | 31,7 | 37 | 34,6 | 9 | 16,1 | 5 | 10,9 | 3 | 7,3 |
| leichtherzig | 8 | 12,1 | 5 | 12,2 | 13 | 12,1 | 10 | 17,9 | 9 | 19,6 | 10 | 24,4 |
| Quot. g/l | 3,0 | | 2,6 | | 2,8 | | 0,9 | | 0,6 | | 0,3 | |

[28] Vgl. dazu *Ogden*, Brit J Delinq V — 1954/55 — S. 99—111, der 250 Borstal-Zöglinge nach ihrer Persönlichkeit klassifizierte und fand, daß sich in 4 Jahren nach der Entlassung gerade die Unterwürfigen (submissive) besonders schlecht bewährten, an zweiter Stelle nach den „hysterical swindlers“. Und zwar verschlechterten sie sich gerade mit der Dauer der Zeit, während die in der Anstalt als „aggressiv“ Klassifizierten sich auf die Dauer gerade gut entwickelten. — Über das Problem der Unterwürfigkeit s. im Einzelnen noch die Fallerörterungen (Teil II), besonders die zu Fall-Nr. 167 und die daran anschließenden Fälle. — Kurze Schilderung des Verhaltens „selbständiger“ Kinder Teil II nach Fall Nr. 229.

Als über gewissenhaft, d. h. überängstlich, ihre Pflichten zu erfüllen, sind überhaupt nur einige nicht rückfällige Probanden gezählt worden, die meisten ohne Vortaten. In den anderen Gruppen treten aber auch die einfach „gewissenhaften" Probanden weit weniger hervor. Stattdessen wurden die rückfälligen — und besonders die schwerrückfälligen — Probanden öfter als leichtherzig, gleichgültig, oberflächlich, oder auch als direkt unbeeindruckbar geschildert[28a].

Tab. 81: Rückfallsgruppen (m) nach Gefühlswärme des P in der Kindheit

| P war | I a n | I a % | I b n | I b % | I n | I % | II n | II % | III n | III % | IV n | IV % |
|---|---|---|---|---|---|---|---|---|---|---|---|---|
| bes. warmh. | 13 | 19,7 | 6 | 14,6 | 19 | 17,7 | 7 | 12,5 | 4 | 8,7 | 3 | 7,3 |
| warmherzig | 26 | 39,4 | 13 | 31,7 | 39 | 36,4 | 22 | 39,3 | 12 | 26,1 | 10 | 24,4 |
| ambivalent | 11 | 16,7 | 15 | 36,6 | 26 | 24,3 | 13 | 23,2 | 15 | 32,6 | 11 | 26,8 |
| kühl, kalt | 2 | 3,0 | 1 | 2,4 | 3 | 2,8 | 5 | 8,9 | 1 | 2,2 | 4 | 9,8 |
| unbekannt | 14 | 21,2 | 6 | 14,6 | 20 | 18,7 | 9 | 16,1 | 14 | 30,4 | 13 | 31,7 |
| insg. | 66 | 100,0 | 41 | 100,0 | 107 | 100,0 | 56 | 100,0 | 46 | 100,0 | 41 | 100,0 |
| Quot. warmh. / kühl, kalt | 19,5 | | 19,0 | | 19,3 | | 5,8 | | 16,0 | | 3,3 | |
| Quot. warmh. / amb.+kalt | 3,0 | | 1,2 | | 2,0 | | 1,6 | | 1,0 | | 0,9 | |

Auch über den Grad der Gefühlswärme der Probanden — Tab. 81 — fehlten für die Probanden der Gr. III und IV besonders häufig zuverlässige Anhaltspunkte. Wo in dieser Hinsicht etwas über sie kodifiziert werden konnte, war es seltener als bei den anderen Warmherzigkeit, und dadurch wird auch das Verhältnis von „Wärme" zu „Kälte" und „Ambivalenz" von Gr. I (I a) bis Gr. IV zunehmend ungünstig, obwohl Kälte und Ambivalenz sich selbst nicht so eindeutig verteilen.

Tab. 82: Rückfallsgruppen (m) nach Heimweh des P als Kind

| P hatte | I a n | I a % | I b n | I b % | I n | I % | II n | II % | III n | III % | IV n | IV % |
|---|---|---|---|---|---|---|---|---|---|---|---|---|
| Heimweh | 29 | 43,9 | 16 | 39,0 | 45 | 42,1 | 16 | 28,6 | 18 | 39,2 | 11 | 26,8 |
| keins, trotz Gel. | 20 | 30,3 | 8 | 19,5 | 28 | 26,2 | 16 | 28,6 | 12 | 26,1 | 10 | 24,4 |
| keine Gel.heit | 9 | 13,6 | 4 | 9,8 | 13 | 12,1 | 10 | 17,9 | 3 | 6,5 | 3 | 7,3 |
| unbekannt | 8 | 12,1 | 13 | 31,7 | 21 | 19,6 | 14 | 25,0 | 13 | 28,3 | 17 | 41,5 |
| insg. | 66 | 100,0 | 41 | 100,0 | 107 | 100,0 | 56 | 100,0 | 46 | 100,0 | 41 | 100,0 |
| Quot. Heimweh / keins tr. Gelegenh. | 1,5 | | 2,0 | | 1,6 | | 1,0 | | 1,5 | | 1,1 | |

[28a] *Fälle* gewissenhafter Kinder: *210, 10, 110, 171, 27, 57.*

Es wurde versucht, diesem Punkt auch durch die Frage nach dem Heimweh näherzukommen, die aber von den Müttern nicht immer beantwortet werden konnte. Wo etwas darüber bekannt war, hatten die Probanden der Gr. I b, III und I a besonders oft Heimweh gehabt, Tab. 82[29].

Kindern für ihre „Tüchtigkeit" ein Generalzeugnis zu geben — Tab. 83 — ist ein etwas merkwürdiges Unterfangen, weil sich die Tüchtigkeit ja auf sehr verschiedenen Gebieten äußern kann. Die Trennungslinie wurde hier so gezogen, daß Kinder mit einem mäßigen oder erheblichen Versagen auf mehreren Gebieten und ohne ausgleichende Leistungen auf einem anderen als „untüchtig", die generell oder doch auf mehreren Gebieten oder einem herausgehobenen Gebiet Leistungsfähigen als „tüchtig" gezählt wurden, wenn dem nicht wieder ein ausgesprochenes Versagen in anderer Hinsicht gegenüberstand. Bei vielen Probanden war die Einordnung zu unsicher; sie werden aber mit einer gewissen Wahrscheinlichkeit in der Kindheit weder nach der einen noch nach der anderen Seite hin besonders aufgefallen sein. Über andere Probanden wurden in dieser Hinsicht aber recht ausgesprochene Angaben gemacht. So gibt es aufgeweckte Kinder, die gut lernen und auch gut spielen können; sie waren in Gr. I a besonders häufig, und in den sozial am meisten beeinträchtigten Mittelgruppen am seltensten. Es gibt andere, denen nichts recht gelingt, wobei sowohl Begabungsmängel wie Hemmungen und Ängste eine Rolle spielen können. Diese Kinder waren in Gr. I a am seltensten, in Gr. IV am häufigsten, und dazwischen halten sich die Mittelgruppen auf etwa gleicher Höhe. — Körperliche Beeinträchtigung spielte bei den Nichtrückfälligen eher eine größere Rolle als bei den übrigen, und die geringste bei den Schwerrückfälligen[30].

---

[29] Für Heimweh vgl. die Fälle *93, 148, 198, 299.*

[30] Ebenso für physische Defekte im ganzen die *Gluecks* (Unraveling 1950, 180), die solche Defekte häufiger bei ihren Kontrollprobanden fanden, z. T. in Widerspruch zu den Ergebnissen von *Healy* und *Bronner* (1936, 74). Healy und Bronner berichteten insbesondere auch über eine Häufung von Krankheiten und körperlichen Störungen (Untergewicht usw.) aus der früheren Kindheit ihrer Delinquenten; auch in dieser Hinsicht ergab sich bei den Gluecks keine stärkere Belastung der Probanden als der Kontrollprobanden, außer häufigerem Bettnässen und häufigerer „extreme restlessness". Ich glaube nicht, daß mein Material in dieser Hinsicht als zuverlässig gelten kann. Vielleicht könnte man aber doch annehmen, daß ein zunächst kränkliches und behindertes Kind, das sich in der Vorpubertät oder Pubertät auf einmal als kräftiger Junge fühlt, unter gegebenen Umständen eher zu äußerer Verwahrlosung, groben Jungenstreichen u. ä., neigt, sei es nun, daß es Versäumtes nachholen, seine Jungenhaftigkeit bestätigen will, sei es, daß sich tiefere Hemmungen oder Verwöhnungen auswirken, die es in der Krankheitszeit erworben hat. — Als Beispiel etwa *39.* Bei *Fergusons* jugendlichen Arbeitern hatten die zu kleinen und zu leichten einen besonders großen Anteil von Delinquenten (1952, 25). *Alle* seine Probanden waren aber aus einfachen Verhältnissen.

*Fälle* körperlich beeinträchtigter Probanden: *210, 7, 211, 229, 299.* Schwere Krankheit als Kind: *7, 110, 39, 251, 299.* Körperliche Zartheit: *210, 190, 49, 119, 227, 147, 119, 12, 240, 229.*

Tab. 83: Rückfallsgruppen (m) nach Tüchtigkeit und Gesundheit des P als Kind

| P war | I a n | I a % | I b n | I b % | I n | I % | II n | II % | III n | III % | IV n | IV % |
|---|---|---|---|---|---|---|---|---|---|---|---|---|
| tüchtig | 15 | 22,7 | 5 | 12,2 | 20 | 18,7 | 5 | 8,9 | 2 | 4,4 | 5 | 12,2 |
| tüchtig, aber körp. beeintr. | 7 | 10,6 | 5 | 12,2 | 12 | 11,2 | 1 | 1,8 | 4 | 8,7 | 1 | 2,4 |
| untüchtig | 9 | 13,6 | 12 | 29,3 | 21 | 19,6 | 14 | 25,0 | 13 | 28,3 | 14 | 34,2 |
| unt+beeintr. | — | — | 1 | 2,4 | 1 | 0,9 | 3 | 5,4 | — | — | 1 | 2,4 |
| unbekannt | 35 | 53,0 | 18 | 44,0 | 53 | 49,5 | 33 | 59,0 | 27 | 58,7 | 20 | 48,9 |
| insg. | 66 | 100,0 | 41 | 100,0 | 107 | 100,0 | 56 | 100,0 | 46 | 100,0 | 41 | 100,0 |
| tücht. insg. | 22 | 33,3 | 10 | 24,4 | 32 | 29,9 | 6 | 10,7 | 6 | 13,0 | 6 | 14,6 |
| unt. insg. | 9 | 13,6 | 13 | 31,7 | 22 | 20,6 | 17 | 30,4 | 13 | 28,3 | 15 | 36,6 |
| beeintr. | 7 | 10,6 | 6 | 14,6 | 13 | 12,1 | 4 | 7,2 | 4 | 8,7 | 2 | 4,9 |
| Quot. t/unt. | 2,4 | | 0,8 | | 1,5 | | 0,4 | | 0,5 | | 0,4 | |
| Quot. t/unt+beeintr | 1,9 | | 0,8 | | 1,5 | | 1,3 | | 0,5 | | 3,0 | |

Die Frage des Gesundheitszustandes der Probanden bis 1949 wurde gesondert untersucht, Tab. 84.

Tab. 84: Rückfallsgruppen (m) nach Gesundheitszustand des P als Kind und später bis 1949

| P war | I a n | I a % | I b n | I b % | I n | I % | II n | II % | III n | III % | IV n | IV % |
|---|---|---|---|---|---|---|---|---|---|---|---|---|
| immer schwächl.[1] | 9 | 13,6 | 4 | 9,8 | 13 | 12,1 | 10 | 17,9 | 11 | 23,9 | 5 | 12,2 |
| nur fr. schwächl. | 13 | 19,7 | 12 | 29,3 | 25 | 23,4 | 9 | 16,1 | 13 | 28,3 | 13 | 31,7 |
| nur sp. schwächl.[1] | 3 | 4,5 | 1 | 2,4 | 4 | 3,7 | 4 | 7,1 | 3 | 6,5 | 1 | 2,4 |
| ges., einz. Schw.[2] | 4 | 6,1 | 1 | 2,4 | 5 | 4,7 | 6 | 10,7 | 1 | 2,2 | — | — |
| immer gesund[3] | 35 | 53,0 | 17 | 41,5 | 52 | 48,6 | 25 | 44,7 | 17 | 37,0 | 18 | 44,0 |
| unbekannt | 2 | 3,0 | 6 | 14,6 | 8 | 7,5 | 2 | 3,6 | 1 | 2,2 | 4 | 9,8 |
| insg. | 66 | 100,0 | 41 | 100,0 | 107 | 100,0 | 56 | 100,0 | 46 | 100,0 | 41 | 100,0 |

[1] oder einzelne schwere Dauerschädigungen, wie Beinverlust.
[2] wie Neigung zu Magenverstimmungen, Ohrenerkrankungen u. ä.
[3] von vorübergehenden kurzen Krankheiten abgesehen

Der Anteil der Probanden, die immer schwächlich waren oder schon früh dauernde Schädigungen erlitten haben, ist am größten in den Gr. II und III, ebenso der der nur später Schwächlichen oder Geschädigten. Eine im ganzen von I a zu IV aufsteigende Linie — am wenigsten hat davon aber die Gr. II — zeigt der Anteil an Probanden, die in der Kindheit schwächlich und kränklich waren, diesen Zustand aber bis 1949 überwunden hatten. Vielleicht haben diese Probanden, die — oft wohl auch durch Vernachlässigung — als Kinder in ihrer Entfaltung und Durchsetzung gehemmt waren, das Versäumte später durch besondere Aggressivität wettmachen wollen.

Tab. 85: Rückfallsgruppen (m) nach einzelnen körperlichen Besonderheiten der Probanden als Kinder

| | I a | | I b | | I | | II | | III | | IV | |
|---|---|---|---|---|---|---|---|---|---|---|---|---|
| | n | % | n | % | n | % | n | % | n | % | n | % |
| körperl. Mißbild. | 5 | 7,6 | 2 | 4,9 | 7 | 6,5 | 1 | 1,8 | 1 | 2,2 | — | — |
| Ausschlag | 2 | 3,0 | 5 | 12,2 | 7 | 6,5 | — | — | 3 | 6,5 | 1 | 2,4 |
| Asthma | 2 | 3,0 | 1 | 2,4 | 3 | 2,8 | — | — | — | — | 2 | 4,9 |
| empf. Magen[1] | 5 | 7,6 | 3 | 7,3 | 8 | 7,5 | 7 | 12,5 | 3 | 6,5 | 3 | 7,3 |
| Stottern | 2 | 3,0 | 3 | 7,3 | 5 | 4,7 | — | — | 4 | 8,7 | 2 | 4,9 |
| Hodenoperat. | 2 | 3,0 | — | — | 2 | 1,9 | 1 | 1,8 | — | — | 3 | 7,3 |
| 1949 „unterentw." | 9 | 13,6 | 2 | 4,9 | 11 | 10,3 | 7 | 12,5 | 5 | 10,9 | 3 | 7,3 |
| 1949 „kräftig" | 10 | 15,2 | 2 | 4,9 | 12 | 11,2 | 2 | 3,6 | 11 | 23,9 | 9 | 22,0 |
| insg. | 66 | 100,0 | 41 | 100,0 | 107 | 100,0 | 56 | 100,0 | 46 | 100,0 | 41 | 100,0 |

[1] z. T. erst aus späterer Zeit bekannt

In Tab. 85 sind noch einige körperliche oder gesundheitliche Besonderheiten der Probanden aufgeführt, wie sie aus den Akten entnommen werden konnten oder von den Angehörigen auf die Frage nach der Gesundheit der Probanden mitgeteilt wurden. Nach diesen Angaben jedenfalls scheinen die Nichtrückfälligen im ganzen mit diesen Besonderheiten nicht hinter den Rückfälligen zurückgestanden zu haben. Körperliche Mißbildungen wurden sogar von den Jungen der Gr. I a am meisten berichtet. Am wenigsten scheinen an diesen — z. T. wohl psychogen bedingten oder mitbedingten — Störungen die Probanden der Gr. II beteiligt; ihre Magenstörungen hatten sich teilweise erst später eingestellt[31].

Die Angaben über den Stand der körperlichen Entwicklung der Jungen im Jahre 1949 stammen aus den Urteilen oder den Berichten der Jugendgerichtshilfe, die fast immer irgendeine Äußerung darüber enthielten. Hier sind nur die als ausgesprochen „kräftig" oder als ausgesprochen „unterentwickelt" Geschilderten gezählt. Wieweit der in diesen Schilderungen benutzte Maßstab einheitlich war, ist schwer zu sagen. So läßt sich nur feststellen, daß bei den Nichtrückfälligen sich „Kräftige" und „Unterentwickelte" die Waage halten, in Gr. II die Unterentwickelten, in Gr. III und IV die Kräftigen überwiegen. Eine Parallele mit dem Alter z. Z. der 1949 abgeurteilten Tat findet sich höchstens bei Gr. II, deren Probanden im Durchschnitt jünger waren als die übrigen.

Ein Sonderkapitel ist das Bettnässen. Nach diesem Punkt wurden die Angehörigen gefragt; gelegentlich wurde die Frage aber auch vergessen, oder sie konnte nicht geklärt werden, weil der Proband die Familie gewechselt hatte u. ä. Über Bettnässen noch in späterer Zeit war aber durchweg schon in den Akten berichtet, sodaß Fälle dieser Art vermutlich nicht viele unbekannt geblieben sein werden.

[31] Für Ekzeme *Fälle227, 299*, Asthma *148, 227, 147*, Stottern *293, 201*, Hirntrauma *39, 198* — über Aussehen der Probanden *93, 148, 187, 278, 240, 299.*

Tab. 86: Rückfallsgruppen (m) nach Bettnässen des P

| | I a | | I b | | I | | II | | III | | IV | |
|---|---|---|---|---|---|---|---|---|---|---|---|---|
| Bettnässen | n | % | n | % | n | % | n | % | n | % | n | % |
| ja aber nicht ü. 6 J[1] | 6 | 9,1 | 6 | 14,6 | 12 | 11,2 | 2 | 3,6 | 5 | 10,9 | 3 | 7,3 |
| ü. 6 b. höchst. Pub. | 4 | 6,1 | 1 | 2,4 | 5 | 4,7 | 2 | 3,6 | 4 | 8,7 | 3 | 7,3 |
| ü. Pubert. hin. | 3 | 4,5 | — | — | 3 | 2,8 | 2 | 3,6 | 3 | 6,5 | 5 | 12,2 |
| Einkoten | — | — | — | — | — | — | 1 | 1,8 | — | — | 2 | 4,9 |
| unbekannt | 9 | 13,6 | 8 | 19,5 | 17 | 15,9 | 15 | 26,8 | 11 | 23,9 | 2 | 4,9 |
| kein Bettn. | 44 | 66,7 | 26 | 63,4 | 70 | 65,4 | 34 | 60,7 | 23 | 50,0 | 26 | 63,4 |
| insg. | 66 | 100,0 | 41 | 100,0 | 107 | 100,0 | 56 | 100,0 | 46 | 100,0 | 41 | 100,0 |
| Quot. keins / Bettn. | | 3,4 | | 3,7 | | 3,5 | | 5,7 | | 1,9 | | 2,4 |
| Quot keins / Bettn. über 6 J | | 6,3 | | 26,0 | | 8,8 | | 8,5 | | 3,3 | | 3,3 |

[1] ab über 3 Jahre.

Tab. 86 zeigt in den einzelnen Kategorien ziemlich unregelmäßige Schwankungen, z. T. wohl eben durch die verschiedene Häufigkeit der Unbekannt-Fälle. Das an sich seltene Bettnässen noch über die Pubertät hinaus — das durchweg erfaßt sein wird — nimmt von Gr. I—Gr. IV zu, aber die Gr. I a fällt dabei aus dem Rahmen. Immerhin fällt auf, daß die Schwerrückfälligen zu 12 % noch als Jünglinge und z. T. als junge Männer eingenäßt haben[30a].

In Tab. 87 noch einige Verhaltensbesonderheiten. Eine Reihe der Probanden wurde von den Angehörigen als besonders „weiche" Kinder beschrieben. War die Schilderung liebevoll — wie öfter in den günstigeren Gruppen —, so lag dabei der Ton mehr auf: zart, empfindsam, ängstlich, „ein Häschen", „weinte gleich", „ja, er ist das weichste von meinen Kindern"; war die Schilderung weniger liebevoll, so lag der Akzent mehr auf: weichlich, feige, eine Memme, heult sofort usw., wobei aber die inhaltlichen Schilderungen im ganzen etwa auf den gleichen Sachverhalt gingen.

[30a] Über das Bettnässen und seine sehr verschiedenartige Genese s. *Kemper* (1949). *Healy* und *Bronner* (1936, 74) und die *Gluecks* (Unraveling 1950, 171) fanden unter ihren Delinquenten bedeutend mehr Enuretiker als unter ihren Kontrollprobanden. Vgl. ferner *von Harnack* (1953), der unter den Schulanfängern 6,2 % noch nach dem 3. Lebensjahr einnässende Kinder ermittelte. Schwere Enuresis (bei insgesamt 1,7 %) fand sich erhöht, wenn die Mutter nicht der Haupterzieher war, besonders aber auch (mit 4,5 %) bei den ohne Vater Aufwachsenden (a. a. O. 45 ff). Vgl. ferner *Michaels* und *Steinberg* (1952), die unter den von *Sheldon* untersuchten 200 jungen Delinquenten zwar nicht die Enuresis insgesamt gegenüber der Normalbevölkerung erhöht fanden, wohl aber die persistente. Übrigens fanden sie die Enuretiker im Gebaren betont maskulin, nach den somatischen Messungen aber eher feminin.

*Fälle: 148, 128, 123. Einkoten: 248, 04.*

Die Gruppen zeigen keine einsinnigen Unterschiede. Gr. II — die auch wenige Bettnässer, Asthmatiker, Stotterer, Kinder mit Ekzemen und Heimwehkinder hatte — hat auch besonders wenige von diesen sehr weichen Kindern. Bei den Schwerrückfälligen waren sie immerhin am häufigsten.

Tab. 87: Rückfallsgruppen (m) nach einzelnen Verhaltensbesonderheiten der P als Kinder

| | I a | | I b | | I | | II | | III | | IV | |
|---|---|---|---|---|---|---|---|---|---|---|---|---|
| P war | n | % | n | % | n | % | n | % | n | % | n | % |
| bes. „weich" | 8 | 12,1 | 6 | 14,6 | 14 | 13,1 | 1 | 1,8 | 4 | 8,7 | 8 | 19,5 |
| „mädchenhaft" | — | — | 1 | 2,4 | 1 | 0,9 | 2 | 3,6 | 3 | 6,5 | 7 | 17,1 |
| Spaßmacher | 2 | 3,0 | 3 | 7,3 | 5 | 4,7 | 1 | 1,8 | 5 | 10,9 | 2 | 4,9 |
| hing an M's Schürzenzipfel | 4 | 6,1 | 6 | 14,6 | 10 | 9,3 | 2 | 3,6 | — | — | 1[1] | 2,4[1] |
| insg. | 66 | 100,0 | 41 | 100,0 | 107 | 100,0 | 56 | 100,0 | 46 | 100,0 | 41 | 100,0 |

[1] dieser Proband wurde mit 6 J. nach der Scheidung der Eltern von der M getrennt.

Als „mädchenhaft" wurden die Probanden in Tab. 87 nur aufgeführt, wenn sie nach ausdrücklicher Angabe der Eltern als Kind „wie ein kleines Mädchen" gewesen waren. Diese Angabe wurde besonders häufig über die später schwer Rückfälligen gemacht, und ihre Häufigkeit nimmt überhaupt von Gr. I—IV zu. Dies Phänomen hatte wohl z. T. mit anderen Schwierigkeiten der Probanden — z. B. ihrem schlechten Verhältnis zur Mutter, der ersatzweisen besonderen Bindung an den Vater — zu tun und war insofern für sie von besonderer Bedeutung[32].

Kinder, die so ausgesprochen mutteranhänglich und mutterängstlich waren, daß sie „ständig am Schürzenzipfel der Mutter hingen", gab es nach den Berichten am meisten bei den Nichtrückfälligen. In den Gr. III und IV hat insgesamt nur ein Proband als Kind diesen Zug gezeigt, der aber dann mit 6 J. nach Scheidung der Eltern von der Mutter fortkam[33]. Da nach Erscheinungen dieser Art ausdrücklich gefragt, die Frage auch gut verstanden wurde und die Eltern offenbar keine besonderen Wertvorstellungen damit verbanden — die ja sonst die Berichte oft verfälschen —, ist dieser Punkt wohl nicht ohne Bedeutung.

Häusliche Erziehungsschwierigkeiten — Tab. 88 — hat es nach den Akten und nach den Berichten der Eltern weit seltener mit den Pro-

[32] Nach der Darstellung von *Aschenheim* (1958, 47) hat der Anführer der Münchner Pantherbande — bei ihr unter dem Namen „Wolfgang Herr" erscheinend — als Kind in der Familie die Mädchenrolle versehen, vermutlich in Zusammenhang mit einer besonderen Vaterbindung (33, 49, 57).

*Fälle* ausgesprochen „mädchenhafter" Jungen: *49, 167, 278, 251, 218;* evtl. auch *147*. Besondere „Weichheit": *10, 39, 190, 250, 49, 27, 198;* „weichlich feige" (z. T. nur später): *167, 179, 278, 286, 227, 147, 12, 240, 200, 251, 218, 128.*

[33] *Fall 198.*

Tab. 88: Rückfallsgruppen (m) nach Beginn häuslicher Erziehungsschwierigkeiten des P

| Beginn | I a n | I a % | I b n | I b % | I n | I % | II n | II % | III n | III % | IV n | IV % |
|---|---|---|---|---|---|---|---|---|---|---|---|---|
| vor 7. Lj.[1] | — | — | 1 | 2,4 | 1 | 0,9 | — | — | 4 | 8,7 | 3 | 7,3 |
| 7.—13. Lj. | 2 | 3,0 | 8 | 19,5 | 10 | 9,3 | 6 | 10,7 | 3 | 6,5 | 7 | 17,1 |
| nach 13. Lj. | 8 | 12,1 | 7 | 17,1 | 15 | 14,0 | 16 | 28,6 | 17 | 37,0 | 18 | 19,5 |
| Zeit unbek. | — | — | 1 | 2,4 | 1 | 0,9 | 2 | 3,6 | — | — | 3 | 7,3 |
| keine Erz. | 56 | 84,8 | 24 | 58,6 | 80 | 74,7 | 32 | 57,2 | 21 | 45,7 | 10 | 24,4 |
| insg. | 66 | 100,0 | 41 | 100,0 | 107 | 100,0 | 56 | 100,0 | 46 | 100,0 | 41 | 100,0 |
| Erziehungsschwierigkeiten | | | | | | | | | | | | |
| erheblich | 5 | 7,6 | 11 | 26,8 | 16 | 14,9 | 18 | 32,2 | 16 | 34,8 | 27 | 65,9 |
| nicht erheblich | 5 | 7,6 | 5 | 12,2 | 10 | 9,3 | 4 | 7,2 | 8 | 17,4 | 1 | 2,4 |

[1] vollendetem

banden der günstigen als der ungünstigen Gruppen gegeben, und wenn, dann im ganzen erst später und weniger erheblich. Die Differenzen mögen, allerdings dadurch übertrieben sein, daß Erziehungsschwierigkeiten der Kinderjahre, die bei den nicht- oder wenig rückfälligen Probanden längst vergessen waren, in den anderen Fällen besser erinnert wurden, weil sie dort ja nachträglich als erste böse Anzeichen besondere Bedeutung gewonnen hatten. Außerdem waren die Familien der mehr rückfälligen Probanden häufiger schon früh von den Jugendämtern betreut worden, die dann in Aktennotizen Erziehungsschwierigkeiten der Probanden festhielten, die z. T. wohl sonst vergessen worden wären.

Eine besonders wichtige und häufige Erziehungsschwierigkeit ist das „Herumtreiben". Wie es in dieser Hinsicht mit den Probanden bestellt war, wurde jedenfalls in dem 1949 anhängigen Strafverfahren von der Jugendgerichtshilfe nachgeprüft, und darum dürfen die Zahlen der Tab. 89 wohl

Tab. 89: Rückfallsgruppen (m) nach Herumtreiben und nach Entlaufen von zuhause und aus Heimen vor Verurteilung 1949

| | I a n = 66 | | I b n = 41 | | I n = 107 | | II n = 56 | | III n = 46 | | IV n = 41 | |
|---|---|---|---|---|---|---|---|---|---|---|---|---|
| | n | % | n | % | n | % | n | % | n | % | n | % |
| nur Herumtr. | 8 | 12,1 | 11 | 26,8 | 19 | 17,8 | 7 | 12,5 | 13 | 28,3 | 18 | 44,0 |
| Entl. v. zuhause | 3 | 4,5 | 6 | 14,6 | 9 | 8,4 | 7 | 12,5 | 7 | 15,2 | 11 | 26,8 |
| insgesamt | 11 | 16,7 | 17 | 41,5 | 28 | 26,2 | 14 | 25,0 | 13 | 43,5 | 29 | 70,8 |
| beides nicht | 51 | 77,3 | 22 | 53,7 | 73 | 68,2 | 40 | 71,5 | 23 | 50,0 | 10 | 24,4 |
| Entl. aus Heim | 1 | 1,5 | 5 | 12,2 | 6 | 5,6 | 2 | 3,6 | 4 | 8,7 | 13 | 31,7 |
| Heim oh. Entl. | 3 | 4,5 | 5 | 12,2 | 8 | 7,5 | 11 | 19,7 | 7 | 15,2 | 10 | 24,4 |
| Quot. $\frac{\text{Entl. aus H.}}{\text{H. oh. Entl.}}$ | 0,3 | | 1,0 | | 0,8 | | 0,2 | | 0,6 | | 1,3 | |

einigermaßen ernst genommen werden. Die Reihenfolge der Häufigkeiten ist im ganzen die gleiche wie die der Rückfälligkeitsgruppen; I b kommt kurz vor III. In Gr. IV waren die Herumtreiber mehr als viermal so häufig als in Gr. I a.

Unter „Entlaufen von zuhause" — ebenfalls Tab. 89 — sind hier die Fälle verstanden, in denen die Probanden sich nicht nur herumgetrieben hatten, sondern auch über Nacht — mindestens eine Nacht, oft erheblich länger — von zuhause fortgeblieben waren. Die Häufigkeit folgt auch hier der Reihenfolge der Gruppen, mit noch größeren Differenzen. In Gr. IV waren — schon vor der Verurteilung 1949 — fast sechsmal mehr Probanden von zu Hause entlaufen als in Gr. I a[34].

Das „Entlaufen aus dem Heim" muß mit den Fällen verglichen werden, in denen die Jungen im Heim waren, ohne zu entlaufen. Bei diesem Vergleich werden die Schwerrückfälligen besonders belastet, von ihren Heimzöglingen war mehr als die Hälfte mindestens einmal entlaufen. Die Zahlen sind aber sehr klein[35].

Tab. 90: Rückfallsgruppen (m) nach Beurteilung des P in Anstalten vor Verurteilung 1949

| | I a | | I b | | I | | II | | III | | IV | |
|---|---|---|---|---|---|---|---|---|---|---|---|---|
| Beurteilung | n | % | n | % | n | % | n | % | n | % | n | % |
| immer gut | — | — | 4 | 9,8 | 4 | 3,7 | 11 | 19,7 | 6 | 13,0 | 1 | 2,4 |
| Verbess. | — | — | 1 | 2,4 | 1 | 0,9 | 1 | 1,8 | — | — | 2 | 4,9 |
| Verschlecht. | — | — | 1 | 2,4 | 1 | 0,9 | 1 | 1,8 | — | — | 1 | 2,4 |
| immer schl. | 1 | 1,5 | 10 | 24,4 | 11 | 10,3 | 1 | 1,8 | 6 | 13,0 | 8 | 19,5 |
| unregelm. wechs. | 1 | 1,5 | 2 | 4,9 | 3 | 2,8 | 2 | 3,6 | 5 | 10,9 | 7 | 17,1 |
| Beurt. fehlt | 1 | 1,5 | — | — | 1 | 0,9 | 1 | 1,8 | 2 | 4,4 | 3 | 7,3 |
| n. in Anst. gew. | 63 | 95,5 | 23 | 56,2 | 86 | 80,3 | 39 | 69,7 | 27 | 58,7 | 19 | 46,4 |
| insg. | 66 | 100,0 | 41 | 100,0 | 107 | 100,0 | 56 | 100,0 | 46 | 100,0 | 41 | 100,0 |
| Quot. $\frac{\text{gut + verb.}}{\text{schl, verschl. wechselnd}}$ | $\frac{0}{2}$ | | $\frac{5}{13} = 0.4$ | | $\frac{5}{15} = 0.3$ | | $\frac{12}{4} = 3.0$ | | $\frac{6}{11} = 0.5$ | | $\frac{3}{16} = 0.2$ | |

Noch nicht 5 % der I a-Probanden, aber über 50 % der Schwerrückfälligen waren vor der Aburteilung 1949 schon in einer Anstalt gewesen; die übrigen Gruppen liegen mit wachsendem Anteil dazwischen. Ihre guten und

[34] Über das Fortlaufen von zuhause s. insbes. *Fuchs-Kamp* (1952), *Dührssen* (Psychogene Erkrankungen 1954, 151 ff).
*Fälle: 149, 04, 278, 12, 240, 251, 128, 248;* Ausführungen bei *04.*

[35] Auch *Frey* (1950, 249), *Mannheim-Wilkins* (1955, 78) und *Meyer* (1956, 99) fanden die Rückfallsquote unter den früher aus Erziehungsheimen Entwichenen deutlich erhöht, *Pongratz-Hübner* (1959, 30/32) jedenfalls eine schlechtere Bewährung der mehrfach Entwichenen. Vgl. aber auch *Pongratz-Hübner* (30) und *Stutte* (1958, 44) darüber, daß das Fortlaufen aus den Heimen z. T. Heimwehreaktion ist, also anders zu bewerten als das Fortlaufen von zu Hause. Zum Gesamtproblem des Fortlaufens ferner *Opitz* (1959, 143—148).

schlechten Anstaltsbeurteilungen können also nur in ihrem jeweiligen Verhältnis zueinander verglichen werden, wie es der Quotient in Tab. 90 zeigt, der ja aber aus sehr kleinen absoluten Zahlen errechnet ist. Eine eindeutige Beziehung zur späteren Rückfälligkeit ist nicht ersichtlich.

Tab. 91: Rückfallsgruppen nach guten Seiten des P (m) bei Anstaltsaufenthalt vor Verurteilung 1949

| | I a | | I b | | I | | II | | III | | IV | |
|---|---|---|---|---|---|---|---|---|---|---|---|---|
| Gute Seiten | P = 2 | pro P[1] | P = 18 | pro P[1] | P = 20 | pro P[1] | P = 16 | pro P[1] | P = 17 | pro P[1] | P = 19 | pro P[1] |
| „gute Führg."[2] | 1 | 0,50 | 10 | 0,56 | 11 | 0,55 | 12 | 0,75 | 10 | 0,59 | 8 | 0,42 |
| Einsicht | — | — | 2 | 0,11 | 2 | 0,10 | 8 | 0,50 | 4 | 0,24 | 7 | 0,37 |
| Fleiß | 1 | 0,50 | 3 | 0,17 | 4 | 0,20 | 6 | 0,38 | 5 | 0,29 | 5 | 0,26 |
| Freundlichk.[3] | 2 | 1,00 | 1 | 0,06 | 3 | 0,31 | 5 | 0,31 | 5 | 0,29 | 2 | 0,11 |
| P insgesamt | 2 | 2,00 | 18 | 0,89 | 20 | 1,00 | 16 | 1,94 | 17 | 1,41 | 19 | 1,16 |

[1] hier = pro beurteilte P
[2] = äußerlich einwandfreie Führung, z. T. bei nur zweifelhafter innerer Umkehr
[3] = freundliches, kontaktfähiges Wesen

Die Tab. 91 und 92 zeigen, wie die Anstaltsbeurteilungen sich ihrem Inhalt nach auf die Probandengruppen verteilen, wenn man versucht, die darin lobend oder tadelnd erwähnten Verhaltensweisen nach bestimmten Kategorien aufzuteilen, was wegen der oft formelhaften, von Synonymen durchsetzten Ausdrucksweise der Berichte von zweifelhaftem Sinn ist[36].

Tab. 92: Rückfallsgruppen (m) nach ungünstigen Seiten des P bei Anstaltsaufenthalt vor Verurteilung 1949

| | I a | | I b | | I | | II | | III | | IV | |
|---|---|---|---|---|---|---|---|---|---|---|---|---|
| Ungünstige Seiten | P = | pro P[1] | P = 18 | pro P[1] | P = 20 | pro P[1] | P = 16 | pro P[1] | P = 17 | pro P[1] | P = 19 | pro P[1] |
| stört, aggressiv | — | — | 5 | 0,28 | 5 | 0,25 | 2 | 0,13 | 6 | 0,35 | 6 | 0,32 |
| unaufrichtig | — | — | 6 | 0,33 | 6 | 0,30 | 1 | 0,06 | 3 | 0,18 | 7 | 0,37 |
| geltungssüchtig | 1 | 0,50 | 1 | 0,06 | 2 | 0,10 | 2 | 0,13 | 1 | 0,06 | 1 | 0,05 |
| egoistisch | — | — | — | — | — | — | — | — | 2 | 0,12 | 3 | 0,16 |
| oberflächlich | 1 | 0,50 | 10 | 0,56 | 11 | 0,55 | 5 | 0,31 | 8 | 0,47 | 9 | 0,47 |
| haltlos, labil | 1 | 0,50 | 8 | 0,44 | 9 | 0,45 | 8 | 0,50 | 5 | 0,29 | 11 | 0,58 |
| sex. auffällig | — | — | 2 | 0,11 | 2 | 0,10 | — | — | 1 | 0,06 | 1 | 0,05 |
| ängstl. gehemmt | — | — | 1 | 0,06 | 1 | 0,05 | 1 | 0,06 | 4 | 0,24 | 1 | 0,05 |
| verschlossen | — | — | 6 | 0,33 | 6 | 0,30 | 1 | 0,06 | 3 | 0,18 | 2 | 0,11 |
| P insgesamt | 2 | 1,50 | 18 | 2,17 | 20 | 2,10 | 16 | 1,25 | 17 | 1,94 | 19 | 2,16 |
| Quot. $\frac{\text{gute S.}}{\text{schlechte S.}}$ | | 1,33 | | 0,41 | | 0,48 | | 1,55 | | 0,73 | | 0,54 |

[1] P hier = beurteilte P

[36] Für die „guten Seiten" reichten dabei 4 Kategorien aus, für die ungünstigen mußten alle 9 Möglichkeiten einer Hollerithspalte ausgenutzt werden. Für jeden Probanden konnten von beidem jeweils drei Möglichkeiten gezählt werden, sodaß insgesamt 6 Hollerithspalten verwandt wurden.

Die Zahl der „guten Seiten“ nahm immerhin doch von Gr. I (I a) zu Gr. IV geradlinig ab, die der ungünstigen von Gr. II—IV zu. Aus dem Rahmen fallen aber die I b-Probanden mit besonders wenig günstigen und besonders viel ungünstigen Zügen. Ferner zeigen sich keine sinnvollen Beziehungen nach dem Inhalt der einzelnen guten oder schlechten Seiten. Das einzige Merkmal, das sich deutlich heraus hebt, ist der „Egoismus“, unter dem hier Bezeichnungen wie „egoistisch“, „egozentrisch“, „unkameradschaftlich“, „kaltherzig“ u. ä. zusammengefaßt wurden und die tatsächlich nur in Beurteilungen von III- und IV-Probanden erschienen. Im übrigen sind die Verteilungen unregelmäßig, wohl wegen der besonderen Kleinheit der Zahlen[37]. Daß aber die Nichtrückfälligen so schlecht abschneiden, läßt doch auch vermuten, daß die Anstaltserzieher sich bei ihnen mehr als notwendig von ihrer kriminellen Vorgeschichte beeinflussen ließen und ihre menschlichen Fehler darum überbewerteten.

## 1. Schule

Ein Teil der Probanden ging 1949 noch zur Schule, ein anderer war schon schulentlassen. Vergleichbar ist ihr Schulniveau am besten nach der Abgangsklasse, auch wenn der Abgang erst etwas später lag als 1949. Tab. 93 zeigt zunächst die Verteilung für Jungen und Mädchen.

Da durch die Verschickungen im Krieg und die unordentlichen Schulverhältnisse besonders auch in der ersten Zeit nach dem Krieg manche Kinder ein Schuljahr (d. h. eine Versetzung) verloren haben, ohne per-

Tab. 93: Jungen und Mädchen nach Schulniveau, dargestellt an Schulabgangsklassen vor oder nach Verurteilung 1949[1]

| | m | | w | | m+w | |
|---|---|---|---|---|---|---|
| Abgang | n | % | n | % | n | % |
| mind. mittl. Reife | 8 | 3,1 | — | — | 8 | 2,7 |
| VSch Kl. 8 od. 9 | 142 | 55,4 | 20 | 45,5 | 162 | 54,0 |
| VSch Kl. 7 od. wen. | 72 | 28,1 | 18 | 40,8 | 90 | 30,0 |
| HiSch Kl. 8 od. 9 | 13 | 7,5 | 2 | 4,6 | 15 | 5,0 |
| HiSch Kl. 7 od. wen. | 19 | 5,1 | 4 | 9,1 | 23 | 7,6 |
| unbekannt | 2 | 0,8 | — | — | 2 | 0,7 |
| insg. | 256 | 100,0 | 44 | 100,0 | 300 | 100,0 |

[1] bei vorzeitigem Abbruch der höheren oder mittleren Schulausbildung wurde das jeweils erreichte Niveau der entsprechenden niederen Schulgattung verzeichnet.

[37] Vgl. aber auch *Pongratz-Hübner* (1959, 25), die bei ihrem viel reicheren Berichtsmaterial ebenfalls keine Beziehung zwischen einzelnen in den Berichten erwähnten Eigenschaften und späterer Bewährung feststellen konnten, und zwar wieder mit der Ausnahme, daß die kontaktwilligen und auch von den Kameraden anerkannten Jugendlichen sich später verhältnismäßig gut bewährt hätten. Ähnlich auch *Piecha* (1959, 150): schlechte Fähigkeit zur gemeinschaftlichen Einordnung unter die anderen Jungen im Heim habe sich als ungünstiges Indiz für die weitere Entwicklung erwiesen.

sönlich zu versagen, war der Abgang aus der 8. statt aus der 9. Kl. nicht unbedingt ein Zeichen schlechter Leistungen. Die Entlassung aus höchstens Kl. 7 der Volksschule zeigt dagegen eher an, daß das Kind entweder nicht lernen konnte — weil es unbegabt, krank oder sonst behindert war — oder auch nicht lernen mochte und wollte, worin auch Nachlässigkeit der Eltern zum Ausdruck kommen mag. Der Besuch der Hilfsschule wird im allgemeinen als Zeichen echter und ausgesprochener Unterbegabung zu werten sein.

Der Anteil der Hilfsschüler ist bei Jungen und Mädchen bemerkenswert gleich. Im übrigen sind aber die Mädchen mit der Schule weniger weit gekommen als die Jungen, vermutlich weil ihre Eltern wie sie selbst an ihrem schulischen Weiterkommen weniger interessiert waren, sie weniger antrieben und überwachten und z. T. auch früher aus der Schule nahmen. Aber auch das Schulniveau der Jungen liegt im ganzen deutlich unter dem der durchschnittlichen Hamburger Schulentlassenen der Jahre 1948—50[38], vom Anteil der Hilfsschüler an, der bei ihnen das Vierfache beträgt, bis zu dem der Mittel- und Oberschüler, von dem sie neunmal so wenig haben.

Tab. 93 a zeigt die Verteilung in den Rückfallsgruppen, im unteren Teil nach verschiedenen Gesichtspunkten zusammengefaßt.

Tab. 93 a: Rückfallsgruppen (m) nach Schulniveau, dargestellt an Schulabgangsklassen vor oder nach Verurteilung 1949

| | I a | | I b | | I | | II | | III | | IV | |
|---|---|---|---|---|---|---|---|---|---|---|---|---|
| Abgang | n | % | n | % | n | % | n | % | n | % | n | % |
| mind. mittl. Reife | 3 | 4,5 | 2 | 4,9 | 5 | 4,7 | 3 | 5,4 | — | — | — | — |
| VSch. Kl. 9 | 24 | 36,4 | 9 | 22,0 | 33 | 30,8 | 16 | 28,6 | 9 | 19,6 | 9 | 22,0 |
| VSch. Kl. 8 | 23 | 34,8 | 15 | 36,6 | 38 | 35,5 | 13 | 23,2 | 13 | 28,3 | 9 | 22,0 |
| Kl. 7 o. wen. | 11 | 16,7 | 8 | 19,5 | 19 | 17,7 | 16 | 28,6 | 20 | 43,5 | 15 | 36,6 |
| HSch. Kl. 8 o. 9 | 4 | 6,1 | 2 | 4,9 | 6 | 5,6 | 3 | 5,4 | — | — | 4 | 9,8 |
| Kl. 7 o. wen. | 1 | 1,5 | 5 | 12,2 | 6 | 5,6 | 4 | 7,2 | 4 | 8,7 | 3 | 7,3 |
| unbekannt | — | — | — | — | — | — | 1 | 1,8 | — | — | 1 | 2,4 |
| insg. | 66 | 100,0 | 41 | 100,0 | 107 | 100,0 | 56 | 100,0 | 46 | 100,0 | 41 | 100,0 |
| mittl. Reife | 3 | 4,5 | 2 | 4,9 | 5 | 4,7 | 3 | 5,4 | — | — | — | — |
| VSch | 58 | 87,9 | 32 | 78,0 | 90 | 84,0 | 45 | 80,4 | 42 | 91,4 | 33 | 80,5 |
| HiSch | 5 | 7,6 | 7 | 17,1 | 12 | 11,2 | 7 | 12,5 | 4 | 8,7 | 7 | 17,1 |
| mittl. Reife VSch Kl. 8 o. 9 | 50 | 75,8 | 26 | 63,4 | 76 | 71,0 | 32 | 57,1 | 22 | 47,8 | 18 | 43,9 |
| VSch Kl. 7, HiSch | 16 | 24,2 | 15 | 36,6 | 31 | 29,0 | 23 | 41,1 | 24 | 52,2 | 22 | 51,2 |
| Abschluß[1] | 54 | 81,8 | 28 | 68,3 | 82 | 76,6 | 35 | 62,5 | 22 | 47,8 | 22 | 51,2 |
| Kein Abschluß | 12 | 18,2 | 13 | 31,7 | 25 | 23,4 | 20 | 35,7 | 24 | 52,2 | 18 | 43,9 |

[1] = mittlere Reife, Kl. 8 oder 9 der VSch *oder* HiSch
[2] = höchstens Kl. 7 der VSch oder HiSch

[38] 1948—50 wurden in Hamburg (bei endgültigem Schulabgang) entlassen von den Jungen: aus der Oberschule 17,2, der Mittelschule 10,6, der Volksschule 69,1 und der Hilfsschule 3,1 %; von den Mädchen: aus der Oberschule 14,8, der Mittelschule 11,3, der Volksschule 71,5 und der Hilfsschule 2,4 %.

Die mittlere Reife haben nur einige — im ganzen 8 — Nicht- oder Leichtrückfällige erreicht. Der Hilfsschulbesuch verteilt sich insofern nicht eindeutig, als die Probanden der Gr. III relativ selten in der Hilfsschule waren; sie haben aber dafür besonders oft nicht den Volksschulabschluß erreicht. Eine klar absteigende Reihe — von 76 % der Nichtrückfälligen ohne Vortaten bis zu 44 % der Schwerrückfälligen — ergibt sich, wenn man mittlere Reife und Volksschulabschluß (8. oder 9. Kl.) addiert, aber auch hier ist der Schritt von III zu IV klein und der von I zu II der größte. Gr. I b fällt auf durch hohen Hilfsschüleranteil bei wenig Volksschülern, die nur die 7. Kl. (oder weniger) erreicht hatten, also eine von Gr. III, der sie ja sonst oft ähneln, recht abweichende Verteilung. Im ganzen ist also die Verteilung des Schulniveaus der Rückfallsgruppen offenbar weder allein durch ihr soziales Niveau noch allein durch Unterbegabung oder durch sonstige Lernstörungen der Probanden bestimmt, sondern durch ein — vermutlich kompliziertes — Zusammenwirken dieser verschiedenen Faktoren. Daß Gr. I b so viele Hilfsschüler hat, und gerade auch solche, die nicht einmal in der Hilfsschule über die 7. Kl. hinausgekommen sind, könnte vermuten lassen, daß ausgesprochene Unterbegabung das wiederholte Straffälligwerden im eigentlichen Jugendalter begünstigen kann, das dann aber unter bestimmten Bedingungen — die in Gr. IV offenbar nicht gegeben waren — auch ziemlich früh wieder abklingt[39].

Über einen Teil der Probanden befanden sich in den Jugendgerichts- (oder Jugendamts-)akten Schulbeurteilungen, sei es direkt von der Hand des Lehrers, sei es übermittelt von den Fürsorgern, die sich ihrerseits mit der Schule in Verbindung gesetzt hatten. Ein Teil der Lehrer war auch in der Hauptverhandlung — evt. einer früheren — gehört worden.

---

[39] Anzeichen hierfür, besonders auch für die relativ gute Entwicklung von besonders Schwachbegabten, ergaben sich auch in anderen Untersuchungen. So waren unter *Meyers* unbestimmt Verurteilten 7 % mehrfach sitzengebliebene Hilfsschüler (Hilfsschüler insg. 11,6 %, wobei zu bedenken ist, daß seine Probanden z. T. vom Lande stammten), unter den später Rückfälligen nur 5,7 %, während die in der VSch mehrfach Sitzengebliebenen 15,9 % der Rückfälligen, aber nur 12,2 % der Probanden insgesamt bildeten. (Meyer 1956, 94). — Sowohl *Mannheim-Wilkins* (1955, 98) wie *Mieskes* (1956, 140) fanden unter ihren Rückfälligen besonders viele Schwachbegabte, aber wieder etwas weniger die stärkeren Grade der Unterbegabung. — Vgl. auch *Glueck* und *Glueck*, die unter ihren Juvenile Delinquents Grown Up (1940, 122), die zuletzt ganz gebessert waren, relativ viel Unterbegabte fanden, die noch bis zu 21 Jahren straffällig geworden waren; sie schlossen daraus, daß diese Unterbegabten eben länger brauchten. Auch *Frey* (1951, 111) schließt daraus, daß von 7 frühkriminellen Debilen 6 zuletzt nicht mehr rückfällig wurden, daß „auch schwer verwahrloste und im Jugendalter schwer kriminelle Schwachsinnige ... im Laufe der Jahre fast immer eine charakterliche Nachreife" durchmachen, falls nicht die Debilität mit Psychopathie gekoppelt sei. — Hierhin gehören ferner *Bonhoffs* Nachuntersuchungen von wegen Schwachsinns Sterilisierten; er fand gerade unter den im Jugendalter sterilisierten verwahrlosten Schwachsinnigen eine günstige Nachentwicklung (Bonhoff 1953, 282 f).

Über das sehr verwickelte Problem des Zusammenhangs von Unterbegabung und Kriminalität vgl. zuletzt insbesondere M. *Woodward*, Brit J Delinq 1954/55.

*Fälle:* Nr. *171, 39, 250* (schwerrückfällig, nach dem Stichtag aber noch günstige Entwicklung), *03* (nach schwerer Kriminalität schon früh günstige Entwicklung), *240, 198, 57.*

Diese Schulbeurteilungen sind, soweit sie überhaupt vorliegen, in ihrer Art sehr unterschiedlich und darum schwer auszuwerten. Maßstab der Lehrer scheint im allgemeinen der Klassendurchschnitt gewesen zu sein. Dieser Maßstab konnte für Leistungen und Fleiß wohl noch zu einigermaßen sinnvollen Ergebnissen führen, reicht aber offenbar zur Abschattierung der Charakterzüge von straffälligen Kindern nicht ganz aus, weil ja die Straffälligen in einer Klasse doch meistens eine kleine Minderheit, ein Sonderfall sind und der Lehrer geneigt ist, sie als ungünstiges Extrem zu sehen. Tatsächlich haben die Lehrer die ungünstigen Charakterzüge der Probanden — auch solcher, die sich dann ganz gut entwickelt haben — relativ oft in ganz extremen Worten geschildert, während Fürsorgern, die ja gerade für die Betreuung von Gefährdeten da sind, die feineren Abschattierungen besser gelingen[40].

Tab. 94: Rückfallsgruppen (m) nach Beurteilung durch die Schule[1]

| | I a | | I b | | I | | II | | III | | IV | |
|---|---|---|---|---|---|---|---|---|---|---|---|---|
| | n = 66 | | n = 41 | | n = 107 | | n = 56 | | n = 46 | | n = 41 | |
| | n | % | n | % | n | % | n | % | n | % | n | % |
| Betragen: | | | | | | | | | | | | |
| gut o. mittel | 37 | 56,1 | 17 | 41,5 | 54 | 50,5 | 27 | 48,2 | 14 | 30,4 | 14 | 34,2 |
| schlecht | 1 | 1,5 | 6 | 14,6 | 7 | 6,5 | 4 | 7,2 | 4 | 8,7 | 9 | 22,0 |
| Schwänzen | 4 | 6,1 | 13 | 31,7 | 17 | 15,9 | 11 | 19,7 | 13 | 28,3 | 14 | 34,2 |
| kein Schwänzen | 38 | 57,6 | 15 | 36,6 | 53 | 49,5 | 24 | 42,9 | 10 | 21,8 | 11 | 26,8 |
| Leistungen: | | | | | | | | | | | | |
| gut | 13 | 19,7 | 6 | 14,6 | 19 | 17,7 | 4 | 7,2 | 3 | 6,5 | 6 | 14,6 |
| mittel | 27 | 40,9 | 6 | 14,6 | 33 | 30,8 | 18 | 22,2 | 10 | 21,8 | 6 | 14,6 |
| schlecht | 10 | 15,2 | 16 | 39,0 | 26 | 24,3 | 21 | 37,6 | 17 | 37,0 | 13 | 31,7 |
| fleißig | 14 | 21,2 | 3 | 7,3 | 17 | 15,9 | 5 | 8,9 | — | — | 3 | 7,3 |
| mittel | 28 | 42,4 | 16 | 39,0 | 44 | 41,1 | 27 | 48,2 | 19 | 41,3 | 13 | 31,7 |
| faul | 8 | 12,1 | 9 | 22,0 | 17 | 15,9 | 11 | 19,7 | 11 | 23,9 | 9 | 22,0 |

[1] Prozentsätze jeweils errechnet von allen Probanden der Rückfälligkeitsgruppe; über die jeweils an 100 % fehlenden Probanden lagen keine Beurteilungen vor.

Betrachtet man mit diesen Vorbehalten die Verteilung der — auf wenige grobe Kategorien gebrachten — Schulurteile in den Rückfallsgruppen (Tab. 94), so zeigt sich ein gewisser Unterschied zwischen Allgemeinverhalten einerseits, Fleiß und Leistungen andererseits. Gr. IV ist nämlich nur in Bezug auf das Betragen noch ungünstiger beurteilt als Gr. III oder steht hier doch, wie beim Schwänzen, mit ihr auf der gleichen Linie; dies sind

[40] *Meyer* (1955, 96) hatte unter seinen unbestimmt Verurteilten insgesamt 21 % Schulschwänzer, unter den Rückfälligen davon 22,7 %. — Die hohe Korrelation von Schulschwänzen und Jugendkriminalität ist bekannt.

übrigens die Kategorien, in denen die Leichtrückfälligen eher den Nichtrückfälligen nahestehen. Leistungen und Fleiß waren aber in den Mittelgruppen im ganzen etwas schlechter als in Gr. IV, was vielleicht mit ihrem größeren Anteil an proletarischen Familien in Verbindung gebracht werden kann; es fanden sich bei ihnen ja auch die meisten körperlich schwachen Kinder (o. Tab. 84) Gr. I a ragt auch hier deutlich hervor, Gr. I b ist relativ schlecht weggekommen, vielleicht weil die Lehrer durch die Kenntnis ihrer Vortaten beeinflußt waren.

Tab. 95: Rückfallsgruppen (m) nach Beurteilung durch Berufsschule[1]

| | I a | | I b | | I | | II | | III | | IV | |
|---|---|---|---|---|---|---|---|---|---|---|---|---|
| | n | % | n | % | n | % | n | % | n | % | n | % |
| Betragen | | | | | | | | | | | | |
| gut o. mittel | 52 | 78,8 | 15 | 36,6 | 67 | 62,6 | 33 | 59,0 | 26 | 56,5 | 15 | 36,6 |
| schlecht | — | — | 5 | 12,2 | 5 | 4,7 | 4 | 7,2 | 1 | 2,2 | 1 | 2,4 |
| nie da | 4 | 6,1 | 13 | 31,7 | 17 | 15,9 | 9 | 16,1 | 10 | 21,8 | 20 | 48,9 |
| Schwänzen | 13 | 19,7 | 3 | 7,3 | 21 | 19,6 | 17 | 30,4 | 13 | 28,3 | 8 | 19,5 |
| kein Schwänzen | 39 | 59,1 | 17 | 41,5 | 51 | 47,7 | 22 | 39,3 | 18 | 39,2 | 10 | 24,4 |
| Leistungen | | | | | | | | | | | | |
| gut | 13 | 19,7 | 4 | 9,8 | 17 | 15,9 | 1 | 1,8 | 1 | 2,2 | 1 | 2,4 |
| mittel | 31 | 47,0 | 6 | 14,6 | 37 | 34,6 | 24 | 42,9 | 14 | 30,4 | 11 | 26,8 |
| schlecht | 7 | 10,6 | 6 | 14,6 | 13 | 12,1 | 14 | 25,0 | 12 | 26,1 | 6 | 14,6 |
| fleißig | 24 | 36,4 | 6 | 14,6 | 30 | 28,0 | 9 | 16,1 | 7 | 15,2 | 5 | 12,2 |
| mittel | 24 | 36,4 | 7 | 17,1 | 31 | 29,0 | 25 | 44,7 | 17 | 37,0 | 12 | 29,3 |
| faul | 3 | 4,5 | 3 | 7,3 | 6 | 5,6 | 5 | 8,9 | 3 | 6,5 | 1 | 2,4 |
| insg. | 66 | 100,0 | 41 | 100,0 | 107 | 100,0 | 56 | 100,0 | 46 | 100,0 | 41 | 100,0 |

[1] Prozentsätze jeweils errechnet von allen Probanden der Rückfälligkeitsgruppen; über die jeweils an 100 % fehlenden Probanden lagen keine Beurteilungen vor, z. T. darum, weil sie niemals in der Berufsschule waren.

In Tab. 95 über die Beurteilungen der Berufsschule[41] zeigt sich eine ähnliche Tendenz — Betragen, nicht aber Fleiß und Leistungen bei den Schwerrückfälligen am schlechtesten — angedeutet, aber da besonders viele Probanden der Gr. IV nie in der Berufsschule waren, und zwar eher die besonders belasteten, sind daraus keine Folgerungen zu ziehen[42].

[41] entnommen den ziffermäßigen Zeugnissen und evtl. zusätzlichen Vermerken auf den von der Berufsschule ausgestellten Schulbogen.

[42] Bei den Jungen, die niemals in der Berufsschule waren, handelt es sich zum geringeren Teil um nicht berufsschulpflichtige Jungen, wie z. B. Seeleute, zum größeren um solche, die einfach nicht erschienen, oder auch nicht erscheinen konnten, weil sie fast immer in Heimen oder in Haft waren.

## 2. Beruf

Wie Tab. 96 zeigt, war der Anteil der noch nicht Schulentlassenen 1949[43] in den Rückfallsgruppen verschieden groß, was z. T. mit Altersunterschieden der Probanden zusammenhängen wird (s. o. Tab. 11) z. T. aber auch damit, daß in den günstigeren Gruppen manche Probanden länger zur Schule gingen (Gr. I a, altersgleich mit III, und Gr. I b, altersgleich mit IV, haben mehr Schüler als diese schwerer rückfälligen Gruppen).

Tab. 96: Rückfallsgruppen (m) nach Beruf bei der Straftat (1949)

| | I a | | I b | | I | | II | | III | | IV | |
|---|---|---|---|---|---|---|---|---|---|---|---|---|
| Es waren | n | % | n | % | n | % | n | % | n | % | n | % |
| Schüler | 23 | 34,8 | 9 | 22,0 | 32 | 29,9 | 24 | 42,9 | 13 | 28,3 | 6 | 14,6 |
| Lehrlinge | 32 | 48,5 | 8 | 19,5 | 40 | 37,4 | 16 | 28,6 | 11 | 23,9 | 8 | 19,5 |
| ungel. Arbeiter | 9 | 13,6 | 22 | 53,7 | 31 | 29,0 | 13 | 23,2 | 19 | 41,3 | 25 | 61,0 |
| ohne Beruf | 2 | 3,0 | 2 | 4,9 | 4 | 3,7 | 3 | 5,4 | 3 | 6,5 | 2 | 4,9 |
| insg. | 66 | 100,0 | 41 | 100,0 | 107 | 100,0 | 56 | 100,0 | 46 | 100,0 | 41 | 100,0 |

Die Berufsverteilung wird deutlicher, wenn man, wie in Tab. 96 a, die schon Berufstätigen gesondert zählt. Die Zahl der Lehrlinge nimmt in den Rückfallsgruppen ab, wenn man außer acht läßt, das Gr. I b weniger Lehrlinge hat. Es hatten dort auch von vornherein weniger Probanden eine Lehre begonnen als bei den Schwerrückfälligen; in diesem Punkt waren die Gr. I b und III die am wenigsten begünstigten, wieder ein Zeichen dafür, daß die Schwerrückfälligen rein äußerlich nicht den schlechtesten sozialen Start hatten. Betrachtet man den Anteil der Lehrabbrecher von denen, die überhaupt eine Lehre begonnen hatten, so zeigen sich hier — bei ja aller-

Tab. 96 a: Rückfallsgruppen (m) nach Beruf bei der Straftat (1949) nur Lehrlinge und Arbeiter

| | I a | | I b | | I | | II | | III | | IV | |
|---|---|---|---|---|---|---|---|---|---|---|---|---|
| Es waren | n | % | n | % | n | % | n | % | n | % | n | % |
| Lehrlinge | 32 | 78,0 | 8 | 26,7 | 40 | 56,3 | 16 | 57,1 | 11 | 36,7 | 8 | 24,2 |
| Arb. nach abgebr. Lehre | 2 | 4,9 | 8 | 26,7 | 10 | 14,1 | 4 | 14,3 | 5 | 16,7 | 12 | 36,4 |
| immer ungel. | 7 | 17,1 | 14 | 46,7 | 21 | 29,6 | 8 | 28,6 | 14 | 46,7 | 13 | 39,4 |
| insg. | 41 | 100,0 | 30 | 100,0 | 71 | 100,0 | 28 | 100,0 | 30 | 100,0 | 33 | 100,0 |
| Quot. $\frac{\text{Lehre beg.}}{\text{nie Lehre}}$ | 4,9 | | 1,1 | | 2,4 | | 2,5 | | 1,1 | | 1,5 | |
| Quot. $\frac{\text{noch Lehre}}{\text{abgebr. Lehre}}$ | 16,0 | | 1,0 | | 4,0 | | 4,0 | | 2,2 | | 0,67 | |

[43] Über das spätere Berufsschicksal vgl. u. Tab. 101 ff.

dings recht kleinen absoluten Zahlen — sehr große und mit der Schwere der Rückfälligkeit korrespondierende Differenzen: in Gr. I a haben von 34 Lehrlingen nur 2 die Lehre abgebrochen, in Gr. IV von 20 Lehrlingen 12. Z. T. mögen allerdings schon ihre Vortaten Anlaß dazu und zu dieser Verbindung von Lehrabbruch und Rückfälligkeit gewesen sein, die aber allgemeiner Erfahrung entspricht[44].

Die Art der Betriebe, in denen die Probanden 1949 tätig waren, Tab. 96 b, hing eng mit ihrer Stellung im Beruf zusammen; die Gruppen mit hohem Lehrlingsanteil haben auch einen hohen Anteil von im Handwerk Beschäftigten. Der Anteil der Ungelernten, die „wechselnd" als „Aushilfen" tätig waren — d. h. überhaupt kein eigentliches Berufsfach hatten, sondern bald in diesem, bald in jenem Betrieb als Bote o. ä. mehr oder weniger vorübergehende Aushilfsarbeiten verrichteten —, war in Gr. IV am größten, aber überall ziemlich groß, wohl wegen des jugendlichen Alters der Probanden.

Tab. 96 b: Rückfallsgruppen (m. Berufstätige) nach Art der Betriebe, in denen sie bei der Straftat 1949 tätig waren

| | I a | | I b | | I | | II | | III | | IV | |
|---|---|---|---|---|---|---|---|---|---|---|---|---|
| Fach | n | % | n | % | n | % | n | % | n | % | n | % |
| Handwerk | 32 | 72,7 | 10 | 32,3 | 42 | 56,0 | 16 | 55,2 | 16 | 53,3 | 11 | 33,3 |
| Industrie | 5 | 11,4 | 7 | 22,6 | 12 | 16,0 | 6 | 20,7 | 5 | 16,7 | 5 | 15,2 |
| Laden | 1 | 2,3 | 1 | 3,2 | 2 | 2,7 | — | — | — | — | — | — |
| Büro | — | — | 1 | 3,2 | 1 | 1,3 | — | — | 1 | 3,3 | 1 | 3,0 |
| Schiff. | 1 | 2,3 | — | — | 1 | 1,3 | — | — | — | — | 1 | 3,0 |
| Landw. | 1 | 2,3 | 1 | 3,2 | 2 | 2,7 | 1 | 3,4 | 1 | 3,3 | 1 | 3,0 |
| wechs., Aushilfen | 4 | 9,1 | 11 | 35,5 | 15 | 20,0 | 6 | 20,7 | 7 | 23,3 | 14 | 42,4 |
| Berufst. | 44 | 100,0 | 31 | 100,0 | 75 | 100,0 | 29 | 100,0 | 30 | 100,0 | 33 | 100,0 |

Tab. 96 c: Rückfallsgruppen (m. Berufstätige) nach Arbeitslosigkeit z. Z. der Straftat (1949)

| | I a | | I b | | I | | II | | III | | IV | |
|---|---|---|---|---|---|---|---|---|---|---|---|---|
| Arbeit | n | % | n | % | n | % | n | % | n | % | n | % |
| Keine über 2 Mon. | 2 | 4,5 | 2 | 6,5 | 4 | 5,3 | — | — | — | — | 2 | 6,1 |
| Keine bis 2 Mon. | 2 | 4,5 | 4 | 12,9 | 6 | 8,0 | 5 | 17,2 | 2 | 6,7 | 4 | 12,1 |
| in Arbeitsgr. | — | — | 2 | 6,5 | 2 | 2,7 | 1 | 3,4 | 1 | 3,3 | 5 | 15,2 |
| hatte Arbeit | 40 | 90,9 | 23 | 74,2 | 63 | 84,0 | 23 | 79,3 | 27 | 90,0 | 22 | 66,7 |
| Berufst. | 44 | 100,0 | 31 | 100,0 | 75 | 100,0 | 29 | 100,0 | 30 | 100,0 | 33 | 100,0 |

[44] Zum Problem des Lehrabbruchs vgl. insbes. *Beermann* (1952, 260). Bemerkenswert ist, daß von Kaisers Halbstarken insg. 16,4 % die Lehre abgebrochen hatten, und zwar von den bloßen Mitläufern 8,3 %, von den „Zustimmenden" 16,8 %, von den „Avantgardisten" insg. 21,4 %, von den eigentlichen Rädelsführern allein aber sogar 25,9 %.

Nur zweidrittel der später Schwerrückfälligen (Berufstätigen), gegen etwa 80—90 % in den übrigen Gruppen (außer I b mit 74 %) standen z. Z. der 1949 abgeurteilten Tat in Arbeit, Tab. 96 c. Der Anteil derer, die ohne jede Beschäftigung lebten, ist aber in den Gruppen nicht sehr verschieden, da die Arbeitslosen der Gr. IV besonders oft in einer — offenen oder geschlossenen — Arbeitsgruppe der Hamburger Sozialverwaltung untergebracht waren[45].

Tab. 97: Rückfallsgruppen (m. Berufstätige) nach durchschnittl. Zahl der Arbeitsstellen pro Jahr bis 1949

| | I a | I b | I | II | III | IV |
|---|---|---|---|---|---|---|
| Arb.Stellen pro P | 1,2 | 2,2 | 1,6 | 2,1 | 2,7 | 3,0 |

Tab. 98: Rückfallsgruppen (m. Berufstätige) nach Beurteilung durch Arbeitgeber vor Verurteilung 1949[1]

| | I a | | I b | | I | | II | | III | | IV | |
|---|---|---|---|---|---|---|---|---|---|---|---|---|
| P galt als | n | % | n | % | n | % | n | % | n | % | n | % |
| fähig | 26 | 59,1 | 14 | 45,2 | 40 | 53,3 | 9 | 31,0 | 10 | 33,3 | 8 | 24,2 |
| unfähig | 1 | 2,3 | 1 | 3,2 | 2 | 2,7 | 6 | 20,7 | 3 | 10,0 | 3 | 9,1 |
| interess. | 21 | 61,4 | 15 | 48,4 | 42 | 56,0 | 13 | 44,8 | 10 | 33,3 | 8 | 24,2 |
| uninteress. | 1 | 2,3 | 3 | 9,7 | 4 | 5,3 | 4 | 13,8 | 3 | 10,0 | 4 | 12,1 |
| pünktl. | 24 | 54,5 | 14 | 45,2 | 38 | 50,7 | 13 | 44,8 | 9 | 30,0 | 4 | 12,1 |
| Bummler | 5 | 11,4 | 6 | 19,4 | 11 | 14,7 | 3 | 10,3 | 7 | 23,3 | 12 | 36,4 |
| zuverlässig | 23 | 52,3 | 13 | 41,9 | 36 | 48,0 | 11 | 37,9 | 8 | 26,7 | 2 | 6,1 |
| unzuverlässig | 3 | 6,8 | 5 | 16,1 | 8 | 10,7 | 9 | 31,0 | 8 | 26,7 | 10 | 30,3 |
| insg. | 44 | 100,0 | 31 | 100,0 | 75 | 100,0 | 29 | 100,0 | 30 | 100,0 | 33 | 100,0 |

[1] für jedes Gegensatzpaar errechnet als Prozentsätze von allen Berufstätigen der Gruppe (n = . . .); über die jeweils an 100 % Fehlenden lagen keine Beurteilungen vor.

Tab. 97 mit der Zahl der von den Probanden bis 1949 innegehabten Arbeitsstellen zeigt die bekannte enge Verbindung von Häufigkeit des Arbeitsstellenwechsels und Kriminalität. Der Wechsel kann eine Folge der Straftaten sein, außerdem ist er gewöhnlich geringer unter Lehrlingen als unter Arbeitern. Daß er aber auch unmittelbarer Ausdruck der gleichen Charakterzüge ist, die die Rückfälligkeit begünstigen, kann man in der vor-

[45] Diese Arbeitsgruppen dienen der Ertüchtigung von Berufsschwachen und der Arbeitsdisziplinierung von Bummlern; es werden aber auch Jugendliche aufgenommen, die aus irgendeinem mehr neutralen Grunde schwer in Arbeit zu vermitteln sind — 1949 war die Arbeitslosigkeit ja noch erheblich größer als später — und wenigstens vorläufig eine Beschäftigung und etwas Verdienst haben sollten. Wenn von Gr. IV mehr Probanden in einer Arbeitsgruppe waren als von den übrigen Gruppen, so wird wohl Arbeitsbummelei u. ä. bei ihnen im Vordergrunde gestanden haben.

liegenden Verteilung etwa aus der relativ günstigen Stellung der I b-Probanden entnehmen, die ja alle schon vor 1949 straffällig geworden waren und einen hohen Anteil von vornherein Ungelernten hatten[46].

Tab. 98 über die Beurteilung der Probanden durch die Arbeitgeber stützt sich auf ganz kleine Zahlen, da auch von den überhaupt Berufstätigen nur ein relativ kleiner Teil beurteilt wurde.

Sie zeigt aber, wie die Schulbeurteilungen, daß die Schwerrückfälligen sich weniger durch Unfähigkeit und mangelndes Interesse von den mittleren Gruppen II und III abhoben, als durch die mehr charakterlich bedingten Züge des Bummelns und der Unzuverlässigkeit. Ferner fällt die im ganzen relativ günstige Beurteilung der I b Probanden auf, die — soweit man nach diesen lückenhaften Beurteilungen gehen darf — im Berufsleben offenbar besser Fuß gefaßt hatten als in der Schule, worin sich doch wohl auch schon ihre günstige spätere Allgemeinentwicklung ankündigte.

---

[46] *Mannheim* und *Wilkins* (1955, 99 ff) fanden im häufigen Arbeitsstellenwechsel vor dem Borstal-Vollzug den Einzel-Faktor, der am stärksten die später Rückfälligen von den später nicht Rückfälligen sonderte. — Ähnlich *Rose* (1954, 72), *Grünhut* (1952, 300) und *Glueck* und *Glueck* in all ihren Untersuchungen, s. After Conduct 1946, 23, 39 u. a. Für frühere deutsche Rückfälligkeitsuntersuchungen vgl. *Schwaab* (1939, 32). — *Meyer* (1956) korreliert nur Rückfälligkeit und *späteren* Arbeitsstellenwechsel, ebenso *Mieskes*.

Zusammenfassung

Fast die Hälfte der Elternfamilien der Probanden (49 %) wurde bei der Kodifizierung der „proletarischen" Schicht zugezählt, weil ihre Lebensform sehr einfach war und ohne sichtbaren Ehrgeiz nach Bürgerlichkeit. Von den übrigen wurde der größte Teil — Handwerker, Arbeiter, kleine Angestellte usw. mit eher bürgerlichem Lebensstil (42 %) — als „kleinbürgerlich" bezeichnet, und als „bürgerlich" die restlichen 8 % von Akademikern, Großkaufleuten, leitenden Angestellten.

Bei entsprechender Dreiteilung nach ihrer wirtschaftlichen Lage 1949 wurde ebenso die Hälfte als in wirtschaftlicher Not, fast die ganze zweite Hälfte als in „mittlerer" Lage befindlich angesehen, nur 4 % als wohlhabend. Es gab besonders viele proletarische Familien in wirtschaftlicher Not (30 %), etwas weniger kleinbürgerliche in mittlerer Wirtschaftslage (24 %) und etwa gleichviele (16—17 %) kleinbürgerliche arme und proletarische mittelmäßig gestellte.

Zwischen der Herkunft der Jungen und Mädchen bestanden keine großen Unterschiede. Etwas mehr Mädchen kamen aber aus proletarischen (aber nicht besonders armen), etwas mehr Jungen aus bürgerlichen, kleinbürgerlichen und aus wohlhabenden Elternhäusern.

In den Rückfallsgruppen „sinkt" im ganzen gesehen der soziale Stand der Elternfamilien von der am wenigsten kriminellen Gruppe I a über die Gruppen II, I b bis III, steigt aber bei den Schwerrückfälligen wieder etwa bis zum Niveau von Gr. II. Die Schwerrückfälligen kamen relativ selten aus proletarischen, relativ oft aus kleinbürgerlichen Familien.

Die wirtschaftliche Lage war im ganzen sogar bei den Schwerrückfälligen am besten, aber wiederum bei den mittleren Gruppen — I b, II, III — am schlechtesten. Die Konstellation „kleinbürgerlich in wirtschaftlicher Not", die sich in Gr. I a besonders oft findet, ist in Gr. IV gerade selten. Statt dessen fanden sich dort relativ viel kleinbürgerliche Familien in mittlerer Wirtschaftslage.

„Niedrigere" soziale Schicht und auch wirtschaftliche Armut des Elternhauses haben also offenbar — d. h. wenn man den Zahlen etwas entnehmen will — etwas mit wiederholter Straffälligkeit im Jugendalter zu tun, aber nicht so sehr etwas mit hartnäckiger späterer Rückfälligkeit. Wirtschaftliche Not bei Begehung einer bestimmten Tat kann sogar gerade ein Indiz dafür sein, daß die Tat sich nicht, oder nur leicht, oder nur noch innerhalb einer kürzeren Zeit wiederholen wird. Das gilt natürlich besonders dann, wenn die Armut weniger schichtbedingt ist als — etwa in kleinbürgerlichen Familien — durch besondere Notstände herbeigeführt.

Insgesamt waren 1949 noch 30 % der Jungen Schüler. Ihr Anteil in den Rückfallsgruppen war verschieden, z. T. wohl aus Altersgründen; so hatte Gr. II 1949 den größten Anteil 14- bis 15jähriger und auch die meisten Schüler. Auch daran gemessen waren aber in den Gr. III und IV zu viele Schulentlassene (III: 57 % 14—15 J., 28 % Schüler; IV: 39 % 14—15 J., 15 % Schüler). Das spiegelt sich auch in dem schlechten Schulerfolg dieser Gruppen, gemessen an ihrer Schulabgangsklasse vor oder nach 1949, wobei zu beachten ist, daß Hamburg 8jährige Schulpflicht hatte, aber ein 9. Volksschuljahr freiwillig durchgemacht werden konnte.

Der Schulerfolg war im ganzen durchaus am besten in Gr. I a, am schlechtesten in den Gr. III und IV. Die mittlere Reife hatten überhaupt nur Probanden der Gr. I a, I b und II gemacht, und zwar je etwa 5 %, der Abgang von der 8. oder 9. Volksschulklasse nahm ab mit Schwere der späteren Rückfälligkeit. Hilfsschüler waren in allen Gruppen mehr als unter der Durchschnittsbevölkerung, aber am meisten in den Gr. I b und IV (je 17 %), und noch am wenigsten in Gr. I a (7,6 %). Gr. III hatte einen relativ geringen Hilfsschüleranteil (8,7 %), dafür aber den größten der Probanden, die die Volksschule bis höchstens zur 7. Klasse besucht hatten. Auch das Hilfsschulziel hatten nicht alle erreicht, so allein 12 % der Gr. I b nicht, von den Schwerrückfälligen 7 %.

Unter den 1949 schon Berufstätigen waren in den Gr. I b und III am meisten (48 %) Probanden sofort als ungelernte Arbeiter gegangen, nicht viel weniger (39 %) in Gr. IV und am wenigsten (17 %) in Gr. I a. Sozialer Stand, wirtschaftliche Verhältnisse und Schulerfolg wirken hier wohl zusammen. Von den 20, die in Gr. IV eine Lehre begonnen hatten, hatten 12 sie schon bis 1949 wieder aufgegeben. Dieser Anteil vermindert sich bis zu Gr. I a, wo es von 34 nur 2 waren. Ebenso war in den günstigen Gruppen der Anteil der nur als wechselnde Aushilfe Tätigen und auch die Zahl der Arbeitslosen geringer. In Gr. I a hatten die Probanden durchschnittlich pro Jahr 1,2 Arbeitsstellen innegehabt; in Gr. II waren es 2,1, in Gr. I b 2,2, in Gr. III 2,7 und in Gr. IV 3,0.

Es besteht also im ganzen bei allerdings z. T. sehr kleinen Zahlen eine ziemlich deutliche Beziehung zwischen damaligem Versagen in Schule und Beruf und späterer Rückfälligkeit. Diese Beziehung war auch nach allen bisherigen Erfahrungen zu erwarten. Es ist aber nicht sicher, ob sich darin unmittelbar mehr die kriminelle Zukunft oder die kriminelle Vergangenheit der Probanden ausspricht, die untereinander allerdings eng verknüpft sind. Die ausnahmslos vorbelasteten Nichtrückfälligen nämlich, Gr. I b, stehen in Bezug auf den Anteil der Hilfsschüler, der immer Ungelernten, der Lehrabbrecher und der Arbeitslosen den später Schwerrückfälligen durchaus am nächsten.

In den Berichten von Schulen und Arbeitsstellen — die allerdings nur über einen Teil der Probanden vorlagen und wegen ihres uneinheitlichen Maßstabes besonders schwer auszuwerten sind — fällt auf, daß die in erster Linie charakterlich begründeten Verhaltensweisen wie Schulbetragen, pünktliches und regelmäßiges Erscheinen in Schule und Arbeitsstelle und Zuverlässigkeit in der Arbeit bis zu den Schwerrückfälligen hin zunehmend ungünstiger beurteilt wurden, Leistungen, Fähigkeiten, Fleiß und Interesse im ganzen am ungünstigsten bei den mittleren Gruppen II und III, die aus dem „niedrigsten" sozialen Niveau kamen.

Die Berichte der Volks- bzw. Hilfsschule über die Probanden der Gr. I b waren oft recht negativ, und zwar in den verschiedenen Hinsichten, weniger die der Berufsschule; und von den Arbeitgebern wurden diese Jungen — in den allerdings wenigen vorliegenden Berichten — im ganzen günstiger beurteilt als die der Gr. II, III und IV.

Nur bei 44 % der Jungen und sogar nur 36 % der Mädchen bestand die Elternfamilie 1949 noch aus Vater und Mutter. Die Ehe der Eltern war bei den Jungen etwas häufiger durch Scheidung aufgelöst als bei den Mädchen (22 % und 18 %), bei den Mädchen dagegen öfter durch Tod des Vaters (23 % gegenüber 16 %), und Tod der Mutter oder beider Eltern (11,4 % gegenüber 9 %). Unehelich und auch später nicht legitimiert waren 9,8 % der Jungen und 9,1 % der Mädchen.

Die unehelichen Probanden lebten nur zum kleinen Teil ($^1/_5$—$^1/_4$) bei der alleinstehenden Mutter, am häufigsten bei ihr und einem Stiefvater, manche aber auch bei Vater und Stiefmutter oder Pflegeeltern. Nach Tod des Vaters blieben die Probanden etwa zur Hälfte — die Mädchen öfter — mit der Mutter allein, bei der anderen Hälfte kam ein Stiefvater dazu. Bei Scheidung waren dies ebenfalls die häufigsten und unter sich etwa gleichhäufigen Arten des Verbleibs. Ein kleinerer Teil kam dann aber auch zu Vater und Stiefmutter, und etwa $^1/_4$ der Jungen aus geschiedenen Ehen wechselten um 1949 herum kurzfristig zwischen Vater und Mutter hin und her, die in diesen Fällen gewöhnlich beide wiederverheiratet waren.

Im ganzen lebten 1949 17 % der Jungen und 27 % der Mädchen bei der alleinstehenden Mutter, von beiden rund 20 % bei Mutter und Stiefvater — „Verlobter" der Mutter eingerechnet —, 9,4 % m und 4,6 % w bei Vater und Stiefmutter, 4,7 % hatten nur Pflegeeltern. Ganz wenige, etwas mehr Mädchen, wohnten beim alleinstehenden Vater.

In den Rückfallsgruppen I und II waren Vater und Mutter noch am häufigsten beide vorhanden (I: 51 %, II: 45 %); seltener in Gr. IV (39 %), aber noch seltener in Gr. III (33 %). Dort — wo es auch die meisten proletarischen Familien gab — waren nämlich auffällig viele — 19,6 % — der Probanden unehelich (gegen 10 % von I b und IV, 5 % von I a und II). Auch die Scheidungen, die sich im übrigen etwa auf gleicher Ebene hielten, mit gewisser — schichtenbedingter? — Überhöhung bei II und I b, waren unter den Eltern der Schwerrückfälligen sogar besonders selten (12 % gegenüber maximal 27 % in Gr. II). Dafür allerdings hatten hier ganz besonders viele Probanden — 39 % — einen oder beide Eltern durch den Tod verloren (den Vater 24,4 %, die Mutter oder beide 14,6%), und außerdem war von den noch bestehenden Ehen ihrer Eltern die Hälfte außerordentlich schlecht. Die Zahl der noch bestehenden und nicht außerordentlich schlechten Elternehen nimmt von Gr. I (39 %) bis Gr. IV (20 %) stetig ab.

Die Zusammensetzung der unvollständigen Elternfamilie variiert insofern, als die alleinstehende Mutter in Gr. IV seltener war als bei den übrigen Probanden und auch die Konstellation: M+StV sich häufiger in den mittleren Gruppen (*III*, I, II) fand; sowohl V+StM wie nur Pflegeeltern wie das kurzfristige Hin- und Herwechseln zwischen zwei Stieffamilien gab es aber am häufigsten in Gr. IV. Als bedeutungsvoll erscheint, daß in den Stieffamilien der günstigeren Gruppen viel seltener kleine Stiefgeschwister vorhanden waren als in denen der ungünstigeren, besonders der

Schwerrückfälligen, wo sie wohl oft für das Mißlingen des Verhältnisses zwischen dem Stiefelter und dem Probanden mitverantwortlich waren.

Im ganzen sind die Probanden der Gr. I und II erheblich öfter nur bei den eigenen Eltern (und evt. Pflegestellen der Kinderlandverschickung) aufgewachsen als die der Gr. III und IV, bei denen öfter entweder Stiefeltern hinzukamen oder der Proband, z. T. auch mehrfach, von einer Familie in die andere verpflanzt wurde. Auch im Heim waren diese mehr rückfälligen Probanden in der Kindheit schon öfter, z. T. aber ja schon als Folge ihrer Verhaltensschwierigkeiten. Die Zahl der Erziehungsstellen, die Häufigkeit und Dauer der Trennung vom Elternhaus und im ganzen auch die von der Mutter nimmt von Gr. I bis IV stetig zu. Im Durchschnitt waren die Probanden der Gr. IV und III beim ersten Verlust eines Elters (durch Tod oder Scheidung) auch etwas jünger als die der günstigeren Gruppen, aber das gilt nicht für das Alter bei der ersten längeren und insbesondere nicht der endgültigen Trennung von der Mutter. Gerade in Gr. I a gibt es nämlich eine Reihe ganz früher endgültiger Trennungen von der Mutter, aber kaum spätere.

Die z. T ja nur fragmentarischen Angaben über die Eltern bzw. Eindrücke von ihnen lassen die der I a-Probanden in besonders günstigem Licht erscheinen, und zwar sowohl in menschlicher Hinsicht — nach persönlicher Wärme, Ausgeglichenheit, Bestimmtheit der Willensdurchsetzung wie nach ihrer Rechtschaffenheit, Tüchtigkeit und körperlichen Gesundheit. Demgegenüber erscheinen menschlich die Eltern — besonders die Mütter — der Schwerrückfälligen am wenigsten erfreulich. Kühle und Kälte, das Schwanken zwischen Härte und Nachgiebigkeit wie auch übertriebene Nachgiebigkeit treten bei ihnen ganz besonders hervor, bei den Vätern (dazu) auch Jähzorn und Herrschsucht.

Kriminelle, asoziale und trunksüchtige Eltern gibt es dagegen, soweit bekannt, im ganzen mehr bei den ja am meisten proletarischen Mittelgruppen II und III, in denen ja auch mehr von den Geschwistern straffällig geworden sind. Auch körperliche Krankheit, Psychosen, nichtpsychotische Depressionen, waren bei den Müttern der Gr. II und III etwas häufiger. Dagegen hatten sich bei denen der Schwerrückfälligen mehr Suizid*versuche* und ungeklärte „Nervenzusammenbrüche" ereignet, und sie berichteten auch besonders oft von einer „schweren", d. h. in Anstalten oder bei Stief- oder Pflegeeltern verlebten Jugend. — Von den Vätern der Schwerrückfälligen litten besonders viele unter einer schweren körperlichen Beeinträchtigung.

Im Durchschnittsalter der Väter besteht kein Unterschied. Minderjährige Väter — sehr wenige — finden sich aber nur in den Gr. II und III. Nicht mehr als 30 J. alt waren bei der Geburt des Probanden in den günstigen Gruppen I a und II nur 50 % der Väter, in den übrigen 60 % und mehr. Ähnlich ist es bei den Müttern, wo sich auch die sehr jungen mehr in den Mittelgruppen finden, wo aber im ganzen doch das Durchschnittsalter von 27;8 in Gr. I a bis 24;11 in Gr. IV abnimmt.

Ferner fällt auf, daß zwar in der früheren Kindheit der Probanden beträchtlich mehr Mütter der ungünstigen Gruppen berufstätig waren (zunehmend von I = 12 % bis IV = 32 %), in ihrer Schulkinderzeit die Unterschiede sich verringerten und zur Zeit der Tat (1949) sogar gerade die später *nicht* Rückfälligen am häufigsten eine berufstätige Mutter hatten.

Bei einer zusammenfassenden Einteilung der Elternfamilien in rechtschaffene und asoziale, harmonische und unharmonische zeigte sich, daß die asozialen Familien zwar mit Abstand in Gr. I a am seltensten waren, aber am häufigsten nicht unter den Schwerrückfälligen, sondern in den mittleren Gruppen III, I b und II. Die unharmonischen Familien nehmen dagegen von Gr. I a bis Gr. IV in gerader Linie zu, mit deutlichem Anstieg auch noch zwischen III und IV, obwohl bei der Definition das Verhältnis zwischen der Familie und dem Probanden selbst nicht maßgeblich war.

Im ganzen kamen rund 60 % von Gr. I a aus sozial gut eingeordneten und zugleich harmonischen Familien, aber nur 7 % von Gr. IV, aus der dafür 60 % aus rechtschaffenen, aber unharmonischen Elternhäusern stammten (I a: 28 %). Aus sowohl unharmonischen wie asozialen Familien kamen nur 5 % der Gr. I a, immerhin 25 % der Schwerrückfälligen, aber noch etwas mehr aus den mittleren Gruppen. Asoziale aber harmonische Familien, überhaupt sehr wenig vorkommend, waren bei den Schwerrückfälligen ebenso selten wie in Gr. I a.

Daraus ließe sich — unter allen Vorbehalten — folgern, daß für wiederholte Straffälligkeit im Jugend- und auch z. T. noch Heranwachsendenalter die schlechte soziale Einordnung und innere Disharmonie des Elternhauses beide erheblich sind, die endgültige Einordnung des jungen Menschen aber mehr davon abhängt, daß sein Elternhaus einigermaßen harmonisch als daß es selbst sozial so gut eingeordnet war. Das mag allerdings in Zeiten wirtschaftlichen Aufstiegs eher als in anderen gelten.

Bemerkenswert ist in diesem Zusammenhang, daß die vorbelasteten Nichtrückfälligen den Gr. II und III zwar nicht in der sozialen Einordnung des Elternhauses, wohl aber an dessen innerer Harmonie und auch mit einer ganzen Reihe günstiger Eigenschaften der Eltern überlegen sind, z. B. der Rechtschaffenheit, Bestimmtheit und Wärme der Mutter. Ihr Elternhaus bestand auch noch am häufigsten (bei 53 %; I a: 50 %) aus Vater und Mutter, und sie waren zwar nicht vom Elternhaus, wohl aber von der Mutter seltener und kürzer getrennt gewesen als alle übrigen Gruppen.

Die Zahl der ältesten Kinder nimmt von Gr. I a zur Gr. IV hin ab, die der jüngsten Kinder zu. Das Zahlenverhältnis Älteste : Jüngste ist in Gr. I a: 1,0, II: 2,62, I b: 2,67, III: 3,00, IV: 3,8. Nähere Untersuchungen in Kap. VI zeigen, daß diese Verteilung u. a. mit dem Vorhandensein oder Nichtvorhandensein von (Stiefeltern) und Stiefgeschwistern zusammenhängt. Auch das jüngere Alter der Mütter in den ungünstigeren Gruppen spiegelt sich darin wieder.

Die mittleren und einzigen Kinder verteilen sich gleichmäßiger. Die mittleren sind in Gr. II am häufigsten, wo auch die durchschnittliche Kinderzahl der Familien am größten ist (viele proletarische Familien, aber relativ wenige uneheliche Probanden). Einzige Kinder — auch „einzige Jungen" — gibt es am meisten in Gr. I a.

Eigene soziale Schwierigkeiten der Geschwister sind am häufigsten von denen in den mittleren Gruppen bekannt geworden, am seltensten in Gr. I a. Neurotische Hemmungen, Krankheit, Schwachsinn u. ä. *ohne* dissoziale Tendenzen wurden am wenigsten von den Geschwistern der III- und IV-Probanden berichtet.

Konflikte der Probanden mit den Geschwistern wurden am wenigsten in Gr. II — mit den vielen „mittleren" Kindern —, am meisten aber aus den Gr. III und besonders IV berichtet, wo die ältesten Kinder am häufigsten waren. Hier spielte auch offensichtlich Eifersucht die größte Rolle.

Vorhandensein, Zahl und Altersreihenfolge der Geschwister ist auch sicher — außer dem Geschlecht, das den Jungen besonders bei der Mutter, aber doch oft auch beim Vater den Vorzug gibt —, wesentlich mit maßgeblich für die Rolle, die das einzelne Kind bei seinen Eltern hat. Im ganzen gesehen war die Rolle der I a-Probanden beim Vater besser als die der übrigen. In den mittleren Gruppen hatten relativ am meisten immer nur eine Nebenrolle bei ihm gespielt, und in Gr. IV hatten zwar anfänglich sehr viele den besten Platz bei ihm gehabt, aber etwa die Hälfte war später — schon in der Kindheit — daraus verdrängt worden. Auch eine anfängliche Hauptrolle bei der Mutter hatten in Gr. IV besonders viele Probanden verloren, aber es nimmt auch von I—IV die Zahl der Probanden zu, die immer nur eine Nebenrolle bei ihr hatten, und die mit immer dem besten Platz — in Gr. I b am häufigsten — kommen in Gr. III und IV am wenigsten vor, so daß, im ganzen gesehen, die Rolle der Probanden von Gr. I a über I b, II und III bis IV zunehmend ungünstiger wird.

Scheint schon danach die Verbindung der Schwerrückfälligen mit dem Vater im ganzen enger gewesen zu sein als mit der Mutter, so zeigt sich ferner, daß sie auch von sich aus öfter als die anderen — besonders die der Gr. I und II — den Vater vor der Mutter bevorzugten. Die meisten ganz ausgesprochenen „Mutterkinder" gab es in Gr. I a.; in Gr. III — mit den vielen Unehelichen — hatten sich besonders viele früh an die Großmutter oder eine ähnliche Pflegeperson gehängt. Die Einstellung der wichtigsten Ersatzeltern (darunter insbesondere auch der Stiefeltern) zu den Probanden und der Probanden zu ihnen war schon in relativ früher Zeit in den ungünstigen Gruppen deutlich häufiger ambivalent oder negativ als in den günstigen, besonders in Gr. I a (nicht I b, wo es aber die wenigsten Stiefeltern gab).

Unter den — sehr vorsichtig auszuwertenden — Berichten über die Verhaltensweisen und sonstigen Eigenschaften der Probanden als Kinder wird zweierlei am häufigsten von den Probanden der Gr. II und III hervorgehoben, nämlich „Lebhaftigkeit" (aber nicht Überlebhaftigkeit, Unruhe, die in Gr. IV am häufigsten war) und daß sie von jeher bis zuletzt körperlich schwächlich gewesen seien. Beides kann mit der im ganzen ungünstigeren sozialen Lage dieser Gruppen zusammenhängen. Eine Reihe anderer Verhaltensweisen war dagegen in den günstigen Gruppen häufiger als in den ungünstigen oder umgekehrt, durchweg mit schrittweiser Abnahme von Gruppe zu Gruppe.

Es überwogen in den

| günstigeren Gruppen | | ungünstigeren Gruppen |
|---|---|---|
| -Ausgeglichenheit | gegenüber | -Erregbarkeit (bes. Jähzorn) |
| -geselliges Wesen | gegenüber | -Einzelgängertum (aber Max. Ib) |
| -Dominieren unter Kamer.<br>oder: ruhiges Sich-<br>durchsetzen<br>oder: mäß. Nachgibigkeit | gegenüber | -hilflosem Trotz<br>oder: großer Bestimmbarkeit<br>oder: Unterwürfigkeit<br>Ia: — ; IV : 19% |
| -Gewissenhaftigkeit | gegenüber | -Leichtherzigkeit |
| -Warmherzigkeit | gegenüber | -Ambivalenz<br>oder: Kühle |
| -Tüchtigkeit | gegenüber | -Untüchtigkeit, Ungeschick |
| -körperl. Beeinträchtigung<br>(auch Mißbildungen) | | -überlebhaft, wild, unruhig |
| -1949 körperlich unter-<br>entwickelt | | -als Kind schwächlich,<br>dann robust |
| | | -1949 „kräftig"<br>(aber Minimum II und Ib) |
| | | -„wie ein Mädchen"<br>Ia: — ; IV: 17% |
| | | -Häusl. Erziehungsschwierigkeiten<br>(insb.: vor 13. Lj.)<br>Ia: 15%; IV: 76% |
| | | -Herumtreiben<br>Ia: 17%; IV : 71% |
| | | -Entlaufen von zuhause<br>Ia: 5%: IV: 27% |
| -Heim ohne Entlaufen | gegenüber | -Entlaufen aus Heim<br>(aber häufig bei Ib) |

In den früheren Anstaltsberichten nehmen zwar im ganzen die „ungünstigen Seiten" der Probanden im Vergleich zu ihren „günstigen Seiten" von Gr. I a—IV hin zu, aber Gr. I b erscheint bei diesem Vergleich am ungünstigsten. Als „egoistisch, unkameradschaftlich, kaltherzig" o. ä. sind nur Probanden der Gr. III und IV beurteilt worden; und die Beurteilung als „unaufrichtig" nimmt von Gr. II—IV zu und in Gr. I a — wo aber auch nur 2 Anstaltsbeurteilungen vorliegen — fehlt sie ganz, dafür ist sie aber auch in Gr. I b fast ebenso häufig wie in Gr. IV. Die übrigen in den Berichten geschilderten Verhaltensweisen der Probanden verteilen sich ungleichmäßig, so daß prognostisch hier höchstens das Urteil: „egoistisch, kaltherzig" von Bedeutung erscheint.

# Kapitel 4

## *Das sonstige spätere Leben der Probanden*

### *I. Aufenthaltsort und Beruf 1955*

Tab. 99 zeigt, wo die Probanden der verschiedenen Rückfallsgruppen am Stichtag der Nachprüfung ihren Aufenthalt hatten, Tab. 100 die Dauer der auswärtigen Aufenthalte[1]. Danach sind im echten Sinne „ausgewandert" nur Jungen der Gr. I, und zwar 5 nach Übersee, 2 in europäische Länder. Weitere 3 Nichtrückfällige fuhren am Stichtag für ausländische Reedereien zur See, sodaß auch sie dem deutschen Strafregister kaum noch erreichbar waren. Nur 3 dieser insgesamt 10 waren aber am Stichtag länger als drei Jahre fort. In den übrigen Gruppen befanden sich nur ganz wenige außerhalb der Bundesrepublik, und diese erst kurz.

Tab. 99: Rückfallsgruppen (m) nach Aufenthalt des P am 1. IV. 1955

| | I a | | I b | | I | | II | | III | | IV | |
|---|---|---|---|---|---|---|---|---|---|---|---|---|
| | n | % | n | % | n | % | n | % | n | % | n | % |
| gestorben | — | — | — | — | — | — | 1 | 1,8 | — | — | 1 | 2,4 |
| unbek. Aufenth. | — | — | 1 | 2,4 | — | — | — | — | — | — | 2 | 4,9 |
| Fremdenlegion | — | — | — | — | — | — | — | — | 1 | 2,2 | — | — |
| Ausw. Übersee | 3 | 4,5 | 2 | 4,9 | 5 | 4,7 | — | — | — | — | — | — |
| Ausw. Europa | — | — | 2 | 4,9 | 2 | 1,9 | — | — | — | — | — | — |
| Seef. f. Ausl. | 1 | 1,5 | 2 | 4,9 | 3 | 2,8 | — | — | — | — | — | — |
| Ostzone | — | — | — | — | — | — | 1 | 1,8 | — | — | 2 | 4,9 |
| Bundesrepublik | | | | | | | | | | | | |
| anderswo | 3 | 4,5 | 1 | 2,4 | 4 | 3,7 | — | — | 5 | 10,9 | 1 | 2,4 |
| Hamburg | 59 | 89,4 | 33 | 80,5 | 93 | 86,9 | 54 | 96,4 | 40 | 87,0 | 35 | 85,4 |
| insg. | 66 | 100,0 | 41 | 100,0 | 107 | 100,0 | 56 | 100,0 | 46 | 100,0 | 41 | 100,0 |

Natürlich fragt sich, ob nicht einige der schon länger auswärtigen „Nichtrückfälligen" eben nur darum als nichtrückfällig gelten, weil ihre auswärts begangenen Straftaten nicht zur Kenntnis der deutschen Behörden

[1] Für Jungen und Mädchen s. o. Tab. 6

Tab. 100: Rückfallsgruppen nach Dauer des unbekannten Aufenthaltes, des Aufenthaltes außerhalb der Bundesrepublik oder des Todes vor dem 1. IV. 1955

| | I a | | I b | | I | | II | | III | | IV | |
|---|---|---|---|---|---|---|---|---|---|---|---|---|
| Aufenth. bzw. Tod | n | % | n | % | n | % | n | % | n | % | n | % |
| bis 1/2 J. | — | — | 1 | 2,4 | 1 | 0,9 | 1 | 1,8 | — | — | 3 | 7,3 |
| 1/2—1 J. | — | — | 2 | 4,9 | 2 | 1,9 | 1 | 1,8 | — | — | — | — |
| 1+ — 3 J. | 2 | 3,0 | 3 | 7,3 | 4 | 3,7 | — | — | 1 | 2,2 | — | — |
| 3+ — 4 J. | 1 | 1,5 | 1 | 2,4 | 2 | 1,9 | — | — | — | — | — | — |
| über 4 J. | 1 | 1,5 | — | — | 1 | 0,9 | — | — | — | — | — | — |
| keiner | 62 | 94,0 | 34 | 82,9 | 96 | 89,7 | 54 | 96,4 | 45 | 97,9 | 38 | 92,7 |
| insg. | 66 | 100,0 | 41 | 100,0 | 107 | 100,0 | 56 | 100,0 | 46 | 100,0 | 41 | 100,0 |

gekommen sind[2]. Mit einer solchen Möglichkeit ist wohl durchaus zu rechnen, aber sehr wahrscheinlich sind doch nur wenige und leichtere Straftaten der ausgewanderten Probanden unbekannt geblieben, sodaß sie höchstens in Gr. II, nicht aber in III oder etwa IV hätten eingereiht werden müssen. Sie hatten nämlich nach der Verurteilung 1949 alle — außer einem I a-Probanden — noch mindestens ein Jahr straffrei in Hamburg zugebracht, die meisten aber weitaus länger, und für ihr gutes berufliches Fortkommen im Ausland waren hinreichende Belege vorhanden. — Dagegen läßt sich wohl vermuten, daß manchen dieser Probanden die Auswanderung — wie anderen auch die Seefahrt für inländische Reedereien, die hier nicht mitangeführt ist — in Konflikten und Schwierigkeiten geholfen hat, die sie sonst vielleicht zu Straftaten geführt hätten.

1955 war keiner der Probanden mehr Schüler oder Lehrling, sodaß ihre berufliche Schichtung zu dieser Zeit klarer hervortrat als 1949[3].

Tab. 101 zeigt große Unterschiede zwischen Jungen und Mädchen. Nur ein Mädchen gegenüber immerhin 30 % der Jungen hat die Gehilfen- bzw. Gesellenprüfung gemacht. Rund 80 % der Mädchen gegenüber 36 % der Jungen haben niemals eine Lehre auch nur begonnen, sondern waren immer nur als Ungelernte tätig. Von den 9 Mädchen, die wenigstens einmal eine Lehre begonnen hatten, haben 8 sie wiederaufgegeben, von den 163 männ-

Tab. 101: Probanden nach späterer beruflicher Stellung, 1955

| | n | % | n | % | n | % |
|---|---|---|---|---|---|---|
| Berufsstellung | m | | w | | m + w | |
| Geselle (ausgelernt) | 77 | 30,1 | 1 | 2,3 | 78 | 26,0 |
| ungelernt nach abgebr. Lehre | 86 | 33,6 | 8 | 18,2 | 94 | 31,3 |
| immer ungelernt | 93 | 36,3 | 35 | 79,6 | 128 | 42,7 |
| insg. | 256 | 100,0 | 44 | 100,0 | 300 | 100,0 |

[2] vgl. auch o. 5, 7

[3] s. o. Tab. 4, 5

lichen Lehrlingen nur knapp 53 % — wobei das „nur" sich nur auf den Vergleich mit den Mädchen bezieht, denn für sich gesehen scheint auch dies ein bedenklich großer Bruchteil.

Die Differenzen in der beruflichen Stellung sind auch unter den Rückfallsgruppen groß, Tab. 102. Das war zu erwarten, nicht nur weil Kriminalität und Arbeitsversagen vermutlich zu recht großem Teil aus den gleichen Quellen stammen, sondern auch weil die kriminellen Versuchungen und Gefährdungen sich für den häufen, der im Arbeitsleben nicht Fuß faßt, und andererseits dort nicht Fuß fassen kann, wer entweder im Betrieb selbst Straftaten begeht, oder jedenfalls öfter fehlen muß, um Strafen zu verbüßen. — So haben von den Schwerrückfälligen überhaupt nur drei ausgelernt, und davon zwei in der Strafanstalt[4].

Der Anteil derer, die von Anfang an als ungelernte Arbeiter tätig waren, ist in Gr. IV doppelt so groß wie in Gr. I a, aber doch auch in Gr. III (und I b!) ziemlich hoch. Er wird im ganzen wohl von recht verschiedenen Gründen bestimmt: sozialem Stand und wirtschaftlicher Lage des Elternhauses, Schulbegabung und Schulfleiß des Jungen selbst, und auch wohl schon dem Grad seiner Verwahrlosung 1949. Eindeutiger — wenn auch in den Prozentsätzen übertrieben ausgedrückt, da die absoluten Zahlen so klein sind — unterscheidet sich der Anteil der Lehrabbrecher unter den Lehrlingen. Von immerhin schon einem Viertel in Gr. I a nimmt er kontinuierlich zu bis 87 % bei den Schwerrückfälligen. In diesem Punkt ist die Stellung der Gr. I b relativ günstig, vielleicht weil eben nur wenige ihrer Probanden überhaupt eine Lehre begonnen haben und andererseits 56 % Lehrlinge in Gr. IV und 58 % in Gr. III von vornherein zu viel waren,

Tab. 102: Rückfallsgruppen (m) nach späterer allgemeiner beruflicher Stellung

| | I a | | I b | | I | | II | | III | | IV | |
|---|---|---|---|---|---|---|---|---|---|---|---|---|
| Berufl. Stellung | n | % | n | % | n | % | n | % | n | % | n | % |
| ausgelernt | 39 | 59,1 | 11 | 26,8 | 50 | 46,8 | 17 | 30,4 | 7 | 15,2 | 3 | 7,3 |
| ungelernt nach abgebr. Lehre | 13 | 19,7 | 8 | 19,5 | 21 | 19,6 | 22 | 39,3 | 20 | 43,5 | 20 | 48,8 |
| immer ungelernt | 14 | 21,2 | 22 | 53,7 | 36 | 33,6 | 17 | 30,4 | 19 | 41,3 | 18 | 44,0 |
| insg. | 66 | 100,0 | 41 | 100,0 | 107 | 100,0 | 56 | 100,0 | 46 | 100,0 | 41 | 100,0 |
| Anteil d. Lehrabbr. v. allen Lehrlingen in % | 25,0 | | 42,1 | | 29,6 | | 56,4 | | 74,1 | | 87,0 | |
| Lehrzeit bis Abbr. d. Lehre | 16,5 Mon. | | 10,2 Mon. | | 13,1 Mon. | | 16,6 Mon. | | 13,4 Mon. | | 7,0 Mon. | |

[4] Zum Vergleich die unbestimmt Verurteilten von *Meyer* (1956, 97):

| | Verurteilte insg. | | Rückfällige | |
|---|---|---|---|---|
| ausgelernt | 8 | 4,7 | 3 | 3,4 |
| Lehre abgebrochen | 121 | 70,4 | 60 | 68,2 |
| immer ungelernt | 43 | 25,0 | 26 | 29,5 |
| | 172 | 100,0 | 89 | 100,0 |

denn dort hatten nur 44 % bzw. 48 % der Probanden die 8. Volksschulklasse beendet. — Der hohe Anteil von 60 % Gesellen in Gr. I a ist ein deutliches Zeichen dafür, wie diese nur einmal mit Straftaten Bekanntgewordenen im Hinblick auf soziale Herkunft, Begabung und charakterliche Qualitäten ausgelesen sind. — Auch die Lehrlinge, die die Lehre nicht beendeten, haben im Durchschnitt in den günstigeren Gruppen länger darin ausgehalten als in den ungünstigeren.

In Tab. 103 ist gezählt, wieviele Probanden den Berufszweig gewechselt haben — etwa vom Bäcker zum Hafenarbeiter, vom Landarbeiter zum Bauhelfer, vom Fabrikarbeiter zum Straßenbahnschaffner u. ä. Da solcher Wechsel besonders im Anfang des Berufslebens vernünftige Gründe haben kann und jedenfalls bei Lehrlingen und Gesellen seltener ist als bei Ungelernten, läßt sich nicht ohne weiteres sagen, wieweit seine Verteilung in den Rückfallsgruppen durch Unstetigkeit oder Leistungsversagen der Probanden mitbestimmt ist. Sicher ist aber ein entscheidender Unterschied vorhanden zwischen den Probanden, die — gelernt oder ungelernt, nach anfänglichem Wechsel oder nicht — einen *Beruf* haben und denen, die nur einmal dies, einmal das arbeiten, wie es gerade so kommt.

Der Anteil dieser nach jeder Gelegenheit den Beruf wechselnden Probanden steigt von 16 % in Gr. I a auf 60 % in Gr. IV, wobei der Schritt von I zu II klein, die beiden weiteren Schritte aber jeweils groß sind. Daß nur etwas mehr als die Hälfte der III-Probanden sich in einem Beruf stabilisiert haben, erscheint schon recht bedenklich, auch wenn als Vergleichszahlen nur die der Gr. I und II zur Verfügung stehen. Aber man sieht doch auch, wieviel besser diese Jungen der Gr. III im Leben dastehen als die Schwerrückfälligen, von denen überhaupt nur 3 = 7,3 % so etwas wie einen „Beruf" haben, während 61 % mal dies, mal das und 32 % praktisch überhaupt niemals gearbeitet haben, sondern so gut wie immer in Haft waren, mit kurzen Zwischenräumen, in denen sie sich herumtrieben.

Tab. 103: Wechsel des Berufszweiges bis 1955 nach Rückfallsgruppen (m)

| | I a | | I b | | I | | II | | III | | IV | |
|---|---|---|---|---|---|---|---|---|---|---|---|---|
| Berufszweig | n | % | n | % | n | % | n | % | n | % | n | % |
| kein Wechsel | 41 | 62,1 | 20 | 48,9 | 61 | 57,0 | 27 | 48,2 | 14 | 30,4 | 2 | 4,9 |
| n. Wechs. j. stabil | 15 | 22,7 | 12 | 29,3 | 27 | 25,2 | 16 | 28,6 | 10 | 21,8 | 1 | 2,4 |
| wechs. nach Gel. | 10 | 15,2 | 9 | 21,9 | 19 | 17,8 | 13 | 23,2 | 21 | 45,7 | 25 | 61,0 |
| so gut wie nie gearb. | — | — | — | — | — | — | — | — | 1 | 2,2 | 13 | 31,7 |
| insg. | 66 | 100,0 | 41 | 100,0 | 107 | 100,0 | 56 | 100,0 | 46 | 100,0 | 41 | 100,0 |

Entsprechend nimmt — Tab. 104 — auch die durchschnittliche Dauer der einzelnen Beschäftigungen der Probanden von Gruppe zu Gruppe ab[5]. Die Spanne der Unterschiede ist beim Durchschnitt der *längsten* Beschäfti-

[5] *Meyer* (1956, 74) und *Pongratz-Hübner* (1959, 48), die andersherum rechnen, haben ebenfalls große und regelmäßige Differenzen. Vgl. auch die Nach-

gungen der einzelnen Probanden geringer, da bei der Kleinheit der Zahlen die auch in den ungünstigeren Gruppen vorhandenen Probanden mit einer einzigen längeren Arbeitsstelle die Differenzen zu sehr ausgleichen.

Tab. 104: Rückfallsgruppen (m) nach Dauer der späteren Beschäftigungen der P in Jahren (Lehr- und Arbeitsstellen)

| Durchschn. Dauer der | I a | I b | I | II | III | IV |
|---|---|---|---|---|---|---|
| längsten Beschäftigung | 2;1 | 2;3 | 2;2 | 1;8 | 1;0 | 0;8 |
| durchschnittlichen Beschäftigung | 1;5 | 1;1 | 1;3 | 0;11 | 0;5 | 0;3 |

## *II. Privatleben*

Von den Mädchen waren am Stichtag rund 60 % schon verheiratet — wenn man die 5 % einrechnet, die schon wieder geschieden waren —, von den Jungen dagegen nur 28 %, Tab. 105. Mädchen heiraten ja eben im allgemeinen früher als Jungen.

Tab. 105: Probanden (m und w) nach Beziehungen zum anderen Geschlecht, 1955

| | m | | w | | m + w | |
|---|---|---|---|---|---|---|
| P | n | % | n | % | n | % |
| 1 geschieden | 8 | 3,1 | 2 | 4,6 | 10 | 3,3 |
| 2 verheiratet | 64 | 25,0 | 24 | 54,6 | 88 | 29,3 |
| 3 verlobt | 41 | 16,0 | 6 | 13,6 | 47 | 15,7 |
| 4 „feste Freundschaft" | 22 | 8,6 | 2 | 4,6 | 24 | 8,0 |
| 5 jugendlich wechselnd | 65 | 25,4 | 3 | 6,8 | 68 | 22,7 |
| 6 wechs. a. niedr. Niveau | 8 | 3,1 | 5 | 11,4 | 13 | 4,3 |
| 7 keine Beziehungen | 28 | 10,9 | 2 | 4,6 | 30 | 10,0 |
| 8 unbekannt | 20 | 7,8 | — | — | 20 | 6,7 |
| insg. | 256 | 100,0 | 44 | 100,0 | 300 | 100,0 |

Bei den Jungen fanden sich dafür öfter die verschiedenen Vorstufen der dauernden Verbindung in der Ehe. Nämlich — kaum erhöht — die „Verlobung", bei der die Partner sich die Ehe versprochen hatten —, ferner, auch wenig mehr, die „feste Freundschaft", und besonders viel mehr die „jugendlich wechselnden" Verhältnisse. Darunter sind die mehr unverbindlichen und versuchsweisen Anfreundungen verstanden, bei denen die Partner einige Zeit bevorzugt miteinander zum Tanzen, ins Kino gehen usw., aber doch selbst noch nicht so recht wissen, ob es zu einer „festen Freundschaft" kommen wird. Was dieses „jugendliche Wechseln" von dem „Wechsel auf

---

untersuchungen der *Glueck*, Zusammenfassung in After Conduct 1946, 37 ff. *Kaiser* fand in seiner Halbstarkenuntersuchung häufigen Arbeitsplatzwechsel (d. h., je nach Alter, mindestens 5—7maligen) bei 7,1 % der Mitläufer, 26,3 % der Avantgardisten insgesamt und 29,8 % der Rädelsführer allein (*Kaiser* 1959, 153).

niedrigem Niveau" unterscheidet, ist der Charakter der Vorstufe. Das heißt: diese jungen Leute suchen — nicht immer bewußt — im Grunde einen Partner für die Dauer, während sie bei dem Wechsel auf niedrigem Niveau mit dem Wechsel als Dauerform zufrieden sind. Unterschiede im Grad der Intimität sind dabei nicht unbedingt gemeint, obwohl sie zu einem Teil wohl vorhanden sind. — Schließlich gibt es auch noch junge Leute ohne jede Beziehungen zum anderen Geschlecht.

Die Einordnung der Probanden in diese verschiedenen Formen der Partnerbeziehungen war natürlich etwas schwierig, erstens weil die Formen sich nicht klar voneinander abgrenzen, zweitens weil die Auskünfte sicher nicht immer stimmten. Wo das Ergebnis zu zweifelhaft war, wurde der Fall als „unbekannt" registriert.

Die Unterschiede in den Rückfallsgruppen — Tab. 106 — sind z. T. offenbar altersbedingt. So hat die „älteste" Gruppe, I b (vgl. Tab. 36), am meisten Verheiratete, die „jüngste" Gruppe, II, am meisten „jugendlich Wechselnde". — Ferner werden auch allgemeine soziale Gründe mitspielen, wie etwa bei den relativ vielen Probanden der Gr. I a, die überhaupt noch

Tab. 106: Rückfallsgruppen (m) nach Beziehungen zum anderen Geschlecht, 1955

| | I a | | I b | | I | | II | | III | | IV | |
|---|---|---|---|---|---|---|---|---|---|---|---|---|
| | n | % | n | % | n | % | n | % | n | % | n | % |
| geschieden | 2 | 3,0 | — | — | 2 | 1,9 | 4 | 7,2 | 1 | 2,2 | 1 | 2,4 |
| verheiratet | 16 | 24,2 | 16 | 39,0 | 32 | 29,9 | 13 | 23,2 | 13 | 28,3 | 5 | 12,2 |
| verlobt | 11 | 16,7 | 6 | 14,6 | 17 | 15,9 | 12 | 21,4 | 9 | 19,6 | 2 | 4,9 |
| „feste Freundin" | 6 | 9,1 | 2 | 4,9 | 8 | 7,5 | 2 | 3,6 | 5 | 10,9 | 7 | 17,1 |
| jugendl. wechs. | 14 | 21,2 | 11 | 26,8 | 25 | 23,4 | 18 | 32,2 | 11 | 23,9 | 11 | 26,8 |
| wechs., niedr. Niveau | — | — | — | — | — | — | — | — | 4 | 8,7 | 3 | 7,3 |
| keine Bezich. | 13 | 19,7 | 2 | 4,9 | 15 | 14,0 | 5 | 8,9 | 1 | 2,2 | 5 | 12,2 |
| unbekannt | 4 | 6,1 | 4 | 9,8 | 8 | 7,5 | 2 | 3,6 | 2 | 4,4 | 7 | 17,1 |
| insg. | 66 | 100,0 | 41 | 100,0 | 107 | 100,0 | 56 | 100,0 | 46 | 100,0 | 41 | 100,0 |

keine Beziehungen zu Mädchen hatten. Denn die Gr. I a liegt ja der sozialen Schicht nach etwas höher als die anderen, und das ist ein Faktor, der die Reife verzögern und Hemmungen verstärken kann. In Gr. III mit dem im ganzen niedrigsten sozialen Niveau (Tab. 46) ist der Anteil der Probanden ohne jede Mädchenbeziehungen am geringsten, und derer, die auf niedrigem Niveau wechseln, besonders hoch.

Gr. IV fällt in mancher Hinsicht aus dem Rahmen, und dafür sind zweifellos nicht nur allgemein soziale oder Altersgründe verantwortlich. Im Altersdurchschnitt z. B. stehen die Schwerrückfälligen der Gr. I b ganz nahe (Tab. 36), aber doch sind von Gr. I b 39 % verheiratet, von Gr. IV nur 14,6 % (eingerechnet der eine geschiedene Proband). Gr. IV hat auch weniger Verlobte, dafür aber einen größeren Anteil an „festen" Freundschaften. Verhältnismäßig viele der IV-Probanden haben auf niedrigem Niveau wechselnde oder gar keine Beziehungen.

Durch die vielen „Unbekannt"-Fälle in Gr. IV kann die Verteilung etwas verdunkelt werden, aber doch jedenfalls nicht in Bezug auf die geringe Zahl der verheirateten Probanden — über Heirat oder Nicht-Heirat war ja in jedem Fall etwas bekannt — und auf die gegenüber den anderen Gruppen *erhöhten* Anteile. Wenn man die Lebensläufe der schwer Rückfälligen betrachtet, mit den jahrelangen Gefängnisaufenthalten, den meist nur ganz kurzen und sporadischen, auch inhaltlich immer wechselnden Berufstätigkeiten, dann sieht man, daß bei den meisten weder eine äußere, soziale Basis für eine Ehe vorhanden war, noch eine innere, persönliche. Vermutlich verzögerten u. U. die Strafverbüßungen diese Entwicklung noch über das hinaus, was beim Probanden sowieso schon an besonderer persönlicher und sozialer Unreife vorhanden war[8].

Die Zahl der in Tab. 107 aufgeführten ehelichen Kinder der Probanden wird etwa richtig sein. Die unehelichen Kinder sind sicher nur zum kleineren Teil erfaßt worden, besonders auch weil in dieser Hinsicht keine speziellen Nachforschungen angestellt wurden.

Tab. 107: Zahl der Kinder der Probanden (nach Rückfallsgruppen, m)

| P hat | I a n=66 | % | I b n=41 | % | I n=107 | % | II n=56 | % | III n=46 | % | IV n=41 | % |
|---|---|---|---|---|---|---|---|---|---|---|---|---|
| 2 o. mehr K. | — | — | 2 | 4,9 | 2 | 1,9 | 3 | 3,6 | 4 | 8,7 | 1 | 2,4 |
| ein Kind | 17 | 25,7 | 12 | 29,3 | 29 | 27,1 | 17 | 30,4 | 10 | 21,8 | 7 | 17,1 |
| keine u. unbek. | 49 | 74,3 | 27 | 65,9 | 76 | 71,0 | 36 | 64,3 | 32 | 69,5 | 33 | 80,5 |
| ehel.[1] Kind(er) | 15 | 20,5 | 13 | 31,7 | 28 | 26,2 | 16 | 28,2 | 10 | 21,8 | 4 | 9,8 |
| unehel. Kind(er) | 2 | 3,0 | 1 | 2,4 | 3 | 2,8 | 4 | 7,8 | 4 | 8,7 | 4 | 9,8 |
| Alter des P bei Geburt des 1. Kindes | | | | | | | | | | | | |
| Durchschnitt | 21;8 | | 21;4 | | 21;6 | | 20;7 | | 21;8 | | 21;2 | |

[1] oder legitimiert

Unter den Schwerrückfälligen gab es Väter insgesamt am wenigsten, uneheliche Väter aber ebensoviele wie in den Gr. II und III. Das hängt wohl mit ihrer allgemeinen Ungebundenheit zusammen. Bei den Gr. II und III wird auch das allgemeine Milieu mitspielen, und man kann damit rechnen, daß ein Teil der Probanden dort die Kinder noch legitimieren wird,

[8] Daß Rückfallsverbrecher relativ häufig unverheiratet bleiben, ist bekannt, s. dazu *Exner* (1949, 250) und die dort angeführten Untersuchungen. Von *Meyers* Nichtrückfälligen waren in der Zeit der Nachuntersuchung 26,2 % verheiratet, von den Rückfälligen nur 6,8 % (1956, 76); *Pongratz-Hübner* (1959, 78) fanden ihre verheirateten Jungen in Bezug auf Rechtstreue zu 13 % besser bewährt als die Ledigen. Ähnlich Piecha (1959, 105), der allerdings für sein Material daraufhinweist, daß bei Einrechnung der Geschiedenen die Verheirateten nicht besser bewährt seien als die Ledigen, also nicht die Heirat, sondern das Gelingen der Heirat entscheide.

besonders wohl in Gr. II, wo die Väter bei Geburt des ersten Kindes durchschnittlich noch nicht einmal mündig waren (z. T. aber für volljährig erklärt)[7].

Tab. 108: Probanden (m und w) nach Wohnung 1. IV. 1955 oder während letzter Zeit in Freiheit

| | m | | w | | m + w | |
|---|---|---|---|---|---|---|
| Es wohnten | n | % | n | % | n | % |
| 1 allein bei Eltern | 113 | 44,2 | 11 | 25,0 | 124 | 41,3 |
| 2 allein auf Zimmer | 39 | 15,2 | 6 | 13,6 | 45 | 15,0 |
| 3 allein in Wohnheim | 8 | 3,1 | — | — | 8 | 2,7 |
| 4 allein bei Arbeitg. | 7 | 2,7 | — | — | 7 | 2,3 |
| 5 m. Eheg.[1] für sich | 36 | 14,1 | 12 | 27,3 | 48 | 16,0 |
| 6 m. Eheg. b. Eltern | 16 | 6,3 | 4 | 9,1 | 20 | 6,7 |
| 7 m. Eheg. b. SchwiegElt. | 23 | 9,0 | 9 | 20,4 | 32 | 10,7 |
| 8 nirgends | 7 | 2,7 | — | — | 7 | 2,3 |
| 9 unbekannt | 7 | 2,7 | 2 | 4,6 | 9 | 3,0 |
| insg. | 256 | 100,0 | 44 | 100,0 | 300 | 100,0 |
| 1, 6 bei Eltern | 129 | 50,4 | 15 | 34,1 | 144 | 48,0 |
| 7 bei SchwiegElt. | 23 | 9,0 | 9 | 20,4 | 32 | 10,7 |
| 2—5 anderswo | 90 | 35,2 | 18 | 40,9 | 108 | 36,0 |

[1] oder Verlobter

Am Stichtag wohnten noch weit mehr Jungen als Mädchen bei den Eltern, hauptsächlich aber darum, weil sie eben noch so viel häufiger unverheiratet waren. Vergleicht man die noch nicht mit einem Partner zusammenlebenden Jungen und Mädchen für sich, so ist der Unterschied gering, Tab. 108.

Tab. 109 zeigt die Verteilung der Rückfallsgruppen. Am häufigsten wohnten bei den Eltern — und den Schwiegereltern — die Probanden der Gr. II, die ja auch die jüngsten sind. Sowohl allein wie mit der Frau oder Verlobten wohnten sie besonders selten „für sich", d. h. anderswo als bei den Angehörigen. Umgekehrt wohnten die Schwerrückfälligen in beiden Fällen am häufigsten für sich und am seltensten bei Eltern oder auch Schwiegereltern. In der Gr. I a lebten die „Unverheirateten" noch besonders häufig bei den Eltern, die Verheirateten aber relativ oft für sich, vielleicht weil ihnen das wirtschaftlich leichter fiel. In der Gr. I b wohnten auch die Unverheirateten relativ häufig schon anderswo, z. T. wohl wegen ihres höheren Durchschnittsalters, z. T. vielleicht auch aus anderen Gründen; es fuhren ja von ihnen auch relativ viele zur See.

[7] *Pongratz-Hübner* (1959, 65) berichten, daß die 26 % ihrer Probanden, bei denen sie etwas über uneheliche Kinder erfuhren, sich um 26 % minderbewährt hatten.

Tab. 109: Rückfallsgruppen (m) nach Wohnung des P am 1. IV. 1955 oder während letzter Zeit in Freiheit

| P wohnte | I a n | I a % | I b n | I b % | I n | I % | II n | II % | III n | III % | IV n | IV % |
|---|---|---|---|---|---|---|---|---|---|---|---|---|
| all. b. Elt. | 37 | 56,1 | 13 | 31,7 | 50 | 46,7 | 32 | 57,2 | 18 | 39,2 | 12 | 29,3 |
| all. auf Zimm. | 9 | 13,6 | 6 | 14,6 | 15 | 14,0 | 4 | 7,2 | 6 | 13,0 | 12 | 29,3 |
| all. Wohnheim | 1 | 1,5 | 1 | 2,4 | 2 | 1,9 | 2 | 3,6 | 1 | 2,2 | 2 | 4,9 |
| all. b. Arbeitg. | 1 | 1,5 | 2 | 4,9 | 3 | 2,8 | — | — | 3 | 6,5 | 1 | 2,4 |
| m. Eheg.[1] f. sich | 10 | 15,2 | 8 | 19,5 | 18 | 16,8 | 5 | 8,9 | 5 | 10,9 | 7 | 17,1 |
| m. Eheg. b. Eltern | 1 | 1,5 | 5 | 12,2 | 6 | 5,6 | 5 | 8,9 | 5 | 10,9 | — | — |
| m. Eheg. b. SchwE. | 6 | 9,1 | 4 | 9,8 | 10 | 9,3 | 7 | 12,5 | 5 | 10,9 | 1 | 2,4 |
| nirgends | — | — | — | — | — | — | — | — | 1 | 2,2 | 1 | 2,4 |
| unbekannt | 1 | 1,5 | 2 | 4,9 | 3 | 2,8 | 1 | 1,8 | 2 | 4,4 | 5 | 12,2 |
| insg. | 66 | 100,0 | 41 | 100,0 | 107 | 100,0 | 56 | 100,0 | 46 | 100,0 | 41 | 100,0 |
| bei Eltern | 38 | 57,6 | 18 | 43,9 | 56 | 52,3 | 37 | 66,1 | 23 | 50,0 | 12 | 29,3 |
| bei SchwElt. | 6 | 9,1 | 4 | 9,8 | 10 | 9,3 | 7 | 12,5 | 5 | 10,9 | 1 | 2,4 |
| anderswo | 22 | 33,3 | 19 | 46,3 | 41 | 38,3 | 12 | 21,4 | 18 | 39,1 | 28 | 68,3 |

[1] oder Verlobter

Eine andere Frage ist die, ob die Probanden noch Kontakt zu ihren Eltern hatten, und wie eng dieser Kontakt noch war. In Tab. 110 und 111 ist zunächst unterschieden zwischen „noch engen Beziehungen" und „gutem Kontakt bei normaler Loslösung". Die „noch engen Beziehungen" fanden sich öfter — aber noch auch keineswegs immer — da, wo der Proband noch unverheiratet bei den Eltern wohnte, denn dann setzte sich am ehesten noch das Verhältnis gegenseitiger besonderer Wichtigkeit, gegenseitiger oder einseitiger Abhängigkeit, das Teilen der Erlebnisse fort, wie es eben in einer Familie natürlich ist. Aber auch auswärts wohnende Probanden, und auch verheiratete, hatten z. T. noch diese besonders enge Beziehung, während andere, die noch bei den Eltern wohnten, schon in gewissem Umfang ihre eigenen Wege gingen. Bei der Kodifizierung wurde das Alter der Probanden nicht beachtet, die „normale Loslösung" also nach einheitlichem Maßstab gemessen.

Die weiblichen Probanden hatten seltener als die Jungen noch diese engen Beziehungen zu den Eltern, Tab. 110. Sie waren ja öfter verheiratet, aber vielleicht überhaupt in dieser Hinsicht schon „älter" als die Jungen. Daß aber ihr Kontakt zu den Eltern so viel öfter — doppelt so oft als bei den Jungen — gestört war, muß noch besondere Gründe haben. Vielleicht ist einer davon, daß die Mütter — auf deren Berichten ja diese Zuordnungen größtenteils beruhen — von den großen Töchtern mit weit weniger Toleranz sprachen als von den Söhnen. Dummheiten der Jungen entschuldigten sie — „Jugend ist Jugend", „man ist nur einmal jung" usw. — solche der Mädchen nicht. Wenn die junge Ehe nicht gut ging, so

Tab. 110: Probanden nach späteren Beziehungen zu den Eltern oder langjährigen Pflege-Eltern

| | m | | w | | m + w | |
|---|---|---|---|---|---|---|
| Beziehungen | n | % | n | % | n | % |
| 1 noch enge Bez.[1] | 112 | 43,8 | 13 | 29,6 | 125 | 41,7 |
| 2 norm. Loslös., Kont. gut | 64 | 25,0 | 11 | 25,0 | 75 | 25,0 |
| 3 Loslös., Kont. kühler | 23 | 9,0 | 10 | 22,7 | 33 | 11,0 |
| 4 erhebl. Konflikte; Kont. | 12 | 4,7 | 3 | 6,8 | 15 | 5,0 |
| 5 Kontakt zeitw. abgebr. | 7 | 2,7 | 1 | 2,3 | 8 | 2,7 |
| 6 Kont. ganz abgebr. | 26 | 10,2 | 5 | 11,4 | 31 | 10,3 |
| 7 unbekannt | 3 | 1,2 | — | — | 3 | 1,0 |
| 8 entfällt[2] | 9 | 3,5 | 1 | 2,3 | 10 | 3,3 |
| insg. | 256 | 100,0 | 44 | 100,0 | 300 | 100,0 |
| 1, 2 gut | 176 | 68,8 | 24 | 54,6 | 200 | 66,7 |
| 3—5 gestört | 42 | 16,4 | 14 | 31,8 | 56 | 18,7 |
| 6 abgebrochen | 26 | 10,2 | 5 | 11,4 | 31 | 10,3 |

[1] betr., wie das Folgende, den Eltern, mit dem noch am spätesten Kontakt bestand.

[2] wegen Fehlens der Eltern o. ä.

gaben die Mütter weit eher der Schwiegertochter als dem eigenen Sohn die Schuld daran, aber eher der Tochter als dem Schwiegersohn. Das hat wohl nicht die Zuordnung verfälscht, sondern ist eben ein Ausdruck dafür, daß die Konflikte insbesondere zwischen Müttern und großen Töchtern häufiger sind als die zwischen Müttern und Söhnen, und die hier untersuchten Mädchen hatten ja besonders oft nur noch eine alleinstehende Mutter.

Tab. 111: Rückfallsgruppen (m) nach späteren Beziehungen zu den Eltern oder langjährigen Pflege-Eltern

| | I a | | I b | | I | | II | | III | | IV | |
|---|---|---|---|---|---|---|---|---|---|---|---|---|
| Beziehungen | n | % | n | % | n | % | n | % | n | % | n | % |
| 1 noch eng | 39 | 59,1 | 16 | 39,0 | 55 | 51,4 | 29 | 51,8 | 19 | 41,3 | 8 | 19,5 |
| 2 gut; norm. Losl. | 19 | 28,8 | 14 | 34,2 | 33 | 30,8 | 15 | 26,8 | 10 | 21,8 | 4 | 9,8 |
| 3 kühler | 3 | 4,5 | 5 | 12,2 | 8 | 7,5 | 8 | 14,3 | 5 | 10,9 | 2 | 4,9 |
| 4 erh. Konflikte | 1 | 1,5 | 1 | 2,4 | 2 | 1,9 | — | — | 2 | 4,4 | 8 | 19,5 |
| 5 zeitw. abgebr. | — | — | — | — | — | — | — | — | 2 | 4,4 | 5 | 12,2 |
| 6 ganz abgebr. | 4 | 6,1 | 3 | 7,3 | 7 | 6,5 | 1 | 1,8 | 4 | 8,7 | 11 | 26,8 |
| 7 unbekannt | — | — | — | — | — | — | 1 | 1,8 | 1 | 2,2 | 1 | 2,4 |
| 8 entfällt | — | — | 2 | 4,9 | 2 | 1,9 | 2 | 3,6 | 3 | 6,5 | 2 | 4,9 |
| insg. | 66 | 100,0 | 41 | 100,0 | 107 | 100,0 | 56 | 100,0 | 46 | 100,0 | 41 | 100,0 |
| 1, 2 gut | 58 | 87,9 | 30 | 73,2 | 88 | 82,2 | 44 | 78,6 | 29 | 63,0 | 12 | 29,3 |
| 3—5 gestört | 4 | 6,1 | 6 | 14,6 | 10 | 9,3 | 8 | 14,3 | 9 | 19,6 | 15 | 36,6 |
| 6 abgebr. | 4 | 6,1 | 3 | 7,3 | 7 | 6,5 | 1 | 1,8 | 4 | 8,7 | 11 | 26,8 |

In den Rückfälligkeitsgruppen — Tab. 111 — gibt es erhebliche Differenzen, die z. T. zweifellos eine direkte Folge des eigenen guten oder schlechten Sozialverhaltens der Probanden sind. Aber doch wohl nicht nur, da die Familien ja schon früher von recht verschiedener innerer Harmonie gewesen waren. Und die Probanden der Gr. I b, die ja ebensowenig rückfällig wurden wie die der Gr. I a und sich auch — Tab. 112 — in ihrem wirtschaftlichen Gebaren kaum weniger ordentlich zeigten, hatten nicht mehr so oft guten Kontakt zu den Eltern wie die der Gr. I a.

Der gute Kontakt mit den Eltern nimmt von fast 90 % in Gr. I a bis zu rund 30 % in Gr. IV hin ab. Der Schritt von III zu IV ist dabei besonders groß. Gr. I b — die in manchen der hier erörterten späteren Verhaltensweisen, wie ja auch in ihrer Nichtrückfälligkeit, ihren Platz bei der Gr. I a hat — steht hier wieder zwischen II und III. Der „gestörte" Kontakt nimmt in umgekehrter Richtung ab, und mit den abgebrochenen Beziehungen wäre es ebenso, wenn hier nicht Gr. II das Minimum hätte. Die Kontaktabbrüche der nichtrückfälligen Probanden sind nicht schlechthin negativ zu bewerten; als energischer Schritt aus einem ungünstigen und quälenden Zuhause waren sie manchmal ausgesprochen heilsam[8].

Ob die Beziehungen „noch eng" oder normal gelockert waren, hängt auch in den Rückfallsgruppen z. T. offensichtlich vom Alter der Probanden und ihrem Anteil an Verheirateten ab. In Gr. I a mit ihren vielen noch bei den Eltern lebenden Unverheirateten bestand am häufigsten noch dieser enge Kontakt. An zweiter Stelle stehen die Probanden der Gr. II, die ja im Durchschnitt jünger waren und ebenfalls besonders oft noch bei den Eltern wohnten, auch nach der Heirat. Diese Gruppe ist im Grunde die am wenigsten problematische (was sich auch an der Art ihrer Delikte zeigt)[9]. Nur ein Proband hatte hier die Beziehungen zu den Eltern abgebrochen, und bei 14 % waren die Beziehungen etwas abgekühlt, aber ohne erheblichere Konflikte.

## *III. Sonstiges Sozialverhalten, soziale Einordnung*

Die Art, mit dem Geld umzugehen, ist in den Rückfallsgruppen charakteristisch verschieden (Tab. 112). Eine kleinere Gruppe von Probanden hält das Geld ängstlich zusammen und scheut sich ausgesprochen vor jeder unnötigen Ausgabe. Diese „Geizigen" (1. Kategorie der Tab.) kommen am meisten in Gr. I a vor und praktisch kaum oder gar nicht in den Gr. III und IV. Die normale Vorsorge (2) — vernünftige Einteilung, bei der auch an die Zukunft gedacht, aber doch nicht jeder Pfennig zusammengespart wird — nimmt in Gr. I den größten Platz ein, nimmt dann ab, findet sich nur noch bei einem Viertel der Probanden der Gr. III und nur bei einem Schwerrückfälligen.

---

[8] Vgl. z. B. *Fall 18*.

[9] oben S. 42, u. unten S. 223

Unter „harmloser Leichtfertigkeit" (3) ist hier verstanden das Ausgeben des Geldes für augenblickliche Freuden und Vergnügungen, ohne Gedanken an die Zukunft, aber auch nicht über das hinaus, was man sich leisten kann. Diese Haltung fand sich öfter bei jüngeren Probanden, die

Tab. 112: Rückfälligkeitsgruppen (m) nach späterem wirtschaftlichem Gebaren des P

| P war | I a | | I b | | I | | II | | III | | IV | |
|---|---|---|---|---|---|---|---|---|---|---|---|---|
| | n | % | n | % | n | % | n | % | n | % | n | % |
| 1 geizig | 13 | 19,7 | 6 | 14,6 | 19 | 17,7 | 8 | 14,3 | 2 | 4,4 | — | — |
| 2 norm. Vorsorg. | 38 | 57,6 | 22 | 53,7 | 60 | 56,1 | 20 | 35,8 | 11 | 23,9 | 1 | 2,4 |
| 3 harm. leichth. | 9 | 13,6 | 7 | 17,1 | 16 | 14,9 | 11 | 19,7 | 6 | 13,0 | 1 | 2,4 |
| 4 gefährd. Unterh. | 3 | 4,5 | 2 | 4,9 | 5 | 4,7 | 11 | 19,7 | 16 | 34,8 | 9 | 22,0 |
| 5 verjubelt alles | — | — | — | — | — | — | — | — | 3 | 6,5 | 21 | 51,3 |
| 6 unbekannt | 3 | 4,5 | 4 | 9,8 | 7 | 6,5 | 6 | 10,7 | 8 | 17,4 | 9 | 22,0 |
| insg. | 66 | 100,0 | 41 | 100,0 | 107 | 100,0 | 56 | 100,0 | 46 | 100,0 | 41 | 100,0 |

noch keine Heiratsabsichten hatten und „erst einmal das Leben genießen wollten"; sie wird auch nicht selten von den Eltern unterstützt und hat an sich keinen negativen Akzent. Es ist wohl kein Zufall, daß sie in Gr. II mit den relativ jungen Probanden relativ am häufigsten ist.

In den Gr. III und IV — besonders in IV — blieb diese Leichtherzigkeit gegenüber dem Geld aber selten in den Grenzen des eigenen Einkommens. Entweder wurde alles überhaupt zur Verfügung stehende Geld sofort verjubelt (5), sodaß dann andere für den Probanden sorgen mußten oder er selbst einen neuen „Schlag" machen mußte — so machten es über 50 % der Schwerrückfälligen, und vielleicht noch mehr, da die Haltung fast eines Viertels von ihnen unbekannt ist. — Oder es wurde wenigstens ab und zu mehr ausgegeben, als man hatte (4), sodaß Schulden entstanden, andere wenigstens vorübergehend einspringen mußten u. ä., und zwar dies nicht in Form rationeller Abzahlungsgeschäfte, bei denen man immerhin den Gegenwert in der Hand hat, sondern durch Verjubeln des Wochenlohns u. ä. Auch unüberlegte Abzahlungsgeschäfte, die die Leistungsfähigkeit der Probanden überstiegen, sind aber hierhergerechnet. Dieses leichtfertige Wirtschaften, das den Unterhalt wenigsens zeitweise gefährdete, fand sich am meisten bei den Probanden der Gr. III und nur sehr selten bei den Nichtrückfälligen.

Tab. 113 zeigt, wieviele der Probanden sich nach 1949 noch herumgetrieben haben oder — was fast immer auch mit Herumtreiben verbunden war — sogar von zu Hause entlaufen sind; ferner, wieviele von denen, die später noch in einem Heim waren, von dort entlaufen sind.

Die Differenzen zwischen den Rückfallsgruppen sind recht groß. 95 % der Nichtrückfälligen haben sich, soweit bekannt, in der späteren Periode weder herumgetrieben noch sind sie von zu Hause ausgerückt. Bei den Schwerrückfälligen waren es nur 15 %. Gr. III liegt zwischen beiden, während Gr. II der Gr. I sehr nahesteht.

Tab. 113: Rückfallsgruppen (m) nach späterem Herumtreiben und Entlaufen des P

| | I a | | I b | | I | | II | | III | | IV | |
|---|---|---|---|---|---|---|---|---|---|---|---|---|
| später | n | % | n | % | n | % | n | % | n | % | n | % |
| Entl. v. zu Hause | 3 | 4,5 | 1 | 2,4 | 4 | 3,7 | 3 | 5,4 | 17 | 37,0 | 18 | 44,0 |
| nur Herumtr. | 1 | 1,5 | — | — | 1 | 0,9 | 2 | 3,6 | 8 | 17,4 | 17 | 41,5 |
| insg. | 4 | 6,1 | 1 | 2,4 | 5 | 4,7 | 5 | 8,9 | 25 | 54,4 | 35 | 85,4 |
| beides nicht | 62 | 93,9 | 40 | 97,6 | 102 | 95,4 | 51 | 91,1 | 21 | 45,7 | 6 | 14,6 |
| insg. | 66 | 100,0 | 41 | 100,0 | 107 | 100,0 | 56 | 100,0 | 46 | 100,0 | 41 | 100,0 |
| Entl. aus Heim | 2 | | 1 | | 3 | | 1 | | 6 | | 17 | |
| Heim o. Entl. | 2 | | 5 | | 7 | | 8 | | 13 | | 8 | |
| Quotient | 1,0 | | 0,2 | | 0,4 | | 2,1 | | 0,5 | | 2,1 | |

Wichtig ist der Vergleich mit Tab. 89, die die gleichen Punkte für die Zeit bis 1949 vermerkt. Die Differenzen zwischen den Rückfallsgruppen sind nämlich größer geworden. So haben in der Gr. IV sich später etwas mehr Probanden (nur) herumgetrieben als früher, in den übrigen Gruppen aber — und besonders in I und II — erheblich weniger. Entlaufen von zu Hause sind später sogar 44 % der Schwerrückfälligen und 37 % der Gr. III gegenüber immerhin nur 27 % bzw. 15 % in der früheren Periode. Dagegen sind es in Gr. II und I b, wo es auch früher schon nicht besonders viele waren, nun erheblich weniger als früher. In Gr. I a waren es beidemale 3 Probanden.

Ebenso ist von den späteren Heimzöglingen in Gr. IV später ein noch größerer Anteil entlaufen als früher, obwohl sie schon früher den maximalen Anteil hatten.

Tab. 114: Rückfallsgruppen (m) nach guten Seiten des P bei späteren Anstaltsbeurteilungen

| | I a | | I b | | I | | II | | III | | IV | |
|---|---|---|---|---|---|---|---|---|---|---|---|---|
| Gute Seiten | n | % | n | % | n | % | n | % | n | % | n | % |
| „gute Führg." | 30 | 0,86 | 18 | 0,64 | 48 | 0,76 | 19 | 0,56 | 17 | 0,53 | 19 | 0,58 |
| Einsicht | 22 | 0,63 | 14 | 0,50 | 36 | 0,57 | 18 | 0,53 | 7 | 0,22 | 15 | 0,45 |
| Fleiß | 12 | 0,34 | 16 | 0,57 | 28 | 0,44 | 11 | 0,32 | 10 | 0,31 | 13 | 0,39 |
| Kontaktfähigkeit | 5 | 0,14 | 8 | 0,29 | 13 | 0,21 | 6 | 0,18 | 7 | 0,22 | 1 | 0,03 |
| Kameradschaft | 2 | 0,06 | 2 | 0,07 | 4 | 0,06 | 1 | 0,03 | 2 | 0,06 | 2 | 0,06 |
| insg. P[1] | 35 | 2,03 | 28 | 2,07 | 63 | 2,05 | 34 | 1,62 | 32 | 1,34 | 33 | 1,52 |

[1] hier = beurteilte P

Was die spätere Anstaltsführung anlangt, so sieht man aus Tab. 114 und 115, daß zwar im Ganzen gesehen die schwerer Rückfälligen ungünstiger beurteilt sind, aber die Probanden der Gr. III etwas schlechter als die der Gr. IV, was doch ihrer Gesamtentwicklung nicht entspricht. Bei näherer Betrachtung findet sich, daß sie in positiver Hinsicht hinter den Schwerrückfälligen an „guter (äußerer) Führung“, an Fleiß, insbesondere an „Einsicht“ zurückgestanden haben, ihnen aber an Kontaktfähigkeit überlegen waren. Im Negativen wurden sie weniger oft als „haltlos“ befunden als die Schwerrückfälligen, öfter aber als „ängstlich, gehemmt“, was ja eigentlich kein negatives *Charakter*merkmal ist. Die z. T. günstigere Beurteilung der Schwerrückfälligen in Bezug auf ihre äußere Führung und ihre „Einsicht“ gibt Hinweise auf die Gebiete, in denen wohl besonders leicht Täuschungen vorkommen. — Verschlossenheit ist offenbar kein ungünstiges Anzeichen, Daß das Merkmal „haltlos, labil“ so geradlinig mit der Rückfälligkeit zunimmt, kann z. T. damit zusammenhängen, daß die Beurteiler damit einfach das Faktum der wiederholten Rückfälligkeit in Worte faßten. Das Überwiegen der Konstatierung von offenen Aggressionen, Unaufrichtigkeiten, Geltungssucht und Egoismus in den beiden am meisten gestörten Gruppen wird mit größerer Wahrscheinlichkeit reale Sachverhalte getroffen haben[11]

Tab. 115: Rückfallsgruppen (m) nach ungünstigen Seiten des P bei späteren Anstaltsbeurteilungen

| Ungünstige Seiten | I a P.35 | pro P¹ | I b P.28 | pro P¹ | I P.63 | pro P¹ | II P.34 | pro P¹ | III P 32 | pro P¹ | IV P.32 | pro P¹ |
|---|---|---|---|---|---|---|---|---|---|---|---|---|
| stört, aggressiv | 2 | 0,06 | 4 | 0,14 | 6 | 0,10 | 5 | 0,15 | 9 | 0,28 | 9 | 0,27 |
| unaufrichtig | 6 | 0,17 | 5 | 0,18 | 11 | 0,17 | 4 | 0,12 | 10 | 0,31 | 10 | 0,30 |
| geltungssüchtig | 1 | 0,03 | 7 | 0,25 | 8 | 0,13 | 3 | 0,09 | 5 | 0,16 | 6 | 0,18 |
| egoistisch | 2 | 0,06 | — | — | 2 | 0,03 | 1 | 0,03 | 4 | 0,13 | 4 | 0,12 |
| oberflächlich | 7 | 0,20 | 5 | 0,18 | 12 | 0,19 | 9 | 0,26 | 13 | 0,41 | 13 | 0,39 |
| haltlos, labil | 10 | 0,29 | 11 | 0,39 | 21 | 0,33 | 13 | 0,38 | 13 | 0,41 | 19 | 0,58 |
| sex. auffällig | — | — | — | — | — | — | — | — | — | — | — | — |
| ängstl. gehemmt | 4 | 0,11 | 3 | 0,11 | 7 | 0,11 | 5 | 0,15 | 5 | 0,16 | 3 | 0,09 |
| verschlossen | 8 | 0,23 | 6 | 0,21 | 14 | 0,22 | 8 | 0,24 | 6 | 0,19 | 6 | 0,18 |
| P¹ insgesamt | 35 | 1,14 | 28 | 1,46 | 63 | 1,29 | 34 | 1,41 | 32 | 2,03 | 33 | 2,12 |
| Quot. gute Seiten / schl. Seiten | | 1,78 | | 1,41 | | 1,59 | | 1,15 | | 0,66 | | 0,71 |

¹ hier = beurteilte P

## *IV. Verlauf der späteren Einordnung*

Schließlich soll hier noch einmal zusammengestellt werden, bis zu welchem Grade sich die Probanden 1955 sozial eingeordnet hatten — wobei ihr Sozialverhalten als ganzes, nicht nur ihre Kriminalität in Betracht gezogen wird — und wie, grob gesehen, der zeitliche Verlauf dieser Einordnung war.

[11] vgl. *Rose* 1954, 75 ff, *Meyer* 1956. 114 f, der eine Beziehung zwischen Zahl der Hausstrafen und Rückfälligkeit fand; *Frey* 1951, 250.

Tab. 116: Probanden (m und w) nach Verlauf der späteren allgemeinen sozialen Einordnung

| Schwierigkeiten seit 1949 | m n | m % | w n | w % | m + w n | m + w % |
|---|---|---|---|---|---|---|
| keine | 109 | 42,6 | 21 | 47,7 | 130 | 43,3 |
| erst einige, dann keine | 52 | 20,3 | 8 | 18,2 | 60 | 20,0 |
| erst große, dann keine | 13 | 5,1 | — | — | 13 | 4,3 |
| erst keine, dann einige | 2 | 0,8 | — | — | 2 | 0,7 |
| immer einige | 30 | 11,7 | 6 | 13,6 | 36 | 12,0 |
| erst große, dann einige | 2 | 0,8 | 2 | 4,6 | 4 | 1,3 |
| erst keine, dann große | 8 | 3,1 | — | — | 8 | 2,7 |
| erst einige, dann große | 13 | 5,1 | 2 | 4,6 | 15 | 5,0 |
| immer große | 27 | 10,5 | 5 | 11,4 | 32 | 10,7 |
| insg. | 256 | 100,0 | 44 | 100,0 | 300 | 100,0 |

Tab. 116 zeigt das zunächst für Jungen und Mädchen. 43 % der Probanden hatten nach 1949 von Anfang an gar keine Schwierigkeiten der sozialen Einordnung mehr. Der Prozentsatz stimmt mit dem der Nichtrückfälligen fast überein, aber das ist insofern Zufall, als auch Probanden der Gr. II dazugehören und andererseits nicht alle der Gr. I. Weiter heben sich dann heraus die 20 %, die anfänglich noch gewisse Schwierigkeiten hatten, sich dann aber ganz und gar fingen; 12 %, die die ganze Zeit hindurch und noch zuletzt nicht befriedigend eingeordnet waren, ohne doch ganz aus dem Rahmen zu fallen; endlich die 11 %, die seit 1949 ununterbrochen große Schwierigkeiten hatten.

Die Geschlechter unterscheiden sich nicht erheblich. Immerhin gibt es etwas mehr Mädchen, die nach 1949 sofort, und nicht erst nach anfänglichen Schwierigkeiten, in Ordnung waren, ferner blieben etwas mehr Mädchen als Jungen auf dem Stand „einiger Schwierigkeiten" stehen, während die Jungen dafür etwas häufiger zuletzt große Schwierigkeiten hatten.

In Tab. 116 a und b ist noch einmal das Verhältnis anfänglicher und schließlicher Schwierigkeiten — beides aber aus der Zeit nach 1949 — zusammengestellt. Danach hat von den Probanden, die nach der damaligen Verurteilung bzw. Verbüßung sofort gut eingeordnet waren, nur ein sehr

Tab 116 a: Probanden (m) nach Verlauf der späteren allgemeinen sozialen Einordnung

| Schwierigkeiten seit 1949 zuletzt | zuerst keine | | zuerst einige | | zuerst große | | insg. | |
|---|---|---|---|---|---|---|---|---|
| keine | 109 | 91,6 | 52 | 54,7 | 13 | 31,0 | 174 | 68,0 |
| einige | 2 | 1,7 | 30 | 31,6 | 2 | 4,8 | 34 | 13,3 |
| große | 8 | 6,7 | 13 | 13,7 | 27 | 64,3 | 48 | 18,7 |
| insg. | 119 | 100,0 | 95 | 100,0 | 42 | 100,0 | 256 | 100,0 |

kleiner Teil später noch versagt. Die Probanden, die zunächst noch „einige" Schwierigkeiten hatten, haben sich etwa zur Hälfte im Endergebnis befriedigend eingeordnet; ein weiteres Drittel von ihnen blieb immer etwas schwierig und der Rest, etwa ein Achtel, verschlechterte sich und kam zuletzt gar nicht zurecht. Bemerkenswert ist, daß von den — allerdings nur 42 — Jungen, die zuerst noch große Schwierigkeiten hatten, immerhin 31 % später völlig in Ordnung waren. Mit etwa zweidrittel von ihnen — bei den Mädchen etwas mehr — ging es aber bis zuletzt sehr schlecht.

Das gleiche läßt sich auch anders herum darstellen; Tab. 116 c und d. Dann ist es so auszudrücken: Von denen, die zuletzt völlig eingeordnet waren, waren es etwa zwei Drittel — bei den Jungen etwas weniger, bei den Mädchen etwas mehr — sofort. Wer noch zuletzt *gewisse* Schwierig-

Tab. 116 b: Probanden (w) nach Verlauf der späteren allgemeinen sozialen Einordnung

| Schwierigkeiten seit 1949 | zuerst | | | | | | | |
|---|---|---|---|---|---|---|---|---|
| zuletzt | keine | | einige | | große | | insg. | |
| keine | 21 | 100,0 | 8 | 50,0 | — | — | 29 | 66,0 |
| einige | — | — | 6 | 37,5 | 2 | 28,6 | 8 | 18,2 |
| große | — | — | 2 | 12,5 | 5 | 71,4 | 7 | 15,9 |
| insg. | 21 | 100,0 | 16 | 100,0 | 7 | 100,0 | 44 | 100,0 |

Tab. 116 c: Probanden (m) nach Verlauf der späteren allgemeinen sozialen Einordnung

| Schwierigkeiten seit 1949 | zuletzt | | | | | | | |
|---|---|---|---|---|---|---|---|---|
| zuerst | keine | | einige | | große | | insg. | |
| keine | 109 | 62,6 | 2 | 5,9 | 8 | 16,7 | 119 | 46,6 |
| einige | 52 | 29,9 | 30 | 88,2 | 13 | 27,1 | 95 | 37,1 |
| große | 13 | 7,5 | 2 | 5,9 | 27 | 56,2 | 42 | 16,4 |
| insg. | 174 | 100,0 | 34 | 100,0 | 48 | 100,0 | 256 | 100,0 |

Tab. 116 d: Probanden (w) nach Verlauf der späteren allgemeinen sozialen Einordnung

| Schwierigkeiten seit 1949 | zuletzt | | | | | | | |
|---|---|---|---|---|---|---|---|---|
| zuerst | keine | | einige | | große | | insg. | |
| keine | 21 | 72,4 | — | — | — | — | 21 | 47,7 |
| einige | 8 | 27,6 | 6 | 75,0 | 2 | 28,6 | 16 | 36,4 |
| große | — | — | 2 | 25,0 | 5 | 71,4 | 7 | 15,9 |
| insg. | 29 | 100,0 | 8 | 100,0 | 7 | 100,0 | 44 | 100,0 |

keiten hatte, hatte mit großer Wahrscheinlichkeit auch anfänglich weder große noch gar keine, sondern eben einige. Von denen aber, die zuletzt sehr schlecht eingeordnet waren, hatten fast die Hälfte — bei den Mädchen aber weniger — anfänglich geringere Schwierigkeiten, davon ein kleinerer Teil sogar gar keine.

Man sieht ferner aus den Tab. 116 a und b, daß zweidrittel der gesamten Probanden (66 % der Jungen, 68 % der Mädchen) bis 1955 eine durchaus befriedigende soziale Einordnung erreicht hatten, und zwar nicht nur im Hinblick auf die Kriminalität, sondern überhaupt. Von den übrigen war 18 % die Einordnung überhaupt nicht gelungen (18,7 % der Jungen, 15,9 % der Mädchen) und 14 % — 13,3 der Jungen und 18,2 der Mädchen — nur mäßig.

Nun zu den Rückfallsgruppen, Tab. 117. Da die Rückfallsgruppen ja nach dem Grad der Kriminalität der letzten Jahre und teilweise auch nach dem Verlauf der kriminellen Entwicklung gebildet worden sind, ist es keine Überraschung, daß Tab. 117 jeweils an bestimmten Stellen so große Übergewichte zeigt. Was hier interessiert, ist aber die allgemeine soziale Einordnung der Probanden — von der ja Begehung oder Nichtbegehung von Straftaten nur eine Seite ist —, und zwar im ganzen und in ihrem Verlauf.

Tab. 117: Rückfallsgruppen (m) nach Verlauf der späteren allgemeinen sozialen Einordnung

| Schwierigkeiten | I a | | I b | | I | | II | | III | | IV | |
|---|---|---|---|---|---|---|---|---|---|---|---|---|
| seit 1949 | n | % | n | % | n | % | n | % | n | % | n | % |
| keine | 60 | 90,9 | 31 | 75,6 | 91 | 85,1 | 18 | 32,2 | — | — | — | — |
| einige, dann keine | 3 | 4,5 | 9 | 22,0 | 12 | 11,2 | 29 | 51,8 | 11 | 23,9 | — | — |
| große, dann keine | — | — | — | — | — | — | — | — | 13 | 28,3 | — | — |
| keine, dann einige | — | — | — | — | — | — | 1 | 1,8 | 1 | 2,2 | — | — |
| immer einige | 3 | 4,5 | 1 | 2,4 | 4 | 3,7 | 7 | 12,5 | 14 | 30,4 | — | — |
| erst gr., d. einige | — | — | — | — | — | — | 1 | 1,8 | 1 | 2,2 | — | — |
| keine, dann große | — | — | — | — | — | — | — | — | 1 | 2,2 | 7 | 17,1 |
| einige, dann große | — | — | — | — | — | — | — | — | 4 | 8,7 | 11 | 26,8 |
| immer große | — | — | — | — | — | — | — | — | 1 | 2,2 | 23 | 56,2 |
| insg. | 66 | 100,0 | 41 | 100,0 | 107 | 100,0 | 56 | 100,0 | 46 | 100,0 | 41 | 100,0 |

Z. B. ist es interessant, daß von den nur einmal mit Straftaten aufgefallenen I a-Probanden 9 % doch nach 1949 zunächst noch sonstige Schwierigkeiten hatten und die Hälfte davon sie bis zuletzt nicht überwunden hat. Von Gr. I b mit ihrer ungünstigeren kriminellen Vorgeschichte hatten ein Viertel anfänglich noch allgemeine Schwierigkeiten, obwohl sie ja alle nicht mehr kriminell wurden.

In Gr. II hatten 16% der Probanden 1955 noch kein ganz befriedigendes Sozialverhalten, obwohl sie keine Straftaten mehr begingen (oder nur ganz belanglose). — Trotz leichter anfänglicher Rückfälligkeit war aber bei 32 %

dieser Gruppe die Gesamthaltung von Anfang an so gut, daß für sie „keine Schwierigkeiten überhaupt seit 1949“ registriert wurden.

In der Gruppe der „bedenklich Rückfälligen“ (III) endeten 52 % mit durchaus befriedigender sozialer Einordnung, davon mehr als die Hälfte nach anfänglich großen Schwierigkeiten. 35 % brachten es nur zu mäßigem Gesamtverhalten; die meisten davon waren von Anfang an auf diesem Stand gewesen. 13 % schließlich waren, obwohl die Gefahr der kriminellen Rückfälligkeit bei ihnen überwunden schien, zuletzt in ihrem Allgemeinverhalten ganz unbefriedigend, nachdem es vorher bei den meisten davon etwas besser gegangen war.

Ferner haben immerhin fast die Hälfte der Schwerrückfälligen anfänglich Zeiten guten (17 %) oder doch besseren (27 %) Verhaltens gehabt.

## Zusammenfassung

Oben (Kap. 2) ergab sich, daß 1955 noch 87 % der Probanden in Hamburg wohnten. 2 Jungen waren verstorben. 7 % der Jungen und 9 % der Mädchen waren im Ausland, in der Ostzone oder unbekannten Aufenthalts, die meisten aber erst seit relativ kurzer Zeit. 14 % der Mädchen wohnten — meistens infolge von Heirat — anderswo in der Bundesrepublik, aber nur 4 % der Jungen.

Die Unterschiede in der allgemeinen Lebensentwicklung der Jungen und der Mädchen sind vermutlich mehr solche zwischen den Geschlechtern überhaupt als gerade zwischen straffälligen Jungen und Mädchen. So beruflich: von den nur 9 Mädchen (= 20 %), die überhaupt eine Lehre begonnen hatten, hatte nur eines sie beendet; von den entsprechenden 64 % der Jungen immerhin fast die Hälfte. Doppelt so viele Mädchen wie Jungen hatten schon geheiratet (59 % gegenüber 28 %, von beiden einige schon wieder geschieden); bei den Jungen spielte „jugendlicher Wechsel von Freundschaften“ oder das Fehlen jeder Beziehungen zu Mädchen eine relativ größere Rolle. In erster Linie als Folge der Heirat wohnten weniger Mädchen als Jungen — nur ein Drittel gegenüber 50 % der Jungen — noch zu Hause. Von den verheirateten Mädchen wohnten — wenn nicht für sich — vergleichsweise etwas mehr bei den Schwiegereltern als den eigenen Eltern, von den verheirateten Jungen umgekehrt etwas mehr bei den eigenen Eltern. Im ganzen waren aber überhaupt die Beziehungen der Mädchen zu den Eltern seltener noch kindlich eng, öfter nicht nur gelockert, sondern auch abgekühlt, wenn auch nicht abgebrochen. Das hängt z. T. sicher mit ihrer früheren Reife zusammen, vielleicht aber auch damit, daß die Töchter mehr als die Söhne gerade mit der Mutter in Konflikt geraten.

Der allgemeine spätere Lebensgang der Jungen war in den verschiedenen Rückfallsgruppen recht verschieden, z. T. zweifellos auch durch die *Rück*wirkungen von Kriminalität, Haftzeit usw. auf das übrige Leben.

Formell ausgewandert waren nur (10) Jungen der Gr. I a und I b, davon nur einer mehr als 4 Jahre vor dem Stichtag. Über ihren Werdegang ist genügend bekannt, wenn auch einzelne spätere Straftaten unbekannt geblieben sein mögen. Die übrigen Auswärtigen waren erst kurz fort, so die vier aus Gr. IV, die unbekannten Aufenthalts oder in der DDR waren.

Der berufliche Erfolg der Jungen war nach den hier untersuchten Punkten durchweg von Gr. I (I a)—IV zunehmend schlechter, und zwar mit erheblichen Differenzen. Dies gilt — obwohl dabei auch neutrale Faktoren wesentlich mitspielten — schon für die Zahl der Probanden, die überhaupt niemals eine Lehre begonnen hatten; sie ist allerdings in Gr. I b mit 53 % am größten. Es gilt aber ganz ausgesprochen für den Anteil der Ausgelernten einerseits (I a: 60 %, IV: 7 %), der Lehrabbrecher andererseits (I a: 25 % der Lehrlinge, IV: 87 %) und sogar für die bis zum Lehrabbruch durchgehaltene Lehrzeit (I a: 17, IV: 7 Mon.), ferner für den Wechsel des Berufszweiges: in Gr. I a haben sich, z. T. nach anfänglichem Wechsel, schließlich 85 % in einem bestimmten Berufszweig stabilisiert, in Gr. IV nur 7 %, in Gr. III immerhin die Hälfte. In Gr. IV haben 32 % so gut wie nie gearbeitet, in Gr. III nur ein Proband, bei den übrigen keiner. Die durchschnittliche Beschäftigungszeit in der einzelnen Arbeitsstelle war in Gr. I a 17, in Gr. IV 3 Monate. Alle diese Größen steigen von Gr. I (I a) —IV schrittweise auf oder ab. I b hat dabei ihren Platz durchweg gleich hinter I a, was ja auch der sonstigen günstigen Entwicklung dieser Gruppe entspricht.

Der Anteil der Verheirateten in den Rückfallsgruppen ist z. T. durch ihr verschiedenes Durchschnittsalter und ihr verschiedenes soziales Niveau bedingt. So waren in der „jüngsten" Gruppe, II, mehr schon verheiratet (einschl. geschieden) als in Gr. I a, in der es auch die meisten Probanden ohne alle Beziehungen zu Mädchen gab. Daß aber in Gr. IV am wenigsten Probanden geheiratet hatten (im ganzen 15 % gegenüber 39 % der ihnen altersgleichen Gr. I b) und auch relativ viele (12 %) vermutlich ohne alle Mädchenbeziehungen waren, muß mit ihren sonstigen Schwierigkeiten zusammenhängen, kann z. T. auch Folge ihrer vielen und langen Anstaltsaufenthalte sein. Eheliche Kinder hatten daher in Gr. IV weniger Probanden als in den übrigen, uneheliche aber etwas mehr.

Obwohl so oft noch unverheiratet, wohnten doch die Schwerrückfälligen nur noch besonders selten bei den Eltern (29 % gegenüber 58 % Gr. I a, 66 % der jüngsten Gr. II). Auch der Kontakt mit den Eltern war von Gr. I—IV abnehmend weniger „gut", wobei die normale Loslösung von den Eltern nicht als Verschlechterung gerechnet wurde (88 % gut in I a, 29 % in IV).

Im wirtschaftlichen Verhalten nahm die normale Vorsorge von I—IV ab, harmlose Leichtfertigkeit war in Gr. II am häufigsten, solche, die den Unterhalt gefährdet, entsprach — nach Gruppen — der Schwere der Rückfälligkeit, wobei in Gr. IV 50 % gewöhnlich alles, was sie hatten, sofort durchbrachten.

Die Zahl der Herumtreiber hat sich in Gr. IV, die der von zu Hause entlaufenen Probanden auch in Gr. III gegen früher noch vermehrt, während beides in den übrigen Gruppen noch weniger geworden ist. Die schon früher erheblichen Differenzen der Gruppen haben sich also noch vergrößert. Herumtreiben oder Entlaufen kam in Gr. I nur noch bei 4,7 % vor, in Gr. II bei 9 %, in Gr. III bei 54 %, in Gr. IV bei 85 %.

Wenn man sonstige Schwierigkeiten der sozialen Einordnung mit der Kriminalität zu einem einzigen Begriff zusammenfaßt, so waren 1955 zwei Drittel aller Probanden sozial durchaus befriedigend eingeordnet. Bemerkenswerterweise haben bei diesem umfassenderen Begriff Jungen und Mädchen den gleichen Anteil befriedigender Entwicklungen.

Häufig entspricht der Grad der allgemeinen Einordnungsschwierigkeiten gleich nach 1949 dem schließlich erreichten Stand. Aber das ist nicht allgemein so. Z. B. kamen von den 42 Jungen, die anfänglich noch große Schwierigkeiten hatten, immerhin 30 % schließlich noch völlig in Ordnung, und von den 48 mit zuletzt großen Schwierigkeiten hatten 17 % anfänglich gar keine, 27 % nur einige.

In Gr. I hatten rund 4 %, in Gr. II 16 % noch zuletzt gewisse allgemeine Einordnungsschwierigkeiten, die übrigen aber gar keine mehr. In Gr. III endeten 35 % mit einigen, 13 % sogar mit großen Schwierigkeiten — trotz Aufhören ihrer Kriminalität —; und in Gr. IV waren bei allen große Schwierigkeiten das einstweilige Ende.

# Kapitel 5

## *Einfluß verschiedener sozialer Faktoren auf die Lage der Probanden*

### *I. Soziale Einordnung und innere Harmonie des Elternhauses*

Das zahlenmäßige Überwiegen bestimmter Faktoren in bestimmten Rückfallsgruppen sagt an sich noch nichts darüber aus, ob sie selbst wirklich etwas mit der Rückfälligkeit zu tun haben. Würde allein ihr Fehlen das Ergebnis irgendwie ändern? Oder variieren sie nur darum mit der Rückfälligkeit, weil sie besonders häufig mit anderen Faktoren zusammen vorkommen, die ihrerseits wirklich etwas mit der Rückfälligkeit zu tun haben? Beeinflußt etwa die Berufstätigkeit der Mutter unmittelbar die Entwicklung der Kinder zum Ungünstigen, oder sieht es nur darum so aus, weil mehr Mütter in den sozialen Schichten berufstätig sind, in denen sowieso mehr Kinder Straftaten begehen?

Um einigen dieser Fragen etwas mehr auf den Grund zu gehen, wurden verschiedene Merkmale untereinander korreliert, ohne Rücksicht auf die Rückfälligkeit, d. h. quer durch die Rückfälligkeitsgruppen hindurch. So wurde insbesondere das Vorkommen verschiedener Faktoren in sozial eingeordneten und asozialen, in harmonischen und unharmonischen Familien, in den Familien verschiedener persönlicher Zusammensetzung und bei Probanden von verschiedener Stellung in der Geschwisterreihe untersucht.

Wirklich isoliert sind diese für sich untersuchten Faktoren damit allerdings nicht. Dazu müßten nämlich jeweils alle übrigen Variablen gleichgestellt werden, aber dann würden die Zählungen überaus kompliziert und die Zahlen viel zu klein. So sind z. B. — Tab. 118 — die meisten asozialen Familien proletarisch, von den sozial gut eingeordneten dagegen nur ein Drittel, und so erhebt sich sofort die Frage, wieweit der höhere Anteil an Hilfsschülern, an Ungelernten usw. in den „asozialen" Familien einfach Merkmal der proletarischen Schicht ist und wieweit er etwas mit der Asozialität selbst zu tun hat. Wobei aber auch wiederum nicht ganz zu übersehen ist, daß die asozialen Familien ja eben einen Bestandteil der proletarischen Schicht bilden, jedenfalls einen größeren als der übrigen Schichten.

So dienen diese Querkorrelationen im Grunde u. a. wesentlich dazu, die außerordentliche Kompliziertheit der Zusammenhänge sichtbar werden zu lassen und vor übereilten Urteilen zu bewahren[1].

In Tab. 118 sind zunächst die sozial gut eingeordneten den sog. „asozialen" Familien gegenübergestellt, und gleich daneben die harmonischen den unharmonischen Familien.

Die getrennte Betrachtung dieser Faktoren erschien darum wichtig, weil ja relativ weniger Schwerrückfällige als Probanden der mittleren Gruppen — II, III und auch I b — aus diesen ausgesprochen asozialen Familien kommen, während die unharmonischen Familien bis zu Gr. IV hin noch zunehmen, und zwar auch zuletzt noch recht erheblich. Dies war schon in Tab. 63 und 63 a dargestellt und zeigt sich noch einmal in Tab. 118, in der die Prozentsätze andersherum gerechnet sind. Aus dieser anderen Rechenweise ersieht man z. B., daß 63 %, also fast zweidrittel aller harmonischen Familien der Gr. I angehören, die im ganzen mit ihren 107 Probanden nur 41,8 % aller 256 Jungen ausmacht; und nur 4 % der asozialen Familien gehören zu Gr. IV, die 16 % aller Jungen ausmacht. Von den sozial gut eingeordneten Familien gehören dagegen 48 % der Gr. I und 15,1 % der Gr. IV an, ein Verhältnis, das dem Durchschnitt näher liegt.

Es war schon darauf hingewiesen worden[2], daß auch nach den Ergebnissen der Cambridge-Somerville-Youth-Study und einer Probation-Nachuntersuchung von Grünhut für dauerndes Abgleiten in Kriminalität und Verwahrlosung mehr eine ungünstige emotionale Atmosphäre des Elternhauses maßgeblich scheint als seine sozialen Mängel, seine Asozialität. Von einer ähnlichen Erfahrung berichten auch die Gluecks in Juvenile Delinquents Grown Up[3]. Die mit schwereren Delikten rückfälligen Probanden — dazu rechnen die Gluecks alle Vermögenstäter — kamen öfter als die nur Ordnungswidrigkeiten begehenden „petty offenders" aus zerstörten und emotional gestörten Familien. Umgekehrt verhielt es sich aber, „although it may seem paradoxical", mit der Herkunft aus ungünstigen Wohnvierteln (neighborhoods). „This is not the place", schreiben die Verf. weiter, „to enter into any discussion of the effect of neighborhood conditions on delinquency, but there appears to be some evidence here that, although bad neighborhood conditions may play some role in the etiology of crime, they do not necessarily determine its future character."

Es handelt sich dabei um ein wichtiges Problem der Kriminologie, über das die Meinungen aber z. Z. noch geteilt sind. Während man früher die

---

[1] Über das außerordentlich komplizierte Ineinandergreifen der sozialen und persönlichen Faktoren unterrichtet sehr gut die Untersuchung von *Ferguson*, der sämtliche 1947 mit 14 Jahren von der Schule abgegangenen Jugendlichen Glasgows nach vielen Faktoren durchuntersuchte (Ferguson, T. and Cunnison, I. The Young Wage Earner, London usw. 1951) und den Delinquenten darunter eine besondere Untersuchung widmete (Ferguson, T.: The Young Delinquent in his social setting, London u. a. 1952).

[2] o. S. 80, Anm. 22

[3] 1940, 128.

große Trennungslinie zwischen „Umwelt" und „Täterpersönlichkeit" zog, innerhalb der Umweltfaktoren aber eigentlich keine prinzipiellen Rangunterschiede machte, haben sich jetzt innerhalb der „Umwelttheorie" zwei Fronten herausgebildet.

Die mehr soziologisch orientierten Kriminologen betonen mehr die Tatsache, daß kriminelle Verhaltensweisen in gewissen Randschichten der Bevölkerung gleichsam normal sind und von den Eltern den Kindern, von Kameraden den Kameraden tradiert werden wie andere Verhaltensnormen auch. Diese Betrachtungsweise wird besonders in den USA gepflegt, wo viele Kriminologen ihrer Fachausbildung nach Soziologen sind, und wo das Zusammenstoßen vieler verschiedener Kulturen und das Bestehen vieler „Subkulturen" den Blick für solche Phänomene geöffnet hat[4].

Unter dem Einfluß der Tiefenpsychologie und der Child-Guidance-Bewegung haben andere Untersucher — und zwar zunächst auch wieder besonders in den USA[5] — versucht, das abnorme Verhalten der Kriminellen in erster Linie aus den Schäden zu erklären, die sie durch persönliche, insbesondere durch Gefühlserlebnisse erlitten haben. Für sie haben daher Umweltschäden ein prinzipiell verschiedenes Gewicht, je nachdem ob sie den Einzelnen so früh und in solcher Art treffen, daß sie die Struktur seiner Persönlichkeit, seinen Charakter modifizieren oder ob sie ihm, bei an sich normalem Charakteraufbau, kriminelle Verhaltensweisen mehr nur äußerlich nahebringen. Aichhorn[6] hat den Begriff der „latenten Verwahrlosung" gebildet; darunter versteht er eben die Herausbildung einer abweichenden inneren Struktur — entsprechend einer Neurose —, die dann unter gegebenen Umweltreizen im gegebenen Augenblick zur manifesten Verwahrlosung führt (daneben erwähnt er aber Jugendliche, die bei an sich normaler innerer Struktur sich nur eben in einer Bande „sozial" betätigen)[7]. In den angelsächsischen Ländern hat man diese „latente Verwahrlosung" unter dem Begriff der „susceptibility to crime" übernommen, und insbesondere Kate Friedlander hat sich bemüht, die Ausbildung dieser „antisocial Character formation" unter dem Einfluß abnormer frühkindlicher Situationen darzustellen[8].

Mannheim[9] bringt diesen Gedanken von der erworbenen, möglicherweise aber sehr tiefgehenden Charakterstörung mit Freys Annahme von der

---

[4] s. insbes. *Sutherland* und *Cressey* mit ihrer Lehre von der „differential association", aber auch die Untersuchungen von Clifford B. *Shaw* u. a. Zu *Cressey* s. *Glueck*, Brit J Delinq.

[5] beginnend mit *Healy* u. *Bronner* 1936.

[6] In „Verwahrloste Jugend", zuerst 1925.

[7] 3. Aufl. 1951, 190. Siehe dazu auch *Friedlander* 1951, 185; *Bovet* 1951, 32.

[8] *Friedlander* 1951; vgl. auch das ausführliche Referat von *Pearce* 1952, 90 ff.

[9] Group Problems 1955, 141.

durchschlagenden Wichtigkeit der konstitutionell-biologischen Faktoren auf eine Linie. Gegenüber der Ansicht, daß Kriminalität einfach wie jedes andere soziale Verhalten „gelernt" werde, bilden diese Gedanken tatsächlich eine gemeinsame Front, und in Zukunft wird vermutlich der Gedanke der erworbenen antisozialen Charakterstruktur im wesentlichen — obwohl nicht ganz — an die Stelle der Theorien von den angeborenen kriminogenen Psychopathien treten. Daß gewisse Bevölkerungsgruppen mehr als andere asoziales und kriminelles Verhalten pflegen und überliefern, widerspricht diesen Gedanken nicht, sondern bildet ihre notwendige Ergänzung. Umgekehrt läßt sich aber nach der ausschließlich soziologischen Theorie nicht verstehen, warum nicht alle Jugendlichen aus den ungünstigen Bevölkerungsgruppen in gleicher Weise straffällig werden.

Wenn man die soziologische mit der psychologischen Betrachtungsweise kombiniert — wie es ja im Begriff der „latenten" Verwahrlosung und der „susceptibility" to crime liegt — so läßt sich eine etwas günstigere spätere Entwicklung der Jugendlichen aus ungünstigen Wohngegenden und aus asozialen Familien wohl verstehen. Solche Jugendlichen müssen nicht immer und nicht so besonders tief gestört sein, um sich an Straftaten zu beteiligen, die unter den Jugendlichen ihrer Wohngegend im Schwange sind; später gelingt ihnen dann aber auch die Anpassung an die allgemeinen sozialen Normen eher als denen, die aus sozial günstigeren Familien kommen und trotzdem — was auf ihre inneren Störungen hinweist — straffällig wurden.

Ein flüchtiger Blick auf Tab. 118 zeigt nun, daß fast alle Merkmale in den beiden Gegensatzpaaren — „sozial-asozial" und „harmonisch-unharmonisch" — gleichsinnig variieren. Was mehr in sozial eingeordneten als asozialen Familien vorkommt, kommt auch — mit geringen Ausnahmen — öfter in harmonischen als in unharmonischen Familien vor. Damit ist allerdings noch nicht gesagt, daß innere Harmonie und gute soziale Außeneinordnung der Familie sich sozusagen gegenseitig vertreten können. Denn die Tabelle zeigt ja zugleich, daß diese Merkmale sich real überdecken. So sind die asozialen Familien zu 84 % auch innerlich unharmonisch, die sozial eingeordneten dagegen nur zu 54 %. Jede Aussage über „asoziale Familien" enthält also zugleich etwas über „unharmonische" mit.

Auf zwei Wegen kann man dem unterschiedlichen Gehalt der beiden Gegensatzpaare doch auf die Spur zu kommen suchen. Erstens durch den Vergleich der Unterschiede nach Größe und nach Richtung. Wo der Unterschied innerhalb des Gegensatzes „sozial-asozial" größer ist als im anderen Gegensatzpaar, da wird man der sozialen Einordnung der Familie eine größere Rolle zuschreiben müssen als ihrer inneren Harmonie, und Richtungsverschiedenheiten der Unterschiede sprechen natürlich eine noch deutlichere Sprache. — Ferner kann man die Gruppen weiter aufteilen, so daß direkt sichtbar wird, was etwa in den sozialen und auch harmonischen Familien anders ist als in den sozialen aber u n harmonischen usw. — Das ist in Tab. 118 geschehen, natürlich unter dem Opfer einer Verkleinerung der Gruppen; außerdem konnten die harmonischen asozialen Familien nicht einbezogen werden, weil es nur 10 von dieser Art gibt.

Tab. 118: Sozial eingeordnete und asoziale, harmonische und unharmonische Familien nach verschiedenen Faktoren (m P)

| | soz. Fam. | | asoz. Fam. | | harm. Fam. | | unharm. Fam. | |
|---|---|---|---|---|---|---|---|---|
| | n=179 | % | n=62 | % | n=93 | % | n=148 | % |
| I a | 59 | 33,0 | 4 | 6,5 | 41 | 44,1 | 22 | 14,9 |
| I b | 27 | 15,1 | 13 | 21,0 | 18 | 19,4 | 22 | 14,9 |
| I | 86 | 48,0 | 17 | 27,4 | 59 | 63,4 | 44 | 29,7 |
| II | 37 | 20,7 | 17 | 27,4 | 17 | 18,3 | 37 | 25,0 |
| III | 25 | 14,0 | 16 | 25,8 | 11 | 11,8 | 30 | 20,3 |
| IV | 27 | 15,1 | 11 | 17,7 | 4 | 4,3 | 34 | 23,0 |
| harmonisch | 83 | 46,4 | 10 | 16,1 | 93 | 100,0 | — | — |
| unharmonisch | 96 | 53,6 | 52 | 83,9 | — | — | 148 | 100,0 |
| sozial eingeordnet | 179 | 100,0 | — | — | 83 | 89,2 | 96 | 64,9 |
| asozial | — | – | 62 | 100,0 | 10 | 10,8 | 52 | 35,1 |
| äuß. Störungen | 98 | 54,7 | 31 | 50,0 | 50 | 53,8 | 79 | 53,4 |
| Elternhaus | | | | | | | | |
| bürgerlich | 20 | 11,2 | 2 | 3,2 | 11 | 11,8 | 11 | 7,4 |
| kleinbürgerlich | 97 | 54,2 | 6 | 9,7 | 49 | 52,7 | 54 | 36,5 |
| proletarisch | 61 | 34,1 | 53 | 85,5 | 33 | 35,5 | 81 | 54,8 |
| wirtschaftlich | | | | | | | | |
| besonders gut | 10 | 5,6 | 1 | 1,6 | 5 | 5,4 | 6 | 4,1 |
| mittel | 90 | 50,3 | 15 | 24,2 | 46 | 49,5 | 59 | 39,9 |
| Not | 78 | 43,6 | 45 | 72,6 | 42 | 45,2 | 81 | 54,7 |
| kleinb., wirtsch. mitt. | 54 | 30,2 | 2 | 3,2 | 29 | 31,2 | 27 | 18,2 |
| kleinb., wirtsch. Not | 35 | 19,6 | 4 | 6,5 | 16 | 17,2 | 23 | 15,5 |
| prol., wirtsch. mitt. | 25 | 14,0 | 12 | 19,4 | 9 | 9,7 | 28 | 19,0 |
| prol., wirtsch. Not | 36 | 20,1 | 40 | 64,5 | 24 | 25,8 | 52 | 35,1 |
| Schulabgang des P | | | | | | | | |
| VSch. Kl. 8 o. mehr | 119 | 66,5 | 24 | 38,7 | 64 | 68,8 | 79 | 53,4 |
| VSch. Kl. 7 o. wen. | 44 | 24,6 | 23 | 37,1 | 18 | 19,4 | 49 | 33,1 |
| HiSch. | 15 | 8,4 | 14 | 22,6 | 11 | 11,8 | 18 | 12,2 |
| HiSch. Kl. 8 o. mehr | 7 | 3,9 | 5 | 8,1 | 5 | 5,4 | 7 | 4,7 |
| HiSch. Kl. 7 o. wen. | 8 | 4,5 | 9 | 14,5 | 6 | 6,5 | 11 | 7,4 |
| Schwänzen | 30 | 16,8 | 23 | 37,1 | 14 | 15,0 | 39 | 26,4 |
| kein Schwänzen | 77 | 43,1 | 18 | 29,0 | 42 | 45,2 | 53 | 35,8 |
| Quot. Schwänzen / kein Schwänzen | 0,39 | | 1,3 | | 0,33 | | 0,74 | |
| VSch.-Betragen | | | | | | | | |
| gut o. mittel | 76 | 42,5 | 23 | 37,1 | 45 | 48,4 | 60 | 40,5 |
| schlecht | 16 | 8,9 | 18 | 29,0 | 5 | 5,4 | 13 | 8,8 |
| Quot. schlecht / gut o. mittel | 4,8 | | 1,3 | | 9,0 | | 4,6 | |

| | soz. Fam. n=179 | % | asoz. Fam n=62 | % | harm. Fam. n=93 | % | unharm. Fam. n=148 | % |
|---|---|---|---|---|---|---|---|---|
| bei Tat | | | | | | | | |
| Schüler | 57 | 31,8 | 16 | 25,8 | 32 | 34,4 | 41 | 27,7 |
| Lehrling | 64 | 35,8 | 8 | 12,9 | 33 | 35,5 | 39 | 26,4 |
| Arb. nach abgebr. Lehre | 21 | 11,7 | 9 | 14,5 | 9 | 9,7 | 21 | 14,2 |
| immer ungelernt | 32 | 17,9 | 22 | 35,5 | 16 | 17,2 | 38 | 25,7 |
| ohne Beruf | 3 | 1,7 | 7 | 11,3 | 1 | 1,1 | 9 | 6,1 |
| Quot. Lehre begonnen / nie Lehre | 2,7 | | 0,77 | | 2,6 | | 1,58 | |
| Quot. Lehre begonnen / abgebr. Lehre | 0,38 | | 0,53 | | 0,22 | | 0,35 | |
| Ehe der Eltern | | | | | | | | |
| P unehelich | 15 | 8,4 | 9 | 14,5 | 10 | 10,8 | 14 | 9,5 |
| Eltern geschieden | 40 | 22,4 | 18 | 29,0 | 10 | 10,8 | 48 | 25,7 |
| V tot | 27 | 15,1 | 13 | 21,0 | 17 | 18,3 | 23 | 15,5 |
| M tot | 17 | 9,5 | 2 | 3,2 | 9 | 9,7 | 10 | 6,8 |
| V+M tot | 2 | 1,1 | 2 | 3,2 | 2 | 2,2 | 2 | 1,4 |
| Fam. besteht aus | | | | | | | | |
| V+M | 83 | 46,4 | 21 | 33,9 | 47 | 50,5 | 57 | 38,5 |
| M | 28 | 15,6 | 13 | 21,0 | 13 | 14,0 | 28 | 19,0 |
| M+StV | 34 | 19,0 | 16 | 25,8 | 12 | 12,9 | 38 | 25,7 |
| V | 11 | 6,1 | 1 | 1,6 | 7 | 7,5 | 5 | 3,4 |
| V+St M | 19 | 10,6 | 2 | 3,2 | 13 | 14,0 | 8 | 5,4 |
| mehrere StFam. | 6 | 3,4 | 7 | 11,3 | — | — | 13 | 8,8 |
| PflElt. | 6 | 3,4 | 3 | 4,8 | 7 | 7,5 | 2 | 1,4 |
| StE+StGeschw. | 22 | 12,3 | 7 | 11,3 | 13 | 14,0 | 16 | 10,8 |
| StE o. StGeschw. | 31 | 17,3 | 11 | 17,7 | 12 | 12,9 | 30 | 20,3 |
| P ist aufgewachsen bei | | | | | | | | |
| eigenen Eltern | 96 | 53,6 | 21 | 33,9 | 58 | 62,4 | 59 | 39,9 |
| Elt+StElt. | 26 | 14,5 | 13 | 21,0 | 9 | 9,7 | 30 | 20,3 |
| Fam.Wechsel | 42 | 23,4 | 27 | 43,5 | 21 | 22,6 | 38 | 25,7 |
| keine Trennung v. Elt. | 24 | 13,4 | 5 | 8,1 | 20 | 21,5 | 9 | 6,1 |
| P tendierte | | | | | | | | |
| mehr zu V | 34 | 19,0 | 12 | 19,4 | 16 | 17,2 | 30 | 20,3 |
| mehr zu M | 72 | 40,3 | 20 | 32,3 | 38 | 40,9 | 54 | 36,5 |
| P als Kind | | | | | | | | |
| ruhig | 91 | 50,8 | 20 | 32,3 | 46 | 49,5 | 65 | 44,0 |
| lebhaft | 72 | 40,3 | 28 | 45,2 | 36 | 38,7 | 64 | 43,3 |
| Einzelgänger | 41 | 22,9 | 10 | 16,1 | 21 | 22,6 | 30 | 20,3 |
| gesellig | 107 | 59,8 | 35 | 56,5 | 55 | 59,1 | 27 | 58,8 |
| wild | 19 | 10,6 | 7 | 11,3 | 5 | 5,4 | 21 | 14,2 |
| warmherzig | 88 | 49,2 | 25 | 40,3 | 59 | 63,4 | 54 | 36,5 |
| ambivalent+kühl | 53 | 29,6 | 20 | 32,3 | 20 | 21,5 | 53 | 35,8 |

| | soz. Fam. n=179 | % | asoz. Fam. n=62 | % | harm. Fam. n=93 | % | unharm. Fam. n=148 | % |
|---|---|---|---|---|---|---|---|---|
| P als Kind | | | | | | | | |
| gewissenhaft | 47 | 26,3 | 6 | 9,7 | 32 | 34,4 | 21 | 14,2 |
| leichtfertig | 31 | 17,3 | 10 | 16,1 | 15 | 16,1 | 26 | 17,6 |
| bestimmt insg. | 42 | 23,4 | 9 | 14,5 | 21 | 22,6 | 30 | 20,3 |
| nachgiebig insg. | 103 | 57,5 | 32 | 51,6 | 53 | 57,0 | 82 | 55,4 |
| sehr nachgiebig | 26 | 14,5 | 13 | 21,0 | 14 | 15,0 | 25 | 16,9 |
| unterwürfig | 11 | 6,1 | 2 | 3,2 | 3 | 3,2 | 10 | 6,8 |
| körperlich beeintr. | 16 | 8,9 | 7 | 11,3 | 12 | 12,9 | 11 | 7,4 |
| ausgeglichen | 30 | 16,8 | 11 | 17,7 | 21 | 22,6 | 20 | 13,5 |
| erregbar | 65 | 36,3 | 26 | 41,9 | 30 | 33,3 | 61 | 41,2 |
| ängstlich | 46 | 25,7 | 14 | 22,6 | 25 | 26,9 | 35 | 23,7 |
| jähzornig | 19 | 10,6 | 11 | 17,7 | 5 | 5,4 | 25 | 16,9 |
| Häusl. Erz. Schw. | 72 | 40,3 | 31 | 50,0 | 24 | 25,8 | 79 | 53,4 |
| vor 13 J. | 16 | 8,9 | 16 | 25,8 | 5 | 5,4 | 27 | 18,2 |
| bis 1949 | | | | | | | | |
| Herumtreiben | 60 | 33,5 | 30 | 48,4 | 23 | 24,7 | 67 | 45,3 |
| Entl. v. zu Hause | 28 | 15,6 | 9 | 14,5 | 10 | 10,8 | 27 | 18,2 |
| Entl. aus Heim | 14 | 7,8 | 11 | 17,7 | 5 | 5,4 | 20 | 13,5 |
| Quot. $\frac{\text{Entl. a. Heim}}{\text{war i. Heim}}$ | 0,40 | | 0,44 | | 0,45 | | 0,41 | |
| Bettnässen insg. | 34 | 19,0 | 10 | 16,1 | 15 | 16,1 | 29 | 19,6 |
| kein Bettnässen | 114 | 63,7 | 40 | 64,5 | 61 | 65,6 | 93 | 62,9 |
| Bettnässen nach Pubertät | 9 | 5,0 | 2 | 3,2 | 2 | 2,2 | 9 | 6,1 |
| Heimweh | 63 | 35,2 | 23 | 37,1 | 31 | 33,3 | 55 | 37,2 |
| kein Heimweh, trotz Gel. | 35 | 19,6 | 19 | 30,6 | 18 | 19,4 | 36 | 24,4 |
| Quot. $\frac{\text{Heimweh}}{\text{Gelegenheit}}$ | 0,64 | | 0,55 | | 0,63 | | 0,61 | |
| Ekel vor Milch | 54 | 30,2 | 28 | 45,2 | 27 | 29,0 | 55 | 37,2 |
| M berufstätig | | | | | | | | |
| frühe Kindheit | 30 | 16,8 | 12 | 19,4 | 8 | 8,6 | 35 | 23,7 |
| Kindheit | 51 | 28,5 | 15 | 24,2 | 16 | 17,2 | 50 | 33,8 |
| Tatzeit | 59 | 33,0 | 11 | 17,7 | 24 | 25,8 | 46 | 31,1 |
| P's Beruf 1955 | | | | | | | | |
| ausgelernt | 66 | 36,9 | 5 | 8,1 | 43 | 69,4 | 28 | 18,9 |
| Arb. nach abgebr. Lehre | 56 | 31,3 | 22 | 35,5 | 21 | 33,9 | 55 | 37,2 |
| immer ungelernt | 56 | 31,3 | 35 | 56,5 | 29 | 46,8 | 56 | 37,8 |
| Quot. $\frac{\text{nie Lehre}}{\text{Lehre begonnen}}$ | 2,18 | | 0,77 | | 2,21 | | 1,48 | |
| Quot. $\frac{\text{Lehre abgebr.}}{\text{Lehre begon.}}$ | 0,46 | | 0,81 | | 0,33 | | 0,66 | |

| | soz. Fam. n=179 | % | asoz. Fam. n=62 | % | harm. Fam. n=93 | % | unharm. Fam n=148 | % |
|---|---|---|---|---|---|---|---|---|
| P 1955 | | | | | | | | |
| geschieden | 6 | 3,4 | 1 | 1,6 | 3 | 3,2 | 4 | 2,7 |
| verheiratet | 45 | 25,1 | 18 | 29,0 | 26 | 28,0 | 37 | 25,0 |
| verlobt | 28 | 15,6 | 12 | 19,4 | 12 | 12,9 | 28 | 18,9 |
| „feste Freundin“ | 14 | 7,8 | 5 | 8,1 | 7 | 7,5 | 12 | 8,1 |
| jugendlich wechs. | 47 | 26,3 | 17 | 27,4 | 28 | 30,1 | 36 | 24,4 |
| wechs., niedr. Niveau | 5 | 2,8 | 2 | 3,2 | — | — | 7 | 4,7 |
| keine Beziehungen | 19 | 10,6 | 4 | 6,5 | 9 | 9,7 | 14 | 9,5 |
| P wohnte 1955 | | | | | | | | |
| bei Eltern | 89 | 49,7 | 32 | 51,6 | 47 | 50,5 | 74 | 50,0 |
| bei SchwElt. | 15 | 8,4 | 6 | 9,7 | 9 | 9,7 | 12 | 8,1 |
| für sich | 63 | 35,2 | 17 | 27,4 | 30 | 32,3 | 50 | 33,8 |
| Kontakt mit Eltern 1955 | | | | | | | | |
| sehr eng | 83 | 46,4 | 22 | 35,5 | 51 | 54,8 | 54 | 36,5 |
| gut insg. | 129 | 72,1 | 37 | 59,7 | 79 | 85,0 | 87 | 58,8 |
| abgebrochen | 20 | 11,2 | 14 | 22,6 | 6 | 6,5 | 19 | 12,8 |
| gestört insg. | 43 | 24,0 | 23 | 37,1 | 12 | 12,9 | 54 | 36,5 |
| später | | | | | | | | |
| Herumtreiben | 46 | 25,7 | 22 | 35,5 | 14 | 15,0 | 54 | 36,5 |
| Entl. v. zu Hause | 30 | 16,8 | 11 | 17,7 | 9 | 9,7 | 32 | 21,6 |
| Entl. aus Heim | 21 | 11,7 | 7 | 11,3 | 16 | 17,2 | 21 | 14,2 |
| Heim o. Entl. | 20 | 11,2 | 14 | 22,6 | 7 | 7,5 | 27 | 18,2 |
| Quot. $\frac{\text{Entl. a. Heim}}{\text{war in Heim}}$ | 0,51 | | 0,33 | | 0,70 | | 0,44 | |
| Lebensführung später | | | | | | | | |
| ordentlich | 99 | 55,3 | 20 | 32,3 | 62 | 66,7 | 57 | 38,5 |
| etwas leichtfertig | 50 | 27,9 | 29 | 46,8 | 24 | 25,8 | 55 | 37,2 |
| asozial | 27 | 15,1 | 13 | 21,0 | 6 | 6,5 | 34 | 23,0 |
| Schwierigkeiten | | | | | | | | |
| *zuletzt keine* | *128* | *71,5* | *37* | *59,7* | *79* | *85,0* | *86* | *58,1* |
| davon: immer keine | 87 | 48,6 | 16 | 25,8 | 60 | 64,5 | 43 | 29,1 |
| davon: erst einige | 36 | 20,1 | 14 | 22,6 | 17 | 18,3 | 33 | 22,3 |
| davon: erst große | 5 | 2,8 | 7 | 11,3 | 2 | 2,2 | 10 | 6,8 |
| *zuletzt einige* | *15* | *8,4* | *15* | *24,2* | *7* | *7,5* | *23* | *15,5* |
| davon: erst keine | 2 | 1,1 | — | — | — | — | 2 | 1,4 |
| davon: immer einige | 12 | 6,7 | 14 | 22,6 | 5 | 5,4 | 21 | 14,2 |
| davon: erst große | 1 | 0,6 | 1 | 1,6 | 2 | 2,2 | — | — |
| *zuletzt große* | *33* | *18,4* | *10* | *16,1* | *5* | *5,4* | *38* | *25,7* |
| davon: erst keine | 5 | 2,8 | 3 | 4,8 | 1 | 1,1 | 7 | 4,7 |
| davon: erst einige | 11 | 6,1 | 1 | 1,6 | 1 | 1,1 | 11 | 7,4 |
| davon: immer große | 17 | 9,5 | 6 | 9,7 | 3 | 3,2 | 20 | 13,5 |

Die wenigen Merkmale, die zwar in den asozialen, aber andererseits auch in den harmonischen Familien überwiegen, sind:

uneheliche Geburt des P
Tod des Vaters
körperliche Beeinträchtigung des Probanden
Entlaufen aus dem Heim bis 1949
Heirat des P bis zum Stichtag 1955
jugendliches Wechseln der „Freundinnen“.

Die Differenzen sind dabei nur klein. Die ersten drei Faktoren kann man vielleicht — soweit man dem Zahlenverhältnis überhaupt Bedeutung beimißt — als „Unglücksfälle“ ansehen, wie sie in Familien gedrückten sozialen Standes häufiger sind, ohne die innere Harmonie der Familie — immer ungerechnet P's Beziehung zu ihr — zu beeinträchtigen[10]. — Das Entlaufen aus dem Heim — oft ja zur eigenen Familie — wird von asozialen Eltern mehr gefördert, und andererseits entläuft ein Zögling natürlich lieber nach Hause, wenn es dort einigermaßen friedlich zugeht. — Frühe Heirat ist in den unteren sozialen Schichten häufiger, aber sie setzt auch Kontaktfähigkeit voraus, wie sie eben in den harmonischen Familien mehr gepflegt und entwickelt wird. So etwa könnte man deuten, daß die Unterschiede hier nicht gleichsinnig verlaufen.

In den sozial eingeordneten, aber andererseits auch in den unharmonischen Familien überwiegen jeweils:

Unterwürfigkeit des Probanden als Kind
Entlaufen von zu Hause bis 1949
Bettnässen
Berufstätigkeit der Mutter in der späteren Kindh. des P, und zur Tatzeit (1949)
zuletzt große Schwierigkeiten des P in der sozialen Einordnung.

Diese Faktoren sind ebenfalls etwas merkwürdig zusammengewürfelt, aber man kann, wenn man will, auch hier Zusammenhänge sehen. Die Unterwürfigkeit, als äußere Unterwerfung bei innerer Aggression, läßt sich verstehen als Merkmal der Hemmung und äußeren Zucht, wie sie in den sozial eingeordneten Familien doch eben häufiger ist, und zugleich des Kontaktmangels, wie er in den unharmonischen Familien besteht. — Das Entlaufen von zu Hause ist jedenfalls verständlich aus den inneren Schwierigkeiten der Familie, und vielleicht haben die Kinder in den asozialen Familien mehr Möglichkeiten, sich den Eltern zu entziehen, so daß sie nicht gerade entlaufen müssen. — Die Berufstätigkeit der Mutter macht oft die Familie unharmonisch, andererseits arbeiten auch Frauen, die sich zu Hause nicht wohl fühlen, oder deren Mann versagt, öfter als andere. In den asozialen Familien gibt es aber auch häufig so viele Kinder, daß die Mutter zu Hause bleiben muß. — Daß das Bettnässen sich hier auch findet, ist schwer zu erklären. Vielleicht haben Mütter der asozialen Familien nicht

---

[10] *von Harnack* (1953, 14 f) fand bei rund 2 400 Hamburger Schulanfängern eine deutliche Häufung der zu kleinen und zu leichten Kinder in den unteren soz. Schichten.

alles das „Bettnässen" genannt, was in anderen Familien dafür gilt. — Die ungünstige Allgemeinentwicklung der Probanden hängt ja vermutlich zwar mit der Disharmonie ihrer Elternfamilien zusammen, aber nicht so unmittelbar mit der guten sozialen Einordnung dieser Familien. Man muß wohl so argumentieren: wenn Jungen aus asozialen Familien im Entwicklungsalter Straftaten begehen, dann ist die Wahrscheinlichkeit einer späteren günstigen Entwicklung bei ihnen größer als bei Jungen aus sozial gut eingeordneten Familien, die im Entwicklungsalter straffällig werden.

Tab. 119: Sozial eingeordnete und asoziale Familien, kombiniert mit innerer Harmonie der Familien, und verschiedene andere Faktoren

| | *sozial eingeordnet* | | | | *asozial* | |
|---|---|---|---|---|---|---|
| | harm. n = 83 | | unharm. n = 96 | | unharm. n = 52 | |
| | n | % | n | % | n | % |
| Elternhaus | | | | | | |
| bürgerlich | 11 | 13,3 | 9 | 9,4 | 2 | 3,8 |
| kleinbürgerlich | 49 | 59,0 | 48 | 50,0 | 6 | 11,5 |
| proletarisch | 23 | 27,7 | 38 | 39,6 | 43 | 82,7 |
| wirtschaftlich | | | | | | |
| besonders gut | 5 | 6,0 | 5 | 5,2 | 1 | 1,9 |
| mittel | 45 | 54,2 | 45 | 46,9 | 14 | 26,9 |
| Not | 33 | 39,8 | 45 | 46,9 | 36 | 69,2 |
| kleinb. wirtsch. mittel | 29 | 34,9 | 25 | 26,0 | 2 | 3,8 |
| kleinb. wirtsch. Not | 16 | 19,3 | 19 | 19,8 | 4 | 7,7 |
| prol. wirtsch. mittel | 8 | 9,6 | 17 | 17,7 | 11 | 21,2 |
| prol. wirtsch. Not | 15 | 18,1 | 21 | 21,9 | 31 | 59,6 |
| Schulabgang des P | | | | | | |
| VSch. Kl. 8 o. mehr | 63 | 75,9 | 56 | 58,3 | 23 | 44,2 |
| VSch. Kl. 7 o. weniger | 13 | 15,7 | 31 | 32,3 | 18 | 34,6 |
| HiSch. | 7 | 8,4 | 8 | 8,3 | 10 | 19,2 |
| HiSch. Kl. 8 o. mehr | 3 | 3,6 | 4 | 4,2 | 3 | 5,8 |
| HiSch. Kl. 7 o. weniger | 4 | 4,8 | 4 | 4,2 | 7 | 13,5 |
| Schwänzen | 9 | 10,8 | 21 | 21,9 | 18 | 34,6 |
| kein Schwänzen | 40 | 48,2 | 37 | 38,5 | 16 | 30,8 |
| Quot. Schwänzen / kein Schwänzen | 0,23 | | 0,57 | | 1,13 | |
| VSch.-Betragen | | | | | | |
| gut oder mittel | 40 | 48,2 | 34 | 35,4 | 24 | 46,2 |
| schlecht | 4 | 4,8 | 12 | 12,5 | 1 | 1,9 |
| Quot. gut oder mittel / schlecht | 10,0 | | 2,83 | | 24,0 | |
| bei Tat | | | | | | |
| Schüler | 29 | 34,9 | 27 | 28,1 | 13 | 25,0 |
| Lehrling | 32 | 38,6 | 32 | 33,3 | 7 | 13,5 |

| | *sozial eingeordnet* | | | | *asozial* | |
|---|---|---|---|---|---|---|
| | harm. | | unharm. | | unharm. | |
| | n = 83 | | n = 96 | | n = 52 | |
| | n | % | n | % | n | % |
| bei Tat | | | | | | |
| Arbeiter nach abgebr. Lehre | 8 | 9,6 | 13 | 13,5 | 8 | 15,4 |
| immer ungelernt | 12 | 14,5 | 20 | 20,8 | 18 | 34,6 |
| ohne Beruf | — | — | 3 | 3,1 | 6 | 11,5 |
| Quot. Lehre begonnen / nie Lehre | 3,33 | | 2,25 | | 0,83 | |
| Quot. abgebrochene Lehre / Lehre begonnen | 0,20 | | 0,29 | | 0,53 | |
| Ehe der Eltern | | | | | | |
| P unehelich | 10 | 12,0 | 5 | 5,2 | 9 | 17,3 |
| Eltern geschieden | 10 | 12,0 | 30 | 31,2 | 18 | 34,6 |
| V tot | 13 | 15,7 | 14 | 14,6 | 9 | 17,3 |
| M tot | 9 | 10,8 | 8 | 8,3 | 2 | 3,8 |
| V + M tot | — | — | 2 | 2,1 | — | — |
| Fam. best. aus | | | | | | |
| V + M | 43 | 51,8 | 40 | 41,7 | 17 | 32,7 |
| M | 12 | 14,5 | 16 | 16,7 | 12 | 23,1 |
| M + StV | 9 | 10,8 | 25 | 26,0 | 13 | 25,0 |
| V | 1 | 1,2 | 1 | 1,0 | — | — |
| V + StM | 13 | 15,7 | 6 | 6,2 | 2 | 3,8 |
| mehrere StiefEltFam. | — | — | 6 | 6,2 | 7 | 13,5 |
| Pfl.Elt. | 5 | 6,0 | 1 | 1,0 | 1 | 1,9 |
| StE+StGeschw. | 11 | 13,3 | 11 | 11,5 | 5 | 9,6 |
| o. StGeschw. | 11 | 13,3 | 20 | 20,8 | 10 | 19,2 |
| P ist aufgewachsen bei | | | | | | |
| eigenen Eltern | 54 | 65,1 | 54 | 56,2 | 24 | 46,2 |
| Elt+StElt. | 7 | 8,4 | 19 | 19,8 | 11 | 21,2 |
| Fam.Wechsel | 20 | 24,1 | 22 | 22,9 | 16 | 30,8 |
| keine Trennung v. Eltern | 18 | 21,7 | 6 | 6,2 | 3 | 5,8 |
| P tendierte | | | | | | |
| mehr zu V | 15 | 18,1 | 19 | 19,8 | 11 | 21,2 |
| mehr zu M | 32 | 38,6 | 40 | 41,7 | 14 | 26,9 |
| P als Kind | | | | | | |
| ruhig | 41 | 49,4 | 50 | 52,1 | 15 | 28,8 |
| lebhaft | 33 | 39,8 | 39 | 40,6 | 25 | 48,1 |
| Einzelgänger | 19 | 22,9 | 22 | 22,9 | 8 | 15,4 |
| gesellig | 50 | 60,2 | 57 | 59,4 | 30 | 57,7 |
| wild | 5 | 6,0 | 14 | 14,6 | 7 | 13,5 |
| warmherzig | 51 | 61,4 | 37 | 38,5 | 17 | 32,7 |
| ambivalent+kühl | 20 | 24,1 | 33 | 34,4 | 20 | 38,5 |

| | sozial eingeordnet | | | | asozial | |
|---|---|---|---|---|---|---|
| | harm. | | unharm. | | unharm. | |
| | n = 83 | | n = 96 | | n = 52 | |
| | n | % | n | % | n | % |
| P als Kind | | | | | | |
| gewissenhaft | 31 | 37,3 | 16 | 16,7 | 5 | 9,6 |
| leichtfertig | 15 | 18,1 | 16 | 16,7 | 10 | 19,2 |
| bestimmt insg | 20 | 24,1 | 22 | 22,9 | 8 | 15,4 |
| nachgiebig insg. | 47 | 56,6 | 56 | 58,3 | 26 | 50,0 |
| sehr nachgiebig | 11 | 13,3 | 15 | 15,6 | 10 | 19,2 |
| unterwürfig | 3 | 3,6 | 8 | 8,3 | 2 | 3,8 |
| körperlich beeinträchtigt | 9 | 10,8 | 7 | 7,3 | 4 | 7,7 |
| ausgeglichen | 21 | 25,3 | 9 | 9,4 | 11 | 21,2 |
| erregbar | 26 | 31,3 | 39 | 40,6 | 21 | 40,4 |
| ängstlich | 22 | 26,5 | 24 | 25,0 | 11 | 21,2 |
| jähzornig | 4 | 4,8 | 15 | 15,6 | 10 | 19,2 |
| häusl. Erziehungsschwierigkeiten | 19 | 22,9 | 48 | 50,0 | 25 | 48,1 |
| vor 13 J. | 4 | 4,8 | 12 | 12,5 | 15 | 28,8 |
| bis 1949 | | | | | | |
| Herumtreiben | 18 | 21,7 | 42 | 43,8 | 25 | 48,1 |
| Entlaufen von zu Hause | 9 | 10,8 | 19 | 19,8 | 8 | 15,4 |
| Entlaufen aus Heim | 4 | 4,8 | 10 | 10,4 | 10 | 19,2 |
| Quot. Entl. aus Heim / war i. Heim | 0,44 | | 0,42 | | 0,43 | |
| Bettnässen insg. | 14 | 16,9 | 20 | 20,8 | 9 | 17,3 |
| kein Bettnässen | 45 | 54,2 | 59 | 61,5 | 34 | 65,4 |
| Bettnässen nach Pubertät | 1 | 1,2 | 8 | 8,3 | 1 | 1,9 |
| Heimweh | 26 | 31,3 | 37 | 38,5 | 18 | 34,6 |
| kein Heimweh trotz Gelegenheit | 17 | 20,5 | 18 | 18,8 | 18 | 34,6 |
| Quot. Heimweh / Gelegenheit | 0,60 | | 0,67 | | 0,50 | |
| Ekel vor Milch | 25 | 30,1 | 29 | 30,2 | 26 | 50,0 |
| M berufstätig | | | | | | |
| frühe Kindheit | 7 | 8,4 | 23 | 24,0 | 11 | 21,2 |
| Kindheit | 15 | 18,1 | 36 | 37,5 | 14 | 26,9 |
| Tatzeit | 25 | 30,1 | 36 | 37,5 | 10 | 19,2 |
| P's Beruf 1955 | | | | | | |
| ausgelernt | 43 | 51,8 | 23 | 24,0 | 5 | 9,6 |
| Arbeiter nach abgebr. Lehre | 19 | 22,9 | 37 | 38,5 | 20 | 38,5 |
| immer ungelernt | 21 | 25,3 | 37 | 38,5 | 27 | 51,9 |
| Quot. Lehre begonnen / nie Lehre | 2,95 | | 1,62 | | 0,93 | |
| Quot. Lehre abgebrochen / Lehre begonnen | 0,31 | | 0,62 | | 0,80 | |

| | *sozial eingeordnet* | | | | *asozial* | |
|---|---|---|---|---|---|---|
| | harm. n = 83 | | unharm. n = 96 | | unharm. n = 52 | |
| | n | % | n | % | n | % |
| P 1955 | | | | | | |
| geschieden | 3 | 3,6 | 3 | 3,1 | 1 | 1,9 |
| verheiratet | 23 | 27,7 | 22 | 22,9 | 15 | 28,8 |
| verlobt | 9 | 10,8 | 19 | 19,8 | 9 | 17,3 |
| „feste Freundin" | 6 | 7,2 | 8 | 8,3 | 4 | 7,7 |
| jugendlich wechs. | 26 | 31,3 | 21 | 21,9 | 15 | 28,8 |
| wechs., niedr. Niveau | — | — | 5 | 5,2 | 2 | 3,8 |
| keine Beziehungen | 9 | 10,8 | 10 | 10,4 | 4 | 7,7 |
| P wohnte 1955 | | | | | | |
| bei Eltern | 43 | 51,8 | 46 | 47,9 | 28 | 53,8 |
| bei SchwEltern | 9 | 10,8 | 6 | 6,2 | 6 | 11,5 |
| für sich | 27 | 32,5 | 36 | 37,5 | 14 | 26,9 |
| Kontakt mit Eltern 1955 | | | | | | |
| sehr eng | 48 | 57,8 | 35 | 36,5 | 19 | 36,5 |
| gut insg. | 73 | 88,0 | 56 | 58,3 | 31 | 59,6 |
| abgebrochen | 5 | 6,0 | 15 | 15,6 | 4 | 7,7 |
| gestört insg. | 9 | 10,8 | 34 | 35,4 | 21 | 40,4 |
| später | | | | | | |
| Herumtreiben | 12 | 14,5 | 34 | 35,4 | 20 | 38,5 |
| Entlaufen von zu Hause | 9 | 10,8 | 21 | 21,9 | 11 | 21,2 |
| Entlaufen aus Heim | 7 | 8,4 | 14 | 14,6 | 7 | 13,5 |
| Heim o. Entlaufen | 6 | 7,2 | 14 | 14,6 | 13 | 25,0 |
| Quot. $\frac{\text{Entlaufen aus Heim}}{\text{war in Heim}}$ | 0,54 | | 0,50 | | 0,35 | |
| Lebensführung später | | | | | | |
| ordentlich | 59 | 71,1 | 40 | 41,7 | 17 | 32,7 |
| etwas leichtfertig | 19 | 22,9 | 31 | 32,3 | 24 | 46,2 |
| asozial | 4 | 4,8 | 23 | 24,0 | 11 | 21,2 |
| Schwierigkeiten | | | | | | |
| *zuletzt keine* | *72* | *86,7* | *56* | *58,3* | *30* | *57,7* |
| davon: immer keine | 57 | 68,7 | 30 | 31,2 | 13 | 25,0 |
| davon: erst einige | 14 | 16,9 | 22 | 22,9 | 11 | 21,2 |
| davon: erst große | 1 | 1,2 | 4 | 4,2 | 6 | 11,5 |
| *zuletzt einige* | *4* | *4,8* | *11* | *11,5* | *12* | *23,1* |
| davon: erst keine | — | — | 2 | 2,1 | — | — |
| davon: immer einige | 3 | 3,6 | 9 | 9,4 | 12 | 23,1 |
| davon: erst große | 1 | 1,2 | — | — | — | — |
| *zuletzt große* | *5* | *6,0* | *28* | *29,2* | *10* | *19,2* |
| davon: erst keine | 1 | 1,2 | 4 | 4,2 | 3 | 5,8 |
| davon: erst einige | 1 | 1,2 | 10 | 10,4 | 1 | 1,9 |
| davon: immer große | 3 | 3,6 | 14 | 14,6 | 6 | 11,5 |

Diese Faktoren wird man auch in Tab. 119 herausgehoben finden, in der zwischen sozial eingeordneten und harmonischen, sozial eingeordneten unharmonischen und unharmonischen a sozialen Familien unterschieden ist. Sie haben dort bei den unharmonischen, aber nicht asozialen Familien das Minimum — so die Reihe „uneheliche Geburt des Probanden" usw. — oder das Maximum — so die Reihe „Unterwürfigkeit des Probanden" usw. Im allgemeinen haben ja die günstigen Merkmale bei den harmonischen, sozial eingeordneten Familien das Maximum, bei den unharmonischen asozialen das Minimum, weil sich eben die ungünstigen Wirkungen der äußeren Asozialität und des inneren Mangels an Eintracht kombinieren.

Um die Übersicht über die Tab. 118 und 119 zu erleichtern und andererseits nicht auf jeden Punkt besonders einzugehen, werden im folgenden

Die Häufigkeitsdifferenz der Faktoren ist größer zwischen

| soz. und asoz. Fam. | | | harm. und unharm. Fam. | | |
|---|---|---|---|---|---|
| + | kleinbürg. | | | VSchule Kl. 7 od. wn. | + |
| | proletar. | + | | Ehe d. Elt. geschied. | + |
| + | wirtsch. gut | | | Familie: M + StV | + |
| + | wirtsch. mitt. | | | StiefElt. ohne StGeschw. | + |
| | wirtsch. not | + | | aufgew. b. Elt+StElt. | + |
| | Hilfsschule | + | | Trennung v. d. Elt. | + |
| | Schulschwänz. | + | | P als Kind wild, unr. | + |
| | immer ungel. | + | + | warmherzig | |
| bis 1949 | | | | ambiv. + kühl | + |
| | Lehre abgebr. | + | + | gewissenh. | |
| | (unehel. Geburt) | + | | leichtherz. | + |
| | Familienwechs. | + | + | ausgeglichen | |
| | (V tot | + | | erregbar | + |
| ( + | P. als K. ruhig | | + | ängstlich | |
| | lebh. | + | | jähzornig | + |
| + | Einzelg. | | | körperl. beeintr. | +) |
| | gesellig | + | | häusl. ErziehSchwier. | + |
| ( + | M berufstät. z. Tatz.) | | | Herumtr. bis 1949 | + |
| + | 1955 keine Bez. zu Mädchen | | | (Entl. v. z. Hause b. 1949 | +) |
| | | | | M beruftät. frhe K. | + |
| | | | | Bettnässen nachPubertät | +) |
| | | | + | P ausgelernt 1955 | |
| | | | | Lehre abgebrochen — 1955 | + |
| | | | ( + | jugendl. wechs. d. Freundinnen 1955) | |
| | | | + | sp. Kontakt m. Elt. eng. | |
| | | | + | gut insges. | |
| | | | | gestört insges | + |
| | | | | sp. Herumtreiben | + |
| | | | | sp. Entl. v. zu Hause | + |
| | | | + | sp. Lebensf. ordentl. | |
| | sp. Lebensf. etwas leichtf. | + | | sp. Lebensf. asozial | + |
| | | | + | zuletzt keine Schwier. | |
| | zuletzt einige Schwier. | + | | (zuletzt groß. Schwier. | +) |

die Faktoren zusammengestellt, bei denen der Unterschied zwischen asozialen und anderen, oder bei denen andererseits der Unterschied zwischen harmonischen und unharmonischen Familien zahlenmäßig größer und damit vermutungsweise inhaltlich bedeutungsvoller ist. Allerdings sind die Differenzen der Unterschiede von verschiedener Größe, aber sie werden hier doch alle aufgeführt, weil sie sich evtl. gegenseitig inhaltlich stützen können. — Ein Plus- oder Minuszeichen soll andeuten, bei welcher Alternative des jeweiligen Gegensatzpaares — bei dem die Differenz zwischen den Faktoren größer ist — der Faktor häufiger oder seltener ist, eine Klammer, daß auch die Richtung der Differenzen in den Gegensatzpaaren verschieden ist.

Unterschiede der sozialen Schicht und der wirtschaftlichen Lage spielen also eine größere Rolle — und zwar, wie die Tabellen zeigen, eine weit größere — bei der verschiedenen sozialen Einordnung der Familien als bei ihrer inneren Harmonie. Die asozialen Familien konzentrieren sich fast ganz auf die hier „proletarisch" genannte unterste Schicht. Sie gehören ihr zu 85 % an, während das nur 55 % der „unharmonischen" Familien tun.

Im Zusammenhang mit diesem niedrigen sozialen und wirtschaftlichen Niveau der asozialen Familien steht dann vermutlich der Hilfsschulbesuch — den man ja in der Regel als eine Folge echter Unterbegabung ansehen darf — und das relativ schlechte berufliche Fortkommen der Probanden aus den asozialen Familien bis 1949: sie betätigten sich besonders oft sofort als ungelernte Arbeiter, und die übrigen brachen besonders oft die Lehre ab.

Während Hilfsschulbesuch mehr mit der sozialen Schicht zu tun hat, scheinen — bei unseren Probanden — beim Abgang aus höchstens der 7. Kl. der Volksschule mehr die internen Familienstörungen eine Rolle zu spielen. Hier versagt, so könnte man argumentieren, eben weniger die Begabung als das Interesse, die Konzentration, die Gewissenhaftigkeit, die Ausdauer, der Mut zum Umgang auch mit unangenehmeren Dingen usw. — Beim Schulschwänzen sind wieder die Differenzen zwischen sozialen und asozialen Familien etwas größer, aber hier waren die Angaben weniger vollständig. Man könnte sich aber auch vorstellen, daß dabei die rein äußere Verwahrlosung, einfach der Mangel an Beaufsichtigung, eine besondere Rolle spielt.

Daß Scheidung der Ehe, Erscheinen von Stiefeltern, Trennung von den Eltern besonders mit Disharmonie innerhalb der Familie verbunden sind, ist natürlich keine besondere Erkenntnis, obwohl die Einordnung einer Familie als „harmonisch" oder als „unharmonisch" keineswegs nur nach diesen festen äußeren Merkmalen vorgenommen wurde. — Die betonte Disharmonie der Stiefelternfamilie ohne Stiefgeschwister könnte verwundern. Tatsächlich waren die Beziehungen zwischen Mutter und Stiefvater, oder Vater und Stiefmutter, im ganzen eher besser, wenn auch Kinder aus dieser — neuen — Ehe da waren. Diese neue Familie bildete dann eine Einheit, von der allerdings der Proband mehr oder weniger ausgeschlossen war. Wo keine Stiefgeschwister da waren, schwankte evtl. die Mutter (der Vater) eher zwischen den Kindern und dem Stiefelter hin und her. Der Proband hatte dann den Vorteil, daß seine Ablehnung des Stiefelters sich in einem direkten

Familienzwist fortsetzte, aber auch diese Lage war natürlich nicht günstig für seine persönliche Entwicklung.

Familienwechsel ist in den asozialen Familien besonders häufig, vielleicht weil es dort mehr uneheliche Probanden gibt, vielleicht ja auch, weil in der äußeren Verwahrlosung dieses Milieus die Kinder eher hin- und hergeschoben werden.

Bei frühem Wechsel in eine Pflege-Familie o. ä. sind die Probanden u. U. in einem durchaus harmonischen Milieu aufgewachsen.

Berufstätigkeit der Mutter in der frühen Kindheit der Probanden hat mehr mit der inneren Disharmonie der Familie zu tun, sei es als deren Folge, sei es als deren Ursache; vielleicht eben auch darum — s. o. — weil die Mutter in den oft kinderreicheren asozialen Familien eher zu Hause bleiben mußte. — Berufstätigkeit der Mutter zur Zeit der 1949 abgeurteilten Tat der Probanden kam in den sozial gut eingeordnetenFamilien öfter vor. Sie war relativ oft eine Kriegsfolge (Verlust des Mannes, schwierige wirtschaftliche Verhältnisse) und traf den Probanden in einem empfindlichen Augenblick, der Entwicklungszeit. Die Straftaten schienen in verschiedenen Fällen in einem ziemlich engen Zusammenhang mit dieser Abwesenheit der Mutter zu stehen. Aber da dies ein so akuter Anlaß war, haben sich diese Probanden dann auch bald wieder gefangen. Vgl. o. S. 75, wonach Berufstätigkeit der Mutter nur „zur Tatzeit", d. h. höchstens in den letzten Jahren, nicht in der eigentlichen Kindheit der Probanden, bei den Nichtrückfälligen am häufigsten vorkam, und zwar sowohl in Gr. I a wie in Gr. I b.

Von den „Eigenschaften des Probanden als Kind" differieren die temperamentmäßigen mehr mit der sozialen Einordnung der Familie, die übrigen — Wärme, Grad der Erregbarkeit — und im einzelnen wieder: ängstliche oder jähzornige Erregbarkeit — und sogar der Grad der Gewissenhaftigkeit mehr mit der inneren Harmonie der Familie.

Lebhaftigkeit und Geselligkeit scheint in den unteren sozialen Schichten unter den Jungen häufiger zu sein, vielleicht weil dort die Familien im Durchschnitt größer sind, vielleicht auch einfach als Merkmal der äußeren Enthemmung, im Sinne der Straßenjungenlebhaftigkeit und -geselligkeit. Wieweit die Eltern, die den Probanden so schilderten, imstande waren, auch hinter dieser äußeren Lebhaftigkeit und sogar Gesellung Kontaktschwierigkeiten herauszusehen, ist natürlich zweifelhaft. Überlebhaftigkeit und Unruhe der Kinder hatte bemerkenswerterweise wieder mehr mit den inneren Verhältnissen der Familie zu tun.

Häusliche Eziehungsschwierigkeiten, Herumtreiben, Entlaufen von zu Hause — die alle ziemlich deutlich mit der Rückfälligkeit korrelieren — waren schon bis 1949 mehr abhängig von den inneren Verhältnissen als der äußeren sozialen Einordnung der Familie. Man könnte zunächst daran denken, daß in den asozialen Familien, wo es sowieso mehr drunter und drüber geht, manche Erziehungsschwierigkeiten der Probanden überhaupt gar nicht als solche registriert werden, das Herumtreiben weniger auffällt usw. Das wird in gewissem Umfang auch wirklich so sein. Für die Zeit nach 1949, wo ja alle Probanden zunächst vom Jugendamt beaufsichtigt wurden, kommen solche Unterschiede aber nicht mehr erheblich in Betracht, und sie sind für diese Zeit auch darum weniger wahrscheinlich, weil ja die Probanden aus den asozialen Familien sich nun im ganzen wirklich besser gemacht haben als die aus den unharmonischen Familien.

Von besonderer Bedeutung erscheint es, daß in der späteren Periode auch das berufliche Fortkommen der Probanden nicht mehr so sehr von der äußeren sozialen Einordnung der Elternfamilie abhängig zu sein scheint als von ihren internen Verhältnissen. Bis 1949 waren hier die Probanden aus den asozialen Familien noch unterlegen. Ob sie im ganzen aber ihre Lehre mit der Gesellenprüfung abgeschlossen oder vorher aufgegeben haben, entscheidet sich mehr nach der menschlichen Atmosphäre des Elternhauses.

Ebenso, verständlicherweise, der spätere Kontakt der Probanden mit den Eltern. Dieser Kontakt hängt aber wieder sehr eng mit dem allgemeinen späteren Gedeihen der Probanden zusammen.

Bemerkenswert ist wohl, daß ein dauerndes leichteres Versagen der Probanden in ihrer allgemeinen Lebensführung in den asozialen Familien besonders häufig ist, daß aber die Entscheidung: durchaus ordentliche Entwicklung oder völliges Versagen mehr vom Grad der Harmonie des Elternhauses abhängig scheint. In dem dauernden leichteren Versagen zeigen sich wohl allgemeine Vernachlässigung, allgemeine Mängel der Erziehung, der Begabung, der persönlichen Ausstattung, die eben hier von Generation zu Generation fortgeschleppt werden und das Niveau der Familien niedrig halten. Die persönliche Katastrophe ist aber für die Kinder aus diesen Familien nicht ohne weiteres typisch; zu ihr bedarf es weiterer oder sogar anderer Faktoren.

Wenn hier gesagt wurde, daß die Asozialität der Familie oder, bei anderen Faktoren, ihre inneren Verhältnisse eine besondere Rolle spielten, so hieß das ja fast immer nur: eine — etwas — größere. Fast alles, was in den asozialen Familien häufiger ist, ist es ja auch in den unharmonischen, und umgekehrt. Das muß man bei den ganzen Erörterungen bedenken[11].

## *II. Zusammensetzung der Elternfamilie*

Nun zur Häufigkeit der verschiedenen Faktoren je nach der personellen Zusammensetzung der Elternfamilie. Sie ist in der folgenden Übersichtstabelle, Tab. 120, dargestellt. Zur Verteilung der Familientypen auf Jungen und Mädchen vgl. o. Tab. 88 ff, in den Rückfallsgruppen Tab. 90 ff. Danach bestand die Familie aus Vater und Mutter am häufigsten in Gr. I, aus der Mutter allein in Gr. I a und III, aus Mutter und Stiefvater in Gr. III und aus Vater und Stiefmutter — ebenso wie aus mehreren Stieffamilien, zwischen denen der Proband hin- und herwechselte — am häufigsten bei den Schwerrückfälligen.

Zunächst die soziale Schichtung. Proletarisch sind etwas häufiger als die übrigen die Familien mit alleinstehender Mutter. Sie haben auch die meisten — 18,6 % — Hilfsschüler, so daß hier wohl nicht nur die wirtschaft-

[11] *Fälle* von asozialem Elternhaus: *250, 149, 64, 229, 57, 299.*

liche Not niedrigen sozialen Stand vorgetäuscht hat. Vielleicht hängt es damit zusammen, daß 5 der 43 alleinstehenden Mütter uneheliche Mütter sind.

Am wenigsten proletarische, am meisten kleinbürgerliche Familien gibt es umgekehrt da, wo der Proband bei Vater und Stiefmutter lebte. Daß dieser Stieffamilientyp sozial im Durchschnitt höher liegt als die aus Mutter und Stiefvater bestehende Familie, muß wohl auch aus der Entstehung dieser Familien erklärt werden. In 13 der 22 Fälle, wo der Proband bei Vater und Stiefmutter lebte, war die Mutter tot. Der Tod der Mutter ist aber — im Gegensatz etwa zur Scheidung der Eltern, nach der man relativ öfter bei der M verbleibt — in den unteren sozialen Schichten wohl nicht häufiger als in den anderen[12]. Andererseits ist er eine schwere Störung im Leben eines Kindes oder Jugendlichen, und so kommen wohl durch diesen Faktor: Tod der Mutter eine Reihe von Familien unter diese Jugendgerichts-Bevölkerung, die ihrem sonstigen sozialen Zuschnitt nach wahrscheinlich nicht dahingehört hätten. — Ebenso bedeutet aber die Unehelichkeit der Jungen, die bei Vater und Stiefmutter lebten, jedenfalls in meinem Material k e i n e schichtenmäßig „ungünstige" Auslese, ebenfalls wieder im Gegensatz zu den viel häufigeren Fällen, wo sie bei der Mutter (allein oder mit Stiefvater) blieben. Diese drei Väter nahmen nämlich ihre Jungen schon in deren ersten Lebensjahren zu sich, nachdem sie sich entschlossen hatten, die Mutter, die nichts taugte, nicht zu heiraten. Sie liebten den Jungen und wollten ihn aus dem schlechten Milieu der Mutter heraushaben. Später heirateten sie eine ordentliche Frau und sorgten weiter in jeder Hinsicht gut für den Probanden.

Die wirtschaftliche Lage der Familien verteilt sich ähnlich auf die verschiedenen Typen, nur sind hier die Unterschiede deutlicher ausgeprägt, und die aus M+StV bestehende Familie, die schichtenmäßig kaum ungünstiger lag als die von V+M, leidet beträchtlich öfter — doppelt so oft — wirtschaftliche Not. Auffällig ist die Seltenheit wirtschaftlicher Not in den V+StM-Familien und ihre große Häufigkeit — 88 % — bei der alleinstehenden Mutter. — Die wirtschaftliche Lage wird also ganz deutlich von der Anwesenheit eines Vaters bestimmt. Sie ist am günstigsten da, wo der Vater auch auf der sozialen Stufe durchschnittlich am höchsten steht, und wo er wegen Fehlens der Mutter ein besonderes Interesse an seinem Sohn nimmt (V+StM). Es folgen die sozial etwas ungünstiger einzustufenden Familien, wo Vater und Mutter noch beide da sind und zusammenleben. Der Stiefvater kommt als Ernährer schon viel weniger in Betracht, aber immerhin ist die Lage der Stiefvaterfamilien doch noch viel besser als die der alleinstehenden Mutter (die allerdings auch etwas öfter der unteren sozialen Schicht angehört).

---

[12] was auch der Grund dafür sein könnte, daß von den von *Gehrecke* (1958) untersuchten 904 Hilfsschülern zwar 12 % (von den Hamburger Fällen 13 %) bei M+StV, aber nur 1,5 % bei V+StM lebten (a. a. O. 206).

[13] Auch *von Harnack* (1953, 10) fand den Prozentsatz der Kinder aus geschiedenen Ehen in den unteren sozialen Schichten stark ansteigend.

Tab. 120: Verschiedene Faktoren je nach Zusammensetzung der Elternfamilie

| | V+M n=113 | % | M n=43 | % | M+StV n=51 | % | V+StM n=22 | % |
|---|---|---|---|---|---|---|---|---|
| I a | 33 | 29,2 | 13 | 30,2 | 8 | 15,7 | 5 | 22,7 |
| I b | 22 | 19,5 | 7 | 16,3 | 9 | 17,6 | 1 | 4,5 |
| I | 55 | 48,7 | 20 | 46,5 | 17 | 33,3 | 6 | 27,3 |
| II | 25 | 22,1 | 9 | 20,9 | 11 | 21,6 | 5 | 22,7 |
| III | 15 | 13,3 | 9 | 20,9 | 13 | 25,5 | 5 | 22,7 |
| IV | 16 | 14,2 | 5 | 11,6 | 7 | 13,7 | 6 | 27,3 |
| Elternhaus | | | | | | | | |
| bürgerlich | 11 | 9,7 | 2 | 4,7 | 5 | 9,8 | 2 | 9,1 |
| kleinbürgerlich | 52 | 46,1 | 19 | 44,2 | 21 | 41,2 | 13 | 59,1 |
| proletarisch | 50 | 44,2 | 22 | 51,2 | 24 | 47,1 | 7 | 31,8 |
| wirtsch. bes. gut | 8 | 7,1 | — | — | 2 | 3,9 | 2 | 9,1 |
| wirtsch. mittel | 68 | 60,7 | 5 | 11,6 | 15 | 29,4 | 16 | 76,2 |
| wirtsch. Not | 37 | 32,7 | 38 | 88,4 | 33 | 64,7 | 4 | 19,0 |
| kleinb., wi. mitt. | 34 | 30,1 | 3 | 7,0 | 10 | 19,6 | 11 | 50,0 |
| kleinb., wi. Not | 11 | 9,7 | 16 | 37,2 | 9 | 17,6 | 2 | 9,1 |
| prol., wi. mitt. | 27 | 23,9 | 2 | 4,7 | 3 | 5,9 | 4 | 18,2 |
| prol., wi. Not | 23 | 20,4 | 20 | 46,5 | 21 | 41,2 | 2 | 9,1 |
| Schulabgang des P | | | | | | | | |
| VSch Kl. 8 o. mehr | 67 | 59,3 | 25 | 58,1 | 30 | 58,8 | 15 | 68,2 |
| VSch Kl. 7 o. weniger | 31 | 27,4 | 10 | 23,3 | 17 | 33,3 | 5 | 22,7 |
| HiSch | 15 | 13,3 | 8 | 18,6 | 3 | 5,9 | 2 | 9,1 |
| HiSch Kl. 8 o. mehr | 6 | 5,3 | 2 | 4,7 | 2 | 3,9 | 1 | 4,5 |
| HiSch Kl. 7 o. weniger | 9 | 8,0 | 6 | 14,0 | 1 | 2,0 | 1 | 4,5 |
| P bei Tat | | | | | | | | |
| Schüler | 41 | 36,3 | 9 | 20,9 | 16 | 31,4 | 5 | 22,7 |
| Lehrling | 34 | 30,1 | 11 | 25,6 | 12 | 23,5 | 11 | 50,0 |
| Arb. n. abgebr. Lehre | 14 | 12,4 | 6 | 14,0 | 6 | 11,8 | 2 | 9,1 |
| immer ungelernt | 20 | 17,7 | 12 | 27,9 | 15 | 29,4 | 4 | 18,2 |
| ohne Beruf | 3 | 2,7 | 3 | 7,0 | 2 | 3,9 | — | — |
| Quot. $\frac{\text{Lehre begonnen}}{\text{nie Lehre}}$ | 2,4 | | 1,4 | | 1,2 | | 3,2 | |
| Quot. $\frac{\text{abgebr. Lehre}}{\text{Lehre begon.}}$ | 0,29 | | 0,32 | | 0,33 | | 0,15 | |
| P als Kind | | | | | | | | |
| ruhig | 50 | 44,2 | 23 | 53,5 | 23 | 45,1 | 10 | 45,5 |
| lebhaft | 52 | 46,1 | 15 | 34,9 | 22 | 43,1 | 9 | 40,9 |
| Einzelgänger | 22 | 19,5 | 8 | 18,6 | 14 | 27,5 | 8 | 36,4 |
| gesellig | 61 | 54,0 | 21 | 48,8 | 22 | 43,1 | 7 | 31,8 |
| wild | 11 | 9,7 | 5 | 11,6 | 7 | 13,7 | 2 | 9,1 |
| warmherzig | 50 | 44,2 | 19 | 44,2 | 25 | 49,0 | 7 | 31,8 |
| ambivalent+kühl | 28 | 24,8 | 19 | 44,2 | 17 | 33,3 | 8 | 36,4 |

| | V+M n=113 | % | M n=43 | % | M+StV n=51 | % | V+StM n=22 | % |
|---|---|---|---|---|---|---|---|---|
| P als Kind | | | | | | | | |
| gewissenhaft | 24 | 21,2 | 10 | 23,3 | 9 | 17,6 | 5 | 22,7 |
| leichtfertig | 26 | 23,0 | 4 | 9,3 | 7 | 13,7 | 3 | 13,6 |
| bestimmt insg. | 24 | 21,2 | 9 | 20,9 | 13 | 25,5 | 4 | 18,2 |
| nachgiebig insg. | 66 | 58,4 | 22 | 51,2 | 25 | 49,0 | 18 | 81,8 |
| sehr nachgiebig | 13 | 11,5 | 10 | 23,3 | 10 | 19,6 | 5 | 22,7 |
| unterwürfig | 4 | 3,5 | 1 | 2,3 | 4 | 7,8 | 2 | 9,1 |
| lebenstüchtig | 11 | 9,7 | 6 | 14,0 | 5 | 9,8 | 5 | 21,7 |
| wenig lebenstüchtig | 32 | 28,3 | 10 | 23,3 | 15 | 29,4 | 7 | 30,4 |
| körperl. beeintr. | 9 | 8,0 | 5 | 11,6 | 6 | 11,8 | 1 | 4,3 |
| Eßschwierigkeiten | 13 | 11,5 | 4 | 9,3 | 7 | 13,7 | 3 | 13,0 |
| Milchekel | 35 | 31,0 | 21 | 48,8 | 17 | 33,3 | 5 | 21,7 |
| Vorl. für Süßes | 25 | 22,1 | 7 | 16,3 | 11 | 21,6 | 8 | 34,8 |
| verfressen | 8 | 7,1 | 4 | 9,3 | 7 | 13,7 | 4 | 17,4 |
| häusl. Erz.Schw. | 38 | 33,6 | 13 | 30,2 | 27 | 52,9 | 10 | 43,5 |
| vor 13 J. | 10 | 8,8 | 5 | 11,6 | 10 | 19,6 | 3 | 13,0 |
| bis 1949 | | | | | | | | |
| Herumtreiben | 42 | 37,2 | 13 | 30,3 | 23 | 45,1 | 7 | 30,4 |
| Entl. von zu Hause | 15 | 13,3 | 6 | 14,0 | 9 | 17,6 | 4 | 17,4 |
| Entl. aus Heim | 9 | 8,0 | 3 | 7,0 | 6 | 11,8 | 3 | 13,0 |
| Heim o. Entl. | 9 | 8,0 | 7 | 16,3 | 4 | 7,8 | 4 | 17,4 |
| Quot. $\frac{\text{Entl. a. Heim}}{\text{war in Heim}}$ | 0,5 | | 0,3 | | 0,6 | | 0,43 | |
| P's Beruf 1955 | | | | | | | | |
| ausgelernt | 39 | 34,5 | 14 | 32,6 | 13 | 25,5 | 7 | 31,8 |
| Arb. n. abgebr. Lehre | 34 | 30,1 | 10 | 23,3 | 17 | 33,3 | 11 | 50,0 |
| immer ungelernt | 39 | 34,5 | 19 | 44,2 | 21 | 41,2 | 4 | 18,2 |
| Quot. $\frac{\text{Lehre begonnen}}{\text{nie Lehre}}$ | 1,87 | | 1,26 | | 1,43 | | 4,50 | |
| Quot. $\frac{\text{Lehre abgebr.}}{\text{Lehre begonnen}}$ | 0,47 | | 0,42 | | 0,57 | | 0,61 | |
| P 1955 | | | | | | | | |
| geschieden | 6 | 5,3 | — | — | 1 | 2,0 | — | — |
| verheiratet | 28 | 24,8 | 10 | 23,3 | 15 | 29,4 | 3 | 13,6 |
| verlobt | 14 | 12,4 | 6 | 14,0 | 13 | 25,5 | 4 | 18,2 |
| „feste Freundin“ | 13 | 11,5 | 3 | 7,0 | 3 | 5,9 | 2 | 9,1 |
| jugendl. wechselnd | 25 | 22,1 | 16 | 37,2 | 12 | 23,5 | 6 | 27,3 |
| wechs., niedr. Niveau | 2 | 1,8 | 3 | 7,0 | 1 | 2,0 | 1 | 4,5 |
| keine Beziehungen | 16 | 14,2 | 3 | 7,0 | 4 | 7,8 | 4 | 18,2 |

| | V+M n=113 | % | M n=43 | % | M+StV n=51 | % | V+StM n=22 | % |
|---|---|---|---|---|---|---|---|---|
| P wohnte 1955 | | | | | | | | |
| bei Eltern | 59 | 52,2 | 26 | 60,5 | 30 | 58,8 | 8 | 36,4 |
| bei SchwEltern | 9 | 8,0 | 7 | 16,3 | 2 | 3,9 | 1 | 4,5 |
| für sich | 37 | 32,7 | 8 | 18,6 | 14 | 27,5 | 10 | 45,5 |
| Beziehungen zu Eltern 1955 | | | | | | | | |
| sehr eng | 55 | 48,7 | 24 | 55,8 | 20 | 39,2 | 8 | 36,4 |
| gut insg. | 86 | 76,1 | 32 | 72,1 | 38 | 74,5 | 11 | 50,0 |
| abgebrochen | 10 | 8,8 | 3 | 7,0 | 3 | 5,9 | 4 | 18,2 |
| gestört insg. | 24 | 21,2 | 10 | 23,3 | 12 | 23,5 | 7 | 31,8 |
| später | | | | | | | | |
| Herumtreiben | 26 | 23,0 | 13 | 30,2 | 17 | 33,3 | 7 | 31,8 |
| Entl. von zu Hause | 15 | 13,3 | 8 | 18,6 | 10 | 19,6 | 6 | 27,3 |
| Entl. aus Heim | 11 | 9,7 | 8 | 18,6 | 5 | 9,8 | 3 | 13,6 |
| Heim o. Entlaufen | 6 | 5,3 | 7 | 16,3 | 14 | 27,5 | 5 | 22,7 |
| Quot. $\frac{\text{Entl. a Heim}}{\text{war im Heim}}$ | 0,65 | | 0,53 | | 0,26 | | 0,38 | |
| Lebensführung später | | | | | | | | |
| ordentlich | 61 | 53,9 | 23 | 53,5 | 22 | 43,1 | 7 | 31,8 |
| etwas leichtfertig | 33 | 29,2 | 12 | 27,9 | 21 | 41,2 | 9 | 40,9 |
| asozial | 17 | 15,0 | 7 | 16,3 | 8 | 15,7 | 5 | 22,7 |

Sozial und wirtschaftlich günstige Stellung der Familie und besonderes Interesse des Vaters wirken wohl dahin zusammen, daß die Probanden aus den V+StM-Familien besonders oft bis mindestens zur 8. Kl. der VSch gekommen sind, besonders oft eine Lehre begonnen und sie auch — bis 1949! — besonders selten abgebrochen hatten.

Der Anteil derer, die bis mindestens zur 8. Kl. der VSch gekommen waren, ist in den übrigen Gruppen gleich. Sie teilen sich dann aber in verschiedener Weise in Hilfsschulbesuch und Abgang von höchstens 7. Volksschulklasse. Hilfsschüler — und zwar gerade besonders wenig weit gekommene — gab es am meisten unter den Probanden, die bei der Mutter allein lebten. Diese Familien waren ja auch relativ oft proletarisch. Es folgen die Familien von V+M. Warum die Stiefvater-Familien einen relativ so geringen Anteil an Hilfsschülern hatten, läßt sich nicht recht verstehen, da sie ja der sozialen Schichtung nach nicht so besonders günstig lagen. Vielleicht war in einigen, besonders etwa den 22 der insgesamt 51 Stiefvaterfamilien, in denen der Vater gestorben ist, das soziale Niveau der Familie ursprünglich höher. Es wäre ja verständlich, wenn eine Frau, die als Witwe mit Kindern geringere Heiratschancen hat, sich bei der zweiten Eheschließung schichtenmäßig etwas „verschlechtert“.

Der Beginn einer Lehre — der ja in den V+StM-Familien am häufigsten war — geht auch im übrigen der wirtschaftlichen Lage konform, aber doch nicht ganz. Von den bei der alleinstehenden Mutter lebenden Probanden haben nämlich etwas mehr eine Lehre begonnen als von den beim Stiefvater lebenden, obwohl sie sich wirtschaftlich noch wesentlich ungünstiger standen. Das ist ein — inhaltlich wichtiges — Zeichen dafür, daß diese alleinstehenden Mütter besonders bereit waren, für die Ausbildung der Söhne Opfer bringen, und daß die wirtschaftlichen Vorteile, die die Anwesenheit eines Stiefvaters mit sich brachte, jedenfalls nicht der Ausbildung der Probanden zugute kam. — Auch der Abbruch der Lehre war — schon bis 1949 — bei den Söhnen der alleinstehenden Mütter jedenfalls nicht häufiger als bei den StV-Söhnen.

Bemerkenswert ist nun aber, wie sich die weitere berufliche Entwicklung der Probanden von dieser wirtschaftlichen Lage des Elternhauses relativ unabhängig machte, jedenfalls das Verhältnis der Auslernenden zu denen, die die Lehre vorzeitig abbrachen. Am häufigsten hatten später die Söhne der alleinstehenden Mütter die angefangene Lehre auch beendet, und am seltensten hatten das gerade die wirtschaftlich relativ so gut gestellten Probanden aus V+StM-Familien getan. Die Stiefvatersöhne stehen an vorletzter Stelle. Bei dieser Verteilung mag wohl eine Rolle spielen, daß von den besonders vielen Stiefmuttersöhnen, die eine Lehre begannen, auch ein größerer Teil von vornherein nicht so gut dafür geeignet war; fast immer sind nämlich Lehrabbrecher in den Gruppen, in denen viele Probanden eine Lehre beginnen, häufiger als in anderen. Aber das ist mit großer Wahrscheinlichkeit nicht der einzige Grund, denn das übrige spätere Verhalten der Probanden unterscheidet sich in den Gruppen ja in ganz ähnlicher Weise: 27,3 % der Stiefmuttersöhne sind schwerrückfällig geworden, aber nur 11,6 % der Söhne der alleinstehenden Mutter; 46,5 % der M-Söhne wurden überhaupt nicht mehr rückfällig, aber nur 27,3 % der StM-Söhne.

Bei den „Eigenschaften“ der Probanden als Kinder und ihren erzieherischen Schwierigkeiten bis 1949 werden die Zahlen z. T. so klein — durch viele Unbekannt-Fälle —, daß man sie im einzelnen gewiß nicht zu ernst nehmen darf. Da sie aber das einzige sind, was man über diese Verhaltensweisen der Probanden weiß, darf man wohl doch versuchen, die verschiedenen Tönungen — um mehr handelt es sich ja nicht — vorsichtig gegeneinander abzuwägen.

Nach den Zahlen waren die bei Vater und Mutter lebenden Probanden besonders lebhaft, gesellig, leichtherzig, aber auch warmherzig. Sie waren im ganzen eher nachgiebig, aber nicht in den bedenklicheren Formen der ganz besonderen Bestimmbarkeit oder sogar Unterwürfigkeit. Häusliche Erziehungsschwierigkeiten wurden von ihnen relativ wenig berichtet, und zwar besonders die frühen, die schon vor Vollendung des 13. Lebensjahres begannen. Allerdings trieben sie sich — um 1949 — ganz gern herum. Von zu Hause entliefen sie aber wenig. — In ihrer Kombination machen diese Merkmale — auch wenn man sie im einzelnen nicht zu genau nimmt — den Eindruck einer gewissen Enthemmtheit, aber kaum im negativen Sinne. Was darin an Negativem sichtbar wird — wie etwa in der Leichtherzigkeit und jedenfalls in dem Herumtreiben im Entwicklungsalter —, verliert an Bedrohlichkeit angesichts der guten persönlichen Ansprechbarkeit und Kontaktfähigkeit dieser Probanden.

Nun die bei Vater und Stiefmutter lebenden Probanden. Sie stehen in der allgemeinen Leistungsfähigkeit („Lebenstüchtigkeit") obenan, vermutlich aufgrund der günstigeren sozialen und wirtschaftlichen Verhältnisse dieser Familien. Merkmale der Enthemmung scheinen zunächst kaum sichtbar zu werden. Die Probanden waren relativ gewissenhaft, trieben sich besonders wenig herum, waren sehr wenig auf Durchsetzung ihres Willens bedacht, insbesondere auch relativ oft direkt unterwürfig. Auch ihre Kontaktnahme war eingeschränkt: sie waren besonders oft Einzelgänger und erschienen auffällig selten als warmherzig. Ihre äußere Unterwerfung und Hemmung bekommt dadurch einen Ton von Freudlosigkeit, Verschlossenheit und auch Unaufrichtigkeit. Sucht man nun nach Merkmalen der Enthemmung, so findet man sie in den häuslichen Erziehungsschwierigkeiten, die zwar nicht maximal oft, aber doch öfter als von den ohne Stiefeltern groß gewordenen Kindern berichtet wurden. Auffällig ist auch die besondere Häufigkeit einerseits von Eßschwierigkeiten, andererseits von der Vorliebe für Süßes und sonstiger ausgesprochener „Verfressenheit"; und Ekel vor Milch oder Milchhaut hatten diese Probanden seltener als andere Jungen dieser Altersstufen. Man kann daraus entnehmen, daß sich bei ihnen gewisse kindliche Begehrungen mehr als bei anderen erhalten haben, und daß sie vielleicht darin einen gewissen Ersatz für den ungenügenden menschlichen Kontakt haben[14]. — Ein sehr ernstes Symptom scheint das bei den Stiefmutterkindern am häufigsten vorkommende Entlaufen von zu Hause, besonders in Verbindung mit der sonstigen Fügsamkeit. Es zeigt, daß sie ihre Konflikte nicht in direkter Auseinandersetzung und Kontaktnahme mit der Umwelt lösen können, sondern nur durch völligen Kontaktabbruch und Ausweichen in die Verantwortungslosigkeit.

Eine Reihe dieser Merkmale kommt auch bei den Stiefvater-Jungen häufiger vor als bei den Nicht-Stiefkindern, aber doch eben nicht so oft wie bei den Probanden, die eine Stiefmutter haben. Es sind das: Einzelgängertum, Unterwürfigkeit, Eßschwierigkeiten, Verfressenheit, und auch das Entlaufen von zu Hause. Mit häuslichen Erziehungsschwierigkeiten, und auch solchen vor 13 Jahren, haben die Stiefvaterkinder sogar das Maximum. Als Enthemmungsmerkmale kommen weiter dazu: häufigere Überlebhaftigkeit, relativ häufige Leichtherzigkeit und besonders ausgeprägt das Herumtreiben im Entwicklungsalter. Das gibt an sich ein ziemlich trübes Bild, aber man muß berücksichtigen, daß diese Familien nach sozialem Stand und in ihrer wirtschaftlichen Lage beträchtlich unter den V+StM-Familien lagen. Die äußere Disziplinierung war hier wohl einfach schon darum geringer, und in Erziehungsschwierigkeiten, Überlebhaftigkeit und Herumtreiben trat bei

---

[14] Zu der allgemeinen Erhöhung gerade der Vermögensdelikte bei den Mutterwaisen vgl. *Kerscher* (1937, 40 ff) und eine Statistik von *Spann* bei *Gruhle* (1912, 86). Es scheint, daß gerade das Besitzproblem etwas mit dem Verlust der Mutter zu tun hat. Darüber näheres bei den Fallbesprechungen.

diesen Probanden etwas an die Oberfläche, was bei den Stiefmutterkindern vielleicht ebenso — oder sogar mehr — unter der äußeren Fügsamkeit verborgen wurde. Die Stiefvaterkinder waren im ganzen sogar am meisten von allen auf Durchsetzung ihres Willens aus, und ihre Kontaktfähigkeit war doch wesentlich besser als die der Stiefmutterkinder. So waren sie doch wesentlich seltener Einzelgänger — wenn auch häufiger als der Durchschnitt — und gar nicht besonders selten warmherzig. Nach ihrer sozialen Einordnung boten sie 1949 ein ungünstigeres Bild als die Stiefmutterkinder. Aber es scheint, daß sie ihre dissozialen Tendenzen schon freier nach außen lebten, ihre innere Anpassung an die Umwelt aber schon damals vielleicht etwas besser war als die der Stiefmutterkinder.

Die bei der alleinstehenden Mutter lebenden Söhne bieten ein wieder ganz anderes Bild. Besonders ruhig, dabei aber nicht besonders ungesellig, gewissenhaft, eher bestimmt, kühl, ziemlich lebenstüchtig; wenig häusliche Erziehungsschwierigkeiten, wenig Herumtreiben und Entlaufen von zu Hause. Wenig Eßschwierigkeiten, relativ häufig Ekel vor Milch. Dabei hat man das Bild eines vielleicht etwas unjugendlichen, zu vernünftigen, aber dabei doch im ganzen gut in seine Umwelt Eingepaßten. Die relativ häufigen Angaben über die Kühle dieser Probanden scheinen mir etwas perspektivisch verzerrt. Die alleinstehenden Mütter überschütten nämlich z. T. ihren Sohn mit Liebe und Fürsorge und sind enttäuscht, wenn er versucht, sich dessen etwas zu erwehren. Auch aus dem häufigen Milchekel dieser Probanden und ihrer geringen Vorliebe für Süßes könnte man vielleicht ablesen, daß sie eher ein Zuviel als ein Zuwenig an mütterlicher Fürsorge empfanden. Im übrigen sind ja aber Merkmale von „Verwöhnung" nicht bei ihnen zu entdecken. Im Gegenteil scheint die äußere Not sie vernünftig gemacht zu haben — mehr als schon die bei Vater und Mutter lebenden Kinder —, aber es ist wohl auch kein Zweifel, daß ihnen dabei die im Vergleich zu den Stiefelternfamilien glücklichere menschliche Atmosphäre zu Hilfe kam[15].

---

[15] Auch *Haffter* fand in seiner Nachuntersuchung von Kindern geschiedener Ehen, daß die Zuteilung der Kinder an die Mutter trotz größerer Schwierigkeiten sich auf die Dauer günstiger auswirkte als die an den Vater, und zwar gerade auch dann, wenn die M allein blieb (eine Lösung, die allerdings für die Mädchen weniger günstig schien). Die Söhne der alleinstehenden Mutter entwickelten nicht selten ein besonders gutes Verantwortungsgefühl, besonders auch Ritterlichkeit gegenüber der Mutter. Beim Eintritt ins Erwachsenenleben hätten sie allerdings leicht unter Inferioritätsgefühlen zu leiden, aber dadurch werde der besonders gemütsbildende Wert der mütterlichen Erziehung nicht aufgehoben (Haffter 1948, 66, 92 f). Hierzu läßt sich wohl auch der Befund von *Nährich* (1951) verwerten, daß unehelich Gebliebene eine geringere Kriminalität hatten als (legimitierte sowie) adoptierte oder in eine Stiefvaterfamilie angeheiratete Uneheliche. Obwohl der Anteil der Vermögensdelikte unter den Straftaten der unehelich Gebliebenen etwas größer war als bei den Ehelichen und insbesondere den Angeheirateten — wohl auf Grund der unterschiedlichen wirtschaftlichen Verhältnisse dieser Familien — (S. 31), ist die Differenz der Gesamttatenzahl doch so groß (S. 29, Tab. 14), daß die unehelich Gebliebenen seiner großen Untersuchung auch weniger Vermögensdelikte begangen haben müssen als die übrigen Gruppen. Allerdings müssen ja auch die unehelich Gebliebenen nicht alle „bei der Mutter allein" groß geworden sein, aber doch wenigstens bei einem Teil von ihnen war es der Fall.

Die allgemeine spätere Lebensführung verteilt sich bei „V+M-Kindern" und „M-Kindern" fast gleich. Allerdings haben sich die M-Kinder später noch etwas öfter herumgetrieben und entliefen auch mehr von zu Hause — sei es, daß sie damit etwas Versäumtes nachholten, sei es, daß sich die Verhältnisse zu Hause verschlechterten. Sie wohnten besonders selten für sich, sondern entweder — besonders oft — bei der Mutter oder auch bei den Schwiegereltern, hatten als Muttersöhne noch besonders oft den für ihr Alter vielleicht etwas zu engen Kontakt mit der Mutter und waren, was wohl auch damit zusammenhängt, in ihren Beziehungen zum anderen Geschlecht eher etwas verzögert (besonders viel „jugendlicher Wechsel", wenig feste Bindungen). Auch Störungen des Kontaktes mit dem Elternhaus waren aber doch etwas häufiger als bei den V+M-Kindern[16].

Die V+M-Kinder hatten schon etwas öfter feste Bindungen (Heirat, „feste Freundschaft") zu Mädchen, aber doch auch oft noch gar keine Beziehungen zu ihnen. Ihre Beziehungen zum Elternhaus waren im ganzen noch am häufigsten gut, oft auch noch recht eng, aber die Probanden wohnten doch öfter nicht mehr zu Hause. Herumtreiben und Entlaufen kam bei ihnen später — entsprechend ihrer auch sonst ja relativ guten Führung — besonders selten vor.

Unter den Stiefelternkindern waren später die Probanden mit einer Stief m u t t e r in ihrer allgemeinen Lebensführung und in ihrer Kriminalität die Ungünstigsten. Unter ihnen gab es die wenigsten Nichtrückfälligen und die meisten Schwerrückfälligen, ferner zwar ebensoviele „etwas Leichtfertige" wie bei den StV-Söhnen, aber weniger „Ordentliche" und dafür mehr „Asoziale". Nicht ihr Herumtreiben, wohl aber ihr Entlaufen von zu Hause war später — im Gegensatz zu der Zeit bis 1949 — deutlich häufiger als das der StV-Jungen. Der Kontakt mit dem Elternhaus — der bei beiden Stieffamilien-Typen seltener noch s e h r eng war als in den anderen Familien — war bei den StM-Kindern besonders häufig gestört oder sogar abgebrochen. Sie wohnten auch besonders häufig nicht mehr zu Hause, sondern für sich. Ihre Beziehungen zum anderen Geschlecht erscheinen ähnlich verzögert wie die der Mutter-Söhne, aber Heiraten sind bei ihnen noch seltener, und nicht nur der „jugendliche Wechsel", sondern ganz besonders auch das Fehlen jeder Beziehung findet sich bei ihnen zu oft. In allen diesen Punkten erscheinen die StV-Söhne viel normaler: sie heirateten oder verlobten sich, lösten sich etwas von den Eltern, ohne doch den Kontakt zu verlieren, wohnten sogar noch relativ oft bei ihnen. Die Kontaktschwierigkeiten der Stiefmutterkinder haben also ihr weiteres Leben offenbar erheblich beeinträchtigt und in der Folge dann auch ihre vorher mehr verborgenen asozialen Tendenzen freigesetzt[17]. Die Stiefvaterkinder da-

[16] *Meyer* (1956, 90), der Wiederheirat der M günstiger fand, hat die „Verlobten" der M wohl unberücksichtigt gelassen.

[17] Vgl. *Lotz* (1939, 16), der unter den 17 Mutterlosen seiner 100 Sicherungsverwahrten mehr „Spätkriminelle" als unter den übrigen fand, also Probanden, die bei spätem Beginn ihrer Kriminalität sich doch zu gefährlichen und anscheinend unverbesserlichen Gewohnheitsverbrechern entwickelten. Ferner wird man an den

gegen haben vielleicht gerade unter Mithilfe ihres doch noch erhaltenen Kontaktes zur Umwelt — insbesondere zur Mutter — sich ein relativ normaleres Leben aufbauen können, und dabei dann auch ihre äußere Enthemmtheit auf ein wenigstens mittleres, erträgliches Maß beschränken können. Sie haben ja auch öfter ihre Lehre beendet als die Stiefmutter-Söhne[18].

## *III. Die Stief- und Pflegefamilien*

Ein kürzeres Wort noch zu Tab. 161, in der die Stiefelternfamilien danach unterschieden sind, ob Stiefgeschwister vorhanden waren oder nicht; weil ja —s. o. Tab. 92 — mehr Probanden mit Stiefgeschwistern rückfällig waren. Soziales und wirtschaftliches Niveau der Familien mit Stiefgeschwistern ist ungünstiger, vermutlich weil eben in den proletarischen Familien die Kinderzahl im allgemeinen größer ist.

Es sind daher auch mehr Probanden ohne Stiefgeschwister aus mindestens der 8. Kl. der Volksschule abgegangen, aber es waren sogar noch mehr als sich nach ihrem sozialen und wirtschaftlichen Vorsprung erwarten ließ, vielleicht weil eben die Fürsorge der Eltern größer war (die Anzahl der Hilfsschüler ist gleich). Wenige der Probanden mit Stiefgeschwistern haben eine Lehre begonnen — bis 1949 und insgesamt —, und bis 1949 hatten auch schon mehr von ihnen eine begonnene Lehre wieder abgebrochen, aber dies Verhältnis änderte sich später, vermutlich weil von den Probanden ohne Stiefgeschwister etwas zu viele, das heißt auch wenig geeignete, eine Lehre angefangen hatten. Auch die allgemeine Leistungsfähigkeit („Lebenstüchtigkeit") der Jungen mit Stiefgeschwistern war geringer, und sie waren öfter körperlich beeinträchtigt. Auch das kann Merkmal der sozialen Schicht sein.

Unter den „Eigenschaften", mit denen die Probanden mit Stiefgeschwistern überwiegen, sind: „ruhiges" Temperament, Einzelgängertum, Nachgiebigkeit, also Merkmale der Hemmung, die an sich öfter bei Kindern aus sozial günstigeren Familien vorkommen; ferner Eßschwierigkeiten, wenig Milchekel, Verfressenheit. Herumtreiben und Entlaufen von zu Hause findet sich auffälligerweise bis zuletzt mehr bei den Stiefkindern ohne Stiefgeschwister; vielleicht spielen dabei gewisse Verwöhnungen mit oder das Fehlen sonstiger Ausweichmöglichkeiten (s. Fall Nr. *12*). Auch häusliche

---

Befund von *Ogden* (s. o. S. 94, Anm. 28) erinnert, daß die in der Anstalt unterwürfigen Borstal-Zöglinge sich später gerade auf die Dauer, zunehmend, im Sozialverhalten verschlechterten, während die aggressiven Zöglinge gerade auf die Dauer eher ein gutes Bild boten.

[18] Ebenso *Haffter* (1948, 95), der in den Stiefvaterfamilien weniger Konflikte fand als in den Stiefmutterfamilien, wo die Kinder auch deutlich häufiger vorzeitig aus der Familie fortgegangen seien. Er weist aber auch darauf hin, daß die relativ unproblematische Stellung des Stiefvaters z. T. einfach auf seiner Gleichgültigkeit gegenüber den Stiefkindern beruht. — Vgl. auch die ungünstige Beurteilung der StM-Familien durch *Meyer* 1956, 89 f bei allerdings noch kleineren Zahlen als meinen. — Im ganzen zu diesen Problemen auch H. *Kühn* (1929; 1932) u. *Dührssen* (1960, 214—220).

Tab. 121: Verschiedene Faktoren — Stief- und Pflegefamilien

| | Stiefeltern | | | | | | | |
|---|---|---|---|---|---|---|---|---|
| | o. StGeschw. | | m. StGeschw. | | w. StE.[1] | | PflE.[2] | |
| | n = 44 | % | n = 29 | % | n=13 | % | n=11 | % |
| Elternhaus | | | | | | | | |
| bürgerlich | 3 | 6,8 | 4 | 13,8 | — | | 2 | |
| kleinbürgerlich | 24 | 54,6 | 10 | 34,5 | 4 | | 1 | |
| proletarisch | 16 | 36,4 | 14 | 48,3 | 9 | | 7 | |
| wirtsch. bes. gut | 3 | 6,8 | 1 | 3,4 | — | | — | |
| wirtsch. mittel | 19 | 43,2 | 12 | 41,4 | 5 | | 4 | |
| wirtsch. Not | 21 | 47,7 | 16 | 55,2 | 8 | | 6 | |
| kleinb. wi. mittel | 13 | 29,6 | 8 | 27,6 | 3 | | — | |
| kleinb. wi. Not | 9 | 20,4 | 2 | 6,9 | 1 | | 1 | |
| proletarisch wi. mittel | 5 | 11,4 | 2 | 6,9 | 2 | | 2 | |
| proletarisch wi. Not | 11 | 25,0 | 12 | 41,4 | 7 | | 5 | |
| Schulabgang des P | | | | | | | | |
| VSch Kl. 8 o. mehr | 33 | 75,0 | 12 | 41,4 | 5 | | 6 | |
| VSch Kl. 7 o weniger | 8 | 18,2 | 14 | 48,3 | 5 | | 3 | |
| HiSch | 3 | 6,8 | 2 | 6,9 | 2 | | 2 | |
| HiSch Kl. 8 o. mehr | 1 | 2,3 | 2 | 6,9 | 2 | | — | |
| HiSch Kl. 7 o. weniger | 2 | 4,6 | — | — | — | | 2 | |
| P bei Tat | | | | | | | | |
| Schüler | 15 | 34,1 | 6 | 20,7 | 2 | | 2 | |
| Lehrling | 14 | 31,8 | 9 | 31,0 | 3 | | 5 | |
| Arbeiter nach abgebr. Lehre | 4 | 9,1 | 4 | 13,8 | 2 | | 2 | |
| immer ungelernt | 9 | 20,4 | 10 | 34,5 | 5 | | 1 | |
| ohne Beruf | 2 | 4,6 | — | — | 1 | | 1 | |
| Quot. Lehre begonnen / nie Lehre | 2,0 | | 1,3 | | 1,0 | | 7,0 | |
| Quot. abgebr. Lehre / Lehre begonnen | 0,22 | | 0,31 | | 0,4 | | 0,29 | |
| P als Kind | | | | | | | | |
| ruhig | 16 | 36,4 | 17 | 58,6 | 6 | | 4 | |
| lebhaft | 22 | 50,0 | 9 | 31,0 | 4 | | 4 | |
| Einzelgänger | 12 | 27,3 | 10 | 34,5 | 1 | | 2 | |
| gesellig | 19 | 43,2 | 10 | 34,5 | 4 | | 6 | |
| wild | 6 | 13,6 | 3 | 10,3 | 1 | | — | |
| warmherzig | 20 | 45,5 | 12 | 41,4 | 8 | | 6 | |
| ambivalent+kühl | 16 | 36,4 | 9 | 31,0 | 4 | | 2 | |
| gewissenhaft | 8 | 18,2 | 6 | 20,7 | 2 | | 3 | |
| leichtfertig | 7 | 15,9 | 3 | 10,3 | 3 | | 1 | |

[1] *Fälle* von Probanden mit wechselnden Stiefeltern: *147, 198, 152.*
[2] *Fälle* von Probanden mit Pflegeeltern: *110, 53, 171, 213, 119, 227, 200, 248*

| | Stiefeltern o. StGeschw. n = 44 | % | m. StGeschw. n = 29 | % | w. StE.[1] n=13 | % | PflE.[2] n=11 | % |
|---|---|---|---|---|---|---|
| P als Kind | | | | | | |
| bestimmt insg. | 11 | 25,0 | 6 | 20,7 | 1 | 1 |
| nachgiebig insg. | 18 | 40,9 | 21 | 72,4 | 8 | 4 |
| sehr nachgiebig | 6 | 13,6 | 9 | 31,0 | 1 | 1 |
| unterwürfig | 4 | 9,1 | 2 | 6,9 | 1 | 1 |
| lebenstüchtig | 7 | 15,9 | 3 | 10,3 | 1 | 2 |
| wenig lebenstüchtig | 10 | 22,7 | 12 | 41,4 | 5 | — |
| körperlich beeinträchtigt | 2 | 4,6 | 4 | 13,8 | 1 | 2 |
| Eßschwierigkeiten | 4 | 9,1 | 6 | 20,7 | 2 | 2 |
| Milchekel | 16 | 36,4 | 6 | 20,7 | 6 | 2 |
| Vorliebe für Süßes | 13 | 29,6 | 6 | 20,7 | 2 | 3 |
| verfressen | 5 | 11,4 | 6 | 20,7 | 1 | — |
| häusl. Erziehungsschwierigkeiten | 24 | 54,6 | 14 | 48,3 | 9 | 6 |
| vor 13 J. | 6 | 13,6 | 7 | 24,1 | 4 | 3 |
| bis 1949 | | | | | | |
| Herumtreiben | 20 | 45,5 | 10 | 34,5 | 4 | 4 |
| Entl. von zu Hause | 9 | 20,4 | 4 | 13,8 | 3 | 1 |
| Entl. aus Heim | 3 | 6,8 | 6 | 20,7 | 4 | 2 |
| Heim ohne Entlaufen | 8 | 18,2 | 5 | 17,2 | 5 | 1 |
| Quot. Entlaufen aus Heim / war im Heim | 0,20 | | 0,55 | | 0,44 | 0,67 |
| P Beruf 1955 | | | | | | |
| ausgelernt | 13 | 29,5 | 7 | 24,1 | — | 4 |
| Arbeiter nach abgebr. Lehre | 21 | 47,7 | 7 | 24,1 | 4 | 4 |
| immer ungelernt | 10 | 22,7 | 15 | 51,7 | 8 | 3 |
| Quot. Lehre begonnen / nie Lehre | 3,40 | | 0,93 | | 0,50 | 2,67 |
| Quot. Lehre abgebrochen / Lehre begonnen | 0,62 | | 0,50 | | 1,00 | 0,50 |
| P 1955 | | | | | | |
| geschieden | 1 | 2,3 | — | — | — | — |
| verheiratet | 13 | 29,6 | 5 | 17,2 | 4 | 4 |
| verlobt | 10 | 22,7 | 7 | 24,1 | 3 | 1 |
| „feste Freundin“ | 3 | 6,8 | 2 | 6,9 | 1 | — |
| jugendlich wechselnd | 10 | 22,7 | 8 | 27,6 | 4 | 1 |
| wechs. niedr. Niveau | 2 | 4,6 | — | — | — | 1 |
| keine Beziehungen | 3 | 6,8 | 5 | 17,2 | — | 1 |

[1] *Fälle* von Probanden mit wechselnden Stiefeltern: *147*, *198*, *152*.
[2] *Fälle* von Probanden mit Pflegeeltern: *110*, *53*, *171*, *213*, *119*, *227*, *200*, *248*.

| | Stiefeltern o. StGeschw. n = 44 | % | m. StGeschw. n = 29 | % | w. StE.[1] n=13 % | PflE.[2] n=11 % |
|---|---|---|---|---|---|---|
| P wohnte 1955 | | | | | | |
| bei Eltern | 24 | 54,6 | 14 | 48,3 | 4 | 2 |
| bei SchwElt. | 3 | 6,8 | — | — | 2 | 2 |
| für sich | 13 | 29,6 | 11 | 37,9 | 6 | 6 |
| Beziehungen zu Eltern 1955 | | | | | | |
| sehr eng | 19 | 43,2 | 9 | 31,0 | 3 | 2 |
| gut insg. | 33 | 75,0 | 16 | 55,2 | 4 | 4 |
| abgebrochen | 4 | 9,1 | 3 | 10,3 | 3 | 2 |
| gestört insg. | 11 | 25,0 | 12 | 41,4 | 8 | 2 |
| später | | | | | | |
| Herumtreiben | 16 | 36,4 | 6 | 20,7 | 8 | 4 |
| Entl. von zu Hause | 12 | 27,3 | 4 | 13,8 | 6 | 1 |
| Entl. aus Heim | 4 | 9,1 | 4 | 13,8 | 1 | 3 |
| Heim o. Entl. | 9 | 20,4 | 10 | 34,5 | 4 | 1 |
| Quot. $\frac{\text{Entl. a. Heim}}{\text{war im Heim}}$ | 0,31 | | 0,29 | | 0,2 | 0,75 |
| Lebensführung später | | | | | | |
| ordentlich | 18 | 40,9 | 11 | 37,9 | 3 | 6 |
| etwas leichtfertig | 19 | 43,2 | 11 | 37,9 | 6 | 1 |
| asozial | 6 | 13,6 | 7 | 24,1 | 4 | 4 |

[1] *Fälle* von Probanden mit wechselnden Stiefeltern: *147, 198, 152.*
[2] *Fälle* von Probanden mit Pflegeeltern: *110, 53, 171, 213, 119, 227, 200, 248.*

Erziehungsschwierigkeiten sind im ganzen von den Probanden ohne Stiefgeschwister häufiger berichtet worden, und zwar wohl nicht nur weil sie in dem besseren Milieu mehr registriert wurden. Aber die f r ü h e n Schwierigkeiten waren bei denen mit Stiefgeschwistern häufiger.

Wie wichtig das Vorhandensein oder Nichtvorhandensein von Stiefgeschwistern für die Beziehungen der Probanden zu ihrem Elternhaus war — in dem hier ja in jedem Falle ein Stiefelter vorhanden war — zeigt sich in der viel häufigeren Störung des Kontaktes in den Familien mit Stiefgeschwistern. Diese Probanden wohnten auch seltener noch zu Hause, obwohl sie seltener verheiratet waren und statt dessen öfter noch „jugendlich wechselten" oder ganz ohne Beziehungen zu Mädchen waren — auch diese Retardierung paßt nicht zu ihrer etwas ungünstigeren sozialen Herkunft, wohl aber zu den Hemmungsmerkmalen, die sie schon als Kind hatten. Diese Hemmungen erstrecken sich aber jedenfalls später nicht mehr auf ihr allgemeines Sozialverhalten, da sie ja öfter rückfällig wurden und öfter ein asoziales Leben führten als die Stiefkinder ohne Stiefgeschwister.

Für die Probanden, die zwischen den geschiedenen und wiederverheirateten Eltern noch um die Zeit von 1949 hin- und herwechselten — „wechs. StE" — sind keine Prozentzahlen ausgerechnet worden, weil es sich insgesamt nur um 13 Fälle handelt. Ein kurzer Blick zeigt aber, daß alle ungünstigen Merkmale sozialer Art: proletarische Herkunft, wirtschaftliche Not, schlechter Schul- und Berufserfolg, allgemeine Leistungsunfähigkeit und viele persönlicher Art: Leichtfertigkeit, Nachgiebigkeit, Erziehungsschwierigkeiten (auch frühe), Entlaufen von zu Hause, das Herumtreiben (jedenfalls später), gestörter Kontakt mit dem Elternhaus, leichtfertige und asoziale Lebensführung bei ihnen erhöht sind, wie ja auch ihre allgemeine Rückfälligkeit. Dabei muß natürlich offenbleiben, wieweit ihre eigenen Schwächen diesen Wechsel zwischen den Eltern gefördert haben. Relativ viele dieser Probanden wurden als warmherzige Kinder geschildert, und Einzelgängertum wurde selten berichtet.

## *IV. Stellung in der Geschwisterreihe*

Die Stellung der Probanden in der Geschwisterreihe hat nach Tab. 118 — wie dort schon erörtert — eine auffällige Verteilung. Sie sind häufiger die ältesten als die jüngsten Kinder, obwohl für beides an sich die gleiche Wahrscheinlichkeit besteht, und je ungünstiger die Rückfallsgruppe, umso mehr überwiegen die Ältesten die Jüngsten. Prinzipiell ändert sich daran auch nichts, wenn man — wie manche Untersucher das tun — bei der Berechnung die Unehelichen wegläßt, obwohl die Differenzen in allen Gruppen geringer werden; vergleichsweise ist dann der Anteil der Ältesten bei den Schwerrückfälligen sogar besonders groß. Es fragt sich aber, ob man die Unehelichen überhaupt fortlassen soll, da sie ja tatsächlich als Älteste in der Familie gelebt haben, und da die Unehelichkeit wohl nicht der einzige sozial auslesende Faktor ist. Auch wenn man die Unehelichen nicht mitzählt, kann man Unterschiede, die sich bei verschiedener Stellung in der Geschwisterreihe ergeben, nicht einfach auf die verschiedene menschliche Situation zurückführen.

Besondere Beachtung hat man allgemein zunächst nur der erzieherischen Situation der Einzelkinder geschenkt[19], und zwar überwiegend wohl unter dem negativen Aspekt der Verwöhnung und der Schwierigkeiten, die ein Einzelkind haben kann, sich in die Gemeinschaft anderer Kinder oder in die Gemeinschaft überhaupt einzuordnen. Empirische Untersuchungen haben aber die besonderen Gefahren der Einzelkindersituation jedenfalls für das Kriminellwerden nicht bestätigt[20], vor allem seit man beachtet, daß unter den Einzelkindern relativ viele aus gestörten Familienverhältnissen sind, d. h. Uneheliche, Halb- und Vollwaisen und Scheidungskinder.

---

[19] Vgl. die Monographien von E. *Hermann*, Lpz. 1939 und A. *van Krevelen*, Utrecht 1946 (Het eenige Kind).

[20] *Sutherland-Cressey* 1955, 185.

Darauf weist Haffter[21] hin, und auch Mannheim-Wilkins[22], die die auffällige Häufigkeit ganz kleiner — neben ganz großen — Familien unter ihren Probanden versuchsweise daraus erklären, daß unter diesen kleinen Familien viele „broken homes" seien; sie stellen allerdings auch zur Erwägung, daß das Einzelkind eben ein Problemkind sei. — Unter den bei der Berner Erziehungsberatungsstelle 1950/51 vorgestellten 77 Einzelkindern waren 35 Pflegekinder, und A. Häberlin, die das mitteilt[23], sagt, unter den Fällen mit guter Erziehung seien fast gar keine Einzelkinder vorgekommen, was darauf hinzudeuten scheine, daß in guter Erziehung die Einzelkinder — im Unterschied zu den Ältesten — keine besonderen Schwierigkeiten machten[24]. — W. W. Wattenberg war 1949 in einer amerikanischen Untersuchung über „Delinquency and only children" zu dem Ergebnis gekommen, die Stellung des einzigen Kindes sei in den verschiedenen nationalen, rassischen, religiösen und wirtschaftlichen Gruppen so verschieden, daß sich ihre Bedeutung für das Delinquentwerden nicht einheitlich bestimmen lasse. — Da auch der Anteil der Einzelkinder u. a. nach sozialer Schicht schwankt, kann man kaum erwarten, etwa übereinstimmende Prozentsätze in verschiedenen Untersuchungen zu finden.

Ähnliches gilt auch von den mitleren Kindern. Ihr Anteil ist abhängig von der Kinderzahl in den verschiedenen sozialen Schichten zu verschiedenen Zeiten und in verschiedenen Orten, so daß auch hier unmittelbare Vergleiche nicht viel ergeben und unmittelbare Rückschlüsse auf die menschliche Position der mittleren Kinder nicht zulässig sind. So bleibt die Relation von ältesten und jüngsten Kindern in gewisser Hinsicht die interessanteste, obwohl auch sie nicht von sozialen Faktoren unabhängig ist.

Nach Sutherland[25] haben frühere — um 1930 angestellte — amerikanische Untersuchungen über intellektuelle Leistungsfähigkeit, Psychopathie, Aggressivität und andere Verhaltens- und Persönlichkeitsarten das älteste Kind benachteiligt gezeigt; bei Verbesserung der statistischen Techniken hätten die Differenzen sich aber vermindert, so daß die Frage nun wieder offen sei. Hinsichtlich der Kriminalität verweist er auf mir nicht zugängliche Untersuchungen von Goodenough und Leahy 1927[26] und Levy (1931)[27], bei denen ebenfalls die ältesten Kinder übermäßig vertreten gewesen seien; die Ergebnisse seien aber von anderer Seite in Frage gestellt worden. 1933 habe M. Parsley[28] unter 361 delinquenten Mädchen zwar nicht die Ältesten überrepräsentiert, wohl aber die Jüngsten deutlich unterrepräsentiert gefunden.

---

[21] 1948, 89.

[22] 1955, 85.

[23] 1955, 60.

[24] a. a. O. 68.

[25] 1955, 184 f.

[26] F. *Goodenough* and A. Leahy: „The Effect of Certain Family Relations upon the Development of Personality", Pedagogical Seminar, 34:69, March, 1927.

[27] J. *Levy:* A Quantitative Study of Behavior Problems in Relation to Family Constellation", Am. J. Psychiatry, 10:637—654, Jan. 1931.

[28] M. *Parsley:* „The Influence of Ordinal Position and Size of Family", Smith College Studies in Social Work, 3:274—283, March, 1933.

Nach Bagot[29], 1944, soll die Rückfallsgefahr bei jungen Tätern größer sein, wenn sie eines der älteren als wenn sie eines der jüngeren Kinder aus einer großen Geschwisterschaft sind.

Unter den rund 500 von den Gluecks in „Criminal Careers"[30] untersuchten ehemaligen Häftlingen des Reformatory in Massachusetts (entlassen 1911/12) waren bei einer durchschnittlichen Kinderzahl von 5,3 27,5 % Älteste und 6,7 % Einzelkinder. Sie vermuten, daß die Ältesten überrepräsentiert sind, und wohl mit Recht. Zahlen für die mittleren und jüngsten Kinder berichten sie nicht.

Von Healy und Bronners[31] delinquenten Kindern und Jugendlichen — die sie alle nur aus Geschwisterschaften wählten — waren 25,7 % älteste, 63,8 % mittlere und 10,5 % jüngste Kinder, unter den nicht delinquenten Geschwistern, die sie als Kontrollprobanden gewählt hatten, nur 15,2 % Älteste, 70,5 % Mittlere und 14,3 % Jüngste. Es waren also mehr Älteste delinquent, obwohl die Probanden in 50 Fällen älter, in 47 aber auch jünger waren als ihre Kontrollgeschwister, die Auswahl also wohl keine Rolle gespielt hat.

Von den Juvenile Delinquents Grown Up der Gluecks, 1940, waren von den schließlich doch gut Entwickelten etwas mehr Älteste als von den weiter Rückfälligen.

Nach der Statistik von Roesner[32] waren von den am 1. IV. 41 in deutschen Jugendgefängnissen einsitzenden 3.429 Jungen 37,3 % Älteste, 32,3 % Mittlere, 23,9 % Jüngste und 16,5 % Einzelkinder; von den 622 Mädchen 26 % Älteste, 39,8 % Mittlere, 20,7 % Jüngste und 13,5 % Einzelkinder. Auch hier zeigen sich also die Ältesten gegenüber den Jüngsten benachteiligt; die Differenzen sind nicht groß, dafür aber die absoluten Zahlen. Es mag noch vermerkt werden, daß mehr von den inhaftierten M ä d c h e n mittlere Kinder waren, also entweder aus größeren Familien stammten oder die Rolle als mittleres Kind schlechter vertrugen. Einzelkinder oder Jüngste — d. h. in Positionen, die einen gewissen Vorzug gewähren — waren die Mädchen etwas seltener als die Jungen. — Buttkus (1944) fand aber 1943 unter 357 unbestimmt verurteilten des Jugendgefängnisses Herford nur 24,7 % Älteste, 33,0 % Mittlere, 25,6 % Jüngste und 16,8 % Einzelkinder.

Merrill[33] hat die Stellung in der Geschwisterreihe nur in Verbindung mit der Familiengröße gezählt. Sie fand unter ihren Delinquenten 10, unter den Kontrollfällen nur 5 als älteste von drei oder mehr Kindern; umgekehrt unter den Delinquenten 16, den Kontrollfällen dagegen 26 als die jüngsten von drei oder mehr Kindern. Mittlere von mindestens 4 Kindern waren weit öfter die Delinquenten, mittlere von Dreien 7 Probanden und 10

[29] Punitive Detention, London 1944, p. 46.
[30] 1930, 119 f.
[31] 1936, 73.
[32] 1942, 17.
[33] 1947, 75.

Kontrollkinder. Einzige Kinder waren 6 Probanden und 16 Kontrollen. In den Familien mit „3 oder mehr" Kindern waren also die Ältesten unter den Delinquenten überrepräsentiert, die Einzigen und Jüngsten unter den Nichtdelinquenten.

In „Unraveling Juvenile Delinquency" fanden die Gluecks[34] — also abweichend von anderen Untersuchungen — sowohl unter den Delinquenten wie unter den Kontrollfällen etwas mehr jüngste als älteste Kinder, und die Unterschiede der Gruppen scheinen nur mit der verschiedenen Größe der Familien zusammenzuhängen. Es waren Älteste von den Delinquenten 15,6 % (Kontrollen: 19,4 %), Mittlere 60,0 % (47,8 %), Jüngste 19,6 % (24,2 %) und Einzige 4,8 % (8,6 %).

Stott hat den Geschwisterrang seiner Probanden zwar nicht in seinem Buch[35] mitgeteilt, aber später persönlich an Lees und Newson, die ihn dann veröffentlichten[36]. Von seinen FE-Zöglingen waren danach 31,8 % Älteste, 43,2 % Mittlere, 18,2 % Jüngste und 6,8 % Einzige, die Unehelichen nicht eingerechnet.

Aus dem Rahmen fallen die Befunde von Näf[37], unter dessen 98 Baseler Jugendgerichtsfällen (den Verurteilten zweier Jahre) 15 Älteste, 30 Mittlere, 25 Jüngste und 22 Einzelkinder waren; in 6 Fällen war die Position nicht bekannt. Seinen Überschuß an jüngsten Kindern bringt er mit ihrer möglichen Verwöhnung in Verbindung, fügt aber hinzu, eine Fallschilderung wolle er dafür nicht geben, denn „überall, wo die Stellung als jüngstes Kind als gefährdendes Moment angeführt wird" — was sehr oft der Fall sei — „spielen noch so viele andere Ursachen mit, daß die prinzipielle Bedeutung der Stellung, das jüngste Kind in der Familie zu sein, nirgends recht hervortritt"[38].

Rose[39] fand unter den 370 seiner Borstal-Zöglinge, bei denen die Geschwisterposition bekannt war, 25 % Älteste und 17 % Jüngste, die sich dann aber in Bezug auf die Rückfälligkeit etwa gleich verhielten.

Ähnlich Meyer[40], unter dessen 172 unbestimmt Verurteilten insgesamt 31,4 % Älteste, 40,1 % Mittlere, 18,0 % Jüngste und 10,5 % Einzige waren; von den 88 Rückfälligen waren 33 % Älteste und ebensoviel Mittlere, 21,6 % Jüngste und 12,5 % Einzige. Wie bei Rose waren also unter seinen jugendlichen Straf-Häftlingen insgesamt beträchtlich mehr Älteste als Jüngste, aber die in Strafhaft gekommenen Jüngsten hatten keine günstigere Prognose als die übrigen; dagegen war die spätere Entwicklung der mittleren Kinder vergleichsweise gut.

Unter den von Mehl[41] untersuchten 371 Freiburger Jugendgerichtsfällen waren 24,2 % Älteste, 43,8 % Mittlere, 18,8 % Jüngste und 13,2 %

---

[34] 1950, 120.
[35] 1950.
[36] 1954/55, 59.
[37] 1953, 23.
[38] a. a. O. 64.
[39] 1954, 56.
[40] 1956, 32, 91.
[41] 1954, 84.

Einzige (Jüngste und Einzige unter den 34 „Heimatlosen" deutlich überrepräsentiert). Mohr[42] fand unter seinen 398 Pforzheimer straffälligen Jugendlichen in Familien mit 3—5 Kindern 26 Älteste und 19 Jüngste, bei mehr Kindern 16 Älteste und 10 Jüngste; Brand[43] unter 148 heranwachsenden Hamburger Betrügern 31,5 % Älteste, 33,0 % Mittlere, 13,4 % Jüngste, 22,1 % Einzige; von See[44] unter 132 Hamburger minderjährigen Fahrrad- und Autodieben 36,4 % Älteste, 29,5 % Mittlere, 14,4 % Jüngste und 19,7 % Einzige; Schlüter[45] unter 892 Hagener straffälligen Jugendlichen 32,1 % Älteste, 21,3 % Mittlere, 28,8 % Jüngste und 17,8 % Einzelne; Lüdemann[46] unter 58 minderjährigen wegen Raubes zu Freiheitsstrafe Verurteilten: 27,6 % Älteste, 53,5 % Mittlere, 18,9 % Jüngste, 13,2 % Einzige. Für junge Sittlichkeitstäter war bei Stüttgen[47] das Verhältnis von Ältesten zu Jüngsten etwas anders: 23,5 % zu 24,8 %, ferner Mittlere 37,3 % und 14,4 % Einzige; auch Kühling[48] hatte aber unter 200 verurteilten Heranwachsenden in Hannover gleichviele Älteste wie Jüngste. Unter den von Mieskes[49] untersuchten 60 Jugendgefängnisinsassen waren 33,3 % Älteste, 43,3 % Mittlere, 11,7 % Jüngste und 11,7 % Einzelkinder; unter Stuttes[50] 199 unerziehbaren Fürsorgezöglingen 25 % Älteste und 17,0 % Jüngste.

Kaiser[51] berechnete für 415 seiner „randalierenden" Jugendlichen das Verhältnis von Ältesten und Jüngsten und fand, wenn er die Ältesten = 100 setzte, insgesamt nur 80,8 Jüngste, und zwar bei den nur Mitlaufenden 78,6, bei den zustimmend Mitlaufenden 122,0, bei den aktiv Mitmachenden 64,7, und bei den Rädelsführern nur 41,2.

Nach Häberlin[52] waren von 350 in den Jahren 1950/51 in der Berner Erziehungsberatungsstelle vorgestellten Kindern 33 % Älteste, 16,5 % Mittlere, 18,5 % Jüngste und 22 % Einzelkinder (von diesen Einzelkindern fast die Hälfte Pflegekinder). Unter den 120 wegen Ungehorsams vorgestellten Kindern waren sogar 44,2 % Älteste, 15,0 % Mittlere, 16,7 % Jüngste und 24,2 % Einzige, und die Verfasserin fügt hinzu, daß in den Fällen mit guter Erziehung die Ältesten noch mehr hervorträten, die Einzigen dagegen zurück.

Des Interesses halber sei auch erwähnt, daß unter 30 Kindern unter 14 Jahren, die Opfer einer strafbaren Mißhandlung geworden waren (Schleyer[53]) nach staatsanwaltschaftlichen Vorgängen aus Nordrhein-West-

---

[42] 1953, 131.
[43] 1957, 56, 51.
[44] 1957, 142.
[45] 1958, 68.
[45] 1958, 91.
[46] 1959, 68.
[47] 1958, 93.
[48] 1957, 35.
[49] 1956, 263.
[50] 1958, 35; allerdings von verschiedenen Teilen der Gesamtgruppe errechnet.
[51] 1959, 145.
[52] 1955, 60.
[53] 1958, 67.

falen und Rheinland-Pfalz 9 Älteste, 7 Mittlere, 4 Jüngste und 10 Einzelne waren.

Eine besondere Untersuchung — die hier nicht voll referiert werden kann — haben Lees und Newson[54] dieser Frage gewidmet.

Lees wurde auf sie aufmerksam, als er 1952 bei einer Bergwerksuntersuchung fand, daß die „ältesten Kinder" bei einer individuellen Betätigung erfolgreicher waren, die „mittleren Kinder" dagegen bei Gruppenarbeit. Er untersuchte daraufhin mit Newson 206 männliche und 502 jugendliche männliche ehelich geborene Straffällige, die unter Bewährungsaufsicht gestanden hatten. Von der ersten Gruppe waren 24,3 % Älteste, 50,5 % Mittlere, 20,4 % Jüngste und 4,9 % Einzelkinder; von der zweiten Gruppe 21,3 % Älteste, 51,2 % Mittlere, 22,3 % Jüngste und 5,2 % Einzelkinder. In beiden Gruppen — das ist bemerkenswert — kamen die Jüngsten besonders oft aus gestörten Familien (disturbed homes); 6 von den 42 jüngsten Kindern der ersten Gruppe hatten z. B. die Mutter früh durch Tod verloren. Die Verfasser schließen, daß vermutlich die Jüngsten aus ungestörten Familien mit geringerer Wahrscheinlichkeit straffällig werden als andere Kinder, daß aber der Verlust an Geborgenheit (security) sie besonders schädige[55].

Bei Aufgliederung nach Schwere der begangenen Delikte fanden sich unter den 49 der 206 Probanden mit schweren Delikten 34,7 % Älteste, 42,9 % Mittlere, 20,4 % Jüngste und 2,0 % Einzelkinder; d. h. die Differenz zwischen Ältesten und Jüngsten hatte sich erhöht, die Ältesten hatten mehr schwere Delikte, die Mittleren und Einzigen aber besonders oft nur leichtere Delikte begangen.

Von den 49 (der 206) Probanden mit schweren oder wiederholten Straftaten waren 22 immer als Alleintäter aufgetreten, 12 mit nur einem Mittäter, und nur 15 mit 2 oder mehr Mittätern. Die Verfasser untersuchten ferner die Art der Begehung je nach Stellung in der Geschwisterreihe, wobei sie Alleinbegehung und die mit nur einem Mittäter als „individual offence", die übrigen Arten als „group offence" bezeichneten. In beiden Probandengruppen hatten die Ältesten und die Einzelkinder vergleichsweise mehr „individual offences" begangen, Mittlere und Jüngste — ganz besonders die Mittleren — mehr „group offences".

Es könnte bei Sittlichkeitstätern eine andere Gesetzmäßigkeit vorliegen als bei den Vermögenstätern und den „Straftätern insgesamt", vielleicht weil in dieser Richtung Verwöhnung gefährdender wirkt oder die Anwesenheit älterer Geschwister das Finden der eigenen Geschlechtsrolle erschwert. Unter 216 Hamburger Exhibitionisten fand Steinmetz (1951) 21,8 % Jüngste gegenüber nur 10,2 % Ältesten; unter 135 pädophilen Tätern

[54] 1954, 55.

[55] Auch *Stotts* (1950) Jüngste kamen, wie Lees und Newson mitteilen (S. 59), besonders häufig aus gestörten Familien, nämlich 13 von 16 = 81,2 %, gegenüber 46 % bei den Ältesten, 31,6 % bei den Mittleren und 4 von 6 der Einzelkinder. Es handelt sich offenbar um die gleiche Erscheinung wie bei den Mädchen: ihre Kriminalität ist an sich geringer; wenn es zu ihr kommt, so nur unter besonders ungünstigen Umständen.

fand Lange (1956) 25,2 % Jüngste gegenüber 21,5 % Ältesten. Westwood (1960) ein englischer Psychologe, der 127 Homosexuelle privat befragte, ermittelte unter ihnen 39,3 % Jüngste gegenüber ebensoviel Ältesten und Mittleren zusammen; sie hatten insgesamt 72 ältere und 33 jüngere Brüder sowie 70 ältere und 44 jüngere Schwestern. Bemerkenswert erscheinen ferner die Befunde von Schroer (1960), der bei seiner Untersuchung jugendlicher Sittlichkeitstäter in Essen und Hamburg unter den Gewalttätern und den Strichjungen — Tätern bei denen neben den sexuellen Momenten anderweitige kriminelle Momente mitspielen — ein starkes Überwiegen der Ältesten gegenüber den Jüngsten, bei den nach § 175 StGB Verurteilten dagegen einen kleinen Überschuß von Jüngsten fand.

Hingewiesen sei ferner noch auf einen Aufsatz von M. Handschin-Ninck[56] über „Ältester und Jüngster im Märchen". Der Älteste sei oft der Harte, Geizige, Hoffärtige, eifersüchtig auf den Jüngsten und ihn verachtend. Der Jüngste habe häufig die Rolle des Verwöhnten und Meistgeliebten; wenn er zunächst zurückgesetzt sei — auch das komme häufig vor —, so doch im Endergebnis immer der Glückliche. Er habe im Gegensatz zum Ältesten keine Beziehung zum Geld und zum Erwerb, sei oft kindlich, dumm, freundlich, vertrauensvoll, aber auch großzügig und barmherzig, und gerade dadurch, oder aber auch durch seine besondere Kraft und List, fliege ihm schließlich doch alles zu.

Die Stellung der Probanden in der Geschwisterreihe ist hier möglichst genau in ihren verschiedenen Implikationen untersucht worden, um der Tatsache auf den Grund zu gehen, woher ihre Unterschiede in den Rückfallsgruppen stammen mögen. Warum insbesondere — denn das ist das Auffälligste — gibt es in der Gr. I a gleichviel älteste und jüngste Kinder, bei den Schwerrückfälligen aber viermal so viel älteste wie jüngste, nach einem ziemlich regelmäßigen Anstieg in den mittleren Gruppen? Die Frage verdient eine genauere Untersuchung besonders auch darum, weil es sich hier ja um ein ganz objektives Merkmal handelt, bei dem Mängel der Erfasssung kaum ein Rolle gespielt haben können und irgendwelche subjektiven Bewertungen ganz sicher ausscheiden.

Um wieder mit der sozialen und wirtschaftlichen Schichtung zu beginnen, die ja so oft einen Schlüssel für das weitere gibt: Tab. 122 zeigt sofort, daß älteste und mittlere Kinder sozial und wirtschaftlich aus „ungünstigeren" Verhältnissen kommen als die beiden anderen Gruppen. Noch etwas mehr als für die Ältesten gilt das für die Mittleren: sie stammen besonders oft aus proletarischen und aus wirtschaftlich besonders schlecht gestellten Familien. — Bei den einzigen Kindern ist das äußere Milieu am besten, sie stammen sogar zu 22 % aus bürgerlichen Familien, und wirtschaftliche Not war bei ihnen am seltensten vorhanden.

Warum die einzigen Kinder sich hier als besonders begünstigt, die mittleren als besonders benachteiligt herausheben, ist leicht einzusehen. Die Kinderzahl ist in den unteren sozialen Schichten größer als in den oberen, und so muß es dort mehr mittlere, hier mehr einzige Kinder geben.

[56] Prax. Kinderpsychol. 5 (1956), 167—174.

Für den Unterschied zwischen ältesten und jüngsten Kindern reicht diese Erklärung nicht aus. Sie findet sich aber mindestens zum Teil darin, daß bei der Bestimmung der Stellung des Probanden in der Geschwisterreihe seine Stiefgeschwister mitgezählt wurden, d. h. die Halbgeschwister, die mit ihm einen Elter gemeinsam haben. Solche Halbgeschwister können auch „jüngste Kinder" haben, nämlich ältere aus der ersten Ehe ihres Vaters oder ihrer Mutter, oder auch etwa voreheliche der Mutter. Tatsächlich hatten nur zwei meiner 44 jüngsten Kinder solche älteren Stiefgeschwister, und weitere 6 hatten einen Stiefelter, aber keine Stiefgeschwister. Sollten sie — was allerdings gut möglich ist — doch noch in Einzelfällen ältere Stiefgeschwister gehabt haben, so waren sie jedenfalls zu der Zeit, als der Proband Kind war, nicht mit in seinem Elternhause. Ältere Stiefgeschwister sind auch insofern menschlich meistens kein Problem für das jüngste Kind, als es selbst ja bei seinen eigenen Eltern lebt, die Stiefgeschwister es also nicht so leicht bei den Eltern verdrängen können.

Wenn man aber eben die Stiefgeschwister mit als Geschwister rechnet, so ist es klar, daß die „ältesten Kinder" besonders häufig Stiefgeschwister haben müssen, jedenfalls in einer Bevölkerungsgruppe, in der es viele uneheliche Kinder gibt. Uneheliche Kinder sind zwar nicht immer, aber doch fast immer die einzigen gemeinsamen Kinder ihrer eigenen Eltern — ihrer Mutter und ihres „Erzeugers". Heiratet nun die Mutter und bekommt sie

Tab. 122: Verschiedene Faktoren nach Stellung des P in der Geschwisterreihe

| | Ält. Kind n=96 | % | Mittl. Kind n=73 | % | Jüngst. Kind n=44 | % | Einz. Kind n=41 | % |
|---|---|---|---|---|---|---|---|---|
| Rückfallsgruppe | | | | | | | | |
| I a | 17 | 17,7 | 18 | 24,7 | 17 | 38,6 | 14 | 34,2 |
| I b | 16 | 16,7 | 12 | 16,4 | 6 | 13,6 | 7 | 17,1 |
| I | 33 | 34,4 | 30 | 41,1 | 23 | 52,3 | 21 | 51,3 |
| II | 21 | 21,9 | 19 | 26,0 | 8 | 18,2 | 8 | 19,5 |
| III | 21 | 21,9 | 11 | 15,1 | 7 | 15,9 | 7 | 17,1 |
| IV | 19 | 19,8 | 11 | 15,1 | 5 | 11,4 | 6 | 14,6 |
| Elternhaus | | | | | | | | |
| bürgerlich | 8 | 8,3 | 4 | 5,5 | 2 | 4,6 | 9 | 22,0 |
| kleinbürgerlich | 27 | 28,1 | 22 | 30,1 | 29 | 66,0 | 20 | 48,9 |
| proletarisch | 50 | 52,1 | 46 | 63,0 | 13 | 29,6 | 11 | 26,8 |
| wirtschaftl. bes. gut | — | — | 4 | 5,5 | 3 | 6,8 | 5 | 12,2 |
| wirtsch. mittel | 45 | 46,9 | 26 | 35,6 | 22 | 50,0 | 20 | 48,9 |
| wirtsch. Not | 50 | 52,1 | 42 | 57,5 | 19 | 43,2 | 15 | 36,6 |
| kleinb., wirtsch. mittel | 24 | 25,0 | 10 | 13,7 | 15 | 34,1 | 11 | 26,8 |
| kleinb., wirtsch. Not | 13 | 13,5 | 10 | 13,7 | 11 | 25,0 | 5 | 12,2 |
| prol., wirtsch. mittel | 16 | 16,7 | 14 | 19,2 | 6 | 13,6 | 4 | 9,8 |
| prol., wirtsch. Not | 34 | 35,4 | 31 | 42,5 | 7 | 15,9 | 7 | 17,1 |

| | Ält. Kind n=96 | % | Mittl. Kind n=73 | % | Jüngst. Kind n=44 | % | Einz. Kind n=41 | % |
|---|---|---|---|---|---|---|---|---|
| Familie rechtschaffen | 65 | 67,7 | 46 | 63,0 | 34 | 77,3 | 33 | 80,5 |
| Familie asozial | 29 | 30,2 | 21 | 28,8 | 6 | 13,6 | 6 | 14,6 |
| Schulabgang des P | | | | | | | | |
| VSch Kl. 8 o. mehr | 60 | 62,5 | 27 | 37,0 | 27 | 61,4 | 33 | 80,5 |
| VSch Kl. 7 o. weniger | 26 | 27,1 | 30 | 41,1 | 10 | 22,7 | 6 | 14,6 |
| HiSch | 9 | 9,4 | 15 | 20,5 | 7 | 15,9 | 1 | 2,4 |
| HiSch Kl. 8 o. mehr | 6 | 6,2 | 3 | 4,1 | 4 | 9,1 | — | — |
| HiSch Kl. 7 o. weniger | 3 | 3,1 | 12 | 16,4 | 3 | 6,8 | 1 | 2,4 |
| VSch-Betragen | | | | | | | | |
| gut oder mittel | 47 | 49,0 | 29 | 39,7 | 19 | 43,2 | 15 | 36,6 |
| schlecht | 6 | 6,2 | 6 | 8,2 | 3 | 6,8 | 6 | 14,6 |
| Quot. gut oder mittel / schlecht | 7,8 | | 4,8 | | 6,3 | | 2,5 | |
| Schwänzen | 16 | 16,7 | 21 | 28,8 | 12 | 27,3 | 7 | 17,1 |
| kein Schwänzen | 43 | 44,8 | 23 | 31,5 | 16 | 36,4 | 17 | 41,5 |
| Quot. Schwänzen / kein Schwänzen | 0,37 | | 0,91 | | 0,75 | | 0,41 | |
| Alter bei Tat | | | | | | | | |
| 14 | 20 | 20,8 | 18 | 24,7 | 10 | 22,7 | 8 | 19,5 |
| 15 | 31 | 32,3 | 17 | 23,3 | 8 | 18,2 | 10 | 24,4 |
| 16 | 19 | 19,8 | 19 | 26,0 | 7 | 15,9 | 13 | 31,7 |
| 17 | 26 | 27,1 | 19 | 26,0 | 19 | 43,2 | 10 | 24,4 |
| Durchschnitt | 16;0 | | 16;0 | | 16;3 | | 16;1 | |
| Ehe der Eltern | | | | | | | | |
| P unehelich | 13 | 13,5 | 1 | 1,4 | 1 | 2,3 | 9 | 22,0 |
| Eltern geschieden | 23 | 24,0 | 14 | 19,2 | 11 | 25,0 | 9 | 22,0 |
| V tot | 15 | 15,6 | 10 | 13,7 | 11 | 25,0 | 6 | 14,6 |
| M tot | 8 | 8,3 | 6 | 8,2 | 3 | 6,8 | 4 | 9,8 |
| V+M tot | 1 | 1,0 | 3 | 4,1 | — | — | 1 | 2,4 |
| Elt. leben ungetr. | 36 | 37,5 | 39 | 53,4 | 18 | 40,9 | 12 | 29,3 |
| Fam. besteht aus | | | | | | | | |
| V+M | 39 | 40,6 | 40 | 54,8 | 21 | 47,7 | 12 | 29,3 |
| M | 11 | 11,5 | 11 | 15,1 | 13 | 29,6 | 7 | 17,1 |
| M+StV | 28 | 29,2 | 10 | 13,7 | 7 | 15,9 | 6 | 14,6 |
| V | — | — | 1 | 1,4 | — | — | 1 | 2,4 |
| V+StM | 8 | 8,3 | 7 | 9,6 | 1 | 2,3 | 6 | 14,6 |
| wechs. StFam. | 9 | 9,4 | 1 | 1,4 | 1 | 2,3 | 2 | 4,9 |
| PflElt. | 1 | 1,0 | 2 | 2,7 | 1 | 2,3 | 7 | 17,1 |
| StElt+StGeschw. | 18 | 18,8 | 9 | 12,3 | 2 | 4,6 | — | — |
| StElt o. StGeschw. | 18 | 18,8 | 8 | 11,0 | 6 | 13,6 | 12 | 29,3 |

| | Ält. Kind n=96 | % | Mittl. Kind n=73 | % | Jüngst. Kind n=44 | % | Einz. Kind n=41 | % |
|---|---|---|---|---|---|---|---|---|
| P wuchs auf bei | | | | | | | | |
| eign. Eltern | 41 | 42,7 | 42 | 57,5 | 28 | 63,7 | 13 | 31,7 |
| Elt+StElt. | 20 | 20,8 | 11 | 15,1 | 5 | 11,4 | 4 | 9,8 |
| Fam.Wechsel | 27 | 28,1 | 8 | 11,0 | 5 | 11,4 | 22 | 53,7 |
| Trennung von Eltern | 87 | 90,6 | 58 | 79,5 | 41 | 93,1 | 39 | 95,2 |
| Jahre pro P | 2,8 | | 1,7 | | 2,0 | | 4,1 | |
| Jahre pro betr. P | 3,1 | | 2,4 | | 2,4 | | 4,8 | |
| M berufstätig | | | | | | | | |
| frühe Kindheit | 19 | 19,8 | 4 | 5,5 | 12 | 27,3 | 9 | 22,0 |
| Kindheit | 23 | 24,0 | 7 | 9,6 | 21 | 47,7 | 17 | 41,5 |
| Tatzeit | 23 | 24,0 | 9 | 12,3 | 21 | 47,7 | 18 | 44,0 |
| Elternhaus | | | | | | | | |
| harmonisch | 30 | 31,2 | 28 | 38,4 | 17 | 38,6 | 18 | 44,0 |
| unharmonisch | 64 | 66,7 | 39 | 53,4 | 23 | 52,3 | 21 | 51,3 |
| V warm | 35 | 36,5 | 31 | 42,5 | 20 | 45,5 | 18 | 44,0 |
| V ambivalent+kühl | 34 | 35,4 | 24 | 32,9 | 15 | 34,1 | 9 | 22,0 |
| V rechtschaffen | 42 | 43,8 | 42 | 57,5 | 25 | 56,8 | 21 | 51,2 |
| V nicht rechtschaffen | 34 | 35,4 | 24 | 32,9 | 15 | 34,1 | 10 | 24,4 |
| V kriminell | 11 | 11,5 | 9 | 12,3 | 5 | 11,4 | 3 | 7,3 |
| V asozial o. Krim. | 7 | 7,3 | 4 | 5,5 | 7 | 15,9 | 4 | 9,8 |
| V Trinker | 7 | 7,3 | 7 | 9,6 | 1 | 2,3 | 1 | 2,4 |
| P's Rolle bei V | | | | | | | | |
| immer 1. | 19 | 19,8 | 6 | 8,2 | 7 | 15,9 | 22 | 53,7 |
| nur erst 1. | 20 | 20,8 | 3 | 4,1 | 2 | 4,6 | 1 | 2,4 |
| immer 2. | 4 | 4,2 | 14 | 19,2 | 7 | 15,9 | 1 | 2,4 |
| Quot. $\frac{\text{immer 1.}}{\text{übriges}}$ | 0,79 | | 0,35 | | 0,77 | | 11,0 | |
| Trennung von der Mutter | | | | | | | | |
| Jahre pro P | 3,4 | | 2,4 | | 2,5 | | 5,5 | |
| Jahre pro betr. P | 3,9 | | 2,9 | | 2,8 | | 6,3 | |
| P ausgespr. Vaterkind | 10 | 10,3 | 11 | 15,1 | 4 | 9,1 | 4 | 9,8 |
| P größtes Mutterkind | 13 | 13,4 | 12 | 16,4 | 10 | 22,7 | 5 | 12,2 |
| Tendenz a. Vater | 13 | 13,4 | 14 | 19,2 | 10 | 22,7 | 6 | 14,6 |
| Tendenz a. Mutter | 37 | 38,1 | 29 | 39,7 | 22 | 50,0 | 8 | 19,5 |
| früh Omakind | 17 | 17,5 | 3 | 4,1 | 4 | 9,1 | 16 | 39,0 |
| M warm | 27 | 28,1 | 29 | 39,7 | 19 | 43,2 | 13 | 31,7 |
| M ambivalent+kühl | 58 | 60,4 | 33 | 45,2 | 19 | 43,2 | 23 | 56,2 |
| M rechtschaffen | 37 | 38,5 | 38 | 52,1 | 27 | 61,4 | 19 | 46,4 |
| M nicht rechtschaffen | 34 | 35,4 | 22 | 30,1 | 10 | 22,7 | 15 | 36,6 |
| M kriminell | 6 | 6,2 | 5 | 6,8 | 2 | 4,6 | 4 | 9,8 |
| M asozial o. Krim. | 19 | 19,8 | 6 | 8,2 | 2 | 4,6 | 8 | 19,5 |

| | Ält. Kind n=96 | % | Mittl. Kind n=73 | % | Jüngst. Kind n=44 | % | Einz. Kind n=41 | % |
|---|---|---|---|---|---|---|---|---|
| P's Rolle bei M | | | | | | | | |
| immer 1. | 9 | 9,4 | 2 | 2,7 | 10 | 22,7 | 21 | 51,3 |
| nur erst 1. | 27 | 28,1 | 1 | 1,4 | — | — | 1 | 2,4 |
| immer 2. | 4 | 4,2 | 17 | 23,3 | 4 | 9,1 | 4 | 9,8 |
| Quot. $\frac{\text{immer 1.}}{\text{übriges}}$ | 0,29 | | 0,11 | | 2,5 | | 4,2 | |
| P als Kind | | | | | | | | |
| ruhig | 43 | 44,8 | 37 | 50,7 | 19 | 43,2 | 18 | 44,0 |
| lebhaft | 40 | 41,7 | 25 | 34,2 | 24 | 54,6 | 17 | 41,5 |
| wild | 12 | 12,5 | 10 | 13,7 | 3 | 6,8 | 2 | 4,9 |
| Einzelgänger | 22 | 22,9 | 17 | 23,3 | 6 | 13,6 | 10 | 24,4 |
| gesellig | 42 | 43,8 | 28 | 38,4 | 32 | 72,8 | 20 | 48,9 |
| warmherzig | 32 | 33,3 | 34 | 46,6 | 31 | 70,5 | 20 | 48,9 |
| ambivalent+kühl | 40 | 41,7 | 17 | 23,3 | 7 | 15,9 | 13 | 31,7 |
| gewissenhaft | 22 | 22,9 | 11 | 15,1 | 10 | 22,7 | 11 | 26,8 |
| leichtfertig | 13 | 13,5 | 11 | 15,1 | 14 | 31,8 | 6 | 14,6 |
| bestimmt insg. | 22 | 22,9 | 15 | 20,5 | 9 | 20,4 | 7 | 17,1 |
| nachgiebig insg. | 49 | 51,0 | 38 | 52,1 | 22 | 50,0 | 17 | 41,5 |
| sehr nachgiebig | 12 | 12,5 | 16 | 21,9 | 8 | 18,2 | 5 | 12,2 |
| unterwürfig | 5 | 5,2 | 2 | 2,7 | 4 | 9,1 | 2 | 4,9 |
| körperlich beeintr. | 8 | 8,3 | 9 | 12,3 | 3 | 6,8 | 3 | 7,3 |
| ausgeglichen | 17 | 17,7 | 14 | 19,2 | 5 | 11,4 | 5 | 12,2 |
| erregbar | 39 | 40,6 | 26 | 35,6 | 13 | 29,6 | 16 | 39,0 |
| ängstlich | 25 | 26,0 | 16 | 21,9 | 8 | 18,2 | 13 | 31,7 |
| jähzornig | 14 | 14,6 | 10 | 13,7 | 5 | 11,4 | 3 | 7,3 |
| häusl. Erz.Schw. | 48 | 50,0 | 22 | 30,1 | 16 | 36,4 | 18 | 44,0 |
| vor 13 J. | 19 | 19,8 | 5 | 6,8 | 3 | 6,8 | 8 | 19,5 |
| bis 1949 | | | | | | | | |
| Herumtreiben | 40 | 41,7 | 25 | 34,2 | 16 | 36,4 | 15 | 36,6 |
| Entl. von zu Hause | 15 | 15,6 | 10 | 13,7 | 5 | 11,4 | 8 | 19,5 |
| Entl. aus Heim | 12 | 12,5 | 6 | 8,2 | 5 | 11,4 | 4 | 9,8 |
| Heim o. Entl. | 20 | 20,8 | 8 | 11,0 | 2 | 4,6 | 6 | 14,6 |
| Quot. $\frac{\text{Entl. a. Heim}}{\text{war im Heim}}$ | 0,38 | | 0,43 | | 0,71 | | 0,67 | |
| Bettnässen insg. | 18 | 18,8 | 16 | 21,9 | 11 | 25,0 | 4 | 9,8 |
| kein Bettnässen | 61 | 63,5 | 40 | 54,8 | 26 | 59,1 | 31 | 75,6 |
| Bettnässen nach Pubertät | 3 | 3,1 | 6 | 8,2 | 3 | 6,8 | 1 | 2,4 |
| Heimweh | 31 | 32,3 | 26 | 35,6 | 20 | 45,5 | 13 | 31,7 |
| kein Heimweh, trotz Gel. | 29 | 30,2 | 13 | 17,8 | 9 | 20,4 | 7 | 17,1 |
| Quot. $\frac{\text{Heimweh}}{\text{Gelegenheit}}$ | 0,52 | | 0,67 | | 0,69 | | 0,65 | |
| Ekel vor Milch | 36 | 37,5 | 22 | 30,1 | 12 | 27,3 | 15 | 36,6 |

| | Ält. Kind n=96 | % | Mittl. Kind n=73 | % | Jüngst. Kind n=44 | % | Einz. Kind n=41 | % |
|---|---|---|---|---|---|---|---|---|
| P's Beruf 1955 | | | | | | | | |
| ausgelernt | 29 | 30,2 | 15 | 20,5 | 15 | 34,1 | 17 | 41,5 |
| Arb. n. abgebr. Lehre | 34 | 35,4 | 24 | 32,9 | 12 | 27,3 | 11 | 26,8 |
| immer ungelernt | 33 | 34,4 | 33 | 45,2 | 17 | 38,6 | 13 | 31,7 |
| Quot. Lehre begonnen / nie Lehre | 1,91 | | 1,18 | | 1,59 | | 2,15 | |
| Quot. Lehre abgebrochen / Lehre begonnen | 0,54 | | 0,62 | | 0,44 | | 0,39 | |
| P 1955 | | | | | | | | |
| geschieden | 2 | 2,1 | 3 | 4,1 | 2 | 4,6 | 1 | 2,4 |
| verheiratet | 26 | 27,1 | 16 | 21,9 | 16 | 36,4 | 6 | 14,6 |
| verlobt | 19 | 19,8 | 11 | 15,1 | 3 | 6,8 | 8 | 19,5 |
| „feste Freundin“ | 8 | 8,3 | 4 | 5,5 | 5 | 11,4 | 5 | 12,2 |
| jugendlich wechselnd | 24 | 25,0 | 19 | 26,0 | 13 | 29,6 | 8 | 19,5 |
| wechs. niedr. Niveau | 2 | 2,1 | 3 | 4,1 | 1 | 2,3 | 2 | 4,9 |
| keine Beziehungen | 9 | 9,4 | 11 | 15,1 | 2 | 4,6 | 5 | 12,2 |
| P wohnte 1955 | | | | | | | | |
| bei Eltern | 42 | 43,8 | 38 | 52,1 | 24 | 54,6 | 23 | 56,1 |
| bei Schwiegerelt. | 8 | 8,3 | 7 | 9,6 | 4 | 9,1 | 4 | 9,8 |
| für sich | 41 | 42,7 | 23 | 31,5 | 13 | 29,5 | 13 | 31,7 |
| Bez. z. Eltern 1955 | | | | | | | | |
| sehr eng | 33 | 34,4 | 32 | 43,8 | 19 | 43,2 | 26 | 63,4 |
| gut insgesamt | 64 | 66,4 | 45 | 61,6 | 36 | 81,9 | 28 | 68,3 |
| abgebrochen | 8 | 8,3 | 8 | 11,0 | 4 | 9,1 | 6 | 14,6 |
| gestört insgesamt | 31 | 32,3 | 22 | 30,1 | 8 | 18,2 | 8 | 19,5 |
| später | | | | | | | | |
| Herumtreiben | 34 | 35,4 | 17 | 23,3 | 13 | 29,6 | 12 | 29,3 |
| Entl. von zu Hause | 20 | 20,8 | 10 | 13,7 | 7 | 15,9 | 9 | 22,0 |
| Entl. aus Heim | 12 | 12,5 | 6 | 8,2 | 6 | 13,6 | 7 | 17,1 |
| Heim o. Entl. | 19 | 19,8 | 9 | 12,3 | 4 | 9,1 | 5 | 12,2 |
| Quot. Entl. a. Heim / war im Heim | 0,39 | | 0,4 | | 0,6 | | 0,58 | |
| wirtschaftliche Gebaren | | | | | | | | |
| geizig | 11 | 11,5 | 7 | 9,6 | 4 | 9,1 | 7 | 17,1 |
| normal vorsorg. | 31 | 32,3 | 26 | 35,6 | 18 | 40,9 | 15 | 36,6 |
| harmlos leichtfertig | 14 | 14,6 | 9 | 12,3 | 7 | 15,9 | 3 | 7,3 |
| gefährd. Unterh. | 16 | 16,7 | 13 | 17,8 | 8 | 18,2 | 5 | 12,2 |
| verjubelt alles | 10 | 10,4 | 7 | 9,6 | 3 | 6,8 | 5 | 12,2 |
| spätere Lebensführung | | | | | | | | |
| ordentlich | 45 | 46,9 | 33 | 45,2 | 21 | 47,7 | 22 | 53,7 |
| etwas leichtfertig | 30 | 31,2 | 27 | 37,0 | 17 | 38,6 | 10 | 24,4 |
| asozial | 30 | 31,2 | 11 | 15,1 | 6 | 13,6 | 8 | 19,5 |

Fälle von ältesten Kinder: *293, 187, 149, 04, 167, 179, 240, 147, 152, 201, 164, 128*
Fälle von jüngsten Kindern: *7, 110, 278, 119, 198*
Fälle von mittleren Kindern: *148, 39, 250, 49, 18, 251, 123, 199*
Fälle von einzigen Kindern: *210, 10, 93, 73, 171, 61, 27, 12, 229, 200, 248*

Kinder in der neuen Ehe, so wird der Proband eben der Älteste einer Reihe von Stiefgeschwistern. Tatsächlich sind 13,5 % der ältesten Kinder in der vorliegenden Untersuchung unehelich geboren und geblieben gegenüber nur 2,3 % der Jüngsten[57]. Dies kann schon — mindestens zu einem großen Teil — den Unterschied in der sozialen Schicht und den wirtschaftlichen Verhältnissen ihrer Elternhäuser erklären.

Allerdings fragt sich dann wieder, warum die einzigen Kinder, unter denen verständlicherweise besonders viel uneheliche Kinder sind (22 %), doch schichtenmäßig so günstig liegen. Erstens wohl deswegen, weil, von der Unehelichkeit abgesehen, das Merkmal „Einzelkind" recht stark nach sozial höheren Schichten hin ausliest. Ferner aber auch, weil die Familien gezählt sind, in denen die Probanden tatsächlich aufwuchsen, und gerade von den Einzelkindern haben relativ viele einen Familienwechsel durchgemacht, wobei dann die unehelichen von ihrer wenig günstig beurteilten Mutter in rechtschaffene und teilweise auch schichtenmäßig andere Familien kamen (etwa zu Vater und Stiefmutter, wie es schon oben S. 158 dargestellt wurde). Vgl. ihre besonders lange durchschnittliche Trennung besonders von der Mutter.

Die Verteilung der rechtschaffenen und der asozialen Familien entspricht etwa der schichtenmäßigen Verteilung und ist wie sie daraus verständlich, daß Kinderreichtum — mittlere Kinder — und Unehelichkeit — älteste und einzige Kinder — die Familien in Richtung auf untere und sozial weniger gut eingeordnete Schichten hin auslesen, daß aber bei den Einzelkindern dieser Faktor durch Auslese in anderer Richtung hin ausgeglichen wird.

Betrachtet man diese doch erheblichen Unterschiede im sozialen und wirtschaftlichen Rang der Familien, in denen die Kinder bei verschiedener Stellung in der Geschwisterreihe aufgewachsen sind, so wird man jedenfalls von dem Irrtum geheilt, diese Stellung selbst machte, unmittelbar, die Probanden so verschieden.

Aber man kann sich auch nicht damit begnügen, zu sagen, der soziale Rang oder die Rechtschaffenheit der Familie wäre allein für die Unterschiede im Verhalten der Probanden verantwortlich. Dann müßten z. B. die ältesten Kinder eine günstigere Entwicklung genommen haben als die mittleren, und die einzigen Kinder dürften nicht hinter den Jüngsten zurückstehen. Auch die Unehelichkeit erklärt für sich genommen nichts, denn dann müßten die mittleren Kinder sich besser, die einzigen sich schlechter entwickelt haben. Kombiniert man Unehelichkeit mit dem sozialen Rang, wie er im übrigen durch den Faktor „Kinderreichtum" oder „Einzelkind" ausgelesen wird, so kommt man vielleicht zu einer Reihe, die der der Rückfälligkeit entspricht. Aber was ist es denn nun am ungünstigen sozialen Rang und an der Unehelichkeit, was mit den Unterschieden in den Verhaltensweisen der Probanden zu tun hat?

---

[57] *Buttkus* (1944, 250 ff), der 357 unbestimmt Verurteilte des Jugendgefängnisses Herford untersuchte, fand unter den Ältesten 25 %, unter den Einzelkindern sogar 45 % Uneheliche, dagegen unter den Jüngsten nur 12,1 % und unter den Mittleren nur 3,4 %.

Außerdem läßt aber die Betrachtung der „Ehe der Eltern" und der Zusammensetzung der Elternfamilie noch weitere Auslesefaktoren erkennen. So sind weniger Eltern der mittleren Kinder geschieden, vermutlich weil die größere Kinderzahl der Scheidung entgegenstand. Ferner sind besonders viele Väter der Jüngsten verstorben, und das könnte etwa damit zusammenhängen, daß ihre Väter durchschnittlich älter waren, nämlich 31;6 bei Geburt des Probanden, gegenüber 27;1 der Väter der Ältesten.

Es hatten also etwa ebensoviele jüngste wie älteste Kinder 1949 „keinen" Vater, und auch Scheidung der Eltern war in beiden Gruppen etwa gleichhäufig. Trotzdem lebten viel mehr jüngste Kinder bei der alleinstehenden Mutter, mehr älteste bei Mutter und Stiefvater oder auch Vater und Stiefmutter, oder auch, hin- und herpendelnd, bei beiden.

Das hat nun wohl wieder damit zu tun, daß eine Frau, die schon mehrere Kinder hat, sich seltener (wieder) verheiratet als eine junge uneheliche Mutter mit einem einzigen Kind. Hier liest neben dem Faktor „Unehelichkeit" das Alter der Mutter aus — die Mütter der Jüngsten waren bei Geburt des P durchschnittlich 28;11, die der Ältesten 23;5 — aber es ist doch auch die ganze viel stabilere soziale Situation einer Witwe mit Kindern, die dazu führt, daß die Kinder mehr bei ihr allein oder auch überhaupt bei ihr bleiben. Ähnliches gilt wohl auch für die Scheidung der Ehe in den Familien der „Ältesten" und der „Jüngsten". Die ganz frühen Scheidungen nach einer Ehe, die so gut wie keine war — vielleicht nur wegen der bevorstehenden oder schon erfolgten Geburt des Ältesten (oder auch des einzigen Kindes) überhaupt geschlossen — diese ganz frühen Scheidungen kommen jedenfalls in den Familien der „jüngsten" Kinder nicht vor. Bei ihnen war schon eine „Familie" im eigentlichen Sinne vorhanden, die dann auf den Bestand der Ehe der Eltern nicht mehr so völlig angewiesen war.

Es kommt aber noch ein weiteres hinzu, und das hat nun wirklich direkt etwas mit der Stellung in der Geschwisterreihe zu tun: wenn eine Familie überhaupt auseinandergerissen wird, und wenn es darauf ankommt, sich von einem Kind zu trennen, so bleibt der Jüngste in der Regel bei der Mutter, zum Vater oder auch zu „Oma" geht aber eher der Älteste (umso eher, aber keineswegs nur, wenn kleine Stiefgeschwister da sind).

Aus all diesen Faktoren erklären sich die Unterschiede in der Zusammensetzung der Elternfamilien, in den Erziehungsstellen, in denen die Probanden gewesen sind, im Vorkommen und der Dauer der Trennung von den Eltern.

In diesen Punkten haben es die mittleren und die jüngsten Kinder am besten gehabt. Bei den mittleren Kindern war die Familie am häufigsten noch ganz vollständig, aber wenn man die — nach den Darstellungen S. 164 ja menschlich günstige — Erziehung bei der alleinstehenden Mutter einbezieht, so sind es die Jüngsten, die am häufigsten nur von den „eigenen Eltern" erzogen wurden. Stiefeltern kamen am häufigsten in die Familie der Ältesten hinzu, der Familienwechsel ist aber besonders kennzeichnend für die einzigen Kinder, und bei ihnen war auch die Trennung von den Eltern am häufigsten und am längsten.

Stiefgeschwister hatten die ältesten Kinder am meisten, weil schon nach der Definition die einzigen gar keine und die jüngsten Kinder höchstens ältere haben konnten, die nur selten noch mit in der Familie lebten. Die mittleren Kinder hatten aber überhaupt weniger Stiefeltern.

Bei M+StV lebten am häufigsten die ältesten Kinder, und sie pendelten auch am häufigsten zwischen Vater und Mutter hin und her. Bei V+StM und auch Pflegeeltern waren am häufigsten die einzigen Kinder.

Sieht man nun die Verteilung der „harmonischen" und „unharmonischen Familien" an, so läßt sich ganz gut verstehen, daß sie bei den mittleren und jüngsten Kindern gleich ist, die Familien der ältesten Kinder aber öfter unharmonisch waren. Das „Elternhaus" der Einzigen war sogar noch etwas öfter harmonisch als die der Mittleren und Jüngsten, aber es waren ja besonders oft nicht die eigentlichen ganz eigenen Elternhäuser.

Von den Vätern kommen die der einzigen Kinder sowohl in Bezug auf Wärme wie auf Rechtschaffenheit besonders gut, die der Ältesten besonders schlecht weg. Dabei muß man aber beachten, daß durch den Auslesefaktor „Unehelichkeit" die Unbekanntfälle vermutlich inhaltlich ins Gewicht fallen. Bei den Müttern ist es anders. Hier sind die der jüngsten Kinder die besten, und die der einzigen stehen erst an vorletzter Stelle kurz vor den Müttern der ältesten Kinder.

Die Rolle der Probanden bei den Eltern war auch in vielen Fällen unbekannt. Wo sie bekannt war, sind die Zusammenhänge mit der Stellung des Probanden in der Geschwisterreihe deutlich und verständlich: das älteste Kind wird aus seiner Prinzenstellung verdrängt — aber mehr bei der Mutter, während der Vater anscheinend seine Vorliebe für den Ältesten eher behält. Das einzige Kind kann aus dieser Stellung jedenfalls nicht durch Geschwister verdrängt werden. Es fällt aber auf, daß trotzdem „immer die erste Rolle" nur in kaum mehr als der Hälfte kodifiziert werden konnte und sehr viele Fälle als zu zweifelhaft überhaupt nicht einzuordnen waren — nur 13 der 41 einzigen Kinder sind ja auch ausschließlich von den eigenen Eltern (V + M oder M allein) erzogen worden.

Es folgt das mittlere Kind, das sich besonders oft dauernd mit einer Nebenrolle begnügen muß, und endlich das Jüngste, das es relativ gut hat, und zwar besonders bei der Mutter. Auch hier gibt es allerdings viele Unbekannt-Fälle.

Der Proband seinerseits hängte als ältestes und ganz besonders als einziges Kind seine Liebe oft früh an eine dritte Person: die Großmutter, die Pflegemutter u. ä. Das steht natürlich mit der Häufigkeit der unehelichen Geburt in Zusammenhang und wohl auch damit, daß ja die Ältesten und Einzigen z. T. vorehelich geboren waren — was hier nicht besonders gezählt wurde — oder zu einer Zeit, als die jungen Eheleute noch bei Eltern oder Schwiegereltern wohnten usw. — Vergleicht man nur die Zahl der Probanden, die ganz ausgeprägte Vater- oder die größten Mutterkinder der Familie waren, so neigt sich die Schale der Mutterkinder bei den Jüngsten am tiefsten, aber wenn man die vageren und zweifelhafteren Fälle dazunimmt, ist der Anteil der Mutterkinder bei den Ältesten am größten (obwohl ihre Rolle bei der Mutter ja nicht so gut ist).

Nun zu den „Eigenschaften" bzw. Verhaltensweisen der Probanden. Die mittleren Kinder, die ja — wenn auch öfter in einer Nebenrolle — am häufigsten bei Vater und Mutter lebten, waren besonders oft „ruhig" und „ausgeglichen", sehr nachgiebig, aber nicht unterwürfig, machten selten Erziehungsschwierigkeiten, trieben sich wenig herum, entliefen auch ziemlich selten von zu Hause, hatten eher Heimweh — wenn man eben aus den ja spärlichen Zahlen und geringen Prozentunterschieden ein solches Mosaik zusammensetzen will.

Nicht ganz scheint in dieses Bild der mittleren Kinder ihr relativ häufiges Einzelgängertum zu passen. Besser versteht man wieder ihre körperlichen Beeinträchtigungen, ihr Bettnässen, ihre schlechten Schulerfolge, ihren häufigen Hilfsschulbesuch, den seltenen Beginn einer Lehre, jedenfalls wenn man das alles als Folge und Begleiterscheinung ihres allgemein niedrigen Familienniveaus, als Ausdruck ihrer allgemeinen Vernachlässigung und ihres allgemeinen Zukurzgekommenseins ansieht.

Die mittleren Kinder wurden auch als relativ warmherzig geschildert, aber darin wurden sie von den „jüngsten" Kindern übertroffen. Die Jüngsten ähneln ihnen im übrigen positiv in der Seltenheit der Erziehungsschwierigkeiten, des Entlaufens von zu Hause, der Häufigkeit des Heimwehs, negativ in der Häufigkeit des Hilfsschulbesuchs[58], im Schulschwänzen, im seltenen Beginn einer Lehre und auch im Bettnässen. Auch „gewissenhaft" waren nach den Berichten beide seltener als die ältesten und die einzigen Kinder. Die positiven Punkte erscheinen als Ausdruck zufriedener Einfügung in das Zuhause, die negativen sind wohl auch bei den Jüngsten Folge eines Mangels an Disziplinierung und mangelnden Ehrgeizes der Eltern. Jedenfalls entspricht es wohl allgemeiner Erfahrung, daß Eltern bei den Erstgeborenen — und das sind ja die „Ältesten" und „Einzigen" — Sauberkeitsgewöhnung, Schulerfolge und wohl sogar Berufswahl mit größerem Interesse und Ehrgeiz verfolgen als bei den jüngeren Kindern[59]. Mit dem Schulerfolg und der Aufnahme einer Lehre ging es übrigens den Jüngsten doch immerhin deutlich besser als den Mittleren. Die soziale Situation ihrer Eltern war ja auch günstiger.

In einem Punkte unterscheiden sich die jüngsten Kinder wesentlich von den Mittleren,nämlich darin, daß sie besonders oft als lebhaft und als gesellig geschildert wurden. Dies gibt ihnen — besonders wenn man ihre Warmherzigkeit dazu nimmt, die doch bei ihnen noch wesentlich häufiger war als bei den mittleren Kindern — einen Zug gutartiger und liebenswürdiger Enthemmtheit, der auch ihre Leichtherzigkeit als nicht bösartig erscheinen läßt. Bei den mittleren Kindern ist dagegen eine gewisse Gedrücktheit deut-

---

[58] Auch nach *Busemann* (1956, 32) neigen Erstkinder dazu, schultüchtiger zu sein als jüngere Geschwister und sitzt das Letztkind durchschnittlich tiefer als seine Geschwister. — Offenbar sind hier auch biologische Faktoren beteiligt, die sich aus dem höheren Alter der Mutter ergeben. So hat *Gehrecke* in seiner großen Hilfsschüleruntersuchung (1958, 225, Tab. 67) unter den Probanden, die in Familien von 2—4 Kindern das einzige Hilfsschulkind waren, nur 64 älteste, aber 187 jüngste Kinder gezählt.

[59] *Busemann* a. a. O.

licher. Übrigens waren auch die jüngsten Kinder ziemlich oft „sehr nachgiebig" und sogar „unterwürfig". Man hat den Eindruck, daß sie eher die weichere Tour der freundlichen Einpassung gingen.

Die Ältesten und die Einzigen ähneln sich natürlich — da es sich hier ja immer nur um relative, aus Vergleichen gewonnene Aussagen handelt — in den gegensätzlichen Merkmalen.

Zunächst im besseren Schulerfolg — darin stehen die Einzigen noch weit voran —, im selteneren Schwänzen, im häufigeren Beginn einer Lehre. Ferner in den relativ häufigeren Berichten über Gewissenhaftigkeit in der Kindheit, im selteneren Bettnässen — auch dies letzte besonders eine Tugend der einzigen Kinder. Dem stehen dann andererseits die geringere Wärme gegenüber — besonders ausgeprägt bei den Ältesten—, die häuslichen Erziehungsschwierigkeiten, insbesondere auch die frühen, das häufigere Entlaufen von zu Hause (am häufigsten bei den Einzigen). Temperamentmäßig und in Bezug auf den Grad ihrer Geselligkeit liegen beide Gruppen in der Mitte; ihr Einzelgängertum ist aber doch fast so ausgeprägt wie das der mittleren Kinder, womit sich das gesellige Wesen der Jüngsten noch besonders heraushebt. Herumtreiben wurde am häufigsten von den ältesten Kindern, dagegen nicht erhöht von den Einzigen berichtet; Heimweh von den Ältesten am seltensten, aber insbesondere bei den Einzigen war zu wenig darüber bekannt.

Wilde bzw. überlebhafte Kinder gab es unter den Ältesten am meisten, unter den Einzigen am wenigsten. Ein Unterschied findet sich auch in der Erregbarkeit — soweit darüber überhaupt etwas bekannt ist. Erregbarer schienen nämlich die jüngsten und besonders die einzigen Kinder, wobei es sich aber bei den Einzigen fast ausschließlich um ängstliche Erregbarkeit handelte.

Trotz einer jedenfalls in manchen äußeren Punkten erscheinenden größeren Disziplinierung, trotz, wie es scheint, größerer Aufmerksamkeit der Erzieher auf ihre Erfolge sind doch die ältesten und die einzigen Kinder, also die Erstgeborenen, schlechter in ihre Familien eingepaßt gewesen. Das läßt sich leicht verstehen, wenn man daran denkt, wie oft bei ihnen das Kinderleben durch Hinzukommen von Stiefeltern, Stiefgeschwistern, oder durch Familienwechsel gestört wurde.

Die ältesten Kinder zeigen die ungünstigen Züge im ganzen am häufigsten. Das gilt jedenfalls für ihren besonderen Mangel an Wärme — dem das seltene Heimweh entspricht —, das Vorkommen von Erziehungsschwierigkeiten, das Herumtreiben, und auch in den Schulerfolgen und der Regelmäßigkeit des Schulbesuchs standen sie hinter den einzigen Kindern zurück. Dabei waren die einzigen Kinder noch häufiger und länger von den Eltern getrennt, hatten noch erheblich öfter als die ältesten Kinder einen Familienwechsel durchzumachen. Es scheint, daß ihnen mehrere Dinge einen Ausgleich boten: das allgemein höhere Niveau der Familien, in denen sie aufwuchsen, das Fehlen von Stiefgeschwistern, und überhaupt das Fehlen von Rivalen in der — wenn auch sonst nicht ganz heimischen — Familie.

Nun zum späteren Leben der Probanden. Zunächst der Beruf: ausgelernt haben besonders viele einzige Kinder. Sie hatten nicht nur — entsprechend dem guten häuslichen Niveau — besonders oft eine Lehre begonnen, sondern haben sie auch häufiger als die anderen beendet. An zweiter Stelle kommen — mit dem Zuendebringen der angefangenen Lehre — die Jüngsten, obwohl ihr Schulniveau nicht so gut war. Man kann darin bei ihnen wohl auch den Ausdruck ihrer günstigen charakterlichen Entwicklung sehen. — Der häufigste Lehrabbruch findet sich bei den mittleren Kindern, von denen an sich schon besonders viele gleich als Ungelernte gearbeitet hatten. Darin wirken vermutlich Armut, Unterbegabung und allgemein ungenügende Erziehung zusammen. Mit nicht sehr großer Distanz folgen ihnen die Ältesten, die offenbar das bessere Schulniveau später im Beruf nicht so gut haben durchhalten können. Wahrscheinlich hatten aber auch etwas zu viele von ihnen es anfänglich mit einer Lehre versucht.

Verheiratet waren 1955 am häufigsten die „Jüngsten", die ja aber im Durchschnitt auch einige Monate älter waren als die übrigen (sie haben auch besonders wenig „Verlobte"); z. T. mag das auch an ihrer Kontaktfähigkeit liegen. — Unter den Einzelkindern waren die wenigsten Ehemänner, vielleicht wegen des etwas höheren sozialen Rangs eines Teils dieser Familien, oder (und) weil Einzelkinder es mit der Loslösung schwerer haben.

Es wohnten auch von den Einzelkindern noch e t w a s mehr als von den übrigen zu Hause, und besonders viele von ihnen hatten noch die — oft etwas kindlichen — s e h r engen Beziehungen zu den Eltern. Aber sie hatten doch nicht insgesamt noch am meisten guten Kontakt zu den Eltern, und gerade bei ihnen findet sich auch die größte Zahl der ganz abgebrochenen Beziehungen. Hier macht sich wieder bemerkbar, daß die Gruppe der Einzelkinder sich aus zwei großen Gruppen zusammensetzt: den besonders gehegten Einzigen einer intakten Familie und den Verpflanzten, die dann z. T. — auch gerade als „Einzige" — es auch recht gut hatten und gediehen, z. T. trotz aller Pflege unter der Verpflanzung litten und z. T. es auch objektiv nicht gut hatten.

Gute Beziehungen zu den Eltern hatten später im ganzen am meisten — zu 82 % — die Jüngsten, was ihrer guten Allgemeinentwicklung entspricht, aber auch dem guten früheren Gefühlskontakt mit den Eltern, besonders mit der Mutter. Sie wohnten nicht ganz so oft mehr zu Hause wie die Einzigen, waren ja aber auch beträchtlich öfter schon verheiratet. Die Ältesten — die auch schon relativ oft verheiratet waren — lebten am häufigsten — sei es mit der Ehefrau, sei es allein — für sich. Ihr Kontakt mit den Eltern war relativ selten noch besonders eng, er war auch überhaupt häufig gestört, aber nicht so besonders oft direkt abgebrochen. Anscheinend hatten sich die Ältesten sang- und klangloser aus dem Elternhaus gelöst. Vielleicht gingen sie lieber, sie wurden aber auch wohl weniger festgehalten als die Einzigen und die Jüngsten.

Das Bild der mittleren Kinder ist nicht recht klar, aber jedenfalls nicht so besonders günstig. Verheiratet waren noch nicht so besonders viele von ihnen; dafür haben sie aber — trotz ihres niedrigen sozialen Niveaus — den relativ größten Prozentsatz von Probanden, die überhaupt noch keine Beziehungen zum anderen Geschlecht hatten. Dabei wird man an die relativ wenigen „geselligen Kinder" unter ihnen erinnert, ohne daß sich aber diese beiden Phänomene weiter erklären ließen. Ihr Kontakt zu den Eltern war verhältnismäßig recht oft — etwa ebenso oft wie der der Ältesten und damit erheblich öfter als der der Einzigen und Jüngsten — gestört und nicht mehr gut.

Das Herumtreiben und das Entlaufen von zu Hause verteilte sich später ähnlich wie früher: Herumtreiben am häufigsten bei den Ältesten, am wenigsten bei den Mittleren; Entlaufen von zu Hause am häufigsten bei den Einzigen, am wenigsten bei Mittleren und Jüngsten.

In Bezug auf die spätere allgemeine Lebensführung zeigt sich bei den „Einzigen" wieder die Zweiteilung: besonders viele von ihnen waren „ordentlich", besonders wenige „etwas leichtfertig", aber doch auch ein größerer Prozentsatz jedenfalls als bei den Mittleren und besonders den Jüngsten ausgesprochen schlecht eingeordnet, „asozial".

Im ganzen stehen — ihrer häufigen Rückfälligkeit entsprechend — die Ältesten am schlechtesten da. Sie haben die wenigsten Ordentlichen, die meisten — 31 % — Asozialen. — Bei den Mittleren und den Jüngsten liegt eine größere Betonung als bei den übrigen auf dem „etwas leichtfertig". Das hat vielleicht mit dem Mangel an allgemeiner Disziplinierung zu tun, der schon in ihren kindlichen Verhaltensweisen — ihrem Schulschwänzen, ihrer Leichtherzigkeit, ihrem Bettnässen — bemerkt wurde. Die größere Zahl der Asozialen — und Rückfälligen — bei den Ältesten wird man dagegen mit ihren so oft gestörten und unharmonischen Familien in Verbindung bringen müssen. Bei den Einzigen wurden die entsprechenden Störungen z. T. dadurch wiedergutgemacht, daß der Proband als Einziger — besonders: ohne Stiefgeschwister — besondere Aufmerksamkeit und Pflege erhielt. Außerdem lagen die ungestörten Einzelkindfamilien über dem Niveau der sonstigen Probanden-Familien.

Betrachtet man noch das „wirtschaftliche Gebaren", so findet man unter den einzigen Kindern sowohl die meisten „Geizigen" wie den größten Prozentsatz von denen, die überhaupt nicht wirtschaften, sondern alles ihnen zur Verfügung stehende Geld sofort, wie man sagt, auf den Kopf hauen. In beiden stehen ihnen die Ältesten am nächsten. Mindestens beim Geiz wird man daran denken, daß ja die Einzigen niemals mit Geschwistern teilen mußten, und daß älteste Kinder es oft schwer lernen, weil sie ja zunächst die Einzigen waren.

Harmlose, den Unterhalt nicht gefährdende Leichtfertigkeit findet sich am häufigsten bei den Jüngsten, am seltensten bei den Einzigen, die ja eben eher entweder zusammenhalten oder verschwenden. Jüngste und mittlere Kinder ähneln sich im ganzen ziemlich, nur sind die Zahlen für die Jüngsten ein ganz wenig zum Günstigeren hin verschoben.

## Z u s a m m e n f a s s u n g

Eine Reihe persönlicher und sozialer Faktoren der Probanden und ihrer Umgebung wurden — quer durch die Rückfälligkeitsgruppen hindurch — untersucht je nach ihrem Vorkommen bei verschiedener persönlicher Zusammensetzung oder verschiedenem allgemeinen Charakter der Elternfamilie (rechtschaffen oder asozial, harmonisch oder unharmonisch), ferner je nach Stellung der Probanden in der Geschwisterreihe.

Von den sozial eingeordneten Familien waren fast die Hälfte (46 %) auch harmonisch, von den asozialen nur 16 %. Schon aus diesem Grunde sind die Unterschiede zwischen den eingeordneten und den asozialen Familien einerseits, den harmonischen und den unharmonischen andererseits fast immer gleichgerichtet. Dasselbe zeigt sich aber, wenn man die zwar rechtschaffenen, aber unharmonischen Familien sowohl mit den rechtschaffenen harmonischen wie mit den asozialen unharmonischen vergleicht. Nicht nur die Kriminalität, sondern auch eine ganze Reihe anderer ungünstiger Faktoren hängt also sowohl mit der Asozialität der Familie wie mit ihrer inneren Disharmonie zusammen, und zwar so, daß diese — an sich ja verschiedenartigen — Einflüsse sich auch, wie es scheint, gegenseitig vertreten können.

Aus der verschieden großen Differenz der Unterschiede zwischen den Paaren von Familientypen kann man zu schätzen versuchen, für welche der einzelnen günstigen und ungünstigen Faktoren wohl mehr die äußere soziale Einordnung der Familie von Bedeutung ist, und für welche mehr ihre innere Ausgeglichenheit.

Dabei zeigen sich als anscheinend mehr mit der sozialen Einordnung der Familie als ihrer inneren Harmonie verknüpft: sozialer Stand und wirtschaftliche Lage, Schul*art* des Probanden (Volks- oder Hilfsschule), Lehrbeginn und Lehrabbruch vor Verurteilung 1949, Grad der Lebhaftigkeit und „Geselligkeit“ (beides stärker in den asozialen Familien), ferner 1955 noch eine *gewisse* Leichtfertigkeit und *einige* Einordnungsschwierigkeiten. — Bei einer Reihe dieser Punkte spielt offensichtlich der soziale *Stand* der Familie, und nicht nur gerade ihre Beschaffenheit, wesentlich mit.

Die Unterschiede der inneren Harmonie der Familie waren *enger* verknüpft mit der Art ihrer persönlichen Zusammensetzung (Scheidung, Stiefeltern u. ä.), mit dem Grad der Warmherzigkeit, der Gewissenhaftigkeit, der Erregbarkeit des Probanden als Kind (unter den Erregbaren waren die Ängstlichen in den harmonischen Familien häufiger, die Jähzornigen in den unharmonischen); ferner ob er in der Volksschule eine höhere als die 7. Klasse erreicht hatte; seine häuslichen Erziehungsschwierigkeiten, sein Herumtreiben und Entlaufen von zu Hause früher oder später, sein Bettnässen noch nach der Pubertät, sein späterer Kontakt mit den Eltern, aber auch sogar die Fortsetzung oder der Abbruch seiner Lehre zwischen 1949 und 1955. Schließlich aber auch, ob er am Ende gut eingeordnet war, oder ob er zuletzt große Schwierigkeiten hatte.

Unter den wenigen Faktoren, die zwar in den a sozialen, aber auch den harmonischen Familien überwiegen, sind: uneheliche Geburt des P, Tod des Vaters, Entlaufen aus dem Heim bis 1949, Heirat des P bis zum Stichtag 1955.

Unter den wenigen Faktoren, die sowohl in den sozial eingeordneten, wie in den u n harmonischen Familien häufiger vorkommen, sind: Unterwürfigkeit des Probanden als Kind, Entlaufen von zu Hause bis 1949, zuletzt große Schwierigkeiten des Probanden in der sozialen Einordnung.

Danach verstärkt sich die Vermutung, daß die ungünstigen Wirkungen des Aufwachsens in einer sozial nicht gut eingeordneten Familie am Ende des Jugendalters eher abklingen — mit allerdings gewissen dauernden Resten einer vernachlässigten Erziehung — als die einer unharmonischen Familie. Während sich diese Einflüsse vorher noch weitgehend überdecken, tritt später immer deutlicher die besonders ungünstige Verfassung der jungen Leute hervor, die trotz der guten sozialen Einordnung ihrer Familie im Jugendalter wiederholt straffällig wurden, eben weil — so muß man vermuten — diese Familie besonders unharmonisch war.

Ferner wurden untereinander verglichen die Familien mit der Zusammensetzung: V + M, M + StV und V +StM.

Sie waren schon nach sozialer Schicht verschieden. Der Anteil der proletarischen Familien nahm von den V+StM-Kindern — wo er besonders gering war — über die V+M- und M+StV-Kinder bis zu den Kindern der alleinstehenden Mütter zu, offenbar weil Unehelichkeit und Scheidungen — nach denen die Kinder öfter bei der M verbleiben — in den unteren Schichten häufiger sind, der Tod der M sich aber gleichmäßig verteilt (vielleicht sogar, weil infolge der schweren Störung, die der Tod der Mutter bedeutet, Kinder aus Familien vors Jugendgericht kommen, die dort sonst nicht erscheinen).

Entsprechend verteilt sich auch die wirtschaftliche Lage der Familien. In denen der alleinstehenden Mütter herrschte besonders häufig Not. Trotzdem haben dort mehr Probanden eine Lehre begonnen als in denen von M+StV und sogar besonders viele ausgelernt.

Nach der Verteilung der einzelnen Verhaltensweisen der Probanden läßt sich grob zusammenfassend etwa sagen: Die bei V+M lebenden Probanden zeigten sich schon in der Kindheit eher günstig, außer gewissen, aber relativ harmlosen Zeichen äußerer Enthemmung, die sich später noch verminderten.

Das Bild der V+StM-Probanden ist eher das von gehemmten, äußerlich disziplinierten und sich unterwerfenden Kindern, deren zunächst mehr verborgene Kontaktstörungen und Aggression im Laufe der Zeit immer deutlicher und hinderlicher hervortreten.

Bei den M+StV-Probanden zeigen sich diese persönlichen Störungen auch, aber von vornherein schwächer und eher schon früh mit Zeichen äußerer Enthemmtheit verbunden. Bei ihnen nahm die äußere Disziplinierung eher zu, und dadurch und mit Hilfe ihrer immerhin nicht zu geringen Kontaktfähigkeit gelang es ihnen doch öfter, sich ein einigermaßen befriedigendes und normales Leben aufzubauen.

Die bei der alleinstehenden Mutter aufwachsenden Probanden wurden als besonders ruhig, aber dabei nicht ungesellig geschildert; ihr Bild ist im ganzen eher das vernünftiger, zurückhaltender, strebsamer junger Männer.

Die Probanden aus Stieffamilien ohne Stiefgeschwister hatten einen besseren sozialen Start als die mit Stiefgeschwistern: höherer sozialer Stand, bessere Wirtschaftslage, bessere Schulbildung, häufiger Lehrbeginn usw. Erziehungsschwierigkeiten waren anscheinend bei ihnen nicht seltener als bei denen mit Stiefgeschwistern — die sich ja später ungünstiger entwickelten, wobei vielleicht Verwöhnungen mitspielen. Ihr Kontakt zu der Elternfamilie war aber weit häufiger später noch gut als bei den Stiefkindern mit Stiefgeschwistern. — Bei den Probanden, die zwischen den geschiedenen Eltern kurzfristig hin- und herwechselten, zeigt sich eine ausgesprochene Häufung sowohl sozial wie persönlich ungünstiger Faktoren; es läßt sich schwer sagen, wieweit ungünstiges Verhalten der Probanden selbst die Folge, wieweit bereits die Ursache dieses Familienwechsels war.

Wegen des auffälligen Überschusses von ältesten gegenüber jüngsten Kindern in den ungünstigen Rückfallsgruppen wurde auch die Stellung in der Geschwisterreihe näher untersucht. Auch dabei ergaben sich beträchtliche Unterschiede nach sozialem Stand und persönlicher Zusammensetzung der Familie, und zwar durch die auslesende Wirkung verschiedener Faktoren: der Unehelichkeit (Älteste und Einzige), des sozialen Niveaus (mittlere Kinder bei Kinderreichtum — Einzelkinder), der Mitzählung der Stiefgeschwister (häufig bei Ältesten, praktisch kaum bei Jüngsten, dadurch weit weniger Stieffamilien überhaupt), z. T. wohl auch des Alters der M und der Familiengröße beim Verlust des Mannes u. ä. Wenn also die Unterschiede im Verhalten der Probanden mit verschiedener Stellung in der Geschwisterreihe sicher nicht ohne weiteres und ausschließlich auf diese Stellung selbst zurückgeführt werden dürfen, so kommen doch ihre psychologischen Implikationen als solche vermutlich noch hinzu.

Die mittleren Kinder hatten 1949 noch am häufigsten beide Eltern, die jüngsten am häufigsten entweder beide oder doch die eigene M allein ohne StEltern. Die Ältesten hatten am häufigsten einen StV und StGeschwister. Die Einzigen schieden sich in zwei Gruppen: die behüteten Einzelkinder sozial etwas gehobener Eltern — bei ihnen gab es die wenigsten Schwierigkeiten überhaupt, denn die Verwöhnung allein schien keine besondere Rolle zu spielen — und die unehelichen oder die aus einer mißglückten Ehe stammenden, die dann häufig bei Verwandten, Pflegeeltern oder auch bei V+StM aufwuchsen. Ihre Schwierigkeiten waren weit größer und entsprachen in vieler Hinsicht denen der Ältesten, obwohl zweifellos auch für sie die Tatsache von Vorteil war, daß die Aufmerksamkeit ihrer jeweiligen Erzieher sich auf sie konzentrierte.

Bei den mittleren Kindern häufen sich Anzeichen bescheidenen sozialen Niveaus, aber auch der zufriedenen Einfügung. Ähnlich bei den Jüngsten, bei denen öfter aber eine gewisse liebenswürdige Enthemmtheit dazukam. Sie waren besonders oft Lieblinge der Mutter geblieben. Älteste und Einzige haben in Bezug auf Schule und Beruf einen günstigeren äußeren Start gehabt — auf sie als Erstgeborene ist offenbar in dieser Hinsicht mehr geachtet worden —, aber bei ihnen, und zwar besonders den Ältesten, waren die Erziehungsschwierigkeiten und persönlichen Unausgeglichenheiten häufiger. Die Ältesten hatten auch später den schlechtesten Kontakt zur Familie und haben im Beruf öfter versagt als die Jüngsten, deren Start ungünstiger gewesen war.

# Kapitel 6

## *Die Taten der Probanden*

### *I. Zahl und Verhältnis der Vermögens- und Nicht-Vermögensdelikte*

Das folgende Kapitel dient einer etwas näheren Untersuchung der Taten, besonders der Verteilung der verschiedenen Tatarten auf einzelne Gruppen von Probanden: die Jungen und Mädchen, die Rückfallsgruppen, und auf Probanden verschiedener Altersstufen und mit verschiedenem sozialen und psychologischen Hintergrund.

Einer solchen Untersuchung liegt die Hoffnung zugrunde, Anhaltspunkte für die Genese der einzelnen Arten von Kriminalität zu gewinnen und damit auch prognostische Gesichtspunkte oder doch so etwas wie eine Vorstellung von der kriminologischen Schwere der Delikte, unabhängig von der Schwere, die sie nach dem Gesetz oder nach dem Wert des verletzten Rechtsguts haben. Diese kriminologische Schwere wäre an dem Grad der sozialen oder psychologischen Störung zu messen, die den Delikten verschiedener Art zugrundeliegt, wobei sich aber zunächst fragt, ob es überhaupt eine irgendwie gesetzmäßige Beziehung zwischen Deliktsart und Hintergrundsstörung gibt.

Leider ergaben sich bei dieser Untersuchung eine Reihe methodischer Schwierigkeiten, die bei den kleinen Zahlen nicht genügend zu überwinden waren. Die meisten Probanden haben ja Taten verschiedener Art begangen, aber wenn man diese Kombinationen im einzelnen verfolgen wollte, würden die Gruppen viel zu klein. Ich habe mir damit geholfen, erstens den Anteil zu berechnen, den eine bestimmte Tatart unter den Gesamttaten der einzelnen Probandengruppen hat, und zweitens die Probanden zu zählen, die überhaupt einmal eine solche Tat begangen haben. Ein volles Bild läßt sich dadurch aber nicht gewinnen.

Wenn man die Anteile der Deliktsarten berechnet, muß man von der absoluten Tatenzahl absehen, um mehr zu erfahren als das schon bekannte Faktum, daß Gr. IV mehr Taten insgesamt begangen hat und schon darum mit einer gewissen Wahrscheinlichkeit auch von allen Tatarten mehr. Bei prozentualer Berechnung verzerrt sich das Bild aber dadurch, daß die ja nicht wenigen Probanden mit nur einer Tat 100 % dieser Deliktsart begangen haben. Außerdem haben einzelne Probanden lange Serien eines Delikts verübt, das für die Gruppe im ganzen gar nicht kennzeichnend ist.

In gewisser Hinsicht ist vielleicht die Zahl der Probanden der einzelnen Gruppen wichtiger, die überhaupt einmal ein solches Delikt begangen, d. h. die Schwelle zu ihm mindestens einmal überschritten haben. Aber dabei kommt man ja auch nicht zu „reinen“ Gruppen, weil viele der Probanden ja nicht nur diese, sondern auch andere Deliktsarten begangen haben, die dann die etwa sich ergebenden Korrelationen mitfärben. Die Probanden mit nur einer Deliktsart — von denen es auch zu wenige gibt, als daß man die Untersuchung auf sie beschränken könnte — sind auch in ihrer Art besonders und erlauben nicht ohne weiteres Rückschlüsse auf die übrigen. Ich habe aber doch einmal solche „reinen“ Gruppen untersucht, und zwar die Probanden mit nur gemeinschaftlichen und die mit nur alleinbegangenen Delikten.

Eine weitere Schwierigkeit ist, daß der Altersfaktor sich mit einmischt und kaum isolieren läßt. Man kann z. B. aus der Tatsache, daß bestimmte Delikte mehr von den Rückfälligen als den Nichtrückfälligen begangen wurden, nicht ohne weiteres auf ihre größere „Schwere“ schließen, denn die Rückfälligen waren bei ihrer späteren Kriminalität ja älter als die Nichtrückfälligen, und auch Ersttäter dieses Alters begehen ja andere Delikte als jüngere Ersttäter. Auch in der ersten kriminellen Periode war das Durchschnittsalter der Täter und die Altersperiode, in der sie Straftaten begangen hatten, verschieden, abgesehen davon, daß die Beschränkung auf diese erste Zeit das Material natürlich sehr einengt. Der Altersfaktor stört auch noch bei der Korrelation von Taten oder Tätern mit den sozialen und persönlichen Hintergrundsfaktoren. Kommen z. B. einzelne Tatarten besonders häufig bei einem bestimmten ungünstigen Familienmilieu vor, so könnte es daran liegen, daß eben dort besonders viele Probanden rückfällig wurden und dann eben als Ältere diese Tatart begingen — z. B. Betrug —, die für etwas ältere Jahrgänge charakteristisch ist.

Nur mit diesen und weiteren Vorbehalten können die folgenden Ausführungen betrachtet werden.

Tab. 123: Straftaten, früher und später, nach Tatenzahl und beteiligten Probanden (m + w)

| | m | | | | | w | | | | |
|---|---|---|---|---|---|---|---|---|---|---|
| | n | Taten pro P | % | Probanden n | Probanden % | n | Taten pro P | % | Probanden n | Probanden % |
| Vermög. Del. | | | | | | | | | | |
| früher | 1 316 | 5,1 | 60,9 | 256 | 100,0 | 200 | 4,6 | 71,9 | 44 | 100,0 |
| später | 846 | 3,3(5,7)[1] | 39,1 | 149 | 58,2 | 78 | 1,8(3,9)[1] | 28,1 | 20 | 45,5 |
| insg. | 2 162 | 8,4 | 100,0 | 256 | 100,0 | 278 | 6,3 | 100,0 | 44 | 100,0 |
| Nichtvermög. Del. | | | | | | | | | | |
| früher | 42 | 0,16 | 21,1 | 28 | 10,9 | 9 | 0,20 | 50,0 | 5 | 11,4 |
| später | 157 | 0,61 | 78,9 | 79 | 30,8 | 9 | 0,20 | 50,0 | 6 | 13,6 |
| insg. | 199 | 0,78 | 100,0 | | | 18 | 0,40 | 100,0 | | |

Die 300 Probanden haben, soweit bekannt oder etwa zu schätzen, bis zum 1. 4. 1955 zusammen 2 860 Straftaten begangen[1], davon die 14,7 % Mädchen nur 11,6 %, sodaß auf sie pro Kopf nur 6,7 Taten kommen gegenüber 9,2 bei den Jungen. Darin, wie ja schon in ihrer geringeren Rückfälligkeit, spricht sich aus, daß auch nach ihrer Straffälligkeit ausgesuchte Mädchen über größere Zeiträume hinweg nicht so viele Straftaten begehen wie entsprechend ausgesuchte Jungen. Bei den Nichtvermögensdelikten ist der Unterschied besonders groß, Tab. 123.

Die Probanden haben den größten Teil ihrer Vermögensdelikte bis zur Verurteilung 1949 begangen, Nichtvermögensdelikte jedenfalls die Jungen später mehr, was aber wohl nicht so sehr darauf beruht, daß sie überhaupt mit dem Alter zuzunehmen pflegen, sondern auf der Auswahl der Probanden nach ihrer Vermögenskriminalität, und nur dieser, bis 1949. Es waren auch später 31 % der Jungen an Nichtvermögensdelikten beteiligt, gegenüber nur 11 % in der früheren Periode, während der entsprechende Anteil der Mädchen sich nur wenig, von 11,4 auf 13,6 %, erhöht hatte. Die Zahl der später an Vermögensdelikten Beteiligten ist mit der der Rückfälligen identisch: 58,2 % der Jungen und 45,5 % der Mädchen.

Tab. 124 mit ihrer Aufgliederung der Nichtvermögensdelikte zeigt auf den ersten Blick, daß sie nur bei den Jungen, und auch bei ihnen nur später, eine irgendwie nennenswerte Rolle spielen. Addiert man die einzelnen Abschnitte, so ergibt sich, daß 28 = 10,9 % der Jungen später Vergehen im Zusammenhang mit dem Straßenverkehr verübt haben; Fahren ohne Führerschein steht im Vordergrund, danach folgt die unbefugte Kraftfahrzeugbenutzung; beides wurde z. T. wiederholt vom gleichen Täter begangen.

25 = 9,8 % der Jungen hatten sich — wenn man es hier so nennen will — gegen die öffentliche Ordnung vergangen. Zu dieser relativ hohen Zahl kommt es aber nur dadurch, daß der Zollschmuggel in diese Rubrik eingereiht wurde. 8,2 % der Probanden hatten später, z. T. mehrfach, an der Freihafengrenze geschmuggelt.

Es folgen die Schlägereien (vorsätzl. Körperverletzung), von denen auf 22 = 8,6 % der Jungen 29 Taten kommen. Dann Widerstand, Aufruhr, Gefangenenmeuterei usw. mit insgesamt 17 = 6,7 % der Jungen, und Gewalt gegen Sachen (Sachbeschädigung und vors. Brandstiftung) mit 3,9 %.

Sittlichkeitsdelikte begingen später nur 5 = 2,0 % der Jungen, aber zwei von ihnen, die Strichjungen waren, je (mindestens) 5 solcher Taten.

Bei den Mädchen kommen später nur Landstreichen vor, einige Täuschungsdelikte und eine „Freiheitsberaubung“, nämlich der Raub eines Babys im Kinderwagen, mit dem dann die Probandin bettelnd durch die Lande zog.

Bis 1949 kam an Nichtvermögensdelikten bei den Mädchen überhaupt nur Betteln vor — an englischen Messen und Kantinen — und eine Blutschande (mit dem Bruder).

---

[1] Eine so exakte Zahl ist natürlich auf jeden Fall unrichtig, nicht nur weil viele Taten überhaupt unbekannt bleiben, sondern weil bei Tatenserien — fortgesetzten Handlungen u. ä. — die Zahl der Einzeltaten zuweilen geschätzt werden mußte. Für die Rechenoperationen sind aber feste Ausgangszahlen unentbehrlich.

Tab. 124: Nicht-Vermögensdelikte früher und später nach Tatbeständen, Zahl der Taten und beteiligten Probanden (m + w)

| Tatbestand | *Früher* m Taten | m Prob. | w Taten | w Prob. | *Später* m Taten | m Prob. | w Taten | w Prob. |
|---|---|---|---|---|---|---|---|---|
| Widerstand | — | — | — | — | 4 | 4 | — | — |
| Aufruhr | — | — | — | — | 2 | 2 | — | — |
| Gef. Meuterei | — | — | — | — | 5 | 5 | — | — |
| Hausfriedensbr. | — | — | — | — | 11 | 3 | — | — |
| Amtsanmaßung | — | — | — | — | 1 | 1 | — | — |
| Deliktsvortschg. | — | — | — | — | — | — | 1 | 1 |
| Verl. d. Unterh. Pfl. | — | — | — | — | 2 | 2 | — | — |
| § 173 | — | — | 1 | 1 | — | — | — | — |
| § 175 | 11 | 3 | — | — | 10 | 2 | — | — |
| § 176 I, Z. 3 | 3 | 3 | — | — | 1 | 1 | — | — |
| § 185 (unzücht.) | 1 | 1 | — | — | 2 | 2 | — | — |
| vors. Körperverl. | 5 | 5 | — | — | 29 | 22 | — | — |
| Freiheitsberaubg. | — | — | — | — | — | — | 1 | 1 |
| Nötigung | — | — | — | — | 1 | 1 | — | — |
| Urkundenfälschung | 3 | 3 | — | — | 2 | 2 | 2 | 2 |
| Glückspiel | — | — | — | — | 1 | 1 | — | — |
| Pfandkehr | — | — | — | — | — | — | 1 | 1 |
| Fischwilderei | — | — | — | — | 1 | 1 | — | — |
| Zoll-Schmuggel | 1 | 1 | — | — | 29 | 21 | — | — |
| Sachbeschädigung | 8 | 8 | — | — | 9 | 9 | — | — |
| vors. Brandstiftg. | — | — | — | — | 1 | 1 | — | — |
| fahrl. Tötg. i. StrVerk. | — | — | — | — | 1 | 1 | — | — |
| fahrl. KV i. StrVerkehr | — | — | — | — | 4 | 4 | — | — |
| Fahren o. Führerschein | — | — | — | — | 22 | 14 | 1 | 1 |
| unbef. Kfz-Benutzung | 1 | 1 | — | — | 12 | 6 | — | — |
| Trunkenh. am Steuer | — | — | — | — | 3 | 3 | — | — |
| Landstreicherei | — | — | — | — | 3 | 3 | 3 | 2 |
| Betteln | 9 | 8 | 5 | 5 | 1 | 1 | — | — |
| insg. | 42 | 28 | 6 | 5 | 157 | 79 | 9 | 6 |
| % der Probanden | | 10,9 | | 11,4 | | 30,9 | | 13,6 |
| Taten pro P | 0,16 | | 0,14 | | 0,61 | | 0,20 | |
| Taten pro betr. P | 1,50 | | 1,20 | | 1,99 | | 1,50 | |

Sonst fanden sich bei den Jungen früher nur noch Sachbeschädigung — Scheibeneinwerfen u. ä. —, einige wenige Urkundenfälschungen und Sittlichkeitsdelikte. Je 3 Probanden begingen je eine Unzuchtshandlung an einem Kind, und 3 andere insgesamt (mindestens) 11 homosexuelle Akte, alle mit Erwachsenen, zwei als Strichjungen.

In den Rückfallsgruppen der Jungen ist die Verteilung der Straftaten auf „früher" und „später" z. T. schon durch die Definition der Gruppen selbst gegeben. Die Nichtrückfälligen hatten alle ihre Vermögensdelikte bis 1949 begangen, die Leichtrückfälligen immerhin 72 %, die bedenklich Rückfälligen rund 60 %, die Schwerrückfälligen nur 36 %, Tab. 125.

Tab. 125: Rückfallsgruppen (m) nach Zahl der Vermögens- und Nichtvermögens-Delikte früher und später

| | I a n | I a % | I b n | I b % | I n | I % | II n | II % | III n | III % | IV n | IV % |
|---|---|---|---|---|---|---|---|---|---|---|---|---|
| Vermögensdelikte | | | | | | | | | | | | |
| früher | 203 | 100,0 | 264 | 100,0 | 467 | 100,0 | 191 | 72,1 | 348 | 59,3 | 290 | 35,8 |
| später | — | — | — | — | — | — | 74 | 27,9 | 239 | 40,7 | 520 | 64,2 |
| insg. | 203 | 100,0 | 264 | 100,0 | 467 | 100,0 | 265 | 100,0 | 587 | 100,0 | 810 | 100,0 |
| | pro P | | pro P | | pro P | | pro P | | pro P | | pro P | |
| früher | 3,07 | | 6,43 | | 4,36 | | 3,41 | | 7,55 | | 7,05 | |
| später | — | | — | | — | | 1,32 | | 5,20 | | 12,70 | |
| insg. | 3,07 | | 6,43 | | 4,36 | | 4,73 | | 12,75 | | 19,75 | |
| Nichtvermögensdelikte | | | | | | | | | | | | |
| früher | 0,05 | | 0,10 | | | | 0,11 | | 0,13 | | 0,56 | |
| später | 0,14 | | 0,15 | | | | 0,61 | | 0,70 | | 1,68 | |
| insg. | 0,19 | | 0,25 | | | | 0,72 | | 0,83 | | 2,24 | |

Die Probanden der Gr. I a und II hatten schon bis 1949 pro Kopf nur wenige Taten begangen, die von I b, III und IV nicht nur erheblich mehr, sondern auch untereinander etwa gleich viel; III hielt sogar die Spitze. Das liegt an den vielen in Fortsetzungszusammenhang begangenen Unterschlagungen usw. auf der Arbeitsstelle in den Gr. I b und III, die hier als einzelne gezählt wurden.

Der Anteil der Nichtvermögensdelikte an der Gesamtkriminalität war früher in Gr. IV am größten, in der späteren Periode dagegen in Gr. II. D. h. die sonstigen Delikte der Leichtrückfälligen sind nicht im gleichen Maße zurückgegangen wie ihre Vermögenstaten, sie haben sich im Gegenteil fast auf das Sechsfache vermehrt, in Gr. III auf mehr als das Fünffache, bei I a und IV jedoch nur auf das Dreifache.

Die Betrachtung der Einzeltatbestände der Nichtvermögensdelikte kann man wegen der Kleinheit der Zahlen nicht sehr weit treiben[2]. Erwähnenswert ist aber doch wohl, daß sich die homosexuellen Vergehen — hier nur Strichjungentätigkeit — früher und später auf Gr. IV konzentrieren, in Gr. I a dagegen überhaupt kein Sittlichkeitsdelikt vorgekommen ist, auch nicht als sexuelle Spielerei mit anderen Kindern in der Vorgeschichte. Ferner sind Widerstand, Aufruhr, Gefangenenmeuterei usw. — die nur später vorkommen — bei den schwerer Rückfälligen (III und IV) häufiger, schon weil sie bei ihren Verhaftungen, Haftaufenthalten usw. mehr mit der Exekutive zu tun hatten. Einer der Schwerrückfälligen übertrat (mindestens) 9mal das ihm auferlegte Verbot, im Hamburger Hauptbahnhof herumzustreichen.

Gr. II hat sich besonders mit Verkehrsdelikten (Fahren ohne Führerschein), Schlägereien und Zollschmuggel hervorgetan, was vielleicht als

[2] Tabelle wird aus Raumgründen fortgelassen

relativ harmloser Ausdruck ihres proletarischen Jungmännerdaseins betrachtet werden kann, etwa entsprechend ihren vielen Altmetalldiebstählen im Jugendalter.

Auch Gr. IV hat erhöhte und an sich überhaupt die höchsten Zahlen für Schlägereien, Zollschmuggel und für Straftaten, die mit dem Kraftfahrzeugverkehr zusammenhängen. Bei ihnen fällt besonders die unbefugte Kfz-Benutzung auf, die ja dem Diebstahl nahesteht und jedenfalls gravierender ist als das Fahren ohne Führerschein. Ferner haben besonders in Gr. IV verschiedene Probanden das gleiche Delikt mehrfach begangen, was es als weniger harmlos erscheinen läßt, insbesondere auch den Schmuggel in den Verdacht der Gewerbsmäßigkeit rückt[3].

Auf Tab. 159, die allerdings erst unten S. 237 ff steht — sie korreliert Deliktsarten mit verschiedenen persönlichen Faktoren — ist links die Gesamtzahl an Vermögensdelikten angegeben, die auf den einzelnen Probanden mit dem betreffenden Faktor entfällt. Es ist wohl nützlich, darauf noch einen Blick zu werfen, ehe die besonderen Deliktsarten betrachtet werden, obwohl die Beziehungen schon von den Rückfallsgruppen her bekannt sind.

Die Tatenzahl liegt bei den proletarischen Familien etwas über, bei den kleinbürgerlichen etwas unter dem Durchschnitt (der männlichen Probanden, um die es sich hier ja allein handelt). Wirtschaftliche Not vermehrt die Tatenzahl nicht entscheidend gegenüber der mittleren Wirtschaftslage. Rechtschaffene und asoziale, harmonische und unharmonische Familien differieren deutlich; die harmonischen haben eine besonders geringe Tatenzahl. Nur die Unehelichen mit Stiefvater liegen über dem Durchschnitt, und ebenso nur die Stiefkinder mit Stiefgeschwistern, die übrigen etwas darunter. Die meisten Taten haben die zwischen mehreren Stieffamilien Wechselnden, dann die Pflegekinder, dann die bei M+StV lebenden, während die Stiefmutterkinder gerade die durchschnittliche Tatenzahl haben — vermutlich durch Ausgleich der günstigen und besonders ungünstigen Fälle. — Die Differenzen nach Stellung in der Geschwisterreihe sind nicht groß, aber jedenfalls haben — nur — die Ältesten überdurchschnittlich viele Taten; es folgen Einzige, Mittlere, Jüngste.

Was den Schulabgang anlangt, so haben nur die aus höchstens der 7. Volksschulklasse und die aus der Hilfsschule Kl. 9 oder 8 Entlassenen eine überdurchschnittliche Tatenzahl. Sowohl die erfolgreichen Volksschüler wie die besonders versagenden Hilfsschüler stehen günstiger da. -- Schlechtes Schulbetragen und Schwänzen gehen mit höherer Tatenzahl einher, ebenso die Überlebhaftigkeit, die Gefühlsambivalenz und die Kühle des Probanden als Kind. Ferner noch von seinem früheren Verhalten ganz besonders das Entlaufen von zuhause, auch das aus der Anstalt, und das Herumtreiben überhaupt; und das gilt ebenso von diesen Verhaltensweisen in der späteren Periode. Das Auslernen findet sich mit sehr geringer Tatenzahl verbunden, das „immer Ungelerntsein" mit überhöhter, während bei

---

[3] Fälle von Schlägerei: *93, 250, 22, 268, 251.*
Fälle von Homosexualität: *(240), (268), 251, 218, 128.*

den Lehrabbrechern die Tatenzahl durchschnittlich ist. — Auch mit dem späteren wirtschaftlichen Verhalten korrelieren die Tatenzahlen in sinnvoller Weise. Die „Geizigen" haben ganz besonders wenige Taten, die Verschwender besonders viele begangen.

Die Tatenzahl allein ist kein sicherer Maßstab für die Gesamtkriminalität, erstens weil die Schwere der Taten dabei nicht berücksichtigt wird, zweitens weil der Verlauf der kriminellen Entwicklung unbeachtet bleibt. So haben z. B. die proletarischen Probanden — mit ihrer in der Regel früheren äußeren Verwahrlosung und ihrer größeren äußeren Aktivität — eine etwas größere Tatenzahl als die kleinbürgerlichen, obwohl deren spätere Entwicklung im Durchschnitt etwas ungünstiger war (so auch die Ungelernten mehr als die Lehrabbrecher). Trotz solcher einzelner Abweichungen ergeben sich aber im ganzen recht ähnliche Verhältnisse wie bei der Einteilung in Rückfallsgruppen.

## *II. Vermögensdelikte*

### 1. Tatarten der Jungen und Mädchen

#### a) Straftatbestände

Tab. 126, in der die Vermögensdelikte beider Perioden zusammen nach Straftatbeständen gegliedert sind, zeigt, daß sowohl nach Taten wie nach beteiligten Probanden bei den Jungen der Diebstahl eine noch etwas größere Rolle spielte als bei den Mädchen, bei denen dafür der Betrug etwas mehr hervorragt.

Die Diebstähle der Mädchen waren nur zu einem verschwindenden Bruchteil schwer, die der Jungen dagegen fast zu einem Drittel[4], [5].

Tab. 127 stellt die Prozentsätze von Taten und Tätern für die beiden Perioden nebeneinander. Danach war bei den Jungen der Anteil des Diebstahls nach Taten und beteiligten Probanden in beiden Perioden etwa der gleiche. Bei den Mädchen — von denen früher sogar mehr an Diebstählen beteiligt waren als von den Jungen — hat er sich später verringert, und zwar besonders auf Kosten des Betruges, der aber auch früher bei ihnen schon eine besondere Rolle spielte. Später haben auch 30 % der Mädchen mindestens einmal eine Unterschlagung begangen. Unterschlagung war unter den Mädchen in beiden Perioden weiter verbreitet, als nach dem Anteil der Unterschlagungstaten zu erwarten wäre, d. h. relativ viele Mädchen haben gelegentlich einmal eine Unterschlagung begangen, und diese weitere Ver-

---

[4] Das entspricht der allgemeinen Erfahrung. *Roesner,* HdK. I, 574 ff, *Exner,* 1959, 140. — Von *Topps* (1941) 100 straffälligen Hamburger Mädchen des Jahres 1937 hatten 80 Vermögensdelikte begangen, davon 11 % schweren Diebstahl.

[5] Fälle von Unterschlagung: *293, 149, 179, 147, 12, 240, 123.*
Fälle von Betrug: *93, 73, 167, 213, 61, 240, 123*
Fälle von Raub: *248.*

Tab. 126: Vermögensdelikte insgesamt nach Straftatbeständen und beteiligten Probanden (m + w)

| Art der Vermögensdelikte | m: n | m: Taten pro P | m: % | m: Probanden n | m: Probanden % | w: n | w: Taten pro P | w: % | w: Probanden n | w: Probanden % |
|---|---|---|---|---|---|---|---|---|---|---|
| schwerer Diebst. | 595 | 2,32 | 27,5 | 130 | 50,8 | 6 | 0,14 | 2,2 | 5 | 11,4 |
| einfacher Diebst. | 1 242 | 4,85 | 57,4 | 219 | 85,6 | 203 | 4,61 | 73,0 | 40 | 90,3 |
| Diebst. insg. | 1 837 | 7,18 | 85,0 | 243 | 95,0 | 209 | 4,75 | 75,2 | 40 | 90,3 |
| Unterschlagung | 175 | 0,68 | 8,1 | 48 | 18,7 | 13 | 0,30 | 4,7 | 9 | 20,4 |
| Hehlerei, Begünst. | 39 | 0,15 | 1,8 | 31 | 12,1 | 1 | 0,02 | 0,4 | 1 | 2,3 |
| Betrug | 106 | 0,41 | 4,9 | 34 | 13,3 | 55 | 1,25 | 19,8 | 10 | 22,7 |
| Raub | 5 | 0,02 | 0,2 | 3 | 1,2 | — | — | — | — | — |
| insg. | 2 162 | 8,45 | 100,0 | 256 | 100,0 | 278 | 6,32 | 100,0 | 44 | 100,0 |

breitung bei nicht erheblichen Tatenzahlen findet sich auch bei den späteren — nicht so den früheren — Unterschlagungen der Jungen. Umgekehrt hat bei den Jungen der schwere Diebstahl an Verbreitung etwas abgenommen, sein Tatenanteil sich aber vergrößert; d. h. die Tatenserien sind bei ihm vergleichsweise länger geworden, die rückfälligen Probanden haben, wenn überhaupt, besonders viele schwere Diebstähle begangen[6].

Tab. 127: Straftatbestände früher und später nach Tatenzahl und beteiligten Probanden (m + w) (in Prozent)

| Straftatbest. | m: Taten früh. | m: Taten spät. | m: Probanden früh. | m: Probanden spät.[2] | w: Taten früh. | w: Taten spät. | w: Probanden früh. | w: Probanden spät.[2] |
|---|---|---|---|---|---|---|---|---|
| einf. Diebst. | 62,9 | 48,9 | 81,6 | 76,5 | 80,5 | 53,8 | 93,1 | 85,0 |
| schw. Diebst. | 21,6 | 36,8 | 41,4 | 38,9 | 2,5 | 1,3 | 11,4 | 10,0 |
| Diebst. insg. | 84,5 | 85,7 | 86,7 | 88,0 | 83,0 | 55,1 | 93,1 | 85,0 |
| Unterschlagung | 9,8 | 5,4 | 11,3 | 15,4 | 2,0 | 11,5 | 9,1 | 30,0 |
| Hehlerei+Beg. | 1,6 | 2,1 | 7,4 | 9,4 | 0,5 | — | 2,3 | — |
| Betrug | 4,0 | 6,3 | 5,5 | 12,1 | 14,5 | 33,3 | 13,6 | 25,0 |
| Raub | 0,1 | 0,5 | 0,4 | 1,3 | — | — | — | — |
| insg. | 100,0 | 100,0 | 100,0[1] | 100,0[1] | 100,0 | 100,0 | 100,0[1] | 100,0[1] |
| | n=1316 | n=846 | n=256 | n=149 | n=200 | n=78 | n=44 | n=20 |

[1] 100,0 ist nicht die Summe der Kolonne, da die Prob. z. T. an mehreren Deliktsarten beteiligt waren.

[2] = Proz. der Rückfälligen.

[6] Auch bei *Meyer* 1956 (47, 83) hat in der späteren, d. h. der Rückfallsperiode der Anteil des schweren Diebtahls und des Betruges zugenommen, der des einfachen Diebstahls abgenommen. Allerdings vermehrte sich, abweichend von meinem Befund, bei ihm auch die Unterschlagung anteilmäßig.

b) Begehungsart und Schwere

Tab. 128 zeigt, daß die Jungentaten etwa zur Hälfte allein, zur Hälfte gemeinschaftlich begangen worden sind, die Mädchentaten aber fast zu 90 % allein. Das ist ein beträchtlicher Unterschied. Es haben auch über 95 % der Mädchen einmal eine Tat allein begangen, aber nur etwa 60 % der Jungen; d. h. kaum 5 % der Mädchen haben überhaupt n u r gemeinsame Taten begangen. Danach ist die Alleinbegehung für die Vermögenskriminalität der Mädchen fast ebenso kennzeichnend wie die einfache Begehung.

Tab. 128: Vermögensdelikte insgesamt nach Begehungsart und Schwere
(Taten und beteiligte Probanden, m + w)

| | m | | | | | w | | | | |
|---|---|---|---|---|---|---|---|---|---|---|
| | Taten | | | Probanden | | Taten | | | Probanden | |
| Vermögensdel. | n | pro P | % | n | % | n | pro P | % | n | % |
| einfach | 1 562 | 6,10 | 72,2 | 230 | 89,8 | 272 | 6,18 | 97,8 | 44 | 100,0 |
| schwer | 600 | 2,34 | 27,8 | 130 | 50,8 | 6 | 0,14 | 2,2 | 5 | 11,4 |
| gemeinsam | 1 133 | 4,43 | 52,4 | 210 | 82,0 | 36 | 0,82 | 12,9 | 13 | 29,6 |
| allein | 1 029 | 4,02 | 47,6 | 153 | 59,8 | 242 | 5,50 | 87,1 | 42 | 95,4 |

Außerdem ist bemerkenswert, daß an den rund 50 % gemeinsamen Taten der Jungen rund 80 % der Probanden beteiligt waren, aber an den rund 50 % Alleintaten der Jungen nur rund 60 % der Probanden. Entsprechendes zeigt sich bei den Mädchen. Es ist also eine kleinere — wenn damit auch nicht kleine — Auswahl von Jungen, bei denen überhaupt Alleinbegehungen vorkamen, während sich die gemeinsamen Begehungen ziemlich breit über die Jungen verteilten. Die Alleinbegeher haben dann aber ziemlich viele dieser Alleintaten begangen, nämlich die Jungen im Durchschnitt 6,7, die Mädchen 5,8. Die Jungen mit gemeinschaftlichen Taten begingen davon jeder durchschnittlich nur 5,4, die Mädchen sogar nur 2,8.

Die von Topp untersuchten 100 jugendlichen Mädchen hatten ihre Straftaten — nicht alles Vermögensdelikte — zu 78 % allein begangen; von den gemeinschaftlich Handelnden hatten aber 6 einen Bruder und 5 einen Erwachsenen (Angehörigen) zum Mittäter, dagegen nur 3 gleichaltrige Kameradinnen[7]. — Darüber, daß Mädchen selten gemeinschaftlich Straftaten begehen, vgl. auch Thrasher[8], Burt[9], Hurwitz[10], Mehl[11], Middendorff[12],

[7] 1941, 12

[8] 1927, 228

[9] 1931, 467

[10] 1952, 339

[11] 1954, 58

[12] 1956, 42

[13] 1959, 9

Wilfert[13] und die ausführliche Untersuchung von van Heerde-van Schreven[14]. Unter Kaisers[15] 645 jungen Randalierenden waren nur 8 = 1,2 % Mädchen, und diese sämtlich aus beunruhigten oder gestörten Familienverhältnissen.

Über die Häufigkeit, mit der im allgemeinen Vermögensdelikte allein oder gemeinschaftlich begangen werden, findet man in der älteren Literatur nicht sehr viel. Wenn der Punkt erwähnt wird, fehlt oft die Aufgliederung nach Geschlecht und nach Art der Delikte, obwohl zwischen männlichen und weiblichen Tätern, Vermögens-, Gewalt- und Sittlichkeitsdelikten in dieser Hinsicht zweifellos erhebliche Unterschiede bestehen.

Burt, der sich mit juvenile delinquents befaßte, zu denen ja neben den Straffälligen auch die Verwahrlosten und neben den Jugendlichen auch die Kinder gehören, erklärte[16], daß „young criminals, like young wolves, usually hunt in packs", und der Alleintäter wird in angelsächsischen Ländern, vielleicht auf Grund dieser Äußerung Burts, zuweilen als der „lone wolf" bezeichnet. Es lag Burt, wie wohl vielen der früheren Untersucher, gerade an dem Hinweis auf den ungünstigen Einfluß, den schlechte Kameraden oder sogar Kameraden überhaupt haben, da ja das ethische Niveau der Masse im allgemeinen unter dem des Einzelnen liege. Diese Gedanken liegen aber auch auf der Linie der amerikanischen soziologischen Kriminologie, für die „delinquency is not the behavior of a few isolated individuals; it is literally a community pattern"[17], d. h. ein in bestimmten breiteren Gemeinschaften normgerechtes Verhalten. Dabei wird dann auch die Frage der jugendlichen Banden besonders bedeutsam, die aber mit dem Problem Allein- oder gemeinschaftliche Begehung nicht identisch ist[18]. Daß die ungünstige gegenseitige Beeinflussung der Jungen untereinander für den einzelnen gemeinschaftlichen Täter u. U. die Prognose aber gerade verbessern kann, wird später noch erörtert werden.

Über den jeweiligen Anteil der allein- und der gemeinschaftlich begangenen Taten finden sich in der Literatur, je nach Zeit und Ort, nach Taten und Altersgruppen, aber auch wohl nach der Methode der Unter-

---

[14] 1957, 258. In Groningen hatten danach von 1939—1946 insgesamt 610 Kinder und Jugendliche unter 16 Jahren Diebstähle begangen, darunter 67 = 11 % Mädchen. Von den Jungen hatten 69,5 % ihre Taten gemeinschaftlich begangen, von den Mädchen nur 37,3 %. Darüber, daß diese Rate mit dem Älterwerden abnimmt, s. u.

[15] 1959, 130, 133.

[16] 1931, 466.

[17] Reckless, 1932, 148.

[18] Vgl. dazu aus der älteren Literatur besonders *Thrasher* (1927) und die Arbeiten von *Shaw* und *McKay* (1942), aus der neueren die Untersuchungen von *Eisenstadt* (1951/52), *Mays* (1952/53; 1956/57), *Whyte* (1955), *A. K. Cohen* (1956, 1957), *Scott* (1956/57), *Morris* (1956/57), *Wilfert* (1959) und *Middendorff*, der dem Problem in seiner Jugendkriminologie (1956) breiten Raum gewidmet hat; ferner die Schilderung der Münchner „Pantherbande" durch E.-B. Aschenheim (1958).

suchung, unterschiedliche Werte[20]. Im ganzen zeigt sich aber, daß gemeinschaftliche Begehung die größte Rolle bei Kindern — Jungen — noch vor der eigentlichen Pubertät spielt, und zwar ganz besonders im Straßenleben der Kinder der unteren Volksschichten. Ihre Bedeutung engt sich ein, wenn

---

[20] *Burt* (1931, 467) berichtet über eine schottische Untersuchung, nach der von 89 Jungen mit ernsteren Vergehen 13,5 % ihre Tat allein begangen hatten. *Shaw* und *Meyers* (1929, zit. nach Reckless 1932, 145) fanden in Illinois die Zahl der Mittäter bei den Vergehen der älteren Jungen kleiner als bei denen der jüngeren. — Unter den 1928 dem Chicagoer Juvenile Court zugeführten jungen Dieben fanden *Shaw* und *McKay* (1942) nur 11 % Alleintäter. — Von den von Norwood *East* (1942, 274) untersuchten 3 948 Adolescent Criminals hatten dagegen rund 40 % ihre letzte Straftat allein begangen. — *Bagot* (zit. nach Hurwitz 1952, 340) berichtete 1944 über eine Untersuchung, nach der die Rückfälligen einer Gruppe von Delinquenten ihre Straftaten zu 24 % allein begangen hatten, die Nichtrückfälligen dagegen nur zu 12 %. Schon früher hatte er Bandenkriminalität unter Kindern häufiger gefunden als unter Jugendlichen.

Nach *Mannheim* (1948, 39) hatten von 109 jugendlichen Delinquenten, die das Jugendgericht in Cambridge in den Jahren 1933—39 unter Probation oder Supervision stellte, 52,3 % ihre Tat allein begangen, von den entsprechenden Fällen der Jahre 1939—42 — Kriegsjahren also — nur 46,3 %. Unter *Flemings* Hamburger Jugendgerichtsfällen von 1941 — darunter allerdings nur 65 % Vermögensdelikte — überrascht die hohe Zahl von 72 % Alleintätern unter den 863 Jungen; von den 237 Mädchen waren es 91 %. 1950 berichtete F. *Weber* (1950, 60) von Jugendgefängnisinsassen — überwiegend 18—21 Jährigen —, 29,3 % hätten „ihre", d. h. wohl: die letzte, Straftat allein begangen. Von *Middendorffs* (1951, 99) Freiburger Jugendgerichtstätern hatten 60,9 % der Jungen und 89,6 % der Mädchen ihre Taten allein begangen. In St. Gallen fand er dagegen für den entsprechenden Zeitraum — 1946—49 — häufigeres gemeinschaftliches Handeln; hier waren nur 47,1 % der Jungen und 73,1 % der Mädchen Alleintäter gewesen. Von *Mehls* (1954, 58) 371 Freiburger Jugendgerichtstätern von 1950/53 waren ebenfalls 60,9 % Alleintäter, unter den „Heimatlosen" seiner Gruppe sogar 70 %. *Illchmann-Christ* (1953 81) ermittelte unter den von seinen Heranwachsenden begangenen 51 Diebstählen 37 % als allein begangen. *Meyer* (1956, 55 f), der die Frage eingehend behandelt, hatte unter seinen unbestimmt Verurteilten 12,8 %, die — bis zur Verurteilung — alle ihre Taten allein begangen hatten (ein Prozentsatz übrigens, der der weiblichen Vermögenskriminalität sehr nahe kommt). Von den Taten seiner Probanden insgesamt waren bis dahin 35,9 % allein begangen worden. In neueren deutschen Dissertationen war der Anteil der Alleintäter im übrigen bei *Nottebaum* (1952, 134) 38,4 % von Bochumer Lehrlingen 1948—1952, bei *Kirschstein* (1955, 77) 56 % von Osnabrücker Jugendlichen 1945—1951, bei *von See* (1957, 182) 38,6 % von Hamburger minderjährigen Fahrrad- und Autodieben, bei *Schlöter* (1958, 61) 71,8 % von Hagener Jugendlichen, und bei *Stüttgen* (1958, 40) 63,2 % von jugendlichen, 74 % von heranwachsenden Sittlichkeitstätern in Lübeck. Verwiesen sei ferner auf die Untersuchungen von Howard *Jones* (1957/58) in Leicester, mit dem Höhepunkt der Täterschaft zu Dreien und mehr bei 12 Jahren, zu Zweien bei 13 Jahren, während die Alleintäterschaft ab 14 Jahren erheblich stieg, und die Untersuchungen von *Scott* (1956/57) über Gangs and Delinquent Groups in London, der auch weitere Literatur anführt und überhaupt ein sehr instruktives Bild des ganzen Problems gibt. Über die holländische Untersuchung von *van Heerde-van Schreven* (1957) s. u. Vgl. auch die Angaben über die norwegischen Befunde bei *Sveri* (1959), insbesondere Figur 2, nach der der Tiefpunkt der Alleinbegehung bei etwa 11—13 J. zu liegen scheint, worauf dann ein erheblicher Anstieg folgt, während die Kurve der Begehung zu 4 oder mehr gerade umgekehrt verläuft. Auch hier waren in den früheren Kinderjahren mehr Taten allein begangen als dann in der Vorpubertät.

man — davon wird noch die Rede sein — von Kindern ausgeht, die den Erziehungsberatungsstellen zugeführt werden, außerdem aber auch bei den Alters- und Tätergruppen, die bei uns vor das Jugendgericht kommen. Hier sind die „lone wolves" nicht solche Ausnahmen wie unter verwahrlosten Straßenkindern mancher großer amerikanischer Städte, obwohl auch bei den hiesigen straffälligen Jugendlichen das Straßenleben große Bedeutung hat. Ferner scheinen Rückfällige ihre Taten öfter allein zu begehen, was aber auch mit ihrem höheren Alter zusammenhängen könnte[21].

Bei der folgenden Kombination von Schwere der Begehungsform und Allein- oder gemeinschaftlicher Begehung sind einfacher Diebstahl, Unterschlagung, Hehlerei und Betrug zusammengefaßt und dem schweren Diebstahl und dem — sehr seltenen Raub — als „einfache" Vermögensdelikte gegenübergestellt worden. Der alleinbegangene einfache Diebstahl — der sich häufig gegen dem Täter persönlich bekannte Menschen richtet —, steht nämlich kriminologisch der Unterschlagung oft sehr nah, aber auch dem alleinbegangenen Betrug näher als etwa gemeinschaftlichen einfachen Diebstählen, die sich gegen Fremde richten, und die Zusammenfassung vergrößert die Zahlen und erleichtert die Übersicht[22].

Wie zu erwarten, konzentrieren sich bei den Mädchen die Taten und auch die beteiligten Probanden weitgehend auf die alleinbegangenen ein-

Tab. 129: Vermögensdelikte insgesamt nach Begehungsart und Schwere, Kombination (Taten und beteiligte Probanden, m + w)

| | m | | | | | w | | | | |
|---|---|---|---|---|---|---|---|---|---|---|
| | Taten | | | Probanden | | Taten | | | Probanden | |
| Vermögensdel. | n | pro P | % | n | % | n | pro P | % | n | % |
| gemeins. einfach | 694 | 2,71 | 32,1 | 177 | 69,2 | 33 | 0,75 | 11,9 | 13 | 29,6 |
| allein einfach | 868 | 3,39 | 40,1 | 148 | 57,8 | 239 | 5,43 | 85,9 | 40 | 90,9 |
| gemeins. schwer | 439 | 1,71 | 20,3 | 115 | 45,0 | 3 | 0,07 | 1,1 | 3 | 6,8 |
| allein schwer | 161 | 0,63 | 7,4 | 35 | 13,7 | 3 | 0,07 | 1,1 | 3 | 6,8 |
| insg. | 2 162 | 8,45 | 100,0 | 256 | 100,0 | 278 | 6,32 | 100,0 | 44 | 100,0 |

[21] Im Einzelnen unten.

[22] Über den kriminologischen Zusammenhang dieser Taten s. z. B. *Wend* (1936, 30), der in den Straflisten vielfach rückfälliger Verbrecher zwar einfachen Diebstahl, Betrug und Unterschlagung oft zusammen fand, auffällig selten aber bei dieser Verbindung auch schweren Diebstahl.

Ebenso *Hannemann* in einer Untersuchung über Sicherungsverwahrte (Hamburger Dissertation von 1960), der auch neben der üblichen Einteilung in monotrope und polytrope Gewohnheitstäter, die nur von den gesetzlichen Tatbeständen ausgeht, versuchsweise eine solche nach der Begehungsart verwandte. Er zählte Diebstähle und Unterschlagungen, wenn sie sich gegen Bekannte des Täters richteten, zu ähnlich begangenen Betrügereien an Bekannten, schied davon aber ab Diebstähle ganz anderer Begehungsart wie etwa Autodiebstähle, und kam dabei zu klareren Ergebnissen in Bezug auf die Gefährlichkeit und Rückfallsgefährdung der Täter. —

S. ferner die Zahlen von *Sauer* (1950), bes. auf S. 557, 588, 598 f.

fachen Vermögensdelikte. Daneben haben nur noch die gemeinschaftlichen einfachen überhaupt Gewicht, wenn auch geringes.

Unter den Jungentaten treten ebenfalls die alleinbegangenen einfachen am meisten hervor. Ihnen folgen, mit nicht sehr großem Abstand, die gemeinschaftlichen einfachen Taten. Einfache Vermögensdelikte haben die Jungen also etwas öfter allein begangen, schwere öfter gemeinschaftlich (Tab. 129) [23].

Obwohl die gemeinsamen Delikte auch bei den Jungen nicht die größte Tatenzahl haben, waren an ihnen doch besonders viele Probanden beteiligt, nämlich rund 70 % gegenüber noch nicht 60 %, die mindestens ein einfaches Delikt allein begingen. Der gemeinsame schwere Diebstahl hat wieder eine etwas weitere Verbreitung unter den Probanden, als nach seinem Anteil an den Taten zu erwarten wäre, der allein begangene schwere Diebstahl aber wieder etwas weniger. Es kommen auf den Kopf der jeweils beteiligten Jungen 3,9 gemeinsame einfache, 5,8 alleinbegangene einfache, 3,8 gemeinsame schwere und 4,6 alleinbegangene schwere Vermögensdelikte. Die Konzentration der Taten auf bestimmte Täter ist also besonders groß bei den alleinbegangenen einfachen, aber auch bei den alleinbegangenen schweren Taten größer als bei den gemeinschaftlichen Begehungen.

### c) Geschädigte

Vor näheren Erörterungen darüber soll der Kreis der Personen betrachtet werden, gegen die sich die Vermögensdelikte der Probanden richteten. Nach Tab. 130 waren das bei den Jungen überwiegend Fremde, bei den Mädchen überwiegend Personen ihrer näheren Umgebung. Unter diesen den Tätern bekannten Personen wurde unterschieden zwischen dem Arbeitgeber (und seinen Kunden), Kameraden — Schul- oder Arbeitskameraden oder auch, was aber selten vorkam, sonstigen Freunden oder Bekannten von etwa der gleichen Altersstufe — und ferner den „Erziehern", d. h. den Eltern, Pflegeeltern, Stiefeltern und in Einzelfällen Heimerziehern. Wo ältere Gesellen bestohlen wurden, war die Abgrenzung zum „Arbeitgeber" z. T. etwas schwierig; sie wurden aber doch überwiegend den „Kameraden" zugerechnet, da das Alter der geschädigten Arbeitskollegen in der Regel nicht bekannt war.

Die Mädchen, die ja im ganzen weniger Vermögensdelikte begangen haben als die Jungen, haben (pro P) gegen Arbeitgeber und Erzieher mehr Taten begangen, und gegen Kameraden wenigstens ebensoviele wie die Jungen. Diese Delikte verbreiten sich aber bei ihnen — mit Ausnahme der gegen die Erzieher — auch auf einen größeren Personenkreis. Es kommen

---

[23] Von den 51 Diebstählen Heranwachsender, die *Illchmann-Christ* (1953) untersucht hat, waren die einfachen zu 58,3 %, die schweren nur zu 30,8 % allein begangen worden; bei der Kleinheit der Zahlen darf diese Prozentdifferenz aber nicht überschätzt werden. — S. auch den Hinweis von *Wilfert* (1959, 15), daß gewaltsames Vorgehen der inneren Dynamik, die überhaupt zu gemeinschaftlichen Straftaten der Jugendlichen führt — Lust an der Provokation der Umwelt, Geltungsstreben usw. — besser entspricht als etwa einfacher Diebstahl oder Betrug.

Tab. 130: Geschädigte der Vermögensdelikte insgesamt nach Taten und beteiligten Probanden (m + w)

| | m | | | | | w | | | | |
|---|---|---|---|---|---|---|---|---|---|---|
| | Taten | | | Probanden | | Taten | | | Probanden | |
| Geschädigte | n | pro P | % | n | % | n | pro P | % | n | % |
| Arbeitgeber | 376 | 1,47 | 17,4 | 94 | 36,8 | 99 | 2,25 | 35,6 | 23 | 52,3 |
| Kameraden | 149 | 0,58 | 6,9 | 58 | 22,6 | 24 | 0,55 | 8,6 | 14 | 31,8 |
| Erzieher | 93 | 0,37 | 4,3 | 41 | 16,0 | 28 | 0,63 | 10,1 | 7 | 15,9 |
| Bekannte insg. | 618 | 2,42 | 28,6 | 132 | 51,6 | 151 | 3,43 | 54,3 | 34 | 77,3 |
| Fremde | 1 544 | 6,03 | 71,4 | 224 | 87,5 | 127 | 2,89 | 45,7 | 27 | 61,4 |
| insg. | 2 162 | 8,45 | 100,0 | 256 | 100,0 | 278 | 6,32 | 100,0 | 44 | 100,0 |

bei ihnen auf das einzelne Mädchen, das überhaupt solche Taten begangen hat, an Delikten gegen den Arbeitgeber 4,3 (Jungen 4,0), gegen Kameraden nur 1,7 (Jungen 2,6) aber an den häuslichen Diebstählen gegen die Erzieher 4,0 gegenüber nur 2,3 bei den Jungen.

Die Vermögensdelikte gegen Bekannte wurden ganz überwiegend allein begangen, so von den Jungen (Tab. 131) zu 92 % gegenüber nur 31 % der Delikte gegen Fremde[24]. Ein wenig mehr Taten gegen Arbeitgeber als gegen Kameraden begingen die Jungen gemeinschaftlich — besonders etwa bei der Mitnahme von Waren —, die gegen Erzieher aber alle allein. Er überwog auch bei diesen Taten ganz besonders die einfache Begehung; schwere Diebstähle wurden noch am meisten gegen Kameraden begangen (durch Aufbrechen ihrer Spinde). So sind die alleinbegangenen einfachen Taten die

Tab. 131: Vermögensdelikte (m) nach Geschädigten und Begehungsformen
Anzahl der Vermögensdelikte gegen:

| | Arbeitgeb. | | Kamer. | | Erzieh. | | Bek. insg. | | Fremde | |
|---|---|---|---|---|---|---|---|---|---|---|
| Deliktstyp | n | % | n | % | n | % | n | % | n | % |
| gem. einf. | 19 | 5,6 | 6 | 3,8 | — | — | 25 | 4,3 | 669 | 42,3 |
| all. einf. | 294 | 86,0 | 126 | 79,7 | 75 | 93,8 | 495 | 85,3 | 373 | 23,6 |
| einf. insg. | 313 | 91,5 | 132 | 83,5 | 75 | 93,8 | 520 | 89,7 | 1 042 | 65,9 |
| gem. schw. | 16 | 4,7 | 5 | 3,2 | — | — | 21 | 3,6 | 418 | 26,4 |
| all. schw. | 13 | 3,8 | 21 | 13,3 | 5 | 6,3 | 39 | 6,7 | 122 | 7,7 |
| insg. | 342 | 100,0 | 158 | 100,0 | 80 | 100,0 | 580 | 100,0 | 1 582 | 100,0 |
| gemeinsam | 35 | 10,3 | 11 | 7,0 | — | — | 46 | 7,9 | 1 087 | 68,7 |
| allein | 307 | 89,8 | 147 | 93,0 | 80 | 100,0 | 534 | 92,1 | 495 | 31,3 |

[24] Vgl. dazu Lentz (1956/57, 335), der bei einem Vergleich von städtischen und ländlichen Delinquenten, die in der Wisconsin School for Boys untergebracht waren, feststellte, die ländlichen Jungen hätten bevorzugt Verwandte, die städtischen aber fremde Personen bestohlen. Ferner fand er — ohne das allerdings mit dieser Verschiedenheit der Opfer in Verbindung zu bringen — daß von den Stadtjungen nur 16 %, von den Landjungen aber fast 52 % Alleintäter gewesen seien.

weitaus überwiegende, „typische" Form dieser Vermögensdelikte gegen Menschen der persönlichen Umwelt des Täters. Unterschlagung trat dabei natürlich besonders hervor, mehr als sonst aber auch der Betrug.

Die ausgesprochenen Unterschiede zwischen Jungen und Mädchen im Anteil ihrer Delikte gegen Bekannte und in den Begehungsformen ihrer Taten lassen vermuten, daß die Unterschiede dieser Tatarten psychologisch und soziologisch relativ tief reichen.

Der Gegenstand, den die Jugendlichen sich aneignen möchten, spielt dabei z. T. wohl eine Rolle, , aber meistens keine wirklich entscheidende. Wenn ein Mädchen sich schönere Strümpfe wünscht, könnte es sich ja mit anderen Mädchen zusammentun und Metall sammeln und verkaufen und von dem Erlös Strümpfe kaufen, statt die der Arbeitgeberin wegzunehmen. Ebenso könnten die Jungen, die sich durch Metallsammeln u. ä. ihr Taschengeld aufbessern, das auch durch einen Griff in das Portemonnaie ihres Arbeitskameraden tun.

Tatsächlich liegen aber den Mädchen gemeinsame Beutezüge sehr wenig, wohl aus einem Gemisch psychologischer und soziologischer und auch körperlicher Gründe. Nur beim Warenhausdiebstahl haben sie sich öfter einmal gemeinsam betätigt. Im übrigen fehlte ihren Diebstählen auch sonst fast ganz das, was denen der Jungen so oft „sportlichen" Charakter gibt: das Überwinden äußerlicher Hindernisse, das Erobern fremden Terrains durch Übersteigen von Mauern, Aufbrechen von Türen, Einschleichen durch Zaunlöcher, Überklettern von Schuppendächern usw., mit einem Wort: die schwere Form des Diebstahls.

Rechnet man von den Diebstählen der Jungen alle diese gemeinsamen und sportlichen Unternehmungen ab, so kommt die Zahl ihrer Vermögensdelikte der der Mädchen schon sehr viel näher. So haben z. B. von allen Probanden — die ja nach Zufall aus dem Jugendgerichtsregister ausgewählt wurden — 37 Jungen und 31 Mädchen ausschließlich allein einfache Vermögensdelikte begangen (wobei auch die Jungen nicht gezählt wurden, die etwa einmal allein beim Metallsammeln oder sonstigem Organisieren getroffen wurden), s. u. Tab. 165. Das gibt einen Hinweis darauf, daß die gemeinsame und die schwere Kriminalität der Jungen nicht einfach bei den Jungen den Platz einnimmt, den bei den Mädchen deren spezielle Taten haben, sondern einen Überschuß darüber hinaus bildet, mit dem die Jungen Bedürfnisse befriedigen, die die Mädchen überhaupt nicht haben. Diese Bedürfnisse scheinen aber auch nicht primär krimineller Natur zu sein, sondern auf eine bestimmte Art sozialer Betätigung zu gehen, bei der sich dann die Straftaten erst sekundär ergeben.

Es gibt anscheinend keine nennenswerte Vermögenskriminalität der Mädchen als gemeinsames Spiel, gemeinsamen Sport, gemeinsame Unternehmung, bei der das Tun selbst ähnlich wichtig ist, oder wichtiger, als die Beute, bei der Fähigkeiten erprobt, das Zusammensein und das gemeinsame Bestehen von Gefahren genossen werden, wo man Rollen verteilt und einer dem anderen zeigt, was er kann. Diese Art der Betätigung nimmt ja auch ohne Kriminalität bei den Jungen einen größeren Raum als bei den Mädchen ein, und wenn sie sich unter gewissen sozialen und persönlichen Umständen auf dem Gebiet der Kriminalität abspielt, ist sie oft wohl nicht nur deren zufällige Form, sondern mit ein wesentlicher Grund ihres Zustandekommens überhaupt[25].

Ein ähnliches Phänomen ist es, daß Frauen doch wohl wesentlich seltener als Männer — und wenn, am ehesten gemeinsam mit einem Mann — die Begehung von Straftaten zu einem Beruf machen, von dem sie leben wollen wie andere durch Arbeit leben. Auch das ist eine „Sozialbetätigung", selbst wenn sie nicht — wie aber doch wohl meistens — dem Berufsverbrecher ein bestimmtes Ansehen in einem bestimmten Kreis gibt. Vergleichbar damit ist bei den Frauen etwa die Prostitution[26].

Von den gemeinsamen Unternehmungen der Jungen weichen die alleinbegangenen Vermögensdelikte, insbesondere die gegen Personen der nahen Umwelt des Täters, in wesentlichen Zügen ab. Bei ihnen tritt zweierlei mehr in den Vordergrund: die Verlockung des Gegenstandes, den der Täter haben möchte, und die Schädigung des Opfers, oft mit dem Charakter des Ver-

---

[25] Über „die Formen des Mitseins der Jungen in den Flegeljahren" vgl. neben der S. 306 f angegebenen Literatur noch *Muchow* 1950, Kap. V., das diese Überschrift trägt. S. 101 weist der Verf. daraufhin, daß die Unternehmungen zum Herbeischaffen von Gütern, die in der Zeit vor der Währungsreform allgemein üblich waren, für die Jungen im Flegelalter gerade das Richtige waren. Ferner *Busemann* 1953, der meint (S. 104), daß der gewöhnliche Weg zur Kriminalität für die Jungen die neue Gesellung im Flegelalter sei. *Burt* (1931, 19), der ebenfalls über die Bedeutung der „gregarious phase" der Jungen, besonders in den schlechten Wohngegenden, für die Kriminalität spricht, meint andererseits (129), in mindestens $^4/_5$ der Fälle seien diesen gemeinsamen Diebstählen schon alleinbegangene vorhergegangen. Ebenso *Edelston* 1952, 14, nach dem die später draußen und gemeinsam mit anderen Jungen auf Beute ausgehenden Jungen „almost invariably" mit häuslichen Diebstählen begonnen haben. Obwohl zweifellos viele häusliche Diebstähle auch bei späterem Nachfragen nicht bekannt werden, ein Gegenbeweis gegen diese Annahme also schwer zu führen ist, spricht psychologisch manches gegen ihre Richtigkeit. Sicher gibt es Jungen, die als Kinder zu Hause (allein), im Flegelalter dann gemeinsam draußen stehlen; aber daß es so sein muß, leuchtet bei psychologischer Verschiedenheit dieser Taten nicht ein. Edelston hat seine Erfahrungen auch, was sicher wichtig ist, in einer Child Guidance Clinic gesammelt. In diesem Zusammenhang ist von Bedeutung, was *Mays* (1952, 10 ff) über die Unterscheidungen berichtete, die die Straßenjungen selbst hinsichtlich ihrer Opfer machen. So sagten die Jungen, mit denen Mays sprach, u. a., sie würden wohl große Geschäfte bestehlen, aber nicht deren Angestellte; nicht kleine Geschäfte, deren Eigentümer oder Angestellte sie persönlich kennen; nicht eigene Vereinskameraden oder Freunde, aber wohl den Arbeitsgeber(„das tut jeder"); keineswegs zu Hause! Für die gemeinsamen — und zwar oft auch schweren — Diebstahlsunternehmungen, die die Züge „präpuberaler Rudelfreundschaften" *(Bondy)* tragen, vgl. ferner insbesondere *Illchmann-Christ* (1953, 81, 88) und *Hallermann* (1956, 46), neuerdings auch *Scott* (1956/57), *Heintz* (1956) und *Wilfert* (1959) sowie *Kaiser* (1959, besonders Zusammenfassung 198 ff), *Bloch* und *Niederhoffer* (1958) und *Heintz* (1956), alle mit Betonung der positiven Seiten dieser Gruppenbetätigung im Jugendalter, die es den Jugendlichen ermöglicht, sich wenigstens unter ihresgleichen Anerkennung zu verschaffen und sich in diesem immerhin noch geschützten Rahmen zu erproben. *(Kaiser* 1959, 192: „Ich handle, also bin ich!")

[26] S. *Hurwitz* 1952, 278. — Über „die andere Welt", in der Mädchen leben, sehr gut *Elliott* 1952, 84 und 201 ff.

trauensbruchs. Mit beidem ist der Täter hier unmittelbarer konfrontiert als bei den gemeinsamen Unternehmungen; in verschiedenen Mischungen bildet es den eigentlichen Gehalt seiner Tat. Insofern werden bei diesen Delikten oft ganz andere Emotionen ausgetragen als bei den gemeinschaftlichen, nämlich Begehrlichkeit einerseits, persönliche Agressionen andererseits. Und dies beides scheint oft in Beziehung zueinander zu stehen, insofern nämlich, als gerade die Lücke, die das Fehlen von Kontakt mit anderen läßt, durch das Sichaneignen von Sachen ausgefüllt werden soll, die einem anderen gehören.

Auch insofern ist es vermutlich kein Zufall, daß man Menschen, die man persönlich kennt, so selten gemeinschaftlich bestiehlt. Z. T. spielt dabei mit, daß der gleiche Kontaktmangel, der den Täter zu Delikten gerade dieser Art befähigt, ihn hindert, sich mit Mittätern zusammenzutun. Aber eine Reihe von ihnen konnte doch ein andermal, gegen Fremde, auch gemeinschaftlich handeln. Man muß wohl annehmen, daß der emotionale Gehalt dieser Taten, eben die Mischung von Begehrlichkeit und Aggression, den Täter eher überwältigt, wenn er allein ist, und daß er sich vor Zeugen dieser Regungen auch vielleicht schämen würde[27].

Mit diesem verschiedenen Charakter der Straftaten mag auch ihre verschiedene Verbreitung zu tun haben und die Zahl der Taten, die ein einzelner solcher Täter begeht. Nach Tab. 129 überhaupt begingen

| | % der Jungen | und diese Jungen pro P |
|---|---|---|
| gem. einf. Verm. Del. | 69,2 | 3,9 |
| all. einf. Verm. Del. | 57,8 | 5,8 |
| gem. schw. Verm. Del. | 45,0 | 3,8 |
| all. schw. Verm. Del. | 13,7 | 4,6 |

[27] Das Moment des Vertrauensbruches, das, wie durchweg im Betrug und der Unterschlagung, auch in den Diebstählen gegen Bekannte liegt, wird zwar im Einzelfall — in Gerichtsurteilen, Heimberichten usw. — oft erwähnt und ist auch in der Literatur verschiedentlich beachtet worden. So etwa von *Sauer* (1950, 276 ff), von *Frey* (1950), der dies Moment zur Bewertung seiner Fälle heranzieht und in den häuslichen und Kameradendiebstählen eine Vorform des Betruges sieht (s. 274), z. T. auch „verkappten Betrug"; (S. 287); von *Stott* (1950), der diese Art der Vermögensdelikte als die Folge einer Vertrauensstörung zwischen Eltern und Kind betrachtet und das in seinen Falldarstellungen im einzelnen belegt. Systematisch, durch Zählungen der Häufigkeit und sonstigen Verteilung, ist dieser Faktor aber m. W. noch kaum bearbeitet worden. *Hurwitz* (1952, 379) berichtete von einem Aufsatz von Karl O. *Christiansen* in NTfS 1945, 27 ff, in dem er als einen besonderen Deliktstyp den „breach of trust" habe einführen wollen. „A distinction", schreibt Hurwitz, „is made between grave, medium and mild breaches of trust according to the degree of the trust broken by the punishable act. While, for example, embezzlement (Unterschlagung) and family thefts are grave breaches of trust, grand larceny, robbery and certain cases of murder are characterised als mild breaches of trust." Hurwitz findet den Begriff zu unklar, um seine Anwendung zu empfehlen. Es ist aber anzunehmen, daß er in der Praxis der Kriminalpsychologie viel verwandt wird, und so würde sich seine nähere Durcharbeitung vermutlich

Danach besteht keine einfache Beziehung; die unter besonders vielen verbreiteten Delikte wurden vom Einzelnen, der sie beging, weder besonders oft noch besonders selten begangen.

Daß die schweren Delikte unter den Probanden weniger verbreitet waren als die leichten, liegt wohl daran, daß sie sowohl rechtlich-sozial „schwerer" wie im allgemeinen technisch auch schwieriger sind. Es ist verständlich, daß auch unter den Jungen, die sich Sachen aneignen, die ihnen nicht gehören, nur ein kleinerer Teil diese Schwelle des schweren Diebstahls überschreitet.

Die geringere Verbreitung der Alleintäterschaft kann man wohl daraus erklären, daß sie speziellere persönliche Voraussetzungen hat als die gemeinschaftlichen Taten, die eben z. T. auf der weit verbreiteten Lust von Jungen an gemeinschaftlichen Unternehmungen beruhen[28]. Mit der Begehung schwerer Diebstähle scheinen diese speziellen Voraussetzungen sich aber nicht besonders gut zu vertragen. Im allgemeinen wird wohl die Hemmung, die sich in der Alleinbegehung äußert, etwas so Gewaltsames wie einen schweren Diebstahl nicht zulassen (wobei allerdings bedacht werden muß, daß nicht alle schweren Diebstähle gewaltsam sind). Wenn Jungen aber gemeinsam handeln, bietet sich die schwere Begehungsform eher an, weil sie ja noch weiter auf der Linie des Abenteuerlichen und Sportlichen liegt[29].

Gemeinsame schwere Diebstähle sind von ihren Tätern etwa ebensoviele begangen worden wie gemeinsame einfache Vermögensdelikte von den daran beteiligten Jungen, obwohl sie ja weniger verbreitet waren. Das heißt, daß zwar die Schwelle zu ihnen schwerer überschritten wird, die Jungen aber, die sie einmal überschritten haben, auf dieser Bahn mit einer gewissen Enthemmung fortfahren. Das läßt sich verstehen, wenn man sich vorstellt, daß es sich um eine gewisse besondere Auswahl von Jungen handeln muß.

Dies Phänomen zeigt sich aber noch mehr bei den alleinbegangenen Diebstählen, und im Verhältnis zu seiner geringen Verbreitung ist gerade der schwere Alleindiebstahl von seinen Tätern ganz besonders oft begangen worden. Die ganz spezifischen Voraussetzungen, die man bei diesen Tätern vermuten muß, wirken sich für sie möglicherweise auch als besondere Versuchung aus, diese Taten immer wieder zu begehen. An sich kann man vielleicht generell annehmen, daß Taten mit engen psychologischen — nicht

---

lohnen. In einer Arbeitsgemeinschaft des 10. Deutschen Jugendgerichtstages in Marburg, 1956, berichtete der Psychologe RegRat Dr. *Abels* von der Kriminalpsychologischen Abteilung der Gefängnisbehörde in Hamburg, daß dort diesem Punkt Beachtung geschenkt wird. Er führte aus, daß Täter, die Vermögensdelikte „im sozialen Nahraum" begingen, vermutlich auf einer früheren Entwicklungsstufe geschädigt seien als die Täter, die sich in der Vorpubertät oder Pubertät zu gemeisamen Diebstählen zusammentäten; es handele sich vermutlich um eine Regression zu infantilen Verhaltensweisen.

[28] Vgl. auch Tab. 54, nach der 1949 die Jungen durchschnittlich für 2,7, die Mädchen für 3,0 Taten abgeurteilt wurden. — Und Middendorff (1951,41), nach dem die Freiburger Mädchen — besonders die aus der Stadt *Freiburg*, — zu 33,3 %, die Jungen nur zu 18,8 % wegen fortgesetzter Handlungen verurteilt wurden.

[29] Ebenso *Wilfert* (1959, 15).

technischen — Voraussetzungen vom Einzelnen leicht öfter begangen werden, weil der Drang, der ihn diese Schwelle überhaupt überschreiten läßt, weiterwirkt. Wenn er einmal in einer abnormen seelischen Situation in einer Tat solcher Art einen Ausweg gefunden hat, entwickelt er auch u. U. so etwas wie eine Sucht danach[30].

## 2. Begehungsalter

### a) Nach Straftatbeständen

Das Durchschnittsalter der Jungen war bei der Begehung von

| | | |
|---|---|---|
| Diebstahl[31] | | 17;0 |
| einf. | 16;4 | |
| schwer | 17;7 | |
| gem. | 16;7 | |
| all. | 16;10 | |
| gem. einf. | 16;1 | |
| all. einf. | 16;6 | |
| gem. schw. | 17;5 | |
| all. schw. | 18;1 | |
| Unterschlagung | | 17;2 |
| Hehl., Begünst. | | 17;2 |
| Betrug | | 18;0 |

Dabei ist zu bedenken, daß jeder der Probanden zwischen 14 und 17 J. ein Vermögensdelikt begangen haben mußte, und daß sie bei Abschluß der Untersuchung alle erst am Anfang der zwanziger Jaher standen. Junge Leute, die erst mit 18 oder später straffällig wurden, kommen also in der Untersuchung nicht vor, und auch nicht solche, die als Kinder Straftaten begingen, dann aber nicht mehr oder erst als Heranwachsende oder Erwachsene wieder. Darum könnten diese Durchschnittszahlen nicht mit solchen verglichen werden, die aus einem Material mit breiterer Ausgangsbasis gewonnen wurden[32].

---

[30] Fälle von Probanden mit u. a. allein einfach begangenen Taten: *93, 73, 149, 18, 167, 179, 278, 286, 176, 147, 61, 200, 248.*

Fälle von gemeinschaftlichem schweren Diebstahl: *10, 148, 53, 171, 39, 250, 49, 03, 167, 147, 198, 268, 200, 251, 248, 199.*

Fälle von Probanden mit allein begangenen schweren Diebstählen: *73, 149, 04, 278, 152, 128.*

[31] Hier wirklich, auch in den Unterarten, nur Diebstahl, nicht „Vermögensdelikte".

[32] Zur Altersverteilung der Delikte vgl. im ganzen *Roesner* HdK 1933 I, *Exner* 1949, 147 ff, *Hurwitz* 1952, 259 ff, *Graßberger* 1946, insbes. 128 ff. Graßberger errechnete das Alter der „mittleren spezifischen Deliktsbegehung" für einfachen Diebstahl mit 26,3 J., Einbruch 28,2 J. und Betrug 32,9 Jahren.

Ersichtlich wird aber, daß der Diebstahl am frühesten liegt, die etwas spezielleren Delikte Unterschlagung, Hehlerei und Begünstigung — die zahlenmäßig geringer waren — etwas später, der Betrug aber beträchtlich später, schon gerade jenseits der Grenze des Jugendalters.

Ferner sind einfacher und schwerer Diebstahl im Durchschnitt um 1;3 Altersjahre geschieden; diese Differenz wäre geringer, wenn man Unterschlagung, Hehlerei und Betrug unter die einfachen Vermögensdelikte einbezöge. Andererseits würde bei dieser Einbeziehung die Altersdifferenz zwischen gemeinschaftlichen und alleinbegangenen Diebstählen, die nur ein Vierteljahr beträgt, größer.

Bei weiterer Unterteilung nach den Begehungsarten ergibt sich eine Reihe, die der Verbreitung dieser Taten unter den Probanden entspricht (s. o. S. 209). Der gemeinschaftliche einfache Diebstahl hat das geringste, der alleinbegangene schwere Diebstahl hat das höchste Durchschnittsalter. Bei Einbeziehung von Unterschlagung und Betrug unter die alleinbegangenen einfachen Delikte würde sich deren Durchschnittsalter mehr dem der gem. schweren Diebstähle annähern.

Nach dem Diagramm Tab. 132, das nach vollen Altersjahren zusammengestellt wurde, konzentrieren sich die einfachen Diebstähle mehr als die schweren ausgesprochen gerade auf die Jahre 14 — 17. Sie steigen steil an von 13 zu 14, dann weiter von 14 zu 15 Jahren; der Abstieg verläuft zunächst sanft, dann steiler.

Die Kurve für den schweren Diebstahl zeigt Entsprechungen, besonders im Anfang, wenn der erste, schwächere Anstieg auch nicht schon mit 9, sondern erst mit 11 Jahren beginnt. Beide haben einen ersten kleinen Höhepunkt mit 12 Jahren, einen zweiten Anstieg mit 14. Aber dann tritt beim schweren Diebstahl wieder eine Verzögerung ein, und sein Höhepunkt liegt erst bei 17, nicht bei 15 J. wie der des einfachen Diebstahls. Er fällt dann aber auch nur verzögert ab, so daß er später z. T. höher liegt als der einfache Diebstahl. Die Tiefpunkte bei 18 und 20, die die Kurve stören, haben vermutlich damit zu tun, daß in dieser Zeit gerade relativ viele der rückfälligen Probanden nicht in Freiheit waren. Im ganzen verläuft die Kurve des schweren Diebstahls breiter als die des einfachen; ihre Basis ist etwas schmaler, dafür aber auch ihre Spitze beträchtlich weniger hoch. Man kann daraus vielleicht entnehmen, daß er eben doch schwerer angekurbelt wird als der einfache Diebstahl, einmal angekurbelt aber auch eher weiterläuft.

Die Unterschlagung — Diagramm Tab. 133 — und der Betrug — Diagr. Tab. 134 — haben beide ihren Höhepunkt bei 17 Jahren, aber die Unterschlagung läuft früher an und erreicht schon bei 15 J. eine ziemliche Höhe — der Tiefpunkt bei 16 J. ist nicht ohne weiteres zu erklären — während der Betrug mit 14 und 15 J. noch sehr selten begangen wurde, mit 16 schon öfter, mit 17 weitaus am meisten, und dann einen zweiten Höhepunkt bei 20 J. hat, der sich bei der Unterschlagung nur in einem ganz kleinen Steigen andeutet. Daß auch die Betrugskurve ab 20 J. wieder fällt, zeigt besonders deutlich die altersmäßige Begrenzung des Materials. Die

Probanden, die noch mit 20 J. Betrugstaten verübten, waren am Stichtag der Untersuchung oder in den Jahren vorher zum größten Teil in Haft.

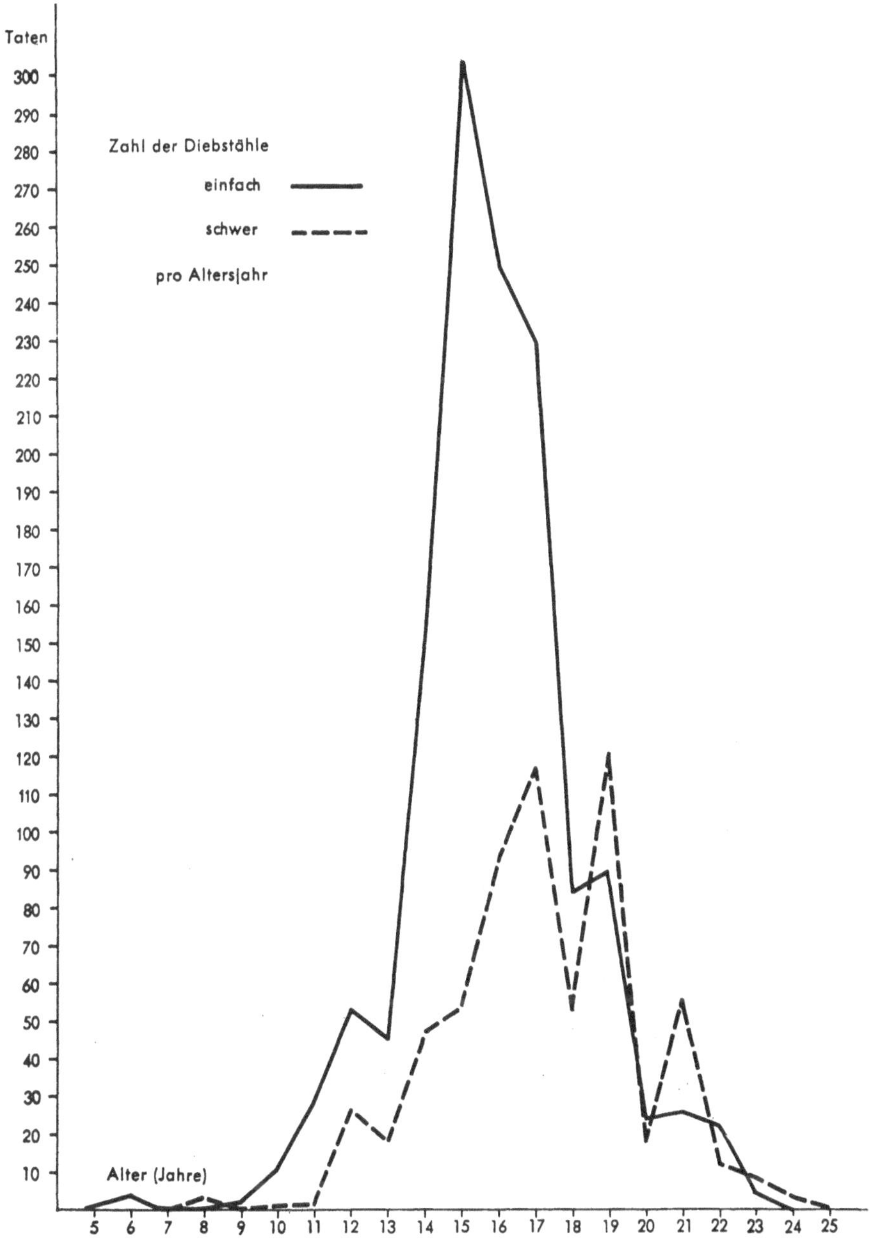


Tab. 132

Tab. 133

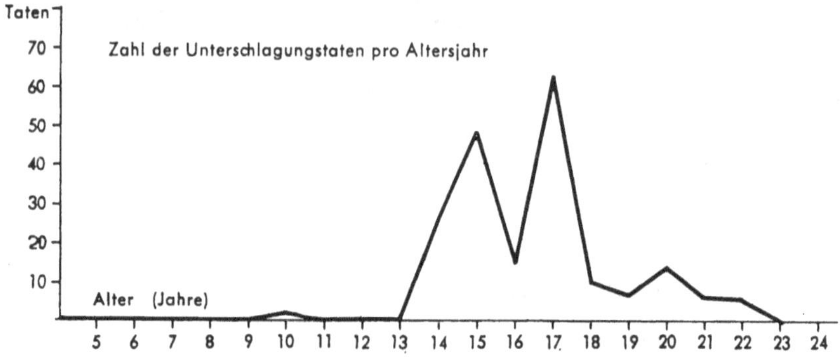


Tab. 134

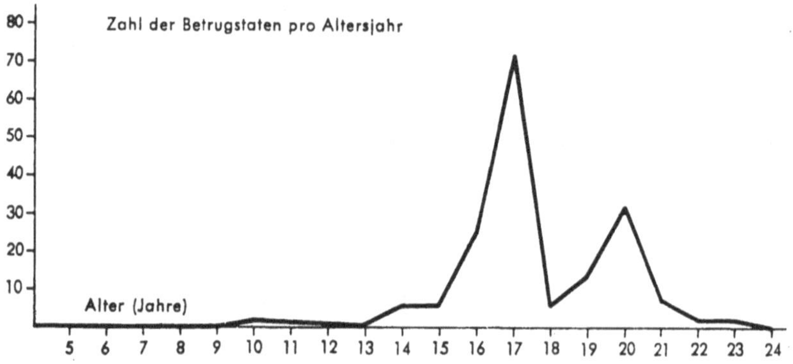


b) Nach Begehungsart und Schwere

Die Kurve der gemeinschaftlichen und der alleinbegangenen Diebstähle — Diagramm Tab. 135 — zeigt jedenfalls den Unterschied, daß die gemeinschaftlichen ihren großen Höhepunkt bei 15 Jahren haben, die alleinbegangenen bei 16 und 17. Beide Kurven sind recht spitz. Um 10, 11 und auch noch 12 sind sie sich ziemlich nahe, wobei aber auffällt, daß mit 11 Jahren mehr Diebstähle allein begangen wurden, mit 12 und besonders mit 13 J. mehr gemeinschaftlich. Dann verzögert sich der weitere Anstieg der alleinbegangenen Diebstähle. Mehreres kommt bei dieser Verteilung wohl zusammen: die frühen Allein-Diebstähle sind oft solche innerhalb der Familie und hängen mit persönlichen Erziehungsschwierigkeiten zusammen. Die gemeinschaftlichen setzen erst mit der Vorpubertät kräftig ein und sinken, wenn die Probanden mit 16, 17 Jahren introvertierter werden. Umgekehrt steigen dann natürlich die alleinbegangenen Diebstähle (besonders bemerkenswert, weil hier nicht prozentuale Anteile, sondern absolute Zahlen benutzt wurden), aber wohl nicht nur wegen einer solchen inneren

Tab. 135

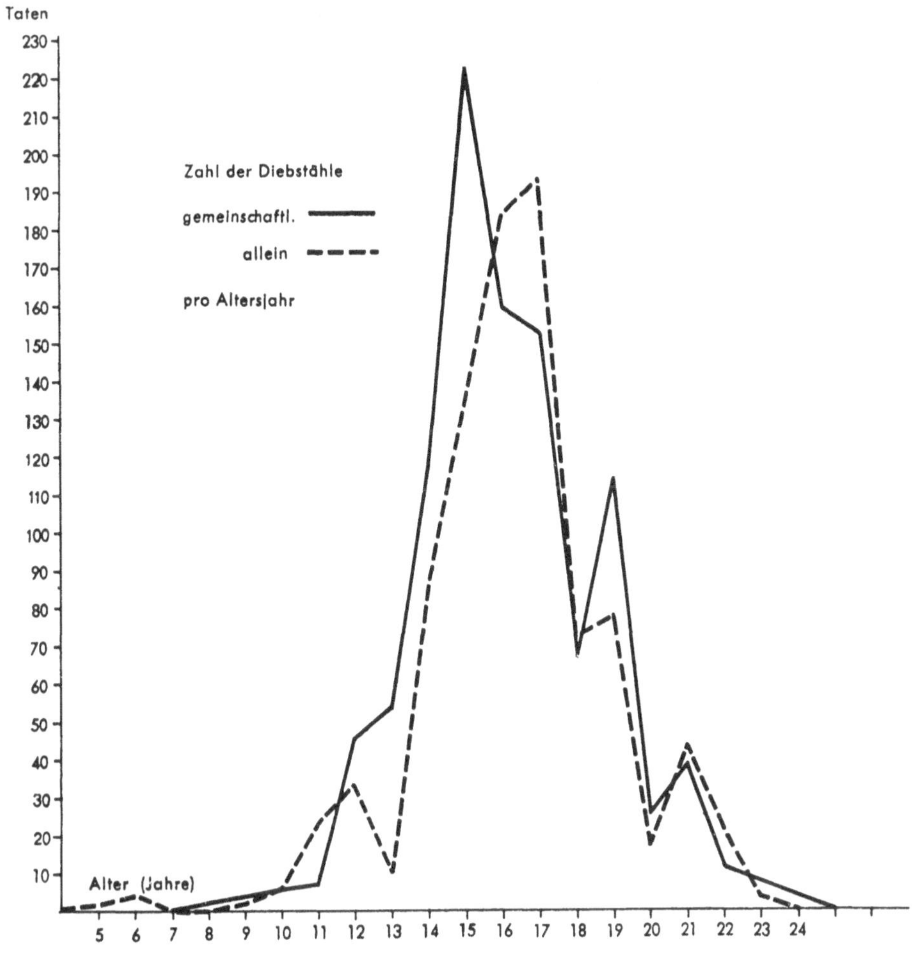


Wandlung der Probanden, sondern weil dann die Diebstähle auf den Arbeitsstellen sich häufen, die ja meistens allein begangen werden[33].

Betrachtet man noch einmal den einfachen Diebstahl für sich nach gemeinsamer oder Alleinbegehung — Diagramm Tab. 136 — dann tritt der frühe Gipfel der Alleintaten — vermutlich speziell in persönlichen Schwierigkeiten begründet — noch klarer hervor. Der Antieg bei 14 vereint die Kurven, und erst dann verzögert sich der der Alleintaten, die hier schon bei 16 den absoluten Höhepunkt haben. Sie fallen auch zögernder ab, über-

[33] Zum Vergleich Zahlen der 610 jungen Diebe, die von 1939—1946 in Groningen ermittelt wurden (*van Heerde-van Schreven* 1957, 260 f) und der 198 jungen Straftäter, die 1953 in Leicester ermittelt wurden (Howard *Jones*, 1957/58, 287)in von mir nach den dortigen Angaben errechneten Prozentsätzen. (Forts. umst.)

haupt ist ihr Kurvensockel doch im ganzen breiter als der der gemeinschaftlichen einfachen Diebstähle, was man wieder, versuchsweise, dahin auslegen kann, daß dabei weniger ausschließlich gerade das Jugendalter, mehr u. a. besondere persönliche Voraussetzungen eine Rolle spielen.

Die entsprechenden Kurven für den schweren Diebstahl — Diagramm Tab. 137 — sind unregelmäßiger, sei es durch die kleineren Zahlen, sei es weil beim schweren Diebstahl Inhaftierungen sich mehr auswirken. Die anfängliche Verzögerung der alleinbegangenen Taten ist hier recht ausgeprägt. Während die gemeinschaftlichen schweren Diebstähle schon bei 12 Jahren — in der Vorpubertät — in die Höhe schießen und von da ab teils weiter steigen, teils den Stand halten und bei 16 J. am häufigsten sind, steigen die alleinbegangenen viel zögernder, haben den Höhepunkt erst bei 17 und sinken allerdings von da bis 20 wieder gleichmäßig ab, während die gemeinschaftlichen bei 19 J. einen hohen zweiten Gipfel zeigen. Diese zweiten Gipfel —ein weiterer, kleiner, folgt für beide Arten bei 21 J. — betreffen ja nur noch die Rückfälligen und möglicherweise andere Probanden als die, die in der Vorpubertät gemeinschaftlichen schweren Diebstahl begingen.

---

| Alter | Groningen Täter insg. n | Groningen dav. Alleint. % | Leicester Täter insg. n | Leicester dav. Alleint. % |
|---|---|---|---|---|
| 8 | 9 | 44,4 | 5 | 20,0 |
| 9 | 22 | 22,7 | 6 | — |
| 10 | 29 | 27,6 | 14 | 50,0 |
| 11 | 70 | 25,7 | 21 | 33,3 |
| 12 | 87 | 21,8 | 35 | 20,0 |
| 13 | 128 | 35,2 | 42 | 14,3 |
| 14 | 115 | 36,6 | 38 | 44,7 |
| 15 | 148 | 44,6 | 23 | 60,9 |
| 16 | fehlt | fehlt | 20 | 90,0 |

Auch in diesen beiden Verteilungen zeigt sich also, wenn auch mit gewissen Schwankungen, zunächst eher eine Abnahme des Alleintäteranteils, der in Leicester wie hier bei 13 Jahren, in Groningen aber schon bei 12 J. lag, und danach ein erheblicher Anstieg.

Vgl. dazu auch *Muchow* (1950, 88), nach dem die „Jugendbünde", dh. alle — auch die nicht asozialen Zusammenschlüsse von Jugendlichen — in den Altersjahren 12—15 kulminieren. Jungen von 11 Jahren sind, wie er erklärt, u. a. auch bei der Hitlerjugend z. T. noch nicht recht zum Mitmachen zu bewegen gewesen; andererseits gebe es unter 16jährigen Gruppenmitgliedern schon relativ viele „müde Elemente". Nach *Busemann* (1953, 64) hat der „Anteil der Waffen am selbstgebastelten Spielzeug" einen besonderen Höhepunkt bei 13 Jahren, also dem Altersjahr, in dem besonders wenige der hier untersuchten Straftaten allein begangen wurden, wo — Diagr. Tab. 138 — besonders wenige der weiblichen Probanden überhaupt straffällig wurden und wo die Kurve der Probanden mit Delikten gegen Bekannte, statt wie die der mit Delikten gegen Fremde anzusteigen, zunächst noch zurückblieb. Erzieher sogar weniger bestohlen wurden als vorher. Diagr. Tab. 141. Man kann hier keine absolute Regelmäßigkeit erwarten, da ja die indiviuelle Reife zeitlich variiert, vielleicht aber doch gewisse Beziehungen annehmen.

Tab. 136

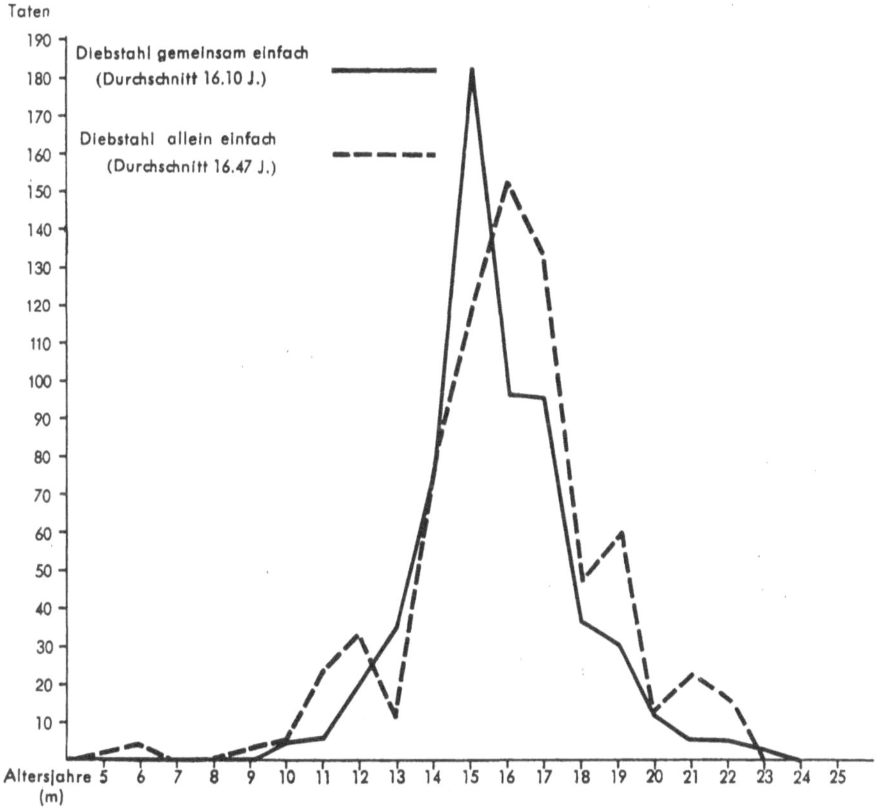


Tab. 137

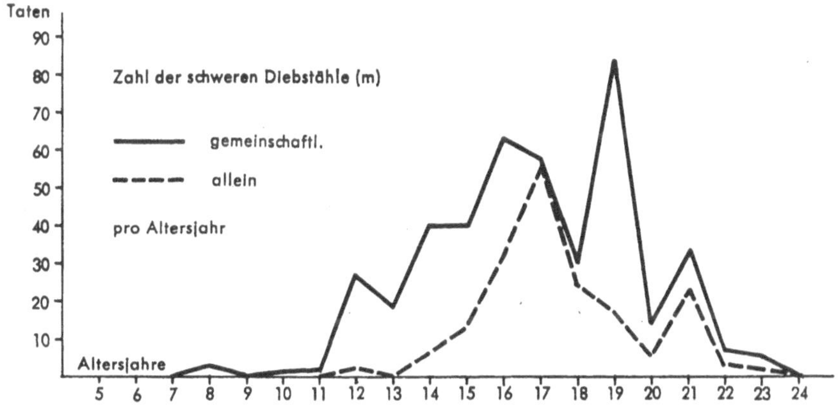

Etwas anderes ist wieder der Anteil der Probanden, die in den einzelnen Altersjahren Vermögensdelikte begingen. Das Diagramm, Tab. 138, zeigt die Gesamtverteilung für Jungen und Mädchen, wobei jeweils in punktierter Linie der Stand bis zur Verurteilung 1949 eingezeichnet ist.

Tab. 138

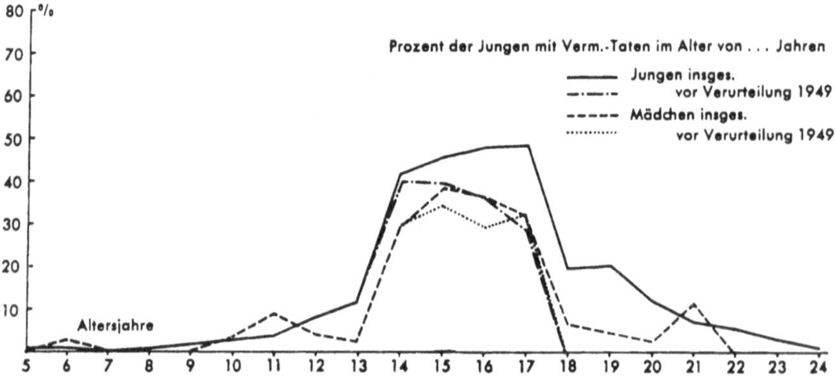


Obwohl das Diagramm an sich schon die geringere Kriminalität der Mädchen berücksichtigt — die Kurve der Mädchen zeigt ja nur die jeweiligen Prozente von 44 Probanden, gegenüber 256 Probanden der Jungen — bleibt doch die Mädchenkurve fast durchweg hinter der der Jungen zurück. Nur mit 11 J. — häusliche Diebstähle? — und mit 21 J. waren mehr Prozent der Mädchen als der Jungen kriminell. Die Jungen haben ja auch im ganzen pro Kopf mehr Taten begangen als die Mädchen. Trotzdem zeigt der Verlauf Ähnlichkeiten, besonders für die Zeit bis zur Verurteilung 1949. Es sind die rückfälligen Jungen, die die Trennung der Kurven ab 15 J. bewirken. Interessant ist ferner, daß überhaupt das Ansteigen der Jungenkurve über 14 J. hinaus schon auf das Konto der Rückfälligen allein kommt.

Tab. 139

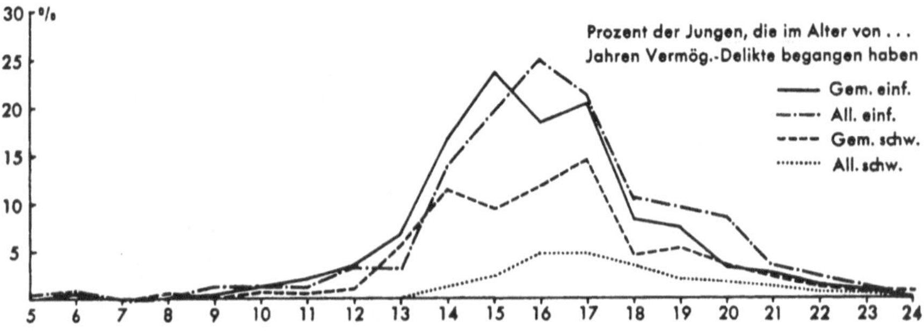

Nun der Anteil der Probanden, die in den einzelnen Altersjahren eines der verschiedenen Vermögensdelikte begangen haben, Diagramm Tab. 139. Auch die Täter der gemeinsamen einfachen Delikte haben ihren Höhepunkt bei 15, die der alleinbegangenen einfachen erst bei 16 Jahren. Die Probanden mit gemeinsamen schweren Taten haben wieder zwei Gipfel, allerdings nicht wie ihre Taten bei 16 und 19, sondern schon bei 15 und 17. Das heißt, daß die älteren Probanden, besonders die 19jährigen, wenn überhaupt, so besonders v i e l e gemeinschaftliche Diebstähle begangen haben. Das gleiche findet sich bei den alleinbegangenen schweren Diebstählen. Alle Kurven klingen langsamer ab, als sie aufgestiegen sind, aber das besagt insofern überhaupt nichts, als der Abstieg ja weitgehend kein echter ist.

Das Diagr. Tab. 140 zeigt, wie groß in den einzelnen Altersjahren der Anteil der Probanden mit Vermögensdelikten gegen dem Täter fremde und gegen ihm bekannte Personen war. In den Kinderjahren, in denen nur so wenige Probanden überhaupt Straftaten begingen, zeigt sich kein Vorzug der einen oder anderen Art. Um 11 bzw. 12 J. herum steigen dann beide Probanden-Anteile etwas an, ab 14 recht erheblich (was ja eben u. a. durch die Anlage der Untersuchung bedingt ist).

Tab. 140

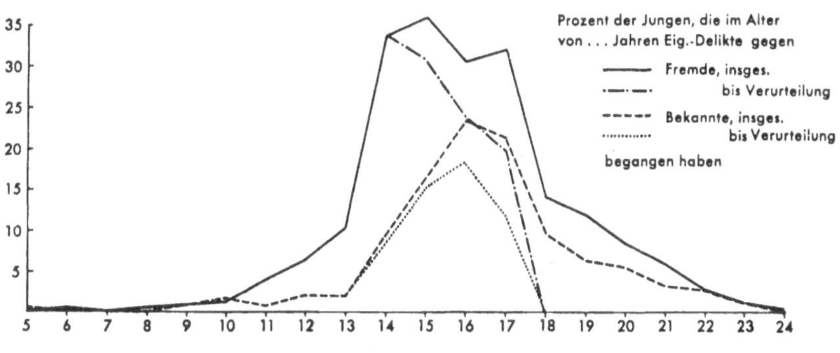


Der Anstieg ist aber bei den Probanden, die fremde Personen geschädigt haben, nicht nur steiler, er erreicht seinen Gipfel auch früher, nämlich schon bei 14, 15 Jahren, während die Probanden mit Delikten gegen Bekannte sich unter den 16- und etwa auch noch den 17jährigen am häufigsten finden. Bei ihnen geht dann der Abstieg auch zögernder vor sich, so daß sich die beiden Kurven wieder einander annähern und ab 22 Jahren wieder zusammenfallen.

Daß sich gerade mit 15, 16, 17 Jahren so viele Probanden gegen Personen ihrer nahen Umwelt vergangen haben, hängt natürlich damit zusammen, daß dann ihr „Arbeitsleben" begonnen hat, denn die Delikte gegen den Arbeitgeber nehmen ja den größten Raum davon ein. Es wurden auch weit mehr Arbeitskameraden bestohlen als Schulkameraden, vielleicht weil bei ihnen mehr zu finden war — Geld in Brieftaschen, Uhren in Spinden usw. —, vielleicht außerdem, weil der menschliche Kontakt unter Schulkameraden enger ist und sich bestimmte Einsamkeits- und Unterlegenheitsgefühle und Aggression stärker gegenüber den — oft ja auch älteren — Arbeitskameraden einstellen. Der persönliche Bedarf an Geld ist nach der Schulentlassung wohl auch größer.

Tab. 141

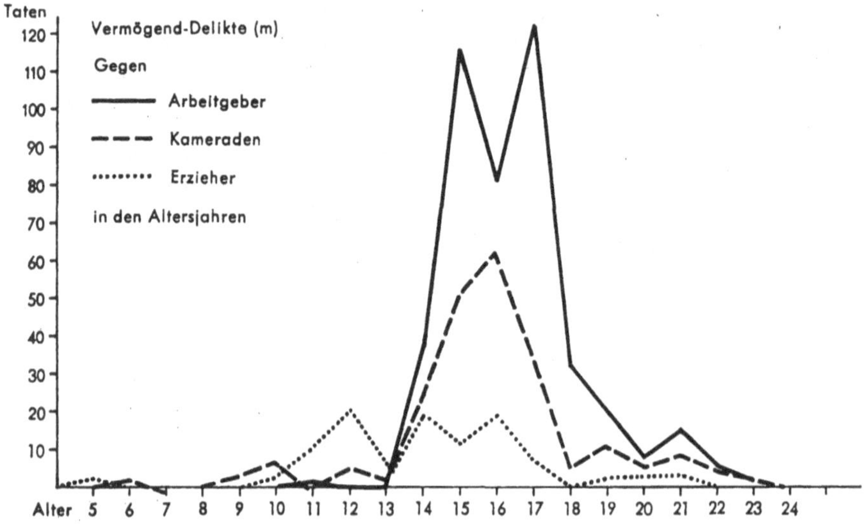


Das Diagr. Tab. 141 verzeichnet die Altersverteilung der T a t e n gegen Bekannte nach ihrer absoluten Häufigkeit in den einzelnen Altersjahren. Dabei zeigt sich die Abhängigkeit der Delikte gegen Arbeitgeber und Kameraden vom Berufsleben; die Delikte gegen Erzieher verteilen sich viel gleichmäßiger. Allerdings kommen Delikte gegen Erzieher nur relativ selten zur Anzeige; sie lagen auch nur in 2 der 300 Fälle der Aburteilung 1949 zugrunde, von der die Untersuchung ausging. Schon darum könnte man ihre besondere Häufung im Jugendalter, die sich für die anderen Delikte aus dem Aufbau der Untersuchung ergab, nicht erwarten.

Auf den Durchschnitt umgerechnet, haben die Jungen ihre Vermögensdelikte gegen

| | | |
|---|---|---|
| Erzieher | mit | 14;9 Jahren |
| Kameraden, Bekannte | | 16;5 Jahren |
| Arbeitgeber | | 17;0 Jahren |

begangen.

c) In den Rückfallsgruppen

Das Diagr. Tab. 142 zeigt, wieviele Probanden der verschiedenen Rückfallsgruppen in den einzelnen Altersjahren Vermögensdelikte begingen. Die Kurven sind in ihrer rechten Hälfte natürlich wesentlich bestimmt durch die ja künstliche Bildung dieser Gruppen; sogar schon ab 14 J., da nach dem Diagr. Tab. 138 der Anstieg der Gesamtkurve ab 14 J. schon auf das Konto der Rückfälligen kommt. Daß auch die Kurve der Gr. IV absteigt, liegt wieder daran, daß die Schwerrückfälligen am Stichtag der Untersuchung entweder noch nicht alt genug waren oder noch oder bis ganz kurz vorher in Haft saßen.

Tab. 142

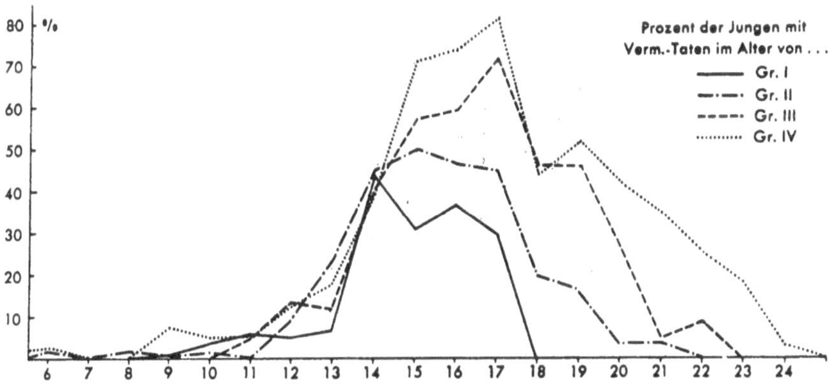


Der Gipfel der Kurve liegt in Gr. I schon bei 14 J., in Gr. II bei 15, in den Gr. III und IV bei 17 J. Mit 14 J. waren sogar etwas mehr Probanden der Gr. I und II straffällig als von Gr. III und IV, die sie dann aber endgültig und erheblich überholten, und der Gesamtverlauf der Kurven zeigt, daß die Gruppen nicht einfach phasenverschieden waren.

Legt man sich einen Schnitt bei 14 Jahren, und fragt man sich, ob aus der Verteilung bis dahin wohl die spätere Entwicklung der Gruppen abzulesen wäre, so ist die Antwort recht zweifelhaft. Gr. IV würde allerdings vielleicht doch auffallen, und zwar durch den ganz frühen Beginn — mit allerdings sehr wenigen Probanden — und das im ganzen doch früheste Ansteigen. Gr. I folgt als nächste, aber doch weniger entschieden, und bleibt relativ lange auf geringer Höhe, während inzwischen Gr. III sich schon mit Gr. IV zusammengetan hat, dann allerdings auch wieder etwas zurückgeblieben ist. Gr. II — deren Gesamtverlauf überhaupt am symmetrischsten und am meisten einer Zufallskurve ähnlich ist — hält sich sehr niedrig bis zum Alter von 12 Jahren. Dann beginnt ihr ziemlich steiler Anstieg; mit 13 Jahren waren aus dieser Gruppe mehr Probanden straffällig als aus irgendeiner anderen, und mit 14 Jahren ebenso, wenn auch nur noch knapp.

Die Tatsache, daß Gr. I gar nicht so viel weniger „präludiert" als Gr. IV, stört das Bild. Es wäre wohl willkürlich, das Alter von 12 Jahren herauszugreifen und zu sagen, die Verteilung dieses Altersjahres entspreche der späteren Rückfälligkeit; dafür sind die Differenzen zu gering, die Kurven zu schwankend. Würde der Anstieg der Gr. I erst bei 13 J. beginnen, so hätte man allerdings eine Nacheinanderfolge der Anfänge des Ansteigens, die den Kurvenenden auf der anderen Seite entspräche, wenn auch in schwächerer Ausprägung.

In dem Diagramm Tab. 143 sind noch einmal die Alters d u r c h s c h n i t t e der Gruppen bei Beginn und Ende ihrer Kriminalität zusammengestellt. Das Durchschnittsalter der Probanden war in Gr.

Tab. 143

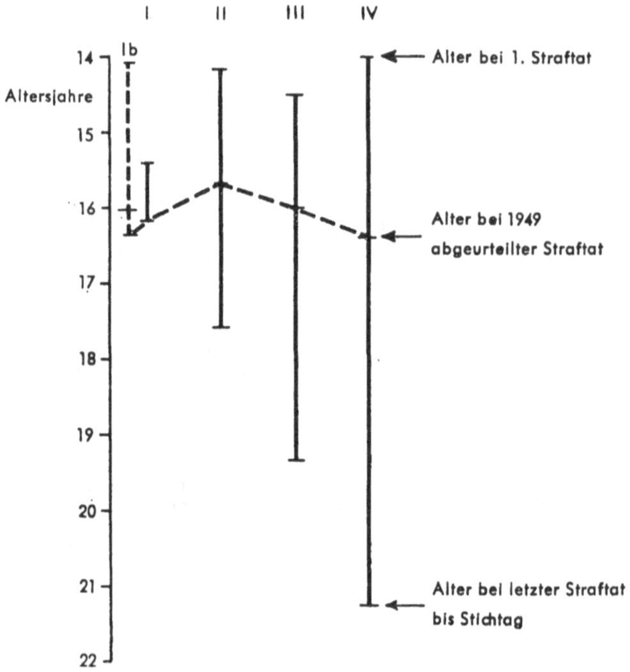


Die Probanden der Gr. II waren also in der ersten krim. Periode bei ihren Straftaten besonders jung, und erst mit ihrer Gesamtkriminalität kamen sie auf den Altersdurchschnitt der Gr. I.

| | I a | I b | I | II | III | IV |
|---|---|---|---|---|---|---|
| in d. erst. krim Per. (bis „1949") | 16;0 | 15;3 | 15;10 | 14;11 | 15;3 | 15;2 |
| in d. 2. krim. Per. (nach „1949") | — | — | — | 16;9 | 17;8 | 18;10 |
| in d. ganzen krim Per. | 16;0 | 15;3 | 15;10 | 15;11 | 16;6 | 17;8 |

## 3. Tatarten nach Rückfallsgruppen

### a) Straftatbestände

Betrachtet man nun in Tab. 144 die Verteilung der Straftatbestände in den Rückfallsgruppen, so ergibt sich keine eindeutige Reihe, weder nach Durchschnittsalter noch nach der Schwere der Rückfälligkeit. Die Schwerrückfälligen hatten allerdings den größten Anteil an schweren Diebstählen und einen relativ großen an Betrug, aber der Betrugsanteil der Gr. I ist sogar noch etwas größer. Ferner hat Gr. I auch mehr schwere Diebstähle als Gr. II, die mit einem besonders großen Anteil von einfachen Diebstählen und auch von Hehlerei herausragt und besonders wenig Betrugs- und Unterschlagungstaten hatte. Wenn man die Gr. I und II zusammenzählt, nehmen von I/II bis IV einfacher Diebstahl (und Diebst. insgesamt) sowie Hehlerei ab, schwerer Diebstahl auf das Doppelte zu, Unterschlagung hat I/II am wenigsten, aber Betrug immer noch etwas mehr als III. — Die Gr. II für sich fällt überhaupt bei den Taten etwas aus dem Rahmen. Es hat den Anschein, daß das Auswahlkriterium „geringfügige Rückfälligkeit" viele Probanden zusammengebracht hat, die von vornherein gemeinsame geringfügige Metalldiebstähle begingen und damit auch nach einer leichten jugend-

Tab. 144: Rückfallsgruppen (m): Vermögensdelikte nach Straftatbeständen, insg.

| Verm.-Delikte | I a pro P | % | I b pro P | % | I pro P | % | II pro P | % | III pro P | % | IV pro P | % |
|---|---|---|---|---|---|---|---|---|---|---|---|---|
| einf. Diebst. | 2,17 | 70,7 | 3,12 | 48,5 | 2,54 | 58,3 | 3,69 | 78,0 | 7,67 | 60,1 | 9,45 | 47,8 |
| schw. Diebst. | 0,54 | 17,6 | 1,74 | 27,1 | 1,0 | 22,9 | 0,64 | 13,5 | 3,29 | 25,8 | 7,26 | 36,8 |
| Diebstahl | 2,71 | 88,3 | 4,86 | 75,6 | 3,54 | 81,2 | 4,33 | 91,5 | 10,96 | 85,9 | 16,70 | 84,6 |
| Unterschl. | 0,27 | 8,8 | 0,68 | 10,6 | 0,43 | 9,9 | 0,11 | 2,3 | 1,30 | 10,2 | 1,38 | 7,0 |
| Hehl., Beg | 0,03 | 1,0 | 0,12 | 1,9 | 0,06 | 1,4 | 0,20 | 4,2 | 0,24 | 1,9 | 0,25 | 1,3 |
| Betrug | 0,06 | 2,0 | 0,76 | 11,8 | 0,33 | 7,6 | 0,09 | 1,9 | 0,26 | 2,2 | 1,29 | 6,5 |
| Raub | — | — | — | — | — | — | — | — | — | — | 0,12 | 0,6 |
| insg. | 3,12 | 100,0 | 6,43 | 100,0 | 4,36 | 100,0 | 4,73 | 100,0 | 12,75 | 100,0 | 19,75 | 100,0 |
| | n=203 | | n=264 | | n=467 | | n=265 | | n=587 | | n=810 | |

gerichtlichen Maßnahme nicht gleich aufhörten, weil niemand diese Sache so ernst nahm und weil die Probanden — vgl. Tab. 86 f — vielfach aus aus armen Familien stammten. — Auffällig ist die Belastung der Gr. I b mit schwerem Diebstahl und mit Betrug; aber diese Gruppe stand ja auch sonst in mancher Hinsicht zwischen II und III.

Tab. 144 kann aber wohl richtig nur im Zusammenhang mit Tab. 145 verstanden werden, die den Anteil der an Straftaten der verschiedenen Art beteiligten Probanden zeigt. Daß die Prozentsätze durchweg von I—IV steigen, liegt schon daran, daß die Chance für die einzelne Straftat mit der Zahl der begangenen Taten steigt. Es kommt daher hauptsächlich auf die Unterschiede in den Differenzen der Gruppen an. Der schwere Diebstahl nun nimmt auch nach Tätern zu den ungünstigeren Gruppen hin besonders

Tab. 145: Rückfallsgruppen (m): Probanden nach Straftatbeständen der von ihnen insg. begangenen Vermögensdelikte[34]

| Es haben begangen | I a n=66 | % | I b n=41 | % | I n=107 | % | II n=56 | % | III n=46 | % | IV n=41 | % |
|---|---|---|---|---|---|---|---|---|---|---|---|---|
| einf. Diebst. | 48 | 72,7 | 33 | 80,5 | 81 | 75,7 | 48 | 85,8 | 44 | 95,7 | 40 | 97,6 |
| schw. Diebst. | 15 | 22,7 | 25 | 61,0 | 40 | 37,4 | 22 | 39,3 | 29 | 63,0 | 37 | 90,3 |
| Diebstahl | 59 | 89,4 | 39 | 95,2 | 98 | 91,6 | 54 | 96,4 | 44 | 95,7 | 41 | 100,0 |
| Unterschlag. | 5 | 7,6 | 7 | 17,1 | 12 | 11,2 | 5 | 8,9 | 15 | 32,6 | 14 | 34,2 |
| Hehl., Begünst. | 2 | 3,0 | 5 | 12,2 | 7 | 6,5 | 9 | 16,1 | 8 | 17,4 | 7 | 17,1 |
| Betrug | 3 | 4,5 | 2 | 4,9 | 5 | 5,6 | 4 | 7,2 | 10 | 21,8 | 14 | 34,2 |
| Raub | — | — | — | — | — | — | — | — | — | — | 3 | 7,3 |

[34] Die Prozente ergeben nicht hundert, da die Probanden z. T. an mehreren Deliktsarten beteiligt waren.

zu, aber dazu kommen Unterschlagung und besonders der Betrug. Das heißt: von den schwerer Rückfälligen hat eine relativ große Anzahl zwischendurch auch einmal einen Betrug oder eine Unterschlagung begangen, während die Nicht- oder Leichtrückfälligen weniger dazu neigten, bei ihnen aber der Einzelne, bei dem es doch dazu kam, dann evtl. eine längere Serie dieser Taten beging. Das gilt auch vom schweren Diebstahl, wenn auch nicht ganz so ausgeprägt. Schweren Diebstahl haben auch recht viele Probanden der Gr. I b begangen, während die Betrugs*täter* unter ihnen nicht hervorragten. — Das gelegentliche Begehen von Vertrauensbrüchen durch Täter, die andererseits so ungehemmt und so offen aggressiv sind, um auch Einbrüche zu begehen, ist sicher ein schlechtes Indiz — wie wohl „Polytropie" überhaupt —, weil eben die soziale Hemmung hier nicht mehr vorhanden ist, die sonst zuweilen Straftaten vom Typ des Vertrauensbruches begünstigt.

Ein Vergleich der Tab. 146 und 147, in denen Tatenanteile und beteiligte Probanden nach früherer und späterer Periode aufgeteilt sind, zeigt, daß die geschilderte Beziehung schon in der früheren Periode bestand, wenn

Tab. 146: Straftatbestände nach Tatenzahl in den Rückfallsgruppen, früher und später (in Prozent aller Taten)

| Taten | I a früh. | I b früh. | I früh. | II früh. | II spät. | III früh. | III spät. | IV früh. | IV spät. |
|---|---|---|---|---|---|---|---|---|---|
| einf. Diebst. | 70,7 | 48,5 | 58,3 | 77,8 | 78,2 | 60,7 | 59,4 | 63,5 | 39,2 |
| schw. Diebst. | 17,6 | 27,1 | 22,9 | 16,7 | 5,3 | 23,7 | 28,9 | 21,0 | 45,2 |
| Diebstahl insg. | 88,3 | 75,6 | 81,2 | 94,5 | 83,5 | 84,4 | 88,3 | 84,5 | 84,8 |
| Unterschlagung | 8,8 | 10,6 | 9,9 | 2,1 | 3,0 | 12,6 | 6,7 | 10,2 | 5,2 |
| Hehlerei+Beg. | 1,0 | 1,9 | 1,4 | 2,6 | 8,3 | 1,5 | 2,5 | 1,4 | 1,2 |
| Betrug | 2,0 | 11,8 | 7,6 | 0,6 | 5,3 | 1,7 | 2,5 | 3,8 | 8,0 |
| Raub | — | — | — | — | — | — | — | 0,3 | 0,8 |
| | 100,0 | 100,0 | 100,0 | 100,0 | 100,0 | 100,0 | 100,0 | 100,0 | 100,0 |
| | Tn = 203 | Tn = 264 | Tn = 467 | Tn = 191 | Tn = 74 | Tn = 348 | Tn = 239 | Tn = 290 | Tn = 520 |

Tab. 147: Straftatbestände nach beteiligten Probanden der Rückfallsgruppen, früher und später (in Prozent)

| Prob. mit | I a früh. | I b früh. | I früh. | II früh. | II spät.[1] | III früh. | III spät.[1] | IV früh. | IV spät.[1] |
|---|---|---|---|---|---|---|---|---|---|
| einf. Diebst. | 72,7 | 80,5 | 75,7 | 85,8 | 75,0 | 82,6 | 84,8 | 87,9 | 85,4 |
| schw. Diebst. | 22,7 | 61,0 | 37,4 | 37,6 | 5,4 | 39,2 | 47,8 | 61,0 | 80,5 |
| Diebst. insg. | 89,4 | 95,2 | 91,6 | 94,6 | 78,6 | 89,2 | 95,7 | 100,0 | 97,6 |
| Unterschlagung | 7,6 | 17,1 | 11,2 | 5,4 | 1,8 | 13,0 | 23,9 | 14,6 | 26,8 |
| Hehlerei+Beg. | 3,0 | 12,2 | 6,5 | 8,9 | 8,9 | 8,7 | 10,9 | 7,3 | 12,2 |
| Betrug | 6,1 | 4,9 | 5,6 | 1,8 | 7,2 | 8,7 | 13,0 | 7,3 | 31,7 |
| Raub | — | — | — | — | — | — | — | 2,4 | 4,9 |
| | Pn•66 | Pn•41 | Pn•107 | Pn•56 | Pn•56 | Pn•46 | Pn•46 | Pn•41 | Pn•41 |

[1] % der Rückfälligen.

auch weniger ausgeprägt als später. In Gr. I war beispielsweise früher der Anteil des Betruges sogar größer als in den übrigen Gruppen, aber die Zahl der Probanden, die einen Betrug begangen hatten, war geringer. In der späteren Periode zeigt sich aber bei den Schwerrückfälligen eine Zunahme der Tatenserien — weniger, obwohl auch, der Probanden — beim schweren Diebstahl. Bemerkenswert bleibt aber, daß „früher" ebensoviele Probanden der Gr. I b wie der Gr. IV schweren Diebstahl begangen hatten, und z. T. mit größeren Tatenserien[35].

b) Begehungsart und Schwere nach Rückfallsgruppen

Soweit die prognostische Bedeutung der Begehungsarten bisher untersucht worden ist, scheint sich die Waage etwas zuungunsten der Alleinbegehung zu senken. Burgess (1928) und Tibitts (1931) fanden die Rückfälligkeit der Alleintäter erhöht. In Juvenile Delinquents Grown Up

[35] Darüber, daß „schwerer" Diebstahl nicht schlechtweg auch prognostisch besonders schwer zu nehmen ist, s. *Illchmann-Christ,* 1953, 80, nach dem „in eigentümlicher Paradoxie" die besondere Intensität des Vorgehens und die äußere Schwere der Tat gerade oft ein Hinweis auf die Unreife und Jugendlichkeit der Täter ist, und zwar, wie auch er hinzugefügt (81), besonders bei gemeinsamem Vorgehen. — Auch *Rose* 1954, 59, sagt, mit der späteren Rückfälligkeit stehe nicht der frühere „breaking and entering type" an der Spitze, sondern die Täter, die früher wiederholt geringere Delikte begangen hätten.

Ferner s. *Meyer,* 1956, von dessen unbestimmt Verurteilten insgesamt vor der Verurteilung 81,4 % irgendwann einmal schweren Diebstahl begangen hatten; von den Rückfälligen hatten das nur 79,5 % früher getan, also jedenfalls nicht mehr, während mehr von ihnen als von den Probanden insgesamt früher einfachen Diebstahl begangen hatten (87,5 % gegenüber 83,7 %), und Betrug sogar 18,2 % gegenüber nur 12,8 % der Probanden insgesamt. Die Zahlen sind — abgesehen davon, daß es sich bei ihm ausschließlich um schwer straffällige Jugendliche handelte — mit meinen darum gut vergleichbar, weil er zwar nicht von Vermögensdelikten ausgegangen war, aber 99,4 % seiner Probanden vor der unbestimmten Verurteilung schon ein Vermögensdelikt begangen hatten (47).

(1940) berichten die Gluecks das gleiche, und zwar sowohl für die Probanden, die nur ambulant („extramural“)[36], wie für die, die in Anstalten behandelt worden waren[37]. Hatten die Probanden mindestens 2 Mittäter gehabt, so kamen aber bei Anstaltsbehandlung ihre Mißerfolge denen der Alleintäter schon näher, was ja daran liegen mag, daß Jungen, die sich gern in einem größeren Kameradenkreis bewegen, in den Anstalten jedenfalls davon nicht wegerzogen werden. Von den endgültig Gebesserten waren mehr der früheren Alleintäter erst nach 21 Jahren ordentlich geworden als von den früher gemeinschaftlich Handelnden[38]. Auch bei ihren aus dem Reformatory Entlassenen[39] fanden sie bei den wegen einer gemeinschaftlichen Tat Verurteilten später geringere Rückfälligkeit.

Ohlin (1951), der fast 5 000 aus amerikanischen Strafanstalten Entlassene nachverfolgte, fand die Rückfälligkeitsrate geringer bei denen, die mit drei oder mehr Mittätern gehandelt hatten, im übrigen aber keine Beziehung[40]. Mannheim-Wilkins (1955)[41] äußern sich zurückhaltend, da ihr Material in vielen Fällen über die Art der Tatbegehung nichts aussagte, meinen aber, daß Bandenanführer die höchste Rückfälligkeitsrate haben, ihnen gleich folgend die Alleintäter.

Scott (1956/57, 21) fand bei einer Auswahl von 8—17jährigen Londoner Jungen, daß die 88 Taten, denen später noch eine weitere gefolgt war, nur in 39,8 % der Fälle alleinbegangen worden waren, dagegen die 72 Taten, denen später noch zwei weitere folgten, zu 51,4 %.

Meyer (1956)[42] zählte, wieviel Prozent ihrer Taten seine unbestimmt Verurteilten früher allein begangen hatten und fand eine mit diesem Prozentsatz ständig abnehmende Rückfallsrate. Von den 22 Jungen, die alle ihre Taten allein begangen hatten, wurden 14 (= 64 %) rückfällig, von den 40, die 80—100 % ihrer Taten gemeinschaftlich begangen hatten, nur 14 (= 35 %)[43]. Hinzu kommt allerdings, daß er bei der Zählung 29 Probanden ausgelassen hat, die im Durchschnitt 7 oder mehr Delikte mit den gleichen Tatgenossen begangen hatten; von ihnen wurden ebensoviele rückfällig wie von den Alleintätern[44]. — Meyer berichtet noch, daß die Taten

[36] S. 175.

[37] S. 181.

[38] S. 119.

[39] 500 Criminal Careers, S. 253.

[40] S. 52.

[41] S. 83.

[42] S. 111.

[43] Daß diese Art der Zählung bei ihm so klare Ergebnisse erbrachte — bei allerdings kleinen Zahlen — hängt wohl damit zusammen, daß alle seine Probanden schon erheblich, d. h. wiederholt straffällig geworden waren, also „alle Straftaten = 100 % auch wirklich mehrere waren“.

[44] Eine solche Unterscheidung habe ich im Anfang versäumt und später nicht nachholen können, weil ich aus Diskretionsgründen die Namen der Mittäter zunächst nicht notiert hatte. Ich halte es übrigens nicht für ganz ausgeschlossen, daß diese 29 notorischen Bandentäter Meyers zwar mit einem gewissen Eigensinn länger an ihrer Kriminalität festhalten als andere, bei größerer Reife aber schließlich doch damit aufhören.

seiner Probanden im Jahre 1946 am häufigsten gemeinschaftlich gewesen seien[45]; das ist das Jahr, in dem die von Middendorff (1951) untersuchten Freiburger Jugendlichen die meisten schweren Diebstähle begangen hatten[46]. Diese Zeit war eben am ausgeprägtesten die der gemeinsamen und auch rücksichtslosen Beutezüge.

Unter den Taten meiner Probanden (Tab. 148) traten in der früheren Periode die gemeinschaftlichen einfachen in den günstigsten — aber altersmäßig recht verschiedenen — Gruppen I a und II hervor, die alleinbegangenen einfachen und auch die gemeinschaftlichen schweren in den Gr. I b und III, und die alleinbegangenen schweren in Gr. IV (und I a, wo sie aber alle von einem einzigen Probanden begangen wurden, der vielfach Spinde von Kameraden mit einem Ruck auf„brach"). Auch danach würden sich die gem. einfachen Taten als die leichtesten, die alleinbegangenen schweren als die schwersten und die beiden anderen Tatarten als „mittelschwer" kennzeichnen.

Die alleinbegangenen schweren Diebstähle nehmen unter den Taten der Schwerrückfälligen später einen noch größeren Raum ein. Sie haben auch in Gr. III später zugenommen, ebenso in beiden Gruppen die gem. schweren Diebstähle, während die gem. einfachen, die bei den Leichtrückfälligen anteilsmäßig noch zugenommen haben, in den Gr. III und IV zurückgegangen sind. — Die frühere Verteilung der Taten in Gr. IV wirkt aber im ganzen nicht auffällig, abgesehen von den 6 % alleinbegangenen schweren Taten.

Tab. 148: Vermögensdelikte nach Begehungsart und Schwere, kombiniert (Rückfallsgruppen, m) Tatenzahl

| | I a | I b | I | II | | III | | IV | |
|---|---|---|---|---|---|---|---|---|---|
| Vermögensdel. | früh. | früh. | früh. | früh. | spät. | früh. | spät. | früh. | spät. |
| | % | % | % | % | % | % | % | % | % |
| gem. einfach | 48,2 | 23,2 | 34,2 | 49,0 | 65,1 | 29,2 | 24,0 | 39,4 | 18,1 |
| all. einfach | 34,2 | 49,8 | 42,9 | 34,3 | 29,6 | 46,1 | 47,1 | 39,5 | 35,5 |
| gem. schwer | 13,4 | 23,3 | 19,0 | 14,7 | 5,3 | 20,9 | 23,3 | 15,0 | 27,7 |
| all. schwer | 4,2 | 3,7 | 3,9 | 2,1 | — | 2,9 | 5,6 | 6,1 | 18,7 |
| insg. | 100,0 | 100,0 | 100,0 | 100,0 | 100,0 | 100,0 | 100,0 | 100,0 | 100,0 |
| Tn = | 203 | 264 | 467 | 191 | 74 | 348 | 239 | 290 | 520 |
| | pro P | pro P | pro P | pro P | pro P | pro P | pro P | pro P | pro P |
| gem. einfach | 1,48 | 1,49 | 1,49 | 1,67 | 0,86 | 2,28 | 1,25 | 2,78 | 2,30 |
| all. einf. | 1,05 | 3,20 | 1,87 | 1,17 | 0,39 | 3,48 | 2,45 | 2,79 | 4,51 |
| gem. schwer | 0,41 | 1,50 | 0,83 | 0,50 | 0,07 | 1,58 | 1,21 | 1,06 | 3,51 |
| all. schwer | 0,13 | 0,24 | 0,17 | 0,07 | — | 0,22 | 0,29 | 0,43 | 2,38 |
| insg. | 3,07 | 6,43 | 4,36 | 3,41 | 1,32 | 7,55 | 5,20 | 7,05 | 12,70 |

[45] S. 112.
[46] S. 39.

Auch hier kommt man nicht aus ohne Betrachtung der beteiligten Probanden, Tab. 149. So zeigt sich z. B., daß in Gr. I b trotz ähnlicher Tatenzahl weniger Probanden als in Gr. III früher allein einfache Vermögensdelikte begangen haben — ihre Tatenserien also größer waren —, umgekehrt aber mehr von ihnen gem. schwere Diebstähle begingen, aber in kleineren Tatenserien oder in seltenerer Wiederholung. Dieses Phänomen wurde oben schon vermerkt, tritt hier aber noch deutlicher hervor. Bemerkenswert ist in dieser Hinsicht auch der hohe Anteil von Probanden der Gr. III und IV (72 % und 76 %), die in der späteren Periode irgendwann einmal allein ein einfaches Vermögensdelikt begangen haben.

Tab. 149: Probanden nach Begehungsart und Schwere (kombiniert) ihrer Vermögensdelikte (Rückfallsgruppen, m)

| Es begingen | I a | I b | I | II | | III | | IV | |
|---|---|---|---|---|---|---|---|---|---|
| Vermögensdel. | früh. | früh. | früh. | früh. | spät. | früh. | spät. | früh. | spät. |
| | % | % | % | % | % | % | % | % | % |
| gem. einfach | 53,0 | 51,3 | 52,3 | 64,3 | 53,6 | 60,9 | 43,5 | 61,0 | 58,6 |
| all. einfach | 30,3 | 44,0 | 35,5 | 41,1 | 30,4 | 56,5 | 71,7 | 53,7 | 75,6 |
| gem. schwer | 21,2 | 53,7 | 33,6 | 28,6 | 7,2 | 37,0 | 41,3 | 51,3 | 61,0 |
| all. schwer | 1,5 | 12,2 | 5,6 | 7,6 | — | 8,7 | 13,0 | 14,6 | 39,0 |
| insg.[1] | 100,0 | 100,0 | 100,0 | 100,0 | 100,0 | 100,0 | 100,0 | 100,0 | 100,0 |
| | n | n | n | n | n | n | n | n | n |
| gem. einfach | 35 | 21 | 56 | 36 | 30 | 28 | 20 | 25 | 24 |
| all. einfach | 20 | 18 | 38 | 23 | 17 | 26 | 33 | 22 | 31 |
| gem. schwer | 14 | 22 | 36 | 16 | 4 | 17 | 19 | 21 | 25 |
| all. schwer | 1 | 5 | 6 | 4 | — | 4 | 6 | 6 | 16 |
| insg.[1] | 66 | 41 | 107 | 56 | 56 | 46 | 46 | 41 | 41 |

[1] nicht Summe der Kolonnen, da die Probanden z. T. an mehreren Begehungsarten beteiligt waren.

c) Geschädigte nach Rückfallsgruppen

Betrachtet man in Tab. 150, wieviele Probanden in der früheren Periode jeweils an den einzelnen Deliktsarten beteiligt waren, so fällt in die Augen, daß von Gr. I—IV die Täter von Delikten gegen Bekannte sehr viel mehr zunehmen als die von Delikten gegen Fremde. Auch zwischen I a und I b besteht in dieser Hinsicht ein erheblicher Unterschied, der etwas auch damit zusammenhängen mag, daß die I b-Probanden etwas älter waren. Aber obwohl ihr Durchschnittsalter dem der Gr. IV entsprach, hatte von ihnen nur rund die Hälfte Delikte gegen Bekannte begangen, von Gr. IV dagegen 80 %. Im Einzelnen nehmen alle Geschädigtengruppen von I—IV zu, z. T. sicher in Abhängigkeit von der Zunahme der absoluten Tatenzahl, aber am größten ist die Differenz beim Kameradendiebstahl, am geringsten ist sie bei den Delikten gegen den Arbeitgeber. — Zu der relativ

Tab. 150: Rückfallsgruppen (m): Probanden nach den Geschädigten ihrer früheren Vermögensdelikte

| Es begingen V.D. gegen: | I a n=66 | % | I b n=41 | % | I n=107 | % | II n=56 | % | III n=46 | % | IV n=41 | % |
|---|---|---|---|---|---|---|---|---|---|---|---|---|
| Arbeitgeber | 8 | 12,1 | 16 | 39,0 | 24 | 22,4 | 13 | 23,2 | 16 | 34,8 | 13 | 31,7 |
| Kameraden | 6 | 9,1 | 5 | 12,2 | 11 | 10,3 | 8 | 14,3 | 7 | 15,2 | 14 | 34,2 |
| Erzieher | 1 | 1,5 | 9 | 22,0 | 10 | 9,3 | 6 | 10,7 | 11 | 23,9 | 11 | 26,8 |
| Bek. insg. | 14 | 21,2 | 20 | 48,8 | 34 | 31,8 | 23 | 41,1 | 23 | 50,0 | 33 | 80,5 |
| Fremde | 54 | 81,8 | 34 | 82,9 | 88 | 82,2 | 46 | 82,2 | 41 | 89,2 | 37 | 90,3 |

hohen Zahl von Probanden der Gr. III, die sich gegen Arbeitgeber und Erzieher vergangen haben, darf gesagt werden, daß in Gr. III die frühesten Delikte gegen Bekannte erst von 14jährigen begangen wurden, während in der Gr. IV fast in allen Kindheitsjahren schon der eine oder andere Proband sich in dieser Weise betätigte.

Tab. 151: Rückfallsgruppen (m): Probanden nach den Geschädigten ihrer späteren Vermögensdelikte

| Es begingen V.D. gegen | I a n=66 | % | I b n=41 | % | I n=107 | % | II n=56 | % | III n=46 | % | IV n=41 | % |
|---|---|---|---|---|---|---|---|---|---|---|---|---|
| Arbeitgeber | — | — | — | — | — | — | 11 | 19,7 | 16 | 34,8 | 19 | 46,4 |
| Kameraden | — | — | — | — | — | — | — | — | 14 | 30,4 | 15 | 36,6 |
| Erzieher | — | — | — | — | — | — | — | — | 8 | 17,4 | 6 | 14,6 |
| Bek. insg. | — | — | — | — | — | — | 11 | 19,7 | 28 | 60,9 | 25 | 61,0 |
| Fremde | — | — | — | — | — | — | 42 | 75,0 | 36 | 78,3 | 37 | 90,3 |

In der späteren Periode — Tab. 151 — haben die Kameradendiebstähle (ebenso wie die gegen Erzieher) in Gr. II ganz aufgehört, während die daran beteiligten Probanden in der Gr. III und IV noch zugenommen haben. Besonders groß ist diese Zunahme aber in Gr. III, während in Gr. IV besonders der Anteil der Probanden mit Delikten gegen den Arbeitgeber zugenommen hat. Dabei handelte es sich aber z. T. um Einbrüche bei dem früheren Arbeitgeber, und in diesen Taten — wie überhaupt in der Verschiebung zugunsten der Delikte gegen Fremde in der Gr. IV — kommt zum Ausdruck, daß die Schwerrückfälligen später z. T. so gut wie überhaupt nicht mehr gearbeitet und auch nicht mehr in einer Familie gelebt haben, sondern — soweit sie nicht in Anstalten waren — das losgelöste Leben eines Berufsverbrechers führten, ohne allerdings im eigentlichen Sinne Berufsverbrecher zu sein.

Betrachtet man in Tab. 152 noch einmal den Anteil, den die einzelnen Deliktsarten unter den Taten der Rückfallsgruppen haben, und zwar in beiden kriminellen Perioden zusammen, so findet man dort den Anteil

Tab. 152: Rückfallsgruppen (m): Vermögensdelikte nach Geschädigten, insg.

| | I a | | I b | | I | | II | | III | | IV | |
|---|---|---|---|---|---|---|---|---|---|---|---|---|
| Geschädigte | pro P | % | pro P | % | pro P | % | pro P | % | pro P | % | pro P | % |
| Arbeitg. | 0,37 | 12,1 | 2,07 | 32,2 | 1,02 | 23,4 | 0,73 | 15,4 | 2,72 | 21,3 | 2,20 | 11,1 |
| Kamer., Bek. | 0,72 | 23,5 | 0,12 | 1,9 | 0,49 | 11,2 | 0,20 | 4,2 | 0,92 | 7,2 | 1,05 | 5,3 |
| Erzieher | 0,02 | 0,6 | 0,44 | 6,8 | 0,18 | 4,1 | 0,38 | 8,1 | 0,39 | 3,1 | 0,83 | 4,2 |
| Bek. insg. | 1,11 | 36,2 | 2,63 | 40,9 | 1,69 | 38,7 | 1,31 | 27,7 | 4,03 | 31,6 | 4,08 | 20,6 |
| Fremde | 1,96 | 63,8 | 3,70 | 59,1 | 2,67 | 61,3 | 3,42 | 72,3 | 8,72 | 68,4 | 15,67 | 79,4 |
| insg. | 3,07 | 100,0 | 6,33 | 100,0 | 4,36 | 100,0 | 4,73 | 100,0 | 12,75 | 100,0 | 19,75 | 100,0 |
| | n = 203 | | n = 264 | | n = 467 | | n = 265 | | n = 587 | | n = 810 | |

der Taten gegen Bekannte in Gr. IV sogar am geringsten. In Zusammenhang mit den voraufgegangenen Tabellen ist das ein deutlicher Ausdruck dafür, daß bei den Schwerrückfälligen gerade die zwischen mehr offen aggressiven Handlungen eingestreuten Vertrauensbrüche so bedenklich sind, während das ausschließliche Begehen der einen oder anderen Tatart prognostisch günstiger ist. — Wo — grob gesprochen — die äußere Verwahrlosung fehlt, sind die in den Delikten gegen Bekannte sich bekundenden Kontaktstörungen eher zu beheben, oft gerade durch Abbau von Hemmungen. Oder mit dem Gewinn größerer äußerer Selbständigkeit gewinnt der etwas Kontaktschwierige doch wenigstens mehr Möglichkeiten, sich erlaubte Ersatzbefriedigungen zu verschaffen. Äußere Verwahrlosung andererseits, die nicht mit Kontaktstörungen einhergeht, ist durch erzieherische Maßnahmen oft gar nicht so schwer einzudämmen, und der etwas ältere junge Mann verliert dann auch meistens selbst den Spaß daran und möchte nun seine Verantwortung in einer eigenen jungen Familie übernehmen statt wie bisher bei den Unternehmungen mit Kameraden. Bei ausgeprägten Schäden auf beiden Gebieten zugleich ist eine Selbstheilung viel weniger zu erwarten und auch der Ansatz für eine Therapie nur schwer zu gewinnen.

## 4. Beziehungen zwischen früherer und späterer Begehung

### a) Nach Begehungsart und Schwere

In Tab. 149 wurde schon nebeneinandergestellt, welches Gewicht die einzelnen Deliktsarten früher und später, d. h. bis zur Verurteilung 1949 und danach, in den Rückfallsgruppen hatten. Dabei handelte es sich um die Verhältnisse der Gesamtgruppen, und es ist nicht gesagt, daß etwa bei gleichem Anteil die gleichen Individuen beteiligt waren.

Im folgenden soll nun die andere Frage gestellt werden, ob die individuellen Probanden, die später eine bestimmte Deliktsart begingen, sie auch schon früher begangen haben oder welche Taten sonst. Und ferner umgekehrt: ob die individuellen Probanden, die früher eine bestimmte Deliktsart begangen haben, sie auch in der späteren Periode begingen, oder welche Delikte sonst, oder ob sie vielleicht gar nicht mehr straffällig wurden. Gibt es eine solche spezifische Rückfallsneigung?

Tab. 153: Probanden (m) nach früheren und späteren Arten der Vermögensdelikte, korreliert (n)

| | Probanden, die später Vermögensdelikte begingen | | | | | | | | | alle P |
|---|---|---|---|---|---|---|---|---|---|---|
| | gem. einf. | | all. einf. | | gem. schwer | | all. schwer | | | |
| beg. früher pos. V.Del. | ja n | nein n | ja n | nein n | ja n | nein n | ja n | nein n | keine n | n |
| gem. einf. | 49 | 98 | 46 | 101 | 36 | 111 | 11 | 136 | 56 | 147 |
| all. einf. | 35 | 79 | 50 | 64 | 24 | 90 | 13 | 101 | 38 | 114 |
| gem. schwer | 34 | 58 | 28 | 64 | 26 | 66 | 8 | 84 | 36 | 92 |
| all. schwer | 8 | 12 | 11 | 9 | 2 | 18 | 8 | 12 | 6 | 20 |
| insg. | 77 | 177 | 84 | 171 | 49 | 206 | 21 | 234 | 107 | 256 |

Tab. 153 bringt in absoluten Zahlen, Tab. 154 dann in Prozentzahlen zunächst die Korrelation später-früher mit der Blickrichtung in die Vergangenheit. Dabei zeigt sich folgendes: Die Probanden, die später überhaupt keine Vermögensdelikte mehr begingen — es sind die 107 Jungen der Gr. I

Tab. 154: Probanden (m) nach früheren und späteren Arten der Vermögensdelikte, korreliert (%)

| | Probanden, die später Vermögensdelikte begingen | | | | | | | | | alle P |
|---|---|---|---|---|---|---|---|---|---|---|
| | gem. einf. | | all. einf. | | gem. schwer | | all. schwer | | keine | |
| beg. früher Verm. Del. | ja % | nein % | ja % | nein % | ja % | nein % | ja % | nein % | % | % |
| gem. einf. | 62,6 | 55,4 | 54,8 | 59,0 | 73,5 | 53,9 | 52,4 | 58,1 | 52,3 | 57,4 |
| all. einf. | 45,5 | 44,6 | 59,5 | 37,5 | 49,0 | 43,7 | 61,9 | 43,1 | 35,5 | 44,6 |
| gem. schwer | 44,2 | 32,8 | 33,3 | 37,5 | 53,1 | 32,0 | 38,1 | 35,9 | 33,6 | 36,0 |
| all. schwer | 10,4 | 6,8 | 13,1 | 5,3 | 4,1 | 8,7 | 38,1 | 5,1 | 5,6 | 7,8 |
| insg. | 100,0 n=77 | 100,0 n=177 | 100,0 n=84 | 100,0 n=171 | 100,0 n=49 | 100,0 n=206 | 100,0 n=21 | 100,0 n=234 | 100,0 n=107 | 100,0 n=256 |

und sie stehen hier rechts unter der Überschrift „keine“ — waren früher an allen Deliktsarten weniger beteiligt als der Durchschnitt der 256 Probanden („alle P“). Die Differenz ist am größten bei den alleinbegangenen schweren Taten. Es folgen alleinbegangene einfache und gemeinschaftliche schwere mit nicht klarer Differenz, zuletzt die gemeinschaftlichen einfachen. Das würde also heißen: in dieser Reihenfolge sind die überhaupt rückfälligen Probanden mehr als der Durchschnitt mit diesen Delikten vorbelastet.

Um die „spezielle Rückfallsneigung“ zu untersuchen, sind in den Tabellen die Probanden, die später eine bestimmte Deliktsart begingen, denen gegenübergestellt, die sie später nicht begingen, und für beide ist der Prozentsatz der mit den verschiedenen Deliktsarten Vorbelasteten angegeben. Man kann jeweils diese beiden Reihen („ja“ und „nein“) miteinander oder sie auch einzeln mit dem Durchschnitt aller Probanden vergleichen.

Bei allen Deliktsarten nun hat ein besonders großer Prozentsatz der späteren Begeher auch früher dieses Delikt begangen. Im Vergleich zum Durchschnitt ist dieser Prozentsatz ganz besonders groß bei denen, die später allein schweren Diebstahl begingen. 38 % von ihnen gegenüber nur 7,8 % aller Probanden hatten das auch schon früher getan (es sind allerdings nur 21 Täter, so daß der Ausdruck in Prozenten recht übertreibt). — Bei den übrigen Deliktsarten sind die Differenzen der „speziellen Vorbelastung“ zum Probandendurchschnitt wesentlich geringer, aber doch immer noch deutlich. Die Reihenfolge von der größeren zur geringeren Differenz ist im ganzen: all. schwere Delikte, gem. schwere, all. einfache, gem. einfache. Diese Reihenfolge entspricht im ganzen der der allgemeinen „Schwere“ dieser Delikte, wie sie nach ihrer Verteilung in den Gruppen angenommen wurde.

Interessanterweise zeigen sich nun aber auch jeweils positive oder negative Korrelationen zu anderen Deliktsarten. Am wenigsten treten sie noch beim späteren gemeinschaftlichen einfachen Diebstahl in Erscheinung. Probanden, die später dies Delikt begingen, hatten früher auch alle übrigen Deliktsarten überdurchschnittlich oft begangen. Nur fällt auf, daß ihre Vorbelastung mit alleinbegangenen einfachen Taten nur ganz wenig, um knapp ein Prozent, über dem Durchschnitt liegt. Vergleicht man das mit ihrer Vorbelastung mit gemeinschaftlichem schweren Diebstahl, die ja deutlich größer ist, so gewinnt man den Eindruck, daß die Kontinuität des Verhaltens nicht so sehr in der „einfachen“ als in der „gemeinschaftlichen“ Begehungsart liegt. Allerdings sind diese Probanden auch mit alleinbegangenem schweren Diebstahl überdurchschnittlich vorbelastet.

Bei den übrigen Delikten werden diese Beziehungen noch deutlicher; z. T. erweisen sich die Deliktsarten als direkt konträr. So ist gemeinsamer einfacher und gemeinsamer schwerer Diebstahl früher öfter bei den Probanden vorgekommen, die später n i c h t allein einfache Taten begingen als bei den späteren Tätern dieser Deliktsart. Dagegen sind diese späteren Täter mit alleinbegangenem schweren Diebstahl überdurchschnittlich vorbelastet, und unterbelastet damit sind die Probanden, die später nicht allein einfache Taten begingen.

Entsprechend lag die Vorbelastung mit alleinbegangenem schweren Diebstahl bei denen u n t e r dem Durchschnitt, die später gemeinschaftlichen schweren Diebstahl begingen. Auch hier ist also die Beziehung gerade zwischen den Begehungsformen „allein“ und „gemeinschaftlich“ eher konträr, während schwere und leichte Begehung sich in der gleichen Person besser vertragen. Mit alleinbegangenen einfachen Taten sind diese späteren Täter des gemeinschaftlichen schweren Diebstahls etwas über Durchschnitt vorbelastet, aber dafür weit über Durchschnitt mit gemeinschaftlichem einfachen Diebstahl. Auch damit bestätigt sich also das Prinzip.

Entsprechend auch bei den späteren Alleinbegehern des schweren Diebstahls: deutliche positive Korrelation mit den früheren a l l e i n begangenen einfachen Delikten, negative mit gemeinschaftlichen einfachen, und ganz schwach positive Beziehung mit dem gemeinschaftlichen schweren Diebstahl. An dem Prinzip, das sich bei allen Deliktsarten wiederholt: Kontinuierlicher ist die Neigung der Täter, entweder allein oder gemeinschaftlich zu handeln, als entweder einfache oder schwere Delikte zu begehen — an diesem Prinzip kann danach wohl nicht gezweifelt werden.

Es bestätigt sich weiter, wenn man nun umgekehrt betrachtet, welche Delikte die früheren Täter einer bestimmten Deliktsart später begangen haben, Tab. 155 und 156.

Tab. 155: Probanden (m) nach früheren und späteren Arten der Vermögensdelikte, korreliert (n)

| | Probanden, die früher Vermögensdelikte begingen | | | | | | | | alle P |
|---|---|---|---|---|---|---|---|---|---|
| | gem. einf. | | all. einf. | | gem. schwer | | all. schwer | | |
| begingen spät. pos. Verm.Del. | ja n | nein n | ja n | nein n | ja n | nein n | ja n | nein n | n |
| gem. einf. | 49 | 28 | 35 | 42 | 34 | 43 | 8 | 69 | 77 |
| all. einfach | 46 | 38 | 50 | 34 | 28 | 56 | 11 | 73 | 84 |
| gem. schwer | 36 | 13 | 24 | 25 | 26 | 23 | 2 | 46 | 49 |
| all. schwer | 11 | 10 | 13 | 8 | 8 | 13 | 8 | 13 | 21 |
| keine | 56 | 51 | 38 | 69 | 36 | 71 | 6 | 101 | 107 |
| insg. | 147 | 107 | 114 | 141 | 92 | 163 | 20 | 235 | 256 |

Zunächst wieder die „allgemeine Rückfälligkeit". 41,8 % der Probanden haben später überhaupt keine Vermögensdelikte mehr begangen. Dieser Prozentsatz vergrößert oder verkleinert sich bei den Probanden, die früher die einzelnen Arten von Vermögensdelikten begangen oder nicht begangen haben. Aus den Differenzen kann man wieder entnehmen, daß alleinbegangener schwerer Diebstahl eine relativ ungünstige Vorbedeutung für eine spätere Vermögenskriminalität hat, gemeinschaftlicher einfacher Diebstahl eine relativ günstige. Dazwischen liegen dann wieder gemeinschaftlicher schwerer Diebstahl — von seinen früheren Begehern sind kaum weniger als beim Durchschnitt überhaupt rückfällig geworden, aber von seinen früheren Nichtbegehern auch kaum mehr — und alleinbegangene einfache Delikte, die hier im ganzen wohl die zweitungünstigste Position haben (wenn man die Zahlen so genau nehmen darf).

Auch hier finden sich bei der „speziellen Rückfälligkeit" einige konträre Beziehungen. Wer früher gemeinsamen einfachen Diebstahl begangen hat, beging später seltener allein (einfache oder schwere) Vermögensdelikte als wer in der früheren Periode keinen gemeinschaftlichen einfachen Diebstahl begangen hatte. Ebenso steht die frühere Verübung von gemeinschaftlichen schweren Taten der späteren von alleinbegangenen einfachen eher entgegen, und die frühere Alleinbegehung von schwerem Diebstahl seiner späteren gemeinschaftlichen Begehung.

Tab. 156: Probanden (m) nach früheren und späteren Arten der Vermögensdelikte, korreliert (%)

| | Probanden, die früher Verm.Delikte begingen | | | | | | | | alle P |
|---|---|---|---|---|---|---|---|---|---|
| | gem. einf. | | all. einf. | | gem. schwer | | all. schwer | | |
| begingen spät. pos. Verm.Del. | ja % | nein % | ja % | nein % | ja % | nein % | ja % | nein % | % |
| gem. einfach | 33,4 | 26,2 | 30,7 | 29,8 | 37,0 | 26,4 | 40,0 | 29,4 | 30,1 |
| all. einfach | 31,3 | 35,5 | 43,8 | 24,1 | 30,4 | 34,4 | 55,0 | 31,1 | 32,8 |
| gem. schwer | 24,5 | 12,1 | 21,1 | 17,8 | 28,3 | 14,1 | 10,0 | 19,6 | 19,1 |
| all. schwer | 7,5 | 9,3 | 11,4 | 5,7 | 8,7 | 8,0 | 40,0 | 5,5 | 8,2 |
| keine | 38,1 | 47,7 | 33,3 | 40,4 | 39,1 | 43,6 | 30,0 | 43,0 | 41,8 |
| insg. | 100,0 | 100,0 | 100,0 | 100,0 | 100,0 | 100,0 | 100,0 | 100,0 | 100,0 |
| | n=147 | n=107 | n=114 | n=141 | n=92 | n=163 | n=20 | n=235 | n=256 |

Auch wo Alleinbegehung und gemeinschaftliche Begehung sich nicht direkt als miteinander unverträglich zeigen, korrelieren sie doch jedenfalls nicht so positiv wie es auch einfache und schwere Begehungsform tun, wenn man nur jeweils die Alleintäter und die gemeinschaftlichen Täter miteinander vergleicht.

Nun noch zu der Tendenz, das früher begangene Delikt bestimmter Art auch später wieder zu begehen. Der Vergleich der Prozente späterer Begehung bei früheren Begehern und Nichtbegehern ergibt wieder, daß die spezifische Rückfallsneigung am größten ist beim alleinbegangenen schweren Diebstahl — 40 % der früheren Täter begingen ihn später, und nur 6 % der früheren Nicht-Täter. Es folgt der gemeinschaftliche schwere Diebstahl, dann mit geringem Abstand der alleinbegangene einfache, zuletzt der gemeinschaftliche einfache.

### b) Nach Geschädigten

Tab. 157 zeigt zunächst, daß die 107 nichtrückfälligen Probanden alle Delikte gegen Bekannte früher seltener begangen hatten als der Durchschnitt; relativ besonders selten Kameradendiebstähle (s. auch o. Tab. 150), weniger selten solche gegen Erzieher, und kaum unterdurchschnittlich oft Delikte gegen den Arbeitgeber.

Ferner zeigt sich wieder: wer später eine der drei Deliktsarten oder überhaupt Delikte gegen Bekannte beging, hatte sie besonders oft auch früher begangen. Auch das ist am deutlichsten beim Kameradendiebstahl (40 % frühere Begeher unter denen, die ihn später begingen und nur 12 % unter denen, die ihn später n i c h t begingen). Es folgen wieder — ziemlich nahe — die Probanden mit Delikten gegen Erzieher und schließlich die, die sich gegen den Arbeitgeber vergingen.

Schwächer, aber doch erheblich über Durchschnitt sind unter den späteren Delinquenten gegen Arbeitgeber und gegen Erzieher die früheren

Tab. 157: Probanden (m) nach späteren und früheren Vermögensdelikten gegen Bekannte, korreliert (n)

| Probanden, die später Vermögensdelikte begingen gegen: | Arbeitg. | | Kamer.,Bek. | | Erzieher | | Bek. überh. | | | |
|---|---|---|---|---|---|---|---|---|---|---|
| begingen früh. pos. V.D. gegen | ja n | nein n | ja n | nein n | ja n | nein n | ja n | nein n | keine n | alle n |
| Arbeitgeber | 22 | 45 | 14 | 53 | 2 | 65 | 29 | 38 | 24 | 67 |
| Kameraden | 11 | 29 | 12 | 28 | 5 | 35 | 20 | 20 | 11 | 40 |
| Erzieher | 5 | 27 | 5 | 27 | 5 | 27 | 9 | 23 | 10 | 32 |
| Bekannte überh. | | | | | | | 43 | 66 | 34 | 109 |
| insg. | 49 | 206 | 30 | 225 | 15 | 241 | 65 | 191 | 107 | 256 |
| begingen früh. pos. V.D. gegen | % | % | % | % | % | % | % | % | % | % |
| Arbeitgeber | 44,9 | 21,8 | 46,7 | 23,6 | 13,3 | 27,0 | 44,6 | 19,9 | 22,4 | 26,2 |
| Kameraden | 22,4 | 14,1 | 40,0 | 12,4 | 33,3 | 14,5 | 30,8 | 10,5 | 10,3 | 15,6 |
| Erzieher | 10,0 | 13,1 | 16,7 | 12,0 | 33,3 | 11,2 | 13,8 | 12,0 | 9,3 | 12,5 |
| Bekannte überh. | 100,0 | 100,0 | 100,0 | 100,0 | 100,0 | 100,0 | 100,0 | 100,0 | 100,0 | 100,0 |

Kameradendiebe vertreten, unter den späteren Kameradendieben die früheren Delinquenten gegen den Arbeitgeber. — Konträr ist die Beziehung aber an zwei Punkten: Wer später Vermögensdelikte gegen den Arbeitgeber beging, hatte sich etwas seltener als der Durchschnitt früher gegen die Erzieher vergangen, und wer später die Erzieher schädigte, hatte sich seltener als der Durchschnitt früher gegen Arbeitgeber vergangen. Allerdings haben überhaupt nur 15 Probanden später Delikte gegen Erzieher begangen, so daß Zahlenschwankungen nicht sehr ernst genommen werden dürfen, aber da die übrigen Beziehungen ganz vernünftig aussehen, ist auch dies wenigstens zur Kenntnis zu nehmen.

Unter den 65 Probanden, die später überhaupt Delikte gegen ihnen persönlich bekannte Personen begangen haben, sind wieder die früheren Kameradendiebe am meisten überrepräsentiert (rund 30 % gegenüber einem Durchschnitt von rund 15 %). An zweiter Stelle folgen hier die früheren Delinquenten gegen Arbeitgeber, während man die früheren Delinquenten gegen die Erzieher praktisch kaum erhöht findet.

Die umgekehrte Beziehung, von früher zu später, ist in Tab. 158 dargestellt. Sie entspricht inhaltlich der Beziehung von später zu früher. So finden sich unter den früheren Kameradendieben besonders wenige Nichtrückfällige; es folgen die Delinquenten gegen die Arbeitgeber. Positiv sind jedesmal besonders die frühere und die spätere Begehung des gleichen Delikts korreliert. Positiv ist ferner der spätere Kameradendiebstahl mit den beiden anderen früheren Begehungsarten verknüpft, der frühere

Tab. 158: Probanden (m) nach früheren und späteren Vermögensdelikten gegen Bekannte, korreliert

| | Probanden, die früher Vermögensdelikte begingen gegen: | | | | | | | | alle P |
|---|---|---|---|---|---|---|---|---|---|
| | Arbeitg. | | Kamer., Bek. | | Erzieher | | Bek. überh. | | |
| begingen spät. V.D. gegen | ja<br>n | nein<br>n | ja<br>n | nein<br>n | ja<br>n | nein<br>n | ja<br>n | nein<br>n | n |
| Arbeitgeber | 22 | 27 | 11 | 38 | 5 | 44 | | | 49 |
| Kamerad., Bek. | 14 | 16 | 12 | 18 | 5 | 25 | | | 30 |
| Erzieher | 2 | 13 | 5 | 10 | 5 | 10 | | | 15 |
| Bekannte überh. | 29 | 36 | 20 | 45 | 9 | 56 | 43 | 22 | 65 |
| keine Delikte | 24 | 83 | 11 | 96 | 10 | 97 | 34 | 73 | 107 |
| insg. | 67 | 188 | 40 | 215 | 32 | 224 | 109 | 147 | 256 |
| begingen spät V.D. gegen | % | % | % | % | % | % | % | % | % |
| Arbeitgeber | 32,8 | 14,4 | 27,5 | 17,7 | 15,6 | 19,7 | | | 19,1 |
| Kamerad., Bek. | 20,9 | 8,5 | 30,0 | 8,4 | 15,6 | 11,2 | | | 11,7 |
| Erzieher | 3,0 | 6,9 | 12,5 | 4,7 | 15,6 | 4,5 | | | 5,9 |
| Bekannte überh. | 43,3 | 19,2 | 50,0 | 21,0 | 28,1 | 25,0 | 39,4 | 15,0 | 25,4 |
| keine V.Del. | 35,8 | 44,1 | 27,5 | 44,6 | 31,2 | 43,3 | 31,2 | 49,7 | 41,8 |
| insg. | 100,0 | 100,0 | 100,0 | 100,0 | 100,0 | 100,0 | 100,0 | 100,0 | 100,0 |
| | n = 67 | n = 188 | n = 40 | n = 215 | n = 32 | n = 224 | n = 109 | n = 147 | n = 256 |

Kameradendiebstahl mit den beiden anderen späteren Begehungen. Aber wer früher ein Delikt gegen den Arbeitgeber beging, hat es später seltener gegen die Erzieher getan als der Durchschnitt, und wer sich später gegen den Arbeitgeber verging, hat es früher seltener gegen die Erzieher getan als der Durchschnitt. Auch hier zeigt sich also die schlechte Verträglichkeit dieser beiden Tatarten, jedenfalls von Periode zu Periode, obwohl Tab. 157 und Tab. 158 ja auf verschiedenen Zählungen beruhen, nicht etwa nur auf verschiedenen Berechnungsarten. Der Grund dafür kann sein, daß ein Teil der Probanden den Arbeitgeber gerade zugunsten der eigenen Familie bestohlen hat (s. darüber unten S. 252). Auch diese besonders häufige Begehung des Kameradendiebstahls durch die gleichen Probanden, die relativ besonders seltene der Delikte gegen den Arbeitgeber spricht für die oben vermutete Rangordnung: daß kriminologisch die Vermögensdelikte gegen den Arbeitgeber weniger „schwer" sind als die gegen Kameraden, und daß die gegen Erzieher in der Mitte liegen. Allerdings ist die Einordnng der Delikte gegen die Erzieher dadurch beeinträchtigt, daß sie aus rein äußeren Gründen — weil die Probanden dann öfter gar nicht mehr mit den Angehörigen zusammen sind — mit dem Alter abnehmen; und gerade die schwerer Rückfälligen haben ja öfter den Kontakt mit zu Hause abgebrochen.

## 5. Beziehungen zwischen Tatarten und sozialen und persönlichen Faktoren

### a) Taten verschiedener Begehungsart und Schwere

In Tab. 159 ist der prozentuale Anteil der verschiedenen Begehungsarten (= Taten) dargestellt, wie er sich in verschiedenen Tätergruppen findet, z. B. bei „Probanden aus bürgerlichen Familien“ usw. Aus dem Vergleich mit der Verteilung bei den Jungen insgesamt (oberste Zeile) läßt sich dann sehen, ob eine Begehungsart bei einer Tätergruppe besonders stark oder besonders gering vertreten ist.

Da ja diese je vier verschiedenen Anteile als Prozentsätze voneinander abhängig sind — und so muß man sie betrachten, um sie von der absoluten Tatenzahl zu lösen —, ist es etwas schwierig, sie in den Blick zu bekommen. Es kann hier aber auch nicht für alle Faktoren mit Worten ausgeführt werden, daß diese oder jene Gruppe zwar bei dieser oder jener Begehungsart zurücksteht, dafür aber besonders viel von jener anderen hat, usw. Stattdessen soll in einem etwas summarischen Verfahren einfach aufgezählt werden, welche Begehungsformen bei welchen Probandengruppen überdurchschnittlich vorgekommen sind.

Tab. 159: Anteil der Vermögensdelikte verschiedener Schwere und Begehungsform (kombiniert) in den einzelnen Probandengruppen (m)

| insg. | | Vermögensdelikte | | | | | | | |
|---|---|---|---|---|---|---|---|---|---|
| | | gem. einf. | | all. einf. | | gem. schwer | | all. schwer | |
| pro P | | n | % | n | % | n | % | n | % |
| 8,4 | männliche P | 693 | 32,1 | 869 | 40,2 | 439 | 20,3 | 161 | 7,4 |
| 6,3 | weibliche P | 33 | 11,9 | 239 | 85,9 | 3 | 1,1 | 3 | 1,1 |
| 3,1 | I a | 98 | 48,3 | 69 | 34,0 | 27 | 13,3 | 9 | 4,4 |
| 6,4 | I b | 61 | 23,1 | 131 | 49,6 | 62 | 23,5 | 10 | 3,8 |
| 4,4 | I | 159 | 34,0 | 200 | 42,8 | 89 | 19,1 | 19 | 4,1 |
| 4,7 | II | 141 | 53,2 | 88 | 33,2 | 32 | 12,1 | 4 | 1,5 |
| 12,8 | III | 163 | 27,8 | 272 | 46,3 | 128 | 21,8 | 24 | 4,1 |
| 19,8 | IV | 208 | 25,7 | 299 | 36,9 | 188 | 23,2 | 115 | 14,2 |
| Familie | | | | | | | | | |
| 8,5 | bürgerlich | 60 | 30,8 | 77 | 39,5 | 36 | 18,5 | 22 | 11,3 |
| 7,7 | kleinbürgerlich | 196 | 23,2 | 447 | 52,8 | 166 | 19,6 | 37 | 4,4 |
| 9,3 | proletarisch | 423 | 37,7 | 363 | 32,4 | 240 | 21,4 | 95 | 8,5 |
| 4,6 | wirtsch. gut | 17 | 30,9 | 22 | 40,0 | 13 | 23,6 | 3 | 5,5 |
| 9,8 | mittel | 320 | 28,6 | 454 | 40,5 | 279 | 24,9 | 67 | 6,0 |
| 11,9 | Not | 341 | 34,6 | 411 | 41,7 | 150 | 15,2 | 83 | 8,4 |
| 8,5 | kleinb. wirtsch. mittel | 118 | 22,8 | 244 | 47,2 | 119 | 23,0 | 36 | 7,0 |

| insg. pro P | | Vermögensdelikte gem. einf. n | % | all. einf. n | % | gem. schwer n | % | all. schwer n | % |
|---|---|---|---|---|---|---|---|---|---|
| | Familie | | | | | | | | |
| 7,3 | wirtsch. Not | 66 | 22,5 | 186 | 63,5 | 40 | 13,7 | 1 | 0,3 |
| 12,1 | prolet. wi. mittel | 160 | 33,2 | 156 | 32,4 | 136 | 28,2 | 30 | 6,2 |
| 7,9 | wi. Not | 259 | 41,6 | 204 | 32,7 | 98 | 15,7 | 62 | 10,0 |
| 7,4 | soz. eingeordnet | 380 | 28,6 | 613 | 46,1 | 252 | 19,0 | 84 | 6,3 |
| 11,1 | asozial | 252 | 36,5 | 207 | 30,0 | 162 | 23,6 | 68 | 9,9 |
| 5,0 | harmonisch | 136 | 29,0 | 200 | 42,6 | 115 | 24,5 | 18 | 3,8 |
| 10,5 | unharmonisch | 495 | 31,9 | 621 | 40,0 | 300 | 19,3 | 135 | 8,7 |
| 10,1 | äuß. Störungen | 356 | 27,3 | 592 | 45,3 | 253 | 19,4 | 105 | 8,0 |
| | P unehelich | | | | | | | | |
| 12,4 | m. StV | 62 | 35,8 | 38 | 22,0 | 70 | 40,5 | 3 | 1,7 |
| 8,0 | o. StV | 15 | 17,0 | 63 | 71,6 | 10 | 11,4 | — | — |
| 9,3 | V tot | 86 | 22,6 | 170 | 44,7 | 70 | 18,4 | 54 | 14,2 |
| 9,5 | M tot | 72 | 34,4 | 66 | 31,6 | 49 | 23,4 | 22 | 10,5 |
| 11,0 | V+M tot | 37 | 67,3 | 3 | 5,5 | 14 | 25,5 | 1 | 1,8 |
| 8,9 | Ehe schlecht | 153 | 37,6 | 140 | 34,4 | 101 | 24,8 | 13 | 3,2 |
| 9,1 | Ehe geschieden | 175 | 33,1 | 253 | 47,9 | 61 | 11,6 | 39 | 7,4 |
| | Fam. besteht aus | | | | | | | | |
| 7,3 | V+M | 268 | 32,4 | 324 | 39,2 | 176 | 21,3 | 59 | 7,1 |
| 8,0 | M | 145 | 40,3 | 133 | 36,9 | 71 | 19,7 | 11 | 3,1 |
| 9,8 | M+StV | 127 | 26,0 | 207 | 42,3 | 91 | 18,6 | 64 | 13,1 |
| 2,0 | V | 3 | 75,0 | 1 | 25,0 | — | — | — | — |
| 8,4 | V+StM | 52 | 29,5 | 80 | 45,5 | 37 | 21,0 | 7 | 4,0 |
| 14,7 | wechs. StE | 36 | 18,8 | 123 | 64,4 | 21 | 11,0 | 11 | 5,8 |
| 12,6 | PflE | 50 | 36,2 | 33 | 23,9 | 48 | 34,8 | 7 | 5,1 |
| 12,1 | StE insg. | 215 | 25,1 | 410 | 47,9 | 148 | 17,3 | 83 | 9,7 |
| 8,0 | StE o. StG | 97 | 28,2 | 181 | 52,6 | 48 | 14,0 | 18 | 5,2 |
| 11,4 | StE m. StG | 78 | 24,5 | 106 | 33,3 | 80 | 25,2 | 54 | 17,0 |
| 9,7 | P Ältester | 266 | 28,2 | 424 | 45,0 | 168 | 17,8 | 84 | 8,9 |
| 7,9 | P Mittlerer | 227 | 39,2 | 187 | 32,3 | 139 | 24,0 | 26 | 4,5 |
| 7,6 | P Jüngster | 83 | 24,9 | 156 | 46,7 | 63 | 18,9 | 32 | 9,6 |
| 8,1 | P Einziger | 106 | 31,8 | 135 | 40,5 | 73 | 21,9 | 19 | 5,7 |
| | P's Schulabgang | | | | | | | | |
| 6,8 | VSchKl. 8 o. mehr | 330 | 32,5 | 439 | 43,3 | 202 | 19,9 | 44 | 4,3 |
| 11,9 | VSchKl. 7 o. weniger | 199 | 23,2 | 416 | 48,4 | 160 | 18,6 | 84 | 9,8 |
| 10,6 | HiSchKl. 8 o. mehr | 65 | 46,1 | 26 | 18,4 | 27 | 19,1 | 23 | 16,3 |
| 7,8 | HiSchKl. 7 o. weniger | 70 | 47,0 | 21 | 14,1 | 49 | 32,9 | 9 | 6,0 |
| 9,1 | HiSch insg. | 135 | 46,6 | 47 | 16,2 | 76 | 26,2 | 32 | 11,0 |

| insg. pro P | | Vermögensdelikte gem. einf. n | % | all. einf. n | % | gem. schwer n | % | all. schwer n | % |
|---|---|---|---|---|---|---|---|---|---|
| | VSch-Betragen | | | | | | | | |
| 6,7 | gut o. mittel | 263 | 35,9 | 261 | 35,6 | 126 | 17,2 | 83 | 11,3 |
| 10,5 | schlecht | 54 | 23,5 | 142 | 61,7 | 33 | 14,3 | 1 | 0,4 |
| 6,4 | kein Schwänzen | 227 | 34,9 | 276 | 42,5 | 89 | 13,7 | 58 | 8,9 |
| 11,4 | Schwänzen | 199 | 30,8 | 268 | 41,4 | 127 | 19,6 | 53 | 8,2 |
| | P als Kind | | | | | | | | |
| 8,1 | ruhig | 270 | 27,9 | 408 | 42,1 | 178 | 18,4 | 112 | 11,6 |
| 8,9 | lebhaft | 360 | 37,7 | 369 | 38,6 | 199 | 20,8 | 28 | 2,9 |
| 10,8 | wild | 125 | 42,8 | 97 | 33,2 | 51 | 17,5 | 19 | 6,5 |
| 8,1 | Einzelgänger | 127 | 26,9 | 216 | 45,8 | 92 | 19,5 | 37 | 7,8 |
| 8,0 | gesellig | 328 | 33,9 | 370 | 38,3 | 195 | 20,2 | 74 | 7,7 |
| 6,6 | warm | 227 | 29,4 | 332 | 43,0 | 154 | 19,9 | 59 | 7,6 |
| 9,5 | ambivalent | 179 | 29,0 | 286 | 46,4 | 118 | 19,1 | 34 | 5,5 |
| 10,3 | kühl | 74 | 55,2 | 27 | 20,1 | 30 | 22,4 | 3 | 2,2 |
| | P früher | | | | | | | | |
| 12,3 | Herumtreiben | 368 | 30,8 | 447 | 37,4 | 254 | 21,3 | 125 | 10,5 |
| 6,8 | kein Herumtreiben | 296 | 32,2 | 430 | 46,7 | 166 | 18,0 | 28 | 3,0 |
| 17,9 | Entl. von zu Hause | 137 | 28,0 | 211 | 43,1 | 61 | 12,5 | 80 | 16,4 |
| 16,6 | Entl. aus Heim | 136 | 30,4 | 163 | 36,4 | 98 | 21,9 | 51 | 11,4 |
| 12,4 | Heim o. Entl. | 179 | 39,1 | 173 | 37,8 | 86 | 18,8 | 20 | 4,4 |
| | P später | | | | | | | | |
| 4,8 | ausgelernt | 151 | 40,6 | 151 | 40,6 | 55 | 14,8 | 15 | 4,0 |
| 8,4 | ungel. n. abgebr. Lehre | 188 | 28,9 | 321 | 49,3 | 119 | 18,3 | 23 | 3,5 |
| 9,6 | immer ungelernt | 263 | 32,8 | 305 | 38,0 | 182 | 22,7 | 53 | 6,6 |
| 15,4 | Herumtreiben | 292 | 25,6 | 466 | 40,9 | 264 | 23,2 | 118 | 10,4 |
| 5,7 | kein Herumtreiben | 384 | 38,1 | 426 | 42,2 | 162 | 16,1 | 37 | 3,7 |
| 15,5 | Entl. von zu Hause | 133 | 19,9 | 336 | 50,3 | 104 | 15,6 | 95 | 14,2 |
| 14,4 | Entl. aus Heim | 131 | 29,4 | 124 | 27,8 | 140 | 31,4 | 51 | 11,4 |
| 13,9 | Heim o. Entl. | 114 | 24,1 | 238 | 50,2 | 82 | 17,3 | 40 | 8,4 |
| 3,6 | geizig | 35 | 34,0 | 45 | 43,7 | 22 | 21,4 | 1 | 1,0 |
| 7,0 | normal vorsorg. | 244 | 38,1 | 238 | 37,1 | 136 | 21,2 | 23 | 3,6 |
| 5,7 | harml. großzügig | 74 | 39,2 | 78 | 41,3 | 33 | 17,5 | 4 | 2,1 |
| 9,1 | leichtfertig | 116 | 30,3 | 154 | 40,2 | 81 | 21,1 | 32 | 8,4 |
| 19,4 | verjubelt | 142 | 29,3 | 193 | 39,9 | 119 | 24,6 | 30 | 6,2 |
| 6,2 | sparsam insg. | 279 | 37,5 | 283 | 38,0 | 158 | 21,2 | 24 | 3,2 |
| 10,5 | nicht sparsam | 332 | 31,5 | 425 | 40,3 | 232 | 22,0 | 65 | 6,2 |
| 12,9 | leichtfertig | 258 | 29,8 | 347 | 40,1 | 200 | 23,1 | 61 | 7,0 |

Überdurchschnittlich ist an den Vermögensdelikten der Anteil an

| gem. einf. | all. einf. | gem. schweren | all. schweren |
|---|---|---|---|
| wenn (bei) P: | | | |
| Gr. I a | Gr. I b | Gr. I b | Gr. IV |
| Gr. II | Gr. III | Gr. IV | bürgerl. |
| prolet., Not | kleinb. wi. mitt. | prol., wi. mitt. | prol., wi. Not |
| asoz. Fam. | kleinb. wi. Not | asoz. Fam. | asoz. Fam. |
| | Fam. rechtschaff. | harmon. Fam. | |
| | äußere Stör. | | |
| | | | |
| P bei M | uneh. ohne StV | unehel. *m.* StV | V tot |
| mittl. Kind | Elt. gesch. | M tot | M tot |
| Ehe schlecht | bei V+StM | Ehe schlecht | bei M+StV |
| | bei wechs. StE | bei PflElt | bei StE *m.* StG |
| | bei StE insg. | bei StE *m.* StG | jüngst. Kind |
| | bei StE *o.* StG | mittl. Kind | |
| | Ält. Kind | | |
| | Jüngst. Kind | | |
| | | | |
| HiSch. Kl. 8 + | VSch. Kl. 7— | HiSch Kl. 7— | HiSch. Kl. 8+ |
| HiSch. Kl. 7— | VSch. Betr. schlecht | HiSch. insg. | HiSch. insg. |
| HiSch. insg. | Einzelgänger | | |
| P lebhaft | ambivalent | | „ruhig" |
| P wild | fr. kein Herumtr. | | fr. Herumtr. |
| P „kühl" | | | Entl. v. z. Hause |
| | | | Entl. a. Heim |
| | | | |
| fr. Heim *o.* Entl. | sp. Lehre abgebr. | sp. Entl. a. Heim | sp. Herumtr. |
| sp. ausgelernt | sp. Entl. v. z. Hause | verjubelt Geld | Entl. v. z. Hause |
| sp. kein Herumtr. | sp. Heim *o.* Entl. | | Entl. a. Heim |
| sp. harmlos großz. | | | |

Unter den Probandengruppen, bei denen die gemeinsamen einfachen Diebstähle besonders häufig sind, finden sich einige ausgesprochen günstige: Gr. I a und II, ausgelernt, kein späteres Herumtreiben. Andere haben den Charakter der sozial wenig begünstigten Schicht: — proletarische Familien in wirtschaftlicher Not, asoziale Familien — mit dem dazugehörigen großen Hilfsschüleranteil und dem Kinderreichtum (mittlere Kinder). Auch die Lebhaftigkeit und die spätere „harmlose Großzügigkeit mit Geld" könnte man mit der geringeren äußeren Disziplinierung in diesen Familien in Verbindung bringen. Der Aufenthalt der Probanden bei der alleinstehenden Mutter ist erzieherisch im allgemeinen nicht besonders ungünstig, wenn es auch oft an Geld fehlt (s. o. S. 164 f). So sind hier eigentlich die „Eltern mit schlechter Ehe" die einzige Gruppe, bei der im engeren Sinne menschliche Störungen vorliegen; dazu kommen allerdings die als Kinder überlebhaften („wilden") und „kühlen" Probanden. (Als kühl beschrieben auch relativ viel alleinstehende Frauen ihre Söhne, was vielleicht — s. darüber o. S. 164 — perspektivische Verzeichnungen enthält.)

Anders die Tätergruppen, in denen die alleinbegangenen einfachen Diebstähle besonders hervortreten. Zunächst sehen schon die Rückfallsgruppen I b und III „bedenklicher" aus. Ferner finden sich hier mehr die sozial besser eingeordneten Familien (kleinbürgerlich, rechtschaffen), aber mehr solche mit bedenklicheren Störungen im Personenkreis (Unehelichkeit der Probanden, Scheidung der Eltern, Vorhandensein von Stiefeltern). Es finden sich kontaktgestörte Probanden (Einzelgänger, Gefühlsambivalenz, Entlaufen von zu Hause), vielleicht eben im Zusammenhang mit den Abnormitäten der Elternfamilie, und die mit dem mehr charakterlich als intellektuell begründeten Leistungsversagen (Volksschule Kl. 7 oder weniger, schlechtem Schulbetragen, Lehrabbruch). Bemerkenswert erscheint, daß nur die Unehelichen ohne Stiefvater (häufig Pflege- oder StM-Kinder) und die Stiefelternkinder ohne Stiefgeschwister hier vertreten sind, und — bei Unterteilung — nur die Stief m u t t e r kinder, bei denen ja die soziale Lage und äußere Disziplinierung meistens besser war als bei den Stief-v a t e r kindern, die Kontaktstörung aber oft auch tiefer. Die soziale Hemmung — die „bessere Erziehung" — begünstigen bei diesen Tätergruppen wohl, daß es bei einfachen Vermögensdelikten bleibt; es finden sich hier ja auch die Probanden vertreten, die sich früher n i c h t herumgetrieben haben. Die Kontaktstörung aber begünstigt die Alleintäterschaft. Man muß aber vielleicht noch einen Schritt weitergehen und diese alleinbegangenen einfachen Delikte — die sich meistens gegen dem Täter bekannte Personen richten — als Einheit sehen. Die Vereinsamung des Probanden, der zugleich im gröberen Ausdruck seiner Aggressionen gehemmt war, erweckte in ihm den Wunsch, sich verstohlen etwas anzueignen, was seinen Nebenmenschen gehörte[47].

Bei den beiden übrigen Deliktsarten — beides „schwerer Diebstahl" — scheinen sich die mehr sozial ungünstigen Faktoren — asoziale Familien, Hilfsschule usw. — mit den mehr persönlich ungünstigen — Tod der Eltern, Stiefeltern usw. — zu kombinieren. Beim gemeinschaftlichen schweren Diebstahl finden sich noch einige etwas günstigere Punkte (harmonische Familien, Gr. I b, proletarische Familie in m i t t l e r e r Wirtschaftslage; bemerkenswert vielleicht auch, daß hier die ganz dummen Hilfsschüler sind, deren Gesamttatenzahl unter dem Durchschnitt liegt)[48]. Und es fehlen hier die

[47] Dazu der Befund von *Lotz* (1939, 69), daß auch unter (100) Sicherungsverwahrten die aus sozial etwas besseren Schichten stammenden häufiger Betrug und seltener schweren Diebstahl begingen als die übrigen. Vgl. auch Hurwitz (1952, 55), nach dem *Stürup* und *Christiansen* bei einer nichtveröffentlichten Untersuchung von 335 dänischen Staatsgefangenen fanden, die Wahrscheinlichkeit zur Begehung von Diebstählen, Sexualdelikten, Gewaltdelikten oder polykrimineller Betätigung wachse mit der Ungunst der häuslichen Verhältnisse, während die aus mehr günstigen Verhältnissen kommenden eher Unterschlagungen, Betrug und „breach of trust", d. h. Diebstähle gegen ihnen bekannte Personen begingen.

Nach dem Bericht von *Nass* (1958, 181) hatte seinen in einer Strafanstalt einsitzenden 184 Betrügern in der Kindheit bis zu 18 J. zu 27 % der Vater, zu 21 % die Mutter und zu 15 % sowohl Vater wie Mutter gefehlt, allerdings erstaunlich hohe Prozentsätze.

[48] Bei *Ferguson* (1952, 123) hatten aber die „mentally handicapped boys" weniger Einbrüche begangen als die übrigen.

gehäuften Herumtreibereien der Probanden und ihr meistens mit schweren Kontaktstörungen verbundenes „Entlaufen von zu Hause“, wie es beides beim alleinbegangenen schweren Diebstahl in beiden Perioden besonders oft vertreten ist. Das „ruhig“ enthält hier wohl einen Anteil von Hemmungen.

Die wenigen hier untersuchten Faktoren können nur eben andeuten, in welcher Richtung etwa die Bedingungen dafür zu suchen sind, welche Deliktsarten bevorzugt begangen werden.

Entsprechend sollen nun die Probandengruppen zusammengestellt werden, in denen besonders viele an der einen oder anderen Deliktsart beteiligt waren (während ja bisher der prozentuale Anteil der einzelnen Tatenarten untereinander das maßgebende Prinzip war). Die Zahlen stehen auf Tab. 160.

Es überwogen jeweils unter den Tätern von

| gem. einf. | all. einf. | gem. schwer | all. schw. V.Del. |
|---|---|---|---|
| Gr. I a<br>Gr. I<br>Gr. II | Gr. III | Gr. I b<br>Gr. I | Gr. I b<br>Gr. IV |
| prolet.<br>Not<br>prol., Not | kleinbürg.<br>rechtschaff. | kleinbürg.<br>harmonisch | bürgerl.<br>proletarisch<br>wirtsch. mittel<br>asoz. Familie<br>unharm. Familie |
| mittl. Kind<br>Jüngstes | uneh. m. StV<br>V tot<br>M tot<br>bei M+StV<br>bei V+StM<br>bei wechs. StE<br>bei StE. insg.<br>bei StE. *o.* StG<br>einz. Kind | | Ehe geschieden<br>Ehe schlecht<br>wechs. StE<br>StE. *m.* StGeschw.<br>Ältest.<br>Jüngst. |
| VSch.Betr.<br>gut o. mittel<br>kein Schwänz.<br>P lebhaft<br>P gesell. | Einzelgänger | VSch.Betr. schlecht<br>Schwänzen<br>P lebhaft<br>P gesellig | VSch. Kl. 7 o. w.<br>HiSch. Kl. 8<br>HiSch. Kl. 7<br>HiSch. insg.<br>Schwänzen<br>P ruhig |
| fr. kein Herumtr.<br>sp. kein Herumtr.<br>sp. ausgelernt<br>sp. geizig<br>sp. sparsam | fr. Entl. v. z. Hause<br>fr. Heim o. Entl.<br>Lehre abgebr. | ausgelernt<br>immer ungel. | früher und später<br>Herumtreiben<br>Entl. v. z. Hause<br>Entl. a. Heim<br>immer ungelernt<br>nicht sparsam<br>leichtfertig |

Diese Einteilung nach beteiligten Tätern scheint in gewisser Hinsicht noch besser zu differenzieren.

Am gemeinschaftlichen einfachen Diebstahl sind nur günstige Gruppen besonders stark beteiligt, d. h. stärker als an den anderen Deliktsarten. „Proletarische Familie“ und „wirtschaftliche Not“ sind — wie sich in ihrer Verteilung in den Rückfallsgruppen zeigte — rein als solche nicht als ungünstig zu bewerten. Die asozialen Familien, in denen die Probanden einen besonders großen Anteil gemeinschaftlicher einfacher Diebstähle unter ihren Taten haben, treten hier — wo es um die Täterzahl geht — nicht hervor.

Tab. 160: Anteil der verschiedenen Probandengruppen an den Tätern (m) der Vermögensdelikte (nach Schwere und Begehungsart, Kombination)

| | gem einf | | all. einf. | | gem. schwer | | all. schwer | |
|---|---|---|---|---|---|---|---|---|
| | Pn = 177 | | Pn = 147 | | Pn = 115 | | Pn = 35 | |
| | n | % | n | % | n | % | n | % |
| I a | 35 | 19,8 | 20 | 13,6 | 14 | 12,2 | 1 | 2,9 |
| I b | 21 | 11,9 | 18 | 12,2 | 22 | 19,1 | 5 | 14,3 |
| I | 56 | 31,6 | 38 | 25,6 | 36 | 31,3 | 6 | 17,1 |
| II | 49 | 27,7 | 32 | 21,8 | 19 | 16,5 | 5 | 14,3 |
| III | 36 | 20,3 | 37 | 25,2 | 27 | 23,5 | 8 | 22,9 |
| IV | 32 | 18,1 | 36 | 24,5 | 31 | 27,0 | 16 | 45,7 |
| Familie | | | | | | | | |
| bürgerlich | 15 | 8,5 | 14 | 9,5 | 10 | 8,7 | 4 | 11,4 |
| kleinbürgerlich | 69 | 39,0 | 61 | 41,5 | 49 | 42,6 | 9 | 25,7 |
| proletarisch | 91 | 51,4 | 71 | 48,3 | 55 | 47,8 | 21 | 60,0 |
| wirtsch. gut | 8 | 4,5 | 5 | 3,4 | 5 | 4,3 | 1 | 2,9 |
| mittel | 77 | 43,5 | 68 | 46,3 | 52 | 45,2 | 18 | 51,4 |
| Not | 90 | 50,8 | 73 | 49,7 | 57 | 49,6 | 15 | 42,9 |
| kleinb. wirtsch. mittel | 39 | 22,0 | 33 | 22,4 | 27 | 23,5 | 8 | 22,9 |
| wirtsch. Not | 24 | 13,6 | 25 | 17,0 | 18 | 15,7 | 1 | 2,9 |
| prol. wirtsch. mittel | 30 | 16,9 | 28 | 19,0 | 20 | 17,4 | 9 | 25,7 |
| wirtsch. Not | 60 | 33,9 | 42 | 28,6 | 34 | 29,6 | 11 | 31,4 |
| soz. eingeordnet | 116 | 65,5 | 100 | 68,0 | 77 | 67,0 | 21 | 60,0 |
| asozial | 51 | 28,8 | 39 | 26,5 | 31 | 27,0 | 12 | 34,3 |
| harmonisch | 56 | 31,6 | 44 | 29,9 | 38 | 33,0 | 6 | 17,1 |
| unharmonisch | 111 | 62,7 | 95 | 64,6 | 70 | 60,9 | 27 | 77,1 |
| äuß. Störung | 85 | 48,0 | 84 | 57,1 | 60 | 52,2 | 18 | 51,4 |
| P unehelich | | | | | | | | |
| o. StV | 6 | 3,4 | 6 | 4,1 | 5 | 4,4 | — | — |
| m. StV | 11 | 6,2 | 12 | 8,2 | 9 | 7,8 | 1 | 2,9 |
| V tot | 26 | 14,7 | 28 | 19,0 | 16 | 13,9 | 5 | 14,3 |
| M tot | 14 | 7,9 | 16 | 10,9 | 10 | 8,7 | 3 | 8,6 |

| | gem einf. | | all. einf. | | gem. schwer | | all. schwer | |
|---|---|---|---|---|---|---|---|---|
| | Pn = 177 | | Pn = 147 | | Pn = 115 | | Pn = 35 | |
| | n | % | n | % | n | % | n | % |
| **Familie** | | | | | | | | |
| V+M tot | 5 | 2,8 | 2 | 1,4 | 4 | 3,5 | 1 | 2,9 |
| | n=152 | | n=120 | | n=95 | | n=31 | |
| Ehe geschieden | 38 | 25,0 | 33 | 27,5 | 25 | 26,3 | 10 | 32,3 |
| Ehe sehr schlecht | 41 | 27,0 | 26 | 21,7 | 22 | 23,2 | 9 | 29,0 |
| Ehe unbekannt | 73 | 48,0 | 61 | 50,8 | 48 | 50,5 | 12 | 38,7 |
| **Fam. besteht aus** | | | | | | | | |
| V+M | 83 | 46,9 | 55 | 37,4 | 50 | 43,5 | 16 | 45,7 |
| M | 34 | 19,2 | 23 | 15,6 | 21 | 18,3 | 4 | 11,4 |
| M+StV | 34 | 19,2 | 34 | 23,1 | 26 | 22,6 | 6 | 17,1 |
| V | 2 | 1,1 | 1 | 0,7 | — | — | — | — |
| V+StM | 10 | 5,7 | 16 | 10,9 | 7 | 6,1 | 3 | 8,6 |
| wechs. StE | 8 | 4,5 | 13 | 8,8 | 4 | 3,5 | 4 | 11,4 |
| Pfl.E | 5 | 2,8 | 6 | 4,1 | 7 | 6,1 | 2 | 5,7 |
| StE insg. | 52 | 29,4 | 63 | 42,9 | 37 | 32,2 | 13 | 37,1 |
| StE o. StGeschw. | 27 | 15,3 | 30 | 20,4 | 17 | 14,8 | 3 | 8,6 |
| StE m. StGeschw. | 17 | 9,6 | 20 | 13,6 | 16 | 13,9 | 6 | 17,1 |
| P Ältester | 65 | 36,7 | 62 | 42,2 | 44 | 38,3 | 16 | 45,7 |
| P Mittlerer | 55 | 31,1 | 38 | 25,9 | 33 | 28,7 | 8 | 22,9 |
| P Jüngster | 31 | 17,5 | 22 | 15,0 | 18 | 15,7 | 6 | 17,1 |
| P Einziger | 25 | 14,1 | 26 | 17,7 | 19 | 16,5 | 5 | 14,3 |
| **P Schulabgang** | | | | | | | | |
| VSch. Kl. 8 o. mehr | 94 | 53,1 | 82 | 55,8 | 65 | 56,5 | 14 | 40,0 |
| VSch. Kl. 7 o. weniger | 56 | 31,6 | 46 | 31,3 | 31 | 27,0 | 12 | 34,3 |
| HiSch. Kl. 8 o. mehr | 10 | 5,7 | 9 | 6,1 | 6 | 5,2 | 4 | 11,4 |
| HiSch. Kl. 7 o. wenig. | 15 | 8,5 | 10 | 6,8 | 12 | 10,4 | 5 | 14,3 |
| HiSch. insg. | 25 | 14,1 | 19 | 12,9 | 18 | 15,7 | 9 | 25,7 |
| **VSch-Betragen** | | | | | | | | |
| gut o. mittel | 81 | 45,8 | 54 | 36,7 | 43 | 37,4 | 14 | 40,0 |
| schlecht | 14 | 7,9 | 16 | 10,9 | 14 | 12,2 | 1 | 2,9 |
| Schwänzen | 42 | 23,7 | 34 | 23,1 | 36 | 31,3 | 11 | 31,4 |
| kein Schwänzen | 74 | 41,8 | 52 | 35,4 | 37 | 32,2 | 10 | 28,6 |
| **P als Kind** | | | | | | | | |
| ruhig | 76 | 42,9 | 67 | 45,6 | 47 | 40,9 | 21 | 60,0 |
| lebhaft | 83 | 46,9 | 60 | 40,8 | 52 | 45,2 | 8 | 22,9 |
| wild | 24 | 13,6 | 19 | 12,9 | 15 | 13,0 | 3 | 8,6 |
| gesellig | 88 | 49,7 | 58 | 39,5 | 54 | 47,0 | 14 | 40,0 |
| Einzelgänger | 37 | 20,9 | 36 | 24,5 | 20 | 17,4 | 8 | 22,9 |

| | gem. einf. | | all. einf. | | gem. schwer | | all. schwer | |
|---|---|---|---|---|---|---|---|---|
| | Pn = 177 | | Pn = 147 | | Pn = 115 | | Pn = 35 | |
| | n | % | n | % | n | % | n | % |
| P früher | | | | | | | | |
| Herumtreiben | 62 | 35,0 | 73 | 49,7 | 52 | 45,2 | 22 | 62,9 |
| kein Herumtreiben | 106 | 59,9 | 71 | 48,3 | 54 | 47,0 | 11 | 31,4 |
| Entl. von zu Hause | 24 | 13,6 | 34 | 23,1 | 13 | 11,3 | 9 | 25,7 |
| Entl. aus Heim | 19 | 10,7 | 23 | 15,6 | 15 | 13,0 | 11 | 31,4 |
| Heim ohne Entl. | 28 | 15,8 | 28 | 19,0 | 18 | 15,7 | 5 | 14,3 |
| P später | | | | | | | | |
| ausgelernt | 46 | 26,0 | 30 | 20,4 | 31 | 27,0 | 3 | 8,6 |
| Lehre abgebr. | 56 | 31,6 | 52 | 35,4 | 18 | 15,7 | 10 | 28,6 |
| immer ungel. | 64 | 36,2 | 49 | 33,3 | 44 | 38,3 | 17 | 48,6 |
| gl. Berufszw. | 71 | 40,1 | 42 | 28,6 | 41 | 35,7 | 10 | 28,6 |
| Wechsel, j. stab. | 34 | 19,2 | 32 | 21,8 | 14 | 12,2 | 3 | 8,6 |
| wechs. n. Gel.heit | 67 | 37,9 | 66 | 44,9 | 54 | 47,0 | 21 | 60,0 |
| Herumtreiben | 56 | 31,6 | 64 | 43,5 | 46 | 40,0 | 19 | 54,3 |
| kein Herumtreiben | 118 | 66,7 | 82 | 55,8 | 67 | 58,3 | 14 | 40,0 |
| Entl. von zu Hause | 30 | 16,9 | 42 | 28,6 | 22 | 19,1 | 12 | 34,3 |
| Entl. aus Heim | 23 | 13,0 | 23 | 15,6 | 22 | 19,1 | 8 | 22,9 |
| Heim o. Entl. | 24 | 13,6 | 26 | 17,7 | 16 | 13,9 | 7 | 20,0 |
| geizig | 19 | 10,7 | 13 | 8,8 | 9 | 7,8 | 1 | 2,9 |
| norm. vorsorgd. | 62 | 35,0 | 39 | 26,5 | 37 | 32,2 | 7 | 20,0 |
| harml. leichtfertig | 22 | 12,4 | 17 | 11,6 | 14 | 12,2 | 3 | 8,6 |
| leichtfertig | 29 | 16,4 | 31 | 21,1 | 18 | 15,7 | 8 | 22,9 |
| verjubelt | 23 | 13,0 | 22 | 15,0 | 21 | 18,3 | 8 | 22,9 |
| spars. insg. | 81 | 45,8 | 52 | 35,4 | 46 | 40,0 | 8 | 22,9 |
| nicht spars. | 74 | 41,8 | 70 | 47,6 | 53 | 46,1 | 19 | 54,3 |
| leichtfertig insg. | 52 | 29,4 | 53 | 36,1 | 39 | 33,9 | 16 | 45,7 |

Umgekehrt stellt sich hier der alleinbegangene schwere Diebstahl noch ungünstiger dar. Unter seinen Tätern sind eine größere Anzahl von Tätergruppen mit besonderer Rückfallsneigung überrepräsentiert.

Unter den Tätern alleinbegangener einfacher Delikte sind — wie unter den Probanden, die einen hohen Anteil dieser Taten hatten — Jungen aus ordentlichen, aber (hier durch Tod der Eltern) gestörten Familien besonders vertreten, und auch die Kontaktstörung der Probanden tritt hervor (Einzelgängertum, Entlaufen von zu Hause), und (im „Lehrabbruch") ein gewisses Berufsversagen, während die Volksschulversager zwar einen hohen Anteil dieser Taten haben, aber nicht so besonders viele Einzeltäter dafür gestellt haben.

Das Bild der Probanden, die überhaupt gemeinschaftlichen schweren Diebstahl begangen haben, ist besser, als man es hätte vermuten können, wenn man die Jungen ansah, unter deren Taten diese Deliktsart anteilsmäßig besonders hervortrat. Wenn gemeinschaftlicher schwerer Diebstahl gelegentlich mit unterläuft (wie öfter in Gr. I b), ist er offenbar wesentlich weniger bedenklich als wenn er in längeren Tatenserien oder wiederholt begangen wird (wie später in Gr. III und IV). Die Familien ganz ordentlich und nett, die Probanden extravertierte Jungen, in der Schule verwahrlost, im Beruf nachher z. T. recht ordentlich bewährt — dies Bild ist dem der an alleinbegangenen einfachen Taten besonders beteiligten Probanden recht entgegengesetzt, und das obwohl ja beide Täterkreise weder rein günstig noch rein ungünstig aussehen. —

Auch dies ist, selbstverständlich, nur ein Versuch, sich an die psychologischen und sozialen Hintergründe dieser Deliktsarten heranzutasten. Allzugenau dürfen alle diese Aussagen nicht abgewogen werden.

Tab. 161: Anteil der verschiedenen Probandengruppen an den Tätern (m) der verschiedenen Vermögensdelikte (nach Geschädigten)

| Delikte gegen: | Arbeitgeber | | Kameraden | | Erzieher | | m insg. | |
|---|---|---|---|---|---|---|---|---|
| | Pn = 94 | | Pn = 58 | | Pn = 41 | | Pn = 256 | |
| | n | % | n | % | n | % | n | % |
| I a | 8 | 8,5 | 6 | 10,3 | 1 | 2,4 | 66 | 25,8 |
| I b | 16 | 17,0 | 5 | 8,6 | 9 | 22,0 | 41 | 16,0 |
| I | 24 | 25,5 | 11 | 19,0 | 10 | 24,4 | 107 | 41,8 |
| II | 20 | 21,3 | 8 | 13,8 | 6 | 14,6 | 56 | 21,9 |
| III | 24 | 25,5 | 19 | 32,8 | 11 | 26,8 | 46 | 18,0 |
| IV | 23 | 24,5 | 20 | 34,5 | 14 | 34,1 | 41 | 16,0 |
| Familie | | | | | | | | |
| bürgerlich | 10 | 10,6 | 5 | 8,6 | 5 | 12,2 | 23 | 9,0 |
| kleinbürgerlich | 37 | 39,4 | 23 | 39,7 | 20 | 48,8 | 110 | 43,0 |
| proletarisch | 47 | 50,0 | 30 | 51,7 | 15 | 36,6 | 120 | 47,0 |
| wirtsch. gut | 1 | 1,1 | 2 | 3,4 | 2 | 4,9 | 12 | 4,7 |
| mittel | 37 | 39,4 | 25 | 43,1 | 25 | 61,0 | 114 | 44,6 |
| Not | 56 | 59,6 | 31 | 53,4 | 13 | 31,7 | 127 | 49,6 |
| kleinb. wirtsch. mittel | 20 | 21,3 | 12 | 20,7 | 13 | 31,7 | 61 | 23,8 |
| wirtsch. Not | 17 | 18,1 | 9 | 15,5 | 6 | 14,6 | 40 | 15,6 |
| prol. wirtsch. mittel | 12 | 12,8 | 10 | 17,2 | 9 | 22,0 | 40 | 15,6 |
| wirtsch. Not | 33 | 35,1 | 19 | 32,8 | 6 | 14,6 | 79 | 30,8 |
| soz. eingeordnet | 63 | 67,0 | 34 | 58,6 | 28 | 68,3 | 179 | 69,9 |
| asozial | 25 | 26,6 | 20 | 34,5 | 9 | 22,0 | 62 | 24,2 |
| harmonisch | 26 | 27,7 | 14 | 24,1 | 8 | 19,5 | 93 | 36,4 |
| unharmonisch | 62 | 66,0 | 40 | 69,0 | 29 | 70,7 | 148 | 57,8 |
| äuß. Störung | 61 | 64,9 | 34 | 58,6 | 27 | 65,9 | 129 | 50,4 |

| Delikte gegen: | Arbeitgeber | | Kameraden | | Erzieher | | m insg. | |
|---|---|---|---|---|---|---|---|---|
| | Pn = 94 | | Pn = 58 | | Pn = 41 | | Pn = 256 | |
| | n | % | n | % | n | % | n | % |
| P unehelich | | | | | | | | |
| o. StV | 4 | 4,3 | 4 | 6,9 | 2 | 4,9 | 14 | 5,5 |
| m. StV | 6 | 6,4 | 3 | 5,2 | 4 | 9,8 | 8 | 3,1 |
| insg. | 10 | 10,6 | 7 | 12,1 | 6 | 14,6 | 22 | 8,6 |
| V tot | 20 | 21,3 | 12 | 20,7 | 9 | 22,0 | 42 | 16,4 |
| M tot | 9 | 9,6 | 8 | 13,8 | 4 | 9,8 | 21 | 8,2 |
| V+M tot | 2 | 2,1 | — | — | — | — | 5 | 2,0 |
| | n = 78 | | n = 51 | | n = 33 | | n = 218 | |
| Ehe geschieden | 23 | 29,5 | 14 | 27,5 | 11 | 33,3 | 58 | 26,6 |
| Ehe sehr schlecht | 14 | 17,9 | 10 | 19,6 | 9 | 27,3 | 46 | 21,1 |
| Ehe unbek. o. gut | 41 | 52,6 | 27 | 52,9 | 13 | 39,4 | 114 | 52,3 |
| Familie besteht aus | | | | | | | | |
| V+M | 33 | 35,1 | 20 | 34,5 | 10 | 24,4 | 113 | 44,2 |
| M | 17 | 18,1 | 10 | 17,2 | 6 | 14,6 | 43 | 16,8 |
| M+StV | 20 | 21,3 | 12 | 20,7 | 13 | 31,7 | 51 | 19,9 |
| V | — | — | — | — | — | — | 2 | 0,8 |
| V+StM | 13 | 13,8 | 8 | 13,8 | 4 | 9,8 | 22 | 8,6 |
| wechs. StE | 8 | 8,5 | 6 | 18,3 | 5 | 12,2 | 13 | 5,1 |
| PflElt. | 2 | 2,1 | 2 | 3,4 | 3 | 7,3 | 11 | 4,3 |
| StE. insg. | 41 | 43,6 | 26 | 44,8 | 22 | 53,7 | 86 | 33,6 |
| StE. o. StGeschw. | 19 | 20,2 | 11 | 19,0 | 11 | 26,8 | 44 | 17,2 |
| m. StGeschw.[1] | 14 | 14,9 | 9 | 15,5 | 6 | 14,6 | 29 | 11,3 |
| P Ältester | 42 | 44-7 | 27 | 46,6 | 18 | 43,9 | 96 | 37,5 |
| P Mittlerer | 23 | 24,5 | 12 | 20,7 | 7 | 17,1 | 73 | 28,5 |
| P Jüngster | 13 | 13,8 | 8 | 13,8 | 7 | 17,1 | 44 | 17,2 |
| P Einziger | 16 | 17,0 | 11 | 19,0 | 9 | 22,0 | 41 | 16,0 |
| P Schulabgang | | | | | | | | |
| VSch Kl. 8 o. mehr | 50 | 53,2 | 29 | 50,0 | 24 | 58,5 | 149 | 58,2 |
| VSch Kl. 7 o. weniger | 37 | 39,4 | 21 | 36,2 | 13 | 31,7 | 72 | 28,1 |
| HiSch Kl. 8 o. mehr | 3 | 3,2 | 5 | 8,6 | 3 | 7,3 | 13 | 5,1 |
| HiSch Kl. 7 o. weniger | 4 | 4,3 | 3 | 5,2 | 1 | 2,4 | 15 | 5,9 |
| HiSch insg. | 7 | 7,4 | 8 | 13,8 | 4 | 9,8 | 32 | 12,5 |
| VSch-Betragen | | | | | | | | |
| gut o. mittel | 30 | 31,9 | 19 | 32,8 | 14 | 34,1 | 111 | 43,4 |
| schlecht | 12 | 12,8 | 5 | 8,6 | 7 | 17,1 | 22 | 8,6 |
| Schwänzen | 21 | 22,3 | 15 | 25,9 | 15 | 36,6 | 58 | 22,6 |
| kein Schwänzen | 29 | 30,9 | 18 | 31,0 | 11 | 26,8 | 101 | 39,4 |

[1] ohne die wechs. StE = Stieffamilien, zwischen denen P kurzfristig wechselte; auch dort waren meistens Stiefgeschwister vorhanden.

| Delikte gegen: | Arbeitgeber | | Kameraden | | Erzieher | | m insg. | |
|---|---|---|---|---|---|---|---|---|
| | Pn = 94 | | Pn = 58 | | Pn = 41 | | Pn = 256 | |
| | n | % | n | % | n | % | n | % |
| P als Kind | | | | | | | | |
| ruhig | 44 | 46,8 | 24 | 41,4 | 18 | 43,9 | 118 | 46,2 |
| lebhaft | 39 | 41,5 | 22 | 37,9 | 17 | 41,5 | 107 | 41,8 |
| wild | 8 | 8,5 | 5 | 8,6 | 6 | 14,6 | 27 | 10,5 |
| Einzelgänger | 23 | 24,5 | 16 | 27,6 | 13 | 31,7 | 55 | 21,5 |
| gesellig | 44 | 46,8 | 22 | 37,9 | 10 | 24,4 | 123 | 48,1 |
| warm | 37 | 39,4 | 21 | 36,2 | 16 | 39,0 | 117 | 45,8 |
| ambivalent | 32 | 34,0 | 20 | 34,5 | 15 | 36,6 | 67 | 26,2 |
| kühl | 4 | 4,3 | 2 | 3,4 | 2 | 4,9 | 11 | 4,3 |
| P früher | | | | | | | | |
| Herumtreiben | 41 | 43,6 | 33 | 56,9 | 30 | 73,2 | 97 | 37,9 |
| kein Herumtreiben | 51 | 54,3 | 24 | 41,4 | 11 | 26,8 | 147 | 57,4 |
| Entl. von zu Hause | 19 | 20,2 | 15 | 25,9 | 16 | 39,0 | 38 | 14,8 |
| Entl. aus Heim | 12 | 12,8 | 11 | 19,0 | 12 | 29,3 | 27 | 10,5 |
| Heim ohne Entl. | 20 | 21,3 | 16 | 27,6 | 8 | 19,5 | 37 | 14,4 |
| P später | | | | | | | | |
| ausgelernt | 17 | 18,1 | 8 | 13,8 | 6 | 14,6 | 77 | 30,1 |
| Lehre abgebr. | 34 | 36,2 | 22 | 37,9 | 17 | 41,5 | 78 | 30,5 |
| immer ungelernt | 35 | 37,2 | 22 | 37,9 | 11 | 26,8 | 101 | 39,4 |
| Gl. Berufszweig | 25 | 26,6 | 13 | 22,4 | 8 | 19,5 | 104 | 40,6 |
| Wechs., j. stabil | 26 | 27,7 | 11 | 19,0 | 12 | 29,3 | 61 | 23,8 |
| wechs. nach Gel.heit | 37 | 39,4 | 31 | 53,4 | 20 | 48,8 | 74 | 6,7 |
| Herumtreiben | 37 | 39,4 | 27 | 46,6 | 24 | 58,5 | 76 | 29,7 |
| kein Herumtreiben | 55 | 58,5 | 30 | 51,7 | 17 | 41,5 | 178 | 69,5 |
| Entl. von zu Hause | 26 | 27,7 | 20 | 34,5 | 19 | 46,3 | 46 | 18,0 |
| Entl. aus Heim | 12 | 12,8 | 10 | 17,2 | 13 | 31,7 | 31 | 12,1 |
| Heim ohne Entl. | 17 | 18,1 | 15 | 25,9 | 15 | 36,6 | 37 | 14,4 |
| geizig | 9 | 9,6 | 4 | 6,9 | 1 | 2,4 | 29 | 11,3 |
| norm. vorsorgend | 22 | 23,4 | 11 | 19,0 | 9 | 22,0 | 92 | 36,0 |
| harml. leichtf. | 12 | 12,8 | 5 | 8,6 | 6 | 14,6 | 42 | 16,4 |
| leichtfertig | 23 | 24,5 | 15 | 25,9 | 9 | 22,0 | 25 | 9,8 |
| verjubelt | 11 | 11,7 | 11 | 19,0 | 12 | 29,3 | 25 | 9,8 |
| spars. insg. | 31 | 33,0 | 15 | 25,9 | 10 | 24,4 | 121 | 47,4 |
| nicht sparsam | 46 | 48,9 | 31 | 53,4 | 27 | 65,9 | 100 | 39,0 |
| leichtfertig | 34 | 36,2 | 26 | 44,8 | 21 | 51,2 | 67 | 26,2 |

Fälle von Arbeitgeber-Delikten: *7, 293, 93, 73, 149, 179, 119, 227, 147, 12, 22, 240, 198, 200.*

Fälle von Kameradendiebstahl: *93, 149, 167, 278, 286, 176, 213, 227.*

Fälle von häuslichem Diebstahl: *93, 94, 18, 179, 176, 227, 147, 61, 12, 268, 128, 248.*

b) Tatarten nach Geschädigten

Tab. 161 stellt dar, wie groß unter den Probanden, die Delikte gegen Arbeitgeber, Kameraden oder Erzieher begangen haben, jeweils der Anteil bestimmter herausgegriffener Probandengruppen war, z. B. der Vaterwaisen, der aus asozialen Familien Kommenden usw. Seine Bedeutung läßt sich entnehmen aus einem Vergleich erstens mit dem Durchschnitt aller Probanden (rechte Spalte), zweitens mit den entsprechenden Anteilen der Probanden in den beiden anderen Gruppen mit Delikten gegen Bekannte.

So gibt es z. B. Konstellationen, die beim Durchschnitt häufiger sind als in jeder einzelnen der drei Gruppen mit Delikten gegen Bekannte. Dazu gehört etwa: Gr. I, Herkunft aus harmonischer Familie, oder daß die Familie 1949 aus Vater und Mutter bestand. Andere Konstellationen finden sich wieder unter den Probanden mit Delikten gegen Bekannte durchweg häufiger als im Durchschnitt, wie z. B. Tod des Vaters, Scheidung der Ehe. Wieder andere sind etwa bei den Delinquenten gegen Erzieher überdurchschnittlich oft, unter den Kameradendieben seltener vertreten usw.

Ferner fällt eine gewisse Regelmäßigkeit auf, mit der die einzelnen Faktoren von den Probanden mit Delikten gegen Erzieher zu denen mit Delikten gegen Arbeitgeber entweder zunehmen oder abnehmen, wobei dann die Kameradendiebe jeweils einen Mittelwert haben.

Um diesen Fragen näher nachzugehen, sind im folgenden die Faktoren zusammengestellt, bei denen geradlinig ansteigend das Maximum bei den Arbeitgeber-Delinquenten oder bei den Erzieherdelinquenten liegt. Das +-Zeichen soll bedeuten, daß alle drei Gruppen einen überdurchschnittlichen Anteil des Faktors haben, das —-Zeichen auf einen unterdurchschnittlichen Anteil aller drei Gruppen hinweisen, und das ± Zeichen darauf, daß sich die Gruppen in dieser Hinsicht verschieden verhalten.

Da bei der Verteilung Zufälle sicher eine Rolle spielen — die Differenzen sind z. T. gering — ist diese Zusammenstellung nicht zum Nachweis von Einzelheiten gedacht, sondern — wie übrigens ja auch alle Tabellen — zum Hinweis auf gewisse Tendenzen, die sich aus den einseitigen Anhäufungen und Wiederholungen ergeben.

So sind z. B. alle Faktoren, die in allen drei Gruppen weniger vertreten sind als beim Durchschnitt der Probanden, von positivem Charakter. Das gilt auch von den beiden, die ihr Maximum unter den Probanden mit Delikten gegen Erzieher haben. Aber das sind nur zwei Faktoren: Jüngstes Kind, und gutes oder mittleres Schulbetragen. Beträchtlich mehr von diesen günstigen Faktoren haben ihr Maximum bei den Probanden, die Delikte gegen Arbeitgeber begangen haben.

Umgekehrt sind alle die Konstellationen, die sich in den Gruppen mit Delikten gegen Bekannte überall häufiger finden als beim Durchschnitt, von mehr ungünstigem Charakter, jedenfalls nach der Rolle, die sie in dieser Untersuchung für die Kriminalität spielen. Das gilt wiederum auch für die beiden Faktoren, die ihr Maximum bei den Arbeitgeber-Delinquenten haben. Aber das sind eben nur zwei Faktoren, während sich auf der anderen Seite, beim Maximum der Erzieher-Delinquenten, sehr viel mehr dieser ungünstigen

Der Faktor hat den maximalen Anteil bei den Probanden mit Delikten gegen

| | Arbeitgeber (Minim: geg. Erz.) | Kameraden | Erzieher (Minim: geg. Arbeitgeber) |
|---|---|---|---|
| +[1] | Fam. best. aus V+StM<br>Entl. a. VSch. Kl. 7 o. w. | Gr. III<br>Gr. IV<br>M tot<br>V+StM<br>wechs. StE<br>StE *m.* StG<br>Älteste | Fam. unharmonisch<br>P unehelich<br>bei StE insg.<br>Einzelkind<br>Einzelgänger<br>gefühlsambivalent<br>Herumtr. fr. u. sp.<br>Entl. v. z. Hs. fr. u. sp.<br>Entl. a. Heim fr. u. sp.<br>sp.: Heim o. Entl.<br>Lehre abgebrochen<br>Berufswechs. n. Geleg.<br>nicht sparsam<br>gefährlich leichtfertig |
| ± | wirtsch. Not<br>kleinb., wi. Not<br>prolet., wi. Not<br>Fam.: M allein | Fam. proletarisch<br>Fam. asozial<br>P unehelich ohne StV<br>Hilfsschüler | kleinbürg. Familie<br>wirtsch. gut<br>wirtsch. mittel<br>prolet. wirtsch. mittel<br>Ehe sehr schlecht<br>P bei PflElt.<br>Schulschwänzen<br>P als Kind wild |
| — | Fam. harmonisch<br>Fam. V+M<br>P mittl. Kind<br>P gesellig<br>k. Herumtr. (fr. u. sp.)<br>kein Berufswechsel<br>immer ungelernt<br>geizig<br>sparsam insg. | | P jüngstes Kind<br>VSchBetragen gut oder mittel |

| Maxim. g. Arbeitgeber, Minim. g. Kameraden, | | Maxim. g. Erzieher Minim. g. Kameraden, |
|---|---|---|
| P ausgelernt<br>P normal vorsorgend | +[1] | Ehe geschieden<br>Fam. bürgerlich<br>Fam. soz. eingeordnet<br>StE ohne StGeschw.<br>V tot |

[1] „+“ = Faktor in allen drei Gruppen überdurchschnittlich oft, „—“ = in allen drei Gruppen unterdurchschnittlich und „±“ = in den Gruppen teilsüber-, teils unterdurchschnittlich oft, oder auch durchschnittlich.

Konstellationen finden, und besonders solche, die mit Kontaktstörungen zu tun haben. Dazu gehören auch die (rechts unten auf der Zusammenstellung), die das Maximum bei den Erzieher-Delinquenten, das — z. T. nur schwache — Minimum unter den Kameradendieben haben. Sogar die „sozial gut eingeordnete Familie" ist ja in dieser Untersuchung für die Probanden kein rein positiver Faktor, da sie sich bei den Schwerrückfälligen öfter findet als in den mittleren Rückfallsgruppen. — Die Faktoren, die unter den Kameradendieben maximal und bei allen drei Gruppen überrepräsentiert sind (oben Mitte) spielen jedenfalls in dieser Untersuchung eine besonders ungünstige Rolle.

Die Faktoren, die in den drei Gruppen teils über-, teils unterdurchschnittlich vertreten sind, haben z. T. positiven, teils eher oder ausgesprochen negativen Charakter. Wo das Maximum bei den Arbeitgeber-Delinquenten liegt, — das sind: „wirtschaftliche Not" und „Familie besteht aus Mutter allein" — sind die Probanden mit Delikten gegen Erzieher sogar ausgesprochen unter Durchschnitt beteiligt, und andererseits sind dies Faktoren, die — wohl entgegen gewissen Erwartungen — in dieser Untersuchung gerade mit günstiger Entwicklung verknüpft sind. — Die übrigen dieser ±-Faktoren sind teils bei den mittleren Rückfallsgruppen am häufigsten — proletarische und asoziale Familien —, teils dort gerade seltener, aber bei den Nicht- und den Schwerrückfälligen besonders häufig — kleinbürgerlich, wirtschaftlich gut und mittel, Pflegeeltern —, teils auch gerade in Gr. IV am häufigsten — Wildheit und Schulschwänzen des Probanden, schlechte Ehe der Eltern.

Es sieht so aus — wenn man so in die Einzelheiten gehen will — als wenn der Kameradendiebstahl hier in den auch äußerlich ungünstigen Familien häufiger wäre, Erzieherdiebstahl eher mit äußerer Disziplinierung verknüpft. Unter allen Faktoren überhaupt, die bei den Probanden mit Erzieherdiebstahl maximal vorkommen, findet sich kein einziger, der zu dem Komplex „Familien am Rande der Gesellschaft" gehört, nämlich auch die proletarische Familie nur bei mittlerer wirtschaftlicher Lage; wohl aber manche Faktoren, die auf einen rein äußerlich günstigeren Rang der Familie und eine evtl. größere Beaufsichtigung des Probanden hinweisen: Einzelkind, keine Stiefgeschwister (obwohl Stiefeltern), sozial eingeordnete Familie usw.

Es kann an sich recht gut sein, daß in den Familien, die „am Rande der Gesellschaft leben", etwa kleine häusliche Gelddiebstähle der Kinder nicht bemerkt oder sofort ganz und gar vergessen wurden. Wo sowieso vieles drunter und drüber geht, kommt wohl auch dies vor, ohne weiter registriert zu werden. Dies wäre eine Erklärung für die Verteilung. Aber es muß nicht die ganze Erklärung sein, und manches spricht dafür, daß sie es nicht ist.

In den Tab. 157 und 158 zeigte sich, daß die Probanden, die früher ihre Erzieher bestohlen hatten, später seltener als die anderen ihre Arbeitgeber schädigten; daß die früheren Arbeitgeber-Delinquenten später seltener als andere ihre Erzieher bestahlen usw. usw. Diese konträre Beziehung zwischen den Vermögensdelikten gegen die Arbeitgeber und gegen die Erzieher zeigt sich nun auch hier, insofern erstens, als die meisten Faktoren bei ihnen ihre extremen — größten und kleinsten — Werte haben, mit dem Kameradendiebstahl in der Mitte, und zweitens darin, daß die überhaupt in diesen drei Gruppen überdurchschnittlich häufigen Faktoren sich so einseitig bei den Erzieher-Delinquenten häufen, und umgekehrt die in allen diesen drei Gruppen unterrepräsentierten sich bei den Arbeitgeber-Delinquenten häufen. Die Faktoren-Anteile sind an sich ja unabhängig voneinander berechnet, und es ist aus der Art, wie die Zahlen gewonnen wurden, kein Grund ersichtlich, warum nicht unter den Probanden, die ihre Erzieher bestahlen, ebensoviele „Sparsame", „Gesellige", ebensoviele bei Vater und Mutter Lebende sein sollten wie unter denen, die ihre Arbeitgeber bestahlen, und umgekehrt: warum unter denen, die ihre Arbeitgeber bestahlen, nicht ebensoviele Herumtreiber, Einzelgänger, Einzelkinder, Kleinbürger sein sollten wie unter denen, die sich gegen ihre Erzieher vergingen.

Ein Teil der Probanden hat Vermögensdelikte sowohl gegen den Arbeitgeber wie gegen Erzieher begangen. Es gibt dann aber einen anderen Teil von Jungen, die den Arbeitgeber bestohlen (oder ihm etwas unterschlagen) haben, aber in gutem Familienzusammenhalt lebten. Z. T. haben sie das in der Arbeitsstelle Entwendete Eltern oder Geschwistern mitgebracht. Es ist wohl kein Zufall, daß die wirtschaftliche Not bei den Arbeitgeber-Delinquenten so besonders häufig, bei den häuslichen Dieben aber sogar ganz besonders selten ist[49]. Die häuslichen Diebstähle sind offenbar eben öfter als die in der Arbeitsstelle durch persönliche Spannungen motiviert. Allerdings muß immer beachtet werden, daß auch die Vermögensdelikte in der Arbeitsstelle bei den mit + bezeichneten Konstellationen häufiger sind als beim Durchschnitt. Die Tatsache, daß diese menschlich ungünstigen Familiensituationen und ungünstigen persönlichen Verhaltensweisen der Probanden mit allen Arten von Vermögensdelikten gegen Bekannte positiv verknüpft sind, erscheint als außerordentlich wichtig.

## 6. Ausschließliche Allein- und ausschließliche gemeinschaftliche Täter

### a) Anzahl und Rückfälligkeit

Von den Jungen hat die Hälfte im Laufe der ganzen überblickten Zeit sowohl allein wie gemeinschaftlich Vermögensdelikte begangen; ein Drittel nur gemeinschaftlich und der Rest, 16 %, nur allein. Bei den Mädchen nehmen diese ausschließlichen Alleintäter dagegen mit 70 % weitaus den Vorrang ein. Das ist ein sehr entscheidender Unterschied, Tab. 162.

---

[49] B. *Wootton* (1960, 66) meint, der Diebstahl gegenüber dem Arbeitgeber erscheine zwar, wegen des darin liegenden Vertrauensbruchs, den privilegierten Klassen als besonders häßlich, aber die unprivilegierten Klassen sähen darin nur eine einigermaßen faire Antwort auf die Ausbeutung und fänden ihn darum besonders verzeihlich.

Tab. 162: Probanden (m und w) nach ausschließlicher Allein- oder gemeinschaftl. Tatbegehung

| Probanden mit Verm.Delikten | m n | m % | w n | w % | m + w n | m + w % |
|---|---|---|---|---|---|---|
| nur allein | 41 | 16,0 | 31 | 70,5 | 72 | 24,0 |
| nur gemeinsam | 88 | 34,4 | 4 | 9,1 | 92 | 30,7 |
| allein und gemeinsam | 127 | 49,6 | 9 | 20,4 | 136 | 45,3 |
| P insg. | 256 | 100,0 | 44 | 100,0 | 300 | 100,0 |

Von den Jungen nun, die sowohl allein wie gemeinschaftlich gehandelt haben, haben 62,2 % u. a. schwere Taten (schweren Diebstahl oder Raub) begangen. Von denen, die nur gemeinschaftlich handelten, waren es 53,5 %, und von denen, die nur allein handelten, nur 9,8 %, das sind 4 Probanden.

Im folgenden sind nun die Probanden, die nur als Alleintäter gehandelt haben, den ausschließlich gemeinschaftlich Handelnden gegenübergestellt worden. Bisher waren ja unter den „Probanden mit gemeinschaftlichen Vermögensdelikten" und entsprechend denen „mit alleinbegangenen Vermögensdelikten" immer auch die mitgezählt, die zwar solche Delikte, aber auch andere begangen hatten. Durch das jetzige Verfahren werden die Gruppen verkleinert, dafür aber eben auch „reiner". Allerdings ist nicht gesagt, daß die Probanden, die teils allein, teils gemeinschaftlich gehandelt haben, psychologisch so etwas wie eine Mischung aus Charakterzügen der ausschließlichen Allein- oder Gemeinschaftstäter sind. In dieser Untersuchung wäre das schon darum nicht zu erwarten, weil die Wahrscheinlichkeit, daß ein Täter teils allein, teils gemeinschaftlich gehandelt hat, mit der Zahl seiner Taten wächst. Aus diesem Grunde sind diese Täter auch nicht in den engeren Vergleich miteinbezogen worden.

Da über die Hälfte der nur gemeinschaftlich handelnden Jungen auch schwere Delikte begangen hat, aber nur 10 % der ausschließlich allein handelnden, können die Differenzen zwischen Alleintätern und gemeinschaftlichen Tätern immer zu einem Teil, oder auch ganz, auf der Verschiedenheit dieses Anteils beruhen. Darum wurden 4 Gruppen gebildet: 1) die nur allein Handelnden — mit 10 %, die u. a. auch schwere Taten begangen haben —, 2) die nur gemeinschaftlich Handelnden — mit 53,5 %, bei denen auch schwere Taten vorkamen, 3) eben diese 53 %, die nur gemeinschaftliche, darunter aber auch schwere Taten begangen haben und 4) die nur gemeinschaftlich Handelnden mit nur einfachen Taten.

Betrachten wir zunächst den Anteil der Rückfälligen unter den Probanden, die früher nur die eine oder andere Art von Taten begangen haben, und zwar erst einmal getrennt nach Begehungsart und Schwere, Tab. 163.

Von den nur allein Handelnden sind mehr rückfällig geworden als von den nur gemeinschaftlich Handelnden (56 % gegenüber 46 %). Insbesondere wurden mehr mittelschwer rückfällig, oder sie zeigten sich als allgemeine Lebensversager bei nur geringer Kriminalität (Gr. IV c).

Tab. 163: Rückfälligkeit nach früherer ausschließlicher Begehung bestimmter Deliktsarten (m)

P mit „früher" nur:

| | nur gem. | | nur all. | | nur einf. | | auch schwer | | nur schwer | |
|---|---|---|---|---|---|---|---|---|---|---|
| später | Pn | % | Pn | % | Pn | % | Pn | % | Pn | % |
| nicht rückfällig | | | | | | | | | | |
| I a | 46 | 35,9 | 18 | 30,5 | 50 | 42,0 | 2 | 5,3 | 12 | 40,0 |
| I b | 23 | 18,0 | 8 | 13,6 | 12 | 10,1 | 13 | 34,2 | 6 | 20,0 |
| insg. | 69 | 53,9 | 26 | 44,1 | 62 | 52,1 | 15 | 39,5 | 18 | 60,0 |
| rückfällig insg. | 59 | 46,1 | 33 | 55,9 | 57 | 47,9 | 23 | 60,5 | 12 | 40,0 |
| davon aus: | | | | | | | | | | |
| II | 24 | 18,8 | 11 | 18,6 | 24 | 20,2 | 7 | 18,4 | 4 | 13,3 |
| III | 17 | 13,3 | 12 | 20,3 | 18 | 15,1 | 8 | 21,1 | 3 | 10,0 |
| IV | 17 | 13,3 | 7 | 11,9 | 11 | 9,2 | 8 | 21,1 | 5 | 16,7 |
| IV c | — | — | 3 | 5,1 | 4 | 3,4 | — | — | — | — |
| früher insg. | 128 | 100,0 | 59 | 100,0 | 119 | 100,0 | 38 | 100,0 | 30 | 100,0 |

Der Vergleich nach der Schwere ist schwieriger, weil nur 12 Probanden früher nur schwere Delikte begingen, und das sind solche mit nur einer Tat oder doch besonders wenigen Taten, insofern also eine günstige Auslese. Andererseits mußten die Probanden mit sowohl einfachen wie schweren Taten alle ja mehr als eine Tat begangen haben und sind insofern ungünstig ausgelesen. Darum ist die Differenz zwischen den Probanden mit nur einfachen und denen mit „u. a. schweren" Delikten vielleicht zu groß, die geringe Rückfallsziffer der Probanden mit nur schweren Taten vielleicht überhaupt irreführend. Immerhin sind aber unter diesen Probanden mehr schwerrückfällig geworden als von denen, die bis 1949 nur einfache Taten begangen hatten; auch ist Gr. I b, die Nichtrückfälligen mit Vortaten, unter ihnen mehr vertreten.

Bei Kombination von Begehungsart und Schwere — Tab. 164 — sind jedenfalls die Probanden mit nur alleinbegangenen einfachen und nur gemeinschaftlichen einfachen früheren Delikten unbedenklich zu vergleichen. Die mit den gemeinschaftlichen einfachen Taten waren seltener rückfällig (44 % gegenüber 53 %), und von ihren Rückfälligen waren es etwas mehr nur leicht, aber etwas mehr auch schwer. Von den Probanden mit nur alleinbegangenen einfachen früheren Taten wurden dagegen besonders viele später mittelschwer rückfällig. — Schwere Taten hatten von den früheren Alleintätern nur 6 begangen, und 5 von ihnen wurden rückfällig, davon 3 schwer, während von denen, die früher gemeinschaftlich sowohl einfache wie schwere Taten begingen, nur 58 % rückfällig wurden, davon die meisten mittelschwer. Die mit früher nur gemeinschaftlichen schweren Taten sind ja zwar ohnehin eine günstige Auslese, aber vielleicht ist es doch wert, vermerkt zu werden, daß über die Hälfte von ihnen später gar nicht mehr straffällig wurden.

Tab. 164: Rückfälligkeit nach früherer ausschließlicher Begehung bestimmter Deliktsarten (kombiniert), m

| | Probanden, deren frühere Vermögensdelikte nur waren | | | | | | | | | | | |
|---|---|---|---|---|---|---|---|---|---|---|---|---|
| | all. einf. | | all. einf. + (o) schw. | | gem. einf. | | gem. einf. + schw. | | gem. schw. | | gem. einf. + (o) schw. | |
| später | Pn | % | Pn | % | Pn | % | Pn | % | Pn | % | Pn | % |
| nicht rückfällig | | | | | | | | | | | | |
| I a | 18 | 34,0 | — | — | 32 | 48,5 | 2 | 6,1 | 12 | 41,4 | 14 | 22,6 |
| I b | 7 | 13,2 | 1 | — | 5 | 7,6 | 12 | 36,4 | 6 | 20,7 | 18 | 29,0 |
| insg. | 25 | 47,2 | 1 | — | 37 | 56,1 | 14 | 42,4 | 18 | 62,1 | 32 | 51,6 |
| rückfällig insg. | 28 | 52,8 | 5 | 83,3 | 29 | 43,9 | 19 | 57,6 | 11 | 37,9 | 30 | 48,4 |
| davon | | | | | | | | | | | | |
| II | 10 | 18,9 | 1 | — | 14 | 21,2 | 6 | 18,6 | 4 | 13,8 | 10 | 16,1 |
| III | 11 | 20,8 | 1 | — | 7 | 10,6 | 8 | 24,2 | 2 | 6,9 | 10 | 16,1 |
| IV | 4 | 7,5 | 3 | — | 7 | 10,6 | 5 | 15,2 | 5 | 17,2 | 10 | 16,1 |
| IV c | 3 | 5,7 | — | — | 1 | 1,5 | — | — | — | — | — | — |
| früher insg. | 53 | 100,0 | 6 | 100,0 | 66 | 100,0 | 33 | 100,0 | 29 | 100,0 | 62 | 100,0 |

## b) Die Täter nach sozialen und persönlichen Faktoren

In Tab. 165 sind die 88 Jungen, die alle ihre Taten gemeinschaftlich begangen haben, neben die 37 Jungen gestellt worden, die nur allein aufgetreten sind, dabei aber auch nur einfache Vermögensdelikte begangen haben. Vier weitere Jungen, die nur allein tätig geworden waren, aber auch

Tab. 165: Anteil der verschiedenen Probandengruppen an den Tätern mit nur einem Deliktstyp

| | Probanden (m), die Vermögensdelikte begingen nur: | | | | | | | |
|---|---|---|---|---|---|---|---|---|
| | allein | | gemeinsam | | | | | |
| | einfach Pn = 37 | | einfach Pn = 41 | | u. a. schwer Pn = 47 | | gem. insg. Pn = 88 | |
| | n | % | n | % | n | % | n | % |
| männliche P | 37 | 14,5[1] | 41 | 16,0[1] | 47 | 18,4[1] | 88 | 34,4[1] |
| weibliche P | 31 | 70,5[2] | 4 | 9,1[2] | — | — | 4 | 9,1[2] |
| I a | 9 | 24,3 | 28 | 68,3 | 9 | 19,1 | 37 | 42,0 |
| I b | 10 | 27,0 | 5 | 12,2 | 16 | 34,0 | 21 | 23,9 |
| I | 19 | 51,4 | 33 | 80,5 | 25 | 53,2 | 58 | 65,9 |
| II | 5 | 13,5 | 7 | 17,1 | 10 | 21,3 | 17 | 19,3 |

[1] hier % aller Jungen
[2] hier % aller Mädchen

| | Probanden (m), die Vermögensdelikte begingen nur | | | | | | | |
|---|---|---|---|---|---|---|---|---|
| | allein | | gemeinsam | | | | | |
| | einfach Pn = 37 | | einfach Pn = 41 | | u. a. schwer Pn = 47 | | gem. insg. Pn = 88 | |
| | n | % | n | % | n | % | n | % |
| III | 6 | 16,2 | — | — | 8 | 17,0 | 8 | 9,1 |
| IV | 5 | 13,5 | — | — | 4 | 8,5 | 4 | 4,5 |
| Alter bei 1. Verm.Delikt | 15;4 | | 15;6 | | 14;11 | | 15;2 | |
| Zahl der Taten als Strafunmündiger | | | | | | | | |
| pro P | 0,5 | | 0,3 | | 0,5 | | 0,4 | |
| pro betr. P | 4,0 | | 3,0 | | 2,2 | | 2,4 | |
| Zahl der Taten vor Währungsreform: | | | | | | | | |
| pro P | 1,3 | | 0,3 | | 1,3 | | 0,8 | |
| pro betr. P | 3,7 | | 2,8 | | 2,2 | | 2,3 | |
| Dauer der ersten krim. Periode Jahre | 1;2 | | 0;4 | | 1;8 | | 1;1 | |
| Früheres durchschn. Rückfallsintervall | | | | | | | | |
| Mon. pro P | 2,8 | | 1,2 | | 9,5 | | 5,6 | |
| Mon. pro betr. P | 6,6 | | 6,8 | | 16,6 | | 14,5 | |
| Späteres durchschn. Rückfallsintervall | | | | | | | | |
| Mon. pro P | 5,8 | | 2,8 | | 6,4 | | 4,7 | |
| Mon. pro betr. P | 14,4 | | 16,3 | | 14,3 | | 14,8 | |
| Dauer der ganzen krim. Periode Jahre | 2;11 | | 0;9 | | 2;11 | | 1;11 | |
| Alter bei letztem Verm.Delikt | 17;6 | | 16;2 | | 17;3 | | 16;8 | |
| Zahl der Verm.Delikte insg. | 9,1 | | 3,0 | | 6,9 | | 5,1 | |
| Zahl der nichtangez. Verm.Delikte | | | | | | | | |
| pro P | 2,6 | | — | | — | | — | |
| pro betr. P | 4,3 | | — | | — | | — | |
| Familie | | | | | | | | |
| bürgerlich | 5 | 13,5 | 2 | 4,9 | 4 | 8,5 | 6 | 6,8 |
| kleinbürgerlich | 17 | 45,9 | 21 | 51,3 | 21 | 44,7 | 42 | 47,7 |
| proletarisch | 15 | 40,5 | 18 | 44,0 | 21 | 44,7 | 39 | 44,3 |
| wirtsch. gut | 1 | 2,7 | 5 | 12,2 | 1 | 2,1 | 6 | 6,8 |
| mittel | 14 | 37,8 | 19 | 46,3 | 20 | 42,6 | 39 | 44,3 |
| Not | 22 | 59,5 | 17 | 41,5 | 25 | 53,2 | 42 | 47,7 |
| kleinb. wirtsch. mittel | 7 | 18,9 | 13 | 31,7 | 11 | 23,4 | 24 | 27,3 |
| wirtsch. Not | 10 | 27,0 | 4 | 9,8 | 9 | 19,1 | 13 | 14,8 |
| prolet. wirtsch. mittel | 4 | 10,8 | 5 | 12,2 | 5 | 10,6 | 10 | 11,4 |
| wirtsch. Not | 11 | 29,7 | 13 | 31,7 | 16 | 34,0 | 29 | 33,0 |

| | Probanden (m), die Vermögensdelikte begingen nur | | | | | | | |
|---|---|---|---|---|---|---|---|---|
| | allein | | gemeinsam | | | | | |
| | einfach Pn = 37 | | einfach Pn = 41 | | u. a. schwer Pn = 47 | | gem. insg. Pn = 88 | |
| | n | % | n | % | n | % | n | % |
| **Familie** | | | | | | | | |
| sozial eingeordnet | 30 | 81,1 | 34 | 82,9 | 30 | 63,8 | 64 | 72,7 |
| asozial | 5 | 13,5 | 5 | 12,2 | 13 | 27,7 | 18 | 20,5 |
| harmonisch | 15 | 40,5 | 20 | 48,8 | 20 | 42,6 | 40 | 45,5 |
| unharmonisch | 20 | 54,1 | 19 | 46,4 | 23 | 48,9 | 42 | 47,7 |
| äuß. Störungen | 24 | 64,9 | 11 | 26,8 | 18 | 38,3 | 29 | 33,0 |
| **P's Schulabgang** | | | | | | | | |
| VSch Kl. 8 o. mehr | 26 | 70,3 | 24 | 58,6 | 27 | 57,4 | 51 | 58,0 |
| VSch Kl. 7 o. weniger | 8 | 21,6 | 12 | 29,3 | 10 | 21,3 | 22 | 25,0 |
| HiSch Kl. 8 o. mehr | 2 | 5,4 | 2 | 4,9 | 3 | 6,4 | 5 | 5,7 |
| HiSch Kl. 7 o. weniger | 1 | 2,7 | 3 | 7,3 | 7 | 14,9 | 10 | 11,4 |
| HiSch insg. | 3 | 8,1 | 5 | 12,2 | 10 | 21,3 | 15 | 17,0 |
| **VSch-Betragen** | | | | | | | | |
| gut o. mittel | 12 | 32,4 | 24 | 58,6 | 21 | 44,7 | 45 | 51,1 |
| schlecht | 2 | 5,4 | 1 | 2,4 | 3 | 6,4 | 4 | 4,5 |
| kein Schwänzen | 12 | 32,4 | 25 | 61,0 | 16 | 34,0 | 41 | 46,6 |
| Schwänzen | 6 | 16,2 | 4 | 9,8 | 14 | 29,8 | 18 | 20,5 |
| Quot. $\frac{\text{kein Schwänzen}}{\text{Schwänzen}}$ | 2,0 | | 6,3 | | 1,1 | | 2,3 | |
| P unehelich | | | | | | | | |
| mit StV | 2 | 5,4 | — | — | 2 | 4,3 | 2 | 2,3 |
| ohne StV | 2 | 5,4 | 1 | 2,4 | 3 | 6,4 | 4 | 4,5 |
| V tot | 10 | 27,0 | 3 | 7,3 | 10 | 21,3 | 13 | 14,8 |
| M tot | 5 | 13,5 | 1 | 2,4 | — | — | 1 | 1,1 |
| V+M tot | — | — | 1 | 2,4 | 2 | 4,3 | 3 | 3,4 |
| Ehe schlecht | 3 | 8,1 | 11 | 26,8 | 7 | 14,9 | 18 | 20,5 |
| Ehe geschieden | 8 | 21,6 | 8 | 19,5 | 8 | 17,0 | 16 | 18,2 |
| **Familie besteht aus** | | | | | | | | |
| V+M | 12 | 32,4 | 28 | 68,3 | 22 | 46,8 | 50 | 56,8 |
| M | 7 | 18,9 | 8 | 19,5 | 12 | 25,5 | 20 | 22,7 |
| M+StV | 7 | 18,9 | 3 | 7,3 | 9 | 19,1 | 12 | 13,6 |
| V | — | — | — | — | — | — | — | — |
| V+StM | 8 | 21,6 | 1 | 2,4 | — | — | 1 | 1,1 |
| wechs. StE | 1 | 2,7 | — | — | — | — | — | — |
| Pflegeeltern | 2 | 5,4 | 1 | 2,4 | 3 | 6,4 | 4 | 4,5 |
| StE insg. | 16 | 43,9 | 4 | 9,8 | 9 | 19,1 | 13 | 14,8 |
| StE o. StGeschw. | 8 | 21,6 | 2 | 4,9 | 6 | 12,8 | 8 | 9,1 |
| StE m. StGeschw. | 8 | 21,6 | 2 | 4,9 | 3 | 6,4 | 5 | 5,7 |

| | Probanden (m), die Vermögensdelikte begingen nur: | | | | | | | |
|---|---|---|---|---|---|---|---|---|
| | allein | | gemeinsam | | | | | |
| | einfach Pn = 37 | | einfach Pn = 41 | | u. a. schwer Pn = 47 | | gem. insg. Pn = 88 | |
| | n | % | n | % | n | % | n | % |
| **P wuchs auf bei** | | | | | | | | |
| nur eign. Eltern | 4 | 10,8 | 11 | 26,8 | 9 | 19,1 | 20 | 22,7 |
| eign. Eltern + KLV | 9 | 24,3 | 20 | 48,9 | 19 | 40,4 | 39 | 44,3 |
| eign. Eltern + Heim | 4 | 10,8 | 2 | 4,9 | 5 | 10,6 | 7 | 8,0 |
| Eltern + StE | 8 | 21,6 | 3 | 7,3 | 7 | 14,9 | 10 | 11,4 |
| einm. Fam.Wechsel | 2 | 5,4 | 4 | 9,8 | 3 | 6,4 | 7 | 8,0 |
| wiederh. Fam.Wechsel | 9 | 24,3 | 1 | 2,4 | 4 | 8,5 | 5 | 5,7 |
| eign. Eltern (+ KLV) | 13 | 35,1 | 31 | 75,6 | 28 | 59,6 | 59 | 67,0 |
| Elt. + StE | 8 | 21,6 | 3 | 7,3 | 7 | 14,9 | 10 | 11,4 |
| Fam.Wechsel | 11 | 29,7 | 5 | 12,2 | 7 | 14,9 | 12 | 13,6 |
| **Trennung vom Elternh** | | | | | | | | |
| Trennung überh. | 33 | 89,2 | 33 | 80,5 | 37 | 78,7 | 70 | 79,5 |
| Jahre pro P | 3,28 | | 1,39 | | 1,97 | | 1,70 | |
| Jahre pro betr. P | 3,68 | | 1,73 | | 2,50 | | 2,14 | |
| **Trennung von der Mutter** | | | | | | | | |
| Trennung überhaupt | 36 | 97,3 | 33 | 80,5 | 40 | 85,1 | 73 | 83,0 |
| Alter bei 1. längerer Trennung | | | | | | | | |
| unter 3 | 14 | 37,8 | 7 | 17,1 | 10 | 21,3 | 17 | 19,3 |
| unter 6 | 18 | 48,6 | 9 | 22,0 | 18 | 38,3 | 27 | 30,7 |
| pro betr. P | 4,96 | | 7,00 | | 6,38 | | 6,64 | |
| Alter bei endg. Trennung | | | | | | | | |
| unter 3 | 7 | 18,9 | — | — | 2 | 4,3 | 2 | 2,3 |
| unter 6 | 8 | 21,6 | — | — | 2 | 4,3 | 2 | 2,3 |
| pro betr P im Jahr | 1,88 | | 8,50[1] | | 3,83 | | 5,00 | |
| **Gefühlszuwendg. d. V** | | | | | | | | |
| besonders warm | 3 | 8,1 | 4 | 9,8 | 6 | 12,8 | 10 | 11,4 |
| warm | 14 | 37,8 | 18 | 44,0 | 22 | 46,8 | 40 | 45,5 |
| ambivalent | 3 | 8,1 | 3 | 7,3 | 5 | 10,6 | 8 | 9,1 |
| kühl, kalt | 10 | 27,0 | 10 | 24,4 | 5 | 10,6 | 15 | 17,0 |
| Quot. $\frac{\text{warm}}{\text{kalt}}$ | 1,70 | | 2,20 | | 5,60 | | 3,33 | |
| Quot. $\frac{\text{warm}}{\text{ambiv.} + \text{kalt}}$ | 1,31 | | 1,69 | | 2,80 | | 2,17 | |
| **Berufstätigkeit d. M.** | | | | | | | | |
| frühe Kindheit | 5 | 13,5 | 6 | 14,6 | 9 | 19,1 | 15 | 17,0 |
| Kindheit | 8 | 21,6 | 11 | 26,8 | 11 | 23,4 | 22 | 25,0 |
| Tatzeit | 14 | 37,8 | 14 | 34,2 | 19 | 40,4 | 33 | 37,5 |
| nie | 18 | 48,6 | 13 | 31,7 | 21 | 44,7 | 34 | 38,6 |

[1] nur 1 Fall.

| | Probanden (m), die Vermögensdelikte begingen nur: | | | | | | | |
|---|---|---|---|---|---|---|---|---|
| | allein | | gemeinsam | | | | | |
| | einfach | | einfach | | u. a. schwer | | gem. insg. | |
| | Pn = 37 | | Pn = 41 | | Pn = 47 | | Pn = 88 | |
| | n | % | n | % | n | % | n | % |
| **Gefühlszuwendung d. M.** | | | | | | | | |
| besonders warm | 1 | 2,7 | 8 | 19,5 | 5 | 10,6 | 13 | 14,8 |
| warm | 9 | 21,6 | 21 | 51,3 | 16 | 34,0 | 37 | 42,0 |
| ambivalent | 15 | 40,5 | 5 | 12,2 | 10 | 21,3 | 15 | 17,0 |
| kühl, kalt | 11 | 32,4 | 4 | 9,8 | 9 | 19,1 | 13 | 14,8 |
| Quot. $\frac{\text{warm}}{\text{kalt}}$ | 0,9 | | 7,3 | | 2,3 | | 3,9 | |
| Quot. $\frac{\text{warm}}{\text{ambiv.} + \text{kalt}}$ | 0,4 | | 3,2 | | 1,1 | | 1,8 | |
| **Dominanz der M** | | | | | | | | |
| tyrannisch | 6 | 16,2 | 2 | 4,9 | 6 | 12,8 | 8 | 9,1 |
| bestimmt | 11 | 29,7 | 21 | 51,3 | 13 | 27,7 | 34 | 38,6 |
| wechselnd | 5 | 13,5 | 6 | 14,6 | 6 | 12,8 | 12 | 13,6 |
| nachgiebig | 6 | 16,2 | 6 | 14,6 | 15 | 31,9 | 21 | 23,9 |
| sehr bestimmbar | 1 | 2,7 | 1 | 2,4 | 3 | 6,4 | 4 | 4,5 |
| Quot. $\frac{\text{bestimmt}}{\text{nachg.}}$ | 2,4 | | 3,3 | | 1,1 | | 1,7 | |
| **Rolle des P bei V** | | | | | | | | |
| immer erste | 8 | 21,6 | 8 | 19,5 | 13 | 27,7 | 21 | 23,9 |
| nur zuerst erste | 8 | 21,6 | 1 | 2,4 | 4 | 8,5 | 5 | 5,7 |
| immer zweite | 5 | 13,5 | 4 | 9,8 | 5 | 10,6 | 9 | 10,2 |
| Quot. $\frac{\text{immer erste}}{\text{immer zweite}}$ | 1,6 | | 2,0 | | 2,60 | | 2,33 | |
| **Rolle des P bei M** | | | | | | | | |
| immer erste | 6 | 16,2 | 9 | 22,0 | 11 | 23,4 | 20 | 22,7 |
| nur zuerst erste | 9 | 24,3 | 3 | 7,3 | 4 | 8,5 | 7 | 8,0 |
| immer zweite | 3 | 8,1 | 2 | 4,9 | 6 | 12,8 | 8 | 9,1 |
| Quot. $\frac{\text{immer erste}}{\text{immer zweite}}$ | 2,0 | | 4,5 | | 1,8 | | 2,5 | |
| **Stellung des P zu den Eltern** | | | | | | | | |
| ausgespr. Vaterkind | 5 | 13,5 | 2 | 4,9 | 6 | 12,8 | 8 | 9,1 |
| eher Vaterkind | 3 | 8,1 | 4 | 9,8 | 5 | 10,6 | 9 | 10,2 |
| größtes M'Kind | 3 | 8,1 | 10 | 24,4 | 6 | 12,8 | 16 | 18,2 |
| M'Kind wie anderes | 4 | 10,8 | 7 | 17,1 | 9 | 19,1 | 16 | 18,2 |
| eher M'Kind | 7 | 18,9 | 10 | 24,4 | 4 | 8,5 | 14 | 15,9 |
| früh Omakind o. ä. | 11 | 29,7 | 7 | 17,1 | 6 | 12,8 | 13 | 14,8 |
| Quot. $\frac{\text{gr. V'Kind}}{\text{gr. M'Kind}}$ | 1,7 | | 0,2 | | 1,0 | | 0,5 | |
| Quot. $\frac{\text{V'Kind insg.}}{\text{M'Kind insg.}}$ | 0,6 | | 0,2 | | 0,6 | | 0,4 | |

Probanden (m), die Vermögensdelikte begingen n u r :

| | allein | | gemeinsam | | | | | |
|---|---|---|---|---|---|---|---|---|
| | einfach Pn = 37 | | einfach Pn = 41 | | u. a. schwer Pn = 47 | | gem. insg. Pn = 88 | |
| | n | % | n | % | n | % | n | % |
| **P als Kind** | | | | | | | | |
| ruhig | 21 | 56,8 | 17 | 41,5 | 24 | 51,1 | 41 | 46,6 |
| lebhaft | 10 | 27,0 | 21 | 51,3 | 18 | 38,3 | 39 | 44,3 |
| wild | 1 | 2,7 | 5 | 12,2 | 3 | 6,4 | 8 | 9,1 |
| Einzelgänger | 13 | 35,1 | 6 | 14,6 | 10 | 21,3 | 16 | 18,2 |
| gesellig | 13 | 35,1 | 26 | 63,4 | 26 | 55,3 | 52 | 59,1 |
| warm | 11 | 29,7 | 26 | 63,4 | 27 | 57,4 | 51 | 58,0 |
| ambivalent | 17 | 45,9 | 4 | 9,8 | 9 | 19,1 | 13 | 14,8 |
| kühl | 3 | 8,1 | 2 | 4,8 | 4 | 8,5 | 6 | 6,8 |
| **P als Kind** | | | | | | | | |
| dominierte | — | — | 2 | 4,9 | 2 | 4,3 | 4 | 4,5 |
| selbständig | 4 | 10,8 | 15 | 38,6 | 7 | 14,9 | 22 | 25,0 |
| zw. Trotz u. Nachgiebigk. schw. | 9 | 24,3 | 1 | 2,4 | 7 | 14,9 | 8 | 9,1 |
| eher nachgiebig | 10 | 27,0 | 17 | 41,5 | 17 | 36,2 | 34 | 38,6 |
| sehr bestimmbar | 9 | 24,3 | 4 | 9,8 | 9 | 19,1 | 13 | 14,8 |
| unterwürfig | 5 | 13,5 | — | — | — | — | — | — |
| Quot. sich durchs. / nachgiebig | 0,2 | | 0,8 | | 0,4 | | 0,6 | |
| **körperlicher Zustand des P** | | | | | | | | |
| immer schwächlich | 3 | 8,1 | 11 | 26,8 | 7 | 14,9 | 18 | 20,5 |
| nur früher schw. | 12 | 32,4 | 10 | 24,4 | 10 | 21,3 | 20 | 22,7 |
| immer gesund | 17 | 45,9 | 31 | 75,6 | 9 | 19,1 | 40 | 45,5 |
| **Häusliche Erz.Schwierigk.** | | | | | | | | |
| schon unter 7 Jahren | — | — | — | — | 2 | 4,3 | 2 | 2,3 |
| 7 bis unter 13 Jahren | 7 | 18,9 | 1 | 2,4 | 2 | 4,3 | 3 | 3,4 |
| nach 13 Jahren | 15 | 40,5 | 6 | 14,6 | 7 | 14,9 | 13 | 14,8 |
| überhaupt | 22 | 59,5 | 7 | 17,1 | 11 | 23,4 | 18 | 20,5 |
| erhebliche | 20 | 54,1 | 5 | 12,2 | 6 | 12,8 | 11 | 12,5 |
| geringe | 2 | 5,4 | 2 | 4,8 | 5 | 10,6 | 7 | 8,0 |
| **Zahl der Arb.St. pro J bis Verurt. 1949** | | | | | | | | |
| pro P | 2,1 | | 0,6 | | 1,1 | | 0,9 | |
| pro betr. P | 2,5 | | 1,3 | | 1,8 | | 1,6 | |
| **P früher** | | | | | | | | |
| Herumtreiben | 20 | 54,1 | 6 | 14,6 | 14 | 29,8 | 20 | 22,7 |
| kein Herumtreiben | 17 | 15,9 | 33 | 80,5 | 28 | 59,6 | 61 | 69,3 |
| Entl. von zu Hause | 10 | 27,0 | 3 | 7,3 | 1 | 2,1 | 4 | 4,5 |
| Entl. aus Heim | 3 | 8,1 | 1 | 2,4 | 2 | 4,3 | 3 | 3,4 |
| Heim o. Entlaufen | 7 | 18,9 | 2 | 4,9 | 5 | 10,6 | 7 | 8,0 |

Probanden (m), die Vermögensdelikte begingen **nur**:

| | allein | | gemeinsam | | | | | |
|---|---|---|---|---|---|---|---|---|
| | einfach Pn = 37 | | einfach Pn = 41 | | u. a. schwer Pn = 47 | | gem. insg. Pn = 88 | |
| | n | % | n | % | n | % | n | % |
| P später | | | | | | | | |
| ausgelernt | 12 | 32,4 | 18 | 44,0 | 19 | 40,4 | 37 | 42,0 |
| Lehre abgebrochen | 16 | 43,2 | 9 | 22,0 | 8 | 17,0 | 17 | 19,3 |
| immer ungelernt | 8 | 21,6 | 14 | 34,2 | 19 | 40,4 | 33 | 37,5 |
| Quot. $\frac{\text{Lehre abgebr.}}{\text{Lehre begonnen}}$ | 0,57 | | 0,33 | | 0,30 | | 0,32 | |
| Quot. $\frac{\text{Lehre begonnen}}{\text{immer ungel.}}$ | 3,50 | | 1,93 | | 1,42 | | 1,64 | |
| Herumtreiben | 11 | 29,7 | 2 | 4,9 | 8 | 17,0 | 10 | 11,4 |
| kein Herumtreiben | 26 | 70,3 | 38 | 92,7 | 39 | 83,0 | 77 | 87,5 |
| Entl. von zu Hause | 9 | 24,3 | — | — | 1 | 2,1 | 1 | 1,1 |
| Heim o. Entlaufen | 6 | 16,2 | 1 | 2,4 | 4 | 8,5 | 5 | 5,7 |
| Entl. aus Heim | 5 | 13,5 | 1 | 2,4 | 7 | 14,9 | 8 | 9,1 |
| durchschn. Dauer d. spät. Arbeitsstellen in. Mon. | 11,2 | | 14,0 | | 11,5 | | 12,7 | |
| geizig | 4 | 10,8 | 7 | 17,1 | 6 | 12,8 | 13 | 14,8 |
| norm. vorsorgend | 10 | 27,0 | 24 | 58,6 | 19 | 40,4 | 43 | 48,9 |
| harmlos großzügig | 7 | 18,9 | 5 | 12,2 | 7 | 14,9 | 12 | 13,6 |
| leichtfertig | 8 | 21,6 | 5 | 12,2 | 5 | 10,6 | 10 | 11,4 |
| verjubelt | 2 | 5,4 | — | — | 2 | 4,3 | 2 | 2,3 |
| sparsam insg. | 14 | 37,8 | 30 | 73,2 | 26 | 55,3 | 56 | 63,6 |
| nicht sparsam | 17 | 45,9 | 10 | 24,4 | 14 | 29,8 | 24 | 27,3 |
| leichtfertig insg. | 10 | 27,0 | 5 | 12,2 | 7 | 14,9 | 12 | 13,6 |
| P in der Geschwisterreihe[1] | | | | | | | | |
| Ältester | 17 | 45,9 | 10 | 24,4 | 18 | 38,3 | 28 | 31,8 |
| Mittlerer | 7 | 18,9 | 16 | 39,0 | 11 | 23,4 | 27 | 30,7 |
| Jüngster | 5 | 13,5 | 10 | 24,4 | 11 | 23,4 | 21 | 23,9 |
| Einziger | 8 | 21,6 | 5 | 12,2 | 7 | 14,9 | 12 | 13,6 |

[1] Dazu eine Tabelle, die ich mir aus *Lees* und *Newson* errechnet habe, die diese Faktoren bei englischen Probationern prüften (1954/55, 51).

| Es begingen Delikte | Älteste | | Mittlere | | Jüngste | | Einzige | |
|---|---|---|---|---|---|---|---|---|
| allein | 15 | 30,0 | 21 | 20,0 | 13 | 30,9 | 4 | 40,0 |
| gemeinschaftlich | 35 | 70,0 | 83 | 79,8 | 29 | 69,1 | 6 | 60,0 |
| insgesamt | 50 | 100,0 | 104 | 100,0 | 42 | 100,0 | 10 | 100,0 |

schwere Taten begangen hatten, wurden aus den Betrachtungen ganz ausgeschieden, weil sie die Gruppe der Alleintäter uneinheitlich gemacht hätten, für sich allein aber für die Berechnung von Korrelationen zu wenige waren. Ferner wurden aber auch einige Jungen ausgeschieden, die ein einziges Mal allein in fremder Umgebung etwas für ihre Familie organisiert hatten, wie z. B. ein Junge, der im Hafen von einer heruntergefallenen Ladung im Vorbeigehen alte Kleidungsstücke für sich und seine Geschwister mitnahm.

Der Übersicht halber soll hier zusammengestellt werden, welche Faktoren in den einzelnen Gruppen ihr Maximum haben, und zwar etwas zusammengefaßt, da die Einzelheiten ja aus der Tabelle ersichtlich sind, und auch ohne Rücksicht auf die Größe der Differenzen.

Am häufigsten war bei den

| Alleintätern | gemeinschaftlichen Tätern | |
|---|---|---|
| mit einf. Taten | mit einf. Taten | mit schw. Taten |
| Gr. IV | Gr. I a, I | Gr. I b, II, III |
| älter b. letzt. Straft. | | jünger b. l. Straft. |
| Zahl der VermDel. | | |
| Familie: | Familie: | Familie: |
| bürgerlich | kleinbürgerlich | proletarisch |
| wirtsch. Not | wirtsch. gut o. mitt. | proletar., wi. Not |
| kleinb., wi. Not | | |
| M nie berufstätig | sozial eingeordnet | asozial |
| P VSch. Kl. 8+ | P VSch Kl. 7— | P Hilfsschule |
| | gutes Schulbetr. | Schwänzen |
| Fam. unharmonisch | Fam. harmonisch | |
| unehel. mit StV | | unehelich ohne StV |
| V tot | | |
| M tot | | |
| Eltern geschieden | Ehe der Eltern schlecht | |
| Fam. besteht aus: | Fam. besteht aus: | Fam. besteht aus: |
| V+StM | V+M | M |
| wechs. StE | | M früh berufstätig |
| StE insg. | | M sehr nachgiebig |
| wiederh. Fam.Wechsel | einm. Familienwechs. | |
| | nur bei eign. Eltern | |
| Trennung von Eltern | | |
| überhaupt | keine Trennung v. Elt. | |
| längere Dauer | keine Trennung v. Mutter | |
| Trennung von Mutter | | |
| überhaupt | | |
| endgültig | | |
| früh | | |

| Alleintätern | gemeinschaftlichen Tätern | |
|---|---|---|
| mit einf. Taten | mit einf. Taten | mit schw. Taten |
| Gr. IV | Gr. I a, I | Gr. I b, II, III |
| V nicht warmherzig | | V warmherzig |
| M nicht warmherzig | M warmherzig | |
| M herrschsüchtig | P gute Rolle bei M | P gute Rolle bei V |
| | M fest, bestimmt | |
| P Ält., Einz. Kind | P Mittl. (Jüngst.) | M sehr nachgiebig |
| P Vaterkind | P Mutterkind | |
| P ruhig | P lebhaft | |
| Einzelgänger | unruhig, wild | |
| gefühlsambivalent | gesellig | |
| hilfloser Trotz | warmherzig | |
| sehr bestimmbar | dominierend | |
| unterwürfig | selbständig | |
| | mäß. nachgiebig | |
| häusl. Erzieh. Schwier. | keine häusl. Erz. Schwier. | |
| Herumtreiben | kein Herumtreiben | |
| früher und später | | |
| Entl. von zu Hause | | |
| früher und später | | |
| Arbeitsstellenwechsel | | |
| Beginn einer Lehre | | immer ungelernt |
| Abbruch einer Lehre, | begonnene Lehre beendet | |
| wenn eine begonnen | längere Arbeitsstellen | |
| wirtsch. leichtfertig | sparsam, vorsorgend | |

Mehreres zeigt sich dabei ziemlich deutlich. Die gemeinschaftlichen Täter, die auch schwere Taten begangen haben, kamen öfter als die anderen aus den einfachsten Verhältnissen, standen begabungsmäßig und nach ihrem beruflichen Start hinter ihnen zurück und schienen erziehlich relativ oft vernachlässigt, erstens durch die Asozialität ihres Milieus überhaupt, und dann durch eine — öfter alleinstehende — übernachgiebige und oft auch in den frühen Kinderjahren der Probanden berufstätigen Mutter. Sie begannen am frühesten mit ihren Straftaten, obwohl auch ihre frühe Kriminalität im übrigen, nämlich nach Rückfallsintervallen und der Zahl ihrer Taten — nicht erheblicher war als die der Alleintäter (wobei man natürlich die größere „Schwere" ihrer Taten nicht vergessen darf).

Die Alleintäter und die gemeinschaftlichen Täter mit nur einfachen Taten kamen praktisch gleich oft aus sozial eingeordneten und aus asozialen Familien. Nach dem sozialen Rang lagen die Familien der Alleintäter im ganzen etwas höher, und auch nach der Schulbildung und dem Berufsstart war die Lage der Alleintäter am günstigsten, in wirtschaftlicher Hinsicht allerdings gerade nicht.

Fast alle Faktoren aber, die die persönliche Zusammensetzung der Familie und das persönliche Verhältnis der Probanden zu ihren Angehörigen betrafen, waren bei den Alleintätern am häufigsten ungünstig, und sie selbst zeigten schon in der Kindheit am häufigsten Störungen des Gefühls- und des Willenlebens, die ja für das spätere Verharren in der Kriminalität so entscheidend sind. Bemerkenswert ist auch, daß diese Probanden trotz besserem häuslichen Milieu — jedenfalls eben, was die äußere soziale Einordnung der Familie anlangt — doch schon mehr Erziehungsschwierigkeiten machten, sich mehr herumtrieben und von zu Hause entliefen, daß sie auch beruflich öfter versagten und später auch in ihrem wirtschaftlichen Gebaren leichtfertiger waren als die gemeinschaftlichen Täter mit schweren Taten.

Die gemeinschaftlichen Täter mit nur einfachen Taten kamen am häufigsten aus einem normal zusammengesetzten und menschlich freundlichen Zuhause, wobei gerade die Rolle der Mutter als einer warmherzigen und bestimmten Frau hervortrat. Als herrschsüchtig und kühl erschien die Mutter am häufigsten bei den ja in mancher Hinsicht gehemmten Alleintätern, als nur mäßig warm und als übertrieben nachgiebig bei den enthemmten gemeinschaftlichen Tätern mit schweren Taten.

Obwohl diese Probanden mit ihrer ausschließlich gemeinsamen oder ausschließlich einsamen Straffälligkeit nur eine Sondergruppe sind, ist es doch bemerkenswert, daß mit einer ganzen Reihe ungünstiger Merkmale — und zwar gerade solcher, die für die s p ä t e r e Entwicklung von besonderer Bedeutung sind — nicht die Jungen an der Spitze stehen, die (gemeinschaftlich) schwere Taten begangen haben, sondern die Täter einfacher, aber allerdings alleinbegangener Vermögensdelikte. Die Täter der schweren Taten stehen in menschlicher Hinsicht — sowohl was ihre Umgebung wie was sie selbst anlangt — zwischen den beiden anderen Gruppen. D. h. auch die Schwere der Vermögensdelikte hat nicht nur etwas mit dem asozialen Milieu, sondern durchaus auch etwas mit den menschlichen Verhältnissen in der Familie zu tun, aber doch nicht so sehr wie die Alleinbegehung. Und das erscheint darum als so besonders wichtig, weil viele dieser Jungen, die gemeinschaftlich schwere Taten begingen, zwar wiederholt straffällig wurden, aber schließlich doch auch öfter von den Straftaten wegfanden als die Alleintäter[50].

## E x k u r s : E r g e b n i s s e a n d e r e r U n t e r s u c h u n g e n

Nachträglich stieß ich auf die Befunde, die v a n H e e r d e - v a n S c h r e v e n (1957) an 8—15jährigen Dieben in Groningen gewonnen hat, und die mit den hier vorliegenden nicht in allen Einzelheiten, aber, wie mir

[50] Fälle von Probanden nur mit allein begangenen einfachen Diebstählen: *7, 167, 227, 12, 240, 123.*
Fälle von Probanden mit nur gemeinschaftlich begangenen Taten: *210, 148, 53, 171, 39, 250, 49, 03, 27, 22, 229, 201, 57, 164, 299.*

scheint, im entscheidenden Prinzip übereinstimmen. Bei dem dortigen Vergleich von gemeinschaftlichen und alleinhandelnden Tätern ergab sich[51]:

1. Zusammensetzung der Familie[52]

| | von 402 gemeinsch. T. % | | von 208 Alleint. % | |
|---|---|---|---|---|
| M tot | 3,0 | | 5,3 | |
| davon StM | | 1,0 | | 3,8 |
| V tot | 5,5 | | 4,8 | |
| davon StV | | 2,2 | | 1,0 |
| davon Konkubin. | | 0,5 | | 1,9 |
| Vollwaise (bGr.M) | 0,3 | | — | |
| Elt. geschieden | 5,7 | | 5,8 | |
| davon bei V | | 0,3 | | 1,4 (zT StM) |
| davon bei M | | 4,7 | | 3,8 |
| davon bei PflElt | | 0,7 | | 1,0 (zT Hm) |
| 1 Elter weggel. | 1,3 | | 3,4 | |
| V unbek. | 0,3 | | — | |
| insg. unvollst. Fam. | 15,9 | | 19,3 | |
| V im Ausland, in Anstalt, nie da | 7,2 | | 13,5 | |
| insg. Störung | 23,1 | | 32,7 | |

Bei den Alleintätern finden sich also mehr Störungen[53], wobei zu beachten ist, daß die Differenzen wegen der größeren absoluten Zahlen mehr besagen als bei mir. Es ist den Zahlen und weiteren Textangaben zu entnehmen, daß die Alleintäter in 4,8 % der Fälle eine StM hatten, die gemeinschaftlichen nur zu 1 % (StV: 2,9 und 2,7 %, sicher bei M. allein: 5,8 und 7,5 %, dazu allerdings vielleicht noch weitere Probanden).

Zur persönlichen Atmosphäre der Familie ergab sich ferner[54]:

| | von 333 gemeinsch. T. % | von 162 Alleint. % |
|---|---|---|
| V sehr nervös | 5,4 | 9,9 |
| M sehr nervös | 14,1 | 16,7 |
| beide Eltern sehr nervös | 0,6 | 4,0 |

also Differenzen, die in die gleiche Richtung weisen.

[51] Die Zusammenstellungen und z. T. auch die Prozentberechnungen sind von mir nach Angaben gemacht, die sich dort im Text finden.

[52] Nach *van Heerde-van Schreven* S. 261—263.

[53] Anders an einer Stelle des Textes, S. 262, wo es heißt, nur bei 33 = 16 % der Alleintäter fänden sich „Besonderheiten" in der Familienzusammensetzung, und das sei — S. 263 — weniger als bei den gemeinschaftlichen Tätern mit 23 %. Da 33 aber die Täterzahl ist, die sich ergibt, wenn man nur Tod und Scheidung der Eltern, nicht aber die Eltern mitzählt, die die Familie verlassen haben, und da

Anders dagegen, auch hier, die Unterschiede in der sozialen Einordnung der Familie, nämlich

| | von 333 gemeinsch. T. % | von 162 Alleint.[55] % |
|---|---|---|
| V hat Strafregister | 30,9 | 24,1 |
| M hat Strafregister | 2,1 | 4,3 |
| V+M haben Strafregister | 1,2 | 0,6 |
| Geschwister bestraft | 57,6 | (fehlt) |

| | von 363 gemeinsch.T. | von 160 Alleint.[56] |
|---|---|---|
| wirtsch. Lage schlecht | 35,7 % | 19,4 % |
| durchschn. Kinderzahl[57] | 6,9 | 5,7 |

Das heißt, daß auch hier soziale Einordnung und soziale Situation der Eltern der Alleintäter im ganzen deutlich besser war, wobei allerdings die särkere Belastung ihrer Mütter mit Kriminalität auffällt.

Die Stellung der Probanden in der Geschwisterreihe zeigt eine z. T. abweichende Verteilung. Es waren[58]

| | von 347 gemeinsch. T. | von 146 Alleint. |
|---|---|---|
| Älteste | 15,6 % | 16,4 % |
| Jüngste | 15,0 % | 23,3 % |
| Einzige (hier von 340 gemeinsch. T.) | 1,5 % | 8,2 % |

Es finden sich dort also, anders als in der hiesigen Untersuchung, gerade unter den Alleintätern viele jüngste Kinder, denen unter den gemeinschaftlichen Tätern offenbar ein besonders hoher Anteil mittlerer Kinder entspricht. Ob das etwa mit dem durchschnittlich jüngeren Alter der Groninger Täter zusammenhängen könnte, ist nicht auszumachen. Einzelkinder sind aber unter den Alleintätern ebenfalls, erwartungsgemäß, erhöht.

Ferner sollen noch die Eigenschaftszählungen von van Heerde-van Schreven[59] mitgeteilt werden, die, abweichend von den Ergebnissen der hiesigen Untersuchung, im ganzen eine stärkere Belastung der gemeinschaftlichen Täter zeigen, vielleicht weil gerade in diesen Altersjahren die äußere Verwahrlosung der gemeinschaftlichen Täter erheblich größer ist als die der

andererseits bei den gemeinschaftlichen Tätern diese als „Besonderheit" mitgezählt sind, scheint es sich hier um einen Irrtum zu handeln. Der Verbleib der Kinder bei Tod oder Scheidung ist so genau angegeben, daß man nicht vermuten kann, die Fälle überdeckten sich, d. h. alle Fälle von Verlassen der Familie seien zugleich solche von Tod oder Scheidung gewesen, und zwar nur bei den Alleintätern.

[54] Nach *van Heerde-van Schreven* S. 274—276.

[55] S. 272—274.

[56] S. 264.

[57] S. 264.

[58] S. 264/5.

[59] S. 267—269.

Alleintäter, und Jugendamts- und Schulberichte usw. darum mehr Fehler an ihnen gefunden haben.

| | von 333 gemeinsch. T. | von 162 Alleint. | |
|---|---|---|---|
| schlechte Eigenschaften pro Kind | 2,25 | 1,7 | |
| zurückgeblieben, schwachs. | 12,6 | 12,3 | |
| beschränkt | 11,1 | 13,6 | |
| schwierig, nervös | 22,2 | 20,4 | |
| sehr beeinflußbar | 16,2 | 8,0 | |
| faul | 7,5 | 13,0 | |
| hinterhältig | 12,6 | 11,1 | |
| ungehorsam | 7,5 | 4,3 | |
| gleichgültig, nachlässig | 7,5 | 11,7 | |
| zerstörungssüchtig, grausam | 4,5 | 2,5 | |
| unehrlich, lügenhaft | 58,0 | 51,9 | aber höhergradig |
| Schulschwänzer | 16,5 | 10,1 | |
| mutwillig | 3,9 | 2,0 | |
| Neigung zum Vagieren („zerflust") | 3,9 | 6,2 | |
| echte Straßenjungen | 15,0 | 3,1 | |
| Laden-, Lieferwagen-, Automaten-, Hoteldieb | 5,1 | — | |

Es wird noch darauf hingewiesen, daß „viele", nämlich 21,2 %, der Alleintäter, in ihrer Arbeitsstelle gestohlen hätten, besonders in den ersten Kriegsjahren; für die gemeinschaftlichen Täter fehlt eine entsprechende Angabe.

Auch Scott[80] hat — aus einer Gruppe von 8—17jährigen Londoner Delinquenten — 49 Alleintäter und 75 gemeinschaftliche Täter auf Grund eingehenderer Untersuchungen miteinander verglichen; jeder dieser Täter mußte mindestens 2 Taten begangen haben, und alle entweder gemeinschaftlich oder allein. Nach seinem zusammenfassenden Bericht fand Scott keine signifikant unterschiedenen ungünstigen Sozialfaktoren (1), und in beiden Gruppen keine erheblicheren neurotischen Konflikte (2). Die Alleintäter zeigten etwas häufiger ein konstitutionelles Handicap (3), eine „antisocial personality disorder" (4), und organische Faktoren incl. Epilepsie und Psychose (5). Erheblich häufiger war bei den Alleintätern einer dieser 5 ungünstigen Faktoren in hohem Grade vorhanden, was im Gruppendurchschnitt als solchen nicht zum Ausdruck kam, weil sich dafür bei den gemeinschaftlichen Tätern die geringeren Störungen breiter verteilten.

Scott referiert ferner Ausführungen von Ruth Topping[81], wonach die gang boys an die Mutter gebunden (dependence), dem Vater gegenüber aber in Auflehnung begriffen seien; sie hätten in der Familie soviel Bejahung erfahren, daß ihnen die soziale Einordnung an sich gelingen könnte, aber für die Ausbildung eines genügend starken Wertgefühls habe es ihnen eben doch an der erforderlichen Aufsicht und Beeinflussung gefehlt. Ent-

[80] 1956—57, 21.

[81] „The Treatment of the Pseudo-Social Boy". AmJOrthoPsych 13 (1943), 353—360.

sprechend haben Wattenberg und Balistieri[62] das Familienbild der gang boys weniger eines der Vernachlässigung als der geringen Spannung und easy-goingness gefunden. „Morse significant, the way in which the non-gang boys appeared to show evidence of emotional upset due to strong tensions or deprivations at home suggests that two sets of influence, familial and socio-economic are not equal in effect but are dynamically related. It looks as though the social forces are limited in their play upon the individuals by the previous effects of the family factors"[63].

In der gleichen Richtung liegt die Unterscheidung, die T. Morris auf Grund seiner Erfahrungen in Croydon gemacht hat[64], nämlich in „social delinquency" einerseits — antisoziales Verhalten von Jugendlichen der unteren Schichten, die in ihrer eigenen Gruppe gut integriert sind und dort nur den allgemeinen Gepflogenheiten folgen — und „psychiatric delinquency", die es in allen Schichten gibt und die mit emotionalen Störungen innerhalb der Familie oder krankhaften Persönlichkeitsstörungen (mental ill health) zusammenhängen soll.

[62] „Gang Membership and Juvenile Misconduct". AmSociolRev 115 (1950), 744—752. Hier zitiert nach Scott.

[63] Zu erwähnen ist hier auch die Äußerung von *Mays* (1952—53, 6 und 10), daß die Kinder und Jugendlichen aus bestimmten Stadtvierteln ihre häufigen häuslichen Spannungen gern in gemeinschaftlichen Straftaten abreagierten, aber gerade durch dieses sich Abreagieren und mit zunehmender Reife dann doch nach einiger Zeit zu einer ganz guten sozialen Einordnung kämen, „where the family relationships are not exceptionally bad".

[64] The Criminal Area (1957), insbes. S. 167 f, 176.

Zusammenfassung

Um zu untersuchen, ob die verschiedenen Deliktsarten prognostische oder sonstige kriminologische Bedeutung haben, wurden die Delikte nach mehreren verschiedenen Gesichtspunkten eingeteilt, und zwar nach Straftatbeständen — zusammengezogen auch zu „einfachen" und „schweren" Vermögensdelikten —, nach Art der Begehung — allein oder gemeinschaftlich — und nach Opfern. Die so gebildeten Deliktsarten wurden dann nach ihrer Verteilung in verschiedenen Hinsichten durchuntersucht.

Insgesamt haben die Jungen 2 162 Vermögensdelikte begangen, d. h. 8,4 pro Kopf. 85 % dieser Taten waren Diebstähle, und zwar 57 % einfache und 28 % schwere; der Rest verteilt sich abnehmend auf Unterschlagungen, Betrug, Hehlerei und schließlich Raub, der nur 0,2 % einimmt (= 5 Taten).

Dieser Verteilung entspricht aber nicht ganz die der Probanden, die überhaupt solche Delikte begangen haben. An Diebstählen insgesamt beteiligt waren nämlich sogar 95 % der Jungen — und zwar an schweren immerhin sogar 61 %, an einfachen 86 %; und eine Unterschlagung haben mindestens einmal 19 %, Betrug 13 %, Hehlerei 12 %, aber Raub nur 1,2 % (= 3) der Probanden begangen.

Auf die Probanden, die diese speziellen Delikte überhaupt begingen, kamen an einfachen Diebstählen 5,7, an schweren Diebstählen 4,6, an Unterschlagungen 3,6, an Betrugstaten 3,1, an Raubtaten 1,7, und an Hehlereitaten 1,3. Gemessen daran, daß sie überhaupt seltener begangen wurden, scheinen die Begehungszahlen für schweren Diebstahl, für Unterschlagung und Betrug überhöht.

Die Jungen begingen etwas über die Hälfte ihrer Delikte, 52 %, gemeinschaftlich. Diese gemeinschaftlichen Delikte verteilen sich aber auf 82 % der Jungen, die 48 % alleinbegangenen konzentrieren sich dagegen auf einen engeren Kreis, nämlich nur 60 % der Jungen, die dann pro Kopf natürlich mehr dieser Tat begangen haben (6,7 gegenüber nur 5,4 pro Kopf der gemeinschaftlich Handelnden).

Diese Konzentration der alleinbegangenen Taten auf eine engere Tätergruppe zeigt sich auch weiter, wenn man — was überhaupt die meisten Aufschlüsse gab — Schwere und Begehungsart kombiniert. Dabei werden als „schwer" der schwere Diebstahl und der Raub gerechnet, alle übrigen Vermögensdelikte als „einfach".

Von den Vermögensdelikten der Jungen waren die meisten, 40 %, allein einfach begangen, 32 % gemeinschaftlich einfach, 20 % gemeinschaftlich schwer, und nur 7 % allein schwer. Die größte Verbreitung unter den Probanden hatten aber die gemeinschaftlichen einfachen Taten, nämlich sie waren von 69 % der Jungen begangen worden mit je 3,9 Taten, allein einfache dagegen nur von 58 % mit je 5,8 Taten, gemeinsame schwere von 45 % mit je 3,8 Taten, und alleinbegangene schwere von 14 % mit je 4,6 Taten.

Wenn bestimmte Arten von Delikten von ihren Tätern häufiger begangen werden, als sich nach der allgemeinen Verbreitung dieser Delikte erwarten läßt, so kann das wohl als Indiz für ihre „Schwere" angesehen werden, jedenfalls soweit nicht äußere Konstellationen, technische Voraussetzungen usw. mitspielen. Ein weit verbreitetes Delikt — wie z. B. der gemeinschaftliche einfache Diebstahl von Jungen — hat offenbar eine psychologisch niedrigere Schwelle, deren Überschreiten weniger auf eine spezielle Störung hindeutet, während Delikte, die nur von relativ wenigen begangen werden, von diesen aber besonders oft, sich häufiger auf solche speziellen Störungen gründen.

Im Vergleich zur Seltenheit ihrer Begehung überhaupt sind danach die alleinbegangenen schweren Delikte von ihren Tätern besonders oft begangen worden. Darauf folgen die gem. schweren, die alleinbegangenen einfachen und zuletzt die gem. einfachen Taten. Umgekehrt verläuft die Reihenfolge der Verbreitung dieser Delikte unter den Probanden, und das spricht, für sich und zusammen, dafür, daß sie sich auch ihrer kriminologischen Schwere nach etwa so abschattieren.

Dem entspricht auch die Verteilung dieser Deliktsarten in den Rückfallsgruppen. In der früheren Periode, bis 1949, war der Anteil der gemeinschaftlichen einfachen Taten in den Gr. I a und II — den im ganzen am wenigsten „kriminellen" Gruppen — mit rund 50 % am größten, der der all. einfachen und gem. schweren in den mittleren Gruppen I b und III, und der Anteil der all. schweren Delikte in Gr. IV am größten. In der späteren Periode hat in Gr. II der Anteil der gem. einfachen Taten noch zugenommen, ebenso in Gr. IV der all. schweren, während Gr. III etwa die frühere Verteilung beibehalten hat.

Ein Unterschied zwischen den Gr. I b und III, die sich mit dieser Tatenverteilung im ganzen ziemlich ähneln, liegt darin, daß relativ viele der I b-Probanden an gem. schweren Diebstählen beteiligt waren, von denen aber auf den Einzelnen nicht besonders viele kamen, während sich die alleinbegangenen Taten bei ihnen auf relativ wenige Täter konzentrieren. In Gr. III ist es umgekehrt. Daraus kann man vielleicht entnehmen, daß die gelegentliche Beteiligung an einem gem. schweren Diebstahl weniger bedenklich ist als das gelegentliche Unterlaufen eines alleinbegangenen Diebstahls unter andere Arten von Taten. Dafür spricht auch, daß relativ viele der Schwerrückfälligen, bei denen der Anteil der alleinbegangenen einfachen Taten nicht maximal ist, unter anderem auch einmal oder mehrfach solche Taten begangen haben.

Das läßt sich noch besser verstehen, wenn man sich vergegenwärtigt, daß die gemeinschaftlichen einfachen und schweren Taten sich fast ausschließlich, nämlich zu rund 95 %, gegen Personen richteten, die der Täter persönlich nicht kannte, die alleinbegangenen einfachen dagegen zu mehr als der Hälfte, nämlich 57 %, und die all. schweren immerhin zu einem Viertel gegen Bekannte. (Im ganzen waren 27 % der Vermögensdelikte gegen Bekannte gerichtet, und zwar 16 % gegen den Arbeitgeber, 7 % gegen Schul- oder Arbeitskameraden oder — wenig — sonstige Freunde oder Bekannte, und 3,7 % gegen die Eltern oder Ersatzerzieher).

Am wenigsten haben Probanden der beiden besten Gruppen, I a und II, ihnen persönlich Bekannte geschädigt. In Gr. III spielen diese Delikte zwar eine relativ große Rolle, aber sie setzen dort überhaupt erst ab 14

Jahren, also in der Pubertät, ein. Am meisten und am frühesten kamen sie unter den Schwerrückfälligen vor, und zwar begingen schon bis 1949 ganz besonders viele der später Schwerrückfälligen Kameradendiebstähle, während Delikte gegen den Arbeitgeber damals sogar unter den I b-Probanden mehr verbreitet waren, und zwar besonders in der Form der Unterschlagung, nicht des Diebstahls. Das Element des Vertrauensbruchs und der persönlichen Schädigung, das diese Taten so bedenklich macht, ist gegenüber dem Arbeitgeber nicht immer so ausgeprägt, besonders nicht gegenüber großen Firmen mehr anonymen Charakters. Arbeitgeberdiebstähle wurden auch von den Delikten gegen Bekannte noch am ehesten gemeinschaftlich begangen, die Kameradendiebstähle kamen mehr als die übrigen in Form alleinbegangener schwerer Diebstähle vor.

Die spätere Verteilung der Deliktsarten in den Rückfallsgruppen kann nicht eindeutig für die Beurteilung ihrer Schwere verwandt werden, weil die schwerer Rückfälligen bei den letzten Taten ja älter waren und in diesem Alter auch Erststraffällige, nicht nur Rückfällige, etwas andere Straftaten begehen. Umgekehrt ist in dieser Untersuchung aber auch das Begehungsalter so eng mit der Rückfälligkeit und überhaupt mit dem hier nun gerade erfaßten Lebensabschnitt verknüpft, daß sich nichts kriminologisch Eindeutiges daraus entnehmen läßt.

Das durchschnittliche Begehungsalter war bei Diebstahl, mit 17;0, etwas geringer als bei Unterschlagung und Hehlerei — beides 17;2 — und deutlich geringer als bei Betrug, der durchschnittlich erst mit 18;0 begangen wurde. Betrug hat auch bei den Rückfälligen, und zwar besonders den Schwerrückfälligen, in der späteren Periode gegenüber früher zugenommen. Aber es läßt sich so nicht klären, ob aus Altersgründen oder wegen des besonders bedenklichen Charakters des Betruges. Nach allgemeinen kriminologischen Erfahrungen könnte beides zutreffen.

Der Altersdurchschnitt für einfachen Diebstahl liegt bei 16;4, für schweren bei 17;7. Gemeinschaftliche und Alleinbegehung liegen näher aneinander: 16;7 und 16;10. Kombiniert man dies beides, so ergibt sich wieder die Reihenfolge: gem. einfach mit 16;1, all. einfach mit 16;6, gem. schwer mit 17;5 und all. schwer mit 18;1, die aber ebensogut mit der Verteilung in den Rückfälligkeitsgruppen wie mit reinen Altersgründen zusammenhängen kann.

Etwas aufschlußreicher ist vielleicht der Verlauf der Alterskurve, die nach vollen Altersjahren gezeichnet wurde. Die Kurve der einfachen Diebstähle ist sehr viel steiler als die der schweren, und sie hat ihren Gipfel bei 15 J., die der schweren dagegen — wie auch die des Betrugs — bei 17 J. Die gemeinschaftlichen Diebstähle beginnen ab 12 J. steil anzusteigen und haben ebenfalls ihren Gipfel schon bei 15 J., während die alleinbegangenen nach geringerem Anstieg bei 11 und 12J. mit 13 J. noch einmal absinken und dann bis zu 17 J. ansteigen, kaum weniger steil als die gemeinschaftlichen.

Bei der Kombination von Schwere und Begehungsart verläuft die Kurve der gem. einfachen Taten am spitzesten. Sie hat ihren Höhepunkt bei 15 J. und fällt dann auch rasch wieder ab. Auch insofern scheint dies also ein typisches „Jugenddelikt" zu sein. Die all. einfachen Taten präludieren schon im Kindesalter etwas — mit Erzieher- und Kameradendiebstählen —, haben dann um 11 und 12 J. einen Anstieg, der bei den gem. einfachen Taten fehlt und überwiegend auf Delikten gegen Erzieher beruht, fallen bei 13 — also in der Vorpubertät — noch einmal und steigen dann bis 16 an; auch bei 17 haben sie aber fast noch die gleiche Höhe, und mit 19 und 21 Jahren folgen kleinere Nachschläge. (Die Arbeitgeberdelikte haben zwei Gipfel, mit 15 und, höher, mit 17; die Kameradendiebstähle waren dagegen mit 16 Jahren am häufigsten). — Die gem. schweren Taten haben ihren Gipfel bei 19 Jahren; dabei handelt es sich offenbar um größere Einbruchserien Rückfälliger. Aber davor liegt schon ein kleinerer Gipfel bei 16 Jahren, zu dem hin die Kurve ziemlich breit ansteigt; dies waren vielleicht mehr typische Jungentaten wie die gem. einfachen Delikte. Die all. schweren Taten haben den Gipfel bei 17 nach relativ spätem aber doch nicht so steilem Anstieg wie die einfachen Taten, dazu einen kleinen Nachgipfel bei 21.

Für die angenommene Reihenfolge der Schwere der Deliktsarten spricht nicht nur das mehr oder weniger häufige Vorkommen von Rückfällen überhaupt nach früherer Begehung oder Nichtbegehung dieser Delikte — in den Tab. 163, 164 noch einmal besonders berechnet —, sondern das mehr oder weniger häufige Wiederbegehen gerade dieser Delikte in der späteren Periode. Es gilt für alle besprochenen Deliktsarten — gem. einfach, all. einfach usw., und Delikte gegen Arbeitgeber, Kameraden und Erzieher —, daß Jungen, die diese Taten bis 1949 begingen, sie auch später öfter begingen als die übrigen, und daß umgekehrt die späteren Täter dieser Delikte sie besonders oft auch schon früher begangen hatten. Darin zeigt sich schon, daß sie eine echte kriminologische Bedeutung haben.

Aber die Enge dieser Verknüpfung von Früher und Später ist auch in typischer Weise verschieden. Am größten war diese spezifische Wiederholungstendenz nämlich bei den Alleintätern schwerer Delikte, am geringsten war sie bei den gemeinschaftlichen Tätern einfacher Delikte, und am zweitgeringsten bei den Alleintätern einfacher Delikte. Das Ergebnis ist das gleiche, ob man von später her nach den Vortaten fragt, oder von früher her nach den Rückfällen. Unter den Delikten gegen Bekannte ist die Wiederholungstendenz bei den Kameradendiebstählen am größten, dann folgen die Erzieher-, dann die Arbeitgeberdiebstähle. Die Rolle der Erzieherdiebstähle ist hier wohl insofern nicht eindeutig, als jedenfalls die gegen die Eltern mit der Entfernung aus dem Elternhaus, aber vielleicht auch sowieso mit dem Alter abnehmen; möglicherweise wäre bei ihnen die Wiederholungstendenz sonst ausgeprägter.

Ein merkwürdiges, aber wohl recht bedeutungsvolles Phänomen ist die Tatsache, daß sich die verschiedenen Deliktsarten untereinander beim gleichen Täter z. T. eher auszuschließen scheinen. So haben die früheren Täter gemeinschaftlicher einfacher Delikte später weniger als die übrigen allein schwere oder auch allein einfache Taten begangen, dafür aber besonders oft gem. schwere. Wer früher allein einfache Taten beging, beging später alle Tatarten besonders oft, aber gem. einfache nur so oft wie der Durchschnitt. Die früheren Täter gem. schwerer Taten begingen später mehr als die übrigen gem. einfache (und schwere) Taten, nur durchschnittlich oft allein schwere, und besonders selten allein einfache. Wer früher allein schwere Taten beging, verübte später besonders selten gem. schwere.

Und umgekehrt: Wer später gem. einfache Taten beging, hatte früher alle Tatarten besonders oft begangen, aber allein einfache nur durchschnittlich oft. Spätere Alleintäter einfacher Delikte hatten früher besonders oft allein schwere (und einfache) verübt, aber besonders selten gem. einfache oder schwere. Spätere Begehung gem. schwerer Taten ging überdurchschnittlich oft mit früherer Begehung gem. einfacher (und schwerer) Taten einher, aber besonders selten mit früherer Alleinbegehung schwerer Taten. Und wer später allein schwere Taten verübte, hatte zwar oft schon früher allein schwere oder auch einfache Taten verübt, aber besonders selten gem. einfache, und kaum mehr als der Durchschnitt gem. schwere.

Schwere und einfache Begehungsformen vertragen sich also beim gleichen Täter gut miteinander, Alleinbegehung und gemeinschaftliche Begehung dagegen schlecht — obwohl, das darf nicht vergessen werden, eine ganze Reihe von Tätern sowohl allein wie gemeinschaftlich gehandelt haben. Man kann danach wohl annehmen, daß der psychologische oder soziologische Hintergrund verschiedener ist zwischen Allein- und gemeinschaftlicher Begehung als zwischen Taten einfacher und schwerer Begehungsform.

Die früheren Kameradendiebe haben besonders oft später auch Arbeitgeber oder Erzieher geschädigt, und umgekehrt haben die Jungen, die früher Delikte gegen Erzieher oder Arbeitgeber begingen, später besonders oft Kameradendiebstahl begangen. Merkwürdigerweise kamen aber Erzieher- und Arbeitgeberdelikte weniger oft beim gleichen Täter vor, obwohl man vielleicht hätte vermuten können, daß Diebstähle gegen Erzieher später von solchen gegen den Arbeitgeber abgelöst würden. Vielleicht hängt die Verteilung damit zusammen, daß ein Teil der Probanden in der Arbeitsstelle gerade für die Familie gestohlen hat, also gerade nicht zu häuslichen Diebstählen neigte.

Unter den Tätern der einzelnen Deliktsarten sind die verschiedenen sozialen und psychologischen Probandengruppen ungleich vertreten. Bei den gemeinschaftlichen Tätern finden sich günstige Merkmale häufiger. Das gilt besonders für die mit einfachen Taten — die allerdings oft aus proletarischen und wirtschaftlich armen Familien kamen —, aber doch auch für die mit gem. schweren Taten, außer daß sie von der Schule besonders ungünstig beurteilt wurden. Hier haben die Lehrer offenbar manchmal eine vorübergehende äußere Verwahrlosung des Jungen überbewertet. — Die Jungen, die allein einfache Taten begingen, kamen besonders oft aus eher guten — sozial eingeordneten, schichtenmäßig etwas günstigeren —, aber, besonders durch den Tod der Eltern, gestörten und durch Stiefeltern ergänzten Familien; und die Täter selbst zeigten relativ häufig Zeichen von Kontaktstörungen. Unter den Alleinbegehern schwerer Taten waren sowohl die sozial ungünstigen — proletarischen, asozialen — Familien besonders vertreten wie auch die unharmonischen, geschiedenen, durch Stiefeltern ergänzten (besonders mit Stiefgeschwistern), und bei den Probanden selbst häuften sich Merkmale sowohl der Leistungsschwäche (Schulversagen, Hilfsschüler) wie der Kontaktstörung und Enthemmung.

Fragt man andererseits nach dem Anteil der einzelnen Deliktsarten in den verschiedenen Probandengruppen — wobei dann die gerade von diesen Delikten begangene Zahl mitspielt, und nicht nur, ob ein Proband überhaupt einmal ein solches Delikt begangen hat — so bleibt das Bild in den Grundzügen das gleiche. Es häufen sich aber — im Vergleich zur Zählung der beteiligten Probanden — beim Überwiegen gemeinschaftlicher Taten die „sozial" ungünstigen Merkmale: proletarische, asoziale Familie, mittler Kinder, Hilfsschüler, wozu bei besonderem Hervortreten der gem. schweren Taten noch Störungen in der persönlichen Zusammensetzung der Familie kommen. Alles dieses findet sich aber auch, und noch mehr, bei überdurchschnittlichem Anteil der alleinbegangenen schweren Taten. — Bei besonders großem Anteil der all. einfachen Taten wird das Bild, das sich von den Probanden mit solchen Taten ergab, aufrechterhalten, aber noch verschlechtert durch ungünstigere Schulberichte über Betragen und Leistung.

Die Verschiedenheiten der Tätergruppen werden noch deutlicher, die Zahlen aber auch kleiner, wenn man die 37 Jungen, die ausschließlich allein gehandelt und nur einfache Taten begangen haben, mit den 41 gemeinschaftlichen Tätern mit nur einfachen Taten einerseits und den 47 mit auch schweren Taten andererseits vergleicht. Dann überwiegen klar bei den Alleintätern die Störungen in der Zusammensetzung der Familie und in den menschlichen Verhältnissen innerhalb der Familie, und ungünstige Persönlichkeitszüge der Probanden selbst, insbesondere Kontakt- und Willensstörungen. Dies alles findet sich auch häufiger bei den gemeinschaftlichen Tätern mit schweren Taten als bei denen mit nur einfachen Taten, aber doch eben bemerkenswerterweise nicht so oft wie bei den Alleintätern, deren spätere Gesamtentwicklung auch öfter ungünstig war. Die äußere Einordnung der Familie — nach sozialer Schicht und Asozialität oder Rechtschaffenheit — war dagegen nach verschiedenen Merkmalen (darunter auch dem Hilfsschulbesuch der Probanden) bei den gemeinschaftlichen Tätern mit schweren Taten am häufigsten besonders ungünstig. — Auch nach dieser Verteilung erscheint die Alleinbegehung in mancher Hinsicht als ein ungünstigeres Indiz als die schwere Begehung. Täter mit nur einer Deliktsart sind aber Sondergruppen, und solche mit mehreren Deliktsarten müssen nicht ohne weiteres eine Mischung der Merkmale zeigen, die hier gefunden worden sind.

Von den 66 Probanden, die früher n u r gemeinsam einfache Delikte begangen haben, sind 43,9 % rückfällig geworden, von den 53 mit nur alleinbegangenen einfachen Taten 52,8 %, von den 29 mit nur gemeinschaftlichen schweren Taten — von denen allerdings besonders viele nur eine einzige Tat begangen hatten — nur 38 %.

Untersucht man, welche sozialen und persönlichen Faktoren bei den Tätern der Delikte gegen persönliche Bekannte eine besondere Rolle spielen, so zeigt sich zunächst, daß die bei ihnen überdurchschnittlich häufigen Faktoren alle ungünstig sind. Sie betreffen Störungen innerhalb der Familie (unharmonische Familie, Stiefeltern, Tod der M. u. ä.) mit dem Maximum teils bei den häuslichen, teils bei den Kameradendieben, und ungünstige persönliche Verhaltensweisen der Probanden, wobei das Maximum fast durchweg bei den häuslichen Dieben liegt.

Die Faktoren, die nur in einer oder zwei dieser Tätergruppen überdurchschnittlich häufig sind, betreffen das allgemeine soziale Milieu und einige persönliche Faktoren, wie sie oft mit weniger günstigem sozialen Milieu verbunden sind (unehelich, Hilfsschüler). Und zwar sind wirtschaftliche Not und proletarisches Niveau bei den Arbeitgeber- und Kameradendieben überrepräsentiert. Die häuslichen Diebe kamen öfter aus wirtschaftlich gesicherten und aus sozial etwas höher rangierenden Familien — vielleicht, weil dort diese Taten eher vermerkt werden —, die Kameradendiebe am meisten aus asozialen Familien.

Die — ausschließlich günstigen — Faktoren, die sich bei allen drei Tätergruppen weniger fanden als beim Durchschnitt, sind noch am häufigsten bei den Arbeitgeberdieben vertreten. Sie betreffen einige Umweltkonstellationen — darunter: Familie besteht aus V+M, Familie ist harmonisch, der Proband ist mittleres Kind — und in übrigen Verhaltensweisen der Probanden selbst: gesellig, kein Herumtreiben, kein Berufswechsel, immer ungelernt oder ausgelernt, sparsam und vorsorgend. Obwohl auch die Delikte gegen den Arbeitgeber durch häusliche Spannungen gefördert wurden, gibt es daneben eine Gruppe von Probanden aus armen, besonders wohl aus kinderreichen Familien, die in ihrer Firma gerade für die Familie stahlen, eine Gruppe, die den häuslichen Dieben sozial und persönlich gerade entgegengesetzt ist. Bei den Kameradendieben spielten offenbar Störungen sowohl in der äußeren sozialen Einordnung der Familie wie in ihrer persönlichen Zusammensetzung eine besondere Rolle.

Die 14,7 % Mädchen haben nur 11,4 % der Vermögensdelikte begangen, auf sie kommen pro Kopf 6,3 dieser Taten gegenüber 8,4 bei den Jungen. —Da ja von den Mädchen weniger rückfällig waren — nur 45,5 % gegenüber 58,2 % der Jungen — haben sie nur 28 % ihrer Vermögensdelikte in der späteren Periode begangen, die Jungen dagegen rund 40 %. Auch nach ihrer Straffälligkeit ausgesuchte Mädchen begehen also über größere Zeiträume hinweg weniger Straftaten als entsprechend ausgesuchte Jungen.

Unter den Vermögensdelikten der Mädchen spielten schon früher — nach Taten und beteiligten Probanden — einfacher Diebstahl und Betrug eine größere Rolle als bei den Jungen, und schweren Diebstahl begingen sie fast überhaupt nicht. Das ist auch später so geblieben. Der Anteil des Diebstahls ist später bei ihnen — auf Kosten von Betrug und Unterschlagung — mehr zurückgegangen als bei den Jungen.

Neben der Tatsache, daß die Mädchen fast keine schweren Delikte begangen haben, fällt der geringe Anteil ihrer gemeinschaftlichen Taten auf. Während 52 % der Jungentaten gemeinschaftlich begangen wurden und 82 % der Jungen mindestens einmal ein gemeinschaftliches Delikt verübten, waren nur 13 % der Mädchentaten gemeinschaftliche, nur 30 % der Mädchen begingen einmal ein gemeinschaftliches Delikt. Andererseits haben 95 % der Mädchen einmal allein ein Vermögensdelikt begangen, aber nur 60 % der Jungen.

Nach Tatenanteil (86 %) und nach Zahl der beteiligten Probanden (91 %) liegt also bei den Mädchen der Schwerpunkt ganz ausgesprochen bei den alleinbegangenen einfachen Vermögensdelikten, die bei den Jungen weit weniger hervortreten (40 % der Taten, 58 % beteiligter Probanden). Auch der gemeinschaftliche einfache Diebstahl, der bei ihnen an zweiter Stelle steht — mit 12 % Taten und 30 % Probandenanteil — ist doch weit geringer als bei den Jungen , von denen rund 70 % ein solches Delikt begangen haben.

Damit in Verbindung steht nun, daß die Mädchen ihre Taten ausgesprochen häufiger als die Jungen gegen Menschen ihrer persönlichen Umgebung richteten, nämlich mit einem Tatenanteil von 54 % (Jungen: 29 %) und einer Beteiligung von 77 % der Probanden (Jungen: 52 %). Diese Taten werden ja auch von den Jungen relativ sehr oft allein und als „einfache" begangen. Der Überschuß beruht auf einer größeren Zahl von Delikten gegen die Erzieher (allerdings nur von der gleichen Probandenzahl begangen wie bei den Jungen) und gegen den Arbeitgeber. Es kommen im Durchschnitt auf das einzelne Mädchen an Delikten gegen Arbeitgeber: 2,25 (Jungen: 1,47), gegen Kameraden 0,55 (Jungen: 0,58), gegen Erzieher 0,64 (Jungen: 0,36). Die Delikte gegen die Arbeitgeber und Kameraden verbreiten sich aber bei ihnen auf einen großen Probandenkreis. So kommen auf das einzelne Mädchen, das überhaupt solche Taten begangen hat, an Delikten gegen den Arbeitgeber 4,3 (Jungen: 4,0), gegen Kameraden 1,7 (Jungen: 2,6), gegen Erzieher aber 4,0 gegenüber nur 2,3 bei den Jungen.

Es fehlen, im ganzen betrachtet, bei den Mädchen weitgehend die gemeinschaftlichen Unternehmungen, wie Jungen dieses Alters sie aus Abenteuerlust, Eroberungsdrang usw., aus „sportlichem" Vergnügen und Ehrgeiz begehen. So haben auch nur 4,5 % der Mädchen einfache Metalldiebstähle, keins einen schweren Metalldiebstahl begangen gegenüber 32 % bzw. 16 % der Jungen, keines einen Fahrraddiebstahl (22 % der Jungen), abgesehen davon, daß alle die Einbrüche in Lauben, Buden, Geschäfte, Wohnungen, Autos usw. bei ihnen fehlen. Das einzige, was unter Diebstählen gegen Fremde bei ihnen hervortritt, sind gelegentliche Diebereien in Läden und vor allem in Warenhäusern. Warenhausdiebstähle haben 23 % der Mädchen begangen — z. T. auch gemeinschaftlich — aber nur 4,6 % der Jungen. Bezeichnenderweise zeigt die Kriminalitätskurve der Mädchen ja auch bei 13 Jahren — dem Alter, wo allgemein relativ wenige Taten allein begangen wurden — einen Rückgang (o. Diagramm Tab. 138).

Bis zur Aburteilung 1949 machten bei den Jungen die Vermögensdelikte 97 % aller Taten aus, später nur noch 84 %; früher begingen nur 11 % der Jungen, später 31 % Nicht-Vermögensdelikte. Das hängt z. T. damit zusammen, daß die Untersuchung von in der früheren Periode begangenen Vermögensdelikten ausgeht, z. T. aber auch mit dem Älterwerden der Probanden. Bei den Mädchen spielten die Nicht-Vermögensdelikte früher zahlenmäßig die gleiche Rolle wie bei den Jungen, später eine geringere, aber auch bei ihnen haben sie zugenommen.

Unter den wenigen früheren Nicht-Vermögensdelikten sind überhaupt nur einige Sittlichkeitsdelikte, Sachbeschädigung und Betteln zu nennen. Bei den Mädchen kam nur Betteln vor. Später spielen Zollschmuggel, Schlägereien und Delikte im Zusammenhang mit dem Straßenverkehr die größere Rolle; eine geringere: Sachbeschädigung, die Gruppe Widerstand-Aufruhr-Gefangenenmeuterei, Hausfriedensbruch und Sittlichkeitsdelikte; bei den Mädchen nur — auch das verschwindend — Landstreichen und Fälschungsdelikte.

Je ungünstiger die Rückfallsgruppe der Jungen, umso mehr Nicht-Vermögensdelikte sind, früher und später, von ihren Probanden begangen worden, früher aber von Gruppe IV mehr als viermal so viel wie von Gr. III, später nur etwas über doppelt so viel. Die Zunahme war am größten in Gruppe II, wo Schmuggel, Schlägereien, Verkehrsvergehen eine besondere Rolle spielten, aber — außer dem Fahren ohne Führerschein — nicht mehrfach vom gleichen Probanden begangen wurden, während das bei den Schwerrückfälligen relativ oft vorkam. In Gruppe IV fällt außerdem die unbefugte Kfz-Benutzung auf, und einige Fälle homosexueller Vergehen, die überhaupt nur in dieser Gruppe vorkamen. Widerstand, Aufruhr, Hausfriedensbruch — jedes einzelne selten — waren am häufigsten in Gruppe III und IV, wohl schon durch ihre häufigere Berührung mit der Exekutive. — Die Nichtrückfälligen ohne Vortaten haben weder früher noch später ein Sittlichkeitsdelikt begangen.

# Kapitel 7

## *Die Maßnahmen*

### *I. Allgemein*

#### 1. Häufigkeit der Verhängung

Gegen die 256 Jungen sind im ganzen 696 Maßnahmen verhängt worden, gegen den einzelnen im Durchschnitt also 2,7. Eingerechnet wurde außer Strafen (des Jugend- oder Erwachsenengerichts), jugendgerichtlichen Zuchtmitteln und Erziehungsmaßnahmen auch die FE, wenn sie vom Vormundschaftsgericht in Zusammenhang mit Straftaten der Probanden angeordnet wurde.

Die freiheitsentziehenden Maßnahmen — Freiheitsstrafen, Fürsorgeerziehung und Dauerarrest — nehmen mit rund 57 % mehr als die Hälfte aller Maßnahmen ein. Im einzelnen waren es Jugendarrest (20 %), FE (16%), Gefängnis (14 %) und Jugendgefängnis (10 %). Eingerechnet sind darin schon die 19 Fälle, in denen JArr und FE gemeinsam verhängt wurden — was damals noch zulässig war — und die 10 Fälle, in denen der Jugendarrest als durch U-Haft verbüßt erklärt wurde. Tab. 166.

Die Maßnahmen ohne Freiheitsentzug, die sog. ambulanten Maßnahmen — in den Tabellen mit „A" bezeichnet — setzen sich zusammen aus Ermahnungen oder Verwarnungen (19,6 %), Auflagen = 32,4 % (fast ausschließlich sog. „Arbeitsauflagen", die den Jugendlichen verpflichten, an

Tab. 166: Maßnahmen nach Häufigkeit bei Probanden (m)

| | Maßnahmen | | | | Probanden | |
|---|---|---|---|---|---|---|
| | n | % | pro P | pro betr P | n | % |
| A | 296 | 42,5 | 1,16 | 1,82 | 163 | 63,7 |
| JArr | 112 | 16,1 | 0,44 | 1,03 | 109 | 42,6 |
| FE | 90 | 12,9 | 0,35 | 1,38 | 65 | 25,4 |
| JArrFE | 19 | 2,7 | 0,07 | 1,00 | 19 | 7,4 |
| JGef. | 71 | 10,2 | 0,28 | 1,48 | 48 | 18,8 |
| Gef. | 98 | 14,1 | 0,38 | 1,58 | 62 | 24,2 |
| JU | 10 | 1,4 | 0,04 | 1,00 | 10 | 3,9 |
| insg. | 696 | 100,0 | 2,72 | | 256 | 100,0 |

einem oder mehreren Sonntagen in einer öffentlichen Einrichtung — meist einem Jugendheim — Arbeiten zu leisten), der „Aussetzung des Verfahrens zur Bewährung" = 16,2 %, der Geldstrafe des Erwachsenenrechts = 9,1 % und der Aussetzung des Vollzugs einer verhängten Freiheitsstrafe = 9,8 %, Tab. 167.

Tab. 167: Ambulante Maßnahmen nach Häufigkeit bei Probanden (m)

| | Maßnahmen | | | | Probanden | | |
|---|---|---|---|---|---|---|---|
| | n | % | pro P | pro betr. P | n | % | % v. 256 |
| Ermahnung, Verw. | 58 | 19,6 | 0,23 | 1,21 | 48 | 29,5 | 18,8 |
| Arbeitsauflagen | 96 | 32,4 | 0,38 | 1,19 | 81 | 49,7 | 31,6 |
| Einstellungen[1] | 38 | 12,8 | 0,15 | 1,12 | 34 | 20,9 | 13,3 |
| Auss. z. Bewährung | 48 | 16,2 | 0,19 | 1,07 | 45 | 27,6 | 17,6 |
| Auss. der Verbüßung | 29 | 9,8 | 0,11 | 1,04 | 28 | 17,2 | 10,9 |
| Geldstrafe | 27 | 9,1 | 0,11 | 1,29 | 21 | 12,9 | 8,2 |
| insg. | 296 | 100,0 | 1,16 | | 163 | 100,0 | 63,7 |

[1] ausschließlich der Einstellungen mangels Beweises

Gegen fast zwei Drittel der Probanden ist nach Tab. 166 einmal oder mehrfach eine solche Maßnahme ohne Freiheitsentzug verhängt worden. Etwa die Hälfte hatte Jugendarrest gehabt, etwa ein Drittel FE (in beides eingerechnet die gleichzeitige Verhängung der beiden Maßnahmen), ein Viertel Gefängnis, nicht ganz ein Fünftel Jugendgefängnis.

Jugendarrest haten, mit verschwindenden Ausnahmen, alle nur einmal erhalten. Am wenigsten wiederholte sich beim Einzelnen dann noch die FE (1,38 pro betr. P), dann JGef (1,48), dann Gef. (1,58) und am häufigsten die ambulanten Maßnahmen (1,82), die ja aber auch unter sich verschieden waren.

Tab. 168 zeigt, gegen wieviele Probanden der einzelnen Rückfallsgruppen überhaupt einmal die verschiedenen Maßnahmen verhängt worden

Tab. 168: Rückfallsgruppen (m) nach überhaupt verhängten Maßnahmen

| es hatten | I a | | I b | | I | | II | | III | | IV | | IV c | | insg. | |
|---|---|---|---|---|---|---|---|---|---|---|---|---|---|---|---|---|
| irgendw. | n | % | n | % | n | % | n | % | n | % | n | % | n | % | n | % |
| A | 33 | 50,0 | 20 | 48,8 | 53 | 49,5 | 48 | 85,7 | 35 | 76,1 | 23 | 56,1 | 4 | 66,7 | 163 | 63,7 |
| JArr | 27 | 40,9 | 20 | 48,8 | 47 | 43,9 | 28 | 50,0 | 20 | 43,5 | 14 | 34,1 | — | — | 109 | 42,6 |
| FE | 2 | 3,0 | 14 | 34,1 | 16 | 14,9 | 11 | 19,6 | 16 | 34,8 | 20 | 48,8 | 2 | 33,3 | 65 | 25,4 |
| JArr. FE | 2 | 3,0 | 5 | 12,2 | 7 | 6,5 | 2 | 3,6 | 2 | 4,3 | 4 | 9,8 | 4 | 66,7 | 19 | 7,4 |
| JGef. | 1 | 1,5 | 7 | 17,1 | 8 | 7,5 | 4 | 7,1 | 10 | 21,7 | 26 | 63,4 | — | — | 48 | 18,7 |
| Gef. | — | — | — | — | — | — | — | — | 26 | 56,5 | 36 | 87,8 | — | — | 62 | 24,2 |
| JU | 1 | 1,5 | — | — | 1 | 0,9 | — | — | 7 | 15,2 | 2 | 4,9 | — | — | 10 | 3,9 |
| P insg. | 66 | 100,0 | 41 | 100,0 | 107 | 100,0 | 56 | 100,0 | 46 | 100,0 | 41 | 100,0 | 6 | 100,0 | 256 | 100,0 |
| JArr insg. | 29 | 43,9 | 25 | 61,0 | 54 | 50,5 | 30 | 53,6 | 22 | 47,8 | 18 | 44,0 | 4 | 66,7 | 128 | 50,0 |
| FE insg. | 4 | 6,1 | 19 | 46,4 | 23 | 21,5 | 13 | 23,2 | 18 | 39,2 | 24 | 58,6 | 6 | 100,0 | 84 | 32,8 |

sind. Für jede einzelne der Maßnahmenarten steigt natürlich die Wahrscheinlichkeit der Verhängung mit der Zahl der Maßnahmen überhaupt, und da die Probanden der Gr. I a nur je eine, die der Gr. IV durchschnittlich je 5 erhalten hatten — s. die Summen in Tab. 169 — sind die meisten Prozentsätze bei den schwerer rückfälligen Gruppen größer. Aber doch nicht durchweg. Probanden, gegen die ambulante Maßnahmen (A) verhängt wurden, gibt es in den Gr. II und III am meisten, und Jugendarrest ist am meisten gegen die Nichtrückfälligen mit Vortaten, an zweiter Stelle gegen die Leichtrückfälligen verhängt worden, am wenigsten aber gegen die Schwerrückfälligen und die Gr. I a. — Der Anteil der Probanden mit FE

Tab. 169: Maßnahmen nach Häufigkeit pro Proband in Rückfallsgruppen (m)

| | I a | I b | I | II | III | IV | IV c |
|---|---|---|---|---|---|---|---|
| | Pn=66 | Pn=41 | Pn=107 | Pn=56 | Pn—46 | Pn=41 | Pn=6 |
| Maßnahme | pro P | pro P | pro P | pro P | pro P | pro P | pro P |
| A | 0,50 | 0,73 | 0,59 | 1,63 | 1,83 | 1,17 | 1,67 |
| JArr | 0,41 | 0,49 | 0,44 | 0,50 | 0,46 | 0,39 | — |
| FE | 0,03 | 0,44 | 0,19 | 0,27 | 0,54 | 0,63 | 0,67 |
| JArrFE | 0,03 | 0,12 | 0,07 | 0,04 | 0,04 | 0,10 | 0,67 |
| JGef. | 0,02 | 0,22 | 0,09 | 0,07 | 0,28 | 1,07 | — |
| Gef. | — | — | — | — | 0,74 | 1,56 | — |
| JU | 0,02 | — | 0,01 | — | 0,15 | 0,05 | — |
| insg. | 1,00 | 2,00 | 1,38 | 2,50 | 4,04 | 4,98 | 3,00 |

oder JGef. wächst allerdings mit der Schwere der Rückfälligkeit, wobei die Nichtrückfälligen mit Vortaten ihren gewohnten Platz zwischen den Gr. II und III einnehmen. Jugendgefängnis hatten in Gr. IV erheblich mehr Probanden bekommen als in den übrigen Gruppen, auch als in Gr. III. Gefängnis war nur gegen Mittelschwer- oder Schwerrückfällige verhängt worden; auch hier ist die Distanz zwischen diesen beiden Gruppen recht groß, aber doch geringer als beim Jugendgefängnis.

Tab. 170: Maßnahmen nach Häufigkeit der Verhängung gegen einzelnen Probanden (Rückfallsgruppen, m)

| | I a | I b | I | II | III | IV | IV c |
|---|---|---|---|---|---|---|---|
| Maßn. | pr.betr.P[1] | pr.betr.P | pr.betr.P | pr.betr.P | pr.betr.P | pr.betr.P | pr.betr.P |
| A | 1,00 | 1,50 | 1,19 | 1,90 | 2,40 | 2,09 | 2,50 |
| JArr | 1,00 | 1,00 | 1,00 | 1,00 | 1,05 | 1,14 | — |
| FE | 1,00 | 1,29 | 1,25 | 1,63 | 1,56 | 1,30 | 2,00 |
| JArrFE | 1,00 | 1,00 | 1,00 | 1,00 | 1,00 | 1,00 | 1,00 |
| JGef. | 1,00 | 1,29 | 1,25 | 1,00 | 1,30 | 1,69 | — |
| Gef. | — | — | — | — | 1,31 | 1,78 | — |
| JU | 1,00 | — | 1,00 | — | 1,00 | 1,00 | — |

[1] d. h. pro Probanden, gegen die jemals diese Maßnahme verhängt worden ist.

Etwas anderes ist die Häufigkeit der Wiederholung der einzelnen Maßnahmen gegen die einzelnen Probanden, Tab. 170. Im allgemeinen sind zwar in den mehr rückfälligen Gruppen die Maßnahmen auch öfter wiederholt worden. Aber die ambulanten Maßnahmen am häufigsten nicht in Gr. IV, sondern in Gr. III, FE am häufigsten in den Gr. II und III, d. h. bei den Probanden dieser mittleren Gruppen hat man es auch nach einem „Mißerfolg" der ersten FE doch öfter noch einmal mit FE versucht, und der Enderfolg scheint dem rechtgegeben zu haben.

## 2. Reihenfolge der Maßnahmen

Es würde zu weit führen, alle verschiedenen Kombinationen aufzuzählen, in denen die Maßnahmen vorgekommen sind. Tab. 171 zeigt aber, wie oft bei den Jungen die einzelnen Maßnahmen als die einzigen, die ersten, die letzten, die „strengsten" verhängt wurden. Dabei wurde folgende Reihenfolge der Strenge zugrundegelegt: ambulante Maßnahmen (A), JArr, JU, FE JArr+FE, JGef., Gef. Obwohl im einzelnen die Gefängnisstrafen nicht selten geringer waren als die Jugendgefängnisstrafen, schien doch die Tatsache, daß der Proband noch als „Erwachsener" (evtl. als Heranwachsender) eine Freiheitsstrafe erhalten hat, die er auch verbüßen mußte, besonders beschwerend.

Als einzige Maßnahmen treten praktisch nur die ambulaten hervor— hier: Ermahnung, Arbeitsauflage, Aussetzung zur Bewährung — (bei 23,4 % der Jungen) und JArr (bei 13,3 % der Jungen). Diese beiden Arten von Maßnahmen waren naturgemäß am häufigsten auch die ersten. Fast die Hälfte der Probanden — 47,4 % — bekamen als erstes eine Maßnahme ohne Freiheitsentzug. Bei weiteren 28 % war es Jugendarrest, bei 17 % FE, bei 5,5 % JArr+FE.

Bei fast 40 % der Jungen war eine ambulante Maßnahme auch die letzte, die gegen sie überhaupt verhängt wurde; aber darunter waren 16 %, die vorher schon eine „strengere" Maßnahme bekommen hatten und gegen die jetzt noch etwa eine Geldstrafe verhängt wurde oder auch eine Ge-

Tab. 171: Anteil der Probanden (m) mit Maßnahmen nach deren Reihenfolge

| Verhängt g. P als | einz. Maßnahme | | erste Maßnahme | | letzte Maßnahme | | strengste Maßnahme | | überh. | |
|---|---|---|---|---|---|---|---|---|---|---|
| | n | % | n | % | n | % | n | % | n | % |
| A | 60 | 23,4 | 121 | 47,4 | 101 | 39,4 | 60 | 23,4 | 163 | 63,7 |
| JArr | 34 | 13,3 | 71 | 27,7 | 49 | 19,1 | 69 | 27,0 | 109 | 42,6 |
| FE | 10 | 3,9 | 43 | 16,8 | 20 | 7,8 | 30 | 11,7 | 65 | 25,4 |
| JArr.FE | 7 | 2,7 | 14 | 5,5 | 8 | 3,1 | 12 | 4,7 | 19 | 7,4 |
| JGef. | 1 | 0,4 | 5 | 2,0 | 18 | 7,0 | 21 | 8,2 | 48 | 18,8 |
| Gef. | — | — | — | — | 59 | 23,0 | 62 | 24,2 | 62 | 24,2 |
| JU | 1 | 0,4 | 2 | 0,8 | 1 | 0,4 | 2 | 0,8 | 10 | 3,9 |
| P insg. | 256 | 100,0 | 256 | 100,0 | 256 | 100,0 | 256 | 100,0 | 256 | 100,0 |

fängnisstrafe, deren Vollstreckung ausgesetzt wurde. Umgekehrt waren JArr und FE öfter die strengsten als die letzten Maßnahmen, d. h. es folgte ihnen in einer Reihe von Fällen eine weitere, aber weniger strenge Maßnahme, nach der dann die Kriminalität ausklang.

Betrachtet man die „strengste" Maßnahme, die anzeigt, „wie weit die einzelnen Probanden gekommen sind", so läßt sich, etwas grob, sagen: bei e i n e m Viertel genügte eine ambulante Maßnahme, bei einem weiteren, etwas größeren, Jugendarrest, bei einem weiteren FE oder JGef. (FE bei 16,4 %, JGef. bei 8,2 %), und das letzte Viertel brachte es bis zu einer Gefängnisstrafe, die auch verbüßt werden mußte.

V o r ihrem JArr und ihrer FE hatten rund 30 % der Probanden schon eine ambulante Maßnahme gehabt (Tab. 172). Vor dem JArr war sonst höchstens noch — so bei 8 % dieser Probanden — FE verhängt gewesen, vor ihrer FE umgekehrt waren 17 % schon im Jugendarrest gewesen und 28 % schon einmal in FE, (dabei wurde allerdings der Beschluß des Jugendrichters auf „Fortsetzung der FE" als neue Verhängung gerechnet, wenn der Proband zwar noch formell Zögling gewesen, aber schon aus der Heimerziehung entlassen war). Recht oft waren natürlich vor der Verurteilung zu JGef. oder Gef. schon andere Maßnahmen verhängt worden. So hatten, ehe sie zu Jugendgefängnis verurteilt wurden, schon eine ambulante Maßnahme gehabt 46 % (vor Gef.: 61 %), JArr 42 % (vor Gef.: 48 %), FE 52 % (vor Gef.: 53 %) und JGef. selbst auch schon 40 % (vor Gef.: 42 %). Vor ihrer Gefängnisstrafe hatten ferner schon 45 % eine andere Gefängnisstrafe verbüßt.

Dasselbe läßt sich auch umgekehrt ausdrücken wie in Tab. 173. Dabei ist dann aber auch ersichtlich, gegen wieviele Probanden nach den einzelnen Maßnahmen überhaupt keine weitere Maßnahme mehr verhängt worden ist. Allerdings ist zu berücksichtigen, daß in einer Reihe von Fällen seit Verbüßung der letzten Maßnahme noch keine zwei Jahre straffreien Verhaltens verstrichen waren, sei es daß die Probanden noch in Haft oder erst

Tab. 172: Vorausgegangene Maßnahmen (nach Probanden, m)

| | Probanden, gegen die verhängt wurde: | | | | | | | | | | | | | |
|---|---|---|---|---|---|---|---|---|---|---|---|---|---|---|
| hat schon | A | | JArr | | FE | | JArrFE | | JGef. | | Gef. | | JU | |
| gehabt | n | % | n | % | n | % | n | % | n | % | n | % | n | % |
| A | 78 | 47,9 | 33 | 30,3 | 19 | 29,2 | 4 | 21,1 | 22 | 45,8 | 38 | 61,3 | 4 | 40,0 |
| JArr | 38 | 23,3 | 3 | 2,8 | 11 | 16,9 | — | — | 17 | 35,4 | 24 | 38,7 | 1 | 10,0 |
| FE | 21 | 12,9 | 9 | 8,3 | 18 | 27,7 | 1 | 5,3 | 22 | 45,8 | 27 | 43,5 | 2 | 20,0 |
| JArrFE | 7 | 4,3 | 1 | 0,9 | 1 | 1,5 | — | — | 3 | 6,2 | 6 | 9,7 | 1 | 10,0 |
| JGef | 7 | 4,3 | — | — | — | — | — | — | 19 | 39,6 | 26 | 41,9 | — | — |
| Gef | 7 | 4,3 | — | — | — | — | — | — | — | — | 28 | 45,2 | — | — |
| JU | 3 | 1,8 | 1 | 0,9 | 4 | 6,2 | — | — | 4 | 8,3 | 6 | 9,7 | — | — |
| es hatt. überh. | 163 | 100,0 | 109 | 100,0 | 65 | 100,0 | 19 | 100,0 | 48 | 100,0 | 62 | 100,0 | 10 | 100,0 |

Tab. 173: Später noch folgende Maßnahmen (nach Probanden, m)

| hatten spät. noch | Probanden, gegen die verhängt wurde: A n | A % | JArr n | JArr % | FE n | FE % | JArrFE n | JArrFE % | JGef. n | JGef. % | Gef. n | Gef. % | JU n | JU % |
|---|---|---|---|---|---|---|---|---|---|---|---|---|---|---|
| A | 78 | 47,9 | 38 | 34,9 | 21 | 32,3 | 7 | 36,8 | 7 | 14,6 | 7 | 11,3 | 3 | 30,0 |
| JArr | 33 | 20,2 | 3 | 2,8 | 9 | 13,8 | 1 | 5,3 | — | — | — | — | 1 | 10,0 |
| FE | 19 | 11,7 | 11 | 10,1 | 18 | 27,7 | 1 | 5,3 | — | — | — | — | 4 | 40,0 |
| JArrFE | 4 | 2,5 | — | — | 1 | 1,5 | — | — | — | — | -- | — | — | — |
| JGef | 22 | 13,5 | 17 | 15,6 | 22 | 33,8 | 3 | 15,8 | 19 | 39,6 | — | — | 4 | 40,0 |
| Gef | 38 | 23,3 | 24 | 22,0 | 27 | 41,5 | 6 | 31,6 | 26 | 54,2 | 28 | 45,2 | 6 | 60,0 |
| JU | 4 | 2,5 | 1 | 0,9 | 2 | 3,1 | 1 | 5,3 | — | — | — | — | — | — |
| keine M | 55 | 33,7 | 50 | 45,9 | 15 | 23,1 | 7 | 36,8 | 12 | 25,0 | 29 | 46,8 | 1 | 10,0 |
| es hatt. überh. | 163 | 100,0 | 109 | 100,0 | 65 | 100,0 | 19 | 100,0 | 48 | 100,0 | 62 | 100,0 | 10 | 100,0 |

seit kurzem entlassen waren, sei es, daß sie inzwischen schon wieder Straftaten begangen hatten.

Abgesehen davon, ist es bemerkenswert, daß von den Probanden, die überhaupt Jugendgefängnis hatten, rund 40 % zweimal (oder öfter) dazu verurteilt wurden und 54 % später noch zu Gefängnis verurteilt wurden. Aber auch 34 % der FE-Zöglinge bekamen später noch Jugendgefängnis, 42 % der FE-Zöglinge Gefängnis (die man natürlich nicht addieren darf, da es sich zu einem größeren Teil um die gleichen Probanden handelt).

Am meisten Probanden ohne weitere Maßnahme gibt es unter den Jugendarrestanten. Die Differenz zu den Probanden mit voraufgegangenen ambulanten Maßnahmen ergibt sich allerdings z. T. daraus, daß diese häufiger — nämlich zu 48 % — noch einmal eine ambulante Maßnahme bekommen haben, die ja oft wenig schwerwiegend war. Aber nach ambulanten Maßnahmen haben auch 20 % noch Jugendarrest bekommen, gegen ganz wenige der früheren Jugendarrestanten. Im ganzen stehen diese beiden Gruppen sich ziemlich gleich: etwas mehr FE nach ambulanten Maßnahmen, etwas mehr JGef. nach JArr, etwas mehr Gefängnis nach ambulanten Maßnahmen, und das Mehr an späterem Jugendarrest und auch an weiteren ambulanten Maßnahmen bei der einen Gruppe läßt sich daraus verstehen, daß dort ja auch der Ausgangspunkt eine weniger strenge Maßnahme war. Andererseits ist es etwas verwunderlich, daß diese beiden Gruppen so ähnlich aussehen. Da ja Jugendarrest eine größere Schwere der Verfehlung — kriminologisch oder juristisch — zur Voraussetzung hat als die ambulanten Maßnahmen, würde man eigentlich erwarten, daß von den Probanden, gegen die Jugendarrest verhängt worden war, mehr als von denen mit ambulanten Maßnahmen später noch in der FE, im Jugendgefängnis, im Gefängnis gelandet wären. Andererseits waren ja ambulante Maßnahmen sehr verbreitet, und unter den Probanden mit diesen Maßnahmen waren ja eine ganze Reihe nicht günstig zu beurteilender Jungen. Aber der Vergleich der beiden

Gruppen kann die Frage nahelegen, ob nicht vielleicht Jugendarrest, oder früherer Jugendarrest, die Kriminalität der „Probanden mit ambulanten Maßnahmen“ eher hätte stoppen können.

Dasselbe Problem wirft Tab. 174 auf, die darstellt, bis zu welchen strengsten Maßnahmen die Probanden mit einer bestimmten ersten Maßnahme später gekommen sind.

Tab. 174: Verhältnis von ersten und strengsten Maßnahmen (n. Prob., m)

| | Probanden, die als 1. Maßnahme gehabt hatten | | | | | | | | | | | | | |
|---|---|---|---|---|---|---|---|---|---|---|---|---|---|---|
| hatte als | A | | JArr | | FE | | JArrFE | | JGef. | | Gef. | | JU | |
| str. Mn.[1] | n | % | n | % | n | % | n | % | n | % | n | % | n | % |
| A | 60 | 49,6 | — | — | — | — | — | — | — | — | — | — | — | — |
| JArr | 20 | 16,5 | 49 | 69,0 | — | — | — | — | — | — | -- | — | — | — |
| FE | 5 | 4,1 | 4 | 5,6 | 21 | 48,8 | — | — | — | — | — | — | — | — |
| JArrFE | 2 | 1,7 | — | — | 1 | 2,3 | 9 | 64,3 | — | — | — | — | — | — |
| JGef | 8 | 6,6 | 5 | 7,0 | 5 | 11,6 | — | — | 3 | 60,0 | — | — | — | — |
| Gef | 25 | 20,7 | 13 | 18,3 | 16 | 37,2 | 5 | 35,7 | 2 | 40,0 | — | — | 1 | 50,0 |
| JU | 1 | 0,8 | — | — | — | — | — | — | — | — | — | — | 1 | 50,0 |
| insg. | 121 | 100,0 | 71 | 100,0 | 43 | 100,0 | 14 | 100,0 | 5 | 100,0 | — | — | 2 | 100,0 |

[1] bei Reihenfolge: A, JArr, JU, FE, JArrFE, JGef, Gef.

Wo mit einer ambulanten Maßnahme begonnen wurde, hatte es damit in 32 % der Fälle sein Bewenden. Bei weiteren 17,4 % mußte eine weitere ambulante Maßnahme verhängt werden. Im ganzen wurde also rund die Hälfte der Fälle, in denen mit einer ambulanten Maßnahme begonnen wurde, damit auch erledigt. Weitere 16,5 % hörten erst nach späterer Verhängung von Jugendarrest auf.

Wo mit Jugendarrest begonnen wurde, blieb diese Maßnahme in 48 % der Fälle auch die einzige. Gegen weitere 21 % der Probanden mußte noch einmal eine ambulante Maßnahme verhängt werden. In 69 % der Fälle, in denen mit Jugendarrest begonnen wurde, blieb dies also auch die strengste Maßnahme.

Im übrigen kamen von diesen beiden Gruppen später etwa gleichviele in FE, ins Jugendgefängnis, ins Gefängnis, mit einem leichten Vorteil sogar auf der Seite derer, die mit Jugendarrest begonnen hatten.

Wenn man die gleichen Sachverhalte umgekehrt ausdrückt — Tab. 175 — so sieht man bei denen, die es bis zu Jugendgefängnis oder Gefängnis gebracht haben, den Anteil der ambulanten Maßnahmen als erste Maßnahmen überhöht. Sahen diese Fälle anfänglich harmloser aus als die, bei denen gleich Jugendarrest oder FE verhängt wurde? Und hat vielleicht sogar die Tatsache, daß diese Jugendlichen nicht durch eine intensive erste Maßnahme an der zweiten Straftat verhindert wurden, ihnen dann auch die Begehung der dritten und der weiteren Straftaten erleichtert? Das erscheint möglich; die Frage muß aber offen bleiben.

Tab. 175: Verhältnis von strengsten zu ersten Maßnahmen (n. Probanden, m)
Probanden, die als strengste Maßnahme[1] hatten:

| hatte als | A | | JArr | | FE | | JArrFE | | JGef. | | Gef. | | JU | |
|---|---|---|---|---|---|---|---|---|---|---|---|---|---|---|
| 1. Mn. | n | % | n | % | n | % | n | % | n | % | n | % | n | % |
| A | 60 | 100,0 | 20 | 29,0 | 5 | 16,7 | 2 | 16,7 | 8 | 38,1 | 25 | 40,3 | 1 | 50,0 |
| JArr | — | — | 49 | 71,0 | 4 | 13,3 | — | — | 5 | 23,8 | 13 | 21,0 | — | — |
| FE | — | — | — | — | 21 | 70,0 | 1 | 8,3 | 5 | 23,8 | 16 | 25,8 | — | — |
| JArrFE | — | — | — | — | — | — | 9 | 75,0 | — | — | 5 | 8,1 | — | — |
| JGef | — | — | — | — | — | — | — | — | 3 | 14,3 | 2 | 3,2 | — | — |
| Gef | — | — | — | — | — | — | — | — | — | — | — | — | — | — |
| JU | — | — | — | — | — | — | — | — | — | — | 1 | 1,6 | 1 | 50,0 |
| insg. | 60 | 100,0 | 69 | 100,0 | 30 | 100,0 | 12 | 100,0 | 21 | 100,0 | 62 | 100,0 | 2 | 100,0 |

[1] bei Reihenfolge: A, JArr, JU, FE, JArrFE, JGef, Gef.

Sieht man sich — um diesen Fragen auf andere Weise näherzukommen — die Verteilung der ersten Maßnahmen in den Rückfallsgruppen an (Tab. 176), so fällt auch hier auf, daß mit ambulanten Maßnahmen bei den später Rückfälligen nicht seltener angefangen wurde als bei den Nichtrückfälligen. In Gr. III stehen sie am häufigsten am Beginn, dann folgen Gr. II und I a. Die Schwerrückfälligen wurden zwar öfter als diese Gruppen sofort mit einer freiheitsentziehenden Maßnahme bedacht, aber doch kaum öfter als die Nichtrückfälligen im ganzen, und sogar seltener als die Gr. I b.

Der Vergleich dieser beiden Gruppen — IV und I b — erscheint besonders lehrreich. 63,4 % aus Gr. I b wurden sofort als erstes mit JArr oder FE oder beidem bedacht, dagegen nur 53,6 % aus Gr. IV. FE insgesamt bekamen sofort — mit oder ohne JArr — in Gr. Ib 36,6 %, in Gr. IV 34,1 %, obwohl ja die persönliche Vorgeschichte der später Schwerrückfälligen im

Tab. 176: Verteilung der ersten Maßnahmen in den Rückfallsgruppen (m)
einschl. einzige Maßnahmen

| | I a | | I b | | I | | II | | III | | IV | |
|---|---|---|---|---|---|---|---|---|---|---|---|---|
| Erste | Pn=66 | | Pn=41 | | Pn=107 | | Pn=56 | | Pn=46 | | Pn=41 | |
| Maßn. | n | % | n | % | n | % | n | % | n | % | n | % |
| A | 33 | 50,0 | 15 | 36,6 | 48 | 44,9 | 29 | 51,8 | 25 | 54,3 | 17 | 41,5 |
| JArr | 27 | 40,9 | 11 | 26,8 | 38 | 35,5 | 16 | 28,6 | 10 | 21,7 | 8[1] | 19,5 |
| FE | 2 | 3,0 | 10 | 24,4 | 12 | 11,2 | 7 | 12,5 | 8 | 17,4 | 11 | 26,8 |
| JArrFE | 2 | 3,0 | 5 | 12,2 | 7 | 6,5 | 1 | 1,8 | 1 | 2,2 | 3 | 7,3 |
| JGef. | 1 | 1,5 | — | — | 1 | 0,9 | 3[1] | 5,4 | 1 | 2,2 | 1 | 2,4 |
| Gef | — | — | — | — | — | — | — | — | — | — | — | — |
| JU | 1 | 1,5 | — | — | 1 | 0,9 | — | — | 1 | 2,2 | 1[1] | 2,4 |
| FE insg. | 4 | 6,0 | 15 | 36,6 | 19 | 17,7 | 8 | 14,3 | 9 | 19,6 | 14 | 34,1 |

[1] dar. 1 x schon als Kind FE

Durchschnitt doch ungünstiger und unglücklicher war als die der Probanden aus Gr. I b. JArr — allein oder mit FE — bekamen in Gr. I b sofort 39,0, in Gr. IV nur 26,8 %. Im übrigen wurde mit FE insg. zwar etwas öfter in den ungünstigeren Gruppen begonnen, z. B. in Gr. III öfter als in Gr. II, aber doch nur mit sehr geringer Differenz, und Jugendarrest bekamen die Probanden der Gr. III besonders selten als erstes, statt dessen aber eben besonders häufig eine ambulante Maßnahme. Der Gedanke liegt nahe, daß es glücklicher gewesen wäre, auch bei ihnen öfter als es geschehen ist gleich mit einer intensiven Maßnahme einzusetzen.

Man wird daran erinnert, daß die Probanden der Gr. I b von der Schule und auch von den Heimen relativ oft nicht günstig beurteilt wurden (Tab. 94, 95, 90, 91, 92). Im Lichte ihrer späteren Entwicklung erschienen diese Urteile übertrieben ungünstig. Aber vielleicht hat man sich darum auch ganz besonders um sie bemüht, und da nach manchen anderen Indizien ihre Chancen im Grunde ohnehin nicht besonders schlecht waren, kam es dann zu einem jedenfalls altersmäßig besonders frühen Ende ihrer Straffälligkeit. So jedenfalls kann man vermuten. Während anscheinend manche später Schwerrückfällige nicht früh genug intensiv erfaßt wurden, vielleicht weil ihre wahre Situation durch äußerlich bessere soziale Verhältnisse verborgen blieb.

### 3. Zeitpunkt der Verhängung

Das Gleiche zeigt sich, wenn man untersucht, wie alt die Probanden waren, als sie die erste Arbeitsauflage, den ersten Jugendarrest usw. bekamen (gleichgültig, ob diese Maßnahme auch die erste gegen den Probanden überhaupt verhängte war). Tab. 177 zeigt die Verteilung für die Rückfallsgruppen.

Nur ambulante Maßnahmen — und Jugendgefängnis — sind gegen die Schwerrückfälligen im Durchschnitt früher verhängt worden als gegen die übrigen Probanden. Jugendarrest und Fürsorgeerziehung haben sie später bekommen als alle anderen Gruppen. Unter den ambulanten Maßnahmen liegen allerdings auch nur die — an sich nicht häufige — Aussetzung des Verfahrens zur Bewährung besonders früh, aber jedenfalls zeigt sich auch bei den Ermahnungen und den Arbeitsauflagen nicht dies merkwürdige

Tab. 177: Durchschnittsalter der Probanden bei erster Verhängung der einzelnen Maßnahmen (Prob., m)

| | I a | I b | I | II | III | IV |
|---|---|---|---|---|---|---|
| Ermahnung | 16;1 | 14;10 | 15;9 | 15;2 | 15;10 | 15;10 |
| Arbeitsaufl. | 16;2 | 15;0 | 15;10 | 15;6 | 16;1 | 15;8 |
| Auss. z. Bew. | — | 17;0 | 17;0 | 17;3 | 16;9 | 15;3 |
| A insg. | 16;1 | 15;5 | 15;11 | 16;2 | 16;3 | 15;7 |
| JArr | 16;2 | 16;4 | 16;3 | 16;1 | 16;3 | 16;6 |
| FE | 14;8 | 15;7 | 15;7 | 15;5 | 15;7 | 15;10 |
| JGef. | 17;4 | 17;0 | 16;11 | 17;3 | 16;10 | 16;6 |

Phänomen, daß — wie bei erster Verhängung von Jugendarrest und FE — die Probanden umso älter waren, je schwerer sie rückfällig wurden. Dies auch altersmäßig späte Einsetzen der wirklich intensiven Maßnahmen steht im Widerspruch zu der ungünstigen Vorgeschichte der schwerer und schwer Rückfälligen. Daß sie eher ins Jugendgefängnis kamen als die übrigen, kann darüber nicht beruhigen, insbesondere wenn man den großen Anteil an Rückfälligen unter den jugendlichen Strafgefangenen betrachtet.

Tab. 178 zeigt, welche Zeit verstrich, bis der Proband nach seiner ersten — als Strafmündiger begangenen — Straftat überhaupt mit einer Maßnahme belegt wurde, und welche Zeit bis zu seiner ersten Ermahnung, seiner ersten Arbeitsauflage usw. verstrich, auch wenn er davor schon

Tab. 178: Rückfallsgruppen (m): Durchschnittliches Intervall zwischen erster Straftat nach 14 und erster Maßnahme bestimmter Art

| Intervall bis zu erster (m) | I a Mon. | I b Mon. | I Mon. | II Mon. | III Mon. | IV Mon. | IV c Mon. |
|---|---|---|---|---|---|---|---|
| Ermahnung | 4,2 | 7,3 | 5,7 | 8,5 | 6,0 | 1,2 | 1/1 |
| Arbeitsaufl. | 2,8 | 3.7 | 3,1 | 9,7 | 7,9 | 7,3 | 1,5 |
| Auss. zur Bew. | 3,5 | 25,0 | 20,2 | 19,9 | 18,5 | 16,1 | 30/1 |
| JArr | 2,5 | 15,0 | 7,8 | 13,4 | 12,3 | 10,9 | 4/1 |
| FE | 2/2[1] | 7,2 | 6,3 | 5,3 | 12,0 | 10,8 | 5,0 |
| JArrFE | 9/2 | 10,6 | 8,9 | 7/2 | 6,3 | 37/1 | 14,7 |
| JGef | 6/1 | 20,0 | 18,4 | 19,0 | 26,1 | 22,7 | 68/1 |
| 1. Maßn. überhaupt | 3,1 | 5,2 | 3,9 | 4,8 | 3,4 | 5,2 | 3,0 |

[1] Diese Zahlenbrüche zeigen bei geringer Probandenzahl die absolute Monatszahl geteilt durch die Probanden an.

andere Maßnahmen gehabt hatte. Auch dabei kommen die Schwerrückfälligen nicht günstig weg, obwohl sie ja mehr als die anderen schon als Strafunmündige kriminell geworden waren. Bei ihnen war das Intervall bis zur ersten Maßnahme überhaupt am längsten, und von den einzelnen Maßnahmen war es nur die Ermahnung und die Aussetzung zur Bewährung, die schneller ausgesprochen wurden als bei den anderen, während FE und im Vergleich jedenfalls zu Gr. I auch Jugendarrest und sogar Arbeitsauflagen länger auf sich warten ließen. Das kann natürlich daran liegen, daß die Schwerrückfälligen mit Taten begannen, die zunächst nicht zur Kenntnis der Behörden kamen, etwa Diebstähle in der Familie oder in der Arbeitsstelle. Aber das schließt doch nicht aus, daß das relativ spätere Einsetzen der Maßnahmen die Probanden schädigte[1].

[1] Vgl. die *Glueck,* Juvenile Delinquents Grown Up, 1940, S. 120, bei deren schon im Alter von unter 21 J. Gebesserten durchschnittlich zwischen dem ersten Delikt und dem ersten Arrest eine deutlich kürzere Zeit verstrichen war als bei den übrigen.

4. Rückfälligkeit

Die sehr wichtige Tab. 179 gibt darüber Aufschluß, wieviele der Probanden, die eine bestimmte Maßnahme von bestimmter Dauer verbüßt haben, rückfällig geworden sind, und innerhalb welcher Zeitspanne im Durchschnitt ihr Rückfall erfolgte. Gar nicht einbezogen wurden die Fälle, in denen seit der Verbüßung bis zum Stichtag der Untersuchung noch kein Jahr vergangen war, der Proband aber bisher nicht rückfällig wurde. Da das bei der Gefängnisstrafe am häufigsten vorkommt, sind ihre Rückfallsziffern im ganzen zu ungünstig, denn es wird vermutlich ein weiterer Anteil der Probanden nach verbüßter Gefängnisstrafe gar nicht oder längere Zeit nicht mehr rückfällig werden[2].

Tab. 179: Rückfälle nach Verbüßung der einzelnen Maßnahmen (männliche Probanden)[1, 2]

| | Verbüßg. n | Rückf. n | % | 1. Rückf. n.dschn.M. |
|---|---|---|---|---|
| Erm., Arb.Aufl., Auss. z. Bew. Einst. nach § 153 | 154 | 109 | 70,8 | 9,8 |
| Auss. d. Vollstr. v. JGef. oder Gefängnis | 47 | 34 | 72,3 | 9,0 |
| Ambulante Maßnahmen insg. | 201 | 143 | 71,1 | 9,6 |
| Jugendarrest | 114 | 73 | 64,0 | 14,8 |
| FE — bis 3 Monate | 15 | 13 | 86,7 | 4,3 |
| 3+ — 6 Monate | 27 | 23 | 85,2 | 6,7 |
| 6+ — 12 Monate | 36 | 30 | 83,3 | 8,3 |
| mehr als 12 Monate | 29 | 23 | 79,3 | 13,8 |
| FE insgesamt | 107 | 89 | 83,2 | 8,7 |
| JGef. bis 3 Monate | 9 | 7 | 77,8 | 17,8 |
| 3+ — 6 Monate | 14 | 12 | 85,7 | 5,8 |
| 6+ — 12 Monate | 22 | 18 | 81,8 | 12,2 |
| mehr als 12 Monate | 10 | 10 | 100,0 | 3,3 |
| JGef. insgesamt | 55 | 47 | 85,5 | 9,5 |
| Gef. bis 3 Monate | 25 | 22 | 88,0 | 5,2 |
| 3+ — 6 Monate | 8 | 4 | 50,0 | 5,1 |
| 6+ — 12 Monate | 19 | 12 | 63,2 | 4,8 |
| mehr als 12 Monate | 10 | 9 | 90,0 | 4,7 |
| Gef. insgesamt | 62 | 47 | 75,8 | 5,1 |

[1] Mehrere Verbüßungen des gleichen Probanden von verschiedener Art oder Länge wurden einzeln gezählt; von gleichartigen gleicher Länge wurde ein Durchschnitt gebildet.

[2] Verbüßungen bzw. Maßnahmen, die zwischen dem 31. 3. 1954 und dem 31. 3. 1955 endeten, wurden in dieser Aufstellung nicht berücksichtigt.

---

[2] Außer den Vergleichszahlen o. S. 32 ff s. noch *Silbereisen*, 1940, 49, von dessen 1928 verurteilten Jugendlichen, die auf Grund dieser Verurteilung eine Freiheitsstrafe verbüßen mußten, 73 % später wieder bestraft wurden, 52 % sogar vielfach. Bei Verbüßung unter einem Monat war die Rückfälligkeitsquote 74 %,

Wenn ein Proband etwa einmal JArr, einmal FE bis zu 3 Monaten und einmal FE über 12 Monate gehabt hat, so wurden diese 3 Ereignisse getrennt gezählt. Hatte er zweimal FE bis zu 3 Monaten, so wurde dies — aus Mangel an Kodifizierungsmöglichkeiten — nur einmal gezählt, und zwar mit dem Durchschnitt seiner beiden Rückfallsintervalle. Die Zahlen geben also weder Probanden an noch die vollständige Zahl der „Fälle von Verbüßungen"; sie decken sich darum auch nicht mit denen der Tab. 166, weichen aber auch nicht erheblich von ihnen ab. — Es wurden nur verbüßte Maßnahmen gezählt, ausgesetzte für sich als „Aussetzung der Vollstreckung". Als „Rückfall" wurde jedes spätere Vermögensdelikt gerechnet.

Im ganzen gehen die Rückfallsintervalle den Rückfallsquoten ziemlich parallel, d. h. je mehr Probanden nach einer Maßnahme rückfällig geworden sind, umso schneller wurden sie es im Durchschnitt. Diese Übereinstimmung, für die keinerlei rechnerische Gründe bestehen — es handelt sich ja um ganz verschiedene Tatsachen —, erweckt ein gewisses Vertrauen darauf, daß die Zahlenverhältnisse nicht zu sehr auf Zufall beruhen.

Recht klar tritt, wenn man die Tabelle im einzelnen betrachtet, die günstige Stellung des Jugendarrestes hervor. Von denen, die im Jugendarrest gewesen sind, wurden 64 % rückfällig. Als nächstes folgen dann erst Ermahnungen, Arbeitsauflagen, Aussetzungen zur Bewährung, Einstellungen wegen Geringfügigkeit, für die ein gemeinsamer Durchschnitt errechnet wurde. Nach ihrer Verhängung bzw. ihrem Vollzug wurden 72,7 der Probanden rückfällig. Nach Aussetzung der Vollstreckung einer bereits verhängten Freiheitsstrafe 74,5 %, nach FE insgesamt 83,3 %, nach Gefängnis insgesamt 84,6 %, (mit aber noch vielen ungeklärten Fällen) und nach Jugendgefängnis insgesamt 87 %.

Die nach Jugendarrest Rückfälligen brauchten auch im Durchschnitt länger als die übrigen bis zum Rückfall, nämlich 14 Monate. Auch hier folgen die Probanden, die nur eine ambulante Maßnahme hatten, nur mit Abstand; sie wurden im Durchschnitt schon nach 9 Mon. rückfällig. Ähnlich sind die Zeiten nach FE und nach Jugendgefängnis; nach FE sind sie um ein weniges kürzer, nach Jugendgefängnis um ein weniges länger. Nach Gefängnis war das Rückfallsintervall im Durchschnitt nur rund 5 Monate lang.

Besonders bedeutsam erscheint dabei noch die Tatsache, daß schrittweise mit der längeren Dauer der FE die Rückfälligkeitsquoten sinken, die Rückfälligkeitsintervalle länger werden. Das würde man als Erfolg der FE buchen können, wenn die Dauer der FE immer nur durch die Behörde bestimmt würde und nicht auch durch die Entweichungen der Zöglinge. Diese Entweichungen sind gewöhnlich im Anfang der Heimerziehung häufiger als bei deren längerer Dauer, sie bringen oft Rückfälle mit sich, und sie machen nicht selten die Durchführung der FE überhaupt unmöglich. Insofern ist in

---

bei 1—3 Mon. 75 %, bei über 3 Mon. 68 %. — Ferner T. *Eriksson*, Stockholm, 1952, von dessen 55 als Jugendliche verurteilten Strafgefangenen, die 1946—50 aus dem Gefängnis entlassen wurden, bis zum 31. 1. 1952 47 = 85 % wieder registerpflichtig bestraft worden waren, bei vorangegangener Fürsorgeerziehung sogar 43 von 45 = 96 %.

der vorliegenden Tabelle schon die längere Dauer der FE als solche ein Zeichen für die „Erziehbarkeit" des Probanden. Vielleicht sollte man aber doch nicht nur so herum schließen, sondern wünschen, daß in möglichst wenigen Fällen das Entweichen des Zöglings Grund wird, die Heimerziehung aufzugeben.

Bei der Jugendgefängnisverbüßung gibt es keine solche Beziehung. Hier schien sich eher die ganz kurze Verbüßung günstig auszuwirken — es handelte sich dabei um Probanden, die auf Grund einer Weihnachtsamnestie 1949 rasch wieder entlassen wurden — und dann die zwischen 6 und 12 Monaten, während bei längerer Dauer Rückfälligkeitsquoten und Rückfallsintervall sehr ungünstig aussehen. Die Probanden, die länger im Jugendgefängnis blieben, waren aber natürlich eine ungünstigere Auslese, so daß keine Rückschlüsse auf den Wert der einzelnen Verbüßungsdauer möglich sind.

Die Tatsache, daß die schwereren Maßnahmen auch schwierigeren Tätern gegenüber angewandt werden, steht ja überhaupt fast immer einem Vergleich des Erfolges der Maßnahmen entgegen. Man kann ihn nur da versuchen, wo etwa einmal eine schwerere Maßnahme trotz ihrer vermutlich schwierigeren Probanden günstigere Erfolge hat als eine leichtere Maßnahme. So wäre es mit der FE von kürzerer und von längerer Dauer, wenn die Entweichungen dabei keine Rolle spielten. So scheint es aber doch auch zu sein zwischen Jugendarrest — einem Freiheitsentzug von einigen Wochen Dauer — und den ambulanten Maßnahmen wie Ermahnung, Arbeitsauflage, „Aussetzung zur Bewährung", und Einstellung wegen Geringfügigkeit, zu denen man doch eigentlich greift, wenn man der Ansicht ist, daß ein Freiheitsentzug sich erübrigt. Da ja auch geringfügige Vermögensdelikte — leichte Metalldiebstähle u. ä. — als Rückfälle gezählt wurden, war der Rückfall nach einer ambulanten Maßnahme vermutlich oft nicht ernst. Aber die Zahlen scheinen doch anzudeuten, daß Jugendarrest die Kriminalität eher endgültig stoppt oder doch so auf den Täter wirkt, daß er wenigstens erst einmal eine gewisse Zeit hindurch keine Straftat mehr begeht.

## *II. Maßnahmen nach Begehungsart der Taten*

### 1. Häufigkeit und Reihenfolge

Um Anhalte dafür zu bekommen, ob Taten (oder Täter) verschiedener Art verschieden behandelt worden sind, wurde untersucht, welche Maßnahmen gegen die nur gemeinsam und die nur allein handelnden Täter verhängt worden sind, denn bei diesen Tätergruppen schienen die psychologischen Unterschiede, wie man sie hinter Taten verschiedener Art vermutet, am reinsten hervorzutreten.

Tab. 180 zeigt, „bis zu welchen Maßnahmen" die Probanden der verschiedenen Gruppen gekommen sind, und in Tab. 181 ist die Zahl der einzelnen Maßnahmen verzeichnet, die gegen die Probanden der einzelnen Gruppen verhängt wurden.

Tab. 180: Strengste Maßnahmen gegen Probanden mit verschiedenen Begehungsarten (m)

Probanden mit Vermögensdelikten

| hatten als strengste Maßn. | nur gemeinsam einfach n | % | nur gemeinsam (einf.+) schw. n | % | nur gem. n | % | nur all. n | % | übrige n | % | insg. n | % |
|---|---|---|---|---|---|---|---|---|---|---|---|---|
| A | 24 | 58,5 | 8 | 17,0 | 32 | 36,4 | 3 | 7,3 | 25 | 19,7 | 60 | 23,4 |
| JArr | 14 | 34,1 | 16 | 34,0 | 30 | 34,1 | 10 | 24,4 | 29 | 22,8 | 69 | 27,0 |
| FE | 1 | 2,4 | 7 | 14,9 | 8 | 9,1 | 6 | 14,6 | 16 | 12,6 | 30 | 11,7 |
| JArrFE | 1 | 2,4 | 3 | 6,4 | 4 | 4,5 | 7 | 17,1 | 1 | 0,8 | 12 | 4,7 |
| JGef. | 1 | 2,4 | 6 | 12,8 | 7 | 8,0 | 5 | 12,2 | 9 | 7,1 | 21 | 8,2 |
| Gef. | — | — | 7 | 14,9 | 7 | 8,0 | 9 | 22,0 | 46 | 36,2 | 62 | 24,2 |
| JU | — | — | — | — | — | — | 1 | 2,4 | 1 | 0,8 | 2 | 0,8 |
| P insg. | 41 | 100,0 | 47 | 100,0 | 88 | 100,0 | 41 | 100,0 | 127 | 100,0 | 256 | 100,0 |

Die „übrigen" Probanden, die also sowohl allein wie gemeinschaftlich Straftaten begangen haben, stehen mit der Zahl der Maßnahmen insgesamt (Summe in Tab. 181) an der Spitze, wie es ja auch danach zu vermuten ist, daß sie mehrere Taten begangen haben müssen und darunter — was sie belastet — einen Teil allein. Sie haben auch mehr Maßnahmen insgesamt bekommen als die Probanden, die sowohl einfache wie schwere, oder nur schwere Taten begangen haben, aber alle gemeinschaftlich. Mehr von ihnen sind auch im Gefängnis gelandet — als strengster Maßnahme — und sie waren zu einem größeren Anteil in FE und im Jugendgefängnis. Nicht allerdings im Jugendarrest.

Läßt man „die übrigen" beiseite, weil sie sich schwer mit den anderen Gruppen vergleichen lassen, so sieht man, daß die Probanden mit nur gemeinschaftlichen einfachen Taten die geringste Zahl von Maßnahmen be-

Tab. 181: Zahl der verschiedenen Maßnahmen gegen Probanden mit verschiedenen Begehungsarten

Probanden mit Vermögensdelikten

| hatten an Maßn. überhaupt | nur gemeinsam einfach pro P | /betr. P | nur gemeinsam (einf.+) schw. pro P | /betr. P | nur gem. pro P | /betr. P | nur all. pro P | /betr. P | übrige pro P | /betr. P |
|---|---|---|---|---|---|---|---|---|---|---|
| A | 0,98 | 1,43 | 1,26 | 1,90 | 1,13 | 1,68 | 0,46 | 1,46 | 1,40 | 1,96 |
| JArr | 0,34 | 1,00 | 0,62 | 1,00 | 0,49 | 1,00 | 0,46 | 1,00 | 0,39 | 1,06 |
| FE | 0,05 | 2,00 | 0,26 | 1,20 | 0,16 | 1,27 | 0,39 | 1,33 | 0,47 | 1,43 |
| JArrFE | 0,02 | 1,00 | 0,02 | 1,00 | 0,02 | 1,00 | 0,20 | 1,00 | 0,07 | 1,00 |
| JGef | 0,02 | 1,00 | 0,28 | 1,44 | 0,16 | 1,40 | 0,27 | 1,57 | 0,36 | 1,48 |
| Gef | — | — | 0,23 | 1,57 | 0,13 | 1,57 | 0,37 | 1,67 | 0,57 | 1,57 |
| JU | — | — | — | — | — | — | 0,07 | 1,00 | 0,06 | 1,00 |
| insg. | 1,41 | | 2,66 | | 2,08 | | 2,22 | | 3,32 | |

kommen haben. Gegen die ausschließlichen Alleintäter wurden mehr Maßnahmen verhängt als gegen die nur gemeinschaftlich Handelnden, aber doch weniger als gegen die mit auch schweren Taten.

Diese Reihenfolge, die etwas dem früheren Eindruck von diesen Tätergruppen widerspricht, korrigiert sich aber, wenn man die Art der Maßnahmen betrachtet. Die gemeinschaftlichen Täter mit schweren Taten sind nur mit ambulanten Maßnahmen reichlicher belegt worden als die Alleintäter. Im Jugendgefängnis waren beide Gruppen gleich oft, und zu FE und zu Gefängnis wurden mehr Alleintäter verurteilt; auch zu Jugendarrest, wenn man JArr+FE einbezieht. Da in diesen Hinsichten die Probanden mit nur gemeinschaftlichen einfachen Taten noch günstiger dastehen, haben die Gemeinschaftstäter mit schweren Taten also auch nach der Schwere der Maßnahmen die Mittelstellung, die sie bei vielen persönlichen Faktoren einnehmen.

Bemerkenswert ist, daß fast 93 % der Probanden mit nur gem. einfachen Taten niemals „weiter" als bis zum Jugendarrest gekommen sind, und daß bei rund 60 % von ihnen ambulante Maßnahmen ausreichten. In die Strafanstalt kommt man allerdings mit nur gem. einfachen Taten nicht so leicht, aber der Verhängung von FE hätte die geringe „Schwere" der Taten nicht entgegengestanden. Auch für immerhin 51 % der gem. Täter mit schweren Taten genügten ambulante Maßnahmen oder Jugendarrest. Bei den Alleintätern waren es dagegen nur 32 %.

In Tab. 182 sind noch einmal in einem etwas rohen Verfahren die überhaupt verhängten Maßnahmen den strengsten Maßnahmen gegenübergestellt worden, um danach etwa zu bestimmen, wie oft eine Maßnahme — einerlei, ob erst nach wiederholter Verhängung — schließlich doch ein Erfolg

Tab. 182: Verhältnis der „strengsten" zu den überhaupt verhängten Maßnahmen in absoluten Zahlen und Prozenten

| | nur gemeinsam | | | | | | nur all. | | übrige | | insg. | |
|---|---|---|---|---|---|---|---|---|---|---|---|---|
| | einf. | | (einf. +) schw. | | insges. | | insges. | | | | | |
| | n | % | n | % | n | % | n | % | n | % | n | % |
| A | 28/24 | 85,8 | 31/8 | 25,8 | 59/32 | 54,2 | 13/3 | 23,1 | 91/25 | 27,5 | 163/60 | 36,8 |
| JArr | 14/14 | 100,0 | 29/16 | 55,7 | 43/30 | 69,8 | 19/10 | 52,7 | 47/29 | 61,7 | 109/69 | 63,3 |
| FE | 1/1 | | 10/7 | 70,0 | 11/8 | 72,8 | 12/6 | 50,0 | 42/16 | 38,1 | 65/30 | 46,2 |
| JArrFE | 1/1 | | | | | | 8/7 | 87,5 | 9/1 | 11,1 | 19/12 | 63,2 |
| JGef | 1/1 | | 9/6 | 66,7 | 10/7 | 70,0 | 7/5 | 71,4 | 31/9 | 29,0 | 48/21 | 43,8 |
| Gef | — | | 7/7 | | 7/7 | | 9/9 | | 46/46 | | 62/62 | |
| JU | — | | — | | — | | 3/1 | 33,3 | 7/1 | 14,3 | 10/2 | 20,0 |

wurde, jedenfalls in dem Sinne, daß ihr keine strengeren Maßnahmen gefolgt sind (was nicht ausschließt, daß der Proband mit einer weniger erheblichen oder einer unangezeigten Tat rückfällig wurde).

Durch die Unterteilungen wurden die Zahlen so klein, daß sie vermutlich nicht allzuviel besagen. Der Unterschied in der „Ansprechbarkeit" der gemeinschaftlichen und der Alleintäter scheint aber ersichtlich. Er ist besonders groß bei den ambulanten Maßnahmen, die nur die Jungen mit ausschließlich gemeinschaftlichen einfachen Delikten sehr gut erfaßt zu haben scheinen. Nur bei den Probanden mit gem. schweren Taten sieht der „Erfolg" der FE günstiger aus als der des Jugendarrests; im übrigen zeigt sich kein Unterschied zwischen diesen Maßnahmen. Bei den Probanden mit sowohl gemeinschaftlichen wie alleinbegangenen Taten war sogar eher der Jugendarrest als die FE die strengste Maßnahme, und bei ihnen hat auch das Jugendgefängnis anscheinend wenig Erfolg gehabt. Prognostisch verwertbar sind diese Unterschiede — sofern die Auslegung der Zahlen überhaupt zulässig ist — nur wenig, weil ja im Anfang gar nicht festzustellen ist, ob der Täter, der bisher vielleicht nur gemeinschaftlich handelte, nicht doch auch noch Taten anderer Art begehen wird.

Viel seltener als die gemeinschaftlich Handelnden bekamen die Alleintäter als erstes — Tab. 183 — eine ambulante Maßnahme. Bei ihnen wurde öfter mit Jugendarrest oder FE oder mit beiden angefangen. Allerdings nicht mit besserem Erfolg; aber ambulante Maßnahmen hätten bei ihnen wohl noch weniger Erfolg gehabt. Daß gerade diese schwierigeren und im ganzen öfter rückfälligen Alleintäter öfter als erstes Jugendarrest hatten, ist aber nicht unwichtig für die Beurteilung der relativ guten Erfolge des Jugendarrests, besonders als erster Maßnahme (s. o. S. 284). Sie können jedenfalls nicht darauf beruht haben, daß die Jugendarrestanten von vornherein eine besonders günstige Auswahl von Jungen waren.

Tab. 183: Erste Maßnahmen gegen Probanden mit verschiedenen Begehungsarten (m)

| Es hatten als erste Maßnahme | Probanden mit Vermögensdelikten: nur gemeinsam einfach n | % | (einf.+) schw. n | % | nur gem. n | % | nur all. n | % | übrige n | % | insg. n | % |
|---|---|---|---|---|---|---|---|---|---|---|---|---|
| A | 26 | 63,4 | 24 | 51,1 | 50 | 56,8 | 9 | 22,0 | 62 | 48,8 | 121 | 47,3 |
| JArr | 12 | 29,3 | 15[1] | 31,9 | 27 | 30,7 | 16 | 39,0 | 28 | 22,0 | 71 | 27,7 |
| FE | 1 | 2,4 | 7 | 14,9 | 8 | 9,1 | 7 | 17,1 | 28 | 22,0 | 43 | 16,8 |
| JArrFE | 1 | 2,4 | 1 | 2,1 | 2 | 2,3 | 8 | 19,5 | 4 | 3,1 | 14 | 5,5 |
| JGef | 1 | 2,4 | — | — | 1 | 1,1 | — | — | 4 | 3,1 | 5 | 2,0 |
| Gef | — | — | — | — | — | — | — | — | — | — | — | — |
| JU | — | — | — | — | — | — | 1[1] | 2,4 | 1 | 0,8 | 2 | 0,8 |
| P insg. | 41 | 100,0 | 47 | 100,0 | 88 | 100,0 | 41 | 100,0 | 127 | 100,0 | 256 | 100,0 |

[1] dar. 1 x schon als Kind FE.

## 2. Zeitpunkt der Verhängung

Nach Tab. 184, die das Durchschnittsalter der Probanden bei der ersten Verhängung der einzelnen Maßnahmen zeigt, waren die Alleintäter zwar bei ihrem ersten Jugendarrest jünger als die gemeinschaftlichen Täter, aber bei Beginn der FE eher etwas älter, jedenfalls als die Gemeinschaftstäter mit schweren Taten, die — nach Tab. 182 — auf die FE ganz gut zu reagieren schienen.

Tab. 184: Durchschnittsalter der Probanden bei erster Verhängung der einzelnen Maßnahmen

| | Probanden (m) mit Vermögensdelikten | | | |
|---|---|---|---|---|
| | nur gemeinsam | | nur gem. | nur allein |
| | einfach | (einf.+) schw. | insg. | insg. |
| | Jahre;M. | Jahre;M. | Jahre;M. | Jahre;M. |
| Ermahnung | 16;2 | 15;10 | 16;0 | 15;8 |
| Arbeitsauflage | 15;8 | 15;5 | 15;6 | 15;11 |
| Auss. zur Bewährung | —[1] | 16;5 | 16;4 | 17,8 |
| A insg. | 15;10 | 15;5 | 15;7 | 15;11 |
| JArr | 16;5 | 16;6 | 16;6 | 15;5 |
| FE | 16;6 | 15;11 | 16;1 | 16;2 |
| JGef | —[1] | 17;8 | 17;8 | 17;5 |

[1] nur 1 Fall.

Tab. 185: Durchschnittliches Intervall zwischen erster Tat nach 14 J. und erster Maßnahme bestimmter Art

| | nur gemeinsam | | nur gem. | nur allein |
|---|---|---|---|---|
| | einfach | (einf.+) schw. | insg. | insg. |
| | Mon. | Mon. | Mon. | Mon. |
| Ermahnung | 3,8 | 7,4 | 5,9 | 4,4 |
| Arbeitsauflage | 3,6 | 3,7 | 3,6 | 3,6 |
| Auss. zur Bewährung | 14,5 | 20,6 | 19,5 | 13,8 |
| JArr | 4,0 | 15,5 | 11,6 | 11,6 |
| FE | 6,3 | 9,9 | 9,1 | 13,3 |
| JArrFE | | 5,0 | 4,0 | 9,0 |
| JGef | | 25,8 | 24,0 | 23,0 |
| 1. Maßnahme überhaupt | 3,1 | 3,4 | 3,3 | 6,1 |

Aber Tab. 185 zeigt überhaupt, daß die Alleintäter nicht so bald nach ihrer ersten Tat als Strafmündige mit einer Maßnahme erfaßt wurden wie die gemeinschaftlich Handelnden. Ambulante Maßnahmen setzten bei ihnen allerdings etwas schneller ein, und der Jugendarrest schneller als bei den Gemeinschaftstätern mit schweren Taten, während die 14 Probanden mit nur gemeinschaftlichen einfachen Taten, die Jugendarrest bekamen (alle anscheinend mit Erfolg) noch bedeutend schneller davon erfaßt wurden. Die alleinbegangenen Taten, die ja eher in der Arbeitsstelle oder zu Hause stattfinden, werden ja oft nicht angezeigt, so daß dann etwa erst nach wiederholten solchen Vorkommnissen Jugendarrest verhängt werden konnte. Vielleicht wäre er früher wirksamer gewesen. — Besonders lange nach der ersten Straftat wurde gegen die Alleintäter FE verhängt. Man hat sie offenbar bei den Probanden, die nur gemeinschaftliche, aber auch schwere Taten begingen, schon früher für notwendig gehalten, weil sich bei ihnen vermutlich eine größere äußere Verwahrlosung zeigte. Vielleicht hätte aber manchen der Alleintäter durch eine frühere FE die Überwindung ihrer Kontaktschwierigkeiten erleichtert werden können.

Zusammenfassung

Gegen die 256 Jungen sind insgesamt 696 Maßnahmen verhängt worden, eingerechnet die FE, die das Vormundschaftsgericht anläßlich von Straftaten verhängte. Auf den Einzelnen kommen also durchschnittlich 2,7 Maßnahmen; diese Zahl steigt von 1,4 bei den Nichtrückfälligen auf 5 bei den Schwerrückfälligen.

Von diesen ganzen Maßnahmen waren 57 % freiheitsentziehend, darunter 20 % Jugendarrest, 16 % Fürsorgeerziehung (FE), 10 % Jugendgefängnis und 14 % Gefängnis. Die 43 % Maßnahmen ohne Freiheitsentzug — „ambulante" Maßnahmen — setzen sich zusammen aus 20 % Ermahnungen, 32 % Arbeitsauflagen, 13 % Einstellungen anscheinend ohne Auflagen, 16 % Aussetzungen des Verfahrens zur Bewährung, 10 % ausgesetzte Freiheitsstrafen und 9 % Geldstrafen.

Jugendarrest bekam der Einzelne, mit 3 Ausnahmen, höchstens einmal. Die übrigen freiheitsentziehenden Maßnahmen wurden in etwa der Hälfte der Fälle wiederholt — FE etwas seltener, Gef. etwas öfter —, und ambulante Maßnahmen, die ja allerdings unter sich verschieden waren, kamen auf den Einzelnen, der überhaupt davon betroffen war, 1,8.

64 % der Jungen haben einmal — oder mehrfach — eine ambulante Maßnahme gehabt, rund die Hälfte Jugendarrest, ein Drittel FE, ein Fünftel Jugendgefängnis und ein Viertel Gefängnis.

121 Jungen, d. i. fast die Hälfte aller Jungen, hatten als erste eine ambulante Maßnahme. Bei 32 % von ihnen blieb dies die einzige, weitere 17 % erhielten nur noch eine oder mehrere ambulante Maßnahmen, und 17 % kamen noch in den Jugendarrest. Insgesamt hatte es also bei der Hälfte aller Jungen, bei denen man es zunächst mit ambulanten Maßnahmen versucht hatte, damit auch sein Bewenden. Von allen männlichen Probanden waren das rund 23 %.

Jugendarrest wurde gegen 71 = rund 28 % der Jungen als Erstes verhängt. Bei 48 % von ihnen blieb er auch die einzige Maßnahme, weitere 21 % bekamen danach nur noch eine ambulante Maßnahme. Bei dem Beginn mit Jugendarrest blieb also bei 69 %, das sind 19 % aller männlichen Probanden, Jugendarrest auch die strengste Maßnahme.

Sowohl von den Jungen, die als erstes eine ambulante Maßnahme wie von denen, die als erstes Jugendarrest hatten, kamen später noch rund 6 % in FE, rund 7 % ins Jugendgefängnis und rund 20 % ins Gefängnis. Diese Prozentsätze sind höher nach dem Beginn mit FE (danach Jugendgef. bei rund 12 %, Gefängnis rund 37 %), die aber vermutlich auch gleich die besonders schwierigen Probanden erfaßt hatte. Da von den beiden anderen Gruppen zweifellos die als schwieriger angesehen wurden, die sofort Jugendarrest bekamen, kann man seine etwas besseren Erfolge wohl als echten Erfolg dieser Maßnahme ansehen.

Auch bei Zählung der Probanden, die überhaupt — nicht nur als erstes — eine der verschiedenen Maßnahmen hatten, zeigt sich, daß auf den Jugendarrest am seltensten — nämlich bei 55 % der betroffenen Jungen — noch eine andere Maßnahme folgte. Dagegen bekamen nach einer ambulanten Maßnahme noch ⅔, nach FE und Jugendgefängnis noch ¾ der betreffenden Jungen eine andere Maßnahme. Z. T. waren die späteren Maßnahmen aber nur ambulante. Von den 10 Jungen, deren JArr wegen voraufgegangener U-Haft als verbüßt erklärt wurde, haben 8 später noch eine oder mehrere strengere Maßnahmen gehabt; 6 von ihnen waren später noch im Gefängnis. Diese Maßnahme scheint wenig glücklich; die U-Haft allein wirkt sich offenbar wenig günstig aus.

Vor dem JArr und vor der FE hatten schon rund 30 % der betr. Jungen eine ambulante Maßnahme gehabt, vor dem Jugendgefängnis 46 %, vor dem Gefängnis 61 %, wobei allerdings die Aussetzungen der Gefängnisstrafe, die später doch verbüßt werden mußte, eingerechnet sind. Von den FE-Zöglingen waren im übrigen 17 % schon im JArr gewesen und 28 % schon einmal in FE; der Beschluß auf „Fortsetzung der FE" wurde hier als Neuverhängung gerechnet, wenn der Proband schon aus der Heimerziehung entlassen gewesen war. Von den Jungen, die ins Jugendgefängnis kamen, waren (eingerechnet JArr+FE) schon 42 % im Jugendarrest und 52 % in FE gewesen; von denen die ins Gefängnis kamen 48 % im Jugendarrest, 53 % in FE, 42 % im Jugendgefängnis und 45 % schon einmal im Gefängnis.

Es wurden ferner die Rückfallsquoten und die Rückfallsintervalle nach Verbüßung der einzelnen Maßnahmen berechnet. Als „Rückfall" wurde dabei jedes Vermögensdelikt gezählt, auch wenn es nur leicht war und ohne Rücksicht darauf, ob es verfolgt wurde; das erklärt zu einem Teil die Höhe der Rückfallsziffern. Maßnahmen, seit deren Verbüßung am Stichtag der Untersuchung noch kein Jahr verstrichen war, wurden nicht mitgerechnet. Es wurden Verbüßungen, nicht Probanden gezählt.

Die geringste Rückfallsziffer hatte auch hier der Jugendarrest mit 64 %. Ebenso hatte er, mit 14 Monaten, das fast längste Rückfallsintervall, das nur noch von Jugendlichen übertroffen wurde, die infolge einer Amnestie weniger als 3 Monate im Jugendstrafvollzug waren. Von diesen 9 Jungen wurden 7 = 78 % nach durchschnittlich anderthalb Jahren rückfällig. Auch ihre Rückfallsziffer war geringer als die allgemeine nach Entlassung aus dem Jugendgefängnis, nach der die Probanden nämlich im ganzen zu 85,5 % rückfällig wurden.

Nach den 10 Jugendgefängnis-Verbüßungen von länger als einem Jahr wurden alle Probanden rückfällig, und zwar im Durchschnitt nach 3 Monaten, nach den 22 Verbüßungen von 6—12 Monaten 82 % nach durchschnittlich einem Jahr, nach den 14 Verbüßungen von 3—6 Monaten 86 % nach durchschnittlich einem halben Jahr.

Die FE hatte nur eine leicht bessere Rückfallsziffer, nämlich insgesamt 83 %. Diese Ziffer sinkt von 97 % bei Heimerziehung von höchstens 3 Monaten (mit einem Rückfallsintervall von durchschnittlich 4 Monaten) auf 80 % mit 13 Monaten Rückfallsintervall, wenn die Heimerziehung länger als ein Jahr gedauert hatte. Weil sich dieser Abstieg — anders als beim Jugendgefängnis — in regelmäßigen Schritten vollzieht und die Rückfallsintervalle entsprechend ansteigen, könnte man schließen, daß der Erfolg der Heimerziehung mit ihrer Dauer wächst. Dieser Schluß wird aber beeinträchtigt durch die Tatsache, daß unter den Probanden mit kürzerer FE besonders viele sind, die aus der FE entwichen waren, und das sind andererseits solche, bei denen die Aussichten wohl z. T. von vornherein geringer waren. Auch die Entweichungen selbst führten oft zu Rückfällen.

Nach ambulanten Maßnahmen waren 71,7 % der betr. Jungen rückfällig geworden, und zwar durchschnittlich nach 9 Monaten. Daß diese Ziffern etwas ungünstiger sind als die des Jugendarrests, obwohl bei Verhängung ambulanter Maßnahmen der Fall im ganzen als günstiger angesehen worden sein muß, bestätigt den Eindruck von dem guten Erfolg des Jugendarrests, der ja aber auch am gleichen Material gewonnen wurde.

Je schwerer rückfällig die Probanden waren, umso mehr Maßnahmen sind natürlich auch gegen sie verhängt worden. Ambulante Maßnahmen wurden aber am meisten gegen die Probanden der Gr II und III verhängt, JArr am meisten gegen die der Gr. Ib und II. In FE waren 14 % mehr aus Gr. IV als aus Gr. III (nämlich 49 %), im Jugendgefängnis aber 41 % mehr (nämlich 63 %). Die FE ist auch bei den Probanden der Gr. II und III öfter wiederholt worden als bei den Schwerrückfälligen, bei denen man sie offenbar früher aufgegeben hat, um es stattdessen mit Jugendgefängnis zu versuchen.

Die Schwerrückfälligen waren auch bei der Verhängung der FE — und bei Verbüßung der Jugendstrafe oder bei den ambulanten Maßnahmen da-des JArrests — durchschnittlich einige Monate älter als die übrigen Probanden, gegen jünger. Ähnliches ergibt sich, wenn man das Intervall zwischen erster Straftat (nach Strafmündigkeit) und erster Maßnahme überhaupt und den einzelnen bestimmten Maßnahmen berechnet. Der Jugendarrest ließ bei den später Schwerrückfälligen länger auf sich warten als bei den Nichtrückfälligen, die FE auch länger als bei den Leichtrückfälligen. Die Schäden in ihren Familien und ihre eigenen Charakterschäden haben zunächst z. T. wohl mehr verborgen gelegen als bei den anderen; sie haben sich aber auch den Maßnahmen z. T. entzogen. — Häufiger als bei den übrigen Probanden war allerdings schon die erste Maßnahme, die gegen sie verhängt wurde, FE.

Die schwerere Gefährdung der Alleintäter ist auch aus den gegen sie verhängten Maßnahmen ablesbar. So haben nur 32 % von ihnen keine strengere Maßnahme gehabt als Jugendarrest, gegenüber 71 % der nur gemeinschaftlich Handelnden und sogar 93 % der Jungen mit nur gemeinschaftlichen einfachen Taten. Sie waren auch öfter im JArr und der FE (eingerechnet JArr + FE)und im Gefängnis und ebensooft im Jugendgefängnis wie die gemeinschaftlichen Täter mit schweren Taten, obwohl doch von ihnen nur 10 % auch schwere Taten begangen hatten. — Ambulante Maßnahmen haben bei den Alleintätern besonders wenig Erfolg gehabt, sind bei ihnen aber auch von Anfang an wenig versucht worden. Auch die Erfolge des JArrests — der relativ häufig gegen sie verhängt wurde, und zwar gerade auch als erste Maßnahme — sind bei ihnen geringer als bei den übrigen Probanden; das zeigt jedenfalls, daß der Erfolg des Jugendarrests nicht darauf beruht, daß von vornherein gerade besonders aussichtsreiche Fälle ihm zugeführt wurden. — FE wurde gegen die Alleintäter relativ spät nach ihrer ersten Tat als Strafunmündige verhängt, auch später als gegen die Gemeinschaftstäter mit schweren Taten, die wohl eben durch ihre äußere Verwahrlosung mehr auffielen als die äußerlich zurückhaltenderen Alleintäter.

ZWEITER TEIL

## *Falldarstellungen*



## *Gesamt-Zusammenfassung des ersten und zweiten Teiles*

# *Verzeichnis der Fälle*



---

[1]) Die römischen Ziffern bezeichnen die Rückfallsgruppen.

[2]) Die eingerückten Fälle wurden nur auszugsweise wiedergegeben.

*Nach Reihenfolge der Nummern:*



*Nach Reihenfolge im Text:*

## EINFÜHRUNG

Im ersten Teil dieser Untersuchung war die Vor- und Nachgeschichte von 300 Hamburger Jugendlichen, die 1949 wegen eines Vermögensdelikts abgeurteilt waren, statistisch dargestellt worden, d. h. in Zählungen verschiedener Einzelfaktoren und ihrer Beziehungen untereinander. Als Material dienten Akten und Register und ein Gespräch mit der Mutter. [1])

Im folgenden soll nun von diesen Fällen eine größere Reihe konkret dargestellt und erläutert werden, und zwar 36 inhaltlich etwa so vollständig, wie sie bekannt waren, weitere 13 in Auszügen. Sie sind nicht „repräsentativ" in dem Sinne, daß ihre Verteilung irgendwelchen Häufigkeitsverteilungen unter den gesamten Probanden entspräche. Diese Entsprechung könnte — wenn man nicht wirklich alle Fälle mitteilen will — ja doch immer nur für einzelne Punkte gelten und wäre darum, angesichts der Komplexheit des Stoffes, relativ sinnlos. Überhaupt gibt es keinen eindeutigen systematischen Zusammenhang, an dem solche in sich gegliederten Einzelfälle und die Gedanken, die sich dabei ergeben, sinnvoll aufzureihen wären. Darum habe ich diesen Teil, nachdem der statistische fertig und mein Überblick über das Ganze relativ gut war, sehr rasch im Zusammenhange niedergeschrieben, angeregt teils von Ähnlichkeiten, teils von Gegensätzlichkeiten der Fälle, anfangend mit dem mehr Einfachen und in dem Wunsch, nach und nach vom inneren Fragen geleitet alle wichtigeren Punkte zur Sprache zu bringen und so ein Bild des Ganzen aufzubauen. Am besten würde dieser Teil so gelesen, wie er geschrieben ist: in einer Linie — wenn auch nicht in einem Zuge — von vorn bis hinten, weil er dann wohl am besten verständlich ist.

Dazu sagen muß ich allerdings, daß nicht nur vieles Sachliche der Fälle dunkel geblieben ist, sondern meine Erläuterungen auch durch Mängel meiner eigenen Fachkenntnisse und Erfahrungen behindert waren. Die Deutungen sollten darum nur als relativ lockere Hinweise darauf ver-

---

[1] Die Fälle waren in Zufallsauswahl aus dem Hauptverhandlungsregister des Bezirksjugendgerichts Hamburg ausgewählt worden. Stichtag für die Ermittlung späterer Straftaten war der 1. IV. 55. Im Sommer 1955 wurden die Mütter (bzw. Stief-, Pflegemütter) der Probanden in ihrer Wohnung aufgesucht (ohne vorherige Anmeldung, mit Ausweis des Seminars für Jugendrecht und Jugendhilfe der Universität Hamburg) und im Gespräch zu Erzählungen über die Probanden veranlaßt, die unmittelbar nach dem Besuch aus der Erinnerung möglichst wortgetreu notiert wurden. — Über die Ergebnisse der statistischen Auswertungen s. die Gesamtzusammenfassung am Ende dieses 2. Teiles.

standen werden, in welcher Richtung, falls man mehr wüßte, vielleicht zu argumentieren oder jedenfalls wohl sinnvoll zu fragen wäre. Das Wichtigste war vielleicht, einfach zu zeigen, wieviele Fragen allgemeiner und besonderer Art jeder dieser Fälle aufgibt, obwohl es ja garkeine ausgesuchten klinischen, sondern ganz gewöhnliche Jugendgerichtsfälle sind.

Der Schwerpunkt soll jeweils auf der Falldarstellung selbst liegen, die darum auch von den Erläuterungen streng getrennt und überhaupt möglichst von subjektiven Zutaten freigehalten worden ist. Die Angaben der Mütter sind eine strikte Wiedergabe der Notizen, die ich mir im unmittelbaren Anschluß an das Gespräch möglichst mit ihren eigenen Worten gemacht hatte. Als einziges ist gelegentlich die Reihenfolge der damals niedergeschriebenen Sätze geändert worden, weil mir gewöhnlich am Schluß des Niederschreibens noch Einzelheiten einfielen, die ich zunächst vergessen hatte.

Unmittelbar vor dem Druck der Arbeit, im März 1961, habe ich für die hier dargestellten Einzelfälle — nur für diese noch einmal — das Strafregister eingesehen. Das Ergebnis habe ich jeweils am Schluß der Falldarstellung in einer Anmerkung mitgeteilt, und zwar ohne es zu kommentieren und ohne am früheren Text meiner Erläuterungen etwas zu ändern. Im großen und ganzen entsprechen die Verläufe den Erwartungen, wie sie im Text ausgesprochen worden waren. Bei einigen Probanden, die sich günstiger entwickelt haben, als man vielleicht erwarten konnte (etwa Nr. 179, 147, 061), könnte man nach ihrem früheren Verhalten an weitere unangezeigt gebliebene Taten denken, aber vielleicht sind sie ja auch wirklich nicht rückfällig geworden; ihre soziale Herkunft war nicht schlecht, und es kann ihnen sozialer Ehrgeiz geholfen haben.

Mit einer gewissen Absicht habe ich relativ wenig psychologische Schulausdrücke verwandt. Mir scheint, daß über die allgemeinen Denkmodelle schon mehr Einigkeit herrscht als über die speziellen Inhalte, mit denen einzelne Schulen sie ausfüllen, und daß die Verwendung zu spezieller Fachausdrücke zuweilen den Blick auf die Sache selbst verstellt.

Die Fälle sind durch Veränderung der Namen und sonstiger Daten soweit wie möglich für eine Identifizierung unkenntlich gemacht worden.

210. Walter Hinsch, 29. 4. 31. Er wurde V. 49 jugendgerichtlich ermahnt, weil er im Herbst 1947 *(16;6)* [1a]) auf dem Nachhauseweg von der Lehrstelle gemeinsam mit dem — vorbelasteten — Lehrling der Nachbarwerkstatt ein Motorrad von einem Feldweg weg die Landstraße entlanggeschoben hatte. Es sollte ihr gemeinsamer Besitz werden. Noch unterwegs sagte Walter aber, er wolle mit der Sache doch nichts zu tun haben, und ging fort.

Er war damals Elektrolehrling im 3. Lehrjahr, nachdem er 1947 als Durchschnittsschüler mit „sehr gut" in Betragen, Ordnung und Fleiß aus

[1a] d. h. mit 16 Jahren 6 Monaten. Der Kursivdruck bedeutet: Alter bei einer *Straftat.*

VSch Kl. 9 entlassen worden war. Der Meister sagte, er arbeite regelmäßig, sei aber durch einen empfindlichen Sehfehler in den Leistungen beeinträchtigt. Er habe auch mehr Interesse für Motorräder als für sein Fach und verstehe davon auch mehr. Der Mittäter tauge nichts, der Proband stecke aber immer mit ihm zusammen.

Der Proband war als einziges Kind bei den Eltern aufgewachsen, die beide bei seiner Geburt 34 J. alt waren, beide, wie das JA schrieb, „strebsame, fleißige Menschen, welche ihr ganzes Lebensschaffen ausschließlich für den Jungen eingesetzt haben." Der Vater, ein Zimmermann, solle „ruhig und verständig sein, sich um die Erziehung des Jungen kümmern. Er hat der Familie ein großes Haus gebaut, das modern möbliert und sehr gepflegt gehalten ist." Der Junge war niemals vorher aufgefallen, und dies blieb auch seine einzige Tat. Mit 18;11 machte er die Gesellenprüfung, und danach hatte er eine Reihe von Beschäftigungen als Elektriker, Elektrohelfer u. ä. von je etwa 3 Monaten Dauer. Zuletzt war er 2 Jahre als Elektriker bei der gleichen Firma.

Die M u t t e r, eine kleine Frau mit zartem Gesicht und freundlichen Augen, wurde VIII.55 in ihrer Wohnung gesprochen. Sie zeigte das mit großem Musikschrank, Büchern und Bildern sehr hübsch eingerichtete Zimmer des Sohnes und erzählte unbefangen und freundlich.

„W. ist als Elektriker tätig. Der Lehrmeister entließ ihn gleich nach Lehrabschluß, leider, aber er hat dann wieder Arbeit gefunden, auch später, und ist zufrieden. Er wohnt noch bei den Eltern und hat jetzt eine nette kleine Freundin, seine Tanzstundenpartnerin. Erst wollte er nie tanzen lernen, er sagte, er würde denen ja doch nur auf den Fuß treten. Aber dann gingen seine Freunde hin, und da ging er mit. Da luden ihn dann die Eltern des Mädchens mal ein — er wollte ja erst nicht hin, er hatte den Eindruck, die wären vielleicht zu fein für ihn, daß er die Formen nicht so beherrschte. Der Vater von dem Mädchen ist nämlich Dienststellenleiter bei der Krankenkasse. Aber die M. redete ihm zu; sie sagt immer: man kann immer nur lernen, wenn man zu denen höher hinauf geht. Und seitdem sind sie nun so befreundet. Sie nennt ihn ‚unser Kleiner', ist nett mit ihm, weiß ihn zu nehmen. Sie ist auch einzige Tochter. Und daran kann man ja schon sehen, daß was aus ihm geworden ist, sonst dürfte er ja in d e r Familie nicht verkehren. Für den Garten, das Land, ist er bis jetzt noch nicht so. Er bastelt gern, das hat er vom Vater. Und die Eltern haben sich einen Volkswagen angeschafft, und er hat auch den Führerschein gemacht, darf aber doch seiner Augen wegen nicht fahren. Das tut ihm furchtbar leid. Er hat sich aber einen wunderbaren Musikschrank angeschafft. Ins Wirtshaus geht er gar nicht, und Schulden macht er auch nicht. Die Eltern sind mit lauter netten Leuten befreundet, z. B. mit einem Justizbeamtenehepaar aus Wandsbek, und mit einem Tapeziermeister. Der V. ist auch bei der freiwilligen Feuerwehr in Rissen und ist überall gut angesehen.

„W. war ein Achtmonatskind und kam in den Brutkasten und war sehr zart und dünn als Kind. Die M. hatte zuerst viel Sorge mit ihm, bis sie ihn hochpäppelte. Er war auch immer krüsch mit dem Essen, jedenfalls als Kind, und die Haut auf der Milch mochte er gar nicht, und überhaupt Milch nicht so gern. Mutters Mutter in Wilster, wo er immer in den Ferien war — M. ist nämlich vom Lande —, die machte den Trick, daß sie ihn aus einer grünen Flasche mit einem Strohhalm trinken ließ. Diese ‚grüne Milch' mochte er. Mit 3 J. kam er schon in augenärztliche Behandlung, weil er angeborenen Star hatte, wohl durch die Frühgeburt. Er bekam eine Brille, und es fällt an sich nicht auf, nur daß er beim Lesen die Sachen dichter vorhält als andere. Mit 14 J. wurde das eine Auge operiert, aber es wurde kaum besser. Wenn ihm vielleicht einmal Schrauben herunterfallen, dann hebt die M. sie ihm schnell auf, damit er es nicht so fühlt. Der Lehrmeister hat aber einmal bei einer solchen Gelegenheit, als er länger suchen mußte, gesagt: wir sind doch hier keine Blindenanstalt. Das hat W. furchtbar getroffen, das kann er nicht vergessen. Der V. ist manchmal auch so etwas weniger vorsichtig darin, W. etwas zu sagen wegen der Augen. Dann sagt die M. hinterher zu ihm: man kann so etwas doch auch anders sagen (sanfter Ton). Die M. ist immer sehr für Frieden zu Hause gewesen. Wenn ihr Mann swatt sagt, sagt sie lieber auch swatt als witt, er sieht es nämlich am anderen Tag auch oft von selbst ein.

„W. war nie von den Eltern fort, außer zu den Ferien bei Oma. In KLV wollten sie ihn nicht mitgeben, denn sie waren nicht für die Nazis und hatten Angst, sie würden ihn vielleicht nie wiederbekommen. Er hat sich wohl immer an beide Eltern gehalten, sie beide gemocht — erzogen hat ihn aber mehr die M., weil sie immer da war. Er war leicht zu leiten, denn die M. hat ihm immer alles erklärt. Sie hat 18 Jahre bei Professor Henrich in Blankenese ausgeholfen, noch in der Ehe mehrere Stunden täglich, weil sie ja ihr Haus bauten und dafür immer noch Zinsen abzuzahlen hatten. Da kam W. schon als ganz kleiner Junge mit hin — das erlaubten die, weil er so ein netter Junge war —, und da spielte er mit der kleinen Ursula und brachte ihr das Spielen bei. Der Professor war furchtbar nett und riet auch der M. oft, auch in Bezug auf die Erziehung von W. Und er teilte auch alle Kekse und Schokolade unter den beiden Kindern. Einmal brachte er zwei Pralinépackungen, die eine schöner, die andere nicht so schön, da wollte W. die schönere haben, was die M. natürlich nicht zuließ. Da hat sie d a kaum etwas gesagt — sie hat ihn nie in Gegenwart von anderen beschämen mögen, darin war er nämlich auch sehr empfindlich —, aber zu Hause hat sie ihm ganz ruhig erklärt, daß sie doch da nicht hingehörten und so, und da hat er es auch eingesehen. Und einmal, als sie dort hinfuhren — sie hatte ihn vorn auf dem Rad im Körbchen — hörte sie ihn auf einmal „Arsch" sagen. Sie dachte, sie würde verrückt! Aber dann hat sie ihm auch gleich erklärt, daß man in d e m Hause ein solches Wort nie sagen dürfe. Er hat ihr auch immer gut gehorcht. Wenn z. B. Besuch da war und sie sagte: geh zu Bett, dann tat er es vielleicht nicht gleich. Dann hat die M. gar nichts mehr gesagt, sondern etwas gewartet — und wenn er sie dann mal anguckte, dann wußte er gleich Bescheid und ging . Er war nämlich sehr feinfühlig. Überhaupt, so das Gefühl, das hat er vielleicht noch mehr von ihr als von ihrem Mann. — Als er in die Schule kam, ist die M.

ein paarmal heimlich hingegangen und hat im Schulhof von hinten zugesehen, wie er sich da wohl benähme, weil sie dachte: auf so einem Kleinen, Zarten hacken sie vielleicht herum. Aber das taten sie nicht, er lief einfach mit und ließ sich nicht abweisen. Sie sieht ihn da noch, mit seiner Zipfelmütze auf."

Hier erscheint fast alles in allerbester Ordnung. eine kleinbürgerliche Familie, wohleingeordnet in die Umwelt durch Strebsamkeit, Leistungen, Stolz, aber auch durch Bescheidenheit und die Anerkennung fremder Werte. Der Proband das einzige Kind, von beiden Eltern geliebt und gepflegt, nie von ihnen getrennt, es sei denn zu Ferien bei der Oma, die ihm die aparte „grüne Milch" vorsetzte. Zwar arbeitete die Mutter, aber in einer netten und angesehenen Familie, und er durfte mit. Die Eltern haben ihm einen Besitz geschaffen, der seine sozialen Chancen verbessert. Er ist dem Vater in manchem ähnlich, steht aber doch gemütsmäßig der Mutter wohl noch etwas näher. Die Mutter ist warmherzig, ausgeglichen, menschlich klug; zartfühlend, aber durchaus entschieden in ihren Forderungen.

Beeinträchtigt ist der Proband aber durch seinen Sehfehler, der seine Arbeitsleistungen herabsetzt (warum ist er überhaupt Elektriker geworden?) und ihn auch in seinem Selbstgefühl schädigt. In gleicher Richtung wirkt vermutlich auch, daß er als Einziger und als Zarter wohl etwas zu behütet war. (Bezeichnenderweise ist er ja auch für seine Freundin noch „unser Kleiner"). Das sind Hemmungen, die an sich mit Kriminalität gar nichts zu tun haben. Will man aber nach einer Erklärung für seine damalige — anscheinend wirklich einzige — Straftat suchen, so lassen sich, natürlich mit allen Vorbehalten, diese Hemmungen doch dazu heranziehen.

In der Lehre leistete damals der Proband wegen des Augenfehlers nicht genug, und der Meister ließ ihn das in kränkender Weise merken. So wich sein Interesse auf ein anderes Gebiet aus, zu den Motorrädern, bei denen man doch wohl etwas weniger genau sehen muß als bei den Elektro-Arbeiten, und die mit ihrer männlichen Bewegung eine gewisse Befreiung aus dem behüteten Kinderdasein versprachen. Ferner könnte man sich denken, daß er ohne seine Beeinträchtigung und sein Einzelkinddasein dem Mittäter, der an sich ja nicht in seine Welt paßte, weniger zugetan gewesen wäre. Wieweit er ihm „hörig" war, ist nicht bekannt, aber es spricht doch sehr vieles dafür, daß er ohne ihn die Tat nicht begangen hätte; u. a. die Tatsache, daß er dann doch nicht mehr mitmachen wollte. Er korrigierte ja seine falsche Entscheidung ganz von sich aus (wenn er das Getane auch nicht rückgängig machte, wie es zum „Rücktritt vom Versuch" erforderlich gewesen wäre), und so waren weitere staatliche Maßnahmen ja offensichtlich unnötig. [1b])

10. Hermann Koch, 17. IX. 31. Mit *16;3* (XII. 47) brach er mit einem Freund in eine Behördenbaracke ein, um Zulassungspapiere und Stempel zu stehlen, damit er auf dem Motorrad des V. fahren könnte. Er bekam 3 Wochen Jugendarrest, wo er sich „ganz ordentlich" führte.

---

[1b] Strafregistereinsicht III. 61: *V. 55* DM 40,— Geldstrafe w. Fahrens eines Kraftrades ohne Führerschein.

„. . . machte den für ein Einzelkind typischen weichlichen und verzogenen und recht wenig disziplinierten Eindruck ... wirkliche Besinnung zweifelhaft". Mit *17;5* (II.49) schob er mit Hilfe eines anderen Freundes ein Motorrad von der Straße weg, baute es zu Hause im Keller um, änderte die Nummer und gab dem Freund Zubehörteile ab. Er bekam 4 Mon. Jugendgefängnis, die auf ein Gnadengesuch hin ausgesetzt, später amnestiert wurden. V. 51 (H. 19;8) wurde der Strafmakel getilgt.

Der Proband hatte nach der Entlassung aus VSch Kl. 8 eine Elektrikerlehre begonnen, deren Fortsetzung die Innung nach der ersten Straftat verbot. Darauf wechselte er in eine Autoschlosserlehre über, die ihm große Freude machte und in der er sehr gut beurteilt wurde. Mit 20;0 machte er die Gesellenprüfung, und danach hatte er zwei mehrjährige Stellungen in seinem Fach. Straftaten sind von ihm nicht wieder bekanntgeworden.

Er war als einziges Kind bei seinen Eltern aufgewachsen, die als sehr verantwortungsbewußt geschildert wurden; der V. war mittlerer Verwaltungsbeamter. Das JA schrieb, die Wohnung sei sehr gepflegt, übertrieben sauber und ordentlich. Die M., eine sensible, herzleidende Frau, habe während der Gerichtsverhandlung unaufhörlich geweint. Hermann selbst sei hochaufgeschossen und hager, scheine ohne Mitteilungsbedürfnis, manchmal etwas verträumt. Im Auftreten sei er höflich und bescheiden, und durch die Tat niedergeschlagen und bedrückt.

Nach Angaben der M. (V. 55) — einer etwas altmodischen, hausbackenen, freundlichen Frau — war Hermann ein sehr anhängliches weiches zärtliches Kind, lief immer hinter ihr her und hielt es nicht aus, wenn sie ihn durch Nichtachtung strafte. Noch mit 18 J. weinte er leicht, wenn sie böse war. Als er klein war, wurde er, wenn die M. krank war, „sozusagen mit krank, er mußte mit in ihr Bett, es ging sonst nicht mit ihm". Er aß immer schlecht und hat — wie der Arzt sagt — jetzt ein nervöses Magenleiden. Mit 7, 8 J. war er ein paar Wochen von der (kath.) Kirche aus verschickt und kam ganz abgemagert zurück. In KLV hat die M. ihn nicht gelassen, sie war in Bayern allein mit ihm. In der Schule war er zuerst ein Einzelgänger, trat auch später schwer von sich aus an andere heran, war aber nicht unbeliebt. Der V. ist sehr gutmütig, aber — immer nach Angaben der M. — Hermann gehorchte ihm noch etwas besser als ihr. „Es ist wohl so, daß außer Hause der V. mehr das Sagen hat, im Hause die M. Sie mag gern, wenn sie im Hause was sagt, daß die andern es dann auch tun. Aber die Ehe ist auch sehr gut, sie sind schon fast 27 J. verheiratet, um diese gute Ehe beneiden sie viele". Um H. war sie immer sehr besorgt, „er ist ja auch ihr Einzigster". Sie ging — was sie noch jetzt mit großem Anteil erzählt — zur Rechenlehrerin, um sich über sein schlechtes Zeugnis zu beklagen. „Das hat ihm die ganze Schulzeit verdorben, die Lehrerin mochte ihn eben nicht." — „Er hatte so viel Spielzeug und alles als Kind, sie gaben ihm ja eben alles". Nach der Ausbombung „weinte er nachts einmal herzbrechend. Sie fragte: was ist denn. Da sagte er: weil wir kein Zuhause mehr haben — ich hab doch nun gar nichts mehr".

Als er 14, 15 J. war, fing er an, sich zu Hause zu langweilen. Da kam das mit den Motorrädern. „Er fuhr wie wild, die größten Geschwindigkeiten, er kannte keine Hindernisse." Rennen zu fahren erlaubten sie ihm aber nicht. Beide Eltern waren ganz herunter nach seiner Straftat. „Die M. war ganz krank, weinte und weinte tagelang, bekam es mit dem Herzen, mußte fort ins Bad. Der eigene Sohn! Die Angst, daß er sich sein Leben verderben könnte! Und der V. war doch selbst bei der Behörde, und nun das! Der V. ist überhaupt ernst und schwernehmend. Und Hermann hatte es auch schwer, denn sie trauten ihm nun nicht mehr, es dauerte Jahre, bis er sich ihr Vertrauen wiedererworben hatte. Sie durften schließlich gar nicht mehr davon sprechen, das wollte er nicht."

„Er soll noch seinen Meister machen, er ist doch ihr einzigstes Kind, er soll doch weiterkommen. Er ist selbst ja auch so strebsam, will nie fehlen, sogar wenn er hohes Fieber hat. Und dann will er sich mal selbstständig machen, dabei wird ihm der V. behilflich sein, der nimmt ihm noch jetzt alle Wege ab. Und vor einem Jahr ist der V. losgegangen und hat ihm einen (alten) Volkswagen besorgt. Der ist nun sein Ein und Alles. Er ist ja sonst so solide, dreht jeden Pfennig um, trinkt nicht und nichts. Allerdings geht er schon seit über drei Jahren mit einem Mädchen, er hat nie eine andere kennengelernt. Sie wollen auch heiraten, aber erst noch etwas weiterkommen. Es ist ein nettes, ordentliches Mädchen, 2 J. älter als er . . . Wenn sie sich mal streiten, hält sie es am längsten aus . . . Aber sie sagt immer: erst kommt sein Fahrzeug, dann komm ich".

Dieses Milieu ist dem des Walter Hinsch (Nr. 210, S. 1) sehr ähnlich in der tadellosen Einordnung nach außen und dem liebevollen Zusammenhalt innerhalb der Familie. Die Eltern konzentrieren Liebe, Sorge und Ehrgeiz ganz auf den Probanden und bereiten ihm auch materiell den Weg. Der Proband hat das seinerseits — ebenso wie Walter Hinsch — mit weicher Anhänglichkeit und einem im allgemeinen gewissenhaften Verhalten beantwortet, das jetzt, wo er erwachsen ist, wieder ganz ausgeprägt hervortritt. Seine „Hemmungen" waren offenbar etwas größer als die des Walter Hinsch: besondere Abhängigkeit von der Mutter, einiges Einzelgängertum, nervöse Magenstörungen; es fehlte aber die organische Beeinträchtigung. Andererseits war aber seine „Enthemmung" größer: wiederholte, auch schwerere und weitergeführte Straftat mit ihm als dem Anführer, Undiszipliniertheit im Jugendarrest, Geschwindigkeitsrausch. Offenbar war er den Eltern während der Pubertät mehr entglitten als Walter Hinsch. Man fragt sich, woran das liegen kann.

Soweit bei dem spärlichen Material überhaupt Vermutungen möglich sind, könnten sie dahin gehen, daß er eben einen größeren Schritt machte, um sich von den größeren Kindheitshemmungen zu befreien. [1]) Das häusliche

[1] Gibbens (1957/58, 262) auf Grund seiner Untersuchung von 29 zu Borstal verurteilten jungen Londoner Autodieben: „In the simplest cases the joy-riding is of the common ‚proving' type, in which an overprotected lad from a ‚good' home commits an offence to prove his masculinity. The close relationship with the mother induces a sense of guilt when sexual feelings emerge in adolescence. The daring act represents a bid for independence, and the car provides a feeling of power in which he feels so lacking." Vgl. auch *Bloch* und *Niederhoffer* (1958), die eine Parallele zu der Rolle ziehen, die in primitiven Kulturen für die Jünglinge Gegenstände wie Schwirrhölzer spielen. „Without intending to stretch the analogy

Milieu ist auch — so scheint es — etwas enger und abgeschlossener als das der Familie Hinsch. Die Eltern sind schwerlebiger, ihre Emotionen — besonders die der Mutter — haben sich mehr zusammengeballt und zeitweise wohl auf der Familie gelastet.

Vermutlich wurde Hermann auch nicht nur sehr behütet und zurückgehalten, sondern auch in seinen Ansprüchen etwas verwöhnt (die M. wird auch die Ausbombung selbst besonders schwer genommen haben). Bei aller guten Einordnung sind die Eltern selbst nicht ganz frei von Ressentiment gegen andere, sie haben es wohl etwas weniger gut verstanden, den Jungen aus der engeren Familie in die Umwelt hinauszuführen. Natürlich muß man auch damit rechnen, daß er von Natur etwas empfindlicher und schwieriger war als Walter Hinsch.

Im ganzen ist aber auch die soziale Entwicklung dieses Probanden, bei einigen verbleibenden Hemmungen, sehr gut. Er hat sich den Wertebestand der Eltern ganz zu eigen gemacht und befriedigt seine Wünsche nun auf sozial völlig einwandfreie Weise. [2])

7. Fritz Meiners, 4. VIII. 32. Im Herbst 1948 *(16;3 — 16;5)* nahm er in seiner Lehrstelle mehrfach älteren Gesellen kleinere Geldbeträge — einmal 20,— DM — aus den Jacken, die in der Garderobe hingen, und ging davon zum Tanzen. Er bekam 3 Wochen JugArrest („kein schlechter Kerl, Führung nicht zu beanstanden, Haltung manchmal etwas zu sehr Hamburger Hafen. ... Ich nehme an, daß er sich künftig straffrei halten wird").

Er war aus VSch. Kl. 8 entlassen und machte dann eine Kupferschmiedlehre durch, die er mit 18;4 mit der Gesellenprüfung abschloß. Mit 19;3 wechselte er von dem alten Meister zu einer neuen Arbeitsstelle über, in der er nun schon über 2 J. ist, immer gut beurteilt. Weitere Straftaten sind nicht bekanntgeworden.

Der V., Schiffszimmerer in einem kleinem Elbdorf, ein angesehener Mann, verunglückte kurz nach der Geburt des Jungen tödlich bei der Arbeit. Die M. zog mit Fritz und seiner 4 J. älteren Schwester zuerst zu dem einen, später zu dem anderen Schwager auf den Hof. Dabei war auch immer M's Mutter, die tagsüber einen Gemüsestand in der Stadt hatte, während die M. zuhause nähte. Als die Großmutter starb (F. 11 J.), über-

---

too far, can it be denied that the youthful owner of an automobile does not likewise put his ‚heart and soul' into his car? He adjusts it, tunes it, cleans it, polishes it, communes with it, cherishes it. The religious symbolism, as well as the sexual, invests the intense relation between the adolescent and the auto with a mystical significance that almost verges on the supranatural." (a. a. O. S. 131; s. ferner Chapter XIII „The Automobile"). — Ähnliche Befunde auch bei *Munkwitz* und *Neulandt* (1957).

[2] Aber Strafregistereinsicht III. 61: 1) *X. 59* 5 Mon. Gef., z. Bewährung ausgesetzt, und Entzug der Fahrererlaubnis auf 1 J., w. unberecht. Erwerbs u. Führens einer Pistole, fahrl. StraßVerkGefährdung und Schießens an bewohnten Orten. — 2) *XI. 59* 4 W. Gef. w. Fahrens ohne Führerschein, Aussetzung zu 1) widerrufen. 3) *I. 60* 1 Jahr Gef. u. weiterer Entzug der Fahrerl. auf 5 J. w. Fahrens ohne Führerschein, fahrl. StraßVerkGefährd. u. fahrl. Körperverl. im Verk.

nahm die M. auch den Gemüsehandel, nähte aber auch weiter, "ihre Rente ist ja zu klein. Sie hatte immer wenig Zeit. Die Oma ja auch, aber an der hingen beide Kinder auch sehr, mit der konnte Fritz sogar, als er klein war, besser schmusen als mit der M.". Fritz sieht — so sagte die M. — seinem V. sehr ähnlich, „und ist auch so wie er: ruhig, gutmütig, sie weiß nicht wie sie es sagen soll, er hat so etwas: z. B. wenn kleine Kinder da sind, keins hat Angst vor ihm. So war der V. auch. Die M. und die Tochter sind beide forscher ... Er ist gegen die M. nie frech gewesen. Wenn sie ihn übergelegt hat, war er ganz still, hat auch nie gegen sie wiederausgelangt, obwohl er ja nachher schon kräftig war. Er ist auch immer pünktlich in die Schule gegangen ... Mit der Schwester hat er oft Streit gehabt. Zuerst hat er ja wohl mehr Respekt gehabt. Aber dann wußte er ja, daß sie ihm nichts zu sagen hatte." — Er war immer sehr für Süßes.

Mit 6 J. fiel er hin, das Bein entzündete sich bis zur Blutvergiftung, und er lag 6 Monate im Krankenhaus und hatte dort Heimweh. Das Bein war zuerst steif und besserte sich erst ganz allmählich; jetzt ist es zu 90 % gut. „Er konnte auch mit den anderen Kindern mitlaufen, nur, es sah immer etwas komisch aus, und der eine Stiefel war größer als der andere. Nein, er ist geschwommen und gelaufen und alles, er war ein richtiger Junge, bloß: es sah komisch aus."

Fritz schrieb in seinem Lebenslauf im JugArr (16;6): „Von meiner Kinderzeit habe ich nicht viel gehabt. Als ich 1938 in die ... Schule eingeschult wurde, bekam ich kurz darauf eine starke Blutvergiftung am rechten Knie, womit ich 6 Monate im Krankenhaus lag. 1939 wurde ich wieder eingeschult und dann brach der Krieg aus. 1944 im Oktober wurden wir ausgebombt."

Das Jugendgericht hatte als Hauptmotiv seiner Diebstähle angesehen, daß seine Schulkameraden schon als Fischer fuhren, mehr Geld hatten als er und damit angaben. Die JGH schrieb über die Hauptverhandlung: „Er zeigte sich außerordentlich deprimiert und wollte schier versinken unter der seelischen Belastung", und noch 8 Monate später:„ er ist — das sagt auch der Lehrherr — durch seine Missetat zum Einsiedler geworden". Nach weiteren Monaten: „Er entwickelt sich allmählich wieder zum normalen Jungen, geht mal ins Kino oder Tanzen, aber in Maßen." Die M. sagt jetzt: „Er gibt sein Geld ordentlich ab, spart und schafft sich vor allen Dingen Zeug an; er geht auch fest mit einem Mädchen, aber richtig verlobt sind sie noch nicht."

Auch diese Familie ist in ihrer Rechtschaffenheit sehr gut eingeordnet. Das Ansehen unter den anderen spielt gerade in dieser kleineren Gemeinde eine große Rolle. Der Gesamtzuschnitt ist einfacher, wohl nicht nur durch den Verlust des Vaters und die wirtschaftliche Not, obwohl dies beides zweifellos eine Rolle spielt. Die Mutter — eine kräftige, große Frau, die auch am Sonntagnachmittag an der Nähmaschine saß und übrigens zuerst die Befragung strikt ablehnte — ist tüchtig, entschieden und sicher nicht lieblos, aber doch weniger speziell auf die seelische Betreuung des Jungen eingestellt. Vermutlich hat der anschlußbedürftige F. — jedenfalls nach dem Tod der Großmutter — bei der Mutter und der ihr (auch äußerlich) ähnlichen Schwester ein bischen zu wenig spezielle Aufmerksamkeit bekommen. Er setzte sich allerdings doch in ganz gesunder Weise durch, ließ sich von der Schwester nichts mehr gefallen und machte trotz seinem komischen Bein bei den Kameraden mit. Es sieht aber so aus, als wenn ihm die Rolle unter den Kameraden auch ganz besonders viel wert war, wohl weil sie ihn mehr kostete als die anderen, und weil sie ihm etwas ersetzte, was zuhause fehlte. Denn als er wieder in Gefahr war, nicht mitzukommen — diesmal, bezeichnenderweise, beim Tanzen — half er durch die Straftaten etwas nach, und auch seine große Beschämung und sein Einsiedlertum nach Aufdeckung der Taten zeigen, so scheint es, das besondere Gewicht, das seine Rolle in der Gemeinschaft für ihn hatte. Sicher kann man es zwar nicht wissen, aber wahrscheinlich ist doch, daß er die Sache nicht gemacht hätte, wenn er niemals ein krankes Bein gehabt oder wenn jemand rechtzeitig gemerkt hätte, was ihm fehlte. Wäre der Vater am Leben geblieben, so wäre auch mindestens die wirtschaftliche Lage der Familie besser gewesen, aber auch das Familienleben etwas lebendiger. Der gutmütige Vater hätte ein Gegengewicht gegen die etwas forsche Mutter gebildet, und die Mutter selbst hätte mehr Zeit und Spielraum für die Kinder gehabt. [2b])

293. Herbert Schulte, 30. XI. 33. Mit *15;10* (X. 49) unterschlug er DM 170,— Zeitungsgelder, die er einkassiert hatte; er war noch Schüler, trug aber Zeitungen aus. Für 90,— DM kaufte er sich eine elektrische Eisenbahn, für DM 50,— Sportkleidung, und DM 30,— gab er der Schwester, die sich davon Schuhe kaufte. Er sagte, die Mitschüler hänselten ihn immer, weil er keine Sportausrüstung hätte. — Er bekam 14 Tage JugArrest („guter Gesamteindruck, wohlerzogen, aufgeweckt, an geistigen Dingen interessiert ... wohl nur Pubertätsentgleisung. Künftig wird ihm vermutlich einwandfreie Lebensführung ... gelingen").

1950 wurde er aus VSch-Oberbau entlassen, gut beurteilt nach Leistungen, Fleiß und Charakter; er könne aber wegen seines Sprachfehlers — um dessentwegen er viel gehänselt werde, unter dem er überhaupt leide — die mittlere Reife nicht machen. Nach einer Elektrikerlehre bei einer großen Firma machte er mit 19;8 die Gesellenprüfung und blieb bis jetzt, d. h. über ein Jahr, bei dieser Firma, die ihn auch aufs Technikum schicken will.

1949 wohnte er mit seiner 1½ Jahr jüngeren Schwester bei der M. und deren Eltern, alten Rentnern. Die M. ernährte sich und die Kinder von Aufwartestellen u. ä. Ihre Ehe war geschieden worden, als Herbert gerade 12 war. Der V. zahlte, obwohl alleinschuldig, keinen Unterhalt, er hatte sich gleich wiederverheiratet; er war Kraftfahrer gewesen, später mit einem Fischhandel in Konkurs gegangen. Er stand längere Zeit unter Trinkerfürsorge und bekam einmal 6 Mon. Gefängnis für eine Unterschlagung. Nach Angabe der M. soll er noch öfter Geld seines Chefs in

[2b] Strafregistereinsicht III. 61: keine weiteren Verurteilungen.

Wirtschaften und beim Kartenspiel durchgebracht haben; sie habe es aber rechtzeitig ersetzt. Auch die von Herbert unterschlagene Summe hatte die M. sofort ersetzt. Bei seiner Tat war sie gerade wegen einer Drüsenstörung im Krankenhaus. Sie ist eine große Frau von kräftigem Knochenbau, einfach, von eher ländlichem Typ; vor der Ehe war sie Kochmamsell. Bei Geburt des Probanden war sie 36, der V, 39.

Nach den Angaben der M. (V. 55) hat sie den V. geheiratet, als Herbert kommen sollte; sie waren aber fest verlobt. Der V. verdiente damals gut bei dem Fischhandel, „Arbeit war ihm nie zu viel, aber so das Geschickte mit den Händen, das Feinere, das hat Herbert von ihr; der V. konnte keinen Nagel einschlagen und sich keinen Schlips umbinden." Die M. hat damals auch viel im Geschäft mitgeholfen, da holten dann oft die Großeltern (m) die Kinder ab und gingen mit ihnen spazieren, und auch der Mann einer Freundin ging mit ihnen weg, denn der V. machte nicht gern Touren, tobte nicht gern mit den Kindern, er war ja auch wenig da. Sie haben sich zu Hause beide immer mehr an die M. gehalten, und sie waren auch beide nicht schwierig, aber die M. war auch streng, sie hat von Anfang an darauf geachtet, daß Ordnung war. Nach der Geburt der Schwester war Herbert zuerst eifersüchtig. „Die ersten 14 Tage mußte die M. aufpassen; wo er konnte, ging er schnell hin und knuffte das Baby. Aber dann hat sie ihn in den Arm genommen und hat gesagt; guck mal, du bist ja auch meinen lieben Jung, und das ist deine kleine Schwester. Das hat er dann auch verstanden und nachher gut zu ihr gehalten und mit ihr gespielt ... Er war wohl immer etwas zurückhaltend, aber er hatte seine Freunde da auf dem Platz, mit denen war er so gleich zu gleich."

„Als er 6 war, waren sie im Bunker, aber die Tür war offen, weil Sommer war. Da ist an der ... kirche eine Bombe heruntergekommen, da hat er sich wohl so erschrocken, da hat er 8 Tage lang überhaupt kein Wort herausgebracht, und nachher war seine Atemtechnik falsch, sagt der Arzt. Da sagte die Lehrerin: dann ist es wohl besser, er kommt in KLV. Und die Schwester hatte noch nicht das Alter, aber da durfte sie doch schon mit, damit er kein Heimweh bekam. Denn das hätte er sonst wohl bekommen, so einer war er ja." Er war dann mit Unterbrechungen bis Kriegsende (H 11;3) oder früher weg, z. T. mit der Schule, öfter auch einmal von der M. besucht, und „wenn sie wieder zu Hause waren, war es gleich so, als wären sie nie fortgewesen." Herbert schloß sich immer schwer an Fremde an wegen des Sprachfehlers. Mit 18 bekam er Hypnose von einem Arzt, „da ist er auch im ganzen viel freier geworden. Z. B. hätte sie ihn früher nie zum Einholen schicken dürfen. Aber jetzt wohl. Sie sagt dann: hol 2 Liter (Milch). Er sagt: anderthalb — weil er nämlich die Zwei so schwer rauskriegt. Sie sagt: nein, zwei. Manchmal kommt er dann mit 2 an, dann hat er es rausgekriegt, sonst nur mit anderthalb ... Er ist strebsam und ehrgeizig, mehr als die Tochter, die ist mehr phlegmatisch. Er ist auch anspruchslos für sich, hat immer sein ganzes Geld abgegeben ... Seit er selbst verdient, raucht er etwas, aber trinken tut er gar nicht, er ist auch bei den Guttemplern. Er hat eine kleine Freundin, die hat er auf dem Logenball kennengelernt, die ist sehr vernünftig, will auch, daß er weiterkommt. Ans Heiraten oder Wegziehen denkt er darum noch nicht ... Er läßt sich auch jetzt noch was von der M. sagen, mehr als die Schwester. Er ist von klein auf fürs Basteln gewesen. Die elektrische Eisenbahn damals hat er studiert.

„Der V. hatte ja eine etwas leichte Ader und trank. Als die Kinder klein waren — H. also 3, 4, 5 J. alt —, da trank er so, da blieb er dann manchmal ein paar Tage weg, bis das Geld alle war. Da wollte die M. sich scheiden lassen, da hat der V. gesagt: ich werde Guttempler. Im Krieg war er dann wieder viel unterwegs über Land, da wollte er, daß die M. wegen der Bomben auch aufs Land ging. Das tat sie auch. Während der Zeit hat er sich aber eine andere gesucht, die hat wohl seine leichte Ader wieder geöffnet, seitdem hat er wieder getrunken. Da ist er bei der geblieben. Nach zwei Jahren wollte er zur M. zurück, hat sie schon immer durch die Kinder grüßen lassen ..., aber das hat sie nicht gewollt. Die Kinder mochten ihn auch nicht gern besuchen, sind wohl auch manchmal nicht hingegangen, wenn sie sie hingeschickt hat. Da hat er das Jugendamt mobil gemacht. Da sollte sie die Kinder schicken oder DM 100,— bezahlen. Da haben die Kinder ganz kleinlaut gesagt: dann müssen wir ja wieder hin. — Herbert ist äußerlich mehr nach der M., die Tochter mehr nach dem V. Innerlich ist das auch wohl so, aber innerlich haben sie ja wohl auch beide von beiden etwas." — JGH: „Der V. glaubte seinen Ehezwist auch in die Hauptverhandlung hineintragen zu müssen, erlitt aber vom Richter eine Abfuhr."

Auch hier hielt eine tüchtige, kräftige, ausgeglichene, nicht mehr besonders junge Mutter die Familie zusammen, z. T. von den Großeltern unterstützt. Auch hier ein gutartiger, anhänglicher, anschlußbedürftiger Junge, der durch sein Gebrechen hinter den Kameraden zurückstand und wohl darum besonders empfindlich dagegen war, daß er auch ärmer war als sie (und kein Sportzeug hatte). Seine Straftat verhalf ihm zu dem Sportzeug wie dem Fritz Meiners zum Tanzen. Außerdem erfüllte er sich damit einen technischen Wunsch, und dies war ja das Gebiet, auf das er sich — von seiner Begabung unterstützt — schon früh geflüchtet hatte. Er war tüchtig und fleißig, verdiente sich schon mit 13 J. teilweise seinen Unterhalt (DM 32,— monatlich), weil der V. versagte. Im Gesamtbild überwogen Diszipliniertheit und Hemmung, die Straftat erscheint als isolierte und gerade durch das Übermaß an Hemmungen verständliche Enthemmung, und sie hat sich ja auch nicht wiederholt.

Insoweit könnte der Fall direkt als Parallele zum Fall Nr. 7, Fritz Meiners, gelten. Einiges erscheint hier sogar positiver, so die Begabung des Jungen und die etwas größere Differenziertheit und vielleicht auch Fürsorglichkeit der M., die auch gerade zum Probanden eine besondere Verbindung hat. Auf der anderen Seite stehen aber die Trunksucht und Kriminalität des Vaters, die wiederholten und schließlich zur Scheidung führenden Eheschwierigkeiten, das Fortdauern des Zwistes nach der Scheidung.

Außerdem ist ja auch das Gebrechen des Probanden nicht rein körperlich wie das des Fritz Meiners, sondern offenbar psychogen. Und es stellte sich zwar ein nach einem äußeren Schock; aber da ja nur relativ wenige der durch Bomben erschreckten Kinder einen solchen dauernden Schaden davongetragen haben, muß man vermuten, daß sein Widerstand herabgesetzt war. Soll man nun annehmen, daß er von seinem V., dem Trinker, eine besondere Weichheit, „Labilität" geerbt hat, oder war er durch die häuslichen Aufregungen, das tagelange Wegbleiben des Vaters, die drohende Trennung der Eltern, so verstört worden, daß er sozusagen schon auf den Weltuntergang wartete und ihn dann in dem Bombenschlag erlebte? Das weiß man nicht; vielleicht oder wahrscheinlich trifft beides zu.

Jedenfalls wurden doch offenbar in diesen frühen Verkettungen schon wesentliche Grundlagen für seine späteren Kontakt- und Laufbahnschwierigkeiten und damit auch für seine Straftat gelegt. Dazu kam nachher als akuter Anlaß die Armut — wieder ein Verschulden des Vaters —, und als ganz akuter die vorübergehende Abwesenheit der Mutter. Hätte der Proband die Straftat wohl begangen, wenn einer dieser Faktoren gefehlt hätte?

Nun hatte ja auch der Vater Unterschlagungen begangen, von denen man nur weiß, daß er das Geld seines Chefs vertrank. Soll man nun sagen, daß der Proband vom V. die Neigung zu Unterschlagungen geerbt habe? Eine solche Aussage könnte durchaus einen Sinn haben, aber doch wohl nur, wenn sie sich genauer spezifizieren ließe; etwa dahin, daß und inwiefern beim V. ähnliche Mechanismen in Gang waren, wenn er, wie der Proband, mit fremdem Geld in der Hand von seinen Wünschen überwältigt wurde; oder z. B. daß und inwiefern er vielleicht nicht gestohlen, insbesondere nicht eingebrochen hätte usw. Es ist sogar wahrscheinlich, daß sich solche Vergleiche ziehen ließen, wenn man nur mehr von dem Vater — und, zugegeben, vom Probanden selbst — wüßte. Aber der bloße Hinweis auf die Tatsache, daß ja auch der V. Geld unterschlagen habe (oder etwa sogar: auch „kriminell" war) erklärt nicht genug, und er kann, wenn man sich zu sehr an ihn hält, die Unterschiede zwischen Vater und Sohn und die spezielle Genese der — bisher einzigen — Straftat des Sohnes überdecken.

Dieser Fall ist im übrigen ein Beispiel dafür, wie eine tüchtige, vernünftige und warmherzige Mutter die Kinder durch die Schwierigkeiten hindurchretten kann, die durch soziales und menschliches Versagen des Vaters entstehen. Zwar nicht unversehrt hindurchretten, aber doch so, daß der Standard — der menschliche, ethische und sogar der soziale Standard — erhalten bleibt. Vielleicht war auch die Mutter zeitweise durch die Eheschwierigkeiten beeinträchtigt, aber der Zusammenhalt zwischen ihr und den Kindern ist offenbar — auch bei den längeren Trennungen — immer gut gewesen. Sie hat nicht wieder geheiratet, war ja aber auch bei der Scheidung schon 49 J. alt. Sie gehört zu den älteren und in ihrer ganzen Art auch etwas altmodischen, soliden Müttern, wie sie sich in Gr. Ia relativ häufig finden. [2c])

---

[2c] Strafregistereinsicht III. 61: keine weiteren Verurteilungen.

Weitere Beispiele von Eifersucht gegen ein Neugeborenes [3]):

IV Proband 28, der bei Geburt des Geschwisters 4 J. alt war: „da war er so eifersüchtig, daß er das Kind nahm und in den Ascheimer tat. Er hat es auch einmal ins Radio gelegt, sodaß das ganze Radio kaputt war. Er mochte nicht, daß die M. mit dem Baby süß tat. Das starb dann nach einem Vieteljahr, da hat Uwe (der Proband) nicht weiter nach gefragt."

III Proband 283, bei der Geburt der Schwester 4 J.: „Da war er furchtbar eifersüchtig. Wenn die M. mit der Kleinen zukehr war, stand er dabei und war böse und sagte: sie soll wieder weg. Und einmal hatte die M. die Kleine ins Nebenzimmer gestellt und wohl die Tür nicht abgeschlossen, da war er auf einmal dadrin, und da schrie das Baby auf einmal furchtbar, und da hatte er dem in die Hand gebissen, so vorn in die Finger, ganz doll. — Als dann die anderen Geschwister kamen, machte ihm das nichts mehr aus."

IV Proband 295 wollte seine ein Jahr jüngere, sehr unruhige Schwester, von der ihm seine Eltern gesagt hatten, sie hätten sie bei Karstadt gekauft, gegen eine der stillen Puppen bei Karstadt eintauschen.

Ib Probandin 185: „Als die kleine Schwester geboren war (P. 2 J.) war sie eifersüchtig, sie kamen einmal darüber zu, als sie dem Baby fast die Nase abgebissen hätte. So vor den Eltern zeigte sie nichts davon; aber hinter ihrem Rücken versuchte sie, das Kind zu ärgern."

IV Proband 196: „Als die Schwester kam (P. 2 J.), saß er bei der M. am Bett und sagte immer: will kein Baby, will kein Baby. Acht Tage sah er sie nicht an. Später sagte er aber, wenn jemand an den Wagen ging: mein Baby."

Ia Proband 115: „Über die Schwester (bei deren Geburt er 5 J. war) freute er sich nicht, denn er sollte sie behüten. Das tat er nicht, er warf die Karre um, damit die Schwester schrie und die M. herunterkam und sie holte."

93. Kurt Lenschow, 27. 2. 32. Er wurde Ostern 1947 *(15;1)* aus VSch. Kl. 8 entlassen, als „böser Schlingel", in allen Fächern interesselos, „nicht unbegabt, durch Albernheit, Verspieltheit und Unruhe stiftendes Wesen aber nur knapp ausreichende Leistungen." In der ersten Arbeitsstelle — er ging als Jungarbeiter — stahl er mit *15;2* aus einer Wohnung, aus der er Wasser holen mußte, zweimal — aus Schrank und Bett — mehrere hundert RM und kaufte dafür auf dem Schwarzmarkt Zigaretten und eine Uhr. In den 18 Tagen JugArr., die er dafür bekam, hat er sich „oft nicht gut betragen und gezeigt, daß er ganz energielos ist. Immer wieder mußte er zur Ordnung gerufen werden. Eine wirklich intensive Auseinandersetzung mit der Straftat lehnte er ab. Ich halte ihn weiterhin

---

[3] S. auch *Fröhlich* (1951, 133).

für stark gefährdet." Einzelvermerk: „Hat seine Zelle verschmiert, lügt, unterhält sich mit Zellenkameraden." Einen Monat später *(15;6)* verkaufte er die Stiefel des kürzlich verstorbenen StV (nicht angezeigt). Mit *16;2* entwendete er mit einem anderen eine alte Autodecke von einem Boot und bekam eine Arbeitsauflage. Mit 1 6 ; 6 wurde er nach über einjähriger Tätigkeit als Telegrafenbote entlassen, weil er in eine Zustellung vorsätzlich eine falsche Eintragung gemacht hatte. Darauf hatte er mehrere kurze Arbeitsstellen, fuhr u. a. ganz kurz zur See, gab das aber wieder auf, weil er krank wurde („nahe an einer Lungenentzündung ").

IV. 49 *(17;1)* stahl er in einer neben seiner Arbeitsstelle liegenden Werkstatt einem Lehrling die Brieftasche mit DM 5,— aus dem Spind, tags darauf dort einem Arbeiter eine Jacke, die er durch Knöpfe und eingesetzte Keile veränderte und trug. VIII. 49 bekam er dafür 5 Mon. JugGef., von denen er aber nur 2 verbüßte; der Rest wurde erst ausgesetzt, dann amnestiert. Darauf ging es eine Zeitlang gut, er war von 18;2 — 20;8 auf einer Werft, gut beurteilt nach Leistung und Haltung. Aber X. und XI. 51 *(19;7 und 19;8)* stahl er je ein Motorrad von der Straße und fuhr darauf. Mit *19;9* drang er in einen offenen Keller ein und war dabei, Spirituosen zu stehlen. Seine Strafe (zuerst III. 52 4 Mon. Gef., VIII. 52 Gesamtstrafe von 5 Mon. Gef.) wurde ausgesetzt. II. 52 (19;11) wurde er für volljährig erklärt und heiratete Wally Schmidt, die ein Kind von ihm erwartete, vorher Verkäuferinnenlehrling gewesen war und als einwandfrei beurteilt wurde.

VIII. 52 *(20;5)* stahl er während einer kurzen Arbeitslosigkeit wieder ein Motorrad und fuhr damit. Dafür bekam er XII. 52 6 Mon. Gef., die er aber zunächst nicht antrat. Er hatte noch zwei je mehrmonatige Stellungen in Maschinenfabriken. VIII. 53 *(21;4)* kaufte er auf den Ausweis eines Kollegen, den er gefunden hatte, eine Uhr für DM 119,— auf Abzahlung und unterzeichnete auch den Vertrag mit dem Namen des Kollegen. IX. 53 *(21;5)* führte er betrunken ein Kraftfahrzeug und stand außerdem im Verdacht, Geld aus Portemonnaies der Kollegen gestohlen zu haben. X. 53 *(21;6)* stahl er dem Chef aus dessen aufgehängter Jacke DM 50,— bis 100,—. Er wurde nun zu einer Gesamtstrafe von 8 Mon. 1. W. Gef. verurteilt, die er zusammen mit den ausgesetzten Vorstrafen von 21;6 — 23;2 verbüßte. Angehängt wurden noch 4 W. Gef. wegen Widerstandes, weil er *22;2* mit einem anderen aus dem Männergefängnis entwichen war. Sie wurden in der Nacht auf St. Pauli ergriffen, wo sie mit Frauen feierten, und leisteten im Rausch (2.0 pro Mille Alkohol) Widerstand gegen die Verhaftung. — Nach Entlassung VI. 55 (23;3) arbeitete er wieder in einer Maschinenfabrik. Seine Ehe war inzwischen geschieden worden, er wohnte wieder bei der M.

Die M. erhält sich durch Putzmacherei und Abvermieten. Das JA beurteilte 1949 ihren Haushalt als sehr einwandfrei, sie sei eine pflichtbewußte und treusorgende Frau, aber etwas eng in der erzieherischen Behandlung des Jungen. Der V., ein Schlosser, war wiederholt wegen Diebstahls bestraft und starb 1938, als Kurt 6;3 war, im Zuchthaus, vermutlich durch Suizid. Er war bei Kurts Geburt 35 gewesen, die M. 38;6.

Die M. wurde VII.55 in ihrem hübschen, bürgerlich eingerichteten Zimmer bei der Arbeit angetroffen. Sie selbst war gepflegt, aber einfach in der Aufmachung. Sie hatte sehr freundliche Augen. Sie erzählte vertrauensvoll, zuweilen aber von Mißtrauen unterbrochen, und weinte viel.

Sie erzählte, sie habe bei ihrer Heirat noch bei den Eltern gewohnt, als einziges Kind, nachdem ihr Bruder im 1. Weltkrieg gefallen war. „Das war ein sehr inniges Verhältnis. Besonders ihr Vater, das war ein so feiner Mann, so gebildet, so anständig, so herzensgut, so ein feiner Charakter. Ihre Mutter auch, herzensgut, aber sie war fast blind. Aber der Vater war auch so musikalisch, spielte mehrere Instrumente, hatte mehrere Musikvereine." Mit 35 J. heiratete die M. Kurts Vater, der 3 J. jünger war als sie und mit zu ihren Eltern zog. „Er hatte es als Kind schwer gehabt, die Familie war mehr so robust, er war eher weich. Er hing an der M. und wollte es ihr schön machen. Es war aber gerade die schwere Zeit, und sie wurden beide arbeitslos. Aber gerade damals kam Kurt, und die M. mußte in dieser schweren Zeit ein Kind in die Welt setzen, dieser Gedanke war schwer. Kurt war auch bei der Geburt sehr zart — es war eine Zangengeburt —, holte das aber auf; er war ein normales Baby und Kind. Sie war nicht ängstlich mit ihm, eher etwas hart, weil sie dachte: wer weiß, wie es später wird."

„Nun fing leider der V. an zu spielen, weil sie ja so wenig Geld hatten, und kam in Haft, und die M. mußte schon früh wieder arbeiten, da war Kurt wohl erst zwei. Schließlich (K. 6;4) verunglückte der V. tödlich, ... aber sie bekam kein Geld, weil es hieß, es wäre Mutwillen dabei gewesen. ... K. war tagsüber bei den Großeltern, und an dem Großvater hing er besonders und der an ihm, der hob auch immer den Rahm auf der Milch für ihn auf." 1942 (K. 10;2) heiratete die M. einen 59-jährigen verwitweten Krankenkassen-Angestellten, den sie von früher her kannte. „Er kam nun zu ihren Eltern ins Haus ... Es war nicht so, als wenn sie einen 'Freund' hätte, mehr so familiär, weil sie ja auch seine Familie früher gekannt hatte." Ihre Eltern redeten ihr auch zu, um K's willen. Es war dann auch ein ganz gutes Verhältnis, er war herzlich zu K. „Vielleicht war er aber auch etwas eifersüchtig auf K., denn der war immer bisher so anhänglich gewesen — obwohl ein richtiger Junge, nicht mädchenhaft oder so —, er setzte sich auch gern noch mal auf M.'s Schoß und war zärtlich. Aber dann sagte der StV so (spottend): guck mal, der süße Junge. Da ließ er es." 8 Monate nach M's Heirat starb der Großvater. „Das war für K. ein ganz schwerer Verlust! Er kam dann immer nach Haus mit den Worten: Opa!, aber Opa war ja nicht mehr da." Weitere 6 Mon. später (K. 11;4) wurden sie ausgebombt.

„Da kam K. mit der Schule fort ins Lager. Da schrieb er ihr immer Briefe und malte dazu: er mit einem Koffer in der Hand in der Richtung auf Hamburg. Er hatte Heimweh. ... Schließlich (K. etwa 13;0) wurde da alles aufgelöst, er sollte nach Sachsen zur Schwester des StV., da ist er dahin gewandert, hat sich unterwegs durch Arbeiten beim Bauern ernährt. Dann kam er 1946 (etwa 14;2) zurück und war nun selbständiger und robuster im Wesen."

Die Schule (1949, rückblickend): „Er konnte sich nach der Rückkehr nicht an Ordnung und geregelte Arbeit gewöhnen, weigerte sich hartnäckig, Schularbeiten zu machen, störte, trieb Albernheiten, neckte die Kameraden. Der StV. war schwer krank (schweres Herzleiden, starb VIII. 47 / K. 15;5), die M. konnte ihn nicht regieren. Nachmittags beteiligte er sich an den vielen Diebereien und Schwarzmarktgeschäften, die damals viele Schüler trieben, weniger um der Familie zu helfen, als aus Freude am unruhigen Leben, am Herumzigeunern." Das JA VI. 47: „Der StV braucht unbedingt Ruhe, kann mit dem lebhaften Stiefsohn nichts anfangen, beachtet ihn nach der Strafsache kaum noch, lehnt ihn ab, sorgt aber gut für ihn. K. wird allgemein als freundlich, hilfsbereit und fleißig geschildert, aber auch als flatterhaft und unbeständig." Die JGH VIII. 49: „Man kann diesem unfreundlichen, mürrischen Jungen, dessen stark aufgeworfene Lippen seinem Gesicht den Ausdruck eines stark triebhaften, zur Brutalität neigenden Menschen verleihen, keine günstige Prognose stellen." — Krim. psycholog. Kurzgutachten X. 49 (K. 17;7): Recht gehemmt und uneinheitlich, Typ des Introvertierten mit lebhafter Phantasie und starkem Darstellungsbedürfnis, dem es aber an kräftigem Selbstbewußtsein zum Hervortreten nach außen fehlt. Vollauf durchschnittliche Intelligenz, aber Urteilsfähigkeit gering, überhaupt ziemlich unselbständig und unfertig. Aus dem Zwiespalt zwischen Wollen und Können starke innere Spannungen, wohl durch Pubertätseinflüsse — vermutlich gerade durch Sexualkomplexe — erheblich verstärkt. Ist durchaus weicherer und wärmerer Regungen fähig, als man ihm nach Gebaren und seiner wenig vorteilhaften äußeren Erscheinung zutraut. (Bild: grob aufgeworfenes Gesicht mit insbesondere grob aufgeworfenem und schwach gehaltenem Mund). Gerade das ihm selbst bewußte Nachteilige seiner physiognomischen Erscheinung dürfte seine Hemmungen verstärkt haben. Aber auch manches Unechte und Schauspielerhafte.

Die M. sagt jetzt: „Er war nicht mehr offen, als er älter wurde, ging nicht mehr aus sich heraus. Er klopft der M. wohl mal auf die Schulter, aber weiter kann er ihr nichts zeigen. Er hatte so viel Freiheitsdrang, er war nicht zu halten, und der StV. war gut zu ihm, aber zu alt und dann auch krank."

„Die M. ist sehr solide, auch viel bedrückt und nimmt alles schwer; K. sucht mehr das Leichte. Sie möchte ihn immer zu einem Sportsmann machen, aber er ist für Mädchen, und das ist doch nicht gut. Wallys Familie paßte so wenig zu der M., sie waren so mehr für das Leichte und Freie, auf der Hochzeit und auch auf der Konfirmation wurden soviel unanständige Witze erzählt, und dann wurde da auch getrunken, was sie zu Hause gar nicht kannten, da hat sich K. da mehr hingezogen gefühlt. ... Als K. zuerst mit Wally ging, hatte die M. zu ihr gesagt: wenn er dir zu nahe treten will, wende dich an mich. Aber Wallys Mutter ließ die beiden sogar allein! Und nachher in der Ehe: er hätte sich irgendwie im Sport ausarbeiten müssen, stattdessen wollte sie immer von ihm ausgeführt werden. Kein schlechtes Mädchen, aber sie mochte nicht gern arbeiten, und sehr anspruchsvoll, kaufte sich gern schön zum Anziehen ...".

„Die M. möchte ihm jetzt gern zu Hause mehr bieten, aber wie soll sie das machen. Er klagt darüber, daß man bei ihr immer nur Arbeit sieht, aber sie m u ß doch arbeiten. Er muß ja jetzt noch die ganzen Kosten abbezahlen, darum können sie auch kein neues Radio kaufen — das alte ist kaputt —, höchstens auf Abzahlung, aber diese Abzahlungskäufe sind ihr zuwider. Sie würde ihm auch so gern das Abendblatt halten, er sitzt da so herum bei ihr, aber das Geld! Neulich hat ihn ja wohl im Betrieb eine Laborantin angelächelt, aber M. denkt doch, es ist nicht gut für ihn mit den Mädchen. Er gibt ihr Geld, ist höflich und ruhig zu ihr, aber viel erzählen tut er ihr nicht . . .Ihr Einziger, und dies alles! Und wo sie es doch schon mit dem V. erlebt hatte. Das muß doch wohl vererbt sein. Er weiß es auch mit dem V., sie hat es ihm einmal erzählt."

In einigen Punkten ist dieser Fall dem von Herbert Schulte (S. 308) ähnlich: die Mutter, eine sehr anständige, tüchtige, warmherzige Frau, heiratete ziemlich spät, und zwar einen weichen, offenbar haltsuchenden Mann, der dann anfing zu spielen und Straftaten zu begehen. Die Ehe ging in die Brüche, der Junge blieb bei Mutter und Großeltern; er war als Kind anhänglich, und er war mehrere Jahre lang verschickt.

Ein wesentlicher Unterschied liegt vielleicht in der Schwere der Kriminalität des V. dieses Probanden. Da deren Genese aber unbekannt ist, weiß man nicht, ob er seinem Sohn ungünstigere Wesenszüge vererbt hat als der Vater Schulte seinem Sohn. Vielleicht würde schon eine solche größere „Belastung" die so andere Entwicklung des Kurt Lenschow erklären. Aber diese Konstellation war auch sonst abweichend, und zwar in gewissen typischen Zügen, die sich auch bei anderen ungünstig entwickelten, aber vermutlich erblich nicht belasteten Probanden finden.

Diese Mutter ist depressiver und weniger handfest und sicher als Frau Schulte und war es vermutlich immer. Man hat den Eindruck, daß sie bei ihrer so späten Heirat etwas auf der Stufe der Familientochter fixiert war und Sexualität, Ehe und „Mutterschaft" nicht mehr ganz bewältigte. Das wird ihren Mann enttäuscht haben, aber sie selbst wurde natürlich durch die Enttäuschung mit ihm in ihrer Haltung nur bestätigt. Für den Probanden haben wohl die Großeltern das Unglück mit dieser Ehe noch weitgehend aufgefangen — daß allerdings die M. arbeiten gehen mußte, als er erst 2 J. alt war, wird nicht spurlos an ihm vorübergegangen sein, und ebensowenig die stimmungsmäßigen Störungen, die alle diese Ereignisse mit sich bringen mußten. Mit einem Sohn des Schwerverbrechers zurückzubleiben, war für diese Mutter vielleicht ein innerlich gar nicht zu bewältigendes Problem. [4])

[4] *Haffter* (1948, 81) spricht über das „Werde nur nicht wie dein Vater", das geschiedene Frauen so oft zu ihren Kindern sagen. „Aber auch das unausgesprochene Lauern der Mutter auf das Erscheinen der väterlichen Fehler und die ängstliche Unterdrückung jeder Andeutung solcher Tendenzen erzeugt beim Kinde Unsicherheit und Zwiespältigkeit."

Vgl. auch den Fall eines schwierigen Jungen, von dem *Schottländer* (1947, 74) berichtet: die Mutter, die ihren eigenen Vater außerordentlich verehrte, heiratete einen diesem Vater unterlegenen Mann und lehnte dann ihren Jungen ab, weil er dem Schwiegervater ähnlich sah.

Mit der Wiederheirat der M. verschlechterte sich zweifellos die Lage des Jungen, obgleich die Heirat zu seinem Wohl gedacht war. Der StV. war ja nach den Angaben der M. „herzlich“ und „sehr gut“ zu ihm, mochte aber damals seine Schoßkind-Allüren ebensowenig, wie er später seine Jungen-Lebhaftigkeit ertrug. Die M. meinte, er sei etwas eifersüchtig gewesen, und das scheinen Stiefväter öfter zu sein. Aber das Dazukommen eines Stiefelters in das vertraute Verhältnis zwischen Mutter und Kindern ist so gut wie immer ein Problem. Denn es ist ein schon einfach physisch Fremder, der nun immer mit am Tisch sitzt und auch nicht, wie ein Gast, abends doch weggeht, und seine „Herzlichkeit“ wird ihn nicht hindern, früher oder später seine Ansichten über die Erziehung der Kinder zu äußern, obwohl er ja von allem Früheren gar nichts miterlebt hat. Dieser Proband hatte zunächst noch einen Rückhalt an seinem Großvater, aber — und das scheint sehr wichtig — der Großvater starb, ehe der Junge noch mit dem StV. vertraut war, und ein halbes Jahr später ging auch die vertraute Wohnung verloren, und der Proband kam fort.

Relativ viele Probanden wurden gerade in einem solchen für den Familienzusammenhalt kritischen Zeitpunkt in KLV geschickt, offenbar weil dies ein vernünftig zu rechtfertigender Ausweg aus den menschlichen Schwierigkeiten schien; weil man sich mehr oder weniger unklar vorstellte: dann löst sich alles schon von selbst. Aber die Folge war oft, daß die menschlichen Schwierigkeiten eben gar nicht ausgetragen, sondern nur weggeschoben, untergetreten wurden. Zwar waren ja sehr viele Kinder im Krieg von ihren Eltern fort, aber falls in dieser Zeit ihr Zuhause in Ordnung, ihr Platz dort gesichert war, änderte wohl meistens die Trennung nur wenig, und „wenn sie wieder zu Hause waren, war es gleich so, als wären sie nie fortgewesen“ (o. S. 309). Wo aber in ihrem Elternhaus gerade sowieso etwas in die Brüche gegangen war, da wurde, scheint es, durch die Trennung die innere Verstörung der Probanden oft erheblich vertieft. Diese Vorgänge haben sich aber im Dunkeln abgespielt, da ja die Kinder nicht wissen, was in ihnen vorgeht, und es darum nicht in Worten äußern können, d. h. so, daß ein Fremder es versteht oder die Mutter bei länger dauernder räumlicher Entfernung es merken kann.

Dieser Proband, der ja auch nicht wie Herbert Schulte mit einer kleinen Schwester zusammen fort war und keine Besuche der M. bekam, hatte zuerst Heimweh. Aber nach Auflösung des Schullagers bei Kriegsende ging er ja noch nach Sachsen, und als er ein Jahr später zurückkam — wie er in dieser Nachkriegszeit unter den Russen dort gelebt hat, weiß man nicht —, war er ein äußerlich robuster Junge geworden, der dem StV. auf die Nerven ging, sich nicht mehr einordnete, sich nicht mehr aufschloß und in Schwarzmarktgeschäften herumzigeunerte. In der Schule versuchte er, sich durch Albernheit und Stören zur Geltung zu bringen, aber nicht durch Leistung.

Nun könnte man denken, daß es doch nach dem Tod des StV. — bei dem er erst 15;5 war — der M. noch einmal hätte gelingen müssen, ihn einzufangen, zumal da ja auch freundlichere Züge von ihm berichtet wurden. Aber so leicht sind erstens einmal eingerissene Hemmungen wohl nicht wieder aufzubauen, und dann kam hier wohl die Pubertät des Jungen dazu und daß der M. diese Pubertät offenbar irgendwie fremd und unheimlich war. Sie hat ja Züge von Prüderie, und bei ihm haben offenbar — jedenfalls wurde es in dem krim. psycholog. Gutachten von 1949 vermutet — besondere sexuelle Spannungen eine Rolle gespielt. Vielleicht hat auch die M. dabei innerlich Erlebnisse wiederholt, die sie mit seinem V. gehabt hatte. Dazu kommt sein Gesicht mit dem „Ausdruck eines stark triebhaften, zur Brutalität neigenden Menschen" (das weder seine M., noch, nach Bildern, ihre Eltern hatten), und auch die normale Verschlossenheit dieser Reifezeit wurde ihm vielleicht von der M. etwas zu ungünstig ausgelegt. Wally und ihre Familie boten ihm dann später einen bequemeren, aber doch wie es scheint, auch nicht wirklich befriedigenden Weg.

Die M. sagte, er sei nicht gern mit anderen jungen Männern zusammen. Er hat ja auch oft Kameraden (oder den Chef) bestohlen, wenig gemeinsame Straftaten begangen, in der Schule die Mitschüler geneckt. Wie es ihm nach seinem Einzelkinddasein im Schullager gegangen ist, weiß man nicht. Seine Straftaten gehören überwiegend zu dem „weiblichen" Typ der einsamen Diebstähle gegen Personen der näheren Umgebung, in denen sich Kontaktstörungen zu äußern pflegen, aber auch der Wunsch, den äußeren Schein zu wahren. Bemerkenswert ist, daß der Proband zu Kontaktstörungen keinen so erheblichen äußeren Grund hat wie etwa Fritz Meiners oder auch Walter Hinsch mit ihren körperlichen Schäden und Herbert Schulte mit seinem Stottern. Das heißt, daß er mehr innere Gründe dazu mitbringen muß, und die könnten — wenn man nicht eine „Anlage" dafür verantwortlich machen will, wozu kein Anlaß vorhanden ist — mit seinem Einzelkinddasein und mit seiner wechselvollen Lebensgeschichte zusammenhängen. Er ist ja aus einer für ihn zunächst vielleicht ganz angenehmen, aber doch schon etwas unnatürlichen und ungesunden Isolierung und Heraushebung bei M. und Großeltern ziemlich früh und unvermittelt herausgefallen und hat sich dann selbst geholfen, offenbar in etwas geltungssüchtiger Weise und unter Betonung äußerer Robustheit und äußeren Betriebmachens, z. B. in der Schwarzmarktzeit.

Zu seinen stillen Gelddiebstählen kamen ja auch — beginnend in der Zeit der Beziehung zu Wally — später Motorraddiebstähle und Trunkenheitsdelikte hinzu. Gerade dieses Übertönen der Kontaktstörungen und das Ausweichen in „Angabe" und Enthemmungen erscheint bedenklich, mindestens aus dem äußeren Grund, weil es seinen materiellen Bedarf leicht über das hinaus steigert, was er durch Arbeit verdienen kann. Er wirkt ansprüchlich, und das mag ja auch damit zusammenhängen, daß er nicht aus einem so in ganzer Linie bescheidenen Milieu kommt wie Herbert Schulte. Das Gesamtniveau dieser Familie liegt höher, und insbesondere in seiner Zeit mit dem Großvater sind vielleicht Erwartungen in ihm geweckt worden, die sich später nicht erfüllten, ihn aber jetzt unzufrieden machen. Er hat ja auch nichts gelernt, obwohl er ganz intelligent sein soll.

So ist man unsicher darüber, ob er sich in Zukunft halten wird. Das verdrossene Herumsitzen im Zimmer der arbeitenden und bedrückten M., die großen Kostenschulden sind kein glücklicher Start bei seinen aufgestauten Wünschen. Andererseits hat er auch früher schon längere straffreie Zeiten gehabt, kann arbeiten, ist nicht unintelligent und auch gemütsmäßig doch wohl noch ansprechbar. Die häufigsten Aussetzungen der Gefängnisstrafen hatten ihn nicht beeindruckt, die 6 Wochen Arrest nach dem Ausreißen soll er als sehr hart empfunden haben. [4a])

Einige weitere Beispiele für ungünsige Schlüsse aus dem Aussehen der Probanden:

Ia 226. JGH: „Der Angeklagte ist erst 15 J. alt, doch von einer erstaunlichen Gerissenheit und Verlogenheit. So fremdartig sein Äußeres wirkt, fast ist man geneigt zu glauben, einen Tatarenabkömmling vor sich zu haben, so seltsam und undurchsichtig ist sein Charakter." Er hatte auf der Arbeitsstelle Geld unterschlagen, vermutlich für die M., mit der er allein in einem Lager lebte. Er war dann 10 Monate in FE und beging später keine Straftat mehr. Die Eltern stammten aus Memel. Nach einem Bild sieht er dem gefallenen V. sehr ähnlich.

Ib 06. JGH „Der Genussucht, die ihm eignet, worauf auch seine dick aufgeworfenen Lippen hindeuten, wird er sich hemmungslos hingeben, sobald dazu die Gelegenheit gegeben ist."

Ia 78. Schulbehörde, P 15;4: „Die Eltern haben keine Macht über ihn. Es wird erzählt, daß der Junge unsaubere Geschäfte betreibt. Nach Angabe des Lehrers sind hierfür keine Beweise vorhanden, doch ruht in dem Kinde etwas Fremdes, Kaltes, Abgründiges und Gewalttätiges." Er war der Jüngste einer großen Familie und hatte Lebensmittel von einem Lastwagen stehlen wollen, und zwar für die Familie; der V. war damals schwer krank und starb bald darauf. Dies blieb, ohne weitere Maßnahmen, seine einzige Tat; er hat sich auch sonst ordentlich entwickelt. Die M. schilderte ihn als einen gutmütigen, anhänglichen Jungen. Sie sagte: „Er sieht so aus wie der V., so schwarz; wenn er so in die Tür kommt, meint sie, sie sähe den V., so groß und schwarz. Er ist sehr groß und kräftig." Schon mit 15 J. war er als wie ein 20-Jähriger aussehend beschrieben worden.

Ia 258. Der Proband, der als Bäckerlehrling kurz nach 3 Uhr aufstehen mußte und einen ziemlich weiten Weg zur Arbeitsselle hatte, stahl auf der Straße ein Fahrrad, da ihm kurz vorher sein eigenes gestohlen war. (P. selbst:„Da hat er sich gesagt: Halt — stop — holst dir wieder eins.") Es hieß auch, er treibe sich abends umher. Im Urteil: „Die Ränder unter den Augen dieses jungen Menschenkindes beweisen, daß er sich entweder nachts herumtreibt, oder sich sonst nicht zügeln kann." Die große Familie wohnte in einer Wohnbaracke, da der V., ein kaufm. Angestellter, durch Krankheit zurückgekommen war; alle waren etwas nervös. Der Proband stand später noch einmal im Verdacht, Geld veruntreut zu haben, ist sonst aber nicht mehr aufgefallen und hat sich ordentlich entwickelt.

---

[4a] Strafregistereinsicht III. 61: VI. 58 2 Jahre Gefängnis w. fortges. schweren Diebst. i. Rückf., 1 einf. u. 1 fortges. einf. Diebst. i. Rückf., sowie Betruges in Tateinh. m. Urkundenfälschung u. fortges. Urkundenfälschung.

148. Georg Wilde, 17. XI. 33. Seine erste Tat beging er V. 48 *(14;6)*, wo er mit seinem Freund aus offener Nachbarswohnung einen Kinderwagen holte und an den Bruder eines Freundes verkaufte für RM 50,—, für die er sich einen Fußball kaufte. Es wurde Schutzaufsicht verhängt. X - XII. 48 *(14;10 - 15;1)* stahl er mit Freunden nacheinander 5 Fahrräder, die sie teils auseinanderbauten, teils verkauften, teils vertauschten (G. gegen Turnzeug). Er ging formell noch in die VSch Kl. 7, schwänzte aber so viel, „daß die Klasse ihn nur als ein nicht zu ihr gehörigen Gast betrachtete." Bei normaler Begabung — sagte die Schule — nicht das geringste Interesse für schulische Dinge.

I. 49 wurde FE verhängt, und von 15;1 - 16;6 war er in drei Heimen. Zuerst entlief er mehrfach nach Hause. Die Heimberichte, etwas wechselnd und widerspruchsvoll, gingen im allgemeinen aber dahin, daß er in der Gruppe aus sich herausgehe, z. T. unter Kameraden laut und selbstbewußt — aber nicht streitsüchtig — sei, aber auch kindlich herumalbere. Gegen Erzieher nehme er nicht genügend Haltung an, falle ihnen ins Wort, sei überkritisch. Er habe keine besonderen Interessen, sei etwas behäbig und bequem, könne aber arbeiten. Überhaupt könne er, wenn er wolle, sich zusammennehmen und auch anhänglich sein. — Er sollte 16;6 in ein Wohnheim, ging stattdessen zur M. und suchte sich eine Tischlerlehrstelle, was das JA nachträglich billigte. Nach 5 Mon. stellte das JA aber fest, daß er bei dem Tischler, der gar keine Lehrlinge hatte ausbilden dürfen, schon lange nicht mehr war. Darauf Fürsorgearbeit und offene Arbeitsgruppe 16;9 - 17;10.

III. 51 (17;4) stahl er mit einem Kameraden aus dem FE-Heim, den er gelegentlich traf, 7 Hühner aus fremdem Stall. Er bekam 4 W. JugArr. „Hier hat er sich vom ersten Tage an gut geführt, war höflich, anständig, hat fleißig gearbeitet", sei ja allerdings auch erfahrener Anstaltshase. Man solle ihn in off. Arbeitsgruppe belassen, wenn er dort nicht spure, müsse er in geschlossene. — In der Arbeitsgr. ging es aber ganz gut, bei gelegentlichem Bummeln. 17;11 - 18;2 war er Jungarbeiter in Fabrik, wurde wegen Arbeitsmangel entlassen. 18;6 wurde er Post-Jungbote, und nach JA-Berichten schien alles in bester Ordnung. Zuletzt stand er aber morgens ein paarmal nicht pünktlich auf und wurde 19;4 ohne Arbeitslosen-Unterstützung entlassen.

Inzwischen hatte er aber schon — was erst später entdeckt wurde — einen ersten gemeinschaftlichen Einbruch in einen Automaten und ein Lebensmittelgeschäft gemacht *(19;3)*. Es folgten *(19;4 — 19;6)* weitere zwölf, dann noch *(19;8 — 19;10)* weitere fünf. Es war den Tätern dabei hauptsächlich um Tabak und Süßwaren — zum eigenen Verbrauch — zu tun, sie nahmen dann aber auch mit, was sie sonst fanden. Den einen Mittäter, einen 21jährigen, der schon unbestimmte Jugendstrafe gehabt hatte, kannte Georg schon lange aus der Nachbarschaft. Den anderen, einen 20jährigen unvorbelasteten, hatte er in einer — unerfreulichen — Familie Pollak kennengelernt, in der er noch während seiner letzten Postjungbotenzeit zu verkehren begonnen hatte.

II. 54 bekam er Jugendstr. von unbest. Dauer, auf Revision hin VIII.54 abgeändert in: 2 J. Jugendstr. unter Anrechnung der U.-Haft. Die U-Haft war inzwischen schon auf 11 Monate angewachsen, von denen er 9 Monate in Einzelhaft verbracht hatte, wohl wegen eines anfänglichen Ausbruchs (19;11), bei dem er sich mit einem Strick aus dem 3. Stock herunterließ.

VIII. 55 (21;9) wurde er aus der Jugendstrafanstalt entlassen. Nach dem dortigen Schlußbericht „setzte er alles an vorzeitige Entlassung, da ihn die Strafe sehr zu drücken schien und er nur darauf brannte, seiner M. mit seinem Arbeitsverdienst zu helfen... Sonderling, der in der Horde gern mitkrakehlte und alberte, sich allen Beamten gegenüber recht verschlossen und einsilbig gab und dadurch Mißtrauen und Fehlurteile erzeugte. Im Gespräch unter vier Augen gab er recht vernünftige, ernst und besonnen klingende Meinungen von sich."

Georg hat eine 3 J. ältere und eine 7 J. jüngere Schwester. Der V. war Reichsbahnarbeiter und ist 1944 (G. 10) in Frankreich gefallen, seitdem hat die M. — die ein organisches Herzleiden hat — ständig in einer Fabrik gearbeitet. Seit der Ausbombung 1943 wohnt die Familie in einer nicht winterfesten Laube. Die M. hatte immer lange Arbeitszeit und langen Arbeitsweg, auch wohl — wie das JA meinte — keinen Sinn für den Haushalt, der zeitweise als „grenzenlos unordentlich und ungemütlich" geschildert wurde. Sonst war die Familie — dem JA seit 1947 durch Schwedenspeisung bekannt — nicht ungünstig aufgefallen. Nur einmal hieß es, die M. und die älteste Schwester stünden in keinem guten Ruf. Wiederholt wurde gesagt, die M. sei dem Jungen gegenüber zu weich. VII. 49 bat sie um seine Beurlaubung aus dem Heim; sie hänge an ihm, er werde ihr durch die Jugendbehörde entfremdet.

Der Bitte wurde aber zunächst nicht stattgegeben, weil die Wohnung so unordentlich war und die kleine Schwester nur unregelmäßig und oft ungepflegt in die Schule kam. — Bei Geburt des Jungen war der V. 31, die M. 28 J. alt.

D i e M. — eine relativ gepflegte, intelligent wirkende Frau — sprach ich in ihrer Wohnung VII. 55, kurz vor Entlassung des Probanden aus der Jugendstrafanstalt. Sie sagte, ihre Arbeit hätte sie aufgegeben, obwohl sie von den 87,— Rente nicht leben könne, aber jedenfalls in der ersten Zeit nach Georgs Rückkehr wolle sie nicht arbeiten. Die ältere Tochter sei verheiratet, die jüngere — die auch herzleidend sei — gehe zur Handelsschule, das müßten sie nun noch durchhalten.

Sie sagte, sie glaube nicht, daß Georg wieder straffällig werden würde. Bei ihrem Besuch in der Anstalt habe er gesagt, er sehe jetzt ein, daß er mit sich selbst viel zu weich gewesen sei. „Er war ja zuletzt so heruntergekommen durch diesen Herrn Pollak, wohin er immer ging. Der feierte mit den jungen Leuten Feste und was sie da alles machten, da waren auch Mädchen dabei, das alles gefiel Georg wohl, eine feste Freundin hatte er aber wohl noch nicht. Er haßt diesen Mann jetzt, er sieht ein, was der ihm geschadet hat. Und dann haben ihn auch die 9 Mon. Einzelhaft im UG fertiggemacht. Weil er doch ausgebrochen war, haben ihn die Beamten so schikaniert. Die M. hatte ihm damals zu Weihnachten u. a. Zigaretten hingebracht, aber die Beamten haben ihn keine Streichhölzer dafür gegeben, sodaß er Weihnachten nicht rauchen konnte. Dabei war er sicher nur aus

Heimweh ausgebrochen, sie kennt ihn doch. Da war nämlich sein Geburtstag und der von seiner Schwester, und da konnte er den Gedanken nicht fassen, daß er da ganz für sich sein sollte."

„Die Existenz der M. hat er durch diesen Ausbruch auch vernichtet. Denn im Betrieb, wo sie war — die ganzen Jahre hindurch, wo sie sich wohlfühlte, oft wohler als zu Hause, weil da diese Sorgen nicht waren —, hat man sie daraufhin nicht mehr so geachtet, und das konnte sie nicht ertragen. Die Morgenpost, die war es, diese Skandalblätter; und es stimmte ja auch vieles nicht, was sie schrieben. Aber dagegen zu klagen hat ja keinen Zweck, da kommt ja ein einzelner nicht durch.

Die M. lebte mit dem V. allein, als sie sich geheiratet hatten. Ihre Eltern lebten schon nicht mehr, Vaters Eltern wohnten weiter weg. Sie hatte den V. aus Liebe geheiratet, dann sah sie aber, daß sie gar nicht zueinander paßten. Er war stumpf, hatte für nichts Interesse als für seine Arbeit und seinen Garten. Nicht einmal spazierengehen wollte er; es hätte ja gar kein Geld kosten müssen, wenn sie mal was unternommen hätten. Kein Buch rührte er an, kein Gespräch konnte man mit ihm führen. Arbeit, Garten, Essen und Trinken, und dann die Frau im Bett. In der Hinsicht war er sehr rücksichtslos, und von ihm aus hätte sie jedes Jahr ein Kind haben können. Dadurch war sie auch immer ganz herunter, und als die Nachricht von seinem Tod kam, da sagte die älteste Tochter — dabei war die erst 13, und die M. hätte n i e gedacht, daß sie davon etwas wissen könnte —: Mutti, laß man, vielleicht hat das der liebe Gott so gewollt, wer weiß, ob wir dich sonst noch lange gehabt hätten.

„Der V. hatte unbedingt gewollt, daß das älteste Kind ein Junge sein sollte. Darum war er gegen die Tochter sehr brutal, schlug sie viel, besonders an den Kopf. Da hat dann die M. immer eingegriffen.

Als Georg dann kam,freute der V. sich, weil nun ein Junge da war — zu verrückt! —, und behandelte ihn viel besser als die Tochter. Die sieht auch ganz aus wie die M., Georg dagegen ist äußerlich ganz der V. (nach Bild aufgeworfenes Gesicht, strohiges Haar; nach Gutachten 1933 „häßlich durch negroide Lippen und Sattelnase, aber gute hohe Schädelbildung"). Aber gegen ihn war der V. strenger als die M. es war — die M. ist nicht streng, vor allen Dingen ist sie inkonsequent, sie gab zum Schluß doch immer nach, und die Kinder haben ihr auch später gesagt, daß sie immer wußten: sie hält es doch nicht durch, schließlich dürfen wir doch. Ja, sie weiß, das war sicher ein großer Fehler von ihr.

„Aber gegen Georg war sie z. T. auch streng, oder jedenfalls sehr böse auf ihn. Er war bestimmt nicht ihr Liebling, und zwar, weil er Bettnässer war. Sie fand das so schrecklich, daß sie ihn manchmal richtig gehaßt hat. Es waren ja auch die wirtschaftlichen Verhältnisse; sie waren ja recht eingeschränkt, die M. konnte nicht neue Bettwäsche kaufen, und sie genierte sich, diese fleckige Wäsche immer wieder herauszuhängen. Sie genierte sich überhaupt! Und daß es nicht sein m u ß t e, hat sie daran gesehen, daß er, als der V. einmal in Urlaub kam — und vor dem V. hatte er ja Manschetten —, daß er diese Nächte trocken blieb. Was hat sie ihm alles angedroht! Er sollte nur noch auf Torfmull liegen usw. Aber dann erkältete er sich ja wieder, er war ja so empfindlich! Er war von Anfang an ein empfindliches Baby. Obwohl er ein kleiner Fressack war, hatte er es immer mit dem Magen, und dann war er andauernd erkältet, mußte immer in Wolle eingepackt werden — die anderen Kinder gar nicht. Und dann hatte er Asthma, früh, als er wohl noch in die Schule ging, war er auch in ärztlicher Behandlung deswegen. Der Arzt sagte, er sollte in einen Singkursus am Dammtorbahnhof geschickt werden, damit der Brustkorb sich ausweite, aber dazu hatten die Eltern ja kein Geld. Das Asthma verlor sich dann auch, aber die Neigung zu Erkältungen blieb. Mit 2 J. war er einmal 14 Tage im Krankenhaus, weil es erst aussah, als hätte er Lungenentzündung. Da war er ängstlich nach der M., hatte Heimweh; auch später in der KLV hatte er Heimweh, das hat er immer. Nun war es aber so, daß die älteste Tochter es immer wunderbar fertigbrachte, sich bei der M. einzuschmeicheln und als die Beste hinzustellen.

Jetzt sieht die M. das selbst, aber damals ist es ihr gar nicht so klar geworden. Die Tochter machte den Garten schön und wollte dann unbedingt dafür gelobt werden, und die M. lobte sie auch — Georg war faul, das stach dann schlecht dagegen ab. Er war eifersüchtig auf die Schwester und hatte auch immer Angst, er würde mit dem Essen betrogen. An sich war er später ein mittlerer Esser, aber hinter Süßem war er sehr her, und er dachte oft, sie äßen ihn was weg. Z. B. mußte er abends eher ins Bett als die große Schwester. Die M. saß dann da und las, und die Tochter saß ruhig dabei und störte sie nicht. Dann kam Georg mißtrauisch aus dem Schlafzimmer wieder an und fragte, ob sie auch nichts äßen — und das hätte die M. doch nie getan! Und ehe die M. noch was sagen konnte, rief die Schwester schon: du sollst ins Bett! So war sie immer, und die M. ließ es damals zu. Jetzt denkt sie aber, es war nicht richtig. Und dann kämmte die Tochter, während die M. weiter las, der M. das Haar und machte sich so extra an sie heran, und Georg ärgerte sich. Die Tochter erzählt ihr auch jetzt, nach der Verheiratung, noch sehr viel, vielleicht zu viel.

„In der KLV ist Georg ziemlich verwildert, da hatte er zu viel Freiheit. Und nachher hat die M. ja immer gearbeitet. Da hat er sie öfter belogen, wohl aus Angst, besonders wegen des Schulschwänzens. Er hat später mal gesagt, daß die Jungen ihn früher geneckt hätten, „Plünnenjunge“ gerufen und sowas, weil er so schlecht in Zeug war. Der V. hatte dafür keinen Sinn, und die M. hatte kein Geld. Damals hat Georg sich auch verhauen lassen, später hat er sich dann an diesen Jungen gerächt, hat gesagt — als die M. einmal sagte; laß den doch in Ruhe —: wenn du wüßtest, wie der mich früher geärgert hat. Ja, dann ging er nicht zur Schule, dann wußte er nicht, was sie gehabt hatten, dann war der Lehrer böse, dann verlor er ganz die Lust und schwänzte noch mehr. Er war später auch eine Art Anführer unter den Jungen, das Abenteuerliche lockte ihn. Er hatte auch Gedanken, daß er zur See fahren oder auswandern wollte, aber davon kam er bald wieder ab. — Bockig ist er gegen die M. nie gewesen. Er war überhaupt gegen sie immer ganz ordentlich, nur zuletzt, nachdem er diesen Mann (Pollak) kennengelernt hatte, da war er anders, da kannte sie ihn gar nicht mehr.“

Aus dem krim. psycholog. Gutachten 1954: Vorwürfe gegenüber der Familie erhebt er nicht, tritt im Gegenteil mit voller Überzeugung für diese, insbesondere für seine M. ein. Zunächst sehr gehalten, dann stärker jungenhaft. Sagt, er sei ausgebrochen, um Weihnachten bei seiner M. zu verleben, habe sich danach wieder stellen wollen. Ist wohl durch die viele Berufs-Abwesenheit der M. früh zum Straßenjungen geworden. Seine natürlichen Gemütsbedürfnisse sind nicht in genügendem Maße gepflegt und vertieft, sodaß er vorwiegend eine mehr äußerliche Bindung an die Horde suchte. Wohl tiefer liegende Gehemmtheit durch das Bettnässerleiden, dadurch reaktiv übersteigertes Selbstbewußtsein. Dabei hat ihn dann der berufliche Fehlschlag, gleich am Beginn, erheblich schockiert (die Tischlerlehre, die keine war). — Dieses Gutachten, das mir bei dem Gespräch mit der M. noch nicht bekannt war, wie andererseits der Gutachter die M. nicht kannte, bestätigte ihre Angaben.

Dieser Junge hat nur gemeinschaftliche Taten begangen und auch niemals Bekannte bestohlen, abgesehen davon. daß sie damals den Kinderwagen bei irgendwelchen Nachbarn herausholten. Das Gemeinschaftliche der Unternehmungen war auch offenbar für ihn ein wesentlicher Teil der Unternehmungen selbst; dafür spricht sein sonstiges Verhalten in der Gruppe, wie es von der M. und aus den Anstalten berichtet wird. Daß er dafür eine Vorliebe hate, läßt sich verstehen, wenn man an seine Pimpeligkeit als Kind und seine früheren Demütigungen durch die Mitschüler denkt. Sich nun doch unter Kameraden zu halten, sie teilweise sogar anzuführen, war eine Leistung für ihn. Sich diese Stellung auf rein positive Weise zu erobern — durch Tüchtigkeit und Liebenswürdigkeit —, war ihm nicht gelungen. Auf seine Liebenswürdigkeit hat er wohl nie recht vertraut, was nach seiner Vorgeschichte nicht wundert; er muß auch wohl äußerlich nicht so sehr anziehend sein. Leistungsmäßig hat er den Anschluß zunächst wohl spätestens durch das Schulschwänzen verpaßt, von dessen Anlaufen die Mutter eine so gute Schilderung gegeben hat. Es wird auch von seiner Bequemlichkeit und Interesselosigkeit berichtet; ob er primär so war — vielleicht darin seinem Vater verwandt —, oder ob er erst durch die übrigen Verwicklungen unlustig wurde, weiß man nicht.

Bisher war — anders als bei Kurt Lenschow — die männliche Welt weit mehr sein Element als die weibliche, da er ja auch bei den Frauen des Hauses nicht angesehen war. Aber man kann auch nicht sagen, daß er draußen das „väterliche" Element suchte, denn er war gegen Lehrer, Heimerzieher, Anstaltsbeamte eher ablehnend. Erst bei Herrn Pollak fand er sowohl Kameraden wie — noch unverbindlich — Mädchen, und die M. meinte, das habe ihm gefallen. Auch das wäre an sich kein ungesunder Zug, aber er feierte zu viel, stand zu spät auf, verlor die Stellung, bekam keine Unterstützung und beging nun, für Tabak und Süßigkeiten, schwere Straftaten. Auch bei Kurt Lenschow begann nach der Bekanntschaft mit Wally eine neue Zeit der Straftaten, nachdem es vorher längst gut gegangen war.

Ich habe diesen Fall dem von Kurt Lenschow angefügt, weil auch hier die Mutter den Sohn nicht richtig als Sohn angenommen, sondern in irgendeinem Umfang als Fremden empfunden hat, wie sie auch den mit ihm identifizierten Vater ablehnte. In dieser Ablehnung spielte offenbar auch beide Male das unangenehm grobe Äußere der Jungen eine Rolle. — Beide Jungen sind in der letzten Schulzeit verwildert und begannen — soviel man weiß — erst dann mit Straftaten, hatten später längere straffreie Zeiten, kamen dann aber ab 19 J. noch einmal zu einer erheblichen Kriminalität, die sie auf Jahre in die Strafanstalt brachte. Beide brachen einmal aus dem Gefängnis aus und kehrten nach der Verbüßung zu der alleinstehenden Mutter zurück. Nach der Einteilung des Kap. VII waren ihre Taten „mittelschwer", dabei untereinander sehr verschieden, denn bei dem einen standen gemeinschaftliche (einfache und) schwere Diebstähle im Vordergrund, bei dem anderen allein begangene einfache — meist gegen Kameraden, Arbeitgeber.

Nach dem Gesetz hat Georg Wilde die „schwereren" Taten begangen, aber man fragt sich doch, ob das auch kriminologisch gilt. Kurt Lenschows Taten — zu denen ja auch ein Betrug gehörte — waren oft Vertrauensbrüche, und es fehlte ihnen die jugendliche Note der „gemeinschaftlichen Unternehmung". Wenn jemand noch mit etwa 20 J. seinem Chef Geld aus der Jacke stiehlt, so ist vielleicht weniger gut einzusehen, warum er es mit 25 oder 30 nicht mehr tun sollte, als wenn er noch mit etwa 20 J. mit Altersgenossen Kioske und Geschäfte erbricht, um Zigaretten und Süßigkeiten herauszuholen (sofern es nicht direkt gewerbsmäßig geschah, aber das war hier wohl nicht der Fall). Kurts verstohlene Gelddiebstähle waren ja auch nicht wie z. B. die von Fritz Meiners (S. 306) und Herbert Schulte (S. 306), vereinzelte Ausbrüche aus einer Mauer von sozialen und persönlichen Hemmungen — wenn auch Hemmungen sicher eine Rolle spielten —, sondern verbunden mit Herumzigeunern, Alkoholexzessen, Herumfahren auf dafür gestohlenen Motorrädern, verfrühter Heirat usw., also Zeichen einer auch sonst eher enthemmten Lebensführung. Bei seinem letzten Vermögensdelikt war Kurt Lenschow schon 21;6, Georg Wilde erst 19;10, aber es liegt wohl nicht nur daran, daß man ihn als jünger empfindet. So fing Georg gerade erst mit Mädchen an, Kurt heiratete aber schon mit 19;11 und hatte überhaupt das Leben eines Erwachsenen doch schon in größerer Breite aufgenommen. Nicht in größerer Tiefe, wenn man so sagen darf, da ja auch er im Grunde unreif war.

Wenn man davon ausgeht, daß sie beide mit ihrer Entwicklung nicht ganz zurechtgekommen sind, so geschah das doch offenbar in verschiedener Weise. Georg war ein anfälliges Kind und erreichte nicht rechtzeitig den Zusammenhalt mit Kameraden, obwohl er — durch seine Schwierigkeiten mit Mutter und Schwestern — eigentlich gerade auf diesen Weg verwiesen war. Diese Jungenkameradschaft holte er dann aber offenbar nach, auf eine zwar nicht sozial, aber doch vielleicht psychologisch vollgültige Weise. Dieser Grundstein männlichen Lebens war nun also gelegt, und anderes konnte darauf aufbauen. Kurt dagegen hatte diese ganze Stufe unerledigt übersprungen, war niemals wirklich mit Kameraden zurechtgekommen — statt dessen bestahl er sie —, hatte aber schon mit Mädchen angefangen, ein Kind gezeugt, geheiratet. Es sieht so aus — wenn diese ganze Vorstellung von den Stufen der Entwicklung richtig ist —, als hätte er auf schwankendem Fundament einfach weitergebaut, und gerade das erscheint besonders gefährlich und — was sehr wichtig ist — auch schwer zu reparieren.

W a r u m hat sich nun Georg den Kontakt mit den Jungen erkämpfen können, und warum hat man den Eindruck, daß er — den doch seine Mutter „gehaßt“ hat — vielleicht doch ein besserer Ehemann wird als Kurt, der früh mit den Mädchen anfing? Das sind Fragen, die sich auch nicht annähernd sicher beantworten lassen, da man ja viel zu wenig weiß über die Art der Kinder selbst und über all die vielen Zufälle ihres Lebens. Aber in welcher Richtung würde man etwa argumentieren können, oder müssen, wenn man dies alles besser wüßte?

Zunächst scheint mir, darf man nicht vergessen, daß Kurts Vater — nach sofortigem Versagen in der Ehe — im Zuchthaus durch Selbstmord geendet ist, Georgs Vater dagegen als braver Arbeiter und Soldat in Frankreich fiel. Was das für das „Erbgut“ der Jungen bedeutet, weiß man nicht, obzwar die Vermutung besteht, es habe dafür eine Rolle gespielt. Aber auch für das ganze Lebensgefühl der Mütter und für ihre Einstellung zu dem Sohn ist es vermutlich wichtig gewesen.

So darf man wohl über der Schärfe, mit der Georgs M. sich über den V., über ihre Ehe, über ihre Gefühlsschwierigkeiten dem kleinen Georg gegenüber aussprach, nicht den doch harmloseren Hintergrund dieser Äußerungen vergessen. Eine solche Katastrophe, wie Frau Lenschow sie in ihrer Ehe erlebte, hat es bei ihr nie gegeben. Sie ist zwar schon in der Ehe durchaus nicht zufrieden gewesen und hat nachher die Aufgabe, Arbeit, Haushalt und Kindern zugleich gerecht zu werden, nicht erfüllt — in einer Art von Verbitterung, scheint es, und wahrscheinlich ist ihr wirklich das Leben allerhand schuldig geblieben. Aber eine solche grausige Erfahrung wie Frau Lenschow — die darauf auch so unvorbereitet war — hat sie ja nie gemacht. In Frau Lenschows Erzählungen blieb vieles unausgesprochen, nur unter der Oberfläche spürbar, und zwar wohl weniger, weil sie manches nicht sagen wollte — auch das wirkte sicher mit —, als weil sie es schon gar nicht denken mag. Ich glaube nicht, daß „Haß“ gegen ihren Sohn auch nur in ihren eigenen Gedanken vorkommt, und doch sind ihre inneren Schwierigkeiten mit dem Jungen vielleicht größer und unüberwindlicher als die von Georgs Mutter. Unüberwindlicher natürlich zu einem Teil gerade deswegen, weil sie nicht wagen kann, sie sich in vollem Umfang einzugestehen.

Beim Vergleich von Fällen führt oft diese ganz verschiedene Ebene irre, auf der die Beteiligten ihre Äußerungen machen. Das gilt für Schul- und Anstaltsberichte ebenso wie für die der Angehörigen. Zweierlei kann dann eine gewisse Hilfe geben. Erstens, im Gespräch mit den Beteiligten — mit der Mutter, vom Gutachter mit dem Probanden — die unmittelbare Erfahrung ihrer Kontaktmöglichkeiten und der Ebene ihrer Äußerungen. Ferner aber die allgemeinen Erfahrungen über Familienkonstellationen und ähnliches.

So heißt es hier, der Stiefvater sei damals herzlich und sehr gut zu Kurt gewesen, „und es war ein gutes Verhältnis". In Frau Wildes Bericht hört man dagegen nur von Aufregungen und Schwierigkeiten. Und doch war dies die Mutter mit ihren drei Kindern, es war eine richtige Familie und muß es wohl entgegen allem äußeren Anschein immer irgendwie geblieben sein, denn sonst verstünde man nicht, warum Georg unbedingt zu seinem und der Schwester Geburtstag zu Hause sein mußte. Es ist aber eben — nach allgemeinen Erfahrungen, auf die man im Einzellfall ganz gut vertrauen kann — etwas ganz anderes, wenn sich die Mitglieder einer schon ursprünglich zusammengehörigen Familie nicht verstehen, streiten, „hassen", als wenn durch das Dazukommen eines Stiefelters diese merkwürdige Stille eintritt und unter der Oberfläche sich dann, Schritt für Schritt, die Entfremdung vollzieht.

Man kann aus allen diesen Gründen, scheint mir, doch annehmen, daß Georg eine bessere Verbindung zu seiner Mutter hat und sogar, daß das immer schon so war. Er hat ja auch bis zur Geburt der kl. Schwester — mit der man vielleicht das Asthma in Verbindung bringen kann — und dann, abgeschwächt, noch bis zum Tode des Vaters eine vielleicht gar nicht so ganz schlechte Zeit gehabt. Frau Lenschow mußte schon ihren 2-jährig. Jungen fast ganz ihren Eltern überlassen und arbeiten gehen, weil der Mann verhaftet war. Dies alles können aber Gründe für die doch geringeren Konaktstörungen des Georg Wilde sein.

Georg kam relativ schnell in FE, Kurt überhaupt nicht. Auch später der Strafvollzug erfaßte ihn schneller als Kurt, dessen Strafen immer wieder ausgesetzt wurden. Nötig hatten sie diese Maßnahmen beide in gleicher Weise. Man weiß es nicht, kann es sich aber sehr wohl denken, daß eine Heimerziehung, mit dem Ziel, ihn nicht nur zu disziplinieren, sondern auch kontaktfähiger zu machen, Kurt hätte helfen können. [4b])

110. Franz Herold, 1. IX. 33 Als er VIII. 49 *(15;11)* mit einem Freund, der etwas kaufte, in einer Fahrradhandlung war, griff Franz — er sagte: impulsiv — nach einer roten Fahrradlampe und versteckte sie unter der Jacke. Er besaß eine Fahrradausrüstung, wünschte sich aber eine andere Lampe. Er bekam einen Freizeitarrest. — Später beging er keine Vermögensdelikte mehr. Mit 18;9 entfernte er mit Freunden eine Holzpforte, „die ihnen im Wege war", und kurz darauf wollte er Zigaretten und Tabak durch die Freihafengrenze schmuggeln und bekam dafür eine kleine Geldstrafe.

Er war 1949 aus VSch. Kl. 9 entlassen, gut beurteilt nach charakterlicher und geistiger Entwicklung, und begann dann gleich eine Zimmermannslehre, die er IX 52 (19;0) mit Gesellenprüfung („befriedigend") abschloß. Der Meister lobte ihn schon 1949 als äußerst willig und fleißig; er sei höflich, bescheiden, freundlich, noch kindlichen Wesens. Dies Lob

[4b] Strafregistereinsicht III. 61: keine weiteren Verurteilungen. Der Strafmakel von 1954 wurde VIII. 57 vorzeitig für beseitigt erklärt.

wiederholte er später. Das JA schilderte Franz 1949 als einen gut gehaltenen, kräftigen und gesunden, hilfsbereiten Jungen. Er spiele mit Schuljungen und lese, wie er sage, gelegentlich „ein gutes Buch, wie z. B. Karl May". — Bis 20;3 blieb er noch bei seinem Meister, war dann nach Entlassung wegen Arbeitsmangels kurz arbeitslos und hatte danach weitere verschiedene Stellungen in seinem Fach. 20;5 wurde er für volljährig erklärt und heiratete, weil sich bei seiner Braut ein Kind meldete. Die Braut war nach Entlassung aus VSch. Kl. 9 immer in der gleichen Firma als Wicklerin gewesen „mit überdurchschnittlichem Fleiß und Pflichtbewußtsein".

Nach den Akten hatte Franz' Mutter in ihrer Ehe, die 1929 geschieden wurde, 4 Kinder gehabt und war dann mit seinem Vater zusammengezogen, von dem sie 1931 und 1932 je eine Tochter und 1933 — mit 29 Jahren — Franz bekam. Der Vater („Erzeuger") Franz Bickel war „ein wegen Diebstahls, Widerstands und Beleidigung vielfach vorbestrafter Mann", der als Berufsverbrecher inhaftiert war, dann aber von der M. verborgen gehalten wurde. Die M. — so schreibt das JA — galt als verantwortungslos, uninteressiert und unbelehrbar. Sie starb XI. 36 (F. 3;2) an septischer Angina, und Franz kam zu dem damals 67-jähr. Vater der M. und dessen 40-jähr. zweiter Frau, der StM. der M. Dort blieb er bis zu seiner Heirat; der Großvater war allerdings schon 1949, ein halbes Jahr vor seiner Straftat, gestorben. Die Großeltern wurden immer günstig beurteilt. Sie hingen an dem Jungen, hieß es, und er an ihnen; nur das Geld sei knapp. — Seine beiden Schwestern kamen nach auswärts zu verschiedenen Pflegeeltern und sollen sich gut entwickelt haben. Die eine, Erika, wurde aber sexuell auffällig und kam 1949 deswegen in eine ländliche Dienststelle.

Die Großmutter, eine kleine, noch rüstige, altmodisch schlichte Frau, wurde V. 55 in ihrer Wohnung gesprochen. In dieser kleinen, ärmlichen Wohnung hatte sie durch das Auflegen von hellgeblümten Stoffstückchen auf Stühlen und Kommoden eine Art Schönheit verbreitet.
Sie erzählte:

„Er wohnt ja jetzt bei der Schwiegermutter, und da kommt sie, die Oma, nicht, sie hat keinen Verduz zu der Schwiegermutter. Das ist ja wohl eine ordentliche Frau, aber Oma ist ein ganz komischer Mensch, wen sie nicht mag, den mag sie nicht. Franz seine Frau kommt auch wenig bei ihr, da ist die Schwiegermutter zwischen. Aber Franz kommt, doch, er hat ihr gerade den Vorgarten gemacht. Anhänglich ist er ja, nur, jetzt müßte doch eigentlich die Fürsorge sagen: jetzt muß er ihr dafür mal was zum Unterhalt geben, wo sie ihn doch großgemacht hat für die 30,— Mark Pflegegeld. Aber für Pflegekinder gilt das Gesetz ja nicht. Und er selbst gibt ihr nichts, sein Geld hat er immer zusammengehalten. Sie hat ihm ja auch alles gern gegeben und nichts gesagt. Und kommen tut er, anhänglich ist er ja. Wenn er kommt, faßt er sie um, und dann drückt er ihr die Hand. Wie sie in den letzten Jahren manchmal krank war — sie hat es mit der Galle —, hat er nicht von ihrem Bett fortgefunden. Er ist jetzt wieder bei seinem alten Meister, der ist sehr zufrieden mit ihm, und die Meisterin mag ihn auch so gern. Er ist ein ganz wunderbarer Mensch geworden, und das hätte sie ja nie gedacht, als sie ihn damals bekamen.

„Oma hat ihren Mann 1929 geheiratet. Sie sah seine Kinder und sagte: Komm! Entweder hälst du zu denen oder zu mir. Da haben sie dann kaum was mit denen zu tun gehabt. Franz Mutter wohnte auch in der ... straße, weit weg. Den Vater von Franz, den hielt sie ja verborgen, mit dem lebte sie ja lange zusammen. Gearbeitet hat sie ja nie. Opa sagte ja, sie war eine richtige Tippelschickse. Sie war seine jüngste Tochter. Franz ließ sie ja den ganzen Tag allein in der Ecke sitzen. Er war ja eine kleine Mißgeburt. Die Beinchen lagen so (zeigt mit den Armen überkreuz). Und das Haar wie ein Helm über die ganze Stirn und ganz verfilzt. Wenn man so bei ihr war, war sie ja sauber, man konnte von dem Fußboden essen. Sie waren ein paarmal da und wollten ihn ja immer schon haben, er war ja zu süß. Er kroch dann so hinter seiner M. auf dem Fußboden her, und sie sagte dann so: na, mein Schietbüdel? Opa sagte immer: den kriegen wir mal ...

„Als sie starb, haben sie ihn dann geholt. Wie sie ihn die Treppe runtertrugen, sagte er nur: Mama is in Trankenhaus detomst. Dann hat er eine ganze Nacht geschrien, und dann war es vorbei. Am übernächsten Morgen hat er schon Mama zu ihr gesagt. Das fand sie erst etwas komisch, aber sie ließ ihn. Ob er sie dann erst für seine wirkliche Mutter gehalten hat, weiß sie gar nicht. Als er so 4 war, hat sie ihm mal ein Bild von der M. gezeigt, da hat er gesagt: weg — und hat es weggeschoben. Da hat sie gesagt: wer ist nun deine richtige Mutti, die oder ich? Da hat er gesagt: du, und hat sie so umgefaßt. Er war immer zärtlich mit ihr.

„Als er nun kaum 4 Wochen bei ihr war, mußte er ins Krankenhaus, die Beinchen mußten gebrochen werden. Er hatte englische Krankheit im höchsten Grade und auch noch Darm ... (? nicht behalten), die Gedärme waren alle durcheinander, der Bauch hing ihm über das Gemäch, so war der aufgetrieben. Oma sagte gleich: so kurz im Krankenhaus wie möglich. Sie wollte ihn sofort mithaben. Aber der Arzt sagte, der alte Professor — er sagte „du" zu ihr, und das hat sie ihm auch nicht übel genommen —: der ist noch nicht so weit, den kannst noch nicht mitkriegen. Aber nach 4 Tagen, am Donnerstag, da kam der Anruf, da hat es noch nicht 10 Minuten gedauert, da war sie unterwegs und holte ihn.

„Er war ja in Gips. Zuerst ¾ J. lang bis oben zu den Schultern; nur das kleine Gemäch war rausgelassen und der kleine Hintern. Da konnte er ja nur liegen. Aber er war ganz ruhig und zufrieden. Wenn er mal mußte, rief er ja, er hatte sich ja auch vorher nur ein paarmal eingeschmutzt, und da hatte sie ihm einen ordentlichen Po voll gegeben. Sie hat ihn sauber gemacht, sie hat ihn satt gemacht, und sie hat ihm so einen Kasten voll eiserner Groschen gegeben, mit denen hat er dann gespielt. Und ihre Tochter, die war ja damals 7, die spielte ja mit ihm. Und Opa, dem sein Ein und Alles war er ja. Von Opa konnte er ja alles haben. Sie durfte bei Opa nichts gegen Franz sagen, und das blieb die ganze Zeit so.

„Oma hat ja damals zuerst soviel Arbeit mit ihm gehabt, oft hat sie kein warmes Mittagessen gehabt, aber das machte ihr nichts aus. Und nach ¾ J. kriegte er ja den Gips oben abgemacht, da konnte er sich ja schon freier bewegen. Dann wurden ihm auch die „Hosen“ aufgeschnitten. Dabei schrie er furchtbar, und die Schwester (im Krankenhaus) sagte: Ist hier nicht eine Mutter oder eine Großmutter von dem Kind? Und dann mußte sie reinkommen und ihm beide Hände halten, sonst hätten sie mit ihm nichts machen können. Überhaupt, jahrelang, wenn er jemanden im weißen Kittel sah, schrie er. Wie er nun nur noch Stelzen hatte, da brachte er sich selbst schnell das Laufen bei. Er war vor dem Fenster, da sagte Oma: wo ist denn mein Junge? Da war er schon ganz weit weggelaufen. Nachher war er viel draußen, da hatte Oma denn drinnen ihre Ruhe.

„Er mußte aber pünktlich nach Hause kommen, sonst gab es ordentlich welche hinten vor. Sie war streng, o, war sie streng! Er mußte bei ihr aufs Wort parieren. Opa fand, daß sie zu streng war. Aber Ordnung mußte sein. Wenn sie so draußen ihre Streiche machten und nicht gleich kamen, wenn sie rief! Oder bei den Schularbeiten: da war es einmal so ein furchtbar heißer Tag, da kam er runter, wollte mit den anderen spielen. Sie sagte: hast du deine Schularbeiten? Ich komm rauf und guck sie mir an. Da hatte er auf der Tafel — das war nicht geschrieben, das war gekritzelt! Sie sagte: das nennst du geschrieben? Und sie wischte es aus. Hat ihr Junge geschrien! Hat ihr Junge geschrien! Da hat sie gesagt: wenn du hier noch schreien willst — und sie hat extra die Fenster aufgemacht —, dann wisch ich es noch mal aus, das macht mir gar nichts aus! Aber es dauerte noch keine halbe Stunde, da war er unten und hatte alles ordentlich geschrieben.

„Essen tat er immer gern. Der und essen! Da konnte er gar nicht genug kriegen, aber er aß auch alles. Und er war auch immer vergnügt. Und auch ein kluger Junge, die Lehrerin mochte ihn auch so gern, die hat später immer noch so gut über ihn gesprochen. So das Freudige und das Arbeitsfreudige, das hat er von Opa. Als Opa starb, das war ein Verlust für ihn. Opa ist am 15. April 1949 abends um 9 Uhr gestorben.

„Fort war er nachher nicht mehr, auch nicht in der KLV, dazu hatte Oma zu viel Angst. Obwohl er ja ganz gesund war nachher, man merkt auch nichts mehr an den Beinen. Wie er verdiente, hat er ja auch die Tanzkurse gemacht, drei Tanzkurse. Er ist groß und kräftig, ein schöner Junge. Und er hält auch sehr auf sich; der würde doch nicht mit einer Hose ohne Bügelfalte gehen.

„Mit seinen eigenen Geschwistern hatte er keine Verbindung. Wenn sie mal sagte: willst du nicht mal hingehen, sagte er: nein. Einmal kam aber seine Schwester, die in einem großen Bad bei einem Bäcker großgeworden war. Die war da so 16, er ja kleiner. Er arbeitete gerade im Garten, er war nur von hinten zu sehen, und sie zeigten ihn der Schwester, sie hatte ihn ja noch nie gesehen. Da ging sie hin und faßte ihn um und hat ja so bitterlich geweint. Da freute er sich ja auch. Er kam ins Haus und sagte: Erika ist da. Sie sagte: Wer ist Erika? Da sagte er: sie sagt ja, sie ist meine Schwester. So war das, er kannte sie ja nicht.“

Dies ist das Beispiel einer geglückten Verpflanzung und überhaupt der günstigen Entwicklung eines Kindes, dessen Vater ein Berufsverbrecher und dessen Mutter sehr schlecht beleumdet war. Allerdings heißt das weder, daß die Eltern selbst schlechte „Erbanlagen" hatten, noch daß sie solche Anlagen auf den Probanden vererbt haben, aber wäre die Verpflanzung nicht geglückt, so würde man auf diese Belastung hinweisen.

In allem, was von ihm berichtet wird, erscheint der Proband als eine ausgeglichene Natur. Er war aber auch der Jüngste und blieb es auch in der neuen Familie. Zunächst war er ununterbrochen bei der Mutter, die auch nicht arbeiten ging — sie hatte ja drei kleine Kinder —, und wenn das JA sie auch als verantwortungslos und unbelehrbar schilderte, so ist jedenfalls in dem einzigen Bild, das man von damals vor sich sieht, nichts Unfreundliches. Auch der Vater, der „Berufsverbrecher", soll ganz gut zu den Kindern gewesen sein. Daß der Proband später das Bild der Mutter nicht mehr sehen wollte, heißt nicht, daß er sie nicht mochte. Diese Reaktion findet sich oft bei Kindern, die die Trauer um eine Trennung überwunden haben und nun offenbar fürchten, das alles müßte rückgängig, die Wunde müßte wieder aufgemacht werden.

Wenn man sich fragt, warum diese Verpflanzung so gut glückte, so erscheint als ein ganz wesentlicher Punkt die völlige Unbedingtheit, mit der sich die Stiefgroßmutter vom ersten Augenblick an seiner bemächtigte. Sie wollte ihn haben, aus welchen Gründen nun immer, fand ihn aber jedenfalls auch „süß". Bei ihnen blieb er nun ununterbrochen, bis er groß war, und die ganze Familie war immer da; die Großeltern waren ja zu alt, um zu arbeiten. Vielleicht wären aber trotzdem — da er ja schon drei war — die Schwierigkeiten größer gewesen, wenn er nicht bei ihnen noch einmal zum Baby geworden wäre. Die Großmutter mußte ihn ja rein körperlich so pflegen und versorgen, wie das sonst nur eine Mutter mit ihrem Baby tut, und diese Zeit ihrer uneingeschränkten Sorge für ihn — „sie hat ihn sauber gemacht, sie hat ihn satt gemacht . . ." — und seiner völligen Abhängigkeit von dieser Sorge hat wohl ein Band zwischen ihnen geknüpft, das sonst in diesem Alter nicht so leicht mehr geknüpft wird. Dazu kam das kleine Mädchen, das mit ihm spielte, und der Großvater, der ja offenbar sehr an ihm hing. [5])

Vielleicht übertreibt die Großmutter jetzt etwas die Strenge ihrer Erziehung, aber im ganzen ist sie ihr bei der Entschiedenheit, mit der sie alle ihre Äußerungen machte, schon zuzutrauen. Es findet sich hier wieder das Beieinander von Wärme und Entschiedenheit — und zwar Entschiedenheit nicht einfach für das, was der Erwachsene will, sondern für das, was „man muß", was sein „soll" —, unter dem die Kinder so gut zu gedeihen scheinen. „Verwöhnt" war der Junge wohl schon nicht, als er kam; er fügte sich in das bescheidene Leben der Großeltern ein und war dankbar. Andererseits weiß man auch nichts von „Gehemmtheit". Sobald er sich in seinen Gipsstelzen bewegen konnte, lief er von der Großmutter fort zu den anderen Kindern, mit denen er auch nachher draußen seine Streiche machte, und später absolvierte er gleich d r e i Tanzkurse. [5a])

[5] Ähnlich schildert *Aschenheim* (1958, 114 ff), den Fall ihres „Gustav Maier", der zwar Mitglied der Pantherbande war, sich aber bei seinen alten bescheidenen Pflegeeltern im ganzen zu einem „ordentlichen, ehrlichen Jungen" entwickelt hatte.

[5a] Strafregistereinsicht III. 61: keine späteren Verurteilungen.

Zum Vergleich mit dem Verhalten der Großmutter sei hier der Bericht der Mutter eines Schwerrückfälligen eingefügt, die keineswegs zu den besonders kaltherzigen gehörte:

(287. Werner Srate) „Mit 14 Jahren spielten sie an den Baggerwagen, da fiel ihm eine schwere Kugel auf den Kopf, der Kopf blutete furchtbar, er traute sich aber zu ihr nicht rein und ging zu der Frau nebenan. Die sagte, er müßte ins Krankenhaus. Die M. sagte: ich kann ihn nicht hinbringen! Sie konnte ja das Blut nicht sehen. Die Frau konnte es auch nicht, der zitterten auch schon die Hände. Eine andere Frau hat ihn dann hingebracht. Vor dem Krankenhaus ist er ihr umgefallen. Er konnte 4 Tage nichts sehen. Der Arzt sagte: noch 1 mm, und die Schädeldecke wäre kaputt gewesen."

Andere Beispiele für Ablehnung der M. nach überstandener Trennung: [6])

IV 76: „Als er 3 J. alt war, kam die M. ins Krankenhaus, da war er 6 Wochen lang bei der Oma in Bergedorf, da weinte er erst ein paar Tage lang, und dann gewöhnte er sich allmählich ... Und dann kam er zurück, und die M. freute sich auf ihn, und als er sie sah, fing er furchtbar an zu schreien und zu weinen und wollte nicht zu ihr."

IV 272: „Als er etwas über 1 J. alt war, ist die M. mal ein paar Wochen zu dem V. gereist, da war er solange bei ihrer Mutter. Als sie ihn da wiederholte und er sie sah, wollte er gar nichts von ihr wissen, sondern weinte nur furchtbar. Und da hat die M. die ersten Tränen über ihn geweint."

II 65: „Als die Schwester zur Welt kommen sollte (P. 1;1 J.), war er ungefähr 4 W. bei der Oma ... Als er da wiederkam, wurde er ganz krank, wohl durch die Umstellung, so war er immer. Er bekam Brechdurchfall und war so krank, daß die M. ihn die ganze Nacht hochhalten mußte ..." „Er wollte und wollte nicht in die KLV, während es der Schwester kaum etwas ausmachte ... und dann kamen bald die Briefe, wo er alle seine Leiden beschrieb ... Schließlich fuhr die M. mit der Kleinen hin. Da war die ganze Bauernfamilie am Bahnhof, nur er nicht. Sie suchten ihn, und da lag er irgendwo unter einem Baum und weinte herzbrechend. Dann war er auch ganz fremd, war nur beim Essen mit ihnen zusammen und sah sie auch dabei kaum an. Dann half ihm aber die M., daß er nicht mit aufs Feld mußte, sondern Schularbeiten machen durfte. „Von da an war er dann wieder mehr bei ihr und der Kleinen, und die Bauern sagten: er will ja gar nichts mehr von uns wissen!"

Ia 151: Der Proband kam mit 6 J. wegen Scheidung der Eltern in ein Heim, mit 9 J. zum Vater, der sich dann wiederverheiratete, und mit 13 vorübergehend wieder zur M. „Da war er aber nicht mehr wie früher zu ihr; er schmuste nicht mehr und wollte sich überhaupt nicht mehr anfassen lassen, sodaß sie ihn auch nicht schlagen konnte, wenn mal

[6] Vgl. dazu *Burlingham* u. *Freud*, 1949 u. 1950, u. *Bowlby* 1951, 25

was war, und er erzählte ihr auch nicht nichts... Später wollte der V. ihn mal mit der Eisenstange schlagen, weil er nicht mehr ‚Mutter' zu ihr sagen wollte, aber da hat sie gesagt: wenn du ihn dafür schlägst, gieß ich dir den kochenden Kessel über den Kopf". Die StM., bei der er später wieder lebte: „Mutter nennt er sie (die StM) nicht, er geht immer um den heißen Brei herum. Aber draußen zu den anderen Jungs sagt er von ihr: meine Mutter . . . Wenn die StM. ihn nur mal eben so über die Backe streicheln will, macht er gleich so (entsetztes Zurücktreten). Aber innerlich hat er es doch! ... Er ist sehr ruhig; er steckt es alles in sich hinein."

Ein anderer Fall eines Pflegekindes:

53. Fritz Kreidel, 16. VII. 32. Mit 16;7 (III. 49) brach er mit mehreren Kameraden in einen Keller ein. Daraus stahlen sie 53 kg neue Bleirollen, zerhackten sie und verkauften sie beim Altmetallhändler für insg. DM 25,—. Er bekam 3 W. JugArr., in dem er „einen ganz ordentlichen Eindruck" machte, „bei Unterredungen aufgeschlossen" war und „bemüht, zur Straftat eine richtige Einstellung zu finden", fleißig arbeitete, in geistiger Hinsicht aber „ziemlich anspruchslos" erschien. Er sei, wohl aus den Erfahrungen unserer Zeit, „Materialist vom Scheitel bis zur Sohle".

Er war 1948 aus VSch. Kl. 8 mit im Durchschnitt befriedigenden Zeugnissen entlassen worden und hatte dann eine Anstreicherlehre begonnen. III. 51 (18;7) machte er die Gesellenprüfung, hatte dann zuerst verschiedene kurzfristige Stellungen mit gelegentlicher Arbeitslosigkeit, ist aber seit V. 52 (19;10) ohne Unterbrechung auf der Deutschen Werft in seinem Beruf tätig. Mit 21;0 heiratete er, weil seine 18 j. Braut 2 Monate vorher ein Kind geboren hatte.

Mit *21;7* bekam er eine Geldstrafe, weil er 400 Zigaretten, die für ihn und seine Arbeitskameraden bestimmt waren, durch die Freihafengrenze geschmuggelt hatte.

Nach den Akten ist er unehelich geboren, der Erzeuger unbekannt. „Die Mutter wohnt in Lurup, hat sich so gut wie gar nicht um ihn gekümmert, hat geheiratet." Der Junge kam mit 2 Monaten zu einem alten Ehepaar in der Innenstadt in Pflege. Der PflV. starb, als er 2 J. alt war. Bei der PflM. (geb. 1880) wohnt er noch jetzt mit Frau und Kind. Das JA schrieb 1949, die PflM. sei rechtschaffen und pflichtbewußt. „Sie hält sehr viel von Fritz und hat ihn stets liebevoll betreut und behütet und anständig erzogen", auch trotz ihrer geringen Mittel ihn und die Wohnung immer nett und sauber gehalten. Er sei immer ein netter, ruhiger, bescheidener, anständiger und hilfsbereiter Junge gewesen. Die PflM. sei über die Tat hart bedrückt und niedergeschlagen.

Die PflM (V. 55 befragt), eine kleine, nun recht alt wirkende Frau, war böse, daß sie nach Fritz gefragt werden sollte, weil sie darin einen Beweis von Mißtrauen sah. Überhaupt war sie etwas bitter und böse, insbesondere auf die Schwiegertochter. „Sie hat — die PflM — keinen Dank, sie hat es nicht gut. Die Schwiegertochter und der ihre Mutter, die bereden Fritz. Die Schwiegertochter taugt nichts; als Fritz neulich einen Unfall hatte im Betrieb und ins Krankenhaus kam, am nächsten Tag hatte die sich schon einen Kerl auf die Treppe bestellt bis abends um 11 Uhr... Das Kind darf nicht zu der PflM, seine Frau läßt es nicht raus, er auch nicht, weil seine Frau das nicht will. Weil sie sich erzürnt haben mit der Abwäsche in der Küche... Arbeiten tut er ja, darin ist er ja sehr ordentlich, und klug ist er ja. Er war ja zu jung, als er die Frau heiratete, sowas sollte ja nicht erlaubt werden,sie war ja auch ganz dagegen. Mit der war er aber schon länger gegangen, und der PflM wurde gesagt, wenn sie sie in die Wohnung kommen ließe, da stünde Zuchthaus drauf! Fritz hat sich auch schon mit ihr gehauen. Er selbst ist ja nicht so, er war ja sonst immer nett. Er malt jetzt gerade die ganze Wohnung.

„Sie bekam Fritz, als er 7 Wochen alt war. Und jetzt ist er fast 23 Jahre! Ihr Mann lebte damals noch, der war ja im Hafen. Sie war ja froh, als sie den los war — sagt sie offen —,denn sie hatte ja immer einen duhnen [7]) Mann. Und wenn er von der Arbeit kam, gar nicht erst sich gewaschen, sondern gleich mit den Schundbüchern auf die Bodentreppe, und da blieb er solange er noch sehen konnte. Sie hatte sich ja mit den Jahren daran gewöhnt. Ihre eigenen Kinder hatte sie alle schon großgezogen. Als die klein waren, hat sie den ganzen Tag gearbeitet — weil ihr Mann ja trank —, da weiß sie gar nicht mehr, wie die als Kinder eigentlich waren. Fritz war ruhig. Wenn sie an der Nähmaschine saß, dann hat sie die Flicken runterfallen lassen, dann hat er da unten gesessen und immer so Stoffstückchen aufgerollt, abgerollt, aufgerollt. Mit 1 Jahr hatte sie ihn ganz trocken, sie hat ihn rechtzeitig aufs Töpfchen gesetzt. Er aß auch ordentlich, und wenn sie was sagte, dann tat er es. Wenn er mal nicht so wollte, gab sie ihm auch mal einen Klaps. Aber ihre eigenen Kinder hat sie strenger erzogen. Bei ihm wollte sie sich doch nichts nachsagen lassen, daß sie ihn zu streng hielte.

„Er war immer gesund und vergnügt, und auch nicht ängstlich. Er ging gern in die Schule und bummelte auch nicht. Er war nicht dumm; sie konnte ihm ja nicht bei den Schularbeiten helfen. Er spielte mit den Kindern vom Hof, die kommen jetzt noch, so die in seinem Alter. Ob er da der Anführer war, das weiß sie nicht, darauf hat sie ja nicht so geachtet, Er nannte sie Oma, und er war anhänglich, das war er ja. Als er so zur Schule kam, hörte er ja, daß er ganz andere Eltern hatte, da hat er weiter nichts zu gesagt. Er will auch nichts von seinen Eltern wissen. Die taugen ja nichts. Wie sie mal beim Jugendamt war, da hat der Beamte auf den Tisch gehauen und hat gesagt, soviel Ärger wie sie mit dem Kessler hätten! — so hieß der Vater — der hätte 4 uneheliche Kinder, aber auch den ehelichen sogar zahlte er keinen Unterhalt. Wie sie einmal mit Fritz spazieren ging, kamen sie in der Nähe vorbei, wo die Eltern wohnen, da hat sie gefragt, ob sie einmal hinsollen, da hat er gesagt: o bitte bitte nein, und sie haben es auch nicht getan. Die Eltern haben sich nie um ihn ge-

[7] betrunkenen

kümmert. Vor Fritz hatte die PflM. schon einmal ein Pflegekind — von 4 Wochen bis 4 Jahren —, dann holte die Mutter es ihr weg und schrieb noch hinterher einen gemeinen Brief, sie hätte keine Liebe für das Kind gehabt, und es wäre ja auch nicht ihr eigenes. Und sie hatte doch die größte Arbeit mit dem Kind gehabt, die schwersten Jahre.

„Sie hat Fritz nie allein gelassen, nicht gearbeitet, seit er bei ihr war, und ihn auch immer mitgenommen, wenn sie verreiste. Sie hat ihn auch nicht in die KLV gelassen. Nur im April 1945, wo sogar am ... platz alles kaputtging, da hat sie ihn an die Hand genommen und ist mit ihm nach Glückstadt gefahren, da waren ihre Kinder. Fritz hatte nicht solche Angst; sie mehr, denn sie hatte ja das Kind bei sich.

„Er wollte immer nur Maler werden, und das hat sie ihn lernen lassen. Ihre eigenen Kinder hat sie nichts lernen lassen können, weil sie ja den duhnen Mann hatte. Sein Geld hat er immer zusammengehalten, das mußte er ja auch, dafür sorgte sie ja. Er war immer ruhig, er war nicht für Streit. Auch in der Firma hat er keinen Streit."

Mehrfach sagte die Pflegemutter außerdem: „Er gehört zu uns; zu mir und meinen Kindern; er gehört zu uns!"

Diese Frau war in ihrer Ausdrucksweise, und wohl überhaupt, einfacher als Franz Herolds Großmutter. Bei dem Gespräch war sie auch durch Alter, Enttäuschungen, Mißtrauen beeinträchtigt, sie erzählte nur widerwillig, und alles, was sie sagte, klang etwas grauer. Aber der wesentliche Punkt, daß der Junge bedingungslos zu „ihr und ihren Kindern" gehörte, tritt doch aus ihren Angaben ebenso eindeutig und ebenso glaubwürdig hervor. Er war ja auch schon ganz klein zu ihr gekommen und dann niemals von ihr getrennt gewesen. Auch hier Wärme und Ordnung — soweit nicht ganz im Anfang der PflV sie störte — und das ruhige bescheidene Sicheinfügen des Jungen,wie es auch von dem betreuenden Jugendamt bestätigt wurde. Als er klein war, spielte er mit den Stoffstückchen wie Franz mit den eisernen Groschen, offenbar zufrieden in der Anwesenheit der Oma; später war er auch bei den anderen Jungen auf dem Hof. An ihrer Hand hatte er keine Angst vor den Bomben, weil sozusagen sie für ihn die Angst hatte. Von seinen richtigen Eltern — die sie ihm aber auch wohl verleidet hatte — wollte auch er nichts wissen; das von ihr zitierte „o bitte bitte nein" paßte nicht in ihre sonstige Ausdrucksweise und scheint ihr noch direkt in den Ohren gelegen zu haben.

Auch dieser Proband heiratete sehr früh, und die PflM war eifersüchtig. Daß es hier zu offenen Streitigkeiten kam, kann daran liegen, daß das ganze Niveau etwas niedriger, daß die PflM älter, verbrauchter, [8] daß vielleicht die Schwiegertochter wirklich unerfreulicher war, und schließlich auch daran, daß sie in einer Wohnung zusammenlebten. Die Klage, das Enkelkind werde im Zimmer vor ihnen eingeschlossen, habe ich auch sonst gelegentlich von den Probandenmüttern gehört, und Anklagen gegen die Schwiegertochter — verdeckt oder offen — fast überall.

---

[8] Über die Probleme, die sich durch das häufig höhere Alter der Pflegemütter ergeben können, s. *Dührssen* (1958, 48, 51).

Über die Straftat des Probanden und ihren akuten Anlaß weiß man zu wenig. Der Geldmangel hat dabei vermutlich eine Rolle gespielt. [8a])

171. Ludwig Bunte, 4. I. 34. Er hatte im Winter 1948/49 zusammen mit zwei — mehr belasteten — Gleichaltrigen mehrfach Kohlen vom umzäunten Reichsbahngelände geholt und nach Hause gebracht. XII. 48 *(14;11)* holten sie dort auch hochwertiges Bleikabel, zerschlugen und verkauften es und verjuxten das Geld auf dem Hamburger Dom. — III. 49: *14 Tage* JugArr.: „ . . . still, bescheiden, sehr schwer ansprechbar, was teilweise auch auf seine ausgeprägte geistige Schwerfälligkeit zurückzuführen ist . . . kein böser Junge, aber durch seine verminderte Kritikfähigkeit leicht zu beeinflussen."

0 1949 Entl. aus VSch Kl. 7 mit unterdurchschnittlichen Leistungen. In den ersten Schuljahren sei sein Betragen im ganzen nur befriedigend gewesen, in den drei letzten dagegen gut. Er sei ruhig, ja schwerfällig, gehe wenig aus sich heraus. — Nach mehreren kurzen Jungarbeiterstellen — auf denen er aber ordentlich war — begann er IX. 50 (16;9) in der großen Holzfabrik Schult, in der er noch jetzt ist.

Die Eltern waren nur verlobt. Wegen Herumtreibens der M. kam Ludwig im 2. Lebensj. in eine Pflegestelle, mit 2;6 nach kurzem Heimaufenthalt zu dem V. und dessen Mutter und Stiefvater, die alle drei seit kurz nach seiner Geburt politische KZ-Häftlinge gewesen waren. Der V. war „ohne Beruf",vielfach erwerbslos, wurde nicht günstig beurteilt. Er heiratete, als Ludwig 6 J. alt war, und ließ ihn bei den GrElt. zurück, hatte nachher nur noch lockere Verbindung mit ihm. Die M. kümmerte sich nach der Trennung niemals mehr um ihn. — Der Stiefgroßv., jetzt 77, war früher Tiefbauarbeiter, die Großmutter, jetzt 62, war immer im Haushalt. Sie erzählten VI. 55 folgendes:

„Die M. von Ludwig hat sich ja herumgetrieben, ihre M. auch schon. Als Ludwig ganz klein war, kamen die Großelt. und V. ins KZ, wegen der Politik. Inzwischen war er bei der M. und deren V., da war ein großer Garten. Die M. ging aber viel fort, und als ihr Vater starb, mußte der Junge da fort und kam zu einem Eisenbahner in der . . . straße, der damals Jakob hieß. Der konnte ihn dann aber auch nicht mehr behalten, weil er der Oma da weglief und sie ihn nicht so bewachen konnte. Da kam er ins Heim, da fragte der V. seine Eltern, ob sie ihn nehmen wollten. Da sagten sie erst: wir werden ja alt. Aber dann taten sie es doch. Da war er zweieinhalb. Der V. wohnte bis 1940 (L. 6 J. alt) dann auch noch mit bei ihnen.

„Den Vater kannte er ja schon, der hatte ihn öfter besucht. Er war auch bei ihnen zuerst nicht eigentlich fremd. Nur, er saß so etwas auf der Treppe vor dem Haus, so als wenn er nicht essen wollte. Da kaufte die Oma ihm Keks, und dann mochte er auch so gern die Züge sehen,die da vorbeifuhren . . .

[8a] Strafregistereinsicht III. 61: keine späteren Verurteilungen.

„Trocken und sauber war er schon; er hat dann auch ganz gut gegessen. Wenn sie morgens im Bett lagen, guckte er schnell: schläft Oma? und wenn er dachte, sie schläft, dann lief er schnell rüber in Vaters Bett. Oma war streng. Sie hat mit Prügeln nicht gespart, hat ihm noch vor einiger Zeit ordentlich eine gelangt. Und geschimpft hat sie auch viel. Darum ging er wohl etwas lieber mit Opa, aber zu ihr hat er sich auch gehalten. Als Kind konnte er auch mal schmusen, o ja.

„Er war immer bei ihnen, auch nicht in KLV. Nur gerade als der V. sich das erstemal verheiratete (L. 6 J.), da bekam er eine ganz schwere Angina und war 8 W. in Eppendorf. Wenn sie ihn da besuchte, war er ganz vergnügt. Er war ein artiger Junge. Wenn sie ihn geschlagen hatte, sagte er nichts; Widerrede, so wie andere Jungs, hatte er nie. Dann kam er aber auch nachher wieder, als wäre nichts gewesen. Er war aber immer schon sehr für Fußball. Dann hatte er die Fußspitzen an den Schuhen kaputt, und die Oma sagte: du sollst doch nicht immer Fußball spielen, soviel Schuhe kann ich dir nicht kaufen. Er — sagen tat er ja nichts, aber gleich wieder raus und wieder Fußball. Noch als er zuletzt bei ihnen wohnte, war ja Fußball die Hauptsache für ihn, außer dem Mädchen. Aber er hat es auch mit der Arbeit sehr genau genommen. Seit er aus der Schule ist, ist er immer pünktlich zur Arbeit gegangen, und nun ist er ja schon 5 Jahre bei Schult. Wenn er da um 2 sein sollte — um Viertel nach Eins ging er schon weg, so gewissenhaft war er. Die Oma hatte ihm auch gesagt: nimm da nichts mit! Auch wenn andere sagen: wir nehmen dies und das mit. Das hat er dann auch nicht getan."

Auch hier hatte das Verhältnis aber mit Unfrieden geendet, was der Großvater — ein schwerfälliger alter Mann mit weißem Schnauzbart — mit Erbitterung und die Großmutter mit verstohlenen Tränen berichtete. „Er wohnt nicht mehr bei ihnen, der Großv. hat ihn rausgeworfen, als er 21 war, und hat gesagt: nun mach, was du willst. Weil er mit dieser Person ging, die war 26 J. alt und war schon ein paarmal verlobt, die anderen hatten wohl gemerkt, daß sie nichts taugt. Nun machte sie sich an Ludwig heran und wich ihm nicht von der Seite. Hatte er Spätschicht, so stand sie am Tor bei Schult und wartete, hatte er Frühschicht, stand sie auch da. Angelte er abends um 10 Uhr, so saß sie dabei. Die Großm. ging hin und sagte zu ihr: hast du zu Haus nicht zu flicken und zu stopfen, wo deine M. krank ist? Dann sagte sie: das mach ich, wie ich will, komm Ludwig; und Ludwig ging mit ihr fort. Er kam nachts ganz spät nach Hause und störte den Großvater. Der Großvater hatte ihm den Umgang mit dem Mädchen verboten, so eine Vogelscheuche! Die Taille hätte der Großv. mit der Hand umfassen können, und halb so groß wie Ludwig, der ist aber auch sehr groß und kräftig. Zu Großv. Zeiten durften sie nur Mittwochs und Sonntags mit den Mädchen gehen. Und wenn Ludwig mal zu Hause war, drehte er immerzu das Radio an und spielte das ausländische Zeug. Der Großv. würde ja evtl. mal den Zigeunerbaron hören und die Lustige Witwe, aber nicht dies. Als Ludwig nun 21 war, schmiss der Großv. ihn heraus, und er ist auch froh, daß sie nun ihre Ruhe haben. Er nimmt Ludwig auch nicht wieder auf, und wenn er auf allen Vieren ankommt.

Undank ist der Welt Lohn. — Er soll sie ja nun geheiratet haben, das haben sie aber nur durch eine Nachbarin gehört, die hat es in den Standesamtsnachrichten in der Zeitung gelesen.“

Dieses traurige Ende liegt wohl in erster Linie an dem hohen Alter und der unbiegsamen Primitivität des Großvaters, vielleicht ja aber auch wirklich etwas an einer übertriebenen Reaktion Ludwigs auf das Mädchen. Man weiß nicht, ob das Mädchen tatsächlich nichts taugt, und ob Ludwig ihr hörig war. Wenn er es aber war, so doch wahrscheinlich, weil sie eine Lücke bei ihm füllen sollte, die die Großelt. nie ganz hatten füllen können. Nach den Schilderungen war er bedrückter und verschlossener als die beiden anderen Pflegekinder Franz und Fritz, und auch in den ersten Schuljahren im Betragen nicht ganz in Ordnung. Wieweit das mit seiner ja etwas komplizierteren Vorgeschichte und mit der Haltung der Großmutter zusammenhängt, weiß man nicht. Vielleicht hat er nach dem Fortzug des V., an dem er ja offenbar gehangen hat, einige Zeit gebraucht, um sich zurechtzufinden; dies war ja gerade die Zeit seines Schulanfangs. Auch die schwere Angina, die er gerade bei der Trennung vom V. bekam, war vielleicht kein Zufall.

Zu Hause war der Proband eher überfügsam. Er wagte nicht zu widersprechen — auch nicht, so scheint es, zu bitten —, ging aber dann hintenherum doch zum Fußball.. Daran kündigte sich etwas an, was sich bei anderen Probanden zur „Aufrichtigkeit“ ausbildete, bei ihm aber doch noch nicht so genannt werden kann. Er war ja auch im übrigen anscheinend sehr gewissenhaft. Daß ihn die verbotenen Wege gerade zum Fußball und damit zu Kameraden führten, erscheint als gesund und erfreulich und ein guter Ausgleich für seine Hemmungen. Er war bei den Großeltern ja das „einzige Kind“, ein Vorzug insofern, als er auf niemanden eifersüchtig zu sein brauchte, aber natürlich auch ein Nachteil, weil dieses ausschließliche Zusammensein mit den alten Leuten ihn vielleicht hemmte und bedrückte.

Auch dieser Junge ist aber nun seit seinem 3. Lebensjahr ununterbrochen bei den PflEltern gewesen. Die Erfahrungen anderer Fälle lassen vermuten, daß sich größere Schwierigkeiten eingestellt hätten, wenn er mehr herumgekommen wäre. [8b]

Nun ein Rückfälliger, der bei den eigenen Eltern aufgewachsen ist:

73. Horst Fährmann, 28. XI. 31. Er war bei Kriegsende mit den Eltern im Sudetengau und kam dort mit ihnen in ein Lager, als er gerade — mit 13;4 — die 5. VSchKl. beendet hatte. Später hat er keine Schule mehr besucht. Nach etwa 1 J. Lagerzeit zogen die Eltern mit ihm nach Thüringen, wo er beim Bauern arbeitete. Ab X. 47 (15;8), nach ihrer Rückkehr nach Hamburg, hatte er dann eine Reihe von Stellungen als Helfer, Bote u. ä. von je 2-3monatiger Dauer.

Er begann mit Straftaten in den Arbeitsstellen. Ein Verdacht, daß er einen Radioapparat gestohlen habe — 16;2 — war allerdings nicht

---

[8b] Strafregistereinsicht III. 61: keine späteren Verurteilungen.

zu beweisen. Mit *16;7* unterschlug er als Bote einen Brief, wurde nicht angezeigt, aber entlassen. Nach einer weiteren Entlassung wegen Bummelns stahl er *(17;0)* Kupferteile aus einem Garten, ohne strafrechtliche Folgen. V. 49 *(17;5)* stahl er an 5 aufeinander folgenden Tagen im Kontor seiner Arbeitsstelle sich steigernde Summen, im ganzen DM 530,—, von denen er Essen, Tabak, Armbanduhr kaufte und ein Koffergrammophon anzahlte. VI. 49 — 4 W. Jugendarrest: „. . . ein Angeber allergrößten Formats, außerdem maßlos eingebildet und verzogen. Geneigt, alles scharf zu kritisieren, aber nicht sich selbst. Die Gemeinschaft lehnte ihn wegen seiner Besserwisserei ab . . . Ich fürchte, daß er auch künftig wieder scheitern wird, obwohl er den Ernst der Lage erkannt hat, denn er ist nicht dumm."

Zwei gemeinsame Trümmerdiebstähle mit *17;10* wurden nicht verfolgt. Zwischen *18;1* und *18;5* — er hatte wieder kurzfristige Stellungen — beging er dann weitere Taten, deren Strafen erst später ausgesprochen oder zunächst ausgesetzt wurden, und zwar: einen gemeinschaftl. Metalldiebstahl von einer Kirche; und allein einen Einbruch in einen Hausboden, einen Fahrraddiebstahl, und einen Diebstahl von Metallteilen von einem Kahn. Dann folgte eine anscheinend straftatenfreie Zeit, während der er als Binnenschiffer fuhr. Mit 19;4 stahl er aber wieder Metall von seinem Schiff und mußte fort. Zu Hause überwarf er sich mit den Eltern, trieb sich umher, beging teils allein, teils gemeinsam mehrere einfache und schwere Diebstähle von Eisenträgern, Kohlensäcken u. ä. *(19;5 — 19;9)* und kam nun schließlich 19;5 — 21;8 in die Jugendstrafanstalt, wo er die verschiedenen kürzeren Gefängnisstrafen nacheinander verbüßte. Führungsbericht: „. . . großmäulig, unausgeglichen, im Umgang schwierig, rechthaberisch, streitlustig, schwer belehrbar, auch nicht ganz aufrichtig, . . . aufs Materielle gerichtet . . . Prognose ungünstig."

Nach der Entlassung ging es ein Jahr gut. Er wohnte bei den Eltern, arbeitete in einer Gummifabrik. Nach einem Zerwürfnis mit den Eltern trieb er sich wieder obdachlos umher, und es folgten *22;8 — 22;9* weitere Straftaten: er mietete mit Freunden für 2 Stunden ein Motorrad, gab es erst nach 4 Tagen auf einer Gepäckaufbewahrung ab und schickte den Gepäckschein der Firma (Betrug); er holte ein Auto aus fremder Werkstatt und fuhr es unbefugt und ohne Führerschein; er brach mit Freunden in ein Geschäft ein und holte mehrere Flaschen Wein heraus, und er stahl mit diesen Freunden aus drei unverschlossenen Baubuden Kleidung und Werkzeung. 22;9 kam er wieder ins Gefängnis, um dort nacheinander 6 W., 2 Mon. und 9 Mon. Gefängnis zu verbüßen.

Der V. ist Facharbeiter in einer Gummifabrik. Er machte 1951 beim Pschychiater der krim. psychol. Untersuchungsselle einen „außerordentlich selbstbewußten Eindruck . . . aus kleinen Verhältnissen zu selbstständigem Posten hochgearbeitet, stolz darauf, fest von der Richtigkeit aller seiner Anschauungen überzeugt." Er habe, wie er selbst sage, im Hause ein strenges Regiment geführt, das sei aber auch nötig gewesen, weil Horst von klein auf sehr reizbar, eigensinnig und schwer zu lenken gewesen sei. — Schon 1949 hatte das JA, offenbar nach den Angaben der Eltern, berichtet, die Erziehung des Jungen sei schwierig gewesen. Er sei störrisch und unfolgsam gewesen, besonders der Mutter gegenüber, und habe nur der Strenge des Vaters gehorcht.

Die Eltern, so schrieb das JA weiter, seien biedere, ordentliche Leute, und die Ehe sei harmonisch verlaufen. — Geschwister hat der Proband nicht gehabt. Bei seiner Geburt war der V. 33;7, die M. 29;1.

Die Mutter, eine hübsche, etwas üppige Frau, erzählte VII. 55 ungezwungen und mit affektiver Beteiligung, die allerdings nicht sehr tief schien, sondern vielleicht etwas demonstrativ war. Sie zeigte ein Soldatenbild ihres Mannes, auf dem er ein mageres kleines Gesicht mit Hitlerbärtchen hatte. Der Proband soll groß und kräftig sein.

Nach Angaben der Mutter wurde der V. sofort nach der Heirat erwerbslos. „Dadurch waren das schwere Jahre. Sie wohnten zuerst kurze Zeit bei der Schwiegermutter, aber das ging nicht gut, das ist so eine merkwürdige Familie, die führen andauernd Prozesse miteinander. So etwas kennt die M. nicht aus der eigenen Familie, obwohl sie aus einer ganz einfachen Familie ist. Der V. hat auch einen Onkel, der so ähnlich war wie Horst, so unstet, und er machte auch so ähnliche Sachen, obwohl nicht so schwer. Die M. kann sich sonst gar nicht erklären, woher er das sonst haben könnte. Und der V. selbst ist so aufbrausend! In den ersten Ehejahren war sie ja sehr fügsam gegen ihn, obwohl es oft schwer war, auch mit seiner Familie, aber sie mochte nicht zu ihrer Familie nach Pinneberg zurück, weil sie sich schämte. Jetzt ist sie nicht mehr so fügsam. Sie ist allerdings auch jetzt noch lange Zeit ruhig, aber wenn es zu schlimm wird, fängt sie ja auch an, und dann geht es bei ihnen hoch her! Daran ist nichts zu ändern. Und trennen würde sie sich nun von dem V. nicht mehr. Sie sind doch durch dick und dünn miteinander gegangen, und er ist auch sehr strebsam und wird in der Arbeit gut beurteilt und hat auch für die Familie gut gesorgt. — Er kann auch „angeben". Aber nicht so, daß Fremde daran Anstoß nehmen würden. Nur die M. denkt sich was dabei.

In den ersten Jahren, wo Horst da war, wohnten sie dann auf Zimmer und arbeiteten beide nicht. Er war von Anfang an sehr lebhaft. Essen tat er ordentlich, nur Milch mochte er nicht. Weil er einen Wasserbruch hatte, hat er noch mit zweieinhalb Jahren das Bett naßgemacht. Deswegen haben sie ihn auch bestraft, denn er sollte doch nicht das Bett naßmachen. Da kam er dann für 3 Wochen ins Krankenhaus und wurde operiert, und es wurde ihm gleich der eine Hoden richtiggelegt, der hatte hochgezogen. Danach näßte er gar nicht mehr ein. Vorher schon, als er noch nicht 2 J. alt war, mußte die M. mal ins Krankenhaus wegen einer Fehlgeburt, da war er Tag und Nacht in der Krippe, und als sie ihn da wiederholte, konnte er überhaupt nicht mehr lachen. Die M. fuhr ihn in der Sportkarre nach Hause und weinte den ganzen Weg, weil ihr Kind nicht mehr lachen konnte. Das gab sich dann aber wieder.

„Der V. war von Anfang an streng mit Horst. Wenn Horst mit ihm schmusen wollte, sagte er: „Runter vom Schoß! Du bist doch ein Junge. Du sollst doch ein Kerl werden und kein Waschlappen!" Die M. und Horst haben dann heimlich miteinander geschmust. Der V. hat Horst viel berufen, es mußte alles ordentlich sein, wie er die Gabel hielt beim Essen und so. Und er war immer jähzornig. Er warf der M. vor, sie wäre zu weich, und Horst würde ihr noch mal auf der Nase herumtanzen. Es ist auch wahr, sie hat ihn schon als kleines Kind nicht von der Sandkiste fortgekriegt, dann stemmte er sich mit den Füßen gegen den Boden. Aber besonders war er doch nachher gegen den V. verstockt und dickköpfig.

„Als Horst 5 war, bekam der V. Arbeit, und da nahm auch die M. welche an. Vorher ging das nicht, weil man dann dem V. überhaupt keine gegeben hätte. Und sie waren finanziell so zurückgekommen! Von da ab hat dann auch die M. immer mitgearbeitet. Horst bekam den Schlüssel um den Hals und mußte in den Kindergarten. Da ging er manchmal schon um 7 Uhr hin, weil er die Uhr noch nicht kannte, und stand dann da vor der Tür. Und das Fräulein da sagte zu der M.: Horst muß andauernd unter Kontrolle stehen, ihm muß dauernd eine andere Beschäftigung zugewiesen werden, er ist so lebhaft. So war er auch.

„Als er in die Schule kam, mußte er nachmittags weiter in den Kindergarten. Er war wild, machte Streiche und fing auch an, Räuberpistolen zu erzählen. Vor den anderen Jungen spielte er sich damit auf. Oder wenn er z. B. mal zu spät kam, dann tat er als wäre nichts und bestellte Grüße von irgendwelchen Bekannten, die er gar nicht getroffen hatte. Die M. strafte ihn oft, wenn andere Kinder sich über ihn beklagten, sie haute ihn dann gleich, obwohl er wohl gar nicht immer schuld war. Er war gern Anführer. Als er einmal zum Arzt mußte, sagte der: du bist wohl der Räuberhauptmann von Hoheluft, und darauf war Horst stolz. Er wollte immerzu raus, konnte sich nicht mal längere Zeit ruhig mit was beschäftigen. Immer dieses: darf ich raus, darf ich raus? Sogar als er einmal von einem Kohlenwagen gefallen und kurze Zeit bewußtlos war, lag er nur kurz auf der Chaiselongue und sagte dann gleich wieder: darf ich raus?

„Mit 9 kam er in die KLV nach Bayern, darum bat er selbst, weil andere dahingingen. Und es war ja auch eine Last für die M., wenn sie um 5 Uhr von der Arbeit kam, ihn versorgen und das alles. Da in Bayern hatte er eine schwere Verlezung an der Stirn, rannte gegen eine Tür, hatte eine große Wunde und war wohl auch bewußtlos, seine Haut ist auch jetzt noch anders an der Stirn. [9]) Als er da nach einem Jahr wiederkam, sagte die M. zu ihm, dadurch wäre nun wohl der Teufel ganz aus seinem Kopf gefahren. Da sagte er dann auch ganz naiv, das glaubte er auch. Aber es waren ja damals nur diese mehr harmlosen Streiche und Wildheiten, die er machte.

„Nach der Ausbombung 1943 (H. *11;7)* zogen sie erst in ein Wohnheim nach auswärts und dann nach Sachsen zu einer Schwester des Vaters. Da ließ die M. Horst ein Vierteljahr allein und fuhr zu ihrer Mutter nach Magdeburg. Aber dahin kam Horst ihr nach, er mochte nicht

---

[9] Darüber ist nichts Näheres bekannt. Da er schon vorher schwierig war, sieht es nicht so aus, als wenn diese Verletzung ihn dauernd geschädigt hatte; auszuschließen ist das aber nicht.

mehr bei der Tante sein, die wollte nämlich, er sollte mithelfen, und die Eltern hatten gedacht, sie wollten ihren Jungen so halten, daß er nicht so früh mitarbeiten sollte. Sie hatten überhaupt gedacht, er sollte vielleicht mal aufs Büro, daß er leichte Arbeit hätte; aber er ist ja so viele Jahre nicht zur Schule gegangen.

„Dann holte der V. sie nach Pilsen, wo er in einem großen Werk war, und dann war der Krieg zu Ende und sie kamen ins Lager und es war all dieses Hin und Her. Die M. hat dann auch wieder gearbeitet, immer seit dem Krieg, Horst wollte erst Bäcker und Konditor werden, weil er so gern Kuchen aß. Nachher haben sie immer diese Schwierigkeiten mit ihm gehabt. Er war leichtfertig, das Geld ging bei ihm immer so weg. Er hielt auch seine Sachen nicht ordentlich, auf ein Loch im Strumpf kam es ihm nicht an. Und Zigaretten, 3-4mal ins Kino, und mal ins Lokal, aber betrunken hat sie ihn noch nicht gesehen.

„Als er zuletzt (22;7, vor den letzten Straftaten) von ihnen wegzog, war die M. im Krankenhaus, hatte eine Unterleibsoperation. Da hat Horst mit dem V. großen Krach gekriegt, sich mit ihm geschlagen. Da hat der V. ordentlich was abgekriegt, war grün und blau im Gesicht, sah der aus! Da kam Horst auch mal bei der M. im Krankenhaus an und sagte: sieh mal, Mutti, das ist alles, was er dir mal gegeben hat, deshalb hab ich das getan. Da hat sie gesagt: das darfst du mit Pappa nicht machen. Da hat er gesagt: ach, laß doch Pappa! Da hat sie gesagt: das ist mein Ernährer, du kannst mich nicht ernähren. Werd man ein ordentlicher Mensch, dann kannst du ja öfter mal vorbeikommen.

„Er sitzt ja noch. Im Oktober wär er ja fertig gewesen, aber da sind sie zusammen ausgerissen, er hat sogar mit vollem Namen in der Zeitung gestanden, und nun kommt natürlich noch was drauf. Aber jetzt zum Muttertag hat er der M. einen großen Topf schicken lassen, durch sein Mädchen, die schrieb: Deine Kinder Horst und Edith. Vorher hatte er so verschiedene, die die M. gar nicht in der Wohnung haben wollte, solche mit: Steine ans Fenster werfen und Hoast! Hoast! rufen. Aber diese war nett und hält wohl auch zu ihm."

Aus den Gutachten der krim. psychol. Untersuchungsstelle 1951: (Pädagoge:) Durchschnittlich intellektuell begabt, scheinbares Einfühlungsvermögen, doch mehr nur anempfunden. Ausgesprochen ichbezogen und geltungsbedürftig. — (Psychiater:) Sagt, sein V. sei sehr jähzornig und bullerig, sei immer grob zu ihm gewesen. Auch mit der M. stehe er sich nicht besonders. Er leide aber nicht darunter. „Schon in seinem 4. Lebensj. sei er bei anderen Leuten aufgewachsen, weil beide Eltern berufstätig und immer von zu Hause weggewesen seien. Er hat sich infolgedessen von dieser Zeit an viel auf der Straße herumgetrieben und sei viel auf sich selbst angewiesen gewesen. Er erinnere sich noch, wie er in dieser Zeit in Hoheluft mit anderen Jungen herumgetollt habe, den Haustürschlüssel um den Hals gehängt, und wie er immer der Erste und Angeber beim Spielen gewesen sei." Voller Stolz berichtete er auch, wie er in der Schule „langsam als Rowdy hochgekommen sei" und die Lehrer geärgert habe. Auch die Mitschüler habe er oft geärgert und ihnen durch Zwicken in den Hintern gern Schmerzen bereitet. Das habe er wohl alles von seinem V. geerbt, er sei genau so jähzornig wie der. — (Psychologe:) mehr pubertäres Gesamtgebaren als das eines 20-Jährigen, fühlt sich auch noch unfertig, spricht über Schwächen, darin auch das Geltungsbedürfnis, fühlt sich aber doch auch nicht ganz wohl in seiner Haut. Körperlich kräftig, vitaler Kraftüberschuß, wohl anlagemäßige Neigung zur Betriebsamkeit. Sagt selbst, er sei schon immer ein Draufgänger gewesen, habe kein Sitzfleisch gehabt. Drinnen vom V. unterdrückt — der V. sagt, er habe drinnen nicht bis 3 zählen können —, draußen schadlos gehalten, Räuberhauptmann. Gemütsmäßig nicht unansprechbar, aber verkümmert. Erziehlich schwierig. Vielleicht aber nach Abklingen der Pubertätseinflüsse doch Beruhigung. — Auch hier entsprechen sich also die Angaben der Mutter und die Gutachten gut, obwohl sie unabhängig voneinander gewonnen wurden. Und in der letzten Gerichtsverhandlung, 1954, wurde dem Probanden zugutegehalten, daß er nach seinen unwiderleglichen Angaben auch sehr schwere Zerwürfnisse zwischen seinen Eltern habe anhören müssen. „Insbesondere behauptet er, seine M. sei von dem V. so schlecht behandelt worden, daß es schließlich zu Schlägereien zwischen seinem V. und ihm gekommen sei."

Dies ist also ein Junge, dessen Eltern „rechtschaffen" sind, und der auch — abgesehen von einem Jahr KLV und einem Vierteljahr bei einer Tante — bei diesen Eltern großgeworden ist und trotzdem schon früh und bleibend schwierig wurde. Allerdings wurde er 17;6, bis er mit einer ernsten Straftat vor das Jugendgericht kam und das Jugendamt ihn kennenlernte. Für öffentliche Erziehungsmaßnahmen wäre es dann etwas spät gewesen, man hätte sie aber wohl doch noch versuchen sollen, insbesondere nach der Warnung des Jugendarrestleiters.

Das Jugendamt sah aber 1949 den Fall noch zu einseitig, betrachtete nämlich die Eltern als „biedere, ordentliche Leute", deren „Ehe harmonisch verlaufen" war, und schrieb über ihre Erziehung nur: „An immer wieder gutem Zureden, Anhaltung zum ordentlichen Lebenswandel hat es von Seiten der Eltern aus bei dem Jugendlichen nicht gefehlt." Obwohl die Eltern nach der Jugendarrest- Verbüßung zunächst weiter über den Jungen und seinen Umgang mit schlechten Elementen klagten und er auch selbst dem Fürsorger einen ungünstigen Eindruck machte, wurde die Aufsicht des JA nach 5 Monaten (H. 18;1) eingestellt mit dem Vermerk: Die Eltern sind nun mit ihm zufrieden und — ein Satz, der bei der Lektüre von JA-Akten so oft betrübt —: „Ist im 19. Lebensjahr, durch jugendfürsorgerische Maßnahmen nicht mehr zu erfassen." Um die gleiche Zeit begann er gerade erneut mit Straftaten — er beging den Bodeneinbruch —, was allerdings erst später herauskam.

Wäre das Elternhaus „asozial" oder auch nur unvollständig gewesen, so hätte das Jugendamt Elternhaus und Jungen vermutlich früher und besser kennengelernt und etwas für seine Erziehung tun können. Hinter dem intakten Aussehen des Elternhauses verbargen sich seine Schäden, und vielleicht hat auch die Selbstsicherheit des Vaters — die der Psychiater später erwähnt — die Fürsorger gehemmt. Vielleicht hätte aber schon das Jugendamt sich fragen sollen, warum dieser Junge — der auch dem Fürsorger „von guter Intelligenz" schien — mit 13 J. aus der 5. Kl. abgegangen und später nur ungelernt beschäftigt worden war. Allerdings hatten die Eltern alles verloren, waren bis 1946 im Lager und kamen erst 1947 (H. 15) nach Hamburg zurück. Gemessen aber an der Mühe, die sich viele alleinstehende Mütter mit der Ausbildung ihrer Kinder gaben, schien dieser Junge, der doch „einziges Kind" war, ausbildungsmäßig vernachlässigt. Wie dem auch sei, jedenfalls muß man Erziehungsschwierigkeiten wohl gerade um so ernster nehmen, je weniger das äußere Gesicht des Elternhauses einen Grund für sie erkennen läßt. Denn entweder muß dann an dem Kind selbst etwas verkehrt sein — u. U. durch eine organische Hirnstörung o. ä. — oder es muß verborgene Erziehungsmängel geben, und solange man diese tieferliegenden Schäden nicht erkannt hat, sind gezielte Maßnahmen nicht möglich.

Die M. war in ihren Erzählungen zwar offen und bedauerte auch die schlechte Entwicklung des Jungen, aber doch nicht eigentlich — wie z. B. Frau Wilde — ihr eigenes Verhalten. Unter ähnlichen Umständen würde sie, so könnte man denken, alles noch einmal so machen. Etwas überspitzt könnte man sagen, daß der Junge schon von sehr frühen Jahren an im Elternhaus nur „vorbeigekommen" ist, wie es ihm die M. ja jetzt vorschlug, und zwar nicht nur, weil die Eltern erst abends da waren, sondern weil sie anscheinend nicht fühlten — und auch jetzt noch nicht fühlen —, was das für den Jungen bedeutete. Wahrscheinlich hätte sonst die M. auch nicht ständig gearbeitet. Auch wenn alleinstehende Mütter aus wirklicher Not immer arbeiten und das Kind tagsüber in eine Krippe bringen, stellen sich leicht Störungen ein, aber dann kann letzten Endes das Verhältnis doch gut bleiben, da auf die Dauer die Kinder doch wohl fühlen, in welcher Gesinnung die M. sie so viel alleinläßt. Nach allem, was man von diesem Fall hier weiß, schien es den Eltern aber selbstverständlich, daß der Junge sich allein helfen mußte, und andererseits hatten sie viel an ihm zu tadeln und zu „erziehen". 1949 erzählten sie dem JA ausführlich von seinen charakterlichen Schwierigkeiten, aber nichts von den Hindernissen, die ihm im Wege gelegen hatten. Es erscheint auch bezeichnend, daß die M., als sie bei der Evakuierung nun endlich einmal ständig mit ihm zusammensein konnte, ihn bei einer Schwester des V. zurückließ und selbst zu ihrer Mutter fuhr, wohin er ihr dann nach einem Vierteljahr von sich aus nachkam. Damals war er 11 J. alt.

In dem einen Gutachten wird bei ihm eine anlagemäßige Betriebsamkeit vermutet. Überlebhaftigkeit und Unstetheit wurden ja auch schon früh an ihm bemerkt, z. B. auch von der Kindergärtnerin, und standen auch später im Vordergrund. Die Mutter berichtete auch von einem Onkel, der ähnlich gewesen sei. Man denkt hier natürlich an die angeborene Hyperthymie, die hyperthyme „Psychopathie", die ja unter den schwerer Kriminellen so häufig sein soll. Wie es bei Horst Fährmann damit war, ist mit den gegebenen Mitteln nicht zu klären. Wenn, wie man wohl annehmen kann, Lebhaftigkeit noch mit am ehesten zu den Eigenschaften gehört, die sich als solche vererben, so ist wahrscheinlich der Junge immer „lebhaft“ gewesen. Auch das weiß man aber nicht. Und noch ungewisser wird es, wenn man seine Unruhe und Betriebsamkeit als „angeboren“ ansehen will.

In seinen ersten Jahren wohnte der Proband mit den Eltern „auf Zimmer“, beide waren arbeitslos, und ihr Verhältnis zueinander war schlecht. Die M. ging nur darum nicht von dem V. fort, weil sie sich vor ihrer Familie schämte; es waren Ehejahre, die sie als ganz besonders schwer bezeichnete. Als Horst 2 J. alt war, hatte sie eine Fehlgeburt. Horst selbst war ein Streitobjekt zwischen den Eltern, und wenn er auch vielleicht in dieser Zeit — im Gegensatz zu später — eher überbeachtet wurde, so kann man ihn sich jedenfalls nicht stundenlang ruhig mit Groschen oder Läppchen spielend vorstellen, und zwar eben nicht n u r aus Temperamentsgründen, sondern weil dazu eine ruhige Zufriedenheit gehört, die in diesem Zimmer wohl nicht vorhanden war. [10])

Als dann beide Eltern arbeiten gingen und ihm dieses Zuhause weitgehend verschlossen war — das heißt, den Schlüssel hatte er ja, aber es war niemand da —, hat er sich „bei fremden Leuten“, im Kindergarten und auf der Straße zurechthelfen müssen und sich dabei nach seiner Angabe zum Ersten und zum Angeber unter den Straßenjungen entwickelt. Das Angeben hat er auch später beibehalten, und das kann man als Zeichen dafür nehmen, daß ihm die Beziehung zu den anderen Jungen doch nicht befriedigend geglückt ist. Vielleicht schon darum nicht, weil auf dem — hyperthymen — Straßenrowdytum allein sich auch eine Jungenexistenz nicht befriedigend aufbauen läßt. Außerdem hat er aber vermutlich sein Verhalten übertrieben, wie man es leicht in einer Sache tut, auf die man allein setzt, und gerade dadurch andere Jungen abgestoßen, Jedenfalls später, z. B. im Jugendarrest, wo ihn „die Gemeinschaft wegen seiner Besserwisserei ablehnte“, oder in der Schule, wo er gern Mitschüler ärgerte und zwickte, hatte er gerade in der Gemeinschaft der Jungen, auf die er doch an sich verwiesen war, keinen besseren Erfolg. [11])

---

[10] s. *Friedlander* (1951, 69) darüber, daß Streit der Eltern dem Kind zu viel Nahrung für seine eigenen aggressiven Regungen gegen die Eltern gibt, sie dadurch verstärkt und dem Kinde ihre richtige Verarbeitung erschwert. — *Stott* (1950, 49) fand unter Jungen, deren Eltern in Streit lebten, besonders oft die reservierten, gedrückten Typen, aber auch die Angeber.

[11] Über das hyperthyme Verhalten der Delinqenten, das von ihm so genannte avoidance-excitement syndrome, handelt sehr eingehend *Stott* (1950). S. besonders Kap. 2, S. 13 ff. und dessen Zusammenfassung S. 25 ff. Nach seiner Ansicht ist dies die Technik der Jungen, die unangenehmen Gedanken, die sie bedrängen — besonders über ihre unbefriedigenden Beziehungen zu ihren Angehörigen — aus ihrem Bewußtsein auszuschalten. Er fand dies Phänomen bei etwa der Hälfte der von ihm untersuchten Fürsorgezöglinge.

Über Hyperthymie als „Partialinfantilismus“ s. *Mollweide* (1949), der auch betont, daß die hypertymen Psychopathen im Gegensatz zu den Hypomanischen des syntonen Kreises, kein stabiles Selbstgefühl und jedenfalls in eigenen Angelegenheiten durchaus keinen Humor hätten. Ihre Gesamtaffektivität, nicht nur ihr Temperament, bewege sich auf entwicklungsmäßig nicht ausgereifter Stufe.

Er selbst führt das auf das Erbteil seines jähzornigen und herrschsüchtigen Vaters zurück, mit dem er auch wohl Ähnlichkeit hat; allerdings könnte man auf den Gedanken kommen, daß der V. nur eine asthenische Seite überkompensiert, während der Gutachter bei Horst selbst einen vitalen Kraftüberschuß vermutete. Wenn ihm aber schon von seiner Vitalität her äußerer Krafteinsatz und Auftrumpfen besser lagen als etwa weiche Anpassung, so hat er sie doch offensichtlich benutzt, um sich in seiner abnormen Lage zu helfen, d. h. sich doch noch irgendwie zur Geltung zu bringen und zugleich, vermutlich, eine innere Leere auszufüllen. Daß er mit diesen Verhaltensweisen nur ein Stück weit gekommen und besonders jetzt als Erwachsener unangepaßt ist, braucht nicht zu verwundern, denn es sind kindische und menschlich „ungelernte“ Verhaltensweisen. Aber auch um seine Unangepaßtheit irgendwie auszugleichen, scheint er sich immer wieder gerade ihrer zu bedienen.

Nach dem Bericht seiner M., daß er bei seiner ersten Abwesenheit von zuhause das Lachen verlernt hatte, kann man wohl annehmen, daß er damals eine mindestens normale seelische Empfindsamkeit hatte, d. h. nicht gleichgültig oder unempfindlich war. 1951 hielt ihn der Psychologe für gemütsmäßig nicht unansprechbar, aber verkümmert, und der Pädagoge sprach nach den Tests — er hatte besonders denWarteggtest sehr hübsch gezeichnet — von Einfühlungsvermögen, das aber mehr nur Anempfindung sei. Seine Gemütsvorgänge, seine Regungen von Anhänglichkeit usw., scheinen keine verpflichtende Kraft zu haben, sondern so etwas isoliert dazustehen wie der große Topf zum Muttertag von „Deinen Kindern Horst und Edith“. Sie sind vielleicht nicht einmal ein Rad in seinem Räderwerk, jedenfalls aber nicht dessen Motor, und den gleichen Eindruck von Empfindungen, die nichts bewirken, hatte ich von der Mutter.

Hier ist noch etwas Besonderes über sein Verhältnis zu der Mutter zu sagen. Viele der Probanden wurden, wenn die Mutter in Schwierigkeiten war, zu ihrem Ritter. Das war natürlich für ihre Entwicklung günstig, und zwar gerade in den Fällen, wo der Vater leichtfertig, ein Trinker oder kriminell war, weil es sie am besten davor behütete, dem Vater nachzueifern. Aber keineswegs findet sich dieses Verhalten nur bei Jungen mit im ganzen erfreulicher Charakterstruktur, sondern auch andere übernahmen diese Rolle zu besonderen Zeiten, wenn nämlich ihre Rivalen, die sonstigen Ritter der Mutter, nicht da waren.

So etwa IV 272, Gerhard Wede: „Sehr nett war Gerhard, als die M. mit ihm und den kleinen Geschwistern (d. h. ohne die großen Brüder) evakuiert war. Da hat er richtig für sie gesorgt, sie hat sich mit allem an ihn gewandt, er war wie ein Versorger, hat auch nachts für sie gestohlen.“

oder IV 149, Alwin Schober: „Als die schwere Zeit war (und der V. kürzlich beinamputiert), da ist er immer mit der M. über Land gefahren, da hat er ihr immer die Säcke abgenommen, daß sie nicht so schwer tragen mußte, hat sich sehr um sie gesorgt und war nett.“

oder IV 251, Helmut Ziemer: „Als er dann wieder da war aus der KLV (nach längeren Jahren der Trennung zum erstenmal bei

M + StV) und von der M. erfuhr, daß sie eine Mütterkarte und ein kleines Kind bekommen sollte, sorgte er sehr für die M., sie mußte alles zuerst bekommen."

Daß dies vermutlich nicht nur gebende Liebe, sondern auch ein Werben um Liebe ist und u. U. auch Ausdruck von Schuldgefühl und geheimen bösen Wünschen, ist hier insofern nicht wichtig, als es diese gefährdeten Probanden doch tatsächlich zu einem wünschenswerten Verhalten führt. Gerhard Wede hörte mit dem Rittertum auf, als seine ihm sehr überlegenen großen Brüder es wieder übernahmen, Alwin Schober, als die Überlandzüge aufhörten — zu Hause beherrschte der sehr schwierige Vater das Feld —, und Helmut Ziemer wurde von dem Stiefvater abgelehnt und mochte dann auch den kleinen Stiefbruder nicht, wodurch er es auch mit der Mutter verdarb. Als sie aber mit dem Rittertum aufhörten, begannen sie (wieder) mit unerfreulichen Verhaltensweisen.

Horst Fährmann scheint ein ähnliches Problem gehabt zu haben. Mit dem Vater selbst ist er wohl nie gut zurechtgekommen; sein direktes Werben um Zärtlichkeit wies der Vater ab („runter vom Schoß, du willst doch kein Waschlappen werden"), und außerdem kritisierte er ständig an ihm herum. Da aber auch die Mutter unter dem Vater zu leiden hatte, mußte die Rolle des Ritters der Mutter sich dem Jungen direkt anbieten, auch als er noch klein war, da es dabei auf das Alter wenig ankommt. Es ist auch zu vermuten, daß er sich in dieser Richtung bewegt hat. So sagte er ja 1954, er habe dem Vater mit den Prügeln heimzahlen wollen, was er der Mutter angetan habe (daß er dabei wohl auch gern seine eigene Rechnung mitbeglich, ist eine andere Sache). Wenn er früher, wie man vermuten kann, ähnliche Wünsche gehabt hat, so scheint er doch damit nicht zu Rande gekommen zu sein, und das ist vielleicht neben seinem Schlüsselkinddasein der wesentliche Grund für sein Scheitern, da ja manches — die Vollständigkeit und „Rechtschaffenheit" der Familie, die normale Begabung des Probanden, und die doch immerhin bei ihm und der Mutter spürende „Gefühlsansprechbarkeit" — sich eher günstig hätten auswirken können.
Im einzelnen weiß man über diese frühen Vorgänge kaum etwas. Die M. hat mit dem Jungen „geschmust", und zwar hinter dem Rücken des V., der ja überhaupt gegen das Schmusen war, und sie war ihm gegenüber so nachgiebig, daß der V. sagte, er würde ihr noch einmal auf der Nase herumtanzen. So verhalten sich aber viele Mütter wenn der V. überstreng ist, ohne daß man sagen kann, es werde ein solcher Schaden dadurch angerichtet. Jedenfalls ist es aber dem Probanden eben nicht gelungen, darauf eine exklusive Beziehung zwischen sich und der M. aufzubauen. Später hat sie ja klar gesagt, daß der Sohn sie eben nicht ernähren könne, aber sie hat ja auch damals trotz allem an dem V. festgehalten, obwohl sie, mindestens seit sie Arbeit hatte, nicht zu ihrer Familie zurückgemußt hätte und der Proband ja sowieso im Kindergarten war. Welches Gemisch von finanziellen und sonstigen Gründen dem zugrundelag, weiß man nicht, aber jedenfalls muß die M. des Probanden wenigstens stimmungsmäßig gegen den V. eingenommen und dann doch in irgendeiner Weise wieder an ihn verraten haben. Man könnte auch denken, daß der Junge seine Verbannung

aus dem Zuhause in dieser Weise als einen Sieg des V. aufgefaßt hat; er war ja damals viel zu klein, um die äußeren Notwendigkeiten zu begreifen. Vermutlich haben aber doch noch andere Dinge eine Rolle gespielt.

Dieser Fall zeigt die Schwierigkeiten, die die Aufrechterhaltung einer schlechten Ehe für das Kind, und besonders wohl für ein Einzelkind haben kann. Horst Fährmann hatte seine Eltern und „wohnte" auch bei ihnen; es war auch sonst wohl niemand da, an den er sich hätte binden können — mit den Eltern des V. hatte ja die M. Krach, und Geschwister hatte er nicht. Trotzdem hatte er ja keinen wirklichen Platz bei den Eltern. Wären sie eine wirkliche Einheit gewesen, so hätten sie ihn vielleicht doch zu binden verstanden, und u. U. wäre er auch mit der geschiedenen M. allein vielleicht besser zurechtgekommen. Vielleicht hängt die Tatsache, daß es unter den Schwerrückfälligen dieser Untersuchung relativ viele nicht geschiedene, aber sehr schlechte Ehen der Eltern gibt, mit solchen besonderen Schwierigkeiten zusammen.

Der Proband hat seine Straftaten z. T. allein, z. T. gemeinschaftlich begangen, und sie sind auch gemischt aus verstohlenen Diebstählen auf der Arbeitsstelle und Einbrüchen. Das Moment der äußeren Enthemmung hat bei den Straftaten wohl mit der Zeit etwas zugenommen, auch bei ihm spielten Motorfahrzeuge dabei später eine Rolle, und zu trinken scheint er auch etwas. Insgesamt erscheint diese Mischung der verschiedenen Arten von Straftaten als bedenklich, denn sie zeigt ihn so kontaktgestört, daß er Vertrauensbrüche begehen kann, und andererseits auch enthemmt und verwahrlost genug für gemeinschaftliche Einbrüche. Auch sein obdachloses Herumstrolchen erscheint, besonders in Verbindung mit dem übrigen, sehr unerfreulich. Kameradendiebstähle hat er aber, soweit bekannt, nicht begangen, sondern nur solche gegen die Chefs. [11a])

Weitere Beispiele von Vätern und Müttern, die die Jungen zur „Härte" erziehen wollten:

III 135: „Er war ziemlich feige als Kind. Der V. sagte damals immer zu ihm: was bist du bloß für eine Memme, wieviel mußt du noch verhauen werden, bis du es lernst, dich zu wehren! Der V. mag diese Art nicht."

III 163: „Er war immer weich, kein richtiger Junge. Darüber ärgerte der V. sich, er wollte einen richtigen Jungen haben und hielt ihm das auch immer vor, aber dann weinte er nur, ihm saßen die Tränen immer locker."

Ia 121: „Der V. war sehr enttäuscht, daß er so gar kein richtiger Junge war, keine Streiche machte, keinen Fußball spielte, nicht nach draußen wollte, sondern drinnen herumsaß und bastelte."

Ia 258: „Der V. schlug sie besonders, wenn sie heraufkamen und sagten, andere Kinder hätten sie gehauen. Da kriegten sie von dem V. noch welche zu."

[11a] Strafregistereinsicht III. 61: *X. 55* 1 Jahr 1 Mon. Gefängnis w. gemeinsch. schw. Diebstahls i. Rückf., einf. Diebst. i. Rückf. u. unbefugten FahrzGebrauchs. — *VII. 60* DM 100,— w. Volltrunkenheit.

Ib 2 8 9 : „Als er klein war, kam er öfter bei der M. angejammert und sagte, die anderen hauten ihn, aber dann sagte die M.: wehr dich, nicht mit Steinen, aber wehr dich."

Ib 0 6 : „Er war auch mit anderen Kindern weich und wollte sich nicht mit ihnen verhauen. Wenn die M. das sah, hat sie aber immer gesagt: geh raus, wehr dich, du hast zu essen gekriegt, nun mußt du auch die Kräfte haben."

Ib 2 5 7 : „Der V. ist etwas hart, er mag auch nicht, wenn Kinder immer weinen, aber das taten ihre Kinder immer, besonders auch P. Wenn der V. oder die M. oder auch die Schwester ihm was sagten, sofort weinte er furchtbar. Dann sagte der V. zu ihm: ein Junge weint doch nicht!"

III 2 9 6 : „Der StV war herrisch, ungeduldig, auch gegen seine eigenen Kinder. Die M. hat es schwer gehabt, ihm beizubringen, daß kleine Kinder noch keine Männer sind."

II 8 8 : „Der StV war streng mit ihm." StV: „Ja, wenn ein Junge immer so klingelt und kommt an und weint, weil ihn andere verhauen. Er war so weichlich. Und der StV wollte ihn f e s t erziehen. Er wollte einen richtigen Jungen aus ihm machen."

1 8 7. A l f r e d S c h e m m, 20. XI. 32. Er wurde 0.1948 aus VSch Kl. 8 entlassen (Urteil: „leichte Auffassungsgabe"); zuletzt hatte er dort viel geschwänzt. Nachdem er auf seinen ersten beiden Arbeitsstellen als Schlosserhelfer ebenfalls wegen Bummelns entlassen war,— sonst gut beurteilt —, kam er XII. 48 (16;3) in eine offene Arbeitsgruppe, fehlte aber auch dort. In dieser Zeit -- *16;3* — *16;4* — ging er mehrfach mit Freunden in die Trümmer und sammelte Alteisen, das sie für insgesamt DM 7,— verkauften. Zuletzt wurden sie gerade beim Bergen eines Heizkörpers betroffen. IV. 49 (16;6) Jugendgerichtsverhandlung (JGH: machte ungünstigen Eindruck, lachte fast bei jeder Antwort . . . Hatte von dem Geld Schuhreparatur bezahlen wollen). Er bekam F E und blieb 4 Mon. in geschlossener Arbeitsgruppe, arbeitete gut und zuverlässig, war beliebt wegen seiner ruhigen Art. Nach Beurlaubung zur M. begann er wieder mit Arbeitsbummeln, offenbar unter dem Einfluß eines Freundes. Darauf noch einmal 17;0 — 17;9 geschlossene Arbeitsgruppe, wieder sehr gelobt: er sei aber weich, weine leicht. — Danach nichts Ungünstiges mehr. Bis 1955 hatte er seitdem, d. h. seit VI. 50, 3 Arbeitsstellen von etwa einem Jahr und 7 von je nur etwa 1 Monat, dazwischen auch arbeitslose Zeiten. Er war in Fabriken und auf Werften als Helfer tätig, einmal auch auf dem Bau.

Bei seiner Geburt war der V. 22;5, die M. 27;0. Ihre Ehe wurde 1947 (A. 14 J. alt) wegen gegenseitiger Tätlichkeiten und gegenseitiger Lieblosigkeit geschieden. Alfred und seine 3 J. jüngere Schwester blieben auf ihre eigene Bitte bei der M. Der V., so schrieb das JA, scheine wenig Bindung an die Kinder zu haben .Über Alfred hieß es 1947, er werde trotz einiger Flegeleien von der Nachbarschaft gut beurteilt. „Immer wieder wird hervorgehoben, daß er seiner M. im Haushalt sehr hilft."

IV. 49 dagegen: „Die M. hat keinerlei Macht über ihn, sie wird von ihm mit ungehörigen Redensarten kurzweg abgefertigt."

Die Familie wohnte in einer sehr ärmlich eingerichteten halben Nissenhütte. Dort wurde auch VI. 55 die M. angetroffen, auch sie ärmlich, verbraucht, alt, klein, einfach und ungepflegt in der Aufmachung.

Sie erzählte, Alfred wohne noch bei ihr und sei auf der Phönix tätig. „Aber das ist ja zu schwer für ihn — gesund ist er ja, aber das kann ja nicht jeder aushalten, allein der Geruch, die bezahlen ja nicht umsonst so hohe Löhne. Am liebsten ist er auf dem Bau, da fängt er auch jetzt vielleicht wieder an. Heiraten, sagt er, will er erst mit 30; er sagt, die Frauen kosten Geld. Er gibt der M. DM 25,— Kostgeld, darin ist er sehr ordentlich. Das Übrige gibt er so aus. Er ißt, trinkt auch gern mal einen, mal zum Tanzen, mal ins Theater, schafft sich auch mal Zeug an, Hauptsache, daß es die Woche über reicht. Zu sonst was reicht es ja doch nicht, soviel verdient der Arbeiter ja nicht. Er möchte sich wohl gern mal eigene Möbel anschaffen, sich ein nettes Zimmer einrichten, aber dazu müßten sie eine eigene Wohnung haben, hier in der Nissenhütte vergammelt ja alles.

„Alfred ist aber überhaupt mehr wie der V. darin: er macht sich keine Sorgen, er sagt: was soll ich an morgen denken, und dann kommt ja auch bald der Barras und wir sind wieder Kanonenfutter für den Engländer. Die M. macht sich mehr Sorgen über alles. Die Tochter ist ja verlobt, die hat ein Kind von 10 Wochen, das versorgt die M., die Tochter guckt es kaum an. Gleich abends ihre Plünnen aus und andere an und wieder zu dem Verlobten. Dagegen Alfred, der hat sich dem Kleinen so angepaßt, das glaubt man gar nicht.

„Nach der Scheidung hat die M. gearbeitet. Und dann hatte sie ja einen Bekannten (A. etwa 15;10 — 16;5), der wohnte bei ihnen, der war sehr nett, zu dem hatte auch Alfred ein gutes Verhältnis. Aber nach 7 Monaten blieb er auf einmal weg, ohne ein Wort zu sagen. Ob er wohl doch verheiratet war oder was? Und danach hatte sie noch einmal einen Holländer, der war ja ein Biest und wollte nicht, daß Alfred (aus der Arbeitsgruppe) wieder nach Hause käme. Aber die M. wollte das ja, und da ist das auch auseinandergegangen. — Zum V. geht Alfred ab und zu mal. Aber der ist wieder verheiratet und hat auch keine Arbeit, und Geld gibt er nicht.

„Die M. hatte ja erst ein Mädchen von einem anderen Mann, das gab sie mit 3 J. weg. Und dann nach 3 J. heiratete sie, da nahm sie das Mädchen noch mal ein paar Jahre zu sich. Ein Jahr nach der Heirat kam Alfred. Er war ein gesundes Kind, zufrieden, so wie ein Kind sein soll, aß auch gut. Er war aber etwas schreckhaft, wie er klein war. Und trocken war er erst mit 3, dann aber mit einem Mal. Vorher hat die M. viel Schererei damit gehabt.

„Der V. war ja klotzig in seiner Art mit den Kindern, zu klotzig. Einmal hatte Alfred sich die Hose naß gemacht, das war als die M. mit der Kleinen schwanger ging (A. 2 — 3). Da kam der V. von der Fürsorgearbeit, so richtig klotzig mit seinen schweren Stiefeln. Wie er Alfred sah, nimmt er ihn so bei der Jacke hoch, wie man ein Kaninchen hochnimmt, und tritt ihm mit dem Stiefel so in sein kleines Leben, daß Alfred ohnmächtig hinfällt. Und nun sie! Sie sagt zu dem Vater: was hast du da gemacht? Wenn nun das Kind vielleicht sein Leben lang davon krank wird, wer hat die Last davon als ich? Und dann greift sie dem V. in die Haare und reißt und reißt und reißt. Und dann gibt der V. ihr auch einen Tritt — 14 Tage konnte sie nicht sitzen, und als die Tochter zur Welt kam, hatte sie auf der Stirn so Flecken, da fragte die Hebamme, ob die M. mal gefallen wäre oder sich gestoßen hätte. Diese Flecken sind dann aber später weggegangen.

„Der V. war auch leichtsinnig, er hatte es immer mit anderen Weibern und soff. Er warf ihr das Portemonnaie hin und sagte: guck nach, ob noch was drin ist. Aber es war nichts mehr drin. Was sollte die M. nun machen? Alle wollten was zu essen haben, und sie hatte nichts.

Während der Ehe hat sie selbst ja nicht gearbeitet. Und die ersten 8 J. war der V. auch arbeitslos, da ging es noch mit ihm, nachher wurde es schlimmer. Aber es war immer Zank und Streit, er konnte immer so aus Rand und Band geraten, und die M. regt sich auch leicht auf — das gibt sie zu — und dann grölt sie.

„Die M. hatte ja früher solche Anfälle, da wurde sie von den Nationalsozialisten weggeholt, da sagten die Ärzte, das wären epileptische Anfälle. Sie hatte damals sehr viele Anfälle, aber sie glaubt ja, das war mehr aus Schreck, denn wie sie jung war, ist sie zum Bauern gekommen, und ihre Eltern hatten sie nicht aufgeklärt, da hat sie ihre Tage bekommen und hat sich so erschrocken, da hatte sie es zum erstenmal. Die Ärzte haben auch gedacht, weil ihr Vater Trinker war, daß sie davon was abbekommen hat. Sie war (?) Wochen im Krankenhaus, andere nur 3, die haben bei ihr was anderes gemacht als sie sollten, sie hat ja auch ihre Tage nie mehr gehabt, und wo sollte das alles hin? Aber die Anfälle haben nachher aufgehört, bloß Schwindel hat sie oft noch mal, aber das sind ja auch die Nerven und die Sorgen.

„Wenn der V. und die M. sich schlugen, stand Alfred auf und stellte sich vor die M. und schützte sie. Da hat er oft noch selbst was abbekommen. Er war immer ein Mutterkind. Als sie einmal mit ihm zu den Schwiegereltern nach Bayern gereist waren, das war schlimm, keinen Schritt durfte die M. tun ohne Alfred. Auch als er in der KLV war — da war er von 9-10 und von 11-12 —, hat er auch zuerst sehr Heimweh gehabt, das schrieben die Leute. Aber da hatte er es gut, die hatten viel Geld, die konnten sich alles erlauben und Alfred wurde mit dem Auto in die Schule gefahren. Als er da wiederkam, war er da verwöhnt! Aber das gab sich dann wieder. Vorher war er noch nicht weggewesen, nur einmal mit 4 J. im Krankenhaus, da hatte er einen Ausschlag über das ganze Gesicht, das zog sich dann oben über den Kopf auf den Rücken, und nach 3 W. war es weg. Mit 3 J. hatte er sehr schweren Keuchhusten, aber da war er zuhause.

„Die (jüngere) Schwester hat sich mehr an den V. gehalten. Die ist anders als Alfred, dickfelliger, und Alfred hat sich auch nie gut mit ihr vertragen, oder immer nur für kurze Zeit. Wenn die M. auf die böse ist, die knallt die Türen und geht raus und redet ein paar Tage nicht. Bei Alfred merkt man, daß es auf ihn drückt. Neulich hatten die M. und er sich mal erzürnt, da hat man ihm das direkt angemerkt, und dann kam er an, und die Tränen liefen ihm über die Backen. Er ist weicher, er hat ihr ja auch immer viel geholfen. Mit Muttertag hat er nichts im Sinne, er sagt: das ist so für die Geschäfte, aber er gibt der M. mal was, wenn sie gern mal eine Zigarette hätte und sich selbst keine kaufen kann. Die Tochter gibt wohl, aber sie verlangt dafür auch wieder.

„Aber Alfred kann auch sehr jähzornig werden, das hat er von seinem Vater. Schon als Kind warf er sich auf den Boden und trampelte. Wehe, wenn ihm dann nicht der Wille getan wurde! Jetzt ist es oft, weil er denkt, daß die M. die Schwester bevorzugt, aber das tut sie ja nicht, er kriegt ja viel von der M., wovon die Schwester gar nichts weiß.

„Er wollte ja Bäcker und Konditor lernen oder Koch und dann zur See fahren, aber dafür konnte er nicht vermittelt werden. Da gaben sie ihn zu einem Schlosser, aber da waren sie auf Montage in einem Krankenhaus, und da waren Doktorbücher weggekommen, und von da ab hat der Prokurist Alfred morgens immer gleich so begrüßt: du Lump, du Halunke! Und Alfred ist so, wenn es gegen seine Ehre geht, das kann er nicht haben, und da ist er nicht mehr hingegangen. Nur vor der M. hat er so getan, als wenn er noch hinginge, bis es dann rauskam. — Er war sonst ein richtiger Junge, da kann ihm keiner was nachsagen, immer viel draußen, und gesund. In der Schule ging er nicht so gern, aber daß er nicht hinging, das war nur das letzte halbe Jahr. Da mochte er nicht so allein hingehen, seine Freunde waren nämlich alle in einer anderen Schule"

Bei diesem Jungen kann von „Kriminalität" eigentlich gar keine Rede sein. Seine Straftaten — gemeinsames Bergen von Altmetall aus Trümmern — hat er damals gar nicht als solche betrachtet. Die FE wurde ja auch nicht oder kaum deswegen, sondern wegen seines Bummelns angeordnet. Dies Bummeln war damals etwas hartnäckig, und noch immer ist wohl Strebsamkeit nicht seine starke Seite. Aber wenn er in diesem Punkt etwas gleichgültig ist, so scheint er doch damit niemandem weiter zu schaden, und im übrigen ist er eigentlich immer gut beurteilt worden. Seine Lebenshaltung war 1955 im Vergleich zu der anderer junger Leute dieser Schicht noch etwas kindlich. Er lebte mit seinen 22 Jahren noch ganz friedlich als Haussohn bei der Mutter — friedlich, soweit die Anwesenheit der Schwester ihn nicht störte —, strebte nicht fort und schien auch innerlich noch ziemlich von ihr abhängig.

Das häusliche Milieu, in dem der Proband seine Kindheit zugebracht hat, sieht dagegen ja wenig erfreulich aus. Der V. „soff und hatte es mit anderen Weibern", der Vater der M. war Trinker, sie selbst wurde wegen eines Anfallsleidens sterilisiert, die Eltern stritten und schlugen sich, und nach der Scheidung nahm die M. sehr bald einen anderen Mann ins Haus und später noch einmal einen (das Jugendamt sprach von „Männerverkehr"). Die Einrichtung der Nissenhütte und die Mutter selbst sahen denkbar kümmerlich und auch ungepflegt aus.

Vor 1947 scheint allerdings die Familie dem Jugendamt nicht bekannt geworden zu sein (falls nicht Akten verbrannt sind). Auch von Kriminalität in der Familie hat man nichts gehört. Und überhaupt ist das Sittengemälde der M. wohl etwas stilisiert, d. h. sie war festgelegt auf solche Szenen und Vorgänge, wie sie etwa im Scheidungsprozeß eine besondere Rolle gespielt haben mögen, aber die Kleinigkeiten des Alltags sind darüber zu kurz gekommen. War der V., der ja auch jünger war als die M., vielleicht ein weicher Mensch, trotz klotziger Auftritte? Wie ging er eigentlich im gewöhnlichen Alltag mit den Kindern um, und wie ging die M. selbst mit den Kindern um?

Jedenfalls fällt auf, daß der Proband im ganzen doch zu einer ruhigen, zufriedenen Einordnung gekommen ist und von kleinen Störungen abgesehen sogar wohl immer eingeordnet war. Er soll nur als kleineres Kind schreckhaft gewesen sein, außerdem ist von seinem gelegentlichen Jähzorn die Rede, mit dem er aber außer dem Hause niemals aufgefallen ist. Auch sein Einnäßen, wenn es wirklich nur bis zu 3 J. gedauert hat, war nicht erheblich. Mit 3 und 4 J. hatte er auch gesundheitliche Krisen; damals kam ja gerade seine Schwester zur Welt. Sein Schulschwänzen begann nach der Trennung der Eltern, als seine M. angefangen hatte, auf Arbeit zu gehen und er „nicht so allein zur Schule gehen mochte." Vielleicht hatten seine Freunde eine andere „Schicht", etwa vormittags, während er nachmittags gehen mußte. Das Bummeln setzte sich nach der Schulentlassung fort, vielleicht aus ähnlichen Gründen. Dann war aber auch der Bekannte der M. im Haus, d. h. in der halben Nissenhütte. Und die Sache mit den „Doktorbüchern" z. B. kann ihn ja wirklich gekränkt haben, da er weich ist und auch unter Zwistigkeiten mit der M. leidet. So sind die zeitweisen Störungen in seinem Gedeihen und Verhalten ganz gut zu verstehen, aber die Frage bleibt doch, warum es nicht zu Schlimmerem gekommen ist.

Mir scheint das u. a. mit seinem speziellen Verhältnis zur M. zusammenzuhängen, wobei allerdings die Frage der Kausalität etwas offenbleiben muß. Vielleicht war und blieb er ja ein solches Mutterkind eben, weil er warmherzig, weich und etwas passiv war. Allerdings war er nicht n u r weich, denn er stellte sich ja vor die M., hat sich später auch „unter den Kameraden behauptet" und trampelte ja auch übrigens als Kind zuweilen auf den Boden. Auf jeden Fall geht aber diese gute Verbindung mit der M. bei ihm, und auch bei vielen anderen Probanden, Hand in Hand mit einer im ganzen gesunden Entwicklung, mit gemütsmäßiger Empfänglichkeit und Ausgeglichenheit und allgemein gutem menschlichem Kontakt. Alfred ist nach den Schilderungen weder ein scheuer Einzelgänger noch ein Geltung suchender Draufgänger oder Spaßmacher, sondern etwas „ruhig", ohne sich aber abzuschließen, und mit dieser Art ist er beliebt. "Ruhig, aber nicht ungesellig" waren überhaupt relativ viele der Probanden, die mit ihrer alleinstehenden Mutter zusammen lebten, und die besondere Bindung an die Mutter war unter den günstig entwickelten Probanden deutlich häufiger als bei den anderen.

Wenn nun, bei einer solchen besonderen Bindung zwischen der M. und dem Jungen, das Verhältnis der Eltern untereinander schlecht ist — wie ja anscheinend hier —, kann der V. nicht mehr der Held des Jungen sein. Aber dafür ermöglicht es ihm die M. sozusagen, den „inneren Helden" in sich zu entwickeln, nämlich sich ungestört vorzustellen, daß er ein besserer Mann sein werde als der V.; und notfalls kann er sogar einmal hinter dem Rücken der M. hervortreten und sich vor sie stellen. Insofern hat er einen geraden Weg vor sich.

Zwar wird sich in solchen Fällen die Entwicklung zuweilen verlangsamen, weil die Ablösung von der M. sich länger hinzieht oder vielleicht überhaupt nicht gelingt. Aber eine verlangsamte Entwicklung unterscheidet sich doch wesentlich von Verläufen, die an irgendeinem Punkt ihre Richtung geändert haben und dann in ganz andere Lebensverhältnisse und Verhaltensformen unerledigte Bruchstücke von früher mit sich schleppen. Verzögerungen lassen sich einholen, es müssen dann ja meistens nur Hemmungen abgebaut werden, d. h. es wird sich meistens nur um die im engeren Sinne „neurotischen" Störungen handeln. Viel schwerer ist die Therapie, wenn der Jugendliche, meist unter Abbau von Hemmungen, in eine ganz andere Richtung ausgewichen ist

Dieser Proband, den ich selbst ganz kurz gesehen habe, sieht angenehm aus; er hat ein gerade- und zartgegliedertes, noch recht jung wirkendes dunkles Gesicht. Vielleicht hat das mit dazu beigetragen, ihm die Liebe seiner Mutter und seiner Kameraden zu erhalten, da diese Dinge ja nun einmal eine Rolle spielen. Wenn man aber die M. sah, klein und schlecht zusammengefügt und mit einem nicht gerade schönen Gesicht, dazu ungepflegt und mit ihren horrenden und auch horrende vorgetragenen Erzählungen, so stellte sich einem unwillkürlich die Frage, wie ein Junge gerade an diese M. so besonders gebunden sein oder wie er sie überhaupt ertragen kann; besonders, wo er ja offenbar gar nicht dumm ist. Natürlich weiß man, daß „eine Mutter eben eine Mutter ist". Aber doch bleibt für einen Außenstehenden an diesen Verhältnissen immer etwas Absurdes, und es ist wohl auch für die betreuenden Fürsorger oft schwer, sich hineinzufinden, obwohl der längere Umgang mit den Beteiligten es ihnen erleichtern wird.

Jedenfalls ist dieses Mißverhältnis zwischen den „objektiven Qualitäten" der Mutter und der Liebe, die sie bei ihren Kindern zu erwecken und zu erhalten imstande ist, ein häufiges und wohl auch ein sehr wichtiges Phänomen. [12]) Die Mutter kann debil, eine Vogelscheuche, völlig unbeherrscht sein, Männer empfangen, sogar einmal vorübergehend von zu Hause fortbleiben, und ihre Kinder lieben sie doch und fühlen sich bei ihr aufgehoben. Allerdings darf dann die Familie wohl nicht zu klein sein, und jedenfalls darf es nicht zu langen Trennungen kommen. Manchmal hat man sogar den Eindruck, daß gerade das Auf und Ab in den Leidenschaften einer solchen unbeherrschten Mutter die Kinder an sie bindet,

[12] Darüber z. B. *Burlingham- Freud* Kriegskinder S. 46.
S. auch *Frey,* 1951, S. 171.

und zwar vielleicht nicht nur durch den Unterton von Angst. Die laute Unbeherrschtheit beweist das Dasein und die Macht der Mutter, und wenn sie dann wieder am Herd steht und in den Töpfen rührt, fühlen die Kinder dankbar, was für eine Mutter sie doch haben.

In einem sehr einfachen sozialen Milieu haben aber natürlich auch die lauten Streitigkeiten der Eltern oft nicht die gleiche Bedeutung wie auf höherem Niveau. Das gilt wohl auch schon im Unterschied der Familien Schemm und Fährmann. Denn obwohl Frau Fährmann von sich sagte, sie stamme aus einer ganz einfachen Familie, und es von ihrem Mann hieß, er habe sich aus kleinen Verhältnissen hochgearbeitet, sind doch zweifellos beide Eltern wesentlich differenzierter und liegt der gesamte soziale Zuschnitt dieser Familie auf höherem Niveau. Erschreckt werden durch die Ausbrüche der Eltern wohl auch die Kinder in den einfachen Familien. Aber da oft gar nicht so sehr besondere innere Feindseligkeit, als einfach Unbeherrschtheit der Grund des lauten Streits ist, gibt es daneben dann auch mehr freundliche Momente, die den Schrecken wieder ausgleichen können. [12a])

39. Rolf Westphal, 29. XI. 33. Dieser Junge warf zuerst IX. 46 *(12;9)* mit Freunden ein Schaufenster ein, aus dem sie Kleidung zu stehlen versuchten; er selbst war, so heißt es, der Anführer. Es folgten einige Kohlendiebstähle, und dann VI. 47 (13;6), wieder zu mehreren, aber diesmal unter Führung eines 2 J. älteren Pelzig, ein Einbruch in eine Gaststätte, aus der sie 28 Gemüsekonserven entwendeten; und IX. 47 *(13;9)* wurde er mit Pelzig beim Einbruch in ein Auto betroffen. Als er dann mit gerade *14* Jahren (XII. 47), und zwar wieder mit Pelzig, versucht hatte, in einen Behördenkeller einzubrechen — sie dachten, dort irgendetwas Wertvolles zu finden —, ordnete das Jugendgericht FE an. Zur Schule war er 1947 nur 21 Tage gegangen. Der Lehrer sagte, er sei völlig interesselos, auch dumm. Seine Haltung sei schlaff, seine Leistung minimal, er scheine willensschwach und leicht beeinflußbar und habe nur geringes Selbstbewußtsein.

Er kam nun 7 Monate in ein geschlossenes Heim. Dort war er zuerst sehr ruhig und hielt sich auch später gern im Hintergrund, ohne verschlossen zu wirken. Er habe nur geringe geistige und praktische Fähigkeiten und sei zwar ganz willig, aber doch auch etwas nachlässig und willensschwach und nicht immer ganz aufrichtig. Und V. 48 (R. 14;5): „Rolf ist noch recht kindlich. Seine Anhänglichkeit geht aber entschieden zu weit. Im Augenblick sind es die Melker, bei denen er ständig herumschwänzelt und auch immer Schutz und Recht findet." — IX. 48 (14;9) kam er in ein halboffenes Heim, aus dem er mehrfach zur M. entlief. Er wurde hier ähnlich beurteilt, dazu aber seine Kameradschaftlichkeit hervorgehoben. Er war dort im Küchendienst beschäftigt.

---

[12a] Strafregistereinsicht für Alfred Schemm III. 61: *XII. 55* 3 Mon. Gefängnis, z. Bewähr. ausgesetzt, w. gem. schweren Diebst. IV. 59 Strafe nach Bewähr. erlassen.

Als er noch in diesem halboffenen Heim war, II. 49 *(15;2)*, stahl er mit dem 3 J. älteren Sohn des „Verlobten“ seiner M. elf neue Bleirohre von einem Bau und bekam 6 Mon. Jugendgefängnis, die er voll verbüßte. Schlußbericht: „Er konnte sich durchaus nicht in die Anstaltsordnung einfügen. Er zeigte sich auch wiederholt ungehorsam und mußte oft energisch zur Ordnung gerufen werden. Der Strafvollzug hat den Jungen kaum beeindruckt und in ihm keinerlei seelische Veränderungen hervorgerufen.“ Danach kam er noch einmal ganz kurz in ein Heim und wurde hier wegen eines 1945 erlittenen Schädeltraumas psychiatrisch untersucht, Anhaltspunkte für eine hirnorganische Schädigung ergaben sich nicht. Er sei recht mäßig begabt, und „am dürftigsten ist auf alle Fälle bei ihm die seelisch-gefühlsmäßige Resonanz und alle Interessendifferenziertheit . .“ Er sei „ein offenbar von Haus aus substanzarmer, einfacher, gefühlsdürftiger, etwas dickfälliger Bursche, der zuhaus auch nicht in der besten Umgebung gelebt hat. Darin liegt der wesentliche Grund seines Versagens.“ Körperlich sei er gut mittelgroß, kräftig und breit.

Danach war er aber über 1 Jahr (16;0 — 17;1) als Laufbursche in einer Firma fleißig und ordentlich. Nachdem er diese Stellung wegen einer vagen Aussicht, zur See zu kommen, aufgegeben hatte, fand er nur noch kurzfristige Aushilfen mit arbeitslosen Zeiten, wechselte wohl auch von sich aus. In dieser Zeit stahl er 40 kg Kohlen von einem Waggon *(17;1)* und 10 kg Kohlen aus einem Fabriklager *(17;2)* beide Verfahren wurden nach einer Verwarnung eingestellt. Inzwischen kam sein Bruder aus einer längeren Strafhaft zurück, er selbst war nun auch mehrfach mit einem 2 J. älteren Grunert zusammen, den er aus dem Jugendgefängnis kannte. Mit diesem brach er IX. 51 *(17;9)* von hinten in ein Konfektionshaus ein, in dem sie aber überrascht wurden. Vor der Tat hatten sie sich in einem gegenüberliegenden Treppenhaus mit je anderthalb kleinen Flaschen Eierlikör Mut angetrunken. Er bekam nun 10 Mon. Jugendgefängnis, die er wieder voll verbüßte bis 18;7. Schlußbericht: im allgemeinen ruhig, zurückhaltend, oft müde und desinteressiert. Arbeitsleistungen zufriedenstellend. Leicht von Kameraden zu beeinflussen, so einmal zu einer Entweichung, ein andermal zur Arbeitsverweigerung. Bei äußerer Ruhe doch wohl innerlich labil und unausgeglichen.

Schon einen Monat nach der Entlassung, VIII. 52 *(18;8)* beging er mit einem anderen 1 - 2 J. Älteren, mit dem er sich schon im Jugendgefängnis dazu verabredet hatte wieder einen Einbruch in ein Konfektionshaus, in der gleichen Straße, wenn nicht in das gleiche Geschäft wie 1951. Er kam sofort in U-Haft und wurde 8 Monate später unter Anrechnung der U-Haft zu 1 J. 6 Mon. Gef. verurteilt. Dazu kamen VIII. 53 *(19;8)* 7 Mon. Gefängnis wegen einer einen Monat vorher begangenen Gefangenenmeuterei. VIII. 54 wurde er unter Aussetzung der restlichen 2 Monate zur Bewährung entlassen. Er war nun von 17;9 — 20;9 mit nur einmonatiger Unterbrechung in Haft gewesen.

Der Proband hat einen 3 J. älteren — nach einem Bild hübscheren — Bruder Arno, dessen Laufbahn mit Straftaten, Heim- und Strafanstaltsaufenthalten seiner eigenen sehr ähnelt. Er kam schon mit 11 J. (1942)

wegen zahlreicher Diebstähle in öffentliche Erziehung. Eine Schwester, 1 J. jünger als Rolf, ist in der Pflegestelle in einer sächsischen Großstadt geblieben, in der die Kinder (R. 6;8 — 8;8) zusamen waren (ich weiß nicht, ob in der gleichen Familie). Inzwischen starb damals zu Hause ein 5 J. jüngerer Bruder an Diphterie, und als Rolf in seiner 2. KLV-Stelle war, (9;4 bis etwa 11;0), starb zu Hause noch ein Säugling. Die Mutter hat neben diesen 5 Geburten noch 4 Fehlgeburten gehabt. Bei Rolfs Geburt war sie 26;1.

Der V. — bei Rolfs Geburt 26;9 — war Schlachter. Er fiel 1943 (R. 9;6) nach etwas über zweijährigem Wehrdienst. Die M. hatte mit Hilfe des Fürsorgers Aufhebung seiner UK-Stellung bewirkt, weil er ein Verhältnis mit einer anderen Frau hatte, das sie auf diese Weise zu lösen hoffte. Das JA, dem die Familie seit 1940 bekannt war, schrieb 1949: „Zu den Kindern war er fürsorglich und väterlich besorgt. Er wurde aber durch das Verhältnis zu der anderen Frau grob und unverträglich."

Nach dem Krieg zog die M. dann mit einem Nieter Krause zusammen, der sich aber 1949 „seit längerer Zeit, angeblich wegen Waffenbesitzes, im Gefängnis" befand. Seine Kinder — darunter der Sohn, an den sich Rolf besonders anschloß — wurden von der M. versorgt. Sie hat aber nach Angabe des JA fast immer außer Hause gearbeitet, um alles aufrechtzuerhalten, „eine gute Hausfrau und Mutter". Sie sei, so hieß es 1949, zwar zu den Fürsorgern immer anständig, ruhig und höflich, aber doch etwas unbestimmt und oberflächlich, wohl nicht besonders erziehungsbegabt, inkonsequent, habe sich z. T. auch als unzuverlässig erwiesen.

Rolf war zwischen seinen KLV-Stellen in einem Kindertagesheim, wo er sich „recht ungehörig und unehrlich" betragen haben soll (etwa 9;0). Die M. behauptet, er habe schon einmal mit 6 J. mit einem Schädelbruch 8 Wochen im Hafenkrankenhaus gelegen. Jedenfalls erlitt er Ende 1945 — etwa 12;0 — durch einen Sturz beim Holzsuchen in den Trümmern einen doppelten Schädelbruch. Danach war er noch längere Zeit zu Hause schwierig, jähzornig, bockig, „ging auf die M. schließlich mit einem Messer los, zerschnitt ihr den Mantel, wollte sich aufhängen, hatte schon den Kopf in der Schlinge." VIII. 46 kam er wegen dieser Schwierigkeiten in öff. Erziehung, entwich aber nach einem Tag zur M., wo er „sich plötzlich, nach weinendem Beteuern, einige Zeit gut führte" (JA).

Die M u t t e r sagte V. 55, sie habe es schwer gehabt. „Ihr Mann war so gewalttätig. Sie immer schwanger, und dann hat er ihr zugesetzt, hat sie grün und blau geschlagen. Es war, als wenn er darauf stand, als wenn er seine Freude daran hatte. Und immer mit den fremden Frauen, die hat er da auf der Chaiselongue gehabt, und sie mußte die bedienen. Sie war ja im Waisenhaus großgeworden, ihre Mutter war bei der Geburt gestorben, sie war nicht aufgeklärt, und sie dachte: wenn sie ihm das bei der Heirat gelobt hatte, dann mußte sie auch zu ihm halten. Wenn sie weg wollte, sagte er auch: wo willst du hin, du hast ja keine Eltern. Er war ja wohl anders veranlagt, das sagten auch andere Leute, und sie war ja so naiv, das hat sie ihm wiedererzählt, da kriegte sie auch dafür gleich eine Tracht Prügel. Der Arzt hat ihr einen Schutz eingesetzt, da hat ihr Mann gesagt: was ist das, raus damit, er hat sonst nichts davon — und so schweinische Ausdrücke hat er dabei gebraucht, das tat er ja überhaupt immer. Sie wieder zum Arzt, der hat ihr einen anderen Schutz eingesetzt, das war ja immer dasselbe.

„Und dann hat sie ja auch immer arbeiten müssen, und er hat ihr das Geld abgenommen und es anderen Frauen gegeben. Als die Kinder klein waren z. B., hat sie von 4-15 Uhr gearbeitet, dann noch 360 Zeitungen ausgetragen, dann den Haushalt gemacht und nachts gewaschen und geplättet. Ihr Mann sagte ja: an dir habe ich eine Sklavin. Und dann immerzu die Fehlgeburten, die kamen ja auch von dem Schlagen. Auch vor Rolf hatte sie eine Fehlgeburt, und als sie ihn trug, war es auch so.

„Er wog bei der Geburt 10 Pfund, sie hatte wohl gefressen bei der Schwangerschaft. Aber dann war er gleich krank, hatte wohl ein zu großes Herz. 2 Jahre lang mußten sie ihn in Rum baden, und von der Geburt an Lebertran, der Arzt sagte: das braucht er für die Lunge, und den schluckte er auch. Er hatte ja auch den ganzen Rücken offen, das war das rohe Fleisch, und das muß sie ja sagen, da hatte ihr Mann die zartere Hand, der konnte ihm das Zeug da so umlegen ... (macht sanfte, einbettende Bewegungen). Sie war ja immer leicht nervös, kein Wunder, Rolf quängelte natürlich auch viel. Er aß auch nicht gut, und trocken wurde er vor 14 überhaupt nicht, dann aber mit einem Schlage; vorher näßte er aber fast jede Nacht ein. Der Große nicht.

„Aber sonst war er ja zuerst ein Musterknabe, ganz still. Wenn sie von der Arbeit kam, saß er da ganz still, sie merkte gar nicht, daß sie ein Kind hatte. [13]) Der große war immer viel lauter, in der Hinsicht mehr wie der V. Aber sonst hat Rolf mehr vom V., sie kann auch nicht sagen, was es ist, wenn er lacht z. B., ist er ganz wie der V. Und wenn was war, hielt er sich auch mehr an den V., und der schützte ihn so etwas, wohl mehr als den Arno. Sie war ja auch immer leicht etwas aufgebracht. Aber den Kleinen, Rolf, brauchte sie eigentlich kaum zu schlagen. Wenn sie bloß die Schublade aufmachte, wo der Holzlöffel drin lag, war der schon still. Der Große hat aber viel Schläge von ihr bekommen. Aber der stand ihr doch wohl etwas näher als der Kleine.

„Der Große und die Schwester standen sich gut. Rolf war mehr so allein, ein Einzelgänger. Der Große ist immer gleich in den höchsten Höhen und rappelt wie ein Buch, kann sich auch gut durchsetzen, gegen den konnte Rolf nicht auf. Rolf war dann ja immer viel mit Erich, ihrem Stiefsohn zusammen. Der Große bullert gegen sie los, aber kommt dann gleich wieder an, der vergißt sofort, was war, aber Rolf braucht eine halbe Stunde, da drückt er herum und macht dann das Zimmer rein oder so, damit macht er es dann bei ihr. Geschmust haben beide Kinder nie, sie können auch schlecht um was bitten. Wenn ihr Mann danals so mit ihr umging, das haben die Kinder miterlebt. Ihr Mann schmiss sie ja meistens

[13] *Stott* (1950, 100) berichtet von der gleichen Wendung, die eine englische Mutter über die Artigkeit ihres kleinen Kindes brauchte: „We never knew we had a baby."

raus, dann standen sie vor der Tür und weinten. Der Große hat das ja schon mehr begriffen, Rolf war ja noch zu klein. Sonnabends wusch sie die Kinder und setzte sie dann aufs Badetuch — nicht zu dicht aneinander, damit sie nicht das Kabbeln kriegten — und dann erzählte sie ihnen Märchen. Das war für sie das Schönste, was sie hatte, sie hatte ja nichts vom Leben. Und weil es zu Hause für die Kinder so schlimm war, hat sie sie dann nach Sachsen gegeben.

„Dann hat sie ja dafür gesorgt, daß ihr Mann ins Feld kam. Da wollte er sich ändern; als er auf Urlaub kam, gab er zu, daß er an ihr gesündigt hätte. Sie ist im Frieden mit ihm auseinandergegangen. Und viele sagen: geändert hätte er sich doch nicht. Wie nun Rolf aus Sachsen zurückkam — Heimweh hatte er da nicht gehabt, er hatte es ja gut —, da waren sie beide eine Zeitlang allein, und da mußte sie ihm abends immer Märchen erzählen. Er mochte auch immer gern Süßes und hat manchmal genascht aus dem Schrank; aber daß die Kinder sich mal heimlich einen Groschen genommen und einen Lolly besorgt haben, das war nur ganz selten.

„Ihr zweiter Mann — sie hat Herrn Krause nämlich nachher geheiratet — der war ja ganz anders als der erste. Der hatte für alles Verständnis, ging auf alles ein. Sie hatte das Gefühl, den Himmel auf Erden zu haben. Die Kinder standen auch gut mit ihm. (Er war etwa Ende 1949 aus der Haft gekommen.) Den Rolf mochte er eigentlich am liebsten. Aber vor einem Jahr ist er gestorben, ganz plötzlich. Er kam vormittags nach Hause und kam so komisch in die Tür, sie dachte noch, er machte Spaß, aber er sagte nur: ich muß sterben, legte sich zurück und starb. Er hatte die Managerkrankheit. Das war ein schwerer Schlag für die M. Und ob sie nun noch einmal wiederheiraten wird — wenn sie einen guten finden würde, es müßte so einer sein wie der Letzte.

„Sie denkt ja, daß Rolf nun zur Vernunft gekommen ist. Er ist auf dem Bau, hat aber schon ein paarmal gewechselt, seit er zurück ist. Er ist viel ruhiger geworden, und er ist so anspruchslos, schläft auf der Erde — sonst hat sie ja nichts für ihn — und klagt nicht. Er geht auch wenig aus, hat auch kein Mädchen. Früher hatte er ja mal welche, aber er sagt: sind die Mädchen heute alle so schlecht? Der Große ist auch wieder da (aus der Haft), der hat noch keine richtige Arbeit, hat es jetzt auch auf der Lunge. Ab morgen arbeitet die M. wieder 9 Stunden, das wissen die Jungen noch gar nicht (ihre Augen leuchten). *Sie* muß immer die Familie erhalten."

Die Mutter ist eine ziemlich frisch und kräftig aussehende Frau mit lebhaften grauen Augen. Sie war „zuvorkommend", aber nicht in unangenehmer Weise, und erzählte ihre Ehegeschichte flüssig und ohne Hemmungen — „beflügelt" kann man auch sagen — dabei aber natürlich und einfach. An zwei Stellen leuchteten ihre Augen auf, nämlich als sie gefragt wurde, ob sie sich nun noch einmal verheiraten wolle, und bei der Erwähnung ihrer neuen Arbeitsstelle. Sie sagte übrigens noch, wenn sie ein Junge gewesen wäre, sie wäre zur See gefahren, um die Welt kennenzulernen!

Rolf selbst schrieb 1949 in einem Lebenslauf: „Als 1940 der Krieg ausbrach, kam ich ... nach X. nach sehr guten PflegeEltern, wo ich 2 Jahre war, dann kam ich wieder nach meiner Mutter. Meine Mutter ist am ... in Neumünster geb. Mein Vater war ein großer kräftiger Mann, er wurde 1942 zum Militär eingezogen wo er dann 1944 gefallen ist." Bei der krim. psychol. Untersuchungsstelle erzählte er damals ferner, es sei in der Pflegestelle so schön gewesen, „da der Mann mit ihm viel in Museen gegangen war, das mochte er sehr gern."

II.53 (19;2) sagte er bei der krim. psychol. Untersuchungsstelle, der V. sei trunksüchtig gewesen, habe es mit anderen Frauen gehalten und sich nicht um die Kinder gekümmert. Auch die M. habe viel Umgang mit anderen Männern gehabt, er habe selbst den Verkehr beobachtet. Jedenfalls habe er weder zum V. noch zur M. eine innere Bindung finden können, und dann sei auch sein Verhältnis mit dem StV. schlecht gewesen. —Der Gutachter schrieb, er sei von Natur weich, widerstandsarm, von der Lebenswirklichkeit beengt und begehe dann reaktiv Selbstbetonungshandlungen. Er sei haltschwach und anlehnungsbedürftig, aber seine ressentimenthafte Lebenseinstellung, seine Selbstliebe und Empfindlichkeit hinderten ihn, sich zufriedenzugeben mit dem, was er — z. T. durch eigenes Verschulden — nur habe. Er sei ein krimineller Schwächetyp mit psychopathischem Einschlag, aber auch immer noch nicht ganz reif. Seine Begabung sei fast hilfsschulreif.

In seiner frühen Kindheit hatte der Proband dem V. wohl etwas näher gestanden als der M. In dieser Hinsicht an den Angaben der M. — auch über die „zartere Hand" des V.— zu zweifeln, besteht wohl an sich kein Grund. Diese Beziehung zum V. scheint sich dann fortzusetzen in seiner Vorliebe für die Museumsgänge mit dem Pflegevater, wobei ihm ja vermutlich — er war damals 6—8 Jahre alt — nicht so sehr die Museen wichtig waren als die Hand des Pflegevaters, an der er ging. Ferner setzte sie sich fort in seiner „Anhänglichkeit" für die Melker im FE-Heim, von denen er sich beschützen ließ. Außerdem waren ja auch alle seine Mittäter einige Jahre älter als er, und man kann hier vielleicht — insbesondere in seinem Verhältnis zu Pelzig — von Hörigkeit sprechen.

Mit diesem Pelzig hatte übrigens ein anderer, sonst sehr ordentlicher Proband *(116 Werner Kühl)* mit 14, 16 und 17 J. je einen schweren Diebstahl begangen — seine einzigen Straftaten. Er war ein verschlossenes, kränkliches Kind gewesen, sein jüngerer Bruder leichter und freier heraus. Bei der Scheidung (W. 4 J.) nahm der V. Werner mit, sie kamen aber zurück. Der V. sei gutmütiger zu den Kindern gewesen, sagte die M., und Heimweh hätten alle ihre Kinder nicht gekannt, sie auch nicht. Das JA nannte die M. freudlos, gedrückt, verdrießlich; es mußte einmal eingreifen, weil die Kinder nicht genug zu essen bekamen. Der V. beging 1941 (W. 9) in Frankreich Suizid.

Ähnlich auch *211 Detlev Hammer,* der mit einem 2 J. Älteren mit 14;8, 16;0, 16;5 und 17;8—17;10 Diebstähle, zum großen Teil Einbrüche, beging, die ihn zweimal ins Jugendgefängnis brachten; im übrigen hat auch er nie Straftaten begangen. Er hatte bis über den Schulanfang hinaus über den ganzen Körper Ekzeme (trug Pappmanschetten), war überhaupt schwächlich. Gutachten mit 16;8: „er empfindet noch jetzt seine magere Gestalt als störend". Die M. war von seinem 4. Lj. an berufstätig („ich bin so ein Arbeitstier, ich komme nicht ohne Arbeit aus"). Er hatte nur eine etwas ältere Stiefschwester. Seine Freundschaft mit dem — körperlich kräftigen — Mittäter begann, als der V. im Feld war; nach Rückkehr des V. ließen die Eltern sich gleich scheiden.

Bei Rolf Westphal mag zu diesem Verhältnis zu den älteren Mittätern wohl auch mitgewirkt haben, daß er gegen seinen älteren Bruder nicht aufkam und in diesem Punkt unerfüllte Wünsche mit sich trug[14].

In den Erzählungen der M. über ihr eigenes Verhältnis zu den Kindern liegt ein schönes Licht auf der Geschichte von den Kindern auf dem Badetuch, denen sie Märchen erzählte; an dieses Paradies knüpfte ja auch Rolf wieder an, als er aus der KLV zurückkam und mit ihr allein war. Aber wenn dies wirklich auch für die M. das Paradies war, warum gab sie den Jungen zwischen seinen KLV-Stellen (8;10—9;4), als ja der V. bei der Wehrmacht war, sie also ein Mindesteinkommen hatte, in ein Kindertagesheim? Warum waren überhaupt von 1939—1944, wo ja der V. ab 1940 gar nicht mehr da war, alle Kinder fast immer fort? Warum holte sie nicht, wo ihr schon 2 Kinder gestorben waren und Arno so früh ins Heim mußte, wenigstens die Tochter zurück, die ja bei Rolfs (vorübergehender) Rückkehr erst 7 J. als war? Wenn es nicht zu reinen Spekulationen führte, möchte man weiterfragen: warum starben ihr 2 Kinder, und warum hatte Rolf einen so schweren Unfall (oder mehrere)?

Jedenfalls war aber im Endergebnis die ganze Familie fort: der Mann eingezogen und dann tot, 2 Kinder tot, das kleine Mädchen ganz in die Fremde übergesiedelt und die beiden Jungen entweder in KLV — wogegen an sich nichts zu sagen ist — oder im Heim, notfalls im Kindertagesheim. Und dann haben die ihr verbliebenen Jungen auch ihre spätere Jugend fast nur im Gefängnis verbracht. Die M. selbst sieht aber den Schwerpunkt ihrer Lebensgeschichte und die vollständige Erklärung für alles übrige in dem Märtyrertum, das sie an der Seite ihres Mannes erlitten hatte. Ihre Tatsachenangaben darüber können ja auch stimmen, wenn man auch natürlich ihren eigenen Anteil an dieser unglücklichen Ehe und die Richtigkeit von Einzelheiten nicht abschätzen kann. Aber ihre Reaktion darauf war doch vielleicht weniger selbstverständlich als sie meint.

---

[14] *Friedlander* (1951, 71 u. 108) meint eine Konstellation, aus der Gangs hervorgehen, könne sein, daß der Junge aus der Ödipusphase mit einer passiv-femininen Haltung gegenüber dem Vater hervorgehe, die er aber unterdrücke, weil sie zur Unmännlichkeit führe. Statt dessen mache er sich dann abhängig von etwas älteren, kräftigeren und oft wirklich aggressiven und asozialen Jugendlichen. — Ferner ihre Schilderung eines Jungen Billy, der unter äußerlich feindlicher Haltung eine geheime Zuneigung zum Vater hatte. „It was displaced and showed itself in his admiration for soldiers . . for whom he would wait in the street and attract their attention so that they would talk to him and often give him money. In such encounters he was not cheeky and aggressive as he was with his mother; he was shy, passive, friendly and open to any suggestion they made to him." — Ähnliche Züge habe ich bei verschiedenen besonders schwierigen Probanden gefunden. s. z. B. auch Fall Nr. *248*. Vgl. aber auch die Bemerkung von *Schottländer*, solch übertonte Anhänglichkeit an den Vater entwickle sich gewöhnlich nur da, wo die Beziehung zur Mutter nicht geglückt ist.

Ich weiß allerdings nicht, wieviele Frauen im Krieg dafür gesorgt haben, daß ihre nicht gut tuenden Männer ins Feld kamen. In meinem Material ist mir sonst ein solcher Fall nicht bekannt geworden. Nur die M. des Probanden *115 Siegfried Ernst* erzählte mir — und zwar in Gegenwart des Sohnes —, sie habe sich damals von dem V. nicht scheiden lassen wollen, denn „er wurde ja schon 1939 eingezogen, und man wußte ja nicht, ob nicht doch eine Kugel für ihn gegossen war". Es war keine für ihn gegossen, und sie trennten sich dann gleich nach dem Krieg. Als Rolfs M. die Aufhebung der UK-Stellung ihres Mannes betrieb, war sie 33 J. alt, hatte das JA zur Seite stehen, war „aufgeklärt" genug, um zu wissen, daß sie sich scheiden lassen konnte, und brauchte auch keine Eltern mehr, um von dem Mann fortzugehen, besonders da sie ja sowieso arbeitete. Was für Gründe — vernünftige, pekuniäre — sie gehabt haben mag, die Ehe aufrechtzuerhalten, jedenfalls ist sie um die Enscheidung, die sie damals traf, nicht zu beneiden. Ihre innere Reaktionsarbeit — daß sie „in Frieden" mit ihrem Mann auseinandergegangen sei usw. — zeigt, daß sie das selbst wohl auch fühlt. Auch den Kindern können aber die damaligen Vorgänge nicht geheimgeblieben sein, wie sie wohl überhaupt von allem wußten.

Die M. sagte ja ferner freimütig, daß sie überlastet und nervös und darum gegen die Kinder leicht aufgebracht gewesen sei, und das ist für Kinder nicht schön, ebensowenig wie es für einen Jungen schön ist, wenn sein Bruder der M. näher steht als er. Wenn aber eine M. nur überhaupt eine „Mutter" ist, pflegt so oder so doch für alle Kinder noch genügend abzufallen. Aber die ganze Geschichte dieser Familie und die Art, wie die M. sie nun berichtete, erweckt den Eindruck, daß zwischen der M. und den ihr nächststehenden Menschen ein Vakuum vorhanden war. Auch kleine, aber nach anderen Erfahrungen doch bezeichnende Züge sprechen dafür, wie das Fehlen von Zärtlichkeit zwischen ihr und den Kindern und ihre verständnislose Anwort: Heimweh hatte er nicht, er hatte es ja gut.

In diesem Zusammenhang scheint es kein Zufall, daß die M. im Waisenhaus aufgewachsen ist. Wenn die Mütter in dieser Weise eine „schwere Jugend" gehabt haben, wie sie es dann selbst meistens nennen, nämlich im Waisenhaus, bei Pflegeeltern, bei einer StM. großgeworden sind, so können ungünstige Sozialfaktoren auslesend mitgewirkt haben. Ob z. B. die Muttersmutter wirklich so früh gestorben war oder ihr Kind nur „weggegeben" hatte, ist in solchen Fällen oft nicht ganz zu klären. Aber diese ungeklärten Fälle unterscheiden sich nicht erkennbar von den übrigen, und auch bei meinen weiblichen Probanden ist ja die katastrophale Wirkung des frühen Todes der M. für die Töchter sichtbar. Jedenfalls besteht eine recht deutliche, wenn auch natürlich nicht verwunderliche Verbindung zwischen einer solchen schweren Jugend der M. und ihren Kontaktschwierigkeiten mit den eigenen Kindern.

So z. B. *250:* „... es liegt ihr selbst nicht, sie ist ohne Liebe aufgewachsen", nämlich bei PflEltern;

oder *38:* „Zärtlichkeit liegt ihr nicht, den Kindern auch nicht"; diese M. ist im Waisenhaus aufgewachsen;

oder *289:* „Zärtlich war sie mit den Kindern nicht ... sie wunderte sich, wenn sie sah, wie die Tochter mit der Oma schmuste, sie selbst konnte es nicht" (auch nicht mit dem Probanden); M. unehelich, bei PflElt. aufgewachsen.

Der Mangel an Zärtlichkeit — für den sich weitere Beispiele aufführen ließen[15] — ist es aber bei diesen Müttern nicht allein. Sie zeigen dazu, oder stattdessen, oft einen allgemeinen Mangel an Gefühl für die Bedürfnisse der Kinder, überhaupt eine emotionale Sperrung, die sich dann in Egozentrizität, Unzufriedenheit, Gespanntheit, Empfindlichkeit, Verschlossenheit u. ä. ausspricht und sicher auch dem Mann die Ehe erschwert. Manche Frauen leiden selbst unter diesen Zügen, manche sind sich ihrer auch gar nicht bewußt. Auf diese Weise vererbt sich jedenfalls Unglück in den Familien und die damit verbundene Lieb- und Freudlosigkeit[16].

Vielleicht kann man auch die vom JA ja betonte überdeckende Zuvorkommenheit der M., ihre Fähigkeit, so glatt mit den Fürsorgerinnen zu verhandeln und im ganzen doch den Eindruck einer guten Hausfrau und Mutter zu machen, auf die im Heim gewonnene Disziplin zurückführen.

Nach Erfahrungen mit anderen Fällen glaube ich auch, daß ihre Freude an der außerhäuslichen Arbeit und ihr Drang in die Ferne mit nicht richtig ausgereiften Gefühlen zusammenhängt, aber das mag auf sich beruhen. Auf jeden Fall kann man annehmen, daß eine solche Mutter weniger als andere sonstige unglückliche Umstände auffangen und ausgleichen kann, wie Krankkeit und Schwachsinn der Kinder, Geschwisterrivalitäten, Verlust des V., Stiefeltern, Asozialität der Umwelt usw. In diesem Fall kam alles dies aber noch dazu, und zwar zum großen Teil von der M. selbst herbeigezogen.

Der Proband war nach den meisten Berichten immer „still", abgesehen von einzelnen Perioden der Aufsässigkeit. Aber seine Stille hatte doch wohl schon, als er klein war, etwas Bleiches und Bedrücktes. Das Kind, das bei der Rückkehr der M. von der Arbeit ganz still dasaß, kann man sich nicht so vorstellen wie die zufrieden spielenden Pflegekinder Franz und Fritz, da ja auch gerade bei der Rückkehr der M. auch zufriedene Kinder nicht gerade still sind. Die M. nannte ihn ja auch einen „Musterknaben", und sie habe ihn gar nicht zu schlagen brauchen, er sei schon „still" gewesen, wenn

---

[15] Eine M., deren eigene Vergangenheit allerdings nicht bekannt ist, sagte: „Ich habe meine Pflicht getan den Kindern gegenüber, aber diese Ableckerei, wie manche Leute, die davon satt werden, die kenne ich nicht!" (Fall 98)

[16] Über diese „social succession of the neglected psychopathic child growing up to become the neglectful psychopathic parent" s. *Stott* 1950, 383, auch *Bowlby* 1951, 78, *Dührssen* 1954. — *Healy und Bronner* berichteten (1936, 31) ein Viertel Probandeneltern meinten, „that their own early lives had been unhappy". Vgl. auch Grätz (1957, 123) über eine unzärtliche Mutter, die selbst, wie sie sagte, keine Zärtlichkeit bekommen hatte, und die Untersuchung von *Andry* (1957, 44), wonach Kinder von Eltern, die sich scheuen, Zuneigung offen zu zeigen, auch selbst oft darin zurückhaltend und unzärtlich sind. — Zuletzt noch besonders ausführlich *Dührssen* (1958, 19 ff.), nach der die Mütter der von ihr untersuchten Heim- und Pflegekinder auffällig häufig in unvollständigen Familien aufgewachsen waren, wobei gerade die frühzeitige Verwaisung eine erhebliche Rolle spielte.

sie nur die Schublade aufmachte, in der der Holzlöffel war. Seine körperliche Schwächlichkeit und seine körperlichen Leiden mögen dazu mitgewirkt haben, daß er diesen fügsamen Weg ging, und vielleicht auch seine „angeborene Weichheit" seines Wesens. Jedenfalls lernte er offenbar nicht, sich zu behaupten, und er konnte es dann auch nicht, oder nur ganz unangemessen, als er nachher „kräftig und breit" war.

Der Weg, der ihm von sich aus offen gestanden und am meisten gelegen hätte, wäre wohl der des lieben fügsamen Kindes gewesen, das an der Hand des Erwachsenen geht. Aus einer solchen Rolle ist zu gegebener Zeit später, unter günstigen Umständen, eine weitere gesunde Entfaltung möglich, auch wenn Begabungs- und sonstige Mängel gewisse Grenzen setzen. Man hat auch den Eindruck, daß der Proband sich anschickte, einen solchen Weg zu gehen, und zwar in der ersten Pflegestelle, und bei seiner Rückkehr, als er mit der M. allein war und sich von ihr Märchen erzählen ließ; ja vielleicht noch jetzt, wenn er etwas für sie reinmacht, um sie zu versöhnen. Hier fühlt man den Beiklang von Wärme, das „liebe Kind", nicht nur das stille Musterkind.

Eine solche liebenswürdige Note hatten öfter die kleinen Schwächlinge unter den später gut geratenen Probanden. Als Beispiel dafür

*190 Willi Flügge,* 26. VI. 34, von dem die M. VII. 56 erzählte: „Er war immer etwas weich und gehemmt (auch viel krank) und hat sich nie so durchsetzen können. Wenn er in der Schule etwas gefragt wurde, bekam er Angst und konnte nichts; vielleicht konnte er wohl eigentlich und hätte gar nicht in die Hilfsschule gemußt, aber es macht ja nichts, er hat da ja was gelernt. Er gehört auch unter den Geschwistern zu den weicheren. Die M. hat ganz verschiedene Kinder, z. B. auch Mädchen, die Jungs hätten sein können. Und Willi ist auch manchmal zu ihr gekommen und hat geklagt, daß die anderen über ihn lachten, aber dann hat sie gesagt (freundlich beruhigend): laß sie ruhig lachen. Er hat sich, wie auch eigentlich die anderen Kinder alle, immer mehr zu ihr gehalten und ihr alles anvertraut, denn der V. ist sehr streng (gilt als jähzornig), aussprechen kann man sich nicht mit ihm. Willi war auch nie von zu Hause weg, auch nicht in KLV; sie hat damals dafür gesorgt, daß die Jüngsten bei ihr blieben. — Er ist ja damals mit den anderen mitgegangen, die M. hat die nachher kennengelernt, das waren ja gar keine netten Jungen, die waren ja rückfällig!" — Willi ist das vierte von 6 Kindern, der V. ist ein ordentlicher Arbeiter. W. hatte einmal mit *14;7* anderen Jungen gegen Engelt Kupferrollen vom Reichsbahngelände tragen helfen. Er hat später eine Lehre durchgemacht und wohnte 1955 — allerdings auch erst 21jährig — noch bei den Eltern, ging noch nicht mit Mädchen, war sparsam und ging früh ins Bett. [16a])

In der Schilderung der Mütter von der „Weichheit" der später schwer Rückfälligen — die ja oft besonders weiche Kinder waren — fehlt meistens diese Note von Zutraulichkeit und Freundlichkeit; das Bild verschiebt sich zur „Weichlichkeit" und „Feigheit" hin, oder wie hier mehr zur Gedrückt-

[16a] Strafregistereinsicht III. 61: keine späteren Verurteilungen.

heit, in die sich schon böse, abstoßende Züge mischen. Wie hier hat man aber auch sonst oft den Eindruck, daß diesen Kindern eben die Hand nicht hingestreckt wurde, die sie gebraucht hätten. Zwar wäre es gut, wenn unglückliche Kinder „liebenswert" blieben, denn dann würden sie eher in anderen — darunter ihren eigenen Eltern — das Bedürfnis wecken, sich ihrer anzunehmen. Aber da sie sich in ihrer eigenen Haut nicht wohl fühlen, ihr „Fell glanzlos und gesträubt" ist, wecken sie eher Aggressionen und werden nur umso unglücklicher. Das ist ein Kreislauf, der vielleicht einmal im Tierreich sinnvoll war, wo ein solches Wesen dann zu rascherem und damit schmerzloserem Tode kam; der aber bei uns, wo jeder überleben soll und muß, nur Schaden stiftet[17].

Im einzelnen kann man nicht verfolgen, warum bei Rolf Westphal aus den freundlicheren Ansätzen nichts wurde, aber schon sein äußerer Lebenslauf war ihnen sicher nicht günstig. Er kam in ein Kindertagesheim, wurde wieder für Jahre verschickt, nach seiner Rückkehr erschienen StV und StGeschwister, und er hatte dann auch bald — Ende 1945 — den schweren Unfall, auf den dann eine Zeit grober Enthemmung folgte. Rein formal beruhte diese Enthemmung ja auf dem Schädeltrauma. Ob man das, was sich in ihr äußerte — die Feindseligkeit gegen die M., das Sich-Erhängenwollen und dann wieder das zerknirschte Sich-Anklammern an die M. — für sich betrachten und mit seiner Enttäuschung über die M. in Verbindung bringen kann, wage ich nicht zu beurteilen. In dieser Zeit begann aber wohl auch sein Umherstreunen mit dem älteren Stiefbruder, und es könnte ja sein, daß sich in dieser Zeit größerer nervöser Unruhe Gewöhnungen anbahnten, die nachher schwer rückgängig zu machen waren. Aber das allein ist es wohl doch nicht gewesen.

Das ganze Milieu — darunter auch die sehr ungünstige Wohngegend — kam damals seiner äußeren Verwahrlosung entgegen; sein Organisieren von Kohlen und Lebensmitteln wurde wohl auch von der M. nicht ungern gesehen. Und da er inzwischen körperlich kräftig geworden, aber innerlich unselbständig und „schwach" geblieben war, ohne doch zu Hause oder sonstwo einen richtigen Platz zu haben, lag es für ihn nahe, sich an Menschen seiner Umwelt anzuschließen, bei denen er etwas gelten konnte, ohne sonst etwas zu sein; z. B. an den älteren Stiefbruder oder sonstige „schlechte Elemente" unter den älteren Jugendlichen der Gegend. Außerdem hatte er dabei den Vorteil, den Druck der Umwelt loszuwerden, und sogar seinerseits Schaden anzurichten. Der Gutachter vermerkte seine „ressentimenthafte Lebenseinstellung", und auf einem Bild hat er einen Gesichtsausdruck, den man wohl am besten als simpel und lasch, aber auch als „rüde" bezeichnen kann. Eine rüde Gesinnung hat sich, wenigstens in Ansätzen, wohl sehr früh bei ihm eingestellt, und sie ist wohl auch das, was er ganz besonders mit seinen Kameraden teilt. („Schnöde" wie manche andere der

---

[17] Vgl. *Edelston* (1952, 135) darüber, daß „unloving children, or those with other emotional temperamental drawbacks, need *more* „mothering" than usual: whereas as likely as not they tend to get less . . . The greater demand from the child comes to meet with a lesser response from the mother, with a still greater demand to follow; a vicious circle can easily be set up . . .".

schwerrückfälligen Probanden hat er sich dagegen eigentlich nicht gezeigt. Unter seinen Taten — die er auch alle gemeinsam begangen hat — ist kein einziger Vertrauensbruch, und er wurde auch als „kameradschaftlich" bezeichnet.)

Die Straffälligen äußern ja gern Ressentiments und berufen sich dabei u. a. oft auf ihr unglückliches Zuhause, darauf daß sie „keine Mutterliebe gekannt" hätten u. ä. In ihrem Munde ist das wohl oft nur eine Rationalisierung, zu der sie greifen, weil sie nun einmal im Schwange ist, an die sie vielleicht glauben, vielleicht auch nicht, der aber von ihnen aus kein bewußtes Erlebnis entspricht. Trotzdem können die tieferliegenden Wurzeln ihres Ressentiments — die Unzufriedenheit, Lieblosigkeit, Verantwortungslosigkeit, Schadenfreude und das Gefühl, es lohne doch alles nicht — wirklich mit ihrer unglücklichen Kindheit zusammenhängen. Wenn in ihrem Munde die Sache mit der fehlenden Mutterliebe nicht nur ein Wort, sondern eine wirkliche Empfindung wäre, würde es wahrscheinlich gerade weit besser mit ihnen stehen: aber man kann das gar nicht von ihnen erwarten. Andererseits nützt alles bloß rationale Argumentieren über ihr Ressentiment nichts.

Solche Jungen pflegen sich in Anstalten gut einzufügen, und das hat auch dieser Proband ja im allgemeinen getan, wenn die Erzieher auch immer fühlten, daß sie ihn innerlich nicht ganz in der Hand hatten. Ein „Erfolg" der ganzen, langjährigen Anstaltsaufenthalte ist aber nicht sichtbar geworden. Vielleicht hat er ja dort manches gewonnen, was ihm später doch noch einmal irgendwie zugute kommen kann, wie etwa größere Leistungsfähigkeit; aber auch die nützt ihm ja nichts, solange er sein Leben nicht auf sie begründen will. Und die Straftaten, um derentwillen ja dieser ganze Apparat des Strafverfahrens und des Strafvollzugs in Bewegung gesetzt wurde, haben nicht aufgehört. Je länger, um so mehr eigentlich hat er die Strafe stereotyp mit einer neuen Straftat beantwortet, wie andererseits jeweils auf eine neue, von ihm begangene Straftet auch mit einer gewissen Stereotypie eine schwerere, längere Bestrafung folgte. Soviel man sieht, haben aber bei den ganzen langen Anstaltsaufenthalten sowohl seine Gedrücktheit wie die Schwere seiner aggressiven Ausbrüche nur zugenommen. Diese beiden Seiten seines Wesens stehen ja auch mit einander in Verbindung wie kommunizierende Röhren, und eine Strafanstalt drückt schon qua *Straf*anstalt, wie auch sonst ihre Behandlungsmethoden im einzelnen sind.

Man würde heute einen solchen Jugendlichen wohl nicht schon mit 15;3 in die Jugendstrafanstalt tun, sondern es zunächst weiter mit Heimerziehung versuchen. Erstens mußte die Ansammlung etwas älterer straffälliger junger Leute in der Jugendstrafanstalt gerade für ihn sehr gefährlich sein. Aber überhaupt hätte dieser unreife, abhängige, verkümmerte Jugendliche wohl eine Erziehung auf breiterer Basis gebraucht, als eine Strafanstalt sie, aus prinzipiellen Gründen, im allgemeinen leisten kann oder doch bisher leistet. Es kam ja darauf an, dies Nebeneinander von gedrückter Stille und Ausbrüchen der Feindseligkeit als Ganzes in den Griff zu bekommen; aber das setzt voraus, daß die Erzieher ihr Verhalten je nach pädagogischem Bedarf beliebig variieren können, also z. B. unter Umständen patzige Auflehnung mit freundlichem Nachgeben beantworten, Fügsamkeit dagegen mit einer Provozierung. Es muß überhaupt ein Spielraum zum Experimentieren vorhanden sein, und die Moral darf keine zu große Rolle spielen. Auch im Heim hat man offenbar schon zu bald moralisiert, statt zunächst einmal unvoreingenommen die spezifischen Schwächen und Möglichkeiten des Probanden abzutasten. So war z. B. seine Anhänglichkeit an die Melker auffällig, und zwar eigentlich nicht angenehm, aber vielleicht hätten sich doch gerade daran pädagogische Einwirkungen anknüpfen lassen[18].

So wie alles gelaufen ist, hat der Proband wohl niemals gelernt, sich in nuancierter, angemessener Weise vom Druck der Umwelt zu entlasten und durchzusetzen, das Nehmen mit dem Geben zu verknüpfen, mit der kleinen Münze des Lebens richtig umzugehen[19]. Es mag sein, daß es für ihn damit schon zu spät war, oder doch reichlich spät, als er damals in öffentliche Erziehung kam; und dies Tiefsitzen seiner Störung, die Verwaschenheit und Unstrukturiertheit seines Wesens mit den überall eingestreuten „Sprengstücken"[20] von Feindseligkeit ist es wohl, die dem Gutachter eingab, von einem „psychopathischen Einschlag" bei ihm zu sprechen. Oder bedeutet vielleicht für ihn, in seiner Kritiklosigkeit und bei seinem schlechten

[18] Zu dem sehr wichtigen Problem der Reaktion des Erziehers auf Aggressionen des Zöglings vgl. insbesondere *Aichhorn* (1951, 91), wie überhaupt zu der Frage des Moralisierens in der Erziehung. Ferner *Stott* (1950, bes. S. 380), *Zillken und Weingarten* (1953, bes. S. 29), *Sachs* (1955, 78 ff.), *Bovet* 1951, 36). „And so the member of the staff", schreibt *Stott*, „. . must unlearn the natural reaction which makes us reject those by whom we are rejected . . . He must train himself to be loyal to those who are disloyal, constant to the unreliable, forbearing to the provocative . . ". Das kann man aber nur lernen, wenn man mit den eigenen unbewußten Mechanismen einigermaßen vertraut ist und hierin liegt der Hauptgrund dafür, daß nicht speziell ausgebildete Erzieher — auch solche mit nur „normalpädagogischer Schulung" — dieser Aufgabe nicht gewachsen sind. — Darüber auch *E. Witmer* (1951), die für das teilweise Mißlingen des Cambridge-Somerville-Youth-Experiments mit die Tatsache verantwortlich macht, daß die den gefährdeten Kindern zugeordneten Ratgeber zum großen Teil keine speziellen Fachkenntnisse hatten. Z. B. S. 554: „The counselors being for the most part untrained in the use of psychiatric skills, were apparently not able zu utilize in the neurotic boys' behalf the kind of relationship that developed between them." Sie vermutet, daß die Ratgeber z. T. vielleicht sogar Schaden angerichtet hätten (S. 514, 518, 554; vgl. ferner 506, 550, 563, 573).

[19] Vgl. auch *Illchmann-Christ*, Die Dissozialität usw. (1953, 92) bei seinen Erörterungen über die „Haltlosen": „Dabei steht vielfach der Mangel an seelischer Aufwühlbarkeit, affektierter Lebendigkeit und vitalem Schwung, die infantile Ratlosigkeit gegenüber den eigenen Lebenszielen und die lahme Indolenz in scharfer Polarität zu der aggressiv- feindseligen Extraversion und Aktivität, die letztlich aber nucr der Unfähigkeit zur Triebbeherrschung entspricht."
Wichtig erscheint mir ferner eine Bemerkung von Haffter (in Infantilismus". 1955, 176), eine bleibende erzieherische Wirkung des Militärdienstes habe man bei den Fällen von „rein psychopathischem Infantilismus" nirgends sehen können. Geregelte dienstliche Tätigkeit habe oft mit Zeiten schwerer Unregelmäßigkeit im bürgerlichen Leben abgewechselt.

[20] Ausdruck von *Schultz-Hencke*.

Umgang, ein solcher Einbruch in ein großes Geschäft gar nicht so etwas Schlimmes; überschätzt vielleicht die Rechtsordnung, weil es ein „Einbruch" und ein „großes" Konfektionsgeschäft war, und weil er überhaupt „gefährlich" erscheint, seine persönliche Schlimmheit? Die Frage kann ich nicht beantworten[20a].

Der folgende Proband, 250 *Otto Fassbender, 19. III. 32,* soll die Geschichte seiner Taten selbst schreiben:

„Ich schreibe nun wie ich zu einen dib gewordenbin. Ich bin 1946 wie es in Winter so ser kalt gewesen ist miet noch merals ich nach den Reisbangelende und haben da Kolen geholt. Und nach ungever 6 Mo habe ich nun gesehen das andere auch noch wahs anders mit genomen haben. Und wie ich gesehen das wir zu Hause nichts Zu Essen haben gehabt so habe ich auch mich da Zu hingegeben und habe die dum heiht gemacht und habe mit gemacht, und wies das Sikksal so wolte und es imer kutt gekannen ist und dan Zur gewohnhei geworden ist habe ich es nicht merlassen können. Und bis es auch ein mall schief gekanen ist und ich auf der Banpulizei gewesen bin und ich dan zum ersten Mall mit das Gericht Zu tun gehabt und ich nun 3 Wochen Jugen aräst gehabt habe. Und wie ich nun mich gesacht habe das ich das nicht wider machen will aber wie ich nun meine 3 wochen rum hate und ich nun schon wider 4 wochen Zu Hause gewesen bin aber mich dan die Noht wider Zur verzweiflung wider nach der Reisbangelende wider gevürt. Aber nun da schon die Banbolizei gewesen ist wir da nun 6 Wochen nicht hin gekangen. Aber nun wir doch nach 2 Mohnate wider dahin gekagen sint da sind wir wider dahin gekannen. Aber wir uns geteuscht hahten und sich die Banpolizei sich an den Bangelende sich Ferstäkthaben und uns dan Fertriben haben und ich dan nicht mer nach den Bangelende gekangen. Aber nun wir do chnach 2 Mohnate wider dahin gekagen sint und es aber nun schihf gekanken ist und ich er wischt worden bin aber ich dan kleich wider nach Hause gehen können. Aber es nun schon nicht mer an der Banzumachen gewesen ist und ich aber auch wie die an deren keinen Fennig in der Tasche gehabt habe und ich nun miht die an deren miht gemacht. Und das dises was wir nun machten unser kröstes verderben gewesen ist habe ich nich ein sehen könen. Und wir nun in Eidelstedt in die kleinen Ferkaufsbuden eingebrochen sind und haben da nun unsere Dummen Gedangen an ausgelasen und ich one einmall da über nach zu denken was wir da vür einen solchen Unsin machen und was wir davür bekommen wen sie uns da bei Erwischen und es ist auch balt so weitt gewesen und sie haben uns dabei Erwischt und wir sind dan vor das Gericht gekommen und ich habe dan meine Straffe bekommen da hahbe ich wegen merals ich gedacht habe bekommen. Und ich habe

[20a] Strafregistereinsicht III. 61: 1) *III. 56* 3 Mon. Gefängnis w. Volltrunkenheit. 2) VII. 56: 1 J. 1 Mon. Gefängnis w.schw. Diebst. i. Rückf. unter Einbeziehung von 1). 3) *VIII. 57* 4 Jahre Gefängnis w. schw. Diebst. *i.* 10 Fällen u. eines versuchten.

eine Straffe von 8 Monaten bekommen und dan nach die Insell Hahnoversant gekommen und verbust. Und wie ich wider nach Hause kam und nach 3 Monaten ich wider miet einen an deren eingelasen habe und mit inen einen Schweren Einbruch gemacht habe und dan eine serhohe Strafe gekricht ich nun 1 Jah bihs 4 Jare unbestimt und das ist das was ich nun davonhabe und ist alles was ich weis!
Fassbender."

Dies schrieb er IX. 49 (17;5) in der kriminal-psychologischen Untersuchungsstelle der Gefängnisbehörde als Aufsatz zu dem ihm gegebenen Thema „Auf der schiefen Bahn".

Bei seinen ersten bekannten Güterdiebstählen, kurz nach der Entlassung aus Kl. 6 der Hilfsschule, war er *15;1.* Im JugArrest (15;11) wurde er als schlapp, undiszipliniert, unerzogen und stinkend faul bezeichnet. „Er lebt so in den Tag hinein und tut nur, was ihm behagt." Der Arrest habe ihn nicht beeindruckt. In seiner ersten Jugendgefängniszeit (16;5—17;1) führte er sich gut, zeigte auch, wie es hieß, Reue und Besserungswillen, „doch ist er von einer derartigen geistigen Armut, daß er nicht immer sofort seine Handlungsweise überschauen kann." Von der unbestimmten Jugendstrafe wurden 1 J. 9 Mon. vollzogen, der Rest VI. 50 (19;2) ausgesetzt. Er hatte in der Anstalt zuletzt „innerlich sauber und positiv" gewirkt und mit Freude in der Landwirtschaft gearbeitet, während vorher seine „leichte Beeinflußbarkeit" und sein „Geltungsbedürfnis zu bestimmter Zeit" Bedenken erregt hatten.

8 Mon. später *(19;10 — 19;11)*, als er wegen schlechten Wetters seine Gärtnerstelle verlor, mit einem Mädchen feiern wollte und kein Geld hatte, folgte eine weitere lange Serie von gemeinsamen Einbrüchen in Lebensmittelbuden und -geschäfte. Er bekam eine Einheitsstrafe von 4 J. 6 Mon. Jugendgefängnis — unter Einbeziehung der UV —, aus der er nach 2 J. 8 Mon. XII. 54 (22;9) zur Probe entlassen wurde. Er war im Anfang (1952 und 1953) zweimal entwichen, seine Führung hatte überhaupt „anfänglich durchaus zu Beanstandungen Anlaß" gegeben, war aber schließlich „vorbildlich" und seine Arbeitsleistungen „sehr gut".

Die anschließende Bewährungszeit hat er mit Hilfe eines Bew. Helfers ohne Straftaten überstanden. Er war aber in der Arbeit etwas unstet und auch gelegentlich in Schlägereien verwickelt. Er fühle sich nämlich, sagte der Bew. Helfer, leicht übertölpelt und trumpfe dann auf. — Auch früher hatte er nur ziemlich kurzfristige Stellen; nur gleich nach Schulentlassung hatte er 11 Monate in einer Papierfabrik gearbeitet, verlor die Stellung aber durch die erste U-Haft. — Von den rund sechs Jahren von 16½—22½ hat er rund fünf in Haft zugebracht.

Er lebt mit Eltern und Geschwistern in einem ziemlich düsteren und wenig gepflegten alten Haus mitten im Güterbahngelände von Hamburg-Eidelstedt. Der V. — bei Ottos Geburt 26 — ist als Monteur schon viele Jahre bei der gleichen Firma, mit der er aber im Krieg auch viel auswärts gearbeitet hat. Er soll ein nüchtern denkender, etwas verschlossener Mann sein. Nach dem Krieg hat er das Trinken begonnen. Die beiden großen Brüder — 3 und 4 J. älter als Otto und besser begabt — hatten um 1946

Strafverfahren wegen ähnlicher Delikte wie er, später aber nicht mehr, standen auch immer in Arbeit. Mit ihnen soll Otto wenig Kontakt haben; es heißt, er habe sich von ihnen oft über den Schnabel fahren lassen müssen, weil sie ja immer die Klügeren waren. — Ferner gibt es noch eine 7 J. jüngere Schwester Marietta, die 1954 etwas ins Schulschwänzen geriet. Sie hatte damals, 15jährig, auch einen Freund, den sie, wenn V. und Brüder nicht da waren, in die Wohnung kommen lassen durfte. Sie soll sich aber jetzt etwas über das Niveau der Familie hinausarbeiten und überhaupt ganz gut durchsetzen, „eher wie ein Junge".

Die Fürsorger klagten besonders in der Schwarzmarktzeit über Schwierigkeiten in der Zusammenarbeit mit den Eltern. „Sie hüllen sich fast immer, wenn man eine Angelegenheit ihrer Kinder mit ihnen besprechen will, in tiefes Schweigen." Ein Jahr später: „Ermahnungen werden ... mit einer Oberflächlichkeit hingenomen, ... als ob alles in den Wind gesprochen ist." Bei einer Haussuchung wurden damals in der Wohnung größere Mengen von Lebensmitteln, Garnrollen u. ä. ermittelt, die die Kinder nach Angabe der Eltern „gefunden" hatten. Im Urteil von 1948 hieß es, die M. habe die von Otto gestohlenen Lebensmittel im Haushalt verbraucht. Die Nachbarn gaben immer wieder den Eltern die Schuld am Verhalten der Kinder, besonders der M., die die Kinder „zum Stehlen angehalten" habe.

Die M. — die bei Geburt des Probanden 22;4 war — versuchte 1954 sich durch Schlafmittel zu vergiften und gab im Krankenhaus als Grund die häufigen Streitigkeiten mit dem V. an, der auch tätlich gegen sie werde, besonders wenn er getrunken habe. Nachbarn erzählten dann, sie selbst sei unwirtschaftlich, sitze viel in Konditoreien, rauche, mache Schulden, und darüber gerate der an sich fleißige und strebsame V. dann in Zorn. „Der eine trinkt, die andere ist unwirtschaftlich. Einer will aus Kummer über den anderen dazu getrieben worden sein." Auch die Mutter hat aber, heißt es nun, in den letzten Jahren getrunken. Otto soll mit ihr besseren Kontakt haben als mit dem V.; auch mit ihm habe sie gegen den V. durchgesteckt.

Als ich VI. 1955 mit ihr sprach, zeigte die M. — die noch ziemlich jung, und etwas mädchenhaft, wirkte — ein weich anpassendes, sanftes Wesen, war aber dabei etwas ausweichend und ausgleichend und so, als kontrolliere sie ihre Worte ziemlich genau. Mit Wärme sprach sie nur von der Tochter.

Sie sagte, sie glaube bestimmt, daß Otto nun keine Dummheiten mehr machen werde. „Das Haus wird jetzt wohl auch abgerissen, und wenn sie dann eine schöne andere Wohnung haben, ist es sowieso anders. Der V. hat ihn erst in seiner Firma untergebracht, da ging er wieder weg, weil er nicht den gleichen Lohn kriegte, er sagte: ich mache die gleiche Arbeit. Der V. war sehr böse, und sie sagten: hättest etwas dableiben sollen, dann hättest du auch den gleichen Lohn bekommen. Dann war er erst 3 W. arbeitslos, jetzt hat er was zur Aushilfe auf dem Bau, aber wenn es regnet, können sie da auch nicht arbeiten. Er geht ja jetzt mit einem Mädchen, die kennt er schon länger, sie hatte ihn auch in H'sand besucht. Die ist ganz nett, nur sie müßte ihn etwas an die Hand nehmen, aber das tut sie nicht, und er will auch immer das Sagen haben bei ihnen beiden. Seine DM 20,—

Kostgeld gibt er ja ab, sein Bruder auch — der Älteste wohnt ja bei seinem Mädchen. Aber das essen die Jungs auch auf, und der M. mal eine Aufmerksamkeit mitbringen, wie das anderswo ist, das gibt es bei ihnen nicht, das tut der V. ja auch nicht.

„Der V. trinkt ja. Er gibt der M. DM 50,— und das übrige vertrinkt er, und dann sucht er Streit und wird jähzornig und brutal. Er hat sowas Grobes dann; wenn er noch gemütlich wäre. Und darum hat die M. sich auch mal damals in dem einen Augenblick das Leben nehmen wollen. Da hatte der V. sie so geschlagen und entstellt, und sie hatte keine Hilfe und hatte Angst, er käme wieder. Das kann ihr ja auch keiner verdenken. Wenn einer von den Jungs da ist, stehen sie ihr ja immer bei, auch Otto neulich. Aber den Jähzorn haben die Jungen vom V. geerbt, der steckt in ihnen allen.

„Otto war ja schon der dritte Junge; eigentlich sogar der vierte, denn die M. hatte ja schon als erstes einen Jungen, der starb aber mit anderthalb Jahren an Brechdurchfall. Sie wollte ja eigentlich, als Otto kam, überhaupt keine Kinder mehr haben, sie hatte ja jedes Jahr ein Kind, nämlich dazwischen auch noch eine Fehlgeburt. Und wenn, dann wollte sie gern ein Mädchen haben nach den Jungen. Darum hatte er auch noch bis 3 J. lange Locken. Er ist blond und hat blaue Augen, das hat er vom V.; der Älteste und Marietta sind so dunkel wie die M. selbst. Als Otto mit ungefähr 1 J. ins Krankenhaus kam für 6 W. — er hatte nämlich einen Blutschwamm am Arm, der mußte weggemacht werden —, da haben sie ihn aus Versehen auf die Mädchenabteilung gelegt, weil er wie ein Mädchen aussah. Er sah sehr niedlich aus, und die eine Schwester im Krankenhaus wollte ihn gern für ganz behalten. Aber das wollte auch der V. nicht. Als die Kinder klein waren, war der V. auch nett mit ihnen, hatte sie auch mal auf dem Schoß, und den Otto wohl besonders, weil er der Hübscheste war. Er ist auch jetzt der Hübscheste. Ehe Marietta kam, hat die M. Otto vielleicht auch am liebsten gemocht, weil er der Kleinste war.

„Er war aber als Baby viel krank, war auch noch mal wegen Brechdurchfall im Krankenhaus damals, das woran ja der Älteste gestorben war. Aber er aß immer ganz gut und wurde auch rechtzeitig trocken. Etwas ängstlich war er aber. Er hat das von dem V., daß er so furchtbar im Schlaf phantasiert, dann schreit er auch und redet. Einmal ist er als Kind mitten in der Nacht im Schlaf auf den Schrank geklettert und hat dann geweint; sie weiß nicht mehr, wann das war. Aber eigentlich alle Kinder waren zuerst ängstlich und krochen am liebsten der M. unter den Rock, wenn sie irgendwo hingehen sollten. Zärtlich sind die Kinder mit ihr nur gewesen, als sie ganz klein waren. Es liegt ihr selbst nicht, sie ist ohne Liebe aufgewachsen, war bei PflEltern.

„Diese PflEltern wohnten auch die ganze Zeit in der gleichen Wohnung wie sie. Die PflMutter hatte den Ältesten aufgezogen, der dann mit anderthalb Jahren starb. Aber die anderen hat sie auch miterzogen, weil die M. ja damals noch gearbeitet hat, als die Kinder klein waren. Sie hat der Kinder auch gern gemocht. Als Otto wohl 3 J. alt war, ist sie gestorben. (Auf die Frage, ob das für ihn wohl ein Verlust gewesen sei:) Nein, das kann er ja nicht gemerkt haben, dazu war er ja noch zu klein. Vorgezogen haben die PflEltern keinen, höchstens den Ersten, den sie ganz hatten.

„Nachher war dann der V. immer sehr hart mit den Kindern und schlug sie so. Die M. schimpfte mehr; ehe sie schlug, mußte es schlimm sein. Wenn die Eltern böse waren, weinte Otto. Bei ihm war es besonders, daß er nicht lernen konnte. Der V. setzte sich dann mit ihm hin, aber statt daß er es ihm in Ruhe erklärte, wurde er sofort ungeduldig und schlug ihn, und dann weinte Otto und konnte erst recht nichts. Das war immer so, das war ganz schlimm. Sie ging manchmal dazwischen.

„Als Otto so 10, 11 J. alt war, kam er in die KLV, da schrieb er, daß es ihm nicht gefiel, da ließ sie ihn zu sich in die andere KLV kommen, wo sie mit Marietta war. Wie sie mit ihm im Zug fuhr, waren so viele Kinder im Abteil, da lag Otto oben im Gepäcknetz, da kriegte er Krach mit einem kleinen Mädchen, da hätte er ja nachgeben sollen, da hat die M. ihn gestraft, und dann stiegen sie um und da war mein Otto verschwunden! So dickköpfig war er. Weil sie ihn gestraft hatte. Und sie mußten doch weiterfahren. Da war so eine Schwester mit einer Binde um den Arm dabei, die hat ihn gesucht, nach einer Viertelstunde hat sie ihn dann angebracht, ganz verheult war er, und die Schwester hat ihr noch Vorwürfe gemacht, daß sie ihn gestraft hatte, dabei mußte sie das doch, gerade auf der Reise, da müssen die Kinder doch auch folgen.

„Marietta ist anders als die Jungen, anhänglich, die versteht alles und erzählt der M. auch alles. Die Jungen erzählen ihr ja nichts, dabei gibt es doch auch Jungen, die ihrer M. alles erzählen. Marietta (bei dem Gespräch 16 J. alt) kennt alles von M' Sorgen, obwohl es für sie ja auch nicht schön ist, daß sie alles so miterlebt. Die M. denkt ja auch immer noch daran, von dem V. wegzugehen. Dann müßte es doch eigentlich Arbeit für sie geben? Aber in ihrem Alter findet man ja keine Arbeit mehr. Die M. ist gern lustig und singt auch gern — das tut Otto auch —, aber sie hat zu viele Sorgen."

In der krim. psychol. Untersuchungsstelle der Gefängnisbehörde wurde Otto 1948 als geistig und körperlich schwach, als auch vital dürftig beurteilt. Er sei weich, wenig spannungskräftig, ohne Selbstvertrauen, aus Minderwertigkeitsgefühlen zum Neinsager geworden. Für sich sei er anspruchslos, aber fremden Einflüssen sehr zugänglich. Er orientiere sich notgedrungen ganz am Gewohnten und Nächstliegenden und entnehme die Maßstäbe für sein moralisches Handeln dem, was er in seiner vertrauten Umgebung vorfinde. Durch die zunehmenden Komplikationen sei er in mürrische, teils auch depressive Stimmungslagen hineingeraten, durch die er unvorteilhafter erscheine als er sei. — Bei seiner Wiederkehr 1952 hieß es, er schäme sich, wieder da zu sein. Durch seine Arbeitslosigkeit sei es zwischen ihm und dem V. zu Reibungen gekommen; offenbar sei er dieser seelischen Belastung, die er recht deutlich geschildert habe, nicht gewachsen gewesen, er sei aber gutartig.

Dieser Fall hat eine Reihe von Ähnlichkeiten mit dem vorangegangenen. So in der Art der Straftaten: beide Probanden haben nur gemeinschaftliche Güterdiebstähle und Geschäftseinbrüche begangen. Ferner in der Art des Elternhauses: eine schwierige Ehe — ein jähzorniger, aber auch zum Trunk neigender Vater —, eine Mutter, die „ohne Liebe aufgewachsen" ist, die der vielen Geburten überdrüssig wurde, sich überhaupt als Opfer des Mannes und der Verhältnisse fühlte und fühlt und selbst nicht recht Wärme verbreitet —, mindestens zeitweise auch direkte Asozialität des Elternhauses —, große Geschwister, gegen die der Proband nicht aufkam. Und ferner beim Probanden selbst: häufiges Kranksein und besondere Weichheit in den ersten Jahren — überhaupt ein „leicht beeinflußbares" Wesen, aus dem aber unvermittelt und grob Selbstbehauptungsakte hervorschießen — und geringe geistige Begabung. Beide Probanden sind früh, aber zunächst nur mit einer relativ kurzen Strafe ins Jugendgefängnis gekommen, aber danach und auch nach späteren jahrelangen Aufenthalten in der Jugendstrafanstalt wieder rückfällig geworden.

Andererseits gibt es Unterschiede, und zwar eigentlich nur solche, nach denen die Person und auch die persönliche Umwelt des Otto Faßbender im günstigeren Licht erscheint.

Otto hat sich im Strafvollzug und danach besser geführt. Zwar war Rolf Westphal bei der Entlassung 1954 zwei Jahre jünger als Otto, ist ja aber auch inzwischen rückfällig geworden und wird nun noch in einem Alter in Haft sein, in dem Otto sich schon — Jahre hindurch —straffrei hielt. Otto hat sich überhaupt mehr Sympathien erworben; Strafvollzugsbeamte, Gutachter, der Bewährungshelfer haben sich über ihn freundlicher ausgesprochen und hatten das Gefühl echten Kontaktes. Seine Selbstbehauptungs-Tendenzen scheinen auch etwas zielsicherer zu sein — wenn sie auch über das Ziel hinausschießen; von einer solchen „Stille", wie sie von Rolf berichtet wurde, hat man bei ihm auch nichts gehört. Er war ja wohl auch als Baby nicht ganz so schwächlich wie Rolf und hat später nicht einen so schweren Unfall erlitten. Die Ehe der Eltern Faßbender besteht aber auch noch, es hat nicht so ein makabres Ende gegeben wie in der Familie Westphal. Die Eheschwierigkeiten sind überhaupt erst später so groß geworden, und zwar vielleicht in erster Linie, weil der Vater stabiler und besser eingeordnet war. Er begann erst nach dem Kriege mit dem Trinken und wird als besonders strebsamer Arbeiter geschildert, während Herr Westphal schon in den frühen Ehejahren getrunken und außerdem „fremde Frauen gehabt" haben soll. Vielleicht — das ist schwer zu beurteilen — hat ihm auch die Frau die Ehe weniger schwergemacht. Allerdings hat man bei ihr das Gefühl, daß sie in sich befangen ist, aber sie ist anscheinend weniger hart — wirkt auch rein körperlich zarter und weniger vital und aktiv — und hat ja auch, wenn man diesen groben Vergleich ziehen will, auf die Schwierigkeiten mit dem Mann mit einem Suizidversuch reagiert, während Frau Westphal in anderer Richtung vorging.

Wie dem auch sei, die Mutter ist doch wohl für den kleinen Otto eine mildere und freundlichere Erscheinung gewesen. Auf seinen ersten Jahren liegt überhaupt ein sehr viel freundlicheres Licht, trotz seinen Krankheiten und seiner Ängstlichkeit. Auch damals erweckte er, mit seinen blonden Mädchenlocken, Sympathien, und zwar bei Vater u n d Mutter, während Rolf anscheinend nur mitleiderregend wirkte, und auch das nur auf den Vater. Wenn die M. zur Arbeit ging, war die PflGroßmutter da. Außerdem — und das scheint mir sehr wichtig — war Otto von der Mutter nur ganz kurz getrennt, wie eben überhaupt die Familie besser zusammenhielt. Als es ihm in der ersten KLV nicht gefiel, holte sie ihn zu sich und der kleinen Schwester. Und auch Stiefeltern hat es nicht gegeben. — Zusätzlich belastend könnte bei ihm der Tod der PflGroßmutter gewesen sein und die Geburt der Schwester, die ihn aus seiner Prinzen- bzw. Prinzessinnen-Rolle verdrängte. Aber sie kommen doch wohl an Bedeutung nicht auf gegenüber dem, was in seinem Leben im Vergleich zu dem des Rolf Westphal günstiger war.

Natürlich liegt es nahe, seine etwas besser geratene Persönlichkeit mit diesen besseren Entwicklungsbedingungen in Verbindung zu bringen, aber in Form einer glatten Rechnung, eines strengen Beweises kann das niemals geschehen, da ja zu viele Momente unbekannt sind.

Darum möchte ich zu diesem Fall nur noch auf einige spezielle Punkte eingehen. Erstens noch einmal darauf, wie auch hier eine in ihrer persönlichen Entwicklung wohl etwas zu kurz gekommene Frau ein gewisses Unglück in der Familie verbreitete oder es doch nicht verhindern konnte. Sie muß ja bei der Geburt ihres ersten Kindes höchstens 17 gewesen sein (nach den näheren Umständen dieser Mutterschaft habe ich bei dem sowieso etwas prekären Kontakt nicht zu fragen gewagt) und hat dann auch in der Folge ihre „Mutterschaft" anscheinend in der Hauptsache als aufgedrängt empfunden. Vielleicht, wenn sie auch nur mehr Zeit, aber überhaupt mehr Spielraum gehabt hätte, sich zu entwickeln, wäre ihre eigene Freude am Kinderhaben und an den Kindern zutage gekommen, und sie hätte dann auch mehr Freude um sich verbreiten können. Sie scheint auch jetzt noch immer von anderen Liebe und Aufmerksamkeit zu erwarten, ohne zu merken, daß sie selbst ihren Angehörigen davon weniger stiftet als viele andere Mütter das tun. Dafür bezeichnend ist auch, daß sie die 15/16-jährige Tochter, die ihr von allen ja wohl am nächsten stand, in ihre persönlichen Schwierigkeiten mit hineinzog, zwar mit einem gewissen Bewußtsein davon, daß das für die Tochter „nicht schön" war, aber wie immer nur passiv den Verhältnissen die Schuld gebend. Daß sie hier selbst eine Entscheidung traf, merkte sie nicht.

Der zweite Hinweis soll der Tatsache gelten, daß Frau Faßbender nicht mit dem Geschlecht ihres Jungen zufrieden war und es sogar zu korrigieren suchte. Eine Reihe anderer Mütter erzählten ähnliches, so z. B.:

18. „Sie wollte, daß er ein Mädchen werden sollte, konnte sich nicht damit abfinden, hat ihn bis dreiviertel Jahr als Mädchen angezogen. Das hat er ihr später noch so oft gesagt, daß sie ihn garnicht hätte haben wollen." 2. Junge, danach noch 3 Mädchen und 1 Junge.

49. „Die M. hatte sich ja ein Mädchen gewünscht, und P hatte so etwas von einem Mädchen, hat auch jetzt noch weiche, mädchenhafte Züge. Aber sie hat erst den dritten wie ein Mädchen angezogen, und gerade der ist von allen der männlichste und energischste." 2. von 4 Jungen.

8 3 . „Er sollte ja eigentlich ein Mädchen werden. Er hatte auch so einen blonden Pagenkopf als kleiner Junge, und dazu die dunklen Augen mit den langen Wimpern!" 3. von 4 Jungen.

1 4 2 . „Sie hätte als Kind lieber ein Mädchen gehabt (selbst etwas maskulin), aber als P kam, war es ihr auch so recht."

2 0 3 . Angabe des V.: „Ilse, darauf ging der V. ganz und gar, und weil ihm sein Mädchen starb, wollte er wieder ein Mädchen haben und war enttäuscht, als P ein Junge war. Aber dann hat er ihnen doch viel Freude gemacht." P hatte noch einen älteren Bruder.

2 0 4 . „Die M. wollte ja keinen Jungen, sie mag keine Jungen, nur Mädchen; o nein, sie wollte keine Jungen!" P Ältester von Dreien, das zweite ein Mädchen.

2 0 9 . „1931 kam der zweite Junge, da hätte sie gern ein Mädchen gehabt. Bei P, dem dritten, war es ihr egal, denn sie wollte an und für sich überhaupt nur 2 Kinder haben, wegen der Not. Na, wenn ein Kind dann da ist, möchte man es ja nicht mehr hergeben."

2 1 8 . „Die M. hatte damals gerade ihre kleinen Mädchen verloren; sie ging mit P schwanger, als das eine kleine Mädchen starb. Er war dann ein sehr weiches, weinerliches Kind, mehr ein Mädchen als ein Junge, vielleicht weil die M. sich wieder ein Mädchen gewünscht hatte." P hatte noch älteren Bruder.

2 1 6 . „... wie eine kleine Puppe, ganz schwarze Locken, schwarze Augen, er sah aus wie ein Mädchen. Er hatte ja auch ein Mädchen werden sollen. Bis 3 sah er auch so aus, aber dann schnitt ihm die Tante mal das Haar ab, weil es ihm zu heiß war im Sommer." 2. von 2 Jungen.

2 6 7 . „Er sollte ein Mädchen sein, aber sie haben ihn nachher nicht so wie ein Mädchen gehalten." 3. von 3 Brüdern.

Wünsche in dieser Hinsicht sind ja verständlich, aber bei manchen Eltern wachsen sie sich zu Forderungen an das Schicksal oder sogar an das Kind selbst aus. [21]) Ob nun das Kind daraufhin dauernd feminine Seiten hervorkehrt oder später sogar recht bald mit männlichem Protest antwortet, hängt wohl von einer ganzen Reihe sonstiger Faktoren ab und sicher nicht zum wenigsten von konstitutionellen. Aber daß das im engeren Sinne geschlechts-konstitutionelle Faktoren sein mußten — eine mehr „männliche" oder mehr „weibliche" biologische Konstitution —, ist doch wohl zweifelhaft. Vielleicht genügt schon einfach eine größere Weichheit, Empfindsamkeit oder auch körperliche Schwäche, wie sie ja auch unter Jungen gar nicht so selten ist, um etwa einen solchen dritten Jungen — wenn die Eltern ihm wirklich dauernd diese Rolle anbieten — „mädchenhaft" zu machen. Wenn also, wie Th. Lang [22]) feststellte, Homosexuelle

[21] Friedlander (1951, 90) meint, daß sich in dem Wunsch der Mutter, das Kind möchte ein anderes Geschlecht haben, als es tatsächlich hat, unmittelbar ein feindliches Gefühl gegen das Kind ausdrückt. Vgl. auch ihren Jungen Billy, der ein Mädchen sein sollte (S. 79 ff) und einen entsprechenden Fall bei *Healy und Bronner* (1936, 84).

[22] 1939

einen überdurchschnittlich hohen Anteil an Brüdern haben (statt Schwestern), so müssen sie damit noch nicht biologisch „Umwandlungsmännchen" sein. — Auf Besonderheiten im Verhältnis zum V., die bei der Hervorkehrung femininer Züge eine Rolle spielen, wird später noch eingegangen werden.

Wegen seiner Parallelen mit den beiden vorangegangenen Fällen sei hier ferner noch kurz ein Fall eingefügt, aus dem eben zitiert wurde: 49. Wilhelm Kaiser, 25. X. 31. Er beging von *13;8 — 18;2* eine Reihe gem. Diebstähle, darunter 3 Geschäftseinbrüche, und war zuletzt 7 Mon. im Jugendgefängnis.

Sein V., ein „lebensfroher, energischer, tüchtiger" Mann, ist seit W. 12;4 vermißt. Die M. hat nicht wiedergeheiratet und W. war nur mit ihr und den 2 älteren und einem jüngeren Brüdern evakuiert, außerdem allerdings in früherer Kindheit ein paarmal im Krankenhaus und zur Kräftigung verschickt. Die M. sagte VII. 55, der V. habe sich besonders mit dem Ältesten und dem Jüngsten beschäftigt. „Wilhelm war ihm zu weichlich. Man brauchte ihn nur scharf anzugucken, dann weinte er sofort. Sie haben manchmal die Probe darauf gemacht: wenn er auch gar nichts gemacht hatte, sah der V. ihn bei Tisch nur mal so von der Seite an mit seinen dunklen Augen, dann weinte er schon." Er sei immer der weichste und auch der körperlich zarteste der Brüder gewesen. Sie neckten ihn oft, und sein Name bei ihnen, aber auch bei den Kumpanen, ist Bubi. In der Schule kam er gut mit.

„Die M. hat sich deswegen seiner vielleicht besonders angenommen, wie man das als M. ja tut, wenn man merkt, daß der V. ihn zurücksetzt. Er war auch von sich aus anschmiegend und zärtlich. Als kleiner Junge hat er immer freiwillig bei ihr reingemacht ... beinah besser als eine Hausfrau, er ging in alle Ecken und wischte den Flur. Er kann auch kochen und alle Hausarbeiten. Aber er hat auch oft behauptet, sie — die M. — setzte ihn zurück, der Älteste wäre ihr Liebling. Er ist überhaupt der einzige von den Brüdern, der zur Eifersucht neigt."

Später entwickelte er ein auffälliges Geltungsbedürfnis, z. T. mit Harlekinmanieren. „Um nicht als Feigling zu gelten, lief er gern mit Kameraden mit", die durchweg älter waren als er. Dazu kam allerdings, daß die Familie in einer Straße wohnte, die, obwohl nur klein, zu den 300 Probanden allein 6 beigesteuert hat Auch die Brüder begingen gelegentlich Straftaten, aber weniger und viel leichtere als Wilhelm. Die M. wurde als ordentlich, aber etwas schwankend und weich beurteilt. „Ihr Einflluß genügt nicht, um den der Straße auszuschalten" (JA). Schon 1955 war der Proband rund 5 J. völlig straffrei geblieben. Die M. sagte, er habe damals nach der Verbüßung gleich seine Verlobte kennengelernt, ein anständiges, tüchtiges, etwas „herrisches" Mädchen, und sich dann sofort von den Kameraden, „von all denen hier in der ... straße" gelöst. „Die Brüder necken ihn schon, das er alles tut, was

Hilde will. In seiner Ehe mit ihr wird es wohl etwas mit vertauschten Rollen gehen, aber er wird ein guter Familienvater sein." [22a])

Es sind wohl nicht selten gerade diese Jungen, denen ein schlechtes Straßenmilieu so gefährlich wird, oder noch spezieller: bei denen es ganz entscheidend mitwirkt. Denn es kommt ihnen ja gar nicht so sehr darauf an, nun gerade asoziale Taten zu begehen; sie wollen nur überhaupt bei etwas mitmachen, das eine gewisse Verwegenheit erfordert und sie bei den maßgeblichen Instanzen — nämlich den älteren Jugendlichen des Viertels — in Geltung setzt. Auch Rolf Westphal — bei dem allerdings die asozialen Tendenzen vielleicht tiefer sitzen — wohnte ja in einer recht schlechten Gegend, und Otto Faßbender mitten im Güterbahngelände, in dem bis zur Währungsreform Groß und Klein sich mit lebensnotwendigen Gütern versorgte. (Vgl. die Bemerkung einer Fürsorgerin über einen anderen Fall: „Die ganze Familie lebt vom Eidelstedter Bahnhof.")

Und hier muß noch etwas über die geringe geistige Begabung von Rolf Westphal und Otto Faßbender gesagt werden (Karl-Heinz Kaiser gilt als „intelligent", was ja vielleicht mit ein Grund dafür ist, daß er nicht so stereotyp wie die anderen diese Art von Taten fortsetzte). Am schwächsten begabt ist ja wohl Otto (HiSch Kl.6), und wenn man seinen Aufsatz „Auf der schiefen ban" liest (S. 368), so glaubt man in gewissem Grade nachfühlen zu können, wie es einem Jungen mit einer solchen Beschränkung zumute sein muß. Wie er seine Sätze und Satzteile aneinander fügt: „und ich nun ...", „und wie ich nun ...", „und ich dann ...", „und wir nun ...", „aber es nun ...", in dieser Weise — so stellt man sich vor — haben sich ihm damals auch die realen Vorgänge aneinandergeknüpft, als ein Strom, der unaufhaltsam in einer einzigen Richtung ging. Und es ist merkwürdig zu sehen, wie klar, verständlich und richtig sich in dieser einen Richtung alles zusammenfügt, wie schwer es aber doch offenbar für einen Jungen von einer solchen Hirnbeschaffenheit ist, anzuhalten, aus dem Strom herauszusteigen, ihn einmal von einem Ufer aus in anderer Richtung zu betrachten und sich danach neu zu entscheiden. Nur über dem ganzen Schreiben scheint eine — hilflose und rührende — Verwunderung darüber zu liegen, daß all dies, was so von selbst wie in einer Gleitschiene lief, doch offenbar ganz verkehrt war. Das war aber in einem Augenblick, wo ein Bremswerk — die Strafanstalt — das Weiterlaufen des Mechanismus hinderte, und kaum wurden die Bremsen gelöst, so setzte er sich wieder in Bewegung. Und doch scheint eine innere Steuerung bei ihm vorhanden, mehr z. B. als bei Rolf Westphal, der sogar etwas besser begabt ist. Er schreibt so aufrichtig und einfach, und es scheint im Grunde nur eine Kleinigkeit dazu zu fehlen, daß er sich selbst beim Schopfe nehmen und aus dem Sumpf ziehen könnte. Aber diese Kleingkeit fehlte eben wirklich. [23])

[22a] Strafregistereinsicht III. 61: VI. 56 DM 30,— u. DM 10,— Geldstrafe w. Diebstahls und Abgabenhinterz.

[23] Hier ist hinzuweisen auf die psychiatrischen Nachuntersuchungen, die *Bonhoff* (1953) an einem Teil der von 1934-45 in Hamburg Sterilisierten gemacht hat. Es zeigte sich dabei, daß von den schon im Jugendalter wegen Schwachsinns sterili-

Bei diesen hirnorganisch Behinderten — so kann man ihn ja wohl nennen — kommt ja ferner hinzu, daß ihnen eine vernünftige Auseinandersetzung mit anderen erschwert ist. Aus Mangel an Überblick — und weil sie wirklich leicht übers Ohr gehauen werden — glauben sie sich oft benachteiligt, wo sie es gar nicht sind, und suchen dann ihr Recht in ungeschickter und mißverständlicher Weise. Das ist wieder etwas, was besonders in Strafanstalten zu Schwierigkeiten führen kann, weil die Beamten einen solchen Vorgang oft nicht genügend durchschauen oder auch einfach ihrerseits affektiv darauf reagieren.

Und nun stellt sich überhaupt wieder die Frage, ob dieser Junge wirklich 5 Jahre seiner Entwicklungszeit in einer Strafanstalt zubringen mußte. (In seinem Lebensbericht geht er über die Strafzeiten ja merkwürdig rasch hinweg, sie schrumpfen neben den Taten völlig zusammen.) Seine Taten waren objektiv schwer, und er wurde mehrfach rückfällig. Hätte man es aber nicht — was man niemals tat — zunächst und, wie ich meine, auch später noch mit öffentlicher Erziehung versuchen sollen? Wichtig wäre dabei wohl auch die Verpflanzung in eine ungefährlichere äußere Umwelt gewesen, die man allerdings nur mit Vorsicht hätte vornehmen dürfen, damit es bei diesem anpassungs-behinderten Jungen nicht zu Kurzschlüssen kam. Er war in Hahnöfersand lange in der Küche beschäftigt und spricht von dieser Zeit — wie der Bewährungshelfer sagt — noch jetzt mit besonderem Stolz. Auch in Erziehungsheimen gibt es aber Küchen, und man kann nicht recht einsehen, daß der Aufenthalt in einem Heim — wenn es gut gewesen wäre und auch für die notwendigen Sicherungen gesorgt hätte — nicht mindestens die gleichen Wirkungen bei ihm hätte tun können. — Über jeden Zweifel erhaben ist natürlich der Wert eines Bewährungshelfers für einen solchen Jungen, und es ist gut möglich, daß Otto seinem Bewährungshelfer das Überstehen der Probezeit zu verdanken hat.

---

sierten Verwahrlosten relativ viele nicht nur die Verwahrlosung überwunden hatten, sondern auch den äußeren Lebensanforderungen ganz gut gerecht wurden, sich und ihre Familie in normaler Weise unterhielten. Darunter waren besonders viele, „die in ihrer Kindheit und Jugend schweren Milieuschädigungen ausgesetzt waren, deren Auswirkungen hinsichtlich ihrer Dauer offenbar überschätzt worden waren. Als solche das Erziehungsmilieu beeinträchtigende Faktoren konnten im einzelnen erfaßt werden: Trunksucht oder Rückfallskriminalität eines oder beider Eltern, uneheliche Geburt, frühe Scheidung der Elternehe oder frühe Verwaisung sowie in gewissem Grade auch Geschwisterreichtum — zusammen mit den Folgerungen: Erziehung bei Pflegeeltern oder Verwandten (in geringem Grade) oder (vor allem) in Waisenhäusern, Fürsorgeheimen und Anstalten. In geringerem Prozentsatz, jedoch in gleichem Sinne, wirkten sich auch kindliche Krankheitszustände (vor allem Rachitis und Augenstörungen) entwicklungsverzögernd" aus (S. 282). „Man wird daher aus unserem Material festhalten dürfen, daß eine Reihe von exogenen, nicht-erbbiologischen Faktoren geeignet ist, die intelligenzmäßige Entwicklung erheblich zu verzögern". (S. 269). — „Die in den charakterologischen Beschreibungen dieser Probanden, z. B. im Entmündigungs-Gutachten auftauchenden Begriffe 'Verführbarkeit, Haltlosigkeit, Oberflächlichkeit, Gemütsarmut, Bindungsunfähigkeit usw.'bezeichnen bei diesen Probanden . . . keine dauernd repräsentierten Verhaltenseigenschaften, sondern wandlungsfähige, entwicklungsmäßig vorübergehend eingenommene Verhaltensweisen." Das gelte aber weniger für die Hyperthymie

Gefährliche Momente, in denen ein Rückfall in Reichweite lag, hat es durchaus gegeben, aber wenn schon Otto von seinem Strom wieder dorthingetragen wurde, so stand diesmal jemand am Ufer und hielt ihn an. — Auch nach einer Heimzeit hätte natürlich die Betreuung entsprechend intensiv sein müssen. [23a])

Zum Vergleich sei hier noch — kürzer — über einen anderen debilen Jungen berichtet:

003 Siegfried Löhr, 6. V. 32, beging in der gleichen Eidelstedter Güterbahngegend Güterberaubungen, zuerst *15;2*, dann *16;0* — dies war noch vor der Währungsreform — und dann wieder *16;8*, und zwar jedesmal mehrere Taten (schwere Diebstähle) mit immer den gleichen, etwas jüngeren Freunden. Das erstemal wurde er nur ermahnt, das zweitemal kam er in den JugArr (gut geführt, charakterlich kein schlechter Eindruck, aber geistig sehr schwerfällig und leicht beeinflußbar). Das dritte Mal bekam er 7 Mon. JugGefängnis, die er nach 2 Mon. U-Haft von 17;0 — 17;5 verbüßte („verhältnismäßig leicht zu leiten, geistig sehr schwach und ohne jeden Eigenwillen").

Er war 1948 (15;11) aus Kl. 7 der Hilfsschule entlassen worden. (Er selbst schrieb allerdings, er habe die „Feugschule" besucht.) Seine Leistungen waren „infolge seiner mangelnden Intelligenz sehr schwach" gewesen, der Schulbesuch aber regelmäßig.

Er wohnte immer bei seinen Eltern, war auch nicht in KLV. Der V. ist als Schiffbauer seit über 20 Jahren im gleichen Betrieb. Die M. hat Tbc und war durch Haushalt und Garten — sie haben ein Siedlungsgrundstück — wohl oft überlastet, ist auch etwas schwer im Wesen. Ein Bruder, 4 J. älter als Siegfried und sehr viel begabter als er, ist Beamter geworden und steht mit seinem ruhigen und etwas schwermütigen Wesen der M. nah; er ist, wie sie sagte, „ganz ihr Kind".

Es gibt noch eine 3 J. jüngere Schwester, die nach einer frühen Encephalitis nicht einmal hilfsschulreif war und der M. im Hause hilft, und einen 9 J. jüngeren Bruder.

Die M. sagte VI. 55, alle Kinder seien etwas schüchtern und ängstlich gewesen. Auch Siegfried „konnte nicht Gegenreden machen, wenn andere Kinder was sagten, und auch nicht wiederhauen, er ließ sich alles gefallen." Er sei aber immer lebhafter gewesen als der Bruder, und Ermahnungen gingen ihm „zum einen Ohr rein, zum andern Ohr raus. Ihn muß man mit Ruhe und Güte behandeln, sonst kommt bei ihm der Jähzorn. Der V. (der an sich lebhafter ist als die M.) ist da beinahe eher ruhiger mit ihm als die M. Die M. war überhaupt strenger und ist es wohl heute noch... Als kleines Kind war Siegfried ganz unbedingt ein Vaterkind. Aber er erzählt auch der M. alle seine Erlebnisse.

[23a] Strafregistereinsicht III. 61: 1) *V. 57* DM 100,— w. Widerstands g. VollstrBeamte. 2) *I. 58* 4 Wochen Gefängnis w. Widerstands g.VollstrBeamte. 3) *VI. 58:* DM 150,— und DM 100,— w. Körperverl. in 2 Fällen 4) *IX. 58* 4 WochenHaft w. Trunkenheit auf Moped *5) XI.* 60 4 Wochen Haft w. Trunkenh. i. Straßenverkehr.

„Das damals waren die Kameraden, die er hatte. Er ließ sich beeinflussen. Von der Schule waren ja nie Klagen gekommen. Und er hat sich die Strafe dann auch sehr zu Herzen genommen, er hat sich in Hahnöfersand ja auch sehr gut geführt. Seitdem er von da zurück war, ist er ruhiger geworden, zog sich ganz von den anderen zurück (auch vom JA berichtet; er wurde vorübergehend völlig zum Einsiedler). Es war nur schlimm, daß die M. all diesen Kummer durchmachen mußte. Als Siegfried das sah, tat es ihm auch leid. Er hat überhaupt ein warmes Herz. Der Vater auch . . ."

Nach der damaligen Verbüßung hat er immer gearbeitet, soweit er nicht wegen Krankheit — er bekam auch Tbc — aussetzen mußte. Er spart und schafft sich Sachen an. „Ein Mädchen hat er noch nicht, kann sich überhaupt unter Fremden nicht so frei bewegen, aber er hat einen Freund, mit dem er gern zum Tanzen geht." Schon bald nach Entlassung aus H'sand machte er der M. eine sehr schöne Gartenanlage mit Steinplatten. 1952 schrieb das JA: „Die Reinigung seiner Papiere schwebt ihm schon seit langem als höchstes Ziel vor." IV. 52 (19;11) wurde der Strafmakel getilgt.

Auch die krim. psychol. Untersuchungsstelle der Gefängnisbehörde hatte ihn schon bei der letzten Verurteilung eher positiv beurteilt:

Seine Lebhaftigkeit sei mehr unruhig-triebhafte, durch unzureichende Selbstkritik wenig gebremste Motorik als wirklich kraftvolle und zuversichtliche Aktivität. Sein Selbstbewußtsein sei geringer, als seine scheinbar fröhlich-unbekümmerte Haltung ausdrücke; er sage selbst, daß er früher schüchtern und leicht verwirrt gewesen sei. Nur seine Körpergröße habe ihm wohl eine gewisse Vormachtstellung gegeben; man habe ihm gerichtsseits wohl eine etwas zu große Bedeutung als Bandenführer beigemessen. In geordneter und überwachter Umwelt dürfte er sich nicht nur fügsam einordnen, sondern auch um gute Arbeit bemüht sein.

Dem steht aber ein anderes Gutachten gegenüber, das drei Monate später im Strafvollzug ein pädagog. Psychologe über ihn abgab: „Hyperthymer, ungebremster, unsteter Schwachsinniger, von Fernzielen wunschhaft lang anhaltend bestimmt, jedoch, wenn man ihm ein Ziel verhängt, springt er sofort ab und will ‚irgendwas anderes'. — Prognostisch keinerlei charakterliche Entwicklungsmöglichkeiten mehr erkennbar." Ich würde einem solchen Urteil schon darum mißtraut haben, weil der Proband seine ganze Kindheit hindurch ununterbrochen bei beiden Eltern gewesen war. Es hätten schon ganz besonders unglückliche sonstige Umstände vorgelegen haben müssen — und das taten sie hier ja nicht —, wenn diese ruhige Kindheit dem Probanden nicht einen Fond an gutem Willen hätte geben sollen, der ihm dann mit wachsender Reife auch die Disziplinierung ermöglichte.

Der Proband hat auch nur gem. Beschaffungsdiebstähle begangen, „organisiert", wie es in der Zeit vor der Währungsreform so allgemein üblich war, wenn sie auch bei ihm besonders schwere Formen angenommen und nicht mit der Währungsreform aufgehört haben. Diese erschwerenden Faktoren können wohl mit seinem Mangel an „Kritikfähigkeit" zusammenhängen; es haben ja besonders viele Hilfsschüler gem. schwere Diebstähle begangen (Tab. 231, 237). Daß Taten dieser Art gesinnungsmäßig aber nicht so bedenklich waren wie andere, wurde auch — besonders im Hinblick auf die Metalldiebstähle — von manchen Müttern hervorgehoben. [23b])

Vgl. z. B. die Angabe der M. des Probanden III 42, der eine große Anzahl gemeinsch. Metalldiebstähle begangen hatte und deswegen u. a. mit Gefängnis bestraft wurde: „Er war auch sonst gewissenhaft: wenn er etwas versprach, hielt er es auch, und er nahm auch nichts aus seiner eigenen Sparbüchse, obwohl die offenstand. Oder als sie ihm als Kind einmal 3 Bonbons mitgab, kam er später wieder mit ihnen rauf und sagte, sie wären zu 4 Jungen gewesen, und 3 Bonbons hätte er ja nur gehabt, da hätte er lieber selbst keinen gegessen." Seit 4 J. hat dieser Proband keine Straftat mehr begangen, hat ständig und gut gearbeitet, ist verheiratet und hat 2 Kinder. Nachdem der V. gefallen war, war das Elternhaus etwas abgesunken, die M. hatte auch Verlobte im Haus, ist aber an sich eine warmherzige Frau.

Die M. des Probanden II 29, der mehrfach gem. Metalldiebstähle begangen hatte, sagte: „Andere klauten ja im Kaufhaus da gegenüber, aber die M. hatte ihren Kindern gesagt: wenn ihr da einmal was nehmt, hau ich euch die Finger ab. Ihr habt euer Essen, ihr kriegt euer Taschengeld, das gibt es nicht. Taten sie auch nicht. Mit den Trümmern war es anders, das taten all die Jungs, da machte er mit, da hieß es: Kalli, sei kein Frosch, da kauften sie sich dann Indianerzeugs und sowas, wie Jungs so sind."

II 98: „Daß er diese Sachen gemacht hat, war nur der Krieg, die Not, Beste Frau (mich an den Armen fassend), das haben wir ja alle gemacht!"

Während andererseits die M. des Probanden *IV 233*, der nur immer — allein — in der Arbeitsstelle und zu Hause stiehlt, ihn mit den Worten entschuldigte: „Sowas wie in den Zeitungen steht, Einbrüche und das alles, sowas macht er ja nicht."

149. Alwin Schober, 2. XII. 34. Mit *12 J.* beginnend, 1947/48, wurde er mehrfach bei Kohlendiebstählen betroffen und kurz vor der Währungsreform *(13;5)* auch beim Versuch eines „Gummidiebstahls". I. 49 bekam er eine Arbeitsauflage, weil er XII. 48 *(14;0)* mit 2 anderen durch einen Fabrikzaun gekrochen war und Bleikabel entwendet hatte.

O. 1949 wurde er aus der VSch Kl. 5 entlassen. Die Schule sagte, seine Leistungen seien sehr mangelhaft gewesen, besonders wegen seines häufigen Fehlens. Der V. habe ihn an Schultagen zum Bergen von Altmetall mitgenommen. Er sei persönlich ruhig und unauffällig, gutmütig und gutwillig, in der Klasse stets hilfsbereit gewesen, aber bei Leistungsanforderungen sehr schnell unsicher und aufgeregt, er habe dann überlastet gewirkt. Die Eltern hätten ihn vom 9. Schulj. befreien lassen, damit er schon verdienen könne.

---

[23b] Strafregistereinsicht III. 61: keine späteren Verurteilungen.

In seiner ersten Arbeitsstelle, einer Dachpappenfabrik, blieb er etwas über 2 J. Gleich im Anfang verlor er allerdings bei einem Arbeitsunfall 2 Fingerglieder der rechten Hand und kam einige Zeit ins Krankenhaus. Mit *15;3* und *15;5* beging er mit mehreren anderen je einen Schrottdiebstahl; für den zweiten, bei dem sie eine Mauer überklettert hatten, bekam er wieder 2 Arbeitsauflagen. Mit *16;4* nahm er sich auf der Straße von einem Fahrrad Pumpe und Rücklicht, und mit *16;5* verlor er seine Arbeitsstelle, weil er auch dort, vom Rad eines Kameraden, Teile abgebaut und an sein eigenes Rad angebaut hatte. In dem darauffolgenden arbeitslosen Monat — seine M. war gerade mit einer Unterleibsoperation im Krankenhaus —, oder sofort nach der Entlassung, lief er von zu Hause fort und erschien bei seinen KLV-Pflegeeltern, Bauern in Baden, die ihn aber nur für eine Nacht aufnahmen. Beim Weggehen am anderen Morgen entwendete er ihnen einige Lebensmittel und DM 7,— aus dem Küchenschrank *(16;6)*. Damit, und im übrigen bettelnd, schlug er sich wieder nach Hamburg durch.

Das JugGericht setzte das Verfahren für ein Jahr aus und wies ihn in ein Wohnheim ein, wo er 9 Mon. lang blieb (16;8—17;5), zeitweise in einer städtischen Arbeitsgruppe beschäftigt. „Seit der Einweisung", so urteilte das Heim, „zeigt er sich von der besten Seite. Arbeitswillig, zu freiwilligen Arbeiten immer bereit; diese führt er selbständig, ordentlich und gewissenhaft aus. Dem Personal gegenüber offenherzig und höflich, im Kameradenkreise anerkannt, hält sich jedoch fast immer von diesen fern. Für gemeinsame Spiele hat er kein großes Interesse; er versucht viel lieber, sich in irgendeiner Form nützlich zu machen". IV. 52 kam er vom Heim aus in eine Möbelfabrik als Bote, aber einen Monat später *(17;5)* flüchtete er mit rund DM 1 400,— Lohngeldern, die er von der Bank zur Fabrik hatte bringen sollen, und etwa DM 80,—, die ihm Betriebsleiter und Kollegen für Besorgungen anvertraut hatten, nach Bremen und in verschiedene süddeutsche Städte. Nach 10 Tagen kam er zurück, brach in das Büro der Möbelfabrik ein, entnahm DM 250,— und ein Scheckheft, fuhr wieder nach Süddeutschland und legte dort einen selbst ausgefüllten Scheck auf DM 1 500,— vor. Er fiel auf, wurde verhaftet und bekam nun — auch das ausgesetzte Verfahren wurde nun fortgesetzt — 1 J. Jugendgefängnis.

Im Jugendgefängnis zeigte er während der ganzen Strafzeit „eine einwandfreie, ja vorbildliche Führung", war im Hause einer der gutwilligen, angenehmen Jungen und galt in der Küche, wo er die ganze Zeit über arbeitete, „als besonders ehrlich und zuverlässig. Der Küchenbeamte bezeichnet sein Gesamtverhalten als sehr gut. Eine eingehendere Beurteilung des inneren Menschen — so hieß es dann weiter in dem Schlußbericht — ist mir nicht möglich, da Alwin von früh bis spät in der Küche war." Leider sei es der JugGerichtshilfe nicht gelungen, ihm eine Arbeit in einer Großküche oder einem artverwandten Betrieb zu vermitteln.

Nach der Entlassung VI. 53 (18;6) ging Alwin nicht nach Hause, sondern fuhr von dem Entlassungsgeld gleich nach Bremen. Als es zwei Tage später alle war, kam er nach Hamburg zurück, brach wieder in seine Möbelfabrik ein und holte sich dort DM 320,—. In den folgenden 2 Monaten *(18;6—18;8)* beging er dann an ganz verschiedenen Orten — u. a.

auch in seinem KLV-Ort, aber nicht bei den Pflegeeltern — insgesamt mindestens 10 Einbrüche und 3 einfache Diebstähle, bei denen er Lebensmittel, Geld und wertvolle Geräte — Radio- und Photoapparate, Fahrräder u. ä. — entwendete, um sie für geringes Geld zu verkaufen. In Detmold wurde er ertappt und dort zunächst zu 3 Mon. Gef. verurteilt, die er auch verbüßte. Nachdem aber weiteres herausgekommen war und er dann auch das übrige angab, erhielt er VII. 54 in Hamburg nach 7monatiger U-Haft — die einbezogen wurde — eine Jugendstrafe von 3 J., die er am Stichtag der Untersuchung noch verbüßte.

Inzwischen ist er aber schon wieder straffällig geworden. I. 56 kehrte er von einem zweitätigen Urlaub nicht in die Anstalt zurück, sondern besorgte sich zunächst bei seiner alten Firma durch Einbruch Geld und fuhr dann mit einem gestohlenen Fahrrad wieder nach Süddeutschland. Dort wurde er gefaßt, als er zum zweiten Mal in die gleiche Gastwirtschaft eingestiegen war, um dort Geld zu suchen. Die 4 J. Gefängnis, die er dafür bekam, verbüßt er z. Z. in einer auswärtigen Anstalt, in der er bei der Aufnahme als „primitiv, unbeschwert, halt- und bindungslos" beurteilt wurde. Er behauptete, bei seinem Urlaub die Eltern nicht angetroffen zu haben. Von Seiten der Jugendstrafanstalt war „das unerwartet negative Verhalten des Sch. angesichts seiner hier gezeigten, gleichbleibend sehr guten Gesamthaltung nicht zu erklären, zumal er Aussicht hatte, in einigen Monaten vorzeitig entlassen zu werden." Alwin selbst sagte, es sei ihm dort gut gegangen, und er könne keinen vernünftigen Grund dafür angeben, daß er nicht dorthin zurückgekehrt war. Im Gefängnis führt er sich ebenfalls gut.

Seine Schrift ist sehr klein und zart, mit Einrollungen, sehr verbunden, überwiegend linksschräg, z. T. aber auch nach rechts überfallend. Sie sieht etwas weich und spannungslos aus, durchaus nicht schwachsinnig. — Sein Körperbau wurde als „leptosom mit athletischem Einschlag" beurteilt. Sein Gesicht ist etwas grob, nicht hübsch; außerdem schielt er (nach Bildern und ärztlichem Befund).

Er ist der Älteste. Die Geschwister — 2 Brüder und 3 Schwestern — sind 2, 3, 7, 8 und 11 J. jünger als er. Ein Bruder, 2 J. jünger, entlief wiederholt und beging Diebstähle, die von einer psychiatrischen Klinik als „Protest gegen Liebesentzug" gedeutet wurden. Auch er hat eine Jugendstrafe verbüßt und steht z. Z. unter Bewährungsaufsicht. Eine Schwester, 7 J. jünger, entlief mit 11 J. mehrfach von zu Hause, ohne daß aber die Eltern nach ihr suchen ließen. Nach psychologischem Gutachten war auch bei ihr der Grund unbefriedigtes Liebebedürfnis und „Vaterprotest".

Der V., der bei Geburt des Probanden 37 J. alt war, ist Maschinenschlosser, aber arbeitsunfähig, weil er 1945 durch Unfall ein Bein verlor, was mehrere Nachoperationen erforderlich machte, und außerdem 1948 eine schwere Handverletzung erlitt. In den Akten heißt es, er sei vom „Typ Schwarzhändler und Weltverbesserer". Ferner ist wiederholt von der Angst der Kinder vor ihm die Rede, gegen die er zur „Peitsche" greifen soll. In einem der letzten Jahre haben sich die jüngeren Kinder einmal mehrere Tage lang im benachbarten Moor versteckt, weil sie sich nach einem Streit mit den Eltern — sie hatten einer verheirateten Schwester ein Kissen aus der elterlichen Wohnung gegeben — nicht nach Hause trauten. — Die M. hat schon im Kriege 2 J. lang und dann wieder ab 1948 ganztägig gearbeitet mit sehr langen Arbeitszeiten. Schon 1947 klagte sie dabei den Fürsorgerinnen über häufiges Kranksein — zur Motivierung der Kohlendiebstähle —, und 1951 hatte sie eine Unterleibsoperation. Bei Alwins Geburt war sie 25. Während der Kriegszeit soll, durch Verschulden des V., die Ehe zeitweise gestört worden sein.

Beim Hausbesuch VI. 55 traf ich beide Eltern. Der V. — ein langer, hagerer, verkrümmter Mann mit einem scharfen, ausgemergelten Gesicht — war am Herd tätig, während die M. gerade ihren Waschtag zu Hause verlebte. Die M. ist eine etwas schwere Frau mit einem vollen und ruhigen Gesicht, auf dem sich schwer etwas lesen läßt. Früher soll sie mager gewesen sein. Auch im Gehabe ist sie ruhig, während der V. sich lebhafter gibt. Der Anblick des V., wie er sich mit seinem Vogelgesicht über die Töpfe beugte oder in merkwürdigen Krümmungen durch die Küche hinkte, wirkte beklemmend.

Die Eltern erzählten, sie hätten bei Alwins Geburt auf Zimmer gewohnt. „Er war gesund und sehr lebhaft. Er mußte im Wagen festgebunden werden, sonst war er gleich nebenbei. Essen tat er immer gut. Der Zweite aß ja schlecht, brach alles wieder aus, der kam noch als Baby in ein Kindergenesungsheim für ein paar Wochen, da machte er sich sehr heraus. Alwin war aber ein kleines Schwein als Kind. Das hörte aber früh auf, als er noch in seinem Kinderbett stand und noch nicht da herauskonnte. Da hatte ihn die M. mal ins Bett gebracht und ihm vorher einen Po voll gegeben. Dann war er so still, da sah sie durch Schlüsselloch, da hatte er *alles* beschmiert, das ganze Bett, und schmierte drin rum, gerade als wenn es ihm Freude machte. Da aber die M. rein und ihm das Ganze aufs Gesicht geschmiert, ihm die Nase platt gedrückt damit! Von da an war er dann sauber und bald trocken. Die anderen Kinder haben auch nicht lange eingenäßt.

„Die Kinder sind so erzogen, daß sie keine Widerrede machen. Wenn sie was ausgefressen haben und man sagt was, dann mucksen sie schon gar nicht. Maulen oder Bocken oder sowas hat es bei ihnen nie gegeben, das durften die Kinder nicht. Bitten tun sie aber auch nicht. Die M. hat ihnen, wie sie klein waren, jeden Tag Milchsuppe gekocht, aber naschen taten sie doch alle, auch jetzt ist noch oft das Zuckerfaß leer. Eine Zeitlang war ja auch alles sehr knapp. Zärtlich waren sie eigentlich auch nicht, das kennt die M. nicht so, das ist jetzt allerhöchstens mal mit den Kleinen.

„Als der Zweite geboren wurde, hat Alwin immer bei ihm am Bett gessesen. Die Geschwister haben immer ganz gut zusammengehalten. Nachher wollte Alwin den Zweiten immer nicht mit in die Trümmer haben, er sagte immer: dann geht er verschütt. Der Zweite ist immer der weichste geblieben. Die anderen Kinder (Angabe des V.) sind alle hart.

„Alwin hatte als kleines Kind so O-Beine, da hätte ein Schwein durchlaufen können. Die M. ging mit ihm zu Dr. Müller, der sagte: das geht so weg. Tat es auch, jetzt ist er ganz gerade, es ging schon weg, als er in der Schule war.

„Als die ersten Angriffe kamen, war die M. erst mit den ganzen Kindern zusammen weg, alle bei verschiedenen Leuten, aber im gleichen Ort. Alwin hatte es da gut und wurde da eingeschult. Dann kamen Alwin und der Zweite 2 bis 3 Jahre zusammen nach Baden, da war Alwin bei einem älteren Ehepaar, wo nur große Kinder waren, da hatte er es auch gut, Heimweh hat er nicht gehabt. Alle Kinder sind immer gern von zu Hause weggegangen und haben kein Heimweh gehabt. Bei Kriegsende kam die M. auch da in die Nähe, weil sie in Hamburg ausgebombt waren. Da war nämlich gerade auch der V. mit seiner Firma in der Nähe. Da hat er den Unfall mit dem Bein gehabt. Da lag er erst mal ein halbes Jahr im Krankenhaus, und in der Zeit wohnte die M. mit den Kindern da in der Nähe im Flüchtlingslager, als einzige Hamburgerin, keiner wollte sie haben. Dann brachte sie dem V. auf der Landstraße das Laufen wieder bei. Er bekam dann erst eine Rente, die haben sie ihm aber wieder weggenommen.

„Früher hat die M. ja zu Hause für alles gesorgt, da hatte sie das Sagen, sie war auch streng. Jetzt arbeitet sie ja immer, hat eine so lange Anfahrtszeit, sie ist nie zu Hause. *Dafür* müßte die Behörde mal sorgen, daß sie andere Arbeit kriegte. Sie ist jetzt in einem großen Betrieb in der Küche tätig, das geht auch auf die Nerven, da regt sie sich oft auf und schimpft dann. Zu Hause hat ja jetzt der V. das Sagen, der ist sehr streng.

„Als die schwere Zeit war, ist Alwin immer mit der M. über Land gefahren, da hat er ihr immer die Säcke abgenommen, daß sie nicht so schwer tragen mußte, hat sich sehr um die gesorgt und war nett. — Er wollte immer am liebsten zur See, das war sein großer Wunsch. Als er 4 Wochen auf Arbeit war, hatte er den Unfall mit der Hand, da wurden ihm zwei halbe Finger weggerissen, genau wie bei dem V., nur nicht so schlimm. Da hätte er ja nicht mehr zur See gekonnt, und außerdem war die Seefahrt damals ja noch nicht wieder so leicht zu kriegen.

„Die M. hat noch gestern gesagt: wie könnte es schön sein, wenn Alwin nun auch da wäre, dann hätte sie es auch nicht so schwer. Er ist kräftig, er könnte doch arbeiten. Wenn er zu Hause war, hat er auch sein Kostgeld abgegeben, war auch nett zu den kleinen Geschwistern, hat abends dagesessen oder auch mal ins Kino. Ein Mädchen hatte er damals noch nicht, er konnte noch nicht mit Mädchen umgehen. Der V. möchte mal wissen, was mit ihm los ist. Zu 60—70 % oder zu 80 % ist er gut zu beurteilen und so wie er sein soll und der Rest ist verkehrt. Es wäre gut, wenn die Universität mal untersuchte, woran das liegen kann. Er ist so: auf dem Weg von Hahnöfersand sieht er was, gibt sein Entlassungsgeld aus, das geht ihm schnell so durch den Kopf. Und dann hat er Angst vor V. und mag nicht nach Hause gehen. Jetzt ist er in H-sand ja wieder in der Küche und führt sich tadellos. Er spricht sich ja auch nicht aus. Auch als die M. ihn damals im Wohnheim besuchte, und sagte: komm mit zurück, da brachte er sie nur auf den Weg und weiter nichts."

Was an diesem Fall besonders auffällt, ist das Nebeneinander von völlig guter Einordnung und völligem Aus-der-Ordnung-Geraten, von freundlicher Rücksichtnahme und schweren Schädigungshandlungen, von schwachem Selbstgefühl und dem Leben eines Einbrechers, von häuslichem

Wesen und Vagabundieren in der Ferne, von jahrelangem einwandfreiem Verhalten und einem Augenblicksversagen, das alles Erreichte zunichte macht, von einem Augenblicksversagen und einer Lawine von Folgen. Dabei wird doch in dem wohlgefälligen Verhalten des Probanden keine Heuchelei merklich, er schien sich auch nicht etwa nur passiv einzupassen, sondern mit seinem ganzen, etwas anspruchslosen Wesen dabei zu sein. Auch die Menschen, die von ihm enttäuscht sind, haben ihn nicht, wie sie das sonst tun, hinterher „falsch" genannt, sondern höchstens — so besonders die Eltern — „verschlossen".

Die Begabung des Probanden war nicht groß, und seine Ausbildung war vernachlässigt, hauptsächlich wohl durch Schuld der Eltern, die allerdings durch Unglück belastet waren. Er war der Älteste einer großen Geschwisterschar und mußte früh mit für die anderen sorgen; dabei wurde er auch früh zu offiziell strafbaren Handlungen mit herangezogen. Der Wunsch, zur See zukommen, wurde ihm nicht erfüllt. und gleich im Anfang seines Berufslebens erlitt er eine Handverstümmelung, die der des V. ähnlich ist. Die Eltern waren nicht liebevoll, auch nicht die M., die überdies in den späteren Jahren sehr viel außer Hause war. Aber die M. ist doch anscheinend nicht so abnorm wie der alte, körperlich schwer beeinträchtigte und wohl von inneren Aggressionen heimgesuchte V., vor dem alle Kinder Angst hatten. Bei diesen Eltern galt das „nicht Widerreden" als absolute Tugend, und die Kinder übten diese Tugend, aber außer dem Probanden liefen doch mindestens 2 der Geschwister gelegentlich von zu Hause fort, und die M. sagte, alle ihre Kinder wären immer gern von zu Hause fortgegangen.

Vor weiteren Erläuterungen will ich einen Fall mitteilen, der in vieler Hinsicht ähnlich ist.

04. Jürgen Wandrahm, 10. I. 33. Von *15;11* — *15;12* (Ende 1948) trieb er sich umher, blieb auch von zuhause fort. In dieser Zeit beging er mehrere Straftaten: er versuchte, durchs Dach in eine frühere Bibliothek einzusteigen, wo „Flottenkalender und alte Romane" sein sollten; ein Freund, der in seiner Begleitung war, machte nicht mit. In der Wohnung dieses Freundes nahm er zweimal Lebensmittel und Brotmarken. Ferner stieg er frühmorgens bei seinem früheren Chef durchs Kellerfenster ein und holte aus dem Wohnzimmerschrank Lebensmittel und aus einem Mantel eine Brieftasche, in der aber kein Geld war. Das VormGericht verhängte FE, dazu bekam er JugArrest.

Im JugArrest erschien er als „immer freundlicher, ganz heller Junge ... recht ansprechbar", aber sehr labil und fehlerzogen. Bei Überwachung und Anleitung sei er ganz arbeitswillig, „sonst weiß er nicht recht, was er eigentlich will, und er dammelt und trödelt am liebsten so dahin." Im Heim, in dem er dann 5 Mon. lang war, zeigte er sich zuerst zurückhaltend und deprimiert, wurde dann „frei, aufgeschlossen und zugänglich, ... an allem interessiert, auch geschickt, willig und zuverlässig in der Arbeit." Mit der Gruppe hatte er guten Kontakt, „ohne Vordrängen oder

Liebedienern". Auch weiterhin: „abgewogen, bestimmt, verläßlich, ... gutmütig, verträglich . . . besonnen . . . ausgleichend". *16;7* kam er in ein Wohnheim und eine neue Lehre, blieb aber nach 2 Tagen aus beidem fort — er sagte später: weil er die Arbeitsstelle nicht habe finden können, fuhr nach Kiel, bettelte, arbeitete bei Bauern; stieg auch in ein Haus ein, aß dort und nahm zu essen mit; und nahm einen Rucksack von einem Auto. Nach einem Monat, *16;8* kam er wieder nach Hamburg und stieg hier mehrfach durch den Keller in Häuser ein und nahm Kleidung und sonstige Gebrauchsgegenstände, Lebensmittel und Geld. Beim vierten Versuch wurde er überrascht.

Nun bekam er 6 Mon. JugGefängnis, die er von 16;10 — 17;3 verbüßte; ein Mon. U.Haft war angerechnet. Er wurde dort als ein kindlicher, unfertiger Junge mit weichem Gemüt und geringer Selbständigkeit, Selbstzuversicht und Willenskraft beurteilt, der weiterhin der Führung bedürfe. Danach kam er zu einem Bauern nach Allermöhe. Der schickte ihn nach 8 Tagen zur M. nach Bergedorf, um seinen polizeilichen Meldeschein zu holen, den die M. aber auch nicht hatte. Auf der Rückfahrt verlor er aber — wie er später sagte — wegen einer Radpanne den Mut und machte sich wieder davon. Nachdem sein Taschengeld zu Ende war, beging er — von *17;5* bis fast *17;7* — in der Umgegend 44 Einbrüche, 27 Einbruchsversuche und noch eine Reihe einfacher Diebstähle. Gewöhnlich stieg er durch die Keller ein und nahm außer Geld Fahrräder, Textilien, Schmuck u. ä., die er für ziemlich geringes Geld an Hehler weitergab. Nach nicht ganzdreimonatiger U-Haft wurde er IX.50 zu Jugendgefängnis von unbestimmter Dauer verurteilt. Er war völlig geständig. Er hieß damals „der Schrecken von Bergedorf", die Zeitungen brachten ausführliche Berichte über ihn.

Im Jugendgefängnis, wo er von 17;9 — 19;4 blieb, führte er sich gut. „Diesem drolligen, verschmitzten kleinen Kerl sah keiner die vielen Einbrüche ... an, die er gewissermaßen als Kurzschlußreaktion beging. Jürgen gehört zu den Haltschwachen, die wohl auch anlagemäßig geschädigt sind. ... Hier wurde er von dem Meister, bei dem er 2 J. arbeitete, sehr gelobt. Auch bei den anderen Beamten war er wegen seiner Gutartigkeit, Willigkeit und seines humorvollen Wesens wohl gelitten." Nach seiner Entlassung auf Probe, *19;4,* schlich er aber nur einmal ums elterliche Haus, verschwand dann wieder und wurde bald darauf nach 6 Einbrüchen festgenommen, bei denen er diesmal aber nur Gebrauchsgegenstände von mäßigem Wert und Lebensmittel genommen hatte. Unter Einrechnung der bereits verbüßten 1 J. 10 Mon. JugGef. bekam er nun eine Einheitsstrafe von 4 J. 8 Mon. Gefängnis, die er bis 22;4 (IV.55) verbüßte.

Der V. des Probanden, der ein ruhiger, fleißiger und bescheidener Arbeiter gewesen sein soll, verunglückte tödlich bei der Arbeit, als der Junge 1;7 war. Die M. (bei seiner Geburt 21, der V. 27) bekam nach 3 Jahren (J. 5 J.) einen unehelichen Sohn Hans. Bald darauf zog sie mit den Kindern zu einem älteren Ehepaar in Untermiete, mit dem es in den folgenden Jahren zu großen und aufreibenden Streitigkeiten kam. Als Jürgen 9 J. alt war, machte die M. deswegen einen Suizidversuch mit

Leuchtgas. Als er 11 J. alt war, bekam sie aber von dem Vermieter ein kleines Mädchen, und nach dem Tod der Vermieterin heiratete sie (J. 12;9) diesen 35 J. älteren, mehrfach wegen Diebstahls, Körperverletzung und Beleidigung bestraften Mann (einmal mit Zuchthaus bestraft), der als schwerer gemeiner Querulant galt und sich mit allen seinen Kindern entzweit hatte.

Der Proband war immer bei der M. Nur mit 12;6 mußte er, weil die M. und der Vermieter wegen Waffenbesitzes verhaftet waren, für 1-2 Mon. ins Heim und wegen Ruhr anschließend ins Krankenhaus (VI. 45). Ein paar Monate darauf hieß es, seine Schule sei noch geschlossen, er helfe der M. im Haushalt und zeige sich darin recht geschickt, besonders im Kochen. Als er 14 war, wollten die Eltern ihn zum Geldverdienen aus der Schule nehmen, durften es aber nicht. „Jürgen möchte unbedingt zur See, läßt sich von dem StV nicht von diesem Wunsch abbringen." Mit 15;4 wurde er dann aus der Kl. 7 der VSch mit genügenden Zeugnissen entlassen. Er hatte eine besondere Begabung für Aufsätze, überhaupt für „alles intuitiv zu erarbeitende" gezeigt, nicht aber für „das nur mit kühler Überlegung Aufzubauende und zu Berechnende", war nach Angabe des Lehrers (J. 14;10) körperlich kräftig, sportlich gewandt, kameradschaftlich, von Mitschülern gern gelitten, „und auch ich mag ihn gern leiden, obwohl ich das Gefühl des Hintergründigen bei ihm habe." — Er hatte einmal umgeschult werden müssen, weil der StV beleidigende Auseinandersetzungen mit der Schule hatte. Mit 15;4 begann er, da er nicht zur See durfte, eine Schlosserlehre, war etwas ängstlich bei der Arbeit, wurde z. T. mit Gartenarbeiten beschäftigt und kam nach 5 Monaten ins Bummeln und wurde entlassen. Auf einer neuen Stelle als Jungarbeiter blieb er dann sehr bald fort und begann mit seinen oben geschilderten Straftaten.

Die M. wird in den Akten als leicht erregbar, z. T. kratzbüstig und als in ihren Angaben nicht ganz zuverlässig beurteilt. VII. 49 — als Jürgen gerade aus dem Wohnheim weggeblieben war — wurden sie und der StV wegen wissentlich falscher Anschuldigungen zu mehreren Monaten Gefängnis verurteilt, und als die M. wegen ungebührlichen Benehmens vor Gericht im Gerichtssaal verhaftet werden sollte, zog sie sich „blitzschnell bis aufs Hemd aus." Der kl. Bruder soll ein etwas brutaler Draufgänger sein.

Die M. hat ein ganz angenehmes Gesicht, ist aber ungewöhnlich klein. Der StV, der sich bei meiner Unterredung mit der M. (VIII. 55) kurz sehen ließ und gleich sehr auf die Behörden schimpfte, ist ein magerer alter Mann mit rotumränderten Augen in einem ausgemergelten Vogelgesicht. Die M. sagte, er sei jetzt bedeutend ruhiger als früher.

Sie erzählte, Jürgen habe gleich nach der Rückkehr aus H-sand die Gesellenprüfung gemacht. „Da war ein Studienrat aus Blankenese, der auch auf H-sand war, der hat ihm bei allem geholfen, alle Wege mit ihm gemacht, denn er geht nicht gern allein irgendwohin, er ist gehemmt, er schämt sich. Gleich hinterher hat er dann auch seine jetzige Stellung gekriegt. Da ist er gern, der Chef mag ihn auch nicht missen. Der will ihm auch immer hübsche Mädchen andrehen, aber dafür ist er nicht zu haben, er sagt, erstmal will er ordentliches Zeug haben. Das Schlimme ist ja, daß sie der M. sofort die Unterstützung so gekürzt haben, weil er sie nun unterhalten soll, dabei hat er doch gar nichts anzuziehen. Sie hat sogar vom Arbeitsamt 100,— DM Strafe gekriegt, weil sie es nicht gemeldet hatte, daß er wieder da war. Aber sonst, er kann sich ja nun kaufen, was er sonst klauen wollte, er hat ja jetzt das Geld. Bücher und alles, er sitzt ja gern in der Ecke und liest, er mag gar nicht fortgehen. Sie sagen ja immer, er soll mal fortgehen."

In Jürgens ersten Jahren habe sie mit dem V. für sich gewohnt, auch nicht gearbeitet. „Der V. mochte Jürgen sehr gern, nahm ihn immer auf den Arm und brachte ihm immer schon das Boxen bei; der V. war nämlich im Boxverein. Jürgen war damals mehr bei dem V. als bei der M. Aber als der V. dann starb, kam er auch viel zu der M., war zärtlich mit ihr und wollte immer, daß sie abends früh ins Bett gehen und dann miteinander kuscheln sollten. Das taten sie auch oft. Dann kam er ja in die Schule, und um diese Zeit wurde ja auch der Bruder geboren, von da an war er nicht mehr zärtlich zu der M., er sagte: das ist poussieren. [24]) Er freute sich über den Kleinen und fuhr ihn viel im Wagen herum, er lief mit dem Wagen immer ums Haus. Der Bekannte damals, von dem die M. den Kleinen hatte, der war erwerbslos, und sie zogen noch nicht zusammen, und dann kam er ins KZ und ist da gestorben.

„1938 zog die M. ja mit den Kindern in dieses Haus als Untermieterin. Da lebte die Frau noch, aber sie hatte Gehirnschwund und ließ unter sich. Da hat die M. sie mit gepflegt und hat dem Mann mit im Haushalt geholfen, denn sie kann schwer sehen, wenn ein Mann am Waschfaß steht. Die Frau war schon auf 80 Pfund heruntergekommen. Sie haben sie wieder hochgepflegt auf 2 Zentner, aber dann starb sie doch. Sie hatten sie immer im Bett heben müssen. Wie sie nun tot war, da traten die M. und der StV sich näher (tatsächlich schon vorher), und dann kam ja auch die Kleine. Die mögen die Jungs ja beide nicht leiden, die ist anders als sie, die ist nach StV's Seite.

„Jürgen war immer zu Hause bei der M. Er hat immer sehr gut gegessen, nur mit Fleisch war er immer krüsch, das ist er noch. Eingenäßt hat er nicht. Aber mit 12, 13 J. (nach der Ruhr ? — als M. den StV heiratete?) konnte er eine Zeitlang, das war wohl ein paar Monate, den

---

[24] Vgl. auch *233:* „Als der (2 J. jüngere) Kleinere geboren wurde, konnte die M. sich ja um den Großen nicht mehr so kümmern, da mußte der beiseitestehen. Wenn die M. ihn dann mal umfaßte, schob er sie so weg, „laß mich!", und dabei hatte er Tränen in den Augen . — Mit dem Kleinsten hat die M. viel geschmust, der steht ihr wohl am nächsten, mit dem war sie ja auch die ganzen Jahre im Luftschutzkeller — mit den beiden anderen ja allerdings auch, aber er war ja damals noch klein, der Kleinste."

*115:* „Die M. konnte mit ihm schmusen, bis er 5 J. alt war und die Schwester kam. Aber wenn sie danach z. B. mal versuchte, ihn morgens zu sich ins Bett zu holen, dann sagte er: Geh weck! Das hört sie noch jetzt: Geh weck! Aber zu seinem V. ging er ins Bett." (Eindruck, daß die M., die auch mit dem V. schlecht stand, ihm das nie verziehen hat.) Der Proband warf auch die Karre der Schwester um, wenn er sie behüten sollte.

Stuhl nicht halten, und die Zähne wurden ihm locker. Für die Zähne kriegte er Tabletten; und mit dem übrigen, sagte der Arzt, müßte er eben rechtzeitig reingehen. Die M. mußte ja immer die Hosen waschen, viel machte er ja nicht rein, aber es stinkt ja. Sie hat ihn ordentlich verhauen, und allmählich ließ es nach.

„Er hat mit den anderen Jungs draußen gespielt und war immer überall beliebt. Gehauen hat er sich wenig, er sagt lieber nichts, er geht Streit aus dem Wege. Darin ist Hans anders, der bullert gleich los, der ist leichter wütend und böser als Jürgen, aber man weiß dann eben Bescheid, er ist offener, und das mag die M. lieber. Bei Jürgen wußte man nie mehr so recht, was man glauben sollte. Er ist verschlossen und sagte nichts, er guckt einen nicht so an, und wenn sie ihn jetzt so fragt: wie ist der Chef usw., dann wird er böse und sagt, was das ewige Fragen soll. Aber frech und widersetzlich ist er zu Hause nie gewesen, er trägt auch nicht nach, das tun sie alle nicht, bloß der StV! Und die M. hat den Jürgen von den Kindern eigentlich sogar immer am liebsten gehabt — obwohl sie das nicht so merken ließ —; er war auch immer der Schönste. Er ist seinem V. sehr ähnlich im Aussehen (stimmt nach Bildern), aber auch sonst. Der saß auch immer da und las Bücher, er war sehr ruhig.

„Die M. war aber auch streng mit den Kindern, wenn es sein mußte. Aber der StV noch strenger. Nicht daß er sie schlug, aber er hat sich oft so aufgeregt. Jetzt, wo er älter ist, ist er ja ruhiger geworden, aber früher war es schlimm. Und Jürgen hat sich mit ihm nie gut vertragen. Dabei war der StV auch einesteils ganz nett mit ihm, hat ihn auch einmal wieder eingekleidet. Man wußte ja nicht Bescheid bei Jürgen — von H-sand schrieb er immer, wie er sich nach Hause sehnte, und nachher blieb er dann ja doch weg."

Nach einem Gutachten der krim. psychol. Untersuchungsstelle von XI. 49 (15;10) war er damals noch recht kindlich, unfertig, situationsabhängig, knetbar, von geringer Wesensprägnanz. Es hieß, er sei in warmer Atmosphäre freundlich-aufgeschlossen, zutraulich, bald beliebt, darunter aber weich, ungespannt, durchsetzungsschwach, ohne Selbstzuversicht, ohne Tatkraft. Er habe ein ausgeprägtes Wunschleben. Sein weiches Gemüt spreche auch nach der depressiven Seite hin ziemlich leicht an, und dadurch könne es bei ihm in schwierigen Lagen zu Kurzschlüssen kommen.

Diese beiden Fälle, der von Alwin Schober und der von Jürgen Wandrahm, zeigen Übereinstimmungen, nicht nur im großen Umriß, sondern auch in einer Reihe kleiner Züge. Die gleichen Verhaltenswidersprüche, die oben (S. 385 f) bei Alwin hervorgehoben wurden, finden sich bei Jürgen, und auch ihre sonstige Geschichte ist ähnlich.

Die Kriminalität beider ist eng mit einem Fortbleiben von Zuhause oder aus der Arbeitsstelle verknüpft. Bei Alwin gingen allerdings andersartige Straftaten vorher, nämlich zunächst gemeinsame Kohlen- und Altmetallbeschaffungen, zu denen er z. T. von den Eltern angehalten wurde. Dann mit 16 J. die Aneignung von Fahrradteilen; und als er das zweitemal fortlief — nicht das erstemal —, war es schon m i t einer großen unterschlagenen Summe, während Jürgen, soviel man weiß, überhaupt nur gestohlen hat, wenn er schon fort war, und um sich unterwegs zu erhalten. Vielleicht unterschlug Alwin das Geld aber auch schon, um damit wegzulaufen, und im übrigen hatte auch bei ihm das Fortbleiben oder Fortlaufen zweifellos eine selbständige Bedeutung. Auch seine Geschwister entliefen ja von zu Hause.

Beide sind viermal in dieser Weise fortgelaufen. Alwin mit 16;7 nach Entlassung aus seiner Arbeitsstelle, als die M. im Krankenhaus war oder dahin kam; mit 17;5, als er einen Monat in einer neuen Arbeitsstelle war und eine große Geldsumme in die Hand bekam; mit 18;6 sofort nach Entlassung aus der Strafhaft, danach bei kurzem Urlaub aus der Strafhaft. (Dazu kommt das letzte Fortbleiben vom Urlaub mit 21;2). Jürgen blieb fort mit 15;11 kurz nach Antritt einer neuen Arbeitsstelle; mit 16;7 zwei Tage nach Verlegung in ein Wohnheim und bei Antritt einer neuen Arbeitsstelle, zugleich sofort nach einem kurzen Besuch zu Hause; mit 17;5 eine Woche nach Antritt einer neuen Arbeitsstelle und zugleich sofort nach einem kurzen Besuch zu Hause; mit 19;4 sofort nach der Entlassung aus der Strafhaft. Bei der späteren Entlassung mit 22;4 machte ein Bewährungshelfer die ersten Wege mit ihm, und diesmal passierte nichts, vielleicht ja eben deswegen. Beide hatten den Eintritt in ihre erste Arbeitsstelle gut überstanden, aber später sind sie tatsächlich an jeder äußeren Wende ihres Lebens in dieser Weise gescheitert.

Häufig war das auch ein erster Augenblick der Freiheit nach langer Beschränkung. Man sagt darum in solchen Fällen gern, der Junge sei eben ohne Halt; sowie der äußere Halt wegfalle, den ihm die Anstalt gegeben habe, versage er eben. Wäre das die ganze Erklärung, so würde man annehmen müssen, daß diese Jungen von sich aus nichts weiter können und mögen als herumstreifen und sich von Einbrüchen ernähren. Das scheint aber doch nicht den ganzen Sachverhalt zu treffen; insbesondere ließe sich dann schwer zu verstehen, warum sie in den langen Anstaltsjahren, in denen doch objektiv auch nicht alles so leicht für sie war, anscheinend niemals irgendwie nennenswert versagt haben, sondern sogar als besonders zuverlässig galten. Wie sie sich in der Freiheit nach Überwindung der Anpassungskrise verhalten hätten, weiß man zwar nicht, da sie ja nach jedem Versagen sofort wieder für lange Zeit in eine Anstalt kamen. Trotzdem kann man wohl annehmen, daß besondere Schwierigkeiten kritischer Augenblicke bei ihnen eine Rolle gespielt haben.

Die Entlassung aus der Strafhaft ist ja insofern immer ein kritischer Punkt, als in der langen Zeit der Beschränkung und der Unselbständigkeit große Wünsche und Erwartungen anwachsen, der Entlassene sich dann aber — frei und allein — der alten wohlbekannten Welt gegenübersieht, mit deren Versagungen er schon früher nicht hat fertig werden können, und die ihn jetzt, wo er aus dem Gefängnis kommt, sogar noch unfreundlicher begrüßt. [25])

Mir scheint, daß man bei den beiden Probanden ganz gut sehen kann, daß nicht etwa nur ein „Freiheitsrausch" über sie kam, sondern auch Angst

[25] Darüber auch Mieskes (1956, 412).

vor dem Eintritt oder Wiedereintritt in bedrückende Verhältnisse. Von Jürgen Wandrahm heißt es, daß er nach seiner Haftentlassung „nur einmal ums Haus geschlichen" sei; vorher war er zweimal „fortgeblieben", als er kurz nach Antritt einer neuen Arbeitsstelle das Elternhaus aufgesucht hatte. Von Alwin heißt es, er habe sein Entlassungsgeld nicht zu Hause abgeben wollen (bei ihm hat man überhaupt den Eindruck, daß Geld und Besitz für ihn eine besondere Anziehungskraft hatten, vielleicht weil er zu früh von Zuhause ausgebeutet wurde). Was man auch in der Strafanstalt lernt, jedenfalls wohl nicht, einem persönlichen Druck der Umwelt besser zu begegnen und damit sich auch der Depressionen zu erwehren, die ein finsterer, kranker und von seiner Armut besessener Vater oder Stiefvater ausübt.

Diese beiden Väter sind sich wirklich sehr ähnlich in ihrem Äußeren und vermutlich auch im Wesen. Sie bieten ein Bild feindseligen Leidens, das einerseits tief bedrückt, andererseits selbst Feindseligkeit erweckt. Die beiden Jungen haben sich — so meinten jedenfalls die Gutachter — davon bedrücken lassen, und zwar nicht nur äußerlich, sondern auch stimmungsmäßig. Einer nur äußeren Bedrückung würden sie sich besser zu entziehen gewußt haben, aber beide werden ja als weich, für Gemüts- und Stimmungseindrücke empfänglich und auf Stimmungskontakt mit der Umwelt angewiesen geschildert. Wenn sie Feindseligkeit empfanden — und das müssen sie getan haben —, so bedeutete das für sie bei ihrer an sich friedfertigen Natur einen neuen Druck. Eine angemessene Äußerung dieser Gefühle kam aus äußeren wie aus inneren Gründen für sie nicht in Frage. Vielleicht kann man Alwins beharrliche Diebstähle gegen den einen Arbeitgeber damit in Verbindung bringen; auch Jürgen hat einmal bei einem früheren Arbeitgeber eingebrochen.

Jedenfalls spricht etwas dafür — wenn es sich auch kaum beweisen läßt —, daß bei diesen beiden Jungen zu der Gleichung: Überfügsamkeit und Bescheidenheit einerseits und grobem Eingriff in fremdes Eigentum andererseits als besondere Nuance diese spezielle Depression und Ratlosigkeit hinzukam.

Es liegt vielleicht auch ein Moment der Selbstaufgabe und Selbstzerstörung in ihren einsamen Einbrüchen nach den Jahren der Bewährung und der Hoffnung in der Anstalt, nach den freundlich-ermutigenden Worten und dem Schulterklopfen der Erzieher beim Abschied. Auch Wunscherfüllungen kann man wohl darin sehen, und diese Jungen werden wohl auch, wie die anderen bei ihren gemeinschaftlichen schweren Diebstählen, eine sportliche Genugtuung über das Gelingen empfunden haben, wenn auch evtl. mehr mit dem Stolz des outcast und abgefeimten Verbrechers. Außerdem konnten natürlich gerade Jungen dieser Art nach dem ersten solchen Einbruch gar nicht mehr zurück. Man kann sich diese beiden aber nicht in der leichtfertigen Stimmung denken, in der manche andere sich in ein Verhängnis hineinschlittern ließen, mit dem Gedanken, es würde doch schon alles irgendwie zurechtkommen, sie würden gar nicht entdeckt werden usw., eine Stimmung, in der ja z. T. auch Otto Faßbender auf seiner „schiefen ban" dahinglitt. Leichtfertig haben sie sich ja auch sonst nie gezeigt, eher zaghaft. Es scheint mehr, daß sie kapitulieren und sich fallen ließen, auch wenn es ihnen vielleicht im Augenblick gelang, nicht an das Morgen zu denken.

Das sie in ihr „Fallen“ fremde Radio- und Photoapparate, Schreibmaschinen, Fahrräder, Textilien, Uhren und Schmuck mit sich rissen und dadurch zum „Schrecken“ für andere wurden, entspricht nicht nur der äußeren Logik — daß sie sich ja irgendwie erhalten mußten —, sondern wohl auch einer inneren, so grotesk der Widerspruch zu ihrer sonstigen Bescheidenheit ist. Die Logik liegt ja eben zu einem Teil gerade in diesem Widerspruch. Daß sie nun aber gerade Einbrüche begingen und daß sie Wertgegenstände stahlen, hat aber doch wohl auch mit der Asozialität und der Armut des Elternhauses zu tun. Vielleicht war dafür aber auch der lange Umgang mit anderen Dieben und Einbrechern doch nicht ganz ohne Bedeutung. Wenn man schon einmal Straftaten begangen und lange dafür in einer Strafanstalt gesessen hat, ist es vielleicht überhaupt schwer, in irgendeiner Weise „Suizid“ zu begehen, ohne noch einmal zu zeigen, was man kann. Aber gerade einsame Einbrüche in Wohnungen scheinen oft von denen, die sie schon einmal als Ausweg aus einer Notlage benutzten, in ähnlicher Weise wiederbegangen zu werden.

Diese Taten wurden den gedrückten und äußerungsgehemmten Probanden offenbar leichter, als irgendwo unter falschen Vorspiegelungen um Geld zu bitten oder überhaupt in irgendeiner menschlich biegsameren Weise vorzugehen. Anscheinend kam für sie auch nicht in Frage, zu einem Kumpanen zu gehen, etwa einem früher aus der Strafansalt entlassenen, und mit ihm gemeinsam etwas zu unternehmen. Das hängt wohl z. T. damit zusammen, daß sie eben „fortgeblieben“ waren, aber doch nicht nur, denn andere Fortgebliebene gingen zu solchen Kumpanen. Gemeinsame Straftaten scheinen keinen besonderen Gefühlswert für sie zu besitzen wie z. B. für Rolf Westpfahl und Otto Faßbender. Das waren aber beides auch „mittlere“ Kinder, die gegen einen älteren Bruder nicht aufkommen, von ihm wohl oft nicht mitgenommen worden waren, und darum hieß für sie „gemeinsam“ vielleicht vor allem: eine interessante Unternehmung großer Jungen. Alwin und Jürgen dagegen waren die Ältesten und hatten schon früh mitverdienen sollen, für sie hieß gemeinsam vielleicht vor allen Dingen: teilen und abgeben. Älteste Kinder haben ja überhaupt im ganzen ihre Straftaten häufiger allein begangen als die mittleren und jüngsten Kinder — siehe oben —, und so mögen hier wirklich solche Zusammenhänge bestehen.

Übrigens fehlt es bei Alwin und Jürgen ja anscheinend auch an solchen gelegentlichen Ausbrüchen von Unfolgsamkeit, Patzigkeit, Jähzorn usw. gegen Eltern oder Vorgesetzte, wie sie von Rolf und Otto berichtet werden, und mit denen diese beiden wohl auch unter den Kameraden angegeben haben. Alwin und Jürgen scheinen niemals versucht zu haben, ihr gedrücktes Selbstgefühl durch betonte Forschheit zu heben. Ihr Weg war der der bescheidenen, freundlichen Einfügung, die sie ja auch „wohlgelitten“ machte, vielleicht aber doch — das weiß man nicht — ihre Geltungswünsche nicht ganz befriedigen konnte und sie einsamen Machtträumen nachhängen ließ.

Alwin hatte sich auch zu Beginn seiner Einbruchstour 1953 eine Schreckschußpistole gekauft, Jürgen zu Beginn seiner Tour 1952 eine aus einem Schaukasten gestohlen (nebst einem Buch).

Alwin und Jürgen sind, soviel man weiß, erst mit 15, 16 J. zum erstenmal fortgelaufen, während manche — so ja auch Alwins Schwester — es schon als Kinder tun. Auch bei Alwin und Jürgen liegt aber doch in diesem vollständigen Sichwegstehlen und absoluten Fortsein etwas Merkwürdiges, das die Einfühlung vor eine schwierige Aufgabe stellt. Viele Kinder und wohl fast alle Jugendlichen haben Träume vom Fortgehen; sie sehen sozusagen Afrika am Horizont, aber sie kommen doch herein, wenn zum Abendessen gerufen wird. Aber man kann sich schwer vorstellen, wie einem Kind zumute ist, das die Brücken hinter sich abgebrochen hat, die Nacht in einem Strohschober zubringt — so zuerst Jürgen mit 15 Jahren — und dann am anderen Morgen ohne jede Verpflichtung, aber auch ohne jede Bleibe und Hilfe in der Welt herumläuft. Es muß eine merkwürdige Mischung von Trotz, Genugtuung, Entlastung, Gedankenlosigkeit, Reisefreude, Unbehagen, Angst und Unsicherheit sein.

Die totale Freiheit ist ein kindlicher Traum, denn sie ist ja nur das Gegenstück zu der totalen Abhängigkeit des Kindes. Die Erfüllung dieses Traumes ist aber völlig unangemessen und sogar unheimlich, weil ja das Kind eben gar nichts dazu mitbringt, um sich in der Welt selbst zu erhalten (bei Jugendlichen ist es natürlich schon anders). Gemessen an dem Traumland eines von Erwachsenen geregelten Kinderdaseins ist ja „die Welt" eine sehr harte Realität, und wenn ein Kind sie mit Traumland verwechselt, irrt es sehr. Da ja auch relativ wenige Kinder so radikal fortbleiben, obwohl doch die äußere Möglichkeit dazu immer da ist, muß normalerweise eine hohe Angstschwelle davor schützen, oder die Träume sind doch eben garnicht so ernst, wie ja auch sonst Spiel und Realität gut unterschieden werden.

Alwin fuhr das erstemal in seine frühere KLV-Pflegestelle. Das haben ziemlich viele der ausrückenden Probanden getan, wohl weil ihnen diese Pflegeeltern, von denen sie damals nett behandelt worden waren, die ganze Zeit über als „gute" Eltern vorgeschwebt hatten. Das endete aber immer mit einer Enttäuschung, denn die Freundlichkeit und Fürsorge der Pflegeeltern hatte einem kleinen Jungen gegolten, nicht aber einem größeren Kerl, der nun plötzlich aus einer ungeklärten Situation heraus bei ihnen erschien und ihnen auf der Tasche liegen wollte. Manche dieser Jungen erfüllten sich dann ihre getäuschte Erwartung selbsttätig dadurch, daß sie bei den Pflegeeltern Lebensmittel, Kleidung und evtl. auch Geld mitnahmen.

Danach ist auch Alwin nicht mehr zu einem bestimmten Ziel, sondern einfach „weg"gefahren, wenn sein Reiseradius, vielleicht eben wegen seiner Kindheitsverschickungen, auch größer war als der von Jürgen, der niemals fortgewesen war und in seinem eigenen Stadtteil Bergedorf zum „Schrecken" wurde. Einmal — vielleicht ja auch öfter — hat er bei einem Bauern gearbeitet, beide haben zuerst auch zeitweise gebettelt. Im ganzen hat doch aber ihr Fortsein, und sogar zunehmend, den Charakter des totalen Sichwegstehlens aus der Ordnung — weswegen es wohl gerade so katastrophal endete —, und das würde auch ihrer sonstigen kindlich-totalen Einfügung entsprechen. Man hat den Eindruck, daß da, wo sich in der Ordnung ein kleiner Spalt zeigte, meistens beim Umwechseln von dem einen Unterordnungsverhältnis ins andere, sie den Schritt hindurch in das Niemandsland der Freiheit taten, mit der sie ja, als darin ungelernt, im Grunde gar nichts anzufangen wußten. Sie benahmen sich dann ja auch eher, wie man sich im Traum benimmt, und fügten sich, wenn sie zurückgeholt wurden, ebenso ruhig wieder ein wie vorher. Wenn sie „fort" waren, haben sie sich offenbar gerade in ihrer Unselbständigkeit für berechtigt gehalten, sich soviel zu nehmen, wie gekränkte Kinder, die eigentlich versorgt werden müssen.

Beide Probanden wollten ja auch „unbedingt" zur See, durften oder konnten aber nicht. Auch dieser Wunsch ist, wie man weiß, häufig infantil. Er heißt: fort — und in ein Traumland, ein großes, allgemeines, unstrukturiertes, dem man sich in kindlicher Weise anheimgeben kann, das einen aber auch zum Helden macht. Dieser Kinderwunsch nun ist an sich erfüllbar, und wenn die Jungen so viel Tragfähigkeit haben, die unausbleiblichen Enttäuschungen zu überstehen und sich den realen Forderungen anzupassen, dann können sie dabei diesen Traum weiterspinnen und so allmählich zum Mann werden. Von den Schwerrückfälligen haben ziemlich viele es einmal mit der Seefahrt versucht, aber ohne Erfolg. Sie wurden bald „krank", hatten oder machten sonstige Beschwerden, entliefen oder heuerten nicht wieder an. Dagegen sind von den Probanden, die 1949 schon vorbelastet waren, aber nicht mehr rückfällig wurden (Ib), ziemlich viele jahrelang zur See gefahren oder sogar ganz bei der Seefahrt geblieben. Vielleicht hätten ja auch Jürgen und Alwin, die sich in den Anstalten so dankbar einfügten und auch überall gern gesehen waren, in der Seefahrt wirklich eine Heimat gefunden. Wenn auch der Landaufenthalt mit dem Anblick der Familie vielleicht immer ein kritischer Moment für sie gewesen wäre, so wären sie vielleicht doch nicht in ihrer gefährlichen Weise „fortgeblieben", wenn im Hafen schon ein Schiff für sie gelegen hätte.

Konstitutionell wirkte zu den Kurzschlußhandlungen dieser beiden Jungen wohl ihre seelische Beeindruckbarkeit und Verstimmbarkeit mit — ihre geringe Durchsetzungskraft, ihre Angstbereitschaft, die z. T. aber wohl schon sekundär waren —, bei Jürgen vielleicht auch die geringe Ausprägung seines rationalen Denkens. Von Jürgen hat man den Eindruck einer etwas größeren Vitalität. Er hat auch einen anderen Körperbau — klein, untersetzt, kräftig —, während Alwin leptosom mit athletischem Einschlag sein soll. Jürgen hat auch „Humor", und er sieht sehr viel hübscher aus und auch mehr einig mit seinem Körper als Alwin.

Auch in ihren Straftaten gibt es doch Unterschiede. Zwar hat Jürgen der Zahl nach mehr Einbrüche begangen — er rühmte sich, von allen Jugendlichen die meisten Einbrüche begangen zu haben —, aber unter Alwins Straftaten sind einige, die gerade neben den Einbrüchen besonders bedenklich machen können, wie die Unterschlagung und die betrügerische Scheckfälschung und die wiederholte Schädigung seines früheren Arbeitgebers. Seine Straftaten hingen auch nicht nur mit dem Fortbleiben zusammen, und in der Anstalt traten Einzelgängerzüge mehr an ihm hervor als an Jürgen.

Alwin war als Kind mehr fort und ist später wohl durch den Vater früh an Besorgen und Wegnehmen gewöhnt worden. Sein Verhältnis zur M. war wohl weniger gut als das von Jürgen, aber er hat immer die eigenen Eltern und Geschwister gehabt, niemals wie Jürgen StV und StGeschwister. Jürgen andererseits war niemals fort und hat bei allem Auf und Ab und allen häuslichen Spannungen doch wohl immer zu der M. ein in irgendeinem Punkt nicht angetastetes Verhältnis gehabt. Beide stehen in starken äußeren und inneren Spannungen mit dem Familienvater, sind aber nur zeitweise die „Ritter" der Mutter gewesen, wahrscheinlich weil der übermächtige V. und auch die Haltung der M. es ihnen sonst unmöglich machten. Insofern ist es ja bezeichnend, daß Jürgens M. den Mann, mit dem sie die furchtbarsten Szenen und Streitigkeiten hatte, doch zum Bettgefährten und dann zum Ehemann machte. Für Alwin war auch wohl besonders bedeutsam, daß die M. fast nie mehr zu Hause war, der schwierige V. dagegen ständig, daß sich die äußeren Rollen der Eltern umgekehrt hatten, aber nicht — wie es dann manchmal geschieht — auch die inneren. In dieser Familie haben ja auch die anderen Kinder offensichtlich unter der Lieblosigkeit der Eltern gelitten. Für den Probanden, den ältesten Sohn, der zum Mann werden sollte, als er eigentlich noch ein Kind war, war ja auch das Bild des alten zerstörten Vaters kein lockendes Leitbild, sondern gerade abschreckend, und als er gleich im Anfang seines Berufslebens eine ähnliche Handverstümmelung erlitt wie der Vater, mußte diese Angst sich noch vertiefen, wenn man nicht so weit gehen will anzunehmen, daß die Verletzung schon eine Folge seiner Entmutigung war.

Beide haben in den Anstalten einen menschlich durchaus normalen Eindruck gemacht; zu Hause ist aber ihre Verdrücktheit aufgefallen. Nun weiß man nicht, ob sie in den Anstalten anders waren als zu Hause, oder ob dort nur manche Züge schwerer bemerkt werden, weil unter Fremden sowieso kein größerer Freimut, keine größere Ungezwungenheit zu erwarten ist, oder sogar, weil sie dort gar nicht gewünscht werden. Aus den Anstaltsberichten ist nicht ersichtlich, ob ihre ganz speziellen menschlichen Schwierigkeiten irgendwie mit ihnen erörtert wurden, und in welchem Sinne. Vom bloßen Anstaltsleben her konnte man ja an diese Schwierigkeiten nicht herankommen, wenn man nicht gerade an ihrer besonders guten Einfügung Anstoß nahm; aber welcher Beamte würde das tun, wenn diese Einfügung aufrichtig ist. Auch das letzte Mal kam der Jugendstrafanstalt Alwins Versagen durchaus unerwartet, obwohl es ja eigentlich nur eine Wiederholung seines früheren Verhaltens war. — Für Jürgen war aber anscheinend der Maurerberuf, den er ja in der Anstalt erlernt hat, eine wichtige äußere und innere Hilfe bei seiner sozialen Einordnung. [25a])

---

[25a] Strafregistereinsicht III. 61:
*Alwin Schober: III. 56* vom LG Karlsruhe 4 Jahre Gef. w. fortges. schw. Diebst. i. Rückf. u. Diebst. i. Rückf.

Anschließend ein — zur Abwechslung aus einem sozial etwas höheren Niveau stammender — Fall, in dem die Seefahrt ein Erfolg war, der aber auch sonst verschiedene andere Züge zeigt.

18. Lothar Nauck, 17. III. 34. Er wurde V. 47 *(13;1)* dem JA dadurch bekannt, daß er mit 5 anderen Jungen in den Lagerraum eines städtischen Bades einbrach und dort Bürsten, Bücher und Cremedosen stahl. Die Eltern schickten ihn mit den Bürsten zum Eintauschen über Land; er soll ihnen gesagt haben, er habe sie gefunden.

Anfang 1949 kam dann heraus, daß er seit X. 48 *(14;6 — 14;10)* teils allein, teils mit jüngeren Klassenkameraden in mindestens 7 Fällen Frauen, die vor den Läden standen, das Portemonnaie aus der Einholetasche entwendet hatte. Von dem Geld hatten die Jungen sich Eis und Süßigkeiten gekauft, und Lothar gab täglich abends DM 3,— zu Hause ab, die er sich sonst durch Kegelaufstellen verdiente. Die Eltern, die von diesen Diebstählen nichts gewußt hatten, erzählten nun, er habe auch zu Hause schon „viel gestohlen", und zwar Brot, Lebensmittelkarten, eine Uhr und verschiedenes andere, und hinterher immer hartnäckig gelogen und geleugnet.

Er war einmal wegen Leistungsschwäche, das andere Mal nach der Verschickung zurückversetzt und hatte O. 1949 aus der 6. Kl. der VSch. entlassen werden sollen. Der Lehrer sagte, er sei frühreif und unausgeglichen, z. T. frech, tue dann wieder harmlos, sei intellektuell gar nicht schlecht, interessiere sich aber nur für Dinge aus seinem Erfahrungsbereich. In Heftführung und Körperpflege sei er unsauber.

Das Jugendgericht ordnete FE an, die er 14;10 — 16;0 im Heim zubrachte. Er lebte sich dort gut ein, „insbesondere weil er persönlich angesprochen und intensiver beeinflußt wurde", zeigte sich willig, fleißig, leicht für Sport und Spiel zu begeistern und hatte ein gutes Verhältnis zu den Kameraden. Im Unterricht schien er „langsam und schwerfällig", aber bemüht; seine Begabung wurde als „ausreichend" beurteilt. Seine Fehltritte — so hieß es — habe er sehr bereut, und er wolle gern ins Elternhaus zurück, um einen Beruf zu erlernen. 16;0 wurde er nach Hause beurlaubt und in eine Tiefbau-Arbeitsgruppe vermittelt, in der er sich lustlos zeigte. Auch der Fürsorger schrieb, er habe ihn bedrückt angetroffen, den Grund aber nicht erfahren können, auch die Eltern wüßten ihn nicht. 16;4 wurde er als Messejunge auf einen Dampfer vermittelt, war sofort zufrieden und ist seitdem bei der Seefahrt geblieben, hat sich aber in den letzten Jahren, auch wenn er in Hamburg war, nicht mehr im Elternhaus gezeigt.

Der V. — bei Lothars Geburt 26 — ist Lagerverwalter in einem Betrieb. Dem JA erschien er etwas barsch und strenge. Die M. — bei

---

*Jürgen Wandrahm: VII. 57* 4 Mon Gef., z. Bewähr. ausgesetzt, w. vers. Diebst. i. Rückf. I. 61 Strafe nach Bewähr. erlassen. — *II. 59* DM 120,— w. wegen Führen eines nicht zugelass. Kfz unter Kennzeichenmißbr. u. Fahren ohne Führerschein.

Lothars Geburt 25 — hatte seit 1945 häufig Magenstörungen, die z. T. als nervös beurteilt wurden und sie immer wieder tagelang bettlägerig machten. Zweimal in der Woche ging sie aber abends mit dem V. in einen weltanschaulichen Reformverein. Die Wohnung wurde als sauber, aber sehr nüchtern und ungemütlich geschildert. Von den 5 Geschwistern Lothars kam der 2 J. ältere Bruder Horst bald nach ihm ebenfalls wegen häuslicher Diebstähle in FE; der ärztliche Sachverständige gab der „selbstgerechten Härte" der M. die Schuld und sagte, die Kinder stünden in „Liebeshunger" zur M. Lothar habe ihm aber erklärt, er sei, wenn die M. auch viel schimpfe, doch lieber bei ihr als beim V. Die 4 jüngeren Geschwister — 3 Mädchen und ein Junge, das auf Lothar folgende Mädchen 1936, das letzte 1947 geboren — waren 1950/51 wegen der Krankheit der M. 18 Mon. lang in öffentlichen Heimen. Der V. bat auch mehrfach, sie noch dort zu behalten, sie hätten es nämlich zu Hause nicht gut, seine Frau mache ihnen keine regelmäßigen Mahlzeiten. — Wegen der vielen Kinder war auch das Geld in der Familie immer knapp.

Die M., eine noch jugendlich aussehende, etwas schwere Frau, erzählte VII. 55, Lothar fahre jetzt von Kanada aus die Ostasien-Tour und komme gar nicht mehr nach Hamburg. „Anfänglich hatte er immer mal einen Ziehschein geschickt, das hat er dann nachgelassen. Dabei hat er doch für sich das, was der V. für die ganze Familie hat, und könnte gut mal einen 50-Markschein entbehren, aber nein. Nun haben sie eine Verwandte in Montreal, die hat er besucht, die hat geschrieben, er sei im Kern gut, er will sich sparen, damit er einmal eine Existenz hat. Ein Mädchen hatte er wohl auch. Er hat auch den Geschwistern mal geschrieben, und so stehen sie nun wenigstens in Briefwechsel. Die M. ja nicht, aber sie kann gar keine Seemannslieder hören wegen Lothar, da stellen die anderen dann schon immer das Radio ab.

„Jetzt ist Lothar ja wohl mehr zu dem V. hingezogen, aber als Kind war er das nicht, alle Kinder nicht. Nur: der V. machte viel Ausflüge mit ihnen, da waren sie dann ja alle für ihn. Der V. ist überhaupt weicher als die M., und er gab das Letzte für die Kinder her, eben für Ausflüge und so etwas, und dafür ist die M. nicht so. Überhaupt haben die Kinder vor ihr immer mehr Angst gehabt, sie war strenger, und sie fand das auch nötig. Trotzdem haben sie sich eigentlich alle mehr zu ihr gehalten. Die Kleinste jetzt ist direkt ein Mutterkind und will gar nicht verschickt werden, obwohl es der M. doch mit den Kindern zuviel wird. Nun soll der Bruder mit. So waren ja die Ältesten nicht, die hatten kein Heimweh. Aber als die beiden erst allein da waren, hat die M. ihnen abends immer ein Abendlied gesungen, und besonders Lothar konnte gar nicht einschlafen, wenn sie das nicht getan hatte. Überhaupt waren sie als kleine Kinder alle zärtlich. Auch nachtragen oder bocken tun sie nicht, und auch der V. kann nicht nachtragen. Aber sie selbst allerdings wird, wenn etwas Ernstliches ist, nicht leicht wieder gut, sie kann dann lange böse sein.

„Lothar war als Baby lebhafter als Horst (der Ältere). Er hat ihr viel Arbeit gemacht, war so schmutzig, schmierte alles damit ein als Baby, hat sie ihn verhauen! Sie wollte, daß er ein Mädchen werden sollte, konnte sich nicht abfinden und hat ihn bis ¾ J. als Mädchen angezogen, das hat er ihr später noch oft gesagt, daß sie ihn gar nicht hätte haben wollen. Sie hatte Horst auch einen langen Pagenkopf stehen lassen und ihm die Haare immer mit grüner Seife gewaschen — je heller sie wurden, um so hübscher fand sie es. Eines Tages hatte ihm dann aber ihr Mann das Haar ganz kurz geschnitten. — Mit Essen waren die Kinder alle gleich: vor 10 mußte man es in sie hineinprügeln, und später mußte man nur immer sagen: hört doch endlich auf! Der M. selbst liegt überhaupt wenig am Essen, obwohl sie so dick ist.

Auch nachher war Lothar nicht so phlegmatisch wie die anderen, lebhafter, fröhlicher. Er war sehr waghalsig als Kind, ging eine Wette ein, daß er vom 10-m-Turm herunterspringen würde, obwohl er gar nicht schwimmen konnte, und tat es und konnte dann auch schwimmen. Ebenso als die M. mit den Kindern verschickt war (Lothar war nur mit ihr fort): nie waren die Bauern den steilen Berg mit dem Rad heruntergefahren, aber er mußte das tun und hat dann auch richtig 6 Wochen mit Gehirnerschütterung gelegen. Er war ja auch vor der Klasse ein Spaßmacher. Der Lehrer sagte im letzten Schuljahr: er ist der Hauptmacher, e r macht es, aber nur, damit die ganze Klasse lacht. Das war auch Geltungsbedürfnis. Auch auf dem Schiff später hat er solche Wetten abgeschlossen, daß er direkt sein Leben gefährdete, bis der Kapitän es ihm verbot. Lothar sagte: es war so die Unruhe, die er hatte. — Er und Horst haben sich nie vertragen. Horst wollte ihn wohl immer gern regieren und ihm eins auswischen, aber Lothar war dann in einer Art kräftiger, er fing dann an zu boxen, Horst ist doch weicher als er. Lothar hat ja der M. später noch oft geschrieben, er würde zurückgesetzt, aber das stimmt gar nicht, vielleicht mochte sie Lothar sogar lieber als Horst.

„Die M. hat eine schwere Jugend gehabt. Ihr Vater trank sehr, und Mutterliebe haben sie eigentlich kaum gekannt. Ihre Mutter hätte sich viele Sorgen machen können, aber sie machte sich keine und ist 80 J. alt geworden. Die M. (Lothars) war aber früher sehr vergnügt, die reine Lachtaube, sagte ihre Mutter immer. Sie waren ja bei den Jungreformern, das waren ihre schönsten Jahre. Unter Menschen, das ist es, was sie braucht, Geselligkeit. Und früher so, wenn man zwischen den Fahnen stand, wie hat sie das bewegt, oder zweimal in der Woche Volkstanz, wie war das schön. Aber ihr Mann, obwohl sie den da kennengelernt hat, ist ja ganz anders. Er ist nicht gern unter Menschen, pflegt keine Nachbarschaft. Wenn er abends kommt, will er nur zu Hause sitzen. Er sieht auch älter aus, als er ist. Er ist herzensgut, hängt an ihr wie ein Kind, bringt ihr Sonnabends immer Blumen mit, erfüllt ihr jeden Wunsch; z. B. hat sie jetzt Sessel bekommen. Er ist auch zärtlich mit ihr, aber er versteht sie nicht in ihren Wünschen. Er sagt: in der Ehe muß eine Frau an Zuhause genug haben.

„Die M. ist jetzt noch so: wenn sie verschickt ist, und unter Menschen, dann ist sie die Vergnügteste von allen, hält den ganzen Laden aufrecht, hat noch voriges Jahr Handstand vor so einer Gesellschaft gemacht. Aber sobald sie in ihre Wohnung zurückkommt, ist es aus, dann hat sie zu nichts

Lust. Morgens ist ihr so schwer zumute, daß sie am liebsten gar nicht mehr lebte. Wenn sie wüßte, daß sie unten liegenbliebe, würde sie aus dem Fenster springen. Sie haben ihr schon manches Mal den Gashahn wegnehmen müssen. Es ist vielleicht auch das viele Kranksein . . ."

Während dieser Unterredung kamen einmal ein mageres niedliches kleines Mädchen und ein magerer kleiner 14 j. Junge mit einer ungeschickten dicken Brille herein. Die M. zeigte mir den Jungen und sagte: „auf dem einen Auge ist er blind, auf dem anderen kann er nur 50% sehen, und den einen Arm kann er sowieso nicht bewegen, weil er ... (vergessen; dem Sinne nach ein Unfall durch eigene Schuld). Nun fehlt nur noch der Fuß, dann ist er ganz ein Krüppel!"

Die Urteilsbegründung von 1949 wies auf die „erstaunliche Gemütskälte" hin, die Lothar „dazu verführte, auch im Hause Diebereien zu begehen." Diese Ansicht wurde durch das ärztliche Gutachten und überhaupt in der FE korrigiert, aber solche Bemerkungen finden sich in Urteilen und Berichten öfter. Es wird zu allgemein vorausgesetzt, daß die Kinder den Eltern Dankbarkeit und Liebe schulden.

Diese Kinder hier haben sich zunächst zu Hause wohl einfach Essen genommen, und zwar wahrscheinlich aus ganz realem Hunger, nicht nur aus „Liebeshunger". Aber daß die M. keinen genügenden Sinn dafür hatte, was sie in dieser Hinsicht brauchten, ist ja wohl ein Teil ihrer allgemeinen Unfähigkeit, den Kindern das Ihre zu geben. Eine andere, sehr depressive Mutter (234) erzählte mir entrüstet, die Familie ihres (etwas leichtlebigen) Mannes habe über sie gesagt:„Persil wirst du in ihrer Speisekammer finden, zu essen nichts!" Es hat aber auch wirklich sehr viel für sich, die sonstigen häuslichen Diebstähle der Jungen und Lothars Gelddiebstähle an — bezeichnenderweise — einholenden Frauen als „Ersatzbefriedigung" und zugleich als einen Vergeltungsakt anzusehen. Dabei befriedigte er zugleich sein Geltungsbedürfnis, das ja, wie die M. richtig sah, auch in seinen Spaßmachereien und Waghalsigkeiten eine Rolle spielte (und das ja auch wohl bei ihrer eigenen „Lustigkeit" in Gesellschaft eine Rolle spielt, wenn das vermutlich auch nur eine Seite der Sache ist.)

Von den meisten Jungen, über die hier bisher berichtet wurde, sind keine häuslichen Diebstähle bekannt, obwohl das JA danach zu fragen pflegte und ich es auch getan habe. Ähnliche Lieblosigkeit der M. hat es dabei ja auch in einigen anderen Fällen gegeben. Aber das waren sozial tieferstehende oder sogar asoziale Familien, oder der Proband hatte früh seine Tätigkeit aus dem Hause herausverlegt. Im ganzen sind aus den proletarischen Familien weniger häusliche Diebstähle der Kinder berichtet worden als aus den bürgerlichen und kleinbürgerlichen. Erklärungsmöglichkeiten gibt es mehrere: Vielleicht merken die sehr einfachen Mütter es weniger, wenn ihnen etwas fehlt. Vielleicht finden sie es das gute Recht der Kinder, oder doch jedenfalls keinen Diebstahl, und vergessen es darum oder erzählen es nicht. Vielleicht war zu wenig da, was die Kinder hätten nehmen können. Vielleicht ist eine asoziale Familie in dem Punkt doch eher solidarisch, und ihre Mitglieder stehlen lieber anderswo. Vielleicht ist es Kindern aus einfachen Familien überhaupt leichter, sich in fremdem

Terrain zu betätigen. Vielleicht liegt die statistische Beziehung aber auch nur daran, daß häusliche Diebstähle in Stiefmutter-Familien besonders oft vorkommen, diese Familien aber in der hier vorliegenden Untersuchung nach sozialer Schicht etwas über dem Durchschnitt liegen.

Wie dem auch sei: in Lothars Familie, die nach außen hin sehr gut eingeordnet und ausgesprochen „kleinbürgerlich" ist — wenn auch durch die vielen Kinder knapp an Geld —, in der beide Eltern noch leben, die Ehe rein formell sogar gut ist, der ganze äußere Rahmen also eigentlich völlig „normal" ist, treten die gefühlsmäßigen Unausgeglichenheiten besonders klar hervor. Die Kinder gediehen nicht richtig, und zwar anscheinend, weil die M. unzufrieden und auch wohl wirklich unglücklich war und ist. Sie selbst führt ihre Schwierigkeiten auf ihre „schwere sein. Der Mann, der „wie ein Kind an ihr hängt" — wo sie ja eigentlich Jugend" zurück, und irgendetwas muß in ihrer Entwicklung fehlgegangen schon zu viele Kinder an sich hängen fühlt —, hat sie jedenfalls nicht wirklich glücklich gemacht, und die Kinder auch nicht. Die Berichte über ihre erste Zeit mit den beiden Ältesten klingen noch am freundlichsten, obwohl ja auch da schon ihre persönlichen Wünsche in Bezug auf Haarfarbe und Geschlecht der Jungen sich wie Rechtsansprüche meldeten. Es hätten wohl gerade in diesem Fall nicht so viele Kinder werden dürfen, und vermutlich hat sie in diesem Punkt einen — begründeten — Groll gegen ihren Mann. Aber überhaupt scheint sie — ohne daß man sie eigentlich „kalt" nennen kann — zwischen Schuld- und Haßgefühl ausweglos hin- und herzuschwanken.

Es war merkwürdig, den „bösen Blick" der M. auf dem etwas kümmerlichen 14-jährigen Jungen ruhen zu sehen, der trübe und brav aus seiner dicken Brille hervorsah. Es wäre wohl nicht verwunderlich, wenn er sich eines Tages auch noch den Fuß verletzte. Ob man auch Lothars Waghalsigkeit mit solchen verwünschenden Gedanken der M. in Verbindung bringen darf, weiß ich nicht. Unruhe und Geltungsbedürfnis scheinen sich darin zu äußern, aber die stammen ja auch zu einem Teil wohl aus dieser Quelle, der Ungemütlichkeit der Mutter.

Andererseits kann in seinem Draufgängertum doch wohl auch echte Kraft und Vitalität liegen (die ja auch die M. vielleicht hat, nur daß sie bei ihr in inneren Schwierigkeiten verbraucht wird). In der FE hat man ihm, auf Grund des ärztlichen Gutachtens, besondere persönliche Aufmerksamkeit geschenkt, und nach dem kurzen, etwas bedrückten Zwischenspiel zu Hause — wo er wohl auch mit der Arbeit nicht zufrieden war — hat er sich dann als Messejunge sofort wohlgefühlt. Dort hatte er dann ja wohl Essen in Hülle und Fülle, wußte, wohin er gehörte und erlebte zugleich männliche Abenteuer. Die Tatsache, daß er seit Jahren das Elternhaus so ganz meidet — er war inzwischen in Hamburg — und nur mit den Geschwistern und dem V. korrespondiert, bestätigt, wenn man noch zweifelte, daß er auch subjektiv unter der Art der M. gelitten hat.

Aber obwohl das Verhältnis zu der M. so unbefriedigend war, war doch wohl wirklich s i e und nicht der Vater für alle Kinder die entscheidende Person. Der V., obwohl freundlicher, weicher und wohl im eigentlichen Sinne liebevoller, hat nicht ausgleichen können, was die M. falsch machte, aber schon überhaupt nicht diese Aufmerksamkeit der Kinder auf sich ziehen können. Wahrscheinlich nicht nur,weil er weniger da war — obwohl das wichtig ist —, sondern weil er auch eine mattere und blassere Persönlichkeit ist. An sich könnte man ja denken, daß Kinder, die bei dem einen Elter nicht finden,was sie brauchen, ohne weiteres zu dem anderen überwechseln, aber das geschieht durchaus nicht immer. Im Gegenteil hat gerade ein solches unbefriedigendes Verhältnis nicht selten so etwas wie eine Faszination für sie; sie versuchen, immer wieder am gleichen Punkt zu bohren. Das hing hier wohl auch damit zusammen, das die M. streng, anspruchsvoll und gefühlsbetont war und ihre Gefühlsambivalenz die Luft mit Spannung erfüllte. [28])

Ob Lothar wohl auch ernstere (gemeinsame) Einbrüche begangen hätte, wenn die Wohngegend ungünstiger gewesen wäre und das soziale Niveau niedriger, kann man nicht wissen, aber ganz fern liegt der Gedanke nicht.

Ihn in FE und dann zur See zu bringen, hat sich ja als glücklich erwiesen. Aber daneben oder stattdessen wäre hier vor allem die psychotherapeutische Behandlung der M. angezeigt gewesen, etwa anknüpfend an ihre nervösen Magenstörungen. Auch wenn sie nur zu einem Teilerfolg geführt hätte, wäre damit allen Kindern viel geholfen gewesen. [28a])

167. Klaus Falter, 6. XII. 31. Er bekam zuerst VIII. 47 2 W. JugendArr., weil er kurz vorher *(15;7)* zusammen mit 6 anderen in eine Fabrik eingestiegen war und dort 2 Treibriemen und 35 Rollen Wolle gestohlen hatte. „Er hat", schrieb der Arrestleiter, „seinen Namen offenbar über sein Leben gestellt, durch das er tändelnd flattert." Der Arrest habe auf ihn keinen nachhaltigen Eindruck gemacht, er sei weiterhin stark gefährdet.

Er war O. 1947 aus der VSch. Kl. 9 gekommen und seitdem in einer Elektrowerkstatt in der Lehre, kam regelmäßig und zeigte sich interessiert und befähigt. I. 49 wurde er aber entlassen, weil er kurz vorher *(17;0 — 17;2)* mehrfach Geld gestohlen hatte, und zwar zuerst DM 2,50 in der Wohnung eines Kunden; dann einmal oder mehrmals bis zu DM 20,— aus der Kasse eines Handwerkers, dem er gelegentlich abends half; und 4 Tage, nachdem er deswegen polizeilich vernommen worden war, DM 50,— aus der Tasche seines Lehrgesellen. Diese DM 50,— verbrauchte er am gleichen Abend auf einem Maskenball. — Der Lehrherr sagte nun, er habe ihn schon mehrfach wegen kleiner Gelddiebstähle dringend verwarnt. Der Berufsschullehrer schilderte ihn als nicht unbegabt, aber etwas flusig. Er gelte unter den Kameraden als freundlicher Junge; er habe wohl Geld gebraucht, um mit den älteren und größeren Kameraden im Sportverein Schritt zu halten, und habe es vor den Straftaten zunächst mit Pumpen

[28] Auch *Stott* (1950), z. B. 243, weist darauf hin, daß es für Kinder leichter ist, einen ganz gleichgültigen oder eindeutig feindlichen Elter abzuschreiben, als einen , der in seiner Haltung hin- und herschwankt

[28a] Strafregistereinsicht III. 61: keine späteren Verurteilungen.

bei Nachbarn und Kameraden versucht. — Die Eltern baten um Heimunterbringung, weil er verdorben, ein Windhund, ein Blender sei, dessen gute Vorsätze verpufften. Er habe auch seit kurzem eine Freundin, für die er wohl viel Geld brauche. — Das Urteil erging auf 4 Mon. Jugendgefängnis; in der Begründung hieß es: „Er gehört nicht in FE, denn er ist nicht verwahrlost, sondern ein Dieb mit starken schädlichen Neigungen." — Da er aber Berufung einlegte — das Urteil erschien ihm viel zu hart —, kam er zunächst doch 4 Mon. (17;2 — 17;3) in ein Heim (freiw. FE) und anschließend auf das Berufungsurteil hin für 6 Mon. (17;4 — 17;10) ins Jugendgefängnis.

Im Heim wurde sein Verhalten zuerst gelobt. Er sei aufgeschlossen, ausgeglichen, lebhaft, heiter, geistig regsam, sportlich interessiert, sehr anpassungsfähig, bei Kameraden gern gesehen, zu Erziehern zuvorkommend, in der Arbeit aber etwas oberflächlich; er scheine zum „Ausweichtypus" zu gehören. Einen Monat später: „Hinter seiner lächelnden Miene verbarg sich eine aalglatte Natur . . . er beherrchte nach kurzer Zeit ausgezeichnet die Klaviatur des Heimlebens . . . stets auf seinen Vorteil bedacht, übervorteilte als Gruppenordner die Kameraden, führte ihnen gegenüber freches Mundwerk." Auch den Erwachsenen gegenüber habe er nachgelassen, er maule und widerspreche bei Ermahnungen. — Im Strafvollzug gab es anscheinend zunächst auch Schwierigkeiten, im Schlußbericht hieß es aber, in den letzten Wochen sei seine Führung und Haltung vorbildlich gewesen, er wünsche zu besserem Lebenswandel zurückzukehren. Eine feste Stütze und gute Lenkung würden ihm aber weiterhin nützlich sein.

Er kam nun in eine Kartonnagenfabrik, und der Fürsorger erlebte bald eine scharfe Auseinandersetzung zwischen ihm und den Eltern, weil er sich für einen Tag krank gemeldet hatte, um das Fußballtraining nicht zu versäumen. Als er aber einen Monat später wegen Arbeitsmangels entlassen wurde und dann 3 Monate arbeitslos war, aber auch noch längere Monate in der folgenden Arbeitsstelle, einer Schleiferei, schien er „nachdenklich" geworden und zu seinem Vorteil verändert. Er machte sich auch zu Hause nützlich, und die Firma lobte seine Arbeitsfreudigkeit. Kurz vor Antritt dieser Stellung *(18;4)* hatte er mit 3 Jüngeren unbefugt gefischt, aber die dafür verhängten 2 W. Gefängnis waren ausgesetzt worden.

Mit 19;3 bekam er ein uneheliches Kind. Zu diesem Zeitpunkt wurde er aber auch wegen verschiedener Gelddiebstähle aus der Arbeitsstelle entlassen, und ehe er ging, versorgte er sich dort in der Garderobe noch mit insgesamt DM 88,— aus den Jacken seiner Kollegen *(19;3)*. Da das offenbar nicht gleich geklärt wurde, arbeitete er noch einen Monat anderswo und kam 19;4 für 2 Mon. in U-Haft, die ihm dann auf seine Gefängnisstrafe von 3 Mon. 2 W. angerechnet wurde.

Nach der Verbüßung ließ er sich etwa 1—2 Mon. nicht bei den Eltern sehen, war „unbekannten Aufenthalts". In dieser Zeit entwendete er in der Badeanstalt einem Kameraden DM 8,—. Spätestens 19;9 war er wieder bei den Eltern, fand zunächst keine Arbeit, dann 2 kurzfristige Stellen. In dieser Zeit beging er *(19;10)* einen Zechbetrug (sagte zum Kellner, er dürfe nicht für mehr als DM 50,— trinken, hatte aber gar nichts bei sich und verschwand heimlich nach hoher Zeche); und mit *20;0* nahm er bei einem Tanzvergnügen einem Gast das Portemonnaie mit DM 100,— aus der Tasche.

Von 20;2 — 20;7 verbüßte er die 2 W. Gef. wegen des Fischens (von 18;4) und 4 Mon. Gef. wegen des Badeanstalts-Diebstahls, von 20;10 — 21;6 weitere 8 Mon. Gef. für den Portemonnaiediebstahl. Dazwischen war er ohne Arbeit. In der Folgezeit arbeitete er fast immer, aber öfter wechselnd, bezahlte aber dem Kind nur ganz gelegentlich Unterhalt und wurde deswegen *23;0* zu 3 Mon. Gef. verurteilt, die er 23;0 — 23;3 verbüßte. — Kurz davor wurde er betrunken bei der Führung eines Lieferwagens betroffen *(22;11)*. Er hatte eine Stellung als Kraftfahrer angenommen und behauptete, den Führerschein zu haben, obwohl er ihn schon *22;3* wegen Trunkenheit am Steuer verloren hatte. Deswegen bekam er DM 50,— Geldstrafe, außerdem wegen Mitnahme von Sandalen von einer Aushilfsarbeitsstelle *(22;11)* noch 3 Mon. Gef., die er aber am Stichtag noch nicht verbüßt hatte.

Die Eltern wohnten in einem alten, aber nicht schlechten Viertel in Hamburg-Harburg. Der V., Arbeiter auf der Phönix, gilt als solider, fleißiger Familienvater; er war früher ein großer Fußballer. Durch Krieg und Gefangenschaft war er 8 J. fort (Kl. 8 — 16;0). Die Mutter gilt als gute „Hausfrau und gute Mutter, die sich auch bemühte, die Kinder zu ordentlichen, rechtschaffenen Menschen zu erziehen." Klaus ist der Älteste; seine zwei Schwestern sind 5 und 9 J. nach ihm geboren. — Der V. soll den Jungen immer sehr streng gehalten haben, besonders nach seiner Rückkehr aus der Gefangenschaft. Klaus selbst sagte aber 1949 in der krim. psychol. Untersuchungsstelle, er habe ihn auch schon in den ersten Jahren viel geschlagen, „sodaß er auch noch bei Schulbeginn sehr schüchtern war und viel weinte." Das JA schrieb, bei der M. habe er sich mehr erlauben können, sich aber ihr gegenüber auch das Lügen angewöhnt. Er war von etwa 9 — 13 J., jedenfalls 4 J. lang, in KLV, und zwar in verschiedenen Pflegestellen, in denen er nach der Vermutung des Krim. Psychologen ziemlich „freizügig" behandelt worden ist.

In der krim. psychol. Untersuchungsstelle wurde 1949 von dem Pädagogen seine Intelligenz als durchschnittlich beurteilt. Er fasse schnell auf, habe aber keine geistige Weite und Tiefe; alles bleibe nur äußerlich, Fassade. Er lasse auch in der Anstrengung leicht nach. Der Psychologe beurteilte ihn als ziemlich egozentrisch. Er habe kein tieferes Kontaktbedürfnis und sei, obwohl Fußballheld, zutiefst menschlich isoliert. Aus unbefriedigtem, dabei stark veräußerlichtem Geltungsbedürfnis sei er empfindlich und eigensüchtig. Ende 1952 äußerte sich ein anderer Psychologe dahin, seine offene, freundliche, redselige Art sei jetzt offensichtlich Maske für Lebensangst und verschwommenes Schuldbewußtsein.

Als Ergänzung des Erzählungsanfangs: „Mitten in der Nacht wachte ich auf. Ich fühlte nur . . ." schrieb der Proband 1949 in der Untersuchungsstelle einen Traum nieder, in dem er von Wilden gefesselt, an einen Marterpfahl gebunden und mit Pfeilen beschossen worden sei; dann hätten sie ihn in ein Zelt geworfen. Da habe eine Indianerin gelegen und ihn losgebunden, die Wilden seien aber wiedergekommen und hätten ihn wieder an den Marterpfahl gebunden. „Dort fühlte ich plötzlich, wie ein Indianer meine Kopfhaut abschnitt. Dies war ein fürchterlicher Traum, ich konnte die ganze Nacht nicht mehr schlafen." Ob er dies wirklich geträumt oder nur für die Erzählung erdacht hatte, ist nicht bekannt.

Er erzählte damals, der V. sei streng gewesen, und er habe sich mehr zur M. hingezogen gefühlt. Er sei immer vergnügt und gern mit anderen zusammengewesen. Er rauche 1-2 Zigaretten, esse aber noch lieber Bonbons.

Die M., eine kräftige, einfache Frau, deren Küche vor Sauberkeit blitzte, sprach ich VIII. 55, als Klaus seit 4 Monaten aus dem Gefängnis Neuengamme zurück war und in einer Holzfabrik arbeitete. „Er hat nur noch ein Urteil auf 3 Mon. Gef. laufen, weil er vor der letzten Straftat auf dem Bau Sandalen mitgenommen hatte. Nun hat die M. geschrieben, damit er Bewährungsfrist kriegt, denn er sagt, nun hat er so gute Vorsätze; er sagt, so ein Männergefängnis ist doch was anderes. Sein Mädchen, mit der er das Kind hat, die hat ihn ja aufgegeben. Nun hat er ja eine andere, ein anständiges Fräulein. Er ist nun überhaupt viel ruhiger geworden, sitzt gern zu Hause, spielt Skat mit dem V. und mit dem Verlobten von der Schwester, oder er geht mit seinem Fräulein und der Schwester und dem Verlobten mal aus, aber ganz anständig, z. B. waren sie gestern im Stadtcafé und alle um halb Zwölf zu Hause, und die Schwestern sagen, auf Tanzen ist er nun gar nicht mehr so wild. Die M. ist auch noch ganz lebenslustig, und sie haben auch einen schönen Plattenschrank mit all den modernen Platten, da machen sie es sich zu Hause gemütlich. Rauchen tut er ja viel! Trinken aber nur mal gelegentlich, nicht daß er so das Geld versäuft.

„Er gibt DM 20,— Kostgeld ab, das ist ja nicht viel für einen so großen Jungen. Aber er hat ja für das Kind zu bezahlen, und noch die Abzahlungen für das Gericht. Aber er kauft sich auch, hat sich schon einen schönen Sakko und Schuhe gekauft, er zieht sich gern schön an, und er zeigt ja auch was her. Kennen Sie ihn? Die Schwester, die große, ist ganz anders als er, viel weniger gutmütig. Er schenkt so gern, hat immer alles weggeschenkt, aber die ist direkt geizig, kann man sagen. Die beiden verstehen sich auch nicht so gut. Sie ist auch energischer als er; darum mag ja die Kleine den Klaus lieber, weil er nicht so mit ihr kommandiert. Aber über die Große kann man nicht klagen, die ist ein ordentliches Mädchen. Aber über Klaus hat die M. auch eigentlich nie klagen können, außer daß er kein Geld liegen sehen konnte. Das war aber auch erst vom 3. Lehrjahr ab. Zu Hause ist er immer sehr gefällig gewesen. Z. B. hat er jetzt auch der M. die ganze Stube angemalt, wo er doch gar kein Maler ist.

„Die M. ist selbst im Versorgungsheim und in acht Pflegestellen groß geworden. Sie heiratete den V., weil Klaus kam (sie war bei seiner Geburt knapp 21, der V. 32 J.). Sonst hätten sie wohl erst ein Jahr später geheiratet, aber sie ging schon länger mit ihm und war dann froh, daß sie eine eigene Familie hatte, weil sie ja immer unter fremden Leuten gewesen war. Klaus war ein ruhiges Kind, etwas zart, aber er hatte keine besonderen Krankheiten und wurde rechtzeitig trocken.

„Die ersten acht Monate besorgte die M. ihn ganz. Dann wurde aber der V. arbeitslos und sie fing an zu arbeiten. Und zwar hatte sie von 1932 - 1938 (Kl. 6 oder 7 J.) Spätschicht von mittags bis abends um Elf. Da hat der V. ihn ganz versorgt. Als er 3, 4 J. alt war, kam er tagsüber in den Kindergarten. Die Mutter brachte ihn um 10 Uhr hin, der V. holte ihn um 5 Uhr nachmittags wieder; sie selbst war ja abends nie da. Als die M. dann Frühschicht hatte, blieb er auch im Kindergarten, und als 1940 (Kl. 8 J.) der V. eingezogen wurde, holte ihn dann die M. abends nach Hause ab. Dann kam er in die KLV (etwa 9 -13 J.). Nachdem die Kleine geboren war, hat die M. dann aber nicht mehr gearbeitet. Nur nach dem Krieg hat sie angefangen, und jetzt wieder seit 1951. Da bekam der V. nämlich (etwa zu der Zeit, als Klaus, 19-jährig, in der Schleiferei mit Gelddiebstählen begann) eine Nervenlähmung im Kleinhirn. Ihm wurde morgens schlecht, und er bekam Gleichgewichtsstörungen und war wie irre und kam dann ein Vierteljahr ins Krankenhaus. Dann hat er erst wieder ab Herbst 1953 gearbeitet, und er ist vergeßlich geworden. Und auch leicht erregbar, aber das war er schon immer.

„Aber der V. war kinderlieb, und er hat wohl den Klaus immer den Mädchen etwas vorgezogen; er hat ihn ja auch so lange versorgt. Und Klaus hing auch sehr an ihm, das tut er jetzt noch. Wenn der V. nach dem Urlaub wieder fort mußte, stand Klaus da (zeigt auf den Küchenschrank) und weinte. Überhaupt hing er dem V. früher immer am Hals. Jetzt ist er dazu ja schon zu groß, aber mit der M. schmust er öfter noch mal. Er war aber immer sehr weich, mehr ein Mädchen als ein Junge! Er haute sich nicht mit anderen Jungs, dazu war er zu sehr ein Mädchen. Nachher hatte er ja wohl Freunde, doch, er ging ja auch immer zum Fußball. Aber weich ist er doch geblieben, er weint jetzt noch leicht. Als er Ostern aus Neuengamme zurückkam, wie hat er da geweint! Das hätten Sie photographieren sollen! — Wenn sie früher auf ihn böse waren, war er auch sehr unglücklich. Dann ging er erst weg, schlich sich aber gleich wieder an. „Na, schleichst du schon wieder an?" sagten sie dann. Er kochte gern und half im Haushalt. Die Schwester hat eher ihn kommandiert als er sie. Die hat sich mehr zur M. gehalten, aber die ist scheuer, zurückhaltender als Klaus, kann es nicht so zeigen — das hat sie vom V., der würde auch nie in Gegenwart von anderen die M. mal umfassen.

„Der V. hat bei den Kindern mehr Respekt. Er hat so einen harten Ton, da gehorchten sie von selbst. Die M. ist weicher und nachgiebiger. Wenn z. B. im Radio was ist, kann sie gleich weinen, und weil sie selbst bei fremden Leuten großgezogen ist, mochte sie ihre Kinder nicht prügeln. Sie kann mal gröhlen, aber nicht prügeln. Einmal hat der V. Klaus rausgeschmissen, da hat sie ihm abends heimlich zu essen gegeben, aber der V. hat auch noch am selben Abend gesagt: wenn du ihn morgen in der Stadt siehst, sag ihm, er soll wiederkommen. Sie haben ihn ja auch immer wieder aufgenommen, und das weiß Klaus ja auch, und er hält auch was von ihnen!"

An diesem Probanden fallen verschiedene Züge auf, die sich noch bei einer Reihe weiterer, immer wieder rückfälliger Probanden finden. Er ist freundlich, lebhaft, vergnügt und hat dadurch schnell Kontakt mit anderen. Aber er enttäuscht sie, der Kontakt erweist sich als nur oberflächlich.

Oberflächlich ist der Proband aber auch in anderer Hinsicht. So nach den Gutachten in seiner geistigen Verarbeitung der Dinge bei doch durchschnittlicher Intelligenz, und nach dem FE-Bericht in der Arbeit, obwohl er zu anderen Zeiten offenbar recht gute Arbeitsleistungen erbracht hat. Oberflächlich erscheint er aber auch in seinem allgemeinen sozialen Verantwortungsgefühl, z. B. darin, daß er nicht für sein Kind zahlte, daß er mehrfach betrunken ein Kraftfahrzeug führte, daß er, wenn noch ein Strafverfahren lief, schon eine neue Straftat beging usw.

Bei ihm ist es nicht zu einem so radikalen Bruch mit der Umwelt gekommen wie etwa bei Alwin Schober und Jürgen Wandrahm, oder zu einem so konsequenten Heruntergleiten „auf der schiefen ban" wie bei Otto Faßbender, dessen Straftaten ein echter Bestandteil seines sozialen Lebens wurden. Klaus Falter lebte eigentlich wie sonst, fröhlich, liebenswürdig, den anderen angepaßt, und hatte nur insgeheim einige dunkle Punkte, die er anscheinend mehr oder weniger auch vor sich selbst hinwegzumanipulieren verstand. Momentane Verlegenheiten überbrückte er durch eine Inkorrektheit, die unangenehme Folgen haben mußte, aber allerdings erst in einem etwas späteren Zeitpunkt. Er übernahm neue Verpflichtungen, ehe er seine alten richtig erfüllt hatte. Dabei lag über dem ganzen jeweils ein hoffnungsvoller Akzent. Denn — so sagte er, und so schien es zeitweise anderen —, er hatte ja eben nur in der momentanen Verlegenheit gehandelt und würde es selbstverständlich nie mehr so machen, zumal da sich ja die Verhältnisse inzwischen entscheidend geändert hatten.

In dieser Haltung liegt eine allgemeine Unaufrichtigkeit, und so gehört dazu auch das „Lügen" — das aber durchaus auch in anderen Zusammenhängen vorkommt — und der Betrug. Klaus Falter hat zweimal einen Betrug begangen, nämlich den Zech- und den Moped-Mietbetrug; außerdem ließ er sich als Kraftfahrer einstellen, ohne einen Führerschein zu haben. Aber auch sein Badeanstaltdiebstahl — bei dem er zu seinem Begleiter sagte, er müsse austreten, stattdessen aber mit dem Portemonnaie entschwand — hat psychologisch Züge von Betrug, und das gilt eigentlich auch von allen oder den meisten Diebstählen gegen Kameraden und Arbeitgeber, bei denen ja ein persönliches Vertrauen getäuscht wird.

Ferner gehört zu diesem Bild das „Geltungsbedürfnis", und zwar in einer besonderen Form, die man wohl überhaupt meistens meint, wenn man von besonderem Geltungsbedürfnis spricht. An sich will ja jeder unter den anderen etwas gelten , er m u ß das wollen, ob er will oder nicht, und so spielt dieser Punkt ja bei Straftatensehr oft eine Rolle. Z. B. der beinbehinderte Fritz Meiners (S. 306) hat ja offenbar gestohlen, um Geld zum Tanzen zu haben und — bei den Mädchen? — nicht hinter den Kameraden zurückzustehen, und der sprachbehinderte Herbert Schulte (S. 308) wollte sich Sportzeug kaufen, damit die Kameraden ihn nicht mehr hänselten. Andere — Georg Wilde, Rolf Westphal, Otto Faßbender — schienen bei Straftaten mitgemacht zu haben, weil gerade dies Heldentum unter den Kameraden etwas galt und weil sie vielleicht wegen ihrer allgemeinen Begabungs- und Erziehungsmängel nur gerade bei solchen Kameraden etwas gelten konnten. Aber alle diese Probanden schienen doch zufrieden, wenn sie nur eben „dabei" waren, zusammengehörten mit „mehr als ich."

Spezifischer erscheint das Geltungsbedürfnis schon, wenn der Proband eine Rolle als Anführer und Räuberhauptmann anstrebte, also die eigene Person vor den anderen hervorheben wollte. Aber solange er sich das mit „Leistung", nämlich mit Draufgängertum u. ä. erwirkte, hatte doch auch das noch eine sachliche Note; und so auch wohl, mindestens zum Teil, das Fußballheldentum von Klaus Falter, und die Räuberhauptmannschaft von Horst Fährmann (S. 338 ff). Aber bei diesen beiden Jungen kommt doch noch etwas anderes dazu, nämlich das direkte Hervorheben ihrer Person vor den anderen, die sie dazu als Publikum und als Spiegel benutzten. Bei Horst Fährmann hatte es wohl mehr die Form des protzigen Angebens, bei Klaus Falter offenbar mehr die des weichen Sichanpassens und Sichangenehmmachens. Und es ist wohl diese weiche Form, bei der der Beliebtheitswunsch am größten ist, bei der Beliebtheit um jeden Preis angestrebt wird, während sich in dem lauten Auftrumpfen mit seiner offen aggressiven Note doch wohl noch eine größere Unabhängigkeit äußert. Jedenfalls scheint es, daß Klaus Falter — vereinfacht ausgedrückt — unmittelbar und in jedem Augenblick beliebt sein wollte und das mit heimlichen Vertrauensbrüchen finanzierte. Man hat auch den Eindruck, daß er gerade aus solchen Geltungswünschen die Gesellschaft anderer suchte und daß insofern auch seine Vergnügungssucht z. T. damit zusammenhängt, obzwar in ihr — wie auch wohl bei Horst Fährmann — auch eine direkte Genüßlichkeit hervorzutreten scheint.

Ferner hat sein Leben etwas Unstetes, wenn das auch nicht direkt mit Worten von ihm berichtet wird. Der häufigere Wechsel der Arbeitsstellen ergab sich ja allerdings z. T. aus den Vertrauensbrüchen, die er dort beging, aber man kann ja auch diese Vertrauensbrüche nicht ganz aus dem Moment der Unstetigkeit lösen. Sein Leben ist im ganzen ziemlich kurzatmig verlaufen, in immer neuen Ansätzen, und das scheint doch wohl auch damit zusammenzuhängen, daß er, wie der Gutachter 1949 sagte, in der Anstrengung leicht nachläßt. Auch die Anstrengung, sich beliebt zu machen, hat er ja, wie z. B. im Heim, nicht für längere Zeit durchhalten können.

Er hat noch beide Eltern, die Eltern sind „rechtschaffen", und von erheblicheren inneren Familienzwisten ist nichts bekannt. Auch wenn man annehmen will, daß die M. in dieser Hinsicht etwas verschwiegen, z. B. etwa im Vergleich zu anderen Müttern die Erregbarkeit des V. eher unter- als übertrieben hat, so erscheint doch der Familienhintergrund des Probanden so gesehen als recht normal, normaler als der sehr vieler Probanden.

Abnorm ist an seiner Vorgeschichte rein äußerlich, daß er als Kleinkind zwar zunächst von der M., dann aber jahrelang vom V. versorgt wurde, und daß in dieser zweiten Zeit die M. fast überhaupt nicht vorhanden war, während später wieder gerade der V. fort war, und zwar besonders lange. Nach seiner Rückkehr hatte der V. dann einschneidende Krankheiten. Zu dem Wechsel zwischen V. und M. tritt der frühe und langjährige Kindergarten und daran sich anschließend die KLV mit verschiedenen Pflegestellen innerhalb von 4 Jahren. Trotz intakter Familie haben seine Erzieher also ganz besonders häufig gewechselt. Man muß ja daran denken, daß auch in den Kinderhorten die Pflegerinnen nicht selten wechseln.

Das Verhältnis des Jungen zum V. muß im ganzen ambivalent gewesen sein und scheint auch zeitlich gewechselt zu haben. Einerseits hing er nach der Schilderung der M. ausgesprochen an ihm, was sich ja auch daraus verstehen würde, daß der V. ihn so lange versorgt hat, und andererseits sagte er selbst, die Schläge des V. hätten ihn früh verschüchtert. Nach der Rückkehr war der V. jedenfalls nicht mehr zufrieden mit ihm, und er auch nicht mit dem V., der dann ja auch physisch und jedenfalls zuletzt auch psychisch verändert war. — Diese Tatsachen erscheinen mir bedeutungsvoll, überhaupt die Zusammensetzung der Familie aus einer relativ kühlen und betriebsamen Mutter und einem mehr im Hintergrund stehenden und körperlich beeinträchtigten Vater. Diese Konstellation findet sich in den Familien der Schwerrückfälligen auffällig oft.

Die M. hatte bei der Befragung ja ganz freundlich und auch detailliert berichtet, aber doch mit einer Tendenz zum Zudecken und Beschönigen. Sie ließ mich auch während der ganzen Unterredung in der Küche s t e h e n, was wie ein Ausdruck geheimer Ablehnung wirkte. Da diese Haltung — die man niemandem verdenken kann — erfahrungsgemäß die Ausnahme ist, läßt sie sich in gewisser Weise als Indiz für Kontaktschwierigkeiten der Mutter verwerten, jedenfalls, wenn anderes dazukommt.

Die M. erzählte, daß sie „selbst im Waisenhaus und 8 Pflegestellen großgeworden" sei. Nach den Gründen dafür habe ich sie wegen des sowieso etwas schwierigen Kontaktes nicht zu fragen gewagt, und auch dem JA sind sie nicht bekannt. Man kann an unordentliche Familienverhältnisse denken, und bei dem häufigen Wechsel an Verhaltensschwierigkeiten, die aber auch wiederum die Folge dieses Wechsels gewesen sein können. Jedenfalls wird diese „schwere Jugend" nicht spurlos an ihr vorübergegangen sein. [27]) Sie selbst meinte, daß sie dadurch besonders nachsichtig gegen ihre Kinder geworden sei, und sie hob hervor, daß sie so leicht am Radio weine. Darin darf man aber nicht unbedingt ein Zeichen für Herzenswärme sehen. Ferner fragt sich, warum sie die Sorge für ihr erstes Kind so ausschließlich ihrem Mann und dem Kindergarten überließ. Obwohl es äußere Gründe dafür gab, spielen sich solche abnormen Verhältnisse doch meistens nicht so ein, wenn nicht innere Tendenzen ihnen entgegenkommen. So spricht einiges dafür, daß es bei der M. auch menschliche Mängel gab, aber Sicheres weiß man nur über ihr äußeres Fehlen.

---

[27] S. o. S. 362 f. und die dort zitierten Befunde von *Dührssen* (1958, 73)

Ferner weiß man, oder kann nach ihren Berichten annehmen, daß der Proband ein ruhiges, etwas zartes Baby war, „weich", etwas mädchenhaft — kontaktbedürftig in dem Sinne, daß er Zürnen der Eltern nicht ertrug, sondern sich wieder „anschlich" in einer Mischung von Zaghaftigkeit und Zudringlichkeit —, unter Jungen zunächst wenig durchsetzungsfähig, dann aber doch ein Fußballheld — „gefällig" und gerne schenkend, zärtlich, und zwar besonders mit dem Vater. Von Oberflächlichkeit, Lügen und Unstetheit ist in dieser Schilderung noch nicht die Rede, und diese Züge lassen sich auch nicht ohne weiteres aus ihr ableiten, mit Ausnahme etwa des Lügens, das man sich von einem so etwas weichlich-ängstlichen, den Zorn der Eltern schwer ertragenden Jungen schon vorstellen kann, wenn auch nicht vorstellen muß. Aber es läßt sich bezweifeln, daß die M. alles gesagt hat, und von seinem Verhalten bei anderen Leuten, bei denen er doch in der Kindheit so viel war, weiß man praktisch nichts.

So ist nach diesen Berichten nicht zu sagen, ob seine Eigenheiten überhaupt eine Entwicklungsgeschichte haben oder ob er eben von Anfang an einfach so war, was ihn dann als einen „Psychopathen" kennzeichnen würde, und zwar einen „willensschwachen", „geltungsbedürftigen", „hyperthymen" und „gemütsflachen" Psychopathen. Aber wenigstens hypothetisch kann man auch hier einige Schritte weitergehen.

Joh. Lange stellte 1936 in einer Besprechung von Stumpfls Untersuchungen über die erblichen Psychopathien der Rückfallverbrecher die Frage, ob nicht das immer wiederkehrende Zusammenvorkommen von Hyperthymie, Willenlosigkeit und Gemütlosigkeit Ausdruck einer „verborgenen einheitlicheren Störung" sein könnte, eines „zentralen Defektes", nämlich des Fehlens „einer tiefverankerten Stetigkeitskomponente, die als feste. unverrückbare Gesinnungen den Hintergrund alles Handelns beim normalen, sozial eingegliederten Menschen machen, Gesinnungen, die zahllose an sich vorhandene Antriebe abfiltern und in den Motivbildungen kaum bewußt werden lassen." [28])

---

[28] *Lange* (1936, 332 f.). Sehr nahe berührt sich diese Auffassung mit der von *Cleckley*, der in seinem Buch The Mask of Sanity (1955) außerordentlich eindrucksvolle Einzelfall- Schilderungen dieses asozialen „Psychopathen"typs gibt. „Let us then assume, as a hypothesis, that the psychopath's disorder or his difference from the whole or normal or integrated personaly consists of unawareness, and a persistent lack of ability to become aware, of what the most important experiences of life mean to others" 424). Damit seien aber keine bestimmten Ethiken oder Ideologien gemeint, sondern der gemeinsame Gefühlsgrund, aus dem heraus sie sich formten (425). Ganz unfähig, einen anderen zu lieben, sei der Psychopath natürlich auch nicht, aber er sei es, wenn wir „apply . . to any affective attitude strong and meanigful enough to be called love, anything that prevails in sufficient degree and over sufficient periods to exert a major influence on behaviour" (395). Er kenne zwar alle möglichen kleinen unangenehmen Regungen. „But mature, wholehearted anger, true or consistent indignation, honest, solid grief, sustaining pride, deep joy, genuine despair, are reactions not likely to be found within the scale." (397). Darum erweckten diese Menschen den Eindruck von ganz fein gearbeiteten Reflexmaschinen, die die menschliche Persönlichlichkeit imitieren könnten, ohne eine zu sein (424). Und eben wenn man sich klar mache, daß dem Psychopathen die höhergeordneten Reize, die tieferen Befrie-

Wenn er darin wohl auch einen angeborenen Defekt sah, ist dieser Gedanke doch ein Verbindungsglied zu den Ansichten der Autoren, die auch diese Verhaltenskombination als das mögliche Ergebnis einer Fehlentwicklung ansehen und sie besonders mit dem Wechsel der zentralen Erziehungspersonen oder „Beziehungspersonen" in der frühen Kindheit der Probanden in Beziehung bringen, wie er ja auch bei dem hier behandelten Probanden stattgefunden hat. [29]) Auf diesen Zusammenhang

---

digungen fehlen, so verstehe man ihr Herumspielen, ihr leichtfertiges Umgehen mit Menschen und Dingen besser. Sie gäben eben den an sich ganz verständlichen, normalen kleinen Regungen nach, begriffen nur eben nicht, was sie dafür aufgäben. Sie suchten kleine Zerstreuung, weil ihnen keine große Befriedigung winke und große Niederlagen sie nicht abschreckten (446). Einem solchen Menschen lohnen die großen Lebensdinge nicht ein standhaftes Streben, sie bedeuten ihm dafür nicht genug (429). Wer aber nicht vorwärtsstrbe, falle notwendig zurück, (459), und so sei ihr Leben im Grunde ein langgezogener Suizid (462).

[29] Darüber die Monographie von *Bowlby* 1951, in der er im Auftrage der World Organization for Mental Health die bisherigen Erfahrungen bei Trennung des Kindes von seinen ursprünglichen Pflegepersonen zusammengestellt hat. Verschiedene Beobachter hatten bei diesen Kindern eine besondere gefühlsmäßige Unansprechbarkeit gefunden, und zwar entweder in der Form mürrischer Kälte oder aber auch — das interessiert für den vorliegenden Fall — zusammen mit oberflächlicher Fröhlichkeit und Freundlichkeit.
So beschrieb L. Bender (1947, 371 ff.) auf Grund ihrer Erfahrungen in einer psychiatrischen Kinderklinik diese Kinder als völlig infantil in ihrem ständigen Suchen nach der Aufmerksamkeit der Pflegepersonen, ihrer Überaktivität, mit der sie stören und zerstören, ohne eigentlich aggressiv zu sein, ihrem Mangel an Angst und an Schuldgefühlen. „Psychopatic behavior disordered children", wie sie sie nennt, „are often attention-seeking, clinging, passively dependent, seductive and, with it all, amiable. This may be mistaken for an attachment or interpersonal relationship. Actually, there is no warmth, and the relationship can stand no separation or disappointsments or demands; it shifts to the nearest new object as soon as the recipient is out of sight."
*Bowlby* selbst hatte 1946 (Forty-four Juvenile Thieves) von den in einer Child Guidance vorgestellten Kindern 44, die u. a. gestohlen hatten, mit 44 der übrigen verglichen und unter den Dieben 14 „affectionless characters" gefunden, unter den Kontrollfällen dagegen keinen. Von den 14 waren nach seinen Ermittlungen 12 früh und für längere Zeit von ihrer Mutter getrennt worden. Er schreibt über die Gemütsarmen ((20): „The majority went about and stole alone. A few on the other hand werde members of gangs. On investigation, however, it was clear that, although going about with other children, they had no emotional ties with them. They had no real friendships and changed their aquaintances frequently. There were not roots in their relationships. A further characteristic . . is the superficial geniality and plaubisibility of some of the children . . (They) appear to be responsive. Further contact makes it clear, however, that this responsiveness has little or no real signifiance." — 1951 schrieb Bowlby über die „undiscriminating and shallow friendliness" vieler solcher früh von der Mutter getrennter Kinder.

Betont wurde ferner — zuerst wohl von *Goldfarb* (s. Bowlby, 1951, 55), daß diese Kinder oft kein richtiges Verhältnis zur Zeit gewinnen und sich nur von Augenblickseinfällen leiten lassen statt von früheren Erfahrungen oder von Zukunftszielen, und daß darunter nicht nur ihre seelische Stabilität leide, sondern auch die Entwicklung ihres abstrakten Denkens.

Vgl. dazu ferner die neuere Untersuchung von *Schraml* (1954), der 16 Heimkinder im Alter von 2;6 — 6 J., die schon in den ersten Wochen nach der Geburt

ist man durch Beobachtungen aufmerksam geworden. Theoretisch ist er zu begründen von der Annahme aus — die heute weitgehend Allgemeingut ist —, daß beim Menschen die sozialen Verhaltensweisen weder fertig instinktmäßig angeboren noch rein rational erlernt, sondern das Ergebnis einer erst im Zusammenleben erworbenen Charakterstruktur sind, mit der eben der Mensch Instinkt und Ratio in ein Verhältnis bringt und mit der er, mehr oder weniger, beidem gerecht wird. Das Kind muß lernen, seine Befriedigungen aufzuschieben oder sogar ganz auf sie zu verzichten, also seine Instinktreaktionen zu beherrschen. Aber bloß rationale Klugheit, die rein rechnerische Begründung, daß der Verzicht auf Augenblicksbefriedigung sich später bezahlt macht, würde dazu nicht ausreichen. Erstens ist die rationale Weltkenntnis des Kindes noch viel zu gering, aber zweitens hätte sie gar nicht allein Kraft genug, wenn nicht zugleich die Gefühlsbefriedigungen auf eine andere Ebene gehoben würden. Die „festen unverrückbaren Gesinnungen", von denen Joh. Lange spricht, sind eben solche gefühlsgetönten — und nicht nur rationalen — Dauerhaltungen, wie auch der Erwachsene sie braucht, um seinem Leben zwischen Augenblickswünschen und klugen Berechnungen einen Halt zu geben. [30])

Wenn nun die Erfahrung dafür zu sprechen scheint, daß diese gefühlsmäßigen Dauerhaltungen gerade bei einem Wechsel der frühen Erzieher

---

von der M. getrennt worden waren, mit 16 anderen Heimkindern verglich, bei denen diese Trennung erst später im Laufe des ersten Lebensjahres erfolgte. Er fand bei den Frühgetrennten vergleichsweise häufiger 1) das „Kontaktsyndrom", nämlich auffallende Liebebedürftigkeit, Anschmiegsamkeit, dabei häufig ein wahlloses Anschmiegen und Anbiedern an bekannte und fremde Personen, und 2) das „Asozialtätssyndrom", nämlich hinterlistiges, unkameradschaftliches, heimtückisches, verschlagenes, unverträgliches, eigenbrötlerisches Verhalten. Der Verfasser selbst bringt das mit der frühen *Trennung* zusammen; eher sollte man wohl, wenn so kleine Zahlen etwas aussagen, daran denken, daß die Frühgetrennten ja schon im Laufe des ersten Lebensjahres durch mehr Hände gingen als die später Getrennten.

Zu dem hier gemeinten Typ vgl. ferner *Aichhorn* (1951, 120) und *Friedlander* (1951, 139). Friedlander beschreibt auch ausführlich den Fall eines solchen Jungen, dessen Mutter „inconsistent" und dessen Vater zwar nett, aber alt und in der Familie unbedeutend war. Die Lebensgeschichte beginnt S. 142) mit den Worten: „Ronald had been in the hands of many nurses during the first years of his life." Tappan (1949, 99) beschreibt die erfolgreiche Behandlung eines solchen Jungen, dessen M. gestorben war, als er 2 J. alt war, und der danach bei verschiedenen Verwandten und im Heim aufwuchs. Ebenso Eva *Grätz* (1957, 124) über die erfolgreiche — aber sehr schwierige — Behandlung eines geltungsbedürftigen, „aalglatten Stehljungen", der schon mit zweieinhalb Jahren in den Kindergarten kam, weil seine unzärtliche Mutter, ohne es nötig zu haben, in den Beruf zurückging.

Zu dem Problem der Trennung vgl. ferner im ganzen die sehr eindrucksvollen Fallberichte von *Zillken und Weingarten*, 1953, über vermeintlich unerziehbare Mädchen, und die Monographie von *Hasselmann-Kahlert*, 1955, sowie *Stott*, 1950, der dieser Frage in seinen Falldarstellungen breiten Raum einräumt. — Neuerdings zu dem ganzen Problem auch eingehend *Dührssen* 1958.

[30] Mit den psychoanalytischen termini technici: In der Auseinandersetzung mit dem „Es" wird das „Ich" nicht nur vom „Realitätsprinzip" geleitet, sondern auch vom Überich, vom Gewissen.

nur mangelhaft aufgebaut werden, so ist das verständlich nach den allgemeinen Erfahrungen mit kleinen Kindern: daß nämlich ihre Gefühlsbeziehungen zu den ihnen nahestehenden Menschen die ersten Träger solcher Dauerhaltungen sind. Aus Liebe zu den Eltern — d. h. um sich ihre Liebe zu erhalten und um zu werden wie sie — verzichtet das Kind auf das, was es im Augenblick gern tun oder haben möchte, und das Dauergefühl dieser Beziehung ist sozusagen der Lohn für seinen Verzicht. Wenn aber die Erzieher häufiger wechseln, bleibt dieser Lohn aus, und es entsteht die Gefahr, daß die ganze Charakterstruktur zu flach angelegt wird und die kluge Anpassung zu großen Raum gewinnt.

Der Umgang mit der Mutter, in dem das Kind zunächst lernt, was es „soll", besteht ja keineswegs aus einem ständigen Kontakt und Austausch auf der Oberfläche; das Kind sieht nicht immerzu auf die Mutter hin, es vergewissert sich nicht immerzu — obwohl oft zwischendurch — ihres Wohlwollens, sondern beschäftigt sich in der beruhigten Gewißheit ihres Daseins und damit ihrer Liebe mit anderen Dingen. In einem solchen dauernden Verhältnis ist der Raum der Sicherheit so groß, daß das Kind sich darin auch von der Mutter fortbewegen kann, ohne sie zu verlieren. Es lernt, sich zu entfernen und wiederzukommen, und eben diese Ferne i n n e r h a l b der Nähe ermöglicht es ihm ja wohl überhaupt erst, sich das, was die Erzieher von ihm fordern, zu eigen, d. h. zu etwas Eigenem zu machen, von dem aus es ihnen und anderen dann auch einmal getrost widerstehen kann.

Ein kleines Kind, das oft seine Betreuer wechselt, ist demgegenüber in einer sehr schwierigen Lage, denn es kennt den neuen Betreuer nicht und ist doch von seinem Wohlwollen völlig abhängig. Zunächst bleibt ihm darum gar nichts übrig, als immer auf ihn hinzusehen und sich nach seinem momentalen Wohlwollen und Mißfallen zu richten,und zwar ohne Rücksicht auf alle tieferen Gründe, deren Verständnis ihm bei einem häufigeren Wechsel erschwert oder unmöglich geworden ist. In seiner Angst schon vor kleinen Trübungen des Verhältnisses — die ja auch wirklich bei Fremden viel eher den völligen Abbruch der Beziehungen bedeuten —, wird es die äußere Anpassung auf Kosten der inneren Selbständigkeit überentwickeln, aber auch auf Kosten einer tiefergehenden Zuwendung zum anderen, weil es ebensowenig wie ein Erwachsener, oder noch weniger, seine Liebe beliebig, und beliebig oft, von einem zum anderen übertragen kann. [31])

---

[31] Konkret sind die Heimwehreaktionen kleiner Kinder bei der Trennung von der M. besonders von D. *Burlingham* und Anna *Freud* in ihren Berichten über Kriegskinder (1949) und Anstaltskinder (1950) geschildert worden. Nach Überwindung des Heimwehs beginnt die Bindung an die Menschen der neuen Umgebung, aber (S. 73) „diese neuen Beziehungen sind meist weniger haltbar und weniger tief als die vorhergegangenen." Vgl. auch *Haffter* (1948, 61) über den Unterschied der „persönlichen und unvertretbaren" Beziehungen, die ein Kind in der Familie hat, „im Gegensatz zu einer Anstaltsordnung, wo die Rollen zugeteilt werden und vertauschbar sind, wo auch die Erwachsenen nur eine Funktion haben, in der sie jederzeit vertretbar sind und notgedrungen auch hin und wieder abgelöst werden müssen." Ebenso Speck 1956, 39 ff., über die Kinderkrippen.

Die Mißgefühle, die ein Kind einer neuen „Pflegemutter" gegenüber zunächst hat, spielen sicher in dem ungünstigen Kreislauf, der sich bei dem Wechsel der Pfleger ergibt, häufig eine wichtige Rolle. Abgesehen davon, daß ja dem blinden Vertrauen, das Kinder ihren vertrauten Betreuern schenken, eine blinde Angst vor Fremden entspricht, wird das Kind sich gerade wegen seiner geheimen Mißgefühle vor der neuen Pflegemutter fürchten, sei es nun, daß es die eigene Feindseligkeit auf sie projiziert, sei es daß es einfach fühlt, es habe bei eigener Feindseligkeit von anderen nichts Gutes zu erwarten. Jedenfalls läßt sich denken, daß sich ein Kind bei häufigem Betreuerwechsel — vielleicht erst nach trüben Erfahrungen — gewöhnt, dem anderen mit Liebenswürdigkeit „zuvorzukommen", die aber es selbst beengt und darum seine bösen Gefühle sogar noch verstärkt. Statt etwa der „neuen Tante" im Kinderhort die Zunge herauszustrecken, wird es einen Schein von Freundlichkeit und Tugend auf seinem Gesicht leuchten lassen. Aber gerade weil es sich innerlich böse fühlt, wird es unsicher sein und immer neue Bestätigungen des Wohlgefallens brauchen und immer neuen Schein produzieren. Hinter dieser liebenswürdigen Außenseite ist dann ein Vakuum, in dem die Gefühle tot und notwendig sehr häufig auch böse sind. Zu einem tiefen Kontakt kommt es dann nur schwer, denn er würde ja voraussetzen, daß diese Gegengefühle miteinbezogen und ausgetragen würden. Das läßt aber meistens die Angst nicht zu, es sei denn, daß der andere ganz besonders großherzig ist und daß längere Zeiträume zur Verfügung stehen, in denen diese Großherzigkeit erprobt werden kann. Aber diese günstigen Bedingungen kommen nicht häufig zusammen[32].

Voraussetzung für die Entwicklung einer solchen nur äußerlich angepaßten Haltung ist aber wohl, daß der Wechsel wirklich an zentraler Stelle vor sich geht, in der Person, von der das Kind „sein Leben" abhängig fühlt, oder mindestens vielleicht, daß bei häufigerem Wechsel weniger zentraler Personen das Verhältnis zur Hauptperson unsicher ist. [33]) Was als „Wechsel" erlebt wird, ist natürlich sehr vom Alter des Kindes abhängig, weil es ja, je kleiner es ist, umso eher nur vorübergehende Abwesenheit als dauernde oder als möglicherweise dauernde erlebt. Wenn aber nur Nebenpersonen häufiger wechseln, so lernt das Kind vielleicht eher die höflich-gewandte Anpassung, die ja einander fremdere Erwachsene gegeneinander üben, aber es erträgt sie unbeschadet, weil ja seine näheren Beziehungen auf Offenheit und tieferes Wohlwollen aufgebaut sind. Tiefere Unwahrhaftigkeit, Geltungssucht, Oberflächlichkeit, Unruhe entstehen wohl

---

[32] Vgl. z.B. das Geschick der Erzieher in dem von *Tappan* 1949, 99, berichteten Fall; sie sagten dem Zögling, sie würden ihn immer mögen, einerlei wie er sich benähme, aber es wäre doch schade, wenn er sich durch sein Verhalten die Sympathien anderer verscherzte.

[33] Über die „Züchtung des Unechten" gerade in den Stiefmutterfamilien s. *Homburger,* 1926, *Haffter* 1948, 75, und insbesondere auch Charl. *Hoenig,* 1929, 218: „jene heuchlerische Freundlichkeit, die durch das unglückliche Verhältnis zwischen (St)M und Kind herangezüchtet wird . . . Meistens sind es echte StM-Familien, in denen auf solche Weise ein inniges Verhältnis zwischen StM und Kind, das in Wahrheit den Tatsachen schroff zuwiderläuft, nach außen hin zur Schau getragen wird." — Über „Das Doppelleben des Kindes" generell *Simon* 1937.

nur da, wo zu niemandem ein sicheres und gutes Verhältnis besteht. So sagte der Vater eines schwerrückfälligen Mädchens — ein tauber alter Mann, der seine Frau früh verloren, sich später mit allen Angehörigen erzürnt hatte und nun einsam in seiner Wohnung saß: „Jeder hat doch wenigstens einen Menschen, zu dem er die Wahrheit sagt, aber Dorle nicht, die belügt alle."

Es ist natürlich nicht gesagt, daß die Neigung zu unwahrhaftiger Anpassung immer gerade durch Wechsel der Pflegepersonen entsteht. Vermutlich gibt es Lagen, die einem solchen Wechsel psychologisch ähneln, und vielleicht auch ganz andersartige Ursachen. Auch muß ja wahrscheinlich diese Neigung nicht bei einem solchen Wechsel entstehen. Man kann an konstitutionelle Voraussetzungen denken [34]), wie etwa Asthenie, bei der die Empfindlichkeit größer ist und sowieso die Oberfläche, die Außenhaut, eine besondere Rolle spielt, oder auch einfach eine gewisse Weichheit oder Schwäche, die Anpassung näherlegt als Auflehnung. Ferner haben vielleicht auch gewisse Seiten der Intelligenz damit zu tun — Einfühlung, Sprachbegabung [35]) — und etwa auch ein angenehmes Äußere, das nahegelegt, von allen Wegen gerade den Weg der Beliebtheit zu wählen.

Man könnte auch an weibliche Züge denken, da ja die weiche Anpassung und die „Gefallsucht" im allgemeinen mehr Mädchen- als Jungensache sind, und von Klaus Falter wurde ja auch Mädchenhaftigkeit berichtet. Aber sobald man das als Konstitution auffassen will, kommt man wieder in Schwierigkeiten, weil ja vielleicht eine frühe besondere Anhänglichkeit an den Vater die Ausbildung mädchenhafter Züge begünstigt. Über die Annahme einer allgemeinen Weichheit, Empfindsamkeit, vielleicht auch eines gewissen Vitalitätsmangels, kann man darum wohl nicht hinausgehen. Bei allen diesen Erwägungen bewegt man sich auf sehr schwankendem Boden, weil noch zu viele Tatsachen unbekannt sind.

---

[34] *Hoffmann* 1953, 99, fand die „Daseinstechnik" der lavierenden Anpassung, die *Thomae* als überhaupt typisch für jugendliche Diebe beschrieben hat (im Vergleich zu anderen Fürsorgezöglingen, die nicht gestohlen hatten), besonders bei körperlich retardierten und auch sonst — z. B. nach dem Schriftbild — infantilen straffälligen Jugendlichen. Sie umgingen die Notwendigkeit echter Leistung durch Ausweichen, zeigten keine Aggression, sondern paßten sich raffiniert an. „All diese Jungen machten einen auffallend freundlichen und zuvorkommenden Eindruck" und blendeten dadurch leicht die Erzieher. — *Dührssen* 1954, 94 ff., meint, für die Ausbildung dieser unechten Rollenhaftigkeit sei gerade die Entwicklungsperiode kritisch, in der das Kind sich ohnehin zuerst bewußt mit seiner eigenen „Rolle" auseinandersetzte, also etwa im 4. und 5. Lebensjahr. Hinsichtlich der Haltlosigkeit erwägt *Dührssen* 1952/53 die Möglichkeit einer angeborenen „Valenzvergeßlichkeit", durch die Gefühlstönungen nicht genügend haften.

[35] *Lipton* 1949/50, 587, sagt, viele „Psychopathen" gingen noch in kindlich-magischer Weise mit der Sprache um und schienen Erfüllung zu erwarten „through the magic of talk rather than through any sort of action." — Bei Untersuchungen von Jugendlichen mit hochstaplerischen Zügen fanden die Kriminalpsychologen Dr. *Krüger* und Dr. *Abels* von der Gefängnisbehörde Hamburg nach mündlicher Mitteilung Ausfälle in der handwerklichen Begabung, dagegen relativ gute Sprachbegabung. — Vgl. auch *Glueck*, Unraveling 1950, über die Verbalintelligenz der delinquenten Jugendlichen.

Wenn aber jemand sehr darauf aus ist, sich angenehm zu machen, ist sein Leben notwendig unstabil, unruhig und unbefriedigend, da er ja immer lavieren muß und eigentlich niemals zu einem ruhigen, sicheren Gefühl des Erfolges kommen kann. Denn von der Natur aus gibt es einfach nicht ein ständiges, ungetrübtes Gefallen aneinander, und wo es zu sehr angestrebt wird, sammelt sich eben alles Trübe im Hintergrund an und verdirbt langsam aber sicher alles, was überhaupt an Gefallen da war. Der Fehler liegt eben schon darin, daß diese Ungetrübtheit, die ununterbrochene Beliebtheit überhaupt angestrebt wird. Warum läßt der Zuvorkommende dem anderen nicht die Freiheit, seine Freundlichkeit von sich aus zu entwickeln, und warum erwartet er Mißfallen? Warum ist er so empfindlich gegen mögliche Augenblickstrübungen des Verhältnisses? Warum vertraut er nicht auf ein tieferes Wohlwollen, das mit solchen kleinen Trübungen leicht fertig wird? Bringt er es selbst nicht auf, kennt er es gar nicht? Gewöhnlich fühlt der Partner bald, daß er an solchem Sich-Angenehm-Machenden keinen wirklichen Freund hat.

Die Betonung seiner Oberfläche macht ja außerdem einen solchen Geltungssüchtigen viel empfindlicher gegen fremdes Mißfallen, als er es wäre, wenn er sich rechtzeitig auf eigene Füße gestellt hätte. Insofern erreicht er gar nicht, was er möchte, nämlich einen wirklichen Schutz für sich selbst. Aber die meisten solcher Hilfsmaßnahmen, zu denen ein Kind in ungewöhnlichen Verhältnissen greift — besondere „Stille" und Fügsamkeit, Bock und Ungehorsam, Auftrumpfen, Spaßmachen usw. — erfüllen ja ihren Zweck nur unvollkommen. Für alle diese Verhaltensweisen, die ein Kind normalerweise je nach Bedarf nebeneinander verwendet, muß es bezahlen, sobald es ein menschliches Verhältnis isoliert auf sie aufbauen will.

Die Überempfindlichkeit, die sich hier ergibt, ist eine sehr schwere Einbuße, und der Geltungssüchtige kann sich eigentlich kaum anders dagegen schützen, als daß er sich letzten Endes doch irgendwie an seine kontaktfreien abgeblendeten Zonen hält, daß ihm also letzen Endes das Urteil der anderen doch einerlei ist. Wie sollte er sonst die Beschämungen ertragen, die er ja immer wieder erfährt, wenn seine Unaufrichtigkeit zutage kommt? Aber da er ja kein unabhängiges Gewissen entwickelt hat — diese schweren Fälle sind hier gemeint —, ist diese tiefere Gleichgültigkeit gegen das Urteil der anderen etwas sehr Bedenkliches, eigentlich eine Aufgabe aller seiner besseren Hoffnungen, eine Kumpanenschaft, wie sie eben Lumpen untereinander haben, weil sie von sich selbst nichts besseres mehr erwarten. Gerade bei diesen Geltungssüchtigen, denen so viel an ihrer Rolle unter den anderen liegt, wird ja so oft die tiefere „Scham" vermißt. Wer sich aber zu früh und zu umfassend vom Wohlgefallen der anderen abhängig gemacht hat, würde ja zugrundegehen, wenn er wirkliche Scham empfände.

Man kann sich fragen, ob nicht Klaus Falters Traum vom Skalpiertwerden, dem Abziehen der für ihn ja so wichtigen Außenhaut, mit solchen Ängsten zusammenhängt. Im ganzen spricht jedenfalls dieser grausame Traum von Fesselung und Mit-Pfeilen-Beschossen-Werden deutlich aus, welche Spannung von Angst und Feindseligkeit er auf seiner Haut empfindet, obwohl er sie doch so betont darbietet.

Ein Wort noch zu der Bemerkung des Urteils von 1949, daß der Proband ins Jugendgefängnis, nicht in die FE gehöre, weil er nicht verwahrlost, sondern ein Dieb mit starken schädlichen Neigungen sei. In dieser Bemerkung kann man allerhöchstens von Sühne- oder Sicherungsgesichtspunkten her einen Sinn finden, aber nicht, so scheint es, in erzieherischer Hinsicht. Wenn etwas die Strafanstalt von der FE unterscheidet, ist es die straffere Disziplin. Gerade die könnte Jugendlichen nützen, die äußerlich „verwahrlost" sind, was ja meistens eine Mischung von Enthemmung und Vernachlässigung ist, Ungepflegtheit und Ungelerntheit des Benehmens. Aber die tieferen schädlichen Neigungen, und gerade solche, die auf Kontaktstörungen beruhen, können doch wohl eher in einem Erziehungsheim behoben werden. Wieweit es dort möglich ist, mit den gewöhnlichen Mitteln, die in einem Heim zur Verfügung stehen, ist eine andere Frage, denn gerade diese Jugendlichen verstehen es ja sehr gut, der eigentlichen Erziehung aus dem Wege zu gehen, und das Heimleben kann sogar den Prozeß, der bei ihnen im Gange ist, noch fördern. Aber eine Ergänzung durch Heilpädagogik o. ä. würde ja jedenfalls nicht in Richtung der Methoden der Strafanstalt liegen.

Müßte aber nicht vielleicht gerade ein so leichtfertiger Junge wie der Proband „zu fühlen bekommen", daß er Unrecht getan hat? Dafür wäre dann sogar der Jugendarrest noch geeigneter als die Jugendstrafanstalt. Aber er gehört ja gar nicht zu den kindlich Leichtfertigen, denen man nur den Ernst der Sache klarmachen muß. Seine Oberflächen-Leichtfertigkeit wird von grausamen Strafphantasien begleitet, und tatsächlich hatte ja auch der Jugendarrest auf die Dauer ebensowenig genützt wie später die — allerdings nur kurze — Jugendstrafe und die Gefängnisstrafen, die er z. T. noch in der Jugendstrafanstalt verbüßte. Es mag ja sein, daß er sich ohne die Strafen noch ungünstiger entwickelt hätte, und andererseits erscheint es auch möglich, daß er mit größerer Reife mehr „Halt" gewinnt, ohne daß sich seine Charakterstruktur im ganzen ändert. Ein Anhaltspunkt dafür, daß die Strafen an dieser Struktur etwas geändert hätten, ist nicht vorhanden[35a].

179. Max Redlin, 19. V. 33. Er war O. 1948 (14;11) mit einem ordentlichen Durchschnittszeugnis aus der VSch Kl. 8 entlassen worden und hatte eine Klempnerlehre begonnen. Mit *15;9* (II. 49) holten er und drei andere sich jeder 10-15 grüne Heringe aus einer Fischfabrik, deren Mauer sie überstiegen hatten; er wurde gefaßt und bekam eine

[35a] Strafregistereinsicht III. 61: 1) *III. 55* 3 Mon. Gef. u. DM 10,— w. Diebst i. Rückf. u. Steuerhinterz. 2) *XI. 55* 3 Mon. Gef. w. Betruges 3) *V. 57* DM 25,— w. Steuerhinterz. 4) *IX. 57* 2 Mon. Gef. w. Hehlerei 5) *I. 58* 2 Mon. 2 Woch. Gef. w. fortges. Verletz. d. Unterhaltspflicht i. 2 Fällen 6) *VIII. 59* DM 100,— w. Führen eines Kfz. ohne Führerschein 7) *XII. 59* DM 60,— w. Führen eines Kfz. ohne Führerschein.

Arbeitsauflage. Mit *17;6,* als er die Lehrfirma wechseln mußte, weil die alte einging, unterschlug er in der neuen bald DM 20,—, von denen er die Frühstücksrechnung der Gesellen hatte bezahlen sollen. Ferner erbat und erhielt er vom Meister auf eine von ihm gefälschte Bescheinigung des V. hin DM 25,— Vorschuß. Der V. erzählte dem Jugendamt nun auch, daß er monatelang auch im Hause kleinere Geldbeträge entwendet habe und vielleicht sogar Kleidung des V. Alles dies wurde nicht angezeigt, er blieb auch auf Fürsprache des JA in der Lehrstelle — sodaß er dort 3 Mon. später seine Gesellenprüfung machen konnte —, siedelte aber in ein Wohnheim über.

„Wegen vorgekommener Unehrlichkeiten" mußte er dort (etwa *17;9)* in eine andere Stube verlegt werden. Etwa *18;0* „erschwindelte er sich nach dem Bericht des Heimleiters „durch falsche Angaben Süßigkeiten im Werte von DM 3,60." Beides blieb unangezeigt. Um diese Zeit wurde er auch von seinem Meister, der ihn noch kurz als Geselle behalten hatte, wegen Arbeitsmangel entlassen und trat nach kurzer Arbeitslosigkeit eine Stelle als Klempner an, aus der er 1 J. später *(19;2)* wegen „Unehrlichkeiten" fristlos entlassen wurde (keine Anzeige). Danach hatte er mit Unterbrechungen weitere Stellungen in seinem Fach, zunächst kürzere, dann auch wieder längere. Mit 19;11 siedelte er wieder zu V. und StM. über. Der Leiter des Wohnheims sagte, er sei gegenüber den Kameraden hilfsbereit und auch allgemein beliebt gewesen, besonders bei den Sportbegeisterten. Er habe aber wenig Sinn für Sauberkeit und Ordnung gehabt und sei in finanziellen Dingen ungenau und unaufrichtig gewesen. Immer wieder habe er versucht, sich der Zahlung der Heimkosten zu entziehen, sodaß sie schließlich direkt von der Firma eingezogen worden seien. — Auch zu Hause, so schrieb das JA, blieb er leichtsinnig, hatte von seinem V. „jede Unterstützung", belog aber auch ihn. IV. 54 *(20;11)* „legte ihm deswegen die StM nahe, sich selbst den Lebensunterhalt zu bestreiten und ein Zimmer zu suchen."

Kurz darauf wurde er auch von seiner Firma — einem größeren Betrieb — entlassen. Er hatte nämlich, wie sich jetzt ergab, schon mit *20;0* und dann wieder mit *20;3* und zuletzt mit *20;10* in den Räumen von Kunden der Firma Geldbeträge von je etwa DM 20,— bis 50,— entwendet. Auch nach der Entlassung führte er weiter für Kunden der Firma — überwiegend Großbetriebe — Reparaturen aus, ohne zu sagen, daß er gar nicht mehr dort angestellt war, quittierte auch das Entgelt mit dem Namen der Firma. Bei diesen Arbeiten beging er *21;0 — 21;2* sechs weitere Gelddiebstähle. Ferner stahl er in dieser Zeit einem anderen Untermieter — er wohnte unangemeldet auf Zimmer — eine Badehose und mietete unter falscher Adresse ein Moped, das er nicht zurückgab, angeblich weil er fürchtete, er müsse Reparaturkosten bezahlen. Ferner stahl er im Zimmer seiner Freundin, die in einem Krankenhaus als Hausmädchen wohnte, die Uhr einer Mitbewohnerin.

Danach war er zunächst unbekannten Aufenthalts. IV. 55 wurde er in Bayern festgenommen, wo er angeblich die ganze Zeit bei einem Bauern gearbeitet hatte, der ihn nur der Steuern wegen nicht angemeldet hatte.

Nur im Anfang war er kurz bei seiner (richtigen) Mutter in Wuppertal gewesen. VI. 55 wurde er unter Anrechnung der U-Haft zu 1 J. 2 Mon. Jugendstrafe verurteilt. Nach der Begründung hatte das Gericht auf Grund des in der Hauptverhandlung gewonnenen persönlichen Eindrucks erhebliche Reifemängel bei ihm vermutet.

Seine Eltern waren nicht verheiratet. Der V., bei seiner Geburt 25 J., lebte damals mit der 22 j. taubstummen M., die schon ein 3 J. älteres uneheliches Mädchen hatte, in einer ungünstigen Gegend Hamburgs zusammen. Etwa ein halbes Jahr später zog der V. fort, und als Max 2 J. alt war, brachte er ihn zu seinen Eltern nach Schlesien. Dort blieb er, bis er 1945 zwölfjährig mit seinen Großeltern nach Brandenburg fliehen mußte. Als er 13 war, holte der V. ihn zu sich und seiner 1915 geborenen Frau sowie seinen 3 Kindern aus zweiter Ehe (2 Jungen, 5 und 6 J. jünger als Max, ein Mädchen 8 J. jünger). Max ältere Schwester war klein in Pflege gegeben worden und soll sich günstig entwickelt haben. Die M. habe sich nie um die Kinder gekümmert. Sie hat später geheiratet und wohnt in Wuppertal.

Der V. — schrieb das JA — habe sich des Jungen seit der Geburt in vorbildlicher Weise angenommen. Er gilt als ein ruhiger, ordentlicher Arbeiter. Auch von der StM wurde immer gesagt, daß sie den Jungen sehr gut versorge. XII. 47 (Max 14;6) hieß es in der JA-Akte: „Sie möchte gern, daß er eine Lehrstelle erhält, in der er etwas zu essen bekommt, da er ein großer Esser ist und sie nicht weiß, wie sie ihn sattbekommen soll. Ihr liegt vor allem auch daran, daß er in der Lehrstelle auch voll unterkommen kann, da in der kleinen Wohnung kein Platz ist.“ Max selbst wolle aber lieber zur See, sei auch groß und kräftig, aber für den Beruf des Seemanns wohl zu weich. „Ihn locken die Deputate der Seefischerei.“

VII. 1955 traf ich zuerst die StM allein, dann auch den V. in der hübsch eingerichteten und gepflegten Wohnung. Der V. ist ein großer Mann mit einem großen, ruhigen Gesicht, die StM klein, zart, mädchenhaft, etwas passiv im Wesen. Beide wirkten aufrichtig und bemüht, dem V. schien aber die Rückerinnerung in die frühen Zeiten nicht besonders lieb zu sein. Er erzählte, er habe die M. an sich heiraten wollen, dann aber gemerkt, daß es doch nicht das Richtige war, sie sei so unordentlich gewesen, und überhaupt. Den Max habe sie aber gut versorgt, jedenfalls sei er gut genährt gewesen. Gearbeitet habe sie damals wohl nicht. „Wie sie sonst mit ihm war, weiß der V. nicht so. Sprechen hat er wohl von ihm, dem V. gelernt. Er war drollig, und wenn der V. Kollegen mit hinnahm, ging er gern zu den Männern. Er mochte wohl lieber zu Männern gehen als zu Frauen. Er war rechtzeitig entwickelt, auch mit dem Trockenwerden und so. Dann wollte ihn die M. aber abgeben, und da dachte der V.: wenn er doch zu fremden Leuten soll, dann lieber zu seiner (V.s) Mutter. Da schrieb er ihr, ob sie ihn nehmen wollte nach Schlesien, und da holte sie ihn dann. Da hatte er es ja gut.“

StM: „V.s Mutter ist sehr fromm, gehört einer besonderen Sekte an und hat ihn ja auch wohl da heranziehen wollen und versucht, ihn zu einem gottesfürchtigen und anständigen Menschen zu machen. Aber das ist ihr ja wohl auch nicht gelungen. Sie läßt ja nichts auf ihn kommen und sagt, er sei in der Stadt verdorben worden. Aber sie hält überhaupt die Städter alle für verdorben. Sie ist sehr reell, aber mit Max war sie wohl nicht sehr streng, sie hat ihm eher zu viel erlaubt. Die StM war einmal mit dem V. da, da sollte er morgens Milch holen und kam den ganzen Tag nicht wieder, das hätte er bei der StM nicht gedurft. Und nachher sagte die Großmutter ja auch selbst, daß er ihr immer wegliefe und sie ihn darum nicht mehr haben könnte, und darum kam er dann zu ihnen. (V:) Der Großvater war ja auch da, aber der ist so, der kümmert sich eigentlich um nichts. Andere Kinder waren da nicht. Die Großmutter steht noch jetzt mit ihm in Verbindung — sie selbst tun es ja nicht —, sie würde ihn auch jederzeit sofort wiedernehmen."

(StM:) „Zuerst hatte die StM immer das Gefühl, er freute sich, bei ihnen zu sein. Aber nachher — er ist ein Schauspieler, er kann sich überall anpassen, das konnte er auch im Heim. Auch vorher hatte er Freunde, war auch beliebt, er schloß sich ja überall leicht an.

Auch die StM hatte, wenn er seine guten Zeiten hatte, guten Kontakt mit ihm. Die Kinder hielten sich alle mehr zu ihr. Der V. ist nett, gar nicht streng, aber er kann sich auch mit den Kindern nicht so beschäftigen. Sie war strenger, auch gegen ihre eigenen Kinder — wie hat sie z. B. ihren Ältesten geschlagen, als der bis ungefähr 10 J. noch das Bett naßmachte! Aber sie hat sich bestimmt mit Max große Mühe gegeben, und es tat ihr auch wirklich leid, als sie ihn dann mit 17 J. weggeben mußten. Aber es ging nicht mehr, schon der anderen Kinder wegen nicht. Aber als später das Jugendamt fragte, ob sie ihn noch einmal nehmen würden, hat die M. sofort gesagt: wenn wir ihm nicht die Chance geben, wer soll es dann? Sie haben auch alles getan, daß der Meister ihn behielt und er auslernen konnte. Wie schön könnte er jetzt verdienen, wie nett laufen seine Kameraden jetzt herum. Nein, das muß doch angeboren sein. Er hat es ja wirklich immer gut gehabt! Und zu allererst, da war er ja noch zu klein.

„Er war ja bei ihnen von Anfang an eifersüchtig auf die anderen Kinder. Das Essen wurde alles in 6 Teile geteilt, wie es jetzt in 5 Teile geteilt wird, aber er guckte immer erst einmal, ob seins nicht kleiner war. Er war sehr aufs Essen, das war schon eine krankhafte Eßgier. Gleich morgens ging er , noch mit geschlossenen Augen, in der Wohnung herum und suchte sich was zu essen. Und was hat er genascht! Aber er leugnete immer, bis zuletzt, sogar noch wenn man ihm den Löffel aus der Tasche gezogen hatte." — V.: „Der V. hat ihn ja sonst nie geschlagen, aber einmal, als er so furchtbar gelogen hatte und sagte, er hätte nicht genascht, obwohl er doch den Löffel in der Tasche hatte, da wurde der V. so böse, da hat er einen Besenstiel auf ihm zerschlagen. Und ein andermal, wo etwas ähnliches war, da hatte der Bruder zu ihm gesagt, der V. wollte ihn verhauen, da hat er sich ins Bett geschlichen und ist am andern Tag gar nicht mehr von der Arbeit nach Hause gekommen, sondern hat 10 Tage lang bei der Firma, wo er gerade war, irgendwo geschlafen."

(StM:) „Er täuschte eben. Alle Nachbarn würden sagen, daß er ein netter Junge ist. Er war ja nie irgendwie frech oder aufsässig oder so etwas, er nahm sich heimlich. Und immer wieder beteuerte er, daß es das letzte

Mal sein würde. Er hatte wohl auch wirklich gute Vorsätze. Z. B. in der Lehre, wenn er da was ausgefressen hatte, versuchte er, es durch besonderen Fleiß wiedergutzumachen. Er war ja auch da unehrlich, und die Eltern mußten es bezahlen. Aber es dauerte nicht lange, und es fiel wieder etwas vor. Die StM glaubte ihm zuletzt nichts mehr, so unwahrhaftig war er. Er hat sich besonders mit dem zweiten Jungen der StM nachher nicht gut vertragen, der war so freier heraus; mit dem Ältesten besser, der ist ziemlich ruhig. Er (Max) war auch weichlich, hätte sich z. B. nie mit kaltem Wasser gewaschen, wie die Jungen der StM das tun. Er mochte sich überhaupt nicht die Füße waschen. In der Schule hatte er ja zum Abschluß fast alles Dreien, obwohl er nur wenig dafür tat. Dumm ist er nicht. Er hat ja auch nie eine richtige Strafe bekommen, die hätte ihm vielleicht doch mal gut getan. Das Schlimme ist eben, er kann sich überall so einschmeicheln."

Bei diesem Probanden finden sich eine Reihe der Züge wieder, die an Klaus Falter auffielen: das „Blenden", die leichte Kontaktnahme, der leichte Erwerb von Vertrauen, das dann aber getäuscht wird, das Fehlen offener Konflikte, die „Weichlichkeit", das heimliche Wegnehmen, die Betrugshandlungen, die Unwahrhaftigkeit.

Die Stiefmutter machte im ganzen durchaus den Eindruck einer netten, normalen Frau. Die Erziehung ihrer eigenen Kinder ist ihr offenbar gut geglückt, wenn auch vielleicht der Älteste, den sie wegen seines Bettnässens so viel schlug, etwas zu „ruhig" geraten ist. Man kann sicher annehmen, daß sie sich auch um den Probanden ehrlich bemüht hat, und darum wird man ihr nicht verdenken, daß sich nun in ihren Worten über ihn auch eine gewisse „Piekigkeit" zum Wort meldet.

In den unerfreulichen Tendenzen des Jungen sieht sie — wie das viele Erzieher in gleicher Lage tun — eine Substanz, die „in ihm steckt" und also entweder angeboren oder von früheren Erziehern in ihn hineingetan sein muß. Nun ist ja bei einem solchen Familienwechsel meistens mit einem Elternteil irgend etwas nicht in Ordnung; aber auch von ganz normal verstorbenen Müttern habe ich in solchen Fällen mehrfach sagen hören, sie seien ja auch nicht ganz einwandfrei gewesen. Jedenfalls ist fast immer die Möglichkeit da, auf schlechte Anlagen von dieser Seite hinzuweisen, und bei späterem Familienwechsel kommt häufig die Behauptung hinzu, in der anderen Familie sei der Junge ja „zum Stehlen angehalten" worden, weil er nämlich in der Schwarzmarktzeit mindestens Kohlen für den Haushalt herbeischaffte. [38]) — Daß Verhaltensweisen nicht eine Substanz sind, sondern etwas Funktionelles, und daß Verhaltensstörungen Funktionsstörungen sind, ist für das einfachere Denken nicht so leicht einzusehen.

Für eine solche Frau ist es auch sehr schwer, mit der Möglichkeit zu rechnen, daß ihre ganz normalen Muttereigenschaften vielleicht nicht für einen Stiefsohn ausreichten, der mit 13 Jahren zu ihr und ihren eigenen,

[38] Über das „negative Elternbild", das in Ersatzfamilien so oft von dem ersetzten Elternteil gegeben wird, s. *Dührssen* (1958, 217). Dort auch (S. 63) darüber, daß von Stief- u. Adoptiveltern die ersten auftretenden Erziehungsschwierigkeiten häufig dramatisiert werden.

jüngeren Kindern kam, und zwar nach einem Wechsel in früher Kindheit und dann einem Dasein als „Einziger" bei der Großmutter. Sie hatte ja alles genau zwischen ihren Kindern und ihm geteilt; warum wollte er denn mehr? Außerdem hatte er es ja „immer gut gehabt". Das heißt: auch die Vorstellung, daß der Wechsel als solcher eine Belastung sein kann, taucht nicht ohne weiteres bei ihr auf, weil auch der Wechsel substantiell ja eigentlich ein Nichts ist.

Dieses Substanz-Denken, so verbreitet es ist, ist pädagogisch sehr gefährlich, denn wenn bei dem Erzieher erst einmal die Vorstellung aufgetaucht ist: „da steckt was in ihm", so schließt er damit im Grunde die Verarbeitung all der komplizierten Vorgänge ab, die sich ja bei einer solchen Verpflanzung auf beiden Seiten abspielen. Er hat einen Grund für das Versagen seiner Bemühungen und, was vielleicht noch schlimmer ist, eine ethische Rechtfertigung für das Gefühl der Fremdheit und sogar der Abneigung, mit dem wohl jeder zu kämpfen hat, wenn ein Fremder in die innerste Zone der Familie eintritt.

Auch der Proband wird so empfunden haben. Offenbar fühlte er sich nicht recht zu Hause, ohne aber irgendjemanden anklagen zu können, und obwohl er wußte, wie sehr er nun auf den Kontakt mit dieser Familie angewiesen war. Dieses etwas leere und in sich ausweglose Gefühl scheint er auf das Essen verlagert zu haben. Er kam ja auch gerade zu V. und StM., als das Essen so knapp war, und hatte sogar wahrscheinlich als 13-jähriger wirklich noch mehr Hunger als seine doch erheblich jüngeren Stiefgeschwister; außerdem kam er vom Lande, wo es wohl mehr gab. Aber das erklärt wohl nur, warum seine Eßgier sich so besonders deutlich ausprägte. Denn diese Sucht nach Essen, besonders auf Süßes, ist in solchen Fällen sehr allgemein, vermutlich ja, weil in der frühen — und späteren — Kindheit das Nähren und Atzen einen so großen und wichtigen Teil der mütterlichen Tätigkeit für das Kind bildet. [37])

Auf dem Gebiet des Essens — in seiner Eifersucht auf das, was die Stiefgeschwister bekamen, der Angst, sie bekämen mehr, im Naschen und seinem verzweifelten Ableugnen, in der wiederholten, auch harten, und ganz

---

[37] Über den Zusamenhang von „Liebe" und „Essen" vgl. im ganzen etwa *Schultz-Hencke* (1947, 19), *Dührssen* (1934, 37); *Bowlby* (1946, 49): „These libidinal cravings commonly take an oral form, sometimes of a very primitive kind. Again and again one hears that milk is stolen." Vgl. ferner *Langfeldt* (1936, 90 ff.), *Schreiber* (1954,55 ff.), *Illchmann-Christ* (1954, 94), *Eckstein* (1955, 36), *Harnack-Wallis* (1955, 125) über extreme Naschhaftigkeit von Kindern, die durch den Verlust der M. u. ä. erziehungsschwierig geworden waren. S. auch den unstillbaren Dursttraum, Hungertraum und Zigarettentraum des von Wiesenhütter behandelten FE-Zöglings (*Wiesenhütter*, 1954, 7). Ferner Eva *Grätz* (1957), deren Stehljunge in die Behandlungsstunde Riesenvorräte mitbrachte, um sie dort zu essen und ein Lager davon anzulegen. Diese Sucht nach Essen liegt sozusagen in der Mitte zwischen dem Verlangen nach menschlicher Zuwendung und Stehlen und bildet auch für das theoretische Verständnis ein Verbindungsglied zwischen diesen beiden. Neuerdings *Opitz* (1959, 144 f.). Über den Zucker- und Bratkartoffelhunger eines Stiefkindes, wie über viele andre seiner Leiden und Fehler, kann man sehr schön auch bei *Beheim-Schwarzbach:* Die Insel Matupi, München 1955, lesen; vgl. insbes. S. 98 ff.

ergebnislosen Bestrafung des Naschens und des Ableugnens hat sich nun der erbitterte Kampf zwischen der StM und dem Jungen, auch zwischen dem V. und dem Jungen, abgespielt.

Herauskommen konnte dabei nichts, weil ja die Leere, die der Proband durch das Essen füllen wollte, sich durch diese Konflikte nur vergrößerte. Der Fehler der StM lag schon darin, daß sie den Kampf auf diesem Gebiet annahm, die Übertragung der Schwierigkeiten auf das Essen mitmachte. Eine rationale Einsicht in den Vorgang, der dieser Übertragung zugrunde lag, war ihr allerdings wohl nicht zuzumuten. Vielleicht hätte sie aber bei ihren eigenen Kindern, die sie von jeher kannte, doch rein gefühlsmäßig geschickter, anpassender, verständnisvoller reagiert. Wenn man nicht voraussetzt, daß Mütter instinktmäßig sehr gut ausgerüstet sind, um mit ihren Kindern umzugehen, kann man ja überhaupt nicht verstehen, wie eigentlich die große Masse törichter Frauen mit der Erziehung ihrer Kinder im ganzen doch recht gut zurechtkommt. Aber Instinktfunktionen haben ja immer den Nachteil, daß sie nur unter den gewohnten, normalen Bedingungen sinnvoll wirken, unter ungewöhnlichen aber in ihrer Blindheit und Sturheit oft sogar Schaden stiften. So scheinen die mütterlichen Instinkte abgestimmt auf das Zusammensein von Mutter und Kind von Anfang an und dann möglichst ungestört über die ganzen Jahre der Kindheit hinweg. [38]) Jedenfalls scheint das für uns zu gelten mit unseren kleinen und voneinander abgeschlossenen Familien, wo der Verlust der Mutter zu einer wirklichen Verpflanzung führt.

Bei dem Probanden fällt ferner auf, daß er noch als 20—21jähriger gelernter Handwerker kein Gefühl dafür hatte, daß er sich nun selbst erhalten könne und müsse. Er versuchte, sich um die Heimkosten zu drücken, lag seinem Vater und der StM auf der Tasche; und als sie ihn hinaussetzten, bediente er sich freizügig bei Kunden, im Zimmer seiner Freundin, bei einem anderen Untermieter usw. Dabei ist er ja von mindestens durchschnittlicher Intelligenz und gut arbeitsfähig und hätte sich freuen müssen, nun auf eigenen Füßen zu stehen und von der bedrückenden Abhängigkeit von der väterlichen Familie frei zu sein. Warum freute er sich dessen nicht, sondern benahm sich als voll ausgewachsener Mann noch wie ein kleines Kind, das den Anspruch hat, versorgt zu werden?

Auch in diesem Punkt hat er vermutlich das Gefühl, zu kurz gekommen zu sein, vom Persönlichen auf das wirtschaftliche verlagert. Aber merkwürdig war darüber hinaus, daß er sich immer noch nicht abfinden konnte, obwohl seine Kindheit ja nun vorbei und er eigentlich gerade hätte froh sein müssen, nun in einem Alter angelangt zu sein, wo auch andere junge Männer nicht mehr neben ihren jüngeren Geschwistern am Schürzenzipfel der Mutter hängen.

Offenbar handelt es sich dabei um das, was Schultz-Hencke als „Riesenerwartung" und „Riesenansprüche" geschildert hat, die entstehen,

---

[38] Über die entsprechenden Erscheinungen im Tierleben s. K. *Lorenz:* Er redete mit dem Vieh, den Vögeln und den Fischen, 4. Aufl. Wien 1951, 137 ff. (Gänsekind Martina).

wenn ein Kind nach einer kurzen frühen Phase der Verwöhnung dauernd zu kurz gekommen ist. [39]) Während normalerweise die kleinkindlichen Glückserwartungen mit dem Erwachsenwerden als illusionär zurückgelassen werden — nach und nach, in dem Masse, als anderes wenn auch begrenzteres Glück durch eigene Kraft errungen werden kann — scheinen sie sich gerade unter den Entbehrungen unverändert zu erhalten. Insofern kann man wohl sagen, daß eine neue Entwicklungsstufe gerade umso schwerer errungen wird, je weniger die Bedürfnisse der früheren Stufe erfüllt wurden. Verwöhnung allein scheint nicht zu schaden, weil ein Kind, das zuviel Zärtlichkeit, zuviel Obhut und Fürsorge, zuviel Süßigkeiten bekommt, unter normalen Bedingungen dieser Dinge sogar eher überdrüssig wird als ein anderes. So sind ja auch in meiner Untersuchung relativ wenige jüngste Kinder und relativ wenige Einzelkinder aus ungestörten Familien ernstlicher straffällig geworden, obwohl ihre Verwöhnung sprichwörtlich ist. Anders aber eben, wenn das Kind sich auf dem Gebiet, auf dem es verwöhnt wird, für Entbehrungen anderer Art schadlos hält, oder wenn auf diese Verwöhnung abrupt und zu früh Entbehrung folgt. Dieses Ineinandergreifen von „Härte" und „Verwöhnung", das, wie A. Fuchs-Kamp [40]) meint, in keinem Verwahrlosungsfall fehlt, ist von ihr in drei sehr eingehenden Falldarstellungen geschildert worden, weit eingehender als es etwa auch im vorliegenden Fall möglich ist, von dessen Vorgeschichte man viel zu wenig weiß. Es handelt sich dabei vermutlich um ein Phänomen von sehr großer Bedeutung, das auch noch einmal von einer anderen Seite her verständlich macht, warum der Wechsel der Erziehungspersonen und die Uneinigkeit und Inkonsequenz der Eltern bei Straffälligen so viel häufiger ist als bei anderen.

---

[39] 1947, 55 ff. — Vgl. auch Bowlbys Zitat einer Äußerung von *Levy,* D. (Am. J. Psychiatry 94 - 1937, S. 643): „Another type of reaction is seen in the form chiefly of excessive demands made on the person who is selected to satisfy the privations of early life . . . The problem is always the same — excessive demands for food, for money, for privileges."

Ferner *Russell* 1953, der sich auf einen Befund von Hunt u. a. bezieht, daß infantile Nahrungsfrustrationen junger Ratten zum abnormalen Nahrungshamstern bei den erwachsenen Tieren führen.

Zum Problem des infantilen Egoismus vieler Delinquenten vgl. ferner *Friedlander* 1951, 93, *Leuner* 1953, *Thomae* 1955, 41, vor allem aber *Stott,* der der Entwicklung dieser Haltung — des „imposing and plaging" — gegenüber den Angehörigen aus vorangegangenen Entfremdungen und besonders auch aus dem Wechsel der Pflegepersonen eingehende Aufmerksamkeit widmet. Während er bis Kap. V seines Buches hauptsächlich Jungen schildert, bei denen das „avoidance-exitement syndrome", und damit gemeinsame Einbrüche, im Vordergrund stehen, ändern sich ab Kap. VI, wo er mit der Darstellung der dishonesty gegenüber Personen der näheren Umgebung beginnt, auch die Lebensgeschichten auffällig, und zwar eben in dem Sinne, daß fast alle diese Jungen durch mehrere Hände gewandert sind, zunächst von Großmüttern oder Pflegemüttern aufgezogen wurden u. ä. Vgl. insbes. S. 174 f.

[40] 1952, 110 f.; ihr folgend *Dührssen* 1954, 153 f. — Vgl. auch die Erwägungen *Bowlby's* (1951, 47) darüber, warum zwar seine Fortyfour juvenile thieves (1946) gestohlen hatten, nicht aber von Goldfarb untersuchte (1943), von Anfang an in einem Heim aufgewachsene Kinder. „All of Goldfarb's cases had been institutionalized from soon after birth until were three years old. None of

Die Straftäter geben ja gern anderen — dem Staat, den Verhältnissen — die Schuld und richten auch in ihrer Weltanschauung, nicht nur in ihrem Tun, den „Zeiger der Schuld" nach außen statt nach innen. Wenn das auch eine bequeme Rationalisierung ist, darf man doch wohl auch die Illusion nicht übersehen, die in vielen Fällen darin liegt und die die Korrektur der Verhaltensweisen so sehr erschwert. Auch sie selbst ist aber sicher nicht einfach zu korrigieren, auf keinen Fall mit bloßen rationalen Vorhaltungen, weil sie ja eben auf infantilen Resten beruht, die dem Täter als solche gar nicht bewußt sind. Und auch die Strafe als solche kann an dieser Einstellung selbst nichts ändern und wird darum oft überhaupt wirkungslos bleiben[41].

Zu dem hier besprochenen Fall von Max Redlin wäre noch zu sagen, daß eine bald nach Beginn der Schwierigkeiten einsetzende Erziehungsberatung der Eltern wohl noch am ehesten seine ungünstige Entwicklung hätte verhüten können, obwohl solche Aussagen natürlich immer unsicher sind[41a].

In einem Gutachten der krim. psychol. Untersuchungsstelle über einen anderen Probanden, 278 Harro Weitz, 8. XI. 31, hieß es V. 48 *(16;6):* geistig mittelmäßig, scheinbar jungenhafte Frische, dahinter erhebliche Berechnung und Unaufrichtigkeit . . . Gehässig gegenüber der StM., erwartet aber andererseits Kuchen und Geschenke von ihr. Er weiß noch nicht, welche der bisher begonnenen Berufstätigkeiten — Seemann oder Bäcker — er fortführen soll. Harte Erziehung erforderlich, die auf sein Blendertum nicht hereinfällt. — In einem weiteren Gutachten II. 52 *(20;3):* Starkes Geltungs- und Beliebtheitsbedürfnis, wahrscheinlich als Überkompensation der eigenen körperlichen Kleinheit . . . Ausgesprochener Hyperthymiker, bei vorwiegend gehobener Stimmungslage und lebhaften Impulsen zur Abwechslung gedrängt, sprunghaft, am

---

Bowlby's had — they were all products of deprivation for a limited period, or frequent changes. It may well be that their stealing was an attempt to secure love and gratification and so reinstate the love relationship which they had lost, wheares Goldfarb's cases, never having experienced anything of the kind, had nothing to reinstate. Certainly it would appear that the more complete the deprivation in the early years the more isolated and asocial (hier wohl im Sinne von Einzelgänger, gemeinschaftsfremd) the child, whereas the more that deprivation is interspersed with satisfaction, the more ambivalent and antisocial he beccomes." Ebenso *Friedlander* (1951, 101) über this constant alternation between frustration and gratification", und schon *Burt* (1931, 98). Ferner eingehend *Stott,* der meint, daß Härte ohne Verwöhnung zur Haltung des „withdrawal" führe, wärend die Ausbeutung der Angehörigen auch Schwäche und Inkonsequenz auf ihrer Seite voraussetzte (113, 174 u.a.). Übrigens meint Stott, daß viele der Jungen, die ihren Eltern auf der Tasche liegen, damit ihre Zuneigung auf die Probe stellen wollen. — Über die Bedeutung der inkonsequenten Erziehung siehe auch Frey, 1950, 181.

[41] S.dazu die psychiatrischen und die Rorschach-Befunde der *Glueck* in Unraveling 1950, ferner die sehr konkreten Ausführungen von *Mieskes* (1956, 292 ff.). Zu dem Thema „Intropunitivität" und „Extrapunitivität" und den Einfluß, den soziale Unterdrückung auf die Entwicklung der extrapunitiven Einstellung hat, s. im ganzen *Grygier,* 1954. — Überinfantile, „illusionäre Erwartungen" vgl. auch noch *Dührssen* 1956, 259.

[41a] Strafregistereinsicht III. 61: keine späteren Verurteilungen.

Nächstliegenden orientiert. Gemütlich ansprechbar, Bindungen an die tote Mutter und die Großeltern scheinen noch vorzuliegen. Unter der Jovialität gehässige Regungen. — Zur gleichen Zeit befürwortete der Psychiater Anwendung des § 51 Abs. 2, da der Proband ein abartig veranlagter Hyperthymiker und ein Hans Dampf in allen Gassen sei.

Aus den Erzählungen von V. und StM. VII. 55: „Harro war — als er klein war — ein niedlicher Junge, hatte lange blonde Locken, war etwas wie ein Mädchen, ein ausgesprochen hübsches Kind. Kein richtig scharfer Junge, sondern eher weichlich. Er war von Anfang an schwierig bei ihnen, wollte sich von der StM nichts sagen lassen, war feige, unaufrichtig . . . Er kann schmusen, auch mit der StM, aber bei Bekannten erzählte er dann unwahre Geschichten über sie. Er verlangte alles, wollte immer alles haben, aber sich nicht danach verhalten." — „Er hat ein weiches Gemüt, er ist innerlich nicht schlecht, aber er will sich immerzu betäuben." — „Er strahlt, wenn er kommt, und am nächsten Tag frißt er wieder was aus." Sie zeigten einen Brief aus dem Gefängnis, in dem Harro seine guten Vorsätze beteuerte und aufführte, was er alles geschickt haben wollte. — Im Gutachten vom V. 48 findet sich der Vermerk, Harro gebe der StM die Schuld am Tode seiner M[41b].

Weitere Beispiele für „Hyperthymie":

IV 76. M.: „Er hat so etwas Unstetes, als wenn er irgendeine Unruhe im Leib hätte, von irgend etwas gejagt würde."

IV 223. M.: „Er hatte so die Abenteuerlust in sich und die Unruhe."

IV 273. P. selbst — der leidenschaftlich gern Auto fährt —: „Ich bin so: wenn ich irgendein Problem habe, darüber denke ich nicht weiter nach, das weise ich einfach von mir ab und denke nicht weiter darüber nach."

IV 86. Psychol. Gutachten: „betriebsam-unrastig aus tieferliegender Neigung zur Beklemmung."

IV 144. Psychol. Gutachten: „Verträgt keine Geltungseinbuße, bricht sofort alle Brücken ab, sobald er sein Renommé erschüttert sieht. Aber viel zu unstet, um sich aus eigener Kraft im Gleichgewicht zu halten. Daher ständig auf der Flucht."

286. Robert Mehlitz beging von 15—17 J. mehrfach Kameradendiebstähle, aber auch gemeinsame Metalldiebstähle. Mit 19 J. wurde er auch im Wohnheim mehrfach des Kameradendiebstahls verdächtigt, und er sollte auch aus einer Baubude Geld aus den dort hängenden Jacken gestohlen haben; Beweise lagen aber nicht vor. — Seine M. war, als er 8 J. alt war, mit zweien seiner Geschwister bei einem Luftangriff umgekommen. Er war damals in KLV. Später kam er zu V. und StM., wo sich auch kleine Geschwister einstellten, und war dann auch teils in geschlossenen Heimen, teils, wie noch jetzt, im Wohnheim. — Das Familienniveau ist recht einfach.

---

[14b] Strafregistereins. III. 61: 1) *VII. 59* 7 Mon Gef. w. vers. schw. Diebst. i. R. 2) *XI. 59:* 6 W. Gef. w. Unz. m. Männern.

Aus dem Schulbericht *(14;5)*: „Er ist in der Klasse Einzelgänger, obgleich er einen Hang zur Geselligkeit erkennen läßt. Er wird den Weg zur Geselligkeit immer nur über ‚Anbiederung', nicht über Selbsterziehung und Leistung suchen." — In der Lehre (14;9): „macht sich gern auffällig und erzählt und unterhält die ganze Jugend um sich." — Der V.: „Frech wird er nie, er geht Streit lieber aus dem Weg." Die StM dazu: „Man kann es auch feige nennen." „Er raucht nicht und trinkt nicht, mag aber (mit 20 J.) gern Bonbons und Schokolade. Wenn er kommt, bringt er der StM. immer Kuchen und Schlagsahne mit."

176. Oskar Franzen beging von 15—17 J. mehrfach Kameradendiebstähle. Seine M. war, als er gerade 12 J. alt war, in einer Psychose durch Suizid geendet. 2 J. danach heiratete der V. wieder, und Oskar wohnte dann bei ihm und der StM und der kleinen Schwester, die ein Jahr nach der Heirat kam. Mit 17 J. ging er zur See und tut es noch jetzt, 22-jährig, als Leichtmatrose. Ein Lehrverhältnis war wegen seiner „Verlogenheit" gelöst worden. Mit 19;10 war er auf dem Schiff dringend der Kameradendiebstähle verdächtig.

Der V. VII. 55: „Er mag gern seinem V. auf der Tasche liegen, obwohl der arbeitslos und sehr viel krank ist (stimmt), und er verdient 300,— im Monat . . . Er hat sogar der StM das letzte Mal noch DM 10,— aus dem Portemonnaie geklaut, obwohl der V. ihn ganz neu eingekleidet hatte, damit er wieder zur See fahren konnte. Bis vor 2 Jahren, wo sie starb, ging er ja auch viel zu seiner Oma, die gab ihm alles, obwohl sie nur eine kleine Rente hatte, und hinterher kam sie dann zu ihnen, weil sie nichts mehr für sich selber hatte." Vermerk des JA in den Akten, zwischen den Reisen sei er viel bei der Großmutter, die auch die Wäsche für ihn in Ordnung halte. „Er hält sehr viel von der alten Frau." Der V.: „Bei fremden Leuten blenden sie, zu Hause sind sie anders. Oskar ist ja ein netter, vergnügter Kerl, aber was hat er früher seine StM beklaut, was hat er genascht! Aber diese Kleptomanie, die hatte er ja schon damals, als das mit der M. war (Psychose).

119. Hans Udo Reutter kam mit seiner 1 J. älteren Schwester mit ½ J. ins Waisenhaus, weil die M. gestorben war. Als er 2½ J. war, kamen sie zusammen in Pflege auf einen großen Bauernhof.

JGH (18;5): „großer Freund von Süßigkeiten aller Art, nascht leidenschaftlich gern. Er kaufte auf seinen Wegen zur Berufsschule immer solche Sachen und machte dadurch Kostgeldrückstände und fand sich nicht mehr heraus."

Die PflM. VIII. 55: „Sie haben an beiden Kindern viel Freude gehabt, und besonders an Hansi, gerade von dem hätten sie niemals so etwas erwartet ... Er war nachgiebiger als die Schwester, folgsam, niemals bockig, die Schwester dagegen etwas bockig und schwierig, und die hat sich nachher so viel besser gemacht! Die ist hier im Nachbardorf verheiratet, sehr ordentlich ... Er war sehr niedlich im Wesen, ein liebes Kind und zu allen freundlich. Immer etwas zart und klein, die Schwester war kräftiger

. . . Beide aßen immer sehr viel, oft mehr als der PflV., darüber haben sie sich oft gewundert. Und Hansi war so furchtbar auf Süßigkeiten, auch später noch . . . Schwierig wurde er erst, als er aus der Schule kam und die Sachen auf der Lehrstelle machte. Da belog er sie auch so über alles, er log dann so, daß man es ihm glauben mußte. Die PflM. ist ja auch überzeugt, daß er ihre Uhr genommen hat, aber das hat er nie eingestanden . . .

In der krim. psychol. Untersuchungsstelle zeichnete Hans Udo mit 19;8 im Wartegg-Zeichentest unter Nr. 3 ein Grab. Die „Dunkel"-Erzählung vervollständigte er so:

„Mir war als hätte mir jemand gerufen. Ich dachte eine ganze Weile nach, was es wohl sein könnte und kam zu dem Entschluß das es wohl nur ein Traum war. Ich drehte mich auf die rechte Seite und schlief ein. Plötzlich wurde ich etwas unsanft von einem Kameraden geweckt, und nach der Ursache fragend wurde mir gesagt, ich hätte laut Phantasiert. Nachher fiel es mir wieder ein. Ich hatte tatsächlich geträumt, das meine Mutter, welche ich aber nur von einem ganz kleinen Bilde her kenne, mich immer wieder zu sich gerufen hätte, ich solle sie doch auch einmal sehen. Ich nehme an das es das erste mal als ich aufwachte auch wohl von einem Traum kam."

227. Felix Widow, unehelich geboren, nach zweimaligem Wechsel mit 2;1 zu Ehepaar mit 12j. Sohn in Pflege. Später bestahl er Lehrherrn, Kameraden und Nachbarn.

Im JugArr — er bekam JugArr und FE — erschien er „durch und durch unaufrichtig und verschlagen, versuchte durch süßlich wirkendes Auftreten Eindruck zu schinden . . . Außerdem fiel er durch Feigheit auf." — Auch in der FE war er schwierig durch „krankhaftes Geltungsbedürfnis" einerseits, „Kontaktlosigkeit" andererseits; „gegen Erzieher stets freundlich, zuvorkommend, aber nicht offen genug."

Aus den Angaben der PflM XI. 55, „Er möchte wohl gern etwas hoch hinaus, wohl auch mit Mädchen. Sie sagt dann: wolle nicht zu hoch hinaus, bleibe tief, bleib mit den Füßen auf dem Boden. Er ist ja so etwas wie ein Blender, ein Blender von Kind an!" „Sie wollte damals garnicht wissen, woher er kam, denn sie stand auf dem Standpunkt: das ist die Erziehung. Darüber hat sie sich ja nun auch belehrt. Man kann wohl einem Menschen so etwas wie Tischmanieren anerziehen, aber das übrige steckt im Menschen!" „Er aß immer schlecht in der Kinderzeit — jetzt ißt er gut —, er war ja auch man immer nur so ein bißchen, so eine kleine Spindel war er. Nur: Naschen, Eingemachtes, süße Sachen! Er naschte auch heimlich, aber das tun alle Kinder, das hat sie ihm nicht übel genommen." „Die Schule schwänzte er aus Abenteuerlust, er wollte was erleben!" „Und er log, das war beinah das Schlimmste! Dabei waren sie ja gar nicht so streng. Ihr ist ja öfter mal die Hand ausgerutscht als dem PflV, aber sie war auch hinterher gleich wieder gut, und er, Felix, auch. Und das muß sie sagen: frech ist er hier nie geworden, das hätte er auch nicht gedurft."

Der Proband hatte, schon als Kind und noch als Erwachsener, chronisches Asthma[41c].

147. Wilfried Becker, 7. IV. 31. Mit *17;6 — 17;7* unterschlug er als Postfacharbeiter 9 Telegramme und 6 Eilbriefe, weil ihm die Zustellung zu beschwerlich und das Lob der Vorgesetzten wegen seiner schnellen Rückkehr angenehm war. Die Jugendgerichtshilfe schrieb: „Der Jugendliche ist gesprächig, unsachlich, unzuverlässig, verlogen und hinterlistig, sucht immer nach Ausreden und ist durchtrieben." Es hieß, er habe schon (mit etwa 14 J. oder früher) die Großmutter, später auch den V. und die M. und auch den Arbeitgeber bestohlen.

Er bekam 3 W. JugArr (Bericht: im Umgang sehr bald zugänglich und gut lenkbar, aber zur Unwahrhaftigkeit neigend, wohl auf Grund der besonderen Familienverhältnisse). Dazu wurde FE verhängt, die er zunächst in einem Wohnheim verbrachte, nachdem er aber bald *(17;11)* auf seiner Arbeitsstelle wegen kleiner Diebstähle entlassen war, bis 19;1 in einer geschlossenen Arbeitsgruppe. Dort hieß es, er sei klein, untersetzt, nicht sehr kräftig, im Verhalten schwankend, mädchenhaft empfindlich; anpassungsfähig, aber berechnend. Er habe ein starkes Geltungsbedürfnis, das sich in Nörgeln äußere.

19;1 kam er in eine offene Arbeitsgruppe und ein Wohnheim, das ihn ähnlich beurteilte: „. . . abwartend . . . sucht seinen Vorteil . . . zu Erziehern zuvorkommend, oft von kriecherischer Unterwürfigkeit . . . Bei Ermahnung oder Rüge schlägt er leicht in sehr aggressiven Ton um und kann nur als frech und verschlagen bezeichnet werden." Die Berichte, insbesondere über seine Arbeitsfreude, besserten sich dann, in einer Arbeitsstelle wurde er aber 20;1 entlassen, weil er mehrfach unentschuldigt gefehlt hatte. Nach Rückkehr in die Arbeitsgruppe wurde er dort wieder als „Leisetreter" bezeichnet, der nach außen hin mustergültig sei, im Hintergrund aber Opposition schüre.

Nach Versetzung in ein anderes Wohnheim und in einer Zeit der Arbeitslosigkeit und teilweise auch des Krankseins stahl er *20;8* zweimal mit einem Kameraden Bohlen eines Tischlers, die im Freien lagen (Einstellung wegen Geringfügigkeit) und *20;11* mit vier anderen 3 Eisenträger von einem umfriedeten Platz (4 Mon. Gef., zunächst ausgesetzt). Ferner nahm er, als er gerade *21;0* geworden und die FE aufgehoben war, mehrfach von Kameraden gestohlene Sachen an, lieh ihnen auch seinen Ausweis, damit sie das Gestohlene absetzen konnten, und bekam dafür 6 W. Gef. wegen Hehlerei (durch U-Haft verbüßt).

Danach war er nur noch 21;9 — 22;2 als Lagerarbeiter tätig, im übrigen arbeitslos und meistens auch ohne feste Wohnung. Mit *22;2* erbrach er mit einem Älteren einen Pkw, aus dem sie eine Aktentasche nahmen, mit *22;5* brach er mit einem anderen betrunken in eine Gartenlaube ein, wo sie ein Bild und ein Serviertablett entwendeten. Die Gesamtstrafe

---

[41c] Strafregistereins. III. 61: *Mehlitz* (III), *Reutter* (III) u. *Widow* (Ib) keine weit. Verurt., *Reutter* aber Suchverm. d. StA Göttingen von 1959 w. Betruges. Franzen (III) *VI. 57* DM 100,— w. Unterschl. i. 2 F.

von 8 Mon. Gef. verbüßte er von 22;11 — 23;4 und anschließend noch 2 von den 4 Mon. wegen der Hehlerei von 21;0. Der Rest wurde ausgesetzt.

Er war zunächst bei den Eltern aufgewachsen, mit etwa 5;10 — etwa 1 Jahr vor Scheidung der Eltern — zur väterlichen Großmutter gekommen und mit 12;3 wieder zum V., der kurz vorher wieder geheiratet hatte. Diese StM war nur 8 J. älter als der Proband, und gerade als er dorthin kam und zwei Jahre später wurde je ein Stiefgeschwisterchen geboren. Mit 13 J. bekam der Proband Scharlach und Diphterie und anschließend Asthma, wegen dessen er im Jahr darauf zweimal zur Erholung verschickt wurde. Er war körperlich immer etwas schwach gewesen und deshalb erst mit 7 J. eingeschult worden. Etwa seit Kriegsende (14;0) pendelte er zwischen dem V., der Großmutter und der M. hin und her. Keiner wollte ihn behalten, schrieb das JA, weil er so zum Stehlen neige. Nach seiner Entlassung aus Kl. 7 der VSch (15;0) begann er eine Schlosserlehre, fehlte aber viel und mußte nach 4 Mon. dort fort, vermutlich weil er zu schwach war. Danach war er etwas über 2 J. Postfacharbeiter, bis er dort wegen der Straftaten entlassen wurde.

Die Eltern wurden als ordentlich beurteilt. Der V. — bei Geburt des Probanden 27;0 — galt als wirtschaftlich tüchtig, an dem Jungen nicht besonders interessiert. Auch in seiner zweiten Ehe gab es Schwierigkeiten. Von der M. hieß es, sie leide unter der Niederträchtigkeit des Jungen, sei etwas nervös. Auch sie wurde in der zweiten Ehe geschieden, heiratete aber kürzlich ein drittes Mal.

D i e M. e r z ä h l t e (VII. 1955), sie wüßten nicht, wo Wilfried wäre. Allerdings sei er nach der Entlassung aus dem Gefängnis (Herbst 1954) ein paar Wochen bei ihr gewesen. „Die M. nahm ihn auf. Sie hatte erst Angst: kannst du zu diesem Kind auch die gleiche Liebe fühlen wie zu den anderen Kindern? Aber es ging, sie wunderte sich selbst, sie hatte ihn richtig gern, und die ersten 14 Tage ging es auch gut. Der StV kleidete ihn ein, und Arbeit hatte er auch. Sie war sogar richtig etwas stolz darauf, daß sie einen so großen Jungen hat. Er sieht nett aus — er ist dem V. sehr ähnlich — und pflegt sich auch; er würde gern jeden Tag seinen Anzug gebügelt haben. Er hat so etwas, daß man zuerst geblendet wird. Nicht, daß er Spaß macht; die M. selbst hat mehr so einen trockenen Humor, da konnte er dann aber sehr drüber lachen und sagen: Mutti! Ganz die Alte! Ja, er kann überhaupt auch jetzt noch so etwas anschmeichelnd sein, aber er hat einen unaufrichtigen Blick, und es ist ja auch nicht gut mit ihm gegangen. Er gab kein Geld ab, ging wohl auch nicht mehr zur Arbeit, und dann entdeckten sie im Stall ein ganzes Lager leerer Weinflaschen. Er trinkt! Und sobald er wieder anfängt zu trinken, ist es wieder aus mit ihm. Ob man ihm das nicht abgewöhnen könnte?

„Er war ja verlobt mit einem netten Mädchen, das in einer Versicherung arbeitet; die hat auch ein Kind von ihm (W. 22;7). Er sagte: wenn ich mit der in einer kleinen Wohnung leben könnte, und das Kind wäre bei uns, dann wüßte ich, ich hätte Verpflichtungen. Aber da steckte sich nun die Mutter von dem Mädchen wieder dazwischen, weil die von dem

Mädchen mit unterhalten wird. Die wissen auch nicht, wo er jetzt ist und haben sich hier nach ihm erkundigt. Sie hatten nämlich DM 68,— für eine Uhr bezahlen müssen, für die die Mutter da gebürgt hatte. So macht er es eben. Und bei ihnen hat er es auch so gemacht, er gab kein Geld ab, lag in der Wohnung herum, wurde gegen den StV frech — so: wat wullt du denn? — und konnte dann ja nicht mehr bleiben. Dann hat er sich wohl noch ein paar Nächte mit einem anderen in einer leeren Laube hier in der Umgegend aufgehalten. Er hatte auch ein neues Rad von einer Freundin der Tochter (Stiefschwester) mitgenommen und auch noch Wäsche und alles mögliche, wovon der StV gar nichts weiß. Der ist natürlich sehr böse auf ihn. Er ist so gut zu den Kindern der M. und hatte nun die Enttäuschung.

„Als Wilfried zur Welt kam — er wog 11 Pfund und war danach auch zuerst immer rund und kräftig —, wohnte die M. mit dem V. allein zusammen. Er hatte einen Fischgroßhandel und mußte immer früh heraus zum Markt, und die M. half ihm viel dabei. Zuviel, dadurch hatte sie zu wenig Zeit für den Jungen. Aber sie war ein richtiges Arbeitspferd, und der V. war sehr brutal mit ihr. Sie hatte ihn anfänglich sehr gern, und es war für sie eine große Enttäuschung mit ihm. Er war ein ganz merkwürdiger Mann. Er hatte seine guten Seiten, aber er war auch irgendwie gemein im Wesen. Wenn die M. z. B. etwas verkehrt machte, schlug er ihr mit der Peitsche um die Beine, sodaß sie dicke Striemen hatte.

„Für Wilfried hatte der V. sehr viel übrig, er war stolz auf seinen Jungen und kaufte ihm eine kleine weiße Kutscherschürze, damit er mit auf dem Bock sitzen konnte. Er war ein anschmiegsames und mehr ruhiges Kind, aber doch ein richtiger Junge. Als er etwa so 5 J. alt war, bekam die M. noch ein kleines Mädchen, aber für das hatte der V. nichts übrig, er behauptete sogar, das wäre nicht von ihm — er war überhaupt sehr mißtrauisch — und das starb mit 5 Mon. an einer Lungenentzündung. Der V. hatte es immer ins kalte Zimmer gestellt, wenn es schrie.

„Weil die M. immer so viel arbeiten mußte, wurde es ihr schließlich zu viel, und die Oma nahm Wilfried. Ob er das mochte oder nicht, kann sie nicht mehr sagen. Er ging wohl ganz gern hin, weil sie ihm immer so viel gab. Sonntags kam er zu V. und M. auf Besuch — die Oma wohnte nämlich ziemlich in der Nähe —, und das mochte er auch gern. Und dann (W. 7 J.) gingen die Eltern auseinander. Da sagte der Richter: wo der Junge nun schon immer bei der Großmutter war, bleibt er da wohl am besten. Die M. zog dann auf Zimmer und arbeitete. Zuerst hat der V. wohl immer noch gehofft, sie käme zu ihm zurück, da durfte sie Wilfried auch immer noch besuchen, aber dann verboten sie das und hetzten ihn gegen sie auf. Manchmal ging sie ja hin, um ihn heimlich zu sehen. Einmal nahm sie auch provisorisch einen Bekannten mit, der gab sich als Herr vom Jugendamt aus und sagte, die M. sollte nur mal eben mit dem Jungen um den Block spazierengehen, aber da kroch Wilfried unter den Tisch, solche Angst hatte er, sie würde ihn ganz wegholen.

„Die Oma hing ja wohl in ihrer Art an Wilfried. Aber sie lebte mit einem alten Rentner zusammen, und mit dem hatte sie auch oft Streit, und der war neidisch, wenn Wilfried was bekam. Und da fing er auch schon an schwierig zu werden, denn er nahm der Oma Eier aus dem Stall und verkaufte sie und nahm da auch Kleidungsstücke weg. Die Oma verwöhnte ihn mit Süßigkeiten, aber schließlich konnte sie auch nicht mehr mit ihm fertig werden. Dann war er zeitweise auch bei dem V., der hielt auch zu ihm, aber eigentlich nur solange, bis er die zweite Frau hatte. Der V. ist ja jetzt sehr gut gestellt, aber er gibt Wilfried auch nichts mehr, und es hat ja auch vielleicht keinen Zweck. Der V. ist ehrlich in Geldsachen, in der Hinsicht kann die M. ihm nichts nachsagen, und die M. selbst ist es auch, hat überhaupt ihr Leben lang tüchtig gearbeitet, macht auch jetzt noch Heimarbeit, und ihre Schwestern sind schon Jahrzehnte lang in denselben Stellungen. Darum wissen sie immer nicht, woher Wilfried das Klauen haben kann.

„Damals, als er so 15 war, kamen der V. und die Oma bei der M. an und sagten, nun müßte sie es mal mit ihm versuchen. Das ging aber nicht lange gut. Ihr fehlten bald Lebensmittelkarten, die hatte er genommen und sich Zigaretten dafür gekauft. Sie suchte die in seinen Taschen und fand die Telegramme, die er nicht abgegeben hatte. Und da war eine Nachbarin dabei, die zeigte es an; die M. wollte noch erst die Telegramme selbst nachträglich hinbringen.

„Wilfried ist noch jetzt irgendwie anschmiegend. Er fühlte es, wenn die M. Weinflaschen oder so etwas bei ihm gefunden hatte, und dann sagte er gleich: sag doch, was du hast, das ist doch besser. Muckschen hielt er nicht aus, aber die M. auch nicht, gar nicht, sie ist überhaupt mehr weich. Aber Wilfried hat ja auch wohl vieles vom V., so dies Gemeine irgendwie, wenn es bei ihm auch in anderer Art auftritt. Er kann auch tüchtig arbeiten, sobald er will. Wenn sie jetzt mit ihm unzufrieden gewesen war, arbeitete er dann auch wohl mal gleich zwei Schichten hintereinander, aber dann versoff er das Geld doch gleich wieder."

Die M. machte einen intelligenten und aufrichtigen Eindruck. Ihre frühe Ehegeschichte, subjektiv wohl wahrheitsgemäß berichtet, ist damit natürlich nicht genügend geklärt. Tatsächlich hat sie sich von dem Jungen schon vor der Scheidung getrennt, was dann die weitere Trennung zur Folge hatte. Vielleicht war er damals mehr Vater- als Mutterjunge, während die M. wohl das zweite, verstorbene Kind besonders als das ihre empfunden hat. Auch ohne daß man nähere Einzelheiten über die damalige Zeit und überhaupt über seine ganze Kinderzeit weiß, findet man aber bei ihm, auf dem Hintergrund von wiederholtem Wechsel des eigentlichen Zuhause, bei dem auch Familienstreitigkeiten mitspielten, den schon bekannten Komplex: das „Blenden", den leichten äußeren Kontakt bei innerer Kontaktlosigkeit oder doch -gestörtheit; das Geltungsbedürfnis; die Unruhe und Umtriebigkeit; Unwahrhaftigkeit, schnödes, z. T. heimliches Ausnutzen der Menschen seiner nächsten Umgebung, die ihm vertrauten; die Unlust, sich selbst zu unterhalten, obwohl kein Begabungs- oder sonstiger Mangel ihn daran hinderte und er mittlerweise 22 J. alt geworden war.

Seine Straftaten sind äußerlich im ganzen nicht so sehr schwer; viele sind aber auch wohl unangezeigt geblieben. Kameraden hat er — im Gegensatz zu anderen Probanden dieser Art — wenig bestohlen; neigt offenbar eher dazu, mit Kameraden gegen Erzieher usw. gemeinsame Sache zu machen. Überhaupt kann er gelegentlich wohl auch offen aggressiv sein.

Konstitutionell ist wohl bedeutsam, daß er schon als Kind — die M. sagte allerdings: nicht zu ihrer Zeit — zart gewesen sein soll. Im Heim galt er als „mädchenhaft empfindlich", und er hatte damals auch eine empfindsame Mädchenschönschrift. Mit 13-14 J. hatte er Asthma, vielleicht auch später noch. Man kann wohl annehmen, daß auch ihn eine konstitutionelle Zartheit und Sensibilität besonders anfällig gegenüber den äußeren Schwierigkeiten machte und daß sie auch mit ein Grund dafür war, warum er die Schwierigkeiten mit weicher Anpassung beantwortete.

Als er bei seiner Großmutter war, galt ihm seine M. als böse, und er versteckte sich unter dem Tisch aus Angst, sie könnte ihn holen. Später brachten ihn aber der V. und die Großmutter wieder zu ihr. Vielleicht ist es kein Zufall, daß das schnöde Ausnutzen der Menschen der nächsten Umgebung sich so oft auf dem Hintergrund solcher Familienstreitigkeiten findet, und zwar besonders da, wo die M. in diesen Streit einbezogen ist, während die Abwertung des V. allein ja zu der Lösung führen kann, daß der Junge zum Ritter der Mutter wird. Dieser Verrat dessen, was der Junge eigentlich liebt, von der Umgebung begangen und vom Jungen nachgemacht und mitgemacht, ist vielleicht der erste Anfang einer solchen Schnödigkeit. Allerdings sehen die Probanden manchmal auch Verrat, wo eigentlich keiner ist, wie z. B. Harro Weitz meinte, der V,. der von der damals vielleicht schon krebskranken M. geschieden wurde, sei schuld an ihrem Tode. Auch in der zweiten Ehe der M. sehen sie zuweilen einen Verrat an dem verstorbenen V., aus dem sie dann die Berechtigung nehmen, sich gegen die M. wie gegen den StV. schlecht zu verhalten.

Der Proband hatte beim V. und seiner recht jungen Frau kleine Stiefgeschwister, die wohl seine Stellung erschwerten, ebenso später bei der M., und bei der Großmutter stand ihm deren alter Rentner im Wege, der ihn nicht mochte. -- Die Großmutter hat ihn, wie es heißt, mit Süßigkeiten verwöhnt, hat also, wie Großmütter und Pflegemütter es oft tun, selbst die Zuneigung, die sie für ihn hatte und von ihm haben wollte, in der Währung des Essens ausgedrückt. Bei ihm ist von Essen nicht besonders die Rede, aber von ungewöhnlich starkem Rauchen und vom Trinken, was beides ja mit dem Essen psychologisch verwandt ist[41d].

61. Günther Jessel, 12. X. 32. Er war O. 1948 aus VSch. Kl. 9 gekommen, wo er als mittelmäßig begabt galt, und hatte eine Schlosserlehre begonnen, aus der er aber nach 4 Mon. — es hieß: wegen Mißhandlung durch den Meister — wieder herausgenommen wurde. Danach kam er als Jungarbeiter in eine Vulkanisieranstalt, in der sein Groß-

---

[41d] Strafregistereinsicht III.61: keine späteren Verurteilungen. 1960 Anfragen der StA Krefeld und Düsseldorf, sowie der StA Hamburg w. Verl. d. Unterhaltspfl. Noch laufender Suchvermerk der StA Kempen von 1961 w. Trunkenheit am Steuer.

vater Meister war. Mit *16;4* (II. 49) beging er mit mehreren anderen insgesamt 4 Ladendiebstähle und mehrfach Mundraub aus Läden. Sie gingen hinein, verlangten etwas und nahmen dann heimlich Zigaretten, Drehbleistifte, Füllfederhalter u. ä. oder Eßwaren, zweimal durchs Schaufenster, das sie dafür durchgeschnitten hatten. Diese Taten waren damals in seiner Wohngegend eine Art Sport

Er bekam 3 W. Jugendarrest. Dort „weinte er viel, dachte dabei auch ... an seine Schuld und den Kummer der Mutter ... Überhaupt ist er ziemlich weich veranlagt ... Er hat sich bewußt gut geführt, erweckte dabei aber auch etwas den Anschein der Liebedienerei, war manchmal zu sehr bestrebt, einen guten Eindruck zu schinden. Er ist zwar labil, aber intellektuell auf der Höhe, sodaß ihm eigentlich ein straffreies Verhalten künftig durchaus gelingen müßte."

Danach war er trotz aller Bemühungen der M. und der Schulfürsorge nicht in die Berufsschule zu bringen, die er aber auch schon in der Zeit der Straftaten geschwänzt hatte. Die M. hatte in dieser Zeit auch schon geklagt, er habe vor ihr den Respekt verloren, sei ablehnend und anmaßend. Mit *16;10* (VIII. 49) kam er deswegen in ein Jugendwohnheim; beim Weggehen nahm er die Lebensmittelkarte der M. mit und verpfändete sie beim Bäcker für Kuchen im Werte von DM 10,—. Im Heim verbrauchte er gleich mehrere DM, die er als gemeinsamen Arbeitsverdienst für einen Kameraden mit eingenommen hatte, für sich und behauptete, er habe sie verloren. In einer neuen Arbeitsstelle wurde er nach wenigen Stunden als ungeeignet entlassen. Da er auch bald aus dem Heim fortblieb und beim Großvater schlief, kam er erst in ein, dann in ein zweites geschlossenes Heim. Der erste vorliegende Bericht spricht 8 Monate später von einer „überaus positiven Entwicklung". Er verstehe sich anzupassen, sei im Kameradenkreise gern gesehen, gelte etwas, obwohl er sich nicht auf seine körperliche Überlegenheit berufe. Den Erziehern gegenüber sei er höflich, ohne Heuchelei. Er arbeite selbständig und umsichtig, seine sportlichen Leistungen seien überaus gut. — Mit 17;10 wurde er zum Großvater entlassen und kam auch wieder in dessen Arbeitsstelle.

Bald kamen aber Klagen der Großeltern, besonders der Stiefgroßmutter, er sei frech, gebe kein Geld ab, habe in der Nachbarschaft für Süßigkeiten und Zigaretten Schulden gemacht. 18;5: „Die StGroßm. klagt bitter. Er ist frech gegen den Großvater, verlangt immer gute Butter, Kuchen und Weißbrot ...". Mit 18;8 zog er wieder zur M., gab aber dort auch kein Kostgeld ab, sodaß sie es bei der Firma holen mußte. Sein Lohn wurde dort auch ständig wegen seiner Abzahlungsgeschäfte gepfändet, und nach vielen Verwarnungen der Firma — seine Kameraden aus dem Sportverein der Firma sagten zunächst gut für ihn — wurde er mit 19;9 schließlich entlassen. Der Großvater war ein halbes Jahr vorher gestorben.

Er blieb nun auch bei seiner M. fort — die er beim Weggehen bestahl *(19;9)*, arbeitete kurz bei einem Bauern in der Umgegend, kündigte bald, weil ihm die Verpflegung nicht zusagte, und kaufte danach im angeblichen Auftrag der Bäuerin beim Krämer des Ortes Schokolade, Zigaretten, Backpulver und Rosinen für sich; das Backpulver warf er fort.

Anschließend trieb er sich in der Ostzone umher und verbüßte dort von *20;0 — 20;2* 2 Mon. Gef. wegen „einiger Vergehen", von denen nichts näheres bekannt ist. Danach wohnte er 10 Monate, bis *21;0*, in einem Wohnheim, wo er als „hinterhältiger, undurchsichtiger Charakter, dazu ausgesprochen verlogen" galt und wo er ebenfalls, obwohl er in Arbeit stand, ständig Schwierigkeiten mit dem Kostgeld machte.

Als er mündig wurde, zog er dort aus und wechselte seitdem häufig die Arbeit und die Wohnung. Mit 21;1 wurde er wegen des Betruges beim Krämer zu DM 30,— Geldstrafe verurteilt, von dem Verdacht der Unterschlagung (Abzahlungskäufe) aber mangels Beweises freigesprochen. Ein Verfahren wegen Unterschlagung von DM 10,—, die ihm für einen Bekannten übergeben worden waren *(21;8)*, wurde wegen Geringfügigkeit eingestellt. Mit *22;4* (II. 55) bekam er 3 W. Gefängnis (durch U-Haft verbüßt), weil er im Betrieb einem Vorarbeiter Mantel und Hose gestohlen hatte.

Er war unehelich geboren, der Erzeuger war nicht festzustellen, es sollte „ein Mann in einer Kaserne" gewesen sein. Die M. war Hausangestellte und wohnte bei ihren Eltern. Das JA schilderte sie als einen „kleinen, unselbständigen, willenlosen Menschen" und als offenbar noch in starker Abhängigkeit zur Familie stehend. Sie sei auch etwas beschränkt und übersehe ihre und ihres Kindes Lage nicht. Sie war bei der Geburt 24 J.

Der Großvater, damals 48-jährig, der zuerst gegen das Kind eingenommen gewesen war, hing bald sehr an ihm und wurde Vormund. In den folgenden Jahren wurde laufend über die gute Pflege durch die Großmutter berichtet; die M. arbeitete tagsüber. VII. 36 (G. 3;9) heißt es in der JA-Akte: „Er gilt im Hause, der Nachbarn wegen, als Kind der Großeltern, nennt sie auch Vater und Mutter, die Mutter dagegen Tante. Die Familie ist darauf hingewiesen worden, welche Schwierigkeiten für das Kind daraus entstehen können. Er schläft im Schlafzimmer der Großeltern." Damals oder früher kam er für etwa zwei Jahre tagsüber in einen Hort, in dem er sich gut einfügte, fuhr auch mit 4 J. einmal mit dem Hort nach Amrum. Nach den Berichten war er weiterhin ein „lieber, leicht zu lenkender" Junge, „lebhaft, freundlich" und wurde gut erzogen. Etwa als er 6 J. wurde, hatte die Großmutter eine Leberoperation, und 8 Monate später, kurz nach seiner Einschulung, starb sie an Krebs.

Er blieb auch weiterhin bei M. und Großvater, ging tagsüber in den Hort und wurde auch von der M. öfter mit in ihre Tagstelle genommen. Er war, wie die Berichte sagen, immer sauber und ordentlich gehalten. Mit 8 J. war er einmal wegen Scharlach und Nasendiphterie im Krankenhaus. Als er 9;10 war, heiratete der Großvater wieder und „kündigte" der M., wollte aber den Jungen behalten, „da sich meine Tochter im Laufe der 10 Jahre fast gar nicht um ihr Kind gekümmert hat", sie auch im letzten Jahr einen Lebenswandel geführt habe. Und: „ich habe mich natürlich auch in den 10 Jahren an den Jungen gewöhnt." Die Stiefgroßmutter — eine Frau, die später auch mit allen übrigen Familienmitgliedern Streit bekam — wollte ihn aber gar nicht haben, und so zog er mit der M. auf

Zimmer. In den folgenden Jahren, bis zu den Straftaten, wurde er vom Fürsorger immer als „gut entwickelt und ordentlich gehalten" befunden. Die M. arbeitete, hatte Reinemachestellen u. ä.

Die Mutter sprach ich IX. 1955 vor der Tür der Villa, in der sie als Hausangestellte wohnt. Sie ist eine kleine, schmale, anspruchslos wirkende Frau mit ernstem Gesicht, war einfach, aber nett angezogen. lehnte erst ein Gespräch ganz ab, kam dann aber doch ins Erzählen. Sie sagte, sie wisse nicht, wo Günther sei. „Sie hat im Februar zuletzt von ihm gehört, da war er in U-Haft und sie sollte ihm Zigaretten schicken, das hat sie nicht getan. Viele machen ihr daraus ja einen Vorwurf. Aber sie hat ja schon so viel für ihn getan, sie hat jetzt 2 Arbeitsstellen, um seine Schulden zu bezahlen. Er hat eine Zeitlang hier gewohnt, zuerst aber nur unten im Keller bei der Dame, die da wohnt, da hat er der auch einen Mantel und Wäsche weggenommen. Er kommt zur M. nur, wenn es ihm schlecht geht. Dann steuert sie ihn neu aus, und in kurzer Zeit ist nichts mehr davon da. Sie weiß nicht, wo er die Sachen läßt. Er war Facharbeiter, kann gut arbeiten, er hat schon DM 70,— mit nach Hause gebracht. Aber er will niemals klein anfangen, will immer gleich hoch hinaus, will alles fertig vorgesetzt kriegen. Wenn er kommt: „hast Zigaretten? hast Geld?" Und wenn die M. ihm dann etwas gibt, was sie für ihn eingepackt hat: „Schön — schüs, schüs" (macht vor, wie er mit der Hand in der Luft wedelt) und weg ist er.

„Er nimmt es für selbstverständlich, daß die M. wieder und wieder für ihn arbeitet und ihm Geld und Sachen gibt. Er hat feine Umgangsformen, läßt einen vorgehen, hilft einem tragen, zieht sich auch gern fein an — die M. sagt: der Herr Baron. Aber er will nicht selbst dafür arbeiten. Er hat zwei Gesichter: ein freundliches, von vorn; dann kann er auch mit der M. schmusen, immer wenn er was will. Und ein anderes, wo er einem die Sachen wegnimmt, und dies alles.

„Als er sich im Winter mal mit der M. in der Stadt traf, wo sie etwas für ihn kaufen wollte, ließ er sie in der Kälte warten und sagte dann: bist ja noch nicht erfroren, andere müssen auch frieren usw. Und er hatte hier auch etwas mit einem Mädchen und hat mit dem drüben auf der anderen Straßenseite gestanden und hat von ihr gesagt: das da ist meine Tante. Warum? Er konnte ihr das Mädchen doch vorstellen? Sie sieht doch ordentlich aus? Und sie hatte ihm doch immer gesagt, er könnte ihr ein Mädchen bringen, wenn es ordentlich wäre. Warum tut er das nicht, und warum sagt er ihr nicht, daß sie seine Mutter ist? Es könnte so schön sein, sie könnten zusammen sein, eine eigene Wohnung haben. Nächsten Monat hat er ja Geburtstag, aber er meldet sich ja nicht. Und dann kommt Weihnachten, und sie möchte ihm doch einen Tisch aufbauen (weint).

„Das erste halbe Jahr hat die M. Günther ganz versorgt, und von da ab tat es ihre Mutter, weil sie selbst ja arbeiten ging. Er nannte die Großeltern „Vati" und „Mutti" und sie selbst „Tante Emma", weil er „Grete" nicht aussprechen konnte. Die Hauptperson war für ihn der Großvater, der verwöhnte ihn auch sehr. Die Großmutter sagte oft: tu das doch nicht, Grete kann es ihm später mal nicht so geben; aber er tat es doch. Die

Großmutter war strenger, hat ihm gehörig Senge gegeben mit dem Stock. Der Großvater nur selten, nur wenn es mal gar nicht anders ging.

„Er war aber ein nettes, artiges Kind, an dem man viel Freude hatte. Z. B. hat er schon mit 4 J. einmal zu einem Onkel gesagt: das tut man nicht, die Arme aufstützen beim Essen. Und einmal hatte er im Hort eine Fensterscheibe kaputt gemacht, da sagte er selbst: das hat der Junge gemacht, das muß der Junge aus seiner Sparbüchse bezahlen. So war er — und nun? Wenn man böse auf ihn war, konnte er wohl so etwas eine Schippe machen, aber nicht bocken, und er kam auch gleich wieder an. In den Kindergarten ging er gern. Mit 4 J. hatte er sich für eine Fahrt nach Amrum zusammengespart, aber da hatte er dann doch etwas Heimweh. Er war gesund, außer den Kinderkrankheiten und dem Scharlach und der Diphterie mit 8. Eingenäßt hat er auch nicht.

„Ehe die Großmutter starb, hat sie ihm noch gesagt, daß sie, die M. seine Mutter wäre, aber das hat er wohl doch nicht so aufgenommen, er hat sie auch danach noch Tante genannt und den Großvater bis zuletzt Vati. [42]) Auf den ließ er ja nichts kommen, mit dem teilte er auch das letzte Stück Brot, er kam bei der M. an und holte Brot für „Vati". Er aß immer gern Süßes, besonders gern Kuchen. Die Großmutter backte Sonnabends immer Kuchen (bei diesen Worten das erste Lächeln). Mit dem Großvater schmuste er sehr, mit ihr und der Großmutter weniger. Und mit der Stiefgroßmutter nachher hat er sich ja gar nicht verstanden, mit der konnte sich aber keiner vertragen. Die hat er sogar geschlagen. Als der Großvater starb, vor 3 Jahren, das hat ihm den Rest gegeben. Danach wurde es eigentlich erst richtig schlimm mit ihm. Die M. konnte die ersten drei Tage überhaupt nichts mit ihm anfangen. Sie war ja selbst damals sehr unglücklich, sie hatten alle so an dem „Vati" gehangen, aber so wie Günther ging es ihr doch nicht, mit dem war es ganz furchtbar. — Trotzdem, auf dem Friedhof ist er noch kein einziges Mal gewesen.

„Von Günthers Vater weiß die M. nichts. Sie hat sich auch nicht wieder verlobt, sie hat genug von dem einen Mal. Und Günther will sie auch nicht wieder aufnehmen, sie kann es nicht. Das Schlimme ist nur, er versteht das nicht" (weint).

An die frühe Warnung der Fürsorgerin, den Jungen nicht als Kind der Großeltern auszugeben, erinnerte sich die M., als ich sie vorsichtig darauf ansprach, nicht. Sie scheint der ganzen Entwicklung ohne Verständnis, aber mit wirklichem Kummer gegenüberzustehen.

Besonders schwierig ist für die M. jetzt offenbar, daß sie immer wieder von dem Wunsch überwältigt wird, dem Sohn etwas zu geben; und zwar, da das nun einmal die Währung ist, Zigaretten, Geld und sonstige materielle Unterstützung. Aber für sie liegt der Wert dieser Gaben doch wohl darin, daß es Liebesbeweise sind, während er ihr einfach die Sachen aus der Hand reißen, sie selbst aber keines Blickes würdigen will. Ihr ist auch

---

[42] Über die Neigung der Kinder in solchen Situationen, die Tatsache, daß ihre Pflegerin gar nicht die wirkliche Mutter ist, zu verdrängen, s. auch *Stott* (1950, z. B. S. 255).

wohl recht gut klar, daß es gar nichts nützt, ihm etwas zu geben, weil er prinzipiell unersättlich ist und bereit, ohne jede Rücksicht alles aus ihr herauszuholen, und darum will sie es nicht mehr tun, obwohl sie sich selbst damit straft.

Die M. hat auch das Gefühl, ihm doch gar nichts Böses getan zu haben, das er nun auf diese Art erwidern könnte. Sie macht auch wirklich den Eindruck eines einfachen, anspruchslosen Menschen,der sich bemüht hat, seine Pflicht zu tun. Ihr Fehler lag vielleicht nur darin, daß sie sich den Eltern — und vielleicht auch, so möchte man hinzufügen, dem„Mann in der Kaserne" — zu sehr unterwarf. Auch die Großeltern haben sicher nie etwas Böses gewollt, und daß sie damals den Ruf der Familie durch eine Unwahrhaftigkeit wahren wollten, war wohl eine Schwäche, sah aber für sie selbst damals relativ harmlos aus. Und vielleicht wäre ja auch alles gut abgegangen — es mag ja viele solche Verhältnisse geben [43]) —, wenn nicht die Großmutter so früh gestorben wäre. Und auch das allein hätte vielleicht noch nichts Entscheidendes bedeutet, wenn nicht der Großvater — dem ja damals die M. den Haushalt führte, sodaß der Junge in gewisser Weise in einer richtigen Familie lebte — sich hätte wiederverheiraten müssen, und zwar mit einer wohl recht schwierigen Frau.

Insofern wurde hier wohl gerade die Häufung von Ereignissen verhängnisvoll, von denen jedes einzelne für sich nicht so bedrohlich war. Eine solche Häufung von Schicksalsschlägen findet sich in den Lebensläufen der wiederholt Rückfälligen ziemlich oft. Um reine Zufälle handelt es sich dabei allerdings meistens nicht, denn das Spätere wurde meistens nur darum wirklich bedeutungsvoll, weil die Familienverfassung schon irgendwie abnorm war. So sterben Großmütter ja im allgemeinen eher als Mütter und recht oft schon in der Kindheit ihrer Enkel, aber das ist ja im allgemeinen keine Katastrophe für die Enkel, ebensowenig wie die Wiederheirat eines verwitweten Großvaters. Für diesen Probanden war die Wiederheirat seines Großvaters sogar verhängnisvoller als die seines Vaters es gewesen wäre, denn im Hause seines Vaters hätte er Rechte gehabt, die er hier nicht hatte. Das ist eben eine der besonderen Gefahren abnormer Familienverhältnisse: daß sie die Möglichkeit weiterer gefährdender Ereignisse so vergrößern.

---

[43] *Mannheim* (1940, 274) referiert einen Aktenvermerk über seine Probandin Nr. 20: „Mrs. B. calls herself the girl's sister, but Mrs. C. (the girl's sister) says Mrs. B. is the girl's mother through she denies it." —

Mannheim (1940, 276 ff.) berichtet auch von Fällen, in denen vermutlich die Enttäuschung der Probanden darüber, daß die Eltern nicht, wie bisher angenommen, ihre eigenen waren, ihnen einen schweren Schock versetzt und wohl auch ihr späteres Verhalten ungünstig beeinflußt hatte. Z. B. erwähnt er den Vermerk eines ärztl. Gutachters: „His reaction to his illegitimacy may in part account for his delinquency. Ambitious and conceited, but feels he has been cheated out of something." Dieser Proband, der seine Pflegeeltern lange für die eigenen gehalten hatte, arbeitete später gut, „but does not seem to realize that the time has come when he must support his family without the Borstal Association's assistance."

Die Straftaten des Probanden waren im ganzen äußerlich nicht schwer, aber menschlich als wiederholte Vertrauensbrüche doch sehr unerfreulich, und es ist ein tatbestandsmäßiger Betrug darunter. Er meinte damals, der Bauer, bei dem er gearbeitet hatte, habe ihm zu schlechtes Essen gegeben, und daraus entnahm er sich das Recht, auf seinen Namen Lebensmittel zu kaufen. Er „verlangte" ja auch von der Stiefgroßmutter „gute Butter, Kuchen und Weißbrot", Worte, nach denen man annehmen könnte, es handele sich um einen kleinen Jungen, obwohl er damals ja schon über 18 war.

Die materielle Verwöhnung durch die wirtschaftlich ja relativ gut gestellten Großeltern ist hier ausdrücklich erwähnt worden. Aber überhaupt bestand wohl ein fühlbarer Niveau-Unterschied zwischen dem Hause des Großvaters, der wohl auch ein lebhafter und selbstbewußter Mann war, und dem der etwas dürftigen, kümmerlichen, unselbständigen, sich durch Reinemachen ernährenden Mutter. Obwohl er ja einige Jahre anscheinend ganz ruhig mit ihr lebte und erst in der Pubertät aufsässig und „respektlos" gegen sie wurde, kann man wohl annehmen, daß sein Respekt vor ihr schon grundlegend durch ihre Rolle im Elternhaus gekürzt worden war. Von seinem Platz als Prinz des Hauses aus hat er wohl Tante Emma, die arbeiten ging und ihren Eltern untertan war, nicht so besonders ernst genommen. Daß er der Sohn dieser Tante Emma und eines unbekannten Mannes war, muß ihn bitter enttäuscht haben, und man hat den Eindruck, daß er es nicht nur zuerst, sondern auch später gefühlsmäßig gar nicht richtig angenommen hat.

Das Leben beim Großvater und als dessen Sohn scheint sein eigentliches Paradies gewesen zu sein, und er hat den „Anspruch" darauf offenbar nie aufgegeben. Er hat ja auch um den Großvater wohl etwas abnorm stark getrauert, wenn man bedenkt, daß er bei dessen Tod schon 19 war und gar nicht mehr bei ihm wohnte. Jedenfalls scheint auch er, wie so viele dieser Probanden, das Gefühl mit sich herumzutragen, daß ihm etwas vorenthalten worden sei, was man ihm eigentlich schulde. Und obwohl er objektiv unrecht hat, meint man hier doch besonders deutlich zu sehen, daß wirklich eine Erwartung erweckt war, die sich als Täuschung erwies, und daß er sie gerade darum noch in einem Alter mit sich herumträgt, wo andere junge Leute mit ihren Kindheitsparadiesen längst abgeschlossen haben[43a].

Ein anderer, unehelich geborener Proband, dessen M. unverheiratet blieb, 27 Peter Hirzel, ist nur einmal mit einem Vermögensdelikt aufgefallen, und zwar stahl er mit *16;4* mit einem etwas älteren Vetter, wohl auf dessen Betreiben, ein Kaninchen aus einem offenen Stall, um sein Taschengeld aufzubessern. Er bekam 3 W. Jugendarrest, in dem er sich gut führte. In seinem Lebenslauf schrieb er: „Ich wurde als Unerliches-Kind geboren."

[43a] Strafregistereinsicht III. 61: keine späteren Verurteilungen.

Er ist bei der M. im Hause der müterlichen Großeltern aufgewachsen, bei denen bis 1951 auch noch der unverheiratete Bruder der M. lebte. Die M. sagte, sein V. (der „Erzeuger") habe ihr damals gesagt, er sei unverheiratet, und das habe nicht gestimmt. „Das war natürlich erst schwer für sie. Aber über Peter freute sie sich, als er da war, und jetzt ist sie auch glücklich." Sie habe den Jungen zuerst ganz versorgt, nach einem halben Jahr aber auswärts Arbeit angenommen. „Aber da hatte sie Heimweh nach ihm, sie wollte ihn gern abends zurechtmachen; so diese schönsten Jahre, das hatte nun ihre Mutter alles und nicht sie." Darum ließ sie sich nach etwa 3 J. nach Hamburg versetzen und war von da aber immer da, arbeitete allerdings ständig als Küchenhilfe in staatlichen Krankenhäusern. Peter war nicht verschickt, nur gegen Kriegsende nach der Ausbombung etwa ein halbes Jahr bei einer Tante in der Nähe, kam aber über das Wochenende nach Hause. — Der V. ist im Krieg gefallen; zu ihm hatte der Junge keinerlei Beziehung.

Nach den Bildern hatte Peter mit etwa 3 J. ein weiches Mädchengesicht und eine blonde Pagenfrisur. „Er war so etwas weich und ängstlich, ließ sich viel von anderen Jungen zurechtstuken und ließ sich von denen die Schuld zuschieben für Sachen, die er gar nicht gemacht hatte ... Er war weich und zärtlich und weint auch jetzt noch leicht." Sie, die M., sei strenger gewesen als die Oma, er sei aber gehorsam gewesen, obwohl er natürlich auch mal Dummheiten gemacht habe. Der Onkel habe sich viel seiner angenommen. „Und er hat viel von seiner Oma gehalten, und die ist erst so abgefallen, seit er verheiratet ist." Über das Essen hatte sie nichts besonderes zu berichten. Er habe immer gut gegessen und sei als Kind ein Pummel gewesen.

Er wurde aus VSch Kl. 9 mit einem ordentlichen Zeugnis entlassen, hat eine Glaserlehre durchgemacht und später, von einer Zeit unverschuldeter Arbeitslosigkeit abgesehen, immer gearbeitet. „Er ist sehr fleißig, hat auch große Angst, mal zu spät zu kommen, und wenn er bei der Arbeit ist, redet er kein Wort." Mit 19 J. wurde er für volljährig erklärt, weil seine Braut, die Tochter eines unteren Beamten, ein Kind erwartete. Auf einem kleinen Stück gepachteten Landes hat er sich in der Nähe des Hauses der Großmutter ein kleines eigenes Behelfshaus errichtet. Er hat ein Motorrad und bekam zweimal einen Strafbefehl wegen eines Verkehrsdeliktes. „Er raucht nicht und trinkt nicht und hat überhaupt etwas Angst, daß er ja sein Geld zusammenhält."

Die Mutter dieses Probanden machte einen ähnlich einfachen, anspruchslosen und aufrichtigen Eindruck wie die von Günther Jessel. Nach den Berichten ist sie wohl energischer. Im Leben dieses Probanden hat es von Seiten der Erzieher keine Unaufrichtigkeit gegeben, anscheinend keine internen Streitigkeiten, und auch keinen Wechsel, abgesehen von dem Fortziehen der M. nach einem halben Jahr. An ihre Stelle ist damals, und weitgehend wohl auch später, die Oma getreten, die auch jetzt noch lebt. Er hatte in der Familie keinen Konkurrenten und in dem unverheirateten Onkel einen Vaterersatz. Im Anfang war er offenbar ähnlich „weich" wie manche der Probanden mit später ungünstiger Entwicklung, aber von infantiler Ansprüchlichkeit ist nichts bei ihm zu entdecken. Er hat ein gut, vielleicht sogar etwas übertrieben ausgebildetes Gewissen und führt mit 22 J. das Leben eines voll erwachsenen Menschen, hat Frau und Kind ein Haus gebaut und arbeitet für sie[43h].

12. Dieter Haselberg, 28. XI. 31. Er wurde O. 1947 aus der VSch. Kl. 8 entlassen, wo er als nicht unbegabt, aber träge gegolten hatte, und begann eine Feinmechanikerlehre in einem großen Werk. Ein Jahr später, mit *16;4*, entwendete er dort verschiedene Werkzeuge, verkaufte einige davon für RM 50,— an Arbeitskameraden und versteckte den Rest, der dann gefunden und ihm abgenommen wurde. Darauf verschwand er mit den RM 50,— und stellte sich erst nach 11 Tagen in Köln bei der Polizei; inzwischen war er in einer ganzen Reihe nord- und westdeutscher Städte gewesen. Der V. holte ihn, und er kam wieder in seine Firma, blieb dort aber 8 Tage später wieder fort, als er RM 50,— in die Hand bekam, um damit für einen Betriebsleiter Besorgungen zu machen, und kam nun erst nach einem Vierteljahr zurück. Er hatte in der Zwischenzeit bei einem Bauern in Kiel gearbeitet. Dasselbe geschah noch einmal, als er etwa IX. 48 *(16;9)* im Betrieb für DM 15,— Material besorgen sollte; diesmal blieb er kürzer weg, arbeitete davon einige Zeit auf einem Jahrmarkt. Nach der Rückkehr kam er in ein Wohnheim, mochte dort nicht sein und verschwand wieder für kurze Zeit, und zwar mit Kleidung eines Kameraden, die er sich geliehen hatte.

I. 49 *(17;1)* kam er zur Beobachtung in eine Klinik, in der bei ihm ein körperlicher Entwicklungsrückstand von 2 — 3 J. festgestellt wurde. Er sei auch im übrigen noch kindlich-undifferenziert, die rationale Steuerung sei noch wenig ausgeprägt. Er habe ein feines Einfühlungsvermögen und sei zu sehr schneller Kontaktnahme fähig, aber noch wenig ausgeformt. „Keine Triebhaftigkeit, es überwiegt die Objektwelt." „Es handelt sich also um die typische Phase der Vorpubertät . . . Es handelt sich bei D. um eine gutartige Form jugendlichen Vagabundismus als Pubertätserscheinung bei reaktiver Auslösung." Das Jugendgerichtsverfahren wurde daraufhin für ein halbes Jahr zur Bewährung ausgesetzt.

Er kam in eine neue Feinmechanikerlehre, entlief aber nach 4 Wochen, als er in die Berufsschule sollte, wieder für 3 Tage und sagte nach der Rückkehr nicht, wo er gewesen war. Darauf brachte ihn der V., der Meister in einer Gummifabrik war, dort als Gummijungwerker unter. Danach ging es gut — er wurde da auch gut beurteilt —, bis er sich IX. 49 *(17;9)* wegen einer kleinen häuslichen Geldunterschlagung nicht nach Hause traute und sich mehrere Tage umhertrieb, anscheinend im Bahnhofsbunker übernachtete. Im übrigen beging er keine Straftaten mehr, war aber noch zweimal — mit 18;10 und mit 19 Jahren — für kurze Zeit fort; das eine Mal verkaufte er seinen Mantel und seine Uhr, um leben zu können.

---

[43h] Strafregistereinsicht III. 61: keine späteren Verurteilungen.

Seine Gummiwerkerlehre beendete er mit 20;4 (IV. 52) mit dem Facharbeiterbrief. Danach hat er fast immer gearbeitet, aber in ziemlich schnellem Wechsel, allerdings auch mehrfach wieder in der Fabrik, in der er gelernt hatte. Mit 20 J. war er einen Monat lang im Bergbau.

Seine Eltern wurden — wegen Alleinschuld der M. — geschieden, als Dieter zwischen 2 und 3 J. alt war. Der V. kam etwa um diese Zeit aus politischen Gründen für anderthalb Jahre ins KZ. Dieter kam zu den Eltern des V. aufs Land, bis er 4 J. alt war und der inzwischen wiederverheiratete V. ihn zu sich und der StM holte. Nach der Ausbombung 1943 war er mit der StM ein halbes Jahr in Bayern. Der V. und die StM haben einen sehr guten Ruf, und der V. soll auch in seiner Fabrik ein außerordentliches Vertrauen genießen. „Ein sehr ruhiger, strebsamer Mann, der stets versucht hat, seinen Sohn ohne Prügel zu erziehen." Die StM sei strenger gewesen. Sie ist 24 J. älter als Dieter, der V. 31 J. Diese zweite Ehe des V. ist kinderlos geblieben.

Die StM traf ich VIII. 1955 in dem relativ großen und gut eingerichteten Haus, das die Familie sich in den letzten Jahren erbaut hatte Sie erzählte folgendes:

„Dieter ist mit 4 J. zu ihr gekommen. Die ersten 2-3 J. war er ja bei Vater und Mutter. Die M. war schon immer leichtsinnig, sagt der V., er durfte ihr nur Geld für einen Tag in die Hand geben, sonst war alles weg. Wie sie mit dem Kind war, weiß die StM nicht. Nachbarn sagen, es war nicht so gut, und sie hat später auch Dieters Spielzeug zerhackt und ihn nie mehr besucht. Der V. kam dann ins KZ, und da trieb sie sich mit anderen Männern rum und zog dann auch in die Lohsestraße in Altona, das ist eine geschlossene Straße. Da wurden sie geschieden — als der V. noch im KZ war —, und Dieter kam zu den Großeltern. Da soll er erst ein paar Tage lang immer im Dorf herumgelaufen sein und die M. gesucht haben. Sie ließen ihn ruhig laufen, und er beruhigte sich dann auch. Die Großeltern waren schon sehr alt und haben ihn sehr verwöhnt. Die Oma war s e h r gut, an der hat er auch gehangen, die hat er später noch besucht, während er nach den Schwestern des V., bei denen er da auch zwischendurch mal war, gar nicht verlangt hat.

„Die StM heiratete dann den V. und sah Dieter zum erstenmal. Der V. sagte: Das ist Mutti — kennst du sie noch? Dieter sagte: Mm . . . und dann: du hast mich aus der Karre fallen lassen. Die StM schaltete gleich und sagte: Ja. Er sagte: weißt du noch, wo das war? Sie sagte: ja, aber ich sag es nicht. Dann sagte er noch: du bist ja nie bei Oma gewesen. Sie sagte: nein, ich war krank. — Dann war er erst ein paar Tage zurückhaltend, machte einen Bogen um sie, aber sie ließ ihm in allem den Willen, damit er sich gewöhne, und dann gewöhnte er sich auch.

„Nachher war er dann sehr zärtlich mit der StM, überzärtlich, saß noch als großer Junge auf ihrem Schoß, so daß der V. sagte: so was lebt nicht, du zerdrückst Mutti ja. Und wenn sie mal ein anderes Kind auf den Arm nahm, war er sehr eifersüchtig. Einmal hatten sie ja auch einen kleinen Vetter von ihm in Pflege genommen, aber das ging nicht, die hauten sich! Mal vertrugen sie sich auch, aber es ging einfach nicht. Mit dem V. war er nicht so zärtlich, und er wollte früher auch oft, die StM sollte nicht tun, was der V. wollte, sie sollte eben mehr i h m gehören. Einmal Weihnachten sagte die StM zu dem V., er könnte schon das Einmalsieben, und da wollte der V., daß er es ihm aufsagte, aber er sagte: nein, ich kann es nicht. Da nahm die StM ihn nach nebenan und sagte: schreib es auf. Da schrieb er das ganze Einmalsieben vollkommen richtig auf. Er konnte es also. Aber er sagte: das braucht e r ja nicht zu wissen. Die StM sagte: wer ist hier „ e r " ? Und für diesen Eigensinn hat der V. ihn dann ordentlich verhauen. Aber das war auch das einzige Mal. Er war ja Vaters ganzer Abgott, der erlaubte ihm a l l e s , und da m u ß t e die StM schon etwas strenger sein. Jetzt denkt sie aber, sie hätte eigentlich viel strenger sein müssen.

„Er aß immer schlecht — keine Haut auf der Milch, überhaupt möglichst keine Milch, keine Schwarte, nichts Faseriges am Fleisch usw. Er war überlebhaft, immer in Bewegung, wurde so müde, daß er über seine eigenen Beine stolperte, und schlief dann doch nicht. Essen und schlafen war immer schlecht bei ihm. Er war überhaupt nervös. Bei einem Luftkampf über dem Ort, wohin sie evakuiert waren, schrie er so furchtbar, vor Angst, daß er die ganzen Frauen mit aus der Fassung brachte, und als er in einem abgeschossenen Flugzeug einen Toten gesehen hatte, stand er nachts aufrecht im Bett und schrie. Die ganze Kinderzeit über war er auch nicht intakt auf der Lunge. — Er spielte aber mit anderen Kindern und war auch beliebt, er war ein freundlicher Junge. Mit ihr konnte er ja auch mal maulen, wenn sie böse war. In der Schule konnte er gut lernen, war aber faul.

„Als die StM ihn zur Konfirmation anmeldete, bat sie den Pastor, daß Dieter nach draußen gehen dürfte, während ihre Personalien besprochen wurden. Aber das erlaubte der Pastor nicht — wenn sie jetzt dessen Namen hört, wird ihr schlecht. Dadurch erfuhr Dieter, daß sie nicht seine Mutter war. Acht Tage lang war er ganz verstört, und danach blieb er verändert. Er war fremd mit ihr, schmuste nicht mehr so und behauptete, sie behandelte den V. besser als ihn und möchte den überhaupt lieber. Und dann nachher fing das Weglaufen an.

„Das erstemal war es wegen der Werkzeuge, da hatte ein verheirateter Mann verlangt, daß er ihm Werkzeuge beiseite schaffte, das war ja damals die Zeit. Da hatte er nun Angst vor den Eltern, sagt er.

Später war es ohne solche Gründe. Sie hat ihn jetzt noch mal gefragt, was eigentlich der Grund für dieses Weglaufen war, da sagte er, er wüßte es selbst auch jetzt noch nicht. Weggenommen hat er unterwegs nichts, er ist lieber zu Fuß von Dortmund nach Hannover gegangen. Beim zweitenmal stand er im Verdacht eines Einbruchs, aber sowas hätte er ja nicht gemacht, dazu war er zu feige. Beim erstenmal hat der V. einen Nervenzusammenbruch gehabt, und die StM hat die ersten Nächte immer am Fenster gesessen und nach ihm ausgesehen. Mit diesem Weglaufen war er ja nicht so aufrichtig gegen die Eltern, er hatte es ja vorher schon vor und sagte nichts. Auch sonst verschwieg er ihnen das Unangenehme, aber direkt verlogen war er nicht. Er hat auch sonst, außer wenn er weglief, niemals

Geld oder sonstwas bei ihnen weggenommen, und wenn er weglief, auch nur wenig. Auch genascht hat er nicht.

„Die Gummifabrik nahm ihn ja immer wieder, und wenn er nicht zur Arbeit wollte, nahm die StM ihn am Arm und brachte ihn hin. Auch wenn er sich genierte, nach einem solchen Wegsein in die Berufsschule zu gehen, brachte sie ihn hin. Er vertat dann auch sein Geld — sein eigenes — auf St. Pauli, auf der Reeperbahn, trank und hatte Mädchen. Er sagte: es ist ja doch alles egal. Ein Jahr ging er dann schon fest mit einem Mädchen, das war aber nicht die Richtige für ihn, und er ließ in der Zeit auch die anderen Sachen nicht. Der V. ließ sich sein Geld direkt von der Firma auszahlen, weil sie ja das Kostgeld brauchten, und damit er nicht alles vertat.

„Und dann, vor 2 Jahren, war nebenan ein Mädchen aus der Ostzone zu Besuch, aus einem Dorf hinter Halle. Nicht hübsch, bäurisch, schlechte Haltung. Aber Dieter faßte sie ins Auge. Die StM riet ihm erst ab, aber er ließ sich nicht abbringen. Und da ließen V. und StM einfach die Schwiegereltern kommen. Eines Nachts kamen die an, die Kinder wußten von nichts, Dieter zitterte direkt aus Angst vor dem Schwiegervater, aber es kam doch eben eine richtige Verlobung zustande. Er will sie gerade so wie sie ist, sagt er, er will nicht so eine anspruchsvolle Hamburgerin. Er sagte einmal so zu ihr: du gehörst mir! daß sie, die StM, direkt sagte: s o darfst du aber nicht sein.

„Aber zuerst, als er die Leni kennengelernt hatte und sogar schon mit ihr verlobt war, ist er trotzdem noch auf die Reeperbahn gegangen. Er sagte: die geht ja doch wieder weg, eines Tages ist es ja doch wieder aus. Dann ist einmal der V. mit Leni ihm nachgegangen, und sie sahen ihn, wie er gerade mit einem solchen Mädchen fortgehen wollte. Leni kannte ja dieses Leben gar nicht, aber es half ja nichts, mal mußte sie es ja auch sehen. Da sagte der V.: willst du nun an ihn ran, oder soll ich? Leni sagte (ängstlich): nein, lieber du. Da hielt der V. Dieter an, der war ganz entgeistert, er sah Leni und sagte: nun ist alles aus. Aber sie nahm ihm die Aktentasche ab und sagte: komm nur mit nach Hause. Zu Hause haben sie sich dann allein ausgesprochen. Sie ist ein halbes Jahr älter als er und sieht auch älter aus. Sie hat ihm auch schon mal eine Ohrfeige gegeben. Aber sie hat ihn jetzt dahin, daß er ihr das Geld abgibt und daß er überhaupt in Ordnung ist, das ist er jetzt. Seit einem halben Jahr (oder länger?) sind sie nun verheiratet und in der Ostzone. Dahin ist er mitgegangen, weil Leni ihm so viel davon vorgeredet hatte. Da hat er zuerst so furchtbares Heimweh gehabt, daß er sich vor Heimweh betrunken und ins Bett gelegt hat. Da ist er nun drüber weg. Aber natürlich wäre es doch besser; wenn er hier wäre. Hier haben V. und StM ja auch das Haus gebaut. Und darum kommt jetzt die Schwiegermutter hierher, dann wollen sie alles besprechen, und dann werden die beiden, Dieter und seine Frau, wieder hierherkommen."

Diese Geschichte kann man vielleicht als Beispiel dafür ansehen, daß Eltern mit unablässiger Mühe im großen und im kleinen einen schwierigen Jungen „halten" können, aber auch dafür, welch großer Mühen es dafür bedarf. und welch sonstiger glücklicher Umstände. Diese beiden Eltern, V. und StM, waren ganz auf diesen einen Jungen eingestellt; einen zweiten Pflegling gaben sie gleich wieder fort, als sie Dieters Eifersucht bemerkten. Das soziale Niveau dieser Familie ist gut, und das persönliche Niveau beider Eltern relativ hoch. Die StM hat anscheinend nicht nur wirklich selbst an dem Jungen gehangen — der ja zwar nicht ihr eigenes Kind war, aber doch das einzige, daß sie hatte —, sondern sich auch geschickt und einfühlend ihm gegenüber verhalten; dafür spricht u. a. besonders ihre Erzählung davon, wie sie sich bei dem Jungen eingeführt hat. Sie hat auch der Versuchung widerstanden, mit ihm gemeinsame Sache gegen den V. zu machen, was doch insofern günstig war, als die Familie eine Einheit blieb und der V. ihm ja wirklich zugetan war. Anscheinend haben sich beide Eltern nicht von irgendwelchen Ressentiments und moralischen Urteilen leiten lassen, sondern einfach versucht, das Praktische zu tun: ihn am Arm zur Arbeit zu führen, am Arm von der Reeperbahn zu holen, ihn einfach nicht sacken zu lassen, obwohl er sacken wollte, ihn immer wieder aufzunehmen, als wäre er niemals fortgewesen, sein Verhältnis zu dem bäuerischen Mädchen, das ihnen ja eigentlich gegen den Strich ging, doch zu sanktionieren.

Allerdings haben sie ihn damit weitgehend nicht seinem Alter entsprechend behandelt, sondern eher wie ein kleines Kind. Auch seine Frau tut das offenbar in gewisser Hinsicht; er hat sie sich vielleicht gerade danach ausgesucht. Wirklich selbständig und männlich ist er jedenfalls bisher nicht geworden. Haben die Eltern ihn wohl zu abhängig gehalten? Vielleicht muß man sagen, daß ihr späteres Verhalten gegenüber seinen Schwierigkeiten, so wie er nun einmal war, das beste war. Hätten sie ihn losgelassen und weniger fest geführt, so wäre er sehr wahrscheinlich doch noch mehr abgesunken. Eine andere Frage ist, ob er nicht schon von vornherein bei ihnen etwas überbehütet und überbeherrscht war. In seiner Situation als Einzelkind, und zwar gerade dieser Eltern, die sich wohl viele Gedanken über ihn machten, könnte das wohl beschlossen liegen.

Wie die StM ihn schildert, war er ja ein zartes, nervöses, zu Ängsten neigendes Kind, das sich sehr an sie anklammerte und sie sehr mit Beschlag belegte. Man kann wohl vermuten, daß er konstitutionell zart und „sensibel“ war. Aber seine Überanhänglichkeit an die Mutter und seine Angst, sie auch ja ausschließlich zu besitzen, hat wohl auch damit zu tun, daß er schon zweimal eine Trennung, von der Mutter und Großmutter, erlebt hatte und dadurch in diesem Punkt ängstlich und unsicher geworden war. Dafür würde auch sprechen, daß er später immer fürchtete, auch das Mädchen würde ihn wieder verlassen. Verschiedene Mütter haben mir erzählt, wie ihre (kleinen) Kinder sich nach überstandener Trennung — soweit sie nicht „fremd“ waren, oder wenn diese Fremdheit überwunden war — eine Zeitlang ängstlich an sie anklammerten.

Wiederholen sich Trennung oder Wechsel, so haben auch solche Kinder später oft kein Heimweh mehr, sind sogar auffällig gleichgültig gegen diese Ereignisse und streben von sich aus fort. Wie Dieter sich zu seiner StM verhalten hätte, wenn er sie nicht für seine eigene M. gehalten hätte, weiß man nicht. Vielleicht hätte er sich ihr doch nicht so ehrlich hingegeben, sondern mit mehr Vorbehalten, im Sinne des „Sicheinschmeichelns", „Sichangenehmmachens". — Daß er außerdem, vielleicht schon von der Großmutter, etwas verpimpelt und verwöhnt war, kann man ruhig annehmen. Wie er es bei seiner eigenen M. gehabt hat, weiß man nicht. Daß sie später sein Spielzeug zerhackt hat, spricht eher dafür, daß sie ihn mochte und daß sie die Erinnerung an ihn mit Gewalt vernichten mußte.

Daß die StM nicht seine richtige Mutter war, erfuhr Dieter in einem Alter, wo die Eltern sowieso ferner rücken und der Jugendliche sich unerwartet innerlich auf sich selbst gestellt findet. In diesem Alter fragen oft Jugendliche, die nicht bei ihren beiden richtigen Eltern leben und sich bisher wenig Gedanken darüber gemacht zu haben scheinen, von sich aus plötzlich nach diesen Eltern[44]. Wieweit auch für Dieter dieses zeitliche Zusammentreffen von Bedeutung war, weiß man nicht, da er sich ja nach dem Gutachten von 1949 auch mit 17 J. noch auf der kindlichen bzw. vorpubertären „Objektstufe" befunden haben soll. Fast zögert man auch, die ja etwas dramatische Geschichte der StM über die Aufdeckung in der Sprechstunde des Pastors und über die Reaktion des Jungen darauf als Tatsache anzunehmen, und doch darf man, glaube ich, nach sonstigen Erfahrungen nicht daran zweifeln, daß dieser Vorgang für ihn wirklich von großer Bedeutung war und daß auch sein späteres Weglaufen damit zusammenhing.

Der Psychiater meinte damals, das sei eben eine „gutartige Form jugendlichen Vagabundismus als Pubertätserscheinung", aber wenn das wirklich eine Erklärung wäre und nicht nur ein Name, müßte so etwas viel öfter geschehen. Daß dieser wohlbehütete, unselbständige und an sich anhängliche Junge so plötzlich und mehrfach ohne Rücksicht auf die Sorge der Eltern fortblieb — einmal sogar ein Vierteljahr lang — war befremdend trotz seiner Pubertät oder Vorpubertät. Das erste Mal hatte er allerdings Angst wegen der Wegnahme der Werkzeuge; das war ein Grund, aber doch wohl nicht der ganze, da er ja später auch ohne solche Gründe entlief. Es ist interessant zu sehen, daß er sich abgewöhnt hat, vor dem Weglaufen etwas zu entwenden; d. h. seine sozialen Hemmungen reichten wohl aus, ihn von strafbaren Handlungen abzubringen, aber nicht, um den Drang zum Fortlaufen zu stoppen, den er sich ja selbst auch jetzt noch nicht erklären kann. Mir scheint, daß diesem Fortlaufen besondere, und nicht nur die allgemein pubertären Gefühle der Verstörung und Entfremdung zugrunde gelegen haben müssen; näher beschreiben lassen sie sich allerdings wohl nicht, da dazu keine Anhalte da sind. [45])

---

[44] Vgl. *Huber*, 1950, 13.

[45] *Haffter* (1948) hatte unter seinen Kindern geschiedener Eltern drei Fälle wiederholten Durchbrennens und schreibt, alle 3 seien schon im Vorschulalter von der M. fortgenommen und hätten keinen vollgültigen Muttersatz gefunden (S. 116). - *Burt* (1931, 584 ff.) schreibt über den „step-mother complex" - besonders der Mädchen — und über die große Desillusionierung der Kinder, wenn sie entdeckten, daß sie wirklich nicht die richtigen Kinder ihrer Mutter seien. Das könne Kinder, die nicht zur Verdrängung neigten, zu offener Auf-

Die Art, wie er sich später sacken ließ, und auch seine Begründung dafür: es ist doch alles egal, läßt dieses Absacken als irgendwie willentlich und als Selbstaufgabe erscheinen. Vielleicht hatte es außerdem eine Note von „es geschieht meinen Eltern ganz recht". Daß aber wider Erwarten weder die Eltern noch auch das Mädchen ihn fallen ließen, sondern wie selbstverständlich zurückholten, war wohl sehr heilsam für ihn. Nicht nur, weil ihm dadurch der äußere Halt bewahrt blieb, sondern weil es ihm am besten das „Wahnhafte" seiner Annahmen und Befürchtungen demonstrierte. Diese Haltung der Eltern und des Mädchens hieß ja einfach: Sei kein Dummkopf, du gehörst zu uns (und nicht zu den Frauen in den „geschlossenen Straßen"). Abscheu und sittliche Entrüstung von seiten der Eltern und des Mädchens würden ihn wohl nur tiefer in diese Umgebung hineingestoßen haben.

Andere Väter oder Stiefväter, die ihre Söhne an ihrer eigenen Arbeitsstelle untergebracht hatten, haben es ihnen auch besonders verübelt, wenn sie dort versagten, und meistens sich oft gerade ihres eigenen Rufes wegen von ihnen lossagen zu müssen geglaubt. Auch das hat dieser Vater nicht getan, obwohl der Junge ihn ja mehrfach im Betrieb blamiert hat. Ferner ist der Junge ja niemals bestraft worden und niemals in öffentlicher Erziehung gewesen, und nachdem er aus dem Wohnheim sofort entlaufen war, haben die Eltern ihn wiedergenommen. Hätte die StM mit dem V. eigene jüngere Kinder gehabt, so wäre er wahrscheinlich doch aus dem Hause gegeben worden, als er schwierig wurde — und er wäre wohl noch schwieriger geworden —, spätestens aber, als er sich auf St. Pauli herumtrieb, denn dann hätte die StM wohl gesagt, daß er „ihre" Kinder verdürbe. Das Fortschicken aber hätte die Entfremdung nur vertieft, und andere Menschen hätten ihn auch äußerlich nicht so bewahren können wie das Elternhaus.

Dieser Lebenslauf drängt den Vergleich mit anderen auf, in denen Eltern, Stiefeltern, Fürsorger, Richter, Heimerzieher und Strafanstaltsbeamte unablässig die Person des Jugendlichen moralisch beurteilt und Totalprognosen darüber abgegeben haben, ob er sich nun endlich „besonnen" habe, oder ob man ihn aufgeben müsse. Solche moralischen Beurteilungen scheinen ein wirkliches Angreifen der Schwierigkeiten nicht selten geradezu zu hindern. Was nützt angesichts eines 15- oder 16jährigen langes Nachdenken darüber, ob sein Fall „hoffnungslos" ist oder nicht? Was hätte dem Vater Haselberg und seinem Jungen die sittliche Entrüstung über seine Blamage in der Arbeitsstelle genützt? Oder was hätte es geholfen, wenn die StM in Nachdenken darüber versunken wäre, daß „es doch eben in dem Jungen stecken" müsse[45a].

---

lehnung führen, die anderen aber zu einer anscheinend unmotivierten Kurzschlußhandlung. „The child, perhaps, will abruptly disappear from home". Vgl. auch *Keppler* (1957) über ein Adoptivkind, das ahnte, daß es nicht das richtige Kind war, und dadurch unaufrichtig wurde, und eine Bemerkung von *Aichhorn* — in anderem Zusammenhang — über einen Jungen, der fortlief: „Es sieht so aus, als ob sein Vagieren für eine Neurose stünde, vielleicht entging er dadurch auch einer Melancholie" (1951,45).

[45a] Strafregistereinsicht III. 61: keine späteren Verurteilungen.

Einer der Probanden, 22. Karl Watermann, verlor mit 9 J. seine Mutter durch Tod und war, zuerst mit seinen 4 Geschwistern zusammen, dann allein in Waisenpflege in mehreren Heimen. Mit 13 J. zog er zu dem inzwischen wiederverheirateten V., aber dreiviertel Jahr später kamen der V. und die StM bei einem Luftangriff um. Danach war er wechselnd in Pflegestellen, Wohnheimen und auch geschlossenen Heimen.

In einem Heimbericht vom IX. 48 *(17;9)* hieß es nach anderweitigem Lob: „Karl kann vielen seiner Kameraden als Vorbild hingestellt werden. Während seines bisherigen Aufenthalts (7 Mon.) bereitete er keine Schwierigkeiten. Unehrlichkeiten oder grobe Verstöße gegen die Heimordnung ließ er sich nicht zuschulden kommen. Zu Klagen gab Karl keinen Anlaß. Er ist bestrebt, allen an ihn gerichteten Forderungen zu genügen und seine Erzieher zufriedenzustellen, ohne dabei in Kriecherei oder Unterwürfigkeit zu verfallen. Karls Abgleiten ist wohl vor allem auf die ungünstigen häuslichen Verhältnisse und den schlechten Einfluß seiner Arbeitskollegen zurückzuführen. Er wird für willensstark genug angesehen, sich selbst zu behaupten und einen geraden Weg zu gehen."

Karls Abgleiten hatte darin bestanden, daß er mit *16;11* und *17;1* (XII. 47 und II. 48) mit Arbeitskollegen zusammen, als Anstreicherhelfer, aus einem Bodenraum und einem unverschlossenen Schrank Kleidungsstücke gestohlen und verkauft hatte. Damals wohnte er im Wohnheim, aus dem er dann aber in das geschlossene Heim verlegt wurde, das nun so gut über ihn berichtete. Es stellte sich dann aber heraus, daß er schon im Sommer 1948, also vor diesem Bericht, mit anderen Zöglingen aus dem Schuppen eines Heims, in dem sie vorübergehend arbeiteten und das erst eingerichtet wurde, Wolldecken — im ganzen 11, an mehreren Tagen — herausgeholt und durch andere hatte verkaufen lassen.

II. 49, also 4 Mon. nach dem früheren Bericht, schrieb nun das Heim: „Wenn seine Arbeiten auch zufriedenstellend sind, so fehlt ihm doch jegliche Initiative und freudige Aktivität. Intellektuell gesehen ist er ein ausgesprochener Hilfsschultyp, der nie irgendwelche seelischen Regungen ober Erschütterungen zeigt ... Doch ist in dieser seiner Reserve eine passive Resistenz und Hintergründigkeit deutlich spürbar. Es hat sich erwiesen, daß diese Zurückhaltung nur Ablenkungsmanöver und berechnete Täuschung war. Insgeheim gebraucht er seine Ellenbogen und tyrannisiert die jüngeren und schwächeren Jungen. Seine moralische Disposition entspricht durchaus seiner Intelligenzstufe. Er kann in dieser Hinsicht als verdorben angesehen werden, was durch seine Mädchenbekanntschaften, Trinkexzesse und Herumtreibereien in seinen Urlauben hinreichend erwiesen ist. Da ihm das Geld hierfür fehlt, scheut er nicht davor zurück, es sich durch Diebstähle und Geschäfte zu beschaffen. In diesem Punkt ist er bedenkenlos und ohne irgendwelche Hemmungen. Es fehlt Karl jeder Ehrgeiz, es zu einem geordneten Leben und zu beruflicher Aus- und Fortbildung zu bringen. Karl ist weder von der Gefühlsnoch von der Vernunftseite her erzieherischen Einflüssen zugänglich ...

Durch das Fehlen der familiären Atmosphäre des Elternhauses und seine langen Heimaufenthalte ist er früh selbständig, aber auch mißtrauisch geworden und zieht sich deshalb zu sehr in sich selbst zurück. Bei Berücksichtigung aller Umstände kann aber doch gesagt werden, daß Karl im Grunde ein ungünstig beanlagter Junge ist und die Verhältnisse nur das Hervortreten der negativen Anlagen begünstigt haben .. Die Beschränkungen, die ihm das Heimleben auferlegt, können seine Triebhaftigkeit zwar gegenwärtig zurückstauen, bei nächster Gelegenheit wird diese aber umso stärker hervortreten und zu neuem Abgleiten führen. Ein zu langer Heimaufenthalt dagegen kann bei dem physisch reifen Jungen zu unliebsamen Reaktionen und Affekthandlungen führen."

Er bekam 6 Mon. Jugendgefängnis (später wegen der vorangegangenen Diebstähle zu einer Einheitsstrafe von 9 Mon. umgebildet). In der Urteilsbegründung heißt es: „Bei diesen drei Jugendlichen sind alle Bemühungen, sie zu ordentlichen Menschen zu erziehen, erfolglos geblieben. Die Ursachen dafür liegen offensichtlich in ihrer mangelnden Bereitschaft. Bei allen drei Angeklagten handelt es sich um gemütsarme, wenig ansprechbare Jungen, die trotz aller erzieherischen Bemühungen sich die Gelegenheit, strafbare Handlungen zu begehen, nicht entgehen lassen. Die von ihnen begangenen Taten sind offensichtlich auf schädliche Neigungen zurückzuführen. Sie wollten sich durch die Entwendung der Wolldecken, die sie sorgfältig überlegt hatten, in den Besitz von Geld für Vergnügungen setzen."

In Hahnöfersand war er erst „mißtrauisch allem und jedem gegenüber", dann aber „Belehrungen und Hilfestellungen sehr zugänglich", wurde selbstbewußter, sauber und ordentlich und brachte es zur höchsten Vollzugsstufe, dem „Dorf". Danach fuhr er 9 Mon. auf einem Fischkutter und danach war er 3;5 J. in einer Maschinenfabrik, die ihn, weil sie ihn so gut, zuverlässig und arbeitsfreudig fand, auch bei vorübergehendem Arbeitsmangel nicht entließ. Mit 20 J. hatte er geheiratet und einen Sohn bekommen. In der Familie seiner Frau, in der er mit ihr wohnte, fühlte er sich anscheinend zuerst sehr wohl, vermutlich besonders, weil die Schwiegermutter ihn mütterlich betreute. In dieser kleinbürgerlichen standesbewußten Familie kam es aber doch zu Spannungen, er entfremdete sich seiner Frau, ging zu viel zum Fußball, begann das Trinken und wurde geschieden. Über die Entstehung der Spannungen gaben (mir) die Schwiegermutter und die Schwestern des Probanden verschiedene Darstellungen, eine besondere Rolle spielte aber, daß er zum Fußball ging und sich nicht um die Frau kümmerte. Seit der Scheidung fährt er wieder zur See. Mit 22;9, kurz nach der Scheidung, hatte er im Rausch eine Schlägerei, und mit 23;7 bekam er 2 Mon. Gef. (mit Strafaussetzung), weil er dem Kind keinen Unterhalt gezahlt hatte. Er war einige Zeit arbeitslos gewesen und mit seinen Zahlungen durcheinander gekommen, war aber wohl auch nicht sehr gutwillig gewesen[45b].

---

[45b] Strafregistereinsicht III. 61: keine späteren Verurteilungen.

Dieses Beispiel ist gewiß besonders kraß, aber in etwas schwächerer Form sind Äußerungen dieser Art sehr häufig. Die Denkweise, die den Urteilen über Karl Watermann zugrundelag, findet sich immer im Hintergrund, bereit, bei passender Gelegenheit hervorzukommen. [46]) Dieter Haselberg dagegen wurde von seiner Umgebung mehr wie ein Kind behandelt, das sich töricht verhält und das man einfach hindern muß, dadurch zu Schaden zu kommen, bis es eines Tages vernünftig genug sein wird, selbst auf sich zu achten. Für diese Gesinnung spricht schon, daß sie recht allgemein die von netten, vernünftigen Eltern ist und weit weniger die von Stiefeltern und sonstigen fremden Erziehern. Und jedenfalls liegt in ihr nichts, was den Jugendlichen über die Schwierigkeiten hinaus, die er schon hat, noch weiter aufreizt, erbittert, kalt und gleichgültig macht. Es zeigt sich darin die Verbindung von Wärme und Entschiedenheit, die in dieser Untersuchung bei den Eltern der nur einmal straffälligen Probanden so viel häufiger war als bei denen der wiederholt und besonders der schwer Rückfälligen. Die Überlegenheit der Erzieher ist bei dieser Haltung viel größer, als wenn sie sich darauf einlassen, mit dem Jugendlichen zu rechten. Wenn die Jugendlichen dabei vielleicht länger unmündig bleiben, so ist das mindestens die geringere Gefahr. Ihnen nützt ja auch die Mündigkeit nichts, wenn sie doch große Reste von Infantilität mit sich schleppen, die sich umso häßlicher ausnehmen und auswirken, je größer ihre äußere Selbständigkeit ist.

240. Harry Stuhr, 21. IX. 31. Er wurde O. 1947 aus Kl. 6 oder 7 der VSch als „unterdurchschnittlicher Schüler" entlassen; er sei „unaufrichtig, träge und wenig ausdauernd" gewesen. In der Gärtnerei, in der er dann als Arbeitsbursche eingestellt wurde, entlief er bald *(15;8)* mit RM 20,—, blieb auch von zu Hause fort, trieb sich mehrere Wochen umher und behauptete unterwegs, seine Eltern seien gestorben. Schon mit 14;9 und 15;3 war er von zu Hause entlaufen gewesen und auswärts aufgegriffen worden. Auch aus dem FE-Heim, in das er nun kam, entwich er sofort; erst nach 3 Wochen wurde er im Rheinland aufgegriffen. Danach blieb er dann von 15;10 - 17;9 in zwei Hamburger Heimen und einem auswärtigen, war allerdings zwischendurch dreimal fort, davon zweimal etwa einen Monat lang; in dieser Zeit schlief er in Treppenhäusern und verkaufte seine Kleidung auf dem schwarzen Markt. Auch seine Führung in den Heimen war schlecht. Er wirkte ziellos, gleichgültig, oberflächlich und faul, war sehr empfindlich gegen Tadel und stritt mit Kameraden. Und 17;5: „Um mehr Kuchen zu bekommen, wollte er sich ein zweites Mal konfimieren lassen."

Mit *17;9,* eine Woche nach seiner Arbeitsvermittlung zu einem Bauern, fuhr er, weil ihm „die Arbeit zu schwer, das Essen zu schlecht" gewesen

---

[46] Zu der Problematik der „Berichte" vgl. im ganzen das Buch von *Thomae* (1954) und den sehr instruktiven kleinen Aufsatz von Alice *Borchert* im Mitteilungsblatt des AFET 3/53, auch abgedruckt in „Unsere Jugend" 6 (1954, 208-211.

sei, mit dem Fahrrad des Bauern nach Hamburg. Das Rad verkaufte er auf dem Hauptbahnhof für DM 15,—. Dafür bekam er 4 W. Jugendarrest, in dem seine Führung ordentlich war, wohl weil er als ehemaliger Zögling genau wisse, wie er sich zu verhalten habe. „. . . im übrigen sehr dumm, aber auch faul ... richtige Einstellung zu Tat und Arrest war ihm nicht beizubringen. Wenn es ihm irgendwo nicht gefällt, türmt er und begeht dabei auch einen Diebstahl", den er vor sich selbst leicht rechtfertige. Nach erneutem Versagen komme wohl nur Farmsen als Bewahrung in Frage.

Von 17;11 - 19;8 war er weiterhin in 2 Hamburger Erziehungsheimen. Die Berichte betonten nun etwas mehr seinen guten Willen, andererseits seine Unfähigkeit. „Er steht hilflos vor neuen Arbeitssituationen". „Weitere Erziehungserfolge werden bei dem (19 jähr.) Harry, der heute noch wie ein 15-16 Jähr. aussieht und recht schwachsinnig ist, kaum noch zu erwarten sein." Insgesamt entlief er zweimal, einmal *18;11* mit DM 30,—, die hatte wechseln sollen. Dafür bekam er 4 W. Gefängnis, die aber ausgesetzt und später amnestiert wurden.

Da der V. ihn nicht wieder aufnehmen wollte, wurde er 19;8 in ein Wohnlager verlegt und kam als Hausbursche in einen Betrieb. Nach etwa einem Monat blieb er nach einer kleinen Zurechtweisung dort und auch aus dem Heim weg und trieb sich umher — die Unterstützung war ihm gesperrt —, wurde auch in einem homosexuellen Lokal gesehen, bestritt aber später Strichjungentätigkeit. Danach war er noch bei einem Bauern, der ihn aber nach einem Monat als im Winter untauglich entließ.

Von da an war er nun ständig (20;1 — 22;10) in Anstalten der Hamburger Sozialbehörde, dazwischen auch einmal wegen Arbeitsverweigerung in Glückstadt. VIII. 54 (22;10) kam er von einem Urlaub nicht zurück, und „es wird vermutet, daß er sein altes Wanderleben wiederaufgenommen" hat. Von weiteren Straftaten ist nichts bekannt. Er hatte nur einmal mit *20;11* bei einem Krämer ein von einem anderen gefälschtes Schreiben vorgelegt, in dem angeblich ein Kunde des Krämers bat, dem Harry für ihn ein Brot, ½ Pfd. Margarine, ½ Pfd. Mettwurst und 10 Zigaretten „Golddollar" mitzugeben. Das Verfahren wegen gem. versuchten Betruges wurde wegen Geringfügigkeit eingestellt. — In den Anstalten wurde weiterhin seine allgemeine Lebensschwäche, seine mangelnde Körperpflege, aber auch sein mangelnder Wille betont. „Kann nicht wirtschaften, gibt sein Geld für unnütze Näschereien aus." „Schon durch seine äußere Erscheinung ist es ihm unmöglich, besondere Sympathien bei anderen zu erwerben." „Drückt sich gern um alles herum, schützt Krankheit vor und schließt sich den ausgesprochen negativen Elementen an, opponiert gern und oft heimlich, ohne je den Mut zu haben, offen zu sagen, was er meint." „Er bittet um Aufnahme in Farmsen, wird vor Aufregung rot und verlegen, als man ihn statt dessen in Arbeit vermitteln will."

Die Eltern waren nicht verheiratet, lebten aber zusammen. 1 Jahr nach Harrys Geburt, bei der sie 18 war, der V. 22, zog die M. fort. Nach Angabe des V. hatte sie sich mit seinem Bruder eingelassen, auch seine, des V., Kleidungsstücke versetzt und war überhaupt sehr verlogen. Ihr

Aufenthalt ist unbekannt, sie hat sich auch um den Jungen später nie mehr gekümmert.

Er wuchs bei den Eltern des V. auf. Der V. fuhr zur See, heiratete, als Harry 7 war, ließ aber den Jungen zunächst weiter bei den Großeltern. Wegen der Luftangriffe kam Harry dann mit etwa 11;8 mit der Stiefmutter und der damals einjährigen Stiefschwester nach Hinterpommern in die Heimat der StM. Von dort schlug er sich, als die Russen kamen, allein nach Hamburg durch (etwa 13;4) und stekte die Großeltern mit Flecktyphus an, an dem sie beide starben. Er war selbst schwer krank und mußte danach zuerst an Stöcken gehen. Etwa ein Jahr später kam auch die StM zurück, und es wäre fast zur Scheidung gekommen, weil Harry dem V. erzählt hatte, sie habe sich mit Russen eingelassen. Er hatte danach nie mehr ein gutes Verhältnis zu ihr, und dies war u. a. der Grund, daß der V. ihn später nicht mehr aufnehmen wollte. Bis zur Heimunterbringung mit 15;10 blieb er aber bei V. und StM, nur unterbrochen von dem zweimaligen Entlaufen mit 14;9 und 15;3.

Der V., der nach der Seefahrt Transportarbeiter wurde, hatte beim JA und beim Gericht einen ehrlichen, einsichtigen und gewissenhaften Eindruck gemacht. Er hat den Jungen — wohl nach der Eheschließung — für ehelich erklären lassen.

V. und StM. traf ich VIII. 55 beide in der auf bürgerlich gepflegten Wohnung. Der V., ein derber Mann, führte das Wort. Die StM beteiligte sich gelegentlich, sie machte einen frischen, netten, normalen Eindruck.

Sie sagten, sie wüßten auch nicht, wo Harry wäre. „Sie wollen ihn auch nicht mehr da wohnen haben, weil er ja doch nur dem V. auf der Tasche liegen würde. Einmal haben sie es ja versucht, und sofort darauf gab er dann die Arbeit wieder auf. Er hält ja auf keiner Arbeit aus, vielleicht schon deswegen, weil er es nicht vertrug, wenn sie ihm seine Ungeschicklichkeit vorhielten.

„Der V. lebte mit der M. zusammen bei seinen Eltern, bis Harry gerade krabbeln konnte. Er war ein Achtmonatskind und mußte erst in den Brutkasten und war später immer schwächlich und zu klein. Aber geistig hell! In der Schule hätte er wohl gekonnt, er wollte aber nicht. — Dann zog die M. weg, und die Oma, die schon vorher sehr viel für ihn übrig gehabt hatte, übernahm ihn ganz, und der V. fuhr zur See.

„Die Oma war mit ihren eigenen Kindern sehr streng und grob gewesen und hatte ihnen die Schippe nachgeworfen, wenn sie die Treppe runterliefen, hatte sie versohlt, ohne daß sie wußten warum. Gegen Harry war sie bestimmt nicht so streng, aber versohlt hat sie ihn auch, doch, abbekommen hat er schon was von ihr. Aber sie hat ihn auch sehr verwöhnt, hat alles für ihn getan. Er war ja immer furchtbar weichlich und feige, er sagte bei allem, er könnte es nicht, und tat dann einfach nichts, so: nun macht mit mir, was ihr wollt. Er aß schlecht, immer nur so kleine Häppchen, nibbelte so, sagte, er könnte nicht schlucken. Er wurde schon nervös, wenn man ihm nur beim Essen zusah, dann konnte er gleich Gabel und Löffel nicht mehr richtig halten, er kriegte Minderwertigkeitsgefühle.

Das Bett hat er nicht naßgemacht, er sprach auch richtig. Aber er war so furchtbar ängstlich. Der V. entsinnt sich noch, wie er einmal entsetzlich schreiend bei dem Opa angelaufen kam; da hatte die Oma ihm angedroht, daß sie ihn verhauen würde. Sie dachten wunder, was wäre. Der V. versuchte ja immer, mehr einen richtigen Jungen aus ihm zu machen und hielt ihm das so vor, aber dann stand er nur so da und ließ den Kopf hängen. Er hatte auch, als er etwas größer wurde, für den V. gar nicht mehr viel übrig, weil der strenger mit ihm war und mehr von ihm verlangte als Oma und Opa. Er streckte dem V. heimlich die Zunge raus, weil der ihn ausgeschimpft hatte, aber das erzählte die Oma dem V. erst, als Harry im Bett war, weil sie wußte, daß er ihn sonst durchgehauen hätte. Harry hatte aber schon Angst, wenn der V. ihn bloß ausschimpfte. Der V. hat nämlich so eine laute Stimme.

„Als die Luftangriffe so schlimm wurden, klagte die Oma V's Frau, — er hatte ja inzwischen geheiratet —, daß ihr das so schwer fiele, immer mit Harry in den Luftschutzkeller. Da fragte die StM ihn, ob er mit ihr und der kleinen Stiefschwester nach Hinterpommern wollte — da stammt sie nämlich her —; und das wollte er. Da war er auch ganz nett, fuhr immer die Kleine aus, bat darum, daß er das dürfte, damit er nicht mit den Jungs da spielen müßte, denn vor denen hatte er Angst. Er war an sich gern bei der StM und wußte auch, daß sie es gut mit ihm meinte. Allerdings war sie strenger als die Oma, und das mochte er nicht. Er erwartete z. B., daß sie ihm die Schularbeiten m a c h t e. Aber sie gab ihm stattdessen neue Aufgaben. Die Oma hatte ihm überhaupt nicht bei den Schularbeiten helfen können, die war aus Litauen und konnte gar nicht deutsch schreiben.

„Dann kamen die Russen, und sie waren ganz und gar abgeschnitten. Aber da hatte Harry ja nun d e n Mut, daß er den Weg zu der Straße machte, wo man die Soldatenautos hörte, und mit den Soldaten fuhr, auch Leute traf, denen er erzählte, er hätte keine Eltern mehr und wollte zu seinen Großeltern nach Hamburg. Und diesen Leuten lief er aber auch wieder weg und fuhr mit Soldaten weiter und wurde schließlich in Lauenburg angehalten. Da hatte er Fleckfieber, aber das wußte man nicht, und Opa holte ihn und schlief mit ihm zusammen und kam mit ihm nach Hamburg und steckte auch die Oma an. Die Oma wurde zuerst krank, es hieß: sie hat Kopfgrippe, und nach 2 Tagen starb sie. Da waren der V. und Harry dabei. Dann kam Opa ins Krankenhaus, und es wurde Fleckfieber festgestellt, und er starb am Tag darauf. So hat Harry den Großeltern den Tod gebracht! Die würden heute noch leben! Viele Verwandte gucken sogar den V. deswegen noch heute nicht mehr an. Und Harry hatte ja auch schuld, denn er hätte ja bei der StM bleiben können, wo er es gut hatte! (?) Direkt vorgehalten haben sie ihm das damals wohl nicht gleich, er war ja auch schockiert, wie die Großeltern starben, und im ersten Augenblick wußte man ja auch den Zusammenhang nicht so. Aber die würden heute noch leben!

„Dann blieb Harry bei ihnen. Und da war er dann sehr verlogen. Der Oma hatte er ja wohl auch gelegentlich schon mal was vorgelogen, aber so wohl doch nicht; bei Oma war er wohl hauptsächlich unselbständig.

Bei ihnen log er dann z. B., daß er nicht rauchte, und dann fanden sie die Stummel in seinen Taschen. Und dann schmiss er ja immer die Arbeit hin. Er könnte ganz nett aussehen, wenn er nicht so schmuddelig wäre; aber dagegen war auch nichts zu machen. Es haben genug Leute versucht, ihn auf den richtigen Weg zu bringen. Er lief weg, fuhr mit Güterzügen nach München, wollte immer rumfahren, unterwegs sein oder von einem Kino ins andere. Kohlenklauen da drüben auf den Gleisen taten damals die kleinsten Jungs für ihre Eltern. Er brachte nicht mal das zuwege, war zu feige! Was hat der V. für Streiche gemacht als Junge, sich verhauen und alles! Mit 17 Jahren fuhr er nach Amerika und hungerte sich da durch, aber ohne zu stehlen. Sowas hätte Harry sollen müssen! Hätte er nie im Leben gekonnt!"

Vgl. Ib 5 6 : „Er war so schüchtern, daß er nicht mal dazu zu bewegen war, mit zum Kohlenklauen zu gehen, obwohl die M. sagte: du mußt, wir haben keine Kohlen mehr. — Er hatte da auch mal gesehen, wie einem beim Kohlenklauen das Bein abgefahren wurde [wie meinem Probanden 225], da lag er hier auf der Couch und die M. dachte, er würde sich nicht mehr kommen, solch ein Schock war das für ihn."

Auch Harry hat, — von dem späteren kleinen Betrug abgesehen — nur im Zusammenhang mit dem Weglaufen Diebstähle begangen, und auch nur relativ geringfügige. Vielleicht war er, um mit dem Vater zu reden, für schwerere Straftaten zu „feige". Seine sonstige soziale Einordnung ist jedenfalls sehr viel unglücklicher verlaufen als die von Dieter Haselberg. Seine vitale Schwäche ist wohl auch größer, seine Begabung wesentlich geringer, aber er hat auch mehr Unglück gehabt, und seine Umgebung hat sehr viel weniger für ihn getan. Daß „genug Leute versucht haben, ihn auf den rechten Weg zu bringen", heißt ja eher, daß es zu viele waren.

Nach dem Tod der Großeltern war er zu Hause nicht mehr willkommen. Seine schwächliche Art, die von der Großmutter vielleicht noch gefördert, jedenfalls gut aufgefangen worden war, wurde nun mit unfreundlichen Augen angesehen, ganz abgesehen davon, daß er ja, schwach wie er war, seine Großeltern umgebracht und auch fast noch die Ehe seines Vaters zerstört hatte. Er selbst hat sich offenbar gesträubt, über das Alter hinauszuwachsen, in dem er von seiner Großmutter versorgt wurde, und trägt, wie andere Probanden, das Gefühl mit sich herum, noch immer um etwas betrogen zu werden, das ihm eigentlich zusteht. So läßt er sich in Heimen versorgen oder wandert, von der Unruhe getrieben, die diese zu früh aus dem Nest Gefallenen haben, als Landstreicher umher. Damit entgeht er auch — das sagte ja auch der Vater — am besten der Konfrontierung mit seiner Ungeschicklichkeit. Es war wohl früher niemand da — außer vielleicht der StM., die ihm „neue Aufgaben" gab —, der ihn in Ruhe, Schritt für Schritt, hätte selbständiger werden lassen; die Großmutter nahm ihm wohl alles ab, und der V. entmutigte ihn durch seine Ungeduld und seine Verachtung. Immerhin ist durchaus denkbar, daß er unter dem Schutze seiner Großmutter nach und nach doch eine größere Sicherheit gewonnen hätte, wenn er unter diesem Schutz vielleicht weitere 10 oder mehr Jahre hätte leben können, denn er war ja auch mit 21 J. noch nicht einmal körperlich ausgewachsen[46a].

Der Proband 229 Adolf Mojen, 6. II. 32, wurde unehelich von einer damals 25-jährigen Frau geboren, die wegen Schwachsinns und unsittlichen Lebenswandels sowie „Unehrlichkeit" u. a. in einer Schwachsinnigen-Anstalt gewesen war. Der Junge blieb ihr einziges Kind und lebte mit ihr zuerst bei ihrem Vater und nach dessen Tode — Adolf war damals 5 J. alt — allein mit ihr, von kurzer KLV abgesehen.

In der Kindheit des Probanden schwebte gegen die M. längere Zeit ein Sorgerechtsentziehungs-Verfahren, und auch nach dessen Einstellung galten die Verhältnisse nur als „bis hart zur Grenze des tragbaren" gebessert. Die M. nahm nämlich in ihre Wohnung unsolide Frauen auf, und diese Wohnung, die in einer sehr schlechten Gegend lag, galt auch im übrigen als „der Tummelplatz aller schlechten Elemente". Der Junge kam fast gar nicht zur Schule, besonders nachdem er mit 10 J. lungenkrank geworden war. Er ist im ganzen nur etwa 2 J. zur Schule gegangen und Analphabet. Wieweit dafür und für seine ganze Haltung — er wirkte immer still und ernst — Schwachsinn und wieweit nur sein schlechter Kräftezustand verantwortlich war, wurde den Lehrern und Fürsorgern nie ganz klar. Die M. deckte ihn immer; es hieß, sie hänge mit egoistischer Affenliebe an ihm.

Nach der Schulzeit, mit 16 und 17 J., als er wegen der Lungenkrankheit ohne Arbeit zu Hause lebte, beging er mit Jungen aus seiner Wohngegend einige Straftaten. Und zwar einen Trümmerdiebstahl; einen Diebstahl von kleinen Haushaltsartikeln im Warenhaus, bei dem auch seine M. zugegen war; ferner nahm er von seinen Freunden Konservendosen an, die sie durch Einbruch in einer englischen Kantine gestohlen hatten, und endlich stieg er mit einem Freund in die Laube von dessen Onkel ein und holte dort für seine M. eine Wolldecke — der Freund hatte nämlich aus Mitleid mit Adolf und seiner M. behauptet, er dürfe sich dort alles holen. In dieser Zeit — es fand alles im Herbst und Winter 1948, also nach der Währungsreform statt — war in der Wohnung der M. auch ein halber Hammel zerteilt worden, den Freunde des Adolf, darunter ein anderer meiner Probanden, von einem Lastwagen gestohlen hatten. Außerdem hatte die M. selbst einige der gestohlenen Konserven angenommen und einen weiteren Teil wohl bei sich versteckt. Dafür bekam sie 3 Mon. Gefängnis.

Adolf kam von 17;2 — 17;8 in ein FE-Heim, in dem er von den Kameraden „wegen seiner körperlichen und geistigen Unterlegenheit" nicht für voll genommen wurde. Auch die Jugendgerichtshilfe hatte ihn körperlich und geistig erheblich zurückgeblieben gefunden. Nachdem

---

[46a] Strafregistereinsicht III. 61: keine späteren Verurteilungen. 1957 Anfragen der StA Essen und Lüneburg, 1959 der StA Essen).

er zuerst im Heim stumpf und gleichgültig erschien, lebte er sich dann etwas besser ein. Dann behielt ihn aber die M. nach einem Urlaub zu Hause zurück und beschwerte sich mit Hilfe eines Anwalts bei der FE-Behörde, daß Adolf trotz schwerer körperlicher Arbeit nur einmal in 14 Tagen das Hemd habe wechseln dürfen. Ein Strafantrag gegen sie wurde erwogen, aber, wie es in der Akte heißt, wegen ihrer begründeten Beschwerden nicht gestellt.

In der Folgezeit wurde vergeblich versucht, ihn in Arbeit zu vermitteln; die M. wollte ihn nur in Arbeit lassen, wenn er mindestens DM 40,— oder 50,— Wochenlohn mit nach Hause brächte (1950) und sie ernähren könnte. „Eine Unterhaltung mit Adolf", hieß es in der Akte, „ist immer sehr schwierig, weil die Mutter ebenso dumm ist wie der Sohn." — Seit er 21 ist, hat er aber fast ständig auf dem Bau gearbeitet, nach Unterbrechungen oft auch wieder beim gleichen Arbeitgeber; anscheinend verdient er das Geld für die M. und den Mann, mit dem sie seit einigen Jahren zusammenlebt und der auf eine Rente wartet, die ihm abgeschlagen ist. Auch die M. hat in Bonn eine Reihe von Entschädigungsansprüchen laufen und wartet täglich auf Nachricht. Adolf sollte vor einiger Zeit wieder verschickt werden, aber die M. sagte, er hätte dazu nichts anzuziehen, und außerdem könnte er sich ja nicht erholen, wenn er wüßte, daß sie dann zu Hause die Pfandscheine nicht einlösen könnten. — Im Schlafzimmer der M. hängt das Bild von Lenin. — Mit Mädchen hat Adolf nichts zu tun, er sagt, die ziehen einem heutzutage nur das Geld aus der Tasche.

Die Entwicklung dieses Jungen ist nicht durchaus erfreulich, er hat sich anscheinend unter der Herrschaft der M. nicht genügend entfaltet und wird auch wohl von ihr ausgenutzt. Besonders die Freudlosigkeit seines Wesens zeigt, daß er nicht nur obenauf gehemmt ist. Aber er ist doch sozial befriedigend eingeordnet, jedenfalls wie es scheint, keineswegs sozialschädlich, und man kann doch wohl annehmen, daß dafür nicht etwa nur seine körperliche und eine evtl. Antriebsschwäche verantwortlich sind — er arbeitet ja und hat übrigens auch zu Hause einen hübschen „Musikschrank" gebaut —, sondern auch sein relativ ungestörtes Verbleiben im Schutze der Mutter, das ihn ein seelisches Gleichmaß entwickeln ließ[48b].

Damit nicht der Eindruck entsteht, es seien überhaupt alle Jungen dieser Untersuchung als Kinder besonders „weich" gewesen, einige Beispiele von in gesunder Weise selbständigen und entschiedenen Jungen:

Ia 120: „Obwohl Gerdi fast 5 J. jünger war als der Ältere, verteidigte er den bei anderen Jungen . . . Er konnte auch zu allen Aufträgen geschickt werden, hatte mehr Grips als der Ältere, er machte alles richtig. Er war ein fröhliches Kind, er kam immer wie ein Sieger zu Hause an."

[48b] Strafregistereinsicht III. 61: keine späteren Verurteilungen.

Ia 1 3 : „Er ist ein lebensfroher Mensch, so war er immer, er stand lachend auf und ging lachend ins Bett. Das hat er von der M., die ist auch ein lebensfroher Mensch. Der Große ist mehr wie der V., schwerer, ruhiger, vielleicht auch mehr gehemmt, der ist auch unselbständiger, die M. muß alles mit ihm machen. Hans war schon früh selbständig in allem ... aber anhänglich ist er ja auch, sie haben ein sehr gutes Familienleben."
Ia 4 5 : „Der Bruder war anders, zurückhaltender, schwieriger, deprimierter, aber Jan hatte immer dies Freie, Aufgeschlossene, Lebhafte ... Er war ein richtiger Junge, nicht ängstlich oder irgendwie gehemmt, hatte auch immer viele Freunde ... und als bei Kriegsende das KLV-Lager aufgelöst wurde, ist er mit den Kameraden zu Fuß durch Deutschland zurückgewandert und hat unterwegs noch seinen Mantel gegen Speck eingetauscht, damit er seine Kameraden mit durchschleppen konnte. Er hat sich noch in der Schulzeit seine Lehrstelle selbst gesucht."
Ia 2 5 5 : „Die M. ist lebhaft und energisch, und so ist Bruno auch, er hatte immer viele Kameraden, Sportsfreunde, und brachte die mit nach Hause. Er war auch früh selbständig. Die anderen sind verdrückter, und besonders der Ältere ist sehr weich. Bruno ist so lebensfroh und gerade heraus."

198. Edgar Glass, 11. VI. 32. Zuerst brach er mit *13;9* (V. 46) mit anderen Jungen in eine Tischlerwerkstatt ein. Ein halbes Jahr später, *14;6*, stürzte er beim Überklettern einer Hafenbrücke und erlitt eine schwere Gehirnerschütterung; vermutlich hatte er Kohlen stehlen wollen. Mit *15;7* (I. 48) schlug er zusammen mit einem 1 Jahr Älteren und schon mehr Vorbelasteten, Steiner, die Scheibe eines PkW ein, aus dem sie dann 2 Gläser Marmelade holten. Deswegen wurde er gerichtlich ermahnt.

O. 1948 wurde er aus der VSch. Kl. 7 entlassen. Es hieß, er sei sehr schwach begabt, habe die Schule äußerst unregelmäßig besucht, nur mangelnden Fleiß gezeigt und ein entsprechend schlechtes Zeugnis bekommen. Er wurde Beifahrer, mußte aber nach 2 Monaten wegen Krankheit aufhören, und nach einem Monat Pause wurde er Bote.

Schon vor Schulentlassung, einen Monat nach der Ermahnung, hatte er *(15;9)* mit zwei anderen eine Verkaufsbude erbrochen; sein früherer Mittäter Steiner half beim Abtransport des Gestohlenen. Mit *16;1* (VII. 48) drang er dann mit 3 anderen, darunter Steiner, in einen Lagerschuppen ein, aus dem sie eine Flasche mit allerdings ungenießbarem Inhalt entwendeten. Mit *16;2* (VIII. 48) veranlaßte er zwei Freunde, darunter Steiner, mit ihm durchs Kellerfenster in das Geschäft einzusteigen, in dem er tätig war, und aus dem Tresor etwa 2300,— DM zu stehlen; der Prokurist hatte nämlich den Schlüssel liegen lassen. Das Geld teilten sie und verschnopten sie teilweise auf dem Dom; sein Verbleib war nicht ganz zu klären. Nach 2 Mon. U-Haft wurde er zu 4 W. Jugendarrest verurteilt, der wegen der erlittenen U-Haft nicht vollstreckt wurde.

Danach war er 3 Mon. lang Hilfsarbeiter, davon 3 W. krankgeschrieben. Mit *16;9* (III. 49) erbrachen Steiner und er einen Pkw, holten Mantel und Schuhe heraus und riefen nachher bei dem Geschädigten an, um einen Finderlohn von ihm zu erwirken. Im Gegensatz zu Steiner „stand Edgar zu seiner Tat", wie die JGH schrieb. Es wurde FE verhängt, in der er nun von 16;11 — 17;10 blieb. Er war in 2 Heimen. Nach einem ersten Bericht gab er sich freundlich und höflich, aber auch still und verschlossen, im ganzen abwartend, oft ängstlich und unsicher und empfindlich gegen Tadel. Es hieß, er sei feingliedrig und sehe gut aus, sei für sein Alter etwas schwach entwickelt, arbeite zufriedenstellend. In einem zweiten Bericht hieß es, unter seiner devotischen Art sich zu geben, seien jetzt mehr ungünstige Züge hervorgetreten: Unaufrichtigkeit, Unzufriedenheit, Neigung zu kleinen Diebstählen, Nachlässigkeit in der Besorgung von Aufträgen, die er dann aber vertuscht habe. Diese Grundhaltung sei im Erziehungsheim auch trotz intensiver Einzelbetreuung nicht aufzuheben gewesen. Intellektuell sei er sehr unterdurchschnittlich.

In dem darauffolgenden Jahr (17;10—19;10) war er in zwei Arbeitsgruppen und in einer Baufirma tätig. Zeitweise arbeitete er gut, zu anderen Zeiten ließ er nach. So heißt es z. B.: „Es ist auch hier nie ganz klar geworden, wieweit der Junge spielt oder echt ist. Seine Leistung und Haltung in der Gruppe ist recht schwankend." Einmal stand er im Verdacht eines Kameradendiebstahls, der aber nicht geklärt wurde.

Als er 19;0 war, starb sein V. und er zog von der StM fort zu seiner ebenfalls wiederverheirateten Mutter (die Eltern waren früh geschieden). 3 Monate später wurde er aus dem Betrieb, in dem er inzwischen gearbeitet hatte, und in dem sein StV Meister war, wegen Diebstahls *(19;3)* entlassen. Danach war er 9 Mon. arbeitslos. Mit *19;8* füllte er sich gemeinsam mit einem anderen im Betrieb des StV 15 kg Quecksilber ab. Dafür bekam er 1 Mon. Gef., den er bis 20;1 verbüßte. Danach wurde er für einige Monate Helfer bei einem Klempner.

Als er *20;8* war, setzte ihn der StV aus der Wohnung, und kurz darauf stahl er mit einem 1 J. Älteren durch Einbruch Uhren aus einem Geschäft, die sie dann auf St. Pauli absetzten. Er bekam 6 Mon. Gef. Nach der Verbüßung, 21;2, zog er zu seiner Braut, die er mit 21;7 heiratete. 3 Monate später bekam sie ein Kind, das wohl nicht, wie er erst glaubte, von ihm war; ein anderes uneheliches hatte sie schon mit in die Ehe gebracht. Während er mit ihr zusammenwohnte, war er, von 14 Tagen Aushilfsarbeit abgesehen, immer arbeitslos. Mit 22;9 (III. 55) wurde er festgenommen, weil er *22;5*, *22;6* und *22;7* insgesamt mindestens 14 Diebstähle von Kleidung, Lebensmitteln, Taschen u. ä. aus Pkw's begangen hatte, die unverschlossen am Altonaer Fischmarkt abgestellt waren. Außerdem stand er im Verdacht, zusammen mit seiner Frau im Spielkasino aus einer verschlossenen Schublade Chips für DM 80,— entwendet zu haben; das wurde aber nicht bewiesen. Wegen der Pkw-Diebstähle wurde er zu 2 ½ J. Gefängnis verurteilt. Während er schon in Haft war, wurde sein eigenes Kind geboren.

Die Ehe der Eltern wurde 1935 (als Edgar 3 J. war) wegen beiderseitigen Verschuldens geschieden. Edgar und seine 5 J. ältere Schwester blieben zunächst bei der M., die sich 1938 wiederverheiratete. Edgar wurde erst mit 7 J. eingeschult, er konnte aber auch dann erst sehr schlecht sprechen. Bald darauf kamen beide Kinder in ein Heim, anscheinend auf Veranlassung des V., der mit den Erziehungsmethoden der M. nicht einverstanden war. Nach einigen Heimmonaten wurde Edgar dann, mit 8., von dem gerade wiederverheirateten V. zu sich und der StM geholt. Dort blieb er bis zum Tode des V. 1951 (E. 19 J.); er war nur 1943 einmal, nach der Ausbombung, mit der StM evakuiert. Die StM hatte selbst keine Kinder. Die Schwester blieb bei der M., war aber zeitweise im Heim.

Der V. war 28, die M. 27 J. älter als Edgar, die StE 21 und 22. Alle haten jedenfalls später ein guten Ruf. Der V. war Büroangestellter, der StV Meister, die StM war früher „Kindergärtnerin" gewesen. Nach dem JA-Bericht hat der V. gesagt, die M. sei etwas haltlos gewesen und habe das Haushaltsgeld etwas unbesonnen für Kaffee und Zigaretten ausgegeben.

D i e M., eine kleine, magere, muntere Frau wurde VIII. 55 in ihrer gut eingerichteten Wohnung gesprochen. Sie sagte:

„Edgar hat ja zweieinhalb Jahre bekommen. Sie versteht es ja auch nicht, es ist ihr als Mutter zu hoch. Sie hat auch im Termin einen Nervenzusammenbruch bekommen, der Sanitäter mußte gerufen werden und alles. Seine Frau aber, die hoch in Umständen war, ging am selben Abend schon wieder ins Spielkasino. Ist sowas zu begreifen? Die Frau ist auch vom Altonaer Fischmarkt, die beiden waren Nachbarskinder. S i e hat das Sagen von den beiden, aber sie ist nicht reell. Auf ihrer eigenen Verlobungsfeier hat ihr Vater eine Rede auf sie gehalten, da war alles drin: daß sie faul ist und noch nie gearbeitet hat, und daß sie eine Sau ist. Da hat die M. noch zu Edgar gesagt: noch kannst du zurück. Aber er wollte nicht zurück. Sie war sein erstes Mädchen. Vorher ist er nur immer ins Kino gegangen und hat beim Sport zugesehen und hat sein Geld verschnopt — daß tut er jetzt als Ehemann noch: immer einen Bonbon in der Tasche, das ist Edgar! Der StV sagte früher schon mal, das ginge doch nicht, aber da sagte die M. noch: besser als wenn er mit Mädchen geht. Und nun ist er an der hängen geblieben.

„Er hat ja hier bei ihnen gewohnt. Das ging auch ganz gut, bis er sie kennenlernte. Da war er beim StV im Betrieb und war auch ein ganz guter Arbeiter, sagt der StV. Aber er kam statt um 10 Uhr abends um 2 Uhr nachts nach Hause. Da hat der StV ihm ordentlich die Meinung gesagt. Das hörte er sich auch an — frech wie andere junge Männer wurde er überhaupt nie —, und dann kam er wohl mal einen Abend schon um 10, aber den nächsten wieder spät. Da hat der StV schließlich zu ihm gesagt: es geht nicht mehr, und da ist er zu i h r gezogen. Seitdem ist es aber auch rapide bergab gegangen mit ihm.

„Aber die M. glaubt doch, daß es ihn diesmal gepackt hat, und vor allen Dingen auch, daß er anders werden wird, wenn er erst mal seinen kleinen Jungen sieht. Sie selbst hatte ja eigentlich Krach mit der Schwiegertochter, aber jetzt ist sie doch mal hingegangen, weil sie doch auch mal gern den kleinen Kerl sehen wollte, weil der doch von Edgar ist! Edgar selbst ist ja so kinderlieb. Er spielte auch oft mit der kleinen Tochter von seiner Schwester, die ist nämlich seit der Geburt (jetzt etwa 11 J.) bei M. und StV. Die neckte er zwar auch, aber er spielte auch Marmeln und solche Sachen mit ihr, und dann dachte die M. oft: und der macht auch solch andere Sachen ...

„Edgar war ja bei ihr, bis er 8 J. alt war. Er war ja etwas zurück, sprach erst sehr spät, er spricht noch jetzt nicht ganz richtig, sagt z. B. „Hemp“ statt Hemd. Aber er war sonst gesund als Baby und wurde auch rechtzeitig trocken und sauber. Bockig war er nie, die M. ist damals überhaupt gut mit ihm fertig geworden. Die Schwester war ja beinah 6, als er geboren wurde. Die ist ganz anders als er, und die war auch von Anfang an soviel bei der Oma gewesen und nachher auch im Heim, dadurch hat sie sich eigentlich zu keinem von ihnen beiden — V. und M. — so richtig gehalten, und der V. hat auch von Edgar immer mehr gehalten als von der Tochter. Die ist so launisch, im einen Augenblick kann man ganz vernünftig mit ihr reden, und im nächsten ist sie schon wieder maulig, man weiß nie. Edgar hat nie gemault, und die M. kennt das auch nicht.

„Edgar war überhaupt sehr anhänglich, das hat er von M's Seite. Er konnte auch immer mit ihr schmusen. Aber wenn er um etwas bitten möchte, das kann er nicht, dann druckst er herum. Da ist er gehemmt! Sie sagte immer: sag es doch frei heraus, wenn du was willst! Aber das bringt er nicht fertig. Aber genommen hat er bei ihnen nie etwas, wohl aber sie belogen aus Angst. Die M. war ja strenger mit ihm als der V., sie ist energisch und lustig, sie ist nicht so weich wie der V., der ist butterweich, und das ist Edgar ja auch. Überhaupt, er hat manches vom V., der ist auch eine Spielernatur und arbeitete in ihrer Ehe damals fast überhaupt nicht.

„Der V. ging ja von ihr weg, weil sie ihn in Fürsorgearbeit gebracht hatte und er ihr das übelnahm. Sie nahm ja die Schuld mit auf sich, nur damit es schneller ging. Und dann kam Edgar weg, weil die Schwester sich herumtrieb und in die Feuerbergstraße kam. Dadurch wurde gesagt: er muß zum Vater. Er war aber ein richtiges Mutterkind gewesen. Einholen und alles konnte sie nur durch Betrug und dadurch, daß sie ihn einschloß, sonst wäre er nicht von ihr weggegangen. Und als er dann weg kam, jammerte er zuerst immer nach ihr, aber das gab sich dann, wie Jungs so sind. Und seine Aufpassung hat er bei der StM ja sehr gut gehabt, sauber war er ja immer sehr. Und sie war ja auch nicht streng, und der V. erst recht nicht, der! Im Gegenteil, sie haben ihm zuviel erlaubt, haben ruhig die Sachen angenommen, die er vom Fischmarkt mitbrachte. Und damals haben wir ja alle sowas gemacht, aber seinen Kindern sollte man es ja doch nicht erlauben, findet die M., denn da steckt es nachher drin.

„Die M. hat sich ja nachher wiederverheiratet, hat eine sehr gute Ehe, ihr Mann ist sehr strebsam. Sie hat ja weiter mit V.s Familie verkehrt, kam da öfter. Die beiden Männer gingen sogar ab und zu zusammen einen trinken. Das rührte die M. ja nun gar nicht. Sie sagte nur zu dem V.: Daß ich dich mal geheiratet hab, das kann und kann ich ja nicht mehr verstehen. Edgar kam auch öfter zu ihr, schlief sonnabends bei ihr, dann gab ihm die

StM Bettzeug und Butterbrot mit, das mochte er gern. Aber an dem Tag, wo der V. gestorben war, ist er ja sofort bei der StM rausgeflogen und kam zu ihnen. Und hier hat die M. es dann schwer gehabt mit dem großen Sohn und ihrem Mann. Diese beiden Männer! Sie war ganz furchtbar nervös. Krach gab es ja nicht, aber sie wollte es ja jedem recht machen. Manchmal hat sie Edgar heimlich Geld zugesteckt. Der StV war nicht streng mit ihm, aber manchmal m u ß t e er ihm ja die Meinung sagen."

D i e S t M , die im ganzen gehaltener und ernsthafter wirkte als die M., aber auch weniger unmittelbar, sagte VII. 55, sie habe damals noch extra ihre Heirat mit dem V. beschleunigt, um Edgar aus dem Heim holen zu können, habe auch mit dem V. keine Kinder gehabt, um nicht „zweierlei Kinder" zu haben.

„Er war ja zurück, als er zu ihnen kam, konnte noch gar nicht richtig sprechen, aber sie ist die ganze Kinderzeit über gut mit ihm fertig geworden. S i e hat überhaupt nur Gutes von ihm gehabt und hat auch vor Gericht dafür gesorgt, daß sein Geisteszustand untersucht wurde, und hat die Öffentlichkeit ausschließen lassen. Er hat sich ja nur von anderen beeinflussen lassen, hat niemals etwas allein gemacht und hat ja auch bei ihnen n i e etwas genommen, nur naschhaft war er sehr. Er ist ja auch an sich gutmütig. Z. B. als er in Wulfsdorf war, hat er zu ihr gesagt: hier ist ein Junge, der bekommt nie Besuch; geh doch mal da hin und besprich das mit seiner Mutter, damit er auch mal Besuch bekommt. Oder z. B. hat er oben im Haus heimlich kleine herrenlose Hunde mit Brot und Milch gefüttert, und als sie das merkten, hat er gesagt: wenn ich sie hochgepäppelt hab, laß ich sie laufen, aber bis dahin darf ich das doch?

„Sie hat sich ja große Mühe mit ihm gegeben, und da ging es auch. Vor ihr hatte er Angst — oder Respekt. Sie bekam alles von ihm heraus, auch seine Straftaten, s i e hatte sein Vertrauen. Er versuchte wohl zu schwindeln, aber das konnte er bei ihr nicht, sie kriegte es heraus. Nicht mit Schmusen, dafür ist sie nicht so. Aber sehr streng war sie doch nicht mit ihm, der V. war strenger, vor dem hatte er richtige Angst. Besonders nachher, wo er eben solche Sachen machte. Dann strafte ihn der V., d. h. er schlug ihn — das überließ sie ihm, weil er ja der V. war. Dann nahm er ihn in die Mädchenkammer, und er hatte ja eine sehr harte Faust, und dann schlug er so auf ihn los, und da mußte sie dann ja wieder dazwischengehen, das war ja zuviel. Und Edgar hat manchmal auf den Knien vor ihr gelegen und hat gesagt: schütze mit vor Vati, der schlägt mich tot.

„Die (richtige) M. hat ja an Edgar gehangen, und sie hat ja auch gute Seiten, aber es ist bei ihr ja nicht alles so wie es sein sollte. Sie hat ja auch kein so gutes Zuhause gehabt. Ihre Mutter ging mit einem anderen Mann durch, als sie, Edgars M., 14 war, und der V. soll getrunken und sich nachher erhängt haben. Da steckt es dann schon drin, und die M. war ja wohl auch nachher nicht ordentlich. Sie sind ja nachher viel zusammengekommen, die M. war eine Zeitlang ihre, der StM, beste Freundin! Ja, sie konnte ja auf diese Frau nicht eifersüchtig sein, wo die schon wegen Ehebruchs geschieden war und da sowieso so manches war. Die kann sich gut durchsetzen, das soll man gar nicht denken, wenn man sie so sieht, klein wie sie ist, aber sie hat eine ordentliche Schnauze und hat auch jetzt ihren zweiten Mann untergekriegt, obwohl das ein Mann ist groß wie ein Baum. — Der V. andererseits war etwas weich und verwöhnt, er war unehelich gewesen und teils bei seiner Großmutter, teils bei seiner M. aufgewachsen, und was er hier nicht bekam, bekam er da, da war er so etwas verweichlicht und wollte alles vorgesetzt haben, auch etwas leichtfertig, trank auch. Aber dabei strebsam mal einmal, sie hatte einen schönen Hausstand. Und er hatte so etwas Reineres, Harmloseres im Charakter, der V., in ihm steckte noch zu einem Teil das Kind!

„Aber jedenfalls ist die M. mit Edgar nicht streng genug gewesen, den hat sie sehr verpimpelt und zum Mutterjungen gemacht. Er w a r nicht bloß ein Mutterkind, sie hat ihn auch dazu gemacht. Die StM führt ja auch mit darauf zurück, daß er so schlecht sprechen konnte und überhaupt so zurück war. Und in die Schule hat die M. den Jungen einfach nicht gelassen, der wurde im Schrank versteckt, und wenn dann die Lehrer und die Polizei kamen, wurde sie frech — die Schnauze hat sie ja —, und da mußten dann die Kinder fort.

„Sie, die StM, hat Edgar immer nur Tante Edith genannt, und sie hätte das auch nie anders verlangen mögen. Eine Bekannte sagte mal, sie sollte doch verlangen, daß er sie „Mama“ nennte — zu der M. sagte er ja „Mutti“, aber das hätte sie nie getan. Er ist ja auch die ganzen Jahre hindurch sehr viel bei der M. gewesen. Die StM machte mit ihm Schularbeiten von 2—5 Uhr — das war immer ihr Nachmittag —, und dann sagte sie: so, Edgar, nun geh noch 10 Minuten nach unten. Und wenn sie nach 10 Minuten rief, sagten die Kinder: der ist in die . . . straße gegangen. Da wohnte seine M., und das war ja eben ganz in der Nähe. Und wenn sie nachher fragte: wo warst du? dann sagte er: bei meiner Mutter! So in dem Ton: bitte, was willst du, das ist ja meine Mutter! Da konnte sie ja nichts machen, und der V. tat auch nichts dagegen, da hätte sie es natürlich erst recht nicht gekonnt. Und wenn Edgar vielleicht eine Zeitlang nicht hingegangen war, dann kam die M. mit Kaffee und Kuchen zu ihnen an, so war das. Sie machte sich ja auch Kummer über Edgar, sie kam dann an und sagte zur StM: kannst d u nichts mit ihm machen, Edith? Versuch d u es doch!

„Als sie ausgebombt waren, fuhren sie am frühen Morgen mit dem Lastwagen durch die . . . straße, wo die M. wohnte, das war ja in den schlimmen Tagen 1943. Und bis dahin hatte Edgar nicht geweint, aber wie sie an dem Haus von der M. vorbeikamen und das von oben bis unten aufgerissen war, da sah sie, wie ihm die Tränen über die Backen liefen. Da sagte sie zu ihm: Edgar, deine Mutter lebt ganz bestimmt, wir müssen nur erst hier heraus, dann suchen wie sie. Aber wie sie dann in Bayern waren, hat Edgar da Feuer angezündet, nur damit sie da fortkamen und er nach Hamburg zurück zu seiner Mutter konnte. Es war bestimmt deswegen, es war nicht wegen Feuer, er hat nicht in das Feuer geguckt.

„Ein richtiger Junge war er als Kind nicht, dazu war er zu verpimpelt. Er hat mit anderen Kindern gespielt, aber das waren oft jüngere, und solche aus seiner Klasse hat er nicht angebracht. Aber kurz ehe er aus der Schule kam, da war er dann so viel unterwegs, das war ja damals die Zeit mit dem Schwarzmarkt, und er war so ein begeisterter Kohlenstehler, aber nicht für sich, für alte Frauen hat er Kohlen gestohlen, er bat direkt darum, daß er das dürfte. Und dann waren da die Jungen von nebenan, besonders der Steiner, bei dem waren auch die Eltern früh auseinander gegangen, mit dem hat er dann viel gemacht. S i e schickte ihn ja zur Schule, aber was nützte das, wenn er dann die Schulmappe unter die Fußmatte legte und anderswo hinging?

„Als ihr Mann schon so krank war und sie auch wußte, daß er sterben würde, war Edgar auch so wenig zu Hause, und wenn er da war, sagte er noch, sie sollte nicht immer ein solches (trauriges) Gesicht machen. Jeden Abend war er bei seiner M., und da sagte sie schließlich: dann geh auch ganz dahin. Nicht, daß sie ihn hinausgeworfen hat, sie hat es ihm freigestellt, wenn er sich mehr dahingezogen fühlte. Aber ihr (der StM) Vater wollte auch nicht, daß sie mit Edgar zusammenblieb, als der V. tot war, denn er fing da schon mal so an, sie am Knöchel anzufassen oder am Hals — ja, draußen mögen sie es noch nicht tun, da tun sie es drinnen —, und da dachten sie, es wäre wohl besser, er zöge nun weg. Da fragte sie beim Jugendamt, ob sie ihn nun wieder zu seiner M. schicken dürfte, und da sagte das JA, er stünde ja gar nicht mehr unter ihnen, weil er schon 19 wäre.

„Seine Frau taugt nichts, die hatte schon mit 12 Jahren nicht mehr in die katholische Kirche gedurft wegen ihres Benehmens; die ist nämlich katholisch. Und auch in der Schule war sie ganz schlecht angesehen, da trieb sie sich schon herum. Er würde eine Frau brauchen, die ihm Geliebte und Mutter zugleich ist, die ihn mit Liebe nimmt, aber auch behütet."

Vorausgesetzt selbst, daß Edgar von beiden Eltern weniger günstige Züge mitbekommen hat — so abgesunken waren die Eltern allerdings wohl nie — und daß er sehr wenig begabt und auch vitalschwach ist: die Entwicklung von Adolf Mojen hätte doch vielleicht auch in seiner Möglichkeit gelegen. Er war allerdings auch schon in seiner früheren kriminellen Periode — bei den Beschaffungs-Diebstählen in der Zeit vor der Währungsreform und kurz danach — aktiver als Adolf Mojen. Vielleicht, weil er im Gegensatz zu Adolf und auch zu Dieter Haselberg körperlich etwa normal, wenn auch, wie es im Heimbericht hieß, etwas „schwach" entwickelt war. Auch später scheint sich bei ihm wohl der Gegensatz zwischen körperlicher Reife und geistiger und seelischer Unreife besonders ungünstig ausgewirkt zu haben.

Er ist neben Harro Weitz (S. 425) der einzige der schwer rückfälligen Probanden, der als jüngstes Kind 5 oder mehr Jahre nach dem nächstälteren Geschwister geboren ist, und diese beiden sind ja früh von ihrer M. getrennt worden. Die 7 nur einmal straffälligen Probanden, die solche Nachkömmlinge waren, sind alle ganz bei der M. aufgewachsen. Edgar ist auch der einzige Schwerrückfällige, der als kleines Kind seiner M. am Schürzenzipfel hing, was ebenfalls von den Nichtrückfälligen öfter berichtet wurde.

Für ihn, der ja auch wohl in seiner ganzen inneren Verfassung noch recht zurückgeblieben war, war die Entfernung von der M. vermutlich ein scharfer Schnitt. Man fragt sich, ob die StM ihn wohl innerlich besser in den Griff bekommen hätte und überhaupt alles besser gegangen wäre, wenn er bei dem Wechsel die M. völlig aus dem Gesichtskreis verloren hätte. Dafür spricht manches. Zwar hätte er der StM gegenüber vielleicht immer gewisse innere Vorbehalte gemacht, denn sie war, wie es scheint, wohl sehr bemüht und eine gute Erzieherin, aber gerade für eine Mutter wohl etwas zu „verständig" und distanziert. Hätte aber die richtige M. nicht immer im Hintergrund gestanden, so wäre ja auch die StM wohl freier und unbefangener geworden. Und für Edgar jedenfalls war das Vorhandensein dieser zwei Mütter der beste Weg, um das Lavieren und die Unaufrichtigkeit zu lernen.

Und vor allem entstand und ernährte sich daraus wohl auch bei ihm der wahnhafte Anspruch, daß ihm eigentlich etwas Besseres zustände, und der wahnhafte Glaube, dieses Bessere werde anderswo für ihn aufgehoben und er könnte notfalls darauf zurückgreifen. In diesem Glauben wurde er ja entttäuscht, als er nach dem Tode des V. wirklich darauf zurückgriff. Die M. hatte ja neben ihrem Mann für diesen großen Jungen — sie sprach von den „beiden Mänern" — keinen Raum, jedenfalls nicht so viel, wie er sich wünschte. Er war gewohnt gewesen, dort als Besuch behandelt zu werden, und fand sich nun als ein kleines Glied in der Familie und den Anordnungen des StV unterworfen. Bei der StM andererseits kam nach dem Tode des V. die Gleichgültigkeit gegen ihn zutage, die ihr wohl wesentlich geholfen hatte, sein Doppelleben zu tolerieren; und außerdem hatte sie nun auch keinen Ehrgeiz mehr, ihn zu erziehen. So erwies sich für ihn, daß zwei Mütter zu haben im Grunde hieß: keine zu haben.

Bezeichnend ist, daß er sich nun in der Familie eines Mädchens einnistete. Dieses Mädchen war selbst „haltschwach" und durchaus nicht geeignet, i h n zu halten; sie belastete ihn ja sogar noch mit 2 Kindern, die gar nicht von ihm waren. Das war sicher an seinem raschen Absinken wesentlich mit schuld, und daß er gerade an diesem Mädchen hängen blieb, war wohl z. T. Pech, andererseits doch aber auch nicht nur Zufall. Seine mangelnde Begabung, seine „Kritikunfähigkeit" wirkt bei dem allem wohl auch mit.

Zu bemerken ist noch, daß seine beiden Mütter wohl gern dominieren. Die StM berichtete das von der M., die ja ihren baumgroßen Mann beherrschen soll, aber von ihr konnte ich in ihrem Umgang mit i h r e m zweiten Mann etwas ähnliches bemerken. Die schwächlichen Jungen, über die in den letzten Beispielen berichtet wurde, haben alle unter der Herrschaft relativ kräftiger Persönlichkeiten gestanden und sich ihr auch unterworfen, solange diese Herrschaft dauerte und soweit sich ihnen nicht die Möglichkeit bot, in Nebenpfade auszuweichen. Z. T. hängt die Verzögerung ihrer Entwicklung, ihre infantile Unselbständigkeit und ihre gefährliche Neigung zum Ausweichen wohl gerade damit zusammen. Ein besonderes „Geltungsbedürfnis" haben diese Jungen aber anscheinend nicht entwickelt, was wohl z. T. mit ihrer allgemeinen Dürftigkeit zusammenhängen kann, aber vielleicht auch damit, daß ihr Selbstgefühl von vornherein niedergehalten wurde. Sie wurden wie Babys gepflegt, aber auch nicht sehr viel mehr geachtet. Ob diese Erklärung zutrifft, kann man nicht sagen, da es sich um zu wenige Fälle handelt und alle diese Vorgänge so sehr kompliziert sind[46c].

152. Rudolf Klischat, 30. VI. 31. Er war O. 1946 (14;9) in Schweinfurt, wo er bei M. und StV lebte, aus der 8. VSch.Kl. mit durchschnittlichem Zeugnis entlassen worden und hatte eine Maurerlehre begonnen. Von etwa *16;4* oder früher bis *16;7* (II. 48) beging er dort eine Reihe von Straftaten. Er stahl laufend Stallhasen und verkaufte sie, holte sich laufend Brot aus Bäckereien, holte aus einer Fabrik durch Einbruch Geld und Kleidung und entwendete auch auf der Arbeitsstelle Sachen. Er wurde zu 8 Mon. Jugendgefängnis verurteilt, die er bis VIII. 48 (17;2) verbüßte. Der Rest wurde ausgesetzt, und er kam zu seinem ebenfalls wiederverheirateten V. nach Hamburg (die Eltern waren 1940 geschieden worden). Da in dessen Wohnung kein Platz für ihn war, wurde er im Nebenhaus im Keller als Untermieter einquartiert. Er arbeitete auf einem Bau, wurde dort aber bald wegen Arbeitsmangel entlassen.

Die Fürsorgerin, in deren Jugendgruppe er damals war, schilderte ihn als einen gutmütigen, primitiven, ausgesprochen kameradschaftlichen Jungen, aber schlechten Einflüssen sehr zugänglich. Er sei von den Mädchen wegen seiner Ungepflegtheit abgelehnt worden; er habe nämlich nach Schweißfüßen gerochen. Vor Leistungsanforderungen habe er versagt. Er habe eine straffere Aufsicht gebraucht, als sie ihm habe geben können.

XII. 48 *(17;5)* erbrach er einen verschlossenen Schrank in seinem Zimmer, in dem sein Vermieter verschiedene technische Geräte aufbewahrte, und nahm einige der Geräte — deren Wert nicht ohne weiteres erkennbar war —, um sie teils Kameraden zu schenken, teils zu verkaufen. Ehe er das konnte, wurde er festgenommen, und nach einem Monat U-Haft wurde er zu 6 Mon. Jugendgefängnis verurteilt, die er mit dem Strafrest von 1948 bis 1. IX. 49 verbüßte. Im Vollzug war seine Führung nicht gut. Es könne keine Rede von erziehlicher Beeinflussung sein, hieß es. Er habe sich so gut wie möglich anzupassen gesucht, dann aber, da man ihm nicht scharf auf die Finger gesehen habe, das Heil in der Flucht gesucht, auch Gelegenheiten zu Diebereien ausgenutzt und dann die Folgen seines Verhaltens durch Löffelschlucken abzuwimmeln gesucht. Er sei „der Typ des asozialen Menschen, der durch Erb- und Erziehungsschäden belastet ist und den für ihn bequemen Weg zu gehen sucht . . . von recht robuster Struktur, Prognose ausgesprochen ungünstig."

Er kam nun in ein Wohnheim und fing wieder bei seiner Baufirma an. Der Fürsorgerin erzählte er, er habe im Jugendgefängnis durch gute Führung doch keine Vorteile haben können, so sei er lieber für die Rechte der

---

[46c] Strafregistereinsicht für Edgar Glas III. 61: 1) *X. 59* w. gemeinsch. vers. schw. Diebst. i. Rückf. 4 Mon. Gef. 2) *II. 60* 9 Mon. Gef. w. falscher uneidl. Aussage in 2 Fällen i. Tateinheit m. vers. Betrug u. Personenstandsfälschung und einer weiteren Personenstandsfälschung.

Kameraden eingetreten und habe sich bei ihnen in ein gutes Licht gesetzt. — Nach einer kurzen Reise zu seiner M. — wohl X. 49 — kam er ins Bummeln, und XI. 49 *(18;4)* also zwei Monate nach Strafentlassung, brach er in ein Geschäft ein und holte sich dort zwei Anzüge; er sagte nachher: weil er kein Geld gehabt habe, sich Kleidung zu kaufen. Er bekam 1 Jahr Gefängnis. Im Entlassungsbericht XI. 50 (19;4) hieß es, er sei, trotz der über sein Alter hinausgehenden Erfahrungen, noch stark anlehnungsbedürftig und vom Gemüt her zu packen, neige allerdings, wenn auf seine Wünsche nicht genügend eingegangen werde, auch zum Trotz. Er habe noch den aufrichtigen Wunsch, vor dem völligen Abgleiten bewahrt zu werden. „Er braucht einen Menschen, dem er vertraut und der ihn mit fester Hand leiten kann."

Er kam nun in ein Wohnheim, in dem er sich „undiszipliniert und flegelhaft" benahm. Nach einem Monat verlor er seine Bauarbeit, nach einem weiteren verschwand er aus dem Wohnheim unter Hinterlassung einer Schuld von DM 15,30. Obwohl er dann Hausverbot hatte, erschien er noch einmal *(19;8)*; das Verfahren wegen Hausfriedensbruch wurde wegen Geringfügigkeit eingestellt. Es ergab sich dann, daß er zu einer 37jähr. Frau gezogen war. „Die Frau läßt Gewissenskonflikte erkennen, sie sagt, sie bemühe sich mütterlich zu ihm zu sein, habe sein sexuelles Verlangen in Grenzen halten können. ... Rudolf K. selbst sagt, sie sei der erste Mensch, der ihn achte und verehre." Es wurde aber auch vermutet, daß er teilweise aus dem Erwerb einer Prostituierten lebe. Er war öfter arbeitslos, hatte aber auch Arbeit auf dem Bau.

II. 52 *(20;7)*, also 15 Monate seit seiner letzten Strafentlassung, kam er wieder in U-Haft, weil er mit zwei anderen mehrfach vom Lagerplatz einer Schrotthandlung Eisenträger gestohlen hatte (schwerer Diebstahl) und sich von einem Arbeiter eine Pistole ertrogen hatte. Er bekam 1 J. 9 Mon. Gef. und war wieder bis XI. 53 (22;4) in Haft. VI. 53 entwich er, wurde aber nach 10 Tagen wieder gefaßt.

Danach machte er wechselnd Bauarbeit und Hafenschichten. 1954 zog er wieder zu der 17 J. älteren Frau, die er dann auch heiratete. Weil er auf einen gekauften Radioapparat nicht abbezahlte, hatte er ein Strafverfahren, das aber mangels Beweises einer Betrugsabsicht eingestellt wurde. XII. 54 *(23;5)* entwendete er bei der Arbeit im Fischereihafen etwa 20 Pfd. Fische, die er z. T. verkaufen wollte. Er bekam 3 Mon. Gefängnis mit Strafaussetzung für 3 Jahre.

Beide Eltern waren bei Rudolfs Geburt 26 J. Der V. — ein ruhiger, schwerfälliger Arbeiter — ist jetzt in 3. Ehe mit einer 16 J. jüngeren Frau verheiratet, mit der er eine 1948 geborene Tochter hat. Er gilt als rechtschaffen, ist vielleicht aber auch nicht so überaus tüchtig, denn er wohnte IX. 1955 mit seiner Frau in einem Wohnlager der Sozialbehörde in einem Gemeinschaftsraum, der nur durch halbhohe Wände unterteilt ist. Dort wurde zuerst nur die StM allein angetroffen, eine recht jugendlich wirkende, schlanke, gepflegte Frau. Später kam auch der V. dazu — er kam von der Arbeit — und erzählte, während seine Frau ihm in dem Raum das Essen machte, auf Fragen einiges, aber ungern und sehr verlegen, vor sich auf den Tisch sehend. Er machte einen sehr einfachen, passiven und gehemmten Eindruck.

Die StM erzählte IX. 55 zunächst: „Rudi arbeitet noch bei den Fischen, soviel sie weiß. Aus der Fischsache damals ist nichts gekommen. Er wohnt noch bei der Frau, die ist älter als sie (die StM)! Sie ist an sich ordentlich, und sie gibt ihm ja auch einen Halt, das stimmt, er hält nun auch sein Geld besser zusammen, darauf achtet sie wohl. Er ist ein großer kräftiger Bursche, aber zu gutmütig, zu beeinflußbar, er braucht einen Halt. Bei ihnen hat er nie mitgewohnt, denn sie haben ja eine kleine Tochter, Roswitha, die nur gerade jetzt verschickt ist. Und wegen der wollte die StM nicht, daß er bei ihnen wohnte. Sie hat gesagt: entweder führst du dich ordentlich, dann kannst du zu uns ziehen, oder eben du kannst nicht zu uns ziehen. Da nützte aber alles Reden nichts. Anhänglich ist er ja, das war er immer, er kommt immer wieder bei ihnen an. Er mag auch die kleine Schwester sehr gern.

„Der V. ist gutmütig zu ihm — in einer Weise streng, aber dann auch wieder zu gutmütig direkt. Zu verstehen ist es ja nicht bei Rudi, er ist doch jetzt schon fast 25! Aber er ist eben zu viel herumgekommen. Und die Mutter — darüber möchte die StM nichts sagen, aber die hatte, als Rudolf etwa 9 J. alt war (8 J.) einen Freund und hat Rudi da mit hingenommen, und er mußte dem V. etwas vorlügen. Sowas vergißt ein Kind doch nicht.

Der Vater sagte: „Rudi ist ja schon mit der Frau verheiratet. Er wird ja jetzt auch keine Dummheiten mehr machen. Von Natur war er überhaupt nicht verkehrt. Das ist eben durch den Krieg und das alles gekommen. Die erste Frau war an sich auch gut. Er war ja ihr Einziger damals. Er war gesund und kräftig, ganz normal, alles wie Kinder sein sollen, hat auch immer gut gegessen, soweit der V. weiß, und war auch kein Bettnässer. Die Eltern waren beide nicht streng, er war aber folgsam und hielt sich an beide. Man kann nicht sagen, daß er gerade ein Mutterkind war. Er war gutmütig, das war er, und haute nicht andere Jungen, aber wenn sie ihn hauten, verteidigte er sich. Die M. hatte ihn lieb, und er schmuste auch mit ihr, aber er mochte auch den V. gern. Bis zur Scheidung war er immer zu Hause.

„Als der V. eingezogen war (R. 8;2), in der Zeit ist die M. ihm nicht treu geblieben und hat Zwillinge bekommen. Da wurden sie geschieden, und Rudi blieb bei ihm. Der V. ging zur Arbeit, und wenn er zurückkam, hat der Junge andere Jungs mit in die Wohnung gebracht, und sie hatten da herumgespielt und was kaputtgemacht. Das ging eben nicht. Da hat der V. ihn mit der NSV nach Bayern geschickt (etwa 9;3). Da hatte er es auch gut, da hat er mitgearbeitet in der Landwirtschaft, der V. hat ihn da mal besucht. Dann (etwa 10;8) hat der V. sich wiederverheiratet und hat Rudi zu sich geholt. Aber das war nicht das Richtige mit dieser Frau, das hat der V. selbst gemerkt, und nach einem halben Jahr ging er mit ihr wieder auseinander. Zuerst war sie ja gut zu Rudi, aber als sie sich dann mit dem V. nicht mehr so vertrug, da war es auch aus mit ihm.

„Da schickte der V. ihn zu seinen Eltern (etwa 11;2), die lebten noch, waren 65 oder so, sie wollten natürlich das Beste, aber sie waren eben doch schon zu alt, er durfte machen was er wollte. Als der V. einmal da war, erzählte er Rudi, wo seine M. war. Das hatte er vorher gar nicht gewußt, und der V. kann auch nicht sagen, daß er nach der Trennung Heimweh gehabt hätte (guckt nachdenklich). Aber nun fing er auf einmal an und ließ keine Ruhe und wollte unbedingt zu seiner Mutter. Und darum kam er dann auch dahin (etwa 13 J.). Aber da waren inzwischen die kleinen Geschwister, und die wurden ja wohl bevorzugt, und überhaupt — aber was da war, weiß der V. ja nicht, das müßte Rudi ja selbst erzählen, aber jedenfalls will er jetzt von seiner M. überhaupt nichts mehr wissen. Er kam dann wieder hier an, und der V. hat ihm ein Zimmer besorgt. Die erste Sache damals, mit den Apparaten, die hatte er gar nicht gemacht, sondern seine Kameraden. Er hat das bloß für die auf sich genommen. Er hat wohl im ganzen so die Natur vom V., ist gutmütig und ruhig. Aber die M. war auch nicht aufgeregt oder so. Der V. sagt ihm jetzt nichts mehr, das hätte ja gar keinen Zweck. Nein, das ist nur durch den Krieg und das alles gekommen."

Das JA Schweinfurt hatte 1949 berichtet, die M. habe früher wohl sehr an Rudolf gehangen und ihn 1944 wieder aufgenommen. Später sei aber das Verhältnis gänzlich verfahren gewesen, sie habe ihn so geschlagen, daß er ganz verstockt geworden sei. „Sie hat drei kleinere Kinder, wurde mit dem großen Jungen nicht mehr fertig und konnte ihn nicht mehr gebrauchen."

In dem krim.psychol. Untersuchungsbefund vom I. 49 hieß es, er sei körperlich kräftig und vierschrötig und gebe sich ungeniert salopp, was wohl z. T. wirklicher Kinderstubenmangel, z. T. aber Absicht sei. Er sei früh seiner Illusionen beraubt, sei Zeuge des Ehebruchs der M., der Streitigkeiten der Eltern geworden und sehe nun überall nur das Häßliche, sei auch selbst egoistisch und sinnlich-materiell eingestellt, aber doch auch gemütshaft und teilnahmefähig. „Gerade deswegen haben ihn die starken Milieuschäden besonders berührt." Er träume im stillen von besserer Zukunft, habe aber nicht die Kraft, sie sich zu erkämpfen, zutiefst ein asozialer Typ. Zum V. habe er kein Vertrauensverhältnis. „Warum", so habe er gesagt, „hat mein Vater nicht einmal über das alles gesprochen[47]. — Die Eltern hätten wohl nicht zueinander gepaßt, der V. sei ein schwerfälliger katholischer Ostpreuße gewesen, die M. eine leichtlebige evangelische Hamburgerin. — In dem Gutachten vom II.50 wurde seine Gefühlsanrührbarkeit noch mehr hervorgehoben. „Er war gemütlich stark angesprochen und weinte sehr." — In einer Bildbeschreibung, die er für die krim. psychol. Untersuchungsstelle machen mußte, schrieb er (18;2) von einem Jungen, der vor einem Baum sitzt „und von seiner Kindheit träumt, da es ihm dabei am wolsten ist[47a]."

---

[47] Der Proband *106* sagte bei der krim. psychol. Begutachtung:„ Die Eltern sind ja so stumm!"

[47a] Strafregistereinsicht III. 61: *VI. 56* 6 Mon. Gef. u. DM 10,— w. Diebst. i. Rückf. u. Steuerhinterz. 2) *X. 57* 1 Jahr Gef. w. Diebst. i. Rückf. u. Steuerhinterz. 3) *XI. 58* 3 Jahre Zuchthaus w. schw. Diebst. i. Rückf. u. Diebst. i. Rückf. in 7 Fällen.

268. Werner Krumbach, 29. IV. 32. Er wurde O. 1947 (14;11) mit gutem Zeugnis aus VSch. Kl. 9 entlassen; es hieß, er habe gute Verstandesanlagen, sei aber träge, neige zum Bummeln, arbeite schnell, aber nicht sorgfältig; er sei charakterlich ein wenig gefährdet und habe eine starke Hand nötig. — Da er „sehr erlebnishungrig und abenteuerlustig" war, wurde er in Seefahrt gegeben und fuhr ein Jahr lang, mochte dann nicht mehr, begann eine Schlosserlehre, die ihm aber nicht gefiel, und ging nach kurzem in eine Tischlerlehre über, in der er sich gut machte, aber auch keine rechte Lust hatte und bummelte. XII. 48 hatte er ein Verfahren wegen groben Unfugs, weil er mit einem 6 J. Jüngeren Ascheimer umgeworfen und ein Arztschild aus einem Garten gezogen hatte. Einen Monat später, *16;9*, machte er sich mit Lebensmittelmarken und DM 46,— der M. auf den Weg zur Fremdenlegion, verlor aber in Mainz den Mut und kam zurück. Da ihm der StV die Tür wies, kam er über die Bahnhofsmission in das Heim Hütten und von da in eine geschlossene Arbeitsgruppe (freiw. FE).

Dort war er 7 Monate lang. Im Anfang war er sehr widerwillig in der Arbeit, wurde darin wohl etwas besser, blieb aber immer unzuverlässig. zum Bummeln geneigt, „hat immer Dummheiten im Kopf, ist nie voll bei der Arbeit." Bei den Kameraden sei er wegen seiner Querköpfigkeit nicht beliebt, zu den Erziehern freundlich, aber nicht aufrichtig. — Danach kam er in eine offene Arbeitsgruppe und ein Wohnheim. In dieser Zeit, *17;4* (IX. 49), holte er mit zwei Gleichaltrigen aus einem schon beschädigten Schaufenster, dessen Loch sie noch erweiterten, mehrere Pakete Tabak, Zigarettenetuis und -spitzen, Pfeifen, Feuerzeuge u. ä., die sie unter sich verteilten. Einen Monat später, *17;5*, stieg er mit einem der Gleichaltrigen durchs Fenster in eine teilweise beschädigte Kirche ein, um dort Metall zu suchen. Er bekam 3 W. Jugendarrest, in dem er als „äußerlich und innerlich ziemlich lasch" beurteilt wurde. „Pflichten geht er am liebsten aus dem Wege, Forderungen macht er mit Nachdruck geltend." Wenn er sich nicht gehörig zusammennehme, werde er sich nicht vor einem erneuten Versagen bewahren können.

Vier Wochen nach dem Vollzug, *17;8*, holte er mit zwei Wohnheim-Kameraden von einem Fabrikgelände — dessen Zaun sie mit einem Beil durchschnitten hatten — 30 m Kupferkabel. Vermutlich hatten sie das öfter getan; Werner sagte später, er habe sich Geld für die Auswanderung beschaffen wollen. Weil nun dies Verfahren lief, machte er sich ein paar Tage später mit einem der Mittäter auf die Wanderschaft nach Süden. Sie wurden in Kreiensen im Bremserhäuschen eines Zuges getroffen, und er kam in U-Haft. Das Verfahren wurde dann aber zur Bewährung ausgesetzt und FE angeordnet, in der er nun von 17;8—18;11 in 4 verschiedenen Heimen blieb.

Auch hier fiel überall seine Gleichgültigkeit, Unstetheit und Zerfahrenheit in der Arbeit auf, das schnelle Abflauen seiner guten Vorsätze, seine Freude an Dummheiten, die ihn z. T. bei den Kameraden beliebt machte — sie wählten ihn deswegen einmal in den Gruppenausschuß, in dem er sich aber nicht genügend durchsetzen konnte — z. T. aber auch unbeliebt, weil sie als Angeberei wirkte. Zu den Erziehern war er teils freundlich-höflich, teils „flegelhaft" und „vorlaut". Einem Fürsorger klagte er einmal (17;8), er nehme sich immer wieder vor, zurückhaltend zu sein, könne es aber nicht. „Er sucht einen Menschen, an dem er Halt findet."

Danach fuhr er wieder ein halbes Jahr zu See, „mußte aber erneut feststellen, daß er dem Beruf nicht mehr gewachsen war" (JA). Dann hatte er eine Beifahrerstelle, in der er *19;11*, d. h. nach etwa 4 Monaten, entlassen wurde, weil er mit einem Freund heimlich und ohne Führerschein eine Spritztour mit dem Wagen der Firma machte, bei der er wegen verkehrswidrigen Verhaltens angehalten wurde (DM 30,— Geldstrafe). Danach war er in verschiedenen Kohlenfirmen als Beifahrer und Kohlenträger tätig, auch eine Zeitlang fest im Hafen, was er wegen der Anstellung in einer Kohlenfirma aufgab, die dann aber doch nur kurz war. Danach war er unständig im Hafen beschäftigt.

IV. 54 *(22;0)* stahl er mit einem 2 J. Älteren aus einem im Hafen gelagerten Kaffeesack 21 kg Rohkaffee, wurde aber gefaßt, als sie ihren Beutel über den Freihafenzaun warfen. In den Monaten darauf, *22;1* und *22;2*, beging er mit dem Älteren mehrere Metalldiebstähle; sie nahmen Unterlegbleche von einer Straßenbaustelle und Kabel und Gußrohre von S-Bahn und Stadtentwässerung. Zunächst bekam er für den Freihafendiebstahl 5 Mon. und 1 W. Gefängnis— die zur Bewährung ausgesetzt wurden — und eine Geld- und eine Wertersatzstrafe. X. 54 kam er dann einen Monat in U-Haft, weil er im Sommer, nach den Metalldiebstählen *(22;3—22;4)* mit einer Gruppe Gleichaltriger in 6 Fällen Homosexuellen an Bedürfnisanstalten aufgelauert und sie verprügelt hatte. 3 Monate nach der U-Haft wurde er deswegen unter Einbeziehung der ausgesetzten Gefängnisstrafe zu 1 J. Gefängnis verurteilt. Dazu kamen später noch 2 Mon. Gef. wegen der Metalldiebstähle.

D i e M., eine Frau von natürlich-einfachem, dabei etwas ernstem und zurückhaltendem Wesen, sprach ich VI. 55 in ihrer gut eingerichteten und nett gehaltenen Wohnung. Sie sagte, Werner wohne seit einem Jahr nicht mehr bei ihr.

„Er wohnt am Krohnskamp bei einer Frau, da ist auch ein 16jähriger Sohn, bei dem spielt es so etwas Vater. Näheres weiß die M. nicht. Er arbeitet bei den Kohlen. Er sagte, er hat Bewährung bekommen. Er hält es ja schlecht bei einer Arbeit aus. Der StV hatte ihm Arbeit fest im Hafen besorgt; nach kurzem hörte er da auf und fing wieder bei den Kohlen an. Ab und zu kommt er zu ihr, wenn der StV nicht da ist; zuletzt war er am Muttertag da. Wenn er jetzt kommt, ist er ganz ordentlich in Zeug. Vorher hat er ja oft sein Geld so ausgegeben und hatte dann nichts mehr zum anziehen. Sonntags stand er dann gar nicht auf, und sie brachte ihm das Essen ans Bett. Er genierte sich, weil er sonntags kein Zeug anzuziehen hatte. Dabei ist er groß und gut gewachsen, ein hübscher Kerl. Hoffentlich findet er mal ein ordentliches Mädchen.

„Geld kann er nicht halten; was er hat, gibt er aus. Aber nicht für sich, das spendiert er den Kameraden. Als er arbeitete, kamen die dann an, die hatten sich schon eine Maschine zusammengespart, er hatte nichts, aber dann gleich alles für die anderen spendiert. Er muß immer wirken, etwas gelten und etwas erleben. Als er zur See fuhr, mochte er auch nicht in der Küche sein und Töppe abwaschen, er wollte oben sein und was erleben. Da hat er dann auch tüchtig mit angepackt, das wurde auch anerkannt. Aber er ist unausgeglichen, er ist schwierig. Die M. sorgt sich, was wohl aus ihm wird, ob er nicht mal ganz auf die schiefe Ebene kommt. Sie weiß es nicht.

„M.s Vater war leichtsinnig mit Geld. Aber ihre Mutter hat immer gearbeitet, gearbeitet, anders kennt die M. sie gar nicht. Aber so furchtbar herzlich war sie nicht, das sind sie alle nicht, auch die M. selbst nicht. Die M. lernte den V. kennen, als sie 18 war. Er war ihr Erster, und sie hatten beide nichts, und dann kam das Kind (Werner). Da waren sie noch nicht verheiratet, das haben sie erst 2 Jahre später getan, und bis dahin lebte die M. bei ihrer Mutter und der V. bei seinen Eltern, aber er kam jeden Tag mal. Die M. wollte ihn eigentlich nicht heiraten, er war nicht so nett. Z. B. wollte er nicht mehr mit ihr zum Stempeln gehn, als sie einen dicken Bauch bekam, und sie wurde da doch oft geneckt. Das ist ihr sehr zu Herzen gegangen, und sie hat gedacht: heiratest ihn nicht. Aber ihre Mutter hat dann darauf gedrungen, denn der V. hätte sonst in den Arbeitsdienst gemußt, und das wollte die Oma nicht, wegen dem Kind.

„In den ersten beiden Jahren, aber auch noch nachher, arbeitete die Oma und verdiente hauptsächlich das Geld für Werner. Sie gab ihm immer alles und sorgte gut für ihn. Die M. war damals etwas lebenslustig, sie war ja auch noch sehr jung. Werner war von Anfang an ein sehr lebhaftes Kind. Er aß alles und wurde in der Wiegestunde immer als Muster vorgeführt: er war stämmig, aber nicht fett, gerade wie er sein sollte. Er war ganz normal in allem, bald sauber und sprach auch früh. Er war der Mittelpunkt für die M., für die Oma, und auch für den V. Er hat es ja nicht so gemerkt, daß die Eltern zuerst noch nicht verheiratet waren. Nach der Heirat zog dann der V. ganz mit zur Oma.

„Aber es war nicht gut zwischen der M. und dem V., sie hätten nicht zusammenkommen sollen, es war Unfriede zwischen ihnen beiden. Der V. war ja an sich ordentlich, aber er hatte keine Arbeit, und er war auch nicht herzlich, und dann wurde er auch bald krank. Er hatte Anämie, und das ist eine schreckliche Krankheit, er wurde immer dünner und dünner. Und er konnte es nicht aushalten, daß Werner lebhaft war. Aber wenn er ihn ins Klo sperrte, wenn er ungezogen war, und Werner dann da heulte, dann holte ihn die Oma da wieder raus und sagte: dies ist meine Wohnung, und in meiner Wohnung will ich nicht den Lärm, daß der Junge weint. Werner war auch gegen den V. oft bockig und warf sich auf die Erde und strampelte. (Der V. starb an Anämie, als W. 5 J. alt war.)

„Als er 3 J. alt war, kam er in die Krippe, weil er so lebhaft war. Da lief er gleich mittags weg und war eine Zeitlang verschwunden und hatte sich versteckt; er mochte da nicht sein. Da haben sie ihn dann von da ab an eine lange Leine gebunden, damit er nicht weglaufen konnte. Von der Krippe kam er in die Warteschule, und von da aus wurde er auch mit 6 Jahren schon mal für ein paar Wochen nach Cuxhaven verschickt, da war er der erste auf dem Schiff. Die anderen waren ängstlicher, er hatte kein Heimweh. Er strebte immer fort. Fort und ein Abenteuerleben führen, das war es, was er wollte.

„Ob es nun in der Zeit war oder später, als er 10 war — da schunkelte er immer abends so im Bett, da war er schon so früh reif, und mit ihm darüber reden mochte die M. ja nicht, da ist sie mit ihm zum Arzt gegangen, der hat gesagt, sie sollte abends bei ihm am Bett sitzen und seine Hand halten, bis er einschlief, und ihn morgens gleich aus dem Bett holen. Aber wie soll man das alles tun, wenn man selbst berufstätig ist? Das war sie ja damals, und die Oma arbeitete auch. Und dann hat die Oma darauf gedrungen, daß die M. sich wieder verheiratete. Sie hat gesagt: i c h behalte den Jungen nicht. Da hat die M. dann 1939 (als Werner 7 J. alt war) wieder geheiratet. Aber mit dem neuen Mann war es auch nicht gut. Er hat gleich gesagt, daß er Werner nicht haben wollte, weil der so lebhaft war. Er wollte auch nicht, daß Werner ihn Papa nannte. Da ist die M. mit dem StV anderswohin gezogen, aber in derselben Straße, und Werner blieb bei der Oma. Morgens brachte die ihn dann, wenn der StV fort war, und nachher ging er wieder hin. Das war natürlich nicht das Richtige. Die M. kriegte dann ja 1940 den jüngeren Sohn, und da freute Werner sich zuerst; sie weiß noch, wie sie aus dem Krankenhaus zurückkam und er durchs Schlüsselloch guckte und sich freute. Aber dann kam er ja bald in KLV und blieb eigentlich den ganzen Krieg über weg, war nur zwischendurch einmal kurz da. Sie weiß nicht mehr genau, wann das war, aber als der StV eingezogen war, wohnte Werner auch eine Zeitlang bei ihr und dem Kleinen, da war er ganz nett, nur las er da so viel, er war nicht von dem Buch fortzukriegen, und wenn er vergessen hatte, es mit in den Luftschutzkeller zu nehmen, dann ging er noch mal rauf und holte es. Sonst hat Werner aber, wenn er zwischen der KLV mal da war, bei der Oma gewohnt.

„Nur eben, 1943 wurden sie alle ausgebombt, sie hatten ja alle in Hammerbrook gewohnt, und die Oma kam um. Und als Werner da wiederkam (er kam „nach der Kapitulation eigenmächtig zu Fuß quer durch Deutschland zurück" — JA), da hatte er eigentlich kein richtiges Zuhause mehr. Der StV wollte ihn ja eigentlich nicht. Aber die M. sagte: er ist doch mein Kind. Da hat sie immer so viel vertuschen müssen, und da ist beinah ihre Ehe drüber kaputtgegangen. Er hat dann ja auch immer wieder Sachen gemacht, und dann sagte der StV wieder, es ginge ja nicht. Er wollte ihn weghaben, und darum sollte er zur See. Das wollte er ja auch selbst. Die M. ist überhaupt nicht glücklich in ihrer zweiten Ehe gewesen, aber was sollte sie machen? Der jüngere Sohn ist frech, aber seinem V. folgt er aufs Wort. Zärtlichkeiten hat es zwischen ihnen allen nie gegeben. Der Kleine hat auch dem Großen gegenüber nicht viel brüderliche Gefühle, das hat er wohl nie gehabt, aber auch, weil der immer wieder solche Sachen gemacht hat. Kameraden hat Werner sich ja immer viel angezogen, aber wohl nicht die besten. — Für Werner war die Oma die Hauptsache gewesen, denn die hat ihm alles gegeben."

Nach der letzten Auskunft wohnt der Proband noch bei der Mutter seines 1937 geborenen Mittäters, mit der er auch ein Verhältnis unterhält und die er nach seinen Angaben heiraten will. Er war aber auch zwischendurch schon wieder in Haft.

Dies ist wieder ein anderer Typ, ein Junge, dem es weder an Begabung noch an allgemeiner Vitalität mangelt, der aber schon sehr früh hin- und hergeschoben wurde. Er hat sich auch etwas zum Angeber entwickelt, besonders unter Kameraden, und gegenüber Erziehern neigt er etwas zu freundlicher Scheinanpassung, hat aber doch auch öfter laut rebelliert. Besonders ausgeprägt ist bei ihm die Unruhe und Abenteuerlust, der Drang in die Ferne, und zwar eben unterbaut von einer kräftigeren Vitalität als etwa bei Harry Stuhr. Diese Unruhe wird auch schon aus seiner frühen Zeit berichtet, aber es war auch zuhause schon sehr früh Unruhe und Unfriede, und er kam schon mit 3 J. in die Krippe. In seiner vorlauten Art und seiner Lust an Dummheiten steckt offenbar auch diese etwas unruhige Geltungssucht und überhaupt eine i n n e r e Unrast. Er sagte ja selbst, er könne sich in dieser Hinsicht nicht zusammennehmen, trotz guter Vorsätze.

Auch bei ihm hat es eine Reihe von Schicksalsschlägen gegeben. Besonders verhängnisvoll war für ihn der Tod der Großmutter, die ihm ja immer „alles gegeben" hatte, außer allerdings, wie die M. sagte, wirklicher „Herzlichkeit", und die nach seiner Ablehnung durch den StV ja seine einzige Zuflucht war. Er ist auch relativ lange in KLV gewesen, mindestens 4 J. lang, wahrscheinlich länger, und zwar auch an verschiedenen Stellen; und er ist wie Kurt Lenschow (S. 312 ff) durch diese lange Abwesenheit gerade in einer Zeit seinen Angehörigen entfremdet worden, als sie sowieso keinen rechten Platz für ihn hatten.

Äußerlich hat er sich durch dies alles eine gewisse Selbständigkeit erworben, der ja auch seine Begabung zugute kommt. Auch sein Aufbruch zur Fremdenlegion und sein Aufbruch zur Auswanderung könnten diesen Eindruck äußerer Selbständigkeit machen. Aber wenn jemand so generell „in die Weite" strebt, verrät er ja damit, daß er im Grunde passiv ist. Er erwartet, daß die Totalveränderung seiner Umwelt wie durch ein Wunder alles beseitigt, was ihn jetzt hindert und quält, und auch ihn selbst verändert. Werner Krumbach merkte anscheinend schon unterwegs — und auch bei der Seefahrt —, daß er auch in der Ferne der Gleiche blieb und kam zurück. Dagegen hat er auch als Erwachsener durchaus nicht so viele Anstalten gemacht, durch eigene Kraft sich ein befriedigendes Leben zu schaffen, wie das nach seinen Anlagen von ihm erwartet werden konnte.

Sein Verhältnis mit der so viel älteren Frau ist ja ein deutliches Anzeichen dafür, daß auch er, von dem eigentlich nie gesagt wurde, daß er „weich" wäre, noch als Erwachsener das Gefühl mit sich herumtrug, er müsse eigentlich versorgt werden. Dieses Verhältnis ist an sich nicht die schlechteste Lösung für einen solchen Jungen, weil sie ihm ja auch in der äußeren Rolle gerade die Mischung von Kind und Mann ermöglicht, die seiner inneren Verfassung entspricht[48]. Vielleicht kann er im Schutze eines solchen Verhältnisses noch am ehesten männliches Verantwortungsgefühl

---

[48] *Haffter* (1948) berichtet von 3 Jungen, die nach Spannungen mit der StM bzw. M. eine mütterliche ältere Partnerin wählten.

entwickeln. Nur fragt man sich natürlich: Was geschieht, wenn er nun wirklich nachreift und sich dann einer alten Frau gegenüber findet? So gut wie sicher ist auch dieses Zuhause noch nicht das endgültige für ihn[48a].

Als ich mit der M. sprach, erschien mir die Passivität bemerkenswert, mit der sie sich den Verhältnissen unterworfen hat, und zwar die innere Passivität, denn äußerlich war ihre Wahlfreiheit vielleicht nicht groß. Außerdem schien es merkwürdig, wie sie ihren eigenen Mangel an „Herzlichkeit" beklagte. Das kann ja nur jemand, dem es im Grunde nicht an Herzlichkeit fehlt, und tatsächlich wirkte sie bei all ihrer Zurückhaltung nicht kühl. Aber zwischen ihr und den Menschen ihrer nächsten Umgebung: ihrer Mutter, ihren beiden Ehemännern und ihren beiden Söhnen scheint doch immer ein leerer Raum gewesen zu sein. In ihrer Gehemmtheit hat sie es anscheinend nicht verstanden, ein richtiges Gegenseitigkeitsverhältnis zwischen sich und den anderen herzustellen.

Dabei sagte sie, daß sie früher lebenslustig gewesen sei, und ich habe mehrfach eine solche passive Traurigkeit bei Frauen angetroffen, die nach den Akten oder nach ihrer eigenen Angabe früher „lebenslustig", und das heißt meistens: auch etwas haltlos gewesen waren. Die Passivität war vieleicht in beiden Haltungen die gleiche, die Stimmung aber war nun anders geworden[48b].

Die Mutter eines anderen Probanden, Nr. 151, traf ich in einer Einzimmer-Laube an, in der sie ganz allein mitten in verwildertem Gelände verbotenerweise hauste. Ihr Mann hatte sich früh von ihr scheiden lassen, und wegen ihrer Haltlosigkeit waren ihr alle Kinder fortgenommen worden. Sie hatte dann mit verschiedenen Männern zusammengelebt und wurde nun auch von irgendeinem „Verlobten" unterhalten. Sie erzählte, ihre Mutter sei gestorben, als sie 6 Jahre alt gewesen sei, und dann seien sie, die Kinder, alle ins Waisenhaus und dann in Pflege gekommen. „Da haben sie es gut gehabt, aber die M. wäre doch gern mal wieder nach Hause gekommen, aber ihr Vater hatte wieder geheiratet und die Frau brachte selbst zwei Kinder mit. Als die M. verheiratet war, ging sie noch einmal mit ihrem einen Kind hin. Es war bei Reinbek, da unten, Glinder Chaussee (guckte in die Ferne, erstes Lächeln bei der Unterredung), da wollte sie so gern noch einmal über Nacht bleiben und hat das zu ihrem V. gesagt, da hat er gesagt; da mußt du Emmy fragen (die 2. Frau); wir sind sehr besetzt. Das ist ihr so durchgegangen, da ist sie nie wieder dagewesen." An der Echtheit des Berichts konnte ich eigentlich nicht zweifeln — wenn auch ihre Mutter vielleicht nicht gestorben, sondern ebenfalls weggelaufen war — und auch nicht an der Echtheit ihres Gefühls. Und man sollte ja erwarten, daß gerade solche Frauen sich nun bemühten, ihren eigenen Kindern ein richtiges Zuhause zu schaffen. Aber leider ist das eben sehr oft nicht so, weil auch sie ihr Leben lang darauf warten, daß ihnen etwas gegeben wird.

---

[48a] Die Frau ist etwa 1956 verstorben.

[48b] Strafregistereinsicht III. 1) *VI 58* 6 Mon. Gef. w. schw. Diebst 2) X 58 7 Mon. Gef. w. fortges. Diebst. 3) *I. 59* 3 Jahre 6 Mon. Gef. w. schw. Diebst. i. Rückf. in 7 Fällen u. 1 Diebst. i. Rück.

2 0 1. H a r a l d H e r b s t g e n. W i l k, 26. I. 34. Als er gerade *14* war (II. 48), holte er zusammen mit einem 15- und einem 16jährigen jeder einen Autoreifen von einem Fabrikhof. Sie hatten gerade die Säcke voll geklauter Kohlen, sahen durchs Gitter die Reifen, schütteten die Kohlen aus, um Platz für die Reifen zu bekommen, und stiegen über die Mauer auf den Hof. Harald bekam zwei Arbeitsauflagen. Mit *14;10* (XII. 48) holte er mit einem 13- und einem 15-Jährigen dreimal je einen Kühler aus alten Autos, die auf einem Lagerplatz standen; dazu hatten sie den Drahtzaun „gewaltsam geöffnet". Er bekam nun eine Ermahnung. III. 49, mit 15;1, nahm er ein Fahrrad aus einem unverschlossenen Hauskeller und auf Bitte eines 16jährigen, aber unterentwickelten Jungen, den er dabei hatte aufpassen lassen, danach noch ein ein weiteres, baute sie auseinander und um und gab dem Aufpasser Teile ab. Er sagte, er habe so gern ein Fahrrad haben wollen, weil er den anderen Jungen immer für das Fahren auf ihren Rädern habe bezahlen müssen.

Er wurde damals gerade aus Kl. 7 der VSch. entlassen und fuhr sofort zur See. Da der Kapitän sich günstig über ihn äußerte, wurde in der Hauptverhandlung, die nach seiner Rückkehr von der ersten Fahrt stattfand, die Sache auf ein Jahr zur Bewährung ausgesetzt. *(15;4)*. Danach fuhr er noch zwei Monate zur See, bekam dann aber eine Blutvergiftung und mußte aussetzen und hatte auch nicht mehr solche Lust zur Seefahrt. Darauf kam er mit 15;7 zu einem Bauern in der Umgegend, bei dem er es gut hatte (15;10: „Der Stiefvater hat ihn schon zweimal besucht, sich von seiner guten Unterbringung und seinem Wohlergehen überzeugt"). Er führte sich auch gut und blieb über 2 Jahre. Nach der Rückkehr hatte er verschiedene Botenstellungen, zwei kürzere und weitere von über einem halben Jahr; dazwischen war er ca. ¾ Jahr arbeitslos. Mit 20;7 wurde er für volljährig erklärt und heiratete, weil seine Braut ein Kind erwartete, das 4 Monate später geboren wurde. JA: „Das Brautpaar macht guten, gesetzten Eindruck, kennt sich schon fast 3 J. Beide gelten als sehr ordentlich, fleißig, strebsam, solide."

Er war unehelich geboren („Erzeuger unbekannt") und war zuerst mit der M. allein. Als der ¾ J. alt war, zog sie mit einem städtischen Gartenarbeiter zusammen, den sie später heiratete und mit dem sie 6 Kinder — 4 Jungen und 2 Mädchen — bekam. Das älteste dieser Kinder, ein Mädchen, wurde 3 J. nach Harald geboren, das Jüngste 9 J. nach ihm. Drei dieser Kinder besuchten die Hilfsschule, zwei der Jungen begingen kleine Metalldiebstähle. Der Eltern wurden vom JA als ordentlich beurteilt. Die M. sei wohl reichlich nachsichtig; sie habe sich aber immer bemüht, allen Anforderungen der großen Familie gerecht zu werden.

D i e M u t t e r ist eine magere, kleine, einfache, verbraucht aussehende, aber trotzdem noch etwas mädchenhaft wirkende Frau. Sie wurde V. 55 in der Wohnung gesprochen und erzählte:

„Harald wohnt mit seiner Frau und dem Kind bei ihnen. Sie kochen für sich, aber die M. kann doch mal was sagen. Seine Frau ist erst 19, ist auch nett (war kurz zu sehen, sah zart und kindlich aus), sie sind ja schon lange miteinander gegangen, kannten sich ja schon 3 J., und sie wären auch zusammengeblieben, nur so früh hätten sie wohl nicht geheiratet. Er ist jetzt ein paar Monate in der Margarinefabrik, aber das ist noch nichts Festes. Er war ja drei Jahre in Allermöhe, dann hat ihm der StV eine Stellung als Bote besorgt, da wurde er zum Winter entlassen, aber zum Frühjahr haben sie ihn wiedergeholt. Er müßte mal was beim Staat haben. Er findet schwer Arbeit, weil er nicht so aus sich herausgeht. Arbeitsam ist er; nicht, daß er morgens nicht hochkommt. Aber weil er mit der Sprache anstößt — das ist aber schon besser geworden —, mag er nirgends so hingehen und sich vorstellen. Früher ging die M. ja mit, aber jetzt muß er das allein tun. Zur See wollte er schon als Kind, aber nachher hat er das doch nicht so gemocht, die M. weiß auch nicht, warum. Als er so 18 war, wollte er mal auswandern, aber das hätte die M. nie zugelassen, auch jetzt nicht, der kann sich ja nicht durchsetzen, das wäre für den gar nichts, o nein. — Mit Geld ist er sehr ordentlich, das war er immer, sie kann überhaupt gar nicht über ihn klagen. Er hat auch nicht schlecht gelernt, aber die Schule hat ihm keinen Spaß gemacht.

„Sein Vater hat sich damals ganz schnell von der M. zurückgezogen. Sie nimmt eigentlich an, daß er verheiratet war und es darum tat. Sie war 28, hat auf Zimmer gewohnt und gearbeitet (stammte aus einer kinderreichen Familie). Als Harald kommen sollte, naja, nicht daß sie so sehr unglücklich war. Er war dann gleich bei ihr. Bis der StV zu ihr zog — da war Harald ¾ Jahr alt —, hat sie ja gearbeitet, da brachte sie ihn tagsüber in den Kindergarten. Da war er auch beliebt, die Schwestern mochten ihn gern, er war ja ein niedlicher kleiner Kerl. Aber er war ja ein Mutterkind, und wenn sie ihn abends holte, freute er sich ja immer, wenn er sie sah. Er war eher ein ruhiges Kind, wenig ungezogen, nicht bockig. Aber wenn sie dann noch mal einholen ging abends, mußte sie ihn im Bett anbinden, damit er nicht herausfiel, aber das nahm er auch nicht übel. Wenn sie dann zurückkam, krähte er. Sauber und trocken hatte sie ihn sehr früh. Mit dem einen Zwilling hatte sie ja lange damit zu tun, das war wohl Erkältung, aber mit ihm nicht. Essen tat er auch gut, er war immer ein ordentlicher Brocken. Bloß Vigantol mochte er nicht, das brach er immer wieder aus, und er hatte doch so die englische Krankheit, und nun ist er böse! Sie hat das auch (zeigt ihre Beine).

„Dem StV war die ganze Familie an Tbc gestorben, nun wollte er gern wieder Familie haben. Als er zuerst kam, brachte er Harald Bonbons mit, und da sagte der auf einmal „P-p-papa!“, das war so niedlich, da hat sie sich so gefreut. Er hat sich dann auch immer ganz gut mit dem StV gestanden, nur der war doch strenger als die M. Wenn die M. mal böse auf Harald war, das hat er etwas tragisch genommen — gebockt hat er nie —; bei ihrem Mann nicht so, aber vor dem hatte er Angst! Der schlug aber auch ziemlich. Z. B. wenn Harald mal die Wand angepinselt hatte oder sowas, solche Sachen kamen dann ja heraus. Dann hat er sich vor Angst unter dem Bett verkrochen, und sie hat geschrien und sich dazwischengeworfen. Sie schrie, das soll man ja auch nicht. Überhaupt, sich dazwischenwerfen, das hätte sie ja vielleicht auch gar nicht tun sollen. Aber besonders im

Anfang war ihr das so komisch, wenn ihr Mann Harald verhaute, sie dachte, sie müßte sich dazwischenwerfen. Nachher hat sie es mehr geschehen lassen. Ihr Mann war ja auch mit den anderen streng. Wenn mal bei ihnen in der Ehe Streit war, nur durch die Kinder.

„Aber Harald ist doch ruhiger als die anderen, schwerer, schwermütiger, er kann sich gar nicht durchsetzen, er ist mehr so ein Einzel-, wie nennt man das? (. . . ?) ja, Einzelgänger. Auch jetzt noch, mit seiner Frau ganz allein wohin ins Freie, und er raucht nicht und trinkt nicht und nichts. Bloß als er klein war, so 3, 4, 5 J., da hat er gern Marmelade und Zucker genascht, da hat sie ihn dann verhauen, dann hat er es eine Zeitlang gelassen, aber dann doch mal wiedergetan. Aber sonst, nein, er hat nicht viel verlangt, er war immer zufrieden mit dem, was man ihm gab. Und durch die vielen Kinder, sie mußten ja alle früh mit ran, und bocken oder so, trampeln, sich auf die Erde werfen, so was ging nicht bei ihnen, das kennt sie von keinem Kind. Sie hat früh auf alles geachtet, folgen mußten sie. Harald hat ihr auch viel geholfen, auch freiwillig, das tat er gern. Wenn sie spazieren gingen, dann mußte er ja meistens die kleinen Geschwister tragen. Mit denen hat er sich immer gut gestanden, hat ihnen auch gern abgegeben. Am meisten war er wohl mit dem zweiten Jungen zusammen. Der ist ganz anders, o! der kann sich durchsetzen, und der hat auch eine ganze Menge Dummheiten gemacht. Wie Harald damals mit den Dummheiten anfing, das war, weil er sich nicht als feige betiteln lassen wollte: das hat er selbst gesagt. Anführer war er nicht, er war ja immer mehr ängstlich.

„Als er so 5 war, da hat er von anderen Kindern — wie das so ist — erfahren, daß das nicht sein Vater ist, aber da hat er weiter nichts zu gesagt. In der Zeit hat er auch angefangen zu stottern, aber da war auch der Junge von einer Freundin, der hat sehr gestottert, vielleicht hat er es sich von dem angenommen. Gesund war er sonst immer, außer Masern. Mit etwa 5 J. kam er nach Sachsen zu Bauern. Die erste Stelle war nicht gut, die haben ihn immer verhauen, da haben ihn die Dienststellen da nach 14 Tagen wieder herausgenommen und in eine andere Familie getan. Da hatte er es sehr gut, war einziges Kind. Nach 3 J. wollten M. und StV ihn aber gern zurückhaben, da kam er dann. Die M. weiß noch, wie er da stand! Er sagte: Mutti, ich hab dich gar nicht erkannt, du bist so klein geworden! Aber dann hat er sich ja wieder eingewöhnt, schwierig war er nicht. Als kleines Kind hat er vielleicht mal mit der M. geschmust, später nicht, er ist eben mehr so gehemmt. Ihr sagte er wohl etwas, aber sie mußte es auch mit der Zange aus ihm herausziehen. Er hat sich immer mehr zu ihr gehalten, obwohl er es als Kind doch gar nicht anders wußte, als daß es sein Vater ist. Aber doch, sie stand ihm näher. Und jetzt auch; vielleicht, wo er größer ist, denkt er da mehr an, daß es nicht sein Vater ist."

Im Bilde dieses Jungen überwiegen die Hemmungen. Es hat wohl manches auf ihn gedrückt: er war der Älteste einer kinderreichen Familie und mußte darum wohl relativ früh und gründlich auf seine Kleinkinderrechte verzichten und andre besorgen helfen. Das Geld war wohl immer knapp. Das erschwerendste war aber wohl doch, daß er nicht der Sohn des Familienvaters, sondern eines unbekannten Mannes war. Spätestens nachdem er es erfahren hatte, wird er es wohl, ebenso wie die M., immer im Gefühl gehabt haben, besonders wenn der strenge StV ihn strafte.

Seine Taten haben wohl etwas mit seinen Hemmungen und seinem Stottern zu tun, jedenfalls insofern, als ihm wohl seine Rolle unter den Kameraden besonders wichtig war. Die M. sagte ja, daß er sich bei den gemeinschaftlichen Beschaffungsdiebstählen nicht „als feige betiteln lassen" wollte. Der Fahrraddiebstahl sieht ernster aus. Aber auch mit ihm wollte er sich aus seiner Zurücksetzung heraushelfen, daß er nämlich nicht wie die anderen ein Fahrrad hatte und wahrscheinlich auch kein Geld, um ihnen den Preis für ihre Gefälligkeit zu zahlen. Es war wohl eine ziemlich kindliche und unbedachte Handlung wie relativ viele der Fahrraddiebstähle in meiner Untersuchung, die auch besonders oft von geistig unbedarften Jungen begangen wurden. Von anderer Art sind natürlich die Taten und die Täter, wenn das Fahrrad verkauft werden soll.

Obwohl der Proband auch jetzt noch gehemmt zu sein scheint, ist doch seine soziale Einordnung in den wesentlichen Punkten gut geglückt. Er hat Frau und Kind und arbeitet für sie. Von Leichtsinn, Verantwortungslosigkeit, Unruhe ist nichts bei ihm zu bemerken. Vergleicht man seinen äußeren Entwicklungsgang mit dem der zuletzt geschilderten Probanden, so hat er ja auch an seiner M. immer eine sichere letzte Zuflucht gehabt, wenn es auch nicht in der Macht der M. stand, ihm in allen Schwierigkeiten zu helfen. Auch der StV hat ihn ja aber an sich sehr nett aufgenommen, und abgesehen von der allerdings 3jährigen KLV — nach der seine M. so klein geworden war — hat er eben immer nur in dieser einen Familie gelebt. Wenn er nicht ganz glücklich war, so eben doch innerhalb dieser Familie. Die Möglichkeit, innerlich auszuweichen, hat er wohl nicht gehabt (soweit nicht die KLV eine Rolle spielte, die aber doch wohl mit dem Hin- und Herpendeln zwischen V., M., Großmutter usw. nicht zu vergleichen ist).

In diesem Fall ist auch nichts von der „Verwöhnung" zu sehen, die ja so oft das Mittel von Großmüttern, PflEltern usw. ist, sich der Liebe des Kindes zu versichern. Es wurden keinerlei besondere Erwartungen in dem Jungen geweckt. Aber auch darum nicht, weil die Familie kinderreich und arm war und von sehr einfachem sozialen Niveau. Kinder aus solchen armen proletarischen Familien begehen ja relativ oft im ausgehenden Kindes- und im Jugendalter gemeinsam Metall- und ähnliche Diebstähle, mit denen sie für sich, teils auch für die Familie, etwas Geld heranschaffen, und bei denen sie außerdem noch das Vergnügen des gemeinsamen Abenteuers haben. Aber damit hören sie dann oft nachher auf, wenn sich ihnen andere soziale Lebensformen eröffnen: Verdienst durch Arbeit, und Verbindung mit einer Frau. In diesen Beschaffungsdiebstählen äußert sich höchstens ein ganz allgemeines und von ihrer ganzen Umgebung geteiltes Gefühl — das auch oft eine objektive Begründung hat —, was man habe, sei zu wenig, und so müsse man eben von dem, was auf den Trümmergrundstücken und in Höfen und Schuppen der großen Werke und Firmen herumliegt, noch etwas dazubeschaffen.

Von einer Untersuchung wie der vorliegenden aus ist sehr schwer zu sagen, ob es nicht in bürgerlichen und kleinbürgerlichen Familien, in denen der äußere Lebensstandard mehr und z. T. auch mit einer gewissen Selbstzufriedenheit gepflegt wird, ebensoviele letztlich doch bescheidene junge Menschen gibt wie in armen proletarischen Familien. Dort werden ja nicht so viele Metall- und ähnliche Diebstähle begangen; wegen solcher Taten konnten also diese Familien mit etwas höherem Niveau nicht so leicht in meine Untersuchung hineingeraten. Wenn sie darin auftreten, so eher mit Delikten, durch die die Probanden ihre persönliche Umwelt ausbeuteten. Aber dann war auch immer etwas in ihrem äußeren Lebensgang verkehrt, und zwar — so schwer das dem Grade nach abzuschätzen ist — doch wohl oft mehr als in den proletarischen kinderreichen Familien, in denen durch alles Auf und Ab und trotz z. T. horrender Zustände die Kontinuität der Familie doch besser gewahrt blieb. So läßt sich kaum sagen, ob das bessere wirtschaftliche Niveau der Familie oder ihre stärkere innere Störung für diese spezifische Form der ausbeutenden, schmarotzenden Haltung mehr verantwortlich ist.

Aber man kann doch wohl sagen, daß die Entbehrungen, die ja viele Kinder aus proletarischen und besonders aus kinderreichen Familien erleiden, ihnen auch eine gewisse Bescheidenheit mitgeben, die ihnen bei der späteren sozialen Einordnung hilft. Solche Kinder kommen zu Hause oft nicht nur äußerlich, sondern auch innerlich zu kurz, der Platz, den sie in der Familie haben, ist zu klein, und die Folge ist nicht selten eine gewisse Verkümmerung und Gehemmtheit. In den proletarischen Familien sieht man viele Gehemmtheiten, wenn sie dort auch selten so genannt werden, sondern den Beteiligten als Charaktereigenschaften erscheinen („sehr ruhig", „immer nur für sich", „ungeschickt" usw.). Aber ein zu kleiner Platz ist doch eben ein Platz, wenn er nur einigermaßen sicher ist, wie eben doch öfter in den kinderreichen Familien[48c].

57. J o h a n n K u r z ist das 7. Kind aus der 2. Ehe seiner M., die im ganzen 19 Geburten gehabt haben soll. In der ersten Ehe hatte sie schon drei Kinder (Töchter), von denen zwei straffällig wurden; eine ist, nach voraufgegangenen Vermögensdelikten, wegen Beteiligung an einem Mord zu lebenslänglichem Zuchthaus verurteilt worden. Der V. war früher Trinker und ist von 1921—1944 siebenmal wegen Diebstahls, Unterschlagung und Betrugs verurteilt worden. 1946 bekam er 8 Mon. Gef. wegen unzüchtiger Handlungen, die er mit seiner damals 16jährigen Tochter verübt hatte. Die M. galt als nervös und verbraucht, passiv und unwirtschaftlich. Es hieß aber, sowohl ihr Verhalten wie der Zusammenhalt der Familie habe sich mit dem Heranwachsen der größeren Kinder gebessert.

---

[48c] Strafregistereinsicht für Harald Herbst III. 61: 1) *IV. 56* DM 35,— w. versuchten Diebst. 2) *X. 59:* 3 W. Gef., z. Bewähr. ausgesetzt, w. Diebst. u. Steuerhinterz.

Johann war immer zu Hause, auch nicht in KLV. Sein 2 J. jüngerer Bruder Eugen dagegen, das jüngste Kind der Familie, kam mit 3 J. in Waisenpflege, weil er „in unbeschreiblich verwahrlostem Zustand vorgefunden“ wurde, und war dann in verschiedenen Heimen und Pflegestellen. „Auf Drängen der Behörden“ nahmen ihn die Eltern zurück, als er 9 und Johann 11 J. alt war.

Kurz vor der Währungsreform wurden die beiden Brüder einmal beim Betteln angetroffen; die M. hatte ihnen das erlaubt. Als Johann *14* J. alt war, stahlen die beiden mehrfach in Läden Geld aus den Taschen der einkaufenden Frauen oder vom Ladentisch; es bestand der Verdacht, daß sie ihrer M. gelegentlich etwas davon abgaben, im übrigen kauften sie sich Süßigkeiten davon.

Johann war damals in der Kl. 6 der VSch. Die Schule erklärte, er sei gering begabt, aber gut geartet, arbeite willig mit und mache auch seine Hausaufgaben sorgfältig. Er stehe sehr unter dem Einfluß des jüngeren Bruders Eugen, der ungünstiger zu beurteilen sei; er sei zwar in der Klasse verträglich, freundlich und hilfsbereit, aber feige und hinterhältig und mache dumme Streiche. Wegen geringer Begabung solle er — Eugen — nun in die Hilfsschule. Eugen kam aber wieder ins Heim, sodaß Johann — der nur gerichtlich ermahnt worden war — nun wieder der Jüngste in der Familie war. Er hat eine Schlosserlehre durchgemacht, auch die Gesellenprüfung bestanden, galt beim Meister als ordentlich, wenn auch etwas dickfellig. Es hieß auch sonst, er sei zwar ein richtiger Straßenjunge, aber — so sagte insbesondere die Fürsorgerin, in deren Jugendgruppe er war — recht erfreulich, habe gutes Verantwortungsgefühl, sei kameradschaftlich und charakterlich zuverlässig. Mit *16 J.* hat er noch einmal einen gemeinsch. Bleidiebstahl begangen, mit *17* J., auch gmeinschaftlich, mehrfach mit einem Magneten am Spielautomaten gemogelt. Für beides bekam er eine Arbeitsauflage. Z. Z. ist er als Hafenarbeiter fest angestellt.

Zu Eugen hat die Familie kaum noch Beziehung. Er war bis zu 14 J. im Heim, wo er keine Unehrlichkeiten mehr beging, sich z. T. unter Kameraden schwierig, im ganzen aber doch ansprechbar zeigte. Danach wurde er zu Bauern vermittelt, die als besonders fürsorglich und verständnisvoll gelten, und bei denen er auch bei dem letzten Bericht des JA, III. 55, noch arbeitete (19jährig). Es hieß in dem Bericht, er sein ein guter Arbeiter, aber „nach wie vor ein recht schwieriger und eigenartiger junger Mensch, der sich auch vorläufig kaum ändern wird“. Zwischendurch hieß es einmal, er sei frech und unverschämt, und andere Bauern würden ihn längst entlassen haben. — Immerhin ist aber auch seine Entwicklung recht günstig verlaufen; unerwartet günstig insbesondere, wenn man die Heimberichte aus seiner Kleinkinderzeit betrachtet, in denen z. T. psychische Reaktionen wie Ängstlichkeit, Unruhe, Ablehnung, Mangel an Interesse für seine Umgebung usw., später auch seine große Neigung zu „Unehrlichkeiten“ (E. 5 J.) als organische Schäden betrachtet wurden. Man hatte ihn zunächst für kaum entwicklungsfähig gehalten. „Er wird sich wohl nicht sehr weit entwickeln und später schwachsinnig bleiben." (E. 2;2)[48d].

164. Erich Baumann, 28. V. 34. Mit 12;8 (II. 47) kam er mit seinem ein Jahr jüngeren Stiefbruder Paul auf Bitte der M. — die lungenkrank war und gerade ein Kind erwartete — ins Heim, da sie Kohlen stahlen, Schwarzmarktgeschäfte machten, rauchten und von ihr nicht mehr zu dirigieren waren. Im Heim erschien Erich als etwas vorlaut, dummdreist, nicht ganz aufrichtig, aber erziehungsbereit, in der Klasse willig und freundlich. Wegen guter Führung wurden die Jungen IX. 47 (E. 13;3) entlassen, obwohl sie selbst gern dort waren und besonders Weihnachten gern dort verlebt hätten. — Fast wären sie 6 Monate später (E. *13;9)* auch wieder hingekommen, da sie Lastwagen besprangen, um sie zu bestehlen, weiterhin Kohlen stahlen, Schule schwänzten und nicht gehorchten, und weil die M. dann mit Lungenbluten ins Krankenhaus kam. Da aber die Mutter der M. erschien, um sie zu versorgen, blieben sie zu Hause.

Am ersten oder zweiten Weihnachtstag 1948 (E. *14;7)* spazierten die Brüder mit zwei jüngeren Nachbarsjungen abends durch die Stadt und schlugen die Schaufensterscheibe eines großen Spielwarengeschäfts ein und holten sich einen Dampfer, ein Tischtennisspiel, einen Werkzeugkasten, drei Autos, verschiedene Schienen und ein Ball heraus. Zu Hause sagten sie, sie hätten die Sachen von einem Auto gestohlen, worauf die M. sie fortschickte mit den Worten: tut es wieder dahin, woher ihr es habt. Sie wollten die Sachen dann in die Trümmer gelegt haben, wo sie aber nicht mehr gefunden wurden.

Der Lehrer sagte, Erich sei mittelmäßig begabt, leiste aber nur Ungenügendes, weil er häufig ohne Grund fehle, träge und unzuverlässig sei. Nur zum freien Zeichnen habe er Begabung und Lust. Er sei willenlos, handle triebhaft, verstehe aber, sich geschickt aus der Situation zu ziehen. Mehrfach habe er im Verdacht gestanden, Mitschülern Füllfederhalter u. ä. entwendet zu haben. Er sehe ungepflegt und elend aus und habe keinen Einfluß oder Anhang in der Klasse.

Das Jugendgericht ordnete FE an, und er war von 14;8—15;11 im Heim. Das große Heim, in dem er die ersten drei Monate war, schrieb, er sei „... vollkommen seelisch zerfahren und verworren ... stark rauchsüchtig, ein durchtriebener und hartnäckiger Lügner, der gern jeden Vorteil wahrnimmt. Sein Blick ist unfrei, falsch und hinterhältig ... Oftmals anhänglich, dann wieder schroff abweisend. ... großsprecherisch, es kommt zu Spannungen und Handgreiflichkeiten mit anderen Jungen. Trotz allem kein aussichtsloser Fall. Es steckt auch ein guter Kern in ihm." In dem zweiten, kleineren Heim war man angenehm von ihm enttäuscht und hatte keine Klagen über ihn.

---

[48d] Strafregistereinsicht für Johann Kurz III. 61 : *V. 59* DM 300,— w. Volltrunkenheit. — (Für den Bruder *Eugen* ist zuletzt 1959 eine Strafe von 1 Jahr 6 Mon. Gef. registriert).

Sofort nach der Heimentlassung kam er auf ein Schiff, zuerst als Schiffsjunge, dann als Kochjunge, und seit 16;8 fuhr er nach einer Unterbrechung durch Krankheit als Steward und Messesteward. Mit 18;1 begann er durch Vermittlung eines ihm befreundeten dänischen Mädchens eine Kochlehre in einem großen dänischen Hotel, in dem er dann auch bald als Koch arbeitete. Mit 19;10 nahm er in Schweden Fabrikarbeit an, weil er sich verlobt hatte und mehr verdienen wollte. Straftaten sind von ihm nicht mehr bekannt geworden.

Er war unehelich geboren. Sein Vater, ein Tischler, war später mit einer anderen Frau verheiratet und ist seit dem Krieg vermißt. Erichs M. heiratete kurz vor seiner Geburt — sie war damals fast 22 J. alt — einen Arbeiter Heitmann, von dem sie aber nach einem Jahr, nach Pauls Geburt, wieder geschieden wurde. Danach hatte sie wechselnde Freundschaften, wegen derer sie vom JA mehrfach ermahnt wurde; im übrigen wurde bei den Hausbesuchen alles in Ordnung, die Kinder gesund und fröhlich befunden.

Ab 1940 (E. 6 J.) hatte die M. einen Verlobten Nemzyk, den sie dann auch später heiratete. Um diese Zeit waren die Kinder einige Wochen bei ihrer Großmutter (m) untergebracht. Von E. 7;2—8;0 waren sie in Sachsen im gleichen Ort, aber bei verschiedenen Leuten in KLV. Nach ihrer Rückkehr besuchten sie ein Kindertagesheim, in dem sie sich gut einfügten (E. 9;8). „Die Kinder hängen sehr aneinander. Die M. möchte sie nicht noch einmal verschicken (was sie wollten), mag sich nicht trennnen." E. 9;9 wurde der dritte Junge geboren.

Es hieß dann weiter, Erich und Paul hätten zum StV ein gutes Verhältnis, seien etwas wild, hätten aber auch zur M. Vertrauen und seien bisher immer ehrlich gewesen. E. 10;7: „Die M. ist herunter, geht nachts nicht schlafen aus Angst, die Kinder nicht früh genug in den Bunker zu bekommen." E. 11;2 (VIII. 45): „Der kleine Sohn ist verstorben, worunter die M. noch leidet. Sie schont sich zu wenig, hält den Haushalt stets in Ordnung, gönnt sich selbst keine Ruhe." Zwei Monate später kam sie wegen Lungenblutens ins Krankenhaus, die Jungen für zwei Monate ins Heim, aus dem der StV sie dann zurückholte. Danach begannen dann die Berichte über die Kohlendiebstähle. Kurz ehe sie dann das zweite Mal ins Heim kamen (E. 12;8), wurde die M. von Nemzyk wegen beiderseitigen Verschuldens geschieden; 6 Monate später brachte sie noch ein kleines Mädchen zur Welt. Nemzyk hatte längere Zeit keine Arbeit gehabt und „der M. auf der Tasche gelegen."

VI. 55 traf ich die M u t t e r mit einem neuen Baby und einem neuen Verlobten, den sie aber nicht heiraten will, um ihre Rente nicht zu verlieren. Er sieht wie ein französischer Kleinbürger aus. Als das Baby im Nebenzimmer mit ihm etwas laut wurde, schloß sie schweigend und entschieden die Tür zu den beiden. Sie selbst ist eine große, schmale, anmutige Frau. Sie erzählte freundlich, war aber auf die früheren Zeiten schwer zu fixieren. Sie stottert leicht.

Zuerst erzählte sie eine längere Geschichte, wie sie das jetzige Baby ohne Erlaubnis aus dem Kinderheim geholt hatte, weil es dort wund geworden war, und wie ihr Lungenarzt ihr dann auch recht gegeben habe.

Sie sagte, mit dem Fürsorger habe sie sich immer gut verstanden, und auch mit der Fürsorgerin, „die war auch kinderlieb", aber dann sei einmal eine neue gekommen, die habe sie gleich die Treppe hinuntergeworfen.

Dann erzählte sie, Erich sei Weihnachten hier gewesen und habe hier geheiratet, ein Mädchen aus Cuxhaven; es sei nämlich ein Baby unterwegs gewesen. Und „in Dänemark ist es ja schön, aber Heimat bleibt Heimat, und sie wollen ja zurück. Er dachte, sie wollen vielleicht da alles verkaufen und hier eine Wäscherei aufmachen, sich hier von einer Fabrik die Maschinen aufstellen lassen. Aber dann müßten sie auch erst selbst einen Wäschereikursus durchmachen. Erich ist strebsam, er zieht sich gern gut an und sieht auch gut aus (zeigt Bilder von ihm als Koch, als Tänzer im Gesellschaftsanzug u. ä.). Wenn er von seinen Seereisen nach Hamburg kam, waren sofort alle aus der Umgegend da: Erich von See ist da! und dann wurde gleich ein bißchen gefeiert. Aber daß er leichtfertig sein Geld ausgibt, kann man nicht sagen. Paul ist ja mehr ein Arbeitsmann, ein Sportsmann, der ist weniger intelligent als Erich, bei dem spielt das Körperliche mehr eine Rolle. Der war immer ein Komiker, ein Spaßmacher, und jetzt trinkt er gern mal einen über den Durst. Der ist sehr gutherzig und gibt alles her, er ist wohl weicher als Erich. Aber hart ist Erich auch nicht, er gibt auch gern, und wenn die M. mal in Not wäre, würden alle Kinder zu ihr stehen. Paul fährt auch zur See, das wollten die beiden ja immer, aber das war ja auch, weil sie aus den Heimen herauswollten. Soviel in der Welt herum kommen ja meistenteils die Jungen, die vorher so viel in Heimen waren.

„Erichs Frau ist auch nett. Nur im Handarbeiten gefällt sie der M. nicht so. Oberwärts war sie schön, und unterwärts alles abgerissen, die Achselbänder ab und alles. Da hat die M. erst mal ihr Rückreisegeld genommen und ihr davon Wäsche gekauft und dann das Rückreisegeld allmählich wieder so zusamengelegt. Darin ist die ja auch nett, sie läßt sich sowas ruhig sagen. Rauchen tut sie auch, und nun hat die M. Angst, daß sie vielleicht das Geld dafür ausgibt und das Kind hat nichts. Aber sie hat ja auch immer gearbeitet, da darf man nicht so sein. Jetzt im Frühling hat die M. auch noch ein Paket hingeschickt mit Babysachen, und da hat die Frau gedankt.

„M.s Mutter war eine furchtbar fleißige Frau und konnte so gut rechnen, obwohl sie auf dem Lande großgeworden war und nur dreimal in der Woche in die Schule konnte. Aber ihr mochte die M. ihre Kinder nicht bringen, denn sie hatte schon zwei andere unverheiratete Töchter mit Kindern im Hause, und die konnten besser mit ihr schmusen, als die M. das kann. Die M. ist geradeheraus und kann nicht immer so zeigen, wie ihr ums Herz ist. Sie kann z. B. auch nicht so zeigen, wie sie sich freut; wenn jemand ihr etwas gibt, sagt sie bloß „danke".

„Erich war ja das Kind von einem Tischler, das war ein ganz strebsamer Mann. Aber die M. war immer so: wenn sie schwanger war, auch wenn sie es noch gar nicht wußte, dann schickte sie immer die Männer fort, darin ist sie wie eine Hündin, dann fand sie immer so viele Fehlers an den Männern. Und den Tischler hatte sie auch fortgeschickt, ehe Erich kam. Dann heiratete sie aber Heitmann, und der nahm Erich erst auf seinen

Namen, aber als sie sich schieden, machte er das rückgängig. Heitmann taugte nicht viel, er arbeitete nicht und trank. Man sieht ihn noch jetzt betrunken durch die Straßen gehn. Aber zu Erich war er nicht schlecht. Aber er war ja nur das eine Jahr da, dann ging er ja schon wieder weg, und Paul wurde geboren.

„Erich war ein gesundes Kind und aß gut. Paul war etwas schwieriger mit dem Trockenlegen, der war überhaupt etwas weicher und ängstlicher und schmiegte sich mehr an. Aber als sie klein waren, war sie mit beiden zärtlich. Als sie 3 ½ und 2 ½ waren, kriegten sie Scharlach und waren zusammen im Krankenhaus, wohl 8 Wochen lang. Wenn die M. sie da besuchte, bekamen sie Heimweh, aber sie gewöhnten sich da ja auch ein. Um diese Zeit (?) arbeitete die M. auch, da brachte sie die Kinder morgens ins Kindertagesheim und holte sie abends wieder ab, das mochten sie zuerst gar nicht, aber dann gewöhnten sie sich da ja auch.

„Mit Nemzyk war die M. ja 10 Jahre zusammen. Der war weniger streng als sie. Sie regt sich leicht auf, das Stottern ist auch Nervosität, einer von ihren Brüdern hat es aber auch, es ist wohl auch Vererbung. Wenn sie sich aufregt, dann schlägt sie auch ordentlich zu, und dann ging sie auch mit dem Stock dazwischen, besonders wie die Jungen größer wurden und sie keine Gewalt mehr über sie hatte. Als kleine Kinder haben sie ja gefolgt und vor Nemzyk haben sie auch Respekt gehabt, aber nachher waren sie ja auch ordentlich frech, die beiden, da waren sie ihr ja über den Kopf gewachsen. Muckschen kam bei ihnen nicht vor, das kennt die M. selbst nicht. Erst war großer Lärm, und dann war bald alles so wie vorher.

„Die Jungen mochten Nemzyk gern. Erich hielt sich vielleicht etwas mehr zu ihm als Paul, er kommt heute noch mit ihm zusammen. Paul ist so ein großer Tierliebhaber, der hat ein Kätzchen vom Schiff mitgebracht; aber Erich mag gar keine Tiere anfassen. Paul ging besonders ungern in die Schule, er blieb oft einfach im Bett, und dann sollte die M. immer Entschuldigungen schreiben. Da hatte sie nachher Angst, es würde nicht so recht was aus ihm; aber bei der Arbeit ging es dann sehr gut. Als sie nachher so viel krank war, haben die beiden ihr auch im Haus geholfen. Gedanken hat sich vielleicht Erich mehr gemacht. Als sie in Geesthacht war, hat er ihr geschrieben, wie er auf der Bank im Park gesessen und gegrübelt hat, weil er Geburtstag hatte und niemand ihm geschrieben hatte.

„Die beiden haben sich öfter verhauen, sie wollten wohl auch sehen, wer der Stärkere war, da hat wohl einmal Erich zu hart zugeschlagen, und da hat Paul — der ist nämlich so jähzornig — die Ofengabel genommen und ihn damit in die Brust gestoßen, da ist die drin stecken geblieben, und der Polizeiarzt mußte kommen. Da waren sie wohl gerade konfirmiert. Aber eifersüchtig waren sie nicht aufeinander, und die M. hat sie auch wirklich immer ganz gleich behandelt, denn das soll man ja.

„Einmal hatte die M. Erich und Paul mit, als sie zum Lungenarzt ging, da fragte der sie, was sie werden wollten. Sie standen da so und guckten, sie hatten immer so leuchtende Augen, die beiden[49]. Da sagte die M.:

[49] Im Heim hieß es ja: „sein Blick ist unfrei, falsch und hinterhältig."

„Kohlenklauers". Sie hatten nämlich gerade Kohlen geklaut gehabt. Da sagte der Arzt: „O wie schön, ich brauch gerade einen halben Zentner." Und nach Jahren hat die Frau von dem Arzt, die damals noch seine Gehilfin war, noch erzählt, wie sie damals gelacht hätten über die Jungs, und hat gefragt, was sie machten[49a]."

200. Henry Kladow, 5. X. 31. Er wurde O. 1947 (15;5) aus der VSch. Kl. 7 entlassen und hatte dann zwei Botenstellen, auf denen er bummelte. Seine ersten bekannten Straftaten beging er mit *16;1* (XI. 47). Er nahm mit 3 anderen Jungen von einem Tempowagen 13 Flaschen Most, die sie gemeinsam mit ihren Müttern austranken. Ferner holte er mit einem 1 J. älteren Freund aus einem parkenden Pkw vier Wolldecken, von denen er selbst drei behielt, „um Bekleidung daraus zu machen." Während einer Stromsperre erbrach er mit zwei anderen das Schloß einer Schaubude auf dem Hamburger Dom, aus der sie dann 14 Kinderpistolen, 2 Luftgewehre, einen Musikkreisel und andere Spielzeuge entwendeten; außerdem stand er Schmiere, als einer der beiden anderen durch das Fenster eines Wohnwagens einen Regenschirm herausangelte, den dieser andere seiner Mutter mitbringen wollte.

Er bekam 3 W. Jugendarrest. Dort zeigte er sich „ganz gleichgültig, hat im Grunde gar nicht erst den Versuch gemacht, sich mit dem Sinn des Arrests und seinen Taten auseinanderzusetzen. Seine Führung war gerade noch als hausordnungsmäßig zu bezeichnen." Er hatte dann eine Stelle als Jungarbeiter, die er aber verlor, als V. 48 *(16;7)* er und zwei der früheren Mittäter durchs Fenster in eine Werkstatt einbrachen und einen Autoreifen herausholten, den sie gegen einen Fußball eintauschen wollten. Die Mütter sagten, die Jungen seien einander hörig. Henry wurde gekündigt, und er bekam 3 Mon. Jugendgefängnis, die er bis 16;11 verbüßte. Im Vollzug führte er sich nach dem Bericht „nicht immer ganz korrekt". Er sei ein äußerst weichlicher Junge, der sich auch in Zukunft allen Einflüssen leicht hingeben werde. Der Strafvollzug habe ihn wenig beeindruckt. Sein Arbeitseinsatz sei ausreichend gewesen.

Er bekam nun eine Stellung als Arbeiter, in der er, unter Anrechnung dieser Tätigkeit, zum Lehrling aufrücken sollte, da er gut arbeitete. Nach 5 Monaten, *17;4,* wurde er aber entlassen, weil er dem Chef zweimal DM 50,— aus dem Schreibtisch gestohlen hatte. Ehe er eine Botenstelle antrat, *17;5,* drangen dann noch er und 4 andere — zwei Gleichaltrige, zwei Jüngere — in den Bunker einer Firma ein, dessen Türen sie mit Brechstangen aus den Angeln hoben, und holten dort insgesamt 3 Zentner Altmetall heraus. Danach hatte er noch 10 Tage eine Botenstelle, verschwand dann aber mit einem der Mittäter — wohl weil sie wegen des Metalldiebstahls vernommen worden waren — und fuhr mit ihm nach Trier; sie sagten: um zum Bergbau nach Frankreich zu gehen. Im Zug nahmen sie (H. *17;5)* aus dem Gepäcknetz einen fremden Rucksack, in dem ein Radio-

---

[49a] Strafregistereinsicht III. 61: keine späteren Verurteilungen. Für seinen Kochberuf vgl. o. S. 400 f (Lothar Nauck).

apparat und andere Geräte waren, behielten einiges davon und warfen das übrige fort. Sie wurden gefaßt, und er bekam nun 1 J. Jugendgefängnis. Nach Teilverbüßung (17;7—18;3) wurde er Weihnachten 1949 unter Aussetzung des Restes entlassen. Nach dem Schlußbericht war bei ihm nach anfänglicher Gleichgültigkeit und oberflächlichem Dahinleben gegen Mitte der Haftzeit eine gewisse Besinnung und ein z. T. „echtes Wollen" eingetreten. Er sei aber noch sehr labil, und seine Energie reiche wohl zu konstantem Durchhalten noch nicht aus.

Am 6. I. 50, also 13 Tage nach der Strafentlassung *(18;3)* ging Henry zu seinem früheren Chef, um dort eine Arbeitsbescheinigung zu holen, traf im Büro niemanden an und entnahm aus einer Brieftasche, die auf dem Tisch lag, DM 50,—. Als er jemanden kommen hörte, ließ er den Schein hinter einen Stuhl fallen. Das wurde aber bemerkt, er wurde angezeigt und nun zu 4 Mon. Gef. verurteilt, die er zusammen mit dem letzten Strafrest von 18;7—19;4 verbüßte.

Danach sind von ihm keine Straftaten mehr bekannt geworden, und die Berichte über ihn lauteten günstig. Er hatte seitdem drei Stellen als Arbeiter, eine 17 Monate lang, die andere 15 Monate, und VIII. 55 war er seit 7 Monaten als angelernter Dreher in einer Maschinenfabrik.

Er war unehelich geboren — seine M. war damals schon 34 — und kam noch im ersten Jahr in Pflege, mit 4 J. aber, als die M. sich verheiratete, zu ihr zurück. Der StV, ein geschiedener Mann, gab ihm seinen Namen; er hatte mit der M. keine Kinder. Als Henry 11 war, trennten die Eltern sich, und der StV zog wieder mit seiner ersten Frau zusammen. 1948 und 1949 war die M. mit einem 58jährigen verlobt, der oft ins Haus — d. h. in ihre Nissenhütte — kam, zuletzt auch wohl dort wohnte, und mit dem Henry sich nicht verstand. Das Jugendamt betrieb deswegen 1948 seine Jugendwohnheim-Unterbringung, traf aber auf entschiedenen Widerstand der M. Während das JA die M. einigermaßen günstig beurteilte, wenn auch als zu weich und nachgiebig, sagten Ende 1949 (H. 18) Nachbarn, sie haben den Jungen immer ausgenutzt und zu unlauteren Handlungen aufgefordert. Solange er etwas gebracht habe, sei er der Liebling gewesen, sonst habe er als Taugenichts gegolten. Der Verlobte vor allem — ein sonderbarer Geselle und nicht bei der Post, wie die M. behauptete — sei gegen Henry eingenommen und wolle ihn nicht im Hause haben. Die M. lüge oft; jedes zweite Wort von ihr sei gelogen. — Nach Henrys letzter Rückkehr aus der Strafanstalt sagte die M. bei den Hausbesuchen der Fürsorgerin, er sei sehr häuslich geworden — er begann damals auch bald eine Freundschaft mit einem Mädchen — und gebe ihr das Kostgeld und außerdem — bis auf DM 5,— — das übrige, damit sie es für ihn sparte.

Die Mutter wurde VIII. 55 in ihrer Neubauwohnung angetroffen, in die sie inzwischen gekommen war. Sie zeigte das Zimmer, das Henry sich von seinen Ersparnissen eingerichtet hatte, mit schönen Sesseln, kleinen Lampen usw. Sie selbst ist eine einfache Frau mit großen, etwas auseinandergelaufenen Zügen, sie erzählte etwas plump vertraulich und nicht sehr präzise, aber freundlich. Sie machte einen unselbständigen Eindruck.

„Henry — so sagte sie — ist ja seit letzten Winter bei Stöhr in der Fabrik und kommt jetzt mit Überstunden auf DM 100,— in der Woche. Er geht seit 2 Jahren mit einem netten Mädchen, einer Hausangestellten, die ist auch schon seit 2 Jahren im gleichen Haushalt (nach Bild ein schlichtes freundliches Mädchen). Davor hatte er ja eine mit einem gelähmten Bein, die war ja zu der M. vielleicht noch anhänglicher sogar, das innere Wesen war bei der vielleicht noch netter, aber die M. hat es ihm doch ausgeredet, weil sie dachte, er hätte nachher doch zu viel Last mit ihr. Aber diese ist auch sehr ordentlich, hält sogar auch s e h r viel von Henry, und sie legen ihr Geld zusammen und schaffen sich an. Heiraten wollen sie dann wohl Herbst nächstes Jahr, dann haben sie alles zusammen. Henry ist sehr sparsam, trinkt nicht, teilt das Geld sehr gut ein. Er geht auch gern gut in Zeug; auch z. B. wenn er nur mal eben unten was einholt, mag er nicht sein Arbeitszeug anhaben. Aber jetzt hat er sich für den Weg zur Arbeit Sandaletten gekauft; die waren billig und sehen doch gut aus.

„Er ist ziemlich ernst und manchmal so in Gedanken versunken, daß er gar nicht hört, wenn jemand was zu ihm sagt. Zu der M. ist er sehr nett. Zärtlich ist er gar nicht mit ihr. Das ist er auch als Kind eigentlich nie gewesen, obwohl es der M. wohl gelegen hätte. Das Schlimme ist, daß er die M. jetzt ganz ernähren muß. Das dürfte doch gerade bei solchen nicht sein. Er gibt ihr ja anstandslos das Geld, da kann sie gar nichts sagen, aber ihr tut es so leid, und sie kann selbst nicht mehr arbeiten, jedenfalls nicht schwer, weil sie Krampfadern und dicke Beine hat, sie ist ja auch schon 57. Ja, andere haben ihr auch schon gesagt, sie soll versuchen, daß sie sich vielleicht invalide schreiben läßt oder sowas. — Henry kann wohl mal gegen sie aufbrausen, aber das ist so: er erregt sich, geht raus, kommt aber sofort wieder zurück und macht es wieder gut. Und wenn die M. da mal traurig ist, daß er so mit ihr war, dann sagt seine Verlobte zu ihr: der ist innerlich so weich, der spricht ja so gut von dir. Aber zeigen kann er sowas nicht so richtig.

„Die M. hat ihre M. ja mit 10 Jahren verloren und hatte dann nur noch einen sehr strengen Vater. Mit Henrys V. war die M. richtig verlobt, aber dann hat sie doch mit ihm Schluß gemacht, weil sie gehört hatte, daß er bei seiner Schwester, die ein kleines Geschäft hatte, das ganze Geld unterschlagen hatte. Da haben M.s Verwandte gesagt, sie dürfte ihn nicht heiraten. Da hat die M. ihm das gesagt, und sie haben sich mehrmals getroffen und darüber geredet. Da war er so hart, so brutal in seinen Worten, daß sie gedacht hat: nein, es ist wirklich besser, den heiratest du nicht. Und es war ja wohl auch besser, denn wenn es schon so anfing ... Er war ja viel später mal bei ihnen, nur ganz kurz, da hat er zu Henry gesagt: daß ich nicht dein Vater geworden bin, verdankst du deiner Mutter, die hat sich von ihren Verwandten aufhetzen lassen. Da hat Henry nichts zu gesagt. Er sagt, er mag seinen Vater auch nicht. Die M. hat ihm schon früher von ihm erzählt, daß er nichts taugt und alles.

„Henry wurde im Krankenhaus geboren. Die M. konnte ihn nicht bei sich behalten, weil ihr V. zu streng war. D. h. so ungefähr ein halbes Jahr hatte sie ihn bei sich, oder dreiviertel, jedenfalls kein Jahr, und dann gab sie ihn in Pflege, das hatte das JA besorgt. Das waren nette Leute in Eimsbüttel mit einem kleinen Mädchen, das schon zur Schule ging; die hatten sich schon immer einen Jungen gewünscht. Die M. hat nun viel gearbeitet, immer Überstunden gemacht, damit sie das Pflegegeld hatte; das hat ihr auch der V. hoch angerechnet. Und das hat sie sich auch nicht nehmen lassen, daß sie Henry jede Woche besuchte (??), und dabei brachte sie ihm immer was mit, Kuchen oder sowas. Sie hat er wohl Mama genannt, und die PflM. Mutti.

„Als sie dann heiratete, als Henry 4 war, waren die PflEltern mit auf der Hochzeit, und sie merkten ja wohl schon, daß die M. das Kind nun haben wollte. Die Frau hätte es ja gern für ganz behalten und konnte sich nur schwer trennen, und sie kam auch zuerst noch oft an, als Henry dann bei ihr und dem StV war. Aber ihr Mann sagte dann, es hätte ja doch keinen Zweck, und da ließ sie es. Mit dem StV hatte die M. keine Kinder, nur eine Totgeburt ¼ J. nach der Heirat; da war nämlich ihr Vater gestorben, und an dem hatte sie sehr gehangen, und da hatte sie die ganze Beerdigung und das alles, das war wohl zuviel. Henry hat sich gleich eingewöhnt, er hatte kein Heimweh, das hat er wohl überhaupt nicht so. Sie nahm ihn ja auch gleich mit zum Einholen, kaufte ihm kleine Eisenbahnen, kochte ihm schön, sie aß nämlich auch selbst immer gern. Er aß damals gern Süßes, aber vernascht war er nicht. Auch nachher nicht, ja, da hat er ihr wohl manchmal Marmelade und Zucker weggenascht, und besonders Bananen konnte er nicht liegen sehen. Jetzt ißt er eigentlich sehr wenig.

„Er war gleich sehr sauber an sich und gehorchte gut. Er war etwas schüchtern, er traute sich nicht zu den anderen Kindern raus, er war fremd. Nachher in der Schule hat er dann so Freunde zum Spielen gehabt. Der StV war nett mit ihm, aber doch etwas strenger als die M. Die M. war immer sehr weich mit ihm, sehr weich, und sie wollte nicht, daß der StV ihn schlüge und nahm ihn immer in Schutz. Einmal hatte er was ausgefressen, wofür er wirklich was verdiente — sie weiß nicht mehr, was das war —, da wollte der StV ihn verhauen, da hat sie gesagt: dann gehe ich einholen, ich kann das nicht sehen. Sie straften ihn ja gewöhnlich dadurch, daß sie ihn in die Toilette sperrten. Als er so 9 war, fing er schon mal an, sich auf der Straße zu verkrümeln. Die M. war dann immer gleich ängstlich, wenn sie ihn nicht mehr vor dem Fenster sah, und lief los und suchte ihn. Da sagte noch der StV, das sollte sie nicht, er wäre ein Junge und könnte nicht immer nur vor der Tür spielen. Im ganzen hat er sich damals mehr zu der M. gehalten, eben weil sie weicher war, aber er stand sich auch mit dem StV gut, und der nahm ihn auch mit. Nur als M. und StV mal eine Urlabsreise machten, wollte er Henry nicht mithaben, da kam er so lange zu StV.s Mutter, aber da war er auch der einzige Enkel, die verwöhnte ihn genau so wie die M.

„Nach der Ausbombung 1943 wurde die M. ja mit Henry nach Celle evakuiert. Und da kam der Brief, in dem der StV schrieb, daß er wieder mit seiner ersten Frau zusammen war. Da kriegte die M. einen Nervenzusammenbruch und weinte und weinte. Und da waren andere Leute aus Hamburg, die da auch evakuiert waren, die sahen das, und da kam die

M. durch diesen Kummer mit ihnen zusammen und erzählte ihnen alles, auch wie es mit Henry zusammenhing und dies. Und wie sie dann immer noch so weinte und weinte, kam Henry und schrie mit; er konnte es gar nicht verstehen, daß sein Vater nicht wiederkommen sollte. Und da sagten diese Leute zu ihr: Trauern Sie doch nicht diesem Mann nach, Frau Kladow, es gibt ja so viele Männer. Und zu Henry sagten sie: Du brauchst ja erst recht nicht zu weinen, denn das ist ja gar nicht dein Vater. Da hat Henry so furchtbar geweint. Er hatte das ja gar nicht gewußt, daß das nicht sein Vater war.

„In Hamburg hat die M. dann gleich ganztägig gearbeitet (H. 14 J.) und Henry kam aus der Schule. Da war er öfter allein, und da fing es an mit den schlechten Freunden und diesen Sachen. Die Freunde waren ja aus schlechteren Familien als er selbst, das haben die Richter auch anerkannt. Er hat nie einen anderen verraten. Wenn sie ihn in Hahnöfersand besuchte, hatte sie immer die Taschen voll Süßigkeiten und Zigaretten, aber das durfte ja nicht sein, sie kam immer wieder damit zurück. Sie ist ja auch durch diese Sachen alt geworden. Mit dem Herrn damals, das ist dann wieder zurückgegangen, das war doch nicht das Richtige, obwohl der ganz gut zu Henry war, aber Henry mag es ja doch lieber so."

Henry selbst schrieb 1948, 16jährig, in einem Lebenslauf: „1943 wurde meine Mutter und ich ausgebombt und wurden evakuiert nach Celle. Mein Vater kam 1943 auf Urlaub und traf uns nicht an. Auf der Suche nach uns lief er seine erste Frau in Rachen und versönten sich. Meine Mutter ließ sich darauf scheiden und wurde deshalb mein Gesetzlicher Vertreter."

In einem Kurzgutachten der krim. psychol. Untersuchungsstelle vom VII. 48 (16;9) hieß es, er sei noch sehr unfertig, teilweise infantil, ein ausgesprochenes Muttersöhnchen, auch moralisch noch unentwickelt und Zeiteinflüssen leicht zugänglich. Er liebe mehr gemäßlichen Trott, lasse sich nicht gern gegen seinen Willen stoßen und schieben, lebe nur da auf, wo etwas seiner Lust und Neigung entspreche. V. 49 (17;7) beurteilte ihn der dortige Pädagoge als eben durchschnittlich begabt bei einfachstem Niveau. Er sei wohl auch noch recht unfertig, jedenfalls aber noch nicht abgestumpft, sondern aufgeschlossen und gut ansprechbar. Er fasse nur langsam und schwer auf, besonders abstrakte Dinge; manuell sei er geschickt, aber ungenau. VI. 50 (18;8) fand ihn der dortige Psychiater auffallend gleichgültig und unbeeindruckt, er sei ganz oberflächlich, leichtsinnig und urteilsschwach, unfertig, albern, habe den Ernst des Lebens noch nicht recht begriffen. Kriminell veranlagt sei er aber doch wohl nicht, sodaß die Prognose auch jetzt noch nicht absolut ungünstig sei.

Henrys Fall ist dem des Harald Herbst gen. Wilk in manchem ähnlich (S. 242 ff). Seine Straftaten sind aber etwas anderer Natur. Er begann zwar auch mit „proletarischen Beschaffungsdiebstählen", und die ließen sich evtl. einfach daraus erklären, daß er damals viel sich selbst überlassen war — die M. arbeitete ja —, und daß es der M. offenbar sogar recht war, wenn er etwas anbrachte. Aber daß er dann mehrfach auch Vertrauensbrüche beging und zweimal ins Jugendgefängnis und auch einmal ins Gefängnis kam, muß noch andere Gründe gehabt haben.

Natürlich bietet sich die von seinem V. begangene Unterschlagung als Erklärung an. Von dem — unbekannt gebliebenen — Vater des Harald Herbst sind keine solche Straftaten bekannt. Aber dazu findet sich als etwas recht Spezifisches die Tatsache, daß sein Verhältnis zur M. nicht so eng und sicher war wie das von Harald. Er war ja von der M. in der frühen Kindheit jahrelang getrennt, wenn sie wohl auch immer eine gewisse Verbindung mit ihm behalten hatte. Auch später ist er nie zärtlich mit ihr gewesen, und er hat an dem StV so gehangen, daß man nach Erfahrungen aus anderen Fällen schließen kann, seine Verbindung mit der Mutter sei nicht maximal gut gewesen. Nach dem Verlust des StV war er darum vermutlich für Situationen, die ihn dem Zuhause noch weiter entfremden konnten, besonders anfällig. Und eine solche Situation war wohl erstens, als geringeres, die Tatsache, daß seine M. nach dem Kriege ganztägig arbeitete, hauptsächlich dann aber das Auftauchen des neuen „Verlobten", der ja auch seinerseits Henrys Dasein als störend empfand. — Andererseits hat die M. sich ja doch wohl zu Henry immer zugehörig gefühlt, und so wohnt er auch jetzt noch bei ihr. Er hat sich ja überhaupt schließlich doch noch recht gut entwickelt, und so könnte man sagen, daß sein Verhalten Züge sowohl eines gestörten wie eines guten Verhältnisses zur M. zeigt — wenn angesichts der Kompliziertheit jedes Falles solche Vereinfachungen zulässig wären. Als „Muttersöhnchen" ist er in der krim. psychol. Untersuchungsstelle (mit 16;9) vielleicht gerade darum aufgefallen, weil er in ganz echtem Sinne kein Mutterkind war[49b].

251. Helmut Ziemer, 8. I. 32. Er stahl VI. 47 *(15;6)* — als er in der 7. VSch. Kl. war — „aus einem Haus" einen Wecker und Schuhe, die er für RM 350,— verkaufte. RM 150,— gab er davon seiner M., für den Rest kaufte er sich Lebensmittel. Als ihn der StV darauf aus dem Hause wies, trieb er sich umher. Da er auch vorher schon Schule geschwänzt und Entschuldigungsschreiben gefälscht hatte, kam er in FE, in der er 16 Monate blieb, allerdings unterbrochen durch mehrfaches Entweichen und sich daranschließendes längeres Umhertreiben. Seine M., bei der er dann ohne Wissen des StV gelegentlich erschien, gab ihm Wäsche und Essen und schickte ihn wieder fort.

Im Heim hatte er sich nach einigen Monaten „erziehungsbereit" gezeigt. Das Heim meinte aber später selbst, die versuchsweise Entlassung, die nach 11 Mon. FE erfolgte (H. *16;5)* sei zu früh gewesen. Er trieb sich nämlich auch dann umher und stahl in der S-Bahn Glühbirnen und mußte ins Heim zurück. Zuletzt entwich er mit *16;9* und lebte nun von Strichjungentätigkeit — mit z. T. festen Kunden — und überfiel X. 48 *(16;10)* mit einer Gruppe anderer einen Homosexuellen. Wegen gem. Körperverletzung — Raub war nicht nachzuweisen — bekam er 9 Mon. Jugendgefängnis, die er nach 4 Mon. U-Haft von 17;1 — 17;6 verbüßte. Im Voll-

[49b] Strafregistereinsicht III. 61: keine späteren Verurteilungen.

zug erschien er als „einsichtig, ansprechbar und leicht lenkbar", aber auch als „geistig primitiv, gemütsarm und charakterlich wenig entwickelt", auch als „unsicher und unselbständig".

Er wurde zu einem Bauern vermittelt, blieb aber dort gleich fort und brach anderthalb Monate nach der Strafentlassung *(17;8)* mit zwei etwas Älteren, einem FE-Kameraden und einem mit Gefängnis Vorbestraften, in den Keller eines Obsthändlers ein. Dort entwendeten sie Süßigkeiten, Schokolade und Bonbons im Werte von DM 180,—, Helmut „hinterließ seine Fäkalien", dann verkauften sie die Beute auf St. Pauli für DM 120,— und verjubelten bis zum Morgen fast das ganze Geld. Helmut bekam Jugendgefängnis von unbestimmter Dauer und blieb 3 Jahre von 17;9 — 20;9 (IX. 1952) in der Anstalt. Im Schlußbericht hieß es, er habe zwei Jahre über die Mindeststrafe verbüßen müssen, da er sich nie auf die Dauer habe zusammenreißen können. Zweimal sei er aus dem Freigängerhaus zurückversetzt worden. Mehrfach habe er Hausstrafen bekommen, so wegen Frechheit gegen Beamte, Gewalttätigkeit gegen Mitgefangene, Entweichungsvorbereitungen, zweier vollendeter Entweichungen, Zigarettendiebstahl aus der Effektenkammer usw. Er sei egoistisch, gemütskalt und berechnend und verfüge zur Erreichung persönlicher Vorteile über erhebliche Energien. Er scheine erbanlagemäßig gefährdet. Zuletzt habe er gut gearbeitet, sich auch sonst zusammengenommen, sodaß er nun wegen Erreichung der „Höchstform . . trotz stärkster Befürchtungen" zur Probe entlassen werde.

Er kam nun in ein Wohnheim und eine offene Arbeisgruppe. In den 4 Monaten, in denen er dort war, war sein Verhalten unterschiedlich. Es hieß, er möge nicht mehr bevormundet werden, sei aber auch mit sich selbst nicht zufrieden. Das Tempo zum besseren Leben sei ihm zu langsam. Das Leben erscheine ihm fade und leer, da er nur Interesse für Kartenspielen, Ausgehen mit Mädchen und für Alkohol habe, ihm dafür aber das Geld fehle. I. 53 *(21;1)* wurde er in Arbeit vermittelt, lieh sich nach 3 Tagen vom Wohnheim Geld mit der unwahren Behauptung, er habe keinen Lohn bekommen, und entschwand aus dem Heim und von der Arbeitsstelle.

Nach zwei Monaten wurde er festgenommen, weil er II. 53 *(21;2)* mit zwei anderen dreimal im Freihafen einen Waggon erbrochen und insgesamt 4 Zentner Rohkaffee erbeutet hatte, den sie herausschmuggelten und verkauften. Er bekam 1 J. 3 Mon. Gef., die er mit der U-Haft von 21;3 — 22;4 verbüßte; der Rest wurde ausgesetzt. Einen Monat nach der Entlassung bekam er 2 Mon. Gef., weil er im leichten Rausch ein Mädchen von hinten umgefaßt und ihm den Mund zugehalten hatte, damit es nicht schrie. *(22;5)*. Ehe er diese Strafe verbüßte, erbrach er *(22;9)* mit einem Gleichaltrigen, den er aus H-sand kannte, einen Pkw, aus dem sie eine Aktentasche holten; davor war ihnen ein ähnlicher Versuch mißglückt. Nach Verbüßung der 2 Mon. Gef. und 3 Mon. U-Haft bekam er dafür 9 Mon. Gefängnis — milde beurteilt, weil er auch bei dieser Tat leicht berauscht gewesen war — und verbüßte diese Strafe bis VII. 55 (23;7).

Bei Helmuts Geburt war der V. 26, die M. 22 J. alt. Die M. hatte damals schon einen 4-5jähr. Sohn, den sie mit in die Ehe gebracht hatte. Da der V. wegen eines Lymphdrüsentumors vielfach arbeitslos war, bestanden wirtschaftliche Schwierigkeiten, in denen die Eltern der M., die ein Lebensmittelgeschäft hatten, öfter aushalfen. 1942 (H. 10 J.) wurde die Ehe geschieden, und ein Jahr später heiratete die M. einen Gefängnisbeamten, den das JA als einen sturen, primitiven Mann beschreibt, der für die schwierige Lage der M. kein Verständnis habe, seinem eigenen Kind aber ein guter Vater sei. 1947, als Helmut 15jährig seine ersten Straftaten beging, kam nämlich ein Stiefbruder Peter zur Welt. — Von der M. hieß es, sie sei eine weiche, inkonsequente Frau, die V. und StV die Schwierigkeiten der Kinder verheimlicht habe, auch den Behörden gegenüber nicht immer bei der Wahrheit geblieben sei und sich gelegentlich etwas überschwänglich gefühlsbetont gebe. Der leibliche Vater, so hieß es, habe für Helmut keinen Platz. Im Wohnheim klagte Helmut X. 52 (18;10) über sein schlechtes Verhältnis zu den Eltern. Er habe vom Jugendgefängnis (UV) aus erst nach vielen Versuchen die Verbindung zur M. wiederherstellen können. Der StV wolle ihn nicht aufnehmen, und der V. habe ihm auf seine Briefe niemals geantwortet.

Die Mutter wurde VIII. 55 in ihrer bürgerlich eingerichteten Wohnung gesprochen. Sie ist eine eher große, magere Frau mit etwas gezwungenem, dabei lebhaftem und z. T. exaltiertem Wesen, das das Zusammensein mit ihr anstrengend macht. Ihren kleinen Sohn Peter, der gerade Schularbeiten machte, schickte sie nach draußen, aber erst nachdem sie sich schon sehr abfällig über seinen Vater geäußert hatte. Sie erzählte:

„Helmut ist seit ganz kurzem wieder draußen. Er wohnt wohl mit einem Kameraden zusammen auf Zimmer, er wollte nicht irgendwo in ein Lager oder Heim eingewiesen werden. Und seit 8 Tagen ist er in einem Abbruchunternehmen tätig. Er war auch ganz kurz bei der M., das darf der StV ja gar nicht wissen. Sie wäscht ihm nun die Wäsche und hat ihm auch viel zu essen mitgegeben. Soviel Vorwürfe wie sonst hat sie ihm diesmal nicht gemacht, aber andererseits ist sie jetzt hart mit ihm. Sie gibt ihm nur gerade Fahrgeld mit, damit er das übrige nicht gleich wieder vertut. Aber etwas hat sie ihm doch wieder mit Geld geholfen, nur einkleiden konnte sie ihn diesmal nicht wie das letzte Mal. Aber der StV darf es gar nicht wissen! Was sie von dem alles hören muß: der Dieb, der Verbrecher! Was sie durchgemacht hat die letzten 8 Jahre, überhaupt seit 1943 — das war eine schwere Zeit für sie.

„Sie glaubt auch nicht, daß Helmut sich jetzt hält. Allerdings ist er jetzt auf Mädchen eingestellt und sucht. Als er der M. mal so eine anbrachte und die so viel rauchte und die M. nachher sagte, die taugte nichts, da sagte er: du willst, ich soll dir ein Mustermädchen anbringen. Aber dann müßte ich auch ein Musterjunge sein. Und der ihre Eltern fragen schon: wo kommen Sie her, was haben Sie gearbeitet, was haben Sie gespart? — Er hat auch hier in der Gegend Mädchen gesucht, aber die M. hat gesagt: hier findest du keine, hier wissen ja alle Bescheid. — Er ist persönlich sehr sauber, das war er immer.

Rauchen tut er auch nicht mehr sehr viel, aber die M. glaubt, daß er etwas trinkt. Er hatte Kratzer auf der Backe, und sie fragte, ob er sich mit einem Mädchen gehauen hätte, und er sagte: nein, aber um ein Mädchen.

Er haut sich ja jetzt viel, und die M. hat Angst, daß es noch mal zu Schlimmerem kommt.

„Die M. kommt aus einem schönen Zuhause. Den ersten Jungen, den Richard, hatte sie unehelich, den Mann durfte sie nicht heiraten. Das kam ihr schwer an, aber dann fand sie den V., der ihr das ersetzte. Richard war bis dahin hauptsächlich bei den Großeltern versorgt worden, weil die M. ja viel mit im Geschäft der Eltern bzw. des Bruders war; er hing auch sehr an denen. Aber der V. war dann auch gut zu ihm. Der V. war ein Mann, der seine Arbeit ordentlich machte, weil er Muskeln hatte, sonst aber nicht viel konnte — während der StV sehr viele Talente hat und handwerklich sehr geschickt ist. Aber der V. hatte ein gutes Herz, und der StV hat kein Herz, oft auch für die M. nicht, und das hat ihr oft gefehlt. Der V. war nicht so robust wie der StV, er war weicher im Wesen. Die M. war strenger mit den Kindern. Sie war hart! Wenn sie etwas nicht wollte, so blieb sie fest dabei, es mochte brechen, was brechen wollte.

„Helmut war ein sehr ruhiges Baby und eigentlich wie ein Mädchen, auch nachher noch. Die M. hatte ja auch ein Mädchen haben wollen, weil ja das erste schon ein Junge war. Da sagten auch ihre Bekannten: nun hast du ja ein Mädchen. Er war früh trocken. Als Richard 6 war und Helmut 2, wurde die M. von der NSV verschickt — sie war damals sehr zart —, da kam Helmut 4 Wochen in ein Kinderheim. Als sie ihn da wieder holte, war er, obwohl er gute Pflege gehabt hatte, Haut und Knochen, ganz durchsichtig, so hatte er Heimweh gehabt. Und Richard, der bei den Großeltern gewesen war und tagsüber im Kinderhort, hatte sich da Diphterie geholt, da mußte auch Helmut als Bazillenträger ins Krankenhaus, und da stellten sie fest, daß er Lymphdrüsen-Tbc hatte, und er mußte gleich dableiben. 1 ¼ Jahr blieb er da, dann kam er noch nach Groß-Hansdorf, dann kam er zurück, mußte aber noch mal hin, weil er wieder Fieber bekam. Im ganzen waren es mehrere Jahre, er kam ja auch deswegen erst mit 7 J. in die Schule. Heimweh muß er wohl gehabt haben, das weiß sie nicht mehr so — ja, einmal im Krankenhaus hatte er die M. hinter einem Busch gesehen, da hat er sehr nach ihr geschrien.

„Er war ein sehr niedlicher Junge und sehr ruhig. Auch in der Sauberkeit war er wie ein kleines Mädchen. Er spielte nicht gern mit anderen Jungs, Richard mußte ihn immer beschützen. Er brauchte eine halbe Stunde, bis er die Treppe herunterkam. Die M. rief dann von oben: bist du noch nicht unten? Er mochte sich nicht mit anderen Kindern hauen. Er war gehorsam und bockte nicht. Mit der M. schmuste er, das tut er jetzt noch. Als er 7 war oder 8, kam er in eine Pflegestelle in KLV. Die wollten ihn sogar adoptieren. Das ist doch ein Zeichen, daß er da noch ehrlich war. Aber auch zuhause hat er nie was weggenommen, auch dem StV nicht, aber er haßt den StV!

„1942 ging die M. von dem V. fort, weil er sich mit ihrer Freundin eingelassen hatte; die hat er dann auch geheiratet. Die M. sagte gleich, als sie es merkte: dann gehe ich, ich habe ja noch mein Elternhaus. Der V. war ja viel krank, er hatte einen Tumor, der wurde bestrahlt, und jetzt ist er seitengelähmt. Er ließ aber diese Krankheit nicht an anderen aus, er war gut gegen alle, milder als die M. Helmut stand ihm näher als der M. Richard dagegen war ganz ihr und der Großeltern Kind — er lernte auch so gut in der Schule und sollte auf den Oberbau —, und als die Eltern auseinandergingen, ging Richard natürlich mit der M.; er sagte auch: nie würde ich mit Papa gehen. Aber Helmut wollte zum V., ganz von sich aus, das sagte er. Darum kam er dann mit dem V. zu den Schwiegereltern. Aber die brachten ihn gleich wieder, und da kam er auch gleich von der neuen Schule aus in KLV. Da war er dann bis Kriegsende.

„In der Zwischenzeit kamen hier bei dem großen Angriff 1943 M.s Mutter und Richard im Keller um. Das schrieb der StV dem Lagerleiter und der erzählte es Helmut und erzählte nachher, er hätte so geschrien, mehr als andere Kinder, die die Mutter verloren hätten, sie wären ganz entsetzt gewesen, so hätte er um seinen Bruder getrauert. Und an den Großeltern hing er ja auch.

„Als er dann wieder da war und von der M. erfuhr, daß sie eine Mütterkarte und ein kleines Kind bekommen sollte, sorgte er sehr für sie, sie mußte alles zuerst bekommen. Er war auch dem StV nett entgegengekommen, lief zu ihm hin und gab ihm die Hand, wenn er von der Arbeit kam. Aber der gab ihm nicht die Hand, er mochte ihn nicht. Der StV mag überhaupt keine Jungs, nur Mädchen. Und er schimpfte auf Helmut und nannte ihn „das fremde Gör". Das sagte er an einem Abend so laut, daß Helmut es im Bett hörte und am Morgen zu der M. sagte: er hat wieder gesagt „das fremde Gör", ich mag hier gar nicht mehr sein. — Und so blieb es. Als der Kleine da war, nahm Helmut ihn mal auf den Arm — die M. hatte ihn gerade in Tücher gepackt — so als wenn er ihn niedlich fände, aber dann legte er ihn plötzlich aufs Sofa zurück und sagte: ich mag ihn nicht, es ist seiner! und boxte ihn direkt auf die Brust. Da sagte die M.: so, nun darfst du ihn nie wieder anfassen. — Aber wenn er jetzt mal kommt, freut er sich doch über Peter.

„Der StV ist an allem schuld, denn durch ihn hat Helmut eben kein Heim gehabt. Die M. steht immer zwischen Feuer und Flamme. Sie war ja entsetzt, als sie hörte, daß er sich mit Männern eingelassen hatte. Aber er sagte: das war nur aus Not, ich kriegte doch Geld dafür, in der Zeit hab ich nicht geklaut. Aber als die M. ihm dann immer Geld gab, damit er nur nichts machte, hat das auch nichts geholfen. Sie hat immer heimlich für ihn gespart. Er war jetzt nach der Entlassung auch bei dem V. — er hält ja viel von dem V. und ist ihm auch sehr ähnlich —, aber er mag ja die Tante Elli, die zweite Frau nicht, und da ist auch ein kleiner Junge, so alt wie Peter, aber dem V. sehr ähnlich, der hat am gleichen Tag Geburtstag wie Helmut und den findet er auch niedlich. Aber er merkt nun doch, daß er von der M. mehr bekommt, daß sie mehr sorgt mit Geld und so etwas, und er hat auch zu ihr gesagt: du bist doch die beste Mutti."

In der krim. psychol. Untersuchungsstelle wurde er II. und XII. 49 (17;1 und 17;11) als verstandesmäßig schwach begabt, darüber hinaus aber noch abgestumpft beurteilt. Er sei unfrisch, spannungslos, ohne Leistungsehrgeiz, ein schwächlicher Ausweichtyp. Von Natur sei er recht gemütsarm, gefühlsflach und nüchtern, dazu früh an tieferer Bindung an die nächsten

Angehörigen gehindert. Sein spärliches Gemütsleben konzentriere sich vorwiegend um seine M. Er folge überwiegend triebhaft seinen niederen Instinkten.

XII. 54 (22;11) wurde er in einer Beurteilung der Strafanstalt als ein voll entwickelter haltloser Krimineller bezeichnet, der innerlich nicht mehr zu beeindrucken sei, als ein verbummelter Arbeitsscheuer, der ein Dunkeldasein führe und nur mit kriminellen Typen umgehe. Er sei kalt, berechnend, völlig wurstig, dabei ein gefährlicher Dickkopf und könne bösartig werden. Ferner sei er stark triebhaft und habe hohe Lebensansprüche, die er aber ohne Arbeit befriedigen wolle.

Dieser Fall ist nach dem des Bernd Winter, den ich noch schildern werde (S. 501 ff) wohl der schwerste unter denen der 256 Jungen, nicht so sehr nach den Taten, als nach der persönlichen Verfassung des Probanden, bei dem sich schnödes Ausbeuten anderer mit roher Aggressivität vereinigt, der sowohl innerlich verkümmert wie äußerlich verwahrlost und enthemmt ist.

Von einer „erblichen Belastung" ist bei ihm nichts bekannt, obwohl der Erzieher im Jugendgefängnis ihn für „erbanlagemäßig gefährdet" hielt. Was die Gemütsseite anlangt, so machte mir seine M. einen doch ausgesprochen weniger warmen Eindruck als etwa die M. von Werner Krumbach (s. S. 469), dessen Schicksal an sich mit dem des Helmut Ziemer manche Ähnlichkeit hat. Jedenfalls ist sie nicht bloß passiv, sondern von starken Aggressionen gespannt, die sich u. a. in der Art zeigten, wie sie in Gegenwart ihres kleinen Sohnes von dessen Vater sprach. Sie gehört auch zu den egozentrischen Müttern, die ein Kind bestimmten Geschlechts haben wollen. Und aus der Art, wie sie — nach ihrer Erzählung — auf Helmuts Aggression gegen den kleinen Bruder reagierte („so, nun darfst du ihn nie wieder anfassen"), kann man entnehmen, daß sie nicht maximal liebevoll und geschickt mit ihm war. Während Werner Krumbachs M. eine einfache, bescheidene Frau ist, scheint die M. von Helmut Ziemer von zu Hause eine gewisse Ansprüchlichkeit mitgebracht zu haben, und sie neigt dazu, die Fehler bei anderen zu suchen.

Man muß aber wohl nicht von hier aus eine schwere „charakterliche" Belastung des Probanden annehmen. In normalen Verhältnissen wäre die Art dieser Mutter vermutlich als eine Wesensschattierung erschienen, wie sie relativ häufig vorkommt, und in normalen Verhältnissen wäre sie ja auch möglicherweise eine ausreichend gute Mutter gewesen. In der schwierigen Situation des Probanden waren ihre Mängel aber sicher von besonderer Bedeutung.

Allerdings hat sie ja wohl in gewisser Hinsicht immer zu dem Probanden gehalten, aber es scheint, daß das gerade die materielle Hinsicht war. „Sie gab ihm Wäsche und Essen und schickte ihn wieder fort", und zwar nicht nur zuletzt, sondern schon, als er mit 16—17 J. aus der FE entwichen war. Und diese ihre Eigenschaft, ihn materiell zu unterstützen, ist es ja auch, um derentwillen sie bei dem Probanden doch den Preis davonträgt, obwohl er sich in anderer Hinsicht mehr zum V. hingezogen fühlt. Das Verhalten der M. könnte auf Schuldgefühle ihm gegenüber hindeuten und tut es auch wohl; aber auch bei ihr ist die materielle Währung vielleicht schon ohnehin etwas überbetont.

Ganz offen ging ja aus den Angaben der M. hervor, daß der von ihr in die Ehe mitgebrachte Älteste ihr Junge war, der Proband dagegen mehr am V. hing, dem er ja auch bei der Scheidung folgen wollte. Anders herum kann man das auch so ausdrücken, daß er sich der M. weniger verbunden fühlte, als sehr viele Kinder das tun; denn die meisten Kinder stehen ja in jüngerem Alter der M. näher als dem V. und würden sich jedenfalls bei einer Scheidung eher vom V. als von ihr trennen mögen. Für diese seine Stellung zur M. kann man wohl besonders zwei Dinge verantwortlich machen: erstens, daß der beste Platz bei der M. schon besetzt war und besetzt blieb — er hätte dem Bruder vieleicht als Mädchen Konkurrenz machen können, aber nicht ernstlich als Junge — und daß er schon so früh für mehrere Jahre von zu Hause fort war.

Vielleicht hat ja wirklich — was ja nicht selten vorkommt — gerade seine erste Trennung von zuhause ihn für die Krankheit anfällig gemacht, die er sich im Kinderheim oder kurz nach der Rückkehr holte. Das würde nur, ebenso wie seine Trauer um den Stiefbruder, dafür sprechen, daß er damals gemütlich mindestens normal ansprechbar war. Aber das soll dahingestellt bleiben. Daß die frühe mehrjährige Trennung (H. 3—6 oder 7 J.) ihn nach der Gemütsseite hin nicht gefördert hat, ist nach anderen Erfahrungen ziemlich sicher anzunehmen. Er lernte eben schon sehr früh, unter wechselnden Fremden zu leben, die ihn mit „Essen und Wäsche" usw. pflegten, jeder für sich wohl auch freundlich zu ihm waren, aber doch eben Fremde, zu denen man nie dieses Verhältnis gegenseitiger Offenheit hat wie zu den nächsten Angehörigen. In seinen späteren kritischen Momenten ist für den Probanden dieses frühe Herausgeraten aus dem Familienverband aller Vermutung nach verhängnisvoll gewesen.

Die M. schildert ihn als ein niedliches, sehr ruhiges, weiches, mädchenhaftes und zaghaftes Kind. Dabei unterschied sie — auch auf Fragen hin — nicht zwischen der Zeit vor der Tbc und der nach der Tbc; solche zeitlichen Unterscheidungen lassen sich in der Rückerinnerung immer nur schwer machen. Jedenfalls scheint sein Ausgangspunkt die Mädchenrolle gewesen zu sein, die ja auch am meisten den Wünschen seiner M. entgegenkam, und in dem großen Bruder fand er einen männlichen Beschützer. Man kann annehmen, daß er diesen großen Bruder bewundert hat, der ja der Liebling der M. und der so wichtigen mütterlichen Großeltern war und auch auf die Oberschule sollte.

In diesem Punkt kann dieser Fall an den des Probanden 218 Olaf Brütt erinnern, dessen M. einen Sohn aus erster Ehe mitbrachte. Er fiel 1941, als der Proband 8 J. alt war, und die M. sagte, sie sei nahe am Selbstmord gewesen. „Sie hat jahrelang keinen anderen Gedanken gehabt als den Jungen. Noch in ihrer letzten Stunde wird sie an ihn denken. Und daran ist ihre Ehe kaputtgegangen, sie hatte für ihren Mann nichts mehr übrig, sie wollte nicht und konnte nicht. Ihr hätten viele Männer wegsterben können, aber kein Kind. Sie sagt immer: ein Mann stirbt mir vom Geldbeutel weg, ein Kind vom Herzen."

Ihr zweiter Mann, der V. des Probanden, war nämlich auch sehr weich, was sie nicht schätzte, und ebenso der Proband „bis zu 8, 9 Jahren". „Er war ein sehr weiches, weinerliches Kind, mehr ein Mädchen als ein Junge, vielleicht weil die M. sich immer ein Mädchen gewünscht hatte. Er benahm sich babyhaft. Oft fand die M. ihn unten auf der Straße weinend in der Ecke stehen. Sie fragte, was los wäre, und dann blubberte er so: die haben mir meine Bilder zerrissen — die haben mir meinen Ball weggenommen! Dann hat die M. ihn geschüttelt, hat gesagt, eine Memme bis du!, hat gesagt: geh nach oben, setz dich in die Ecke, wenn du dich nicht wehren kannst! Aber der große Bruder war immer nett mit ihm."

Nach dem Tod des Bruders wurde der Proband mutiger und männlicher. Die M. konzentrierte nun ihre ziemlich affektvolle Liebe auf ihn (sie sagte von sich selbst, sie sei „kinderverliebt"). Sie ließ ihn Akkordeon lernen, das er in der Nachkriegszeit auf ausländischen Schiffen gegen Zigaretten spielte, und später wurde vermutet, daß er dabei auch sexuellen Umgang mit den Seeleuten gehabt hätte. Sein V. starb 1947, als er selbst 16 war, nach längerem Herzleiden, und schon in der Zeit seiner Krankheit war der Proband ins Herumtreiben und in Schwarzmarktgeschäfte gekommen, wohl auch durch seine Hafenkonzerte. Er kam für 5 Monate ins Heim (16;7—17;0), und dort wurde beobachtet, wie er sich mit einem Kameraden gegenseitig oral befriedigte. — Mit 17 J. hat er noch zweimal gemeinschaftliche Metalldiebstähle begangen, und er war wohl zunächst noch etwas leichtfertig, zog auch einmal von der M. weg zu einem Mädchen, heiratete aber dies Mädchen später und wohnt nun mit Frau und dreijährigem Töchterchen — das „Omas Kind!" ist — bei seiner M. und arbeitet ständig und in langfristigen Stellungen. — Die M. hat nach dem Tode des V. keine Verbindung zu einem Mann mehr gehabt; sie ist auch jetzt schon Mitte der Fünfziger[49c].

Vieles ist in diesm Fall anders als in dem des Helmut Ziemer. Der Proband hat, von der KLV abgesehen, immer nur bei seinen eigenen Eltern gelebt und bei seiner M. nach dem Tode des Bruders vielleicht keine schlechte Zeit gehabt, wenn sie ihn auch wohl nie so geschätzt hat wie diesen Bruder. Außerdem ist die M. in positiver und in negativer Hinsicht wohl eine ziemlich andere Persönlichkeit als Helmuts Mutter. Die Parallele liegt aber in der Mädchenrolle, die diese Jungen nach dem Verlangen ihrer M. hatten, die sich nicht imstande fühlte, nach ihrem ersten noch einen zweiten Sohn voll willkommen zu heißen. Außerdem hatten die beiden Probanden vermutlich die gleiche bewundernde, aber wohl auch etwas ambivalente Haltung gegenüber dem großen Stiefbruder, und es ist vielleicht kein Zufall, daß sich beide später homosexuell betätigt haben.

Bei den Überfällen auf Homosexuelle, die Helmut Ziemer zusammen mit anderen jungen Männern begangen hat, drängt sich aber auch der Ver-

[49c] Strafregisterauszug III. 61: keine späteren Verurteilungen.

gleich mit Werner Krumbach auf, der ja auch deswegen verurteilt worden ist. Diese beiden sind ja ausdrücklich von ihrem StV abgelehnt worden, und noch ein weiterer meiner Probanden, der sehr an seinem V. gehangen hatte, vom StV aber abgelehnt wurde, hatte homosexuelle Verhältnisse (128 Bodo Kaufmann, u. S. 499 ff). Vielleicht ist dieses Zusammentreffen kein Zufall. Denn sowohl im Strichjungentum wie in den Überfällen auf Homosexuelle kommt häufig wohl eine ambivalente Haltung gegenüber Männern zum Ausdruck, nämlich in verschiedener Mischung irgendeine eigene, starke oder schwache Neigung zum Mann hin, aber auch Schadenfreude, Lust ihn auszubeuten und zu erniedrigen. Eine Vorgeschichte wie die dieser Probanden würde solche Ambivalenz verständlich machen. Sie haben anscheinend ihre besondere Hoffnung auf einen zweiten Vater gesetzt und sind darin enttäuscht worden. Übrigens werden bei den Überfällen die Männer ja auch oft um ihre Brieftaschen erleichtert. Aber vielleicht sowieso kann man in diesen Überfällen und im Strichjungentum eine gewisse Parallele zu der materiellen Ausbeutung der Stiefmütter und stiefmütterlichen Mütter sehen. Beides kann auf einem infantilen Wunsch nach Fürsorge beruhen, der sich nach Enttäuschungen in die schnöde Lust an der Ausbeutung verwandelt hat[50].

Auch im Leben von Helmut Ziemer hat es, wie ja so oft bei den schwerrückfälligen Probanden, m e h r e r e Schicksalsschläge gegeben; seine Tbc, die ihn so früh und relativ lange von zu Hause fortführte — und ihr folgte ja auch sehr bald noch mehrfache KLV —, dann die Scheidung der Eltern, durch die er seinen bevorzugten V. verlor, und schließlich die Wiederverheiratung der Mutter mit einem Mann, der wohl von vornherein nichts besonderes für ihn übrig hatte. Auch die Geburt eines Stiefbruders in der Familie seiner M. wie auch in der seines V. kann man dazu rechnen, denn er hätte nach dem Tode des älteren Stiefbruders vielleicht sonst doch noch eher in einer dieser Familien Fuß fassen können. — Daß er sich bei der Scheidung für den V. entschied, dann aber doch zur M. zurück mußte, war kein erfreulicher Start zu seiner weiteren Existenz bei ihr, und er kam dann ja auch gleich wieder für Jahre in KLV. Warum die Schwiegereltern ihn wiederbrachten, weiß man nicht; er kann sich dort natürlich unerfreulich verhalten haben. Er war damals 10 Jahre alt.

Während seiner Kindheit war der Proband überwiegend in Heilanstalten und KLV-Pflegestellen, während seiner Jugendzeit dann im ganzen

---

[50] *Stott* (1950,190 ff.)berichtet über einen FE-Zögling, unter dessen Delikten ein gemeinsamer Überfall auf einen Homosexuellen war. Dieser Junge hatte, nach unbefriedigenden Beziehungen zu seiner Mutter, eine besondere Vorliebe zu seinem KLV-Pflegevater gefaßt, verstand sich aber sehr schlecht mit dem StV, den er später bekam. „He never took liking to me". Stott fügte hinzu: „Almost certainly the lad hoped to receive similar paternal attention from his step-father, und his disappointment, fortified by the transferred resentment, became active dislike." Den Überfall auf den Homosexuellen bringt Stott nur mit der allgemeinen Menschenfeindlichkeit des Probanden, aber nicht mit diesen ambivalenten Empfindungen gegenüber dem StV in Verbindung. Mir scheint aber dieser Fall, auf den ich erst aufmerksam wurde, nachdem ich den obenstehenden Text geschrieben hatte, eine weitere Bestätigung meiner Vermutung.

7;2 Jahre, von 15;5—23;7, mit einigen Unterbrechungen in Heim und Strafanstalt. Die Heimzeit betrug davon 1;4 J. In Abwandlung eines Wortes der M. von Erich Baumann könnte man sagen: „soviel in Erziehungs- und Strafanstalten sind ja nachher meistens die Jungen, die als Kinder so viel von zu Hause fort waren." — Eine besondere Note kommt in Helmuts Fall vielleicht noch dadurch, daß der von ihm so „gehaßte" StV Gefängnisbeamter ist. Genützt haben ihm diese langen Anstaltsjahre jedenfalls — wie es scheint — nichts.

Bei ihm kam aber auch die Heimerziehung vielleicht schon zu spät. Nach seiner Rückkehr aus der KLV, als die M. den Stiefbruder erwartete, hat er sich noch einmal um sie bemüht und ihren Ritter gespielt, aber als er sich dann nach der Geburt des Stiefbruders wieder ausgeschlossen fühlte, wurde seine äußere Verwahrlosung rasch so groß, daß er ins Heim mußte. Seine gemütsmäßige Schädigung lag aber vermutlich schon viel früher. Nur können unter der äußeren Fügsamkeit und bei häufigerem äußerem Wechsel gemütliche Schädigungen besonders lange unauffällig bleiben[50a].

Der schon erwähnte Proband 128 B o d o K a u f m a n n, 2. XII. 31, war der Älteste, bekam mit 4 J. einen kleinen Bruder, und kurz darauf starb der V. an Tbc, an der er schon im ersten Ehejahr erkrankt war. Die M. — die im Gespräch mit mir zu dramatischen Darstellungen neigte — erzählte, der V. habe sich viel mit Bodo beschäftigt, und Bodo habe sehr an ihm gehangen. „Eine Szene", sagte sie, „der V. ging auf die Toilette und Bodo ging mit, und dann rief er stolz: Mutti, jetzt pischer ich genau wie Papa! Er war ja so stolz, daß er schon so groß war und das genau so machte wie sein V." „Er hat den V. auch sehr betrauert. Er ging mit der M. zum Friedhof . . . , sie sieht ihn da heute noch stehen, er hatte so eine Teufelskappe auf und stand ganz still, zupfte nur so an seinen Handschuhen, und die Tränen liefen ihm immer so übers Gesicht. Er bekam dann von jemandem einen Osterhasen geschenkt, den mußte die M. ein paarmal von dem Grab wegholen." Von der Familie wurde der Junge selbst immer „Hase" genannt.

Die M. zog dann, nachdem Bodo eine Zeitlang bei der Großmutter gewesen war, mit den Kindern zu einem Vetter des V., zu dem sie wohl auch nähere Beziehungen hatte. Dieser Onkel mochte aber den Kleinen von Anfang an lieber als Bodo. „Der war überall beliebter, er konnte bei den Leuten viel besser schmusen, war frei heraus, keck, hatte auch einen gehörigen Dickkopf, und Bodo selbst mußte sich von dem manches gefallen lassen. Bodo ließ sich überhaupt alles gefallen, er war zurückhaltend, verschlossen, weich, konnte sich nicht durchsetzen." Nach Bildern

---

[50a] Strafregistereinsicht III. 61: *II. 56* 6 Mon. Gef. w. Widerstands g. d. Staatsgew., vors. Körperverl. u. Hausfriedensbr. 2) *VII. 56* 6 Mon. Gef. w. Hehlerei 3) *VI. 57* 18 Mon. Gef. w. schw. Körperverl. 4) *I. 58* 3 Jahre Zuchthaus, Aberkennung d. bürg. Ehrenrechte, unter Einbez. v. 3), w. Raubes in Tateinh. m. Körperverl., und Körperverl. in Tateinh. m. Widerstand g. d. Staatsgew.

hatte der Kleine ein rundes, schelmisches Gesicht und welliges dunkles Haar, Bodo ein schmaleres, regelmäßigeres mit viel gehaltenerem, ernsterem Ausdruck und einem verschleierten Blick. Bodo war auch in der Schule Einzelgänger, außerdem starker Bettnässer, der Kleine beides nicht. Auch bei Verwandten in Mecklenburg, wo der Proband von etwa 11—13 J. erst allein, dann zusammen mit dem Bruder war, soll er hinter dem Bruder zurückgesetzt worden sein. „Denn — die Tante hat der M. nachher selbst gesagt: e i n e n Jungen konnten sie nur lieben, und als der Kleine kam, war der es dann."

Als Bodo 10 J. alt war, heiratete die M. einen 27jährigen Berufssoldaten, der aber wegen Verwundung nicht mehr eingezogen wurde. Er glaube, so schrieb das JA, die Kinder nur mit Härte erziehen zu müssen, Bodo soll er wegen des Bettnässens einmal stundenlang vor der Haustür haben stehen lassen. Die M. erzählte, bei seinem ersten Kommen sei der StV etwas eher erschienen als erwartet, und sie habe zu Bodo, der danach in die Tür kam, gesagt: „Vati ist schon da." „Und da stieß Bodo die Tür auf und stürzte sich auf diesen fremden Soldaten und fiel ihm um den Hals ... Und doch hat der StV gerade diesen Jungen nicht angenommen! Er war immer eifersüchtig auf die Jungen, und zwar gerade auf Bodo. Auf den Kleinen gar nicht so, der hat ganz zuletzt nur mal so gesagt: jetzt fängt Vati auch mit mir noch so an wie mit Bodo!"

1946 (B. 14 J.) meldeten Nachbarn, die Kinder verkämen seelisch, der StV verlange alle Fürsorge und alles Essen für sich. Die M. war damals auch gerade nach einem Kaiserschnitt längere Zeit hindurch krank, aber sie ist überhaupt wegen „Herz und Nerven" sehr viel bettlägerig und hat in der Ehe mit dem StV — wie er sagte — mehr im Bett gelegen als nicht. 1946 entlief dann auch Bodo mit Geld und Lebensmittelkarten der M. und mit dem kleinen Bruder, der aber eher als er aufgegriffen wurde[51]. Er war dann kurz im Heim, entlief auch dort, trieb sich lange umher, lebte mit einem erwachsenen Homosexuellen zusammen und beging für ihn Einbrüche. Danach hatte er noch ein homosexuelles Gegenseitigkeitsverhältnis mit einem ehemaligen FE-Zögling, dem er einmal freiwillig in die U-Haft folgte. Schon mit 15 J. wurde er zu Jugendgefängnis von unbestimmter Dauer verurteilt, nach einem Rückfall nach probeweiser Entlassung nochmals; er hatte u. a., mit 17;9, morgens in der Wohnung der PflElt. eines Mädchens eingebrochen, mit dem er in der Nacht dort Geschlechtsverkehr gehabt hatte. Mit 20 J. heiratete er, wohnte zuerst mit der Frau bei der M., die ihn dann aber aus der Wohnung setzte. Darauf verschwand er mit Sachen der Frau und beging eine große Serie von Einbrüchen (allein).

---

[51] Vgl. dazu die Bemerkung von *Scott* (1956-57, 17): „Sometimes very disturbed and jealous boys or girls will take with them, on their delinquent escapades, the young sibling who is the object or their jealousy, in order to involve him also in trouble, danger and paternal disapproval. Indeed this sometimes seems to be the outstanding motive of the delinquency or running away."

Als ich VIII. 55 bei der M. war, verbüßte er noch die dreijährige Gefängnisstrafe, die er dafür bekommen hatte. Die M. erzählte mir, daß im letzten Jahr der jüngere Sohn durch einen Unfall umgekommen war. Bodo habe ihr daraufhin aus dem Gefängnis geschrieben, daß sie über ihn nun ganz ruhig sein solle, sie habe ja noch ihn, und er habe nun einen festen Halt in Gott und im Gedanken der Liebe gefunden. Und als er danach einmal auf Urlaub gekommen sei, habe er gesagt: was gäbe ich darum, wenn ich jetzt nicht verheiratet wäre und die Kinder hätte, sondern noch einmal bei euch wohnen könnte[51a]."

248. Bernd Winter, 2. XI. 31. Nachdem er schon mit 5—7 J. bei seinen Pflegeeltern „kleine Unehrlichkeiten" begangen hatte und mit 7 J. in der Schule „Griffel und Bleistifte hatte mitgehen lassen", setzten seine Straftaten — spätestens — wieder ein, als er mit VII. 47, mit *15;8*, aus einem FE-Heim nach Hause und in eine Sattlerlehre entlassen worden war. Er verkaufte Sachen seiner M. auf dem Schwarzen Markt und entlief nach kurzem mit damals unersetzlichem Werkzeug des Meisters in die Ostzone. Dort stahl er Brot und bettelte, kam in U-Haft und wurde zu JugArr. verurteilt, der als durch die U-Haft verbüßt erklärt wurde. Einen Monat nach der Entlassung, noch immer in der Ostzone, stahl er *(15;11)* Brotmarken aus einem Laden und kam in eine dortige Erziehungsanstalt. In der Anstalt eignete er sich 5 Monate später *(16;5)* durch gemeinschaftlichen schweren Diebstahl Anstaltswäsche an, und dafür wurde er nach dreimonatiger U-Haft zu 9 Monaten Jugendgefängnis verurteilt, die er bis 17;2 (I. 49) in der Ostzone verbüßte.

Da die M. ihn nicht wieder aufnehmen wollte, kam er nach der Rückkehr in ein Wohnheim und eine offene Arbeitsgruppe, arbeitete aber nur unregelmäßig und trieb sich auf St. Pauli umher. Als er deswegen nach 5 Monaten in eine geschlossene Arbeitsgruppe überführt wurde, entlief er gleich und trieb sich über einen Monat in Hamburg umher. In dieser Zeit *(17;9)* stahl er, nach einem vergeblichen Versuch zwei Tage vorher, mit einem 30-Jährigen in einem Geschäft zwei Photoapparate; er steckte sie zu sich, während der andere verabredungsgemäß die Verkäuferin beschäftigte. Einige Tage darauf erkannte die Verkäuferin sie aber auf der Straße und ließ sie festnehmen. Er bekam Jugendgefängnis von unbestimmter Dauer, wobei es auch nach seiner Berufung im zweitinstanzlichen Urteil 8 Monate später blieb. Im Jugendgefängnis, in dem er dann bis 19;7 war, erschien er zunächst „noch sehr kindlich, fast infantil", lasch in der Haltung, „eudämonistisch" in seiner Einstellung. Seine Gleichgültigkeit steigerte sich noch. Nach einer ernsten Verwarnung nahm er sich dann aber besonders in der Arbeit zusammen; er lernte Maurer. Noch zuletzt hieß es aber, seine Spannungsarmut, Unfrische, Unjugendlichkeit seien noch nicht behoben, sein Reifungsprozeß sei noch nicht abgeschlossen.

---

[51a] Strafregisterauszug III. 61: VII. 57 4 Jahre Zuchthaus w. schw. Diebst. in 19 Fällen und eines vers. schw. Diebst. als gef. Gewohnheitsverbr. u. rückfäliger Dieb.

Nach der Entlassung auf Probe VI. 51 (19;7) kam er in ein Wohnheim und eine Lehrwerkstatt. Als er dort nach 3 Wochen seine Probezeit gut bestanden hatte, ihm aber keine Lehrstelle nachzuweisen war, verschwand er auch aus dem Heim und beging nun bis zu seiner erneuten Festnahme, *19;8—19;10*, eine große Anzahl weiterer Straftaten. Zunächst mit einem 1 J. Jüngeren, der mit ihm aus dem Heim ausgerissen war, 19 Trickdiebstähle aus Läden, bei denen sie jeweils ein Kleidungsstück, eine Uhr, einen Posten Halstücher, 10 Tafeln Schokolade o. ä. nahmen und dann verkauften, um von dem Erlös zu leben. Der andere hatte erst nicht mitmachen wollen, tat es dann aber doch, als Bernd ihm zeigte, wie gut es ging. Daran schlossen sich einige ähnliche Diebstähle mit einem 29-Jährigen, mit dem er außerdem einem jungen Schweden, dem sie angeblich den Weg zeigten, ein Fahrrad mit Gepäck ablistete. Sie gingen auch in einen Juwelierladen in der Absicht — wie er später zugab —, den alten Juwelier mit der Faust niederzuschlagen und Wertsachen mitzunehmen. Es kam aber zu nichts — auch nicht zum Versuch —, da sich andere Leute einfanden. Ferner beging er mit einem Gleichaltrigen, den er aus dem Jugendgefängnis kannte, ebenfalls mehrere Ladentrickdiebstähle und zwei Raubüberfälle auf Betrunkene; der eine fingierte einen Streit mit dem Betrunkenen, dem der andere scheinbar zu Hilfe kam, wobei dann der eine oder der andere ihm die Brieftasche abnahm. Ferner beging er mit einem Strichjungen, den er aus einem Kinderheim kannte, 5 Diebstähle aus parkenden Autos.

Bei seiner Festnahme gab Bernd zunächst an, auch er habe sich die ganze Zeit als Strichjunge betätigt. Das widerrief er in der Hauptverhandlung; er sagte, er habe damit nur seine Einnahmen erklären wollen, die tatsächlich aus den damals noch unentdeckten Diebstählen stammten. Er hatte inzwischen eine Generalbeichte abgelegt und dabei auch noch zwei Fahrrad- und drei Ladentrickdiebstähle angegeben, die er mit *17;9* mit dem damaligen — 30jährigen — Mittäter begangen und von denen bis dahin niemand etwas gewußt hatte. Er wurde nach 9monatiger U-Haft mit 20;7 zu 7 Jahren Zuchthaus verurteilt.

Er war unehelich geboren. Der Erzeuger blieb unbekannt; das JA schrieb, er sei wegen Mehrverkehrs schwer festzustellen gewesen. Die M. behauptete, daß er Jude gewesen sei; weiter ist darüber nichts bekannt. Die M. war bei seiner Geburt 19;2. Sie war schon das letzte halbe Jahr vor der Geburt wegen Go. im Krankenhaus stationiert. Die Geburt war normal, die M. hatte danach aber noch eine Mastitis. Sie nahm dann den Jungen mit sich nach Hause, d. h. zu ihren Eltern. Ihr Vater hatte ein kleines Fuhrunternehmen. Ihre Mutter war schon während mehrerer Jahre in kurzen Abständen immer wieder wegen Trunksucht in die Anstalt gekommen. Von dieser Großmutter — soweit sie da war — und einer verheirateten, im Hause wohnenden Schwester der M., Frau Pflüger, wurde Bernd zunächst hauptsächlich versorgt. Die M. kümmerte sich nicht viel um ihn; als er 5 Monate alt war, verschwand sie auch plötzlich auf ein paar Wochen und mußte danach noch mit einer Eierstockentzündung ins Krankenhaus.

Darum nahm ihn auch Frau Pflüger mit sich, als sie — im ersten oder zweiten Jahr des Jungen — von ihren Eltern fortzog. B. 1;9 hieß es, die M. wolle ihn zu ihrer anderen, kinderlos verheirateten Schwester Frau Martin geben, die ihn schon von Geburt an habe haben wollen. Er blieb aber noch bei Frau Pflüger — wo er nach den Berichten mit großer Liebe versorgt wurde und mit seiner Pflegeschwester zusammen ein Einzelzimmer hatte —, bis er mit 2;1 nach einem Streit zwischen dem Großvater und Frau Pflüger dann doch zu Frau Martin kam.

Nach 3 Monaten hieß es, er habe sich schnell eingelebt, ohne zu Pflügers zurückzuverlangen. „Gesundes, aufgewecktes, gut erzogenes Kind." Nach weiteren 3 Monaten (2;7): erzieherisch durch seinen Trotz nicht immer einfach, andererseits sehr anschmiegsam, versucht durch Anschmeicheln seinen früheren Trotz vergessen zu machen. Körperlich recht zart. Er bezeichnet seine M. als Tante und soll nicht wissen, daß Frau Martin nicht seine M. ist. 3;1: still, aber zutraulich. Die M. wurde dort angetroffen, tat als ob sie auf Besuch sei, scheint aber dort zu wohnen. 3;5: kleiner hübscher, etwas zarter Junge, wird verwöhnt, jedenfalls von Herrn Martin. 3;11: normal entwickelt, ganz aufgeweckt, nett, etwas eigensinnig, aber nicht mehr als andere Kinder dieses Alters. 4;3: Martins sind umgezogen, er hat jetzt ein Einzelzimmer. Aus beiden Eheleuten spricht die Liebe zu dem Kinde. 4;7: er sollte wegen Zartheit ins Sonnenbad, ging nicht wegen der Kosten. Er neigt zu Magenstörungen, lag gerade im Bett. Seine Haltung ist offenbar gut. „Das Kind ist durch den Erzeuger nichtarischer Abstammung, Förderungsmaßnahmen daher nicht ohne weiteres vertretbar." 4;10: etwas anfälliges Kind. Hält Frau Martin für seine Mutter. 4;11: Das Kind ist neuerdings sehr nervös, soll tagsüber viel einschmutzen, auch viel onanieren. 5;3: er ist körperlich zierlich. Das Onanieren soll sich gebessert haben. 5;9: B. erzählt sehr ungeniert aus seinem kleinen Leben, weiß aber auch schon, daß alles Geld kostet. „Irgendwie jüdisch aussehen tut er nicht ... Der PflV möchte ihn gern adoptieren, hat aber Bedenken wegen des jüdischen Erzeugers." 5;11: die M. kümmert sich immer weniger um das Kind. Der Junge fragt auch nicht nach ihr. Er macht freundlichen gefälligen Eindruck, ist aber ebenso oberflächlich wie die M. Er begeht auch kleine Unehrlichkeiten, ist im Augenblick sehr niedergeschlagen, vergißt aber die Sache schnell. „Sollte sich der Junge weiter ungünstig entwickeln, so ist es durchaus möglich, daß die PflElt. ihn nicht mehr behalten wollen. Der PflV ist besonders durch den nichtarischen Erzeuger des Kindes skeptisch geworden." 6;4: B. nimmt sich sehr zusammen, er hat große Angst, daß die PflElt. ihn nicht behalten, wenn sie wieder Unehrlichkeiten bei ihm entdecken.

In den folgenden Berichten, B. 6;7, 6;10 und 7;6, werden wieder, allerdings etwas wechselnd, Klagen der PflElt. über Schwierigkeiten mitgeteilt. „Er ist häufig unaufrichtig, in seinem Gefühlsleben unsagbar oberflächlich ..." „Märchenerzähler" ... „läßt in der Schule stets einige Sachen wie Bleistifte und Griffel mitgehen, wenn man nicht aufpaßt." Und schließlich B. 7;8: „Die PflM hat keine Freude mehr an dem Jungen, der ja überall in der Nachbarschaft erzählt, daß sie nicht seine richtige M., sondern nur seine PflM sei." Er verziehe keine Miene, wenn er des Lügens überführt werde. Sie könne ihn nirgends mehr zu Besuch hinschicken, da alle Verwandten und Bekannten ihn wegen seines Lügens und auch seines frechen Betragens nicht mehr haben wollten. Er lüge sich irgendwelche Phantasiegebilde zusammen. Sie wollten ihn nun abgeben.

Mit 7;9 kam er ins Heim. Eine Psychiatrin der Jugendbehörde fand ihn kalt und oberflächlich, im Denken langsam und schwerfällig. „Beurteilung: Bernd ist ein gemütskalter, charakterlich wenig günstig veranlagter Mischling 1. Grades." B. 7;11 schrieb ein anderer Arzt, er habe sich in der Gruppe unauffällig gehalten, in der Schule wenig geleistet und gelogen. Er sei teils freundlich, zugänglich und kindlich verspielt, teils großsprecherisch und geltungssüchtig mit deutlichen pseudologistischen Zügen. Sein seelisches Leben spiele sich vollkommen auf der Oberfläche ab. „Erziehungsprognose aus rassischen und erbbiologischen Gründen ungünstig." — Im Heim, in dem er dann noch weitere 6 Monate blieb, war er aber unauffällig, verträglich, spielte still und sinnig; in der Klasse war er wenig rege und etwas ablenkbar und verträumt, gutwillig, aber leicht erlahmend.

Danach, mit 8;5, kam er wieder zu Frau Martin. Sie hätte ihn schon eher wiederhaben sollen, wollte aber nicht. In der Akte war außerdem mehrfach vermerkt, eine sonstige Inpflegegabe sei wegen seiner Mischlingseigenschaft unmöglich. — Fast sofort nach seiner Rückkehr begannen wieder die Klagen über seine Nachlässigkeit und sein phantastisches Lügen. Der PflV war in dieser Zeit im Feld (er fiel 1944, B. 12 J.), Frau Martin selbst arbeitete. B. 9;7: „Die PflM versucht immer noch, ihn zu retten." 10;0: es geht nicht mehr, auch die Schule soll ihn nicht mehr wollen, er soll dort zur Entschuldigung für sein Schwänzen gelogen haben, die PflM habe sich zwei Finger abgehackt, oder: er habe es im Hals. — Mit 10;0 kam er darauf wieder ins Heim. Im psychiatrischen Aufnahmegutachten hieß es, er sei recht mäßig begabt, habe sich schwerfällig und einsilbig gezeigt, sei wenig aus sich herausgegangen. Er zeige wenig Schwung und Initiative, wenig Offenheit und keinerlei kindliche Aufgeschlossenheit, wenn er sich auch ganz freundlich gebe. Daraus folgernd als „Beurteilung: Familiär belasteter, intellektuell recht mäßig begabter, verschlossener, träger Junge, der Schwierigkeiten aus dem Wege geht durch äußerliche Einfügung. Jüdischer Mischling 1. Grades?"

In dem kleinen Heim, in dem Bernd dann von 10;6—12;9 war, machte er keine Schwierigkeiten. Er war schulisch langsam und träge, überhaupt, besonders auch unter den Kameraden, passiv und einsilbig; es fehle ihm die frische muntere Gabe der Bereitschaft zur Kameradschaft. Er sei phlegmatisch. Mit der Tante, Frau Martin, stehe er in regem Briefwechsel.

Gleich nach seiner Heimaufnahme (10;2) hatte er sich beim gemeinsamen Schlittschuhlaufen einen Vorderzahn ausgeschlagen, und das kleine Heim, in das er dann kam, beantragte für ihn einen Stiftzahn. Diesen Antrag legte der sachbearbeitende Amtmann dem zuständigen Senatsdirektor mit folgendem Vermerk vor: „Da die Kaufähigkeit nicht gestört ist, also kosmetische Gründe im Vordergrund stehen, empfehle ich, den Antrag auf Anbringung eines Stiftzahnes abzulehnen. B. ist offenbar Mischling ersten Grades. Nach dem psychiatrischen Gutachten vom ... 10. 39 lautete die

Erziehungsprognose „aus rassischen und erbbiologischen Gründen ungünstig“, vgl. Bl. ... Im übrigen nehme ich Bezug auf das Gutachten vom ... 1. 42, Bl. .../... B. wird sich zu keinem sehr brauchbaren Volksgenossen entwickeln. Er ist familiär belastet. Der V. soll Jude sein, die M. ist als asozial anzusprechen.“ Und darauf die Verfügung des Senatsdirektors: „Die Kostenübernahme für einen Stiftzahn wird abgelehnt.“

X. 44 (12;11) wurde Bernd zur M. entlassen, da das Landesjugendamt ihn als jüdischen Mischling nicht mehr betreuen durfte. Aus der nächsten Zeit fehlen dann Berichte. 14 Monate später meldete die Polizei, er habe ein 7jähriges Mädchen am Genitale angefaßt *(14;1)*. Ermittlungen bei der M. und den Großeltern ergaben nun, daß sie mit ihm sehr unzufrieden waren. Sie hätten keinerlei Gewalt über ihn, die Anstaltsunterbringung habe keinerlei Wirkung gehabt. 14;2: es geht nicht mehr, er lügt, wirft Scheiben ein, geht auch nicht regelmäßig zur Schule und steht dort im Verdacht kleiner Diebereien. — Danach war er dann von 14;4—15;8 — wo er dann mit den Straftaten begann, s. o. — wieder in verschiedenen Heimen, aus denen er mehrfach entwich. 1948 heiratete seine M.; zu dem StV hatte er keinerlei Beziehung.

Die PflM Frau Martin, deren erster Mann (der PflV) gefallen ist, hat sich jetzt wiederverheiratet. Sie wurde, von der Arbeit kommend, in ihrer Laube angetroffen (IX. 55), eine einfache, tüchtig wirkende Frau, die mit innerem Anteil erzählte. Sie sagte:

„Sie bekam Bernd ja, als er 2 J. alt war. Sie hatte ihn ja gern von der Geburt ab haben wollen, weil sie keine Kinder bekam. Das war sogar so: sie ging ins Waisenhaus, um sich da ein Kind zu holen, und wie ihre Familie das hörte, da erfuhr sie dann, daß bei ihrer Schwester Else ein Kind kommen sollte. Else war damals durchgegangen, sozusagen, da war auch noch was mit Geld, jedenfalls sie war weg. Da haben sie sie lange gesucht, und dann fanden sie sie schließlich im Krankenhaus wieder, wo sie mit so einer Krankheit war und in anderen Umständen, und da hat denn sie, die Tante, das auch gehört. Aber sie kriegte das Kind nicht, da kam ihre andere Schwester, Frau Pflüger, dazwischen.

„Sie, die Tante, war ja die Zweitälteste und hat durch ihre Mutter eine furchtbare Kindheit gehabt. Ihr V. war ja gut, von dem haben sie alle viel gehalten. Aber sie, Anni, mußte immer die Mutter von allen sein, als sie selbst noch fast ein Kind war. Da ist sie oft weggelaufen, nur so, sie war sehr unglücklich damals. Passiert ist ihr dabei nichts, sie ist nicht abgesackt, obwohl ihr mancher die Hand dazu hingereicht hat, daß sie absacken sollte. Über diese Sachen kann sie kaum sprechen, und obwohl sie ja aus dem Ganzen herausgekommen ist, die Minderwertigkeitsgefühle bleiben. Sie kommt schwer aus sich heraus. Ihr V. hat ihr manchmal Else — Bernds Mutter — vorgezogen, aber wenn die dann etwas Dummes machte, mußte sie, Anni, wieder für alles dasein und sich aufopfern. Und sie ist so, sie kann sich schwer verteidigen, sie hat oft jemanden nicht angeklagt, wo sie es hätte tun können, und hat auf Anklagen nichts erwidert, obwohl sie unschuldig war. Sie hat mit ihrem ersten Mann ja in idealer Ehe gelebt, und der zweite ist auch sehr gut. Aber mit ihrer Familie ist alles so zerrissen, das war immer so. Sie kommt wenig mit den andern zusammen. Nicht daß sie direkt erzürnt wären, aber es ist alles so zerrissen bei ihnen.

„Die Mutter hat ihr nachher mal erzählt, der Arzt hätte sie damals gefragt, ob sie das Kind austragen wollte, er könnte es ihr auch wegnehmen. Als sie das erzählte, hat sie, die Tante gesagt: bei der Gleichgültigkeit, die du immer für das Kind gehabt hast, ist es eine Sünde von dir, daß du es zur Welt gebracht hast. Die M. hat ja wirklich nie Liebe für Bernd gehabt, und Bernd hat sie gehaßt! Die M. hat, wenn sie jetzt auch sehr ordentlich und korrekt ist und alles, gar nichts Herzliches, man hat eigentlich das Gefühl, sie hat vielleicht gar kein Herz. Dagegen Frau Pflüger, die ist sehr gutherzig und auch eine gute Mutter. Wer sein V. war, wissen sie auch nicht. Das müßte ja eigentlich die M. einmal ganz klar sagen! Er soll ja jetzt aus der Haft geschrieben haben, daß er wissen wollte, wer sein Vater eigentlich ist.

„Als Bernd ganz klein war, wohnte ja Frau Pflüger noch mit zu Hause und hat ihn da wohl schon mitversorgt, aber vielleicht ja auch die M. mal und die Oma, daß weiß sie nicht so. Als er dann zu ihr kam, hat er kein Heimweh zu Pflügers gehabt. Die hatten ihn aber recht verwöhnt, ihm allen Willen gelassen, und ihn auch mit dem Essen verpäppelt, z. B. hatten sie ihm die Rinde vom Brot geschnitten und das Fleisch in Strähnen zerteilt, obwohl er ganz gesunde Zähne hatte. Einnässen tat er nicht mehr, — im Heim soll er es ja nachher getan haben — nur zuerst mußte sie ziemlich aufpassen, ihn nachts wecken und so. Er konnte auch nicht so richtig sprechen, nicht so, daß man sich mit ihm verständigen konnte, aber das lernte er dann bald bei ihnen.

„Die anderen — von ihrer Familie — haben nachher alle gesagt, sie wäre zu streng mit ihm, und dadurch wäre sie schuld, daß er so geworden wäre. Sie war auch strenger als Frau Pflüger, sie ist härter als die, und vielleicht war sie ja zu hart. Sie will nicht sagen, daß sie nichts verkehrt gemacht hätte, das kann sie ja nicht. Aber es war mit ihm nicht zu machen. Das muß er doch mit auf die Welt gebracht haben. Denn sowie er anfing zu sprechen, fing er auch gleich an zu spinnen und Dinge zu erzählen, die gar nicht an dem waren. Z. B. einmal — sie weiß aber nicht mehr, wann das war — erzählte er, Opa ließe grüßen, der hätte eine Fuhre zu dem Haus nebenan gehabt. Er erzählte genau die Unterhaltung mit dem Opa. Nachher stellte sich heraus, daß nichts davon wahr war. Darüber war sie ganz entsetzt, sie verstand nicht, wie ein Kind so lügen konnte! Sie strafte ihn dann, aber es war nicht so, als wenn er das wirklich empfände. Man konnte ihn nicht richtig zu fassen kriegen.

„Nun war aber auch ihr Mann ein Kindernarr und war lasch in der Erziehung und unterstützte sie nicht, wenn Bernd so log, sondern sagte: laß ihn doch, er spinnt. Ihr Mann war eigentlich überhaupt nicht streng mit Bernd. Er hat ihn zwei- oder dreimal höchstens ordentlich geschlagen. Einmal war er dabei mit dem Stock über die Seppl-Hosen herausgekommen — die waren ja so kurz, das war ja an sich so drollig; er war ja überhaupt so niedlich, und alle Leute sagten immer: was für ein niedlicher

Junge! —, da hatte er nun ein paar Striemen, und der Onkel war ganz aufgeregt, er weinte beinah und sagte: wenn das die Leute sehen! Sie sagte aber: er hatte es ja verdient. Aber der Onkel gab ihm dann einen Groschen. Das nächste Mal, als er ihn wieder mit dem Stock gehauen hatte, sagte Bernd gleich hinterher: krieg ich nun wieder einen Groschen? Da hat ihr Mann sie auch nur groß angeguckt, und sie hat gesagt: siehst du, so ist er.

„Sie hatten nachher noch einmal ein kleines Mädchen in Pflege, und da war ihr Mann auch so weg von dem Kind, daß er sie überhaupt nicht mehr angeguckt hat. Aber dieses Mädchen war ganz anders als Bernd. Die brauchte die Tante nur mit Verachtung strafen, da war die ganz verzweifelt, während das Bernd gar nichts ausgemacht hatte. Einmal war auch, als Bernd noch bei ihnen war, aber sie weiß nicht mehr wann, ein anderes Kind bei ihnen zu Besuch und die beiden tobten auf dem Flur immer um die Portiere herum und versteckten sich in der, und das verbot sie ihnen, weil sie Angst hatte, sie würden die Portiere herunterreißen. Da taten sie es aber weiter, und die Tante gab ihnen beiden eine Ohrfeige. Und da war das kleine Mädchen sehr beleidigt und betroffen davon, aber Bernd war ganz ungerührt und sagte: ich warte nur darauf, daß ich groß bin, dann bring ich meine Mutti um und verbrenne sie. So war er.

„Er war zutraulich zu ihnen beiden und nannte sie „Mutti" und „Vati" — aber er war zu allen zutraulich, er lief jedem Mann auf der Straße nach, das ist doch merkwürdig. [52]) Er ging mit jedem. Er war zutraulich, aber nicht richtig zugehörig[53]. Eigentlich war er nur wirklich nett, wenn er krank war. Nur dann sagte er so richtig von Herzen „Mutti" zu ihr, und dann wollte er nur von „Mutti" was, und sie sagte manchmal, so häßlich es wäre, aber sie müßte direkt wünschen, daß er öfter krank wäre, weil er dann so nett wäre. Sonst hat er sich wohl mit dem Onkel besser verstanden, weil der ihm mehr durchsah.

„Zuerst hatte er ja gedacht, daß sie wirklich seine Eltern wären. Dann eines Tages — sie meint, er war erst drei, aber es kann auch später gewesen sein — sagte ihre Schwester, seine M., er sollte mal mit ihr kommen, sie wollte ihm was kaufen. Das war aber nur, weil sie ihn mithaben wollte; sie hat ihm dann bloß Socken zu 20 Pfennig gekauft, und das eilte ja nicht so! Und dann kam er 8 Tage lang nicht wieder. Da hat sie so geweint und gesagt: jetzt will Else ihn behalten! Und als er dann in die Tür kam, sagte er: Tag, Tante Anni! Sie sagte: wieso Tante Anni, was heißt denn das? Ja, sagte er, du bist doch meine Tante, das hat Opa mir erzählt. Da hat sie nachher zu ihrem V. gesagt: wie konntest du das tun? Und da sagte ihr Bruder: wie sie da alle so zusammensaßen und Kaffee tranken, da haben sie so gesprochen, und dann hat seine M. es ihm gesagt, nicht der Opa. — Danach hat er sie dann doch wieder Vati und Mutti genannt.

[52] S. o. S. 361, Anm. 14

[53] Vgl. die von *Bowlby* (1946, 22) berichtete sehr ähnliche Äußerung einer Mutter über ihre kleine Tochter, die mit 7 Monaten von zu Hause fortkam und nach verschiedenen Pflegestellen mit 5 J. zur inzwischen verheirateten Mutter — und kleinen Stiefgeschwistern — zurückkehrte: „She looks like a child who has just come in to play and does not seem to belong."

Sie kann auch nicht sagen, daß er gerade von da an schwieriger wurde. Aber damals wollte sie ihn noch behalten, da hat sie noch gar nicht an Abgeben gedacht, das stimmt.

„Aber dann hat er ja immer wieder solche Sachen gemacht. Z. B. gab es ja damals kurz vor dem Krieg schon einiges rationiert, ohne Karten, und da brachte ihr Bernd immer Kaffee aus einem bestimmten Geschäft, wo sie sonst nicht kaufte. Nachher stellte sich heraus, daß er bei dem Kaufmann immer behauptet hatte, er würde von den Schustersleuten geschickt — die kauften da nämlich immer —, und auf diese Weise hatten die Schusters immer keinen Kaffee bekommen. Da wollte ihr auch niemand glauben, daß er das von sich aus getan hätte, aber das war wirklich so! Und kurz danach sagte der Schuster zu ihr, als sie da mal Schuhe abholte — sie hatte sonst gar nichts mit ihm zu tun —, sie müßte mehr auf den Jungen aufpassen, der säße stundenlang bei ihnen und erzählte Geschichten aus ihrer und ihres Mannes Familie. Da sagte sie, er müßte ja viel Zeit haben, wenn er sich stundenlang solche Geschichten von einem Kind anhörte.

„Und die Tante sparte damals immer Pfennige und wechselte sie in größeres Geld ein, wenn sie ein paar Mark zusammenhatte. Dann hatte sie immer die Pfennighäufchen daliegen und wußte genau, was sie da noch zutun mußte. Aber wenn sie sie dann wieder zählte, stimmte es immer nicht, und es mußte doch stimmen, wenn sie sie abgab. Da hat sie wieder und wieder gezählt, sie dachte immer, sie hätte sich verzählt. Aber weil das immer wieder war, hat sie dann mal gesagt: ob Bubi da am Ende was von nimmt? Und da hatte sie noch Streit mit ihrem Mann deswegen, denn der sagte: das tut Bubi nicht. Aber später, als sie ihn im Heim besuchte, hat er selbst erzählt, daß er immer Pfennige genommen hatte, und er amüsierte sich königlich dabei, wie er das erzählte, als wäre das wer weiß was für ein Spaß gewesen. Und sie wollte ihm da ja keine Vorwürfe machen, sie sagte nur: und deswegen ist damals doch so viel Streit gewesen. Wenn er was ausgefressen hatte oder ausfressen wollte, sah sie es ihm ja immer an. Dann hatte er direkt „umgedrehte Augen", so als sähe er draußen gar nichts, sondern bloß nach drinnen, wo er sich diese Sachen vorstellte, die er machen wollte oder gemacht hatte. — Das ist ja auch die Phantasie bei ihm, und dann schneidet er auf, er ist ein Großsprecher.

„Als er wieder einmal so gelogen hatte, war sie so furchtbar böse und wollte ihn ordentlich durchhauen, aber da fühlte sie, daß sie so böse war, daß sie ihn vielleicht für Sachen mitgeschlagen hätte, für die er gar nichts konnte, und da sagte sie nur: geh weg, geh ins Bett, ich will dich nicht mehr sehen. Und dann saß sie da und weinte furchtbar, und ihr Mann, der damals Nachtdienst hatte, sagte, sie hätte noch morgens im Schlaf geweint. — Und auch sonst manchmal, wenn sie den Stock nahm, hat sie ihn wieder hingelegt, weil sie dachte: ich schlag ihn tot.

„Zuerst hat sie ja immer gedacht, daß es besser mit ihm werden würde. Sie hat gedacht: so ein kleines Kind, und: wenn er erst in die Schule kommt, wird es besser. Aber das wurde es ja nicht, im Gegenteil, da fing er an, andere Kinder zu verführen, und schließlich sagten die

Lehrer zu ihr, sie sollte ihn herausnehmen, er verdürbe die ganze Klasse. Sie hatte ja auch gar nicht allein zu bestimmen, da war immer noch der Vormund dazwischen, ein wildfremder Mensch, und die Mutter blieb immer die Hauptperson, obwohl sie sich kaum jemals gekümmert hat und nur ganz gelegentlich zu Besuch kam. Und es waren überhaupt diese ganzen Familienschwierigkeiten, das hat wohl auch mitgewirkt. Er hat ja auch bei ihnen vielleicht zu viel mit angehört davon, man spricht ja doch mit anderen einmal über diese Sachen, und ein Kind hört das. (Auf Frage:) Nein, daß er ein Halbjude sein sollte, hat damals gar keine Rolle bei ihnen gespielt, nur daß er so schwierig war; auch ihrem Mann ist das ganz egal gewesen (kann sich auch bei weiterem Vorbehalt anscheinend wirklich nicht auf Äußerungen dieser Art, wie sie ja in den Akten vermerkt sind, besinnen). Ihr Mann wollte ihn ja nicht abgeben, er wollte es nicht, aber da sagte die Fürsorgerin auch noch: Herr Martin, machen sie es Ihrer Frau nicht noch schwerer.

„Heimweh hat er zu ihnen wohl nicht gehabt, so war er ja eben nicht. Aber der letzte Abschied war doch sehr schwer, wohl auch für ihn, — Nachher wurde er dann zu den Großeltern entlassen, nicht zu ihr, obwohl sie vorher darum gebeten hatte. Als sie 1945 aus Bayern zurückkam, war er bei den Großeltern, und da war gar nichts mehr zu machen. Im Heim hatte er noch „Mutti" zu ihr gesagt, aber nun sagte er „Tante Anni". Die Oma war eigentlich recht häßlich zu ihm. Der Opa nicht, aber der hat eigentlich alles doch hauptsächlich der Oma überlassen. Und da wußte er schon genau, daß er abgelehnt wurde. Und bei seiner M. durfte er ja kaum sein, denn die hatte ja inzwischen geheiratet, und die Familie von ihrem Mann durfte überhaupt nicht wissen, daß sie einen Jungen hatte."

In einem Gutachten der krim. psychol. Untersuchungsstelle vom XII. 49 (B. 18;1) hieß es, in seinem äußerlich sicheren, höflichen Gebaren zeige sich die durch sein pendelndes Leben erworbene Klugheit. Er sei unausgeglichen, lebhaft-aktiv, konstitutionell unruhig-getrieben, neige in periodischem Stimmungsumschlag zu häufigem Umgebungswechsel. Seine Stimmung sei aber vorwiegend euphorisch. Er sei naiv anspruchsvoll und habe ein völlig blindes Selbstgefühl, empfinde aber wohl dunkel seine innere Leere und Haltlosigkeit. Er sei ein ewig unzufriedener Geist und mache auch, um sich zu entschädigen, seine Phantasie mobil. Er fühle sich als Märtyrer der Gesellschaft. Gemütliche Saiten klängen auf seinem verdrängten Verlangen nach Mutterliebe, ebenso beim Gedanken an den frühen Tod des PflV. In dieser Weise etwas ansprechbar sei er aber nur in Zeiten der Flügellahmheit, sonst aber gleich wieder obenauf und sogar tätlich aufsässig. Er sei gewollt hemmungslos.

VI. 52 (20;7) begutachtete ihn ein Arzt und fand ihn bei der Unterredung freundlich, zu Kontakt bereit, aber nur wenig Affekte zeigend. Eine menschliche Bindung habe er nur zur PflM, sonst keine, auch zu den Mittätern nicht. Er kenne keine Reue, nicht die Qual der Gewissensbisse, von der er andere habe erzählen hören, und kein Mitgefühl für die Opfer: „ach, der war ja versichert". Das Jugendgefängnis erziehe nur zur Verstellung, er habe es sogar bis zur obersten Stufe gebracht. Er meinte, daß man nach der Entlassung, z. B. in den Wohnheimen, genau so betreut und genau so gut untergebracht werden müsse wie in der Strafanstalt. Auf den Vorbehalt, ob er nicht arbeiten wolle, habe er gesagt, er gehe lieber nach St. Pauli und in Revue- und Wildwestfilme, statt sich totzuschuften. — Er sei zwar arbeitsscheu, aber nicht willensschwach. Seine Partnerinnen wechsle er; nach dem Verkehr seien sie ihm endgültig zuwider. Er setze aber die Gelegenheit, einen Diebstahl auszuführen, über die Möglichkeit, seinen Geschlechtstrieb zu befriedigen. Eine gewisse Schädigung durch die ungünstige familiäre Umwelt sei sehr wohl anzunehmen, „ich bin aber der Ansicht, daß bei Winter eine anlagemäßig bedingte Schädigung ebenfalls vorliegen muß, da alle Erziehungsmaßnahmen, die Winter seit seinem 12. Jahr durchgemacht hat, erfolglos geblieben sind. Auch seine Wurzellosigkeit und Gefühlskälte sind sicherlich nicht durch die ungünstigen Umstände der Erziehung, sondern in der Anlage mitbedingt. — Prognose recht ungünstig, wenn nicht sogar hoffnungslos."

Dieser Proband — dessen Fall der schwerste unter meinen 256 Jungen ist — zeigt die prognostisch so besonders ungünstigen Züge von Gemütsarmut, Geltungssucht und hyperthymer Aktivität. Mindestens die Gemütsarmut und das Geltungsbedürfnis hat er schon sehr früh gezeigt. In der Schilderung der PflM tritt ja ganz deutlich hervor, wie sie schon damals mit ihren Bemühungen, sich seine Liebe zu erwerben — sie selbst ist sicher eine warmherzige Frau —, an seiner Unzugänglichkeit, seinem Unverständnis gescheitert ist, wie er ihr auswich und schon damals eine schadenfrohe und schnöde Gesinnung zeigte.

Leider war aber durch die Befragung der PflM seine frühe Geschichte doch nicht wirklich zu klären, so erwünscht das gerade in diesem Fall gewesen wäre. Sie hat ihn das erstemal von 2;1 — 7;9 gehabt, und diese Zeit ist für sie eine Einheit; sie konnte auch bei wiederholtem Nachfragen innerhalb dieser Zeit keine Unterscheidungen machen und keine Entwicklung der Verhaltensweisen des Jungen sehen. Nach den Berichten, die die Fürsorgerin alle paar Monate machte, hat die PflM aber ihr gegenüber — außer über einigen Eigensinn, von dem sie sofort erzählte, und Zartheit und Magenstörungen — erst ab B. 4;11 über Schwierigkeiten des Jungen geklagt, und zwar zunächst über Einschmutzen und Onanieren, dann 5;11 über Oberflächlichkeit und kleine Unehrlichheiten, und erst als er schon zur Schule ging (frühestens 6;7) über „Märchenerzählen". Nach den Berichten der Fürsorgerin hat er ferner die PflM noch mindestens mit 4;11 für seine M. gehalten, und erst B. 7;8 klagte die PflM, daß er in der Nachbarschaft erzähle, sie sei nicht seine M. (weswegen, unter anderem, sie auch „keine Freude" mehr an ihm habe). Auch die Erörterungen über seinen jüdischen Einschlag, der ja den PflV bedenklich machte, ihn zu adoptieren, und die damals in der Familie doch wohl ziemlich häufig stattgefunden haben, waren wie ausgelöscht aus ihrem Gedächtnis.

Dabei machte es durchaus nicht den Eindruck, als wenn die PflM absichtlich etwas verschwiege oder sich keine Mühe gäbe, sich zurückzuerinnern. Sie hat ja auch damals vielleicht nicht sofort und nicht immer Schwierigkeiten des Jungen der Fürsorgerin berichtet. Aber ihre Klagen kamen doch erst allmählich und verstärkten sich, und als der Junge 8 Tage von seiner M. zurückgehalten wurde — wo er dann hörte, daß sie selbst nicht seine M. war —, lag ihr der Gedanke, ihn abzugeben, ja offenbar noch ganz fern, und das kann eigentlich erst nach B. 4;11 gewesen sein. Auch die einzelnen häßlichen Geschichten die sie von ihm erzählte, lagen, soweit sie zu datieren waren, später, so die Angelegenheit mit dem Schuster „kurz vor dem Krieg". Da er bei Kriegsanfang 7;10 war, würde das gut mit der Aktennotiz von 7;8 über seine Erzählungen in der Nachbarschaft übereinstimmen. Und daß die PflM sich trotz mehrfachem Vorhalt nicht mehr an die Erörterungen über seine Mischlingseigenschaft erinnerte, zeigt ja, daß ihr Gedächtnis etwas einseitig arbeitet.

Das ist ja an sich nichts Ungewöhnliches, und es ist wohl ganz gut, sich daran zu erinnern, daß auch die Angaben mancher anderen Mütter neben solchen exakten Aktennotizen nicht gut bestehen würden. Bei Frau Martin kann man wohl eine ganz bestimmte Tendenz ihres Gedächtnisses vermuten, nämlich, ihre eigene „Schuld" an dem Mißraten des Jungen zu mindern. Denn eine Entwicklung seiner Verhaltensweisen innerhalb der Jahre 2;1 — 7;9 anzunehmen, würde für sie ja heißen, daß *sie* den Jungen verdorben hat, wie es ihr ja auch von ihren Verwandten vorgeworfen wurde. Es ist solchen Leuten ja so wenig bekannt, welche Schwierigkeiten einem Kind allein die Verpflanzung, aber überhaupt das Leben bei noch so netten Pflegeeltern machen kann, und das hat u. a. eben auch die Folge, daß sie die Vorgänge fast nur unter dem Gesichtspunkt des Verschuldens sehen können, sei es des eigenen — gegen welchen Vorwurf sie sich natürlich wehren möchten —, sei es des Kindes, „in dem es eben steckt".

Man weiß nicht, wie der Junge den vorangegangenen Wechsel erlebt und überstanden hat, und darum ist es sehr schwer, sich die Vorgänge zu rekonstruieren. Nach den Berichten hatte er sich an sich bei Martins gut eingewöhnt, reagierte manchmal etwas eigensinnig — es kam ja auch die Zeit der „ersten Trotzphase" —, hatte aber doch offenbar auch Angst, dadurch etwas zu verderben, und versuchte es durch „Anschmeicheln" wieder gutzumachen. Daß nicht nur von „Anschmiegen", sondern auch von „Anschmeicheln" die Rede ist, scheint zu zeigen, daß er keinen ganz sicheren Kontakt hatte, sondern hinter äußerem Kontakt schon einen kleinen leeren Raum. Ferner zeigen ja wohl seine Magenstörungen, daß irgend etwas mit ihm nicht in Ordnung war. Er war, sagte die PflM, „zutraulich", aber nicht nur zu ihnen, sondern zu allen, und nicht eigentlich „zugehörig" (ob das wirklich schon von allem Anfang an so war, weiß man allerdings nicht). Diese Worte — einer einfachen Frau — bezeichnen sehr gut, daß es für ihn keinen eigentlichen Unterschied zwischen fremd und zugehörig gab oder nicht mehr gab.

Es ist unmöglich, die Entwicklung im einzelnen zu verfolgen und sich ein vollständiges Bild von ihr zu machen. Aber man kann doch auf einige Punkte hinweisen, die der PflM die Erziehung dieses Jungen erschwert haben müssen, der ja, als er zu ihr kam, wohl schon durch mehrere Hände gegangen war oder doch mindestens diesen einen Wechsel von Frau Pflüger zu ihr hinter sich hatte.

Erstens war die PflM strenger, als Frau Pflüger gewesen war. Dagegen hat er sich wohl gesträubt, und er mochte deswegen, so hieß es, den PflV lieber. Vielleicht hätte sie ihn aber auf die Dauer doch mit dieser Strenge — und ihrer Liebe — zu fassen bekommen, wenn er nicht — außer zum PflV — auch noch zu den übrigen Verwandten hin hätte „ausweichen" können. Großvater und Schwestern standen doch wohl immer im Hintergrund, bereit, an den Erziehungsmethoden der PflM zu kritisieren, wohl auch bereit, ihr den Jungen u. U. wieder abzunehmen. Mit diesen Verwandten — die ihm ja von früher Kindheit her vertraut waren — kam der Junge auch zusammen (und wenn nicht, so phantasierte er, den Opa getroffen zu haben), und man kann wohl annehmen, daß er von hier aus eine Basis hatte, schadenfrohe Feindseligkeiten gegen die PflM zu entwickeln. Das konnte er ja eigentlich nur tun, wenn er sich trotz allem irgendwie von ihr unabhängig fühlte. Im Grunde wollten die Verwandten ja keineswegs die Verantwortung für ihn übernehmen, aber die Täuschung, an ihnen einen Rückhalt zu haben, stellt sich bei einem Kind in einer solchen Lage wohl leicht ein. Vor seinen Ohren mag sehr vieles besprochen worden sein, was es ihm erschwerte, sich gerade und nur bei Martins „zugehörig" zu fühlen.

Dazu kommt aber noch als ein sehr wichtiger Punkt, daß die PflM zuviel auf die Karte dieses Jungen setzte, wenn man es einmal so ausdrücken darf. Sie konnte selbst keine Kinder bekommen und hatte sich schon immer eins gewünscht, aber es war nicht nur das. Es scheint, daß sie in der Sache mit dem Jungen auch alle Affekte unterbrachte, die sich in ihren trüben Erfahrungen mit der Familie angestaut hatten. Dieses Kind ihrer Schwester, von der sie so vieles hatte erdulden müssen — und die das Kind in so trüben Umständen geboren hatte und nicht liebte —, sollte ihr Eigentum werden, und sie wollte damit, daß es bei ihr gedieh, auch beweisen, daß sie selbst etwas wert war. Zuerst hatte ihr noch die andere Schwester den Jungen entzogen — sie „kam dazwischen", wie in dieser Familie wohl immer einer dem anderen dazwischenkam —, und erst nach einem Streit zwischen ihrem Vater und dieser Schwester bekam sie selbst dann das begehrte Objekt. Und nun wandte sie sich ihm mit ihrem ganzen Wesen zu, und daß er sie nicht wirklich liebgewann, ist für sie offensichtlich eine sehr bittere und traurige Erfahrung gewesen.

Der Junge andererseits kam wohl von vornherein nicht mit seinem ganzen Wesen; das kann ein Kind nach einem solchen Wechsel wohl nicht. Und dann scheint sich eben — ich nehme an: allmählich, sich steigernd — zwischen ihnen ein Kampf entwickelt zu haben, bei dem der Junge zunächst anscheinend die Oberhand behielt — nach dem Wort: wer am meisten liebt, ist der Unterlegene und muß leiden —, letzten Endes aber doch den größeren Schaden davontrug.

Frau Martin hat ja, wie sie sich schildert, etwas masochistische Tendenzen, und auf der anderen Seite ist ihre Schilderung sehr eindrucksvoll, wie sie den Stock wieder aus der Hand legte, weil sie sich fürchtete, ihn totzuschlagen. Ihr Affekt war viel tiefer, als die größte Ungezogenheit eines — höchstens — siebenjährigen Jungen ihn rechtfertigen könnte; ihre persönliche Enttäuschung lag darin. Besonders verübelte sie es ihm ja, daß er in der Nachbarschaft erzählte, sie sei gar nicht seine Mutter. Diese Erzählung war ja wahr und gehörte gar nicht zu den Lügengeschichten, über die sie sich schon so früh erschrocken hatte, obwohl sie vielleicht im Anfang wirklich noch keine richtigen Lügen waren. Und er wußte offenbar, daß er sie damit treffen konnte. Er hat offenbar die Erfahrung, daß sie gar nicht seine M. war — an sich eine traurige Erfahrung —, rasch in eine Art Triumph darüber verwandelt, daß sie, die Strenge, die so viel von ihm wollte, ihn nur geliehen hatte.

An dem PflV hat er, wie es heißt, besonders gehangen. Noch in dem Gutachten von 1949 wurde ja erwähnt, daß er den frühen Tod des PflV betrauere. Frau Martin sagte auch, daß er „jedem Mann nachgelaufen" sei, und später hat er mehrfach ältere Mittäter gehabt. Der PflV hat wohl auch seinerseits eine weniger spannungsgeladene und darum glücklichere Beziehung zu ihm gehabt. Nach den Akten muß man annehmen, daß der — ja gar nicht sichere — „jüdische Einschlag" des Jungen dem PflV den ersten Anstoß dazu gegeben hat, sich von dem Jungen zu distanzieren, nämlich ihn nicht zu adoptieren und dann auch wegzugeben. Obwohl die PflM davon gar nichts mehr wissen will, muß ja etwas daran sein. Auch diese Dinge sind vielleicht dem Jungen irgendwie zu Ohren gekommen, und wenn nicht, müssen sie die Atmosphäre beeinflußt haben.

Nach meinem Eindruck sind auch die frühen Gutachter in ihren Beurteilungen von der Annahme beeinflußt worden, daß er Halbjude sei. Ihre abschließenden Beurteilungen sind nämlich jeweils die am meisten negative Auslegung ihrer sachlichen Beobachtungen. In dem kleinen Heim wurde er freundlicher angesehen. Dort hat er auch, — was an sich sehr auffällt — trotz jahrelangem Aufenthalt nichts von den besonderen Schwierigkeiten gezeigt, über die Frau Martin berichtete. Aber andererseits scheint er doch seelisch in keinem guten Zustand gewesen zu sein: passiv, einsilbig, wenig offen.

Von der Zeit nach seiner Rückkehr nach Hause — d. h. zu den Großeltern — weiß man nur, daß ihn dort eigentlich keiner wollte, daß es äußerst ungünstige Zeiten waren (kurz vor Kriegsende), daß seine Pubertät begann und er nun auch äußerlich verwahrloste.

Bei seinen späteren Straftaten fällt ein gewisser spielerischer, sportlicher Zug auf. Er sagte ja selbst, daß er die Möglichkeit, einen Diebstahl zu begehen, über die des Geschlechtsverkehrs setze, und der Ausdruck, den der Kriminalpsychologe über ihn brauchte, daß er „gewollt hemmungslos" sei, scheint etwas zu bezeichnen, was in dieser Art oder doch jedenfalls in diesem Maß bei den anderen Probanden nicht getroffen wurde: die bewußte Freude am Sichfallenlassen, am häßlichen Tun, die Genugtuung beim Anstiften von Schaden. Was man auch über diese Haltung denken mag, sie ist jedenfalls — ebenso wie die „Hyperthymie", die er ja als Kind in der Anstalt und noch im Jugendgefängnis durchaus nicht gezeigt hat — sicher kein einfacher Vorgang, sondern etwas sehr Kompliziertes, eine Demonstration, bei der u. a. Selbsttäuschungen eine große

Rolle zu spielen scheinen, wie er sie ja wohl auch schon als Kind gehabt hat.

Man wagt nicht zu sagen, daß alles gut oder doch besser hätte werden können, wenn den Eheleuten Martin bei Beginn der Schwierigkeiten eine gute Erziehungsberatung zur Seite gestanden hätte und der Junge selbst vielleicht in einer Child Guidance Klinik behandelt worden wäre. Von der späteren Entwicklung her gesehen, hat eine solche Aussage wenig überzeugende Kraft. Aber wenn man sich noch einmal der Aktennotizen der Fürsorgerin über das Einsetzen der Erziehungsschwierigkeiten erinnert, wie sie aus ganz freundlichen Anfängen erst ganz allmählich eine nach der anderen auftraten in einer sich über Jahre hinziehenden Entwicklung, und wenn man daran denkt, wie lang ein Jahr im Leben eines Kindes ist, dann ist der Gedanke schon nicht mehr ganz so unwahrscheinlich, daß etwas hätte geändert werden können[53a].

Aus der Lebensgeschichte eines anderen Probanden,

296. Manfred Luberg, 27. IV. 31, soll nur der Anfang mit ähnlicher Ausführlichkeit geschildert werden, weil er sich zum Vergleich mit der Kindheitsgeschichte von Bernd Winter anbietet:

Manfred und sein 2 J. älterer Bruder Othmar stammten aus der ersten Ehe der M. Die Jugendamtsakte beginnt 1933, als die damals 21-jährige M. von ihrem 23-jährigen Mann getrennt lebte und ein Verhältnis mit dem 17-jährigen Sohn eines Schlossermeisters unterhielt. Der Schlossermeister, der seinen Sohn von ihr lösen wollte, verlangte nämlich die Wegnahme der Kinder. Der Ehemann bat allerdings, sie der M. zu lassen, denn sie hätten es gut bei ihr und die M. sei auch keine Herumtreiberin, sondern habe nur dies eine Verhältnis. Auch die zuständige Fürsorgerin war gegen die Wegnahme, aber nachdem der Schlossermeister sich an den Reichsstatthalter gewandt hatte, wurde eine andere Fürsorgerin hingeschickt, und 1934 (M. 3;5) kamen beide Kinder ins Heim. Schon vorher (M. 2;4) hatte es einmal geheißen: „Othmar (der Bruder) ist ein recht gesunder, frischer großer Junge. Manfred ist ein sehr elendes, zartes Kind, das Höhensonne bekommt". Ähnlich hieß es in einem Heimbericht III. 35 (M. 3;10): „Zart gebaute Kinder . . . Othmar scheint gesundheitlich ganz widerstandsfähig, während Manfred etwas anfällig zu sein scheint. Othmar scheint von Hause aus vernachlässigt, Manfred verwöhnt zu sein. Beide sind geistig sehr rege, haben lebhafte Phantasie und können lange und intensiv spielen, brauchen nicht viel dazu . . . Beide . . . sehr liebebedürftig und leicht zu lenken. Für das Leben in der Gruppe sind sie zu empfindsam. Sie fühlen sich beide leicht zurückgesetzt, worüber Manfred sich weinend beklagt. Trotzdem sind sie für alle jungenhaften Spiele zu haben und stehen den anderen dabei nicht nach. Manfred kann recht eifersüchtig sein und meint, ein besonderes,

---

[53a] Strafregisterauszug III. 61: *XI. 57* 3 Jahre 6 Mon. Zuchthaus w. schw. Diebst. i. Rückf. in 11 Fällen, davon 10 gemeinsch., u. 1 gem. einf. Diebst. i. Rückf. als gefähr. Gewohnheitsverbr.

alleiniges Recht auf die „Tante“ zu haben. Beide Kinder schlafen schwer ein.“ 4;0: „Lebhafter, sehr empfindlicher Junge, bei Erregung stottert er leicht, leicht zu lenken, anhänglicher kleiner Schelm . . . Sie müßten zusammen in eine Pflegestelle zu einer sehr verständigen, liebevollen Pflegemutter.“

Kurz darauf, M. 4;2, kamen sie zu einer Frau in einer kleinen Stadt in Pflege. Nach den dann folgenden Berichten war die Unterbringung dort gut und gab es keine Klagen, Manfred brauchte aber Kräftigungsmittel und es wurde eine Tuberkulinprobe gemacht, aber mit negativem Ergebnis. VIII. 36 (M. 5;4) findet sich in einem solchen Routinebericht der Vermerk: „neigt zum Lügen, sonst aber gut.“ Dann 6;6: „Lügt gern, ist unehrlich gewesen, hat Geld vernascht.“ 6;10: hat auch sonstige Sachen genommen, auch die Lehrerin soll über ihn geklagt haben. — Daraufhin kamen die Brüder wieder ins Heim und wurden dort 1 ½ Monate lang beobachtet.

In einem Bericht über diese Beobachtungszeit heißt es, Manfred habe sich oft mit seinem Bruder gestritten, ihn auch schlecht gemacht und sei schadenfroh gewesen, wenn ihm etwas mißglückt sei. Er fühle sich dem Bruder gegenüber benachteiligt. „Er zeigte eine förmliche Geltungssucht. Oft log er und beschuldigte andere. Aus Empfindlichkeit und Ehrgeiz suchte er, seine mangelnden Leistungen zu vertuschen, spannte seine Kräfte übermäßig an, ohne ein festes Ziel zu haben, und leistete deshalb wenig. Konnte sich schwer konzentrieren, war leicht ermüdet und abgelenkt, brachte besonders in Gegenwart von anderen Kindern kaum etwas fertig, während er, wenn er allein war, ganz intensiv und sinnvoll tätig sein konnte. Er spielte lieber mit jüngeren als mit älteren Kindern. Seine Gedankengänge zeigten sich stark sexualisiert. Er traf sich öfter mit einem kleinen Mädchen auf der Toilette, wobei sie sich gegenseitig ihre Geschlechtsteile betrachteten. Es wurde beobachtet, daß er sehr stark onanierte. Versuchte äußerst hartnäckig, dies abzuleugnen.“ Und das Ergebnis, das der Psychiater aus den „Beobachtungen und Untersuchungen“ zog: „Es handelt sich bei ihm . . . um einen intellektuell altersgemäß entwickelten, geltungssüchtigen, unoffenen, unaufrichtigen, sexuell frühreifen, meist in gespannter Erregung befindlichen Psychopathen.“ Er war damals 6;11.

Darauf kam er in das kleine Heim, in dem auch Bernd Winter war, und auch an ihm fand dieses Heim — in dem offenbar eine milde Gesinnung herrschte — keine besonderen Charakterfehler. Er erschien als körperlich und seelisch zart, gab sich zuweilen als Großsprecher und wurde auch ruppig, wenn man ihn nicht anerkannte, war im ganzen lebhaft und munter. 8;1: „Kürzlich war er mal unehrlich, dies kann ihm aber nicht als Schlechtheit oder Bosheit ausgelegt werden.“ Mit 8;6 kam er in eine Privatpflege, in der er sich wohl fühlte. Nun begann aber die M., die inzwischen den Schlossermeisterssohn geheiratet hatte, nach ihm zu verlangen. Othmar, der in einem anderen Heim gewesen war, kam auch um diese Zeit zu ihr zurück. Als Manfred mit 9;4 gefragt wurde, ob er auch zu ihr wolle, sagte er, er möchte lieber bei der PflM

bleiben. Mit 10;1 kam er aber dann doch nach Hause, wo inzwischen ein kleiner Stiefbruder geboren war und wo 5 Monate nach seiner Rückkehr ein weiterer erschien.
Nicht ganz 2 J. nach seiner Rückkehr (M. 12;0) begannen in der Akte neue Berichte, und zwar wegen starker Beschwerden. Es hieß, er sei zu Hause zwar gehorsam und gefällig, versuche sich aber, wenn etwas sei, durch Lügen herauszureden. In der Schule könne er sich gar nicht einfügen, sei sehr verlogen und habe aus der KLV — in der er inzwischen war — wegen Kameradendiebstählen zurückgeschickt werden müssen. Er stahl auch anderen Kindern Spielsachen und Handwerkern Werkzeuge, Farben und Leim.
Danach war er wieder fast zwei Jahre in einem Heim, kam mit 14 J. wieder nach Hause und begann eine Lehre, lief aber mit *14;10* mit einem Gerät des Meisters weg und stahl auch unterwegs. Nach über einem Jahr weiteren Heimaufenthals war er dann lange in einem Wohnheim. Mit 20;6 zog er endgültig zu seiner schon mehrfach an Krebs operierten M. zurück, von der der StV sich damals trennte. In den Heimen war Manfred wegen seines gutgelaunten, oft etwas clownhaften Wesens beliebt; er galt als gutmütig, aber willensschwach. Mit der Kostgeldzahlung nahm er es meistens nicht sehr genau. Mit *15 J.* stahl er bei Urlaubsaufenthalten zu Hause mehrfach Geld; auch im Heim beging er damals Kameradendiebstähle. Mit *17 J.* beging er einen Fahrraddiebstahl, mit *18 J.* eignete er sich im Heim das neue Hemd eines Kameraden an und legte ihm dafür sein altes hin. Mit *20 J.* entwendete er dem StV eine Mundharmonika. Mit *21 J.* fuhr er drei Tage lang auf einem Motorrad herum, das er sich auf der Straße genommen hatte. Wegen dieser verschiedenen Taten hat er im ganzen 4 Monate Gefängnis verbüßt. Nach dem Motorraddiebstahl mit 21;3 sind keine Straftaten mehr von ihm bekannt geworden; am Stichtag der Untersuchung war er etwas über 24 J. Er arbeitet als Schlosserhelfer, wechselt öfter, wird aber auch von den gleichen Firmen wiedergeholt. Die M., die ich im Krankenhaus sprach, sagte, er sei noch so etwas leicht mit Geld, wolle immer sparen, bringe es aber nicht dazu. Er sei verlobt, mit einem netten Mädchen, aber beide wären sie noch etwas „görig". Der größte Unterschied zwischen Othmar und ihm sei gewesen, daß Othmar klüger gewesen sei. Othmar sei auch der Liebling der Großmutter gewesen, die noch bis 1948 bei ihnen gelebt habe. Der StV sei zu allen Kindern ziemlich hart gewesen[53b].

123. Heinz Feddersen, 4. I. 34. Er wurde O. 1948 *(14;4)* aus der Kl. 8 der VSch. entlassen, wo nach einem Schulbericht seine Leistungen ausreichend waren, seine Führung befriedigend und weniger. „Klare Abneigung gegen jegliches Lernen . . . Faul, verlogen und, wenn

[53b] Strafregisterauszug III. 61: 1) *VII. 57* DM 10,— w. Steuerhinterz. 2) *IX. 57* DM 60,— w. Inverkehrbringen e. nicht zugelassenen Kfz. mit Fahren o. Führerschein und Steuerverkürzung 3) *VI. 59* 7 Mon. Gef. w. Unterschlagung in Tateinh. m. unbef. Gebrauch eines Motorrades 4) *X. 59* DM 50,— w. vors. Körperverl.
Ob er ohne die frühe Herausnahme überhaupt kriminell geworden wäre

er widerreden kann, frech." In der Arbeit langsam und wenig sorgfältig. — In seiner ersten Arbeitsstelle, einer Verkäuferlehre, wurde er nach 8 W. entlassen, weil er aus der Ladenkasse RM 15,— genommen hatte *(14;6)*. Nach zwei kurzen Landarbeiterstellen wurde er dann Helfer in einer Fabrik, auch dort aber nach etwa 6 W. „wegen eines Diebstahls" und als ungeeignet entlassen. Während diese beiden Taten unangezeigt blieben, kam er wegen der auf seiner nächsten Helferstelle begangenen Delikte vor das Jugendgericht. Mit *15;8* entwendete er dort nämlich 3 Wasserhähne (Warenmuster) und verkaufte sie, mit *15;9* ließ er sich vom Chef Geld für eine Arbeitshose geben und verwandte es anderweitig (Betrug), und 2 Tage später unterschlug er DM 210,—, die er für die Firma auf der Post einzahlen sollte, und fälschte den Einzahlungsschein. Von dem Geld verwandte er DM 165,— zum Kauf einer elektrischen Eisenbahn, die er zu Hause als „geschenkt" ausgab. Der V. faßte aber Verdacht, und die Sache kam heraus. Dem Jugendamt erzählten die Eltern dann auch, daß er zu Hause schon Wäsche entwendet und sie verkauft hätte.

Das Urteil (XI. 49) lautete auf 3 W. Jugendarrest und FE. Im Jugendarrest wurde Heinz von den anderen Jungen wegen seiner undisziplinierten Haltung und seiner sportlichen Ungeschicklichkeit „die lahme Ente" genannt, und der Jugendarrestleiter fand ihn damit gut charakterisiert. Er sei im Grunde noch ein Kind, dammele am liebsten so dahin, lese gern und mit Interesse, gehe aber Arbeit und unliebsamen Erörterungen aus dem Wege. In der Führung sei er gut, persönlich auch nett und zutraulich gewesen. „Für kriminell veranlagt halte ich ihn nicht. Infolge seiner Willensschwäche bleibt er aber gefährdet."

In der geschlossenen Arbeitsgruppe, in der er vor dem Urteil schon kurz gewesen und als Drückeberger aufgefallen war — obwohl körperlich kräftig —, schien er danach vom Arrest stark erschüttert und beeindruckt. Er arbeitete zuerst sehr gut, ließ dann etwas nach, besserte sich wieder, schien immer etwas Kontrolle zu brauchen. Und immer begehe er wieder kleine Eigentumsdelikte — hieß es —, und zwar meistens aus Naschhaftigkeit. „Wie ein kleines gedankenloses Kind greift er nach allem, was er besitzen möchte, . . . nach einer Zigarette, oder nach einem Kanten Wurst. . . . Nach der Art der Landstreicher neigt Heinz stark zur Verwahrlosung, Bettelei, Lüge und Eigentumsdelikten, das muß hier immer wieder betont werden, obwohl er in der Gruppe für den oberflächlichen Beobachter eine starke, anfänglich nicht erwartete Entwicklung zum Guten durchgemacht hat."

Mit 17;4 (IV. 50) wurde er zu einem Bauern vermittelt, bei dem er „wie ein Kind im Hause gehalten" wurde und bei etwas schwankenden Arbeitsleistungen sich gut einfügte. Er wechselte noch einmal zu einem anderen Bauern über und kam mit 17;4 in die Stadt zurück und war ¾ Jahr lang Beifahrer bei einer größeren Firma, die ihn auch später noch einmal holte. Zweimal ging er auch noch zu seinem alten Bauern zurück. Mit 19;6 (VI. 53) wurde er als Postarbeiter eingestellt, was er auch am Stichtag noch war. Straftaten sind von ihm nach der FE nicht wieder bekannt geworden.

Die Ehe der Eltern wurde 1935, als Heinz wohl noch nicht ganz 2 J. alt war, geschieden. Zwei weitere Jahre verbrachte er dann mit seinem 2 J. älteren Bruder Ernst bei einer Schwester des V. Dann heiratete der V. wieder und nahm die Kinder zu sich. Er ist Rohrleger und gilt, wie die StM, als ein ruhiger, strebsamer Mensch. Von der StM. schrieb das JA auch, sie sei gemütvoll und in der Arbeit unermüdlich. Sie ist ein Jahr jünger als der V. Der V. war bei Heinz Geburt 27, die Mutter 28.

Die StM brachte eine Tochter mit in die Ehe, die 5 J. älter ist als Heinz, und 1939 (H. 5 J.) bekam sie mit dem V. eine weitere Tochter. Ernst, der ältere Bruder, beging ebenfalls zu Hause und in mehreren Arbeitsstellen Diebstähle und entlief in die russische Zone. Er kam in FE, aus der er etwa 1950 mit, wie es heißt, „relativ gutem Erziehungserfolg" entlassen wurde.

VII. 55 erzählte die S t M, eine rundliche, natürlich wirkende Frau, Heinz habe sich bei der Post gut gemacht. „Der V. hat sich nämlich hintenherum ein paarmal erkundigt. Aber jetzt, nächsten Monat, fängt er bei der Bahn an. Das war immer sein ganzer Wunsch: Eisenbahnfahren! Darum hat er sich ja auch damals die Eisenbahn gekauft. Nun fängt er als Rangierer an, aber er hat das Ziel, sich als Zugbegleiter hochzuarbeiten.

„Er wohnt ja nicht mehr bei den Eltern, sondern bei einem alten Herrn hier in der Nebenstraße auf Zimmer, der betreut ihn so etwas mit, die verstehen sich ganz gut. Ernst hatte das angefangen mit dem Anderswo-Wohnen, und er machte das nach. Sie dachten nämlich, sie würden mit ihrem Geld besser wegkommen, wenn sie sich selbst ernähren. Aber Ernst hat das auch gemerkt, daß er dann mehr ausgab, dann trank er mehr, und es kamen Freunde. Ernst ist überhaupt mehr so: er will l e b e n von seinem Geld, will sich zeigen. Heinz ist bescheidener, für ihn ist die Hauptsache, das er auskommt. Und an seinem Motorrad hat ihm ja sehr gelegen, das hat er sich auf Abzahlung gekauft, aber er sagt, wenn er nun zur Bahn kommt, braucht er es ja eigentlich gar nicht mehr. Er war schon mal fast verlobt, aber die StM sah gleich, daß die mehr nur was aus ihm herausziehen als sich ernstlich verloben wollte, und das sagte sie Heinz, und der sah es dann auch ein und ließ sie laufen.

„So richtig von zu Hause fort findet er ja doch noch nicht. Er sitzt oft bei ihnen. Z. B. auch manchmal spät abends, wenn V. und StM aus dem Theater kommen, sitzt er in der Sofaecke und sagt: ich hab in der Speisekammer Kartoffeln gesehen . . . Dann braucht er gar nichts weiter zu sagen, die StM weiß dann schon Bescheid und macht ihm Bratkartoffeln. Mit denen ist er zufrieden, etwas Besonderes braucht es gar nicht zu sein, aber er kommt zu gern und läßt sich von ihr was zu essen machen. Der V. ist dann böse, er mag nicht, daß Heinz zu so unpassender Zeit kommt. Aber sie macht es ihm gern.

„Die StM bekam die Kinder ja, als Ernst gerade zur Schule kam. Mit der M. war es so gewesen: Der V. hatte seinem festen Freund, als der arbeitslos wurde, gesagt, er könnte öfter mal kommen und bei ihm essen. Da hat er sich hinter dem Rücken des V. mit der M. eingelassen. Die Nachbarn haben erzählt, daß, sobald der V. weg war, der andere mit dem

Rad vor der Tür stand und die M. dann mit ihm und Heinz fortging — Heinz war ja noch zu klein, etwas zu erzählen —, aber daß Ernst den ganzen Tag allein auf der Straße war und oft vor der Tür stand und nicht auf die Toilette konnte. Die Kinder wurden dem V. zugesprochen, aber die M. wollte gern Heinz behalten und behielt ihn auch. Aber nach ein, zwei Monaten wohl hat sie ihn eines Morgens einfach vor der Tür der Tante abgestellt, wo Ernst schon war und wo auch der V. wohnte, und als die die Tür aufmachten, stand er da und sagte: auch bei Pappi bleiben. Da blieb er dann. Der V. war damals bei der Autobahn und kam alle 14 Tage nach Hause. Das war auch noch so in der ersten Zeit ihrer Ehe.

„Sie selbst, die StM, wurde ja von der Tante sehr freundlich aufgenommen! Und schon gleich, als sie das erstemal kam, lief Heinz auf sie zu und fiel ihr um den Hals. Da mußte ja die Tante ihm was gesagt haben. Auch nachher waren sie viel mit ihr zusammen, es verging fast kein Tag, daß die StM nicht mit den Kindern zu ihr ging oder sie zu ihnen kam. Die war sehr nett, und die Kinder hingen auch sehr an ihr. Später wurden sie ausgebombt, der Sohn fiel, der Mann starb, und dann starb sie auch.

„Als die Kinder noch bei der Tante waren, hörte die StM mal, wie sie mit Ernst schimpfte. Sie war nämlich vom Lande und so etwas forsch im Ton und schimpfte ihn gehörig aus, und der StM, die sowas gar nicht gewohnt war, stand der Mund offen. Da sagte die Tante: ja, mit Ernst mußt du streng sein, sonst wirst du nichts mit dem. Aber Heinz' nimm dich mehr an, der ist anhänglicher. Und das war auch so, sie hat sich mit dem Ernst nie so gut verstanden wie mit Heinz. Er suchte immer Streit, das tut er heute noch. Heinz ist immer zugänglicher, besser zu leiten, anhänglicher. Sie sagte noch neulich: wenn sie mal allein sein sollte, sie würde überall hinziehen, nur nicht zu Ernst (Tränen).

„Als die StM den Heinz bekam, hatte sie den Eindruck, daß er in der Entwicklung so etwas zurück war. So als wenn er eine schwere Krankheit oder englische Krankheit gehabt hätte, wovon sie aber nichts weiß. Er guckte so komisch, und auch seine Figur war so komisch, er streckte beim Gehen den Hintern so vor. Wenn die Kinder vor ihr hergingen, gab sie dem Heinz immer einen kleinen Klaps, dann zog der den Hintern eine Zeitlang ein, aber dann vergaß er es wieder.

„Damals kam ja gerade ihre Anita zur Welt, und da war Ernst wohl eifersüchtig, auch später, er wollte ihr nichts geben, aber Heinz gab ihr gerne ab. Wohl, daß die Jungen, wenn sie Anita die Flasche geben sollten, sie selbst halb leer tranken, sodaß die Kleine nachher weinte und die StM wußte nicht, warum; aber das waren ja Kindereien! Die Nachbarn haben der StM auch erzählt, daß Heinz, wenn er Milch holte, gleich wenn er aus dem Laden war, die Kanne an den Mund setzte und trank (erzählt sie alles gutmütig, ohne Verurteilung). Nein, das Schlimme war, daß die Mutter, die sich doch erst hatte scheiden lassen, nachher immer noch hinter den Kindern her war. Eine Zeitlang ging sie jeden Tag in die Schule und brachte ihnen Kuchen hin, und da hat sie Ernst wohl aufgehetzt, oder der hatte schon zu viel bei ihr gesehen, jedenfalls ist sie mit ihm nie so geworden wie mit Heinz. Er hat ihr auch nie im Haushalt geholfen, Heinz dagegen viel. Nicht daß sie es befahl; sie sagte dann so: ich suche noch jemanden, der mir die Kohlen heraufträgt. Dann kam Heinz und tat es.

„Heinz kam immer zu ihr an, wenn er was wollte, und bat und schmuste auch. Er versteht sich mit ihr eigentlich besser als mit dem eigenen V. Der V. ist ein fröhlicher Mann, dem keine Arbeit zu viel wird. Er kann wohl auch leicht mal streiten, wie Ernst, aber er nimmt sich darin mehr zusammen. Er kann sich mit Ernst mal besser über was unterhalten, der ist doch in manchem schon verständiger, Heinz ist doch noch kindlicher im ganzen. Aber überhaupt, Heinz und der V. sind nie so eng miteinander verbunden gewesen. Dabei hat der V. keines der Kinder vorgezogen, hat sich auch der Tochter der StM sehr gut angenommen und steht auch mit Anita s e h r gut.

„Im Krieg waren die ältere Tochter, Ernst und Heinz in Sachsen, da haben sie zuerst im Zug wohl alle großes Heimweh gehabt und wären am liebsten sofort wieder umgekehrt. Nachher waren Ernst und Heinz noch ein paarmal fort, das mochten sie auch. Heinz war in der Schule nicht besonders gut, er hielt sich aber immer gerade so, daß er nicht sitzen blieb. Er hat ziemlich lange eingenäßt, bis er 10 war ungefähr. Ernst nicht. Und in der letzten Schulzeit hatte Heinz ein Unglück auf dem Dom, da fiel ihm ein Glaspersennig aufs Bein und die Ärzte meinten erst, es müßte abgenommen werden, aber dann wurde es doch wieder gut, nur mußte er ungefähr ein halbes Jahr im Krankenhaus liegen.

„Streng waren die Eltern ja beide nicht. Damals zuerst, als der V. noch bei der Autobahn war, fragte er dann, wenn er alle 14 Tage kam, was die Kinder angestellt hätten. Die guckten dann ganz ängstlich, und dann lachte die StM, weil sie ja gar nichts gemacht hatten. Sie denkt jetzt, daß sie vielleicht Heinz nachher manchmal für was gestraft hat, was Ernst gemacht hatte, weil Ernst es so hingestellt hatte. Er war gegen Heinz nicht sehr nett. Er konnte z. B. zusehen, wenn andere Jungen ihn verhauten und griff nicht ein, das haben sie ihm damals oft vorgeworfen. Nein, mit Ernst ging es nicht so. Die StM hatte auch immer noch die zwei Eheringe liegen aus ihrer ersten Ehe, die sollten einmal die ältere Tochter und Anita kriegen, weil die Jungen ja damit nichts zu tun hatten. Die Jungen sollten dann die jetzigen von V. und StM mal bekommen, und das wußten sie auch. Aber eines Tages hat Ernst eben doch die aus StM's erster Ehe genommen und für 300 RM verkauft. Er war immer eifersüchtig, aber Heinz gar nicht. Jetzt zum Muttertag hat er — Ernst — ihr aber doch ein japanisches Kästchen mitgebracht; er ist nämlich lange zur See gefahren. Er sagte allerdings: i c h würde dir das nicht schenken, meine Frau tut das. Aber er mochte es wohl nur nicht so zeigen."

Dies ist noch einmal ein Beispiel einer mehrfachen Verpflanzung, die trotz mancher Schwierigkeiten im ganzen doch gelungen ist. Bemerkenswert erscheint mir an dieser StM die harmlose Gutartigkeit, mit der sie von den Ungezogenheiten der Kinder berichtete, z. B. daß sie ihrem Töchterchen heimlich die Milch austranken, worauf eine Frau wie Max Redlins StM (S. 417 ff) vermutlich viel empfindlicher reagiert hätte. Frau Feddersen muß in diese neue Familie überhaupt von vornherein mit dieser harmlosen Gutartigkeit und auch mit Dankbarkeit eingetreten sein, was ihr dann ja auch ermöglichte, mit der Tante, die die Kinder vorher gehabt hatte, in so enge Verbindung zu treten und dadurch den Übergang für die Kinder weniger schwierig zu machen.Auch die Art, wie sie, nach ihrer Erzählung, lachte, wenn der V. sich nach den Ungezogenheiten der Kinder erkundigte, muß ihr an sich die Freundschaft der Kinder eingetragen haben.

Trotzdem ist ja auch hier nicht alles gut gegangen, besonders nicht mit dem älteren Sohn Ernst. Die objektiven Schwierigkeiten waren auch nicht gering. Denn Ernst hatte es ja schon bei seiner eigenen M., bei der er bis zu 4 J. war, nicht gut gehabt, zeigte sich dann schon bei der Tante schwierig und wurde mit 6 J. noch einmal verpflanzt, und zwar immer zusammen mit seinem kleinen Bruder, dem Probanden, der überall den besten Platz bekommen hatte. Der Proband war ja noch von seiner M. überall mit hin genommen worden und dann sowohl bei der Tante wie bei der StM „zutraulich", er hatte, wie es scheint, nicht nur die äußere Position, sondern auch die persönliche Haltung des „Jüngsten". Und diese Haltung hat er wohl immer etwas beibehalten, obwohl — was sicher für die beiden Jungen von großer Bedeutung war — schon ein Jahr nach ihrer Übersiedlung zur StM deren eigenes Töchterchen zur Welt kam.

Ferner hat sich ja auch die M. noch längere Zeit im Hintergrund bemerkbar gemacht, und auch das scheint mehr Ernst als Heinz verstört zu haben, obwohl er sich ja gar nicht so gut mit der M. gestanden hatte. Aber er hatte ja als der Ältere den ganzen Wechsel schon mit wacherem Bewußtsein erlebt und empfand darum — und weil er sich nicht so gut bei ihnen eingenistet hatte wie Heinz — wohl ein größeres Ressentiment gegen seine neuen Pflegemütter. Es entspricht wohl einer allgemeineren Erfahrung, daß sich die jüngeren Kinder eher als die älteren an einen neuen Elter, besonders an eine StM, anschließen. [54])

Auch Heinz hat ja mehrfach unerfreuliche Straftaten in der Arbeitsstelle begangen, darunter einen Betrug. Und er hat auch die so bezeichnende Naschhaftigkeit entwickelt, wegen deren er dann in der FE — wo er nach Kanten Wurst griff — z. T. so ungünstig beurteilt wurde. Dabei scheint ihn gerade in diesem Punkt selbst die StM ziemlich vernünftig behandelt zu haben[54a].

Die Eltern des Probanden 138 Ulrich Färber — der nur mit 14 J. einige Holzbretter und mit 15 J. gemeinsam einen Eisenpfahl stahl — wurden geschieden, als er gerade 17 war, und zwar wegen einer langjährigen organischen Hirnerkrankung der M., an der sie dann ein Jahr später starb. Kurz darauf heiratete der V. eine jüngere Frau, die auch eine kleine Tochter mitbrachte; der Proband hat auch eine 3 J. jüngere Schwester. Nach der mittleren Reife — der V. ist Beamter — kam der Proband nach auswärts in eine Meierei-Lehre, damit er gute

---

[54] *Haffter*, 1948, 111.
[54a] Strafregistereinsicht III. 61: keine späteren Verurteilungen.

Verpflegung habe, und weil er immer sehr gern Milch gemocht hatte. Nach der Gehilfenprüfung kam er zurück und wohnt nun bei V. und StM. und den Geschwistern.

Er sei etwas Eigenbrötler, sagten die Eltern, und halte sein Geld in übertriebener Weise zusammen, wohl um sich einmal selbständig machen zu können (er arbeitet jetzt in einem großen Betrieb). Im Grunde sei er sehr weich, denn er könne jetzt noch weinen, wenn sie ihn damit neckten, daß er als Baby „nach dem Buch" ernährt worden sei. Das habe nämlich die M. mit ihm gemacht, und er habe immer nach dem Trinken noch geweint. „Bei der Deern nachher, da war der V. dann schon anders, da ließ er sich nicht mehr mit dem Buch beschwichtigen, da verlangte er einfach, daß sie mehr bekam, und die durfte sich dann sattrinken." Die StM sagte, sie komme am besten mit dem Probanden zurecht, wenn sie ihn in mancher Hinsicht wie ein kleines Kind behandele. Er spreche z. B. gern in der Babysprache mit ihr, und er möge es besonders gern, wenn sie ihm noch etwas Süßes ans Bett bringe. „Dann sperrt er den Mund auf wie ein kleiner Vogel, und sie wirft es ihm hinein." Bei dieser Erzählung war er 20;7[54b].

Zum Schluß noch ein Proband, der sich in einer sozial nicht einwandfreien Familie doch günstig entwickelte, unter der Nachhilfe von einem Jahr Heimerziehung, die wohl gerade bei solchen nur äußerlich vernachlässigten und äußerlich etwas verwahrlosten Jugendlichen den günstigsten Boden findet.

299. Willi Krauss, 30. VI. 35. Mit *10;8* (V. 46) brach er mit zwei anderen Jungen in die Turngarderobe seiner Schule ein und nahm dort Handschuhe, eine Tasche, ein Portemonnaie mit Geld und einen Drehbleistift. Ferner stieg er damals mit dem 4 J. älteren Sohn des Verlobten seiner Mutter — Karl Schlothmann — durch ein zerbrochenes Fenster in eine Tauschzentrale ein und stahl u. a. einen Ring. In der Schule solle er nach einem Vermerk der Kripo 1946 drei weitere gemeinschaftliche Diebstähle begangen haben, von denen aber nichts Näheres bekannt ist. Es hieß nur, daß die Eltern der Kinder vermutlich von den Diebstählen gewußt hätten.

Mit *13;2* (VIII. 48) nahm er von dem „Stiefbruder" Karl Schlothmann gestohlene Sachen an, eine Lebensmittelkarte und einen Füllfederhalter. Mit *13;11* — *14;1* schlug er mit diesem Karl und zwei weiteren Jungen Kupferkabel aus der S-Bahnanlage heraus, um sie als Altmetall zu verkaufen. Ferner stiegen sie VIII. 49 *(14;2)* mehrfach über die Mauer eines Krankenhauses und holten dort Altmetall und montierten 30 kg Bleirohr aus Neubauten ab. Einen Monat später fuhren sie Blech von einer Baustelle ab, das dort noch verwendet werden sollte. Das Jugendgericht ordnete gegen Willi FE an. Der schon erheblich vorbelastete Karl Schlothmann kam in Strafhaft.

---

[54b] Strafregistereinsicht III. 61: keine späteren Verurteilungen.

Willi besuchte damals die 6. Kl. der VSch. Der Lehrer schrieb, er sei selten da, die Mutter schriebe immer Entschuldigungen, aber ohne zureichende Gründe. Er sammle auf Anhalten der M. „Steine“ und verkaufe sie, behalte aber wohl einen Teil des Erlöses in der Hand, habe immer Näschereien und gehe mit einem gleichaltrigen Mädchen ins Kino. W e n n er da sei, sei er ordentlich und willig, bringe daher doch seiner Altersreife entsprechende geistige Leistungen zustande. Körperlich sei er in bester Verfassung; im Sport, besonders im Dreikampf, liege er an der Spitze der Klasse. — Der Fürsorger schrieb noch, der Lehrer habe ihm mündlich erklärt, Willis Schulhefte zeugten „von einer grenzenlosen Unordentlich- und Gleichgültigkeit. Zwei Hefte z. B. waren mit verschiedenen obszönen Zeichnungen ausgestattet (nackte Frauenleiber, weibliche und männliche Geschlechtsteile usw.). Nach den Gründen und Ursachen befragt, zuckte er nur gleichgültig mit den Schultern.“

Willi kam nun erst (14;3 — 14;11) in zwei geschlossene Heime, anschließend in ein Wohnheim, von dem aus er in städtischen Arbeitsgruppen arbeitete. Es hieß, er sei ein ruhiger, freundlicher Junge, habe zu Erwachsenen und Jugendlichen eine freundliche Beziehung, halte sich sauber und sei nur bei der Arbeit manchmal noch etwas kindlich und verspielt. Er habe sehr enge Beziehungen zu seiner M. — Mit 15;3 wurde er zur M. beurlaubt, blieb aber noch in der Arbeitsgruppe. Der Fürsorger berichtete, die M. sei sehr zufrieden mit ihm. „Sollten einmal einige Kameraden zu seiner Wohnung kommen, versucht er, sie immer durch seine M. abweisen zu lassen.“ Mit 16;7 wurde er in eine Holzfabrik vermittelt, in der er jetzt noch beschäftigt ist.

VII. 52, mit *17;0*, hatte er ein Verfahren wegen eines Sittlichkeitsdeliktes, das nach Ermahnung eingestellt wurde. Er hatte eine 11-jährige Hilfsschülerin aus der Nachbarschaft auf dem Fahrrad mitgenommen, gegen DM 0,50 in ein Gebüsch geführt und dort versucht, mit ihr zu verkehren. Die M. sagte, er sei sonst übertrieben prüde und bade auch zu Hause nur mit Badehose. Das Gericht gewann den Eindruck, daß ihm der Anschluß an gleichaltrige Kameraden fehle. Den Ausschlag gab die wohl sehr günstige Beurteilung der Firma, die schrieb, er sei von ihren jugendlichen Arbeitern bei weitem der strebsamste, anstelligste und zuverlässigste, und sie würden seinen Verlust bedauern. — X. 53 (18;3) beachtete er beim Motorradfahren ein Haltzeichen nicht, kollidierte und verletzte 3 Personen leicht. Die 3 W. Gefängnis, die er dafür bekam, wurden später durch Amnestie erlassen. — Eigentumsdelikte hat er nach 14;2 nicht mehr begangen.

Sein Vater, ein Zimmermann, war nicht ganz durch die Volksschule gekommen und galt später als arbeitsscheu und wenig verantwortungsbewußt gegenüber der Familie. Wegen seiner häufigen Arbeitslosigkeit, und weil die Miete nicht bezahlt wurde, kam die Familie 1940 (W. 5 J.) in ein Barackenlager der Sozialbehörde, in dem sie jetzt noch wohnt. Seit 1945 ist der V. vermißt. Er war bei Willis Geburt 25 J. alt, die M. 24 J.

Die M. ist unehelich geboren, ihre Mutter stammte aus einer ordentlichen Familie. Sie war vor der Ehe im Haushalt, sank — nach Jugendamtsberichten — in der Ehe ziemlich ab, war viel außer Hause (obwohl sie nicht arbeitete), besuchte Gasthäuser und hatte keinen guten Ruf. 1945 oder 1946 zog sie mit dem geschiedenen Schlothmann zusammen, der seine drei Kinder mitbrachte. Danach war das JA mehr mit ihr zufrieden. Sie sei zwar überlastet, hole sich aber öfter Rat und mache keine Schwierigkeiten.

Willi ist das zweite von 4 Kindern. Seine 2 J. ältere Schwester war 1945/46 durch Schulschwänzen bekannt geworden und dadurch, daß sie über eine Mauer zu Engländern stieg. 1948 hieß es, sie sei abends spät mit Jungs unterwegs. Seit ihrer Heirat 1950 soll sie ordentlich sein. Die beiden kleinen Schwestern, 4 und 7 J. jünger als Willi, sind nicht ungünstig aufgefallen.

Die Mutter wurde V. 55 in ihrer sehr ärmlichen und unordentlichen Barackenstube getroffen, eine große magere Frau in zerrissener Kleidung; sie machte ihre Angaben natürlich und einfach, mit einer gewissen Passivität.

Sie erzählte, Willi sei noch immer in der gleichen Firma. Er habe schon mal wechseln wollen, um auch mal etwas anderes kennen zu lernen, aber sie hätten ihn ja nicht fortgelassen. „Er ist auch fleißig, geht immer hin, er läßt sich auch im Urlaub holen und hat auch Gründonnerstag gearbeitet. Er gibt sein Kostgeld ab und raucht und trinkt nicht. Er schafft sich viel an, hat sich sein Zimmer nett gemacht und will sich nun auch wieder ein Motorrad anschaffen. Seit vorigem Jahr ist er auch verlobt, das ist ein Mädchen aus der Nachbarschaft. Sie kennen sich ja schon von Kind an. Sie ist auch niedlich und strebsam, arbeitet da drüben in der Färberei. Mit dem Heiraten wollen sie noch ein paar Jahre warten, wegen der Wohnung und so.

„Er ist anhänglich und bringt auch gern was mit, überhaupt ist er freigiebig, manchmal sogar zu sehr. Aber er ist jetzt auch energisch und sagt, was er will, auch in der Firma, und setzt seinen Kopf durch, auch bei der Verlobten, und was er nicht will, das will er nicht. Wenn mal was ist, geht er erst mal an die frische Luft, und nachher ist alles wieder gut. Nachtragen tut er nicht.

„Als Willi zur Welt kam, wohnten die Eltern mit der älteren Tochter Karla auf Zimmer mit Notküche. Der V. war die ersten sechs Ehejahre arbeitslos, aber als Willi kam, bekam er Arbeit.

„Willi ist im äußeren Charakter nach dem V. geraten: das mehr Lebenslustige, daß er gern etwas Radau mag. Aber das mehr Strebsame hat er von der M. Der V. war kein schlechter Mann, aber er hatte periodenweise keine Lust, zur Arbeit zu gehen. Oder wollen mal sagen, es regnete, dann sagte er: heute gehen wir nicht hin. Aber er war vergnügt und machte Musik. Die M. war damals ja auch lebenslustig und ging viel mit dem V. aus, nicht jede Woche, aber manchmal doch jede Woche. Nicht, wie die Kinder ganz kleine Babys waren, erst nachher. Jetzt ist die M. nicht mehr lebenslustig, das ist in den letzten Jahren so gekommen, und gehamstert haben wir ja alle.

„Willi war gesund, er war schnell sauber und lief und sprach auch früh. Er war mehr ein ruhiges Baby. Karla, die Älteste, war lebhafter. Die beiden vertrugen sich damals ganz gut. Er tat, was Karla wollte; wenn sie sein Spielzeug haben wollte, gab er es ihr.So ist er ja noch heute, daß er gern abgibt. Karla ist ganz anders, die ist ein Ichmensch: erst komm ich. Darum hat er sich auch nachher am besten mit der Zweiten, Traute, verstanden; mit Karla ist er zu verschieden.

„Mit 3 Jahren bekam Willi schrecklichen Ausschlag über das ganze Gesicht, eine dicke rote Schwarte war das. Ein Jahr lang ging die M. mit ihm zum gewöhnlichen Arzt, aber da wurde es gar nicht besser. Dann war sie bei Dr. Unna, da mußte sie täglich zweimal, morgens und abends, mit ihm von Borgfelde aus nach Eimsbüttel zur Behandlung fahren. Sie sollte ihn damals auch in der Klinik lassen, aber das wollte sie nicht (bekommt feuchte Augen), sie konnten ihr ja gar keinen Termin setzen, daß sie vielleicht gesagt hätten: 6 Wochen. Arbeit machte es ja, aber sie wollte ihn doch lieber behalten. Er war ja auch artig. Man durfte ihn nur berufen, nicht schlagen, weil er ja nicht weinen durfte, denn die Tränen zerfraßen sofort sein Gesicht. Das wußte er auch. Wenn er draußen mal hinfiel, dann weinte er wohl ein bißchen.

„Die Kinder mochten ja nicht mit ihm spielen, weil er so aussah. Nur Konni Timm, der war ja etwas älter, der nahm sich seiner an, mit dem kommt er ja noch heute zusammen. Als er in die Schule kam, war es ja gerade gut geworden mit dem Ausschlag. Aber als er kurze Zeit in der Schule war, kam er zur M. und sagte: da geh ich nicht wieder hin; die Kinder sagen immer zu mir, du hast ein Matsch-Auge. Er hatte doch Augenlidlähmung an dem einen Auge. Die M. wollte, daß er operiert werden sollte, aber da war gerade ein Junge aus der Nachbarschaft daran operiert worden, und das merkte man kaum, und da sagte der V.: dann wollen wir es nicht, und wenn vielleicht noch die Sehkraft dadurch beeinträchtigt wird. Es hat sich dann auch im Laufe der Jahre ziemlich verwachsen und fällt jetzt längst nicht mehr so auf wie früher. Die M. sieht es gar nicht mehr, nur andere Leute fragen sie noch manchmal danach.

„Er war ja ein richtiges Mutterkind und mochte sonst nirgendwohin. Auch später nicht. Er war zuerst mit 10 oder 11 J. 14 Tage von der Hitler-Jugend aus weg, da schrieb er schon von unterwegs, sie sollten ihm Fahrgeld schicken, daß er zurückkönnte. Das taten sie nicht, und nach 14 Tagen kamen sie dann alle zurück. Da war sein erstes Wort: nie wieder verreisen. Er sollte noch in KLV, aber das wollte er nicht, und da hatte es ja keinen Zweck.

„Karla hielt sich mehr an den V. Der V. mochte auch Jungs nicht, viel lieber die Mädchen, alle. Er tat Willi nichts, aber der merkte es doch und ging nicht so zu ihm. Sehr streng war der V. auch nicht, aber doch wohl strenger als die M., das ist ja wohl meistens so, und die Kinder gehorchten ihm doch besser, und als er weg war, folgten sie nicht mehr so. Willi war kein großer Schulgänger. Er ging oft nicht hin. Dann schrieb die M. ihm eine Entschuldigung, und manchmal wurde er auch geholt. Manchmal wußte die M. es ja auch nicht, dann ging er weg, ging aber auf die Sportwiese. Er war ja nachher, als er gesund war, viel draußen und mehr wie ein richtiger Junge. Er war nicht direkt Anführer, aber sagte wohl auch mal, was passieren sollte. Nachher war er ja viel mit dem Karl Schlothmann zusammen. Der ist jetzt in Fuhlsbüttel, das hat ihn ja wohl auch abgeschreckt[55].

„Der Herr Schlothmann war eigentlich nett mit Willi, netter als der V., kümmerte sich mehr um ihn, und Willi stand sich gut mit ihm. Seit einem Jahr wohnt die M. ja nicht mehr mit Schlothmann zusammen. Es gab Streit wegen der Mädchen, und er fing das Trinken an. Er will ja wieder zu ihr ziehen, er ist nur notdürftig in der Nachbarschaft untergekommen. Willi kommt auch noch mit ihm zusammen. Schlothmann war ruhiger als der V., nicht so lebenslustig. Aber die erste Zeit mit dem V., als die Kinder klein waren, die war doch die beste für die M. (bekommt feuchte Augen). Die jüngeren Kinder sind auch eigentlich schwerer zu erziehen, denn wie die älteren noch klein waren, da war ja alles noch ordentlicher und ihr Mann noch da. Noch einmal heiraten will die M. nicht, aber vielleicht noch mal mit jemandem zusammenziehen, wenn die Mädchen groß sind. Gearbeitet hat sie nie, nach der Heirat, die Kinder wollten es auch nicht, sie hat es mal versucht, aber es bleibt dann zu Hause zu viel liegen. Sie ist immer dagewesen, auch nie im Krankenhaus. Sie war nur mal mit den Kindern in den Ferien in Mecklenburg[55a]."

[55] In Fuhlsbüttel ist eine der Hamburger Strafanstalten. Vgl. auch *P. 180* (einmaliger Metalldiebstahl): „Und das war ihm dann ganz furchtbar mit dem Gericht, da war er kreidebleich, er war richtig krank. Und dann hat er auch erzählt, was dieser Addi Pösch — dieser Bambuse, mit dem er mitgelaufen war — alles schon für Akten hatte. So dick! sagte er (M. zeigt 1/2 m Höhe) und wie schlecht der Lehrer von ihm gesprochen hatte. Das schreckte ihn dann doch ab."

[55a] Strafregistereinsicht III. 61: keine späteren Verurteilungen.

# *Gesamt-Zusammenfassung*

## 1. Die Befunde

Es wurde untersucht, was bis 1955 aus 300 Jugendlichen geworden war, die das Jugendgericht Hamburg 1949 wegen eines Vermögensdelikts abgeurteilt hatte. Und zwar wurden Strafregister und Akten eingesehen und Hausbesuche bei den Angehörigen gemacht.

Die Probanden wurden aus dem Hauptverhandlungsregister des Jugendgerichts nach Zufall ausgewählt. Dabei ergab sich eine Zusammensetzung von 256 Jungen und 44 = 14,7 % Mädchen, beide mit einem Durchschnittsalter von 16;1 Jahren. Etwa ein Drittel der Probanden hatte damals nur eine ambulante Maßnahme bekommen, ein weiteres Drittel nur Jugendarrest, etwa 20 % FE (mit oder ohne Jugendarrest) und etwa 15 % Jugendgefängnis. Die Maßnahmen gegen die Mädchen waren vergleichsweise strenger, aber nur ein Mädchen war zu Jugendgefängnis verurteilt worden.

1955 wohnten noch 87 % der Probanden in Hamburg. Zwei Jungen waren verstorben, 22 Probanden waren im Ausland, in der sowjetischen Besatzungszone oder unbekannten Aufenthaltes, die meisten aber erst seit relativ kurzer Zeit, so daß noch genügend Auskunft über sie zu erlangen war.

Nach der Aburteilung 1949 hatten 42 % der Jungen und 55 % der Mädchen, soweit bekannt, nie wieder ein Vermögensdelikt begangen (Rückfallsgruppe I), weitere 22 % der Jungen und 18 % der Mädchen nur so wenige und geringfügige, daß niemals ernstlich mit der Gefahr gerechnet wurde, sie könnten sich zu Gewohnheitsverbrechern entwickeln (Gr. II). Weitere 18 % der Jungen und 14 % der Mädchen wurden bedenklich (schwerer und länger) rückfällig (Gr. III), und 16 % der Jungen und 5 % der Mädchen bis zuletzt immer wieder (Gr. IV, die „Schwerrückfälligen"). — Diese Rückfallsgruppen — allerdings nur der Jungen, da die der Mädchen zu klein waren — wurden in ihrer persönlichen Zusammensetzung verglichen, um rückfallsbegünstigende Faktoren zu ermitteln. In der Gruppe der Nichtrückfälligen wurde dabei noch zwischen denen unterschieden, die auch vor der abgeurteilten Tat niemals ein Vermögensdelikt begangen hatten (I a), und denen mit Vortaten (I b), die etwas älter waren als die Leichtrückfälligen (II) und im ganzen nach Dauer und Schwere ihrer Kriminalität zwischen den Gr. II und III standen. — Insgesamt haben die Jungen später 846 Vermögensdelikte begangen, d. i. 3,3 pro Proband, die Mädchen

78, d. i. 1,8 pro Proband, die Jungen der Gr. I keine, in Gr. II je 1,3, in Gr. III 5,2, in Gr. IV 12,7. Das Durchschnittsalter bei dem vorläufig letzten Vermögensdelikt war in Gr. I: 16;2, in Gr. II: 17;7, in Gr. III: 19;4 und in Gr. VI: 21;3. 66 % der Probanden der Gr. IV, der Schwerrückfälligen, saßen am Stichtag der Untersuchung in Haft.

Die Belastung der Probanden mit Straftaten und jugendgerichtlichen Maßnahmen schon vor 1949 war, an verschiedenen Merkmalen gemessen, erwartungsgemäß umso größer, je schwerer später die Rückfälligkeit war[1]. Als besonders bedenklich erwies sich die Begehung von Straftaten schon in der eigentlichen Kindheit, während mit 12, 13 Jahren, also im Flegelalter, auch schon relativ viele der Leichtrückfälligen mit Straftaten begonnen hatten und von den Nichtrückfälligen mit Vortaten (I b) relativ viele gemeinsame schwere Diebstähle begingen. Es war ja damals auch gerade die Zeit vor der Währungsreform, in der die Beschaffungsdiebstähle eine so große Rolle spielten. Was in diesem Punkt die später schwerer Rückfälligen von den übrigen unterscheidet, ist weniger die Begehung solcher Taten überhaupt, als die große Zahl dieser Taten und die besonders rasche Rückfälligkeit nach etwa verhängten Maßnahmen. Bei den — bis zur Aburteilung 1949 — begangenen Diebstählen und Unterschlagungen auf der Arbeitsstelle erschien dagegen weniger die Zahl dieser Taten bedenklich, falls nur der Junge sich auf sie beschänkte, als das gelegentliche Einstreuen solcher Taten zwischen gemeinsame — einfache oder schwere — Diebstähle gegen Fremde.

Die sozialen und persönlichen Verhältnisse waren, wie erwartet, bei den nichtrückfälligen Probanden durchweg günstiger als bei den Rückfälligen; insbesondere die nur einmal auffällig gewordenen Nichtrückfälligen ohne Vortaten ragen damit ausgesprochen hervor. Im Einzelnen erwies sich aber — entgegen der Erwartung — daß in manchen Hinsichten nicht die Schwerrückfälligen (IV) die ungünstigste Position hatten, sondern die mittleren Gruppen (I b, II und III), die zwar im Jugendalter wiederholt straffällig geworden waren, sich schließlich aber doch gut oder befriedigend eingeordnet hatten.

Bei diesen mittleren Gruppen — oder doch jeweils wenigstens einer von ihnen — fanden sich etwas häufiger als bei den Schwerrückfällgen Faktoren wie: Herkunft aus der untersten Schicht, aus einer „asozialen" Familie, Kriminalität und Trunksucht der Eltern, Untüchtigkeit und Krankheit der Mutter, Straffälligkeit oder Verwahrlosung der Geschwister, wirtschaftliche Not, uneheliche Geburt des Probanden und auch Scheidung oder Getrenntleben der Eltern. Obwohl in den Familien der Schwerrückfälligen am häufigsten einer der Eltern durch Tod fehlte, bestand daher ihre Familie rein äußerlich etwas häufiger als in Gr. III noch aus beiden Eltern.

Dagegen erschienen die im engeren Sinne persönlichen Erziehungsverhältnisse der Probanden als von Gr. I durchgehend bis Gr. IV zunehmend ungünstiger. Zu den Faktoren dieser Art gehört das Einvernehmen der Eltern bei noch bestehender Ehe, die Trennung der Probanden vom

[1] Die zahlenmäßigen Differenzen, auf die sich die folgende zusammenfassende Darstellung bezieht, sind z. T. sehr gering. Im einzelnen s. dazu die Tabellen.

Elternhaus nach Vorkommen und Dauer, die Zahl ihrer Erziehungsstellen, der Wechsel von einer Familie in die andere, das Vorhandensein einer Stiefmutter (während es Stiefväter in Gr. III mit ihren vielen unehelich Geborenen ebensoviele gab wie in Gr. IV), das Vorhandensein kleiner Stiefgeschwister, die Berufstätigkeit der Mutter in der frühen Kindheit der Probanden. An persönlichen Wesenszügen der Eltern gehört hierin ihre geringere Wärme, ihr Schwanken zwischen Härte und Nachgiebigkeit sowie auch ihre übertriebene Nachgiebigkeit und — besonders bei den Vätern — Jähzorn und Herrschsucht, bei den Müttern hochgradige nervöse Erregbarkeit. Auch wenn die Beziehungen der Probanden selbst zu ihren Angehörigen unberücksichtigt blieben, erschienen die Familien von Gr. I—IV zunehmend unharmonisch. Aber auch im Vergleich zu ihren Geschwistern schienen die Probanden von Gr. I—IV zunehmend schon früh — wenn auch nicht von vornherein — keinen besonders günstigen Platz in der Zuneigung der Eltern gehabt zu haben. Diese Tatsache steht u. a. damit in Zusammenhang, daß die Zahl der ältesten Kinder von Gr. I—IV zunimmt, die der Jüngsten dagegen abnimmt.

Von den Eigenschaften bzw. Verhaltensweisen, die von den Probanden selbst aus der Zeit vor ihrer Aburteilung 1949 berichtet wurden, waren im ganzen gesehen die ungünstigeren zunehmend häufig je nach späterer Rückfälligkeit. Die Rückfälligeren erschienen schon früher weniger oft als warmherzig, gewissenhaft, tüchtig, ausgeglichen, bestimmt oder mäßig nachgiebig; sie wurden häufiger als Einzelgänger geschildert, als überlebhaft, als entweder hilflos trotzig oder hilflos nachgiebig und unterwürfig, als erregbar — insbesondere jähzornig — und als in ihren Gefühlen anderen Menschen gegenüber ambivalent oder auch kühl. Häusliche Erziehungsschwierigkeiten — nach Vorkommen, nach Stärke und frühem Einsetzen —, Herumtreiben, Entlaufen aus Heimen und besonders das Entlaufen von zu Hause zeigten schon damals erheblich verschiedene Häufigkeit je nach der späteren Rückfälligkeit.

Das Gleiche gilt für schlechten Schulerfolg — gemessen an der Schulabgangsklasse — und die Häufigkeit des Arbeitsstellenwechsels, soweit die Probanden damals schon berufstätig waren. In den Schulberichten und denen der Arbeitgeber waren aber die Probanden der mittleren Gruppen nach Fähigkeiten, Leistungen, Fleiß und Interesse im ganzen eher etwas ungünstiger beurteilt worden als die später Schwerrückfälligen. Dies können Faktoren sein, die mit dem äußerlich ungünstigeren sozialen Milieu dieser mittleren Gruppen zusammenhängen, ebenso wie dauernde körperliche Schwäche, die von diesen Probanden besonders oft berichtet wird, und eine allgemeine Lebhaftigkeit (nicht „Überlebhaftigkeit"). Aber die im engeren Sinne charakterlich bedingten Züge wie Zuverlässigkeit in der Arbeit und Regelmäßigkeit des Erscheinens wurden schon damals je nach dem Grad der späteren Rückfälligkeit bzw. Nichtrückfälligkeit berichtet. Und trotz ihres eher günstigeren sozialen Starts — sie hatten weniger oft gleich als Ungelernte angefangen — hatten die Probanden der Gr. IV auch schon bis 1949 am häufigsten ihre Lehre wieder abgebrochen. — Später wurden diese Unterschiede im Arbeitsverhalten und Arbeitsschicksal noch ausgeprägter,

z. T. allerdings durch die Rückwirkung der Strafen, insbesondere der Freiheitsstrafen.

Hilfsschüler gab es in Gr. IV am meisten, aber der Anteil der Hilfsschüler, der in allen Gruppen erheblich über dem der Durchschnittsbevölkerung liegt, wächst nicht geradlinig mit der Rückfälligkeit. Bei den Nichtrückfälligen mit Vortaten gab es ebensoviele Hilfsschüler wie bei den Schwerrückfälligen, und sogar mehr Hilfsschüler, die nicht weiter als bis höchstens zur 7. Klasse gekommen waren. Die Prognose dieser z. T. äußerlich verwahrlosten, aber gut kontaktfähigen Jugendlichen war zuweilen zu ungünstig eingeschätzt worden.

Im späteren Leben der Probanden zeigten sich außer den großen Unterschieden im beruflichen Gedeihen, besonders in der Stetigkeit des Arbeitens, auch ausgeprägte Verschiedenheiten in ihrem allgemeinen wirtschaftlichen Verhalten und in ihrem größeren oder geringeren Kontakt zum Elternhaus. Während dies alles dem Grad ihrer späteren Rückfälligkeit parallel lief, waren ihre Beziehungen zum anderen Geschlecht, insbesondere die früheren Verheiratungen, z. T. offenbar auch schichtenbestimmt. Es fiel aber auf, daß von den Schwerrückfälligen besonders viele nicht nur bisher unverheiratet geblieben waren, sondern vermutlich überhaupt noch keine engeren Beziehungen zu Mädchen aufgenommen hatten, eine Folge teils ihrer Infantilität, teils wohl auch der langen Anstaltsaufenthalte.

Ein besonderer Vergleich der asozialen mit den sozial eingeordneten sowie der harmonischen mit den unharmonischen Familien ergab, daß die asozialen Familien häufiger als die anderen auch unharmonisch waren, daß aber auch davon abgesehen der „Einfluß" des asozialen wie des unharmonischen Milieus durchweg gleichgerichtet war. Enger verknüpft mit der inneren Harmonie als der sozialen Einordnung des Elternhauses schienen aber — bei allerdings z. T. kleinen Differenzen — der Grad der Warmherzigkeit, der Erregbarkeit und sogar der Grad der Gewissenhaftigkeit des Probanden als Kind; ferner ob er in der Volksschule (nicht: Hilfsschule) eine höhere als die 7. Kl. erreicht hatte; seine häuslichen Erziehungsschwierigkeiten, sein Herumtreiben und sein Entlaufen von zu Hause — beides sowohl vor wie nach 1949 —, sein Bettnässen noch nach der Pubertät (das mit der Schwere der Rückfälligkeit häufiger war) und auch die Fortsetzung oder der Abbruch der Lehre zwischen 1949 und 1955. Schließlich aber auch[1a], ob der Proband am Ende gut eingeordnet war, oder ob er zuletzt große Schwierigkeiten hatte. Einige allgemeine Einordnungsschwierigkeiten — auch unabhängig von der Fortsetzung der Kriminalität — hatten zuletzt noch am meisten die Probanden aus den asozialen Familien, bei denen sich darin vermutlich allgemeine Erziehungsmängel, mehr im Sinne der Vernachlässigung, aussprechen. Erhebliche Einordnungsschwierigkeiten hatten zuletzt dagegen am meisten gerade Probanden, die zwar aus äußerlich gut eingeordneten, aber innerlich unharmonischen Familien kamen. Bei diesen Probanden traten Zeichen von Kontaktstörung schon

---

[1a] In Übereinstimmung mit Befunden der Cambridge- Somerville Youth Study (*Powers* u. *Witmer* 1951) und von *Grünhut* (1951/52).

relativ früh, die äußere Verwahrlosung aber z. T. erst später auf als bei den schlechter erzogenen Probanden aus den asozialen Familien, deren äußere Verwahrlosung sich aber — wohl mit Hilfe ihrer besseren Kontaktfähigkeit — mit zunehmender Reife öfter zurückbildete. Auch die doch größere Bescheidenheit dieser Probanden mag dazu beigetragen haben, während in den Probanden aus den äußerlich besser eingeordneten Familien z. T. eine Anspruchlichkeit geweckt war, für die ihre Leistungen und ihre Leistungswilligkeit, aber auch die spätere Hilfsbereitschaft der Angehörigen nicht ausreichten.

Eine entsprechende Untersuchung der Familien verschiedener persönlicher Zusammensetzung zeigte Unterschiede in ihrer wirtschaftlichen Lage, aber auch ihrer sozialen Schicht, und zwar weil durch den größeren Anteil der unehelichen Probanden und der Ehescheidungen der Eltern in den unteren sozialen Schichten, auch in den asozialen Familien, dort alleinstehende Mütter und Stiefvaterfamilien relativ häufiger waren. Die Stiefmutterfamilien — zu denen es häufig durch den Tod der Mutter kam, weil nach einer Scheidung die Kinder häufiger bei der M. blieben oder zwischen den Eltern hin- und herwanderten — waren sozial und wirtschaftlich vergleichsweise am günstigsten gestellt.

Die bei V+M lebenden Probanden zeigten sich schon in der Kindheit eher günstig, außer gewissen, aber relativ harmlosen Zeichen äußerer Enthemmung, die sich später noch verminderten. Das Bild der bei V+StM Aufgewachsenen war eher das von gehemmten, äußerlich disziplinierten und sich unterwerfenden Kindern, deren zunächst mehr verborgene Kontaktstörungen und Aggressionen im Laufe der Zeit immer deutlicher und hinderlicher hervortraten, soweit nicht eine ganz besonders liebevolle Zuwendung — und die Abwesenheit von Stiefgeschwistern — ihnen über die Schwierigkeiten hinweggeholfen hatten. Auch die bei M+StV lebenden Probanden zeigten diese persönlichen Störungen, aber von vornherein schwächer und eher schon früh mit Zeichen äußerer Enthemmtheit verbunden. Bei ihnen nahm die äußere Disziplinierung später eher zu, und dadurch und mit Hilfe ihrer immerhin nicht zu geringen Kontaktfähigkeit gelang es ihnen doch öfter, sich ein einigermaßen befriedigendes und normales Leben aufzubauen. — Die bei der alleinstehenden (und auch nicht „verlobten") Mutter lebenden Jungen zeigten trotz wirtschaftlich besonders ungünstigem Start relativ oft eine gute berufliche und Allgemeinentwicklung; in ihrem Bild traten Strebsamkeit und Zurückhaltung bei doch nicht schlechter Kontaktfähigkeit besonders hervor.

Eng verknüpft mit der Zusammensetzung der Elternfamilie, aber auch mit der sozialen Herkunft, schien auch die Stellung der Probanden in der Geschwisterreihe, wodurch sich deren ungleiche Verteilung in den Rückfälligkeitsgruppen mindestens z. T. erklärt.

Die mittleren Kinder — weil öfter aus kinderreichen Familien kommend — hatten 1949 noch am häufigsten beide Eltern, da in kinderreichen Familien Scheidungen seltener sind. Bei ihnen häufen sich Anzeichen bescheidenen sozialen Niveaus, aber auch der zufriedenen Einfügung. Ähnlich bei den Jüngsten, die am häufigsten entweder noch beide Eltern oder doch wenigstens noch die eigene Mutter hatten — und zwar allein, ohne Stiefvater —, die besonders oft Lieblinge der Mutter geblieben waren und sich trotz einer gewissen liebenswürdigen Enthemmtheit, Leichtfertigkeit, Lebhaftigkeit usw. und trotz äußerlich relativ ungünstigem beruflichen Start später beruflich und allgemein am besten bewährten. Am wenigsten bewährten sich, bei besserem beruflichen Start, die Ältesten, die — z. T. als Uneheliche — besonders oft in Stiefelternfamilien lebten, die meisten Kontaktschwierigkeiten und Erziehungsschwierigkeiten zeigten und auch später noch am wenigsten Kontakt zu ihren Familien hatten. Unter den Einzelkindern scheiden sich die zwei ganz verschiedenen Gruppen der Kinder aus vollständigen und sozial besonders günstigen Elternhäusern — ihre Schwierigkeiten waren sehr gering — und der unehelichen oder aus einer früh zerstörten Ehe stammenden Kinder, die in unregelmäßigen Verhältnissen aufgezogen wurden und unter ähnlichen Schwierigkeiten zu leiden hatten wie die Ältesten, z. T. aber doch durch die größere Aufmerksamkeit der Erzieher bevorzugt erschienen. Im ganzen stehen die Einzelkinder mit der Rückfälligkeit an zweitgünstiger Stelle hinter den Jüngsten, mit der Gesamtzahl ihrer Taten an zweitungünstiger hinter den Ältesten.

Eine Untersuchung der Tatarten schien Hinweise darauf zu geben, daß sie sowohl nach der Schwere der Begehungsform, wie auch danach, ob sie allein oder gemeinschaftlich begangen wurden und welches ihre Opfer waren, mit sonstigen Verhaltensweisen der Probanden und mit ihren sozialen und persönlichen Verhältnissen zusammenhingen.

Die Straftaten der Mädchen bestanden ganz überwiegend aus alleinbegangenen einfachen Diebstählen oder Unterschlagungen gegen Personen der näheren Umgebung — den Arbeitgeber-, Arbeits- oder Schulkameraden, Angehörige, Freundinnen u. ä.. Straftaten dieser Art, wie überhaupt alleinbegangene einfache Vermögensdelikte, kommen bei Jungen erheblich seltener vor, und die Zahl der Jungen, die nur Vermögensdelikte dieser Art begangen haben, ist etwa von der Größenordnung der Zahl der straffälligen Mädchen. Den Überschuß der Jungentaten bilden die gemeinschaftlichen Unternehmungen, bei denen fremden Personen gehörige Gegenstände erbeutet werden, bei denen aber überhaupt das Erbeuten nicht einziges, oft auch nicht das Hauptziel ist, sondern gerade die Gemeinschaftlichkeit der Unternehmung, die Rollenverteilung, das Beweisen von Mut, die sportliche Überwindung von Hindernissen, das Abenteuer eine mehr oder weniger große Rolle spielen. Da sich darin normal jugendliche Züge äußern, besteht schon theoretisch die Vermutung, daß diese Taten im früheren Jugendalter — auch bei schwerer Begehungsform — prognostisch nicht zu ungünstig bewertet werden dürfen, und die nähere Untersuchung bestätigte das.

An verschiedenen Kriterien gemessen, zeigten sich die gemeinsam begangenen einfachen Vermögensdelikte — meistens Diebstähle oder Hehlerei — als die harmlosesten, die sich, bei relativ breiter Verteilung, beim Einzelnen am wenigsten wiederholten, aber auch am wenigsten Delikte anderer Art nach sich zogen. In diesen beiden Hinsichten erwiesen sich die alleinbegangenen schweren Diebstähle als die ungünstigsten. Zwischen diesen beiden Extremen schienen die gemeinsamen schweren Diebstähle und die alleinbegangenen einfachen Vermögensdelikte — Diebstahl, Unterschlagung und Betrug zusammengerechnet — dicht nebeneinander in der Mitte zu liegen. Die Kontaktstörung, auf die die Alleinbegehung hinweist, und die Ungehemmtheit der äußeren Aggression, die häufig, obwohl nicht immer, in der Schwere der Begehung zum Ausdruck kommt, erscheinen danach jede in ihrer Art als ein ungünstiges Vorzeichen, ihre Vereinigung aber am bedenklichsten.

Die Probanden, die nur oder neben anderen Taten allein einfache Vermögensdelikte begangen hatten, kamen relativ oft aus sozial günstigen, aber in ihrer persönlichen Zusammensetzung und ihrer inneren Harmonie gestörten Familien und zeigten auch selbst besonders häufig Zeichen von Kontaktstörungen. Bei den Probanden mit — nur oder unter anderen — gemeinschaftlichen Taten waren, obwohl sie besonders oft aus proletarischen Familien kamen, die meisten günstigen Merkmale häufiger. Probanden, die irgendwann einmal allein schweren Diebstahl begangen hatten, kamen besonders häufig aus sowohl sozial ungünstigen wie innerlich gestörten Familien, und bei ihnen selbst häuften sich Merkmale der Leistungsschwäche wie der Kontaktstörung und der Enthemmung.

Fragt man nach dem Anteil der Tatarten in den einzelnen Probandengruppen, so vertieft sich der Eindruck, daß bei den Jungen aus den sozial ungünstigen, auch asozialen Familien umfangsmäßig die gemeinschaftlichen Taten besonderen Raum einnahmen, wobei sich mit dem Hinzukommen von Störungen in der inneren Harmonie der Familie der Anteil der gemeinschaftlichen schweren Diebstähle vergrößerte.

Bei Untersuchung der kleineren Gruppen von Probanden, die jeweils alle ihre Vermögensdelikte allein oder gemeinschaftlich begangen hatten, zeigten sich diese Beziehungen noch deutlicher. Die Probanden, die alle ihre Delikte gemeinschaftlich begangen hatten, darunter aber auch schwere Diebstähle, kamen aus den äußerlich — sozial — ungünstigsten Verhältnissen, aber weniger aus nach Zusammensetzung und innerer Harmonie gestörten Familien als die Alleintäter mit nur einfachen Taten, obwohl auch das immerhin häufiger als die gemeinschaftlichen Täter mit nur einfachen Taten. Auch persönlich zeigten sie geringere Störungen.

Die Verteilung in den Rückfallsgruppen weist aber darauf hin, daß ungünstiger als die ausschließliche Begehung der einen oder anderen Tatart das Vorkommen verschiedener dieser Tatarten beim gleichen Täter ist, und zwar besonders die Vermischung alleinbegangener einfacher Taten — besonders gegen Personen der näheren Umgebung — mit gemeinsamen Taten gegen Fremde, insbesondere mit gemeinsamen schweren Diebstählen. In dieser Mischung zeigt sich das gleichzeitige Vorhandensein einer Kontaktstörung und äußerlich enthemmter Aggressivität, bei dem sich ganz besonders schwer Ansatzpunkte für eine Heilung finden lassen. Bei einem Teil der schwer Rückfälligen hat es sich als besonders verhängnisvoll erwiesen, daß sich ihnen dieser Weg zu massiver äußerer Straffälligkeit eröffnete, obwohl er ihnen nach ihrer sozialen Herkunft eigentlich weniger lag. Z. T. geschah das in der Zeit vor der Währungsreform, z. T. vielleicht aber doch auch noch durch das Zusammensein mit anderen Straffälligen in den Anstalten; sie wählten ihn offenbar als äußeren und inneren Ausweg, als sie in ihrer unglücklichen Familiensituation, mit ihren Kontaktschwierigkeiten und ihrer emotionalen Unruhe das geduldige Aushalten auf dem gegebenen Platz nicht als lohnend empfanden. — Aber auch Probanden, die nur gemeinsame — darunter allerdings schwere — Diebstähle begingen, fanden z. T. auch als junge Leute davon nicht fort, und zwar gerade auch nach langen Aufenthalten in der Jugendstrafanstalt, die sie vielleicht gerade an diese Form der Kameradschaft unter Jungen fixiert und ihnen den Übergang zur Partnerschaft mit Mädchen, zur Gründung einer Familie erschwert haben. Bei diesen Jungen — unter denen sich auch relativ viele Hilfsschüler befinden — ist aber wohl noch am ehesten eine Nachreife zu erwarten.

Obwohl im ganzen, wie zu erwarten, auf schwerere Maßnahmen häufiger und schneller Rückfälle erfolgten als auf die leichteren, stand doch der Jugendarrest (= Dauerarrest) in dieser Hinsicht vor den ambulanten Maßnahmen am günstigsten da. Der Jugendarrest blieb auch öfter, wenn gleich mit ihm begonnen wurde, die einzige Maßnahme, wobei zu berücksichtigen ist, daß er ja auch einen weit größeren Aufwand erforderte als bloße Ermahnungen oder Auflagen, daß aber auch die Fälle, in denen er verhängt wurde, als die schwereren angesehen wurden. Während auf Jugendgefängnisverbüßungen Rückfälle im ganzen um so häufiger und um so schneller erfolgten, je länger die Verbüßung gedauert hatte, war es gerade umgekehrt mit dem Aufenthalt in FE-Heimen, wobei allerdings die Entweichungen aus der FE eine große Rolle gespielt haben werden. FE ist auch bei den Probanden der Gr. II und III öfter wiederholt worden als bei den Schwerrückfälligen, bei denen man sie offenbar eher aufgab. Im ganzen sind etwas mehr Probanden der Gr. IV in FE gewesen als in den übrigen Gruppen, aber ganz entscheidend ist ihr weit häufigerer und früherer Aufenthalt im Jugendgefängnis. Es fällt auch auf, daß neben der Jugendgefängnisstrafe auch ambulante Maßnahmen bei den Schwerrückfälligen im ganzen eher eingesetzt haben als in den übrigen Gruppen, JArr und FE aber eher später, sowohl nach Lebensalter der Probanden wie nach zeitlichem Abstand von ihrer ersten Straftat nach der Strafmündigkeit.

Bei der Darstellung von Einzelfällen wurde versucht, dem Zusammenwirken der einzelnen Faktoren näher nachzugehen und dabei auch zu erwägen, ob sie im Einzelfall wohl wirklich etwas mit den Straftaten der Probanden zu tun hätten und in welcher Weise etwa. So hypothetisch solche Erwägungen immer bleiben müssen, schienen sich doch Hinweise darauf zu ergeben, daß Schicksalsschläge, die bei den weniger oder gar nicht rückfälligen Probanden isoliert blieben und durch günstige andere Faktoren aufgefangen werden konnten, bei den Schwerrückfälligen gerade in ihrer Häufung und Aufeinanderfolge verhängnisvoll wirkten.

Besonders entscheidend dafür, ob menschliche Schwierigkeiten, zu denen es in der Kindheit kam, befriedigend verarbeitet werden konnten oder nicht, schien das rein äußere Zusammenbleiben des Kindes mit den Eltern, insbesondere der Mutter, während den Beteiligten oft gerade die Trennung als der einfachste Ausweg erschien. Auch wenn die Trennung nur vorübergehend war, machte sie nicht selten Entfremdung und Schwierigkeiten endgültig. Die Faktoren, die bei den Rückfälligen — und bei den Straffälligen überhaupt — häufiger sind, wie Unehelichkeit, Tod der Eltern, Scheidung, Streit der Eltern, Berufstätigkeit der Mutter, Hinzukommen von Stiefeltern, Stiefgeschwistern usw., gefährden ja schon als solche den Zusammenhalt der Familie. Aber sie schienen in vielen Fällen ganz besonders dadurch verhängnisvoll, daß sie Trennungen, Familienwechsel der Kinder, vorläufige Lösungen geraten erscheinen ließen, die die Kinder aus der Familie gleichsam „aushakten", sie damit innerlich isolierten und ihnen auch oft den Weg in die äußere Verwahrlosung oder doch jedenfalls in die Verantwortungslosigkeit eröffneten. Dieses Schicksal haben die „jüngsten" Kinder nur in wenigen Ausnahmefällen gehabt, die „Ältesten" und ein Teil der Einzelkinder erheblich öfter, und das erscheint mit als ein wesentlicher Grund dafür, daß es unter den nur einmal mit einer Straftat auffällig gewordenen Probanden ebensoviele Älteste wie Jüngste gibt, unter den Schwerrückfälligen dagegen fast viermal soviel Älteste wie Jüngste.

Der mehrfache Pflegewechsel — zwischen Großmutter, Mutter, Pflegemutter, Stiefmutter u. ä. —, auch zu früher Tagesaufenthalt in Kinderkrippe, Kindergarten usw. schien Unstetheit und eine mehr oder weniger unaufrichtige, z. T. gefallsüchtige äußere Anpassung bei innerer Verantwortungslosigkeit zu begünstigen. Bei diesen Probanden schien auch z. T. die Erinnerung an glückliche, aber zu früh abgebrochene Zeiten illusionäre Vorstellungen über die Ansprüche zu erhalten, die sie an die Umwelt zu stellen hätten, so daß sie noch in einem Alter meinten, von anderen unterhalten werden zu müssen, wo es anderen jungen Leuten selbstverständlich erscheint, selbst für sich zu sorgen. Insofern schienen sich in ihrer Ansprüchlichkeit und Egozentrizität und ihrem Hang, andere auszubeuten, kindlich gebliebene Bedürfnisse und Erwartungen zu äußern, aber auch die Erbitterung darüber, daß sie getäuscht worden waren. Dabei kann man auch oft annehmen, daß sich Bedürfnisse nach menschlichem Kontakt in die nach materieller Versorgung übersetzt haben, die dann aber, der Natur der Sache nach, niemals befriedigt werden können. Die auffällige Naschhaftigkeit, die bei vielen dieser Probanden beobachtet wird, trägt noch offener diesen Charakter des Verlangens nach persönlicher Fürsorge, liegt aber doch schon auf halbem Wege zu den Eigentumsdelikten.

Probanden, die im ganzen doch in der Familie verblieben waren, dort aber durch besonders unglückliche menschliche Zustände bedrückt wurden, zeigten in den hier besprochenen Einzelfällen weniger solchen Hang zur Ausbeutung ihrer Umgebung und solche Züge von Unaufrichtigkeit und Gefallsucht. Bei ihnen wurde z. T. das Mißverhältnis zwischen ihrer häuslichen Gedrücktheit und Durchsetzungsschwäche und den groben Aggressionen auffällig, die sie außer Hause in ihren Straftaten äußerten. Diese Probanden lebten öfter in einem Milieu, in dem die Begehung von Straftaten an sich nicht verpönt war, und wo besonders in der Zeit vor der Währungsreform die ganze Familie sich in dieser Weise betätigt hatte. Auch in solchen Familien haben sich aber mit der allgemeinen wirtschaftlichen

Stabilisierung die Verhältnisse gebessert, und nun, wo die Kinder größer sind, geht das Interesse der Eltern dahin, daß sie Arbeitslohn nach Hause bringen, statt in der Strafanstalt zu sitzen. Die meisten Jungen aus solchen Familien haben auch mit Straftaten aufgehört, mit größerer Reife haben sie auch selbst den Spaß an solchen Unternehmungen verloren. Die Probanden, die weiterhin Einbrüche begingen — allein oder mit Kameraden in gleicher Situation — schienen ein besonders unglückliches Zuhause zu haben, aus dem sie sich aber doch nicht recht lösen konnten, oder das sie doch nicht durch Gründung einer eigenen Familie ersetzen konnten, weil sie im ganzen viel zu unselbständig, unentwickelt, ungeschickt, unbegabt und bedrückt waren, wenn auch z. T. körperlich kräftig entwickelt. Anscheinend rechnen sie von sich aus ernstlich gar nicht damit, sich wie andere einen wirklich befriedigenden Platz im Leben erobern zu können, waren darum auch nach kleinen Ansätzen in dieser Richtung sofort entmutigt und ließen sich im vertrauten Milieu von Einbruchsunternehmungen und Strafanstaltsaufenthalten treiben, wo sie dann unter den Kameraden doch ein gewisses Ansehen hatten. Das Sicheinfügen in der Strafanstalt, wo sie ja auch völlig versorgt wurden, schien ihnen ebenso zu entsprechen, wie schwere Straftaten, bei denen sie auf ungefüge Art ihren Unabhängigkeitssinn und ihre Aggressionen betätigen konnten.

## 2. Folgerungen

Erörterungen dieser und ähnlicher Art, wie sie bei den Falldarstellungen gemacht wurden, sollten auch dort nur als Beispiele dafür dienen, in welchen Richtungen man etwa argumentieren könnte, wenn man mehr wüßte. Beweisen ließ sich auf diese Weise nichts, und zwar nicht nur, weil über den Einzelfall zu wenig bekannt war, sondern weil auch zu viele der dabei berührten allgemeinen Fragen ungeklärt sind. Ebensowenig konnten die statistischen Ergebnisse über die bloßen Fakten hinaus, die sich darin ausdrückten, etwas beweisen, und auch das nicht nur, weil die Zahlen zu klein und mit vielen Zufällen behaftet sind, sondern weil die Beziehungen der Faktoren zueinander, dies ganze Gefüge von sozialen und persönlichen Verhältnissen, viel zu kompliziert ist und jede einzelne Aussage mit viel zu vielen Ungewißheiten belastet. *Worauf es ankommt, ist, scheint mir, die grundsätzliche Möglichkeit differenzierterer Aussagen darüber, wie sich in einem gegebenen Milieu kriminelle Verhaltensweisen entwickeln.* Solche differenzierteren Aussagen braucht man, wenn man gezielt vorbeugen und gezielt therapieren will. Auch wenn sie — was hier nicht der Fall ist — einen hohen Gewißheitsgrad haben, muß man sie übrigens im Einzelfall während der Therapie immer noch erproben, wie das ja auch bei jeder ärztlichen Behandlung geschieht.

Die persönlichen Anlagen meiner Probanden waren mir unbekannt, abgesehen von einzelnen Vermutungen, die über den Grad ihrer intellektuellen Begabung, ihrer persönlichen Differenziertheit, Sensibilität, Regsamkeit, vitalen Kräftigkeit, oder auch über ihr Aussehen bestanden. Diese persönliche Ausstattung entscheidet natürlich weitgehend darüber, wie jemand den Schwierigkeiten begegnet, in die ihn das Leben bringt. Wer ihm bei dieser Aufgabe helfen will, muß sich deshalb damit beschäftigen, welche Grenzen ihm seine Ausstattung wohl setzt, und welche Gefahren und Stärken für ihn darin liegen. Im allgemeinen kann man wohl davon ausgehen, daß schwerer Rückfällige, jedenfalls in gewissen Hinsichten, nicht besonders gut für den Lebenskampf ausgerüstet sind. Es fehlt ihnen oft an Begabungen, die rein äußerlich im Leben forthelfen, aber ja auch eine Quelle innerer Befriedigung sein können. Bei manchen hat man wiederum den Eindruck, daß ihnen mit einer kräftigeren Vitalität, einer geringeren Zartheit und Beeindruckbarkeit besser gedient gewesen wäre.

Man weiß ja aber überhaupt noch viel zu wenig darüber, was es an primären Anlagen gibt und wie sie sich in der Bevölkerung verteilen. In den Bevölkerungsschichten und -kreisen, in denen Kriminalität häufiger ist — z. T. allerdings einfach durch „soziale Tradition" — werden sich vermutlich nicht nur intellektuelle Begabungsmängel häufen, sondern auch Begabungs- und Anlagemängel anderer Art. Aber auch dort ist in netten Familien — wo Vater und Mutter da sind und das Auf und Ab des Lebens mit ihren Kindern zusammen erleben — der Toleranzraum für eine befriedigende Entwicklung von Begabten und Unbegabten, Kräftigen und Schwachen, Stumpfen und Empfindlichen, Hübschen und Häßlichen vermutlich noch ziemlich groß. Er engt sich aber sofort sehr ein, wenn die Kinder nicht von Anfang an in der Familie leben oder später hin- und hergeschoben werden, wenn Fremde in die Familie eintreten oder die Beziehungen der Angehörigen untereinander sehr schlecht sind. Kaum jemals — von Fällen organischer Hirnstörung abgesehen — wird man wirklich genügenden Anlaß haben, zu sagen, die Entwicklung hätte sich auch in einem geschützteren Zuhause notwendig ebenso ungünstig vollziehen m ü s s e n wie unter den tatsächlich vorhandenen Belastungen[2]. Das umgekehrte Argument — bei gleichen Lebensverhältnissen wäre ein günstiger Ausgestatteter trotzdem gediehen — ist dann nicht etwa falsch. Man kann sich ja beliebig einen Menschen von stabiler Vitalität, nur mäßiger Empfindlichkeit, ruhigem, der Umwelt angenehmem Temperament, angenehmem, aber nicht zu hübschem Äußeren und guter — oder auch gerade ganz schlechter — Begabung vorstellen, um meistens zu finden, er würde den gegebenen Schwierigkeiten besser gewachsen gewesen sein[3]. Aber die ausschließliche Betonung dieser Version und die Folgerung, es sei „also doch" die Anlage entscheidend, sind der Vernunft der Sache nicht förderlich und beruhen auch oft auf sachfremden Emotionen.

---

[2] vgl. *Bovet* 1951, 19, *Hurwitz* 1952, 323. Vorsichtig — nur von „herabgesetzter Soziabilitätsschwelle" sprechend, auch Stutte 1958, 64.

[3] Wichtig ist aber — das ist besonders gegen *Frey* (1950) zu sagen, der die Bedeutung der Umweltschäden als höchstens die Anlage „verschärfend" bagatellisiert (etwa S. 145) — daß „Anlage" und späterer Schaden vermutlich durchaus nicht gleichgerichtet zu sein brauchen. So könnte es sein, daß gerade gemütsmäßig ansprechbare Kinder durch das Fehlen der Ansprache gemütsmäßig mehr geschädigt würden als von vornherein Kühlere und Stumpfere.

Darum scheint es auch z. Z. wenig fruchtbar, gerade auf dem komplizierten Gebiet krimineller Verhaltensweisen nach Erbradikalen zu suchen, über die man auch im übrigen noch so wenig weiß. Die Psychopathentypen von Schneider, die Stumpfl[4] und Frey für diesen Zweck verwandt haben, danken ja ihre große Verbreitung der Tatsache, daß sie Verhaltensweisen, mit denen schwierige Menschen typischerweise auffallen, mit einem kurzen Wort bezeichnen, und zwar für die Fachleute, die diese Verhaltensweisen kennen. Sobald man diese Psychopathien aber — wie Schneider selbst[5] — als Anlagen definieren will, die ihren Träger mehr oder weniger unter allen Umständen in Schwierigkeiten bringen müssen, macht man sie zu praktisch unanwendbaren Begriffen; denn nach dem bisherigen Stand der Dinge ist das Vorhandensein einer solchen Anlage im Einzelfall niemals zu beweisen. Im ganzen ist es eher unwahrscheinlich, daß solche z. T. doch schon recht komplizierten sozialen Verhaltensweisen, wie sie in den Psychopathieformen erfaßt sind, in der Anlage unveränderlich mitgegeben sein sollten. Frühere Untersuchungen über den Zusammenhang von Psychopathie und Kriminalität, die auch das Angeborensein der Psychopathien beweisen sollen, wie die von Stumpfl, aber auch die Falldarstellungen von Frey, sind nur noch mit großen Vorbehalten verwendbar, weil sie den Möglichkeiten früher Schädigungen im Einzelnen nicht genügend nachgegangen sind, die Tatsachen, die dafür von Bedeutung sind, entweder nicht ermittelt oder von vornherein bagatellisiert haben[6].

Als Beweis für die Bedeutung der „Anlage" verwendet Frey[7] u. a. die Tatsache, daß die großen Umweltveränderungen der Kriegszeit den Umfang des Rückfallsverbrechertums verhältnismäßig unberührt gelassen haben. Die Zunahme der Kriminalität in dieser Zeit beruhte ja im wesentlichen darauf, daß auch vorher unbescholtene Leute Straftaten begingen. Frey stellt in diesem Argument die „sozialen kriminogenen Faktoren", die durch den Krieg verändert worden seien, den praktisch unverändert gebliebenen „biologischen Faktoren" gegenüber[8], als wenn dies die einzige und maßgebende Unterscheidung wäre. Aber gerade aus der Biologie weiß man doch, daß die Wirkung von Umwelteinflüssen nicht nur dem Grade nach, sondern auch der Art nach ganz verschieden ist, je nachdem in welchem Entwicklungsstadium und an welcher Schicht seines Daseins sie das Lebewesen treffen.

Das rasche Anschwellen der Kriminalität in sozialen Notzeiten ist ein relativ oberflächlicher Vorgang und nicht vergleichbar mit den Wirkungen, die nach allem, was man weiß, frühe Vorgänge in der persönlichen Umwelt

---

[4] 1935, 1936.

[5] 1950, 5.

[6] Ebenso *Suttinger* 1954, 117

[7] 1951, 50 ff.; ebenso Graßberger 1946, z. B. 64, auf den Frey sich auch beruft.

[8] a. a. O., 52.

für die Charaktergestaltung haben können. Nur sehr mittelbar und erst nach längerer Zeit könnten sich in dieser Hinsicht Kriegsfolgen einstellen, und sie nachzuweisen, wird immer sehr schwer sein, u. a. auch darum, weil soziale Notzeiten menschlich ja durchaus nicht immer nur negativ wirken müssen. In diesem Zusammenhang ist ja oft auf die Flüchtlinge aus den östlichen Gebieten Deutschlands hingewiesen worden, die zwar in großer sozialer Not waren, aber deren Familienzusammenhalt sich gerade dadurch noch festigte. Hiermit wurde, vermutlich mit Recht, begründet, daß ihre Kriminalität eher geringer war als die der Eingesessenen. Daneben aber, als ein ganz anderes Phänomen, gab es den jugendlichen Flüchtling, der durch den Verlust der Eltern auf die schiefe Bahn gekommen war, und auch bei diesen Jugendlichen müßte man wieder sehr genau unterscheiden, in welchem Stadium ihrer Entwicklung sie von diesem Ereignis betroffen wurden und welche zusätzlichen Komplikationen es in ihrem Leben gegeben hatte.

So scheint mir, daß mit Ausführungen, wie Frey sie über das Rückfallsverbrechertum gemacht hat, durchaus noch nicht das letzte Wort über dies Phänomen gesprochen ist. Die Beschäftigung mit den frühen Charakterverbildungen, die Untersuchung der Frage, worin sie im einzelnen eigentlich bestehen, welche Konstellationen ihre Entstehung oder Beibehaltung begünstigen und wie man ihnen etwa beikommen könnte, steht erst in ihrem Anfang, obwohl darin schon weit mehr getan worden ist, als man nach Frey annehmen könnte[9].

Es steht ja fest, daß der Mensch in seinen sozialen Verhaltensweisen nicht von vornherein so festgelegt ist wie die Tiere; schon die höheren Tiere sind es nicht ganz. Die menschliche Entwicklung vollzieht sich zu

---

[9] S. dazu im ganzen *Aichhorn, Schultz-Hencke* 1950, *Friedlander* 1951, bis S. 93 f, 111 ff. *Bovet* 1951, bis S. 21 ff., *Villinger* 1951, *Hurwitz* 1952, S. 81, *Illchmann-Christ* 1953, 93. *Sachs* 1955, bes. S. 75.

*Frey* (1951) verschließt sich diesen Einsichten u. a. einfach mit Hilfe seiner Definition. So sagt er (107): „Aus dem Wesen der psychogenen Störungen als exogen bedingter vorübergehender Entwicklungserscheinungen ergibt sich jedenfalls ihre von vornherein geringe Bedeutung für die Verursachung des Rückfallsverbrechertums." Andererseits definiert er Psychopathien als „angeborene Charakteranomalien", und als er die spätere Entwicklung von 160 schon straffällig gewesenen FE-Zöglingen untersucht, und vergleicht, wieviele von den nicht oder wenig Rückfälligen, wieviele der späteren Rückfallsverbrecher früher als „Psychopathen" diagnostiziert waren, scheidet er eigenmächtig einen Teil der Psychopathiediagnosen der günstig entwickelten als irrig aus. S. 248 Anm. 1:) „Es findet sich in unserem Material eine Reihe von Fällen, wo lediglich auf Grund grober Erziehungsschwierigkeiten in einer Entwicklungsstufe die Diagnose „Psychopathie" gestellt wurde, die sich dann später unter Berücksichtigung der weiteren Entwicklung nicht aufrechterhalten ließ." Das gibt ihm dann natürlich die Möglichkeit, festzustellen, daß nach seinen Erfahrungen „der Wesenskern psychopathischer Persönlichkeiten . . . praktisch während der ganzen Lebenskurve unverändert" bleibt (S. 151), und daß man „unbedenklich die These aufstellen" darf, „daß alle Rückfallsverbrecher im engeren Sinne und insbesondre alle Gewohnheitsverbrecher zur Kategorie der Psychopathen gehören." (113). — S. dazu auch *Mannheim* 1952-53, 135 und *Suttinger* 1954, 117, der Freys Schlüssen z. T. tautologischen Charakter zuspricht.

einem großen Teil erst während des Lebens, und es ist sehr wahrscheinlich, daß dazu gerade auch der Aufbau der Struktur gehört, mit der er seine verschiedenen instinktiven und rationalen Funktionen zu einem arbeitsfähigen System zusammenhält, also das, was man als seinen „Charakter" bezeichnet. Dieser Aufbau vollzieht sich nur unter viel Mühen und Rückschlägen und nur mit großer Nachhilfe von seiten der Umgebung, besonders der Mutter. Es wäre sehr verwunderlich, wenn die z. T. eben doch komplizierten sozialen Verhaltensweisen, wie sie mit den Psychopathieformen bezeichnet werden, gar nichts mit einer solchen Entwicklung zu tun hätten.

Dagegen kann man auch nicht einwenden, daß die ungünstigen Verhaltensweisen später oft entgegen aller Vernunft und entgegen dem eigenen Vorteil ihres Trägers festgehalten werden, und auch in Umgebungen, die selbst niemals zu ihrer Ausbildung geführt hätten. Daß ein solcher Schwieriger später nicht mehr durch Erfahrung lernt, beweist nicht, daß Erfahrungen an dem Aufbau dieser Verhaltensweisen nicht beteiligt gewesen sind. Wer so argumentiert, stellt sich den geschädigten Charakter im Grunde doch als eine normale Struktur vor, die nur durch gewisse Schäden überdeckt ist; wenn man die Schäden abhebe, müsse darunter ein intaktes Gebilde zum Vorschein kommen. Mehr oder weniger kann es auch so sein, da es ja alle möglichen Übergänge gibt. Aber daneben gibt es vermutlich die von vornherein falsch oder ungenügend erbaute Struktur, etwa in dem Sinne, daß die Funktion des Gewissens z. T. von der Gefallsucht übernommen worden ist, daß die Hemungen zu kurz gekommen sind, nicht genügend Dauerhaltungen des Gefühls entwickelt wurden usw. Solche Schäden sind später nur schwer korrigierbar, und jedenfalls kaum durch die gewöhnlichen Lebenserfahrungen. Das Gleiche gilt ja für schwere Neurosen, die man sich unter dem gleichen Denkmodell vorstellt, mit dem Unterschied, daß der Neurotiker gerade sein Gewissen und seine Hemmungen überstreng ausgebildet habe.

Auch nach Ansicht der Psychotherapeuten ist die Aussicht, wirklich tiefsitzende Schäden dieser Art noch im späteren Jugendalter korrigieren zu können, nicht besonders groß. Aber die Grade der Schädigung sind doch auch verschieden, und um das schädliche Verhalten abzustellen, bedarf es nicht immer einer wirklichen Umstrukturierung des Charakters. Und wenn schon die Kriminellen längere Zeit von der Gesellschaft ferngehalten werden müssen, so sollte man versuchen, diese Zeit möglichst sinnvoll zu verwenden und wenigstens nicht neue Schäden zu setzen. Bei vielen der schwerrückfälligen Jugendlichen kann man sich von einem „Erziehungsstrafvollzug" in dem sehr allgemeinen Sinne, den das Wort bei uns noch hat, von vornherein eigentlich nicht sehr viel Erfolg versprechen. Der unglückliche Kreislauf, in dem sie sich befinden, kann durch die normalpädagogischen Mittel, wie sie in der Strafanstalt bestenfalls zur Verfügung stehen, nicht so leicht durchbrochen werden; im Gegenteil, bei manchen Jugendlichen scheint er sich dort gerade noch fester einzuspielen. Abgesehen von der Vorbeugung, der die größte Bedeutung zukommt, und bei der die Tätigkeit der Fürsorger und der Erziehungsberatungsstellen eine große Rolle spielt, scheint das Wichtigste die Einrichtung von Anstalten, in denen die charakterlich geschädigten Jugendlichen von Spezialisten therapiert werden, wie man es im Ausland schon tut, und anscheinend mit verhältnismäßig gutem Erfolg[10].

Die Übersicht über eine größere Reihe von Fällen und eine große Anzahl von Erzieherberichten aller Art gibt einem nicht den Eindruck, daß der erzieherische Optimismus im allgemeinen zu groß ist. Im Gegenteil, eher werden zu früh negative Urteile ausgesprochen, und vor allen Dingen besteht eine zu große Tendenz der Erzieher, im jeweiligen Augenblick zu einem endgültigen Urteil darüber zu kommen, ob der Jugendliche nun zur Vernunft gekommen ist oder ob doch alles vergeblich war. Es sieht fast immer so aus, als wenn der Jugendliche sich gerade in dem Augenblick, wo der Erzieher — der Heim- oder Strafanstaltserzieher, der Fürsorger, der Richter — über ihn schreibt, sich in der endgültigen Lebensentscheidung darüber befindet, ob er für immer ein gutes Mitglied der Gesellschaft oder für immer verworfen oder ausgeschieden sein soll. Oft entscheidet er sich für die Verworfenheit, indem er eine neue Straftat begeht. Aber trotzdem ist er ja immer noch da, und neue Erzieher bemühen sich um ihn und stellen ihn vor neue endgültige Entscheidungen, und überblickt man einen längeren Zeitraum, so ist der mit 17 Jahren aufgegebene Junge mit 24 Jahren immer noch da, oft durchaus befriedigend entwickelt, oft auch nur zwischen Gefängnisaufenthalten, aber er ist da und wird es auch weiterhin bleiben, wenn auch vielleicht nur zwischen Zeiten der Sicherungsverwahrung, und, doch auch nicht zu vergessen, in der Sicherungsverwahrung.

Vielleicht gerade weil sie sich verantwortlich fühlen und sich so bewußt anstrengen, erwarten die Erzieher zu bald einen vollen Erfolg oder doch eine Sicherheit über den endgültigen guten Ausgang, die es aber der Natur der Sache nach nicht geben kann. Die langsam über Jahre sich hinschleichenden Entwicklungen mit nur mäßig günstigem oder sogar überwiegend ungünstigem Ausgang sind sicher eine schwere Aufgabe für die Erzieher, aber vielleicht doch nicht so undankbar, wie sie es sehen, wenn sie sich zu einer endgültig guten oder endgültig schlechten Prognose gedrängt fühlen.

Da ja die Jugendlichen auch bei ungünstiger Entwicklung in der Welt bleiben, wäre es vielleicht besser gewesen, man hätte den 17-Jährigen, ohne sich an seinen ungünstigen Eigenschaften zu stoßen und ohne Prognosen zu stellen — also selbst für den Fall des ungünstigsten Ausgangs — im Heim so weit kontaktfähig zu machen gesucht, daß er mit 24 Jahren imstande gewesen wäre, seine eigenen Kinder mit freundlichen Augen anzusehen. Die Erzieher messen, wie es scheint, den Erfolg ihrer Bemühungen zu oft an der Neubegehung von Straftaten oder sonstigen Rückfällen bald nach der Anstaltsentlassung — eine Folge des Quantenprinzips, mit dem das Strafrecht arbeitet —; aber was mit der Erziehung wirklich erreicht ist, zeigt sich oft erst viel später und auch evtl. an ganz anderen Dingen. Wenn die Gesamtprognosen — ob noch etwas aus ihm wird, oder ob „nichts" aus ihm wird — auch zu einem langfristigen Erziehungsplan führten, so wäre nichts gegen sie einzuwenden. Aber sie sind oft nur Ausdruck erzieherischer Un-

---

[10] s. *Sachs* 1955 über die dänische „Psychopathenanstalt."

geduld und kurzfristiger Erziehungspläne, und unrealistisch gegenüber dem gemischten Charakter alles Wirklichen.

Prognosen sollten nur mit Rücksicht auf eine bestimmte zur Entscheidung stehende Maßnahme getroffen werden, etwa darüber, ob der Jugendliche in Anstaltserziehung zu nehmen ist oder auch ohne sie auskommt, ob er zu entlassen ist oder noch nicht. Im übrigen sollte man allen Scharfsinn und alle Kraft darauf konzentrieren, zu sehen an welchen Punkten es dem Jugendlichen auf lange Sicht gesehen am meisten fehlt, und wie man ihm das Fehlende etwa verschaffen kann. Sowohl theoretisch wie praktisch ist man auf diesem Gebiet gezielter Therapie noch lange nicht an der Grenze des Möglichen angelangt.

## *Abkürzungsverzeichnis*

| | |
|---|---|
| a. a. O. | = am angegebenen Ort |
| AFET | = Allgemeiner Fürsorgeerziehungstag |
| all. | = allein, alleinbegangen |
| Am. J. Crim. | = The (American) Journal of Criminal Law, Criminology and Police Science |
| Arb. Aufl. | = Arbeitsauflage |
| Arch. f. Kriminol. | = Archiv für Kriminologie |
| Arch. Psychiatr. | = Archiv f. Psychiatrie u. Nervenkrankh. |
| Auss. z. Bew. | = Aussetzung zur Bewährung |
| Brit. J. Delinq. | = The British Journal of Delinquency |
| Del. | = Delikt |
| Diss. | = Dissertation |
| DZ. f. gerichtl. Medizin | = Deutsche Zeitschrift für die gesamte gerichtliche Medizin |
| Eheg. | = Ehegatte |
| einfD | = einfacher Diebstahl |
| Elt. | = Eltern, Elter |
| Entl. | = Entlaufen |
| FE | = Fürsorgeerziehung |
| ff. | = folgende |
| Fortschr. Neurol. | = Fortschritte der Neurologie, Psychiatrie und ihrer Grenzgebiete |
| früh. | = früher (bis Verurt. 1949) |
| Gef. | = Gefängnis |
| Geldstr. | = Geldstrafe |
| gem. | = gemeinschaftlich |
| Gr. | = Gruppe |
| HiSch | = Hilfsschule |
| insg. | = insgesamt |
| J. | = Jahr, Jahre |
| JArr. | = Jugendarrest (in Form von Dauerarrest) |
| JGef. | = Jugendgefängnis, Jugendstrafe |
| JGG | = Jugendgerichtsgesetz vom 4. 8. 1953 |
| Kl. | = Klasse |
| kleinb. | = kleinbürgerlich |
| KLV | = Kinderlandverschickung, Kinderevakuierung während des Krieges |
| Krim. Abh. (Exner) | = Kriminalistische Abhandlungen, herausg. von Franz Exner |
| Kriminol. Unters. (H. v. Weber) | = Kriminologische Untersuchungen, herausg. von H. v. Weber u. Th. Würtenberger |
| m | = männlich, männliche Probanden |

| | | |
|---|---|---|
| M | = | Mutter |
| Maßn. | = | Maßnahme |
| Mon. | = | Monat |
| Mschr. Krim. | = | Monatschrift für Kriminologie (= Kriminalpsychologie, Kriminalbiologie) und Strafrechtsreform |
| n | = | numerus = absolute Zahl, Anzahl |
| NordTidsskr Krim | = | Nordisk Tidsskrift for Kriminalvidenskab |
| o | = | oder |
| oh. | = | ohne |
| P | = | Proband |
| PflElt | = | Pflegeeltern |
| Prax. Kinderpsychol. | = | Praxis der Kinderpsychologie und Kinderpsychiatrie |
| pro P | = | pro Proband, auf Kopf der Probanden |
| pro betr. P | = | pro Kopf der von diesem Faktor betroffenen Probanden |
| Quot. | = | Quotient |
| RdJ | = | Recht der Jugend |
| RJGG | = | Reichsjugendgerichtsgesetz vom 6. 11. 1943 |
| s. | = | **siehe** |
| S. | = | Seite |
| schwD | = | schwerer Diebstahl |
| SchweizZStr | = | Schweizerische Zeitschrift für Strafrecht |
| soz. | = | sozial, sozial eingeordnet |
| spät. | = | später (nach Verurteilung 1949) |
| StElt. | = | Stiefeltern, Stiefelter |
| StG | = | Stiefgeschwister, Halbgeschwister |
| StM | = | Stiefmutter |
| StV | = | Stiefvater (einschl. „Verlobter" der Mutter) |
| Tab. | = | Tabelle |
| UJ | = | Unsere Jugend |
| unbek. | = | unbekannt |
| ungel. Arb. | = | ungelernter Arbeiter |
| vgl. | = | vergleiche |
| VSch | = | Volksschule |
| w | = | weiblich, weibliche Probanden |
| wdh. | = | wiederholt |
| Z | = | Zeitschrift |
| ZbglfJugR | = | Zentralblatt für Jugendrecht und Jugendwohlwahrt |
| ZStrW | = | Zeitschrift für die gesamte Strafrechtswissenschaft |
| I | = | |
| II | = | |
| III | = | Die Rückfallsgruppen, |
| IV | = | nach Zusammenhang erläutert S. 23 ff u. 527 |
| I a | = | |
| I b | = | |
| 2 + — 3 J. | = | mehr als 2 bis einschließlich 3 Jahre |
| 2;7 | = | 2 Jahre 7 Monate |
| 15;10 | = | Proband war 15 J. 10 Monate alt (in Falldarstellungen) |
| ... (1957, 16) | = | ... (Autor) in der im Literaturverzeichnis aufgeführten Schrift des Autors von 1957 auf S. 16 |

# *Literaturverzeichnis*

Aichhorn, August: Verwahrloste Jugend. — Die Psychoanalyse in der Fürsorgeerziehung, 3 Aufl., Bern 1951

Albrecht, H.: Motorische Unruhe im Kindesalter. Z. Kinderpsychiatrie 1952

Analyt., Psychotherapie und Erziehungsbeihilfe: Analytische Psychotherapie und Erziehungshilfe. Arbeitstagung, veranstaltet vom Senat der Stadt Berlin — Hauptjugendamt — und dem Institut für Psychotherapie e. V., 11. — 15. Juni 1951, in Berlin-Schöneberg 1951.
and Delinquency. Brit J Delinq 8 (1957) 34—38

Arbeitslos. und Berufsnot der Jugend: Arbeitslosigkeit und Berufsnot der Jugend. Herausg. v. D. Gewerksch.Bd., wiss. Leit. H. Schelsky. 2 Bde., Bonn 1952

Andry, R. G.: Faulty Paternal and Maternal Child Relation-ships, Affection and Delinquency. Brit J Delinq 8 (1957) 34—38

Asbeck, Helmut: Die Jugendkriminalität im Amtsgerichtsbezirk Oberhausen (Rhld.) 1928—1938. Jena 1940

Aschenheim, E. B.: Wie kam es soweit — Struktur-genetisch orientierte Untersuchung an kriminell gewordenen Jugendlichen. München 1958

Bader, Karl: Soziologie der deutschen Nachkriegskriminalität. Tübingen 1949

ders.: Soziologie der Jugendkriminalität. In: Bekämpf. d. Jugendkrim. 63—70

Barnes, H. E. and Teeters, N. K.: New Horizons in Criminology. New York 1943

Batchelor, J. R. C. and Napier, M. B.: Broken Homes and Attempted Suicide. Brit J Delinq 4 (1953—1954). 99—108

Bauer, Fritz: Das Verbrechen und seine Bekämpfung. München-Basel 1957

Bednarik, Karl: Der junge Arbeiter von heute — ein neuer Typ. Stuttgart 1953

Beermann, Friedrich: Arbeitsschicksal und Gesetzesverletzung im Spiegel der Jugendkriminalität der Nachkriegsjahre. In: Arbeitslos. u. Berufsnot 1952, II. 233—268

Beger, F.: Die rückfälligen Betrüger. Krim. Abh. (Exner), H. 7. Leipzig 1929

Bekämpfung der Jugendkriminalität: Bekämpfung der Jugendkriminalität. Tagungsbericht, herausg. v. Bundeskriminalamt Wiesbaden 1955

Bembé, H.: Gefährliches Blut. Der Lebensbericht des 17jährigen Wilfried Helm. Stuttgart 1950

Bender, Lauretta: Psychopathic behavior disorders in children. In: Handbook of correctional psychology, ed. by R. M. Lindner and R. V. Seliger New York 1947 S. 360—377

Benson, Sir George: Prediction Methods and Young Prisoners. Brit J Delinq IX (1958—59), 192—199

Bergler, Reinhold: Kinder aus gestörten und unvollständigen Familien. (Quellenhefte für die soziale Ausbildung). Weinheim-Berlin, 1955

Bleckmann, K. H. u. Bodemann, H.: Katamnestische Untersuchungen bei Patienten aus der Erziehungsberatung (Bericht aus der Erziehungsberatung über Kinder, die im Jahre 1951 vorgestellt und 1954 nachuntersucht wruden). Prax. Kinderpsych. 5 (1956), 11—13

Bloch, H. und Niederhoffer, A.: The Gang. A study in adolescent behavior. New York 1958

Blomberg, Dick: Den svenska ungdomsbrottligheten. Stockholm 1960
Bönsch, Hans: Der Lebenserfolg der FE bei männlichen FE-Zöglingen. Diss. phil. Münster 1953
Bondy, Curt: Pubertät als sozialkulturelles Phänomen. Prax. Kinderpsych. 5 (1956), 198—201
Bondy, C und Eyferth, K.: Bindungslose Jugend. Eine sozialpädagogische Studie über Arbeits- und Heimatlosigkeit. 4. Beiheft zu U. J. München-Düsseldorf 1952
Bonhoff, G.: Psychiatrische Erfahrungen bei der Nachuntersuchung Sterilisierter Fortschr. Neurol. 21 (1953), 251—284
Borchert, Alice: Nachdenkliches über Führungsberichte. UJ 6 (1954), 208—211
Bovet, L.: Psychiatric Aspects of Juvenile Delinquency. World Health Organization: Monograph Series Nr. 1. Genf 1951
Bowlby, John: Forty-Four Juvenile Thieves; Their Characters and Home-Life London 1946
ders.: Maternal Care and Mental Health. World Health organization: Monograph Series Nr. 2. Genf 1951
ders.: The effects of mother-child-separation: A follow-up-study. Brit J of Medical psychology XXIX (Sept. 1956), 233
Brückner, Günther: Die Jugendkriminalität. Erscheinungsformen — Ursachen — Behandlung. Hamburg 1956
ders.: Untersuchungen über die Rückfallprognose bei chronischen Vermögensverbrechern. MschrKrim 41 (1958), 93—100
Brunotte, Wolfgang: Die Kriminalität der Heranwachsenden in Niedersachsen in den Jahren 1948—1954. Diss. jur. Göttingen 1956
Buchwald, R.: Ein Beitrag zur Frage des Schulschwänzens. PraxKinderpsychol 7 (1958), 8—16
Burgess, E. W.: Factors determining success or failure on parole. Amer. J. Crim. XIX (1928), 205—269
Burlingham, D. und Freud, A.: Kriegskinder. Jahresbericht des Kriegskinderheims Hampstead Nurseries. London 1949
dies.: Anstaltskinder. London 1950
Burt, Cyrill: The Young Delinquent. London 1931. I. Auflg. (1925)
Busemann, A.: Krisenjahre im Ablauf der menschlichen Jugend. Ratingen 1953
ders.: Beiträge zur pädagogischen Milieukunde aus 30 Jahren. Bln, Hann., Darmstadt 1956
Buttkus, Hermann: Untersuchungen über Anlage und Umwelt von 357 jugendlichen Rechtsbrechern. Diss. jur. Göttingen 1945
Chazal, Jean: Etudes de Criminologie Juvénile. Paris 1952
Christie, Nils: Tilbakefall i Norge. NordTidskKrim 44 (1956), 138—148
Cleckley, Hervey: The Mask of Sanity. III rd. ed. St. Louis 1955
Clinard, M. B.: Sociologists and American Criminology. Amer. J. Crim. 41 (1950/51), 549—577
Cohen, Albert K.: Delinquent Boys. The Culture of the Gang. London 1956 Kriminelle Subkulturen. In „Soziologie der Jugendkriminalität", hg. v. P. Heintz u. R. König, Sonderh. 2 d. KölnZfSoz. 1957, 103—117
Dencker, Elisabeth: Welche Prognose ergibt sich bei Diebstählen im Kindesalter? Diss. jur. Göttingen 1947
Dubois, Maurice: Les Enfants qui ont failli . . . Réflexions sur le probleme de la délinquance et de l'inadaptation des enfants et des adolescents. Brüssel 1952
Düchting, Otti: Der Lebenserfolg ehemaliger schulentlassener weiblicher Fürsorgezöglinge. Diss. phil. Münster 1953
Dührssen, A.: Psychopathie und Neurose. Psyche 2 (1948/49), 380 ff.
dies.: Zur Frage der Anlagefaktoren, welche die Persönlichkeitsentwicklung gefährden. Psyche 6 (1952/53), 67 ff
dies.: Welche Bedeutung haben tiefenpsychologische Einsichten für die Rechtsprechung im Jugendstraftrecht? Prax. Kinderpsych. 2 (1953), 85—91

dies.: Entwicklungspsychologie und Neurosenlehre. Prax. Kinderpsych. 3 (1954), 195—199
dies.: Psychogene Erkrankungen bei Kindern und Jugendlichen. Göttingen 1954
dies.: Soziale und biologische Reifung in ihrer Bedeutung für psychogene Erkrankungen. Prax. Kinderpsych. 5 (1956), 253—259
dies.: Heimkinder und Pflegekinder in ihrer Entwicklung. Eine vergleichende Untersuchung an 150 Kindern in Elternhaus, Heim und Pflegefamilie. Beih. 1 z. Prax. Kinderpsychol. Göttingen 1958
dies.: Psychotherapie bei Kindern und Jugendlichen. Göttingen 1960
East, W. Norwood: The Adolescent Criminal. London 1942
Eckstein, L. G.: Zum Stehlen der Kinder. Prax. Kinderpsych. 4 (1955), 134—137
Edelston, H.: The Earliest Stages of Delinquency. London 1952
Ehrhardt, J.: Cliquenwesen und Jugendverwahrlosung. ZBl f. Jug. 21 (1930), 413—418
Eisenstadt, S. N.: Delinquent group-formation among immigrant youth. Brit J Delinq II (1951—52). 34—45
Elliott, Mabel A.: Crime in Modern Society. New York 1952
EMNID-INSTITUT f. Meinungsforschung: Jugend zwischen 15 und 24. Zweite Untersuchung zur Situation der deutschen Jugend im Bundesgebiet. Bielefeld 1955.
Enke, W.: Grundzüge der Psychopathologie bei Kindern und Jugendlichen unter tiefenpsychologischen und psychotherapeutischen Gesichtspunkten. In: Bekämpf. d. Jugendkrim. 83—92
Epps, P.: A Preliminary Survey of 300 Female Delinquents in Borstal Institutions. Brit J Delinq 1 (1950/51), 187—196
dies.: A further survey of female delinquents undergoing Borstal training. Brit J Delinq IV (1953—54), 265—271
Erikson, Erik. H.: Childhood and Society. New York 1950
Eriksson, Torsten: Det yngta fångvårdsklientelet. Statens offentliga utredningar 1952:5, Justitiedepartmentet Stockholm 1952
Exner, Fr.: Die psychologische Einteilung der Verbrecher. SchweizZStr. 38 (1925), — 1—22
ders.: Kriminalistischer Bericht über eine Reise nach Amerika. III. Die neuen Bestrebungen in der Kriminologischen Forschung. ZStr W. 54 (1934), 511—543
ders.: Bemerkungen zu Stumpfl: Erbanlage und Verbrechen. Mschr. Krim 27 (1936), 336—339
ders.: Kriminologie Berlin, Göttingen, Heidelberg 3. A. 1949
ders.: Bemerkungen zu dem Aufsatz von Dr. H. Trunk über Soziale Prognosen an Strafgefangenen. Mschr. Krim 28 (1937), 227—230
Ferguson, T.: The Young Delinquent in his Social Setting. London, New York, Toronto 1952
Flemming, Helmut: Die Jugendkriminalität in Hamburg im Jahre 1941 unter besonderer Berücksichtigung der Verordnung zur Ergänzung des Jugendstrafrechts vom 4. Oktober 1940. Diss. jur. Hamburg 1943
Frey: Der frühkriminelle Rückfallsverbrecher. Schweiz. Crimin. Studien Vol. 4. Basel 1951
Friedlander, Kate: Latent Delinquency and Ego Development. In: Searchlights on Delinquency 1949 (s. dort), 205—215
dies.: The Psycho-Analytical Approach to Juvenile Delinquency, London 1951
Fröhlich, Martha: Die Stellung des Kindes in der Geschwisterreihe, UJ 3 (1951), 133—137
Fuchs-Kamp, A.: Lebensschicksal und Persönlichkeit ehemaliger Fürsorgezöglinge. Berlin 1929
dies.: Neurosenstrukturelle Elemente in der Verwahrlosung. In: Analytische Psychotherapie und Erziehungshilfe 1951 (s. dort), 109—114
dies.: Jugendliche Fortläufer und Diebe Prax. Kinderpsych. 1 (1952), 109—114, 133—137, 177—180

Gehrecke, Siegfried: Familien von Hilfsschulkindern in den Großstädten der Bundesrepublik. Schriftenr. d. Hochsch. f. Intern. Pädagog. Forsch. Frankf. a. M., Meisenheim a. Gl. 1958
ders.: Zur Frage der Rückfallsprognose. Mschr. Krim. 30 (1939), 35—38
Gibbens, T. C. N.: Recent Trends in the Management of Psychopathic Offenders. Brit J Delinq 2 (1951/52), 103—116
ders.: Car thieves. Brit J Delinq VIII (1957—58), 257—265
Gibbens, T. C. N., Pond, O. A. and Stafford-Clark, D.: A Follow-up Study of Criminal Psychopaths. Brit J Delinq 6 (1955—56), 126 ff
Giger, Hans: Kriminologie der Entweichung. Winterthur 1959
Glover, E.: Preliminary Notes on the Application of Individual Methods of Research to the Problem of Psychopathy. Brit J Delinq II (1951—52), 149—152
ders.: Prognosis or Prediction: a Psychiatric Examination of the Concept „Recidivism" Brit J Delinq 6 (1955), 116—125
Gueck, S.: Theory and Fact in Criminology. Brit J Delinq VII (1956)
Glueck, S. and E. T.: 500 Criminal Careers. New York 1930
dies.: Later Criminal Careers. New York 1937
dies.: Juvenile Delinquents Grows up. New York 1940
dies.: After-Conduct of Discharged Offenders. London 1946
dies.: Unraveling Juvenile Delinquency. Cambridge, Mass., 1950
dies.: Predicting Juvenile Delinquency Brit J Delinq II (1951—52), 275—286
dies.: Delinquents in the Making. New York 1952
Gottschaldt, K.: Probleme der Jugendverwahrlosung. Arbeiten zur Entwicklungspsychologie, Bd. 2. Leipzig 1950
Grätz, Eva: Bericht über die Behandlung eines Stehljungen. In: Heilen statt Strafen. 1957 (s. dort), 122—134
Graichen: Die Kriminalität der Jugendlichen im Bezirk des AG Pößneck (1923—1935). Untersuchungen zur Kriminalität in Thüringen, herausg. v. H. v. Weber, H.7. Jena 1937
Grassberger, R.: Die Lösung kriminalpolitischer Probleme durch die mechanische Statistik. (Wiener) Kriminologische Abhandlungen, Neue Folge, Nr. 1. Wien 1946
Gregor, Adalbert und Voigtländer, I.: Die Verwahrlosung, ihre klinisch-psychologische Verwertung und Bekämpfung, Berlin 1918
Grünhut, M.: Probation as a Research Field. A Pilot Survey. Brit J Delinq II (1951—1952), 287—302
ders.: Juvenile delinquents under punitive detention. A study of the first hundred Campsfield House boys. Brit J Delinq V (1954—55). 191—209
ders.: Leisure pursuits of juvenile delinquents. A study in methodology. Brit J Delinq V (1954—55), 210—228
Gruhle, Hans W.: Die Ursachen der jugendlichen Verwahrlosung und Kriminalität. Berlin 1912
Grygier, T.: Oppression. A Study in Social and Criminal Psychology, London 1954
ders.: Homosexuality, neurosis and „normality". A pilot study in psychological measurement. Brit J Delinq IX (1958—59), 59—61
Gurvitz, Milton: Developments in the Concept of Psychopathic Personality (1900—1950). Brit J Delinq 2 (1951—1952), 88—102
Hadamik, W.: Die Wesenlosigkeit des Kleptomaniebegriffes Mschr. Krim. 38. (1955), 83—92
Häberlin, A.: Der Ungehorsam. Beih. 23 zur Schweiz. Z. f. Psychologie u. ihre Anwendungen. Bern und Stuttgart 1955
Händel, K.: Jugendliche Schatzgräber — Die Rechtsprechung zu § 5 des Gesetzes über den Verkehr mit unedlen Metallen. RdJ 3 (1955), 292—299
Hafter, Carl: Kinder aus geschiedenen Ehen. Eine Untersuchung über den Einfluß der Ehescheidung auf Schicksal und Entwicklung der Kinder nach ärztlichen, juristischen und fürsorgerischen Fragestellungen. Bern 1948

ders.: Der Infantile als Soldat. In: Infantilismus, herausg. v. Karl Heymann (Psychol. Prax. H. 16), 161—193, Basel 1955
Hagen, W., Thomae, H., und andere: Jugendliche in der Berufsbewährung. Schriftenr. a. d. Gebiete d. öff. Gesundheitswesens. H. 7. Stuttgart 1958
Hallermann, W.: Psychopathologie der jugendlichen Kriminellen einschließlich der Problematik jugendlicher Gewaltverbrecher. In: Bekämpf. d. Jugendkrim. 1955 (s. dort), 43—55
ders.: Die gemütliche Entwicklung und ihre Verzögerung bei Jugendlichen. DZ f. gerichtl. Medizin 45 (1956), 210—220
Handb. d. Heimerz.: Handbuch der Heimerziehung. Herausgeg. v. F. Trost u. H. Scherpner. Frankf. a. M. Bln. Bonn 1952 ff
Handschin-Ninck, M.: Ältester und Jüngster im Märchen. Prax. Kinderpsych. 5 (1956), 167—174
Harnack, G. A. von: Wesen und soziale Bedingtheit frühkindlicher Verhaltensstörungen. Basel 1953
ders.: Nervöse Verhaltensstörungen beim Schulkind. Stuttgart 1958
Harnack, G. A. von, und Wallis, H.: Kleinkindhafte Verhaltensweisen bei Fehlerziehung. In: Infantilismus 1955 (s. dort) 115—130
Hasselmann-Kahlert, M.: Einige Beobachtungen bei entwurzelten Kleinst- und Kleinkindern. Prax. Kinderpsych. 2 (1953), 15—18
dies.: Das entwurzelte Kind. Beiträge zur Sexualpädagogik, Heft 4, Stuttgart 1955
Healy, William und Bronner, Augusta F.: New light on Delinquency and its Treatment. Results of a Research conducted for the Institute of Human Relations. Yale University. New Haven — London 9/1950 (1/1936)
Heerde-van Schreven, van, C. M.: Diefstal in groepsformatie gepleegd. Strafrechtelijke en criminologische onderzoekingen. Nieuwe Reeks, 2. deel 's Gravenhage 1957
Heilen statt Strafen: Heilen statt Strafen. Behandlung und Vorbeugung jugendlicher Kriminalität. Tagungsbericht, herausg. v. W. Bitter, Göttingen 1957
Heintz, P.: Einige theoretische Ansätze zu einer Soziologie der kriminellen Angriffe gegen die Person. Mschr. Krim. 39 (1956), Sonderheft, 3—20
Henderson, Sir David: Psychopathic States. Brit J Delinq II (1951—52), 84—87
Hentig, Hans von: Zur Psychologie der Einzeldelikte I. Diebstahl — Einbruch — Raub. Tübingen 1954
Hodge, R. Sessions, Walter, V. J. and W. Grey: Juvenile Delinquency: An Electrophysiological, Psychological and Social Study. Brit J Delinq 3 (1952—1953) 155—172
Hoenig, Charlotte: Die Stiefelternfamilie. Z f. Kinderforschung 35 (1929), 188—331
Hoffmann, H.: Jugend auf Abwegen. Gelsenkirchen 1953
Hoffner, M.: Kriminalität und Schule. Krim. Abh. (Exner), H. 17 Leipzig 1932
Homburger, A.: Psychopathologie des Kindesalters. Berlin 1926
Hopmann, Werner: Zur Ätiologie, Vorbeugung und Behandlung der Jugendverwahrlosung. Prax. Kinderpsych. 5 (1956), 87—94
Hossenlopp, Marianne: Essai Psychologique sur les Bandes des Jeunes Voleurs Clermont-Ferrand 1944
Huber, Fritz: Das Pflegekind. (Psychol. Prax. H. 2) Basel 1950
Hurwitz, Stephan: Criminology. London-Copenhagen 1952
Jacobs: Die Kriminalität in der Nachkriegszeit. Diss. Bonn 1952
Jahrb. f. Jugendpsychiatr.: Jahrbuch für Jugendpsychiatrie. Herausg. v. W. Villinger, Bern und Stuttgart 1956
Illchmann-Christ, A.: Die Dissozialität weiblicher Minderjähriger im Spiegel puberaler Reifungsstörungen. Z. f. Kinderpsychiatrie 6 (1952)
ders.: Die Dissozialität der männlichen 18- bis 21jährigen Täter aus kriminalätiologischer und kriminalistischer Perspektive. MschrKrim 36 (1953), 66—109

ders.: Ein Beitrag zur Struktur der weiblichen Fürsorgezöglinge, unter besonderer Berücksichtigung der introvertierten Abnormisierung. MschrKrim 37 (1954), 82—112
Infantilismus: Infantilismus. Herausg. v. K. Heymann (Psychol. Prax. H. 16). Basel 1955
John, Alfred: Die Rückfallsdiebe. Krim. Abhandl. (Exner), H. 9 Leipzig 1929
Jones, Howard: Approaches to an Ecological Study. Brit J Delinq VIII (1957—58), 277—293
Kaiser, Günther: Randalierende Jugend. Eine soziol. und kriminol. Studie über die sog. Halbstarken. Heidelberg 1959
Kemper, W.: Enuresis. Heidelberg 1949
Keppler, Lene: Lügende Kinder. In: Heilen statt Strafen 115—121. In: Heilen statt Strafen 1957 (s. dort)
Kerscher, K.: Verbrechen und Verwaisung. Krim. Abh. (Exner), H. 29 Leipzig 1937
Kipp, Hildegard: Die Unehelichkeit. Ihre psychologische Situation und Problematik. Lpz. 1933
Klein, Fritz: Die Kriminalität der Stiefkinder. Diss. iur. München 1944
Köbner: Die Methode einer wissenschaftlichen Rückfallsstatistik als Grundlage einer Reform der Kriminalstatistik. ZStr W 13 (1893), 615—740
Köck, H.: Die spätere Straffälligkeit schwer bestrafter Jugendlicher. Diss. iur. München 1944
Kohnle: Die Kriminalität entlassener Fürsorgezöglinge und die Möglichkeit einer Erfolgsprognose. Krim. Abh. (Exner), H. 33 Leipzig 1938
Krause, geb. Ablass, Marg.: Das verwöhnte Kind und seine Einstellung zur Gemeinschaft. Diss. phil. Hamburg 1936
Krevelen, Arn. van: Zur Psychopathologie der Fugues. Wiener Z. f. Nervenheilkunde u. deren Grenzgebiete 7 (1953), 354—362
ders.: Über Schwierigkeiten bei der prognostischen Beurteilung Jugendlicher. Jahrb. f. Jugendpsychiatr. 1956 (s. dort) 146—150
Krüger, Hans: Die strafrechtliche Behandlung der Jugendlichen von 18—21 Jahren (Heranwachsende) in dem Entwurf eines Gesetzes zur Änderung des RJGG. Strafvollzug 3 (1952/53), 261—266
Krüger, Hans-Herbert: Banden- und Cliquenbildungen Hamburger Jugendlicher während des Krieges (1940—1943) unter besonderer Berücksichtigung der Ursachen ihrer Entstehung und ihrer Struktur. Diss. iur. Hamburg 1944
Kühn, H.: Psychologische Untersuchungen über das Stiefmutterproblem. Z. f. angew. Psychologie, Beiheft 45. Leipzig 1929
dies.: Die Bedeutung der Familie für das Kind. In: Handb. d. Pädagog. Milieukunde, hg. v. Ad. Busemann, Halle 1932. 128—158
Kühnel, G. und Schwidder, W.: Entwicklungsprobleme und seelische Störungen bei weiblichen Kindern und Jugendlichen. Handbuch der Heimerziehung. 143—169. 1953 (s. dort)
Lander, Bernard: Towards an Unterstanding of Juvenile Delinquency. New York 1954
ders.: Bemerkungen zu dem Aufsatz „Homosexualität" von Prof. P. Schröder.
Lange, Johs.: Bemerkungen zu Stumpfl: Erbanlage und Verbrechen. Mschr. Krim. 27 (1936) 329—336
Lange, W.: Entwicklung und Erscheinungsformen der pädophilen Sittlichkeitskriminalität in Hamburg seit 1945, Diss. iur. Hamburg 1956
Lang, Theo: Ergebnisse neuer Untersuchungen zum Problem der Homosexualität. Mschr Krim 30 (1939), 401—413
Mschr Krim 32 (1941), 162—168
ders.: Die Homosexualität als genetisches Problem. MschrKrim 39 (1956), 167—182
Langfeldt, G.: Der Dieb und der Einbrecher. Oslo 1936
Lees, J. P. and Newson, L. J.: Family or Sibship Position and some Aspects of Juvenile Delinqency. Brit J Delinq V (1954/55), 46—65

L e f e r e n z , H.: Psychopathentypen in kriminologischer Sicht. Kriminalbiol. Gegenwartsfragen. Herausg. v. E. Mezger u. E. Seelig, H. 2, Stuttgart 1955, 13—22
ders.: Die Kriminalität der Kinder. Eine kriminologisch-jugendpsychiatrische Untersuchung. Tübingen 1957
L e n t z , W. P.: Rural urban differentials and juvenile delinquency. AmJCrim 47 (1956/57), 331—339
L e u n e r , H. K.: Über die jugendpsychiatrische Bedeutung von Reifestörungen des ersten Gestaltwandels. Z. f. Kinderpsychiatrie 20 (1953), 12—18
L e w i s , Hilda: Deprived Children. The Mersham Experiment. A Social and Clinical Study. London, N. York, Toronto 1954
L e w i s , N. and P a c e l l a , B.: Modern Trends in Child Psychiatry. New York 1945
L i n d n e r , R. M.: Rebel without a Cause. The Hypnoanalysis of a Criminal Psychopath. New York 1944
L i p t o n , H. R.: The Psychopath. Amer. J. Crim. 40 (1949/50), 584—596
L o o s l i - U s t e r i , M.: Les Enfants Difficiles et leur Milieu Familial. Neuchâtel-Paris 1936
L o t z , Ludwig: Der gefährliche Gewohnheitsverbrecher. Krim. Abh. (Exner) 41. Leipzig 1939
M ä r t i n , Hans: Der Großstadtjugendliche und das Problem seiner Straffälligkeit. Berlin 1951
M a n n h e i m , H.: Social Aspects of Crime in England between the Wars. London 1940
ders.: Juvenile Delinquency in an English Middletown. London 1948
ders.: Group Problems in Crime and Punishment. London 1955
ders.: Über einige Entwicklungstendenzen in der kriminologischen Forschung. Mschr Krim 40 (1957), 1—22
M a n n h e i m and G i b b e n s : Unraveling Juvenile Delinquency (Besprechung des Werkes von Sh. und E. Glueck). Brit J Delinq 2 (1951/52) 259—264
M a n n h e i m , H. and W i l k i n s , L. T.: Prediction Methods in Relation to Borstal Training. London 1955
M a y s , J. B.: A Study of a Delinquent Community. Brit J Delinq 3 (1952/53), 5—19
ders.: Delinquency Areas II (Symposium). Brit J Delinq VII (1956—57), 139—142
M e h l : Charakteristika jugendlicher Rechtsbrecher. Eine jugendkriminologische Studie aus dem AG.-Bezirk Freiburg/Br. der Jahre 1950—1953. Diss. iur. Freiburg 1954
M e i s t e r , Hans-Georg: Ein Beitrag zum Problem der Jugendverwahrlosung im gegenwärtigen Kriege. Diss. iur. Hamburg 1942
M e n d e , Käthe: Dreihundert Fälle der Jugendgerichtshilfe in Berlin-Neukölln 1948 und 1953 — eine katamnestische Untersuchung — Als vervielfältigtes Manuskript hersg. v. d. DVerein. f. Jugendger. u. Jugendgerichtshilfen 1958
M e r i a n , Doris: Über freches Verhalten im Kindesalter. Bern, Stuttgart 1956
M e r r i l l , M. A.: Problems of Child Delinquency. Boston, New York, Chicago 1947
M e t z g e r , Wolfgang: Frühkindlicher Trotz. (Psychol. Prax. H. 18) Basel, New York 1956
M e y e r , Fritz: Rückfallsprognose bei unbestimmt verurteilten Jugendlichen. Kriminol. Unters., herausg. v. H. v. Weber, Heft 6. Bonn 1956
M e y w e r k : Beitrag zur Bestimmung der sozialen Prognose an Rückfallsverbrechern. Mschr Krim 29 (1938), 422—444
M e z g e r , Edmund: Kriminologie. München 1951
M i c h a e l s , J. J. and S t e i n b e r g , M.: Persistent Enuresis and Juvenile Delinquency. Brit J Delinq 3 (1952), 114—123
M i d d e n d o r f , Wolf: Jugendkriminalität in Deutschland und in der Schweiz. Diss. iur. Freiburg 1951
ders.: Jugendkriminologie, Studien und Erfahrungen. Ratingen 1956

Mieskes, Hans: Der Jugendliche in der Situation der Straffälligkeit. Jena 1956
Mitscherlich, A.: Aktuelles zum Problem der Verwahrlosung. Psyche 1 (1947/48), 103—118
Möller, Heinz: Die Entwicklung und Lebensverhältnisse von 135 Gewohnheitsverbrechern. Krim. Abh. (Exner) H. 38. Leipzig 1939
Mollenhauer, W.: Erfahrungen mit der unbestimmten Verurteilung im Jugendstrafvollzug. Mschr Krim 34 (1943), 125—137
Mollweide, H.: Psychopathologische Abgrenzung der hyperthymischen Psychopathie. Arch. Psychiatr. u. Neurol. 181 (1949) 712 ff
Moor, Paul: Lügen und Stehlen als heilpädagogische Aufgabe. Hefte für Anstaltserziehung, H. 2. Hausen a. A. 1944
Morris, Terence: Delinquency Areas III (Symposium). Brit J Delinq VII (1956—57), 142—145
ders.: The criminal area. A study in social ecology. London 1957
Muchow, H. H.: Flegeljahre. Ravensburg 1950
Mueller, B.: Kriminologische Begutachtung chronischer Rechtsbrecher. Mschr Krim 39 (1956), 17—23
Munkwitz, W. und Neulandt, G.: Autodiebstahlsdelikte Jugendlicher DZfgerichtlMediz. 46 (1957), 555—568
Näf, Hans: Ursachen der Jugendkriminalität. (Psychol. Prax. H. 12) Basel 1953
Nährich, Walter: Die Kriminalität der unehelich Geborenen. Kriminol. unters. (H. v. Weber), H. 2, Bonn 1951
Nass, Gustav: Die Betrüger. Beitrag zu einer psychol. Strukturlehre der Täterpersönlichkeit. MschKrim 41 (1958), 14—33
ders.: Der Mensch und die Kriminalität. Bd. I: Kriminalpsychologie. Köln-Bln 1959
Nottebaum, Th.: Kriminalität der Lehrlinge in der Industriestadt Bochum (1948—1952). Diss. jur. Bonn 1952
Nye, F. Ivan: Family relationships and delinquent behavior. New York und London 1958
Ockwitz, Kurt: Die Eigentumsvergehen der schwer erziehbaren Kinder und Jugendlichen. Diss. iur. Leipzig 1940
Ogden, D. A.: A Borstal typological survey (Kamp Hill). Brit J Delinq V (1954—55), 99—111
Ohlin, Lloyd E.: Selection for Parole. New York 1951
Opitz, Erich: Verwahrlosung im Kindesalter. Göttingen 1959
Parrot, Ph. et Gueneau, M.: Les Gangs d'adolescants. Presses Universitaires de France 1959
Pearce, J. D .W.: Juvenile Delinquency. A Short Textbook on the Medical Aspects of Juvenile Delinquency. London 1952
Peters, K.: Erscheinungsformen und Ursachen der Jugendverwahrlosung und Jugendkriminalität. Caritas und Recht, herausg. v. Deutschen Caritas-Verband, H. 8. Bonn 1947
ders.: Das Begreifen der Eigentumsordnung, ein kriminalpolitisches Problem. In: Festschrift für W. Sauer, 9—25. Berlin 1949
ders.: Der Jugendliche und die Autorität des Gesetzes. In: Festschrift für E. H. Rosenfeld, 215—229. Berlin 1949
Pflugk, Brigitte von: Gestörte Familiengemeinschaft. Diss. phil. Hamburg 1935
Piecha, Walter: Die Lebensbewährung der als „unerziehbar" entlassenen Fürsorgezöglinge. Göttinger Rechtswissensch. Studien. Bd. 27. Göttingen 1959
Pipping, K., Abshagen, R. u. Brauneck, A.-E.: Gespräche mit der Deutschen Jugend. — Societas Scientiarum Fennica. Commentationes Humanarum Litterarum Kopenhagen-Helsingfors 1954
Pongratz, L. und Hübner, H.-O.: Lebensbewährung nach öffentlicher Erziehung. Darmstadt, Bln-Spandau, Neuwied 1959
Powers, E. and Wittmer, Helen: An Experiment in the Prevention of Delinquency. The Cambridge-Somerville Youth Study. New York 1951

Radzinowicz, L.: The After-Conduct of Discharged Offenders. In: The Modern Approach to Criminal Law (English Studies in Criminal Science IV). 142—161. London 1948
Reifen, D.: Juvenile Delinquency and Culture Conflict in Israel. Howard Journal 9 (1955), 130—136
Reiss Jr., Albert J.: Unraveling Juvenile Delinquency. II. An Appraisal of the Research Methods. Am. Journal of Sociology, 57 (1951), 115—120
Riedl, Martin: Studie über Verbrecherstämmlinge, Spätkriminelle und Frühkriminelle und über deren sozialprognostische und rassenhygienische Bedeutung. Arch. f. Kriminologie 93 (1933) 7—13, 125—135, 238—257
Roesner, E.: Alter und Straffälligkeit. In: Handwörterbuch der Kriminologie, herausg. v. Elster u. Lingemann, I. 22—35, Leipzig 1933
ders.: Persönliche und Umwelt-Verhältnisse der jungen Strafgefangenen in den deutschen Jugendgefängnissen. Blätter f. Gefängniskunde 73 (1942), 3—20
Rose, A G.: Five Hundred Borstal Boys. Oxford 1954
Roucek, J. S.: Juvenile Delinquency. New York 1958
Rubin, S.: Unraveling Juvenile Delinquency. Illusions in a Research Project. Amer. Journal of Sociology 57 (1951), 107—115
Russell, R. W.: Experimentelle Neurose. Fortschr. Neurol. 21 (1953), 78—93
Saari, Erkki: Pahantapaisuus yksilön sopeutumattomuuden oireena. (Delinquency as a symptom of later social maladjustment) Jyväskylä 1951 (Finnisch mit englischer Zusammenfassung).
Sachs, Jan: Zur Behandlung von kriminellen Psychopathen in Dänemark. Mschr Krim 38 (1955), 69—82
Sauer, W.: Kriminologie. Berlin 1950
Schaffstein, Fr.: Die Kriminalität der Jugendlichen, Heranwachsenden und Jungerwachsenen in Niedersachsen von 1948—1955. Mschr. Krim 39 (1956), 126—139
Schelsky, H. u. a.: Arbeitslosigkeit und Berufsnot der Jugend. — Erarbeitet von der sozialwiss. Arbeitsgem. zur Erforschg. von Jugendfragen. 2 Bde. Köln 1952
Schelsky, Helmut: Wandlungen der deutschen Familie in der Gegenwart. Dortmund 1953
ders.: Die skeptische Generation. Eine Soziologie der deutschen Jugend. Düsseldorf-Köln 1957
Scheltema-Stades, O.: Das Stehlen bei Kindern und Jugendlichen. Diss. (Zürich) Amsterdam 1949
Scherpner, H.: Wesen und Formen der Verwahrlosung. Ihre Entstehungsbedingungen und ihre Entwicklung. Handbuch der Heimerziehung. 1953 (s. dort), 216—247, Frankf. (M). Berlin, Bonn 1953
Schiedt, Robert: Ein Beitrag zum Problem der Rückfallsprognose. Diss. iur. München 1936
Schleyer, F.: Studien über das Delikt der gewalttätigen Kindesmißhandlung. MschrKrim. 41 (1958), 65—76
Schlöter, Hans W.: Die Kriminalität der Jugendlichen im AG-Bezirk Hagen in der Zeit von 1945—1952. Diss. iur. Bonn 1958
Schmidt, G.: Der Stehltrieb oder die Kleptomanie. Zentralbl. f. d. ges. Neur. u. Psych. 92 (1939), 1—18
Schmiedeberg, Melitta: Is the Criminal Amoral? Brit J Delinq 4 (1953/54), 272—281
Schneider, Friedrich: Jugendkriminalität. Vorträge des Internationalen Kongresses über Probleme der Jugendkriminalität. Salzburg 1952
Schneider, Kurt: Die psychopathischen Persönlichkeiten. Wien. 9. A., 1950
Schnell: Anlage und Umwelt bei 500 Rückfallsverbrechern. Krimin. Abh. (Exner), H. 22. Leipzig 1935
Schorsch, Gerhard: Eigenständigkeit, Fremdhalt und Haltlosigkeit. Sammlung psychiatrischer und neurologischer Einzeldarstellungen, Band X, Leipzig 1936

Schottlaender, Felix: Die Mutter als Schicksal. Bilder und Erfahrungen aus der Praxis eines Psychotherapeuten. Stuttgart 1947
Schraml, W.: Zum Problem der frühen Mutter-Kind-Trennung. Prax. Kinderpsych. 3 (1954) 243—249
Schreiber, Gisela: Entwicklungs- und Erziehungsprobleme von Kindern aus geschiedenen Ehen. Prax. Kinderpsych. 3 (154), 53—63
Schroer, H.: Studien zur Kriminologie des jungen Sittlichkeitsdelinquenten. Diss. iur. Hamburg 1960
Schuessler, Karl F.: Parole Prediction: its History and Status. Amer. J. Crim. 45 (1954/55), 425—431
Schultz-Hencke, H.: Der gehemmte Mensch. Stuttgart 2/1947
ders.: Bemerkungen zum Problem der Psychopathie. Psychol. Rundschau 1 (1950), 148—155
Schulze, Fritz: Zur Ätiologie des Rückfalls. Kriminologische Untersuchungen an dreißig rückfälligen jugendlichen Strafgefangenen. Diss. iur. Kiel 1934
Schwaab, Fritz: Die soziale Prognose bei rückfälligen Vermögensverbrechern. Krim. Abh. (Exner), H. 43. Leipzig 1939
Schwarz, Hedwig: Dorothy: the Psycho-Analysis of a Case of Stealing. Brit J Delinq I (1950/51), 29—44
Schwarzmann, Julia: Die seelische Heimatlosigkeit im Kindesalter und ihre Auswirkungen. Schwarzenburg 1948
Scott, Peter: Gangs and Delinqent Groups in London. Brit J Delinq VII (1956—57), 4—25
Searchlights on Delinquency: Searchlights on Delinquency. New Psychoanalytical Studies. Festgabe für Aichhorn. Herausg. v. K. A. Eissler u. a. London 1949
See, Otto von: Fahrrad- und Autodiebstahl sowie mißbräuchliche Fahrzeugbenutzung bei Jugendlichen und Heranwachsenden, Diss. iur. Hamburg 1957
Seelig, Ernst: Die Gliederung der Verbrecher. In: Seelig-Weindler: Die Typen der Kriminellen, 1—23. Berl. u. München 1949
ders.: Die kriminalpolitische Bedeutung der Typenlehre. In: Seelig-Weindler: Die Typen der Kriminellen, 160—194. Berl. u. München 1949
Seelig-Weindler: Die Typen der Kriminellen. Berl. u. München 1949
Seibert, Klaus: Die Jugendkriminalität Münchens in den Jahren 1932 und 1935. Krim. Abh. (Exner), H. 26. Leipzig 1937
Sheldon, W. H.: Varieties of Delinquent Youth. New York 1949
Siegmund-Schultze, F.: Neue Untersuchungen über den Erfolg der Fürsorgeerziehung. Soziale Welt 5 (1954), 241—249
Sieverts, Rudolf: Die strafrechtliche Behandlung der Frühkriminellen. In: Der nichtseßhafte Mensch, 231—242, München 1938
Silbereisen, Sigmund: Die spätere Straffälligkeit jugendlicher Rechtsbrecher. Eine Nachuntersuchung über die im Jahre 1928 in München verurteilten Jugendlichen. Krim. Abh. (Exner), H. 45. Leipzig 1940
Simon, Therese: Das Doppelleben des Kindes. Erlenbach-Zürich 1937
Speck, Otto: Kinder erwerbstätiger Mütter. Stuttgart 1956
Spencer, John: Delinquency Areas IV. (Symposium) Brit J Delinq VII (1956—57), 145—148
Spitz, R.: Hospitalismus: An Inquiry into the Genesis of Psychiatric Conditions in Early Childhood. The Psychoanalytic Study of the Child 1 (1945) 53—74
ders.: Die Entstehung der ersten Objektsbeziehungen. Stuttgart 1957
Stampfli, Lucie: Die unvollständige Familie. Zürich 1951
Steigertahl, G.: Die gemeinlästigen Leute. MschrKrim 38 (1955), 1—25
Steinmetz, W.: Der Exhibitionismus unter bes. Berücksichtigung der in Hamburg von 1945—1950 bekanntgewordenen Fälle, Diss. iur. Hamburg 1951.
Stern, E.: Über Verhaltens- und Charakter-Störungen bei Kindern und Jugendlichen. Zürich 1953

Stott, D. H.: Delinquency and Human Nature. Dunfermline (Scotland) 1950
ders.: Unsettled children and their families. London 1956
Stumpfl, Friedrich: Erbanlage und Verbrechen. Studien über Vererbung und Entstehung geistiger Störungen, herausg. v. Rüdin, V. Berlin 1935
ders.: Die Ursprünge des Verbrechens, dargestellt am Lebenslauf von Zwillingen. Leipzig 1936
Stutte, Hermann: Über die Nachkommen ehemaliger Fürsorgezöglinge. Arch. Psychiatr. u. Neurol. 179 (1948), 395—415
ders.: Vom Lebenserfolg der Fürsorgeerziehung. Kinderärztl. Praxis 17 (1949), 109—113
ders.: Psychologie des Kindesalters. In: Biologische Daten für den Kinderarzt. Berlin 2/1954
ders.: Über die Ehepartner ehemaliger Fürsorgezöglinge. UJ 2 (1955), 366—369
ders.: Methodik und Ergebnisse der Bewährungsprüfungen bei ehemaligen Fürsorgezöglingen. In: Handb. d. Heimerziehung, 553—566
ders.: Die soziale Individualprognose bei verwahrlosten und kriminellen Jugendlichen. In: Handb. d. Heimerziehung, 567—575
ders.: Körperliche Selbstwertkonflikte als Verbrechensursache bei Jugendlichen. MschrKrim 40 (1957), 71—86
ders.: Die Grenzen der Sozialpädagogik. Ergebnisse einer Untersuchung praktisch unerziehbarer Fürsorgezöglinge. Neue Schriftenreihe des AFET H. 12. Hannover-Kleefeld 1958
Sutherland, E. H. and Cressey, D. R.: Principles of Criminology. Chicago, Philadelphia, N. York 5/1955
Suttinger: Besprechung von Frey: „Der frühkriminelle Rückfallsverbrecher". MschrKrim 37 (1954), 64—68, 115—119
Sveri, Knut: Barnekriminaliteten. NordTidsskr. Krim 47 (1959), 132—147
Statistisches Bundesamt: Die Kriminalität in den Jahren 1950 und 1951. Statistik der Bundesrepublik Deutschland. Bd. 110. Stuttgart u. Köln 1955
Tappan, P. W.: Juvenile Delinquency. N. York, Toronto, London 1949
Thomae, Hans: Über Daseinstechniken sozial auffälliger Jugendlicher. Psychologische Forschung 24 (1953/54), 11—33
ders.: Beobachtung und Beurteilung von Kindern und Jugendlichen (Psychol. Prax., H. 15). Basel 1954
ders.: Über Daseinstechniken infantiler Jugendlicher. In: Infantilismus 1955, 34—58
ders.: Allgemeine Psychologie und Entwicklungspsychologie. In: Jahrb. f. Jugendpsychiatr. 1956, 257—270
Thompson, R. E.: A Validation of the Glueck Social Prediction Scale for Proneness to Delinquency. Am. J. Crim. 43 (1952/53) 451—470
Thrasher, Frederik H.: The Gang Chicago 1927
Tibitts, Clark: Success or failure on parole can be predicted. Am. J. Crim. XXII (1931) 11—50
Topp, geb. Smidt, Rena-Maria: Die Kriminalität der weiblichen Jugend in Hamburg im Jahre 1937. Diss. iur. Hamburg 1941
Tramer, M.: Leitfaden der jugendrechtlichen Psychiatrie. Basel 1947
Trunck: Soziale Prognose an Strafgefangenen. MschrKrim 28 (1937), 209—227
Türscherl: Kinder in unvollständigen Familien (Bericht über das UNO-Seminar v. 3.—14. 5. 55 in Frankfurt). UJ 7 (1955), 423—424
ders.: Unraveling Juvenile Delinquency. A Symposium of Reviews. Am. J. Crim. 41 (1950/51), 732—759
Villinger, W.: Welche Merkmale lassen am jugendlichen Rechtsbrecher den künftigen Gewohnheitsverbrecher voraussehen? In: Der nichtseßhafte Mensch, 213—230, München 1938
ders.: Abnorme seelische Reaktionen im Kindesalter (Zum Problem: Psychopathie — Neuropathie — Neurose) Kinderheilkunde. MschrKrim 99 (1951), 93—102
ders.: Männliche Kinder und Jugendliche psychiatrisch gesehen. In: Handbuch der Heimerziehung 182—203 (s. dort) 1953

Vogel, Theodor: Die Methoden der Bewährungsprüfung bei Fürsogezöglingen. Langensalza 1933
Wattenberg, W. W.: Delinquency and Only Children: Study of a „Category" (Amer.) Journal of Abnormal and Social Psychology 44 (1949), 356—366
Weber, A.: Allgemeines zur Frage der Psychapathie im Kindesalter. Prax. Kinderpsych. 1 (1952), 97—106
Weber, F.: Die jungen Gefangenen. Jugendwohl 31 (1950), 56—60
Weinberg, S. K.: Theories of Criminality and Problems of Prediction. Amer. J. Crim. 45 (1954/55), 412—424
Wend, Johannes: Untersuchungen an Straflisten vielfach rückfälliger Verbrecher. Krim. Abh. (Exner), H. 23. Leipzig 1936
Westling, Achilles: Om kriminella efterverkningar af krigstidens barnförflyttningar, NordTidskr. Krim. 48 (1960), 15—26
Westwood, G.: A Minority. A Report on the Life of the Male Homosexual in Great Britain. London 1960
Whelan, R. W.: An Experiment in Predicting Delinquency Amer. J. Crim. 45 (1954/55), 432—441
Whyte, W. F.: Street Corner Society Chicago 1943
Wiesenhütter, Eckart: Ecce homo. Existenzkrise eines Fürsorgezöglings. Beiträge aus d. allg. Medizin, herausg. v. V. v. Weizsäcker, Heft 10. Stuttgart 1954
Wilfert, Otto: Jugend-„Gangs". Kriminol. Abhandlungen (Grassberger), N. F. 4. Wien (Springer) 1959
Wilkins, L. T.: A small comparative study of the results of probation. Brit J Delinq VIII (1957—58), 201—209
Wilkins u. a.: Symposium on Predictive Methods in the Treatment of Delinquency. Brit J Delinq VI (1955/56), 82—87
Wilson, Harriet C.: Juvenile Delinquency in Problem Families in Cardiff. Brit J Delinq IX (1958—59), 94—105
Winter, Esther: Über die Häufigkeit neurotischer Symptome bei Gesunden. Z. f. psychosomat. Mediz. 5 (1958/59), 153—167
Wolf, Preben: Kan vi forudsige kriminelt recidiv? Nord. Tidsskr. Krim. 43 (1955), 193—209
Woodward, Mary: The Role of Low Intelligence in Delinquency Brit J Delinq V (1954/55), 281—303
Wootton, Barbara: Social Science and Social Pathology. London 1959
Würtenberger, Th.: Jugendliche Tätertypen. In: Bekämpf. d. Jugendkrim. 1955, 93—100
Wurzbacher, G.: Leitbilder gegenwärtigen deutschen Familienlebens. Dortmund 1951
Zillig, Maria: Gefährdete Jugend unserer Tage. Paderborn 1951
Zillken, A. und Weingarten, G.: Gibt es unerziehbare Minderjährige? Neue Schriftenreihe des AFET, Heft 5. Hannover-Kleefeld 1953
Zulliger, H.: Jugendliche Diebe im Rohrschach-Formdeutversuch. Bern 1938
ders.: Über symbolische Diebstähle von Kindern und Jugendlichen. Biel (Schweiz) 1950
ders.: Schwierige Kinder. Zehn Kapitel zur Theorie und Praxis der tiefenpsychologischen Erziehungsberatung und Erziehungshilfe. Bern 1951
ders.: Symbolische Diebstähle einer Sechszehnjährigen. Psyche 4 (1950/51), 144 ff
ders.: Helfen statt Strafen auch bei jugendlichen Dieben. Stuttgart 1956
A Symposium of Unraveling Juvenile Delinquency ane Harvard Law Review 64 (1951), 1022—1041(
Zumpe, Lenore: Selbstmordversuche von Kindern und Jugendlichen. Z Psychotherapie 9 (1959), 223—243

FSC
www.fsc.org
MIX
Papier | Fördert
gute Waldnutzung
FSC® C083411

Kolibri 360 GmbH
Ferdinand-Jühlke-Straße 7
99095 Erfurt, Deutschland
produktsicherheit@kolibri360.de